De minha vida

FUNDAÇÃO EDITORA DA UNESP

Presidente do Conselho Curador
Mário Sérgio Vasconcelos

Diretor-Presidente
Jézio Hernani Bomfim Gutierre

Superintendente Administrativo e Financeiro
William de Souza Agostinho

Conselho Editorial Acadêmico
Danilo Rothberg
João Luís Cardoso Tápias Ceccantini
Luiz Fernando Ayerbe
Marcelo Takeshi Yamashita
Maria Cristina Pereira Lima
Milton Terumitsu Sogabe
Newton La Scala Júnior
Pedro Angelo Pagni
Renata Junqueira de Souza
Rosa Maria Feiteiro Cavalari

Editores-Adjuntos
Anderson Nobara
Leandro Rodrigues

JOHANN WOLFGANG VON GOETHE

De minha vida
Poesia e verdade

Coordenação da série
Mario Luiz Frungillo

Tradução, apresentação e notas
Mauricio Mendonça Cardozo

© 2017 Editora Unesp

Título original: *Aus meinem Leben: Dichtung und Wahrheit*

Direitos de publicação reservados à:
Fundação Editora da Unesp (FEU)
Praça da Sé, 108
01001-900 – São Paulo – SP
Tel.: (0xx11) 3242-7171
Fax: (0xx11) 3242-7172
www.editoraunesp.com.br
www.livrariaunesp.com.br
feu@editora.unesp.br

CIP – Brasil. Catalogação na publicação
Sindicato Nacional dos Editores de Livros, RJ

G546d

Goethe, Johann Wolfgang von, 1749-1832
  De minha vida: poesia e verdade / Johann Wolfgang von Goethe; coordenação Mario Luiz Frungillo; tradução Mauricio Mendonça Cardozo. – 1. ed. – São Paulo : Editora Unesp, 2017.

  Tradução de: *Aus meinem leben. Dichtung und wahrheit*
  ISBN 978-85-393-0656-5

  1. Goethe, Johann Wolfgang von, 1749-1832 – Crítica e interpretação. 2. Escritores alemães – Biografia. 3. Autobiografia. I. Frungillo, Mario Luiz. II. Cardozo, Mauricio Mendonça. III. Título.

16-37385
CDD: 928.31
CDU: 929:821.112.2-6

A tradução desta obra recebeu o apoio do Goethe-Institut, que é financiado pelo Ministério de Relações Exteriores da Alemanha.

Editora afiliada:

Johann Wolfgang von Goethe não deve sua fama como gênio universal apenas à sua obra literária. Homem de múltiplos talentos e interesses, dedicou-se também à reflexão sobre a literatura e as artes e a estudos e pesquisas no campo das ciências da natureza. Mas, se sua obra literária é bastante divulgada e conhecida, as obras não literárias, de importância fundamental para quem queira conhecer o autor e sua época mais a fundo, ainda são de conhecimento restrito aos especialistas.

O objetivo desta coleção é oferecer ao leitor brasileiro um acesso tão amplo quanto possível à variedade de sua obra não literária. Ela foi planejada em três grandes seções, tendo como abertura as *Conversações com Goethe* de Johann Peter Eckermann. A primeira seção reunirá as principais obras de caráter autobiográfico e os relatos de viagem, a segunda será dedicada aos escritos de estética, e a terceira, às suas incursões no campo das ciências da natureza.

Sumário

À guisa de nota liminar: traduzir hoje, traduzir Goethe   9

PRIMEIRA PARTE
Primeiro livro   25
Segundo livro   67
Terceiro livro   109
Quarto livro   145
Quinto livro   201

SEGUNDA PARTE
Sexto livro   263
Sétimo livro   311
Oitavo livro   373
Nono livro   425
Décimo livro   475

TERCEIRA PARTE
Décimo primeiro livro   541
Décimo segundo livro   603
Décimo terceiro livro   665
Décimo quarto livro   717
Décimo quinto livro   759

QUARTA PARTE
Preâmbulo   803
Décimo sexto livro   805
Décimo sétimo livro   829
Décimo oitavo livro   863
Décimo nono livro   903
Vigésimo livro   935

À guisa de nota liminar: traduzir hoje, traduzir Goethe

Mauricio Mendonça Cardozo

i.

Levando-se em conta sua condição inexorável de prática relacional que se inscreve no tempo, toda tradução é uma forma de *atualização*. Seja movida por uma disposição modernizante, seja imbuída de um afã arcaizante, seja projetada como outra possibilidade qualquer de vínculo que se pretenda articular entre esses extremos de uma relação com a tradição, é sempre como forma de atualização que a tradução tem lugar. E é também como tal que toda nova tradução se abre como possibilidade tanto de reafirmar quanto de reformular visões críticas, tradições de leitura, julgamentos de valor e o significado da obra traduzida, residindo nisso a mais inequívoca expressão de sua força crítica. A tradução, nesse sentido, para além de cumprir o fim de reescrever *de novo*, em outra língua, a obra que toma por origem – e de que só pode partir, partindo-a, multiplicando-a e, nisso, reinventando-a –, cumpre também, ao mesmo tempo, o fim de retraçar um modo singular de relação com essa obra. Se o delineamento teórico das concepções contemporâneas da tradução inaugura um espaço (aparentemente) de maior liberdade para o sujeito tradutor, a esse redimensionamento dos limites e das possibilidades de sua prática corresponde também uma maximização de sua responsabilidade, de sua capacidade de responder às demandas que se lhe impõem. Cabe ao tradutor, hoje, assumir sua condição de alguém que também tem *voz*, de alguém a quem, aliás, não é dada a possibilidade de não ter voz – despertando, assim, de sua proverbial condição de *infância*; e, consequentemente, cabe também ao tradutor contemporâneo assumir que é somente no modo particular como se vale de sua voz – ou seja, somente no modo como faz valer sua *vocação* – que se firmam e se cumprem os compromissos críticos e éticos do traduzir.

ii.

A relação de Goethe com os homens de seu tempo, assim como a relação de sua obra com os diferentes tempos de sua história já bicentenária de recepção constituem, por si sós, um *topos* de grande produtividade no campo dos estudos goetheanos. Nome inequívoco da *literatura do mundo*, mesmo que do ponto de vista dos mais variados desdobramentos históricos da noção de *Weltliteratur*, Goethe e sua obra se apresentam ao leitor contemporâneo naquela condição peculiar de recepção – não rara entre alguns dos chamados autores *clássicos* –, cuja produtividade, excetuados os círculos mais especializados que se dedicam ao estudo de sua obra, está longe de fazer jus ao alcance, à amplitude e ao significado histórico de seu autor. Em outras palavras, Goethe habita aquela condição de um autor mais nomeado do que lido, de um autor cujo nome ainda convoca uma fama titânica, mas cuja obra – à parte alguns poucos títulos de seu extenso legado – é muito pouco lida atualmente. E uma vez reconhecida essa condição particular de recepção, esta se impõe ao tradutor de sua obra como uma questão incontornável: ao traduzir Goethe, hoje, é preciso responder de algum modo a essa questão. Mais que isso: é preciso perceber que, mesmo que não quiséssemos, que não queiramos, não há como não responder de alguma forma a essa questão ao traduzir sua obra. Nesse sentido, é preciso ficar claro se capitularemos diante dessa cena precária de recepção e entenderemos sua obra simplesmente como uma peça de museu, de valor histórico inestimável, mas que hoje é absolutamente inalcançável para o leitor não profissional – pelas mais diversas razões; ou se reagiremos a essa circunstância de recepção e entenderemos a obra de Goethe como uma obra que, a despeito do modo singular com que se inscreve em seu tempo, ainda fala diretamente ao homem contemporâneo – simplesmente porque ainda tem muito a nos dizer.

A tradução de *De minha vida: Poesia e verdade*, que aqui se apresenta, projeta-se decididamente na direção dessa segunda forma de entender o significado dessa obra de Goethe. Sem pretender falsear uma dimensão da obra que se projeta a partir dos gostos, das tensões e das convenções da época em que foi produzida e sem ignorar o lugar de excelência e reverência que essa obra e seu autor ocuparam ao longo da história – e ainda ocupam –, esta tradução se constrói menos em torno de uma imagem de monumentalidade da obra e de genialidade de seu autor do que em torno de uma imagem mais humanizada de Goethe; de um Goethe que, sentindo, pensando, lendo e escrevendo em seu tempo, soube atravessar a espessura de suas experiências com intensidade, construindo uma obra cuja densidade não somente pode interessar ao homem de nossos tempos, como também, em muitos casos, prefigura certas questões que, embora encapsuladas nos termos de um homem de meados do século XVIII, persistem, ainda hoje, como absolutamente atuais, contemporâneas.

Essa forma de *atualizar* a imagem dessa obra e de seu autor, no entanto, não implica necessariamente uma estratégia modernizante de tradução. Trata-se, tão somente, de uma postura crítica que tributa o efeito de musealização da obra de Goethe mais a um modo de relação com ela do que a características que lhe seriam intrínsecas. Para exemplificar essa questão, cabem aqui algumas poucas palavras sobre a excelência da escrita de Goethe, de quem se dirá, proverbialmente, que teria dominado a língua alemã como ninguém mais se provou capaz de fazê-lo até hoje.

Não se pretende, aqui, nem questionar a validade desse estatuto, nem o tomar como um elemento estruturante mais central. Mas é importante considerar o quanto esse tipo de caracterização contribuiu para a construção de uma imagem desse autor, o que, por sua vez, acabaria tendo impacto, também, sobre o modo como suas obras foram traduzidas ao longo dos tempos. Ora, qualquer texto escrito em outros tempos – neste caso, na virada do século XVIII para o XIX, ou seja, há mais de dois séculos – despertará, no leitor em geral, e especialmente no leitor não profissional, uma impressão de estranheza. E na medida exata dessa impressão, esse texto se nos apresentará como estrangeiro: um estrangeiro no tempo, mesmo que se trate de um texto em nossa *própria* língua.

Como desde sempre somos todos extemporâneos a esse autor – nós hoje, mas quiçá não menos que aqueles que viveram em sua época –, toda tradução de uma obra de Goethe será sempre produzida à luz e à sombra dessa alteridade. A questão é como entender seu significado na relação que nos difere: nessa relação que nos constitui como outros de seu tempo. Afinal, podemos fazer remontar essa alteridade às coisas mais diversas, por exemplo, à expressão de um convencionalismo fora de uso, de uma sofisticação d'outrora, de uma erudição incomum, de um pedantismo afetado, de um afã solene e formal, de uma soberba indissimulável etc.

A um leitor-tradutor, interessado menos em reproduzir aquilo que hoje nos parece inevitavelmente estranho nessa obra de outro tempo do que aquilo que distinguia essa obra em seu tempo, caberá, portanto, a tarefa de tentar flagrar o jogo do autor no contexto dos jogos jogados *em sua época*, separando aquilo que se apresentava, então, como meramente convencional, daquilo que o autor foi capaz de construir *a partir*, *apesar* e *além* das convenções de seu tempo. E não custa lembrar: foi justamente por se provar capaz de jogar tão bem os jogos convencionais de sua época, a ponto de transgredi-los e reinventá-los, que se construiria, no curso da recepção de sua obra, essa imagem excepcional do autor no que diz respeito ao domínio de sua língua.

Ou seja, sem ignorar o lugar de destaque que a escrita de Goethe ocupa no contexto das produções em língua alemã, esta tradução, na medida do possível, procura se valer de uma distinção entre os usos convencionais da época e aquilo que o autor, valendo-se dos usos de sua época, foi capaz de fazer em língua alemã à diferença do que se impunha como convenção aos seus contemporâneos. Em termos práticos, o leitor não encontrará, aqui, um texto que se lê, hoje, como uma obra do século XVIII, pautado pela excelência no uso do registro padrão de um português que não nos é mais corrente – dado que tal estratégia não faria, senão, reforçar uma imagem de extemporaneidade desse autor. Antes, propõe-se aqui um texto que se vale amplamente dos convencionalismos da norma culta escrita contemporânea, mas sem deixar de flertar com a variedade da língua, sem deixar de quebrar certos protocolos e, num ponto que outro, sem deixar de reinventar suas regras.

iii.

Para esta tradução, tomamos por base o texto estabelecido nos volumes IX e X da Edição Crítica de Hamburgo [*Hamburger Ausgabe*, HA], coordenados por Erich Trunz, em cotejo com a edição crítica da *Deutscher Klassiker Verlag* [DKV], baseada no volume XIV da edição crítica de Frankfurt [*Frankfurter Ausgabe*], coordenado por Klaus-Detlef Müller.

As seguintes traduções também devem ser contabilizadas como fontes de primeira importância. Para o português, a tradução pioneira de Lúcio Cardoso, intitulada *Memórias: Extratos de minha vida. Poesia e Verdade*, publicada pela José Olympio em 1948, em tradução a partir da edição francesa da Baronesa A. de Carlowitz, assim como a tradução de Leonel Vallandro, intitulada *Memórias: poesia e verdade*, publicada pela Globo em 1971, traduzida a partir do original em alemão – a despeito do forte cotejo com a edição francesa, que uma leitura cerrada dos textos permite flagrar. Para o francês, a tradução intitulada *Souvenirs de ma vie. Poésie et vérité*, publicada em 1941 pela editora Aubier, em tradução de Pierre du Colombier. E, finalmente, a tradução para o inglês, intitulada *From my Life. Poetry and Truth*, traduzida por Robert R. Heitner e anotada por Thomas P. Saine, publicada pela Suhrkamp de Nova York, em 1987.

O aparato de notas da tradução é o resultado do cotejo crítico das notas, introduções e comentários das duas edições críticas e das traduções acima mencionadas, sendo, nessa exata medida, amplamente tributário do inestimável trabalho crítico e filológico de seus organizadores. Vale mencionar, também, a consulta às mais variadas fontes de referência disponíveis tanto em meio digital quanto em bibliotecas do Brasil (Biblioteca Nacional, Biblioteca da FFLCH-USP), da França (*Bibliothèque Nacional Universitaire*, de Estrasburgo) e da Alemanha (*Deutsche National Bibliothek*, em Leipzig e em Frankfurt).

As notas desta edição são de natureza variada. Algumas, de caráter informativo mais geral, restringem-se à explicitação de uma referência bibliográfica citada, aludida, ou à simples explicitação do nome completo e da data de nascimento e morte (quando disponível) da pessoa mencionada no texto – neste último caso, preferimos pecar por certa redundância em vez de arriscar a pressuposição de um conhecimento enciclopédico que pudesse limitar demasiadamente o círculo de leitores desta obra. Há notas que também podem cumprir o fim de evidenciar alguma questão de estabelecimento do próprio texto base, em razão das diferenças entre as edições críticas consultadas – aspecto especialmente relevante no quarto e último livro, cuja finalização, realizada postumamente, foi assumida por Eckermann. Além disso, as notas podem ter ainda dois outros fins específicos: o de comentar ou anotar um movimento específico da própria tradução, como no caso da tradução dos poemas que constam desta edição – traduzidos pela primeira vez em sua integralidade e como poemas numa edição brasileira –, em que a nota, quando pertinente, cumpre o fim de documentar os elementos formais do poema em alemão – especialmente nos casos em que estes se distinguem dos elementos formais que pautaram a tradução para o português; ou o de comentar criticamente uma questão levantada em determinada passagem da obra.

Como esta obra faz referência contínua a um número imenso de obras e personalidades que, mais de dois séculos depois de sua publicação, são, em geral, desconhecidas até mesmo por parte de leitores especializados e como, por vezes, o autor primeiro menciona pontualmente determinada obra ou personalidade para, apenas vários livros mais tarde, retomá-la no curso de sua narrativa, fizemos uso, aqui, do expediente das referências cruzadas, com intuito de oferecer o recurso da nota ao leitor interessado, mas, também, de evitar a repetição exaustiva de informações já mencionadas.

iv.

Traduzir uma obra como *Poesia e verdade* é uma tarefa tão ingrata quanto gratificante. O tradutor só poderá acusar o quanto pôde aprender ao longo da viagem – e trata-se, mesmo, sempre de uma forma de viagem –, mas não deixará de declarar o quanto pôde experimentar de suas grandes limitações nos tantos universos do saber que a leitura dessa obra convoca – da política à teologia, da mineralogia à arquitetura, da pintura à poesia, da filosofia à educação, da economia à geografia, da história mundial às tantas histórias de vida etc. A continuidade desta obra alemã em língua portuguesa, portanto, só pode ser construída na condição de descontinuidade que se impõe incessantemente – e das mais diversas formas – na relação que condiciona sua reescrita. Traduzir essa obra significa aceitar o risco dessa construção de continuidade, o que, por sua vez, significa aprender a conviver com a condição descontínua que insiste em resistir a essa construção.

Assim, a tradução de uma obra como esta será sempre incompleta, no sentido mesmo de algo sempre por se completar – pelas leituras que ela há de proporcionar, pelos temperos e destemperos das discussões que essas leituras hão de suscitar, pelas futuras traduções que essas discussões, um dia, na melhor das hipóteses, poderão provocar. Uma tradução como esta pretende menos oferecer do que *solicitar* – em seu sentido corrente, daquilo que *demanda*, mas também em seu sentido etimológico, tão caro ao filósofo Jacques Derrida, daquilo que mexe, abala, *põe em movimento*; ou, dito de outro modo, uma tradução como esta, no que se oferece, solicita: uma escuta. E é nessa exata medida que este trabalho só pode encontrar sentido em sua reverberação. O resultado disso tudo é o que ainda está por vir. Que esta tradução, na condição singular de vida que ela própria também constitui, possa alimentar a vida dessa obra memorável de Goethe, que ainda tanto tem a nos dizer sobre as mais diversas facetas da vida ontem, hoje e sempre.

Morretes, 4 de maio de 2017.

Primeira parte

O homem que não sofre atribulações não se educa.[1]

---

[1] Ὁ μὴ δαρεὶς ἄνθρωπος οὐ παιδεύεται [*ho me dareis anthropos ou paideuetai*], monóstico do dramaturgo ático Menandro (342 a.C. – 291 a.C.). [Esta e as demais notas são do tradutor.]

Como prefácio ao presente trabalho – que talvez careça mais de uma introdução do que qualquer outro –, segue aqui a carta que, escrita por um amigo, acabaria por ensejar tal iniciativa, sempre tão arriscada.

Caro amigo, temos agora reunidas as doze partes de suas obras literárias.[2] *Ao longo da leitura, deparamo-nos com coisas conhecidas, outras ainda desconhecidas; por certo, muito do que caíra em esquecimento ganhará novo fôlego com essa reunião. Por serem apresentados em um mesmo formato, somos levados a tomar esses doze volumes como um todo, o que também desperta em nós o desejo de depreender, do conjunto, uma imagem de seu autor e de seu talento. Convenhamos que, em vista do vigor com que começara sua carreira de escritor e o longo tempo passado desde então, uma dúzia desses pequenos volumes não parece tanta coisa assim. Tampouco se pode deixar de levar em consideração que os trabalhos, vistos individualmente, são, na maior parte das vezes, produto de circunstâncias muito específicas e que, consequentemente, trazem a lume tanto as questões externas que lhes foram determinantes, quanto um estado específico, e então decisivo, de desenvolvimento interior; isso para não mencionar o fato de que também prevalecem, em cada trabalho, certas máximas e convicções morais e estéticas do tempo que lhes deu origem. Se*

---

2 Referência à edição das obras completas de Goethe, em doze volumes, publicada entre 1806 e 1808 (editora Cotta, de Tübingen, Alemanha), à qual seria acrescido o décimo terceiro volume em 1810, com a publicação de *As afinidades eletivas* [*Die Wahlverwandtschaften*].

vistos como um todo, portanto, esses trabalhos não parecem apresentar-se como partes de um só conjunto; e em um caso ou outro, mal podemos tomá-los como obra de um mesmo escritor.

Até aqui, seus amigos continuam cheios de perguntas. Por estarem mais familiarizados com seu modo de viver e de pensar, tentam desvendar certos enigmas, solucionar certos problemas; e como se valem de uma antiga afeição e de uma amizade de longa data, são capazes de encontrar estímulo até mesmo nas maiores dificuldades que se lhes deparam. Contudo, não seria mal poder contar aqui e ali com alguma forma de auxílio, que o senhor por certo não há de poder recusar à nossa amizade.

Começamos, aqui, por lhe pedir que nos apresente suas obras – organizadas, na nova edição, conforme certas relações internas – em uma sequência cronológica, confiando-nos, de maneira contextualizada, tanto as circunstâncias e os humores que lhes deram origem quanto os exemplos que mais o teriam influenciado, sem deixar de mencionar os princípios teóricos envolvidos. Ao dedicar esse esforço a um círculo mais estreito de amigos, é possível que disso surja algo de agradável e útil também para um círculo mais amplo de interessados. Ainda que em idade avançada, o escritor não deve abrir mão do privilégio de manter-se em contato com aqueles que, mesmo à distância, conservam-lhe grande afeição. E, se nem a todos os escritores é dado, nessa idade, novamente apresentar produções surpreendentes e de grande repercussão, poderia ser muito interessante e revigorante – justamente no tempo da vida, em que a percepção e a consciência das coisas tornam-se mais amplas e claras – retomar tudo o que foi feito e dar os últimos retoques numa obra tão capaz de continuar a contribuir com a formação[3] de todos aqueles que, ao longo de suas vidas, desenvolveram-se cultural e intelectualmente junto com o artista e por sua influência.

Senti-me inclinado a atender imediatamente a esse pedido, expresso de modo tão gentil e amigável. Pois se na flor da idade enveredamos apaixonadamente por nossos próprios caminhos e, para não os perdermos de vista, recusamos impacientemente toda sorte de ingerência, no avançado dos anos é sempre altamente desejável que alguma forma de interesse alheio nos motive e nos mobilize afetuosamente a definir os rumos de uma nova atividade. Por isso, empenhei-me logo a começar o trabalho preliminar de identificação das grandes e das pequenas obras publicadas nesses doze volumes, bem como o de sua organização cronológica. Tentei reavivar na lembrança

---

3 Aqui a noção de formação, como desenvolvimento cultural e intelectual, traduz o conceito alemão *"Bildung"*, central nessa passagem. Ver nota 41.

o tempo e as circunstâncias em que as havia escrito, mas esse trabalho foi se tornando cada vez mais penoso, uma vez que, para preencher as lacunas do que já se dava por conhecido e publicado, informações e explicações mais detalhadas ainda se faziam necessárias. Faltavam-me, principalmente, as lembranças de todas as minhas primeiras tentativas, assim como muito do que eu havia começado sem, contudo, acabar; sentia falta até mesmo da primeira configuração daqueles trabalhos que, reelaborados ao longo do tempo, acabariam ganhando uma forma final bem diferente. Além disso, também me dei conta de que era preciso considerar meus esforços nas ciências e em outras artes, enfim, o que eu, sozinho ou na companhia de amigos, havia feito – como exercício particular ou como algo dado a público – em campos aparentemente tão distintos do saber.

Tudo isso eu pretendia ir relacionando aos poucos para a satisfação daqueles que me queriam tão bem; mas tais esforços e considerações acabaram por me levar cada vez mais longe, pois à medida que tentava corresponder a essa demanda tão bem ponderada, esforçando-me para apresentar, em sequência, as motivações interiores, as influências exteriores e os aspectos teóricos e práticos de cada passo dado, começava também a deixar o âmbito mais restrito de minha vida privada e abrir-me para o mundo. Deparei-me então com a figura de centenas de homens importantes, que, próximos ou mais distantes, tiveram influência sobre mim. E, é claro, também demandavam atenção especial as enormes mudanças no curso político da vida em geral, que tiveram grande impacto sobre mim e sobre a grande massa de meus contemporâneos. Pois esta parece ser a principal tarefa da biografia: apresentar o homem no contexto das relações de seu tempo, mostrar o quanto ele a elas resiste e o quanto delas se beneficia; de que modo, a partir delas, constrói sua visão do mundo e do homem; e de que modo elas impactam em sua condição de artista, poeta, escritor. No entanto, isso exige algo quase impossível de se alcançar, a saber: que o indivíduo conheça a si mesmo e a seu século, mantendo-se sempre o mesmo em todas as circunstâncias, ainda que, querendo ou não, o tempo o acabe arrastando consigo, definindo-o e formando-o; e o faça de tal modo que se possa dizer que qualquer um nascido dez anos antes ou depois seria, no que diz respeito a seu próprio desenvolvimento cultural e intelectual e à repercussão de sua vida no mundo, um indivíduo completamente diferente.

Foi a partir de tais considerações e esforços, de lembranças e reflexões como essas, que surgiu a presente exposição. Portanto, é a partir da perspectiva de seu surgimento que dela se poderá tirar o melhor proveito. É a partir desse ponto de vista que ela poderá ser mais bem utilizada e julgada de modo mais razoável. Quanto ao que, de resto, ainda se possa ter a dizer especialmente sobre sua abordagem algo poética, algo histórica, para tanto ainda há de surgir ocasião ao longo da narrativa.

Primeiro livro

Vim ao mundo na cidade de Frankfurt, às margens do rio Meno, aos vinte e oito dias de agosto do ano de 1749, quando os sinos dobravam a décima segunda badalada do meio-dia. A constelação era auspiciosa; o sol encontrava-se no signo de virgem e em seu ponto culminante para aquele dia; Júpiter e Vênus contemplavam-no ditosos, Mercúrio não se fazia desfavorável; Saturno e Marte lhe eram indiferentes: somente a Lua, no plenilúnio, exercia mais intensamente a força de sua contraluz, já que acabava de entrar em sua hora planetária. Opunha-se, portanto, ao meu nascimento, que não lograria acontecer senão depois de passada aquela hora.

Esses aspectos benfazejos, a que, mais tarde, os astrólogos saberiam atribuir grande importância, hão de ter sido os grandes responsáveis por me manterem vivo, uma vez que, por imperícia da parteira, fui dado como morto ao nascer e somente após toda sorte de esforços conseguiram fazer com que eu chegasse a ver a luz do dia. Essa circunstância, que fizera meus familiares passarem por grandes sobressaltos, foi de alguma serventia para meus concidadãos, pois levaria meu avô, o prefeito Johann Wolfgang Textor,[4] a contratar um profissional de obstetrícia e introduzir, ou atualizar, a formação local de parteiras, benefícios de que possivelmente terão tirado proveito alguns daqueles que nasceram depois de mim.

---

[4] Johann Wolfgang Textor (1693-1771).

Quando queremos nos recordar dos primeiros acontecimentos de nossa juventude, é comum confundirmos aquilo que ouvimos dos outros com aquilo que se constitui como expressão de nossa própria experiência. Assim, ainda que sem empreender uma investigação mais minuciosa, o que talvez não levasse mesmo a lugar algum, tenho, para mim, que morávamos em uma casa antiga; na verdade, a velha construção era o resultado da junção de duas casas contíguas. A escada, erguida no formato de uma torre alta e estreita, dava acesso aos quartos, que, de resto, não tinham outra forma de ligação; e o desnível entre os andares era equiparado por meio de degraus. Para nós, crianças – uma irmã mais nova e eu –, o cômodo predileto era o amplo e extenso corredor no piso térreo, pois conduzia até a porta de entrada, junto à qual havia uma grande gelosia de madeira, que nos colocava diretamente em contato com a rua e o ar livre. A esse espaço que o gradil treliçado encerrava – que fazia o vestíbulo lembrar uma gaiola e, na época, era muito comum nas casas de Frankfurt – chamávamos *Geräms*. As senhoras costumavam sentar-se ali para costurar e tricotar, a cozinheira escolhia sua salada, as vizinhas conversavam umas com as outras sem sair de suas casas e assim, na estação propícia, as ruas ganhavam um ar meridional. Sentíamo-nos à vontade, já que estávamos acostumados com o que era público. E era também nesses *Gerämse* que as crianças faziam seus primeiros contatos com os vizinhos. Na casa logo em frente à nossa, os três irmãos da família von Ochsenstein – filhos já mais velhos do falecido prefeito da cidade – pareciam simpatizar comigo e gostavam de me provocar, entretendo-se das mais diversas formas.

Meus familiares faziam questão de contar as travessuras que esses senhores costumavam aprontar comigo – homens que, de resto, eram sempre muito sérios e solitários. Contarei aqui apenas uma dessas peças. Era a época da feira dos ceramistas e não apenas a cozinha acabara de ser guarnecida de louça nova, como também haviam comprado as mesmas peças em miniatura, como brinquedo para as crianças. Num belo dia à tarde, como no mais a casa toda estivesse tranquila, entretinha-me no *Geräms* com minhas pequenas tigelas e panelas de brinquedo. No entanto, como dessa brincadeira não resultasse nada de mais excepcional, atirei uma peça de louça na rua e descobri o quanto era engraçado vê-la se quebrar. Os irmãos von Ochsenstein, percebendo que eu me divertia a ponto de bater palminhas de satisfação, gritaram: — Mais uma! — Sem hesitar, atirei outra peça de louça no calçamento. E como não parassem de pedir por mais peças, segui arremessando minhas tigelinhas, meus cadinhos, meus potinhos. Os vizinhos aplaudiam a cada novo arremesso, e eu me sentia muito feliz em contar com sua aprovação e em lhes proporcionar aquele prazer. A certa altura, porém, minha louça de brinquedo acabou, mas os irmãos von Ochsenstein insistiam: — Mais uma! — Corri então imediatamente até a cozinha e apanhei um prato de barro, que, ao se espatifar no calçamento, proporcionava um espetáculo ainda mais divertido. Voltei várias vezes à cozinha, buscando um prato de cada vez, à medida que os podia alcançar na prateleira. E como meus vizinhos não se dessem nunca por satisfeitos, acabei espatifando na rua toda a louça que pude arrastar comigo. Só bem mais tarde apareceria alguém para me deter, mas já era tarde demais: o desastre estava dado. Toda aquela cerâmica quebrada renderia uma história ao menos engraçada, com a qual diversos autores, especialmente os mais ardilosos ainda iriam se divertir muito até o final de suas vidas.

A mãe de meu pai, a quem, de fato, pertencia a casa em que morávamos, tinha um quarto espaçoso, contíguo ao corredor, mas que dava para a parte de trás da construção. Costumávamos estender o espaço de nossas brincadeiras até sua poltrona ou, quando ela estava doente, até junto a sua cama. Lembro-me de sua figura ter algo de espectral: uma senhora bonita, magra, sempre muito pálida e impecavelmente bem vestida. Guardo-a na lembrança como alguém doce, afável e bondosa.

Ouvíamos as pessoas chamarem a rua em que se situava nossa casa de *Hirschgraben*. Mas como não víssemos por ali nem cervo (*Hirsch*), nem fosso (*Graben*), queríamos saber de onde vinha aquele nome. Contaram-nos, então, que, em tempos mais remotos, aquele lugar ficava fora dos limites da cidade e, por onde agora passava a rua, havia antigamente um fosso, em que se criavam algumas cabeças de cervo. Esses animais eram mantidos e alimentados ali em virtude de um antigo costume da Câmara Municipal, que todos os anos oferecia um banquete público, para cuja efeméride sempre havia à disposição um cervo pronto para o abate. Assim, o banquete podia ser realizado mesmo que, fora da cidade, príncipes e cavaleiros criassem para os cidadãos de Frankfurt alguma forma de impedimento do exercício de seu direito de caça; ou, até mesmo, no caso de a cidade encontrar-se dominada ou sitiada por inimigos. A história agradou-nos muito e ficávamos imaginando ali, em nossos dias, aqueles animais selvagens sendo criados em liberdade.

Da parte posterior da casa, especialmente do andar superior, tínhamos uma vista muito agradável para um sem-número de quintais e jardins vizinhos que se estendiam até os muros da cidade. Infelizmente, com a transformação das antigas praças públicas em jardins particulares, nossa casa e algumas outras, perto da esquina, acabaram ficando encurraladas. Enquanto nas propriedades do outro lado da quadra junto ao *Rossmarkt*, a praça do antigo mercado de cavalos, erguiam-se casas enormes na parte de trás do terreno, reservando-se a parte da frente para amplos jardins, nosso quintal, isolado pelo que, para nós, apresentava-se como um muro demasiadamente alto, ia ficando cada vez mais distante desses paraísos tão próximos.

No segundo andar havia um cômodo que chamávamos de "quarto do jardim", por conta de algumas poucas jardineiras na janela, com as quais se procurava compensar a falta de um jardim de verdade. À medida que eu ficava mais velho, esse quarto foi se tornando o meu predileto na casa, um refúgio em momentos não necessariamente tristes, mas sempre algo inquietantes. Para além dos jardins que dali se podiam avistar e ainda mais além dos muros e das fortificações da cidade, abria-se uma planície bela e fértil, que se estendia na direção da cidade de Höchst. Era ali que, no verão, costumava fazer as minhas lições, esperar pelas tempestades; e não me cansava de olhar o sol se pôr no horizonte, na direção exata daquelas janelas. Todavia, como ao mesmo tempo eu também observasse dali os vizinhos cuidando das flores em seus jardins, as pessoas se divertindo e as crianças rolando as bolas e derrubando os pinos de boliche nos quintais, comecei a sentir, logo cedo, certa sensação de solidão, que, por sua vez, despertaria em mim um desassossego. Sua influência, que correspondia ao que a natureza havia encerrado em mim de gravidade e apreensão, logo se faria evidente, pronunciando-se ainda mais decisivamente com o passar dos anos.

A casa, com seus tantos cantos ocultos e sua constituição, em geral, algo sombria, era muito propícia para despertar temor e medo nos ânimos infantis. Infelizmente ainda dominava naquela época a máxima pedagógica, segundo a qual era imperioso que as crianças perdessem, tão cedo quanto possível, toda forma de medo do ominoso e invisível, acostumando-as a tudo que fosse percebido como aterrorizante. Por essa razão, crianças, como nós, tinham de dormir sozinhas; quando não conseguíamos pegar no sono e, de mansinho, deixávamos nossa cama em busca da companhia dos criados e das empregadas, logo surgia no caminho nosso pai, por baixo de seu robe todo desgrenhado – para nós, suficientemente bem disfarçado –, e espantava-nos de volta para a cama. Não é difícil imaginar o efeito negativo que resultava disso. Afinal, como libertar do medo alguém que se sente duplamente amedrontado? Minha mãe, sempre serena e alegre, e desejosa do mesmo para os outros, inventara uma saída pedagógica mais eficiente. Ela conseguia o que queria por meio de recompensas: era época de pêssego, cujo desfrute ela nos prometia para toda manhã e em abundância, caso tivéssemos superado nossos temores à noite. Funcionava muito bem e ambas as partes ficavam satisfeitas.

No interior da casa, o que mais atraía meu olhar era uma série de gravuras da cidade de Roma – gravadas por alguns dos hábeis antecessores de Piranesi, entendidos em arquitetura e perspectiva, cujos traços precisos eram bastante estimados –, com as quais meu pai havia decorado uma antessala. Ali eu me deparava diariamente com vistas da *Piazza del Popolo*, do *Coliseo*, da *Piazza San Pietro*, bem como de sua basílica, por dentro e por fora, do *Castel Sant'Angelo* e de outros lugares como esses. Essas imagens marcaram-me profundamente, e meu pai, que, quanto ao mais, era sempre tão lacônico, fazia-nos o favor de, vez ou outra, descrever alguma daquelas cenas. Tinha grande simpatia pela língua italiana e por tudo que dizia respeito àquele país. Não raro ele nos mostrava uma pequena coleção de mármores e alguma *naturalia* que trouxera de lá. Utilizava uma parte significativa de seu tempo para escrever, em italiano, seus relatos de viagem, que ele, lenta e precisamente, redigia e copiava de próprio punho, caderno após caderno. Para tanto, contava com o auxílio de um velho e animado professor de italiano, chamado Giovinazzi. E como o velho não cantasse mal, minha mãe condescendia diariamente em acompanhá-lo, e a si mesma, ao piano – foi assim que conheci e aprendi de cor o *Solitario bosco ombroso*,[5] antes mesmo de conseguir entendê-lo.

---

5 Trecho da ária italiana *La Lontananza*, com texto de Paolo Rolli (1687-1785).

Meu pai tinha uma índole didática e, sempre que longe dos negócios, fazia questão de passar adiante aquilo que conhecia e de que se sabia capaz. Foi assim que, nos primeiros anos do casamento, instigara minha mãe a escrever, tocar piano e cantar; por conta disso, ela acabaria se sentindo compelida a aprender também alguns rudimentos da língua italiana.

Costumávamos passar as horas livres na casa de nossa avó, em cujo quarto amplo e espaçoso não nos faltava lugar para nossas brincadeiras. Ela sabia nos ocupar com qualquer miudeza e mimoseava-nos sempre com seus quitutes. Mas certa noite de Natal, ela coroaria todas as suas boas ações ao organizar para as crianças um teatro de bonecos, criando naquela velha casa um mundo completamente novo para nós. O espetáculo, tão inesperado, atrairia poderosamente aqueles ânimos pueris e teria forte impacto especialmente sobre o garoto, em quem os ecos daquela experiência ainda repercutiriam intensamente por muitos anos.

O pequeno palco com seus pequeninos atores mudos, que primeiramente só nos haviam sido mostrados de longe, mas que, em seguida, pudemos operar nós mesmos e ensaiar o bastante até que ganhassem alguma vida dramática, acabaria se tornando um presente ainda mais valioso, na medida em que foi também a última coisa que nossa avó fizera por nós. Pouco tempo depois, em virtude de suas enfermidades cada vez mais graves, ela começaria a sumir aos poucos de nossas vistas, até que desapareceu por completo de nosso convívio. Sua partida foi um acontecimento muito significativo para toda a família, pois traria consigo grandes mudanças em nossas vidas.

Enquanto minha avó era viva, meu pai havia se preservado de fazer qualquer alteração ou reparo na casa, por mínimos que fossem; mas era sabido que ele vinha se preparando para uma grande reforma, a que ele então logo daria início. Assim como em várias outras cidades mais antigas, em Frankfurt era permitido, para ganhar algum espaço na execução de obras de madeira, avançar a construção por sobre o limite da rua não apenas no primeiro, mas também nos andares subsequentes, o que atribuía às ruas, especialmente às mais estreitas, um aspecto sombrio e amedrontador. No entanto, naquela época acabara de entrar em vigor uma lei, válida para quem construísse casas inteiramente novas, que restringia esse avanço por sobre a rua ao primeiro andar, de modo que, a partir de então, os andares subsequentes tinham de seguir esse mesmo alinhamento vertical. Meu pai, para não ter de abrir mão do espaço que a velha construção ganhara com o avanço do segundo andar e menos preocupado com o aspecto arquitetônico exterior do que com a boa e cômoda disposição interior da nova casa, valeu-se então do subterfúgio de escorar toda a parte superior da edificação e começar a obra de baixo para cima, demolindo os pisos antigos à medida que se iam construindo os novos andares. Assim, ao final, praticamente nada restaria da antiga construção, ainda que a obra toda pudesse passar por uma reforma. Aos poucos foi começando então a demolição e a reconstrução, mas meu pai decidira não sair da casa, para poder acompanhar e coordenar melhor a obra — entendia bem de questões técnicas da construção — e para não ficar longe da família. Para as crianças, esses novos tempos foram repletos de surpresas e estranhamentos. Os quartos nos quais costumavam confiná-las e atormentá-las com tarefas e lições pouco agradáveis, os corredores pelos quais antes corriam e brincavam, as paredes, cuja limpeza e manutenção sempre foram objeto de preocupação: ver tudo isso vir abaixo, e ainda de baixo para cima, a marretadas de pedreiro e machadadas de carpinteiro; ver a casa como que flutuar no ar, com suas vigas todas escoradas; e no meio disso ainda ter de continuar fazendo as lições e alguns trabalhos de casa — isso tudo confundiria significativamente a cabeça daquelas crianças, que tão facilmente não recobrariam seu sossego. Pelas próprias crianças, no entanto, o desconforto não era sentido assim tão fortemente, pois, como agora tinham vigas para se balançar e tábuas e mais tábuas para se equilibrar, acabavam ganhando também mais espaço do que antes e mais oportunidades para suas brincadeiras.

Bastante obstinado, de início meu pai executaria a obra exatamente conforme havia estabelecido em seus planos. Mas, por fim, quando também o telhado foi parcialmente desmontado e a chuva começou a chegar até nossas camas — a despeito da cobertura improvisada com o oleado dos papéis de parede que haviam sido removidos —, meu pai, ainda que a contragosto, decidiu deixar as crianças por um tempo com seus amigos mais benevolentes, que já anteriormente nos haviam oferecido abrigo, e mandá-las para uma escola pública.

Essa mudança teve algo de desagradável, pois as crianças, que até então haviam sido educadas exclusivamente em casa, com asseio e distinção, ainda que sob uma disciplina rigorosa, sofreriam todas as dificuldades de seu primeiro contato com uma massa bruta de jovens criaturas de comportamento inesperadamente infame, desregrado e até mesmo vil, uma vez que lhes faltassem instrumentos e habilidades para se protegerem delas.

Foi na verdade nessa época que comecei a me dar conta da cidade em que nasci, à medida que circulava cada vez mais livre e desimpedidamente por suas ruas, ora sozinho, ora na companhia de meus divertidos colegas de infância. Para passar, aqui, algo da impressão que me causavam aqueles arredores austeros e dignos, preciso lançar mão de uma forma de descrição de minha cidade natal, que leve em conta o modo como ela, pouco a pouco, foi-se revelando diante de mim em suas diferentes partes. A grande ponte sobre o rio Meno era meu passeio predileto. Sua extensão, sua robustez e sua aparência impactante faziam dela uma construção notável; era também uma das únicas reminiscências daquele zelo que nos velhos tempos as autoridades seculares se sentiam obrigadas a demonstrar por seus cidadãos. O belo rio atraía a atenção de meus olhares, que iam e vinham ao sabor da correnteza; e ver brilhar ao sol o galo dourado sobre a cruz da grande ponte era sempre, para mim, uma sensação gratificante. Em geral, o passeio seguia então por Sachsenhausen, do outro lado do rio, e, na volta, por um único tostão,[6] podíamos desfrutar do conforto da travessia. De volta à margem de cá do Meno, seguíamos sem pressa em direção ao mercado de vinhos, onde ficávamos admirando o mecanismo das gruas que descarregavam as mercadorias; mas o que mais nos entretinha mesmo era a chegada dos navios que traziam mercadores de toda parte, dos quais víamos desembarcar uma grande variedade de figuras, algumas das quais, raríssimas.

Sempre que nos metíamos cidade adentro, não podíamos deixar de fazer nossa respeitosa saudação diante do *Saalhof*,[7] que ocuava ao menos o mesmo

---

6 Em alemão: *Kreuzer*. Moeda comum no sul da Alemanha, na Áustria e na Suíça até o século XIX, em geral de metal não precioso, de baixo valor e que levava impressa na face uma cruz.

7 O *Saalhof*, Palácio Sálico, deve seu nome ao fato de ter sido residência dos reis sálicos (dinastia saliana), descendentes de Carlos Magno (dinastia carolíngia).

local em que se teria situado o castelo do imperador Carlos Magno e de seus sucessores. Adorávamos nos perder pelo antigo bairro dos artífices e entre a multidão que se aglomerava no entorno da Igreja de São Bartolomeu,[8] especialmente nos dias de feira. Desde os tempos mais remotos, vendedores e mercadores espremiam-se ali uns contra os outros; e, justamente por conta dessa forma de ocupação, foi só com alguma dificuldade que, mais recentemente, pôde ganhar lugar uma forma mais agradável e espaçosa de organização. As tendas na rua do chamado *Pfarreisen*[9] significavam muito para crianças como nós, pois lá deixávamos alguns bons vinténs[10] em troca de figurinhas coloridas e estampadas com animais dourados. Apenas muito raramente surgia a ideia de forçar caminho através da praça do mercado, sempre tão abarrotada, suja e entupida de gente. Lembro-me ainda como eu costumava apressar o passo sempre que passava diante daquelas bancas horríveis de carne, que ali se atulhavam e se espremiam. Já o *Römerberg*[11] parecia-nos um lugar muito mais agradável para passear. Partindo de lá, o caminho que levava até a cidade nova, seguindo pela *Neue Kräme*,[12] era sempre muito divertido e estimulante. Só nos aborrecia o fato de termos sempre de dar uma grande volta pela *Hasengasse* ou pela *Katherinenpforte*, já que, ao lado da Igreja de Nossa Senhora, não havia uma rua que nos levasse diretamente até a *Zeil*.[13] Contudo, o que mais atraía mesmo a atenção daquela criança eram as várias pequenas cidades dentro da cidade, as fortalezas dentro da fortaleza. Ou seja, os espaços enclausurados pelos muros dos mosteiros e pelas fortificações remanescentes dos séculos passados, assim como o *Nürnberger*

---

8   Trata-se aqui da *Kaiserdom St. Bartholomäus*, a Catedral de Frankfurt.
9   *Pfarreisen*, localidade que, já na época de Goethe, levava o nome de uma antiga passagem que atravessava o velho cemitério da igreja. Seu nome remonta ao fato de que tal passagem era delimitada por um cercado de ferro.
10 Em alemão: *Batzen*. No referido contexto, como expressão idiomática genérica, tem o sentido de uma "quantia razoável de dinheiro"; *Batzen* também é uma antiga moeda, com valor aproximado entre um *Kreuzer* e um *Gulden* (florim).
11 *Römerberg*, nome da praça central da cidade antiga de Frankfurt (de acordo com seus limites medievais), onde também se localiza a Prefeitura.
12 Nome de uma rua importante da região histórica e central da cidade de Frankfurt, que liga, no sentido norte-sul, duas grandes praças (*Römerberg* e *Liebfrauenberg*).
13 Em itálico, nomes de diferentes ruas da região central da cidade de Frankfurt.

Hof, o *Kompostell*, o *Braunfels*, o palacete dos senhores de Stallburg e várias outras construções, mais ou menos medievais, que, em tempos modernos, acabariam sendo transformadas em oficinas e residências.[14] Do ponto de vista arquitetônico, não havia nada que se destacasse em Frankfurt naquela época: tudo remetia a um passado distante, em que a cidade e toda a região viviam tempos bastante intranquilos. Os portões e as torres definiam os limites da cidade antiga; e outros portões, torres, pontes, muros, muralhas e fossos, juntos, circunscreviam os limites da cidade nova. Tudo ali ainda indicava, muito claramente, que fora a necessidade de garantir a segurança da comunidade, em tempos conturbados, que dera origem àquelas construções; que as praças e ruas, até mesmo as mais novas, belas e amplas, não passavam de um produto do mero acaso e da arbitrariedade, não sendo fruto, portanto, de nenhum espírito ordenador. Aos poucos, certa inclinação para as coisas antigas começaria a se consolidar no menino, alimentada e favorecida, sobretudo, pelo contato com antigas crônicas e xilogravuras – como, por exemplo, a de Hans Grave, representando o cerco de Frankfurt; mas também começaria a se revelar, no garoto, um desejo de flagrar as situações humanas mais simples em sua pluralidade e naturalidade, sem maiores pretensões de interesse ou beleza. Daí que um de nossos passeios prediletos, que tentávamos realizar pelo menos algumas vezes por ano, consistisse em dar a volta na cidade pelo lado de dentro das muralhas. Jardins, pátios e a parte de trás das casas estendem-se até a base interna das fortificações, de onde se pode observar, portanto, milhares de pessoas nas situações domésticas mais simples e cotidianas. Dos jardins ornamentais dos ricos aos pomares dos cidadãos comuns, passando por fábricas, lavanderias e outros estabelecimentos semelhantes, e até mesmo por um campo-santo – pois um pequeno mundo se encerrava nos limites da cidade –, o passeio transformava-se, a cada novo passo, num espetáculo ainda mais surpreendente e variado, de que nossa curiosidade infantil não podia se saciar. Pois verdade seja dita: o famoso diabo coxo,[15] ao erguer à noite todos os telhados de Madri

---

14 Nessa passagem, referência a edificações antigas e tradicionais da cidade de Frankfurt.

15 Alusão ao personagem do romance *Le Diable boiteux* (1707), do romancista e dramaturgo francês Alain René Lesage (1668-1747).

para seu amigo, pouco mais fez por ele do que se faz, aqui, diante de nós, a céu aberto e em plena luz do dia. As chaves de que ao longo do caminho tínhamos de nos servir para ganhar passagem por algumas das torres, escadas e pequenos portões ficavam sob a guarda dos conselheiros do arsenal – e não perdíamos ocasião de tratar seus subalternos da melhor forma possível.

Ainda mais importante e, num outro sentido, mais instrutivo para nós era a prefeitura municipal, chamada de *Römer*. Adorávamos nos perder pelos pavilhões arqueados do piso inferior. Vez ou outra, conseguíamos entrar na sala em que as sessões do conselho municipal tinham lugar – ela era grande na dimensão, mas muito simples. As paredes eram revestidas de lambris até certa altura e o resto – tanto das paredes como o teto abobadado – era branco. Não havia, em parte alguma, o menor vestígio de pintura ou de baixo-relevo. Apenas na parede central, ao alto, podia-se ler uma breve inscrição:

O dito de um
É dito de nenhum:
Que se faça ouvir um a um.[16]

Seguindo as tradições mais antigas, aos membros do conselho reservavam-se bancos ao redor de toda a sala, dispostos junto à parede de lambris e sobre um piso que se erguia um degrau a mais que o restante da sala. Logo pudemos compreender por que a organização hierárquica de nossas câmaras se dá por bancadas. À esquerda de quem entra pela porta até o canto oposto da parede, tinham assento, no que se chamava de primeiro banco, os conselheiros; o canto da sala era reservado para o prefeito, o único que, diante de si, tinha uma pequena mesinha; a sua esquerda e até a parede das janelas, assentavam-se os senhores do segundo banco; ao longo de toda a parede da janela ficava, então, o chamado terceiro banco, em que tomavam assento os artesãos; no meio da sala havia ainda uma mesa para o secretário.

Uma vez dentro do *Römer*, misturávamo-nos à multidão que ali se aglomerava antes das audiências com o prefeito. Mas o que nos atraía de verdade

---

16 Em alemão: "Eines Manns Rede/ Ist keines Manns Rede:/ Man soll sie billig hören Beede". (N. E.)

era tudo o que dizia respeito à eleição e à coroação dos imperadores. Sabíamos nos valer dos favores dos porteiros para poder subir os degraus da bela escada imperial – adornada com seus novos afrescos –, cujo acesso, em geral, mantinha-se interditado por uma grade. A sala das eleições, que nos inspirava grande respeito, era toda decorada com papel de parede púrpura e emoldurada pelos floreios e atavios das volutas douradas. Observávamos com grande atenção o painel pintado sobre a porta, em que pequenas crianças ou querubins, vestidos com os ornamentos imperiais e carregando as insígnias reais, compunham uma cena peculiar – tínhamos esperança de, um dia, poder ver uma coroação com nossos próprios olhos. E uma vez que, astuciosamente, lográvamos entrar na grande sala imperial, era só com muito esforço que conseguiam nos tirar de lá. Tornávamos nosso maior amigo, então, aquele que se dispusesse a nos contar algo dos feitos dos vários imperadores, cujos retratos viam-se pintados, a certa altura, ao redor de toda a sala.

Ouvíamos muitas histórias fabulosas sobre o imperador Carlos Magno, mas o primeiro a se fazer historicamente interessante para nós foi Rodolfo de Habsburgo, que, com sua virilidade, pusera um fim em tantas desordens. Também Carlos IV nos despertava a atenção. Já ouvíramos falar da constituição da Bula Dourada e das regulamentações criminais da *Lex Carolina*,[17] bem como do fato de que ele não se vingara dos cidadãos de Frankfurt pela simpatia que nutriam por Günther von Schwarzburg, seu nobre adversário e candidato a imperador. Maximiliano era exultado como um regente humanitário e amigo dos cidadãos. Dele se dizia que seria o último imperador de uma casa alemã – para sua infelicidade, a profecia acabaria mesmo por se realizar, já que, após sua morte, a eleição de seu sucessor variaria entre o rei da Espanha, Carlos V, e o rei da França, Francisco I. Acrescentava-se, ainda, que tal profecia ou, melhor, que outro presságio como aquele parecia estar circulando novamente: pois era visível que, naquelas paredes, só restara lugar para o retrato de mais um único imperador, situação esta que,

---

17 Se a Bula Dourada (*Goldene Bulle*, 1356) foi de fato uma das grandes realizações de Carlos IV (1316-1378), o conjunto de leis conhecido por *Peinliche Halsgerichtsordnung* (*Constitutio Criminalis Carolina* ou, simplesmente, *Lex Carolina*), seria aprovado apenas em 1532, portanto, durante o reinado de Carlos V (1500-1558). Os dois grandes feitos se fundem, na passagem acima, como realizações de Carlos IV.

por mais fortuita que parecesse, deixava perplexos e preocupados os corações mais patrióticos.

Quando dávamos nossa volta pela cidade, não deixávamos de passar pela catedral e de visitar o túmulo daquele bravo Günther, tido em tão alta conta por amigos e inimigos. A curiosa lápide, que antes recobria o túmulo, encontrava-se agora no coro, no fundo da capela-mor. A porta logo ao lado, que conduz até o conclave, permaneceu trancada para nós por longo tempo, até que finalmente, após apelarmos junto às autoridades superiores, foi-nos franqueado o acesso também a esse local de tamanha importância. Antes, porém, tivéssemo-nos restringido à imagem que dele fazíamos, até então, somente a partir de nossa imaginação, pois a sala não nos parecia apresentar uma decoração digna de local tão memorável para a história alemã, onde os príncipes mais poderosos costumavam se reunir para tomar decisões da mais alta importância; ainda por cima, tudo o que se podia ver naquele espaço, então, eram vigas, sarrafos, andaimes e outras tralhas que se haviam atulhado por ali. Mas, pouco tempo depois, nossa imaginação seria atiçada ainda mais e nossos corações se inflamariam novamente quando obtivemos autorização para estarmos presentes, na Prefeitura, numa ocasião em que a Bula Dourada seria exibida para alguns ilustres visitantes estrangeiros.

O menino assimilava avidamente tudo o que seus pais, parentes mais velhos e outros conhecidos contavam-lhe e repetiam com tanto prazer, a saber, as histórias das duas últimas coroações, que se haviam sucedido em tão pouco tempo – pois não havia um só cidadão de Frankfurt que, tendo já certa idade, não julgasse aqueles dois acontecimentos, e suas circunstâncias, como o ponto alto de suas vidas. Por mais magnífica que a coroação de Carlos VII possa ter sido – para a qual o embaixador francês contribuiria com festas as mais grandiosas, sem poupar bom gosto nem expensas –, a sequência dos fatos, porém, não seria tão auspiciosa para o bom imperador, que, desassenhoreado de sua residência em Munique, teve de praticamente suplicar pela hospitalidade de seus concidadãos imperiais em Frankfurt.

Já a coroação de Francisco I, se não se deu sob o mesmo signo de magnificência da anterior, foi, contudo, marcada pela presença exuberante da imperatriz Maria Teresa, cuja beleza, dizia-se, tinha tanto impacto sobre os homens quanto a figura sóbria, austera e os olhos azuis de Carlos VII tinha sobre as mulheres. As duas linhagens rivalizavam, pelo menos, quanto a sua capacidade de formar, na imaginação daquele menino que era sempre todo ouvidos, uma figura altamente profícua de cada um desses personagens. Todas aquelas narrativas e descrições tinham lugar numa atmosfera de ânimos tranquilos e alegres, já que, ao menos temporariamente, a Paz de Aachen poria um fim em todas as contendas. Mesmo das guerras daquela época falava-se tão tranquilamente como das festividades – como da Batalha de Dettingen e de tantos outros eventos que se fizessem dignos de menção no transcorrer daqueles anos. E como soe acontecer logo que se firma um tratado de paz, tudo o que era importante ou perigoso dava-nos a impressão de ter acontecido apenas para entreter as pessoas felizes e sem maiores preocupações.

Nem bem passáramos seis meses vivendo quase que exclusivamente as descobertas daquele universo patriótico e já chegava novamente a época das grandes feiras, eventos que tinham o inacreditável poder de fermentar as ideias naquelas cabeças pueris. Com a montagem de um número tão grande de tendas em tão pouco tempo, uma cidade nova parecia eclodir de dentro da cidade que já conhecíamos, ao que se somava, ainda, a intensa agitação, o movimento ininterrupto de carga e descarga das mercadorias – desde os primeiros instantes de consciência, tudo ali estimulava uma curiosidade indomavelmente ativa e um desejo infantil e ilimitado de posse, que aquele menino, com o passar dos anos, procuraria satisfazer, de um modo ou de outro, conforme lhe permitissem as limitações de seu bolso. Ao mesmo tempo, naquele momento também começava a se formar no menino uma ideia da quantidade de coisas que o mundo todo produz, de suas necessidades e das trocas que os moradores de lugares tão diferentes realizam entre si.

Essas épocas memoráveis do ano, que coincidiam sempre com a chegada da primavera e do outono, faziam-se anunciar por meio de estranhas festividades, que nos pareciam tão mais dignas, quanto mais capazes fossem de presentificar vivamente os velhos tempos e tudo o que, de um passado distante, ainda se fazia chegar até nós. No Dia da Escolta,[18] o povo todo saía

---

18 Em alemão: *Geleitstag*. Festividade tradicional de Frankfurt à época de Goethe.

pelas ruas, espremendo-se pela *Fahrgasse*,[19] seguindo em direção à ponte e cruzando-a, até chegar a Sachsenhausen. O restante das pessoas ficava o dia todo à janela de suas casas, mesmo que nada de especial acontecesse. A multidão parecia estar nas ruas apenas para se espremer, e os espectadores, às janelas, apenas para que pudessem ficar observando uns aos outros: pois o que realmente estava em jogo ali só começava de fato a acontecer ao cair da noite – algo em que as pessoas mais acreditavam do que podiam ver com os próprios olhos.

Naqueles tempos incertos, em que os indivíduos cometiam injustiças a seu bel-prazer ou partiam, de bom grado, em defesa do que julgassem ser o mais justo, os comerciantes, que não raro seguiam longos caminhos até chegarem às feiras, ficavam à mercê de ladrões de estrada – tanto dos mais nobres quanto dos mais ignóbeis –, que os assolavam e assaltavam com muita frequência. Por essa razão, os príncipes e outras classes de poderosos passaram a organizar escoltas armadas, que, em segurança, conduziam seus súditos e protegidos até os limites da cidade. Quando aqui chegavam, porém, os cidadãos de Frankfurt também gostavam de poder fazer valer seus direitos, sem se sentirem violados em seus domínios. Partiam, então, ao encontro dos viajantes, de modo a recepcioná-los mesmo antes de sua chegada – ainda que, vez ou outra, não houvesse acordo fácil sobre o quanto as escoltas podiam se aproximar de Frankfurt, ou mesmo se lhes seria concedido o direito de entrar na cidade. Isso, no entanto, não acontecia apenas com os comerciantes em época de feira, mas, também, com todas as personalidades importantes, que, em tempos de paz ou de guerra, e especialmente em tempos de eleição, colocavam-se a caminho da cidade. E quando alguma comitiva que por acaso não se quisesse admitir na cidade fazia questão de forçar a entrada de seu senhor, não era nada incomum que a querela chegasse logo às vias de fato. Em razão disso, muito se discutiu e se negociou, inúmeros acordos foram firmados, ainda que sempre com amplas reservas de ambas as partes. E a esperança de, um dia, dar fim àquela contenda secular nunca se perderia, nem mesmo quando todo aquele aparato estratégico, tão

---

19 Nome de uma rua na região central e histórica da cidade de Frankfurt.

longa e intensamente utilizado, passou a ser considerado praticamente inútil ou, ao menos, supérfluo.

Entretanto, naqueles dias, a cavalaria municipal, dividida em vários agrupamentos encabeçados por seus comandantes, partia portões afora ao encontro de cavaleiros ou de hussardos a serviço de poderosos com direitos imperiais, que, juntamente com seus líderes, seriam recepcionados em grande estilo. Os cavaleiros hesitavam até o anoitecer e, em seguida, cavalgavam de volta à cidade praticamente sem serem vistos pela multidão à espera, já que, àquela altura, eles mal conseguiam manter o controle de seus cavalos e de si mesmos sobre eles. As comitivas mais importantes chegavam pelo portão da ponte e, por conta disso, a aglomeração, ali, era sempre maior. Por último, quando já se fazia alta noite, chegava à cidade a diligência de Nürnberg, também escoltada. Dizia-se, segundo a tradição, que trazia consigo uma velha senhora, razão pela qual os garotos costumavam romper aos berros quando a carruagem se aproximava — ainda que mal se pudessem divisar os passageiros em seu interior. Mas o mais inacreditável e realmente atordoante era a pressão exercida pela multidão em movimento, que descambava pelo portão da ponte atrás da diligência recém-chegada — daí que as casas mais próximas fossem as mais disputadas pelos espectadores.

Outra festividade, ainda bem mais estranha e que agitava o público em plena luz do dia, era o chamado tribunal dos pífanos.[20] Essa cerimônia trazia à lembrança aquelas priscas eras, em que algumas cidades, na condição de importantes centros comerciais, procuravam conquistar, quando não a liberação completa, ao menos a redução de suas taxas alfandegárias, que cresciam à mesma proporção que o comércio e a produção local. O imperador, que também dependia dessas cidades, concedia-lhes tal liberdade nos casos em que a decisão só coubesse a ele; e como, em geral, a concessão era válida apenas pelo período de um ano, fazia-se sempre necessário renová-la anualmente. Isso se fazia por meio da doação de presentes simbólicos, oferecidos ao prefeito imperial — que, não raro, acumulava também a função de superintendente alfandegário — antes da abertura oficial da feira de São Bartolomeu e, como rezavam os bons costumes, por ocasião de uma

---

20 Em alemão: *Pfeifergericht*.

audiência pública com seus conselheiros. Com o passar do tempo, o prefeito deixaria de ser nomeado pelo imperador e passaria a ser eleito pelos próprios cidadãos; manteria, no entanto, esse antigo privilégio, de modo que tanto as isenções alfandegárias da cidade quanto as referidas cerimônias, em que os delegados das cidades de Worms, Nürnberg e Bamberg reconheciam tal prerrogativa ancestral, acabaram se perpetuando na tradição e chegando até nossos dias. A audiência pública era marcada sempre para a véspera do dia de Nossa Senhora. Na grande sala imperial, num espaço especialmente preparado e cercado para a ocasião, tomavam assento, sobre um tablado mais elevado, os conselheiros municipais e, entre eles, num degrau ainda mais elevado, instalava-se o prefeito da cidade. Os procuradores legais de cada uma das partes ficavam embaixo, à direita. Para dar início à sessão, o atuário começava a ler em voz alta as sentenças importantes que se haviam postergado, propositalmente, para que entrassem na ordem do dia daquela audiência. Os procuradores, então, pediam vistas do processo, apelavam copiosamente e seguiam procedendo conforme lhes parecesse adequado.

De repente, uma música incomum irrompe na sala e anuncia, por assim dizer, a chegada dos séculos passados. São três pífanos: um sopra uma antiga charamela, outro, uma bombarda, espécie de oboé, e o terceiro, um bombardão. Os três vêm vestidos com seus faustos casacões azuis, debruados de dourado; têm a cabeça coberta e, nas mangas, trazem afixadas suas partituras. Assim partiram de suas hospedarias, pontualmente às dez horas da manhã daquele dia, seguidos por um delegado e sua comitiva e acompanhados, ao longo de todo o trajeto, pelos olhares admirados de estrangeiros e dos cidadãos locais; e assim também chegaram à Prefeitura, onde, naquele momento, faziam sua entrada triunfal. A disputa judicial é então interrompida, pífanos e comitivas se dispõem diante dos conselheiros, junto ao cercado; o delegado entra em cena e coloca-se de frente para o prefeito. Os presentes simbólicos — reclamados conforme o mais alto rigor da antiga tradição — eram, em geral, produtos que representavam a principal atividade comercial da cidade. A pimenta, que possuía um valor simbólico genérico, representava todos os produtos, razão pela qual aquele primeiro delegado trazia uma grande copa de madeira bem torneada e repleta de pimenta. Sobre a copa estendia-se um par de luvas de couro maravilhosamente bem cortadas, forradas e apendoadas em seda, como símbolo de um privilégio consentido e aprovado – e de que, em certas ocasiões, até mesmo o próprio imperador tirava proveito. Ao lado via-se também uma pequena varinha de condão de cor branca, que não podia faltar nas disputas legais e jurídicas daquela época, e algumas moedas de prata, que integravam o conjunto. O representante da cidade de Worms sempre trazia um velho chapéu de feltro, que, no entanto, tomava de volta logo em seguida, de modo que por muitos anos aquele chapéu foi testemunha ocular daquelas cerimônias.

Assim que acabava seu discurso, entregava seu presente e recebia do prefeito a garantia de que seu privilégio seria mantido, o delegado afastava-se daquele círculo mais fechado, os pífanos sopravam novamente seus instrumentos de madeira e o cortejo retirava-se da sala, seguindo de novo pelo mesmo caminho que fizera em sua vinda. O tribunal dava então continuidade aos julgamentos, fazendo entrar, mais tarde, o segundo e, por fim, o terceiro delegado – havia certo intervalo entre a apresentação de cada delegado, em parte para prolongar um pouco mais o prazer do público, em parte porque os delegados vinham acompanhados sempre daqueles antigos virtuosos, que a cidade de Nürnberg encarregava-se tanto de manter – para si e para as cidades que gozavam dos mesmos privilégios – quanto de garantir que se fizessem presentes todo ano, na hora e no local de tais cerimônias.

Para crianças, como nós, essa festa era especialmente interessante, seja porque não nos envaidecêssemos pouco ao ver nosso avô ocupando um cargo tão honorável, seja porque sempre costumávamos lhe prestar uma discreta visita ainda nesse mesmo dia, para quiçá ganhar uma copa de madeira, uma varinha de condão, um par de luvas ou uma velha pataca[21] – depois que nossa avó guardasse toda a pimenta em seu armário de temperos. Quando nos explicavam aquelas cerimônias simbólicas, que, como num passe de mágica, reviviam os ares dos velhos tempos, transportávamo-nos novamente para os séculos passados e tomávamos conhecimento dos costumes, dos usos e da mentalidade de nossos antepassados, que ali se presentificavam de modo tão particular na figura de pífanos e delegados redivivos, bem

---

21 Em alemão: *Räderalbus*, antiga moeda de prata.

como na concretude daqueles presentes, que não apenas podíamos pegar com nossas próprias mãos, mas que, por fim, também se tornavam nossos.

Com a chegada do tempo bom e da estação mais amena, seguiam-se, àquelas veneráveis festividades, algumas festas que se realizavam ao ar livre, fora dos limites da cidade, e que para crianças, como nós, eram bem mais divertidas. Descendo pela margem direita do rio Meno e a não mais de meia hora de caminhada do portão da cidade, há uma fonte sulfurosa muito bem cuidada e cercada por imensas e longevas tílias. Nas suas proximidades encontra-se o chamado *Hof zu den guten Leuten*[22] — no passado, um antigo hospital, construído justamente em razão da existência daquela fonte. Naquela época do ano, era nos campos e pastagens daquelas redondezas que se costumava reunir os rebanhos de gado de toda a vizinhança, ocasião em que os pastores e suas namoradas faziam uma grande festa campestre, com dança e cantoria, deleite e travessuras. Do outro lado da cidade havia um lugar semelhante, porém mais amplo, com uma bela fonte d'água e tílias ainda mais deslumbrantes. Era para lá que, na festa de Pentecostes, tocavam-se os rebanhos de ovelhas; e era também nessa data que as crianças órfãs da cidade, sempre tão pálidas e mirradas, ganhavam a oportunidade de sair de seu espaço de reclusão e fazer um passeio ao ar livre. Só bem mais tarde surgiria a ideia de que essas pobres criaturas abandonadas — que, de um modo ou de outro, sempre acabavam tendo de enfrentar sozinhas os desafios da vida — deveriam entrar em contato com o mundo já desde cedo, ao invés de serem dele apartadas, num regime de guarda por vezes tão triste. Era preferível, portanto, que fossem educadas desde pequenas para servir e suportar sua condição no mundo; e era necessário, em razão disso, fazer de tudo para fortalecê-las física e moralmente. As amas e as empregadas domésticas, que não perdiam nunca uma boa oportunidade para dar uma volta, levavam-nos desde muito cedo para passear naqueles mesmos lugares, de modo que as impressões de tais festas campestres passariam a integrar o conjunto de minhas lembranças mais remotas.

Àquela altura, nossa casa já ficara pronta e, por sinal, em relativamente pouco tempo, uma vez que tudo fora tão bem planejado e que também o

---

22 Em português, algo como *Quinta da Boa Gente*.

dinheiro necessário se fazia disponível. Encontrávamo-nos de novo todos reunidos e sentíamos imenso prazer de estarmos tão bem acomodados – nada como um plano bem pensado, que, quando realizado com sucesso, faz com que esqueçamos tudo de desagradável que os meios, para se atingir tal objetivo, possam ter representado. Para uma residência particular, a casa era suficientemente espaçosa, bem iluminada e arejada, com uma escada livre, corredores amplos e aquela bela vista para os jardins, de que ainda podíamos desfrutar através de várias das janelas. A disposição interna e tudo o que dizia respeito aos detalhes de acabamento e decoração da casa eram questões que se resolveriam aos poucos e com as quais saberíamos tanto nos ocupar quanto nos entreter.

A primeira coisa que fizemos foi colocar em ordem a grande coleção de livros de meu pai. Os melhores, aqueles que eram inteira ou parcialmente encadernados em couro, enfeitariam as paredes de seu escritório. Dos autores latinos possuía belas edições holandesas, que, para manter a harmonia de sua biblioteca, ele encomendava sempre no formato de in-quarto; possuía muitos livros sobre antiguidades romanas e sobre as questões mais sofisticadas do direito. A obra dos maiores poetas italianos também não podia faltar ali, em especial a de Torquato Tasso, por quem nutria grande admiração; tampouco podiam faltar as melhores e as mais recentes narrativas de viagem, em cujo gênero ele mesmo se arriscava, comprazendo-se em corrigir ou complementar ora um Keyssler, ora um Nemeiz.[23] Não deixara de se munir igualmente dos instrumentos mais essenciais de consulta, como enciclopédias e dicionários das mais variadas línguas, em que buscava conselho sempre que necessário. E a isso tudo se somava ainda uma infinidade de outros títulos, que adquiria a seu bel-prazer ou por necessidade.

A outra metade dessa coleção de livros, um conjunto de impecáveis encadernações em fino pergaminho e com títulos belissimamente caligrafados, era guardada num pequeno cômodo à parte. A aquisição de novos títulos, bem como sua respectiva encadernação e catalogação, eram tarefas que meu pai cumpria com muita serenidade e diligência. Quanto a isso, deixava-se

---

23 Referência a dois autores de narrativas de viagem: Johann Georg Keyssler (1693-1743) e Joachim Christoph Nemeiz (1679-1753).

influenciar fortemente pelas indicações de eruditos e acadêmicos, que sempre lhe recomendavam uma ou outra obra. Sua coleção de teses e dissertações jurídicas, por exemplo, ganhava anualmente mais alguns novos volumes.

Logo em seguida, deu-se a organização das pinturas, que, na casa antiga, ficavam espalhadas por todos os cantos, mas que, a partir de agora, ganhariam lugar especial nas paredes de um agradável cômodo contíguo ao escritório, todas reunidas, organizadas simetricamente e enquadradas em vistosas molduras de cor preta com filetes dourados. Meu pai tinha por princípio – algo que repetia com frequência e, não raro, com certa paixão – que se deveria dar trabalho aos mestres vivos, despendendo-se menos com a obra daqueles que já estavam mortos e em cuja apreciação misturava-se sempre tanto preconceito. Imaginava que acontecia com as pinturas o mesmo que com os vinhos da região renana, que, se ganhavam certa excelência com o passar dos anos, também podiam ser produzidos, a cada novo ano, com a mesma excelência dos anos anteriores – e, com o tempo, também o vinho novo ficaria mais velho, mais valioso e talvez até mais gostoso. Baseava sua opinião especialmente na observação de que, não raro, para alguns admiradores, muitos quadros antigos pareciam ganhar valor apenas pelo fato de terem se tornado mais escuros e sombrios, dado que teriam em alta conta a harmonia que esse tom obscuro era capaz de conferir à pintura. Contrariamente a esse argumento, meu pai garantia não ter receio algum de que também seus novos quadros pudessem escurecer no futuro – não admitia, porém, que eles pudessem ganhar algo com isso.

Seguindo seu princípio, engajaria vários dos artistas de Frankfurt ao longo dos anos: o pintor Hirt,[24] que sabia como ninguém integrar o gado na composição de suas florestas de faias e carvalhos e em outras paisagens ditas bucólicas; o pintor Trautmann,[25] que, tomando Rembrandt por modelo, iria longe com seus reflexos e interiores iluminados, assim como com suas impressionantes cenas de incêndio, a ponto de, certa feita, terem lhe encomendado uma tela para fazer par com um quadro de seu próprio mestre;

---

24 Friedrich Wilhelm Hirt (1721-1772).
25 Johann Georg Trautmann (1713-1769).

também o pintor Schütz,[26] que, seguindo o mesmo caminho idílico de Saftleven,[27] trabalhava com afinco as paisagens renanas; e Junker,[28] que, bem ao estilo da escola holandesa, realizava impecavelmente suas composições com flores e frutas, naturezas-mortas e pessoas em ocupações cotidianas. Por conta da nova organização daquele espaço tão agradável, mas também da amizade com um artista de grande habilidade, seu amor pela pintura ganharia então novo fôlego. O artista em questão chamava-se Seekatz[29] – aluno de Brinckmann[30] –, pintor da corte de Darmstadt, cujo talento e caráter serão objeto de discussão detalhada mais adiante.

Assim, demos sequência à fase de acabamento da casa, continuando a organização de acordo com o propósito de cada cômodo. A limpeza e a ordem prevaleciam em todos os ambientes. Agora grandes vidraças contribuíam para uma claridade perfeita, o que não acontecia na casa antiga, entre outras razões, porque suas janelas eram pequenas e arredondadas. Como tudo parecia correr muito bem, meu pai mostrava-se radiante. E não fosse o fato de que, vez ou outra, perdia seu humor por causa dos pedreiros, que nem sempre correspondiam a suas expectativas de comprometimento e precisão, não se podia imaginar vida mais feliz, fosse pelas coisas boas que vinham acontecendo no seio da própria família, fosse pelo que a influenciava diretamente, mesmo que vindo de fora.

---

26 Christian Georg Schütz (1718-1791).
27 Em alemão: "auf dem Wege *des Sachtleben*" (grifo meu). A edição crítica de Hamburgo [*Hamburger Ausgabe*], que tomamos aqui por base, anota a passagem como referência ao pintor e gravurista holandês Herman Saftleven (1609-1685), acrescentando tratar-se de um artista de que Goethe voltaria a se ocupar em outras ocasiões. A tradução de Lúcio Cardoso (Goethe, *Memórias de Goethe*, p.42) registra, para a mesma passagem, a tradução "apesar da lentidão", provavelmente tomando a expressão *Sachtleben* não por um nome próprio, mas pelo substantivo homônimo, que, segundo o *Dicionário Grimm*, designa um tipo de composição idílica (natureza-morta). Como citação exemplar, esse mesmo dicionário averba a própria passagem de Goethe, aqui em questão, mas com uma pequena variação na marcação do genitivo do termo (des Sachtlebens), diferente, portanto, do texto da edição crítica de Hamburgo.
28 Justus Junker (1703-1767).
29 Johann Conrad Seekatz (1719-1768).
30 Philipp Hieronymus Brinckmann (1701-1760).

Todavia, um acontecimento fora do comum e de repercussão mundial acabaria por abalar profundamente a paz de espírito daquele menino. No dia primeiro de novembro de 1755, um terremoto de proporções trágicas destruiria a cidade de Lisboa e alastraria uma onda de terror por todo um mundo que já vinha se acostumando à paz e à calmaria. De uma hora para outra, uma capital imperial magnífica, grande centro comercial e portuário, é completamente arrasada pela catástrofe mais terrível. A terra treme e balança, o mar se agita e se enche de cólera, os navios colidem uns contra os outros, as casas desabam e, por cima de seus entulhos, tombam igrejas e torres. O palácio imperial é parcialmente devorado pela maré; e, das profundezas das fendas entreabertas, a Terra parece cuspir suas chamas, pois só o que se vê entre as ruínas, em toda parte, é fogo e fumaça. Sessenta mil pessoas que há um instante ainda viviam a felicidade de suas vidas agradáveis e tranquilas, morrem todas ao mesmo tempo — ali, naquele momento, feliz era quem ainda não se havia permitido nem sentir nem tomar consciência da dimensão de sua desgraça. As chamas se alastram por toda a cidade e, com elas, as hordas de salteadores, que a catástrofe parecia ter colocado em liberdade; de modo que, aos desafortunados que lograssem sobreviver ao cataclismo, ainda sobrevinha a ameaça iminente de assaltos, assassinatos e toda sorte de maus tratos — eis que, de todas as partes, a natureza assevera sua mais irrestrita arbitrariedade.

Por todo o continente, uma onda de rumores e indícios da catástrofe se alastraria mais rapidamente do que as próprias notícias da tragédia: muitas localidades acusavam o registro de leves tremores de terra; algumas fontes d'água haviam se esgotado estranhamente, em especial aquelas tidas como medicinais. Ainda maior seria o impacto das próprias notícias, genéricas num primeiro momento, mas às quais logo se somariam detalhes aterrorizantes. Os fervorosos não poupavam suas opiniões, os filósofos ofereciam argumentos consoladores, os padres faziam sermões dos mais apavorantes; tanta coisa acontecia ao mesmo tempo, que, por um bom período, a atenção do mundo inteiro acabaria por se concentrar nessas questões. E os ânimos, agitados pela inquietude da desgraça alheia, passariam a se preocupar ainda mais com os seus e consigo mesmos, quando começaram a chegar outras notícias de todas as partes do mundo, ainda mais assustadoras, dos efeitos e da repercussão daquela imensa explosão. Talvez o demônio do terror nunca tenha conseguido, antes, espalhar tão rápido e poderosamente seu horror por toda a Terra.

O menino, tendo de ouvir reiteradamente aquilo tudo, não se deixaria afetar pouco. Aquele Deus tão sábio e misericordioso, criador e mantenedor dos céus e da Terra – como lhe fora apresentado no primeiro artigo do Credo –, não se provara paternal ao abandonar tanto os justos quanto os injustos a um mesmo infortúnio. Em vão aquele espírito pueril tentava não sucumbir a tais impressões, tarefa tanto mais difícil, porém, na medida em que nem mesmo os próprios sábios e doutores das Escrituras eram capazes de chegar a um consenso quanto ao modo como deveríamos entender tal fenômeno.

O verão seguinte logo proporcionaria outra ocasião para conhecermos mais de perto aquele Deus, de cuja ira o Velho Testamento tanto falava. Certo dia, de modo inesperado, uma tempestade de granizo irromperia violentamente e, aos raios e trovoadas, botaria abaixo as novas vidraças, recém-instaladas na parte de trás da casa, danificando os móveis novos, estragando alguns livros preciosos e outros objetos de valor. O temporal se tornaria ainda mais apavorante para as crianças, pois as empregadas, completamente amedrontadas e fora de si, arrastaram-nas de súbito para um corredor escuro, onde, de joelhos, aos gritos e berros dos mais medonhos, rogavam por reconciliação com a divindade enfurecida. Enquanto isso, meu pai, o único que não parecia ter perdido o controle, desprendia e arrancava o restante das janelas, com o que até acabaria conseguindo salvar alguns dos vidros, mas também abriria passagem para o aguaceiro que não tardou em cair logo após o granizo – quando finalmente retomamos a calma, vimo-nos ilhados pela água que inundava os corredores e corria copiosamente escadas abaixo.

Por mais incômodos que fossem, acontecimentos como esse pouco afetavam o andamento e a sequência das aulas que meu pai se propusera ministrar para nós, crianças. Passara sua juventude no Ginásio de Coburg, uma das melhores instituições alemãs de ensino de sua época. Lá adquirira uma boa base de conhecimentos em línguas e em tudo o que, de resto, pudesse contribuir para uma boa educação; depois disso, passaria pela formação em direito em Leipzig e faria seu doutoramento em Giessen. Sua tese, escrita com rigor e afinco, intitulada *Electa de aditione hereditatis*,[31] por muito tempo seria referida elogiosamente pelos professores de direito.

Todo pai tem o desejo fervoroso de que seus filhos possam realizar tudo aquilo que, eles mesmos, não puderam fazer — como se, através de seus filhos, vivessem uma segunda vida e quisessem, nela, fazer valer suas experiências acumuladas anteriormente. Consciente dos limites de seus conhecimentos, confiante em sua perseverança inquebrantável e desconfiado de seus antigos professores, tomara para si a tarefa de educar seus próprios filhos, valendo-se muito eventualmente, apenas quando lhe parecesse extremamente necessário, de aulas particulares com outros professores. Naquela época, começava a ganhar espaço certo diletantismo pedagógico, muito motivado pela compleição pedante e rabugenta que se fazia crescente entre os professores das escolas públicas. Procurava-se oferecer sempre algo melhor para as crianças, mas nem sempre eram levadas em consideração as imperfeições de um ensino ministrado por quem não tem formação específica.

Até aquela altura, meu pai vivera sua vida e sua carreira mais ou menos de acordo com seus próprios desígnios. Quanto a mim, caberia seguir seu caminho e ir mais além, só que de forma mais cômoda. Admirava tanto mais meus dons inatos, quanto mais estes lhe faltassem: dizia-me que tudo o que ele fora capaz de alcançar se devia exclusivamente a sua inacreditável obstinação, à perseverança e à insistência. Assegurava-me já desde cedo — mas também o faria mais tarde —, às vezes bem sério, às vezes jocosamente, de que teria trilhado caminho bem diferente caso dispusesse das mesmas aptidões; e de que não as desperdiçaria de modo tão descuidado.

Como eu tinha alguma facilidade não apenas para compreender, mas também para processar e fixar muito rapidamente os vários conteúdos, logo esgotei os limites das aulas que meu pai e outros professores estavam em condições de ministrar, sem, no entanto, lograr uma formação mais consistente em disciplina alguma. A gramática me aborrecia, pois só a conseguia ver como um conjunto de leis arbitrárias; suas regras pareciam-me risíveis, já que perdiam sua validade nos inumeráveis casos de exceção, que eu tinha

---

31 O título completo da tese de Johann Caspar Goethe: *Electa de aditione hereditatis ex jure Romano et Patrio*, Giessen, 1738.

de aprender um a um. E não fosse pelas rimas do livro de latim,[32] não sei o que teria sido de minha pessoa; daqueles versos eu gostava e tamborilava com os dedos ao declamá-los em voz alta. Tínhamos também uma geografia em versos, em que as rimas mais esquisitas se colocavam a serviço da memorização de certos conteúdos, algo como:

Overissel: muita lama
Só odeia quem não ama.[33]

Eu distinguia diferentes registros linguísticos e expressões idiomáticas facilmente, bem como os conceitos que definiam cada coisa. Ninguém me superava em questões retóricas, como na *chria*[34] ou em outros esquemas semelhantes — ainda que, por fim, nunca me saísse de fato tão bem em virtude dos erros constantes de gramática. Mas eram essas as composições que deixavam meu pai mais contente e em razão das quais recompensava-me com quantias de dinheiro bastante significativas e incomuns para um menino.

Ficava decorando o *Cellarius*[35] no mesmo cômodo em que meu pai ensinava italiano a minha irmã. No entanto, como logo terminasse a lição designada para aquele dia e como não me fosse permitido deixar a sala antes do final da aula, comecei a prestar atenção para além de meu livro e a captar rapidamente algo do italiano, que me parecia uma variante divertida do latim.

Era precoce no trato da memória e da arte combinatória e, como características como essas haviam tornado famosas outras crianças na mesma condição, meu pai mal podia esperar pelo dia de meu ingresso na universidade. Logo cedo, fizera questão de deixar claro que, como ele, eu estudaria direito na Universidade de Leipzig, pela qual mantinha ainda grande admiração, e que, mais tarde, faria meu doutoramento em outra universidade. Quanto a

---

32 Em alemão: "der gereimte angehende Lateiner". Referência ao método didático de latim de Johann Gottfried Gross: *Der angehende Lateiner, d.i. erste Übungen der lateinischen Sprache nach der Langschen Grammatik*, Halle, 1747.
33 Em alemão: "Oberyssel: viel Morast / Macht das gute Land verhaßt".
34 Em alemão: *Chrien*, do grego χρεία, fórmula ou esquema retórico para o exercício de tratamento de um tema.
35 Outra obra de referência no aprendizado do latim àquela época, de Christoph Cellarius, intitulada *Latinatis probatae et exercitatae liber memorialis*, de 1755.

essa segunda, era-lhe indiferente qual eu escolheria. Apenas à Universidade de Göttingen referia-se sempre com certa antipatia, não sei dizer o porquê – para meu completo desgosto, pois era justamente nessa universidade que eu vinha depositando minhas maiores expectativas.

Mais adiante, também me diria que eu deveria conhecer as cidades de Wetzlar e Regensburg,[36] assim como Viena e, partindo de lá, a Itália – ainda que também costumasse dizer que, antes disso tudo, era preciso conhecer Paris, pois nada mais podia causar grande admiração depois de uma viagem pela Itália.

Adorava ouvi-lo repetir essa fabulação de minha juventude ainda por vir, especialmente porque sempre acabava se transformando numa narrativa sua sobre a Itália, arrematada por uma bela descrição da cidade de Nápoles. Nesses momentos, sua seriedade e secura de costume pareciam, então, dissolver-se e ganhar feição mais animada, de modo que aquelas narrativas produziam em crianças, como nós, um desejo apaixonado de também poder compartilhar de tal paraíso.

As aulas particulares, que foram se tornando cada vez mais comuns com o passar do tempo, eram partilhadas com as crianças da vizinhança. No entanto, essas classes conjuntas não me estimulavam. Os professores seguiam sempre sua mesma rotina, e a desobediência – e algumas vezes a maldade – de meus colegas gerava desassossego, aborrecimento e incômodo naquelas aulas tão pobres de espírito. As crestomatias, que, pela diversidade de textos oferecidos, tornam o ensino sempre mais prazeroso e variado, ainda não haviam chegado até nós. Ficávamos, portanto, à mercê de obras como o *Cornelius Nepos*,[37] tão dura para nossos espíritos juvenis, o Novo Testamento, demasiadamente simples e trivializado pelas prédicas e aulas de religião, ou ainda o *Cellarius*[38] e o *Pasor*[39] – enfim, obras que não eram capazes de nos despertar qualquer interesse. Por outro lado, em razão da leitura dos

---

36 Cidades política e administrativamente importantes à época.
37 Historiador romano do século I a.C.
38 Trata-se aqui, provavelmente, de outra obra de Christoph Cellarius, a *Historia universalis* (Iena, 1716), amplamente utilizada como livro escolar de história no século XVIII.
39 Referência à obra *Manuale graecorum vocum Novi Testamenti*, de Georg Pasor (Amsterdam, 1600).

poetas alemães de então, havíamos sido tomados por um certo furor rímico e versejador. Já havia sentido sinais disso antes, ao perceber o quanto me divertia dar um tratamento poético aos meus exercícios de retórica.

Aos domingos, nós, meninos, tínhamos um encontro em que cada um devia apresentar seus próprios versos. Foi aí que percebi algo de surpreendente, algo que me inquietaria ainda por muito tempo. Sempre considerava meus poemas os melhores, fossem como fossem. No entanto, logo percebi que meus colegas, que não produziam senão versos muito mancos, tampouco tinham seus versos em menor conta e sentiam-se exatamente como eu. E, de tudo aquilo, o que mais me intrigava era que um dos meninos – um bom garoto, por quem eu, aliás, nutria certa simpatia –, de tão inábil naquela atividade, encomendava suas rimas a seu preceptor; ainda assim, não apenas as considerava as melhores, como também as assumia convictamente como sendo de sua própria lavra – era o que, em segredo, gostava de reafirmar insistentemente para mim, já que eu lhe inspirava certa confiança. Como eu era testemunha ocular de tamanho desproposito e delírio, ocorreu-me, certo dia, que eu também poderia ter caído na mesma armadilha; que tais poemas talvez fossem de fato melhores que os meus e que talvez aqueles meninos também me vissem do modo absurdo como eu os via. Isso me inquietaria muito e por muito tempo, uma vez que não encontrasse critérios externos que me pudessem garantir qualquer discernimento. Cheguei mesmo a parar de escrever, até que, certo dia, uma dose de imprudência e autoestima acabariam por me tranquilizar: ao arriscar de novo uns versos, por ocasião de um teste improvisado por nossos pais e professores – que estavam muito atentos a nossos jogos poéticos –, eu conquistaria não apenas a aprovação geral, como também grandes elogios.

Naqueles tempos ainda não haviam surgido as coleções de livros para crianças. Os próprios adultos possuíam uma mentalidade algo infantil e não pareciam se incomodar muito com a ideia de transmitir apenas seu próprio repertório cultural [*Bildung*] a seus descendentes. Com exceção do *Orbis pictus*,[40] de Amos Comenius, poucos livros tão bem ilustrados

---

40 Referência a uma das edições da obra ilustrada de Amos Comenius (1592-1671), amplamente conhecida no século XVIII, que, repleta de incontáveis xilogravuras,

De minha vida: Poesia e verdade

chegavam às nossas mãos. Folheávamos vez ou outra uma grande Bíblia in-fólio, com gravuras de Merian;[41] ilustrada por esse mesmo mestre, a *Crônica*,[42] de Gottfried, ensinava-nos sobre os acontecimentos mais notáveis da História universal; a *Acerra philologica*,[43] por sua vez, enriquecia-nos com toda sorte de fábulas, mitologias e outras raridades; e como não tardei em tomar conhecimento das *Metamorfoses* de Ovídio, estudando-as com grande afinco, especialmente seus primeiros livros, logo meu cérebro infantil se preencheria com uma imensa massa de imagens e episódios históricos, de figuras distintas e acontecimentos importantes. A partir de então, nunca mais seria acometido novamente pelo tédio, já que passaria a me empenhar em digerir, repetir e reproduzir toda aquela riqueza de imagens.

Uma obra que teria um efeito mais fervoroso e moral sobre mim do que aqueles episódios crus e perigosos da Antiguidade foi o *Telêmaco*, de Fénelon.[44] Conheci-a por meio da tradução de Neukirch, que, mesmo com todas suas imperfeições, foi capaz de provocar em mim uma impressão grácil e benfazeja. Era natural que *Robinson Crusoé*[45] surgisse logo em seguida e era evidente que a *Ilha de Felsenburg*[46] acompanhasse esse mesmo movimento. A

---

fazia uma apresentação ordenada dos reinos animal, vegetal e animal, do mundo humano e do universo conhecido.

41 Mathäus Merian (1593-1650), gravurista suíço.
42 Referência à obra *Chronica oder Beschreibung der Geschichte vom Anfang der Welt bis auf das Jahr 1619* (1633), de Johann Philipp Abelin (pseudônimo: Johann Ludwig Gottfried).
43 Referência à obra *Acerra philologica, 100 Historien* (1637), organizada pelo filólogo Peter Lauremberg: coletânea de breves histórias e anedotas, utilizada como uma espécie de introdução ao estudo da Antiguidade clássica.
44 Romance didático *Les Aventures de Télémaque* (1699), do teólogo e escritor francês François Fénelon (1651-1715), que conta a história da busca do filho de Ulisses, Telêmaco, por seu pai. Também faz-se referência aqui à tradução alemã publicada por Benjamin Neukirch, em versos alexandrinos, sob o título *Die Begebenheiten des Prinzen von Ithaca, oder der seinen Vater Ulysses suchenden Telemach* (1743).
45 A obra clássica de Daniel Defoe, de 1719, teria, na tradução alemã de 1720, uma de suas primeiras versões para um idioma estrangeiro.
46 Referência ao romance do escritor alemão Johann Gottfried Schnabel (1692-1744), em quatro volumes (1731-1743), referido simplesmente como *Insel Felsenburg* (nessa época, era praxe que os títulos das obras fossem especialmente extensos, razão pela qual as obras eram referidas, comumente, por um nome ou título alternativo).

Viagem ao redor do mundo, de Lord Anson,[47] unia o rigor da verdade com o reino fantástico da fábula; e enquanto acompanhávamos em pensamento a jornada daquele admirável navegante, éramos arremetidos a todos os cantos do mundo e procurávamos segui-lo com os dedos por sobre nosso globo terrestre. Mas uma safra ainda muito mais proveitosa reservava-se para mim, pois logo me depararia com um grande volume de escritos, aos quais talvez hoje não se possa referir como sendo de grande excelência formal, mas cujo conteúdo conseguia nos aproximar, ainda que de modo ingênuo, das virtudes de tempos pretéritos.

A editora ou, melhor, a fábrica daqueles livros – que ficariam conhecidos e até mesmo famosos, posteriormente, sob o título de *Escritos populares* ou *Livros populares*[48] – localizava-se na própria cidade de Frankfurt. Em razão de suas grandes tiragens, tais obras eram impressas com tipos fixos ou clichês, sobre papel da pior qualidade possível, não sendo raro, portanto, que fossem quase ilegíveis. Mas nós, crianças, tínhamos a felicidade de encontrar diariamente algumas dessas reminiscências preciosas do medievo sobre uma pequena mesa, em frente à loja de um alfarrabista, onde podíamos adquiri-las por alguns poucos tostões. Contos medievais como *Till Eulenspiegel*, *Os quatro filhos de Aimone*, *A bela Melusina*, *O imperador Otaviano*, *A bela Magelona*, *Fortunato* e todo seu clã, e até mesmo o *Judeu errante*, tudo, enfim, encontrava-se ali, à nossa disposição, bastando, para tanto, que resolvêssemos sacrificar uma ou outra guloseima em prol da aquisição daquelas obras. E, uma vez que essas brochuras, de tanto serem lidas, começavam a se desmanchar em nossas mãos, a grande vantagem era que podíamos

---

Representante importante das chamadas robinsonadas, tradição que toma a obra de Defoe como paradigma, e também uma das obras mais lidas à sua época.

47 Referência a *Lord Anson's Reise um die Welt, welche er in den Jahren 1740-1744 verrichtet* (1749), tradução para o alemão da obra *Voyage round the world* (1748). Trata-se do relato sobre a circum-navegação do globo empreendida pelo almirante inglês Lord George Anson (1697-1762) e registrada por Richard Walter, seu capelão.

48 Em alemão, respectivamente, *Volksschriften* ou *Volksbücher*, publicados pelo editor Johann Spies. Enquanto gênero, a designação *Volksbuch* se tornará corrente apenas no início do século XIX, com outro significado, distante da acepção pejorativa do século XVIII, mais próximo da ressignificação folclórica produzida no contexto romântico de valorização desses escritos populares.

simplesmente voltar a adquiri-las e, de novo, devorá-las como se fosse a primeira vez.

Assim como um agradável passeio de família no verão pode ser tão impertinentemente atrapalhado por uma forte rajada de chuva, transformando um momento feliz em uma situação tão desagradável, também as doenças infantis parecem surgir inesperadamente na mais bela estação dos primeiros anos de vida. Comigo não foi diferente. Acabara de comprar o *Fortunato*, com sua bolsa e chapéu mágicos, quando fui acometido por um mal-estar e uma febre, que anunciavam a varíola. A vacina contra essa doença ainda era considerada muito problemática entre nós, e, não obstante a recomendação enfática e incessante por parte de escritores populares, os médicos alemães ainda hesitavam em se valer de um procedimento que, a seus olhos, parecia antecipar a natureza. Diante disso, estudiosos ingleses vinham ao continente e, cobrando honorários consideráveis, vacinavam os filhos daquelas pessoas que tinham condições financeiras e se mostravam menos preconceituosas. A maioria, no entanto, ficava mesmo à mercê do antigo mal, que se alastrava pelas famílias, matando e desfigurando inúmeras crianças – apenas alguns poucos pais arriscavam lançar mão de um instrumento, cuja provável eficácia já se havia confirmado em tantos casos bem-sucedidos. Agora o mal chegava também a nossa casa e me acometia de modo particularmente violento.[49] Meu corpo inteiro, até mesmo o rosto, ficara completamente coberto de pústulas e fiquei acamado por vários dias, cego e sofrendo muito. Procurava-se de todo jeito encontrar alguma forma de alívio, prometendo-me mundos e fundos se eu conseguisse ficar quieto e não agravasse ainda mais o mal, coçando e arranhando as feridas. Consegui me conter. No entanto, seguindo o preconceito dominante na época, mantinham-me tão agasalhado quanto possível, o que só fazia agravar aquelas mazelas. Finalmente, após um longo e triste período, caiu-me como que uma máscara do rosto, sem que as varíolas deixassem sobre a pele qualquer cicatriz visível – meus traços faciais, porém, haviam claramente se transformado. Eu já me dava por satisfeito em poder ver a luz do dia novamente e em perceber como, pouco a pouco, as manchas

---

49 Goethe contrai a varíola em 1758.

na pele também iam sumindo. Mas algumas pessoas eram suficientemente impiedosas e pareciam insistir em me lembrar constantemente daquela condição mórbida. Em especial uma tia, cheia de energia, que antes me idolatrava, mas que depois da varíola, e mesmo anos mais tarde, não podia mais olhar para mim sem dizer: — Mas que diabos, sobrinho, que horrível você ficou! E, logo em seguida, não se furtava em me contar em detalhes como ela se encantava comigo antigamente e a sensação que ela provocava quando saía para passear comigo. Foi assim que, já muito cedo, percebi como as pessoas nos cobram amargamente pelo prazer que lhes proporcionamos um dia.

Não fui poupado nem do sarampo, nem da varicela, ou como quer que se chamem esses espíritos que infernizam a vida de uma criança; e a cada nova doença que surgia, mas que também logo passava, as pessoas insistiam em reafirmar a sorte imensa que eu tinha em ter posto um fim definitivo no mal que me assolara. Infelizmente, não tardava até que outra doença me ameaçasse novamente. Todas essas coisas somadas alimentaram ainda mais minha propensão reflexiva. E como, para me afastar do constrangimento da impaciência, já me havia experimentado antes com frequência no exercício da perseverança, as virtudes, que eu então ouvia serem altamente exaltadas pelos estoicos, começaram a me parecer excepcionalmente inspiradoras, tanto mais pelo fato de que algo semelhante fazia-se recomendável também na doutrina cristã da resignação.

A propósito dessas enfermidades familiares, gostaria de trazer ainda à lembrança a figura de um irmão,[50] que, sendo cerca de três anos mais novo do que eu, também fora contagiado pela mesma infecção e não sofreu pouco. Era de natureza frágil, sereno e obstinado; nunca tivemos de fato uma relação mais próxima. Mal chegaria ao fim de sua infância. Dentre os vários irmãos mais novos que, logo cedo, também teriam a vida abreviada, lembro-me apenas de uma menina, muito bonita e afável, que, no entanto, também logo desapareceria de nosso convívio. Com o passar dos anos,

---

50 Herman Jakob Goethe, morto pela varíola aos sete anos de idade. Além desse irmão, entre 1754 e 1766 Goethe perderia ainda duas irmãs e mais um irmão, todos eles logo nos primeiros anos de vida (ver Edição crítica DKV, p. 1084-5).

minha irmã e eu fomos percebendo que só sobraríamos mesmo nós dois, o que nos aproximaria de modo ainda mais intenso e afetuoso.

As consequências daquelas doenças e de outros distúrbios igualmente desagradáveis tornaram-se duplamente incômodas para meu pai, que, como parecia ter organizado nossas aulas numa espécie de calendário educativo, insistia em recuperar imediatamente o que se havia perdido por ocasião de qualquer contratempo, duplicando, assim, as lições dos convalescentes. Tais encargos extras, em si, não me proporcionavam grandes dificuldades, mas me pesavam na medida em que retardavam e, de certo modo, até mesmo reprimiam meu desenvolvimento interno, que, àquela altura, já havia tomado uma direção decisiva.

Para fugir a essas aflições didático-pedagógicas, costumávamos buscar refúgio na casa dos avós,[51] que ficava na *Friedberger Gasse*.[52] Na época, a casa parecia-nos um castelo medieval, pois, logo a sua entrada, não víamos senão um portão imenso, que, encimado pelo desenho recortado de suas ameias, encerrava-se entre os muros altos dos vizinhos. Depois de cruzarmos os umbrais e atravessarmos um corredor longo e estreito, finalmente chegávamos a um pátio interno, relativamente amplo, circundado por uma série de construções de formas e tamanhos diferentes, que, com o tempo, foram sendo conjugadas numa única residência. Corríamos logo para o quintal, que se estendia longa e amplamente por detrás daquelas construções e que era muito bem cuidado. Os caminhos, em geral, eram delimitados por videiras; uma parte do espaço era reservada para as hortaliças, outra era dedicada às flores, que, do início da primavera até o outono, alternavam-se em sua florescência, colorindo os canteiros e as beiras do quintal. Um extenso muro, de face sul, servia de apoio às espaldas de uma fileira de pessegueiros excepcionalmente bem cultivados, cujos frutos proibidos iam amadurecendo aos poucos e deixando-nos com água na boca ao longo de todo o verão. Evitávamos aquele lado do quintal, já que ali não nos era permitido satisfazer nossa gula. Concentrávamo-nos, então, no lado oposto do

---

51 Referência aos avós maternos de Goethe: o já citado Johann Wolfgang Textor (1693-1771) e sua esposa, Anna Margaretha Justina Textor (1711-1783), cujo sobrenome de solteira era Lindheimer.

52 Antiga rua de Frankfurt.

terreno, onde se nos oferecia um sem-fim de groselheiras[53] de vários tipos, cujos frutos, que podiam ser colhidos continuamente até o outono, despertavam nossa voracidade. Igualmente interessante para nós era uma velha e frondosa amoreira, tanto por seus frutos quanto por nos terem contado que os bichos da seda se alimentavam de suas folhas. Era naquele recanto tranquilo que se podia encontrar meu avô todo fim de tarde. Em seu ritmo cômodo e prazeroso, cuidava pessoalmente das podas mais delicadas das flores e das árvores frutíferas, deixando para o jardineiro apenas o serviço mais pesado. Não se desanimava com os múltiplos esforços necessários para manter e fazer crescer seu belo canteiro de cravos. Com extremo cuidado, ele mesmo se encarregava de amarrar, em leque, os galhos dos pessegueiros nas espaldas, de modo a estimular um crescimento maior e mais adequado das frutas. Não deixava que ninguém assumisse o trabalho de separação e seleção dos bulbos das tulipas, dos jacintos e de outras plantas semelhantes; tampouco deixava que alguém fizesse sua preparação para resistirem ao longo inverno. E como gosto de me lembrar, ainda, do quão diligentemente ele se ocupava do enxerto das mais diversas variedades de rosa, ocasião em que, para proteger-se dos espinhos, vestia aquelas tradicionais luvas de couro que lhe eram oferecidas anualmente, e sempre *in triplo*, por ocasião do tribunal dos pífanos – de luvas ele não carecia, portanto. E como para o trabalho no quintal costumava vestir também um roupão que mais parecia uma toga e, à cabeça, levava um gorro preto de veludo preguedo, parecia estar sempre pronto para representar um personagem a meio caminho entre Alcínoo e Laerte.[54]

Ele realizava todo esse trabalho de jardinagem com a mesma precisão e regularidade de suas atividades na magistratura, pois só descia para o quintal depois de ter lido as atas, preparado e colocado em ordem todos os assuntos do dia seguinte. Saía logo cedo para a Prefeitura, deixando para

---

53 Em alemão, referência às arborescências (ribes, groselheiras) de duas variedades de groselha: *Johannisbeer* (groselha pequena e de diversas cores, entre as quais a variedade vermelha – *ribes rubrum* – é uma das mais comuns) e *Stachelbeer* (groselha espinhosa, de cores verde, amarelo ou púrpura).

54 Caracterização do avô de Goethe a partir da referência a dois personagens da *Odisseia* de Homero.

almoçar apenas após seu retorno, quando então tirava uma pequena soneca em sua grande poltrona de avô – e assim os dias iam se passando, um após o outro. Era um homem de poucas palavras, não demonstrava qualquer sinal de impetuosidade. Não me recordo de tê-lo visto zangado. Vivia cercado por antiguidades. Nunca percebi o menor indício de qualquer espécie de reforma em sua sala forrada de lambris. Além das obras jurídicas, sua biblioteca continha apenas os primeiros relatos de viajantes, navegadores e descobridores. Enfim: não tenho lembrança de outro ambiente que, como aquele, pudesse me transmitir uma sensação tão absoluta e duradoura de paz.

Mas o que elevava ainda mais nosso respeito pelo venerável ancião era a convicção de que seria possuidor do dom da premonição, especialmente no que se referia a ele mesmo e a seu próprio destino. Embora não deixasse escapar nada de decisivo ou de mais detalhado a não ser para nossa avó, todos na família sabiam que ele se deixava instruir por sonhos bastante significativos, antecipando coisas ainda por acontecer. Nos tempos em que ainda era um dos membros mais jovens da junta do conselho, por exemplo, garantiu à sua esposa que, por ocasião da próxima vacância no banco dos conselheiros municipais, ele seria a pessoa escolhida para ocupar o cargo. De fato, alguns dias depois de ter dito isso à minha avó, um dos conselheiros teria um derrame e morreria. Sem fazer alarde, meu avô mandou logo que preparassem, para o dia da votação e escrutínio, uma festividade em sua casa, à guisa de recepção de seus convidados e de quem mais o pudesse vir congratular. E, no dia decisivo, acabou mesmo sendo contemplado com a bola dourada.[55] Meu avô confidenciaria à sua esposa do seguinte modo o sonho, bastante simples, que o instruíra àquele respeito: ele se vira numa reunião corriqueira da junta municipal, em que tudo parecia correr como de costume. De repente, aquele conselheiro, então prestes a falecer, levantou-se de seu assento, desceu em sua direção, cumprimentou-o gentilmente,

---

[55] O processo de eleição se dava em duas etapas. Na primeira, havia uma votação simples nos candidatos de predileção. Na segunda e decisiva, chamada de *Kugelung* (do termo *Kugel*, esfera, bola) e restrita apenas aos três candidatos mais votados, seria eleito aquele candidato que, dentre as três bolas – uma de ouro e duas de prata – que eram colocadas num saco, fosse contemplado com a bola dourada.

pedindo-lhe que tomasse o assento liberado, e deixou a sala logo em seguida.

Algo semelhante ocorreria, também, por ocasião da morte do então prefeito. Nesses casos, em geral, não se tardava em ocupar o cargo, já que havia sempre o receio de que o imperador pudesse querer fazer valer seu direito ancestral e nomeasse, ele próprio, o prefeito. Dessa feita, já era meia-noite quando o mensageiro do tribunal trouxe a convocação para uma reunião extraordinária logo na manhã seguinte. Como, no entanto, a luz em seu candeeiro estivesse já por minguar, solicitou um toco de vela, para que pudesse seguir seu caminho. – Dê-lhe uma vela inteira, disse meu avô às mulheres, pois é por mim que ele está se dando todo esse trabalho. E o resultado final acabaria mesmo correspondendo àquelas palavras, pois, de fato, ele se tornaria prefeito da cidade no dia seguinte. O mais interessante é que, por ocasião do escrutínio, seu representante fora designado como o último a escolher uma das três bolas; calhou de os outros dois primeiros representantes tirarem bolas prateadas, de modo que, bem no fundo do saco, ficara reservada para meu avô a bola dourada.

Os outros sonhos de que tomamos conhecimento eram igualmente prosaicos, simples e sem qualquer traço mais fantástico ou maravilhoso. Lembro-me, no entanto, de que, quando menino, ao revolver seus livros e agendas, costumava encontrar, entre observações relativas a sua jardinagem, algumas anotações curiosas: "Hoje à noite N. N. veio até mim e disse-me...". O nome em questão e a respectiva revelação eram anotados em códigos que eu não entendia. Ou, então, algo como: "Hoje à noite vi...". O resto também estava cifrado, com exceção das conjunções e de algumas outras palavras de que não se podia depreender muita coisa.

Era notável, também, como algumas pessoas que normalmente não demonstravam qualquer traço de clarividência, pareciam imbuir-se de tal capacidade quando em sua presença. Então, como que sensibilizadas para a percepção de alguns sinais, conseguiam pressentir casos de doença e morte que, naquele mesmo instante, acometeriam conhecidos ou familiares que estavam muito distantes dali. Mas nenhum de seus filhos e netos herdaria esse dom; em geral, seriam pessoas diligentes, com alegria de viver e mais voltadas para a realidade.

Aproveito a ocasião para lembrar com gratidão de algumas dessas pessoas, que tanto bem fizeram à minha juventude. A exemplo da segunda filha[56] de meu avô, casada com um comerciante de sobrenome Melber, que nos entretinha das mais variadas formas quando a visitávamos. A casa e a loja deles ficavam nas imediações do mercado e, portanto, na parte mais viva e movimentada da cidade. Das janelas de sua casa, observávamos o burburinho e a multidão, em que, no entanto, não nos arriscávamos por receio de nos perder. No andar de baixo, na loja, a despeito da multiplicidade de produtos ali comercializados, interessávamo-nos, a princípio, apenas pelo alcaçuz e pelas pastilhas marrons que eram preparadas com esse produto; porém, aos poucos, fomos travando conhecimento com a grande quantidade de itens que circulavam num estabelecimento comercial como aquele. Dentre as irmãs de minha mãe, esta era a tia mais animada. Se minha mãe, nos anos de sua tenra juventude, prezava em vestir-se sempre tão bem e gostava de se envolver com atividades mais graciosas e femininas, ou simplesmente com a leitura de um livro, minha tia preferia andar pelas vizinhanças à procura de crianças sozinhas, de quem ela então se dispunha a tomar conta, penteando-as e levando-as para passear — algo que, por um bom tempo, ela também faria comigo. Era impossível mantê-la em casa nas festividades locais, como no caso das coroações. Já de pequena, adorava sair correndo atrás das moedas que se atiravam ao público nas comemorações; conta-se que, em certa ocasião, chegou a juntar algumas moedinhas e, feliz da vida, pôs-se a admirá-las na palma de sua mão, até que, de repente, um passante desavisado esbarrou na menina e então ela teve de se haver com a perda súbita do butim conquistado com tanto esforço. Mas gostava mesmo era de nos lembrar da ocasião em que ela, ao ver passar a carruagem do imperador Carlos VII, apoiou-se sobre uma pedra do calçamento e, por um instante, quando todo o povo parecia ter se calado, gritou bem alto um viva ao imperador, o que, por sua vez, obrigaria o monarca, ainda que apenas de passagem, a tirar seu chapéu diante da menina e agradecer-lhe bondosamente pelo desembaraço e pela atenção despendida.

---

56 Tia de Goethe por parte de mãe, cujo nome de batismo era Johanna Maria Jakobäa Textor.

Johann Wolfgang von Goethe

Mas mesmo em casa, toda a atmosfera a sua volta era sempre muito animada, agitada e divertida, de modo que lhe somos devedores de algumas boas horas de alegria em nossa infância.

Nossa outra tia[57] vivia em um ambiente bem mais tranquilo, ainda que condizente com sua própria natureza. Ela se casara com o pastor Starck, responsável pela igreja de Santa Catarina; homem que, em razão de sua posição e de suas convicções, levava uma vida bastante isolada, mas possuía uma bela biblioteca. Foi ali que entrei em contato pela primeira vez com Homero; aliás, por meio de uma tradução em prosa, publicada como o sétimo volume da *Nova coleção das mais memoráveis narrativas de viagem*,[58] editada pelo senhor von Loen, sob o título *Descrição homérica da conquista do reino de Troia*,[59] e decorada com gravuras bem ao gosto do teatro francês.[60] Aquelas gravuras corromperam tanto minha fantasia que, por longo tempo, não seria capaz de imaginar os heróis homéricos senão conforme os padrões daquelas mesmas figuras. As aventuras, em si, divertiam-me extraordinariamente; mas também tinha minhas objeções quanto à obra em geral, já que não se fazia menção alguma à conquista de Troia e a narrativa terminava muito bruscamente com a morte de Heitor.[61] Meu tio-avô, a quem pude me queixar pessoalmente, remeteu-me, então, à *Eneida*, de Virgílio, que satisfaria plenamente aquelas minhas demandas.

É escusado dizer que, além das outras aulas todas, tínhamos também aulas contínuas e progressivas de religião. No entanto, aquele protestantismo eclesiástico que nos transmitiam, no fundo, não passava de uma

---

57 Tia de Goethe por parte de mãe, cujo nome de batismo era Anna Maria Textor.
58 Em alemão, *Neue Sammlung der merkwürdigsten Reisegeschichten*, editada por Johann Michael von Loen (1694-1776), tio-avô de Goethe.
59 O título completo da tradução, em alemão, é *Homers Ilias, oder Beschreibung der Eroberung des trojanischen Reiches, den deutschen Lesern mitgetheilet, von einer Gesellschaft gelehrter Leute*, de 1754. Trata-se de uma versão em prosa da *Ilíada*, produzida no estilo das narrativas de viagem e de aventuras da época.
60 Em outras palavras: nas gravuras, os personagens gregos são representados conforme os padrões de figurino do teatro clássico francês.
61 Conforme as notas da edição crítica da DKV (p.1086), entre os anos de 1797 a 1799, Goethe chegaria a trabalhar numa continuação épica da *Ilíada*, projeto que não levaria a cabo, restando, hoje, apenas na forma de fragmento.

espécie muito árida de moral: não se pensava em produzir uma apresentação mais espirituosa daquilo tudo, de modo que a doutrina não nos conseguia dizer muito à mente e ao coração. Não é de se admirar que, volta e meia, ocorressem dissidências em relação à ortodoxia protestante. Surgiram os separatistas, os pietistas, os hernutos, os chamados "pacíficos da Terra"[62] e tantos outros, cada qual com sua própria designação. Em geral, eram movidos apenas pelo propósito de aproximar-se mais da divindade – especialmente através da figura do Cristo – do que lhes parecia ser possível na forma pública e oficial da religião.

O menino ouvia as pessoas discutirem incansavelmente tais opiniões e convicções, já que tanto clérigos quanto leigos dividiam-se em posições contrárias e favoráveis. Os que se declaravam mais ou menos segregados eram sempre a minoria; no entanto, sua forma de pensar se fazia mais atraente pela originalidade, cordialidade, perseverança e autonomia. Contava-se todo tipo de histórias sobre tais virtudes e suas respectivas manifestações. Especialmente famosa era a resposta de um mestre funileiro, muito fervoroso, replicada a um colega de corporação, que pretendia embaraçá-lo ao lhe perguntar quem então seria seu confessor.[63] Com serenidade e confiança em sua boa causa, o funileiro respondera-lhe: – Tenho um dos mais distintos, ninguém menos que o próprio confessor do rei Davi.

Essas coisas todas bem podem ter tido algum impacto sobre o garoto, impelindo-o a também assumir uma posição semelhante. Seja como for, o fato é que colocou na cabeça a ideia de começar imediatamente a aproximar-se do grande Deus da Natureza, criador e mantenedor do céu e da Terra, cujas manifestações de ira, que tanto marcaram o menino antes, já há muito haviam dado lugar às impressões de beleza do mundo e das múltiplas benesses de que nele podemos partilhar. Contudo, o caminho escolhido foi muito singular.

O menino ativera-se ao primeiro artigo de fé do Credo. Aquele Deus que estava diretamente ligado à natureza, que a reconhecia e amava como

---

62 Em alemão: *Separatisten, Pietisten, Herrnhuter* e *Stille im Lande*, manifestações segregacionistas (movimentos, seitas) no seio do pietismo, em geral leigas.
63 No século XVIII, a prática de confissão era ainda disseminada entre os protestantes.

sua obra, este era o que lhe parecia ser o verdadeiro. Um deus que, é claro, também poderia se colocar em relação ainda mais intensa com as pessoas e com todas as demais criaturas; e que deles também cuidaria, assim como o faz com o movimento das estrelas, com a passagem das horas e das estações, com os animais e com as plantas. Algumas passagens dos evangelhos diziam exatamente isso. Mas o menino não conseguia dar uma forma a essa deidade; ele a buscava em suas obras. Assim, no melhor estilo do velho testamento, pensou em lhe construir um altar: os objetos naturais representariam o mundo; sobre eles, arderia uma chama, que simbolizaria o próprio espírito do homem, desejoso de seu Criador. Pôs-se, assim, a escolher amostras de rocha e os melhores espécimes à disposição na coleção de história natural de seu pai – que, por coincidência, havia aumentado recentemente. A questão era como empilhá-los, organizando-os camada por camada. Seu pai tinha uma bela estante de música, laqueada de vermelho, com floreados dourados, na forma de uma pirâmide de quatro faces, cada qual com vários degraus – muito prática para se tocar em quarteto, ainda que dela pouco uso se tivesse feito nos últimos tempos. O menino apoderou-se então da estante e começou a empilhar os representantes da natureza um sobre o outro, degrau por degrau, cuidando para que o resultado final parecesse adequadamente gracioso e, ao mesmo tempo, suficientemente grandioso.

Era chegada a hora, então, de realizar a cerimônia inaugural de celebração, que deveria acontecer logo cedo, ao nascer do sol; o jovem sacerdote só não tinha clareza, ainda, de como faria para produzir uma chama que, ao mesmo tempo, fosse também capaz de exalar um perfume agradável. Foi quando lhe ocorreu a ideia de unir ambas as coisas, servindo-se de pequenos cones de incenso, que podiam não arder em chamas, mas produziam uma brasa constante que exalava um odor agradabilíssimo. Aliás, o modo doce como o incenso queima e se consome parecia expressar, ainda melhor que uma chama ardente, aquilo que de fato ocorre no espírito humano. O sol já nascera havia tempos, mas as casas dos vizinhos ainda encobriam o leste; quando finalmente surgiu por sobre os telhados, o menino tomou à mão uma lente de aumento e acendeu os pequenos cones de incenso, que dispusera na posição mais elevada do altar, dentro de uma bela tigela de porcelana. Tudo correu conforme desejado e o momento de devoção foi perfeito. O altar acabaria se tornando uma peça especial de ornamento do quarto que lhe haviam reservado na nova casa. Ninguém via naquilo senão uma espécie de enfeite cuidadosamente construído com itens da coleção de história natural; mas o menino sabia muito bem o que havia por trás. Ficou ansioso para repetir aquela cerimônia. Infelizmente, quando se deu a ocasião e o sol atingiu a posição ideal, a tigela de porcelana não estava à mão; dispôs então os pequenos cones de incenso diretamente sobre a parte superior da estante de música, acendeu-os e o momento de devoção foi tão grande e intenso, que o jovem sacerdote só perceberia o tamanho do prejuízo quando já era tarde demais. O incenso havia queimado e marcado infamemente o laqueado vermelho e as flores douradas da estante, como se um espírito maligno, que logo em seguida desaparecera, tivesse deixado ali seus rastros negros e indeléveis. O ocorrido deixaria o jovem sacerdote perplexo. Ele bem que saberia remediar o estrago, cobrindo-o com as amostras maiores da coleção, mas perdera a vontade de fazer novas celebrações — e quase que poderíamos entender esse acaso como sinal e advertência dos perigos de querer aproximar-se de Deus por caminhos como estes.

Segundo livro

Tudo o que até aqui foi relatado diz respeito àquela condição cômoda e feliz em que se encontram os países durante um longo período de paz. Contudo, em parte alguma se pode desfrutar com maior prazer de tempos tão venturosos quanto em cidades que vivem conforme suas próprias leis, que são suficientemente grandes para abrigar uma quantidade considerável de cidadãos bem distintos e bem localizadas para enriquecê-los através do comércio e dos negócios. Os estrangeiros lucram em suas idas e vindas, mas têm de oferecer vantagens para obter vantagens. E quanto menos se estendem os domínios territoriais de tais cidades, tanto mais capazes são de promover a prosperidade interna, na medida em que suas relações exteriores não as obrigam a cooperações e empreendimentos mais dispendiosos.

Foi assim que, ao longo de minha infância, os cidadãos de Frankfurt viveram vários anos de boa ventura. Mas nem bem acabara de completar meu sétimo ano de idade, em 28 de agosto de 1756, quando eclodiu aquela famosa guerra,[1] de proporções mundiais, que exerceria grande influência sobre os sete anos seguintes de minha vida. Frederico II, rei da Prússia,

---

[1] Referência à Guerra dos Sete Anos (1756-1763): conflito que, tendo de um lado uma aliança entre Prússia, Grã-Bretanha e o Eleitorado de Hanôver e, do outro, a monarquia dos Habsburgos, a França, a Rússia e a maior parte do Sacro Império Romano-Germânico, teria grande impacto na reordenação política europeia da época.

invadiu a Saxônia com seus 60 mil homens. E, ao invés de declarar guerra previamente, como de praxe, produziu um manifesto – dizia-se que de próprio punho –, em que apresentava os motivos que justificavam e o levavam a dar tal passo colossal. O mundo, que se viu interpelado não apenas na condição de espectador, mas também na de juiz, logo se dividiu em dois partidos – e nossa família era um retrato daquele grande todo.

Meu avô, que, na condição de conselheiro de Frankfurt, havia sustentado o baldaquim por ocasião da coroação de Francisco I e havia recebido da imperatriz uma vultosa corrente de ouro com a efígie da soberana, colocava-se, juntamente com alguns de seus genros e filhas, ao lado dos austríacos. Meu pai, que fora nomeado conselheiro imperial por Carlos VII e acompanhara comovidamente o destino infeliz do monarca, tendia para o lado da Prússia, posição que era acompanhada por uma porção menor da família. Não tardaria para que nossas reuniões familiares de domingo, que mantivéramos ininterruptamente por vários anos, ficassem também prejudicadas. Aquelas divergências tão comuns entre os parentes por afinidade encontravam agora uma forma concreta e ganhavam expressão. As pessoas brigavam umas com as outras, zangavam-se, calavam-se e rompiam relações. O avô, que sempre fora um homem agradável, tranquilo e afável, também acabaria perdendo a paciência. Em vão, as mulheres tentavam colocar panos quentes, mas, depois de algumas cenas bastante desagradáveis, meu pai tomaria a iniciativa de se afastar daquele círculo familiar. Desde então, em nossa casa não havia mais constrangimento em nos alegrarmos com as vitórias prussianas, que, não raro, eram anunciadas com grande entusiasmo por aquela nossa tia mais passional. Em prol desse interesse, todos os outros assuntos ficariam de lado e passaríamos o restante do ano em constante agitação. A ocupação de Dresden,[2] a moderação inicial do rei, seus avanços lentos, mas seguros, a vitória em Lobositz,[3] o aprisionamento dos saxões, cada um desses eventos era comemorado como um grande triunfo para o nosso partido. Tudo o que se pudesse dizer em favor dos adversários era contestado ou minimizado; e

---

2 A ocupação dessa importante cidade da Saxônia ocorreu em 9 de setembro de 1756.

3 Referência à chamada Batalha de Lobositz (*Schlacht bei Lowositz*), na Boêmia, em 1º de outubro de 1756, em que os prussianos derrotaram as tropas austríacas.

como os membros do outro lado da família fizessem exatamente o mesmo, mal podiam se encontrar na rua e já começava a discórdia, como num *Romeu e Julieta*.

E assim foi que eu também me vi prussiano ou, melhor dizendo, fredericiano: pois, afinal, que nos importava a Prússia? Era a personalidade daquele grande rei que tinha impacto sobre nossos ânimos. Ficava feliz em poder comemorar nossas vitórias com meu pai, gostava de copiar as canções que exaltavam as vitórias e, quiçá ainda mais, aquelas que satirizavam o partido oponente – por mais sem graça que fossem suas rimas.

Como neto mais velho e afilhado, desde minha mais tenra infância eu tinha o hábito de almoçar aos domingos na casa de meus avós: eram as horas mais prazerosas de toda minha semana. Mas, agora, não havia quitute ali que me aprouvesse, já que era obrigado a ouvir meu herói ser difamado da forma mais abominável. Ali era outro o vento que soprava, era outro o tom que soava. A simpatia e até mesmo o respeito que tinha por meus avós diminuíram significativamente. Mas, de volta à casa dos meus pais, meus sentimentos e as advertências de minha mãe não me permitiam fazer qualquer comentário a respeito. Isso fez com que eu me retraísse. Do mesmo modo como, depois do terremoto de Lisboa, por ocasião de meu sexto aniversário, a bondade de Deus havia sido colocada, por assim dizer, sob suspeita, agora, por causa de Frederico II, eu começava a duvidar também do senso de justiça do público. O fato é que meu espírito tendia naturalmente a venerar tudo o que eu tinha em mais alta conta, de modo que só uma grande comoção seria capaz de abalar minha crença em algo que eu considerasse digno de respeito. Infelizmente, os bons costumes e a conduta decente nos eram recomendados não por si mesmos, mas em razão das outras pessoas. O que é que as pessoas vão pensar? Era apenas isso que sempre perguntavam. Antes, pensava que, provavelmente, as pessoas eram justas, que sabiam apreciar um pouco de tudo e de todos. Percebia agora, porém, que ocorria justamente o contrário. Os méritos maiores e mais óbvios tornavam-se logo objeto de injúria e de hostilização; os grandes feitos, quando não ignorados, eram no mínimo distorcidos ou subestimados; e, naquele exato momento, uma injustiça inominável atingia o único homem que era claramente superior a todos os seus contemporâneos, que provava e demonstrava, diariamente, do que era capaz. E isso tudo não vinha da boca do povo, mas de homens distintos, entre os quais se contavam também meu avô e meu tio-avô. Que fosse natural haver partidos e, mais ainda, que ele mesmo já pertencesse a um determinado partido, disso o menino ainda não fazia a menor ideia. Apenas insistia em acreditar que tinha razão; e que era possível declarar a sua posição como sendo a melhor, já que, a despeito de suas convicções, ele e as pessoas que partilhavam de sua opinião eram capazes de reconhecer perfeitamente a beleza e outras qualidades de Maria Teresa, assim como não se deixavam incomodar sobremaneira pelo gosto exagerado que o imperador Francisco tinha pelas joias e pelo dinheiro; e se, vez ou outra, dizia-se do conde Daun[4] que ele parecia dormir no ponto, acreditavam que devia haver razão para tanto.

Agora, pensando melhor nisso tudo, percebo aí o gérmen do descaso ou, melhor, do desdém em relação ao público, que me acompanharia por boa parte de minha vida e que só bem mais tarde, com bom senso (*Einsicht*) e formação, começaria a se aplacar em mim. Fato é que, já naquela época, a percepção da injustiça partidária se fazia incômoda e, até mesmo, nociva para o garoto, especialmente na medida em que criaria nele o hábito de afastar-se de pessoas de quem gostava e que tanto admirava. A guerra sucedia em sua sequência ininterrupta de acontecimentos e não dava nem trégua nem sossego para os partidos. A cada novo evento, começávamos a sentir menos prazer que desgosto em reacender de novo e acirrar ainda mais aquele mal imaginário e aquelas disputas tão arbitrárias; mas seguimos nos atormentando uns aos outros, até que, alguns anos mais tarde, os franceses acabariam ocupando Frankfurt[5] e trariam para dentro de nossas casas um desconforto verdadeiro.

Ainda que a maioria se servisse daqueles importantes acontecimentos bélicos – que pareciam acontecer tão longe dali – apenas como objeto de suas discussões inflamadas, havia também quem começasse a compreender a seriedade daqueles tempos e a temer que, no caso da entrada da França

---

4 Leopold Joseph von Daun (1705-1766), marechal austríaco e comandante das tropas na Guerra dos Sete Anos.
5 A ocupação de Frankfurt pelos franceses ocorre em janeiro de 1759; o episódio é retomado mais adiante, no Terceiro livro de *Poesia e verdade*.

naquela guerra, a nossa região se tornaria um palco de batalha daquele conflito. As crianças passaram a ser retidas em casa mais do que de costume e fazia-se de tudo para nos manter ocupados e entretidos. Foi justamente com esse fim que o velho e abandonado teatro de bonecos de minha avó foi novamente montado; e dispuseram-no de tal modo que os espectadores ficavam dentro do meu quarto no sótão enquanto os atores e os manipuladores de bonecos, bem como o próprio teatro, a partir do proscênio, ficavam no quarto ao lado. No começo, ao conceder a um ou outro garoto o privilégio de entrar em minha casa como espectador, acabei fazendo vários amigos. No entanto, devido à inquietude que há nas crianças, eles não resistiam pacientemente por muito tempo; atrapalhavam a encenação, de modo que precisamos procurar um público mais jovem, que ainda pudesse ser mantido sob controle pelas amas e empregadas. Havíamos aprendido de cor a peça principal[6] para a qual aquela trupe de bonecos fora originalmente concebida, e, no início, essa era a única peça que apresentávamos; mas isso logo nos cansaria e começamos a fazer mudanças no figurino, na decoração, arriscando-nos a montar várias outras peças que, no entanto, eram claramente amplas demais para um espaço cênico tão pequeno. Ainda que com tais iniciativas pretensiosas acabássemos apenas distorcendo e, por fim, até mesmo destruindo aquilo que de fato tínhamos condições de fazer, essa ocupação, esse passatempo infantil conseguiria estimular e exercitar em mim, de muitas formas diferentes, a capacidade de invenção e representação, a força da imaginação e também alguma técnica; e o faria como talvez nenhum outro caminho tivesse sido capaz de fazê-lo em tão pouco tempo, num espaço tão restrito e com tão poucos recursos.

Logo cedo aprendera a lidar com régua e compasso, pois a tudo o que nos era ensinado na aula de geometria eu logo dava um fim prático, e construções em papelão conseguiam me ocupar intensamente. Mas não me dava por satisfeito com a reprodução de corpos geométricos, caixinhas e coisas semelhantes; punha-me logo a arquitetar as casas mais suntuosas, ornadas com

---

6 A passagem faz um contraponto importante com a obra *Os anos de aprendizagem de Wilhelm Meister* [*Wilhelm Meisters Lehrjahre*], publicada em 1795-1796, em que o teatro de bonecos ganha uma dimensão especial. Nessa obra, a peça em questão é a história de Davi e Golias.

pilastras, escadas ao ar livre e terraços – a grande maioria desses projetos, porém, nunca sairia do papel.

Contudo, mostrei-me bem mais perseverante quando, com a ajuda de nosso empregado – alfaiate de profissão –, resolvi montar um depósito para os figurinos e os adereços utilizados nos dramas e nas tragédias, que, após termos perdido o interesse pelas marionetes, nós mesmos passamos a ter vontade de encenar. Meus colegas também confeccionavam seus aparatos cênicos e os achavam, é claro, tão belos e bem feitos como os meus; eu, no entanto, não me limitara às necessidades de apenas *uma* pessoa, podendo vestir vários dos soldados de nosso pequeno exército com tudo o que se fazia necessário, tornando-me, assim, figura cada vez mais indispensável àquele nosso pequeno círculo. É claro que tais jogos resultavam também em atritos, brigas e na partição do grupo; não raro, a brincadeira acabava em uma tremenda disputa que só causava aborrecimentos. Nesses casos, alguns dos colegas ficavam do meu lado, outros se uniam aos colegas que me faziam oposição, mas a configuração dos grupos nem sempre era a mesma. Havia, no entanto, um garoto – que chamarei aqui de Pilades[7] – que só abandonaria meu partido uma única vez, depois de ter sido provocado insistentemente pelos outros; e, mesmo assim, não aguentando aquela condição de oposição por nem mesmo um minuto, logo reconsideraria; reconciliamo-nos então sob lágrimas e por muito tempo nos mantivemos fiéis um ao outro.

A este e a outros colegas igualmente próximos eu sabia divertir enormemente quando lhes contava minhas histórias. E delas meus colegas gostavam ainda mais quando eu as contava *in propria persona*. Ficavam admirados em saber que tantas coisas fantásticas pudessem ter acontecido comigo, que era um colega deles; e mesmo sabendo bem o quão ocupado eu era, aonde eu ia e de onde eu vinha, não se perguntavam como eu conseguia arranjar tempo e espaço para tamanhas aventuras. Não raro, os episódios tinham lugar em um mundo completamente diferente ou, pelo menos, em regiões bem distantes – e tudo era narrado sempre como se tivesse acabado de acontecer naquele mesmo dia ou no dia anterior. Iludiam-se, portanto, mais a eles mesmos do que eu era capaz de fazê-lo. Seja como for, essas minhas

---

7 Na mitologia grega, Pilades e Orestes são dois grandes amigos.

primeiras parlapatices poderiam certamente ter tido consequências mais severas, caso eu não fosse aprendendo, pouco a pouco, seguindo meu ritmo natural, a dar uma forma artística àquelas figuras ilusórias e fantasiosas.

Se observarmos bem essa propensão, talvez possamos reconhecer, aí, aquele tipo de presunção de que se imbui o próprio poeta, quando, ao expressar o mais improvável de modo categórico, exige que todo mundo reconheça como real aquilo que, para ele, o inventor, possa ter parecido verdadeiro de alguma forma.

Mas tudo o que até aqui foi relatado apenas em linhas gerais e de uma forma mais reflexiva talvez possa se tornar mais claro e agradável através de um exemplo, através de uma peça exemplar. Por essa razão, incluo um desses meus contos que, de tanto eu ter repetido a meus colegas, ainda trago vivo na memória e na imaginação.

O NOVO PÁRIS,
um conto de menino

Outra noite, véspera de pentecostes, sonhei que estava diante de um espelho, experimentando as novas roupas de verão que meus queridos pais me haviam encomendado para as festividades. O traje, como vocês bem sabem, consistia em um par de sapatos de um couro belíssimo e com grandes fivelas de prata, meias finas de algodão, roupas de baixo de sarja preta e um casaco de barregana verde com agaloados dourados. O colete, com brocados de ouro, havia sido usado por meu pai em seu casamento e agora havia sido reformado para mim. Estava impecavelmente bem penteado e empoado, as madeixas saindo-me da cabeça como pequenas asas; mas não conseguia acabar de me vestir, já que confundia sempre a ordem de cada peça e, quando me ocorria colocar a segunda, a primeira caía-me do corpo. Foi quando, em meio àquela situação constrangedora, um homem jovem e belo veio em minha direção e cumprimentou-me de maneira muito simpática.

— Ah, seja bem-vindo! – disse eu –, fico muito feliz em vê-lo por aqui.

— Então o senhor me conhece? – replicou sorridentemente o outro.

— E como não? – foi minha resposta, igualmente sorridente. – O senhor é Mercúrio e já o vi retratado muitas vezes nos livros.

— Sou eu mesmo — disse ele —, fui enviado a ti pelos deuses com uma importante missão. Você está vendo estas três maçãs?

Estendeu-me sua mão e mostrou-me três maçãs que mal conseguia segurar, pois eram tão maravilhosamente belas quanto grandes, sendo uma de cor vermelha, a outra, de cor amarela e a terceira, de cor verde. Pareciam pedras preciosas a que se dera a forma de frutos. Quis pegá-las, mas ele logo recuou e disse: — Primeiramente você deve saber que elas não são para ti. Você deve entregá-las aos três rapazes mais belos da cidade, que poderão, então, cada qual a sua sorte, escolher as mais belas esposas que forem capazes de desejar. Tome-as e cumpra bem sua tarefa! — disse ele, já de partida, entregando-me as maçãs. Pareceu-me que haviam ficado ainda maiores. Quando as ergui contra a luz, percebi que eram transparentes; de repente se espicharam, levantaram-se sobre a palma da minha mão e transformaram-se em três belas senhorinhas, muito belas, pequenas como bonecas e com vestidos nas mesmas cores das maçãs, ou daquilo que, até então, pareciam maçãs. Deslizaram lentamente por minha mão até a ponta de meus dedos e, antes mesmo que as pudesse segurar, uma delas que fosse, já iam longe e pairavam bem alto no ar, não me restando senão observá-las à distância. Fiquei pasmo e petrificado, com as mãos ainda erguidas e olhando fixamente para os meus dedos, como se houvesse ali ainda o que ser visto. Quando me dei conta, outra bela menininha dançava na ponta de meus dedos; era menor, porém mais graciosa e alegre que as outras. Como esta não saiu logo voando, mas continuava ali, dançarolando ora na ponta de um dedo, ora na ponta de outro, admirei-a por um instante. E como ela tanto me encantasse, achei que talvez pudesse segurá-la e comecei a pensar num jeito de fazê-lo; mas naquele mesmo instante, senti uma pancada na cabeça e caí ao chão, perdendo os sentidos, que eu não recobraria senão quando já se fazia hora de me vestir e ir para a igreja.

Fiquei revisitando aquelas imagens durante todo o culto; e faria o mesmo também mais tarde, à mesa, na casa de meus avós, onde fora almoçar. À tarde, pretendia visitar alguns amigos, fosse porque queria ser visto em meu novo traje, com a adaga à cintura e o chapéu debaixo do braço, fosse porque lhes devia algumas visitas. Não encontrei ninguém em casa; e como ouvi dizer que teriam ido passear nos jardins, pensei em ir atrás deles e aproveitar por lá o fim de tarde. Meu caminho acabou me levando na direção da antiga fortificação, para um lugar, junto à muralha, que, não sem razão, levava o nome de "muro sinistro"[8] – não era mesmo um lugar que inspirasse muita segurança. Caminhava sossegadamente, pensando em minhas três pequenas deusas, mas especialmente naquela ninfa tão singela; vez ou outra, erguia bem alto meus dedos, na esperança de que ela se dignasse a saltitar novamente sobre eles. E assim seguia adiante, mergulhado em meus pensamentos, quando notei que, encravado na muralha, do lado esquerdo, havia um pequeno portal que não me lembrava de ter visto antes. Parecia relativamente baixo, mas os arcos ogivados que o encimavam certamente dariam passagem ao mais alto dos homens. Os arqueados e os batentes haviam sido cuidadosamente cinzelados por escultores e artesãos de grande requinte, mas eram seus portões que mais me chamavam a atenção. A madeira castanho-escura e muito antiga, sem grandes atavios, era revestida com largos frisos de bronze, trabalhados tanto em alto quanto em baixo-relevo, em que figuravam ramagens e pássaros de uma naturalidade impressionante; não conseguia parar de admirá-los. O que mais me parecia esquisito, porém, é que não havia ali buraco algum de fechadura, nem trinco, tampouco aldrava, o que me fez supor que tais portões só poderiam ser abertos pelo lado de dentro. De fato não me enganara, pois que, ao me aproximar para tocar seus preciosos adornos, os portões se abriram para dentro e surgiu então um homem, cujas vestes, longas e largas, pareciam ter também algo de estranho. Uma barba[9] venerável encobria todo seu queixo, razão pela qual me senti propenso a tomá-lo por um judeu. Mas como adivinhasse meus pensamentos, fez logo o sinal da cruz, dando-me a entender que seria um bom e católico cristão.

---

8 Em alemão: "schlimme Mauer". Conforme nota da edição crítica de Hamburgo, nesse topônimo, curiosamente, o adjetivo *schlimme* (que significa "ruim", "mau") seria, na verdade, fruto da corruptela do nome *Slymme*, que designava um antigo proprietário daquela localidade. Hoje, trata-se da região em que se localiza a Stiftstrasse.

9 Nos círculos burgueses da Alemanha urbana de meados do século XVIII, a barba feita era o padrão. A figura prototípica do homem velho e barbado era a do judeu errante, que o menino conhecia das narrativas medievais; talvez se possa entender a partir daí a inferência.

— Meu jovem senhor, o que o traz aqui? — disse ele, com simpatia na voz e também em seus gestos.

— Estou apenas apreciando — repliquei — os adornos desses portões, pois nunca vi nada igual, a não ser em pequenas proporções, em coleções de amantes da arte.

— Fico contente — replicou o velho em seguida — que um trabalho como este o encante. Pelo lado de dentro os portões são ainda mais belos. Entre, se for de seu agrado.

Não me sentia completamente à vontade naquela situação. O traje algo estranho do porteiro, aquele lugar tão ermo e um mais não sei o quê pairando no ar, tudo aquilo somado me deixava um pouco apreensivo. Por isso, fui ficando por ali, a pretexto de continuar apreciando a face externa dos portões e aproveitando para dar uma espiada ou outra no jardim interno: pois era um jardim que ali se oferecia, diante de mim. Por detrás daquele portal encravado na muralha, eu via se abrir agora uma grande praça acomodada sob a sombra dos galhos densos e entrelaçados de velhas tílias, plantadas a uma distância regular uma da outra; muita gente poderia encontrar ali refresco e abrigo nos dias de maior calor. Sem nem perceber, já tinha um pé na soleira do portal; o velho sabia como me fazer dar sempre um passo a mais. Não que eu estivesse exatamente resistindo, pois sempre ouvira dizer que, num caso como este, príncipes ou sultões não precisavam perguntar se havia ou não algum perigo iminente. Além disso, trazia comigo minha adaga; afinal, não seria eu capaz de dar conta do ancião, caso ele quisesse se provar hostil? Por fim, acabei entrando, mais confiante. O porteiro logo fechou os portões atrás de mim; e o fez de modo tão silencioso e discreto, que eu mal o percebera. Mostrou-me então os adornos da parte interna dos portões — que, de fato, eram de valor artístico ainda maior —, explicando-me seus detalhes e provando-se, nisso, especialmente benévolo. Perfeitamente tranquilizado, deixei-me então guiar por aquele espaço coberto de folhas e circundado pela muralha, em cujas paredes, aliás, descobriria muito que admirar. De seus pequenos nichos, artisticamente decorados com conchas, corais e amostras de todo tipo de rocha, surgiam goelas de tritões, que vertiam água copiosamente em pias de mármore; entre elas, dispunham-se gaiolas e outros gradeados, em que se podiam ver esquilos serelepes, porquinhos-da-índia correndo de um lado para o outro e o que mais se pudesse desejar de tais criaturinhas graciosas. À medida que seguíamos nosso caminho, os pássaros chalreavam e cantarolavam para nós; especialmente os estorninhos, que conversavam as coisas mais loucas. Um ficava gritando: – Páris, Páris! O outro dizia: – Narciso, Narciso! –, e o pronunciava tão bem quanto um menino em idade escolar é capaz de fazê-lo. Quando os pássaros gritavam daquele jeito, o velho parecia ficar mais sério, mas fiz de conta que não havia notado sua expressão; e mal podia lhe dar mesmo mais atenção, pois começava a perceber que estávamos andando em círculo e que aquele espaço sombreado, na verdade, era um grande cinturão em torno de outro, ainda muito mais importante. De fato, havíamos dado a volta quase completa e aproximávamo-nos novamente do portal, quando tive a impressão de que o velho estava por me conduzir à saída. Meus olhos, porém, mantinham-se fixos num gradil dourado, que parecia cercar exatamente a parte mais central daquele maravilhoso jardim e que eu só tivera oportunidade de observar mais de longe ao longo de nossa caminhada, uma vez que o velho cuidasse para me manter sempre junto à muralha e, portanto, tão afastado quanto possível do centro. Quando chegamos enfim ao portal, disse-lhe, fazendo reverência:

— O senhor foi tão generosamente solícito comigo, que me atrevo a lhe fazer mais um pedido antes de me despedir. Poderia eu ver mais de perto aquele gradil dourado, que, formando um amplo círculo, parece cercar o interior deste jardim?

— Certamente que sim – replicou o velho –, mas somente se o senhor se sujeitar a certas condições.

— E em que consistiriam tais condições? – apressei-me em perguntar.

— O senhor terá de deixar aqui seu chapéu e sua adaga, e não poderá soltar de minha mão enquanto o acompanho.

— Com muito prazer – respondi-lhe e deixei chapéu e adaga sobre o primeiro banco de pedra que encontrei.

Naquele mesmo instante, agarrou-me firmemente a mão esquerda com sua direita e, não sem alguma veemência, conduziu-me diretamente até o gradil. Quando nos aproximamos, minha admiração logo se transformou em surpresa: nunca vira coisa igual. Sobre um pedestal mais alto de mármore, erguiam-se inúmeras lanças e partasanas, que, dispostas uma rente à outra e tocando-se em suas ponteiras tão singularmente ornamentadas, fechavam-se num círculo completo. Olhei por entre os vãos e vi: logo atrás das lanças, uma corrente d'água corria calmamente o curso de seu leito margeado de mármore e, em suas límpidas profundezas, deixava entrever uma grande quantidade de peixes dourados e prateados, que se moviam de um lado para o outro, ora lenta, ora mais rapidamente, ora sozinhos, ora em cardumes. Queria muito saber o que havia para além daquele canal e descobrir, enfim, o que se abrigava no coração daquele jardim. Para minha infelicidade, tudo o que se podia ver por entre aquelas lanças é que, na margem oposta do canal, erguia-se outro gradil semelhante. E tamanha era a arte com que ali se dispunha, que, para cada vão do gradeado de fora, correspondia uma lança ou partasana no cercado de dentro, de modo que, somadas ainda suas ponteiras e outros adornos, não era possível enxergar absolutamente nada por entre os vãos do segundo gradil, qualquer que fosse a posição que se tomasse do lado de fora. Além disso, o ancião segurava-me com tanta firmeza, que mal podia me movimentar livremente. Depois de tudo o que eu vira até ali, minha curiosidade só fazia crescer; tomei coragem, então, e perguntei ao velho se não seria possível passar para o outro lado.

— Por que não seria? — replicou o velho —; mas sob novas condições.

Perguntei-lhe quais seriam essas condições e deu-me a entender que eu teria de trocar de roupa. Concordei e o ancião conduziu-me de volta até a muralha, a uma sala pequena e vazia, em cujas paredes se viam pendurados diversos trajes que, no conjunto, pareciam ter algo de oriental. Troquei-me rapidamente; o velho ajeitou meu cabelo empoado por sob uma rede colorida, mas, para meu desconforto, não sem antes esfregá-lo veementemente para tirar o pó. Vi-me então diante de um grande espelho, mais bem vestido em meu novo disfarce que em meus hirtos trajes de domingo. Fiz caras e bocas e saltitei como havia visto fazerem os dançarinos nas apresentações teatrais[10] das feiras da cidade. Foi quando, por acaso, reparei, no reflexo do

---

10 Em meados do século XVIII, Frankfurt não dispunha ainda de um teatro. As apresentações eram feitas em locais improvisados, por ocasião das feiras de Frankfurt, que atraíam trupes de várias localidades.

De minha vida: Poesia e verdade

espelho, que, atrás de mim, havia um nicho. Em seu fundo branco, vi penduradas três cordinhas verdes, cada qual enodada sobre si mesma de um modo que eu não conseguia enxergar melhor àquela distância. Por isso, virei-me, talvez um pouco rápido demais, e perguntei ao velho sobre o nicho e aquelas cordinhas. Muito obsequioso, o ancião apanhou uma delas e mostrou-me seus detalhes. Era um cordão de seda verde e bastante resistente, cujas pontas, ambas presas a um pedaço de couro esverdeado, conferiam, ao conjunto, a aparência de ser um instrumento[11] utilizado para fins muito pouco agradáveis. Fiquei intrigado e perguntei-lhe qual era o sentido daquilo. Respondeu-me, serena e bondosamente, que o cordão se destinava àqueles que faziam mau uso da confiança que lhes era concedida naqueles jardins. Pendurou o cordão novamente em seu lugar e pediu-me que o acompanhasse; dessa vez, porém, sem segurar minha mão, de modo que passei a poder andar livremente a seu lado.

Minha maior curiosidade, no entanto, residia em saber onde ficavam as portas e as pontes que davam passagem pelo gradil e por sobre o canal, já que, até então, não as havia podido encontrar. À medida que avançávamos em sua direção, pus-me a observar o cercado dourado com mais atenção, mas, de repente, a vista se me embaralhou por um instante. Lanças, piques, alabardas e partasanas começaram a se mexer e a se agitar freneticamente; e aquele movimento inusitado só chegaria a seu fim no momento em que as lanças todas começaram a se inclinar, umas em direção às outras, qual fossem antigas infantarias armadas, prestes a lançarem-se ao ataque. Olhos e ouvidos mal podiam suportar o baralhar da vista e os ruídos estrepitantes; mas igualmente surpreendente foi ver que as lanças todas, agora já completamente deitadas, cobriam o círculo do canal, formando a mais maravilhosa ponte que se possa imaginar. E em seu centro abria-se, ao meu olhar, o mais belo e colorido *parterre* de um jardim. Era composto por vários canteiros entrelaçados, que, no conjunto, formavam um imenso labirinto de atavios: cada canteiro emoldurado pelo verde de uma planta rasteira e lanosa

---

11 Conforme registra a tradução inglesa de Robert R. Heitner, com notas de Thomas P. Saine, publicada em 1987, trata-se de referência a um instrumento utilizado, no Império Otomano, para a execução de grandes personalidades.

que ali crescia, mas que eu nunca havia visto antes; cada canteiro repleto de flores, de cores diferentes e igualmente rasteiras, de modo que se podia acompanhar com os olhos o desenho que formavam no chão. Aquela vista preciosa, de que me aprazia enormemente em meio aos raios de sol, manteve meu olhar completamente cativo; mal sabia eu onde pisar, pois que os caminhos sinuosos eram traçados com uma camada fina de areia azul, que parecia redesenhar, sobre a terra, um céu mais escuro ou os reflexos de um céu dentro d'água. Assim, com os olhos baixos e entregues aos encantos daqueles caminhos, continuei acompanhando meu guia por um tempo, até que me dei conta de que, mais adiante, no meio daquele círculo de canteiros e flores, havia um grande cinturão de ciprestes, choupos e salgueiros, através dos quais também não se podia enxergar, já que seus galhos inferiores pareciam brotar de dentro da terra. Meu guia, sem me compelir necessariamente a tomar o caminho mais curto, conduzia-me exatamente na direção daquele centro; qual não foi minha surpresa quando, ao entrar naquele espaço rodeado de árvores tão altas, deparei-me com as colunatas de um suntuoso pavilhão, que parecia ter a mesma fachada por todos os seus lados. O que mais me encantava ali, porém, não era aquela joia rara da arquitetura e sim a música celestial que vinha de dentro daquela construção. Tinha a impressão de ouvir ora um alaúde, ora uma harpa, ora uma cítara e ora ainda um outro trinado, que não parecia vir de nenhum daqueles três instrumentos. Com um leve toque do ancião, o portal de entrada, ao qual chegávamos naquele momento, logo se abriu; e mal posso descrever o susto que tomei, quando reconheci, na moça que vinha agora ao nosso encontro, aquela bela ninfa que, em sonho, dançarolara sobre meus dedos. Ela também me cumprimentou como se fôssemos conhecidos e pediu-me para entrar. O velho permaneceu onde estava e eu a acompanhei, sozinho, por um pequeno corredor abobadado e finamente decorado, até chegar à sala central, cujas dimensões catedralescas não apenas despertaram minha atenção, logo à entrada, como também me deixaram completamente extasiado. Mas meus olhos não ficariam entregues ao esplendor daquela sala por muito tempo, pois logo se sentiram atraídos por um espetáculo ainda mais encantador. Sobre um tapete no meio da sala e perfeitamente centralizado sob a alta cúpula, sentavam-se, em triângulo, três senhorinhas, vestidas em três cores diferentes, sendo uma de cor vermelha, a outra, de cor amarela e a terceira, de cor verde; seus assentos eram dourados e o tapete, um perfeito canteiro de flores. Em seus braços repousavam os três instrumentos que eu pudera reconhecer quando ainda me encontrava do lado de fora, pois que, agora, interrompidas pela minha chegada, faziam uma pausa.

— Seja bem-vindo! — disse a senhorinha do meio, que, sentada de frente para a porta de entrada, vestia um vestido vermelho e segurava uma harpa. — Sente-se ao lado de Alerte e ouça-nos atentamente, se o senhor for um amante da música.

Só então eu percebi que havia, diante de mim, um longo banco atravessando a sala de lado a lado e que, sobre ele, repousava um bandolim. A menininha graciosa apanhou o instrumento, sentou-se sobre o banco e puxou-me para junto de si. Foi quando reparei na segunda senhorinha, à minha direita. Trajava um vestido amarelo e segurava uma cítara; se a tocadora de harpa era uma figura de belas feições, fortes traços faciais e, no conjunto, majestosa, já na tocadora de cítara percebia-se uma beleza mais delicada. Esta era uma loira de figura esguia, enquanto aquela tinha cabelos castanho-escuros. Toda a variedade e harmonia de sua música não puderam evitar, no entanto, que eu notasse ainda a presença da terceira beldade, que estava vestida de verde e tocava seu alaúde de um modo comovente e, ao mesmo tempo, intrigante. Entre as três, era ela que parecia me dar mais atenção, como se tocasse diretamente para mim; eu, porém, não conseguia saber o que se passava em sua cabeça, pois, conforme variavam a música e seus esgares, parecia-me ora meiga, ora estranha, ora mais simpática, ora mais contida. Ora eu ficava com a impressão de que queria me comover; ora tinha quase certeza de que não parecia senão querer bulir comigo. Mas fizesse o que fizesse, não conseguia conquistar toda minha atenção, pois minha pequena vizinha, ao lado de quem eu me sentara, ombro a ombro, já havia me cativado completamente. E ao reconhecer claramente naquelas três senhorinhas tanto as sílfides de meu sonho quanto as cores das maçãs, percebi que não havia mesmo sentido algum em tentar segurá-las. Já a pequena e bela ninfa, esta eu bem que gostaria de tê-la para mim, não fosse a lembrança ainda marcante da pancada que, em sonho, ela me dera na cabeça. Até então, mantivera seu bandolim em silêncio, mas quando suas patroinhas pararam de tocar, ordenaram-lhe logo que nos mostrasse algumas de suas peças mais divertidas. Nem bem havia trinado com entusiasmo suas primeiras melodias, pôs-se logo de pé; eu fiz o mesmo. E, como tocasse e dançasse ao mesmo tempo, senti-me impelido a acompanhar seus passos. Juntos, acabamos executando uma pequena coreografia, que parecia ter deixado as senhorinhas muito satisfeitas, pois, assim que acabamos, ordenaram à pequena que me servisse um refresco enquanto aguardávamos a hora do jantar. Havia me esquecido totalmente de que ainda existia um mundo para além daquele paraíso. Alerte acompanhou-me de volta pelo mesmo corredor pelo qual entráramos e que dava acesso a dois cômodos muito bem equipados. Num deles, que era o seu quarto, a menininha ofereceu-me laranjas, figos, pêssegos, uvas; foi com grande apetite que aproveitei para comer tanto as frutas de países estrangeiros como aquelas que estavam fora de estação. Havia doces em abundância. Serviu-me ainda um vinho frisante numa taça de cristal polido, mas como havia matado toda minha sede com as frutas, não precisava beber mais nada.

— Agora vamos brincar — disse ela, levando-me para o outro cômodo. Este mais parecia uma feira de natal, ainda que nunca se tenha visto coisas tão finas e preciosas nas barraquinhas natalinas de costume. Ali havia todo tipo de boneca, roupas de boneca e apetrechos para bonecas; pequenas cozinhas, móveis e quitandinhas de brinquedo; e ainda uma infinidade de outros jogos. Alerte mostrava-me um a um os armários de cristal em que se mantinham guardadas todas aquelas preciosidades. Mas logo os trancava de novo, dizendo: — Sei bem que isso não é de seu interesse. Já aqui, veja — e continuava, mostrando-me outro armário —, temos peças e materiais para construir toda uma cidade: muros e torres, casas, palácios, igrejas. Mas por essas coisas eu é que não me interesso. Vamos escolher algo que possa divertir a nós dois da mesma forma.

Não demorou um instante e ressurgiu com um par de caixas, dentro das quais eu logo vi que se empilhavam pequenos soldadinhos uns sobre os outros — preciso confessar que eu nunca vira nada tão bonito antes. Mas ela não me deu tempo para examiná-los individualmente. Colocou logo uma das caixas debaixo do braço; eu peguei a outra: — Vamos até a ponte dourada — disse ela —; lá é o melhor lugar que há para brincar com os soldadinhos, pois as lanças, no chão, já nos indicam o sentido em que devemos dispor nossos exércitos um contra o outro.

Encontrávamo-nos, finalmente, sobre aquele chão dourado e trépido da ponte. Ouvia sob mim o murmúrio das águas correntes e as estripulias dos peixes; e os ouvia ainda mais intensamente quando me colocava de joelhos para posicionar minhas tropas. Eram todos, aliás, soldadinhos da cavalaria. Alerte gabava-se de ter a rainha das amazonas como líder de seu exército feminino; eu, de minha parte, tinha Aquiles e uma numerosa e imponente tropa da cavalaria grega. Por fim, os exércitos estavam posicionados um contra o outro e não havia nada mais belo de se ver. Pois não eram soldadinhos como os nossos, chatos, de folhas de chumbo; homens e cavalos tinham corpo, volume, e eram trabalhados em finos detalhes. Aliás, mal se podia entender como conseguiam manter seu equilíbrio, já que não dispunham daquelas pequenas bases de apoio: apoiavam-se mesmo sobre suas próprias pernas.

Nós já havíamos contemplado suficientemente – e com grande satisfação – nossos exércitos, quando ela anunciou-me seu ataque. Também encontráramos, naquelas caixas, algumas peças que nos serviriam agora de artilharia; eram caixinhas repletas de pequenos belindres de ágata polida. Com eles podíamos guerrear a certa distância; firmamos, portanto, o acordo expresso de que não arremessaríamos os belindres senão com a força necessária para derrubar os soldadinhos, visto que não queríamos estragá-los. Teve início então a canhonada que, no começo, em saraivadas alternadas, dava a impressão de deixar ambas as partes satisfeitas. Quando minha adversária percebeu, porém, que eu mirava melhor do que ela e que, definindo-se a vitória a partir do número de soldadinhos que restassem de pé, eu estava prestes a vencê-la, aproximou-se mais de minhas tropas e seus arremessos de menina finalmente passaram a surtir efeito. Botou abaixo grande parte de minhas melhores tropas; e quanto mais eu protestava, mais avidamente ela arremessava seus belindres. Isso acabou me irritando; disse-lhe, então, que faria o mesmo com ela. E a verdade é que não apenas cheguei mais perto de suas tropas, como, enraivecido, comecei também a arremessar os belindres com mais força, de modo que não demoraria muito para que algumas de suas pequeninas guerreiras centauro se quebrassem em mil pedacinhos.

Em seu entusiasmo, ela nem percebeu o ocorrido, mas fiquei petrificado ao perceber que as figurinhas espedaçadas recompunham-se por si mesmas, amazona e cavalo, novamente como um todo; e que, nisso, ganhavam vida e saíam a galope, atravessavam a ponte dourada em direção às tílias, corriam às carreiras de um lado para o outro, e, por fim, partiam de encontro à muralha, onde, não sei bem como, desapareciam de repente. Quando minha bela adversária se deu conta do que havia acontecido, rompeu em choros e lamentos, acusando-me de ter lhe causado um prejuízo irreparável, muito maior do que se pudesse imaginar. Mas, como eu ainda estava bravo, fiquei, no fundo, satisfeito em conseguir causar-lhe algum sofrimento e, às cegas, continuei arremessando sobre suas tropas os belindres que me restavam. Para minha infelicidade, acabei acertando a rainha, que, até então, havia ficado fora do jogo. Ela voou em pedaços, bem como seus lacaios mais próximos; mas também retomaram rapidamente sua forma original e, do mesmo modo que os outros, partiram em fuga, galopando lepidamente sob as tílias e ao seu redor, até desaparecerem finalmente contra o muro.

 Minha adversária gritava comigo e cobria-me de impropérios. Ainda nos ardores da batalha, agachei-me para apanhar alguns belindres que rolavam por sobre as lanças. Meu desejo enfurecido era o de aniquilar todo seu exército; ela, porém, sem fazer-se de rogada, partiu para cima de mim e deu-me tamanha bofetada, que fez zunir minha cabeça. Como eu sempre ouvira dizer que se deveria revidar um tapa de menina com um forte beijo, segurei-a pelas orelhas e beijei-a várias vezes — ao que ela reagiu com um berro tão lancinante, que até eu mesmo me assustei. Soltei-a imediatamente, e esta foi minha grande sorte, pois não fazia ideia do que estava por acontecer. O chão sob meus pés começou a tremer e a tilintar. Logo percebi que o gradil se colocara de novo em movimento, mas não havia mais tempo para pensar em nada; mal pude firmar os pés para escapar. Fiquei com receio de ser empalado a qualquer instante, já que as partasanas e as lanças começavam então a se reerguer, lacerando minhas roupas. Tudo que sei é que, de repente, perdi completamente a visão e a audição, e só fui despertar de meu desfalecer e assombro aos pés de uma velha tília, contra a qual havia me arremessado o gradil, ao erguer-se e fechar-se novamente em círculo. E, comigo, despertava também minha raiva, que se assomaria ainda mais quando percebi, do outro lado do gradil, os risos e deboches de minha adversária, que também havia sido atirada para bem longe, ainda que certamente de modo bem menos abrupto. Pus-me então de pé e, percebendo espalhadas ao meu redor algumas das peças de meu exército e também seu comandante Aquiles – que haviam sido arremessados junto comigo no momento em que se reerguera o gradil –, peguei meu herói e atirei-o contra uma árvore. Sua recomposição instantânea e sua consequente fuga em direção à muralha divertiam-me agora duplamente, já que certo prazer pela desgraça alheia somava-se, então, à mais encantadora visão do mundo. E eu já estava prestes a fazer o mesmo com o restante dos gregos, quando, de repente, torrentes d'água começaram a jorrar das pedras e da muralha, do chão e dos galhos, e, para onde quer que eu me virasse, açoitavam-me por todos os lados. Meus trajes leves rapidamente se ensoparam e, como já haviam sido tão lancetados antes, não perderia muito em arrancá-los completamente do corpo; pois foi então que joguei fora meus chinelos e assim fui fazendo com o restante da roupa, uma camada após a outra. Como era bom, num dia tão quente, sentir aqueles jatos d'água por todo o corpo. Nu como estava, pus-me a caminhar solenemente por entre aquelas águas bonançosas; e planejava poder prolongar aquele meu bem-estar por muito tempo. Minha ira enfim se aplacara e não desejava senão reconciliar-me com minha pequena adversária. Mas, de súbito, as águas escoaram e eu fiquei ali, todo molhado no meio de um jardim alagado. A presença do ancião, que surgiu inadvertidamente diante de mim, não me foi em hipótese alguma bem-vinda; se eu não tinha como me esconder, desejei ao menos poder me cobrir com alguma coisa. A vergonha, os tremores de frio e o esforço para tentar me cobrir minimamente, faziam de mim uma figura altamente lastimável. O velho aproveitou aquele momento para fazer-me as mais graves acusações.

– O que me impediria agora – bradava ele – de pegar um dos cordões verdes e de usá-los, senão em seu pescoço, ao menos em suas costas?

Tendo recebido muito mal aquela ameaça, retruquei: – Cuidado com palavras e pensamentos como esses, antes que o senhor e suas patroinhas estejam perdidos!

– Mas quem você pensa que é – perguntou-me desafiadoramente – para falar desse jeito?

— Sou um escolhido dos deuses — disse eu —, aquele a quem caberá decidir se as senhorinhas hão de encontrar maridos dignos e viver uma vida feliz, ou se hão de envelhecer e definhar em seu claustro encantado.

O ancião deu alguns passos para trás. — E quem lhe haveria de ter feito tal revelação? — perguntou o velho, espantado e pensativo.

— Três maçãs — disse eu —, três pedras preciosas.

— E o que você reclama como recompensa? — gritou ele.

— Sobre todas as coisas, aquela pequena criatura — repliquei — que me colocou nesta condição enfeitiçante.

O velho atirou-se então aos meus pés, sem importar-se com a terra ainda úmida e lamacenta. Levantou-se, logo em seguida, sem que tivesse se molhado, tomou-me carinhosamente pela mão, conduziu-me de volta à sala encravada na muralha, vestiu-me com presteza e, quando bem percebi, já me encontrava penteado e vestido como antes, em meus trajes de domingo. O porteiro não disse mais palavra; mas antes de deixar que eu cruzasse a soleira do portal, deteve-me por um instante e, olhando para fora, fez com que eu reparasse em alguns itens do lado de lá da rua, ao mesmo tempo em que apontava para o portal. Entendi bem seu propósito: queria que eu gravasse aqueles itens na memória, para, em outra ocasião, reencontrar mais facilmente o portal, que, naquele mesmo instante, sem que eu percebesse, fechava-se atrás de mim. Guardei então na memória tudo aquilo que eu via diante de mim. Do lado de lá da rua erguia-se outro muro alto, por sobre o qual se lançavam, sobranceiros, os galhos de nogueiras ancestrais, que, lado a lado, cobriam boa parte da cornija que encimava a muralha. Os ramos chegavam a encobrir parcialmente uma placa cuja moldura toda ornamentada eu ainda conseguia identificar, diferentemente de sua inscrição, que não se podia ler. A placa, por sua vez, repousava sobre a mísula de um nicho, em que se encerrava uma fonte artisticamente trabalhada, que fazia correr a água por suas várias conchas, de cavidade em cavidade, até jorrar numa grande pia, que formava um pequeno lago e se perdia na terra. Fonte, inscrição, nogueiras: tudo se ordenava verticalmente, uma coisa sobre a outra. Queria tê-las pintado, como as vi.

Não é difícil imaginar como passei aquele fim de tarde e os dias que se seguiram, nem de quantas vezes repetiria tais histórias, em que eu mesmo mal podia acreditar. E logo que me foi possível, corri até o tal "muro sinistro" para ao menos poder refrescar na memória a imagem daqueles itens e admirar novamente os adornos preciosos daqueles portões. Para minha grande surpresa, não encontrei mais as coisas do mesmo jeito. Nogueiras de fato lançavam seus galhos por sobre o muro, mas estavam próximas umas das outras. Havia também uma placa encravada no muro, mas longe das árvores, sem qualquer ornamento e com uma inscrição legível. E mais adiante, à esquerda, há de fato um nicho com uma fonte, que, no entanto, não é em nada comparável à fonte que eu vira antes. E como nem mesmo daquele portal pode-se encontrar nas muralhas qualquer vestígio, sinto-me compelido a acreditar que também a segunda aventura, assim como a primeira, foi um sonho. A única coisa que me consola é ter observado que aqueles três itens parecem mudar de lugar constantemente. Depois de reiteradas visitas àquele local, acredito ter percebido que as nogueiras vêm se aproximando umas das outras, comportamento que, por sinal, é idêntico ao da placa e ao da fonte, cada vez mais próximas. É provável que, depois de retomarem sua posição original, também o portal se faça visível novamente, quando então farei o que me for possível para repetir a aventura. Se poderei então contar-lhes o que calhar de me acontecer, ou se me será expressamente proibido referir o acontecido, isso eu já não sei dizer.

Esse conto, de cuja verdade meus colegas tratavam de se convencer da maneira mais apaixonada, teria grande repercussão nesse círculo de amigos. Nos dias que se seguiram, cada um deles iria até o local indicado, sempre sozinho e sem dizer nada a ninguém, nem para mim nem para nenhum dos outros meninos. E lá encontrariam as nogueiras, a placa e a fonte, mas sempre distantes umas das outras — é o que, mais tarde, acabariam admitindo e revelando a todos, já que, naqueles tempos, ninguém gostava de guardar muitos segredos. Mas foi aí que começaram as desavenças. Um dos garotos garantia que aqueles itens nunca haviam saído de seu lugar e que mantinham, entre eles, exatamente a mesma distância de sempre. O segundo afirmava que os itens se moviam, mas que estavam se afastando cada vez mais uns dos outros. O terceiro concordava com este quanto à questão do movimento, mas, diferentemente do segundo, a ele parecia-lhe que nogueiras, placa e fonte vinham se aproximando. Já o quarto sustentava ter visto algo ainda mais extraordinário: para ele, as nogueiras estariam no meio; a placa e a fonte, do lado oposto ao que eu havia indicado. Eles também variavam a respeito dos vestígios do portal. Assim, logo cedo, deram-me um bom exemplo de como as pessoas podem ter e reafirmar os mais variados e contraditórios pontos de vista sobre uma coisa tão simples e fácil de verificar. Como me negasse determinantemente a lhes contar a continuação de meu conto, volta e meia ficavam desejosos de ouvir de novo essa primeira parte. Tomava então meus cuidados para não variar muito as circunstâncias e, como mantivesse, assim, certa uniformidade da narrativa, acabei por transformar aquela fábula em verdade na cabeça de meus ouvintes.

Eu era, aliás, bastante avesso a mentiras e dissimulações e, em geral, nem um pouco leviano. Ao contrário, a severidade interior, com a qual eu logo cedo começara a contemplar o mundo e a mim mesmo, manifestava-se também exteriormente; não raro, chamavam-me a atenção, ora simpática, ora debochadamente, por uma certa dignidade que eu assumia. Afinal, ainda que não me faltassem os amigos bons e eleitos, éramos sempre a minoria contra aqueles que pareciam ter prazer em nos provocar com as mais cruas arbitrariedades, despertando-nos, em geral de modo bastante rude, de nossos sonhos fabulosos e autocomplacentes, em que eu, inventando-os, e meus colegas, ouvindo-os, adorávamos nos perder. Portanto, éramos lembrados, vez ou outra, de que ao invés de simplesmente entregarmo-nos à indolência e aos prazeres fantasiosos, tínhamos bons motivos para aprender a endurecer, fosse apenas para suportar o mal inevitável, fosse para reagir contra ele.

Por essa razão, uma das práticas do estoicismo em que eu passara então a me exercitar — tão seriamente quanto possível para um menino daquela idade — era a tolerância às dores e aos sofrimentos do corpo. Nossos professores nos tratavam sistematicamente de modo muito agressivo e canhestro, à base de golpes e bofetões, que, com o passar do tempo, aprendemos a suportar — já que resistir ou revidar eram opções ainda mais severamente punidas. E muitas das brincadeiras de infância também se davam como uma forma de desafio que colocava à prova aquela capacidade de resistência: por exemplo, quando um menino batia com dois de seus dedos — por vezes com a mão inteira — nos dedos do outro, revezando-se em seguida e assim sucessivamente, até ambos não sentirem mais suas mãos; quando um menino suportava, com maior ou menor firmeza, a surra que lhe davam por ter ido bem ou mal em certo jogo; quando, ao cair na briga, o menino não se deixava afetar pelos beliscões dos semiderrotados; quando sufocava uma dor infligida por mera provocação; ou mesmo quando se fazia indiferente aos apertões e às cócegas, com que as crianças adoram se cutucar. Era assim, desse modo, que íamos conquistando aos poucos uma grande vantagem, que ninguém nos tiraria tão rapidamente.

Contudo, quanto mais eu me gabava dessa capacidade de resistir a tais sofrimentos, mais aumentavam as importunações dos outros. E como grosseria e hostilidade não conhecem seus limites, essas circunstâncias desagradáveis acabavam conseguindo me tirar do sério. Não mencionarei senão um único caso.

Certa ocasião, o professor não aparecera no horário de sua aula. Enquanto todas as crianças estavam juntas na sala, comportamo-nos todos muito bem. Mas quando meus colegas mais próximos resolveram ir embora, julgando terem esperado mais que o suficiente, acabei ficando sozinho com os outros três colegas que não gostavam nada de mim. Eles logo tiveram a ideia de me atormentar, de me humilhar e de me enxotar dali. Por um momento, deixaram-me sozinho na sala, mas retornaram em seguida, com varetas que haviam arrancado às pressas de uma vassoura. Percebi então o que tinham em mente e, como imaginava que o período daquela aula já estivesse chegando ao fim, resolvi, sem muito refletir, que não iria reagir até que tocasse o sino. Com rigores de crueldade, os garotos começaram a me açoitar impiedosamente nas pernas e panturrilhas. Não movi um só dedo, mas logo senti que havia cometido um erro de cálculo, pois uma dor como aquela prolonga e muito os minutos. Quanto mais impassível eu ficava, mais crescia em mim também minha raiva. Tão logo ouvi soar a primeira badalada do sino, agarrei o mais distraído dos três pelos cabelos e, num piscar de olhos, derrubei-o ao chão, pressionando suas costas com meu joelho; o outro, mais jovem e mais fraco, que me atacava então pelas costas, puxei-o pela cabeça, prendi-o com meu braço e, no que o segurava firmemente junto a meu tronco, quase o estrangulei. Mas ainda havia mais um, não exatamente o mais fraco; e não me restara senão a mão esquerda para me defender. Segurei-o então pela roupa e, com uma manobra mais eficaz de minha parte e um tanto apressada da parte dele, derrubei-o, atirando-o de cara no assoalho. É claro que não faltaram mordidas, arranhões, chutes; mas, ali, meu corpo e minha mente só pensavam numa coisa: vingança. E valendo-me da posição mais vantajosa em que me encontrava, continuei batendo repetidamente suas cabeças umas contra as outras. Por fim, aos berros desesperados, começaram a gritar por socorro e logo nos vimos cercados por toda a gente. As varas espalhadas ao meu redor e minhas pernas, que, baixando as meias, eu pus a nu, testemunhavam em meu favor. Não me foi aplicado nenhum castigo e deixaram-me ir embora para casa; mas não sem eu antes deixar bem claro que, dali em diante, ao menor sinal de desaforo, arrancaria olhos e orelhas de um e de outro, ou os estrangularia até a morte.

Esse incidente, ainda que eu logo o esquecesse — como costuma ser o caso nessas coisas de criança — e dele, mais tarde, até mesmo achasse graça, foi, no entanto, o estopim para que aquelas aulas coletivas se tornassem cada vez menos frequentes, até cessarem completamente. Agora, como antes, voltava a passar a maior parte do tempo recolhido aos limites estritos de minha casa, onde encontrava em minha irmã Cornelia,[12] que contava um ano a menos que eu, uma companheira cada vez mais agradável.

Mas não quero abandonar esse assunto, sem ainda mencionar alguns episódios de meus desagradáveis encontros com aqueles colegas, pois nisto há de residir o caráter instrutivo de tais narrativas de fundo mais ético: que o indivíduo possa descobrir nelas o que os outros sentem e, em face disso, o que ele mesmo pode esperar de sua vida; e, aconteça o que lhe acontecer, que entenda que tudo recai sobre ele como a qualquer ser humano, não por ele ser predestinadamente um felizardo ou um desgraçado. Se um saber como este não ajuda muito a evitar o mal, pode ao menos ser útil, à medida que nos ensina a lidar com essas situações, a suportá-las, e até mesmo a superá-las.

Cabe aqui ainda uma observação geral. No processo de crescimento de crianças oriundas de uma classe social bem-educada se manifesta uma grande contradição. Refiro-me, aqui, ao fato de que essas crianças são instruídas e praticamente intimidadas, por pais e professores, a se portarem

---

12 Cornelia Friederica Christiana Goethe (1750-1777). Assumiu o sobrenome do marido após o casamento, passando a se chamar Cornelia Schlosser.

com moderação, compreensão e ponderação, a não infligirem sofrimentos a ninguém por mera maldade ou por orgulho, e a sufocarem qualquer manifestação de ódio que nelas possa querer começar a se desenvolver; mas enquanto essas jovens criaturinhas ocupam-se de tais exercícios, elas mesmas, vitimadas pelos outros, acabam sofrendo exatamente aquilo que lhes é sistematicamente censurado e expressamente proibido. Com isso, essas pobres criaturas acabam caindo em uma situação lastimável, como que espremidas entre a condição natural e a condição civilizatória; e, não raro, depois de algum tempo vivendo nessas circunstâncias, tornam-se pessoas dissimuladas ou agressivas, de acordo com sua personalidade.

Em geral, violência é combatida com violência; mas uma criança que tende a um comportamento mais afetuoso e carinhoso não tem como, nem por onde, se opor a esse tipo de humilhação e maldade alheia. Por mais que eu soubesse me esquivar relativamente bem das agressões físicas de meus colegas, não era páreo para eles em suas maledicências e piadinhas de mau gosto, já que, nesses casos, perde sempre aquele que tenta se defender. Assim, quando ataques desse gênero incendiavam em mim a ira, era com a força física que eu reagia. Ou essas provocações faziam-me pensar nas coisas mais estranhas, que também tinham sempre alguma consequência.

Aquelas crianças malévolas invejavam-me, entre outros privilégios, sobretudo o fato de eu tanto me orgulhar das relações familiares que teriam rendido a meu avô o benefício do cargo de prefeito — pois como ele ocupava posição de destaque entre os seus, essa condição não teria menos impacto sobre seus familiares. Certo dia, depois da cerimônia pública do tribunal dos pífanos, como eu me mostrasse tão orgulhoso de ter visto meu avô ocupar aquele lugar mais central em meio ao conselho municipal, um degrau acima de todos os outros conselheiros e entronado logo abaixo do retrato do imperador, um desses garotos voltou-se para mim com todo seu escárnio. Disse-me, então, que, como um pavão deve olhar para seus próprios pés, também eu deveria atentar para o fato de ter tido um avô paterno que não fora senão um estalajadeiro em Frankfurt[13] e que, portanto, não teria

---

13 Em alemão: *Weidenhof*. Referência ao nome da antiga pousada *Zum Weidenhof*, na região central de Frankfurt, cuja propriedade e gerência seriam assumidas, em 1705, por

tido exatamente o direito de reclamar o trono ou a coroa. Respondi-lhe dizendo que não me envergonhava nem um pouco daquilo, uma vez que era justamente aí que residiam o grande esplendor e o orgulho de nossa cidade natal, que era um lugar onde todos os cidadãos podiam se considerar iguais e onde a atividade de cada um, a seu modo, tinha um lugar de honra e proveito. E acrescentei, ainda, que só lamentava o fato de aquele bom homem já ter morrido há tanto tempo, pois volta e meia sentia falta de tê-lo conhecido pessoalmente, razão pela qual contemplava regularmente seu retrato e visitava seu túmulo, ao menos para, ao ler a inscrição naquela lápide relativamente modesta, poder alegrar-me com o fato de ele haver existido e de eu lhe ser devedor de minha existência. Mal acabara de lhe dizer isso e outro garoto bastante malicioso, o mais pérfido de todos, chamou de lado aquele primeiro e cochichou-lhe algo no ouvido. Os dois olhavam-me com tamanho sarcasmo e desprezo, que minha bile se pôs a ferver. Intimei-os então a falarem o que tinham a dizer:

— Bom, sendo assim — começou o primeiro —, se você quer mesmo saber: esse aí me disse que você vai ter de andar muito para encontrar seu avô.

Ameacei-os ainda mais energicamente, constrangendo-os a falar claramente. Vieram então com uma história fantasiosa, que teriam ouvido seus pais comentarem. Meu pai seria, na verdade, filho de algum distinto cavalheiro e aquele bom cidadão, a quem me referia como avô, teria apenas se prestado a assumir sua paternidade. Somado a isso, tiveram ainda o despautério de enumerar toda sorte de argumentos: por exemplo, que todos os nossos bens viriam exclusivamente de nossa avó, que todos os nossos outros parentes, espalhados por Friedberg[14] e arredores, seriam pessoas igualmente sem posses, enfim, razões e motivos que só ganhavam peso, de fato, pela maldade com que eram ditos. É provável que eu os estivesse ouvindo mais pacientemente do que eles haviam esperado, pois já estavam prestes a ir embora, quando dei a entender que os ia agarrar pelos cabelos. Mas, em vez

---

Friedrich Georg Goethe (1657-1730) — ou Friedrich Georg Göthé, do modo afrancesado como preferia grafar seu sobrenome —, a partir do matrimônio com a viúva de seu antigo proprietário, Cornelia Schellborn (1668-1754), cujo sobrenome de batismo era Walther.

14 Cidade a cerca de 30 km ao norte de Frankfurt.

de fazer isso, respondi-lhes, muito tranquilamente, que também com aquilo eu poderia conviver muito bem. Disse-lhes que a vida era tão bela, que não fazia a menor diferença saber ou não saber a quem nós deveríamos ser gratos; pois, ao fim e ao cabo, era na conta de Deus que deveríamos colocar isso tudo, para quem e diante de quem, aliás, éramos todos iguais. Ao perceberem que não conseguiriam mesmo me irritar, deixaram de lado o assunto; e continuamos a brincar juntos, uma vez que, entre crianças, a brincadeira é sempre um método garantido de reconciliação.

Contudo, aquelas palavras maldosas acabaram me infectando com uma espécie de vírus moral, que, aos poucos, começaria a se alastrar silenciosamente dentro de mim. Não me desagradava a ideia de ser neto de algum distinto cavalheiro, mesmo que não fosse da maneira mais legítima. Minha intuição me levava a seguir justamente por esse caminho, estimulando minha imaginação e desafiando minha perspicácia. Comecei então a investigar os argumentos daqueles garotos, encontrei e inventei novas justificativas e probabilidades. Ouvira falar tão pouco de meu avô; dele não restava muito mais do que um retrato, que ficava numa sala de visitas da velha casa, pendurado ao lado do retrato de minha avó; com a reforma, ambos os retratos haviam sido transferidos para um quarto do andar superior. Minha avó devia ter sido uma mulher muito bonita e da mesma idade de seu marido. Lembro-me também de ter visto, em seu quarto, o retrato em miniatura de um homem muito elegante, em uniforme e altas insígnias. Aquele retrato e vários outros de seus pequenos pertences simplesmente desapareceram durante aquelas obras que viraram nosso mundo de pernas para o ar. Em minha cabeça infantil, fui colecionando detalhes como estes, entre vários outros semelhantes. E foi assim que, ainda suficientemente jovem, pude exercitar pela primeira vez aquele talento poético da modernidade, por meio do qual um enredamento sagaz das situações mais significativas da vida de um ser humano é capaz de conquistar o interesse de todo o mundo culto.

Como não ousasse confidenciar a ninguém aquele assunto, tampouco arriscasse fazer qualquer tipo de pergunta a respeito, mesmo que de modo indireto, acabei empreendendo, sozinho, uma investigação de caráter secreto, na expectativa de poder enxergar a situação mais de perto. Nas conversas que eu costumava ouvir, as pessoas pareciam muito convictas da ideia de que os filhos guardavam sempre uma grande semelhança com seus pais e avós. E muitos de nossos conhecidos – em especial o conselheiro Schneider,[15] amigo bem próximo de nossa família – tinham relações de negócio com os príncipes e senhores daquelas redondezas. Em sua grande maioria, esses soberanos, ou seus filhos, tinham suas propriedades às margens do Reno e do Meno, bem como na região entre esses dois rios; e, vez ou outra, em agradecimento à prestação de alguma espécie de favor, honravam a lealdade dos representantes comerciais presenteando-lhes com seus retratos. Desde pequeno, convivia com esses retratos pendurados pelas paredes da casa, mas, agora, observava-os com atenção redobrada, procurando descobrir neles alguma semelhança comigo ou com meu pai. E, de fato, logo comecei a descobri-las; porém, com demasiada frequência, pois ora eram os olhos de um, ora o nariz de outro que me pareciam indicar alguma familiaridade, de modo que, ao fim e ao cabo, tais indícios acabaram apenas por me iludir, não conseguindo me levar adiante em minha investigação. De todo modo, ainda que mais tarde eu acabasse concluindo que tal suspeita não passava mesmo de uma invenção fantasiosa, aquelas impressões se perpetuariam em mim; e, de tempos em tempos, muito secretamente, não conseguiria deixar de voltar a comparar e conferir o semblante de cada um daqueles senhores, cujas imagens mantiveram-se tão claramente em minha imaginação. Há aí uma verdade: o ser humano deseja tão intensamente aquilo que lhe parece fortalecer as convicções e adular sua vaidade, que, em geral, nem mesmo se questiona se disso há de resultar alguma forma de honra ou desonra.

Todavia, ao invés de deixar que se misturem aqui considerações mais sérias, e mesmo repreendedoras, prefiro desviar um pouco meu olhar daqueles bons tempos: afinal, quem haverá de fazer jus à riqueza de experiências de sua infância? Estas pequeninas criaturas que perambulam diante de nós, não as podemos observar senão com prazer e admiração, pois, em geral, prometem mais do que podem cumprir; e parece que a natureza, entre as tantas peças que nos prega, também nesse caso costuma conseguir nos fazer de bobos. Os primeiros instrumentos que ela confere às crianças, quando estas vêm ao mundo, estão, em geral, em conformidade com as necessidades mais

---

15 Johann Caspar Schneider (1712-1786), comerciante e amigo da família de Goethe.

próximas e imediatas da criatura; e, para dar conta de seus propósitos mais imediatos, a criança serve-se então desses instrumentos, sem muita arte e propósito, mas da maneira mais hábil que lhe é possível. Considerada então em si mesma, na relação com seus pares ou em situações condizentes com suas forças, a criança parece-nos sempre assaz compreensiva, assaz razoável – nada parece se colocar além de suas possibilidades. E já que nos dão a impressão de dar conta de tudo de modo tão cômodo e tranquilo, mal nos despertam o desejo de que recebam ainda qualquer forma adicional de educação (*Bildung*). Se, no entanto, as crianças crescessem e continuassem a se desenvolver assim como parecem fazê-lo na tenra infância, hoje não teríamos nada além de gênios. Ocorre que o crescimento não se dá apenas como desenvolvimento. Os diversos sistemas orgânicos que constituem um determinado ser humano vão surgindo um do outro, transformando-se um no outro, substituindo-se um ao outro e reprimindo um o outro; enfim, consomem-se mutuamente, de modo que, depois de algum tempo, não se podem encontrar nem mesmo vestígios de algumas de suas primeiras habilidades, daquelas manifestações precoces de sua força. E embora se possa dizer que as disposições gerais de cada indivíduo possuem uma orientação definida, ainda assim seria difícil, mesmo para o maior e mais experiente conhecedor, antecipá-las de modo minimamente confiável. Retrospectivamente, porém, sempre é possível destacar aquilo que, então, já se prenunciava com algum futuro.

Tendo isso em conta, não pretendo, de modo algum, encerrar completamente as histórias de minha infância nestes primeiros livros. Retomarei e desenvolverei mais adiante um ou outro fio condutor que possa ter passado despercebido pelos primeiros anos de vida. Mas, seja como for, tenho de destacar aqui a forte influência que as guerras exercem sobre nosso modo de pensar e sobre nossas atitudes.

O cidadão mais pacífico se encontra numa relação de excepcionalidade com os grandes acontecimentos mundiais. Ainda que ocorram à distância, tais acontecimentos sempre o afetam e o afligem. Mesmo que não lhe digam respeito diretamente, ele não consegue deixar de julgá-los e de expressar sua opinião, tomando logo um partido – em geral, de acordo com suas disposições de caráter ou com outras circunstâncias externas. E quando os grandes acontecimentos e as transformações mais expressivas de fato se aproximam, sofre em dobro, pois acaba experimentando, com os desconfortos exteriores, também certo tipo de mal-estar interior, que, na maior parte das vezes, só faz acirrar o mal e destruir qualquer possibilidade de bem. Vendo-se então confrontado com o sofrimento real de amigos e inimigos, em geral mais daqueles do que destes, aí é que ele não sabe mesmo mais como fazer para cultivar e manter nem suas simpatias, nem seus interesses.

Embora o ano de 1757 ainda tivesse sido completamente marcado pela condição de paz civil na região de Frankfurt, vivemos tempos de grande agitação. De fato, talvez nenhum outro ano tenha sido tão repleto de acontecimentos. As vitórias e as recuperações, os grandes feitos e os infortúnios – os episódios iam se seguindo uns aos outros, sobrepondo-se e dando-nos a impressão de que se anulavam reciprocamente. Mas não tardava e logo a figura de Frederico, seu nome, sua fama, ressurgia de novo em grande esplendor. O entusiasmo de seus admiradores tornava-se cada vez maior e mais vivo; o ódio de seus inimigos era instigado ainda mais amargamente. A diferença de opiniões, que fora capaz de dividir até mesmo as famílias, não contribuía menos para o isolamento de certos cidadãos que, por si sós, já tendiam a certa forma de retraimento. Isso porque em uma cidade como Frankfurt, em que a religião[16] divide seus moradores em três grupos de proporções bastante desiguais e onde são raros os homens que, mesmo contando entre os mais influentes, conseguem alcançar um posto mais alto junto ao governo, é natural que alguns cidadãos mais abastados e instruídos recolham-se aos domínios de seus estudos e gostos particulares, construindo, para si, uma existência completamente à parte. É dessas figuras que se deverá falar, agora e também mais adiante, quando se tratar de dar uma ideia de como era um cidadão privilegiado de Frankfurt daquela época.

Tão logo retornou de suas viagens,[17] meu pai colocou na cabeça, de seu modo bem particular, que, para tornar-se apto a servir a sua cidade, queria assumir algum cargo mais modesto na administração e exercer suas funções

---

16 No século XVIII, a maioria dos cidadãos de Frankfurt era de luteranos, uma parte menor era de calvinistas e apenas uma parcela mínima era católica. Havia também uma pequena comunidade judaica.

17 Johann Caspar Goethe (1710-1782) estudou em Leipzig entre 1730 e 1733; nos anos seguintes, trabalhou em Wetzlar, faria seu doutorado em Giessen e, entre 1738

sem emolumentos, caso tal posição lhe fosse concedida sem eleição. Partindo da ideia que fazia de si mesmo e certo de ver, em seu propósito, um gesto de boa vontade, acreditava-se merecedor de tal distinção, mesmo que esta não levasse em conta nem os procedimentos legais, nem a tradição. Por isso, ao receber a recusa de seu pleito, encheu-se de raiva, de desânimo; e jurou que nunca em sua vida aceitaria cargo algum. Ademais, para fazer com que uma carreira administrativa de fato se lhe tornasse inviável, tratou logo de conseguir que lhe condecorassem com o título de conselheiro imperial,[18] distinção honorífica que, aliás, se reservava somente ao prefeito e aos conselheiros municipais mais velhos. Como, desse modo, passava então a ter por pares os homens mais importantes da cidade, não lhe era mais possível começar por baixo. E a mesma razão o moveria ainda a disputar a mão da filha mais velha[19] do prefeito, a partir do que, também por essa via, se lhe ficava interditado qualquer pleito por assento no conselho municipal. Tornou-se então um desses homens mais reservados, reclusos, que nunca fazem questão de relacionar-se com ninguém. Isolam-se tanto do restante da sociedade quanto uns dos outros; e à medida que, em sua reclusão, os traços mais singulares de sua personalidade vão se acentuando de maneira ainda mais aguda, seu isolamento, com o passar do tempo, torna-se ainda mais profundo. Em suas viagens mundo afora, meu pai tivera contato com uma mentalidade e um modo de vida muito mais elegante e liberal do que aquele que talvez se fizesse valer mais correntemente entre seus concidadãos. Mas, nisso, tinha em nossa cidade seus pares e também seus predecessores.

Von Uffenbach é um sobrenome conhecido. Houve certo conselheiro von Uffenbach[20] que alcançaria grande reputação. Estivera na Itália, era um indivíduo devotado especialmente à música e revelava-se um tenor mavioso. Como trouxera de sua viagem uma grande coleção de partituras, era praxe

---

    e 1739, morou em Regensburg e em Viena. Por fim, entre 1739 e 1741, realizou sua grande viagem à Itália.
18 O título lhe é conferido em 1742.
19 Catharina Elisabeth Textor (1731-1808), que assumiu o sobrenome Goethe pelo matrimônio com Johann Caspar Goethe, em 1748.
20 Johann Friedrich Uffenbach (1687-1769), naturalista, colecionador de arte e escritor.

que se executassem concertos e oratórios em sua casa. E como nessas ocasiões ele sempre bajulasse seus músicos e insistisse em cantar junto, achava-se que aquilo não condizia muito com a posição de homem digno, de modo que seus próprios convidados e seus conterrâneos, em geral, permitiam-se fazer observações bastante jocosas a esse respeito.

Lembro-me também de um barão von Häckel,[21] homem de fidalguia e riqueza, casado, mas sem filhos. Morava numa bela casa na *Antoniusgasse*, equipada com tudo o que se poderia desejar para uma vida distinta e elegante. Possuía também uma coleção de belas pinturas, gravuras, antiguidades e outros objetos que costumam despertar a curiosidade de colecionadores e pessoas de bom gosto. De tempos em tempos, convidava as figuras mais proeminentes da cidade para um almoço. Mas também não deixava de dar provas de sua generosidade tão particularmente zelosa, em especial quando levava para sua casa os pobres e, sob a condição de que concordassem em deixar por lá seus trapos velhos, presenteava-lhes com roupas novas. E só lhes dava esmolas se, retornando a sua casa na semana seguinte, estivessem asseados e bem vestidos, portando as roupas novas que lhes regalara. Dele tenho apenas uma vaga lembrança, como alguém muito simpático, elegante e bem educado. Com clareza lembro-me apenas de um leilão que ele organizou e que eu presenciei do começo ao fim – em parte seguindo ordens de meu pai, em parte por minha própria iniciativa –, em cuja ocasião pude adquirir vários itens que ainda guardo comigo em minhas coleções.

Naquela época, um homem que mal cheguei a conhecer, Johann Michael von Loen, vinha, já há algum tempo, despertando a atenção tanto do mundo literário quanto do povo de nossa região. Nascido em outra cidade, resolveu se fixar em Frankfurt, onde se casaria com a irmã de minha avó Textor, cujo sobrenome de batismo era Lindheimer. Bem relacionado no mundo da corte e da política, e feliz em ver renovada sua condição nobiliárquica, conquistou fama e renome ao ousar intervir em vários conflitos que, na época, vieram à tona no âmbito do Estado e da Igreja. Escreveu *O conde de Rivera*, um romance cuja natureza didática se explicita bem na outra parte de seu título: *O homem*

---

21 Barão Heinrich Jacob von Häckel (1682-1760).

honesto na Corte.[22] A obra teria boa repercussão, pois se apresentava como uma espécie de demanda de moralidade nas cortes, âmbito que, em geral, costumava ser dominado mais pelo ardil que pela moral. Com tamanha aprovação e acolhida, o livro garantiu um amplo reconhecimento a seu autor. Anos mais tarde, porém, publicaria uma obra que acabou tendo destino bastante diferente e perigoso. Trata-se de *A única religião verdadeira* [*Die einzige wahre Religion*], livro que tinha por objetivo promover a tolerância, especialmente entre luteranos e calvinistas, mas que só conseguiria conquistar o desentendimento com os teólogos, em especial com Dr. Brenner,[23] de Giessen, que escreveria contra o autor. Von Loen não se furtou à réplica, mas a polêmica acabaria se acirrando, assumindo uma tônica mais pessoal e tendo, por consequência, uma série de inconvenientes que o levariam a aceitar o posto de presidente distrital de Lingen, oferecido a ele por Frederico II – o monarca acreditava reconhecer em Loen um homem sem preconceitos, esclarecido e favorável às inovações que, na França, já se faziam, então, bem mais disseminadas. Seus antigos compatriotas, que abandonara não sem certo amargor, afirmavam que von Loen não estaria contente em Lingen, que nem era possível que estivesse satisfeito, tratando-se, como era o caso, de uma localidade que não se podia comparar a Frankfurt. Meu pai também duvidava de sua satisfação e afirmava que o estimado tio-avô teria feito melhor negócio, caso não tivesse se deixado envolver com o próprio rei; pois, por mais que Frederico II fosse um regente extraordinário, era simplesmente perigoso aproximar-se demais dele. Já se vira o quão desavergonhadamente haviam tratado o famoso Voltaire, que, em seu caminho de retorno à França, foi preso[24] em Frankfurt por ordem de Freitag,[25] o adido prussiano – e mesmo se tratando de alguém que contara, antes, com a mais alta estima do rei e

---

22 Trata-se da obra *Der redliche Mann am Hofe oder die Begebenheiten des Grafen von Rivera*, publicada em 1740 pelo tio-avô de Goethe, Johann Michael von Loen (1694-1796), escritor, político e intelectual alemão de expressão iluminista, já referido anteriormente na nota 58, p.62.

23 Dr. Johann Hermann Brenner (1699-1782), teólogo da Universidade de Giessen.

24 O episódio da prisão de Voltaire data de 1753.

25 Franz von Freytag, representante político do Estado Prussiano em Frankfurt entre 1737 e 1763.

com quem o rei chegara a ter aulas de poesia francesa. Nessas ocasiões, não faltavam as considerações e os bons exemplos que nos recomendassem toda a precaução diante das cortes e de seus senhores, um mundo de que os cidadãos nativos de Frankfurt, no entanto, não tinham a menor ideia de como era.

Gostaria de lembrar também do doutor Orth,[26] um homem excepcional, cujo nome menciono aqui não porque eu pretenda erigir um monumento a alguns honoráveis cidadãos de Frankfurt, mas, sim, porque sua fama ou personalidade exerceram alguma influência sobre mim em meus primeiros anos de vida. Doutor Orth era um homem de posses e também pertencia àqueles que não tinham nenhuma participação no governo, ainda que seus conhecimentos e suas convicções certamente o habilitassem para tanto. Os alemães e, sobretudo, os cidadãos de Frankfurt devem-lhe muito, especialmente no que diz respeito à preservação da memória da cidade. Ele publicaria o comentário à chamada *Reforma de Frankfurt*,[27] obra em que se reúnem os estatutos da cidade imperial. Em meus anos de juventude, estudaria diligentemente os capítulos de caráter mais histórico desse livro.

Com seu jeito retraído de ser, von Ochsenstein[28] – o mais velho daqueles três irmãos que eu já mencionara antes, como nossos vizinhos – não foi um indivíduo especialmente notável ao longo de sua vida, mas daria o que falar depois de sua morte: deixara uma ordem escrita, em que expressava seu desejo de ser carregado até sua cova logo à primeira hora da manhã, em silêncio, por trabalhadores simples e sem acompanhamento nem cortejo. E foi o que de fato aconteceu. Tal procedimento, no entanto, geraria grande celeuma naquela cidade que, até então, estava acostumada a funerais esplendorosos. Todos os que tradicionalmente lucravam com essas ocasiões funestas revoltaram-se contra a inovação. Mas aquele honrado patrício encontraria seguidores em todas as classes. E ainda que, por força

---

26 Johann Philipp Orth (1698-1783), jurista.
27 Em alemão: *Frankfurter Reformation*. Trata-se de um códice datado de 1611, que estabelece um novo conjunto de leis para a cidade de Frankfurt. A obra de Orth, que anota e comenta esse estatuto, intitula-se *Anmerkungen über die sogenannte erneuerte Reformation der Stadt Frankfurt* [*Notas sobre a chamada nova reforma da cidade de Frankfurt*] e foi publicada em 1731, tendo sido continuamente complementada até 1774.
28 Johann Sebastian von Ochsenstein (1700-1756), advogado.

do trocadilho, enterros como aquele passassem então a ser chamados de *Ochsenleichen*,[29] tal prática, para o bem das famílias menos abastadas, começaria a se estabelecer amplamente, ao passo que os funerais mais suntuosos acabariam desaparecendo. Se menciono aqui tal circunstância é porque entendo que represente um dos primeiros sintomas daquela mentalidade mais humilde e igualitária, que, na segunda metade do século XVIII, por iniciativa das classes mais altas, começaria a se evidenciar de diferentes formas e que, mais tarde, teria efeitos tão inesperados.[30]

Tampouco carecíamos de colecionadores e de amantes das antiguidades. Havia em Frankfurt inúmeras coleções de pinturas e gravuras, mas o que as pessoas mais gostavam mesmo de procurar e colecionar eram as curiosidades históricas de nossa cidade.[31] Regulamentações e mandatos ancestrais, de que não havia até então nenhuma coletânea, começaram a ser cuidadosamente pesquisados em antigos impressos e manuscritos, reordenados cronologicamente e preservados com a mais alta deferência, como um tesouro do direito e da tradição local. Também os retratos dos cidadãos de Frankfurt, que existiam em grande número, passaram então a ser reunidos, constituindo, em geral, uma sessão especial nas coleções de arte.

Eram homens como esses que meu pai parecia tomar como modelo. Não lhe faltava, portanto, nenhuma das qualidades de um cidadão correto e respeitável. Depois da reforma de sua casa, também ele se proporia a colocar em ordem as tantas coisas diferentes que possuía. Uma coleção excepcional de mapas, impressos pelos Schenk[32] e por outros geógrafos importantes da época, regulamentações e mandatos, tais como os que acabo de mencionar, assim como vários daqueles retratos de cidadãos locais, um armário repleto de armas antigas, um armário com lindos copos, taças e cristais venezianos,

---

29 *Ochsenleichen*, que, a um só tempo, faz trocadilho com o sobrenome *Ochsenstein*, mas também significa algo como "cadáver de boi", "defunto de gado".
30 Alusão à Revolução Francesa e sua repercussão.
31 A expressão "nossa cidade" traduz aqui o adjetivo alemão *vaterländisch* (pátrio, pátria). Vale notar que, nesta e em várias outras passagens, quando Goethe se vale de uma referência à pátria, refere-se, antes de mais nada, à tradição e à memória da cidade de Frankfurt, o que nos dá uma dimensão da amplitude (política e territorial) que a ideia de pátria teria para um "alemão" do século XVIII, início do século XIX.
32 Cartógrafos holandeses Jan e Leonhard Schenk.

espécimes e exemplares de história natural, peças trabalhadas em marfim, objetos de bronze e uma centena de outras coisas – tudo isso era, agora, classificado, ordenado e ganhava alguma forma de exposição. E havendo um leilão na cidade, não perdia ocasião de demandar a meu pai algumas comissões para ampliar o acervo.

Preciso mencionar ainda mais uma família importante, sobre a qual, desde minha infância, contam-se as coisas mais curiosas – eu mesmo chegaria a vivenciar pessoalmente certas de suas esquisitices: eram os Senckenberg. O pai, de quem não sei dizer muita coisa, era um homem rico. Teve três filhos,[33] que desde muito jovens já se distinguiam claramente como figuras fora do comum. Acontece que numa cidade tão limitada, em que não se espera que ninguém se destaque nem para o bem nem para o mal, certa nota de singularidade não costuma ser muito bem recebida. Apelidos jocosos e anedotas insólitas são, em geral, o fruto mais imediato de tal excentricidade e acabam se perpetuando na memória das pessoas. O pai morava na esquina da *Hasengasse*,[34] uma pequena rua que ganhara esse nome justamente por causa do antigo emblema na frente de sua casa, em que se podia ver representado um coelho – quiçá três. Daí que os três irmãos fossem mais conhecidos como os três coelhos, apelido de que não se livrariam tão cedo. Mas a verdade é que, de vez em quando, grandes qualidades anunciam-se, na juventude, através de comportamentos bastante estranhos e inconvenientes; e foi justamente isso o que aconteceu ali. O mais velho se tornaria, mais tarde, o famoso e renomado conselheiro áulico von Senckenberg. O segundo irmão[35] ingressaria na magistratura e também se revelaria possuidor de talentos primorosos, que ele, no entanto, só soube utilizar de modo atroz e mesmo repugnante ao longo de toda sua vida; e se não chegou a causar prejuízos à sua cidade natal, não deixaria de fazê-lo a seus colegas. O terceiro irmão, médico e homem de grande integridade, exerceria sua atividade profissional apenas

---

33 Heinrich Christian Senckenberg (1704-1768), Johann Christian Senckenberg (1707-1772) e Johann Erasmus Senckenberg (1717-1795).

34 *Hasen*, em alemão, é lebre, coelho; *Gasse* é viela, travessa.

35 Goethe toma, aqui e no restante deste parágrafo, o segundo pelo terceiro irmão, e vice-versa: Johann Christian Senckenberg foi o médico e naturalista; Johann Erasmus Senckenberg foi o magistrado.

muito eventualmente e somente nas casas mais abastadas – este se manteria uma figura bastante peculiar até a velhice. Vestia-se sempre muito bem e nunca era visto na rua senão de meiões e sapatos, perfeitamente empoado com sua peruca de cachos e o chapéu debaixo do braço. Caminhava rápido, mas pendia ora para um lado, ora para o outro, de modo que num instante estava de um lado da rua, noutro, já se via do outro lado, perfazendo, ao andar, uma espécie de zigue-zague. Os mais gozadores diziam que andava assim, tão tortuosamente, porque tentava desviar das almas penadas que o perseguiam sempre em linha reta; ou, ainda, que andava como se fugisse de um crocodilo. Mas todos esses gracejos e piadas que lhe faziam pelas costas acabariam por se transformar em expressão do mais alto respeito quando se soube que doara sua elegante residência, na *Eschenheimer Gasse*, com pátio, jardim e tudo o mais, para uma fundação médica; esta, por sua vez, além de converter o local num hospital exclusivo para cidadãos da cidade de Frankfurt, ainda instalaria ali um jardim botânico, um anfiteatro para as preleções de anatomia, um laboratório de química, uma bela biblioteca e uma residência para seu diretor – tudo em um padrão de dar inveja a qualquer academia.

Outro homem notável, que exerceria uma influência significativa sobre mim não apenas em razão de sua personalidade, mas também de seus escritos e de sua atuação naquelas vizinhanças, foi Karl Friedrich von Moser – um nome que, por conta de sua atividade profissional, era sempre mencionado em nossa região. Também este era um homem de profunda correção moral; e como as fraquezas da natureza humana o fizessem reagir de vez em quando, acabaria tendendo a simpatizar com os chamados pietistas. Von Moser queria introduzir uma certa conscienciosidade no campo dos negócios, assim como von Loen o pretendera em relação à vida na corte. A profusão de pequenas cortes alemãs existentes naquela época dava origem, também, a uma multidão de senhores e de servidores; os primeiros exigiam obediência incondicional, mas a outra parte, em geral, não se dispunha a agir e servir senão conforme suas próprias convicções. Disso resultavam conflitos sem fim, mas também explosões e transformações repentinas, já que, em geral, os efeitos de uma ação desenfreada se tornam mais rapidamente visíveis, e mais trágicos, nos círculos menores do que nos maiores. Dentre os senhores, muitas das casas encontravam-se então endividadas, sendo assim grande o número de comissões imperiais nomeadas para liquidar seus bens;[36] e as casas restantes pareciam enveredar, mais ou menos no mesmo compasso, por caminho semelhante — circunstância de que seus servidores tiravam proveito inescrupulosamente, ou de que se valiam, propositalmente, para se tornarem indesejáveis e odiados. Von Moser pretendia intervir sempre como homem de estado e de negócios; nisso, seu talento inato, que soubera transformar em profissão, acabaria por lhe garantir dividendos consideráveis. Mas também queria continuar sendo cidadão e ser humano, sem que, para tanto, tivesse de abrir mão de sua dignidade. Seu *Senhor e servidor*, seu *Daniel na cova dos leões*, assim como suas *Relíquias*[37] representam bem a situação delicada em que devia se sentir, que se não chegava a torturá-lo, era ao menos suficiente para deixá-lo muito pouco à vontade. Todos os seus escritos apontavam certa impaciência em relação a uma condição, com cujas circunstâncias não se podia simplesmente compactuar, mas de que também não era possível livrar-se completamente. É claro que, por pensar e entender as coisas desse seu modo particular, ele era obrigado, de tempos em tempos, a partir em busca de uma nova colocação, algo que, no entanto, graças a sua grande competência, nunca deixaria de encontrar com certa facilidade. Lembro-me dele como um homem simpático, sensível e afetuoso.

Mesmo que à distância, o nome de Klopstock[38] já vinha infundindo grande influência também sobre nós. De início, estranhávamos o fato de que homem tão distinto pudesse se chamar assim,[39] mas logo nos acostumaríamos a isso e conseguiríamos abstrair do significado de cada uma das duas sílabas

---

36 Em alemão: *Debitkomissionen*. O século XVIII seria marcado por um amplo processo de empobrecimento da nobreza.
37 Respectivamente: *Der Herr und der Diener, geschildert mit patriotischer Freiheit* (tratado político de 1759), *Daniel in der Löwengrube* (epopeia em prosa, 1763) e *Reliquien* (coletânea de tratados, 1766).
38 Friedrich Gottlieb Klopstock (1724-1803), poeta alemão.
39 O sobrenome *Klopstock* forma-se a partir da composição de duas palavras monossilábicas: *Klop* (do alemão *klopfen*, ou de sua variante *kloppen*, que significaria "bater") e *Stock* (que, em alemão, significa "pau", "vara", "bastão"), de modo que, para além de seu uso antroponímico, o sobrenome faz reverberar uma nuance semântica com o sentido genérico de "vara de bater".

de seu nome. Na biblioteca de meu pai, só havia encontrado até então poetas mais antigos, com especial destaque para aqueles que surgiram e tornaram-se célebres na época dele. Eram todos, sem exceção, poetas que se valiam de rimas, já que meu pai tomava a rima por elemento imprescindível na obra poética. Canitz, Hagedorn, Frollinger, Gellert, Creuz, Haller,[40] todos alinhados na estante, em fina encadernação de couro. A seu lado, via-se ainda o *Telêmaco*, de Neukirch, a *Jerusalém libertada*, de Koppen,[41] entre outras traduções. Passei toda a minha infância lendo, relendo e memorizando parcialmente aqueles livros, razão pela qual eu era convocado, vez ou outra, para entreter as visitas. Todavia, quando os versos do *Messias*[42] tornaram-se objeto público de admiração, teve início, para meu pai — a quem aqueles escritos não pareciam versos —, uma época bastante frustrante. Chegara ao ponto de se recusar enfaticamente a adquirir aquela obra; mas o conselheiro Schneider, amigo de nossa família, conseguiu fazer com que o livro chegasse clandestinamente até minha mãe e seus filhos.

Logo a partir de seu lançamento, o *Messias* teria um impacto poderoso sobre esse homem de negócios e de pouca leitura. Aquela linguagem encantadora, que havia quem tomasse por uma simples prosa ritmada, e aqueles sentimentos fervorosos, exaltados de modo tão natural e, ao mesmo tempo, tão belo, cativariam por completo aquele comerciante de temperamento, em geral, mais grave e moderado. Ele passaria a considerar seus dez primeiros cantos — pois é destes que se trata aqui[43] — como o mais maravilhoso livro

---

40 Respectivamente: Friedrich Rudolph Ludwig von Canitz (1654-1699), Friedrich von Hagedorn (1708-1754), Karl Friedrich Drollinger (1688-1742), Christian Fürchtegott Gellert (1715-1769), Friedrich Karl Kasimir von Creuz (1724-1770) e Albrecht von Haller (1708-1777) — poetas bastante conhecidos na Alemanha da metade do século XVIII.

41 Para referências ao *Telêmaco*, de Neukirch, ver nota 44, p.53. Quanto à *Jerusalém libertada*, trata-se da obra *Versuch einer poetischen Übersetzung des Tassoischen Heldengedichts, genannt: Gottfried oder Das Befreite Jerusalem* (1744), tradução em versos para o alemão, de Johann Friedrich Koppe, a partir do poema épico *Gerusalemme liberata*, do italiano Torquato Tasso.

42 O *Messias* (Messíada), de Klopstock, é um poema épico em vinte cantos.

43 Os três primeiros cantos seriam publicados em 1748; a primeira reunião em livro, integrando os dez primeiros cantos, seria publicada em Copenhagen, em 1756. A primeira versão integral, apenas em 1772.

de devoção que já fora publicado; e todo ano, na Semana Santa, quando então conseguia afastar-se inteiramente de seus negócios, partia sozinho em retiro, relia os dez cantos para si e, com isso, sentia-se revigorado para enfrentar o ano seguinte. No começo, cogitara falar a seu velho amigo sobre seus sentimentos em relação àquele livro; mas qual não seria sua triste surpresa ao descobrir em meu pai uma aversão incurável àquela obra de conteúdo tão precioso — e tudo apenas por causa de sua forma externa, uma questão que, para ele, conselheiro Schneider, parecia completamente irrelevante. Como bem se pode imaginar, esse tema retornaria reiteradas vezes às conversas dos dois; com o passar do tempo, porém, ambos pareciam apenas aprofundar suas próprias posições, distanciando-se cada vez mais um do outro. E já começavam mesmo a ter discussões bastante acaloradas, quando então aquele homem, de caráter mais transigente, acabou optando por não mais falar sobre sua obra predileta, visto que, se assim não procedesse, acabaria perdendo de vez tanto seu amigo de infância quanto a boa sopa que aquelas conversas lhe rendiam todo domingo.

Fazer novos prosélitos é o desejo mais natural de todo ser humano, de modo que, veladamente, nosso amigo se sentiria muito recompensado ao descobrir, no restante da família, alguns espíritos que se mostravam bem mais receptivos a seu autor tão sagrado. O exemplar do *Messias*, de que ele mesmo só fazia uso uma semana por ano, ficava a nossa disposição o restante do tempo. A mãe mantinha-o escondido; mas eu e minha irmã apoderávamo-nos dele sempre que podíamos, para, nas horas vagas, em algum canto escondido da casa, aprender de cor os trechos mais incomuns, guardando na memória, tão rápido quanto possível, tanto as passagens mais delicadas quanto as mais vigorosas.

Nós recitávamos o sonho de Pórcia[44] em disputa, improvisando um desafio; o diálogo[45] violento e desesperador entre Satanás e Adrameleque — em que ambos acabam por sucumbir no mar Vermelho[46] —, este nós costumávamos dividir em duas partes. Eu ficava com o papel mais violento, minha

---

44 *Messias*, canto VII.
45 *Messias*, canto X.
46 Trata-se, em Klopstock, do mar Morto.

irmã assumia o outro, menos lúgubre. Aquele praguejar recíproco, horrendo e pavoroso, mas tão sonoro, corria livremente em nossas bocas; e, sempre que podíamos, não perdíamos a chance de usar como saudação aquelas imprecações infernais.

Certo fim de tarde de um sábado de inverno – meu pai costumava deixar-se barbear aos sábados, ainda à luz do dia, para que, no domingo pela manhã, pudesse se vestir mais tranquilamente antes de sair para a igreja –, minha irmã e eu estávamos sentados num banquinho, atrás do fogão, sussurrando, discretamente, aquelas nossas imprecações habituais, enquanto o barbeiro ensaboava o rosto de meu pai. De repente, quando Adrameleque estava prestes a agarrar Satanás com suas mãos de ferro, minha irmã segurou-me firmemente e, mesmo em voz baixa, pôs-se a recitar aqueles versos com uma paixão que se inflamava a cada instante:

Acode-me! Imploro-te! Adoro-te assim, se me impões,
Monstro, maldito! A ti eu te imploro, tinhoso,
Acode-me! Amargo o desforro no evo da morte!...
Ontem odioso inda pude de ódio odiar-te!
Agora não posso! Mal posso o que punge de dor![47]

Tudo corria bem, até que minha irmã não se pôde mais conter e rasgou, em alto e bom som, com uma voz terrivelmente compungida, as seguintes palavras:

Oh, reduzo-me a pó!...[48]

O pobre barbeiro assustou-se tanto, que derramou a bacia de barbear sobre o peito de meu pai. Houve então um grande alvoroço e meu pai deu

---

47 Os pentâmetros em português traduzem os seguintes hexâmetros em alemão: "Hilf mir! Ich flehe dich an, ich bete, wenn du es fordersts,/ Ungeheuer, dich an! Verworfener, schwarzer Verbrecher,/ Hilf mir! Ich leide die Pein des rächenden ewigen Todes!.../ Vormals konnt' ich mit heissem, mit grimmigem Hasse dich hassen!/ Jetzt vermag ich's nicht mehr! Auch dies ist stechender Jammer!" (*Messias*, canto X).

48 Em alemão: "O wie bin ich zermalmt!..." (*Messias*, canto X).

logo início a uma rigorosa investigação, que nos confrontava, especialmente, com a hipótese do que poderia ter acontecido, caso ele estivesse sendo barbeado naquele exato momento. Para afastar de nós qualquer suspeita de propósito mais maligno, confessamos estar apenas representando aqueles nossos papéis diabólicos. E como já se desse por óbvio, para meu pai, que tais hexâmetros só pudessem mesmo causar tamanho infortúnio, não foi preciso muito para que ele voltasse a maldizer aquela obra, banindo-a em definitivo.

É assim que as crianças e o povo transformam em mero jogo, em mero gracejo aquilo que há de mais grandioso e sublime; mas de que outro modo, senão assim, reuniriam condições para enfrentá-lo e suportá-lo?

Terceiro livro

No primeiro dia do ano, a cidade costumava ganhar vida com as pessoas que circulavam de um lado para o outro transmitindo seus votos pessoais de feliz Ano-Novo. Nessa data, mesmo quem não era muito de sair de casa vestia sua melhor roupa para, num breve momento de cordialidade e simpatia, receber os amigos e os conhecidos mais próximos. Para crianças, como nós, a comemoração na casa de meu avô era a mais esperada e a que mais nos divertia. Era lá que se reuniam logo cedo os netos para ouvir os tambores, bombardas e clarinetes, os trombones, clarins e cornetos tocados pela banda militar, pela banda da cidade e por diversos músicos. Os presentes de ano novo, embalados e previamente marcados com o nome de seus destinatários, eram distribuídos pelas crianças entre as pessoas mais simples que vinham sempre nos congratular; mas, ao longo do dia, passavam por lá também os cidadãos mais honoráveis. Primeiro apareciam os amigos próximos e os parentes, depois vinham os funcionários que ocupavam cargos públicos mais modestos na administração. Os senhores conselheiros municipais também não deixavam de vir cumprimentar seu prefeito e, ao fim da tarde, um grupo mais seleto costumava ser recepcionado em cômodos da casa que mal eram abertos durante o ano. As tortas, os pães-de-ló, os marzipãs e o vinho doce deixavam as crianças alvoroçadas; e a isso vinha se somar ainda o fato de que a prataria, que o prefeito e os dois burgomestres ganhavam todo ano das mais diversas instituições, era então distribuída entre netos e afilhados, seguindo-se, para tanto, certo princípio hierárquico. Enfim, nada daquilo que dava brilho às grandes festas faltava naquela festa, ainda que em escala bem menor.

O Ano-Novo de 1759 finalmente chegou: para nós, crianças, repleto de expectativas e desejos, como sempre; mas, para os mais velhos, pouco auspicioso e bastante inquietante. Estávamos acostumados a ver as tropas francesas passarem por Frankfurt; e havia tempos já nos déramos conta de que as tropas se tornavam não apenas mais frequentes, como também mais numerosas. Entretanto, o quadro parecia ter se intensificado ainda mais nos últimos dias daquele ano que então se encerrava. Seguindo uma antiga tradição das cidades imperiais, o guarda de vigia, no alto da torre principal, fazia soar sua corneta sempre que alguma tropa se aproximava — naquele dia de Ano-Novo, sua corneta parecia não parar de tocar, sinal de que grandes exércitos avançavam, vindos de todos os lados. E, de fato, os batalhões logo começaram a chegar à cidade em grande número; todo mundo corria para vê-los passar. Antes, só os tínhamos visto cruzar a cidade em pequenos grupos; agora, surgiam em enormes contingentes, sem que pudéssemos evitar, mesmo que o quiséssemos. No dia 2 de janeiro, uma coluna inteira, que chegava à cidade por Sachsenhausen, atravessou a ponte e, seguindo pela *Fahrgasse*, deslocou-se até a *Konstablerwache*, onde então fez parada, dominou e dispersou o pequeno comando que fazia guarda no local, e assumiu, por fim, aquele posto de vigília. Em seguida, desceram pela *Zeil* e, como não encontrassem grande resistência, também a guarda principal logo acabaria por ser rendida. Num piscar de olhos, aquelas ruas, antes tão sossegadas e pacíficas, transformaram-se agora em um grande cenário de guerra. As tropas estabeleceram-se e armaram acampamento por ali mesmo, onde ficariam até que lhes fosse providenciada uma forma de acomodação mais regular.

Aquele fardo tão inesperado, algo que havia anos a cidade não sabia mais o que era, abateu-se terrivelmente sobre os cidadãos mais pacatos de Frankfurt. E ninguém na cidade sentiria mais aquele peso do que meu pai, que, além de tudo, ainda fora constrangido a abrir sua casa recém-reformada a militares do exército estrangeiro, acomodando-os naqueles cômodos tão elegantemente decorados, antes reservados apenas para as grandes recepções, e abandonando, assim, à arbitrariedade estrangeira tudo aquilo de que ele costumava zelar com tanta ordem e cuidado. Ele, um prussiano por afinidade, via-se agora cercado por franceses nos cômodos de sua própria casa: ele não era capaz de imaginar nada mais triste que nos pudesse acontecer. Se, contudo, tivesse sido capaz de aceitar as coisas um pouco melhor, já que falava bem o francês e, em geral, era homem de tratamento muito digno e respeitoso, certamente teria conseguido economizar a todos muitas horas de desconforto e aborrecimento. Isso porque, em nossa casa, fora acomodado um representante[1] do próprio rei francês, que, embora tenente de carreira, ocupava-se apenas de questões civis, de querelas entre soldados e cidadãos, de dívidas e outras contendas. Chamava-se conde de Thoranc,[2] nascido na Provença, na localidade de Grasse, não longe de Antibes. Era um homem alto, sério, esguio, de rosto bastante desfigurado pela varíola, de olhos negros e ardentes, mas de comportamento respeitoso e circunspecto. Logo por ocasião de sua chegada, mostrou-se predisposto a simpatizar com seu proprietário. Os dois discutiram a distribuição dos cômodos da casa, quais seriam os espaços cedidos, quais ficariam reservados à família; e quando se mencionou haver na casa um quarto todo repleto de quadros, o conde fez questão de, naquele mesmo instante, dar ao menos uma espiada nas pinturas, ainda que já fosse noite e tivessem de fazê-lo à luz de velas. Ficou absolutamente encantado com tudo o que viu, passando a tratar meu pai, que o acompanhava, de forma ainda mais amistosa; e sabendo depois que vários daqueles artistas ainda eram vivos e moravam em Frankfurt ou nos arredores, declarou que seu maior desejo era, assim que possível, conhecê-los pessoalmente e oferecer-lhes logo algum trabalho.

Mas nem mesmo essa proximidade com a arte seria suficiente para fazer com que meu pai mudasse de ideia ou, pelo menos, minimizasse sua indisposição. Só permitia que acontecesse aquilo que não lhe era possível evitar, mantendo-se sempre distante e impassível. E à revelia das coisas extraordinárias que começavam então a acontecer ao seu redor, pois nelas também não conseguia ver senão algo de absolutamente insuportável.

---

1 Em alemão: *Königslieutenant*, ou, em francês, de onde deriva o termo, *lieutenant du roi*.
2 François de Théas de Thoranc (1719-1794), conde de Thoranc.

Enquanto isso, o conde de Thoranc comportava-se de modo exemplar. Chegou a deixar de pregar seus mapas pelas paredes, só para não estragar os novos papéis de parede da casa. Seu pessoal era hábil, discreto e organizado. Mas acontece que a casa era de tamanho médio, projetada para apenas uma família e com uma escada livre interligando todos os andares; e, é claro, como não havia sossego ali nem durante o dia, nem em parte da noite – queixas e reclamações seguiam-se umas após as outras, presos eram trazidos e levados embora, oficiais e seus subalternos surgiam de toda parte e eram logo despachados, e, para completar, o conde ainda gostava de ter sempre inúmeros convidados à mesa do jantar com regularidade –, isso tudo acabava produzindo uma agitação e um burburinho como o de uma grande colmeia, ainda que, em geral, as coisas corressem de forma bastante moderada, com seriedade e rigor.

Por sorte, como mediador entre aquele proprietário da casa, um homem mal-humorado e cada vez mais torturado por sua própria hipocondria, e aquele hóspede militar, que apesar de bondoso, era homem extremamente sério e preciso, pôde-se encontrar um tradutor-intérprete[3] muito bem-disposto. Era homem grande, esbelto e muito agradável. Nascido em Frankfurt, falava francês, virava-se bem em qualquer situação e tinha bom humor para lidar com certas situações inconvenientes. Graças a sua mediação, minha mãe conseguiu fazer com que o conde entendesse a situação em que ela se encontrava em função do mau humor de seu marido. O tradutor retratara a situação com tamanha inteligência – a casa nova, que mal acabara de ser concluída, a natureza mais retraída do proprietário, seu empenho na educação da família e todo o mais que se pudesse dizer –, que o conde, homem que prezava acima de tudo o comportamento justo, a conduta honrada e o tratamento respeitoso, decidiu se tornar uma figura exemplar também em sua condição de hóspede aquartelado. E, de fato, mesmo nas mais diversas circunstâncias, manteria firmemente esse propósito ao longo dos vários anos de sua permanência naquela casa.

Minha mãe já tinha algum conhecimento de italiano, língua que, aliás, não era estranha a nenhum dos membros da família. Resolveu então aproveitar a

---

3 Johann Heinrich Diene.

ocasião para aprender francês, recorrendo, para isso, aos serviços daquele tradutor. Entre tantos acontecimentos tempestuosos, àquela altura minha mãe já havia se tornado madrinha de um de seus filhos, de modo que ele, como compadre, aproximara-se ainda mais da família e, para contribuir com a realização daquele projeto de minha mãe, fazia questão de dedicar a sua comadre todo o tempo livre de que dispunha (pois morava mesmo logo em frente). Ensinou-lhe, antes de qualquer coisa, as frases de que precisava para dirigir-se pessoalmente ao conde – estratégia que teria ótimo resultado. O conde sentiu-se lisonjeado com o esforço que a dona da casa, mesmo em sua idade, dedicava àquela tarefa. E como, no fundo, também ele fosse um homem algo espirituoso e alegre e não desgostasse do exercício de certa galantaria comedida, teria início aí uma ótima relação, a partir da qual os compadres, sempre em aliança, conseguiam obter o que queriam.

Se tivesse sido possível, como já dito antes, acalmar um pouco os ânimos de meu pai, toda a transformação implicada naquela nova situação teria sido bem menos inconveniente. O conde fazia de tudo para não passar a impressão de que agia por interesses próprios; recusava até mesmo os presentes que recebia protocolarmente. Ao menor vestígio ou sugestão de suborno, reagia furioso, punindo severamente os envolvidos. Seu pessoal tinha ordens estritas para não gerar nenhuma espécie de despesa para o proprietário. Em contrapartida, nós, crianças, costumávamos ganhar porções generosas de suas sobremesas. A esse propósito, para dar aqui uma ideia de quão inocentes eram aqueles tempos, basta dizer que, em certa ocasião, minha mãe nos deixaria muito aborrecidos, ao simplesmente jogar fora o sorvete que nos haviam enviado da mesa, uma vez que lhe parecesse impossível que o estômago pudesse tolerar um pedaço de gelo de verdade, por mais açucarado que fosse.

Além das guloseimas, que aos poucos fomos aprendendo a tolerar e a apreciar, também ficamos contentes com certo relaxamento do plano de aulas e do rigor disciplinar de meu pai. Seu mau humor só fazia crescer, já que não conseguia se resignar com o que se dava como inevitável. E quanto não atormentava minha mãe e seu compadre, os conselheiros municipais e a si mesmo – fazia simplesmente de tudo para que pudesse se livrar ao menos do conde. Todos argumentavam em vão, respondendo-lhe que, em tais circunstâncias, a presença de um homem como aquele em sua casa era uma verdadeira dádiva; e que uma transferência eventual do conde não resultaria, senão, no início de uma série infinita de mudanças, com a troca constante de moradores, desde oficiais até os soldados mais comuns. Mas nenhum desses argumentos tinha efeito sobre ele. O presente parecia-lhe de tal modo insuportável que seu desgosto não o permitia vislumbrar nada de pior que ainda lhe pudesse suceder.

Diante daquilo tudo, meu pai acabaria perdendo completamente o ânimo por suas atividades, que, em geral, tinham em nós seu principal objeto de atenção. As tarefas que ele nos passava, já não as cobrava mais com a mesma precisão. Enquanto isso, procurávamos sempre um jeito de saciar nossa curiosidade por aquele universo militar e por outras questões públicas. E não o fazíamos apenas em casa, mas também nas ruas, algo que se tornara então mais fácil, uma vez que, agora, as portas da casa ficavam abertas dia e noite e as sentinelas, que ali faziam guarda, pouco se importavam com o ir e vir de crianças irrequietas.

As inúmeras questões deliberadas por aquele representante do rei ganhavam um interesse adicional pelo fato de que, na qualidade de juiz daquele tribunal, o oficial fazia questão de declarar suas decisões acompanhadas sempre de alguma tirada criativa, espirituosa e divertida. Suas sentenças eram rigorosamente justas; mas o modo como as expressava era engraçado e bem-humorado. Parecia haver tomado o duque de Osuna[4] por modelo. Não se passava um dia sequer sem que o tradutor não viesse nos contar uma ou outra dessas anedotas, para a grande diversão das crianças e de minha mãe. Dispusera-se até mesmo a organizar uma pequena coletânea com tais decisões salomônicas; mas delas não guardo senão uma impressão geral, sem conseguir me recordar, aqui, de nenhum daqueles episódios em especial.

Com o passar do tempo, começamos a conhecer melhor as idiossincrasias do conde. Era bom conhecedor de suas próprias singularidades. E como havia momentos – que às vezes prolongavam-se por dias – em que

---

4 Duque de Osuna é um título nobiliárquico espanhol. Faz-se referência, aqui, ao terceiro e provavelmente mais famoso dos duques de Osuna: Pedro Tellez-Girón y Velasco Guzmán y Tovar (1579-1624), vice-rei da Sicília e de Nápoles, conhecido por suas tiradas espirituosas.

era acometido por uma espécie de mau humor, uma hipocondria, ou seja lá como se queira chamar tal demônio malévolo, recolhia-se então em seu quarto, não se permitindo o contato com ninguém a não ser com seu camareiro; e nem mesmo diante dos casos mais urgentes permitia-se fazer suas audiências naquele estado de espírito. Contudo, tão logo o espírito malévolo o deixasse em paz, surgia novamente em sua compleição costumeira de homem sereno, agradável e diligente. A partir dos comentários de seu camareiro, Saint-Jean, que era um homem magro, miúdo e de bom coração, pudemos deduzir que, em sua juventude, acometido por tais humores, teria causado grande desgraça; e como agora ocupava posição assaz importante e tão exposta aos olhares de todo mundo, tomara a decisão de resguardar-se sempre que percebesse os sinais de tais desvios de humor.

Já nos primeiros dias de sua presença em nossa casa, o conde mandou que viessem até ele pintores de Frankfurt como Hirt, Schütz, Trautmann, Nothnagel e Juncker.[5] Mostraram-lhe suas telas e ele adquiriu tudo o que estava à venda. Haviam-no acomodado em meu belo e iluminado quarto no sótão, espaço que logo foi transformado em uma espécie de galeria e ateliê, onde o conde pretendia instalar e manter ocupados, por muito tempo, todos aqueles artistas – mas com especial destaque a Seekatz, de Darmstadt, cujos traços ele admirava bastante, particularmente em suas composições mais idílicas e naturais. Mandou então que lhe enviassem de Grasse, onde seu irmão mais velho possuía uma bela casa, as medidas de todos os cômodos, para que ele pudesse discutir com os artistas a melhor distribuição dos espaços e definir a dimensão de cada uma das grandes pinturas a óleo a serem executadas sobre telas que, por fim, não seriam emolduradas, mas aplicadas diretamente sobre as próprias paredes da casa na Provença. Foi só então que o trabalho começou de verdade e com grande entusiasmo. Seekatz ficaria responsável pelas cenas bucólicas. Os velhos e as crianças, representados mais naturalmente, saíam-lhe de modo excepcional. Já os jovens não pareciam ter a mesma felicidade, saindo-lhe, em

---

5 A propósito de Hirt, Schütz, Trautmann e Juncker, ver as notas 24, 25, 26 e 28 do Primeiro livro. Aqui, Nothnagel refere-se ao pintor alemão Johann Andreas Benjamin Nothnagel (1729-1804), com quem, mais tarde, Goethe viria a ter aulas de pintura.

geral, demasiadamente franzinos; e as mulheres, por sua vez, não conseguiam agradar justamente pelo motivo oposto. Acontece que o pintor tinha por esposa uma figura pequena e gordinha, boa pessoa, mas mulher pouco atraente e que não permitia ao marido tomar a não ser ela mesma por modelo – assim era difícil mesmo que pudesse lograr algo de mais complacente. Some-se a isso, ainda, o fato de que, para dar conta de telas daquele tamanho, sentia-se forçado a exagerar as proporções de suas figuras. Suas árvores tinham muita verdade, mas sempre careciam de ramagem. Era um discípulo de Brinckmann, cuja arte em pintura de cavalete era irrepreensível.

Schütz, o pintor de paisagens, era, de todos, provavelmente, o que se sentia mais à vontade. Tinha pleno domínio das regiões renanas, bem como do tom solar que as inunda de vida nas estações mais belas do ano. Não estava de todo desacostumado a trabalhar com telas em grande escala, de modo que pôde executar aquele encargo com habilidade e sem perder a atitude, produzindo telas encantadoras.

Trautmann rembrandtizaria algumas cenas de ressurreição do Novo Testamento, ao mesmo tempo em que incendiaria pequenas vilas e moinhos. Também para as suas telas reservava-se um espaço especial, como se podia concluir a partir da planta dos cômodos enviada de Grasse. Hirt pintaria belas florestas de carvalhos e faias. Seus rebanhos eram elogiáveis. Juncker, acostumado à imitação dos holandeses mais minuciosos, era o que menos conseguia se encontrar naquele tipo de pintura; mas, por bons honorários, acabaria aceitando o encargo de decorar alguns espaços menores com flores e frutos.

Como eu conhecia todos aqueles homens desde minha mais tenra infância, já que costumava visitá-los em seus próprios ateliês, e como o conde não se importasse de me ver o tempo todo a seu lado – de modo que me fazia presente na distribuição dos encargos, na discussão dos rascunhos, na definição das encomendas e até mesmo no momento de sua entrega final –, sempre permitiam que eu externasse abertamente minha opinião quando da discussão dos primeiros planos e esboços. Entre os amantes das artes, mas em especial nos leilões que eu frequentava regularmente, já havia adquirido desde cedo certa fama por saber dizer, sem pestanejar, qual a cena histórica que determinada pintura representava, fosse ela uma referência à história bíblica, profana ou à mitologia. E ainda que eu nem sempre entendesse o sentido alegórico das imagens, era raro haver alguém presente que pudesse fazê-lo melhor do que eu mesmo. Agora, tinha a oportunidade de pedir aos próprios artistas que me explicassem um ou outro tema, privilégio de que me prevalecia então com prazer e paixão. Lembro-me ainda de ter preparado um texto longo e bem detalhado, em que descrevia doze telas que retratavam a história de José – algumas delas chegariam a ser finalizadas.

Depois de mencionar tais realizações certamente louváveis para um menino, também gostaria de fazer menção a uma situação algo vexatória que eu sofreria naquele círculo de artistas. Àquela altura, sabia tudo de cada uma das telas que eram trazidas para aquele quarto. Minha curiosidade infanto-juvenil não deixava que nada passasse despercebido ou sem maiores investigações. Certo dia, porém, encontrei um estojo preto atrás da pequena estufa; senti-me fortemente compelido a investigar o que se escondia ali e, sem mais refletir, abri logo sua tampa. De fato, a pintura abrigada naquele estojo era de um tipo que não se costuma expor mais abertamente; e ainda que eu tivesse feito menção de fechá-lo logo em seguida, não pude fazê-lo rápido o suficiente, de modo que, ao entrar no quarto, o conde pegou-me em flagrante:

– Quem lhe concedeu permissão para abrir esse estojo? – imputou-me de imediato em seu ar de representante real. Como eu não tivesse muito que dizer em resposta, ele logo desferiu sua sentença: – Pelos próximos oito dias – disse ele com seriedade –, não entrarás neste quarto!

Inclinei-me deferentemente, deixando o cômodo logo em seguida. E obedeci à letra aquele castigo, para a tristeza do bom Seekatz, que trabalhava justamente naquele quarto e gostava de minha companhia. Não sem certa malícia, levei tão longe aquela condição de obediência, que até mesmo o café, que costumava trazer para Seekatz, eu agora o deixava na soleira da porta. E como para buscá-lo o pintor tinha então de interromper seu trabalho, isso o acabaria irritando e por pouco não ficou zangado comigo.

Parece oportuno, aqui, dar uma ideia mais detalhada de como eu fazia para lidar, mais ou menos comodamente, com todas essas situações, já que não havia aprendido a língua francesa. Também nesse caso pude me valer do dom inato de assimilar muito facilmente a sonoridade de uma língua, seus movimentos melódicos, seus ritmos, seus tons e todo tipo de singularidade exterior. A partir do latim, conseguia reconhecer várias palavras; o italiano também contribuía; e como eu ficava o tempo todo exposto às conversas de empregados, soldados, sentinelas e todo tipo de visitas, em pouco tempo eu já conseguira reunir condições suficientes, senão para participar das conversas, ao menos para formular uma ou outra pergunta. Mas isso tudo somado não era quase nada em comparação ao que me rendia o teatro. Ganhara de meu avô um passe livre, de que eu me servia diariamente para assistir aos espetáculos, à revelia de meu pai, mas sempre com a anuência de minha mãe. Ali, sentado na plateia e diante de um palco repleto de atores estrangeiros, prestava ainda mais atenção na melodia e nas inflexões das falas, nas mímicas e nas expressões faciais; e tanto mais, porquanto eu mal entendesse o que de fato se dizia lá em cima, entretendo-me apenas com aquele jogo de gestos e tons. As comédias eram as mais difíceis de entender, pois os atores falavam muito rápido e referiam-se a coisas do dia a dia, cujas expressões ainda não me eram conhecidas. Tragédias só eram executadas raramente, mas seu ritmo mais compassado, a cadência de seus alexandrinos e a maior generalidade de sua expressão tornavam-nas mais acessíveis, em todos os sentidos. Não demorou muito e apossei-me do Racine[6] que encontrei na biblioteca de meu pai. Com grande entusiasmo, declamava as peças para mim mesmo e imitava aqueles modos e trejeitos teatrais, conforme os percebia – dentro das possibilidades de meus órgãos da audição e de seu correlato direto, a fala –, mesmo que ainda não fosse capaz de entender o sentido mais geral do que era dito. Cheguei mesmo a decorar passagens inteiras, que eu recitava como um papagaio; algo que, aliás, fazia com certa facilidade, já que, desde cedo, acostumara-me a decorar passagens bíblicas completamente incompreensíveis para uma criança e a recitá-las qual um pastor protestante. A comédia francesa em versos era muito popular na época; peças de Destouches, Marivaux e La Chaussée[7] costumavam ser encenadas com regularidade e ainda me lembro bem de alguns de seus personagens típicos. Das peças de Molière

---

6 Jean Racine (1639-1699), dramaturgo clássico francês.
7 Philippe Néricault Destouches (1680-1754), Pierre Carlet de Chamblain de Marivaux (1688-1763) e Pierre Claude Nivelle de La Chaussée (1692-1754) foram comediógrafos franceses, famosos também na Alemanha na época da infância e adolescência de Goethe.

restou-me bem menos na memória. Mas a que mais conseguia me impressionar era a *Hipermnestra* de Lemierre,[8] que, sendo à época uma peça nova, foi montada com mais cuidado e seria apresentada repetidas vezes. Peças como *Devin du village*, *Rose et Colas* e *Annette et Lubin*[9] também deixariam em mim uma impressão de graça e elegância. Ainda hoje consigo repassar na memória os movimentos daqueles meninos e meninas enfitados. Não tardaria e sentiria despertado em mim o desejo de conhecer mais de perto também o próprio teatro, para o que não me faltavam oportunidades. Como nem sempre eu tinha paciência de assistir à peça até o fim e como, portanto, passava boa parte do tempo andando pelos corredores ou, em estações mais amenas, brincando com outras crianças de minha idade em frente ao teatro, logo se juntaria a nós um garoto bonito e animado, que fazia parte da trupe francesa e que, muito ligeiramente, eu já havia visto desempenhar alguns pequenos papéis nas peças. Comigo ele conseguia se entender melhor, pois, em nossas conversas, eu sabia fazer valer meu pouco francês; e como não houvesse por ali outros meninos de sua idade e nacionalidade, tornamo-nos logo muito próximos. Não nos desgrudávamos durante as apresentações e também brincávamos juntos fora dos horários do teatro. Era um parlapatão encantador, matraqueava inesgotavelmente, mas sem nunca perder a graça; e contava tão bem suas aventuras, brigas e outras peripécias, que conseguia me entreter como ninguém. Assim, depois de quatro semanas, acabei aprendendo muito mais francês com ele do que se poderia imaginar, de modo que ninguém soube explicar como foi que, de repente, como que por inspiração, eu já dominava aquela língua estrangeira.

Logo que nos tornamos amigos, levou-me para conhecer os bastidores[10] do teatro – uma sala relativamente espaçosa, ao lado do palco, onde os ato-

---

8 Antoine-Marin Lemierre (1723-1793), autor do drama *Hipermnestra* (1758).
9 *Le Devin du village* (1752) é uma opereta de autoria de Jean-Jacques Rousseau (1712-1778). *Rose et Colas* (1764), com texto de Michel Jean Sedaine (1719-197) e música de Pierre-Alexandre Monsigny (1729-1817), e *Annette et Lubin* (1762), de Marie Favart (1727-1772), são operetas datadas de depois da partida da trupe francesa de Frankfurt (1762).
10 Em alemão: *Foyer*. É empregado aqui no sentido de um ambiente aquecido em que se reuniam os atores nas pausas do espetáculo. Somente mais tarde esse termo

res e as atrizes permaneciam nos intervalos e, portanto, onde também se vestiam e se despiam. O local não era adequado, tampouco confortável; o teatro fora improvisado numa antiga sala de concertos, de modo que, por trás do palco, não havia nem coxias nem um espaço especial reservado para os atores. Por conta disso, aquela sala, antes utilizada como sala de jogos, era então partilhada por atores de ambos os sexos, que não pareciam ver nisso motivo para constrangimento, nem entre eles, nem diante das crianças, pois não faziam a menor cerimônia quando se tratava de colocar ou tirar seus trajes. Nunca havia visto nada semelhante antes; mas, depois de reiteradas visitas, fui me acostumando com a situação e logo aquilo tudo me pareceu muito natural.

Não demorou muito para que se descerrasse em mim também um outro interesse, todo próprio e especial. O jovem Derones[11] — como o gostaria de chamar aqui —, com quem continuava aquela amizade, era, a despeito de suas parlapatices, um menino de bons modos e muito gentil. Apresentou-me então sua irmã, que era alguns anos mais velha do que nós. Moça encantadora, de boa figura, feições regulares, morena de cabelos escuros e olhos negros; era de compleição mais calada e carregava em si certa nota de tristeza. Eu fazia de tudo para agradá-la, mas não conseguia despertar sua atenção. Em geral, as jovens moças consideram-se muito mais evoluídas do que os garotos mais novos e logo assumem uma postura de tia em relação ao menino que, de sua parte, ensaia os primeiros traços de sua afeição. Com seu irmão mais novo eu não tinha contato.

Às vezes, quando a mãe deles saía para ensaiar ou fazer alguma visita, reuníamo-nos em sua casa para brincar ou passar o tempo. Nessas ocasiões, nunca deixava de levar comigo uma flor, uma fruta ou o que quer que fosse para aquela bela moça, que aceitava tudo de bom grado e agradecia-me com o mais sincero respeito, mas eu jamais vi seu olhar triste se alegrar, e não encontrei nenhum sinal de que ela de alguma forma prestasse atenção em

---

passaria a ser utilizado para designar os salões em que se reúnem os espectadores nos intervalos.

11 Ao longo de *Poesia e verdade*, Goethe atribuirá a uma ou a outra figura um nome fantasia; não raro, por não ter conseguido nem se lembrar nem recuperar, por outras vias, o nome da pessoa em questão.

mim. Certo dia, enfim, quis crer que descobrira seu segredo. O garoto mostrou-me por detrás das elegantes cortinas de seda que adornavam a cama de sua mãe, um pequeno retrato em pastel, em que se via um homem belo e elegante. Comentou então, muito astutamente, que não se tratava de seu papai, mas que era como pai. E como tanto celebrasse aquele homem e, a seu modo, contasse-me com detalhes as histórias mais ostentosas a seu respeito, acabei concluindo que a jovem era mesmo filha do marido de sua mãe, mas que meu amigo e seu irmão deviam ser filhos daquele outro homem. Encontrei assim uma explicação para o olhar entristecido da bela moça e passei a admirá-la ainda mais.

A afeição que sentia por aquela moça ajudava-me a suportar as lorotas de seu irmão, que às vezes passavam dos limites. Eu acabava então tendo de aguentar aquelas narrativas intermináveis de seus grandes feitos e de quão frequentemente ele já havia participado de duelos, sem nunca ter querido mal a nenhum de seus adversários — afinal, tudo se daria sempre por questão de honra. Contava-me como era hábil em desarmar seus oponentes, para, logo em seguida, conceder-lhes seu perdão; sim, pois me dizia ser tão bom na técnica de arrancar a espada das mãos do outro, que, em dada ocasião, ficara até mesmo constrangido por ter feito a arma do adversário ir parar no alto de uma árvore — só depois de muito esforço pôde-se recuperá-la novamente.

O que facilitava muito minhas idas regulares ao teatro era meu passe livre, que, tendo sido expedido pelo prefeito em pessoa, dava-me acesso a qualquer um dos lugares, até mesmo aos assentos no proscênio. Este, aliás, seguindo os moldes franceses, era amplo e tinha bastante espaço de fundo; e, sendo assim, aproveitavam então suas laterais para acomodar vários assentos suplementares, que, separados do palco por uma pequena divisória, enfileiravam-se uns atrás dos outros sobre diferentes degraus, de tal forma que a primeira fila ficava praticamente no mesmo nível do palco. Eram considerados lugar de honra e normalmente utilizados apenas por oficiais; mas a proximidade com os atores, se não é o caso de dizer que destruía toda a ilusão, ao menos contribuía para, de certo modo, colocar em suspensão todo o prazer. Ainda tive a chance de acompanhar com meus próprios olhos esse uso, ou melhor, esse abuso, de que Voltaire se queixara tanto. Quando a casa estava lotada e oficiais de alta patente, recém-chegados com suas tropas, reclamavam seu direito àqueles lugares de honra – que, nesses casos, normalmente já estavam ocupados –, era praxe instalarem-se ainda mais algumas fileiras de bancos e cadeiras sobre o próprio palco. Aos heróis e às heroínas, então, não restava senão a opção de desvelar seus segredos entre uniformes e insígnias, e num espaço bastante apertado. Pude ver a própria *Hipermnestra* ser encenada sob essas condições.

Não era costume baixar a cortina entre os atos. A esse propósito, tenho de mencionar aqui ainda uma prática muito peculiar e que só poderia ter mesmo me causado grande estranheza, já que, como bom garoto alemão, não tolerava nada que me parecesse ameaçar a expressão artística. Como o teatro era considerado o mais sagrado de todos os lugares, qualquer eventual perturbação deveria ser imediatamente repreendida como o maior crime contra a majestade do público espectador. Para garantir isso, em todas as encenações das comédias havia sempre dois soldados de guarda, com seus rifles de pé junto a si. Plantavam-se diante da última cortina, nas duas extremidades do fundo de cena, de modo que não somente ficavam bem à vista de todo o público, como, ainda por cima, testemunhavam tudo o que se comentasse no seio mais íntimo das famílias. E como a cortina não baixasse entre os atos, assim que começava a música incidental, dois novos soldados saíam bem do meio do cenário, marchavam a passo firme até as extremidades da cortina de fundo e assumiam as posições dos outros dois, que, por sua vez, batiam em retirada. Se não é preciso muito para perceber o quanto uma prática como esta é capaz de acabar, na situação que for, com qualquer coisa que se aproxime da ideia de ilusão no teatro, imagine-se então seu efeito numa época em que, fazendo-se valer os exemplos e princípios de Diderot,[12] demandava-se no palco o grau mais natural possível de naturalidade – dado que a ilusão perfeita era tida como o grande e verdadeiro objetivo da arte teatral. As encenações de tragédias, pelo menos, estavam livres dessa mesma prática policialesca, de modo que os heróis da Antiguidade

---

12 Os escritos de Denis Diderot (1713-1784) seriam traduzidos para o alemão por Gotthold Ephraim Lessing (1729-1781) e publicados, em 1760, sob o título de *Das Theater des Herrn Diderot*.

pareciam ter o direito de se vigiar a si mesmos; nessas ocasiões, os tais soldados montavam guarda na parte de trás dos cenários – e, portanto, ainda suficientemente próximos.

Outra coisa que não quero deixar de mencionar é que pude assistir ao *Pai de família*, de Diderot, e aos *Filósofos*, de Palissot;[13] desta última peça, lembro-me ainda muito bem da figura do filósofo, que andava de quatro e ficava mordendo uma cabeça de alface.

Mas apesar de toda essa variedade teatral, os espetáculos nem sempre conseguiam segurar as crianças dentro do teatro. Brincávamos logo em frente e pelas vizinhanças, especialmente quando fazia tempo bom. E cometíamos todo tipo de desatino, o que, especialmente nos domingos e nos dias de festa, não costumava condizer com nosso modo de vestir. Isso porque, nessas ocasiões, meus colegas e eu vestíamos trajes como aquele em que eu era visto no conto *O novo páris*: com o chapéu debaixo do braço e a pequena adaga à cintura, de cujo virote pendia um grande laço de seda. Certo dia, depois de já termos brincado por algum tempo, Derones veio se juntar a nós e, sem ter mais por onde, ocorreu-lhe afirmar que eu o teria ofendido e que, portanto, devia-lhe uma satisfação. Como eu não tinha a menor ideia do que pudesse ter motivado aquela reação, simplesmente aceitei seu desafio e já estava prestes a puxar minha adaga. Ele, no entanto, declarou que, em casos como aquele, seria praxe dirigir-se até um lugar sossegado, onde então poderíamos resolver a querela mais comodamente. Seguimos assim até os fundos de uns celeiros que havia por ali e, lá chegando, colocamo-nos em posição. O duelo sucedeu de modo bastante teatral, as lâminas repercutiam todo seu retinir e as estocadas passavam ao largo de nossos corpos; até que, no calor da batalha, o garoto acabou enroscando a ponta de sua adaga no laço de meu virote. E como, nisso, a fita havia sido perfurada de lado a lado, declarou-me que se sentia perfeitamente satisfeito. Abraçou-me então de modo igualmente teatral e seguimos até o café mais próximo, para recuperarmo-nos daquelas fortes emoções com um bom copo de leite

---

13 A peça *Père de famille* (1758), de Diderot, também foi traduzida por Lessing e publicada em 1760. Charles Palissot (1730-1784) escreveu *Les Philosophes* em 1760. Trata-se de uma sátira ao mote rousseauniano do "retorno à natureza".

de amêndoas e para reatarmos, ainda mais fortemente, os velhos laços de amizade.

    Cabe contar aqui ainda outra aventura que se me sucederia um pouco mais tarde, naquele mesmo teatro. Eu estava quieto, sentado em meio à plateia com um de meus colegas. Deleitávamo-nos com um solo de dança, que, muito hábil e elegantemente, era executado por um garoto bonito, mais ou menos de nossa idade, filho de um grande dançarino francês que estava de passagem pela cidade. Assim como os dançarinos em geral, o garoto vestia um colete vermelho, de seda e bem justo, que terminava numa curta crinolina – como a dos aventais dos mensageiros[14] –, bem à altura dos joelhos. Mal acabáramos de aplaudir, junto com o público, a apresentação daquele artista em formação, quando, não sei como nem por que, ocorreu-me fazer uma consideração um tanto moralista:

    – Que belos trajes veste este garoto e como lhe caem bem; mas sabe-se lá com que trapos não há de dormir esta noite!

    Todos já haviam se levantado para deixar o teatro, mas ainda se movimentavam muito lentamente, de modo que também nós não conseguíamos ir adiante. Por coincidência, a senhora que durante o espetáculo havia se sentado a meu lado e agora estava de pé, colada em mim, calhava de ser justamente a mãe daquele jovem artista. Sentiu-se profundamente ofendida com minha observação e, para minha infelicidade, sabia de alemão o suficiente para ter me entendido e falava tanto quanto o necessário para conseguir ralhar comigo. Pregou-me então uma bela descompostura, inquirindo-me quem seria eu para arrogar-me o direito de duvidar das origens e das posses da família daquele jovem ser humano. Fosse como fosse, parecia considerar que o menino era tão bem de vida quanto eu; e asseverava, adicionalmente, que seus talentos reservavam-lhe uma fortuna, que eu não poderia nem mesmo sonhar alcançar. Passou-me esse sermão em meio àquela confusão da saída do teatro, chamando a atenção de todos os que estavam ao nosso redor, que, por sua vez, ficaram curiosos para descobrir a coisa terrível que eu teria aprontado. Como não conseguisse nem me desculpar, nem

---

14 Em alemão: *Lauferschürzen*. Uniforme dos corredores que seguiam à frente das carruagens, prestando serviços de mensageiro.

me distanciar daquela mulher, fiquei extremamente constrangido e, quando finalmente ela resolveu se calar por um instante, disse-lhe, sem refletir:

— Mas para que tanto barulho? Hoje, vermelho até o nariz, amanhã come capim pela raiz.[15]

A mulher ficou completamente muda diante daquelas palavras. Olhou-me fixamente e afastou-se de mim tão rápido quanto pôde. Não pensei mais a respeito. Mas lembrei daquelas palavras algum tempo mais tarde, quando me ocorreu que aquele garoto havia sumido de repente e soube que estava seriamente doente. Se morreu, não sei dizer.

Presságios como estes, intuídos a partir de uma palavra dita de modo inoportuno ou mesmo inconveniente, já eram correntes e reputados entre os antigos. É admirável como as formas da crença e da superstição mantêm-se sempre as mesmas em todos o povos ao longo dos tempos.

Enfim, desde o primeiro dia da ocupação de nossa cidade, não nos faltariam, por nem um instante sequer, as mais variadas distrações. Especialmente para as crianças e para os mais jovens, alguma coisa sempre despertava a atenção, do teatro aos bailes, das paradas militares à passagem das tropas. Estas, aliás, vinham se multiplicando ainda mais nos últimos tempos, e a vida dos soldados nos divertia e alegrava.

A presença do representante do rei em nossa casa proporcionava-nos o privilégio de ir conhecendo, pouco a pouco, todas as personalidades importantes do Exército francês e de ver de perto suas figuras mais eminentes, cujos nomes já conhecíamos por reputação. Como que de camarote, instalados muito comodamente nas escadas e em seus patamares, víamos todos os generais passarem por nós. Dentre eles, guardo ainda alguma lembrança do príncipe de Soubise,[16] que era um senhor afável e muito elegante; mas lembro-me ainda mais claramente do marechal de Broglie,[17] homem jovial, encorpado, mas de estatura mediana, e que corria os quatro cantos da casa com seu olhar ágil e espirituoso.

---

15 Em alemão, trata-se da expressão proverbial "heute rot, morgen tot" (hoje vermelho, amanhã morto), fazendo a retomada da cor vermelha do colete do menino dançarino.
16 Charles de Rohan, prince de Soubise (1715-1787), marechal francês.
17 Em alemão, "Marschal von Broglio". Victor-François, duc de Broglie (1718-1804), oficial francês de mais alta patente durante a ocupação de Frankfurt (1759-1762).

Suas visitas ao representante do rei eram frequentes e percebíamos que as conversas tratavam de assuntos muito importantes. Mal nos acostumáramos àquelas novas circunstâncias, quando, três meses após a ocupação, começaram a circular rumores de que os aliados[18] haviam se colocado em marcha e de que o duque Ferdinand von Braunschweig[19] viria expulsar os franceses das margens do Meno. Por estes não tínhamos maior consideração, já que não haviam conquistado grandes vitórias no campo de batalha; e, desde a batalha de Rossbach,[20] não nos restavam razões senão para menosprezá-los. Já no duque Ferdinand depositávamos grande confiança, de modo que todos os simpatizantes dos prussianos aguardavam ansiosos por sua libertação daquele fardo diário. Meu pai logo se animou com a notícia, mas minha mãe ficou preocupada. Ela era suficientemente perspicaz para perceber que àquele nosso pequeno desconforto diário poderia suceder facilmente uma desgraça de proporções muito maiores. Isso porque era cada vez mais evidente que os franceses não pretendiam partir de encontro ao duque, preferindo, antes, aguardar pelo ataque inimigo nas proximidades da cidade. Uma derrota dos franceses, uma partida em retirada, a defesa da cidade — ainda que fosse apenas para encobrir sua fuga e manter o controle sobre a ponte —, os bombardeamentos, as pilhagens; tudo, enfim, estimulava a imaginação das pessoas e inquietava ambos os partidos. Minha mãe, que era capaz de tolerar tudo, exceto essa inquietação, fez com que seus receios chegassem ao conhecimento do conde por intermédio do tradutor. Dele receberia uma resposta padrão, comum em casos como aqueles: de que deveria se acalmar, pois não haveria razão para maiores preocupações; e de que deveria guardar aquilo para si e não comentar o assunto com mais ninguém.

Mais tropas atravessaram a cidade; ficamos sabendo que fariam parada nos arredores da cidade próxima de Bergen. As idas e vindas constantes, os rompantes a pé e a cavalo — toda aquela agitação intensificava-se cada vez mais e, fosse dia, fosse noite, nossa casa vivia sempre tumultuada. Foi

---

18 Os aliados da Prússia eram as tropas da Inglaterra, de Hessen, de Braunschweig e de Hanôver.
19 Ferdinand von Braunschweig-Wolfenbüttel (1721-1792) foi o marechal-comandante das tropas prussianas e de seus aliados na Guerra dos Sete Anos.
20 Travada em 1757, a batalha resultaria na vitória de Frederico II sobre os franceses.

justamente naqueles dias que comecei a ver com maior frequência o marechal de Broglie, invariavelmente alegre e cordato em suas maneiras e em sua compleição. Mais tarde, ficaria feliz em descobrir que a História mencionaria aquele homem de forma elogiosa, cuja figura causara em mim impressão tão boa e duradoura.

Por fim, depois de uma Semana Santa longa e apreensiva, chegou a Sexta-feira da Paixão de 1759. A grande calmaria anunciava a proximidade da borrasca. Crianças, como nós, foram proibidas de sair de casa; meu pai, que não conseguia parar quieto, não se conteve e acabou saindo pelas ruas. A batalha havia começado. Subi correndo até o andar mais alto da casa, onde, mesmo sem conseguir enxergar direito aquela localidade próxima, podiam-se ouvir bem as trovoadas dos canhões e a fuzilada das outras armas de fogo. Depois de algumas horas, começamos a ver os primeiros sinais da batalha. Um comboio de carroças, trazendo feridos com as mais tristes e variadas formas de mutilação, passava sem alarde bem em frente à nossa casa, a caminho do hospital que se improvisara no convento de Nossa Senhora. Aquela cena despertou imediatamente a solidariedade dos cidadãos de Frankfurt, que ofereceriam cerveja, vinho, pão e dinheiro àqueles que ainda se encontravam em condições de receber alguma coisa. E quando, pouco tempo depois, percebemos que nas carroças havia também feridos e prisioneiros alemães, a compaixão extrapolaria seus limites – os cidadãos pareciam mesmo dispostos a se desfazer de todos os bens móveis de que dispunham, com o intuito de prestar auxílio a seus desafortunados compatriotas.

Contudo, aqueles prisioneiros alemães eram um indício de que a batalha[21] não resultara vitoriosa para os aliados. Meu pai, que, no calor de sua parcialidade, estava certo de que os prussianos ganhariam aquele confronto, cometeu a imprudência de sair ao encontro daqueles que supunha vencedores, sem se dar conta de que os vencidos seriam os primeiros a atropelá-lo em sua fuga. Primeiramente, seguiu em direção à saída da cidade até seu jardim, na frente do portal de Friedberg, onde encontraria tudo calmo e

---

21 Em 13 de abril de 1759, os franceses, sob o comando do marechal de Broglie, derrotaram o exército de Hanôver, comandado pelo duque Ferdinand.

deserto. Arriscou-se então pelo descampado de Bornheim,[22] onde logo avistaria alguns vagabundos e malandros dispersos, que se divertiam por ali atirando nos marcos de pedra, de modo que as balas de chumbo ricocheteavam e passavam zunindo bem rente à cabeça dos passantes mais curiosos. Diante disso, julgou ser mais recomendável retomar o caminho de casa; e depois de perguntar a uma ou outra pessoa, descobriu aquilo que o barulho dos canhões e fuzis já devia ter lhe evidenciado antes, ou seja, que tudo corria bem para os franceses e que uma rendição estava fora de cogitação. De volta a casa, furioso por ter visto seus compatriotas feridos e presos, ficou completamente fora de si. Ordenou que se distribuíssem toda forma de donativos aos soldados que passavam, mas apenas para os alemães – o que nem sempre era possível, já que o destino se encarregara de juntar amigos e inimigos na mesma situação.

Nós, crianças, que havíamos confiado desde o início na palavra do conde e, por conta disso, passáramos um dia relativamente tranquilo, só pudemos ficar extremamente contentes com o acontecido. E minha mãe ficaria ainda duplamente aliviada, pois, naquela mesma manhã, ao inquirir o oráculo de seu livro devocional[23] com um alfinete, havia recebido uma resposta bastante consoladora, tanto no que dizia respeito ao presente quanto em relação ao futuro. Desejávamos muito que nosso pai compartilhasse da mesma opinião e dos mesmos sentimentos. Fizemos de tudo para cobri-lo de mimos, imploramos que comesse alguma coisa, uma vez que havia recusado se alimentar o dia todo. Não fez senão rejeitar nossos carinhos e a comida, e acabou indo para seu quarto. Mas isso não estragaria nossa alegria. O resultado estava dado. O representante do rei, que, contrariamente ao que estava habituado, saíra a cavalo naquele dia, acabava de retornar – sua presença na casa nunca havia sido tão necessária antes. Corremos a seu encontro, beijamos suas mãos e demonstramos toda nossa alegria. Aquilo parecia deixá-lo muito contente.

---

22 Em alemão: "Bornheimer Heide". Na época, terreno agreste a meio caminho entre Frankfurt e Bergen, em cujas cercanias se travaria a batalha.
23 Em alemão: *Schatzkästlein*. Referência a uma antologia pietista intitulada *Güldenes Schatzkästlein der Kinder Gottes, deren Schatz im Himmel ist* (1718).

— Bem — disse ele num tom mais simpático do que o de costume —, fico feliz também por vocês, minhas caras crianças!

Ordenou então que nos servissem guloseimas, vinho doce e tudo do bom e do melhor, tomando em seguida o caminho de seu quarto, rodeado de gente com as demandas e os pedidos urgentes de sempre.

Fizemos uma ceia deliciosa; e como lamentássemos a ausência de nosso pai, que se recusara a tomar parte naquilo, insistimos com nossa mãe para que fosse chamá-lo. Ela, no entanto, mais esperta que nós mesmos, sabia que aquelas gentilezas o deixariam irritado. Nesse meio-tempo, preparara algo para o jantar e, de bom grado, teria mandado que lhe servissem uma porção em seu próprio quarto, não fosse o fato de saber que ele mesmo não suportava tamanho desmando, nem nos casos mais extremos. Assim, colocamos de lado as guloseimas e tentamos convencê-lo a descer e a jantar conosco. Contrariado, finalmente se deixou convencer — mal imaginávamos o incômodo que isso causaria a ele e a toda a família. A escada interior interligava os corredores e os cômodos da casa inteira, de modo que, para chegar até a sala de jantar, meu pai era obrigado a passar em frente ao quarto do conde. Sua antessala estava tão repleta de gente, que, para poder resolver mais de um assunto ao mesmo tempo, o conde decidiu sair de seu quarto, o que calhou de acontecer no exato momento em que meu pai passava por ali. Dirigiu-se então alegremente até o dono da casa, saudando-o e dizendo-lhe:

— O senhor há de convir que, hoje, ambos merecemos congratulações, por uma situação perigosa como esta ainda ter se resolvido tão bem.

— De jeito nenhum — replicou meu pai, enraivecido —, queria mesmo era que tivessem conseguido mandar vocês todos para o inferno, ainda que eu fosse obrigado a acompanhá-los nesse mesmo caminho.

O conde parou por um instante; logo retrucou enfurecido: — O senhor vai pagar caro por isso! — gritou. — Não deixarei que tais afrontas a mim e a esta causa justa fiquem impunes!

Meu pai seguiu adiante. Desceu as escadas sossegadamente até a sala de jantar, juntou-se a nós, parecendo mais animado do que até então, e pôs-se a comer como de costume. Ficamos muito contentes, mas nem suspeitávamos do modo temerário com que ele havia conseguido retirar aquela pedra de seu peito. Não demorou muito e logo vieram chamar minha mãe.

Sozinhos com meu pai, mal nos contínhamos de vontade de contar a ele sobre todas aquelas deliciosas guloseimas com que o conde nos havia regalado. Nossa mãe não voltava. Nisso, apareceu o tradutor; fez um breve sinal, ao que fomos logo mandados para a cama — já era tarde e obedecemos sem hesitar. Somente depois de uma boa e tranquila noite de sono, descobriríamos as violentas agitações que haviam abalado a casa na noite anterior. O representante do rei ordenara a prisão de meu pai logo de imediato. Seus subordinados sabiam bem que não convinha contradizê-lo, mas certa hesitação na execução das ordens também já lhes havia rendido a gratidão de seu superior. O compadre tradutor, com sua costumeira presença de espírito, soube muito bem se aproveitar disso. Fosse como fosse, o tumulto na casa era tão grande que certa morosidade na execução daquela ordem seria até mesmo desculpável, se é que percebida. Foi ele quem havia mandado chamar minha mãe, deixando os subordinados em suas mãos, para que ela, com suas súplicas e postulações, tentasse convencê-los a, pelo menos, postergar a execução daquela ordem. Enquanto isso, o tradutor subiu para falar com o conde, que, demonstrando grande controle sobre si, havia se recolhido imediatamente em seu quarto, preferindo deixar aquele assunto urgente em suspensão por um momento, a descarregar todo seu furor em um inocente e acabar tomando alguma decisão que não fosse digna de si mesmo.

Quanto ao modo de lidar com o conde, bem como quanto ao seguimento de sua conversa, o bom e corpulento compadre tradutor — que, mais tarde, não perderia ocasião de se gabar daquela sua mediação tão bem-sucedida — acabaria nos contando a história tantas vezes, que ainda sou capaz de reproduzi-la de memória.

O tradutor resolvera arriscar abrir a porta e entrar no quarto do conde, comportamento que, sabidamente, costumava ser punido com severidade. — Quer o que aqui? — resmungou-lhe o conde. — Suma daqui! Fora Saint-Jean, ninguém tem permissão de entrar neste quarto.

— Pois então o senhor imagine, por um momento, que sou Saint-Jean — replicou o tradutor.

— Seria preciso muita imaginação. Dois dele não dão um como o senhor. Vá embora!

— Senhor conde, o senhor recebeu dos céus um grande dom e é a esse dom que venho apelar aqui.

— O senhor acha que consegue me bajular? Não pense que vai conseguir!

— O senhor conde tem o grande dom de saber ouvir a opinião alheia mesmo nos momentos de grande comoção, mesmo nos momentos de fúria.

— Sim, sim! É de opiniões mesmo que se trata. Faz muito tempo que venho dando ouvidos a elas. Sei bem que ninguém gosta de nós por aqui, que todos esses cidadãos nos olham torto.

— Nem todos!

— Mas são muitos! Cidadãos, o quê! E ainda querem ser cidadãos imperiais? Viram seu imperador ser eleito e coroado. Mas quando este é atacado injustamente, correndo o risco de perder seus domínios e de ser subjugado por um usurpador; quando este encontra aliados leais, que colocam dinheiro e o próprio sangue a sua disposição, aí esses cidadãos não se dispõem a tolerar nem mesmo o menor dos fardos, nem mesmo a parte que lhes caberia na humilhação do inimigo do Império.

— Certamente o senhor é conhecedor dessas opiniões há tempos e soube tolerá-las como um homem sábio. Mas trata-se apenas de uma pequena minoria, de alguns poucos deslumbrados com aquelas qualidades brilhantes do inimigo, que o senhor mesmo, como o homem extraordinário que é, também sabe admirar. São poucos, o senhor sabe disso!

— Sim, sei bem! Há muito que sei disso e só faço tolerar. Não fosse assim e este aí não teria ousado me atirar na cara tamanhas ofensas num momento tão importante. Não importa quantos sejam. Que agora eles se sintam todos punidos na figura desse seu representante teimoso — e que aguardem só para ver o que os espera!

— Um adiamento apenas, senhor conde!

— Em certos casos, nenhuma decisão é apressada demais.

— Um pequeno adiamento!

— Vizinho, o senhor acha que consegue me fazer dar um passo em falso? Não pense que vai conseguir!

— Não pretendo dissuadi-lo nem de dar, nem de deixar de dar um passo em falso. Sua decisão é justa e condigna dos franceses e do representante do rei. Mas não se esqueça de que o senhor também é o conde Thoranc.

— Este não tem nada que dizer a esse respeito.
— Mas talvez fosse o caso de dar ouvidos também a esse bom homem.
— Pois bem, e o que ele diria?
— Senhor representante — ele diria —, em outras ocasiões em que o trataram quase tão mal assim, o senhor sempre teve tanta paciência com tanta gente mal-educada, canhestra e malevolente. Esse homem, não há dúvida, certamente o tratou muito mal! Mas seja paciente novamente, senhor representante! Dê a todos mais uma razão para exaltá-lo e celebrá-lo!
— O senhor sabe bem que às vezes tolero seus gracejos, mas não abuse de minha boa vontade. Será que essas pessoas ficaram completamente cegas? Qual teria sido seu destino, se tivéssemos perdido a batalha? Teríamos recuado em combate até os portões da cidade, evitando a invasão; teríamos mantido e defendido nosso domínio, para encobrir nossa retirada pela ponte. E o senhor acredita mesmo que o inimigo ficaria de braços cruzados? Eles lançariam granadas sobre a cidade e o que mais tivessem à mão, incendiando o que encontrassem pela frente. E o proprietário desta casa, o que ele pensa que quer? Sobre as paredes destes quartos estariam explodindo, agora, uma bola de fogo atrás da outra. Justamente nestas paredes, cujo maldito papel de parede chinês eu havia tentado poupar, deixando de pregar nelas os meus mapas. Essas pessoas deviam é ficar o dia todo de joelhos.
— E quantos não fizeram isso!
— Deviam é implorar nossa benção! Receber os generais e oficiais com saudações honrosas e amistosas e ir ao encontro dos soldados exaustos com alimento e refrescos. Mas não, em vez disso, o veneno desse espírito partidário arruína os momentos mais belos e felizes de minha vida, que me custaram tanto esforço e cuidado!
— Trata-se certamente de um espírito partidário; mas que só se espalharia ainda mais com a punição deste homem. Aqueles que pensam como ele, acusarão o senhor de tirano, de bárbaro, enquanto ele será visto como um mártir que sofreu pela boa causa. E até mesmo seus concidadãos que pensam de modo diferente, aqueles que agora são seus adversários, estes também só verão nele, então, um compatriota, e terão pena dele. Mesmo que entendam que o senhor teve seus motivos, acharão, por fim, que agiu com dureza excessiva.
— Já o ouvi demais. Suma da minha frente!

— Peço-lhe que ouça então mais uma última coisa! Pense que isto seria o que de mais nefasto poderia acontecer a esse homem e a toda sua família. O senhor pode não ter motivos para estar contente com o dono desta casa, mas a dona da casa tem procurado ir ao encontro de todas as suas vontades e as crianças o consideram um tio. Com esse único gesto, o senhor conseguirá destruir para sempre a paz e a felicidade deste lar. Sim, arrisco dizer que nem mesmo uma bomba que atingisse a casa seria capaz de causar tamanha devastação. Por tantas vezes admirei sua firmeza, senhor conde; peço que me dê, também nesta ocasião, uma razão para exaltá-lo. Um guerreiro que consegue ver a si mesmo como hóspede na casa do inimigo é digno de todo respeito; e aqui, senhor, não há inimigo, há apenas um equivocado. Seja paciente e o senhor conquistará para sempre a sua glória!

— Não imagino como isso poderia vir a acontecer — replicou o conde, ensaiando um sorriso.

— De modo muito natural — respondeu o tradutor. — Não deixei que a dona da casa e as crianças caíssem a seus pés, pois sei que cenas como essas não são de seu agrado, mas sei e posso lhe dizer o quanto lhe são imensamente gratos. E posso lhe dizer também que, ao longo de suas vidas, vão se lembrar do dia da batalha de Bergen e do quão magnânimo o senhor se mostrou nesse mesmo dia. Contarão então essa mesma história aos filhos e aos filhos de seus filhos, despertando assim, até mesmo nos estrangeiros, o interesse e a afeição por sua pessoa. Um gesto como este jamais cairá em esquecimento![24]

— Não pense que com isso você consegue atingir meu lado fraco, tradutor. Não me importo com fama e posteridade; isso é para os outros, não para mim. No momento, não penso senão em fazer o que é justo, em não descumprir meu dever, em não comprometer minha honra. É com isso que me importo. Já desperdiçamos palavras demais. Agora vá... e que os mal-agradecidos lhe sejam gratos, pois que eu os perdoo.

---

24 Vale destacar a ironia desta passagem, na medida em que a própria obra de Goethe contribuiria com a construção de uma imagem do conde de Thoranc para a posteridade.

O tradutor, comovido e surpreso com o desenlace inesperadamente afortunado daquela conversa, não conseguiu conter suas lágrimas e quis beijar imediatamente as mãos do conde. Mas este o repeliu, dizendo-lhe firme e seriamente: — O senhor sabe que não tolero essas coisas!

Uma vez ditas aquelas palavras, deixou seu quarto em direção à sala contígua, para, enfim, tratar de resolver as questões mais urgentes e de ouvir as demandas das inúmeras pessoas que o aguardavam. Com isso, o assunto se encerrava. Na manhã seguinte, reunindo o que restara das guloseimas recebidas na véspera, pudemos então comemorar o afastamento de um mal, cuja ameaça o sono, felizmente, havia nos poupado de sentir.

Se de fato o tradutor falou tão sabiamente ou se apenas pintava a cena daquele modo — como, aliás, é comum fazermos depois de termos realizado algo de bom e que nos deixa tão contentes —, quanto a isso não quero decidir aqui. O que sei é que a história era invariavelmente a mesma em todas as vezes que o ouvi contá-la de novo; e que ele passou a considerar aquele dia o mais difícil, mas também o mais glorioso de toda sua vida.

Quanto à aversão do conde a toda espécie de cerimônia falaciosa e a qualquer atribuição de título de que não se julgasse merecedor, mas também quanto a seu modo divertido e espirituoso de ser nos momentos de bom humor, disso dá testemunho um pequeno episódio que cabe aqui relatar.

Um eminente cidadão de Frankfurt, que contava entre aqueles homens mais abstrusos e reclusos da cidade, achou-se na obrigação de reclamar dos soldados que se aquartelavam em sua casa e resolveu ir pessoalmente fazer tal reclamação. Chegando lá, o tradutor ofereceu-lhe logo seus serviços; ele, porém, julgava não precisar de qualquer mediação. Apresentou-se então ao conde, inclinando-se diante dele com a devida deferência e dizendo:

— Excelência!

O conde retribuiu a deferência, inclinando-se e dizendo: — Excelência!

Surpreso com tratamento tão respeitoso e julgando que o título escolhido talvez fosse menor que o devido, o homem inclinou-se ainda mais e disse:

— *Monseigneur*!

— Meu senhor — disse o conde, então mais seriamente —, vamos parar por aqui, senão logo chegamos à majestade.

O homem ficou extremamente constrangido e não sabia mais o que dizer. O tradutor, que mantinha certa distância, mas acompanhava tudo com atenção, foi suficientemente astuto para permanecer impassível. O conde, no entanto, prosseguiu muito animado:

— Digamos então, por exemplo, como o senhor se chama?

— Spangenberg – replicou o homem.

— Pois eu – disse o conde –, eu me chamo Thoranc. E o que Spangenberg deseja de Thoranc? Venha, vamos nos sentar de uma vez e resolver logo seu assunto.

Assim se deu e o caso foi logo resolvido, para a grande satisfação daquele homem que eu, aqui, chamei de Spangenberg. E naquela mesma noite, o solerte tradutor não apenas nos contaria, mas, com gestos e circunstância, encenaria aquela história no círculo mais íntimo da família.

Depois de tais confusões, desassossegos e tormentos, não demorou muito para que se restaurasse aquela sensação de segurança e despreocupação, com a qual especialmente as crianças vivem seu dia a dia – ao menos quando tudo anda relativamente bem. Minha paixão pelo teatro francês crescia a cada nova encenação. Não perdia uma só noite. E como só me juntasse ao jantar em família depois de chegar das apresentações, às vezes tinha de me dar por satisfeito com algumas poucas sobras; ainda por cima, tinha de aguentar as reprimendas constantes de meu pai, de que o teatro não servia para nada e de que não me levaria a lugar algum. Em tais ocasiões, costumava lançar mão de toda sorte de argumentos de que se podem valer os defensores do teatro quando acabam caindo em apuros como aquele meu. Dizia que a justiça poética restaurava o equilíbrio entre o vício afortunado e a virtude desafortunada. Exaltava com entusiasmo os belos exemplos de transgressões que eram punidas, como em *Miss Sara Sampson* e em *O mercador de Londres*.[25] Mas ficava sem argumentos quando entravam em cartaz peças como

---

25 *Der Kaufmann von London* (1752), tradução alemã (por H. A. Bassewitz) da peça do dramaturgo inglês George Lillo (1693-1739), intitulada *The London Merchant or The History of George Barnwell* (1731). *Miss Sara Sampson* (1755), peça de Gotthold Ephraim Lessing (1729-1781), inspirada no teatro de Lillo, foi uma das primeiras tragédias burguesas escritas em língua alemã.

As velhacarias de Scapin;²⁶ tinha de aguentar então a acusação de que o público se comprazia em assistir a maquinações de empregados mancomunados e aos desatinos de jovens libertinos. Nenhuma das partes conseguia convencer a outra, mas meu pai logo se conformaria com o teatro, ao perceber a velocidade inacreditável com que eu avançava em meu francês.

As pessoas são assim mesmo: quando veem algo sendo realizado, querem logo, elas mesmas, fazer igual – tendo ou não jeito para a coisa. Eu já havia repassado quase todo o repertório do teatro francês. Algumas das peças apresentavam-se na cidade pela segunda ou terceira vez. Da tragédia mais virtuosa até o mais frívolo dos epílogos, já se havia deslindado um pouco de tudo diante de meus olhos e de meu espírito. E do mesmo modo como arriscara imitar Terêncio quando bem criança, agora, jovem adolescente e movido por um estímulo ainda muito mais urgente e vigoroso, não hesitaria em reproduzir as formas francesas – no limite de minhas capacidades e incapacidades. Na época, aquelas peças um tanto mitológicas, um tanto alegóricas, bem ao gosto de Piron,²⁷ eram bastante encenadas; e como sempre tinham algo de paródia, costumavam agradar muito ao público. Eu me sentia particularmente atraído por tais encenações: as aletas douradas de um Mercúrio sorridente, o raio de um Júpiter disfarçado, uma amorosa Dânae, ou como quer que se chamassem aquelas beldades visitadas pelos deuses gregos; quando não era o caso de os deuses aparecerem também para uma pastorinha ou mesmo para uma caçadora. E como, por conta d'*As metamorfoses*, de Ovídio, e do *Pantheon mythicum*, de Pomey,²⁸ tais elementos viviam zunzunando em minha cabeça, não demorou muito para que eu compusesse uma peça como aquela, sobre a qual não sei mais dizer, senão, que a ambientação era bucólica, mas que mesmo assim não faltavam príncipes nem princesas, muito menos deuses. Mercúrio, em particular, era uma presença tão viva para mim, que ainda hoje seria capaz de jurar tê-lo visto com meus próprios olhos.

---

26 *Schelmstreiche Scapins*, comédia *Les Fourberies de Scapin* (1671), de Moliére (1622-1673).
27 Alexis Piron (1689-1773), poeta dramático francês.
28 Referência a uma espécie de manual de mitologia, coligido pelo jesuíta francês François-Antoine Pomey (1619-1673), em que se apresentavam as divindades mitológicas.

Entreguei para meu amigo Derones uma cópia dessa peça, preparada com todo o cuidado. Ele, fazendo caras e bocas de sabido, recebeu-a com uma deferência incomum, passou os olhos pelo manuscrito, apontou-me imediatamente alguns erros de francês, comentou algumas falas, que achava demasiadamente longas, e prometeu-me, por fim, examinar a obra com mais atenção em hora mais adequada. Quando lhe perguntei, timidamente, se achava que a *pièce* poderia ser encenada, respondeu-me que nada era impossível. Que muita coisa no teatro dependia de favores, mas que, de coração, falaria em meu benefício. No entanto, era preciso que mantivéssemos a coisa toda em segredo, pois, certa vez, dizia-me, ele mesmo teria surpreendido os diretores com uma peça que escrevera; e ela certamente teria sido encenada, não fosse o fato de terem descoberto, cedo demais, que ele era o autor. Prometi-lhe toda a discrição possível, mas já imaginava o título de minha peça em letras garrafais, espalhado pelas esquinas e praças da cidade.

Como meu amigo fosse um tanto leviano, aquela oportunidade de desempenhar o papel do mestre caiu-lhe como uma luva. Leu minha peça com atenção. Sentamo-nos então para alterar o que seriam apenas alguns pequenos detalhes, mas, ao longo da conversa, revirou a peça inteira do avesso, não restando pedra sobre pedra. Riscava, acrescentava, tirava um personagem, substituía por outro, enfim, agia com a arbitrariedade mais desvairada do mundo, conseguindo me deixar de cabelo em pé. Presumindo, porém, que soubesse o que estava fazendo, não interferi. Pois tantas vezes ele já me havia falado das três unidades de Aristóteles, do quão cheio de regras era o teatro francês, da questão da verossimilhança, da harmonia dos versos e de tudo o que se referia a esses assuntos, que eu não apenas o considerava bem instruído, como, também, bastante consistente em suas opiniões. Repreendia os ingleses e desprezava os alemães. Enfim: recitava toda aquela ladainha dramatúrgica que eu seria obrigado a ouvir tantas outras vezes ao longo de minha vida.

Como o garoto da fábula que deixara a raposa dar cabo de sua pomba,[29] voltei para casa com minha criação em frangalhos e tentei consertá-la, mas foi em vão. Não queria, porém, abandoná-la completamente, de modo que

---

29 Alusão ao poema *Dilettant und Kritiker* [Diletantes e críticos], de Goethe.

pedi a nosso secretário que passasse a limpo meu primeiro manuscrito, ao qual incorporara apenas algumas poucas alterações. Entreguei então a cópia a meu pai e, com isso, consegui que, por algum tempo, ele me deixasse jantar em paz depois da volta do teatro.

Essa tentativa malsucedida fez-me pensar muito e resolvi que deveria conhecer, diretamente em suas fontes, aquelas teorias e regras a que todos se referiam e que, especialmente por conta do comportamento presunçoso de meu mestre, começavam a me parecer um tanto suspeitas. Não foi uma tarefa difícil, mas deu muito trabalho. Para começar, li o *Discurso sobre as três unidades*,[30] de Corneille, entendendo, então, o que se pretendia com isso. Mas o porquê de aquilo ser uma exigência, isso não estava nada claro para mim; e o pior é que tudo ficaria ainda mais confuso, quando, em seguida, tomei conhecimento da querela do *Cid*[31] e li os prefácios em que Corneille e Racine eram claramente constrangidos a se defender dos críticos e do público. E à medida que ia lendo aquilo tudo, comecei a perceber que ninguém sabia de fato o que queria; que uma peça tão esplêndida como o *Cid* podia ser simplesmente declarada ruim, bastando, para tanto, o decreto de um cardeal[32] onipotente; e que Racine, o ídolo dos franceses vivos em minha época e que se tornaria também meu ídolo (pois pudemos conhecê-lo melhor quando o conselheiro Olenschlager fez as crianças encenarem o *Britannicus*[33] e me foi atribuído o papel de Nero), que o próprio Racine, como eu dizia, que nem mesmo ele havia conseguido, em seu tempo, agradar completamente ao público de teatro e aos críticos[34] de arte. Isso tudo me deixaria mais perplexo do que nunca e, depois de me penitenciar com esse rame-rame crítico e com os disparates teóricos do século passado,[35] resolvi

---

30 *Abhandlung über die drei Einheiten*. Trata-se da obra *Discours sur le poème dramatique* (1660), em especial, sua terceira parte "Sur les trois unités d'action, de jour et de lieu", do dramaturgo francês Pierre Corneille (1606-1684).
31 Referência ao *Cid*, tragicomédia de Corneille, de 1636.
32 Cardeal de Richelieu (1585-1642), sua acusação de que a peça fazia uma apologia dos interesses espanhóis era de fundo político.
33 Tragédia de Racine.
34 Em alemão: *Kunstrichter* [juiz de arte]. A designação do crítico como "juiz", em alemão, surge no século XVIII e é corrente até o final do século XIX.
35 Do século XVIII.

jogar fora a criança junto com a água do banho. E passei a rejeitar ainda mais aquelas tolices ao perceber que os próprios autores, que haviam criado coisas tão excepcionais, que eles mesmos, quando começavam a falar, quando explicavam o que haviam feito, quando queriam se defender, desculpar-se ou justificar-se, enfim, que nem eles próprios, então, conseguiam acertar sempre na mosca. Por conta disso, apressei-me a voltar para aquilo que se apresentava de modo mais vivo diante de mim, passando a frequentar ainda mais avidamente o teatro e a ler as peças mais conscienciosa e regularmente; nesse afã, acabaria perseverando o suficiente para estudar toda a obra de Racine e Molière, e boa parte da de Corneille.

O representante do rei continuava morando em nossa casa. Não mudara em absolutamente nada seu trato conosco, nem com as pessoas em geral. Podia-se notar, contudo – e o compadre tradutor já soubera nos evidenciar isso –, que não exercia mais seu ofício com o mesmo ânimo e zelo de antes, ainda que mantivesse a retidão e confiabilidade de sempre. Em seu modo de ser e de se comportar, anunciava-se mais como um espanhol do que como um francês. Seus humores, que por vezes influenciavam os assuntos de negócio; sua integridade à prova de quaisquer circunstâncias; sua irascibilidade em relação a tudo que dissesse respeito a sua pessoa – isso tudo somado fazia com que, de vez em quando, acabasse entrando em conflito com seus superiores. Acrescente-se a isso ainda o fato de que fora ferido em um duelo, resultado de um incidente em que se envolvera no teatro; as pessoas não viam com bons olhos que o próprio representante do rei lançasse mão de numa prática proibida, dado que era a maior autoridade policial na cidade. Todas essas coisas, enfim, pareciam contribuir para que ele passasse a viver de modo mais reservado e a agir quiçá menos vigorosamente em uma ou outra ocasião.

Nesse meio-tempo, uma parcela considerável das telas encomendadas já havia sido entregue. O conde Thoranc passava as horas livres contemplando-as no sótão daquele que fizera de seu quarto. Fossem largas, fossem estreitas, mandava pregá-las na parede, peça por peça, uma ao lado da outra e, às vezes, como o espaço era limitado, também uma sobre a outra, mandando depois que as despregassem e as enrolassem novamente. Examinava incessantemente os trabalhos, alegrando-se sempre com os detalhes mais bem-sucedidos, mas sem deixar de expressar seu desejo de que uma ou outra coisa pudesse ter sido feita de modo diferente.

 Diante disso, teve então uma nova ideia, que acabaria resultando numa operação um tanto esdrúxula. Pois como um pintor era mais hábil com as figuras em primeiro plano, outro com as de segundo plano e à distância, um terceiro com as árvores e um quarto com as flores, o conde se perguntava se não seria possível unir todos esses talentos numa mesma tela e, assim, produzir obras perfeitas. A ideia foi imediatamente implementada, tomando-se como exemplo uma paisagem já previamente pintada, a que se deveria então acrescentar um belo rebanho. No entanto, como nem sempre era o caso de haver espaço suficiente nas telas, e como para um pintor de animais não é uma ou outra ovelha que faz a diferença, ao final, mesmo nas paisagens mais amplas os animais pareciam ficar espremidos. Mas, em seguida, o pintor de pessoas ainda tinha de acrescentar à tela seus pastores e alguns viajantes, que, por fim, de tão atulhados, pareciam roubar o ar um ao outro — era de se admirar que não acabassem todos morrendo sufocados, ainda que ambientados numa imensa paisagem ao ar livre. Como o resultado final fosse sempre imprevisível, as telas simplesmente não agradavam quando prontas. Os pintores começaram então a ficar irritados. Haviam lucrado bem nas primeiras encomendas, mas esses retrabalhos, ainda que o conde os remunerasse generosamente, só significavam prejuízo. E como, a despeito de todo esforço, o conjunto das diferentes partes de uma mesma tela não fosse capaz de produzir um bom efeito, cada um dos pintores achava que o seu trabalho havia sido prejudicado e destruído pelo dos outros. Por muito pouco os artistas não acabaram rompendo relações, tornando-se inimigos irreconciliáveis. Essas alterações, ou melhor, essas inclusões eram executadas todas no ateliê que se instalara em meu quarto, onde eu tinha a oportunidade de ficar a sós com os artistas. Entretinha-me, então, com a tarefa de escolher um ou outro grupo, um ou outro indivíduo entre os vários estudos preliminares, especialmente os de animais, e de sugeri-los para o primeiro ou segundo plano da tela; vez ou outra, fosse por convicção própria, fosse apenas para me agradar, os artistas acabavam aceitando minhas sugestões.

 Os participantes dessa operação ficaram extremamente desanimados, especialmente Seekatz. Embora seu bom humor proverbial fizesse dele a melhor das companhias quando entre amigos, ao trabalhar, sendo um tipo mais hipocondríaco e introspectivo, queria sempre ficar sozinho, resguardado de tudo, e poder agir com toda a liberdade. Acontece que, mesmo depois de ter concluído alguns encargos difíceis de resolver e de tê-los executado com a mais alta dedicação e com os fervores do amor que sentia pelo que fazia, ainda o obrigavam, agora, a repetir aquele trajeto entre Darmstadt e Frankfurt um sem-número de vezes, ora para alterar alguma coisa em suas telas, ora para acrescentar algo na dos outros, ou ainda, para auxiliar um terceiro a maquilar suas próprias pinturas. Com o tempo, ficaria tão descontente que resolveu simplesmente não mais atender às vontades do conde. Só depois de muito esforço conseguimos fazer com que Seekatz – que também havia se tornado compadre de meus pais – cedesse um pouco e voltasse a atender àquelas demandas. Ainda me lembro bem da ocasião em que, estando pronta a caixaria para acomodar e transportar todas as telas na ordem exata em que, depois, deveriam ser instaladas em seu local de destino, lembro-me de que, então, surgira, de repente, outro pequeno, mas incontornável retrabalho e de que, diante disso, não havia quem pudesse convencer Seekatz a vir até Frankfurt. Havia acabado de fazer o melhor que podia ao pintar alguns painéis com os quatro elementos na forma de jovens e crianças, em tamanho natural, tratando com grande diligência não apenas as figuras, mas também cada um de seus ornamentos. E a encomenda já havia sido entregue e paga, de modo que o artista se imaginava definitivamente livre daquilo. Agora, depois de tudo, ainda tinha de voltar mais uma vez, para, em poucas pinceladas, ampliar algumas cenas que teriam ficado proporcionalmente muito pequenas. Achava que outro qualquer poderia fazer aquilo em seu lugar e, além do mais, afirmava já estar envolvido em outro trabalho; enfim, simplesmente não queria voltar a Frankfurt. No entanto, a data de remessa das telas para a Provença estava se aproximando e era preciso que, antes de encaixotá-las, a tinta secasse adequadamente – qualquer atraso causaria, assim, grandes inconvenientes. O conde, em desespero, estava prestes a mandar soldados atrás do pintor. E nós mesmos já desejávamos nos ver livres daquelas telas, de modo que, por fim, como último recurso, o compadre tradutor pôs-se numa carruagem e foi buscar o artista inconformado, com quem retornaria logo em seguida, acompanhado ainda de sua senhora e filhos. O conde o receberia com grande simpatia e cuidado, recompensando-o fartamente uma vez que encerrado o trabalho.

Depois que as telas partiram, a paz finalmente retornou a nossa casa. O quarto no sótão foi limpo e pude voltar a ele. Meu pai, por sua vez, ao ver partir aquela caixaria toda, não pôde conter seu desejo de despachar também o conde logo em seguida. Pois por mais que tivessem interesses convergentes, por mais que meu pai se alegrasse ao ver que seu próprio princípio de investir nos artistas vivos era seguido tão produtivamente por homem tão mais rico, e por mais que se sentisse lisonjeado pelo fato de sua coleção ter motivado o estabelecimento de uma prática que garantira ocupação tão digna para um número tão grande de bons artistas em tempos de carestia, meu pai simplesmente não conseguia deixar de sentir uma imensa antipatia por aquele estrangeiro que havia invadido sua casa, não se permitindo, assim, reconhecer nada de justo naqueles gestos. Para ele, deveríamos, sim, dar trabalho aos artistas, mas não rebaixá-los a pintores de papel de parede; e mesmo que suas obras nem sempre nos agradassem, deveríamos nos contentar com aquilo que os artistas eram capazes de fazer nos limites de suas convicções e habilidades, ao invés de ficarmos nos queixando e de criticá-los constantemente. Enfim, a despeito do esforço e da boa vontade por parte do conde, não havia qualquer possibilidade de relação entre os dois. Meu pai só visitava aquele quarto quando o conde se encontrava na sala de jantar, à mesa. Lembro-me de uma única ocasião, em que Seekatz havia se superado e o desejo de ver as novas telas mobilizara toda a casa: meu pai e o conde, juntos diante daquelas obras de arte, partilharam então por um instante de um comprazimento que nunca foram capazes de encontrar um no outro.

Logo que aquela caixaria com as telas finalmente deixou nossa casa, os antigos esforços para afastar o conde – que haviam sido interrompidos por um tempo – ganharam então novo fôlego. Tentou-se de tudo, buscando-se obter a justiça através da apresentação de queixas, através de súplicas, da equidade e da simpatia através do acionamento das influências. E tanto se fez que os responsáveis pelo aquartelamento dos militares acabaram decidindo, por fim, que o conde seria realojado e que nossa casa, em consideração ao que suportara dia e noite, continuamente por tantos anos, seria poupada, dali em diante, de tal obrigação. Para tanto, era necessário, porém, que se encontrasse um bom pretexto. Fez-se então a exigência de que alugássemos o primeiro piso da casa, justamente o espaço ocupado pelo representante do rei até aquele momento, pois este era um modo de inviabilizar automaticamente qualquer possibilidade de um novo aquartelamento. O conde, que depois da separação de suas pinturas amadas não tinha mais nenhum interesse especial naquela casa e que já esperava mesmo ser chamado de volta e substituído, aceitou o realojamento sem maior objeção, despedindo-se de nós pacificamente e de bom grado. Logo depois disso, também ele deixaria a cidade. Ao longo de sua vida, lograria assumir vários outros cargos, alcançando sucessivas promoções, mas nada que de fato pudesse satisfazê-lo – era o que chegava até nossos ouvidos. Teve a felicidade e o prazer de ver instaladas, no castelo de seu irmão, aquelas tantas telas por que zelara tão diligentemente; e não se furtaria a escrever-nos ainda algumas vezes, enviando-nos medidas e solicitando aos artistas uma série de trabalhos suplementares. Passado algum tempo, as notícias deixariam de chegar; somente muitos anos depois, ouvira-se dizer que ele teria morrido nas Índias Ocidentais, como governador de alguma das colônias francesas.[36]

---

36 Thoranc retornaria em 1768 das colônias francesas nas Índias Ocidentais e ainda assumiria vários outros postos, vivendo seus últimos dias na cidade de Grasse, onde morreu em 1794.

Quarto livro

Por mais incômodos que o aquartelamento francês pudesse ter nos causado, havíamo-nos acostumado demasiadamente àquela situação para que não déssemos por sua falta. Para nós, crianças, a casa parecia completamente morta. Também não nos era dado ainda retomar a vida familiar em sua plenitude. Os novos inquilinos já haviam sido definidos e, depois de muito varrer e limpar, aplainar e polir, pintar e retocar, a casa estava de novo perfeitamente em ordem. Vieram morar conosco o diretor da chancelaria, chanceler Moritz,[1] e sua família, que eram grandes amigos de meus pais. O homem não era de Frankfurt, mas, como competente jurisconsulto e hábil comerciante, encarregava-se das questões jurídicas de vários pequenos príncipes, condes e outros senhores. Não tenho lembrança de tê-lo visto senão alegre e obsequioso, sempre muito dedicado a seus documentos. Já a esposa e os filhos, ainda que afáveis, tranquilos e gentis, não acrescentavam muito à sociabilidade de nossa casa, pois eram bastante reservados. Fosse como fosse, um silêncio, um sossego que havia tanto tempo não sabíamos mais o que era, tinha enfim retornado ao nosso lar. Também voltei a fazer uso de meu quarto no sótão, onde ainda me assombravam os fantasmas daquelas tantas telas – tentei bani-los à força de muito trabalho e estudo.

---
1 Heinrich Philipp Moritz (1711-1769).

O conselheiro de legação Moritz,[2] irmão do diretor da chancelaria, também começaria, a partir de então, a frequentar mais regularmente nossa casa. Este era mais homem do mundo, de figura distinta, trato sereno e agradável. Ele também se ocupava dos negócios de várias personalidades da alta classe e já havia travado contato com meu pai anteriormente, por ocasião de alguns processos de falência e de comissões imperiais. Ambos tinham-se um ao outro em alta conta e, em geral, partilhavam de um pendor para o lado dos credores, embora, para seu desgosto, tivessem de lidar com o fato de que a maioria dos delegados comissionados para tais assuntos costumava ser arrebatada pelo lado dos devedores. O conselheiro de legação gostava de falar do que sabia, era um entusiasta da matemática; e como esta tivesse espaço tão reduzido na vida profissional que levava, tinha grande prazer em me ajudar a avançar nesse campo. Com isso, criei condições para trabalhar meus rascunhos arquitetônicos com maior precisão do que até então e passei a aproveitar ainda mais as aulas do professor de desenho,[3] que nos ocupavam diariamente por uma hora.

Este bom homem, já de certa idade, era, a bem da verdade, um artista apenas mediano. Mandava-nos fazer uma série de rabiscos; depois, tínhamos de uni-los, de modo a formarem olhos, narizes, lábios, orelhas e, por fim, cabeças e rostos inteiros. Nisso, porém, não levava em consideração nem as questões naturais, nem as questões artísticas da forma. Torturava-nos com um quiproquó da figura humana; e achava que vínhamos evoluindo muito, quando nos passou para copiar as chamadas expressões faciais de Lebrun.[4] Aquelas caricaturas, todavia, também não nos trariam grande progresso. Passamos então às paisagens, depois às ramagens e a todas as coisas que, nas aulas de desenho em geral, costumam ser exercitadas sem muito nexo e sem método. Todo esforço se concentrava, afinal, na perfeição da imitação e no

---

2 Johann Friedrich Moritz (1716-1771).
3 Johann Michael Eben (1716-1761).
4 Em alemão: "Affekten von Lebrün". Trata-se de uma referência genérica aos estudos de fisionogmia, na forma de manuais didáticos, preparados por Charles Le Brun (1619-1690), pintor da corte parisiense. Produzidos no século XVII, esses manuais seriam bastante populares em diversas versões e edições ao longo de todo o século XVIII.

capricho dos traços, sem que nos preocupássemos com o valor do original ou com o gosto que lhe dera origem.

Quanto a esse esforço, nosso pai fazia questão de se nos mostrar exemplar. Nunca havia desenhado antes, mas agora que seus filhos começavam a se envolver com aquela arte, não queria ficar para trás; valia-se disso para, em sua idade, dar-nos exemplo de como deveríamos proceder em nossa tenra juventude. Pôs-se então a copiar, com lápis inglês e sobre o melhor papel holandês, algumas das cabeças de Piazzetta,[5] de suas famosas gravuras em pequeno in-oitavo. E não se preocupava apenas em desenhar cada traço com o máximo de capricho, mas também em imitar, com a maior exatidão possível, o hachurado da estampa. Fazia-o com mão leve, mas demasiadamente frouxa, de modo que, tentando evitar a dureza do traço, não chegava a reproduzir em suas gravuras a mesma atitude. Contudo, seus desenhos eram muito delicados e uniformes. E com sua inabalável aplicação e perseverança, acabaria reproduzindo toda a coleção de gravuras de Piazzetta, número por número, enquanto nós, crianças, saltávamos de uma cabeça a outra, escolhendo somente aquelas que mais nos agradavam.

Nessa mesma época, a ideia de termos aulas de música – algo que já se vinha discutindo havia algum tempo – foi finalmente implementada. Aliás, a circunstância que finalmente desencadearia essa decisão também é digna de nota. Estava resolvido que aprenderíamos piano, mas ainda havia indecisões quanto à escolha do professor. Certo dia entro no quarto de um de meus colegas justamente quando este fazia sua aula de piano e descubro, na figura de seu professor,[6] um homem extremamente gentil e animado. Cada um dos dedos das mãos tinha, para ele, um apelido, ao qual se referia de modo muito jocoso quando o respectivo dedo se fazia necessário. As teclas brancas e pretas também tinham nomes pitorescos, e até mesmo os tons assumiam um nome figurado. Ora, uma turma tão divertida como essa acaba trabalhando junto com muito mais prazer. A posição dos dedos e a manutenção do compasso ficam mais fáceis e simples de entender; e como o aluno é contagiado pelo melhor dos humores, a aula acaba correndo excepcionalmente bem.

---

5 Giovanni Battista Piazzetta (1682-1754), pintor italiano.
6 Johann Andreas Bismann (1715-1811).

Mal me vira de volta a casa e lá estava eu, diante de meus pais, insistindo para que eles finalmente chegassem a uma decisão e fizessem daquele homem sem igual meu professor de piano. Demoraram-se ainda com certas formalidades, procurando se informar sobre o homem; não se ouvia dizer nada de ruim sobre o professor, mas também não corria nada de excepcionalmente bom a seu respeito. Nesse meio-tempo, já havia falado à minha irmã de todos aqueles nomes divertidos, e mal podíamos esperar que as aulas começassem; e tanto fizemos que o homem foi contratado.

Ensinou-nos, primeiramente, a ler as notas; e como logo percebemos que não havia nisso nada de muito engraçado, consolamo-nos com a esperança de que a diversão estivesse reservada para quando passássemos aos exercícios de piano, para quando se tratasse, enfim, de usar os dedos. No entanto, o teclado e a posição dos dedos também não deram ocasião para nada de divertido. As teclas pretas e brancas pareciam tão sem graça quanto as notas com seus traços abaixo e acima do pentagrama – não se ouvia mais uma sílaba sequer de Polegário nem de Indicadorico nem de Anelardo.[7] O rosto do homem parecia tão impassível nessas aulas sem graça quanto parecera apaixonante naquela outra, repleta de gracejos. Minha irmã ficou muito brava comigo e acusava-me de tê-la enganado, convencendo-se de que tudo não passara de invenção minha. Mas eu também fiquei completamente perplexo. E ainda que o homem fosse bom o suficiente no que fazia, eu não conseguia aprender direito, pois ficava sempre na expectativa do momento em que surgiriam de novo aquelas diversões de outrora – com essa mesma esperança, tentava consolar minha irmã dia após dia. As diversões, porém, não vieram e eu nunca teria entendido aquele mistério, não fosse por obra do acaso.

Certo dia, um de meus colegas apareceu em minha casa bem no meio de uma daquelas aulas tediosas. Mas, para minha surpresa, as comportas da fonte humorística abriram-se novamente e, de uma hora para a outra, reapareceram todas aquelas figurinhas faceiras de então: os Polegários e os

---

7 Em alemão: *Däumerling*, *Deuterling* e *Goldfinger*, respectivamente. Não se trata, aqui, dos apelidos genéricos atribuídos aos dedos da mão – como, em português, fura-bolo, mata-piolho etc. –, mas, sim, no contexto da narrativa, de criações jocosas do referido professor.

Indicadoricos, os Falbertos e os Solbertos, que era como chamava as notas fá e sol, bem como os Falícios e os Solícios,[8] nomes que dava a seus respectivos sustenidos. Meu jovem colega não conseguia parar de rir. E ficou imensamente contente em ver como era possível aprender tanto de modo tão divertido. Jurou então que não deixaria seus pais em paz enquanto eles não contratassem, como seu professor, aquele homem tão sem igual.

Foi assim que, seguindo os princípios de um método de ensino mais moderno, abriu-se, para mim, logo cedo, o caminho para duas artes – mais por acaso, do que por convicção de que eu tivesse um talento inato que me possibilitasse ir muito longe nelas. Desenhar era algo que todo mundo deveria aprender, defendia meu pai, razão pela qual admirava sobremaneira o imperador Maximiliano, que teria ordenado expressamente algo nesse sentido. Era também com isso que meu pai tratava de me envolver mais seriamente, deixando a música mais para minha irmã, a quem ele a recomendava enfaticamente, obrigando-a a assistir às aulas regulares e a passar boa parte de seu dia presa ao piano.

Quanto mais exigiam que me envolvesse, mais eu tinha vontade de fazê-lo, ocupando-me, até mesmo em minhas horas livres, com atividades bastante curiosas. Desde minha tenra infância, sentia um impulso de investigação das coisas da natureza. Às vezes as pessoas interpretam como uma forma de propensão à crueldade, quando veem as crianças desmontarem, despedaçarem e, não raro, estraçalharem aqueles objetos com os quais se cansam de brincar depois de certo tempo. Mas esta também é uma forma de manifestação da curiosidade, daquela necessidade de saber como certas coisas funcionam, de saber como são por dentro. Lembro-me de que, quando menino, esfolhava flores inteiras, somente para ver como as pétalas se encaixavam no cálice, assim como depenava os passarinhos, só para ver como suas penas se prendiam à asa. Não se deveriam repreender as crianças por isso, já que os próprios naturalistas acreditam poder descobrir mais ao desmembrar e ao isolar, do que ao ligar e ao reunir – aprendem mais ao matar do que ao fazer viver.

---

8 Em alemão: *Fakchen* e *Gackchen*, depois *Fiekchen* e *Giekchen*, respectivamente.

Também um ímã, montado numa estrutura de ferro, finamente recoberta por um pano escarlate, acabaria sofrendo os efeitos de tal ardor investigativo. Aquela misteriosa força de atração que a pedra magnética exercia sobre a barra de ferro a qual se acoplava e que ainda se amplificava, suportando a cada dia um peso maior; aquela virtude misteriosa despertava de tal modo minha curiosidade, que eu chegava a passar horas, maravilhado, apenas observando seus efeitos. Foi quando me ocorreu que talvez pudesse descobrir mais a seu respeito se removesse a capa de pano. E foi exatamente o que eu fiz, sem, no entanto, ficar muito mais esperto com isso, já que a estrutura nua não me revelava nada de novo. Desmontei-a então, ficando apenas com a pedra em minhas mãos. Com ela fiz todo tipo de experimentação, usando limalha de ferro, agulhas de costura; ainda assim, exceto pela diversidade da experiência, meu espírito juvenil não conseguiria tirar maior proveito daqueles experimentos. Além do mais, não soube remontar de novo o conjunto, de modo que as partes foram se perdendo com o tempo e, quando me dei conta, não tinha mais vestígios nem daquele fenômeno eminente, nem do próprio aparelho.

Também não conseguiria alcançar sucesso muito maior na tentativa de construir uma máquina eletrostática. Um amigo da família, cuja adolescência se passara justamente na época em que a eletricidade encontrava-se no centro das atenções, contava-nos sempre de como ele, quando menino, desejara ter uma máquina daquela; e de como ele então, levando em conta todas as condições básicas necessárias, servira-se de uma velha roda de fiar e de alguns vidros de remédio, conseguindo produzir efeitos consideráveis. Como ele adorava repetir frequentemente aquela história, ensinando-nos assim sobre as questões mais gerais da eletricidade, nosso espírito juvenil começava a achar aquilo tudo bastante plausível; torturamo-nos então por muito tempo com uma velha roda de fiar e alguns vidros de remédio, sem, no entanto, conseguirmos produzir qualquer efeito. A despeito disso, mantivemo-nos firmes em nossa crença naquele fenômeno. E, ao chegar o tempo de feira na cidade, ficamos extremamente satisfeitos ao ver que, entre outras curiosidades, como truques de mágica e de prestidigitação, também uma máquina eletrostática dava seu espetáculo – a eletricidade, assim como o magnetismo, já eram então uma novidade bastante disseminada.

A desconfiança em relação ao ensino público continuava crescendo a cada dia. Todo mundo corria atrás de professores particulares, e como algumas famílias não podiam se dar ao luxo de arcar sozinhas com as despesas, juntavam-se a outras famílias para viabilizar seu propósito. As crianças, no entanto, só muito raramente conviviam bem umas com as outras; e como os jovens professores não costumavam ter autoridade suficiente, os aborrecimentos constantes acabavam sempre resultando na separação do grupo e em rancores de todas as partes. Não é de se admirar, portanto, que se começasse a pensar nessa época em outros tipos de instituição de ensino que fossem, ao mesmo tempo mais perenes e mais vantajosas.

A ideia da criação dos internatos surgiria a partir do sentimento generalizado de que era preciso ensinar e transmitir a língua francesa de modo mais vivo. Meu pai educara um rapaz desde jovem, que acabaria se tornando seu empregado, camareiro, secretário, enfim, um faz-tudo. Este, que se chamava Pfeil,[9] falava e conhecia profundamente o francês. Quando se casou e seus protetores tiveram de encontrar para ele outro modo de ganhar a vida, resolveram fundar um internato. Pouco a pouco, o grupo foi se ampliando e o estabelecimento acabou se tornando uma pequena instituição de ensino em que se podia aprender tudo o que era necessário, até mesmo latim e grego. O bom e amplo círculo de relações internacionais de Frankfurt fez com que até mesmo jovens franceses e ingleses começassem a ser confiados a essa instituição, onde recebiam sua educação geral e ainda podiam aprender alemão. Pfeil, que era um homem na flor da idade, muito ativo e dotado de uma energia descomunal, administrava tudo de maneira muito elogiosa. E como nunca se considerasse suficientemente ocupado, aproveitou o fato de que seus alunos precisavam de um professor de música para, ele próprio, mergulhar em seu estudo. Dedicou-se com tanto afinco aos exercícios de piano, que, mesmo sem nunca ter tocado antes numa tecla sequer daquele instrumento, em pouco tempo já o dominava de maneira bastante razoável. Parecia ter adotado para si a máxima de meu pai, de que nada era tão capaz de animar e estimular os jovens do que ver uma pessoa mais velha dispor-se a se tornar aluno novamente; e de ver como, com dedicação e perseverança,

---

9 Leopold Heinrich Pfeil (1726-1792).

numa idade em que é preciso muito esforço para se adquirir novas habilidades, esse indivíduo torna-se capaz até mesmo de desbancar os mais jovens, em geral mais favorecidos pela natureza.

Esse pendor pelo piano levaria Pfeil a interessar-se pelo próprio instrumento e, na expectativa de tentar adquirir sempre os melhores exemplares, entrou em contato com Friederici,[10] na cidade de Gera, cujos instrumentos eram então amplamente conhecidos. Encomendou alguns desses instrumentos em consignação e alegrava-se de vê-los expostos em sua casa e de poder tocar e ouvir não apenas um, mas vários pianos diferentes.

O entusiasmo desse homem daria novo fôlego à atividade musical em nossa casa. Apesar de algumas discordâncias, meu pai continuaria mantendo boas relações com ele. Também nós havíamos adquirido um grande Friederici. Eu, como preferisse continuar com meu velho piano, não chegaria a utilizá-lo muito. Para minha irmã, porém, o novo piano acabaria se tornando um suplício, pois, para que se fizesse jus à aquisição daquele instrumento, ela era obrigada a lhe dedicar diariamente um tempo adicional ao de seus já tão longos exercícios, tendo a seu lado ora meu pai, que a tutoreava, ora Pfeil, como o amigo da família que lhe deveria servir de exemplo encorajador.

Mas um outro passatempo de meu pai também acabaria causando grande incômodo para seus filhos: a criação de bichos-da-seda. Ele acreditava que tal prática poderia resultar bastante lucrativa, caso fosse mais amplamente difundida. Devia sua inspiração a alguns conhecidos na cidade de Hanau, onde a criação das larvas era empreendida com grande empenho. Foi de lá que, na época apropriada, enviaram-lhe os ovos. E assim que as amoreiras estavam suficientemente frondosas, meu pai fez com que eclodissem dos ovos aquelas criaturas quase invisíveis, passando a cuidar delas com extrema dedicação. Em um quarto do sótão, instalou mesas e estantes com tábuas, para proporcionar-lhes mais espaço e sustento. Cresciam rapidamente e pareciam tão esfomeadas depois da última mudança de pele, que mal dávamos conta de providenciar folhas suficientes para alimentá-las. E era preciso fazê-lo dia e noite, pois todo seu desenvolvimento dependia de disporem

---

10 Christian Ernst Friederici (1709-1780), construtor alemão de órgãos e pianos.

de alimentação suficiente no momento exato em que nelas se processava a grande e maravilhosa transformação. Enquanto o clima estava bom, o negócio todo se revelava um passatempo bastante divertido; mas quando chegava o frio, que costuma maltratar as amoreiras, passávamos por momentos de grande aflição. E tudo ficava ainda pior quando começava a chover justamente na fase final de seu desenvolvimento, já que aquelas criaturas simplesmente não suportavam a umidade. Por conta disso, tínhamos de limpar e secar as folhas úmidas com todo o cuidado, tarefa que nem sempre era realizada com a perfeição desejada, de modo que – fosse por isso, fosse por qualquer outro motivo – surgiam várias doenças, que, ao fim e ao cabo, dizimavam as criaturas aos milhares. Sua subsequente putrefação produzia então um odor realmente pestilento; e como, para tentar salvar ainda algumas larvas saudáveis, era preciso eliminar as mortas e as doentes, aquilo tudo se transformou numa atividade extremamente custosa e repugnante, redundando em momentos bastante difíceis para nós.

Depois de termos então passado as mais belas semanas da primavera e do verão cuidando dos bichos-da-seda, tivemos de ajudar nosso pai em mais uma tarefa, desta vez mais simples, ainda que igualmente trabalhosa. As velhas gravuras da cidade de Roma, que, fixadas a varetas pretas em sua parte superior e inferior, haviam ficado penduradas nas paredes da casa antiga por anos, acabaram amarelando e turvando-se pela ação da luz, da poeira, da fumaça e das manchas produzidas pelas moscas. Uma coisa encardida como aquela era inadmissível na nova casa. Todavia, talvez em função da distância que separava meu pai da época em que visitara aquela região, com o passar do tempo as gravuras haviam se tornado mais preciosas para ele. De fato, no começo, imagens como estas cumprem o fim de nos refrescar e reavivar a lembrança das impressões que acabamos de vivenciar; em face da presença ainda viva dessas nossas impressões, parecem-nos então demasiadamente rudimentares, nada além de uma triste espécie de prótese. Mas quanto mais vão se apagando as recordações daquelas formas originais, mais as cópias vão tomando seu lugar e, sem que percebamos, tornam-se por fim mais caras para nós do que as próprias formas originais – aquilo que antes desdenhávamos conquista, então, nosso carinho e admiração. Isso acontece com toda e qualquer imagem, mas especialmente com os retratos. Como é difícil dar-se

153

por satisfeito com o retrato de alguém presente, mas quanto não apreciamos a simples silhueta de uma pessoa ausente ou falecida.

Enfim, meu pai, com a sensação de que havia até então negligenciado aquelas gravuras, quis vê-las tão recuperadas quanto possível. Sabia que isso podia ser feito através de um processo de branqueamento, mas a operação, que para folhas maiores era sempre mais arriscada, acabaria sendo realizada, em nosso caso, num local não muito apropriado. As grandes tábuas – sobre as quais as gravuras escurecidas deviam ser fixadas, umedecidas e expostas ao sol – foram colocadas do lado de fora das janelas do sótão, encaixadas nas calhas e apoiadas no telhado, ficando sujeitas a vários tipos de acidente. O importante, nesse processo, era não deixar nunca que o papel secasse; mantê-lo constantemente umedecido foi, portanto, a tarefa de que nos incumbiram a mim e a minha irmã. No entanto, um pouco por conta do tédio e da impaciência, mas também por demandar um nível de atenção que não admitia qualquer distração, aqueles momentos tão desejados de ócio transformaram-se no pior de nossos tormentos. Mesmo assim, a tarefa foi concluída. E o encadernador, que depois colaria as gravuras uma a uma sobre folhas de papel mais resistente, fez o melhor que pôde para aparar e concertar as margens que se rasgaram por desleixo e incúria de nossa parte. Por fim, as folhas foram encadernadas todas juntas num só volume e, pelo menos por ora, salvas da ação do tempo.

Para que não fôssemos privados da diversidade das coisas que se podem aprender na vida, calharia surgir em Frankfurt, nessa época, um professor de inglês.[11] Ele garantia conseguir ensinar sua língua em quatro semanas a qualquer um que não fosse completamente cru em idiomas estrangeiros, fazendo-o avançar até um ponto a partir do qual o aluno, então, com um pouco de aplicação, teria condições de continuar a aprender por si mesmo. Cobrava um honorário modesto e o número de alunos em suas aulas não lhe importava. Meu pai decidiu prontamente fazer uma tentativa e, juntando--se a mim e a minha irmã, começou a tomar lições de inglês com aquele

---

11 Johann Peter Christoph Schade (1734 – ?). A revalorização da literatura de língua inglesa na Europa, a partir da década de 40 do século XVIII, despertaria também o interesse pela aprendizagem da língua inglesa.

professor tão expedito. As aulas eram conscienciosas e não faltavam nunca os exercícios de repetição. Nesse meio-tempo, deixamos de lado algumas outras tarefas e, depois de quatro semanas, o professor pôde se despedir de nós e nós dele, todos com grande satisfação. Como ainda se manteve por algum tempo na cidade, em razão de ter conseguido vários outros alunos em seguida, vinha nos visitar de tempos em tempos, para ver como andávamos e para nos auxiliar em uma ou outra coisa — sempre muito grato por termos sido os primeiros a lhe darem um voto de confiança; e sempre muito orgulhoso de nos poder citar como exemplo para os outros.

Como resultado, a partir de então meu pai passaria a acalentar mais um interesse, a saber, o de que também a língua inglesa fosse incluída entre nossas ocupações linguísticas de costume. Devo confessar, contudo, que começava a ficar entediado em ter de definir o tema de meus trabalhos sempre de acordo com alguma coisa que encontrasse nas coleções de exemplos, recorrendo ora a uma gramática, ora a outra, ora a um autor, ora a outro, e dispersando, assim, tanto meu interesse pelos temas quanto meu tempo. Ocorreu-me então a ideia de ligar uma coisa à outra, criando, para tanto, um romance[12] com seis ou sete irmãos que, afastados uns dos outros e dispersos pelo mundo, correspondiam-se, dando notícias de suas vidas, trocando suas impressões e falando de seus sentimentos. Em bom alemão, o irmão mais velho dava relatos de episódios e de todas as coisas com que viria se deparando ao longo de sua viagem. A irmã, num estilo bem ao gosto das meninas da época, com uma profusão de pontos e de frases curtas — mais ou menos como seria escrito mais tarde o *Siegwart*[13] —, logo respondia às cartas deste e dos outros irmãos, contando-lhes as novidades da casa e do coração. Um dos irmãos estudava teologia e escrevia em um latim extremamente formal, acrescentando, vez ou outra, um P.S. em grego. Ao irmão que trabalhava em Hamburgo como aprendiz de comerciante sobravam, naturalmente, as cartas em inglês, assim como a outro irmão mais novo, que

---

12 A não ser pela menção que se faz aqui, não há outro registro ou documentação desse manuscrito.

13 *Siegwart, eine Klostergeschichte* [Siegwart, uma história de convento], romance sentimentalista publicado em 1777 pelo escritor e teólogo alemão Johann Martin Miller (1750-1814).

morava em Marselha, cabiam as missivas em francês. Para a língua italiana havia um músico que fazia sua primeira excursão pelo mundo; e como as outras línguas já haviam sido todas distribuídas, o mais novo de todos, um menino mimado e atrevido, recorria a uma forma arcaica de iídiche,[14] exasperando seus irmãos com suas terríveis cifras, mas divertindo seus pais com a boa ideia.

Para preencher essa forma singular, fui atrás então de algum conteúdo, estudando a geografia de cada região em que se encontravam minhas criações. E, além das localidades em si, inventava toda uma série de circunstâncias humanas que tivessem relação com a caracterização dos personagens e com suas respectivas ocupações. Desse modo, meus cadernos acabaram se avolumando significativamente; o exercício deixaria meu pai bastante satisfeito, mas também daria ensejo para que eu próprio percebesse o quanto me faltava ainda de repertório e habilidades.

Em geral, coisas como essas, uma vez começadas, não têm mais fim nem limite – e foi exatamente o que aconteceu comigo. À medida que ia aprendendo aquela variante barroca de iídiche, tentando dominar sua escrita tão bem quanto já dominava sua leitura, logo descobriria que me faltava o conhecimento do hebraico, única referência segura a partir da qual se podia derivar e entender as corruptelas e distorções que resultavam na variante moderna daquela língua. Diante disso, expus a meu pai a necessidade de aprender hebraico, rogando veementemente por seu consentimento – acontece que eu já tinha em mente um propósito ainda mais elevado. Ouvira comentarem em toda parte que, para se entender o Novo e o Velho Testamento, era imprescindível conhecer suas línguas básicas. O Novo eu já lia sem maiores problemas, pois todo domingo depois da igreja – nem nesse dia ficávamos livres dos exercícios – eu tinha de recitar, traduzir e explicar, tão bem quanto possível, os chamados evangelhos e epístolas. Pensava, então, em tentar fazer o mesmo com o Velho Testamento, que desde sempre me cativara por conta de suas especificidades.

---

14 Em alemão: *Judendeutsch* [alemão-judeu]. Há registros de que Goethe tenha tomado lições de iídiche em 1761.

Meu pai, que não gostava de fazer as coisas pela metade, resolveu procurar o diretor do liceu,[15] o doutor Albrecht,[16] ficando combinado que teríamos aulas particulares em regime semanal durante o tempo que se fizesse necessário para eu aprender os rudimentos daquela língua tão basilar — meu pai tinha a esperança de que o hebraico pudesse ser aprendido, quando muito, talvez no dobro do tempo que o inglês.

O reitor Albrecht era uma das figuras mais originais que eu conhecia; homem de baixa estatura, encorpado, mas sem ser gordo, de traços rudimentares, mas sem nada de disforme, enfim: um Esopo de batina e peruca. Seu rosto mais que septuagenário estorcia-se num sorriso permanentemente sarcástico, que esbugalhava seus olhos já vermelhos, mas ainda brilhantes e espirituosos. Morava no velho mosteiro franciscano, onde se instalara aquela escola. Já o havia visitado algumas vezes quando pequeno, na companhia de meus pais, e lembro-me de como tinha uma sensação de pavor e prazer ao correr por aqueles corredores longos e escuros, passando pelas capelas convertidas em salas de visita e por todo aquele espaço entrecortado de cantos e escadas. Sempre que me via, examinava-me com seu olhar perscrutador, sem, no entanto, deixar-me desconfortável com isso, elogiando-me e encorajando-me em seguida. Certo dia, enquanto ele distribuía as *praemia virtutis et diligentiae*, aquelas medalhas de prata destinadas aos alunos que haviam prestado os exames públicos com sucesso, percebeu-me ali, próximo a sua cátedra, como um espectador externo. Eu devia estar olhando muito avidamente para aquela bolsinha de onde ele tirava as insígnias prateadas, pois logo me fez um sinal, desceu um degrau em minha direção e entregou-me uma daquelas medalhas. Minha alegria foi imensa, embora as outras pessoas achassem completamente fora de propósito o oferecimento de tal distinção a um menino que nem mesmo estava na escola. Mas isso não incomodava muito aquele bom e velho homem. Bancava o tipo excêntrico; e o fazia, aliás, sem despender qualquer esforço de discrição. Tinha grande reputação como educador e era conhecedor de seu ofício, embora a idade o

---

15 Em alemão: *Gymnasium*, no sentido da modalidade escolar alemã específica que prepara o aluno para o ingresso em um curso superior.

16 Johann Georg Albrecht (1694-1770).

coibisse de exercê-lo como antes. Mas sentia que suas dificuldades residiam mais nas circunstâncias externas do que em sua própria fragilidade – eu já havia tido notícias de que ele não se dava por satisfeito nem com o consistório, nem com os inspetores, nem com os padres e muito menos ainda com os professores. Tinha uma veia satírica e uma disposição natural para perceber os erros e defeitos das pessoas, características que não fazia a menor questão de dissimular nem nos textos que publicava nos anais da escola, nem em seus discursos públicos. Como Luciano,[17] provavelmente o único escritor que ele lia e admirava, temperava tudo o que dizia e escrevia com ingredientes corrosivos.

Para a sorte daqueles com quem ele não se dava por satisfeito, nunca se referia diretamente à letra, valendo-se de inferências e alusões, passagens de obras clássicas e menções bíblicas para apontar os defeitos que queria criticar. Suas palestras (que ele sempre lia a partir de um texto previamente escrito) eram sempre incômodas, não raro incompreensíveis; e, como não bastasse, ainda eram constantemente interrompidas por um tossido ou por uma risada cavernosa de sacudir a pança, com o que anunciava os momentos mais mordazes. Esse mesmo homem tão esquisito pareceu-me uma pessoa dócil e gentil quando comecei a tomar com ele minhas aulas particulares. Todo dia, às seis horas da tarde, ia até sua casa, na escola. E sentia um prazer secreto sempre que a porta de entrada fechava-se atrás de mim e eu tinha de atravessar aquele corredor longo e sombrio do mosteiro. Em sua biblioteca, trabalhávamos sobre uma mesa coberta com uma toalha de oleado, onde sempre se via um exemplar bastante desgastado das obras de Luciano, de que o homem parecia nunca se afastar.

A despeito de toda a gentileza e boa vontade, não cheguei aonde queria sem pagar o preço. Meu professor não conseguia conter o debique de seus comentários: o que é que eu quereria com o hebraico? Não lhe disse nada sobre meus propósitos em relação ao iídiche, enfatizando apenas o desejo de melhor compreender os textos fundamentais da Bíblia. Ria disso e dizia que já deveria me dar por satisfeito se conseguisse aprender os rudimentos da

---

17 Luciano de Samósata (125-181), escritor satírico de expressão grega, nascido na então província romana da Síria.

leitura naquela língua. No fundo, aquilo me deixou um pouco aborrecido. Concentrei então toda minha atenção nas letras do alfabeto, que tinham formas bastante inteligíveis e nomes que não me eram de todo estranhos, na medida em que revelavam algumas semelhanças com o alfabeto grego. Entendi e aprendi aquilo tudo muito rapidamente, pensando que finalmente me aproximava da hora de partir para os exercícios de leitura. Sabia muito bem que se lia o hebraico da direita para a esquerda; mas, de repente, surgiu uma legião de letrinhas e sinaizinhos, de pontos e tracinhos de todo tipo – e eles deveriam representar vogais. Achava aquilo muito curioso, pois o corpo maior do alfabeto já continha algumas vogais, enquanto as restantes pareciam se esconder por trás de denominações estranhas. Aprendi então que na época do florescimento do povo judaico, aqueles primeiros sinais do alfabeto bastavam para tudo e não existia nenhuma outra forma adicional nem na leitura nem na escrita. Fiquei desejando poder continuar com meu aprendizado por esse caminho mais ancestral, que me parecia bem mais cômodo. Muito severamente, meu professor explicou-me, no entanto, que teríamos de seguir a progressão da gramática, nos termos em que se havia achado por bem estabelecê-la. Disse-me ainda que a leitura sem aqueles pontos e traços era tarefa muito difícil, desempenhada somente por especialistas e por quem tinha muita prática. Diante disso, tive de me conformar a aprender também aqueles pequenos diacríticos e tudo foi ficando cada vez mais confuso para mim. Descobri então que alguns daqueles sinais mais antigos haviam perdido seu valor, de modo que seus pequeninos sucedâneos não existiam apenas para enfeite: ora indicavam uma leve aspiração, ora um som mais ou menos gutural, ora simplesmente uma forma de apoio e sustentação. E quando já começava a achar que finalmente havia compreendido tudo, tive notícia de que alguns dos grandes e dos pequenos personagens haviam sido aposentados, com o que, ao fim e ao cabo, os olhos acabavam sempre trabalhando muito mais do que os lábios.

Como os exercícios consistiam basicamente em balbuciar num idioma estrangeiro e algaraviado aquele conteúdo que já me era familiar – tendo de ouvir reiteradamente que certa nasalidade e guturalidade daquela língua eram inalcançáveis –, comecei a perder o interesse pela coisa. Como criança, pelo menos me divertia com os nomes estranhos daqueles vários sinais que se amontoavam, especialmente ao saber que eram os nomes de imperadores, reis e de outros nobres que ditavam as regras acentuais aqui e acolá. Mas essa brincadeira sem muito sentido logo perderia a graça. A única coisa que me consolava era o fato de que, por meio de tanta leitura, tradução, repetição e memorização, o conteúdo do livro ia se fazendo cada vez mais vivo em mim; e era exatamente sobre isso que buscava esclarecimento junto a meu velho preceptor. Já antes me haviam chamado a atenção algumas contradições entre a tradição narrativa e o que se podia imaginar como real e plausível; já havia até mesmo deixado embaraçados alguns professores particulares com questões em torno do sol que ficava imóvel sobre Gibeão e a lua que pairava sobre o vale de Aijalom[18] – entre tantas outras inverossimilhanças e incongruências. Tais questões intrigantes reavivavam-se, então, em mim, pois, para assenhorear-me do hebraico, ocupava-me exclusivamente do Velho Testamento; e não mais na tradução de Lutero[19], mas, sim, na versão literal e interlinear de Sabastian Schmid,[20] que meu pai comprara para mim e que eu estudava com afinco. Infelizmente, a essa altura as aulas também começaram a ficar mais lacunares no que dizia respeito aos exercícios linguísticos. A leitura e tradução dos textos, somada aos exercícios de gramática, cópia e repetição dos vocábulos aprendidos raramente duravam por meia hora completa, pois eu logo começava a querer ir mais longe, queria discutir o sentido das coisas; e, mesmo que ainda nos encontrássemos no Gênesis,[21] insistia

---

18 No Velho Testamento, Josué 10:12.
19 A tradução de Martinho Lutero (1483-1546) do Novo Testamento foi publicada em 1522. A primeira edição completa de sua Bíblia seria publicada em 1534. Vale destacar, aqui, que a chamada Bíblia de Lutero é o resultado de um trabalho coordenado por Lutero, mas realizado em conjunto com vários outros filólogos e teólogos, entre os quais: Philipp Melanchthon (1497-1560), Johannes Bugenhagen (1485-1558), Matthäus Goldhahn [Aurogallus] (1490-1543), Justus Jonas (1493-1555), Georg Rörer [Rorarius] (1492-1557), Caspar Creuziger [Cruciger] (1504-1548).
20 Trata-se de uma tradução literal para o latim, em edição bilíngue, de Sebastian Schmid (1617-1696), teólogo luterano e hebraísta da cidade de Estrasburgo.
21 Em alemão, *Genesis* é o nome mais técnico, acadêmico para esse livro; corrente e comum é a designação dos cinco primeiros livros como "livros de Moisés". O Gênesis, portanto, é designado como Primeiro livro de Moisés [*das erste Buch Mose*], expressão utilizada por Goethe nesta e em outras passagens.

em trazer à baila coisas que sabia ocorrerem nos livros subsequentes. No começo, o velho e bom senhor bem que tentou conter essas minhas divagações, mas, aos poucos, ele mesmo parecia começar a se divertir com aquilo. Como era de seu costume, não abria mão de seus tossidos nem de suas risadas; e ainda que claramente evitasse me transmitir qualquer informação que o pudesse acabar comprometendo de alguma forma, eu não esmorecia em minha insistência. Na verdade, para mim importava mais a discussão de minha dúvida do que sua efetiva solução, e como o professor não parecesse desencorajar esse meu comportamento, fui ficando cada vez mais ávido e ousado. Contudo, não conseguia tirar dele muito mais do que uma risada cavernosa atrás da outra, que eram de sacudir sua pança: — Esse rapaz doido! Menino doido!

Com o passar do tempo, a gana juvenil com que eu atravessava a Bíblia de cabo a rabo começou a ser levada a sério pelo professor, que, vez ou outra, dignava-se então a oferecer-me algum tipo de auxílio. Logo me indicaria a versão alemã da grande obra inglesa[22] sobre a Bíblia, de que dispunha uma cópia em sua biblioteca e na qual se podia ler a interpretação inteligível e inteligente de passagens bíblicas difíceis e críticas. O grande esforço dos teólogos alemães lograria fazer da tradução uma obra ainda mais vantajosa do que o próprio original inglês. Na tradução, as diferentes opiniões conviviam lado a lado e ainda havia uma espécie de mediação final que procurava conciliar e respeitar a distinção de cada livro, os fundamentos da religião e a razão humana. Na segunda metade de nossas aulas, sempre que eu surgia de novo com minhas dúvidas e perguntas, o professor remetia-me então à estante de livros. Eu ia até lá, apanhava o volume respectivo e começava a lê-lo, enquanto ele, franqueando-me a leitura, folheava seu velho Luciano. Às vezes, arriscava minhas próprias considerações sobre o que acabara de ler — ele não respondia às minhas astúcias senão com sua risada de sempre. Nos longos

---

22 Referência à tradução alemã, em dezenove volumes, de uma obra organizada por teólogos ingleses, que oferecia uma tradução da Bíblia acompanhada de amplos comentários. A edição alemã (*Die Heilige Schrift des Alten und Neuen Testaments, mit einer vollständigen Erklärung derselben, welche aus den auserlesensten Anmerkungen verschiedener engländischen Schriftsteller zusammengefasst*, publicada entre 1749-1770) acrescentava ainda os comentários do grupo de teólogos responsável pela edição.

dias de verão, deixava-me sentado ali, por vezes até mesmo sozinho, lendo tanto quanto eu fosse capaz; só depois de muito tempo ele me autorizaria a levar aqueles volumes para casa, um de cada vez.

O homem pode seguir o rumo que quiser,[23] pode empreender o que quer que seja em sua vida, mas sempre acabará retornando ao caminho natural que se lhe prefigurara um dia. Foi o que aconteceu comigo. Meus esforços para aprender a língua e o conteúdo das escrituras sagradas acabariam formando em mim uma imagem cada vez mais viva daquela terra tão bela e exaltada, de suas redondezas e das vizinhanças, de seus povos e de todos os acontecimentos que, durante milhares de anos, distinguiram aquele canto da Terra.

De dimensões relativamente modestas, esse pequeno lugar teria assistido à origem e ao desenvolvimento de toda a espécie humana; e desse lugar proviriam as primeiras e únicas notícias que temos dessa história primordial. Um lugar que se inscrevia em nossa imaginação como localidade simples e bem delimitada, mas igualmente variada e propícia para as mais notáveis migrações e para toda sorte de povoamentos. Recortado do todo habitável de nossa Terra por quatro rios de nomes diferentes, esse espaço pequeno e gracioso estava reservado para o gênero humano em sua tenra juventude. Ali teria desenvolvido suas primeiras habilidades; e ali também teria sido acometido pelos fados do destino – decisivos para toda sua posteridade –, pois que no afã da busca pelo conhecimento seria privado definitivamente de seu sossego. O paraíso estava perdido. As pessoas passaram a se multiplicar e a se perverter. Os Elohim,[24] ainda desacostumados com as maldades da espécie, ficaram impacientes e destruíram completamente aquele mundo. Poucos foram os que se salvaram do dilúvio universal. Mas nem bem as águas da terrível enchente haviam secado de todo e já se fazia

---

23 Tem início, neste parágrafo, um longo excerto sobre os patriarcas do Velho Testamento. Trata-se de um tema que fascina Goethe desde a infância e sobre o qual o autor desenvolveria trabalho específico (ver, por exemplo, a discussão integrada ao conjunto de notas e comentários a seu livro de poemas intitulado *West-östlicher Divan*, na edição de 1827). Em carta a Johann Rochlitz (1769-1842), de janeiro de 1812, Goethe sublinha a importância desse excerto (a que chama de "princípios asiáticos do mundo") como parte integrante de sua autobiografia.

24 No Velho Testamento, designação plural (genérica) de Deus, de que Goethe se vale para marcar, de diversas formas, sua visão plural da divindade.

reconhecer, diante dos olhares dos gratos sobreviventes, o chão firme de sua terra pátria. Dois dos quatro rios, o Tigre e o Eufrates, ainda corriam em seus leitos. Este manteve seu nome; aquele parecia ser designado pela abundância de seus afluentes.[25] Após tamanha reviravolta, não se poderiam mesmo esperar vestígios mais precisos do paraíso. Renovado, o gênero humano surgia então pela segunda vez daquele mesmo lugar. Ali encontraria boas condições para trabalhar e alimentar-se e acumularia grandes rebanhos de criaturas domesticadas, espalhando-se por todos os cantos daquela terra.

Esse modo de vida e a consequente multiplicação das tribos logo obrigariam os povos a se afastarem uns dos outros. Mas não era fácil aceitar imediatamente a decisão de deixar seus familiares e amigos partirem para sempre. Tiveram então a ideia de construir uma alta torre, que mesmo de muito longe pudesse lhes indicar o caminho de volta. A tentativa fracassou tanto quanto aquele afã original. Não lhes teria sido concedido serem ao mesmo tempo felizes e sábios, numerosos e unidos. Os Elohim trataram de confundi-los, a construção foi abandonada, os homens se dispersaram. O mundo estava povoado, mas dividido.

Seja por interesse, seja por afinidade, ainda hoje mantemo-nos ligados a essa região. Nesse mesmo lugar surgirá mais tarde um grande patriarca que saberá forjar em seus descendentes um caráter distintivo. Com isso, logrará uni-los pelo resto dos tempos como uma grande nação, capaz de manter-se junta apesar de todas as suas mudanças de sorte e de lugar.

Partindo do Eufrates, não sem contar com um sinal divino, Abraão parte para o oeste. O deserto não se revela obstáculo intransponível para os peregrinos. Chegam às margens do Jordão, atravessam o rio e espalham-se pelas cercanias adoráveis da Palestina meridional. Há muito que essas terras possuíam donos e vinham sendo amplamente povoadas. As montanhas, não muito altas, mas rochosas e inférteis, eram entrecortadas por inúmeros vales bem irrigados e próprios para o plantio. Pequenos assentamentos, povoados e cidades distribuíam-se por toda a planície e pelas encostas do

---

25 Provável alusão à hipótese de que o nome do rio, em persa antigo, seria *Tigrā*, sendo a forma corrente *Tigris*, plural persa de *Tigrā* (e também a designação para o rio Tigre em alemão), uma referência ao fato de se tratar de um rio formado de muitos rios, de um rio em que deságuam inúmeros afluentes.

grande vale, de onde efluíam as águas que desembocavam no Jordão. Terras tão povoadas, terras tão cultivadas; mas o mundo ainda era grande o bastante e as pessoas não eram tão preocupadas, necessitadas e aguerridas, a ponto de se sentirem impelidas a dominar de vez todos aqueles arredores. Assim, entre as várias áreas ocupadas, abriam-se também grandes porções de terra em que os rebanhos podiam ser pastoreados com tranquilidade, deslocando-se de um lado para o outro em busca de alimento. É numa dessas regiões que Abraão resolve se fixar, tendo com ele Ló, seu irmão.[26] Contudo, não há como permanecerem por muito tempo num lugar assim. O próprio modo como essas terras costumam ser ocupadas – com uma população que ora aumenta ora decresce, e com um regime de produção que não consegue atender as necessidades – gera indeliberadamente a miséria e a fome, pois o simples acidente de sua presença na região já é suficiente para provocar a escassez de alimento; o recém-imigrado acaba então sofrendo junto com o autóctone. Diante disso, os dois irmãos caldeus partem para o Egito e aí começa a se desenhar o palco em que, por milhares de anos, terão lugar os acontecimentos mais significativos do mundo. Do Tigre ao Eufrates e do Eufrates ao Nilo, vemos a Terra toda povoada. E, nela, vemos aquele homem amado pelos deuses e já tão estimado por nós; um homem que vaga de um lado para o outro com seus rebanhos e seus bens e que não demorará muito para multiplicá-los enormemente. É quando os irmãos resolvem tomar o caminho de volta. A experiência da fome, por que já haviam passado anteriormente, leva-os, no entanto, a decidir pela separação do grupo. Ambos se mantêm em Canaã, mas enquanto Abraão se fixa em Hebron, próximo aos carvalhais de Manre, Ló parte em direção ao vale de Sidim. Se formos ousados o suficiente para imaginar o Jordão como um desaguadouro subterrâneo e para fazer brotar uma imensa planície no local do atual mar Morto,[27] esse vale não só poderia – como deveria – nos passar a impressão de ser um segundo paraíso. E tanto mais se pensarmos na vida fácil e confortável que os moradores da região e das vizinhanças deviam levar por ali – como

---

26 Ló (Lot), no livro do Gênesis, é sobrinho de Abraão.
27 Em alemão: *Asphaltsee* [lago de asfalto], uma das tradicionais denominações desse mar de sal.

se poderia inferir de um povo famoso por suas fraquezas e sacrilégios. Ló viverá entre eles, porém como alguém à parte.

Hebron e o bosque de Manre surgem como as localidades mais importantes, onde o Senhor falará com Abraão e lhe prometerá toda a terra que seu olhar puder alcançar. Mas, por um momento, deixemos de lado essas paragens tranquilas, deixemos de lado esses povos pastoris — que deviam saber lidar muito bem com as manifestações divinas e celestiais, já que conversavam com elas e as tratavam como seus hóspedes — e voltemos nosso olhar para o leste, para um outro mundo logo ali ao lado, cuja ocupação não se daria de modo muito diferente da de Canaã.

Famílias passam a viver juntas, formam-se as tribos e, com o passar do tempo, seu modo de vida vai se modelando em função do lugar de que já se assenhorearam ou de que estão em vias de se assenhorear. Por aquelas montanhas de onde as águas descem em direção ao Tigre, encontramos povos guerreiros, que, com campanhas militares de proporções impressionantes para a época, já preludiavam os grandes feitos futuros, anunciando conquistadores e dominadores de um mundo ainda por vir. Quedorlaomer, rei de Elão, é homem de grande influência sobre seus aliados e há muito que vinha exercendo seu poder: doze anos antes da chegada de Abraão a Canaã, já era senhor de seus domínios e cobrava tributos dos povos que se espalhavam até as margens do Jordão. Certo dia esses povos se revoltam; os aliados se armam e partem para a guerra. Por acaso, nós os encontraremos no mesmo caminho que também levará Abraão para Canaã. Os povos à margem esquerda do baixo Jordão são subjugados. Quedorlaomer marcha então para o sul, para combater os povos do deserto; depois, voltando-se para o norte, vence os amalequitas. E após superar também os amoritas, chega a Canaã, ataca os reis do vale de Sidim, derrota-os e os dispersa. Retoma então seu caminho Jordão acima, carregado de espólios de guerra e com o propósito de prolongar sua marcha vitoriosa até o Líbano.

Entre os que eram levados prisioneiros, como que pilhados juntamente com suas riquezas, encontra-se Ló, que acabaria tendo o mesmo destino das terras em que se havia hospedado. Abraão toma conhecimento disso. De repente, o patriarca surge como guerreiro e herói. Reúne seus empregados, divide-os em tropas e assalta a caravana dos saqueadores, com seus pesados espólios. Confunde com isso os vitoriosos, que não supunham mais nenhum inimigo à retaguarda, e consegue resgatar seu irmão, recuperando suas respectivas riquezas e boa parte dos bens dos reis anteriormente vencidos. Com essa breve investida militar, Abraão torna-se como que senhor daquelas terras: por seu feito, os moradores da região o tomarão como um protetor, como um salvador; e por sua abnegação, será exaltado como um rei. Os reis do vale o receberão com imensa gratidão; e o patriarca será abençoado pelo rei e sacerdote Melquisedeque.

Renovam-se então as profecias de uma posteridade sem fim e para muito além de seus domínios. Prometem-lhe todas as terras desde as águas do Eufrates até o grande rio do Egito. Quanto a seus herdeiros diretos, porém, a situação não é muito auspiciosa. Abraão tem oitenta anos de idade, mas nenhum filho homem. Sara, que não confiava tanto nos deuses quanto seu marido, fica impaciente e, seguindo a tradição oriental, deseja ter um filho através de sua serva, Agar. Mas nem bem a serva conquista a intimidade de seu senhor, nem bem a esperança de um filho se acolhe em seu ventre e a discórdia já se instala na casa. A esposa passa a maltratar sua protegida, que foge em busca de melhores condições de vida em outra tribo. Não sem a intervenção divina, Agar acaba regressando e dá à luz Ismael.

Abraão completa noventa e nove anos de idade e as profecias de uma descendência numerosa ainda continuam a se repetir – os próprios cônjuges passam a achar a ideia risível. Contudo, na esperança da semente acolhida em seu ventre, Sara concede ao patriarca um filho homem, a quem dará o nome de Isaque.

A história, em geral, é escrita com base na reprodução legítima da espécie humana, de modo que, para perscrutar os eventos realmente significativos do mundo, somos forçados a invadir os segredos mais íntimos das famílias. Aqui, também os casamentos dos patriarcas nos dão ocasião para algumas considerações. Nesse caso, era como se as divindades que adoram conduzir o destino dos seres humanos quisessem nos oferecer exemplos das diferentes venturas do casamento. Abraão, que vivera durante tantos anos um matrimônio sem filhos com uma mulher bela e cobiçada por todos, encontra-se, ao chegar aos cem anos de idade, na condição de marido de duas mulheres e pai de dois filhos. É nesse mesmo momento, porém, que a paz em seu lar é interrompida, pois não há como duas esposas, lado a lado, e dois filhos de mães diferentes, um contra o outro, conviverem muito bem. Ocorre então que a parte menos favorecida pela lei, pelos costumes e pela opinião geral acaba tendo de ceder. Abraão é obrigado a sacrificar sua afeição por Agar e Ismael. Ambos são banidos. Dessa vez contra sua vontade, Agar é compelida a tomar o mesmo caminho por que um dia se arriscara voluntariamente. De início, a ruína dela e a de seu filho parecia se anunciar claramente. Mas o anjo do Senhor, que doutra vez já a havia feito retornar a casa, salva-a novamente, para que também Ismael possa dar origem a um grande povo, fazendo, assim, com que a mais inverossímil das profecias se realize para muito além de suas expectativas.

Um pai e uma mãe, ambos em idade avançada; um filho único e temporão: nessas condições, bem se poderia esperar que a paz se instalasse na casa e que finalmente todos pudessem viver juntos a felicidade de suas vidas terrenas. Absolutamente. As forças celestiais ainda haviam preparado para o patriarca a provação mais difícil. Mas não podemos falar a esse respeito sem antes fazermos algumas considerações.

Se houvesse de surgir uma religião natural e universal, a partir da qual se desenvolvesse uma religião revelada, particular, as terras que aqui são objeto de nossa imaginação — com seu tipo de gente, com seu modo singular de vida — seriam provavelmente o lugar mais perfeito para isso; ao menos, não nos parece que pudéssemos encontrar condição mais favorável e oportuna em outra parte do mundo. A religião natural, se assumirmos que algo assim tenha surgido já muito cedo no espírito humano, pressupõe muita sensibilidade de sentimento, pois se funda na convicção de uma providência universal que conduziria e estabeleceria a ordem de todo o mundo. Já uma religião particular, revelada pelos deuses deste ou daquele povo, funda-se na crença de uma providência particular, de um ser divino que confirma o favorecimento de certos indivíduos, de certas famílias, de certas tribos ou de determinados povos. Uma religião como essa não se desenvolve simplesmente no âmago do ser humano. Ela exige uma tradição, um legado e o penhor de tempos imemoriais.

É muito bonito, portanto, que a tradição israelita represente como heróis da fé logo os primeiros homens que confiam nessa providência particular. Homens que respeitam cegamente todos os mandamentos daquele ser supremo, de quem se reconhecem dependentes. Homens que, sem titubear, não se cansam de aguardar o cumprimento, ainda que tardio, de suas promessas.

Assim como uma religião revelada pressupõe a ideia de que um homem poderia ser mais favorecido pelos deuses do que outro, em geral ela é também resultado da singularidade das condições de vida de determinado povo. Mesmo que os primeiros seres humanos se vissem todos aparentados, a natureza de suas ocupações logo os afastaria uns dos outros. O caçador era o mais livre de todos; a partir dele se desenvolveriam o guerreiro e o conquistador. Aquele que cultivava os campos, que se dedicava à terra, que edificava morada e abrigo para conservar o que produzia, este podia se ter em alta conta, pois sua condição de vida lhe garantia permanência e segurança. Ao pastor, por sua vez, parecia se reservar a condição mais indefinida, bem como domínios sem qualquer circunscrição. Os rebanhos se multiplicavam infinitamente e o espaço, que lhes deveria oferecer alimento, estendia-se em todas as direções. Desde o princípio, esses três grupos terão se considerado com desconfiança e dissabor. Como para o sedentário o pastor era abominável, logo cada qual tomaria seu próprio caminho. Já os caçadores vão se perder de vista nas montanhas e, quando mais tarde reaparecerem, ressurgirão como conquistadores.

Os patriarcas integravam o grupo dos pastores. Por viverem num mar de desertos e pastos, eram pessoas de mentalidade mais ampla e liberta; e por viverem a céu aberto, sob a abóboda estrelada da noite, eram pessoas de sentimento sublime. Mais do que o hábil caçador, muito mais do que o camponês previdente, seguro e sedentário, os pastores precisavam de uma fé inabalável num deus que estivesse sempre a seu lado, que os visitasse com frequência, que fizesse por eles, que os conduzisse e que os salvasse.

Antes de darmos seguimento à história, é preciso fazer aqui outra observação. Por mais bela, humana e esclarecida que nos pareça a religião dos patriarcas, ela também é atravessada por traços de selvageria e crueldade, para além dos quais o homem sempre pode avançar, mas diante dos quais o homem também pode acabar sucumbindo novamente.

Que o ódio se aplaque com o sangue e com a morte do inimigo vencido, isso é algo natural. Que se celebre a paz no próprio campo de batalha ainda entre as fileiras de mortos, isso é até compreensível; e a prática da imolação de animais, como um meio de firmar alianças divinas, também não parece ficar muito longe disso. Assim, não nos deveria causar maior admiração a crença de que oferendas mortas fossem capazes de induzir ou de conquistar a simpatia dos deuses – vistos sempre como parciais, na condição de adversários ou aliados. Todavia, se detivermos nossa atenção nas vítimas que eram ofertadas e se considerarmos o modo como eram dadas em sacrifício naqueles primeiros tempos, acabaremos nos deparando com uma prática estranha – provável resquício dos períodos de guerra –, que nos faz relutar, a saber: os animais sacrificados, independentemente de sua espécie e da quantidade, eram sempre partidos em duas metades, dispostos em dois lados, de modo que aqueles que pretendiam firmar sua aliança com a divindade ficavam sempre nesse espaço entre as oferendas.

Há também ainda outro traço assustador que marca esse belo mundo com algo de assombro e aflição: tudo o que era dedicado ou prometido aos deuses tinha necessariamente de morrer – provavelmente mais um costume de guerra transferido para os tempos de paz. Era com esse tipo de promessa que se ameaçavam os moradores de uma cidade que insistisse em resistir violentamente aos ataques. Quando a cidade finalmente sucumbia, tomada de assalto ou de outro modo qualquer, não se poupava então a vida de ninguém: de nenhum homem sequer; nem mesmo das mulheres, das crianças e do gado – todos tinham o mesmo destino. Oferendas e sacrifícios mais ou menos como estes eram prometidos aos deuses, ora de modo mais precipitado, ora como fruto da veneração. E era assim que até mesmo os mais próximos, justamente aqueles que mais se queria poupar – os próprios filhos, nesse caso –, acabavam sangrando como bode expiatório de tal insanidade.

Forma tão bárbara de adoração não poderia ter surgido de uma figura de caráter tão amável e verdadeiramente patriarcal como Abraão. Mas os deuses – que, às vezes, colocando-nos à prova, parecem assumir justamente aquelas características que o homem tende a lhes imputar – ordenam-lhe a coisa mais hedionda. Ele deverá sacrificar seu próprio filho como garantia da nova aliança. E se tudo seguir como manda a tradição, Abraão não poderá se limitar a imolar e queimar seu filho; terá de parti-lo em duas metades e de ficar aguardando, em meio à fumaça que se erguerá de suas tripas, até que os bons deuses lhe revelem sua nova profecia. Cegamente e sem titubear, Abraão prepara-se para executar a ordem. Mas, para os deuses, sua vontade e disposição já são o bastante. As provações de Abraão acabam-se ali — até mesmo porque nada se lhe poderia demandar de mais alto. Nisso, porém, Sara morre. Abraão serve-se então dessa ocasião para assenhorear-se exemplarmente das terras de Canaã, pois ele precisa de uma sepultura — pela primeira vez em sua vida, o patriarca cogitará adquirir uma propriedade. É bem provável que ele já tivesse escolhido previamente, como sepulcro, aquela caverna dupla próxima aos bosques de Manre. Nessa ocasião, porém, ele resolve comprá-la, juntamente com todas as terras ao seu redor. E a forma legal da aquisição, que o patriarca faz questão de observar, mostra o quão lhe era importante aquela propriedade. De fato, o lugar acabaria se tornando assaz importante, talvez mais importante do que ele mesmo fora capaz de imaginar, já que ali também repousariam ele, seus filhos e seus netos, e, com isso, fundava-se a justificativa mais concreta para a futura reivindicação de todas aquelas terras, bem como para a vocação sempiterna de seus descendentes, de voltarem sempre a se reunir naquela mesma terra.

A partir de então, passam a se alternar as mais variadas cenas familiares. Abraão mantém-se isolado dos moradores da região e, enquanto Ismael, filho de uma egípcia, casa-se com uma filha daquela mesma terra, Isaque, por sua vez, deverá se casar com uma mulher de seu próprio sangue, com uma mulher da mesma condição.

Abraão manda seu empregado de volta à Mesopotâmia, ao encontro dos parentes que deixara por lá. Muito sagazmente, Eliezer chega sem se dar a conhecer. E para poder escolher a noiva certa, que ele deverá levar consigo para casa, coloca à prova a presteza das moças junto ao poço, pedindo-lhes algo de beber. Rebeca é aquela que, além de lhe oferecer o que solicitara, dá de beber também a seus camelos. Ele a presenteia e reclama sua mão, que não lhe seria negada. Leva-a então consigo de volta à casa de seu senhor e a moça torna-se esposa de Isaque. Também nesse caso, muito haveria de se esperar por alguma descendência; somente após anos de provação Rebeca seria finalmente abençoada. A discórdia, que no casamento de Abraão provinha de duas mães diferentes, passará a ter origem, a partir de então, em um mesmo ventre: dois meninos que, de temperamentos completamente opostos, começarão a brigar mesmo antes de deixar o útero materno. Ambos vêm ao mundo: o mais velho é forte e vigoroso, o mais novo é sensível e inteligente. Aquele é o predileto do pai, este é o favorito da mãe. A disputa pela condição de primogênito, que tem seu início já por ocasião do nascimento, acompanha-os ao longo de suas vidas. Esaú mostra-se indiferente e pouco se importa com aquela condição que o destino, por acaso, lhe concedera. Jacó não consegue esquecer que fora passado para trás por seu irmão. Atento a toda e qualquer oportunidade de ganhar a tão desejada precedência, negocia com seu irmão o direito à primogenitura e o engana por ocasião do recebimento da bênção de seu pai. Esaú fica enfurecido e jura a morte de seu irmão. Jacó foge e vai tentar a sorte na terra de seus antepassados.

Assim, pela primeira vez na história de tão nobre família, surge um membro que não hesita em se valer de espertezas e ardis para alcançar aquelas vantagens de que lhe haviam privado a natureza e as circunstâncias. Quantas vezes já não se terá observado e comentado que as escrituras sagradas não têm o menor intuito de representar os patriarcas e outros homens escolhidos por Deus como grandes modelos de virtude. Eles também foram seres humanos, cada qual com seu caráter, com suas fraquezas e seus defeitos. Mas uma qualidade principal não poderia faltar àqueles homens segundo o coração de Deus: a fé inabalável de que Deus faz por eles e pelos seus.

Uma religião natural e universal não pressupõe a fé, pois se impõe a todos nós a convicção de que — para se nos tornar apreensível — um ser supremo, criador, ordenador e condutor de tudo se ocultaria, por assim dizer, por trás da natureza. E mesmo que o fio que nos conduz por toda a vida vez ou outra nos escape, sempre poderemos retomá-lo mais adiante. A situação é muito diferente no caso de uma religião particular. Esta anuncia-nos que o ser supremo tem suas preferências e que favorecerá um indivíduo, uma tribo, um povo, uma região em especial. Uma religião como esta só pode se fundar na fé; e numa fé que seja inabalável, se não quiser correr o risco de ruir logo ao primeiro embate. Para uma religião assim, toda dúvida é fatal. Pode-se voltar atrás em uma convicção, mas não na fé. Eis a razão para as provações sem fim e para a reiterada hesitação diante do cumprimento das promessas, que, ao fim e ao cabo, não fazem senão evidenciar, da maneira mais explícita possível, a enorme capacidade que aqueles patriarcas tinham para a fé.

Esta é também a fé que acompanhará Jacó em sua viagem. E se por suas espertezas e ardis ele não fora capaz de conquistar nossa simpatia, ele a conquistará agora pelo amor perseverante e inquebrantável que devota a Raquel, cuja mão solicitará por conta própria e sem muito esperar para fazê-lo, do mesmo modo como Eliezer reclamara para seu pai a mão de Rebeca. É com Jacó que a promessa de um povo numeroso começará a se realizar. Ele verá muitos filhos a seu redor, mas muitos serão também os desgostos causados por esses filhos e por suas mães.

Sete anos servirá Jacó pela mão de sua amada, sem impaciência, sem hesitação. Mas tão cheio de espertezas quanto o próprio Jacó e igualmente convicto de que os fins justificam os meios, seu sogro irá lográ-lo, fazendo-o pagar por tudo que infligira a seu irmão: Jacó encontrará em seus braços uma esposa que ele não ama. É verdade que, para apaziguá-lo, Labão logo lhe concederia também a mulher que ele de fato amava, mas somente sob a condição de servir-lhe por mais sete anos. E assim os desgostos nascerão dos desgostos. A esposa não amada é fértil; a que ele ama não lhe pode dar filhos. Esta, fazendo como Sara, deseja se tornar mãe através de uma serva. Aquela tem inveja até mesmo da vantagem concedida à outra esposa, de modo que também resolve encaminhar uma serva ao marido. Com isso, o bom patriarca torna-se o homem mais atormentado do mundo: quatro mulheres, filhos de três delas, mas nenhum de sua amada! Até que finalmente também Raquel é abençoada e dá à luz a José, fruto temporão do amor mais sinceramente apaixonado. Encerram-se enfim, para Jacó, seus catorze anos de labuta. Labão, no entanto, não quer perder seu mais fiel e principal empregado. Firmam então um novo pacto e decidem que passarão a dividir entre si os rebanhos. Labão ficará sempre com as brancas, que eram também as mais numerosas; Jacó terá de se contentar com as malhadas, com o refugo, assim por dizer. Mas também nesse caso ele saberá como tirar vantagem. Do mesmo modo como negociara a condição de primogênito em troca de um prato que nem mesmo era da melhor comida, e assim como conseguira receber a bênção de seu pai por meio de um disfarce, também desta feita ele saberá reconquistar para si, com artifício e simpatia, a maior e melhor parte do rebanho. Também sob esse ponto de vista Jacó se provará verdadeiramente digno de tornar-se patriarca do povo de Israel e um modelo a ser seguido por todos os seus descendentes. Labão e os seus podem não ter notado logo o artifício utilizado por Jacó, mas não deixarão de perceber seu sucesso. Começam assim os desentendimentos, os dissabores. Jacó foge com os seus e com tudo o que lhe pertence e, um pouco por sorte, um pouco por astúcia, consegue escapar à perseguição de Labão. Raquel lhe dará então mais um filho, mas acabará morrendo no parto: Benjamim, o filho da dor, conseguirá sobreviver. Mas uma aflição maior ainda se reservava para o patriarca, pois teria de se ver com a aparente perda de seu filho José.

———

Talvez alguém queira perguntar, aqui, por que foi que eu resolvi contar em detalhes essas histórias tão conhecidas de todos, tão repetidas e tão discutidas por toda a gente. Que lhe sirva então de resposta que eu não saberia explicar de outro modo, como era que, em meio a uma vida tão dispersa e com um aprendizado tão fragmentado, ainda assim meu espírito e meus sentimentos eram capazes de se concentrar em um único assunto e de se deixar afetar serenamente por ele. Tampouco saberia descrever de outro modo a paz que me envolvia, mesmo sabendo que, lá fora, o mundo continuava tão selvagem e assustador. Se minha imaginação em constante atividade — de que aquele conto de menino deverá ter dado algum testemunho — levava-me ora numa ora noutra direção, e se, por vezes, uma mistura de fábula e história, de mitologia e religião levava-me praticamente à beira da loucura, eu adorava escapar de tudo aquilo e fugir para as terras do levante, mergulhando nos primeiros livros de Moisés e na dispersão daquelas tribos de pastores, onde me sentia, ao mesmo tempo, na mais profunda solidão e na melhor das companhias.

Mas antes de deixar que essas cenas familiares se percam em meio à história do povo de Israel, ainda podemos observar, aqui, uma última figura, capaz de acalentar esperanças e fantasias especialmente nos jovens: José, o filho do mais apaixonado amor conjugal. Ele se nos apresenta tranquilo e lúcido, e profetiza para si mesmo as distinções que o farão se elevar acima de toda sua família. Mesmo desgraçado por seus irmãos, mantém-se impassível e íntegro na condição de escravo, resiste às tentações mais perigosas, salva-se ao fazer uso de suas habilidades proféticas e, com mérito, alcança as mais altas honrarias. Primeiro, mostra-se útil e prestativo a um grande império; depois, a sua própria família. Tem a grandeza e a serenidade de seu bisavô Abraão, a devoção e a impassibilidade de seu avô Isaque. Usa com excelência seu jeito para os negócios, característica que herdara de seu pai: mas desta vez não se trata apenas de granjear para si o rebanho de um sogro; trata-se de saber como angariar, para um rei, povos inteiros com todos os seus bens. Essa narrativa tão singela é altamente inspiradora, mas demasiadamente breve, de modo que nos sentimos imediatamente compelidos a continuar a imaginá-la e a elaborá-la em seus mínimos detalhes.

Esse tipo de elaboração, a partir de personagens e episódios minimamente esboçados na Bíblia, já não era, então, algo estranho aos alemães. Com Klopstock,[28] as figuras do Velho e do Novo Testamento haviam ganhado contornos de brandura e sensibilidade e tinham grande apelo não somente para o menino, mas também para muitos de seus contemporâneos. Dos trabalhos que Bodmer[29] realizara a partir de temas bíblicos, muito pouco ou quase nada chegaria até o jovem. Já o *Daniel na cova dos leões*, de von Moser,[30] causaria grande impressão no garoto. Nessa obra, um homem de negócios e da corte, passando por todo tipo de atribulação, alcança altas honrarias; e sua devoção, por conta da qual sofrerá ameaças atrozes, torna-se sua arma e seu escudo do início ao fim. Reelaborar a história de José era algo que há muito eu desejava fazer, mas não conseguira resolver, até então, a questão formal, já que não tinha familiaridade com nenhum padrão de versificação que me parecesse adequado a um trabalho como aquele. Acabei me sentindo mais à vontade com a opção por uma versão mais prosaica e comecei a trabalhar com todas as minhas forças na adaptação. Tentei dar contornos mais claros aos personagens, desenvolvendo-os e entremeando aquela velha e singela narrativa com diferentes incidentes e episódios, a fim

---

28 Provável referência não apenas ao já citado *Messias*, mas também a outras obras em que Klopstock reelabora temas do Velho Testamento, como as peças *A morte de Adão* (1757), *Salomão* (1764) e *Davi* (1772).

29 Referência aos poemas épicos de Johann Jakob Bodmer (1698-1783), como *Jacó e José* (1751), *Noé* (1752) e *José e Zuleica* (1753).

30 Karl Friedrich von Moser (1723-1798), a quem Goethe já se referira no Segundo livro.

de construir, a partir dela, uma obra nova e autônoma. Eu não considerava, porém, algo que os jovens em geral não têm mesmo como levar em consideração: que me faltava ainda certo teor, algo que só se nos sobrevém à medida que nos vamos dando conta de nossas próprias experiências. Fosse como fosse, imaginei e visualizei nos mínimos detalhes cada um dos episódios e pus-me logo a narrá-los com precisão, um após o outro.

O que facilitava muito o meu trabalho era uma circunstância que ameaçava tornar extremamente volumosa essa obra e tudo o mais que ainda se publicaria como de minha autoria. Morava conosco, sob a tutela de meu pai, um rapaz[31] de muitos talentos, mas que, de tanto trabalho e presunção, tornara-se um sujeito algo embotado dos sentidos. Tranquilo e reservado, convivia muito bem com a família e parecia sempre alegre e bem disposto, contanto que lhe permitissem seguir vivendo a seu modo. Nos tempos de estudante, acostumara-se a escrever seus cadernos sempre com atenção e muito cuidado, tendo desenvolvido, a partir disso, uma escrita ágil e legível. Escrever era o que ele mais gostava de fazer. Ficava contente quando lhe passavam algo para copiar, mas punha-se ainda mais feliz quando lhe ditavam qualquer coisa, já que, nessas ocasiões, sentia-se como que transportado para os bons anos da universidade. Nada poderia ser mais conveniente para meu pai, que não escrevia com mão muito expedita e tinha uma escrita trôpega e mirrada em alemão. Assim, para resolver tanto os próprios negócios quanto o de outras pessoas, costumava passar boas horas de seu dia ditando textos ao rapaz. Eu também não achava nada inconveniente poder me valer de um intervalo ou outro para ver registrado em papel, de punho alheio, tudo o que me passava pela cabeça. Nessas condições, meu talento para a invenção e para a imitação desenvolvia-se rapidamente e na mesma proporção da facilidade de registro e de preservação de minhas ideias.

Eu ainda não tinha me arriscado a empreender obra tão grande como aquele poema bíblico e prosaicamente épico. Eram tempos relativamente tranquilos, de modo que nada mais era capaz de me arrebatar das paragens da Palestina e do Egito. E, à medida que eu ia recitando o poema para mim mesmo – recitando-o, assim por dizer, no ar –, cada uma das partes ganhava

---

31 Johann Balthasar Clauer (1732-1796).

seu registro em papel. Dia após dia, meu manuscrito só fazia se avolumar; e muito raramente sentia a necessidade de reescrever uma ou outra página.

Quando, para minha própria surpresa, a obra parecia terminada,[32] dei-me conta de que havia ainda uma série de poemas, de anos anteriores, que não eram de se jogar fora e que, em conjunto com *José*, poderiam render um belo in-quarto, ao qual eu poderia então dar o título de *Poemas reunidos*. A ideia muito me agradava, pois encontrava, assim, ocasião para imitar discretamente outros autores conhecidos e famosos. Eu já havia escrito um bom número de poemas dos chamados anacreônticos,[33] que, por conta da conveniência do padrão de versificação e da leveza de seu conteúdo, saíam-me com muita facilidade. Mas esses eu não me permitia incluir no conjunto, pois não eram rimados e meu maior intuito era produzir algo que pudesse agradar a meu pai. Já as odes sacras que eu havia tentado imitar avidamente com base no *Juízo final*, de Elias Schlegel,[34] estas pareciam caber ali perfeitamente. Uma delas, em especial, que eu havia escrito para exaltar a descida de Cristo ao inferno, acabaria me rendendo vários elogios de meus pais e amigos, e teria a sorte de continuar me agradando ainda por alguns anos.[35] Eu também estudava com afinco os textos das chamadas

---

32 Em carta a sua irmã Cornelia, datada de 1767, Goethe menciona que o manuscrito dessa obra "demasiadamente fervorosa" haveria sido queimado em Leipzig (ver edição crítica DKV, p. I 100).

33 Trata-se de uma expressão poética típica do rococó (com referência à poesia lírica do poeta grego Anacreonte). Em geral na forma de poemas de ocasião e em tom jocoso, a moda anacreôntica foi amplamente difundida na Alemanha de meados do século XVIII e encontraria seu auge justamente no período da juventude de Goethe. Além da regularidade de seu padrão acentual, os versos podiam variar em tamanho: daí provavelmente a alusão de Goethe a sua "conveniência".

34 Não há registro de que Johann Elias Schlegel (1719-1749) — tio dos famosos Irmãos Schlegel (August e Friedrich Schlegel), poetas e teóricos românticos — tenha escrito uma obra com o título de *Juízo final* [*Jüngstes Gericht*]. É provável que Goethe refira-se aqui a algum trabalho do escritor e teólogo Johann Andreas Cramer (1723-1788), que escrevera odes sobre este e outros temas correlatos e ficaria conhecido especialmente por suas inúmeras canções religiosas.

35 Esta obra chegaria a ser publicada, entre 1764 e 1765, em um periódico de Frankfurt sob o título de *Poetische Gedanken über die Höllenfahrt Jesu Christi* [Ideias poéticas sobre a descida ao inferno de Jesus Cristo].

canções dominicais, que sempre circulavam em versão impressa. Para ser sincero, eram muito fracos e, diante disso, acreditava que os vários textos que eu mesmo havia produzido até então, seguindo à risca o modelo, bem mereceriam ser igualmente musicados e oferecidos à comunidade para sua edificação espiritual. Eu já vinha copiando textos como aqueles e outros semelhantes de próprio punho havia mais de um ano, uma vez que esse exercício particular livrava-me das prescrições do professor[36] de caligrafia. Finalmente, tudo estava organizado e revisado; e eu não teria de insistir muito para que aquele jovem entusiasta da escrita passasse logo tudo a limpo. Corri então até o encadernador e, em seguida, presenteei o belo volume a meu pai, que se mostrou especialmente satisfeito e encorajou-me a entregar-lhe anualmente um quarto como aquele – dizia-me aquilo com ainda mais convicção, já que o trabalho era fruto de meu empenho apenas nas chamadas horas livres.

Uma outra circunstância também reforçaria, na época, meu pendor para esses estudos teológicos, ou melhor dizendo, bíblicos. O decano do colegiado clerical, Johann Philipp Fresenius,[37] acabara de morrer. Homem gentil, de aspecto airoso e agradável, era respeitado por sua comunidade e em toda a cidade como um clérigo exemplar e bom pregador, ainda que não dispusesse de boa fama entre os pietistas mais fervorosos, em razão de ter se levantado contra os hernutos. Contudo, entre o povo, em geral, desde que conseguira converter um general – livre-pensador – à beira da morte, Fresenius não gozava apenas de fama, mas era considerado praticamente um santo. Plitt,[38] seu sucessor, homem alto, elegante e distinto, mas que de sua cátedra (fora professor na Universidade de Marburg[39]) trouxera mais talento para o ensino do que para a condução às virtudes, proporia, logo a sua chegada, uma espécie de curso de religião, uma proposta de integrar didaticamente todas as suas prédicas, dando-lhes certo encadeamento metodológico. Como me era dado ir regularmente à igreja, já havia percebido há algum tempo o modo como as

---

36 Johann Heinrich Thym (1723-1789).
37 Johann Philipp Fresenius (1705-1761) também foi confessor da família Textor.
38 Johann Jacob Plitt (1727-1773).
39 Plitt fora catedrático de teologia em Rinteln, não em Marburg (ver edição crítica DKV, p.1111).

prédicas eram divididas e estruturadas; vez ou outra, podia mesmo me gabar de conseguir repeti-las quase inteiramente. A comunidade não reagira com indiferença à proposta do novo decano. Comentava-a, posicionava-se ora contra, ora a favor, e várias pessoas não pareciam confiar muito nas prédicas didáticas que ele havia anunciado. Resolvi então transcrevê-las com cuidado e atenção. E como, por ocasião de minhas modestas tentativas anteriores, havia encontrado um lugar relativamente escondido na igreja, mas de onde se podiam ouvir as prédicas muito bem, tanto mais eu me sentia em condições de dar conta daquela tarefa. Dediquei-me ao exercício com grande atenção e destreza; tão logo o pregador dizia seu último amém, eu corria para casa e passava algumas boas horas ditando apressadamente tudo o que eu pudera registrar em minhas anotações e na memória, de modo que, mesmo antes de nos sentarmos à mesa, já me via entregando a prédica por escrito. Meu pai vangloriava-se imensamente do meu sucesso e aquele seu bom amigo, que sempre se juntava a nós aos domingos, partilhava com ele de sua alegria. Este, de qualquer modo, já nutria grande simpatia por mim, pois eu acabara me envolvendo tanto com seu *Messias*, que, quando ia até sua casa para buscar selos de cera para minha coleção de brasões, costumava lhe recitar de cor algumas longas passagens da obra, deixando-o com água nos olhos.

No domingo seguinte, pus-me a executar aquela tarefa novamente e com a mesma dedicação; e como aquele mecanismo todo me divertisse sobremaneira, mal prestava atenção no sentido daquilo que eu memorizava e escrevia. Durante os três primeiros meses, não poupei esforços para dar seguimento àquela atividade. No entanto, quando comecei a perceber que aquilo tudo não me rendia nem maiores esclarecimentos sobre a Bíblia, nem uma forma mais livre de enxergar o dogma, ocorreu-me que estivesse pagando um preço demasiadamente alto pela satisfação daquela pequena vaidade e que, portanto, não havia mais porque continuar dando sequência àquela tarefa com o mesmo afinco. As prédicas, que no início se estendiam por páginas e páginas de transcrição, foram ficando cada vez mais mirradas e, não fosse pela insistência de meu pai, logo teria abandonado completamente aquele exercício. Ele, que não gostava das coisas pela metade, convenceu-me, com palavras e promessas, a levar aquela prática ao menos até o domingo da Trindade. Foi o que fiz, embora, por fim, meu trabalho não fosse muito além de umas poucas anotações do texto, da proposição e da estrutura da prédica, registradas em um ou outro pequeno pedaço de papel.

Meu pai era especialmente obstinado no que dizia respeito à finalização daquilo a que nos propúnhamos fazer. Uma vez que começássemos algo, tínhamos de ir até o fim, por mais que, no meio do caminho, o começado se provasse incômodo, entediante, desagradável ou mesmo inútil. Levar a cabo as coisas todas parecia ser seu único propósito e a perseverança, sua única virtude. Nas longas noites de inverno, uma vez que começássemos a leitura em família de um livro, tínhamos de ir sempre até o final, por mais que nenhum de nós prestasse a menor atenção, nem mesmo meu pai, que era um dos primeiros a começar a bocejar. Lembro-me ainda de um desses invernos, em que tivemos de suportar toda a leitura da *História dos papas*, de Bower.[40] Foi tenebroso, já que muito pouco ou quase nada do que costuma acontecer nesses meios eclesiásticos é capaz de entusiasmar os ânimos infantis e juvenis. Contudo, a despeito de toda a falta de atenção e boa vontade, alguma coisa acabaria restando em mim daquela leitura, a ponto de, mais tarde, poder ainda me referir vez ou outra a ela.

Mesmo em meio a tantas ocupações e atividades diferentes — que se sucediam rapidamente uma à outra, mal nos deixando tempo para discutir se eram ou não lícitas e proveitosas —, meu pai nunca perdia de vista seu grande objetivo: direcionar, para o campo jurídico, tanto minhas habilidades de memória quanto meu talento para compreender e relacionar as coisas. Deu logo em minhas mãos um pequeno livro, de Hoppe,[41] que parecia um catecismo adaptado à forma e ao conteúdo das *institutas*.[42] Eu não tardaria a memorizar aquelas perguntas e respostas, aprendendo a desempenhar

---

40 Referência à obra *Unparteiische Historie der Römischen Päpste* (1751-1779), tradução alemã da obra do historiador escocês Archibald Bower (1686-1766). Na época em que se inscreve aproximadamente esta passagem da narrativa (1671-1672), apenas quatro de seus dez volumes haviam sido publicados em alemão.

41 Referência à obra *Examen Institutionum Imperialium*, cuja primeira edição foi publicada em 1684. Trata-se de uma introdução à lei imperial, de Joachim Hoppe (1656-1712).

42 Primeira parte do *Corpus Juris Civilis*, que, com o título de *institutas* (*Institutiones*, no texto em alemão), servia então como introdução ao estudo do direito e da jurisprudência.

o papel do catecúmeno, mas também o do catequista. E como nas aulas de religião daquela época um dos principais exercícios consistia em encontrar passagens da Bíblia tão rápido quanto possível, o mesmo tipo de familiaridade era considerada imprescindível também em relação ao *Corpus Juris* – condição que eu lograria alcançar em pouco tempo. Meu pai quis então seguir adiante e o *Pequeno Struve*[43] entrou na ordem do dia; nesse caso, porém, as coisas não caminharam tão rapidamente. A forma de organização do livro não favorecia os principiantes que pretendiam se ocupar dele por conta própria e o modo como meu pai ensinava também não era suficientemente liberal a ponto de conseguir me entusiasmar com aqueles assuntos.

O estado das coisas naqueles tempos de guerra – em que nos encontrávamos já há alguns anos –, mas também a vida na cidade e as leituras da história e dos romances, tudo contribuía para que fôssemos percebendo, cada vez mais claramente, que eram muitos os casos em que as leis pareciam se calar e eximir-se de prestar auxílio ao indivíduo, que tinha então de encontrar sozinho um modo de sair da situação. Já não éramos mais crianças e, como rezavam os costumes da época, era chegado o tempo de integrar às nossas atividades as lições de esgrima e de equitação, para que pudéssemos livrar nossa pele em caso de necessidade e para que não fizéssemos uma figura de principiantes a cavalo. A primeira dessas atividades era um exercício que muito nos divertia, pois já de pequenos havíamos aprendido a fazer espadas de galhos de aveleiras, com pequenos cestos trançados de vime, que nos serviam de proteção para a mão e o punho. Agora nos era dado usar lâminas de aço e podíamos brandi-las e fazê-las retinir ainda mais vivamente.

Havia dois professores[44] de esgrima na cidade: um alemão, mais velho e mais sério, que primava em seguir rigorosamente o método de sua escola; e um francês, que procurava privilegiar as técnicas de ataque e recuo, os

---

43 Referência à obra *Jurisprudentia Romano-Germanica Forensis*, de Georg Adam Struve (1619-1692).
44 Johann Christian Juncker (1709-1781) era o professor alemão, mestre de armas da famosa escola de esgrima de Frankfurt. O professor francês chamava-se Friedrich Joseph Ferrand.

golpes ágeis e ligeiros, sempre acompanhados de um ou de outro grito. As opiniões em torno de qual dos dois seria o melhor dividiam-se. O pequeno grupo com o qual eu deveria tomar minhas lições acabaria optando pelo professor francês e logo nos veríamos acostumados a atacar e a recuar, a nos defender e a nos esquivar, soltando sempre os gritos de costume. Muitos de nossos conhecidos, no entanto, haviam optado pelo professor alemão e praticavam justamente o oposto. Essas diferentes abordagens de um exercício tão importante, ao lado da convicção de cada um de que seu professor era o melhor, acabaria causando discórdia entre os jovens, que tinham todos aproximadamente a mesma idade. Por muito pouco aquelas diferentes escolas de esgrima não provocaram combates mais sérios, pois nos digladiávamos quase tanto com as palavras quanto com nossas lâminas. Para pôr fim na questão, decidiram organizar uma disputa entre os dois mestres d'armas, cujo resultado não creio ser preciso descrever aqui em maiores detalhes. Como uma muralha, o alemão manteve firme sua posição, aguardando as melhores oportunidades e sabendo bem como aproveitá-las para, com a precisão de seus batimentos e ligamentos, fazer voar a espada das mãos de seu oponente uma vez atrás da outra. O francês dizia não haver *pourquoi* e insistia em seguir adiante com sua agitação costumeira, chegando a tirar o fôlego de seu adversário. É verdade que, com isso, o francês também lograria suas estocadas; no entanto, fosse um embate sério, tais golpes não resultariam, senão, em sua própria passagem para o outro mundo.

Ao fim e ao cabo, a disputa acabou nem decidindo nem melhorando muito a situação, mas alguns dos alunos, entre os quais eu mesmo, passariam a partir de então a ter aulas com o professor conterrâneo. Acontece que eu já havia incorporado muitos dos hábitos do primeiro professor, de modo que levaria algum tempo até que o novo mestre conseguisse me fazer desacostumar dos trejeitos antigos — este, aliás, nunca conseguiria se mostrar tão satisfeito com o nosso grupo de renegados quanto com seus primeiros pupilos.

Contudo, com a equitação a coisa toda se daria de modo ainda muito pior. Por força do acaso, mandaram-me para as pistas de treinamento no outono e tive de começar minhas lições justamente nessa época fria e úmida do ano. Incomodava-me sobremaneira o fato de que essa bela arte fosse tratada de modo tão pedantesco. Do início ao fim, falava-se o tempo todo de um esganchar, mas ninguém se dava ao luxo de explicar nem como se dava, nem no que consistia tal esgancho, uma vez que cavalgávamos de um lado para o outro sem estribo. A bem da verdade, as aulas como um todo mais pareciam uma ocasião para ludibriar e humilhar os alunos. Se alguém se esquecesse de pôr ou de tirar os freios do cavalo, se alguém deixasse cair o chicote ou o chapéu, enfim, se alguém cometesse qualquer pequena falta ou descuido, isso logo se convertia em multa – a ser paga em espécie – e, ainda por cima, ensejava toda sorte de achincalhe. Essas coisas me deixavam no pior dos humores e tanto mais por me sentir particularmente desconfortável no local em que tínhamos aquelas aulas: um espaço grande, frio e asqueroso, que, quando não era úmido e embolorado, era todo empoeirado – um lugar, enfim, altamente repugnante. E como o estribeiro costumasse escolher para os outros alunos os melhores cavalos – talvez porque estes já tivessem conquistado antes sua simpatia com quitutes e presentes ou apenas com sua maior habilidade –, reservando-me sempre os piores animais, fazendo-me esperar longamente e, como bem me parecia, não se importando mesmo muito comigo, eu acabaria passando as horas mais desagradáveis do mundo ao me dedicar a essa atividade que, no fundo, deveria ser uma das mais divertidas que há. As impressões dessa época e dessas condições incômodas marcaram-me tão fortemente, que, mais tarde – embora acabasse aprendendo a cavalgar com paixão e arrojo, chegando, por vezes, a passar dias e semanas sem conseguir deixar a sela –, trataria de evitar a todo custo as pistas cobertas e, quando inevitável, não permaneceria nesses lugares senão por alguns poucos instantes. Não é raro que a transmissão dos fundamentos de uma determinada arte se dê de maneira tão árdua e atroz. Em tempos mais modernos, a convicção de que isso perturbava e prejudicava a educação acabaria resultando na máxima de que tudo deve ser ensinado aos jovens de maneira leve, cômoda e divertida; mas disso, por sua vez, também adviria uma série de outros males e inconvenientes.

Com a chegada da primavera,[45] as coisas acalmaram-se em nossa casa. E se anteriormente eu preferia me ocupar com a contemplação da cidade, de

---

45 Trata-se, aqui, da primavera do ano de 1762.

suas construções eclesiásticas e seculares, públicas e privadas – divertindo-me especialmente com as mais antigas, que até então ainda predominavam em Frankfurt –, agora eu me concentrava em reimaginar os personagens de tempos passados, contando sempre com o auxílio da *Crônica* de Lersner[46] e de outros livros e brochuras que eu encontrava na *Francofortiana* que havia na biblioteca de meu pai. Isso era algo que eu conseguia fazer relativamente bem, graças à grande atenção que dedicava às especificidades de cada época, a seus respectivos costumes e ao significado de cada indivíduo em seu tempo.

Entre os vestígios mais antigos do passado, chamava-me muito a atenção, desde criança, o crânio de um criminoso de Estado, que fora fixado bem no alto da torre da ponte e que, desde 1616, resistia bravamente a todos os rigores do tempo e das intempéries – era o último dentre os três ou quatro que deviam ter tido o mesmo destino, como atestavam as ponteiras de ferro vazias ao seu redor. No caminho de volta de Sachsenhausen a Frankfurt, passávamos sempre em frente à torre e o crânio, então, saltava-nos à vista. Já de menino, adorava que me contassem a história daqueles rebeldes, de como Fettmilch[47] e seus comparsas, insatisfeitos com o modo como a cidade era governada, revoltaram-se, iniciaram um motim, saquearam o bairro dos judeus e causaram transtornos terríveis, sendo, por fim, presos e condenados à morte pelos delegados imperiais. Quando adolescente, tratei de saber mais sobre aquelas circunstâncias e de tentar entender quem eram de fato aquelas pessoas. Num livro antigo,[48] contemporâneo àqueles eventos e repleto de gravuras, descobri que, como desfecho da revolta, para além de aqueles homens terem sido condenados à morte, também vários conselheiros haviam sido destituídos de seus cargos em razão

---

46 Referência à obra *Der Welt berühmten Freien Reichs-, Wahl- und Handelsstadt Frankfurt am Main Chronica...* (1706), crônica da história da cidade de Frankfurt, de autoria de Achilles Augustus Lersner (1662-1732).

47 Referência a Vinzenz Fettmilch (nascido entre 1565 e 1570, morto em 1616), um dos líderes da chamada revolta de Fettmilch [*Fettmilchaufstand*], que se levantava contra os privilégios dos patrícios da cidade de Frankfurt – movimento que se repetiria, na época, em outras cidades –, mas que, nesse caso, tinha também forte componente antissemita. Fettmilch seria executado em 1616 junto com outros seis de seus companheiros.

48 Referência à *Crônica* de Gottfried (1633). Ver nota 42 do Primeiro livro, à p. 53.

das tantas irregularidades e das inúmeras arbitrariedades que costumavam cometer. Conseguindo imaginar então mais de perto aquelas circunstâncias todas, cheguei a sentir pena daqueles desafortunados, que podiam ser vistos, também, como figuras imoladas em nome de uma Constituição melhor, ainda por vir. Pois foi somente depois desse episódio que se estabeleceu em Frankfurt o dispositivo legal, segundo o qual tanto os representantes das antigas linhagens nobres da região, a casa de Limpurg e a casa de Frauenstein[49] — esta, que surgira de uma associação legal de herdeiros —, quanto representantes dos juristas, comerciantes e artesãos locais deveriam tomar parte no conselho que governava a cidade, a ser complementado ainda por uma eleição à moda veneziana,[50] reservada a candidatos que integravam um colegiado de cidadãos de Frankfurt. Essa composição deveria, assim, garantir a prática do que era justo, sem, no entanto, admitir liberdades adicionais que pudessem resultar em injustiças.

Uma das coisas nefastas que inquietavam aquele menino — e também o adolescente em que ele se transformava — era a peculiaridade do bairro dos judeus; na verdade, da travessa dos judeus, já que o bairro não ia muito além de uma única rua, que, no passado, devia ficar provavelmente espremida entre o fosso e a muralha da cidade. Estreita, suja, sempre alvoroçada e repleta de sons de uma língua que atarantava, tudo aquilo somado causava uma impressão das menos convidativas até mesmo àqueles que só a espiavam de longe, ao passar a sua entrada. Só depois de muito tempo eu resolveria me arriscar sozinho por aquela travessa e, após conseguir escapar à insistência incômoda daquelas tantas pessoas que não se cansavam de pedir e oferecer alguma coisa em barganha, quis crer que não voltaria àquele lugar tão facilmente. Até porque as velhas histórias da proverbial crueldade dos judeus para com as crianças cristãs, que conhecíamos das ilustrações aterradoras da *Crônica* de Gottfried, ainda rondavam sombriamente meu ânimo juvenil. E embora em tempos mais recentes a opinião geral sobre eles tivesse

---

49 Até então, os representantes dessas casas nobiliárquicas frankfurtianas tinham ampla maioria na composição do governo.
50 Em alemão: *Ballotage*. Referência a uma antiga modalidade de votação eleitoral, tradição a que remontava a então chamada *Kugelung*. Ver nota 55 do Primeiro livro, à p.59.

mudado significativamente, a figura[51] de insulto e desonra que, na época, ainda podia se ver pintada num dos arcos sob a torre da ponte, continuava testemunhando severamente contra eles, para sua vergonha e infâmia – e é preciso levar em conta que aquela pintura não havia sido obra de um cidadão malicioso qualquer, mas, sim, do poder público.

A despeito de tudo, ainda eram o povo escolhido por Deus e continuavam vivendo a recordação daqueles tempos mais ancestrais. Eram seres humanos, pessoas ativas, prestativas, e mesmo a obstinação com que se atinham a seus costumes era digna do maior respeito. Além disso, as moças eram lindas e não lhes desagradava de todo quando, no dia do sabá, passeando pela região do *Fischerfeld*,[52] um garoto cristão se lhes mostrava gentil e atencioso. Eu tinha imensa curiosidade em aprender sobre suas cerimônias e não descansaria até visitar algumas vezes sua escola, presenciar uma circuncisão, um casamento e ter uma ideia melhor de sua festa dos tabernáculos.[53] Costumava ser bem recebido e bem tratado em toda parte, e todos sempre me convidavam a voltar novamente, já que, em geral, eram pessoas de influência que me recomendavam ou que me levavam até eles.

Assim, como jovem habitante de uma cidade grande, eu era como que arremessado de um objeto de interesse a outro, não me faltando tampouco, mesmo em tempos de paz e segurança civil, um ou outro momento mais aterrador. Ora era um incêndio nas vizinhanças, ou em outra localidade, que nos despertava da tranquilidade doméstica; ora era a descoberta de um grande crime, que, por semanas, de sua investigação à sentença final, colocava a cidade toda em polvorosa. Éramos obrigados a testemunhar as mais diversas execuções[54] e por certo valerá mencionar, ainda, que

---

51 A pintura, que representava o martírio de um criança cristã por judeus, datava do século XVI e se perdera com a destruição da torre da ponte, provavelmente no início do século XIX.

52 Localidade da cidade de Frankfurt.

53 Sucot, comemoração ligada à época da colheita, em memória aos anos de escravidão do povo judeu no Egito e a sua libertação.

54 Em 1758, Anna Maria Fröhlich seria executada publicamente pelo assassinato de crianças.

tive de presenciar a queima de um livro.[55] Tratava-se de toda a tiragem de um romance cômico francês, que poupava o Estado, mas não a religião e os antigos costumes. Havia mesmo algo de aterrador em ver uma sentença de morte ser aplicada àquele objeto inanimado. Os fardos de livros crepitavam entre as chamas e, com atiçadores de brasa, os volumes eram remexidos para que avivassem ainda mais o fogo. Não demorava muito e as páginas saíam voando pelos ares. A multidão corria então avidamente atrás delas e não descansávamos até que, juntando página por página, conseguíssemos reconstituir ao menos um exemplar – não eram poucos os que sabiam encontrar nisso um prazer proibido. Na verdade, se o próprio autor quisesse alguma publicidade para seu livro, nada poderia ser mais efetivo.

Mas outros motivos mais pacíficos também me faziam circular pela cidade. Desde cedo, meu pai criara em mim o costume de resolver alguns pequenos negócios por ele. Em especial, deixava-me encarregado de cobrar os artesãos a quem havia encomendado algum serviço. Geralmente, faziam-no esperar por muito mais tempo do que o combinado, pois exigia ver tudo realizado com a maior perfeição e, como pagava à vista, ainda costumava regatear o preço. Por conta desses encargos, eu circulava então por praticamente todas as oficinas da cidade. E como tinha facilidade para me colocar no lugar dos outros e alguma sensibilidade para conseguir sentir as diferenças entre aqueles vários modos de vida, tendo grande prazer em poder participar deles de alguma maneira, acabaria passando muitos bons momentos enquanto cumpria essas tarefas. Fui travando conhecimento com as mais diversas formas de trabalho, mas também com a alegria, o sofrimento, as dificuldades e as facilidades que faziam parte da condição de vida de cada uma delas. Foi assim que me aproximei dessa classe tão ativa, que faz justamente a ligação entre os cidadãos mais desprivilegiados e a classe mais alta. Pois se de um lado estão aqueles que se ocupam das atividades mais simples e rudes de produção e, de outro, aqueles que somente desfrutam do que já foi processado e retrabalhado antes, são os artesãos que, com muito saber e suor, fazem com que cada parte receba algo da outra e, assim, com que ambas

---

55 A queima pública de livros era, ainda no século XVIII, um ritual comum de expressão da censura.

possam ver contempladas suas próprias vontades, cada qual a seu modo. Também a vida em família em cada um desses círculos de artesãos — que assumia a forma e a cor de seu ofício — acabaria se tornando objeto de meu interesse velado. Enfim, foi desse modo que começou a se desenvolver e a se fortalecer em mim um sentimento de igualdade, senão entre todos os seres humanos, ao menos entre as diferentes condições humanas; a vida nua e crua tornava-se para mim a questão primordial, parecendo-me que todo o resto não passava de mera trivialidade ou coincidência.

Embora meu pai não se permitisse facilmente nenhuma despesa com coisas que se consumissem imediatamente e nos proporcionassem um prazer meramente efêmero — não tenho lembranças, por exemplo, de que, em nossos passeios, costumássemos comer nos lugares visitados —, ele não poupava esforços para adquirir coisas que, tendo um valor intrínseco, também eram de bela aparência. Ninguém poderia desejar a paz mais do que ele, mesmo que naqueles últimos tempos a guerra não lhe tivesse causado maiores inconvenientes. Nessa disposição de espírito, prometeu a minha mãe que lhe presentearia com um porta-joias dourado e encravado de diamantes tão logo a paz fosse decretada oficialmente. Na expectativa desse feliz acontecimento, o presente já vinha sendo preparado há alguns anos. A caixinha dourada, de tamanho considerável, havia sido confeccionada em Hanau, pois meu pai se relacionava tão bem com os ourives quanto com os produtores de seda daquela localidade. Muitos desenhos foram feitos. Decidiu-se, por fim, que a tampa seria adornada com um cesto de flores, sobre o qual haveria uma pomba com o ramo de oliveira. Haviam sido reservados também, na figura, alguns espaços para que se pudessem incrustar ali, depois, as pedras preciosas: na pomba, nas flores e na parte utilizada para abrir e fechar o porta-joias. O joalheiro a quem fora confiada toda essa tarefa, bem como a preparação das pedras, chamava-se Lautensack. Era um homem hábil, animado e, como a maioria dos artistas espirituosos, raramente fazia exatamente o que lhe era demandado, tendo, mais frequentemente, a seguir aquilo que lhe passasse pela cabeça e que lhe proporcionasse maior prazer. O artista logo fixou as pedras preciosas sobre um fundo de cera preta, formando ali a linda figura; só que, em vez de transferi-las para a base de ouro, as pedras não pareciam querer se soltar tão facilmente daquele fundo negro. No princípio, meu pai foi deixando a coisa como estava, mas quando as esperanças de paz[56] começaram a se concretizar e já se conheciam até mesmo suas condições específicas – a escolha do arquiduque José como rei romano-germânico[57] –, meu pai foi ficando impaciente e fui então incumbido de cobrar o serviço àquele artista. Este, porém, só fazia adiar a entrega, de modo que o tinha de visitar algumas vezes por semana e, por fim, acabaria fazendo-o quase diariamente. Com minha insistência incessante, o trabalho finalmente começaria a avançar, mas num ritmo deveras lento, pois se tratava de um tipo de atividade que se podia largar e retomar mais tarde sem maiores problemas – e, é claro, sempre surgia algo mais urgente, que o artista priorizava, deixando aquela encomenda de lado.

Na verdade, a principal causa para esse comportamento dilatório era um trabalho que o artista assumira às próprias custas. Era sabido de todos que o imperador Francisco tinha um gosto particularmente pronunciado por joias e uma predileção especial por gemas coloridas. Lautensack investira uma soma considerável – e, como se descobriria mais tarde, muito além de suas possibilidades – em pedras preciosas e começara a fazer com elas um buquê, em que cuidava para dar destaque à forma e à cor de cada gema, com o intuito de que o conjunto se tornasse uma peça digna de ganhar lugar de honra no tesouro imperial. Com seu jeito disperso, vinha trabalhando havia anos naquela peça. Agora, porém, tinha pressa em dar um acabamento final ao trabalho, já que, com a iminente declaração da paz, aguardava-se também para muito em breve a vinda do imperador a Frankfurt, onde seu filho José seria coroado. O artista sabia bem como tirar proveito de minha curiosidade por objetos como aquele, dispersando-me e distraindo-me dos reais

---

56 O Tratado de Hubertusburg, assinado em 15 de fevereiro de 1763, selaria a paz entre a Prússia, a Áustria e a Saxônia e colocaria um fim na Guerra dos Sete Anos.

57 Em 27 de março de 1764, o arquiduque José seria elevado à condição de rei romano--germânico (dito rei dos romanos) e, logo em seguida, em 3 de abril de 1764, coroado sacro-imperador romano-germânico. A menção à Roma era meramente simbólica, não incluindo necessariamente a cidade em seus domínios. Na qualidade de Império Romano do Ocidente (circunscrição política que, da Idade Média até o início da Idade Contemporânea, englobaria boa parte dos territórios da Europa Central), a nomenclatura fazia um contraponto ao Império Romano do Oriente, dito bizantino.

propósitos que, na condição de mensageiro e cobrador, traziam-me quase diariamente até ele. Tentava me ensinar o que sabia sobre cada uma daquelas gemas, destacando suas principais características e seu respectivo valor. Por fim, de tanto ouvi-lo, acabei decorando tudo sobre aquele buquê, a ponto de ser capaz de apresentá-lo em detalhes, tão bem quanto ele mesmo, a qualquer freguês. Ainda hoje consigo visualizá-lo perfeitamente e posso bem ter visto peças certamente muito mais valiosas e preciosas, mas nenhuma tão graciosa quanto aquela. Ele possuía ainda uma bela coleção de gravuras e de outras obras de arte, sobre as quais adorava conversar comigo, de modo que eu passava horas sempre muito proveitosas em sua companhia. Ao fim e ao cabo, quando se definiu a data para o congresso que selaria a paz em Hubertusburg, o artista superou-se e, tomando em consideração a simpatia que nutria por mim, ainda conseguiu fazer com que a pomba e suas flores chegassem às mãos de minha mãe bem a tempo da festa de celebração da paz.

Eu também recebia encargos como esse para ir apressar os pintores a quem meu pai encomendava seus quadros. Tinha a firme convicção — e, como ele, não eram poucas as pessoas que pensavam assim — de que a pintura sobre madeira seria muito superior a qualquer outra que fosse realizada sobre tela. Por conta disso, cuidava de providenciar lâminas de carvalho da melhor qualidade e em todos os formatos, pois sabia que muitos pintores negligenciavam essa tarefa tão importante. Escolhia as lâminas da madeira mais antiga e entregava-lhes ao marceneiro, que tinha então de colá-las, aplainá-las e apará-las com precisão. Depois disso, as lâminas ficavam guardadas por anos num quarto do andar superior da casa, até que secassem completamente. Uma dessas preciosas lâminas havia sido confiada ao pintor Junker, a quem se encomendara a pintura de um vaso enfeitado com as flores mais expressivas, a serem representadas ao natural, com a graça e a arte de seu estilo. Como era primavera, não perdia a oportunidade de levar para ele, várias vezes na semana, as mais belas flores que eu encontrava. Com grande dedicação, ele imediatamente as incorporava ao quadro, fidedignamente, e, aos poucos, ia compondo o todo a partir de cada um daqueles novos elementos que eu lhe trazia. Certa vez eu havia apanhado um camundongo, que não hesitei em também levar para ele. Não resistindo a pintar um animalzinho tão gracioso, ele o acabaria reproduzindo com grande exatidão, roendo uma espiga de trigo ao pé do vaso. Vários outros desses elementos inocentes da natureza, como borboletas e besouros, seriam ainda levados para o artista e reproduzidos naquele mesmo quadro, de modo que, do ponto de vista da qualidade de execução e de reprodução, Junker lograria concluir uma obra altamente apreciável.

Qual não seria, portanto, minha surpresa quando, certo dia, pouco antes de entregar o trabalho, o bom homem confessou-me que a obra não mais o agradava, pois que lhe havia saído bem nos pequenos detalhes, mas que, no todo, não estava bem composta. Dizia-me que deixara a obra ir surgindo pouco a pouco, mas que cometera o equívoco de não ter esboçado, logo de início, ao menos um plano geral para a disposição das cores, para os jogos de luz e sombra, de acordo com o qual ele poderia ter, então, pensado a disposição de cada uma das flores individualmente. Repassou comigo cada detalhe daquele quadro que, ao longo de meio ano, eu o vira fazer diante de mim e que me parecia ter resultado tão agradável. Para minha frustração, ele acabaria conseguindo me convencer completamente. A seu ver, até mesmo o camundongo fora um mau passo, e me explicava: — Acontece que, para muitas pessoas, tais animais representam algo repulsivo. Não caberia, portanto, incluí-los numa composição que não se pretende, senão, graciosa.

Como costuma acontecer com todo mundo que se vê curado de um preconceito e que, a partir de então, passa a se sentir muito mais esclarecido do que anteriormente, acabei, por fim, desdenhando completamente aquela pintura. E aprovei inteiramente quando, em seguida, o pintor dispôs-se a executar outro quadro, do mesmo tamanho, em que, agora a seu gosto, pintaria um recipiente mais bem delineado e um arranjo de flores mais bem disposto e composto, escolhendo e distribuindo, com graça e encanto, as pequenas criaturinhas vivas que decorariam o conjunto. Ele também executaria esse quadro com grande dedicação, mas, dessa vez, só se valeria das imagens já reproduzidas no primeiro ou das que ele guardava em sua própria memória, que lhes serviam de grande auxílio depois de tantos anos de prática contínua. Por fim, ambas as pinturas foram terminadas e, decididamente, ficamos mais satisfeitos com a segunda, que nos parecia ter mais arte e causar melhor impressão. Meu pai foi então surpreendido logo com duas obras e a ele deveria caber a escolha final. Ele ouviu tudo com atenção, aceitou nossa opinião e todas as nossas justificativas, reconhecendo especialmente a disposição e a diligência do artista. No entanto, depois de passar alguns dias observando os dois quadros, acabou se decidindo pelo primeiro, sem dizer mais nenhuma palavra sobre sua escolha. Irritado, o pintor pegou de volta seu segundo quadro, pintado com tanta boa vontade. E, não conseguindo se conter, comentaria depois comigo que, no final das contas, a boa lâmina de carvalho, sobre a qual pintara o primeiro quadro, tivera lá seu peso na decisão de meu pai.

Como voltei a mencionar aqui a pintura, recordo-me também de um grande estabelecimento em que passaria boa parte de meu tempo, dado que o lugar e seu proprietário eram-me particularmente simpáticos. Tratava-se da fábrica de oleados, que o pintor Nothnagel[58] havia montado. Artista hábil, mas que tanto por seu talento quanto por seu modo de pensar parecia ter mais vocação para o ramo industrial do que para as artes. Em uma ampla área formada de pátios e jardins, produziam-se todos os tipos de oleado: desde os mais grosseiros, sobre os quais se aplicava a cera com espátulas e que eram destinados à cobertura de carros de carga ou a outras aplicações semelhantes, passando pelos papéis de parede, que eram impressos com clichês, até o mais fino dos finos, sobre os quais os hábeis pincéis dos artesãos reproduziam ora motivos florais chineses, fantásticos ou naturais, ora figuras e paisagens. Aquela variedade sem fim deixava-me completamente admirado. Era fascinante ver tantas pessoas ocupadas em tantas atividades diferentes, das mais elementares até aquelas a que dificilmente se negaria certo valor artístico. Fui conhecendo toda aquela gente, homens mais velhos e mais novos, cada qual trabalhando em seu espaço, um espaço interligado ao outro; de vez em quando, também eu chegava a arregaçar as mangas. Aquelas mercadorias tinham uma saída extraordinária. Naquela época, quem construía ou mobiliava sua casa queria que as coisas durassem por toda uma vida e aqueles papéis de parede encerados eram praticamente indestrutíveis. O próprio Nothnagel estava sempre ocupado com a administração de tudo e, em seu *comptoir*, via-se invariavelmente rodeado por encarregados e vendedores. O pouco tempo livre que lhe sobrava, dedicava

---

58 Ver nota 5 do Terceiro livro, à p.115.

a sua coleção de obras de arte, composta majoritariamente por gravuras em metal, com as quais ele eventualmente negociava – o que, vez ou outra, fazia também com os quadros que adquiria. Tomara gosto ainda por arriscar seus próprios desenhos e impressões, e acabaria produzindo inúmeras águas-fortes, cultivando a prática dessa arte até seus últimos anos de vida.

Como Nothnagel morasse nas proximidades do portão de Eschenheim, nos limites da cidade antiga, vez ou outra, quando o visitava, aproveitava a ocasião para sair da cidade e dar uma volta pelos terrenos que meu pai possuía para além dos portões. Um desses era um grande pomar que também era usado como pasto. Meu pai empenhava-se em podar e replantar as árvores, fazendo o que fosse necessário para sua manutenção, ainda que o terreno estivesse arrendado. Dava-lhe, contudo, muito mais trabalho um vinhedo, em ótimo estado de conservação, que ele mantinha logo em frente ao portão de Friedberg e onde, entre as filas de videira, ele mesmo se dedicava a plantar e cultivar algumas carreiras de aspargo. Nas boas estações do ano, não se passava um só dia sem que meu pai fosse cuidar de seus terrenos; e como, em geral, permitia que nós o acompanhássemos, divertíamo-nos enormemente em poder desfrutar daqueles produtos da terra, desde os primeiros frutos da primavera até os últimos do outono. Com isso, acabamos aprendendo também a lidar com as tarefas todas de quintal e jardim, que, como se repetissem anualmente, acabariam se nos tornando cada vez mais familiares e corriqueiras. Depois de passadas as épocas das várias frutas de verão e outono, a temporada se encerrava com a colheita da uva, que era a mais divertida e esperada. Pois não há dúvida de que, assim como o vinho confere um caráter mais festivo aos locais e regiões em que é produzido e consumido, também os dias de vindima, à medida que dão arremates ao verão e convidam ao início do inverno, enchem de alegria os corações de toda a gente, difundindo uma alegria inacreditável por toda a região. Durante o dia, ouvem-se então os gritos e os tiros de alegria por todo canto e toda a parte; durante a noite, rojões e fogos de artifício anunciam lá e cá que as pessoas ainda estão acordadas, animadas e dispostas a prolongar seus festejos tanto quanto possível. As tarefas que se seguiam à colheita – esmagar as uvas e a fermentação no porão – garantiam-nos também em casa uma ocupação divertida e envolviam-nos de tal modo que, em geral, quando nos apercebíamos, já havíamos embarcado inverno adentro sem nem nos darmos conta.

Na primavera de 1763, todas essas atividades ligadas às propriedades rurais de meu pai nos deixariam ainda mais alegres, já que o dia 15 de fevereiro daquele ano acabaria se tornando ocasião de grande comemoração em razão da assinatura do tratado de paz de Hubertusburg. Algumas de suas mais felizes consequências permeariam boa parte de minha vida. Mas antes de seguir adiante, sinto-me na obrigação de lembrar aqui, ainda, de alguns homens que exerceram grande influência sobre mim ao longo de minha juventude.

Von Olenschlager,[59] membro da casa dos Frauenstein, conselheiro e genro do já mencionado doutor Orth, era um homem elegante, aprazível e sanguíneo. Em seus trajes festivos de burgomestre, ele bem poderia passar pelo mais distinto prelado francês. Ao concluir seus estudos,[60] dedicou-se aos negócios da corte e do Estado, tendo viajado bastante também a esse propósito. Tinha grande consideração por mim e gostava de conversar comigo sobre os assuntos que mais o interessavam. Lembro-me de tê-lo visitado várias vezes justamente na época em que escrevia seu *Comentário sobre a bula dourada*,[61] e ele sabia me explicar com grande lucidez o valor e a distinção daquele documento. Suas histórias fariam com que minha imaginação me transportasse para aqueles tempos selvagens e intranquilos, e não conseguiria deixar de reimaginar cada um dos episódios que ele me contava, reelaborando os personagens, as circunstâncias e, vez ou outra, imitando-os. Aquilo divertia muito o conselheiro e sua aprovação me animava a dar continuidade àquelas performances.

Desde pequeno eu tinha o hábito incomum de decorar o começo dos livros, bem como o modo como se organizavam seus capítulos. Comecei com os cinco livros de Moisés, depois vieram a *Eneida* e as *Metamorfoses*. Agora, faria o mesmo com a *Bula dourada*. Às vezes, conseguia arrancar algumas boas risadas de meu incentivador, quando, de repente, exclamava com

---

59 Johann Daniel von Olenschlager (1711-1778).
60 Nas Universidades de Leipzig e de Estrasburgo, como, mais tarde, o jovem Goethe.
61 *Erläuterung der Güldnen Bulle*, referência à obra *Neue Erläuterung der Guldenen Bulle Kaiser Karl IV* (1766), de Johann Daniel von Olenschlager.

seriedade: — *Omne regnum in se divisum desolabitur: nam principes ejus facti sunt socii furum*.[62] O sábio homem ria e sacudia a cabeça, dizendo-me pensativo: — Que tempos não devem ter sido aqueles, em que o imperador mandava proclamar palavras como essas em meio a uma assembleia imperial, bem diante de seus príncipes.

Von Olenschlager era um homem de fino trato. Recebia poucas pessoas em sua casa, mas estava sempre disposto a uma conversa boa e instigante. De tempos em tempos, animava os jovens a montar e a apresentar uma peça de teatro, pois se tinha em conta na época que tal exercício poderia nos ser especialmente útil. Apresentamos o *Canuto*,[63] de Schlegel, ocasião em que a mim seria conferido o papel de rei, à minha irmã, o de Estrithe, e ao herdeiro mais novo da casa, o papel de Ulfo. Depois disso, arriscamo-nos ainda a encenar o *Britannicus*, de Racine, pois além de desenvolvermos nosso talento para a representação, devíamos também exercitar as línguas estrangeiras. Fiquei então com o papel de Nero, minha irmã faria Agripina, e o filho mais novo de von Olenschlager desempenharia o papel de Britannicus. Fomos mais elogiados do que de fato merecíamos, mas achávamos ter ido muito além do que reconheciam os elogios recebidos. Fui construindo, assim, ótimas relações com aquela família e devo a eles muitas das coisas agradáveis que fiz naquela época, bem como um amplo incentivo que aceleraria consideravelmente meu desenvolvimento.

Von Reineck,[64] membro de uma das famílias da mais antiga nobreza local, era homem correto, de muitas habilidades, mas bastante teimoso. Com sua figura macilenta e seus cabelos castanhos, nunca tive ocasião de vê-lo rindo. Teve a infelicidade de ver sua única filha ser levada embora por um amigo da família. E perseguiria seu genro com processos violentíssimos, pois como os tribunais, com todas as suas formalidades, não davam conta de responder tão vigorosa e agilmente a sua sede de vingança, romperia também com a justiça e, assim, querela após querela, foram surgindo processos atrás de

---

62 Em latim: "Todo reino dividido sucumbirá; pois que seus príncipes se tornarão comparsas dos ladrões".
63 Tragédia de 1747, de autoria de Johann Elias Schlegel (1718-1749), um dos nomes mais importantes da dramaturgia alemã antes de Lessing.
64 Friedrich Ludwig von Reineck (1707-1775).

processos. Com o tempo, aquele homem se recolheria cada vez mais ao espaço de sua casa e do jardim ao lado, passando a viver num cômodo amplo, mas lastimável, que havia muito não sabia o que eram os pincéis de um pintor de paredes, tampouco a vassoura de uma empregada. Ele não parecia desgostar de mim e insistia para que seu filho mais novo desfrutasse de minha companhia. Seus amigos mais velhos, que sabiam lidar melhor com ele, assim como seus representantes comerciais e seus administradores, costumava recebê-los todos a sua mesa, ocasião para a qual sempre fazia questão de também me convidar. Comia-se muito bem em sua casa e bebia-se ainda melhor. Seus convidados, contudo, ficavam geralmente incomodados com a fumaça que escapava pelos vãos das rachaduras de um grande fogão à lenha. Certa ocasião, um de seus amigos mais próximos tentaria chamar sua atenção para isso, perguntando-lhe como ele era capaz de aguentar aquela situação inconveniente durante todo o inverno. Von Reineck responderia, fazendo às vezes de um segundo Tímon,[65] de um Heautontimorumenos:[66] – Quisera Deus esse fosse o maior dos males que me afligem! –. Só muito tempo mais tarde ele se deixaria convencer e se permitiria rever a filha e o neto. Quanto ao genro, este não seria jamais autorizado a aparecer diante dele novamente.

Minha presença parecia ter um efeito bastante benéfico sobre o ânimo desse homem tão íntegro quanto infeliz, pois à medida que se distraía com nossas conversas, ensinando-me sobre as coisas do mundo e do Estado, parecia sentir-se aliviado e mais animado. Percebendo isso, os poucos amigos mais antigos que ainda o visitavam passaram a recorrer a mim sempre que desejavam amenizar seu mau humor e convencê-lo a buscar um pouco de distração. E, de fato, acabaria saindo algumas vezes conosco, revendo aqueles arredores que seus olhos não viam por tantos anos. Avivavam-se então em sua memória as lembranças dos antigos proprietários daquelas vizinhanças; contava-nos como eles eram e as coisas todas que lhes haviam acontecido, tudo com a maior seriedade, mas sempre com uma tirada jocosa ou espirituosa

---

[65] Contemporâneo de Sócrates, ateniense conhecido por meio das obras de Luciano e Shakespeare. O nome é usado aqui proverbialmente, no sentido de "misantropo".

[66] Título de uma peça de Terêncio. O nome, que significa algo como "vingador de si mesmo", é usado por Goethe, aqui, num sentido tópico.

aqui e ali. Tentamos fazer também com que ele retomasse o contato com outras pessoas, mas por pouco não criamos problemas para nós mesmos.

Da mesma idade, talvez um pouco mais velho que o senhor von Reineck, havia um certo senhor von Malapart,[67] homem rico, que possuía uma casa belíssima junto ao *Rossmarkt* e tinha uma fonte considerável de receita em suas minas de sal. Este também era um homem bastante recluso, exceto pelo fato de que, durante o verão, passava boa parte de seu tempo no jardim que possuía diante do portão de Borckenheim, onde cultivava um belo canteiro de cravos em flor.

Von Reineck também tinha suas simpatias pelos cravos. A época da floração havia chegado e tentamos fazer nossos arranjos para que um visitasse o outro. Lançamos a sugestão; e tanto insistimos que, numa tarde de domingo, Von Reineck acabou nos acompanhando em um passeio por aqueles arredores. Os dois anciãos cumprimentaram-se muito laconicamente, – na verdade de maneira meramente pantomímica –, e era com um cuidado verdadeiramente diplomático que dávamos cada passo ao redor daqueles canteiros. A floração oferecia-nos um espetáculo extraordinariamente belo, e a particularidade de suas formas e cores, sua variedade e a raridade de cada uma das flores, fizeram com que algo como uma conversa – aparentemente agradável e amistosa – começasse a se ensaiar aos poucos. E ficamos ainda mais entusiasmados ao perceber a mesa posta no caramanchão, em que se nos ofereciam o melhor vinho de guarda do Reno – servido em decantadores de cristal polido –, frutas frescas e vistosas, e outras iguarias. Mas, infelizmente, não estávamos destinados a prová-las. Por uma infelicidade, von Reineck notaria entre as tantas flores um cravo de extrema beleza, que, no entanto, deixava pender levemente a cabeça. Segurou sua haste delicadamente entre os dedos médio e indicador, deslizou-os caule acima até a altura do cálice e, apoiando o cravo por trás, ergueu a flor para que a pudesse observar mais de perto. Mas apesar da delicadeza e de todo o cuidado, o gesto acabou incomodando o proprietário, que muito gentilmente, mas suficientemente duro, senão algo arrogante, fez questão de lembrar o visitante do

---

67 Friedrich Wilhelm von Malapert (1700-1773).

oculis non manibus.⁶⁸ Von Reineck já havia largado a flor, mas aquelas palavras lhe subiram às ventas e replicou, com sua secura e gravidade habituais, que bem se podia conceder o privilégio de tocar e observar uma flor daquele jeito a um conhecedor e admirador. E, tendo dito essas palavras, repetiu o gesto, tomando o cravo novamente entre os dedos. Os amigos mais próximos de cada um daqueles senhores — pois Malapart também tinha consigo o seu — sentiram-se extremamente constrangidos. Soltaram uma lebre atrás da outra⁶⁹ (era essa a expressão idiomática que usávamos quando queríamos interromper uma conversa e direcioná-la para outro assunto), mas tudo em vão: os dois anciãos ficaram mudos e receávamos que, a qualquer momento, von Reineck pudesse repetir mais uma vez aquele gesto — a coisa então estaria feita. Os respectivos amigos trataram de manter os senhores afastados um do outro, entretendo-os e ocupando-os com uma coisa lá, outra cá. Por fim, a melhor ideia que tivemos foi a de sugerir que já era tempo de irmos embora — o que também fizemos logo em seguida, tendo infelizmente de dar as costas àquela credência tentadora, sem dela desfrutar.

O conselheiro áulico Hüsgen,⁷⁰ como não fosse originalmente de Frankfurt e se declarasse de religião reformada, não podia ocupar na cidade nenhum cargo público, nem mesmo exercer a advocacia. No entanto, como depositassem nele grande confiança enquanto o excelente jurista que era, não via problema algum em exercer sua profissão sob a assinatura alheia, o que fazia tanto em Frankfurt quanto nas cortes dos tribunais imperiais. Devia ter seus sessenta anos quando comecei a tomar lições de redação com seu filho e, por conta disso, passei a frequentar sua casa. Era um homem grande, alto sem ser magro, atarracado sem ser corpulento. Seu rosto, que a varíola não havia somente desfigurado — a doença também lhe custara um olho —, causava, à primeira vista, alguma apreensão. Sobre a calva, usava sempre uma touca inteiramente branca, que prendia com uma fita na parte de cima. Vestia sempre seus robes de calamanco ou damasco, irrepreensivelmente asseados. Os cômodos iluminados e arejados de sua casa térrea, que davam

---

68 Em latim: "Com os olhos, não com as mãos".
69 Em alemão: "sie ließen einen Hasen nach dem anderen laufen".
70 Wilhelm Friedrich Hüsgen (1692-1766).

diretamente para uma alameda, estavam sempre em harmonia com a limpeza impecável do ambiente, e a ordem em que mantinha seus documentos, livros e mapas causava uma impressão bastante agradável. Seu filho, Heinrich Sebastian,[71] que ficaria famoso por suas várias publicações no campo das artes, não parecia figura muito promissora quando jovem. Amável, mas desajeitado, não exatamente grosseiro, mas sem qualquer pendor para os bons modos, preferia evitar a presença do pai, conseguindo tudo o que desejava com sua mãe. De minha parte, quanto mais conhecia o velho, mais me aproximava dele. Como só aceitasse assumir casos de grande monta, sobrava-lhe tempo suficiente para se envolver e entreter-se com outras ocupações. Não foi preciso conviver muito com ele para perceber logo que se encontrava em pé de guerra com Deus e o mundo. Um de seus livros prediletos era a obra *De vanitate scientiarum*, de Agrippa,[72] cuja leitura, que me recomendou enfaticamente, deixaria minha mente juvenil confusa e perplexa por um bom tempo. Na complacência da minha juventude, tendia a uma espécie de otimismo generalizado e me sentia, de novo, relativamente reconciliado com Deus ou com os deuses. Pois com o passar dos anos, fui percebendo que o mal tinha sempre alguma contraparte, que sempre era possível nos reerguermos das desgraças e que nem sempre estamos fadados a quebrar o pescoço, já que às vezes podemos ser salvos diante dos perigos. Olhava também para tudo o que as pessoas faziam e, em geral, achava dignas de elogio muitas das coisas com as quais aquele ancião não conseguia se dar por satisfeito. Certo dia, enquanto ele me falava do mundo a partir dessa sua perspectiva caricata, percebi que ele se preparava para arrematar sua fala com um grande trunfo. Fechou bem seu olho cego, como era de seu costume nesses momentos, olhou-me contundentemente com o olho direito e disse-me, com toda a gravidade de sua voz fanhosa: — Também em Deus eu vejo muitos defeitos.

Meu mentor timoniano era também matemático, mas sua natureza prática faria com que se interessasse mais pela mecânica, ainda que ele mesmo não desenvolvesse nenhum trabalho nessa área. Conforme suas próprias

---

71 Heinrich Sebastian Hüsgen (1745-1807).
72 Referência à obra *De incertitudine et vanitate omnium scientiarum et artium* (1531), de Heinrich Cornelius Agrippa von Nettesheim (1497-1535).

especificações, mandara construir um relógio que, ao menos para aquela época, era uma peça magnífica, pois além das horas e datas, indicava também os movimentos do Sol e da Lua. Todos os domingos, às dez horas da manhã, ele mesmo lhe dava corda, tarefa que tinha certeza de poder cumprir, já que não frequentava a igreja. Nunca o vi receber amigos ou outros convidados e, em dez anos, não me lembro de tê-lo visto se vestir e sair de casa mais de uma ou duas vezes.

Minhas várias conversas com esses homens não deixaram de ter sua importância e cada uma dessas figuras me influenciaria a seu modo. Dedicava a eles tanta ou até mais atenção do que seus próprios filhos, de modo que cada um deles, tomando-me como um filho querido, procurava aumentar seu comprazimento à medida que tratava de imprimir em mim sua própria imagem moral. Olenschlager queria fazer de mim um homem da corte; Reineck, um diplomata. Ambos, mas especialmente o segundo, faziam de tudo para me desviar da poesia e do universo literário. Já Hüsgen queria fazer de mim um Tímon de sua mesma cepa, mas também um competente jurista: ofício imprescindível, segundo ele, para que, nos termos da lei, o indivíduo possa defender a si mesmo e aos seus contra toda a canalhada, prestar auxílio aos oprimidos e, eventualmente, pregar uma peça num ou noutro ladino – quanto a essa última questão, no entanto, dizia tratar-se de algo que não era nem muito factível, nem muito recomendável.

Se eu prezava a companhia desses homens por poder me valer de seus conselhos e recomendações, eram os mais jovens, de idade não muito mais avançada do que eu mesmo, que me incitavam uma emulação mais direta. Nesse sentido, tenho de mencionar aqui, antes de qualquer outro, o nome dos irmãos Schlosser[73] e o de Griesbach.[74] Como mais tarde eu acabaria me aproximando bastante deles, mantendo por anos um contato ininterrupto, vou me limitar, por ora, a mencionar o fato de que, já então, destacavam-se e serviam-nos como exemplos de excelência por conta de seus progressos nas línguas estrangeiras e em outros campos de estudo que costumavam

---

73 Hieronymus Peter Schlosser (1735-1797), advogado; Johann Georg Schlosser (1739-1799), jurista, escritor e futuro cunhado de Goethe. Menções no sétimo, no oitavo e no décimo segundo livro.

74 Johannes Jacob Griesbach (1745-1812), teólogo, professor em Iena.

conduzir à formação acadêmica – as pessoas pareciam compartilhar certa expectativa, de que, um dia, aqueles jovens desempenhariam algo de excepcional nos âmbitos do Estado e da Igreja.

No que me diz respeito, também cultivava a ideia de poder realizar algo de extraordinário na vida – só não tinha ainda muito claro para mim no que isso consistiria mais exatamente. Mas como em geral pensamos mais na recompensa a ser recebida do que no mérito a que devemos fazer jus, não vou negar que, quando imaginava o sucesso então almejado, este se me afigurava na forma de uma coroa de louros, trançada para o atavio de um poeta.

Quinto livro

Para todo passarinho há um tipo de arapuca, assim como cada homem tem sua própria maneira de se deixar induzir e seduzir. Minha natureza e educação, meus hábitos e o ambiente em que vivia acabavam me afastando de tudo o que era mais vulgar. E embora mantivesse regularmente o contato com gente das classes mais populares, especialmente com os artesãos, disso não resultavam maiores aproximações. Eu era suficientemente intrépido para arriscar coisas fora do comum, até mesmo perigosas – e às vezes chegava a me sentir compelido a fazê-lo –, mas me faltava o jeito para perceber e aproveitar melhor as ocasiões que surgiam.

Fosse como fosse, acabaria me envolvendo de modo absolutamente inesperado em algumas circunstâncias iminentemente perigosas, que me deixaram por algum tempo numa condição de desalento e constrangimento. Meu bom contato com aquele garoto, que chamei anteriormente de Pílades, persistiria até nossa adolescência. Víamo-nos muito pouco, pois nossos pais não se davam muito bem, mas sempre que nos reencontrávamos, brotava de novo o viço da antiga amizade. Certo dia dei com ele pelas alamedas entre o portão interno e externo de Sankt-Gallen – por sinal, lugar muito agradável para um passeio. Mal havíamos nos cumprimentado e ele logo me disse:

– Ainda continuo gostando de seus versos como antes. Mostrei os últimos que você me passou para alguns de meus colegas mais divertidos, mas eles não acreditaram que você fosse o autor.

— Não se incomode com isso — respondi-lhe. — A gente faz versos, a gente se diverte, deixe que os outros digam e achem disso o que bem entenderem.

— Aliás, lá vem um daqueles incréus — disse meu amigo.

— Nem vamos tocar no assunto — foi o que lhe disse em resposta. — Isso não levaria mesmo a nada, a gente não vai conseguir converter ninguém.

— De jeito nenhum — disse o amigo. — Não posso deixar que a coisa fique assim.

Depois de um início de conversa bem casual, meu amigo, talvez demasiadamente bem-intencionado, não pôde se conter e, algo melindrado, dirigiu-se a seu colega:

— Este aqui é o amigo de quem te falei, o que fez aqueles belos versos e vocês não quiseram acreditar que ele fosse capaz.

— Com certeza ele não me levará a mal — replicou o outro —, pois imagino que já seja uma grande honra para ele pensarmos que seria preciso muito mais conhecimento do que se costuma ter nesta idade para fazer tais versos.

Respondi-lhe qualquer coisa indiferente, sem dar muita importância ao comentário. Mas meu amigo fez questão de levar o assunto adiante:

— Ora, ele o convenceria sem maior esforço. Diga lá um tema qualquer que ele faz agora mesmo um poema de improviso.

Acabei me deixando levar pela situação, topei o acordo e o outro colega logo me perguntou se eu não me arriscaria a escrever uma bela carta de amor em versos, em que uma moça tímida e encantadora abrisse seu coração a um jovem rapaz:

— Nada mais fácil — disse eu —, é pena não termos aqui nem uma folha de papel.

O jovem deu-me de pronto sua agenda, em que havia ainda inúmeras páginas em branco. Sentei-me então em um banco e comecei a escrever. Nesse meio-tempo, os dois ficaram andando de um lado para o outro, sem tirar os olhos de mim. Fiquei imaginando aquela situação e pensando o quão agradável não seria se uma moça bonita realmente se interessasse por mim e o quisesse expressar em verso e prosa. Sem demora, pus-me logo a compor a declaração de amor. Procurando parecer tão ingênuo quanto possível e seguindo um padrão mais livre de versificação, que variava entre a mirlitonada[1] e o madrigal,[2] consegui concluí-la em tão pouco tempo e de tal modo que, quando li o poemeto para os dois, o incrédulo ficou surpreso e meu amigo, completamente encantado. Atendendo em seguida à solicitação daquele jovem, não lhe pude negar que ficasse com o poema, até porque o havia escrito em sua agenda – e, lá no fundo, também não me desagradava a ideia de deixar em suas mãos uma prova de minha competência. O rapaz despediu-se reiterando sua admiração e afeição por mim e expressando seu desejo de que passássemos a nos encontrar mais regularmente. Combinamos então um passeio pelo campo para dali em breve.

No dia de nosso passeio ainda se juntariam a nós vários outros jovens da mesma grege. Eram moços da classe média, talvez mesmo das camadas menos privilegiadas, a quem não faltava inteligência. E como haviam frequentado a escola, dispunham também de bons conhecimentos e de certa formação cultural. Numa cidade grande e rica há muitas formas de se ganhar a vida. Esses jovens sustentavam-se dando aulas de complementação às crianças das classes mais desfavorecidas – tentando levá-las um pouco além do que o ensino básico[3] das escolas públicas conseguia fazer –, repetindo as aulas de religião para as crianças mais velhas em idade de se prepararem para a confirmação, fazendo trabalhos de escrevente para os advogados ou de mensageiros para mercadores e comerciantes; e, à noite, em especial aos domingos e nos feriados, tratavam de se divertir em suas reuniões sempre muito frugais.

Já estávamos a caminho quando os moços começaram a rasgar elogios àquela minha missiva amorosa, confessando-me que lhe haviam dado um

---

1 Em alemão: *Knittelvers* (em francês: *vers de mirliton*). Padrão de versificação bastante comum no século XVI e que, tido como algo antiquado no século XVIII, ganharia novo fôlego na poesia de Goethe. Constituindo-se originalmente de versos rimados de oito ou nove sílabas, sem padrão fixo de acentuação, no século XVIII acabaria se estabelecendo, em alemão, na forma de tetrâmetros rimados sem pé fixo.

2 O madrigal, cuja origem remonta a uma forma do verso italiano cantado do século XIII – e que viria a ter grande expressão na Renascença e no Barroco –, é um padrão bastante livre de versificação. Ganharia maior expressão na poesia de língua alemã em torno do século XVII, estabelecendo-se com pés de acentuação alternada e com padrão métrico (ou silábico) e rímico variáveis.

3 Em alemão: *Trivialschule*. Modalidade escolar alemã de ensino básico que remontava ao formato do *trivium* medieval.

fim bastante divertido. Copiando-a com outra letra e acrescentando-lhe algumas referências mais pessoais, teriam-na feito chegar às mãos de um rapaz jovem e presunçoso, que parecia estar convicto de que uma bela dama, a quem já havia cortejado de longe antes, estaria completamente apaixonada por ele e ansiosa por uma oportunidade de conhecê-lo melhor. Confidenciaram-me, ainda, que o jovem rapaz não desejava nada mais no mundo do que poder responder à moça também em versos; e como nem eles nem o rapaz tinham jeito para a coisa, insistiram comigo para que eu mesmo o fizesse.

As mistificações sempre foram, e hão de sempre se manter, uma forma típica de divertimento de pessoas desocupadas e mais ou menos espirituosas. Uma maldadezinha bem dosada ou o contentamento autocomplacente com a desgraça alheia proporcionam, em geral, um prazer inigualável a pessoas que não sabem nem se ocupar de si mesmas, nem agir em favor dos outros. E essa comichão não tem idade. Nos tempos de menino, sempre pregávamos peças uns nos outros e muitas de nossas brincadeiras consistiam justamente em tais mistificações e engodos. Como a armação daqueles rapazes não me parecesse poder resultar em nada de mais grave, consenti em participar da gozação. Os jovens deram-me ainda alguns detalhes adicionais que também deveriam ser considerados na composição; ao fim do passeio, no caminho de volta para casa, a carta já se encontrava pronta.

Alguns dias depois, recebi de meu amigo o convite insistente para participar de uma das reuniões festivas que aqueles rapazes costumavam realizar à noite. Segundo ele, o moço enamorado havia se proposto a bancar todas as despesas e insistia em agradecer pessoalmente ao amigo que se provara um secretário poético tão competente.

Chegamos relativamente tarde, a comida era das mais frugais, o vinho era bebível. A conversa girava quase exclusivamente em torno da ridicularização daquele jovem não exatamente muito atento, que, ali presente, depois de ler tantas vezes a carta, já estava prestes a acreditar que ele mesmo a escrevera.

Minha bondade natural não me permitia encontrar grande prazer naquela armação maliciosa, de modo que a insistência no mesmo tema logo me causou certa antipatia. E eu certamente teria passado uma noitada muito enfadonha, não fosse por uma aparição das mais inesperadas, que logo me fez recobrar o ânimo. Quando chegamos, como a mesa já havia sido preparada previamente para o grupo e como se encontrasse fartamente servida de vinho, nós simplesmente nos sentamos e ficamos à vontade, sem precisar de qualquer atendimento adicional. Mas o vinho chegava então ao fim, razão pela qual um dos moços pôs-se logo a chamar pela atendente. O que surgiu diante de nós, porém, foi uma moça de beleza fora do comum, inacreditavelmente bela para aquele contexto.

— O que vocês desejam? – perguntou ela, depois de nos ter brindado com a gentileza de seu boa-noite. – A jovem que atende aqui está doente e de cama. Como posso lhes ser útil?

— Acabou nosso vinho – disse um deles. – Seria ótimo se você pudesse ir buscar mais algumas garrafas para nós.

— Faça isso, Gretchen – disse um outro –, é só um pulinho até ali.

— E por que não? – respondeu a moça, já pegando sobre a mesa algumas das garrafas vazias e saindo porta afora logo em seguida.

Vista por trás a moça deixava entrever ainda mais ternamente a suavidade de suas formas. Uma touca vestia graciosamente os contornos singelos de sua cabeça, que o traço elegante de seu pescoço ligava com delicadeza à nuca e aos ombros. Tudo nela parecia-me ter sido escolhido a dedo. E isso somente depois que minha atenção deixara de se fazer cativa da presença serena de seus olhos sinceros e de sua boca adorável, somente depois de eu conseguir processar e apreender melhor a imagem daquela moça como um todo. Repreendi os colegas por terem-na deixado sair sozinha no meio da noite – eles só fizeram rir de mim. Mas logo me acalmei, pois como o taberneiro morava do outro lado da rua, nem bem vi e a moça já vinha voltando.

— Agora venha, sente-se um pouco conosco – disse um deles. Juntou-se a nós, mas infelizmente não se sentou ao meu lado. Brindou conosco, bebeu uma taça a nossa saúde, mas logo se retirou, recomendando-nos que não nos estendêssemos por muito tempo e que não fizéssemos muito barulho, pois a mãe teria acabado de se deitar. Não se tratava de sua mãe, mas da mãe da outra jovem que costumava atender ali.

A partir daquele exato momento, a imagem daquela moça passaria a me acompanhar por onde quer que eu fosse. Foi a primeira impressão marcante que uma mulher produziu sobre mim. E como não pudesse encontrar – nem quisesse procurar – um pretexto para visitá-la em sua casa, comecei a observá-la de longe na igreja, descobrindo logo onde ela costumava se sentar. Assim, durante os longos cultos protestantes eu podia me esbaldar de tanto olhá-la. À saída da igreja, porém, não me sentia suficientemente confiante para endereçar-lhe a palavra, muito menos para acompanhá-la até sua casa. Já ficava bastante feliz quando ela parecia notar minha presença e responder a minha saudação com um aceno discreto. Mas eu não seria privado por muito tempo da felicidade de me aproximar daquela moça. Os rapazes do grupo haviam convencido o tal moço enamorado – para quem eu me tornara um secretário poético – de que a carta escrita em seu nome fora entregue a sua bela dama, ao mesmo tempo em que incitavam ao máximo sua expectativa de que, muito em breve, haveria de chegar uma resposta. É claro que também essa carta acabaria ficando por minha conta. E o grupo de gozadores ainda pediu a Pilades que insistisse comigo para que, dessa vez, eu dedicasse todo meu engenho e me servisse de toda minha arte, pois a nova peça tinha de resultar absolutamente graciosa e perfeita.

Na esperança de rever minha beldade, pus-me logo a trabalhar, tentando imaginar em detalhes tudo o que mais me deixaria contente se eu recebesse uma carta como aquela de Gretchen. Estava tão certo de ter conseguido apreender sua imagem e seus sentimentos, seu jeito e seus trejeitos, que não pude evitar o desejo de que ela tivesse mesmo escrito aquela carta e acabei me perdendo nos prazeres e deleites de pensar que ela pudesse de fato sentir algo semelhante por mim. Assim, julgando que mistificava aquele rapaz, acabei iludindo a mim mesmo – disso resultariam muitas alegrias, mas também muitas aflições. Quando me cobraram a encomenda, a carta já estava pronta. Prometi então que iria até eles e lá estava eu na hora marcada. Apenas um dos jovens estava à minha espera. Gretchen também se fazia presente, sentada à janela, fiando; a mãe de nossa atendente não parava de andar de um lado para o outro. O rapaz pediu que eu lesse a carta em voz alta. Foi exatamente o que fiz, mas não sem uma boa dose de sentimento, já que meu olhar furtivo escapava por sobre a folha de papel em direção à moça na janela. E como acreditasse perceber nela certo nervosismo, até mesmo algum rubor em seu rosto, passei a entoar ainda mais apaixonadamente aquelas palavras que eu tanto desejava ouvir de sua boca. O jovem, na verdade um primo da moça, interrompia-me incessantemente com seus elogios e, por fim, pediu-me que fizesse ainda algumas pequenas alterações na carta. Suas sugestões diziam respeito a passagens que pareciam se referir mais à Gretchen e a sua condição de vida, do que propriamente à dama em questão, que era de família rica e bem estabelecida, muito conhecida e respeitada na cidade. Depois que o rapaz me explicou as modificações desejadas e me trouxe o material para escrever, disse-me que, por conta de um negócio urgente, teria de se ausentar por alguns instantes. Fiquei ali, sentado no banco junto à parede, atrás da grande mesa. E, com uma espécie de ponteiro que ficava sempre à janela, comecei a esboçar as alterações solicitadas, usando como rascunho a própria placa de ardósia que revestia o tampo da mesa — era praxe usar aquela superfície de pedra para fazer anotações, um ou outro cálculo, ou mesmo para deixar um recado para os frequentadores do local.

Passei algum tempo ali, tentando encontrar soluções diferentes, escrevendo, apagando tudo de novo, até que perdi a paciência:

— Isso não vai funcionar!

— Tanto melhor — disse a moça encantadora num tom firme. — Espero que não funcione mesmo. Você não deveria se deixar envolver nesses assuntos.

Ao dizer isso, levantou-se de sua roca, veio se sentar à mesa junto a mim e, embora com gentileza e compreensão, passou-me um belo de um sermão.

— A coisa toda pode parecer uma brincadeira inocente; de fato é uma brincadeira, mas não tem nada de inocente. Já soube de muitos casos em que esses rapazes acabaram se envolvendo em grandes constrangimentos por causa dessas leviandades.

— Mas o que é que eu posso fazer agora? — repliquei. — A carta já está escrita e eles estão contando comigo para alterá-la.

— Acredite no que eu digo — respondeu ela. — Deixe-a como está, fique com ela, ponha-a em seu bolso e vá embora. Depois você trata de resolver tudo com seu amigo Pilades. Se for preciso, eu também posso dizer algo em seu favor. Pois veja: eu, que sou moça pobre e dependo tanto desses meus primos — que embora não estejam cometendo nenhum crime mais grave, costumam se arriscar imprudentemente, às vezes para obter algum lucro, às vezes por mera diversão —, eu mesma consegui resistir às suas insistências e não copiei a primeira carta, como eles me pediram. Foram eles mesmos que o fizeram, disfarçando a letra; e é isso o que vão fazer também com esta, se não tiverem outra alternativa. Agora você, você é um rapaz jovem, de boa família, bem de vida e independente. Por que você se deixaria usar em um caso como esse, que certamente não lhe trará nada de bom e que talvez ainda lhe possa causar aborrecimentos?

Eu fiquei feliz em poder ouvi-la falar assim mais longamente, pois até então só a ouvira dizer uma ou outra palavra em meio às conversas. Minha afeição por ela cresceu enormemente e, não sendo mais senhor de mim mesmo, respondi-lhe:

— Não sou tão independente como você pensa. E de que me vale ser bem de vida, se careço ainda do bem maior que eu mais desejo?

A essa altura ela tinha nas mãos o rascunho de minha missiva poética. Pôs-se a lê-la à meia voz, com graça e ternura.

— É mesmo muito bonito — disse ela, interrompendo sua leitura logo depois de uma passagem especialmente ingênua. — Pena que não tenha um destino melhor, mais verdadeiro.

— Nada seria mais desejável — exclamei. — Quem não ficaria feliz ao ouvir da moça que ama semelhante declaração de sua afeição?

— Essas coisas não são assim tão simples — respondeu ela —, mas nada é impossível.

— E se alguém que a conhece — continuei —, se alguém que a admira e que a tem em tão alta estima, se esse alguém simplesmente lhe entregasse esta folha, declarando-se veementemente, com todo seu amor e carinho. O que você faria?

Ao dizer isso, coloquei a folha — que ela então já me havia devolvido — novamente em frente da moça. Ela sorriu, pensou por um momento, pegou a caneta e assinou a carta. Eu mal podia me conter de tanta alegria, levantei-me de sobressalto e quis logo abraçá-la.

— Beijar não! — disse ela. — Isso é coisa vulgar. Mas amar, sim, se for possível.

Nisso a carta já se encontrava de novo em minhas mãos; coloquei-a então em meu bolso e disse:

— Ninguém vai receber carta alguma, a questão está resolvida! Você me salvou!

— Pois trate então de terminar de se salvar — disse ela — e vá logo embora daqui, antes que os outros cheguem e você acabe se vendo em uma situação constrangedora e embaraçosa.

Não conseguia me separar daquela moça, mas ela insistiu amavelmente em minha partida, tomando minha mão direita e segurando-a carinhosamente com suas mãos. As lágrimas já me vinham a caminho. Tive a impressão de que também seus olhos marejavam. Apertei meu rosto contra suas mãos e fui-me embora. Nunca antes em minha vida eu me sentira tão profundamente atônito.

As primeiras paixões de uma juventude cândida e inocente costumam assumir feições mais ideais, como se a natureza quisesse que, nessa fase da vida, um sexo se sensibilizasse para o que há de bom e de belo no outro. E, de fato, ao me ver diante daquela moça e ao me sentir tão apaixonado por ela, um mundo completamente novo de beleza e perfeição começou a se abrir para mim. Li e reli mil vezes minha carta, fiquei admirando sua assinatura, beijei-a, apertei-a contra meu peito; como me alegrava aquela confissão de amor. Mas quanto mais crescia meu sentimento, mais me doía fundo não poder ir visitá-la imediatamente, não poder vê-la nem falar de novo com ela, já que temia as acusações e a insistência incômoda de seus primos. E o bom Pílades, o único que talvez pudesse intermediar a coisa toda, este eu simplesmente não conseguia mais encontrar. Por conta disso, no domingo seguinte, pus-me a caminho do vilarejo de *Niederrad*,[4] localidade que aquele grupo costumava frequentar e onde de fato os encontrei. Mas qual não foi minha surpresa quando, ao invés de me deparar com sua indiferença ou irritação, fui recebido por rostos alegres e sorridentes. O rapaz mais novo, em especial, mostrou-se particularmente simpático, segurou-me pela mão e disse-me:

— Você nos pregou uma peça e tanto esses dias. Ficamos bastante bravos contigo; mas tanto aquela sua escapadela quanto o fato de nos vermos privados da carta acabaram nos dando uma boa ideia. Aliás, uma ideia a que talvez nunca tivéssemos chegado, não fosse por isso tudo. Vamos fazer o

---

4 Na época, um vilarejo; atualmente, localidade incorporada ao município de Frankfurt.

seguinte: hoje, aqui, fica tudo por sua conta. Bebamos à nossa reconciliação. Enquanto isso, nós lhe falamos dessa ideia que nos pareceu tão boa e que, por certo, também vai deixá-lo contente.

Aquelas palavras me colocaram numa situação delicada, pois só trazia comigo dinheiro suficiente para bancar as minhas próprias despesas, quando muito as de mais um amigo. Eu não tinha a menor condição de fazer as vezes de anfitrião de todo um grupo, ainda mais de um grupo como aquele, que nem sempre sabia se ater a seus limites. E como, em geral, cada um daqueles rapazes costumava fazer questão de pagar sua própria conta, a proposta me pareceu ainda mais estranha. Eles riram de meu constrangimento e o rapaz mais jovem logo continuou: — Venha, vamos nos sentar debaixo do caramanchão, que logo lhe contaremos o resto.

Sentamo-nos e ele prosseguiu: — Naquele dia em que você foi embora, levando junto sua carta de amor, nós discutimos de novo a coisa toda e percebemos que, sem uma razão mais concreta, que não a do risco e do prazer de atormentar um outro colega, estávamos desperdiçando seu talento, enquanto poderíamos usá-lo em favor de todos nós. Veja, tenho aqui a encomenda de um poema nupcial e de um poema fúnebre.[5] O segundo é urgente, o outro ainda pode esperar oito dias até o casamento. Se você concordasse em fazê-los, o que certamente não lhe custaria tanto empenho, os poemas nos renderiam o suficiente para bancar as despesas de pelo menos dois encontros como este, pelo que, evidentemente, nós lhe seríamos imensamente gratos.

A proposta me agradava muito, e de vários pontos de vista. Desde pequeno eu observava com certa inveja aquela profusão de poemas de ocasião — que, na época, ainda costumavam circular semanalmente, em especial nas vésperas de um casamento mais importante, quando então surgiam às dúzias —, pois eu acreditava ser capaz de fazer coisas tão boas, senão melhores que aquelas. Abria-se ali, enfim, uma oportunidade da qual eu

---

5 Em alemão, respectivamente: *Hochzeitgedicht* (epitalâmio) e *Leichenkarmen* (epicédio). Na Alemanha, até meados do século XVIII, a encomenda ocasional desses poemas de circunstância (que, até o século XVI, era mais restrita aos círculos eruditos e escrita em latim) ainda era um costume relativamente bem estabelecido. A prática encontraria seu auge no século XVII, quando então representava uma parte significativa do sustento de muitos poetas.

me poderia valer para mostrar meu talento e, ainda por cima, para me ver impresso. Não me mostrei avesso à ideia. Puseram-me a par das circunstâncias, dos detalhes pessoais, das relações da família. Afastei-me um pouco do grupo, fiz um esboço geral e comecei ali mesmo a compor as primeiras estrofes. Como, no entanto, eu logo me deixasse levar de novo pela conversa e como também o vinho corresse solto, o poema começou a empacar e não pude terminá-lo naquela mesma noite.

– Ainda temos tempo até amanhã à noite – disseram eles –; e lembre-se de que os honorários que receberemos pelo poema fúnebre ainda serão suficientes para cobrir as despesas de mais uma noitada. Venha nos encontrar amanhã. É justo que Gretchen também se divirta um pouco conosco, já que, a bem da verdade, é a ela que devemos essa ideia.

Fiquei sem palavras de tanta felicidade. No caminho de casa, não tinha em mente senão as estrofes que ainda faltavam para concluir o poema encomendado. Tomei nota dos versos ainda antes de ir dormir e, na manhã seguinte, passei tudo cuidadosamente a limpo. O dia demorou muito a passar, mas mal havia escurecido e eu já me encontrava novamente naquela casa pequena e estreita, ao lado da moça mais encantadora do mundo.

Aqueles jovens, de quem eu acabaria me aproximando cada vez mais, não eram de fato pessoas vulgares, mas, sim, pessoas comuns. Ocupavam-se de atividades que eram dignas de todo respeito. Eu os ouvia com grande prazer quando conversavam sobre os vários meios e caminhos de se conseguir algo na vida. Mas eles gostavam mesmo era de contar as histórias de homens que haviam começado do zero e conseguiram conquistar grande riqueza. E de outros que, mesmo na condição de pobres empregados, souberam se fazer necessários a seus patrões e acabaram se tornando seus genros. Outros, ainda, conseguiram aprimorar e levar tão longe seu pequeno negócio, como o da fabricação de pavios de enxofre e coisas do gênero, que lograram estabelecer-se como grandes mercadores e comerciantes. E para jovens que eram bons de perna, diziam que era muito rentável e recompensador servir de intermediário ou mensageiro a mercadores e comerciantes, bem como assumir todo tipo de tarefas e incumbências daquelas pessoas ricas que, por alguma razão, não tinham mais como se manter sozinhas. Todos gostávamos de ouvir essas histórias. E cada um de nós se sentia ainda mais confiante, ao imaginar que não somente reunia as condições necessárias para progredir na vida, como também tinha tudo para dar a sua vida um destino extraordinário. De todos nós, ninguém parecia levar aquela conversa mais a sério que Pílades. Ele acabaria admitindo estar completamente apaixonado por uma moça, com a qual teria se comprometido seriamente. Dizia-nos que a situação financeira de seus pais não lhe oferecia condições de frequentar a universidade, mas que havia se esforçado para desenvolver uma boa caligrafia e para aprender bem a aritmética e algumas línguas modernas, de modo que, na esperança de concretizar a felicidade de um lar, faria tudo o que lhe fosse possível. Seus primos tinham-no em alta conta por essa disposição, mas não aprovavam o compromisso selado tão prematuramente com a moça; e ainda acrescentavam que, apesar de reconhecer nele um rapaz bom e honesto, não o consideravam nem tão suficientemente ativo, nem tão empreendedor a ponto de esperar que ele viesse a realizar coisas tão extraordinárias. Para se justificar, Pílades começou então a explicar em detalhes cada uma das coisas que ele se achava capaz de fazer e como ele pretendia dar início a seu grande plano. Com isso, acabaria deixando entusiasmados também os outros rapazes, que desataram a falar de tudo o que planejavam fazer e que já vinham fazendo, do caminho que haviam seguido até ali e dos próximos passos que pretendiam dar. Até que chegou a minha vez. Eu também teria de falar de minha vida e de minhas perspectivas. Enquanto pensava no que dizer, Pílades logo se antecipou:

— Gostaria de fazer apenas uma ressalva, a fim de que ele não nos deixe muito para trás: que ele não leve em conta as vantagens externas de sua condição familiar e financeira. E, de preferência, que ele se imagine num de seus contos de fadas e nos diga como ele começaria tudo se, neste momento, estivesse exatamente nesta nossa mesma condição e dependesse, portanto, apenas de si mesmo.

Gretchen, que até aquele momento não havia parado de fiar, levantou-se e veio se sentar conosco — como de costume, à cabeceira da mesa. Nós já havíamos esvaziado algumas boas garrafas, de modo que, no melhor dos humores, comecei a contar a história hipotética de minha vida.

— Antes de mais nada — disse eu —, sugiro que continuem mantendo a freguesia que vocês começaram a formar para mim. Se, ao invés de torrarmos tudo em bebida e comida, aos poucos vocês conseguirem fazer chegar até mim uma parte do ganho com esses poemas de circunstância, creio que conseguirei juntar alguma coisa. Só peço que não me levem a mal se eu acabar me intrometendo em seu ofício.

Comecei então a lhes contar o que havia percebido de suas ocupações e para quais delas eu me julgava mais capacitado. E como antes cada um dos rapazes havia estimado seus ganhos em dinheiro, pedi também que me ajudassem a estimar meu orçamento. Gretchen havia acompanhado tudo até então com muita atenção, sentada à mesa numa posição que lhe caía excepcionalmente bem, quer ela ficasse apenas ouvindo, quer ela resolvesse dizer alguma coisa: segurava com as mãos seus braços cruzados, os quais apoiava à beira da mesa. Ela sabia permanecer por muito tempo naquela mesma posição, mexendo apenas sua cabeça, o que nunca acontecia sem motivo ou significado. De vez em quando, acrescentava uma ou outra palavra à conversa, dava seus palpites quando empacávamos diante de nossas grandes intenções, mas logo voltava a ficar em silêncio e a observar tudo com sua serenidade habitual. Eu não tirava os olhos dela; e é claro que não podia conceber nem apresentar meus planos de futuro sem levá-la em consideração. Minha paixão por ela dava a tudo o que eu dizia uma feição de verdade e plausibilidade, a ponto de eu mesmo me deixar iludir por alguns instantes, sentindo-me completamente imerso naquela condição de solidão e desamparo que minha história hipotética pressupunha, mas também imensamente feliz diante da perspectiva de ter aquela moça para mim. Como Pilades havia estendido sua confissão até os planos de casamento, induzira-nos a pensar se nós também não planejávamos ir tão longe.

— Não tenho a menor dúvida quanto a isso — disse eu. — Pois cada um de nós precisa de uma mulher que nos mantenha em casa e nos faça aproveitar melhor tudo aquilo que fomos capazes de conquistar lá fora de maneira tão notável.

Eu descrevia a esposa que desejava ter; mas seria muito estranho se o resultado daquela minha descrição não fosse, senão, um retrato à imagem e semelhança de Gretchen.

O poema fúnebre já havia sido todo consumido, mas os benefícios do poema nupcial já se punham a caminho. Superei todos os meus receios e preconceitos e, como tinha muitos conhecidos, soube também encontrar os meios de ocultar de meus familiares o verdadeiro teor daquelas minhas aventuras noturnas. Ver aquela moça encantadora e poder estar sempre a seu lado acabaria logo se tornando uma condição indispensável de minha existência. Os rapazes também se haviam habituado à minha presença e nos reuníamos diariamente, como se simplesmente não houvesse outra possibilidade. Nesse meio-tempo, Pílades começara a trazer também a sua beldade para nossos encontros, e o casal passaria muitas noites conosco. Como noivos, embora ainda no brotar daquela relação, não faziam a menor questão de esconder seu afeto. Já o comportamento de Gretchen parecia calculado para me manter à distância. Ela não dava a mão a ninguém, nem mesmo a mim. Não suportava que fosse tocada; mas, de vez em quando, vinha se sentar ao meu lado, especialmente quando eu estava escrevendo ou lendo alguma coisa em voz alta. Nessas ocasiões, confiava-me o carinho de apoiar seu braço sobre meu ombro, acompanhando-me com olhos que se perdiam então pelo livro ou pela folha. Se, no entanto, eu ousasse tomar o mesmo tipo de liberdade, de pronto ela se esquivava e não retornava tão cedo. Felizmente aqueles momentos de carinho se repetiam com frequência, pois seus gestos e movimentos eram muito regulares: sempre decorosos, delicados, adoráveis. Além do mais, eu não a via tratar nenhuma outra pessoa com aquela mesma confiança.

Uma das coisas mais inocentes e, ao mesmo tempo, mais divertidas que eu costumava fazer naquela época — mesmo na companhia de diferentes grupos de colegas — era entrar a bordo do navio-mercante que partia em direção à cidade de Höchst. Gostávamos de observar aqueles passageiros tão incomuns, que seguiam sua viagem quase sempre amontoados. Ficávamos debochando e caçoando ora de um ora de outro, ao sabor de nossa disposição e malícia. Desembarcávamos então em Höchst, no horário exato em que também lá chegava o navio-mercante que vinha da cidade de Mainz. Em Höchst costumávamos ir a um local de mesa farta, onde também os mais abastados dentre aqueles passageiros que subiam e desciam o rio Meno faziam suas refeições, para depois seguirem viagem no outro navio — já que ambas as embarcações retornavam, em seguida, a seu porto de partida. Depois de almoçarmos regiamente, tomávamos então o navio de volta para

Frankfurt, desta vez rio acima, e assim passávamos o dia em grande e numerosa companhia, fazendo a mais barata viagem de navio que se podia imaginar. Certa vez, quando eu fazia essa viagem com os primos de Gretchen, um rapaz um pouco mais velho veio se sentar conosco naquele mesmo local em Höchst. Era um conhecido do grupo e pedira-lhes que o apresentassem a mim. Tinha um jeito agradável, mas nada nele me causava grande impressão. Vindo de Mainz, seguiu conosco de volta até Frankfurt e, ao longo do caminho, ficou conversando longamente comigo sobre coisas que diziam respeito às questões administrativas da cidade, a suas diferentes repartições e a seus cargos públicos, parecendo-me entender relativamente bem daqueles assuntos. Quando nos despedimos, disse-me desejar que eu o tivesse em alta conta, pois que esperava ter a felicidade de poder contar com uma eventual recomendação de minha parte. Na hora não entendi bem o que ele queria dizer com aquilo, mas, alguns dias mais tarde, os primos me esclareceriam tudo. Elogiaram-no muito e pediram-me que o recomendasse a meu avô, uma vez que acabara de surgir uma vaga para um cargo público na cidade e aquele amigo gostaria muito de ocupá-la. No começo, não fiz mais que me desculpar, pois nunca antes havia me envolvido com aquele tipo de assunto. Mas eles insistiram tanto, que acabei concordando em interceder. Naquela altura, eu já havia percebido que, por ocasião de tais nomeações – que, infelizmente, costumavam ser consideradas uma mera questão de favor –, a opinião de minha avó ou de alguma de minhas tias parecia ter o seu peso. Pensei então que eu talvez já tivesse idade suficiente para também exercer um pouco de influência junto a meu avô. Diante disso e em favor de meus amigos – que, de um modo ou de outro, declaravam-se já imensamente gratos por aquela gentileza –, superei minha timidez de neto e encarreguei-me de dar encaminhamento à solicitação que me havia sido entregue em mãos.

Num dado domingo, após a refeição, enquanto meu avô se ocupava de seus afazeres no quintal – que aumentavam com a chegada do outono, de modo que eu então procurava alguma forma de me fazer prestativo –, aproximei-me dele depois de hesitar um pouco, aproveitando a ocasião para lhe falar daquele meu assunto e entregar-lhe a solicitação. Ele a olhou com atenção e perguntou-me se eu conhecia o tal rapaz. Contei-lhe em termos gerais o que havia para se contar e ele pareceu se dar por satisfeito.

— Se o rapaz tem seus méritos e suas boas recomendações, por ele e por ti, tratarei de falar em seu favor. — Ele não disse mais nada e tão cedo eu não ouviria falar de novo sobre aquele assunto.

Nesse meio-tempo, havia percebido que Gretchen parara de fiar e começara a se ocupar com trabalhos de costura; aliás, costurava peças muito finas e delicadas, o que me causara certa surpresa, já que os dias começavam a encurtar e o inverno já vinha batendo à porta. Não pensei muito mais a respeito. A única coisa que vez ou outra me inquietava era não encontrá-la em casa de manhã, como de costume. E, como não me desse ao hábito de cometer maiores indiscrições, não conseguia descobrir por onde ela andava. Até que um dia fui pego de surpresa. Minha irmã, que se preparava para um baile, pediu-me que eu fosse a uma modista buscar para ela umas tais flores italianas. Produzidas geralmente em conventos, aquelas peças de costura eram pequenas e delicadas; murtinhas, rosinhas e outras flores semelhantes, que, além de bonitas, eram de uma naturalidade digna de nota. Aceitei fazer-lhe esse favor e fui até a loja, em que já havia estado com minha irmã outras vezes. Mas nem bem entrei no estabelecimento e cumprimentei a modista, quando percebi, sentada à janela, uma jovem moça que me pareceu especialmente bonita em sua touca de renda e muito esbelta em sua mantilha de seda. Logo entendi que se tratava de uma ajudante, pois se ocupava de aplicar plumas e fitas sobre um pequeno chapéu. A lojista mostrou-me uma caixa comprida com uma variedade enorme daquelas pequenas flores italianas. Examinava-as com atenção, mas, enquanto as escolhia, meu olhar não conseguia evitar aquela bela moça na janela. E qual não foi minha surpresa quando me dei conta de sua inacreditável semelhança com Gretchen; tanto mais, quando me convenci de que era ela mesma. Meus últimos vestígios de dúvida se extinguiram completamente quando a moça finalmente me fez um sinal com os olhos, dizendo-me que eu não deveria revelar que nos conhecíamos. Minha enorme hesitação na escolha das flores acabou deixando a lojista mais confusa do que qualquer moça indecisa seria capaz de fazê-lo. De fato eu não tinha escolha, já que sentia-me extremamente perplexo; ao mesmo tempo, porém, gostava daquela hesitação, pois era ela que me mantinha na proximidade daquela jovem. Sua máscara me incomodava, mas nela a moça me parecia ainda mais bela do que nunca. A modista, enfim, perdeu a paciência comigo e encheu uma caixa inteira com aquelas flores, que eu deveria mostrar à minha irmã para que ela mesma pudesse fazer suas escolhas. Mandou então que uma entregadora levasse a caixa imediatamente até minha casa e, com isso, praticamente me tocou de seu estabelecimento.

Mal havia entrado em casa quando meu pai mandou-me chamar para anunciar o que finalmente se dava então como certeza: o arquiduque José seria eleito e coroado rei romano-germânico.[6] E não podíamos ficar simplesmente pasmos e boquiabertos enquanto aquilo tudo se passasse bem diante de nós; um acontecimento de tamanha importância demandava alguns preparativos. Assim, meu pai propôs que, juntos, repassássemos as atas[7] das duas últimas eleições e coroações, bem como seus respectivos contratos de eleição,[8] para que pudéssemos descobrir as diferenças e entender as novas condições que seriam incluídas neste novo caso. Abrimos aquelas atas e com elas nos ocupamos pelo resto do dia e até altas horas da madrugada; enquanto isso, aquela bela moça, ora em seus trajes mais caseiros, ora em suas vestes novas, se me surgia e ressurgia aqui e acolá, misturando-se com os mais excelsos assuntos do Sacro Império Romano-Germânico. Vê-la havia se tornado impossível naquele dia e a inquietação me custou toda uma noite de sono. Ao longo do dia seguinte, os intermináveis estudos da véspera ainda teriam continuidade; só à noite eu teria a oportunidade de visitar minha beldade, que eu encontrei novamente em seus trajes mais domésticos. Ao me ver chegar, recebeu-me com um lindo sorriso. Eu não quis arriscar imediatamente nenhum comentário na frente dos outros. Mais tarde, enquanto o grupo todo comia sossegadamente, Gretchen se pôs a falar:

— Não é justo que vocês não confiem ao nosso amigo a decisão que tomamos esses dias.

---

6 Ver nota 57 do Quarto livro, à p.188.

7 Em alemão: *Wahl- und Krönungsdiarien*. Essas atas seriam mais tarde publicadas e prefaciadas pelo já referido von Olenschlager.

8 Em alemão: *Wahlkapitulation*. Tratava-se de um contrato estabelecido entre o rei a ser eleito – e coroado imperador – e seus príncipes-eleitores (*Kurfürsten*), em que se firmavam as cláusulas (na forma de capítulos, daí o nome do documento: Wahl-*Kapitulation*) que estabeleciam as condições dos eleitores e limitavam os direitos do novo imperador sobre seus domínios.

Dito isso, contou-nos que, após aquela conversa em que falávamos do que cada um faria para encontrar um rumo na vida, havia surgido também a questão de como uma mulher poderia incrementar seus talentos e seus trabalhos e utilizar seu tempo de modo mais proveitoso. Diante disso, o primo teria sugerido que Gretchen tentasse a sorte com uma modista da cidade, que parecia estar justamente precisando de uma ajudante. Teriam então combinado com a senhora que Gretchen passaria diariamente algumas horas em sua loja. Seria paga por isso, mas, por força do ofício, teria de se adequar às pompas do local, usando certo tipo de vestimenta que, como de resto não se mostrasse adequado a seu próprio modo de vida, ela deveria sempre deixar na loja ao final do serviço. A explicação me deixou um pouco mais tranquilo. Não me agradava muito, porém, a ideia de que aquela moça encantadora passasse longas horas de seu dia numa loja como aquela, em que o mundo da gala e da elegância costumava se encontrar. Não quis deixar transparecer meu ciúme e tratei de guardar minhas preocupações para mim mesmo. Na verdade, o mais jovem dos primos nem me deixaria mesmo muito tempo para ficar pensando nisso, já que logo surgiu com a encomenda de outro poema de circunstância, passando-me os detalhes pessoais e pedindo-me que eu começasse logo a pensar nas questões da criação e da disposição do poema. Já havíamos conversado várias vezes sobre o modo de tratar uma tarefa como aquela; como eu costumasse gostar de falar disso, o jovem sempre conseguia fazer com que eu lhe explicasse em detalhes aquelas questões retóricas. Assim, tomando como exemplo minhas próprias composições e outras semelhantes, aos poucos ele começava a formar uma ideia mais clara sobre o assunto. Tinha cabeça para a coisa, mas não dava o menor indício de ter uma veia poética. E tanto insistiu para que eu justificasse e esmiuçasse as questões retóricas envolvidas naquele último poema que nos haviam encomendado que eu acabei protestando:

— Assim até parece que você está querendo se intrometer em meu ofício para ficar com meus clientes.

— De certo modo é isso mesmo, não posso negar — disse o rapaz, sorrindo —, mas não quero e não vou lhe causar prejuízo algum. Dentro em breve você irá para a academia; deixe-me que, até lá, eu possa tirar proveito de sua companhia.

— Com muito prazer — repliquei. Passei então a encorajá-lo a pensar por conta própria na disposição dos poemas, em padrões de versificação condizentes com a natureza de cada assunto e no que mais lhe parecesse necessário. Ele levava aquela tarefa muito a sério, mas em geral não conseguia ir muito longe. No final das contas, eu sempre acabava tendo de reescrever tantas das passagens, que me teria sido melhor e mais fácil assumir eu mesmo o trabalho desde o início. Ainda assim, toda essa história de ensinar e aprender, de passar adiante um conhecimento e de poder trabalhar em conjunto acabaria nos entretendo e divertindo enormemente. E Gretchen também contribuía com nossas composições; vez ou outra tinha mesmo algumas ideias muito boas, que deixavam a todos satisfeitos — melhor seria dizer: felizes. Durante o dia ela trabalhava para a modista, mas passávamos as noites todos juntos. E nosso entusiasmo não se deixaria abalar nem mesmo pela sensível diminuição no número de encomendas de poemas de ocasião, que, com o passar do tempo, foi se tornando cada vez mais evidente. É claro que sentimos muito quando, certa vez, um poema nos foi simplesmente devolvido em forma de protesto, já que não parecia ter agradado à pessoa que o havia encomendado. Para nosso consolo, porém, como considerássemos justamente aquele poema o melhor que já havíamos escrito juntos, não nos restava senão julgar aquele homem como um péssimo conhecedor de poesia. O primo, que queria porque queria aprender de qualquer jeito aquele ofício, começou então a inventar algumas encomendas, que, mesmo fictícias, divertiam-nos imensamente. No entanto, como não ganhávamos nada com elas, fomos obrigados a moderar bastante os arranjos para nossos pequenos banquetes.

As conversas em torno do grande tema político daquele momento, a eleição e a coroação de um rei romano-germânico, começavam a ficar cada vez mais sérias. A assembleia do colegiado de príncipes-eleitores,[9] marcada

---

9 Em alemão: "der kurfürstliche Kollegialtag". Desde o século XV estabelecera-se uma estrutura com três colegiados — o dos príncipes-eleitores (*Kurfürsten*), o dos príncipes (*Fürsten*) e o das cidades imperiais (*Reichsstädte*) — que se reuniam separadamente em suas assembleias, atendendo cada qual a sua esfera de atribuições. O colegiado dos príncipes-eleitores era responsável por todo o encaminhamento legal da eleição do imperador, bem como pela própria eleição em si, na qual, em meados do século

originalmente para outubro de 1763, na cidade de Augsburg, havia sido transferida para Frankfurt. E desde o fim daquele ano e princípios do ano seguinte, nossa cidade havia dado início aos preparativos necessários para a organização daquele acontecimento tão especial. O desenlace se daria com um edital público, realizado de uma forma que nunca víramos antes. Um dos funcionários de nossa chancelaria[10] — a cavalo, acompanhado de quatro trompetistas igualmente montados e rodeados pela guarda da infantaria — anunciava em voz alta e clara, por todos os cantos da cidade, um longo édito imperial, que nos dava notícia dos eventos por vir e recomendava aos cidadãos de Frankfurt uma conduta moderada e adequada àquelas circunstâncias. Também era tempo de grandes deliberações no conselho municipal. Não tardaria muito até que nos fosse enviado o encarregado imperial dos alojamentos, que trazia ordens do marechal hereditário[11] para que, seguindo a antiga tradição, fossem organizadas e designadas as acomodações dos embaixadores e de suas comitivas. Nossa casa acabou ficando na área designada aos representantes do príncipe-eleitor do Palatinado, de modo que tínhamos assim de nos preparar para um novo — embora bem menos desagradável — aquartelamento. O andar intermediário, que antes fora ocupado pelo conde Thoranc, estava agora reservado para um cavaleiro do eleitorado palatino; e como o barão de Königsthal,[12] representante da cidade de Nürnberg, também já havia ocupado todo o andar superior, restava-nos menos espaço do que na época da ocupação dos franceses. Isso me serviria de pretexto para ficar ainda mais tempo fora de casa e passar boa parte do dia andando pelas ruas, vendo com meus próprios olhos tudo o que se oferecia publicamente às nossas vistas.

Depois de termos acompanhado de perto as mudanças em curso na prefeitura, com a nova organização de suas salas; e depois de termos observado a chegada sucessiva dos embaixadores, bem como seu primeiro desfile

---

XVIII, votavam (ou se faziam representar) nove eleitores: os arcebispos e príncipes-eleitores de Mainz, Trier e Colônia; os príncipes-eleitores da Baviera, da Boêmia, de Hanôver-Brunsvique, de Brandemburgo, do Palatinado e da Saxônia.

10 Johann Peter Horn (1711-1782).
11 Conde Friedrich Ferdinand zu Pappenheim (1702-1793).
12 Gustav Georg von Königsthal (1717-1771).

solene em conjunto, no dia 6 de fevereiro, pudemos então admirar a chegada dos comissários imperiais,[13] que também desfilariam com grande pompa em direção ao Römer. A compleição nobre e distinta do príncipe de Liechtenstein nos causaria ótima impressão, embora os conhecedores do assunto afirmassem que suas esplêndidas librés já haviam sido utilizadas antes em alguma outra ocasião e que seria muito difícil que esta eleição e coroação pudesse se equiparar ao esplendor daquela de Carlos VII.[14] Nós, os mais jovens, satisfazíamo-nos plenamente com o que víamos, achávamos tudo muito especial e ficávamos admirados com aquelas coisas todas.

A assembleia eleitoral[15] foi finalmente marcada para o dia 3 de março. Novas formalidades colocavam a cidade em movimento, pois também passaríamos a acompanhar de perto as visitas de cerimônia que os embaixadores faziam uns aos outros. Observávamos tudo muito atentamente, mas não ficávamos apenas deslumbrados: tínhamos de tomar nota do que víamos, para mais tarde, em casa, darmos relato circunstanciado de tudo. De vez em quando, meu pai e o senhor von Königsthal chegavam a nos demandar pequenos relatórios, em parte como uma forma de exercício, em parte para sua própria informação. E pude tirar bom proveito dessa tarefa, pois que, ao fim e ao cabo, baseando-me naquelas impressões de alguém que observa tudo de fora, conseguiria produzir uma espécie de diário vivo daquela eleição e coroação.

Dentre os representantes oficiais que me causariam maior impressão, a primeira personalidade que me cabe mencionar é a do primeiro embaixador do príncipe-eleitor de Mainz, o barão de Erthal,[16] que mais tarde também viria a se tornar príncipe-eleitor. Ainda que nada em sua figura despertasse de fato grande atenção, por alguma razão, vestido sempre em seu talar negro

---

13 Referência ao príncipe Joseph Wenzel Lorenz von Liechtenstein (1696-1772) e ao conselheiro da corte imperial Johann Christoph von Bartenstein (1690-1767).
14 Coroado em Frankfurt em 1742, ou seja, 32 anos antes de José II.
15 Em alemão: *Wahlkonvent* (convento eleitoral). Assembleia em que os príncipes-eleitores, ou seus respectivos embaixadores, após firmarem os termos do contrato de eleição (*Wahlkapitulation*), elegiam o rei e futuro imperador do Sacro Império Romano-Germânico.
16 Friedrich Karl Joseph von Erthal (1719-1802) tornou-se príncipe-eleitor de Mainz em 1774.

e ataviado de rendas, ele me parecia ser alguém muito agradável. O segundo embaixador em exercício, o barão de Groschlag,[17] era homem bem fornido, um cidadão do mundo, em geral de trato descomplicado, mas de maneiras particularmente distintas. Este causava em todos uma ótima impressão. Já o príncipe Esterhazy,[18] na qualidade de enviado da Boêmia, não era um homem alto, mas fazia uma figura elegante, vivaz e igualmente distinta, embora sem soberba e frieza. Eu simpatizava bastante com ele, pois me lembrava a figura do marechal de Broglie. Todavia, a figura e a distinção dessas personalidades extraordinárias pareciam quase se apagar diante da imagem que fazíamos do embaixador de Brandemburgo, o barão von Plotho.[19] Esse homem, que se distinguia por certa economia tanto no modo geral como costumava se vestir quanto em suas librés e em sua equipagem, tornara-se, desde a Guerra dos Sete Anos, uma espécie de herói diplomático. Contava-se que, na cidade de Regensburg, na ocasião em que o notário Aprill, acompanhado de outras testemunhas, tentou notificá-lo da suspensão dos privilégios imperiais de seu rei, von Plotho teria respondido laconicamente: — Você? Notificar-me de qualquer coisa? —; e como se não bastasse, em seguida, teria jogado ou mandado jogar o homem escada abaixo. Nós preferíamos a primeira versão, porque nos agradava mais e porque acreditávamos que a cena era perfeitamente condizente com aquele homem pequeno, mas forte, corpulento e de olhos negros que lampejavam sempre atentos a tudo. Todos os olhares da cidade pareciam estar voltados para ele, especialmente quando chegava a algum lugar e desembarcava de sua carruagem. Formava-se então como que um burburinho entusiasmado, que, por pouco, não transvazava em aplausos e clamores de bravo e viva. Eram tempos em que o rei e todos os que se devotavam a ele de corpo e alma contavam com a mais alta admiração da multidão, que, àquela altura, já não incluía apenas os cidadãos de Frankfurt, mas também alemães vindos de toda parte.

Por um lado, eu tinha algum prazer nessas coisas, pois tudo o que acontecia, fosse qual fosse sua natureza, abrigava sempre algum significado

---

17 Friedrich Karl Willibald von Groschlag (1729-1799).
18 Nikolaus Joseph Esterhazy (1714-1790).
19 Erich Christoph Edler von Plotho (1707-1788), ministro de Estado da Prússia.

particular, denotava sempre alguma relação mais implícita. Aquelas cerimônias simbólicas pareciam fazer o Império Alemão ganhar vida por um momento, conquanto, de resto, mais parecesse soterrado por tantos pergaminhos, documentos, livros. Por outro lado, eu não conseguia dissimular certo descontentamento, quando, em casa, atendendo ao pedido de meu pai para registrar em cópia todas as negociações internas em curso, começava a perceber o que ali de fato estava em jogo: forças que só chegavam a um ponto de equilíbrio e consenso quando se tratava de encontrar um modo de limitar o poder do novo regente ainda mais do que o de seu sucessor; forças que só se valiam de suas influências para manter ou ampliar seus privilégios, na expectativa de continuar garantindo sua independência. Aliás, dessa vez todos pareciam estar mais precavidos do que de costume, pois a figura impetuosa de José II e os supostos planos, que a ele eram imputados, já começavam a suscitar alguns receios.

Não eram tempos fáceis para meu avô, nem para o restante dos conselheiros, cujas casas eu costumava frequentar. Viam-se completamente assoberbados com a recepção de todos aqueles hóspedes tão distintos e com toda aquela cerimônia de saudações e de troca de presentes. Além do mais, a magistratura como um todo, mas também os magistrados individualmente, eram obrigados a se proteger, a resistir e a protestar o tempo todo, pois, em tais ocasiões, havia sempre alguém incomodando ou forçando a situação para adquirir deles alguma vantagem – eram raras as pessoas com quem de fato podiam contar e a quem poderiam recorrer, caso fosse necessário. Na verdade, eu vivenciava ali, desta vez com meus próprios olhos, o que antes havia lido na *Crônica* de Lersner[20] a respeito de ocorrências parecidas em ocasiões muito semelhantes – já então me haviam causado grande admiração a paciência e a perseverança daqueles bons conselheiros.

Alguns inconvenientes resultavam também do fato de a cidade começar aos poucos a se encher de pessoas, cuja presença ali não se fazia exatamente necessária. Em vão a cidade havia tentado advertir as cortes de que deveriam se ater às regras prescritas na – já certamente antiquada – Bula de Ouro. Na prática, porém, não eram apenas os delegados oficiais e suas comitivas que

---

20 Ver nota 46 do Quarto livro, à p.183.

chegavam à cidade, mas também várias outras pessoas importantes – ou não –, que, contando com alguma forma de proteção, vinham para Frankfurt por mera curiosidade ou por conta de seus negócios pessoais. Assim, nem sempre era fácil de decidir entre quem de fato tinha direito à acomodação e quem teria de bancar suas próprias custas de hospedagem. Aos poucos a confusão foi tomando conta da situação e mesmo aqueles que não podiam nem ajudar, nem ser responsabilizados por nada, começavam a sentir certo mal-estar.

Nós, que éramos jovens e tínhamos a oportunidade de observar aquilo tudo tão de perto, ainda não encontráramos muito mais que pudesse satisfazer nossos olhos e nossa imaginação juvenis. As longas capas espanholas, os grandes chapéus emplumados de alguns dos enviados e mais alguns detalhes aqui e ali até que conferiam ao todo uma certa feição antiga e tradicional; mas como havia em meio a tudo também tanta outra coisa parcialmente nova ou absolutamente moderna, a impressão mais geral, até então, era a de uma baralhada confusa e pouco satisfatória, quando não de mau gosto. Por essa razão, ficamos muito contentes ao saber que já se dera início aos grandes preparativos para a recepção do imperador e do futuro rei, que as negociações do colegiado de príncipes-eleitores – que tomavam por base o contrato eleitoral anterior – avançavam a passos largos e que o dia da eleição já havia sido marcado para o 27 de março. Trataram então de mandar vir das cidades de Nürnberg e de Aachen as insígnias[21] imperiais; e também o príncipe-eleitor de Mainz[22] estava por chegar a Frankfurt a qualquer momento – enquanto as confusões com o alojamento de seus enviados ainda pareciam persistir.

Enquanto isso tudo acontecia, continuava me dedicando vigorosamente à minha atividade de secretário, em que acabaria tomando conhecimento das várias pequenas objeções [*Monita*] que se levantavam de todas as partes e que eram levadas em consideração na discussão do novo contrato eleitoral. Cada parte queria ver seus privilégios garantidos e seu prestígio aumentado naquele documento. No entanto, a maior parte dessas observações e

---

21 Coroa, cetro, a orbe (*globus cruciger*), as joias – símbolos da coroa imperial.
22 Emmerich Joseph von Breidbach zu Bürresheim (1707-1774), príncipe-eleitor de Mainz desde 1763.

vontades particulares acabariam, por fim, sendo deixadas de lado; muita coisa ficaria simplesmente como nos termos do contrato anterior. E os reclamantes [Monenten], nesses casos, recebiam as mais convincentes garantias de que tais omissões não originariam quaisquer implicações futuras.

Nesse meio-tempo, também a intendência-geral do marechal do império vinha dando conta de um sem-número de questões das mais complicadas. A quantidade de estrangeiros no império só fazia crescer e tornava-se cada vez mais difícil acolhê-los. Também não havia consenso em relação à definição dos domínios políticos de cada príncipe-eleitor e a magistratura fazia o possível para aliviar os cidadãos dos encargos aos quais não pareciam estar obrigados. Assim, dia e noite, no passo das horas, não paravam de surgir reclamações, recursos, brigas e desentendimentos de toda a espécie.

A chegada triunfal do príncipe-eleitor de Mainz se daria no dia 21 de março. Naquele dia começariam também as salvas de canhão, com as quais seríamos ensurdecidos ainda por muito tempo. Essa festividade tinha lugar de destaque na série de cerimônias de recepção, pois, até então, todas as personalidades que víramos chegar, por mais altos cargos que ocupassem, não passavam de subordinados. Desta vez, porém, surgia finalmente um soberano, um príncipe independente, um homem apenas um degrau abaixo do próprio imperador; e vinha anunciado e acompanhado por um séquito imenso, digno de um príncipe. Muito haveria ainda que relatar aqui a propósito da pompa dessa chegada triunfal, não fosse o fato de eu pretender voltar a esse ponto mais tarde, em ocasião, aliás, das mais insuspeitáveis.[23]

Naquele mesmo dia, aliás, vindo de Berlim em sua viagem de retorno para casa, Lavater[24] passava por Frankfurt e também acabaria acompanhando de perto aquela festividade. E ainda que não desse o menor valor a tais superficialidades mundanas, aquele desfile exuberante, com toda sua magnificência e o mais de luxo e pompa, certamente deixaria marcas em sua imaginação tão viva. Anos mais tarde, quando esse homem tão especial e

---

23 Alusão ao desejo de uma retomada futura do assunto, provavelmente no Décimo nono livro, por ocasião da passagem sobre Lavater. A retomada, no entanto, não se concretiza.

24 Johann Kaspar Lavater (1741-1801), teólogo, filósofo e escritor suíço, a quem se atribui a criação da fisionogmia.

singular mostrou-me sua paráfrase poética,[25] se não me engano, da revelação de São João,[26] percebi que ele havia tomado aquela mesma chegada do príncipe-eleitor de Mainz como modelo para a descrição da chegada do anticristo: cada passo, cada figura, cada circunstância; a semelhança era tamanha que não faltavam nem mesmo as borlas nas cabeças dos cavalos palominos. Haverá muito mais a se dizer também a esse respeito quando eu chegar à época de tratar dessa forma tão particular de literatura [*Dichtungsart*], que, para compreender e aproximar-se dos mitos do Velho e do Novo Testamento, transveste-os completamente em moldes modernos, atribuindo-lhes uma feição contemporânea, ora mais aristocrática, ora de gente mais comum. Outra questão que ficará reservada para uma discussão futura é o modo como esse tratamento das narrativas bíblicas foi se tornando cada vez mais popular. O que posso adiantar aqui é que, nisso, ninguém iria tão longe quanto Lavater e seus epígonos. Um deles chegaria mesmo a modernizar tanto a história dos três reis magos a caminho de Belém, que não havia como deixar de notar uma semelhança patente com cada um dos príncipes e senhores que costumavam visitar pessoalmente Lavater.

Mas deixemos, por ora, o príncipe-eleitor Emmerich Joseph chegar, assim por dizer, incógnito em seu *Kompostell*,[27] e voltemo-nos para Gretchen, que, acompanhada de Pilades e de sua beldade (esses três pareciam inseparáveis), avistei em meio à multidão enquanto o povaréu seguia o séquito. Mal havíamos conseguido nos alcançar e nos cumprimentar direito e já ficara combinado que nos encontraríamos mais tarde naquela mesma noite. Cheguei pontualmente como combinado e o grupo de sempre já estava reunido; todo mundo tinha algo para contar, dizer ou comentar e cada um destacava um ou outro aspecto que lhe chamara mais a atenção.

— Isso tudo que vocês dizem — disse Gretchen afinal — está me deixando quase mais confusa do que os próprios acontecimentos desses últimos dias. O que eu vi eu não consigo compreender direito, mas tem muita coisa que eu queria entender melhor.

---

25 Trata-se da obra *Jesus Messias oder Die Zukunft des Herrn. Nach der Offenbarung Johannis* (1780), de Lavater.
26 O Apocalipse.
27 Residência imperial do eleitorado de Mainz, em Frankfurt.

Respondi-lhe que não me custaria nada fazer-lhe esse favor. Bastava que me dissesse o que a interessava mais especificamente. Ela o fez e ao começar a lhe explicar algumas daquelas coisas, percebi que seria melhor seguir uma determinada ordem. Comparei aquelas festividades e cerimônias – e não o fiz tão inabilmente assim – com uma peça de teatro em que os atores mantêm-se continuamente em cena, mas as cortinas se fecham a seu bel-prazer, para só se reabrirem de novo mais tarde, dando então aos espectadores outra oportunidade – ainda que limitada – de acompanhar o seguimento de seus desenredos. Como eu era muito falador, especialmente quando me davam corda, contei-lhe tudo de forma bem ordenada, do princípio até aquele dia. E para tornar minha exposição ainda mais clara, não me eximi de usar vez ou outra o ponteiro e a grande placa de ardósia que recobria a mesa. Sem me deixar interromper pelas perguntas e caturrices dos outros, consegui, para a satisfação de todos, prosseguir até o final de minha exposição, sempre encorajado pela atenção contínua de Gretchen. Quando acabei, mostrou-se muito agradecida e disse-me – para usar sua expressão – que invejava as pessoas instruídas sobre as coisas do mundo, aqueles que sabiam como as coisas aconteciam e qual era seu significado. Disse-me, muito gentilmente, que sabia reconhecer o quanto devia a mim por vários de seus conhecimentos e que, na verdade, desejaria ser um rapaz.

— Se eu fosse um rapaz – dizia ela – seguiríamos juntos por várias universidades, aprendendo tudo o que nos é de direito.

A conversa continuou naquela mesma direção. Ela havia decidido que começaria a tomar aulas de francês, depois de perceber, na loja da modista, o quanto essa língua lhe era indispensável. Perguntei-lhe, então, por que ela deixara de ir a esse estabelecimento – nos últimos tempos, como não conseguisse me ausentar muito à noite, passava de vez em quando pela loja durante o dia, para fazer-lhe um agrado e vê-la por um breve instante. Explicou-me que não achava por bem ficar ali exposta em tempos tão tumultuados. Mas, assim que a cidade voltasse a seu ritmo normal, pretendia retomar aquela atividade.

Em seguida, conversamos sobre o dia da eleição, que já se aproximava. E se havia algo então de que eu sabia falar amplamente, era justamente disso – do que estava por vir e de como as coisas todas aconteceriam. Rabiscava os detalhes sobre a ardósia, pois guardava na memória a disposição exata do salão em que se daria o conclave,[28] com seus altares, tronos, cadeiras e poltronas. Despedimo-nos em boa hora e tomados por uma sensação especial de alegria.

Para um jovem casal que vive naturalmente em certa harmonia, nada se revela mais propício para uma bela união do que quando a moça tem sede de aprender e o rapaz tem muito a ensinar. Surge disso, então, uma relação tão consistente quanto prazerosa. Ela vislumbra nele o criador de sua existência intelectual; ele enxerga nela uma criatura que não deve seu acabamento apenas à natureza, ao acaso ou a uma vontade unilateral, mas, sim, a um querer de ambas as partes. E tão ditosa é essa ação recíproca, que não nos deveria causar grande admiração se de um tal encontro entre dois seres resultasse tanto a felicidade quanto a infelicidade de uma paixão das mais violentas, algo como desde os tempos do novo e do velho Abelardo[29] não mais se via.

No dia seguinte, a cidade se veria novamente em grande agitação, em especial por conta das visitas e das consequentes retribuições de visitas, que a partir de então teriam lugar com ainda mais pompa e cerimônia. Todavia, como cidadão de Frankfurt, o que a mim interessava mais particularmente, algo que ainda me faria pensar um bocado, era o cerimonial do juramento de segurança, prestado coletivamente pelo conselho, pelos militares e pelos cidadãos – e não simplesmente por seus representantes, mas por eles pessoalmente e em massa. Os primeiros a prestarem o juramento foram os magistrados e os funcionários da prefeitura, no salão do Römer; depois, em praça pública, na Römerberg, foi a vez dos demais cidadãos, conforme a graduação, a camada social e a região onde moravam; e, por último, o restante do contingente militar. Podia-se flagrar ali, num só relance, toda uma comunidade reunida com o nobre objetivo de jurar pela garantia de segurança do chefe e dos membros do império, assim como pela inviolabilidade da paz

---

28 Referência tanto à sessão oficial de eleição como ao local em que se realizava tal sessão – nesse caso, uma sala na catedral de Frankfurt.

29 O velho é uma referência ao filósofo escolástico Petrus Abelardus (1079-1142) e a sua trágica história de amor por Héloïse, relatada em sua autobiografia *História de minhas calamidades* (*Historia calamitatum*). Já o novo Abelardo é uma referência ao herói do romance *Julie, ou la nouvelle Héloïse* (1761), de Jean-Jacques Rousseau.

durante os atos importantes que todos tinham pela frente. Também os eleitores de Trier e de Colônia[30] – em pessoa – já haviam chegado para o grande evento. Na noite da véspera do dia de eleição, todos os estrangeiros deveriam então deixar a cidade. Os portões seriam fechados, os judeus ficariam restritos a suas ruas e os cidadãos de Frankfurt poderiam se jactar de serem as únicas testemunhas oculares de tão importante celebração.

Até aquele momento tudo ainda parecia prosseguir de modo relativamente moderno: as personalidades de destaque e até mesmo as mais eminentes, que costumavam se locomover pela cidade em suas carruagens, viriam agora todas a cavalo, segundo o mais tradicional e antigo dos costumes. A multidão e a aglomeração eram algo completamente fora do comum. Fui me espremendo pelos cantos do Römer, que eu conhecia tão bem como um camundongo conhece o chão do celeiro em que habita, até chegar a sua entrada principal, diante da qual se reuniam os príncipes-eleitores e seus embaixadores – que haviam sido conduzidos à prefeitura mais cedo em luxuosas carruagens e que, naquele momento, encontravam-se reunidos no salão superior –, prestes a montarem seus corcéis imponentes e bem adestrados, enfeitados com gualdrapas finamente bordadas e com toda sorte de ornamentos. O príncipe-eleitor Emmerich Joseph, homem elegante e cortês, fazia boa figura a cavalo. Dos outros dois eleitores lembro-me menos; quando muito, recordo-me de seus longos mantos de príncipe, vermelhos e revestidos com pele de arminho, peças que estávamos mais acostumados a ver retratadas em pinturas e que, ali, pareciam ganhar ares particularmente românticos.[31] Também nos causavam ótima impressão os embaixadores que, vestidos à espanhola – em seus trajes brocados, de estofo finamente lavrado com fios de ouro e ricamente ornado de galões dourados –,

---

30 Respectivamente: Johann Philipp von Walderdorf (1701-1768) e Maximilian Friedrich von Königsegg und Rothenfels (1708-1784).

31 "Romântico" é utilizado aqui no sentido de algo com ares antigos, medievos. Até o início do século XIX, o termo *romantisch*, em alemão, remetia a costumes e convenções de uma antiguidade medieval, em oposição aos valores e referenciais da antiguidade clássica.

representavam os príncipes-eleitores seculares.³² As imensas plumas, sobre seus tradicionais chapéus de abas levantadas, balançavam livremente ao vento. Só não me agradavam muito suas modernas calças de pernas curtas, com meias brancas de seda e sapatos da moda. Para ser um pouco mais consequente com aquele modo de se trajar, teríamos preferido ver em seu lugar botas de meio cano, douradas como fossem, ou algum outro tipo de sandália.

O barão von Plotho também destacava-se entre todos os outros quanto ao modo de se portar. Mostrava-se sempre muito animado e disposto, mas não parecia levar demasiadamente a sério todo aquele cerimonial. Quando chegou sua vez de montar seu cavalo e deixar a prefeitura, o fidalgo logo a sua frente, senhor já de certa idade, mostrou certa dificuldade para subir em sua montaria. Em razão do contratempo, o barão teve de aguardar por mais alguns instantes bem em frente à grande entrada do Römer e não fez o menor esforço para conter um riso desbragado, que prolongou até que lhe trouxessem seu cavalo, sobre o qual montaria então lépido e faceiro, reforçando a admiração que já nutríamos por ele como embaixador de Frederico II.

Nisso as cortinas fecharam-se novamente para nós. Eu bem que tentei encontrar um meio de entrar na igreja para onde todos se dirigiam, mas a tentativa acabou se provando mais incômoda do que proveitosa. Os eleitores haviam se recolhido aos recônditos do santuário, onde extensas cerimônias faziam as vezes de uma reflexão mais ponderada sobre a eleição. Somente depois de muita espera, muito empurrão e muita agitação foi que o povo finalmente ouviu o nome de José II, então proclamado rei dos romanos.³³

A afluência dos estrangeiros na cidade retomava então sua força. A pé ou em suas carruagens, todos circulavam em roupas de gala, de modo que, àquela altura, só mesmo os trajes inteiramente dourados ainda nos chamavam a atenção. O imperador Francisco I e o rei José II já haviam chegado ao

---

32 Os princípes-eleitores seculares que, ausentes, deixavam se representar por seus embaixadores eram os seguintes: os príncipes-eleitores da Boêmia, da Saxônia, de Brandemburgo, da Baviera, de Hanôver-Brunsvique e do Palatinado.

33 Rei romano-germânico, ver nota 57 do Quarto livro, à p. 188.

castelo do conde de Schönborn, em Heusenstamm,[34] onde foram saudados e recepcionados com todas as pompas da tradição. Enquanto isso, a cidade celebrava aquele evento memorável com festividades religiosas de todas as confissões, missas solenes e sermões; já do lado secular, como se para acompanhar o *Te Deum*, só o que se ouvia era a canhonada intensa e sem fim.

Se, do primeiro ato solene até aquele momento, tomássemos o conjunto daquelas celebrações públicas como uma forma deliberada de obra de arte, muito pouco haveria ali para se criticar. Tudo fora muito bem planejado. Se os primeiros acontecimentos públicos haviam sido mais discretos, os eventos que a partir de então se sucederiam ganhariam cada vez mais em significado. A quantidade de gente crescia continuamente. As personalidades que chegavam à cidade eram cada vez mais ilustres; e eram também cada vez mais esplendorosas suas comitivas. Tudo evoluía de tal modo a cada dia, que, por fim, até mesmo um olho mais atento e bem preparado acabaria cedendo à perplexidade.

A entrada triunfal do príncipe-eleitor de Mainz,[35] que nos eximimos de relatar mais detalhadamente aqui, fora suficientemente ostentosa e imponente para significar, na imaginação de um homem excepcional, a chegada de um grande dominador do mundo, outrora profetizada. Também nós não havíamos ficado menos deslumbrados. Mas nossa expectativa só seria alçada a seu limite quando soubemos que o imperador e o futuro rei já haviam retomado o caminho da cidade. A certa distância de Sachsenhausen armara-se uma tenda, onde todos os magistrados aguardavam para prestar as devidas honrarias ao senhor supremo do império e para entregar-lhe as chaves da cidade. Um pouco mais adiante, sobre uma ampla e bela planície, erguera-se outra tenda, esta ainda mais majestosa, para onde se dirigiram todos os príncipes-eleitores e embaixadores, a fim de recepcionar suas majestades. Suas comitivas já se haviam disposto em fila ao longo de todo o caminho, de modo que, depois de prestadas as devidas saudações aos soberanos, pudessem retornar imediatamente a Frankfurt e ocupar o lugar que se lhes

---

34 Nome da localidade e do castelo homônimo, localizados ao sul de Frankfurt, no distrito de Darmstadt.
35 O arcebispo e príncipe-eleitor de Mainz tinha precedência na hierarquia do colégio eleitoral, que era por ele presidido.

reservara no cortejo. A carruagem do imperador finalmente chegaria à suntuosa tenda. E, à medida que era saudado com todo o respeito e distinção, os príncipes-eleitores e embaixadores logo se despediam, abrindo caminho ao seu senhor e soberano, conforme rezava o protocolo.

Nós havíamos ficado na cidade, para, nos limites de seus muros e de suas ruas, podermos admirar essa pompa e esplendor mais de perto do que nos teria sido possível nos campos ao ar livre. Enquanto isso, distraíam-nos as filas de cidadãos que se formavam nos dois lados das ruas, a aglomeração geral do povo e as graças e os desengonços que resultavam de toda essa agitação. E assim fomos seguindo em nossa espera, até que o dobrado dos sinos e a trovoada dos canhões anunciaram a proximidade iminente de seu Senhor supremo. Era certamente objeto de grande orgulho e satisfação para um cidadão de Frankfurt perceber como, por ocasião da presença de tantos soberanos e delegados, também sua cidade imperial fazia uma figura algo soberana: seu mestre cavalariço abriria o cortejo, seguido de cavalos de monta cobertos por chairéis armoriados com o brasão da cidade, de cujo fundo vermelho a águia branca parecia querer saltar; depois viriam empregados e serviçais, tocadores de tambor e de trombeta, assim como os representantes do conselho municipal, acompanhados a pé pelos funcionários da prefeitura, que trajavam sua libré oficial. Logo atrás desse grupo vinham os três agrupamentos da cavalaria municipal, todos muito bem montados — os mesmos que, desde crianças, víamos escoltar as comitivas de grandes personalidades ou fazer suas aparições esporádicas em outras festividades públicas. Ficamos felizes em poder partilhar daquele sentimento de honra e da centésima milésima parte de uma soberania que, naquele instante, manifestava-se em todo seu esplendor. Cada qual a seu passo, davam sequência ao cortejo as várias comitivas do marechal hereditário e dos embaixadores responsáveis por representar o voto dos seis príncipes-eleitores seculares. Nenhuma dessas comitivas era formada por menos de vinte serviçais e duas carruagens oficiais; algumas eram ainda maiores. Já as comitivas dos príncipes-eleitores eclesiásticos não pareciam ter fim, reunindo um sem--número de serviçais e funcionários de carreira. As dos príncipes-eleitores de Colônia e Trier somavam, juntas, mais de vinte carruagens oficiais; e a do príncipe-eleitor de Mainz, sozinha, trazia pelo menos o mesmo número de coches que as comitivas dos outros dois. Todos os empregados e serviçais, a pé ou a cavalo, apresentavam-se esplendidamente bem vestidos. E os senhores nas carruagens, fossem seculares ou eclesiásticos, também não perdiam a ocasião de aparecer em público em seus trajes mais ricos e nobres, exibindo todas as suas ordens e distinções honoríficas. Como seria de se esperar, no entanto, nenhuma das comitivas sobrepujaria à de Sua Alteza Imperial. Os preparadores de cavalo, os cavalos de mão, os arreios, as selas e as mantas, cada detalhe atraía para si a atenção de todos os olhares. Trazendo os camareiros imperiais e o camareiro-mor, os conselheiros particulares, o preceptor-mor da corte e o cavalariço-mor, dezesseis carruagens de gala, cada qual puxada por seis cavalos, fechavam com grande pompa essa parte do cortejo, que, a despeito do esplendor e da extensão, não formava mais que a comissão de frente de tudo o que ainda estava por vir.

As fileiras iam se concentrando cada vez mais à medida que aumentavam também a distinção e a pompa. Logo em seguida, acompanhados por um grupo seleto de empregados particulares — a maioria a pé, alguns poucos a cavalo —, surgiram os embaixadores e os príncipes-eleitores em pessoa, organizados por ordem crescente de importância,[36] cada qual em uma portentosa carruagem oficial. Imediatamente após o príncipe-eleitor de Mainz, dez arautos imperiais, quarenta e um lacaios e oito heiduques anunciavam a chegada de suas majestades. A mais majestosa dentre as carruagens oficiais — provida de vidro transparente até mesmo em sua parte posterior, decorada com pinturas, entalhes, laqueados e dourados, e inteiramente forrada por dentro com um veludo escarlate todo bordado — proporcionava-nos finalmente a tão aguardada visão do rei e do imperador em toda sua magnificência. O cortejo seguia por um caminho sensivelmente mais longo do que o habitual, em parte por necessidade, para que pudesse acomodar todas as fileiras, em parte para que se fizesse ainda mais visível a toda a multidão. Cruzando Sachsenhausen, o cortejo atravessaria a ponte, desceria a *Fahrgasse* e depois a *Zeil*. Dali tomaria a direção da parte mais central da cidade, passando pelo *Katharinenpforte*, um antigo portão de Frankfurt, que, com a ampliação dos

---

[36] Em ordem crescente de importância: o príncipe-eleitor de Colônia, depois o de Trier e, por último, o de Mainz.

limites municipais, restara apenas como um corredor de passagem. Aquele ponto nos fazia pensar o quanto os esplendores do mundo vinham crescendo e disseminando-se constantemente nos últimos anos. Depois de realizadas algumas medidas, descobriu-se que a carruagem atual do imperador não conseguiria atravessar aquela passagem – pela qual tantos príncipes e imperadores tiveram de se espremer outrora – sem danificar alguns de seus entalhes e ornamentos. Deliberou-se a esse respeito e, para evitar o desvio incômodo, decidiu-se, então, que o calçamento seria retirado e que, em seu lugar, providenciariam uma pequena rampa de acesso. Com esse mesmo intuito, aliás, todas as marquises das lojas e dos pequenos comércios de rua foram removidas, para que nem a coroa, nem a águia, nem os espíritos mais elevados acabassem se enroscando e sofrendo algum dano ao longo do caminho.

    Quando enfim aquele recipiente precioso aproximou-se de nós com tão precioso conteúdo, por mais que mantivéssemos os olhares fixos nas duas grandes personalidades que vinham ali acomodadas, não conseguíamos deixar de admirar os magníficos cavalos com seus faustos arreios e passamanes. Chamava-nos especialmente a atenção o tipo inusitado do boleeiro e de seu sota-cocheiro, ambos escanchados sobre os cavalos. Pareciam pertencer a uma outra nação, quiçá a um outro mundo, com suas capas e mantos longos de veludo preto e amarelo e seus grandes capacetes emplumados, conforme os costumes imperiais da corte. Naquele momento a aglomeração já era tanta, que não conseguíamos mais distinguir grande coisa: a guarda suíça se postava dos dois lados da carruagem imperial; o marechal hereditário, com sua mão direita, empunhava no ar a espada saxã; os marechais de campo, como comandantes da guarda imperial, seguiam a cavalo logo atrás da carruagem; vinha ainda toda a massa de pajens do imperador e, finalmente, os próprios arqueiros em suas esvoaçantes casacas de veludo negro inteiramente galonadas de ouro, sob as quais vestiam coletes vermelhos e camisões cor de couro, igualmente enfeitados com galões de ouro. Ficamos tão fora de órbita com tudo o que havia para ver, apreender e entender, que mal pudemos dar a devida atenção às guardas pessoais dos príncipes-eleitores, que, todavia, não se apresentavam de modo menos exuberante. E talvez logo tivéssemos saído das janelas de onde observávamos aquilo tudo, não fosse pelo quanto ainda desejávamos ver passar nossos magistrados, que encerravam o cortejo com quinze carruagens de dois cavalos cada, na última das quais vinha o secretário do conselho, trazendo a chave da cidade sobre uma almofada de veludo vermelho. Encheu-nos também de orgulho o fato de a companhia de granadeiros de nossa cidade ter encerrado o cortejo. Naquele dia tão solene, sentimo-nos alta e duplamente enlevados, como alemães e como cidadãos de Frankfurt.

O local de observação que havíamos escolhido era uma casa pela qual o cortejo teria de passar também quando tomasse seu caminho de volta da catedral. A missa, a música, as cerimônias e as solenidades, as predicações e as respostas, as falas e as preleções, tudo o que teria lugar na igreja, no coro da igreja e no conclave havia ainda de se estender tanto até chegar a hora do juramento do contrato de eleição, que tivemos a oportunidade de fazer uma bela ceia e de esvaziar algumas boas garrafas à saúde do velho e do novo soberano. Nesse meio-tempo, como costuma acontecer em situações semelhantes, a conversa acabaria se perdendo pelas paragens do passado; e não faltaram pessoas de mais idade que declarassem preferi-lo em detrimento do presente – ao menos no que dizia respeito ao interesse humano e a uma forma mais apaixonada de participação, que afirmavam ter então prevalecido. Na coroação de Francisco I as coisas não estavam tão bem amarradas como na que estava por se realizar. A paz ainda não havia sido selada.[37] A França, o eleitorado de Brandemburgo e o do Palatinado opunham-se à eleição. As tropas do então futuro imperador estavam estacionadas em Heidelberg, onde ele mantinha seu quartel general, e por pouco as insígnias imperiais não foram saqueadas pelos palatinos no caminho entre Aachen e Frankfurt. Por fim, as negociações seguiram seu andamento e nenhuma das partes se mostraria intransigente. Maria Teresa – mesmo com a benção em seu ventre – resolveu vir pessoalmente assistir à tão disputada coroação de seu esposo. Dirigiu-se primeiramente até a cidade de Aschaffenburg, de onde seguiria viagem de veleiro até Frankfurt. Francisco, vindo de Heidelberg, planejava encontrar sua esposa nessa mesma cidade, mas como chegou tarde demais, acabaram se desencontrando. Sem se dar a conhecer

---

37 Referência ao Tratado de Aachen, de 1748.

publicamente, lança-se então a bordo de um pequeno bote, segue no rumo de sua esposa e consegue alcançar o veleiro, de modo que, por fim, o casal apaixonado ainda pôde se alegrar com o encontro inesperado. A notícia espalha-se imediatamente, transforma-se em conto de fadas e o mundo todo cai de simpatia pelo casal afetuoso e tão copiosamente abençoado de filhos. Dizia-se que haviam se tornado tão inseparáveis desde sua união matrimonial, que, certa vez, de viagem entre Viena e Florença, insistiram em passar juntos uma quarentena que lhes fora imposta na fronteira veneziana. Maria Teresa é recebida com júbilos na cidade imperial de Frankfurt. Hospeda-se nos elegantes aposentos do *Zum Römischen Kaiser*, enquanto uma grande tenda é erguida nos descampados de Bornheim para a recepção de seu esposo. Ali, dos três príncipes-eleitores eclesiásticos, só se fez presente o de Mainz; dos príncipes-eleitores seculares, apenas os delegados da Saxônia, da Boêmia e de Hanôver. O cortejo teve então seu início e o que lhe faltava em pompa e dimensão seria amplamente compensado pela presença daquela bela mulher. Ela se põe à espera na sacada de sua tão bem situada hospedaria e, de lá, saúda seu esposo com vivas e aplausos. O povo se inflama de entusiasmo e replica seu gesto. Como as grandes personalidades também são pessoas, o povo as toma por seus iguais quando se dispõe a amá-las; e tal disposição se estabelece ainda mais facilmente quando o povo consegue enxergar nessas figuras um casal apaixonado, pais afetuosos, irmãos devotados ou amigos fiéis. Naquela memorável ocasião, toda sorte de bons augúrios foi desejada e vaticinada. Nesta, na ocasião solene que se nos fazia presente, as predições e os bons auspícios de outrora pareciam enfim se realizar na pessoa do filho primogênito daquele casal, figura com quem todos simpatizavam por sua bela compleição juvenil e em quem, por conta dos nobres talentos que se anunciavam em sua pessoa, o mundo todo depositava as mais altas esperanças.

Já nos havíamos perdido completamente entre passado e futuro quando alguns amigos, que acabavam de chegar, chamaram-nos de volta ao presente. Eram daqueles que conheciam o valor de uma novidade e, por isso, apressavam-se para serem os primeiros a anunciá-la. Traziam uma história sobre uma faceta bastante humana daquelas pessoas tão distintas que acabáramos de ver passar na mais alta pompa. Ficara combinado que, em seu caminho de volta do castelo em Heusenstamm, antes de chegar à primeira das tendas, o rei, o imperador e o landgrave de Darmstadt[38] se encontrariam rapidamente na floresta. Este, um velho fidalgo que já estava nas últimas, insistira em ver ainda mais uma vez o Senhor a quem, em outros tempos, havia devotado toda sua dedicação. Ambos se recordaram, então, do dia em que o landgrave levara a Heidelberg o decreto dos príncipes-eleitores, nomeando Francisco como sacro-imperador; e se recordaram, também, da fidelidade inabalável jurada pelo landgrave em retribuição aos presentes tão preciosos que recebera. O encontro entre as duas distintas figuras se deu em meio a um pinheiral e o mais velho teria precisado se apoiar num abeto para poder dar continuidade à conversa, que, de ambas as partes, não teria ocorrido sem fortes emoções. Mais tarde, aquele local foi batizado de modo bastante singelo, e eu e meus amigos o vistamos inúmeras vezes em nossas caminhadas.

Foi assim que passamos aquelas horas, lembrando do velho, ponderando o novo, até que finalmente o cortejo despontou novamente diante de nossos olhos, desta feita numa forma mais compacta e abreviada. Pudemos então perceber melhor os detalhes e observá-los com mais atenção, gravando-os em nós para o futuro.

A partir daquele momento, uma agitação contínua voltou a tomar conta da cidade, pois até que todos aqueles que tinham a prerrogativa e o dever de render seus respeitos aos soberanos se apresentassem diante deles, um vaivém sem fim acabaria se formando, dando-nos a oportunidade de conferir, em detalhes, as idas e vindas das comitivas de cada uma daquelas altas personalidades.

Era chegada enfim a hora das insígnias. E como também nesse caso não podiam faltar as disputas de sempre, as preciosas divisas imperiais acabaram tendo de esperar por meio dia em pleno descampado, até o cair da noite – tudo por causa de uma querela quanto aos direitos territoriais e de escolha entre o príncipe-eleitor de Mainz e a cidade de Frankfurt. Por fim, esta acabou concordando que o grupamento de Mainz acompanhasse as insígnias até a cancela da cidade e, com isso, ao menos por ora, a história se dava por resolvida.

---

38 Luís VIII, landgrave de Hessen-Darmstadt, com 73 anos nessa ocasião.

Durante aqueles dias todos, não tive um instante sequer só para mim. Em casa havia sempre alguma coisa para escrever ou copiar; queríamos, mas também devíamos ver tudo o que acontecia. E assim, depois de uma segunda quinzena que, para nós, fora especialmente festiva, o mês de março ia chegando a seu fim. Eu havia prometido à Gretchen uma exposição fidedigna e detalhada dos últimos acontecimentos e também do que se podia esperar do dia da coroação. O grande dia se aproximava, mas eu tinha mais ideia de como eu pretendia lhe contar tudo, do que das coisas todas que havia para serem contadas. Com esse propósito único e exclusivo, revisei então rapidamente tudo aquilo que passara até então por meus olhos ou por minha caneta de secretário. Certa noite – que já se ia tarde –, consegui finalmente passar em sua casa. E me sentia antecipadamente orgulhoso pela exposição que estava prestes a fazer e que deveria alcançar muito mais sucesso do que a primeira, feita apenas de improviso. Mas quantas vezes algo que acontece espontaneamente não nos proporciona mais alegria – a nós mesmos e, através de nós, aos outros – do que aquilo que havíamos planejado tão decididamente. O grupo que encontrei naquela noite era mais ou menos o mesmo de sempre, com a exceção de alguns poucos estranhos. Todos se entretinham com seus jogos; somente Gretchen e o primo mais novo viriam se juntar a mim na mesa de ardósia. A dileta moça expressava graciosamente sua satisfação por ter passado por cidadã de Frankfurt – mesmo sendo estrangeira – no dia da eleição e, assim, ter podido assistir àquele espetáculo ímpar. Agradecia-me imensamente por eu ter sabido cuidar dela e por ter lhe aberto tantas portas com a ajuda de bilhetes, avisos, amigos e demais recomendações, tudo sempre intermediado por Pílades.

Gretchen adorava ouvir histórias sobre as joias imperiais. Prometi-lhe que um dia iríamos vê-las juntos, se possível. Ela fez algumas observações jocosas quando soube que o jovem rei havia feito previamente a prova da coroa e das vestes imperiais. E como eu sabia de onde ela assistiria às solenidades e às festividades do dia da coroação, pude preveni-la de tudo o que havia de acontecer nessa ocasião e também das coisas que ela poderia observar especialmente bem do local em que estaria.

Foi assim que acabamos nos esquecendo de pensar na hora; e já era mais de meia-noite quando me dei conta de que, por uma infelicidade, não havia trazido comigo as chaves de casa. Sem elas eu não conseguiria entrar em casa, a não ser que causasse grande alvoroço. Falei-lhe de minha situação constrangedora.

— No fim – disse ela –, o melhor é que o grupo todo fique aqui mesmo.

Os primos e aqueles moços estranhos já haviam cogitado a ideia de passar a noite por ali, pois não sabiam onde poderiam encontrar outra acomodação. A história logo se resolveu. Gretchen levantou-se e foi fazer um café, logo depois de nos trazer um grande lampião de metal, tamanho-família, com pavio, óleo e já aceso, uma vez que as velas do salão começavam a se apagar.

O café nos deixou acordados ainda por algumas horas, mas, de pouco em pouco, o jogo foi arrefecendo, as conversas foram minguando, a mãe acabou adormecendo na grande poltrona e os rapazes de fora, cansados da viagem, já cochilavam pela sala. Pilades e sua namorada estavam sentados em outro canto. Ela havia deitado a cabeça sobre seu ombro e adormecera, e ele também não dava ares de quem ficaria acordado por muito tempo. O primo mais novo, sentado do outro lado da mesa de ardósia, bem a nossa frente, dormia no aninhado de seus braços cruzados. Eu estava sentado no canto da janela, ao lado de Gretchen. Conversávamos baixinho, até que finalmente o sono pesou, ela encostou sua cabeça em meu ombro e logo adormeceu. Fiquei ali sozinho e acordado na mais inusitada das situações; mas também a mim o amável irmão da morte soube logo acalmar. Peguei no sono e só fui despertar em plena luz do dia. Gretchen já estava de pé, diante do espelho, ajeitando sua touca; parecia mais afetuosa do que nunca e apertou-me as mãos calorosamente quando nos despedimos. Pus-me logo na direção de casa, mas esgueirando-me por um caminho alternativo. É que meu pai havia construído – não sem alguma resistência de nosso vizinho – uma pequena abertura no muro que dava para a rua ao lado,[39] de modo que evitávamos voltar por ali quando não queríamos ser surpreendidos por ele. Naquela manhã, minha mãe, que como mediadora sempre se colocava ao nosso lado, justificara minha ausência no chá matinal, sugerindo que eu havia saído bem cedo de casa. No final das contas, aquela noite inocente não resultaria em nenhuma consequência mais desagradável.

---

39 Trata-se da rua *Kleiner Hirschgraben*.

Pensando bem, em geral aquele universo tão infinitamente diversificado que me rodeava não me impressionava tanto assim. Não tinha interesse senão em observar os aspectos exteriores de tudo; e não me via envolvido em nenhuma outra atividade para além daquelas tarefas de que me encarregavam meu pai e o senhor von Königsthal — que ao menos conseguiam me deixar a par do compasso interno das coisas. Na verdade, meu mundo se voltava então inteiramente para Gretchen e não me passava pela cabeça nenhum outro propósito além de observar e compreender o que fosse possível, para, em seguida, poder repetir e explicar tudo a ela. Vez ou outra chegava a descrever à meia-voz o cortejo que passava diante de mim, apenas para memorizar melhor cada detalhe e, depois, receber de minha beldade os elogios pelo prodígio de minha atenção e precisão. A aprovação e o reconhecimento dos outros eram para mim completamente secundários.

Eu chegaria até a ser apresentado a algumas dessas personalidades nobres e distintas, mas elas ou não tinham tempo para ficar se ocupando de outras pessoas ou não sabiam muito bem como conversar com pessoas mais jovens — tampouco como colocá-las realmente à prova. Eu, de minha parte, também não era exatamente muito hábil em fazer com que as pessoas ficassem à vontade em minha presença. Em geral, ganhava sua simpatia, mas não sua aprovação. Sempre completamente envolvido com aquilo que me ocupava, não me preocupava muito em saber se estava sendo conveniente ou não. Na maior parte das vezes, era ou demasiadamente entusiasmado ou demasiadamente retraído; e passava a impressão de ser ora inoportuno e invasivo, ora opinioso e turrão, conforme as pessoas mais me atraíssem ou me afastassem. Assim, embora fosse considerado um caso promissor, tomavam-me, em regra, como alguém deveras esquisito.

Finalmente raiou o dia 3 de abril de 1764, o dia da coroação. O tempo estava bom e as pessoas todas, em plena agitação. Haviam reservado para mim, junto a outros parentes e amigos, um bom lugar num dos andares superiores do próprio Römer, de onde poderíamos acompanhar tudo perfeitamente. Fomos os primeiros a chegar e, na perspectiva aérea que tínhamos de nosso lugar, conseguíamos avistar os preparativos, cuja montagem havíamos acompanhado mais de perto no dia anterior. Víamos uma fonte recém-construída, com duas grandes cubas à esquerda e à direita, nas quais uma águia de duas cabeças, pousada sobre um pilar, vertia, de cada um de seus bicos, vinho branco de um lado e vinho tinto do outro. Víamos um grande monte de aveia. E víamos também um grande alpendre de madeira, sob o qual, já há alguns dias, assava-se um boi gordo inteiro num espeto gigantesco sobre carvão em brasa. Àquela altura, todos os pontos de acesso ao Römer, saindo deste ou indo em sua direção, já se encontravam bloqueados e vigiados de ambos os lados. A grande praça diante da prefeitura começava paulatinamente a se encher. E a multidão se agitava cada vez mais intensamente, já que a massa de gente tendia a se deslocar em bloco para o local em que algo de novo ou de especial acontecia ou era anunciado.

Apesar do alvoroço, reinava uma atmosfera relativamente tranquila e, quando enfim soaram os sinos, o povo todo pareceu de repente tomado de assombro e admiração. O que primeiramente chamou a atenção de quem, como nós, tinha a vista de toda a praça, foi o cortejo em que os senhores de Aachen e Nürnberg conduziam as joias do império até a catedral. Em sua condição de paládio imperial, as joias ocupavam os primeiros assentos na carruagem, enquanto os delegados que as acompanhavam, em sinal de respeito, vinham sentados mais atrás, diante delas. Os três príncipes-eleitores entraram na catedral logo em seguida e, após a transmissão das insígnias ao príncipe-eleitor de Mainz, a coroa e a espada foram levadas imediatamente até as instalações do imperador. Enquanto isso, as principais personalidades e também os espectadores na igreja acompanhariam os outros preparativos e as demais cerimônias — como nós, que conhecíamos todos os procedimentos, bem podíamos imaginar.

Diante de nossos olhos vimos então chegar os enviados que vinham apanhar o baldaquim no Römer, de onde a peça seria carregada por suboficiais até as instalações imperiais. Nesse mesmo instante, o marechal hereditário, conde de Pappenheim, monta em seu cavalo; era um senhor belo e elegante, excepcionalmente bem vestido num traje à espanhola, com seu rico colete, mantéu dourado, chapéu alto e emplumado e os cabelos lustrosos e esvoaçantes. Ele se põe então em movimento e, aos primeiros dobres de todos os sinos, os enviados passam a acompanhá-lo em direção às instalações imperiais, com ainda mais pompa e requinte do que no dia da eleição. Nós bem que desejamos poder acompanhá-los, mas muitos seriam ainda os lugares aonde gostaríamos de ir e onde gostaríamos de estar naquele dia. Nesses intervalos, aproveitávamos para contar uns aos outros o que imaginávamos estar acontecendo naquele exato momento.

— Agora o imperador deve estar colocando suas vestes dinásticas – dizíamos –, vestimentas novas, preparadas segundo o modelo dos antigos trajes carolíngios. Depois os oficiais hereditários irão receber as insígnias e montarão seus cavalos. O imperador, todo paramentado, e o novo rei romano, em sua indumentária espanhola, ambos também subirão em seus corcéis e, no momento em que isso acontecer, as primeiras fileiras do imenso cortejo já terão se anunciado novamente à nossa vista.

Não tardaria para que nossos olhos voltassem a ser como que fustigados pela quantidade de serviçais e de demais funcionários tão ricamente trajados, bem como por toda a nobreza que voltava a desfilar seu ar estatal diante de nós. E nossa vista mal pôde dar conta de tudo quando, em seus pomposos cavalos, começaram a se aproximar lentamente os embaixadores dos príncipes-eleitores, os oficiais hereditários e, por último, sob o baldaquim tão rico e finamente bordado – carregado por doze conselheiros municipais –, o imperador, em suas vestes românticas, e, logo atrás, à sua esquerda, seu filho, trajado à espanhola. Bem que desejávamos, como que por meio de uma fórmula mágica, fixar aquelas imagens por um só instante que fosse; mas o cortejo esplendoroso seguiu seu curso até a igreja e o espaço que deixava atrás de si era logo preenchido pela multidão.

De repente, um outro empurra-empurra agitaria de novo a multidão, pois era preciso abrir uma passagem do mercado até a entrada do Römer e montar ali uma passarela de tábuas, sobre a qual o cortejo deveria passar ao retornar da catedral.

Tudo o que havia de acontecer na catedral, todo o cerimonial que prepararia e acompanharia a unção, a coroação e a investidura de cavaleiro, deixáramos para que nos fosse relatado mais tarde por aqueles que sacrificariam várias outras coisas apenas para estarem presentes na igreja naquele momento.

Aproveitamos o intervalo para fazer uma refeição frugal – no dia da festividade mais importante que vivenciaríamos em nossas vidas, tivemos de nos contentar com uma comida ligeira e fria. Em contrapartida, os melhores e mais envelhecidos vinhos de Frankfurt haviam deixado as adegas de todas as famílias — ao menos desse ponto de vista, podíamos conferir um gostinho de ancestralidade à comemoração daquela festividade ancestral.

Na praça, o que havia então de novo para se ver era a passarela que estavam em vias de preparar, toda coberta por um pano vermelho, amarelo e branco; sobre ela veríamos passar, dali em breve, o imperador, que depois de termos visto sentado em sua carruagem e montado em seu cavalo, veríamos agora desfilar a pé. E, por mais estranho que parecesse, era assim que preferíamos vê-lo, pois esse último nos parecia o modo mais natural e também o mais distinto de se apresentar.

As pessoas de mais idade que haviam presenciado a coroação de Francisco I contaram-nos que Maria Teresa, com sua beleza desmedida, havia assistido às festividades da janela de uma sacada da casa Frauenstein, logo ao lado do Römer. E no momento em que seu esposo retornava da catedral em seus trajes tão peculiares, apresentando-se a ela qual um fantasma de Carlos Magno, ele teria erguido suas mãos jocosamente e oferecido a ela a orbe imperial, o cetro e suas estranhas luvas. Maria Teresa teria então desatado a rir desbragadamente. Aqueles que assistiam à cerimônia se deleitaram imensamente com a cena, pois, com seus próprios olhos, puderam ver, no casal mais importante de toda a cristandade, o sinal de um relacionamento natural e saudável entre marido e mulher. E quando a imperatriz, para retribuir a saudação de seu esposo, acenou com seu lenço e gritou um viva alto e forte, o povo todo teria transbordado de entusiasmo e alegria, desatando a bradar sem fim seus votos de felicidade.

Ouvimos um novo dobre dos sinos e as primeiras fileiras do longo cortejo, que já vinham desfilando lentamente sobre a passarela colorida, anunciavam que tudo estava feito. Nossa atenção era ainda maior do que antes, pois podíamos ver o cortejo, que vinha direto em nossa direção, em toda sua riqueza de detalhes. Como num corte horizontal, observávamos seu deslocamento pela praça totalmente tomada pelo povo. No entanto, era muita a pompa para tão pouco espaço: os enviados, os oficiais hereditários, o imperador e o rei sob o baldaquim, os três príncipes-eleitores eclesiásticos que se juntaram ao cortejo, os senhores do conselho municipal, vestidos de preto, e o dossel bordado de dourado; tudo junto formava uma só massa movida explêndida e harmonicamente por *um único* desejo. E conforme o cortejo deixava o templo ao som dos sinos e vinha se aproximando de nós com todo seu esplendor, ganhava ares de algo sagrado.

Uma festividade de caráter político e religioso costuma ter um grande poder de atração. Temos então a oportunidade de ver, diante de nós, a majestade terrena, rodeada de todos os símbolos de seu poder. E quando esta se inclina diante da majestade celestial, evidencia-nos, com seu gesto, o que ambas tem em comum, pois o indivíduo só consegue demonstrar sua afinidade com o divino ao venerá-lo e ao sujeitar-se a ele.

Os gritos de exultação que vinham da praça do mercado em nossa direção repercutiam então por toda a praça diante da prefeitura. Um enorme viva ressoava de milhares e milhares de gargantas; e, sem dúvida, também do coração. Pois aquela grande comemoração antecipava a garantia de uma paz duradoura, que efetivamente tomaria conta da Alemanha por longos anos.

Alguns dias antes, anunciara-se oficialmente que nem a passarela nem a águia sobre a nova fonte teriam acesso liberado ao povo, como de costume. O propósito era precaver-se dos acidentes inevitáveis que, em geral, ocorriam em aglomerações daquela natureza. Mas, para satisfazer minimamente o gênio da massa, algumas pessoas foram designadas para, logo após a passagem do cortejo, despregarem da passarela o pano colorido, enrolá-lo faixa por faixa e lançá-lo ao povo. Embora isso não viesse causar maiores acidentes, geraria uma situação ridiculamente constrangedora, pois o pano se desenrolaria no ar e acabaria cobrindo uma quantidade maior ou menor de pessoas, dependendo de onde caísse. Aqueles, então, que agarravam as pontas das faixas e puxavam-nas em sua direção, acabavam arrastando, derrubando no chão e amedrontando as pessoas que ficavam presas no meio do pano; e assim se seguiria o alvoroço até que cada um conseguisse, a seu modo, rasgar ou recortar para si um retalho daquele tecido sacralizado pelos passos das majestades.

Não fiquei acompanhando por muito tempo aquela diversão selvagem, pois deixei o lugar onde estava, apressando-me pelas pequenas escadas e pelos corredores até chegar à grande escadaria do Römer, por onde deveria passar em instantes a massa tão distinta e ilustre que eu havia observado à distância. A aglomeração ali não era tão grande, pois as vias de acesso à prefeitura estavam bem guardadas, de modo que, para minha sorte, ainda consegui um lugar junto à balaustrada de ferro. Todas aquelas figuras mais insignes passariam então por mim e, enquanto as comitivas aguardavam um pouco mais embaixo, nos corredores abobadados do Römer, eu poderia observar as personalidades mais importantes bem de perto e em todas as perspectivas, já que a escadaria tinha três lances.

Enfim passaram por mim as duas majestades. Pai e filho vestidos exatamente do mesmo modo, como menecmas. As vestes dinásticas do imperador, de seda púrpura, ricamente ornada de pérolas e outras pedras preciosas, assim como a coroa, o cetro e a orbe imperial eram de encher a vista, pois tudo ali era novo e imitava com muito bom gosto a tradição ancestral. O velho soberano parecia muito à vontade em seu traje, e seu semblante nobre e leal revelava a figura do imperador e do pai. Já o jovem rei, como se fantasiado, vinha se arrastando em sua enorme vestimenta com as joias de Carlos Magno. Por conta disso, de tempos em tempos, não podia conter o riso ao olhar para seu pai. A coroa, que tivera de ser inteiramente forrada, mais parecia um beiral que se projetava de sua cabeça. A dalmática e a estola, por mais bem ajustadas e costuradas que estivessem, também não lhe caíam assim tão bem. O cetro e a orbe eram objeto de grande admiração, mas não se podia negar que teria sido preferível ver passar ali uma figura mais correspondentemente poderosa, que causasse maior impacto quando vestida e ornamentada por aquelas vestes.

Nem bem os portões do grande salão se fecharam novamente atrás daquelas figuras, subi de volta ao meu lugar que, tomado então por outras pessoas, eu não conseguiria reaver senão com alguma dificuldade.

Foi, aliás, o momento perfeito para recuperar meu lugar à janela, pois o evento público mais memorável estava prestes a acontecer. Todo o povo voltava-se para o Römer, e um reiterado grito de viva dava-nos a entender que o rei e o imperador, com todos os seus paramentos, haviam saído à janela da sacada do grande salão e apresentavam-se à multidão. Não estavam ali, porém, apenas como objeto daquela encenação, mas também para assistir a um raro espetáculo que estava por começar. Antes de qualquer outro, o belo e elegante marechal hereditário lançou-se agilmente sobre seu corcel. Tendo deixado de lado sua espada, na mão direita segurava um vasilhame de prata pela alça – que fazia as vezes de medida padrão – e, na mão esquerda, uma lâmina usada como rasa. Cavalgou então por sobre as barreiras de isolamento até o grande monte de aveia, saltou sobre ele, encheu o vasilhame, rasou-lhe o excesso de aveia com a lâmina e trouxe a medida de volta com grande elegância e primor. Ficava assim garantida simbolicamente a provisão dos estábulos imperiais. Em seguida, o camareiro hereditário cavalgaria até o mesmo local e traria de lá uma bacia, com um jarro e uma toalha de mão. Porém, ainda mais divertido aos olhos dos espectadores seria o escudeiro hereditário, que partiria em busca de um pedaço de carne assada. Como os outros, ele também saiu cavalgando com uma travessa nas mãos, saltou as barreiras de isolamento até chegar à cozinha improvisada sob o alpendre de madeira, retornando logo em seguida ao Römer, com a travessa cheia e coberta. Dando seguimento ao espetáculo simbólico, era a vez então do copeiro hereditário, que cavalgou até a nova fonte para buscar vinho, garantindo assim o aprovisionamento da mesa imperial. Mas só mesmo o tesoureiro hereditário conseguiria concentrar a atenção de todos os olhares, já que lhe cabia atirar moedas ao povo. Montou seu belo corcel, de cujas laterais, em vez das aljavas em que se costumava portar as pistolas, pendiam, presos à sela, dois ostentosos alforjes bordados com o brasão do príncipe-eleitor palatino. E mal se pôs em movimento, já meteu a mão nos alforjes e arremessou fartamente, à direita e à esquerda, alternadamente, moedas de ouro e de prata, que, quando em pleno ar, reluziam radiantes qual chuva de metal. No mesmo instante, milhares de mãos esticavam-se bem alto para tentar apanhar o dom; mas nem bem as moedas começavam a cair, a massa já se punha toda abaixo, disputando violentamente cada uma das peças espalhadas pelo chão. E como, à medida que o doador avançava, esse mesmo movimento repetia-se reiteradamente de ambos os lados, formava-se uma cena hilária que entretinha os observadores. Por fim o cavaleiro ainda atirava os próprios alforjes à multidão, que eram então disputados ferozmente como o prêmio mais precioso.

    A essa altura, as majestades já haviam se retirado da sacada. Era o momento de se oferecer outras prendas ao povo, que, nessas situações, costuma preferir tomar de assalto os dons a recebê-los calma e gratamente. Em tempos mais marcados pela crueza e pela brutalidade, imperava o costume de liberar para o povo a aveia, tão logo o marechal hereditário apanhasse sua medida, a fonte, depois que o copeiro hereditário fizesse sua parte, e a cozinha, assim que o camareiro hereditário cumprisse seu dever de ofício. Desta vez, porém, para evitar eventuais acidentes, procurou-se, tanto quanto possível, instalar alguma ordem e moderação. É claro que as traquinadas de sempre não deixaram de ter seu lugar, como quando alguém saía com um saco de aveia nas costas e logo aparecia um outro para lhe furar o fardo, e outras peraltices do gênero. Mas no que diz respeito à carne assada, como de costume, também se travava uma verdadeira batalha. A contenda se dava por grupos e, como mandava a tradição, duas corporações, a dos açougueiros e a dos adegueiros, haviam se posicionado de tal modo que uma delas acabaria ficando com o gigantesco assado. Os açougueiros achavam-se no direito de ficar com o boi que eles mesmos haviam entregado inteiro à cozinha; os adegueiros, em contrapartida, também reclamavam seu direito, fosse porque a cozinha se instalara nas imediações de sua corporação, fosse porque, na última disputa, haviam saído vencedores – como ainda se podia perceber nos chifres do touro então conquistado, que saíam, janela afora, do outão da casa em que a corporação se reunia. Ambas as corporações eram bastante numerosas e compostas por membros fortes e valorosos, mas não guardo mais a lembrança de quem teria conquistado aquela vitória.

Em geral, uma festa como essa costuma se encerrar com algum evento perigoso e aterrador; e, de fato, quando a cozinha improvisada sob o alpendre foi finalmente liberada para o povo, deu-se um momento tenso e apavorante. Em poucos instantes o telhado de madeira já fervilhava de gente, sem se saber como as pessoas haviam subido até lá; suas tábuas foram então todas arrancadas e atiradas ao chão. À distância, tinha-se a impressão de que alguma daquelas madeiras havia acertado fatalmente as pessoas que por ali se amontoavam. Num piscar de olhos, o alpendre havia sido todo posto a nu e algumas pessoas ainda se penduravam na armação do telhado, tentando arrancar também essas peças de seus encaixes. E havia mesmo quem se balançasse em suas vigas, enquanto, na parte de baixo, os postes de sustentação já eram serrados, fazendo com que a estrutura toda dançasse de um lado para o outro e ameaçasse ruir a qualquer instante. As pessoas mais sensíveis simplesmente desviavam o olhar, e todo mundo aguardava a desgraça iminente. Mas não se ouviu falar de nenhum dano mais grave; apesar da violência e da brutalidade, tudo terminaria bem.

Era sabido de todos que, dentro em breve, o rei e o imperador deixariam o gabinete – para onde haviam ido depois de deixar a sacada – e dirigiriam-se para o grande salão nobre do Römer, onde teria lugar o banquete. Pudemos admirar todos os seus preparativos no dia anterior e não havia nada que eu desejasse mais do que dar uma espiada salão adentro. Por isso, tomei meus atalhos de sempre e fui até a grande escadaria que se ergue diante das portas do salão. Dali pude observar, não sem alguma surpresa, o modo particular como, nesse dia, aquelas personalidades tão distintas declaravam sua submissão ao líder soberano do império. Quarenta e quatro condes passaram por mim trazendo travessas de comida da cozinha, todos tão pomposamente vestidos que o contraste de sua excelsa figura com a ação executada podia acabar confundindo as ideias de um menino. Ainda que os convivas não fossem tão numerosos, o espaço restrito da sala criava uma impressão de aglomeração. As portas do salão eram guardadas por sentinelas, mas os privilegiados entravam e saíam a seu bel-prazer. Nesse vaivém, avistei um oficial da casa palatina e perguntei-lhe se ele não poderia me fazer entrar consigo. Sem muito pestanejar, passou-me logo um dos recipientes de prata que trazia, o que de sua parte só pôde fazer por eu estar igualmente bem vestido. E foi assim que consegui entrar naquele santuário. O bufê palatino ficava logo à esquerda, junto à porta, e depois de alguns poucos passos salão adentro eu já me via a seu lado, dentro da área restrita.

Do lado oposto do salão, junto às janelas e sobre uma plataforma mais elevada, o imperador e o rei, com todos os seus paramentos, encontravam-se sentados em seus tronos sob os baldaquins. Coroa e cetro, porém, repousavam sobre almofadas douradas, a certa distância. Os três príncipes-eleitores tomavam lugar cada qual sobre seu pequeno tablado, tendo atrás de si seus respectivos bufês: o príncipe-eleitor de Mainz, diretamente diante de Suas Majestades; o de Trier, à direita; e o de Colônia, à esquerda. Dava gosto de ver essa parte mais elevada e distinta do salão, fazendo-nos pensar que os homens de igreja gostam de aproveitar, tanto quanto possível, a companhia de seu Senhor. Já os bufês e as mesas do restante dos príncipes-eleitores seculares, tão suntuosamente preparados, mas completamente abandonados por seus senhores, fazia-nos pensar na precariedade da relação que, ao longo dos últimos séculos, fora se instalando aos poucos entre os príncipes e a figura de seu imperador. Até mesmo seus embaixadores haviam se retirado, pois seu banquete teria lugar em uma sala ao lado. E se a maior parte do salão ganhava ares fantasmagóricos com aquele serviço majestoso para convivas invisíveis, era ainda mais triste de se ver a mesa que se armara bem em meio ao salão. Ali também se viam apenas lugares vazios, pois, por uma questão de educação e para evitar comprometer sua honra naquele dia que era o dia da maior das honrarias, aqueles que tinham o direito de se sentar àquela mesa haviam simplesmente se ausentado, ainda que se encontrassem todos na cidade naquela ocasião.

Nem minha idade nem o calor dos acontecimentos me permitiriam, então, continuar com minhas lucubrações. Só me esforçava para apreender cada detalhe que meus olhos conseguissem ver. Quando a sobremesa foi servida e os embaixadores retornaram ao salão para prestar seus respeitos, aproveitei a ocasião para sair em busca de um pouco de ar livre e fui direto para a casa de amigos nas vizinhanças, onde pude me recobrar de um dia parcialmente em jejum e me preparar para o espetáculo das iluminações da noite.

Planejava comemorar aquela noite esplendorosa de modo prazeroso e agradável, e combinara de me encontrar mais tarde em algum lugar com Gretchen, Pilades e sua namorada. A cidade já resplandecia por todos os cantos quando me juntei a meus queridos amigos. Ofereci a Gretchen meu braço e seguimos muito felizes, um na companhia do outro, de vizinhança em vizinhança. No início os primos também se haviam agregado ao grupo, mas foram se dispersando aos poucos em meio ao mundaréu de gente. Diante das casas de alguns dos embaixadores, deslumbrantemente iluminadas – com grande destaque para a do eleitorado palatino –, a claridade era tão forte quanto em plena luz do dia. Para não me deixar reconhecer, encafuava-me como podia, não sem contar com a aprovação de Gretchen. Ficávamos admirando as tão variadas decorações luminosas e, como que saídas de um conto de fada, também as construções flamejantes, com as quais os embaixadores pretendiam se destacar em relação aos outros. Os arranjos decorativos do príncipe Esterhazy, porém, superavam todas as expectativas. Sua criatividade e seu cuidado na preparação de tudo haviam deixado nosso pequeno grupo estupefato; e estávamos justamente entretidos com cada um de seus detalhes, quando encontramos novamente os primos, que nos deram a notícia da iluminação fulgurosa com que o embaixador de Brandemburgo havia enfeitado sua vizinhança. Não nos importamos com a longa caminhada do Rossmarkt até o Saalhof, mas, quando lá chegamos, descobrimos que nos haviam pregado uma bela de uma peça.

O lado do Saalhof que se volta para o rio Meno dá vistas a uma construção formosa e bem proporcional; já o lado que se volta para a cidade tem uma aparência velha, desproporcional e desinteressante. Janelas pequenas, de formas e tamanhos diferentes, nem bem alinhadas, nem proporcionalmente espaçadas uma das outras. Portas e portões completamente assimétricos. E um piso térreo que se transformara quase inteiramente em lojinhas de quinquilharias, compondo uma fachada desconexa, que não atrai os olhares de ninguém. Ali a decoração acompanhara o desenho caótico, irregular e desordenado da arquitetura, contornando cada janela, cada porta, cada abertura isoladamente – exatamente como se fazia numa casa bem construída; com isso, no entanto, a mais disparatada e destrambelhada das fachadas de Frankfurt acabaria sendo colocada ainda em maior evidência. Por mais que tivéssemos nos divertido como que com as brincadeiras de um Pagliasso,[40] também ficaríamos cismados com o propósito por trás daquilo. Mas como já havíamos glosado antes os modos de Plotho, de resto muito admirado por nós, e como em geral éramos simpáticos a sua figura, admirando sobretudo seu espírito satírico, que, como seu rei, colocava-o acima de qualquer fórmula cerimonial, resolvemos simplesmente deixar por isso mesmo e retornar ao mundo encantado de Esterhazy.

Para reverenciar aquele dia tão memorável, esse honorável embaixador ultrapassara todos os limites de sua tão mal situada vizinhança, mandando decorar também a grande esplanada de tílias junto ao Rossmarkt. Em sua entrada havia um portal iluminado em cores e a parte posterior reservava uma vista ainda mais esplêndida. O contorno de todo o espaço fora demarcado por lampiões. Entre as árvores, pirâmides e esferas luminosas apoiavam-se sobre pedestais transparentes. Guirlandas luziam de uma árvore a outra e delas pendiam candelabros. Pães e salsichas eram distribuídos fartamente em vários lugares para o povo e tampouco vinho havia de faltar.

---

40 Bufão da comédia italiana (*bajazzo*).

Nós quatro passeávamos ali completamente felizes de um lado para o outro. Ao lado de Gretchen, sentia-me de fato como se andasse pelos ditos Campos Elísios, em que se podiam colher das árvores taças de cristal que logo se enchiam do vinho que mais desejássemos e em que os frutos colhidos se transformavam em toda espécie de iguaria. O passeio acabaria nos despertando essas mesmas vontades e, guiados por Pilades, logo encontramos um restaurante bastante agradável. E como não houvesse ali mais nenhum outro cliente, já que todo mundo perambulava pelas ruas, pudemos nos sentir ainda mais em casa e passar a maior parte da noite aproveitando aquela sensação tão especial de amizade, amor e simpatia. Acompanhei Gretchen até a porta de sua casa e, quando lá chegamos, a moça deu-me um beijo na testa. Era a primeira e última vez que me faria tal gentileza, pois infelizmente eu nunca mais a veria de novo.

Na manhã seguinte, eu ainda estava na cama quando minha mãe entrou inquieta e ansiosa em meu quarto. Era muito fácil perceber em seu semblante quando algo a perturbava.

— Levante-se — disse ela — e trate de se preparar para ouvir algo bem desagradável. Ficamos sabendo que você tem andado em péssima companhia e tem se envolvido nos piores e mais perigosos negócios. Seu pai está completamente fora de si. O melhor que conseguimos foi convencê-lo a deixar que uma terceira pessoa cuidasse do caso. Fique em seu quarto e aguarde pelo que te espera. O conselheiro Schneider virá falar contigo, em nome de seu pai e das autoridades locais, pois a questão toda já está sob investigação e pode acabar tomando um rumo ainda pior.

Logo vi que tomavam a coisa toda por algo muito mais sério do que de fato era. Mas não pude deixar de temer que acabassem por descobrir o que realmente havia por trás de todas aquelas circunstâncias. Meu velho companheiro de *Messias*[41] finalmente chegou e veio ter comigo, os olhos todos marejados. Segurou-me pelo braço e disse:

— Sinto muito por lhe render essa visita em razão de tais circunstâncias. Não imaginei que você fosse capaz de se deixar desencaminhar dessa

---

41 Referência aos episódios em torno da recepção do *Messias*, de Klopstock, no Terceiro livro de *Poesia e verdade*. (N.T.)

maneira. Mas o que não fazem os maus exemplos e a má companhia. É assim que, passo a passo, um jovem inexperiente acaba sendo conduzido a cometer um crime.

— Não tenho ciência de ter feito nada de recriminável — repliquei —, tanto menos de ter andado em má companhia.

— Não se trata, agora, de sua defesa — disse ele, podando-me logo a palavra —, mas, sim, de uma investigação; de sua parte, só esperamos uma confissão sincera.

— O que é que se deseja saber? — perguntei. Ele tomou assento, pegou uma folha de papel e começou com as perguntas:

— Você não recomendou a seu avô, como seu protegido, o fulano... para o cargo de...?

— Sim.

— E onde foi que você o conheceu?

— Num passeio.

— Na companhia de quem?

Hesitei por um instante, pois não estava disposto a denunciar meus amigos.

— Seu silêncio não vai ajudar em nada — prosseguiu ele —, pois já sabemos o bastante de tudo.

— De tudo o quê? — perguntei.

— Que essa pessoa lhe foi apresentada por outros de seus companheiros, por exemplo, por...

O conselheiro Schneider mencionou o nome de três pessoas de quem eu nunca ouvira nem mesmo falar e foi isso o que tentei lhe explicar em seguida.

— Você quer dizer então — prosseguiu ele — que não conhece essas pessoas, apesar de tê-los encontrado inúmeras vezes.

— Não tenho a menor ideia de quem sejam — repliquei —, pois, como já disse, além do primeiro fulano, não conheço mais nenhum desses outros. E mesmo aquele um eu nunca mais vi na casa de ninguém.

— Mas você não tem ido frequentemente a um local na rua...?

— Não, de modo algum — retruquei.

Isso não era exatamente a expressão da verdade. Certa ocasião eu acompanhara Pílades até a casa de sua namorada, que morava na tal rua. Mas nós havíamos entrado naquele endereço pela porta dos fundos e não fomos além da pequena casa no quintal. Por isso, achava que podia me permitir tal evasiva, alegando nunca ter estado naquele lugar.

O bom homem continuou com suas perguntas, às quais só podia negar, já que, de fato, não tinha a menor ideia do que ele procurava saber. Até que o homem acabou se irritando comigo e não pôde mais se conter:

— Você não está sabendo valorizar muito bem minha boa vontade. Se estou aqui é para salvá-lo. Você não há de negar que escreveu uma série de cartas e outros textos para essas pessoas, ou para seus cúmplices, auxiliando-os, assim, a pregar suas peças de mau gosto. Se estou aqui é para salvá-lo, pois estamos falando de nada mais nada menos do que da falsificação de assinaturas, de testamentos falsos, de promissórias adulteradas e de coisas semelhantes. Não vim até aqui apenas como um amigo da família. Venho em nome e sob ordem das autoridades locais, que, por consideração a sua família e a sua juventude, entenderam por bem poupá-lo, assim como a alguns dos outros jovens envolvidos, que, como você, caíram nessa armadilha.

Chamou-me a atenção o fato de que, entre as pessoas mencionadas por ele, não se encontravam justamente aquelas com quem eu tinha maior ligação. As versões dos fatos não coincidiam exatamente, mas tinham lá suas semelhanças, de modo que ainda esperava poder poupar meus amigos. O bom homem insistia cada vez mais. Não pude negar que, certas vezes, acabei retornando tarde da noite para casa. Tampouco que mandara fazer para mim uma cópia da chave de casa, que havia sido visto mais de uma vez me divertindo em companhia de pessoas de outras classes sociais e de aparência suspeita, que havia garotas envolvidas na história. Tudo parecia ter sido descoberto, exceto os nomes, o que ainda me dava algum ânimo para manter firmemente meu silêncio.

— Não me deixe ir embora assim — disse o valoroso amigo. — O assunto é inadiável; depois de mim virá um outro, que certamente não lhe tratará com a mesma condescendência. Não deixe que sua teimosia piore ainda mais uma situação que já é suficientemente grave.

Imaginei aqueles primos tão simpáticos e especialmente Gretchen sendo presos, interrogados, punidos e ultrajados. Passou-me pela cabeça então, como que num relâmpago, a ideia de que os primos, por mais que sempre se houvessem mostrado muito corretos comigo, pudessem ter se deixado envolver em negócios ilícitos; ao menos o mais velho deles, com quem nunca consegui mesmo simpatizar muito, que sempre chegava tarde em casa e que nunca tinha nada de muito interessante a contar. Ainda assim, contive minha confissão.

— Eu, pessoalmente – disse –, não tenho conhecimento de nada de mal, o que me deixa muito tranquilo. Mas também não acho impossível que aqueles, com quem me envolvi, possam ser culpados de alguma atividade insensata ou ilegal. Que sejam procurados e encontrados; que seja provada sua culpa e que sejam punidos. Até o momento, porém, não sei de nada que eu pudesse reprovar e não vou acusar aqueles que sempre foram tão bons e simpáticos comigo.

O conselheiro não me deixou terminar e afirmou energicamente:

— Sim, eles serão encontrados. Esses malandros se reuniam em três casas diferentes.

(Ele disse o nome das ruas, deu a localização exata das casas e, por infelicidade, uma delas coincidia exatamente com aquela aonde eu costumava ir.)

— O primeiro ninho já foi devassado – continuou ele – e, neste exato momento, o mesmo deve estar acontecendo com os outros dois. Em algumas horas tudo será esclarecido. Se você fizer uma confissão sincera, poderá evitar um inquérito oficial, uma acareação e todo esse tipo de aborrecimento.

Como a casa era conhecida e havia sido mencionada, meu silêncio não me pareceu mais fazer muito sentido. E dada a inocência de nossas reuniões, esperava ainda poder ser mais útil a meus amigos do que a mim mesmo.

— Sente-se, por favor – disse enfático ao conselheiro, que já se punha à porta do quarto –, vou lhe contar tudo e aliviar um pouco do peso em nossos peitos. Só lhe peço que, a partir de agora, não duvide de minha sinceridade.

Contei então àquele amigo todo o curso dos acontecimentos: no início, de modo calmo e moderado; mas quanto mais eu trazia tudo à lembrança e visualizava as pessoas e as circunstâncias em que cada uma das coisas havia acontecido – obrigando-me expor, como se diante de um tribunal, tantas de minhas alegrias mais inocentes e tantos de meus pequenos prazeres –, mais aquilo tudo me compungia. Por fim, não pude evitar de romper em lágrimas e de me entregar descontroladamente à força das emoções. O amigo da família, na esperança de que o verdadeiro mistério estivesse enfim em vias de ser revelado (já que tomava minha dor por um sintoma de que eu estaria prestes a confessar, mesmo à contragosto, alguma barbaridade – e tal descoberta era tudo para ele), fazia o possível para me acalmar. Não conseguiria fazê-lo totalmente, mas o suficiente para que eu conseguisse lhe contar minha história sofregamente até o fim. Embora satisfeito com a inocência dos eventos relatados, o conselheiro ainda alimentava certas dúvidas, razão pela qual tornou a fazer uma série de perguntas, que só fizeram me atormentar novamente, despertando em mim a dor e a fúria. Assegurei-lhe de que não tinha mais nada a dizer e de que sabia não ter o que temer, pois era inocente, de boa família e de reputação ilibada. Já quanto aos outros, que talvez fossem tão inocentes quanto eu mesmo, sabia que não teriam o mesmo tratamento e que nada lhes seria relevado. Declarei então que, caso eles não fossem poupados assim como eu, relevando-lhes as tolices e perdoando-lhes seus erros, ou caso qualquer forma de maus-tratos ou injustiça lhes fosse infligida, vitimaria a mim mesmo e ninguém poderia me impedir. Também quanto a isso meu amigo tentou me tranquilizar, mas não pude confiar inteiramente em suas palavras. Assim, quando foi embora, caí desalentado no mais profundo desânimo. Eu não conseguia deixar de me censurar por ter contado toda a história e revelado suas circunstâncias. Já podia antever como acabariam dando uma interpretação completamente diferente àquelas atitudes infantis, aos pendores e às confidências juvenis. E, com isso, talvez acabasse comprometendo meu bom amigo Pilades, causando-lhe grande infelicidade. Uma atrás da outra, cada uma daquelas conjecturas passava vividamente pela minha cabeça, alimentava e acirrava minha dor, atirando-me à beira do desespero. Deixei então que meu corpo tombasse inteiramente e derramei-me em lágrimas pelo chão.

Não sei por quanto tempo fiquei largado ali naquela condição, até que minha irmã entrou no quarto. Ela ficaria muito assustada com meu estado, fazendo de tudo para tentar me recompor. Contou-me que uma pessoa da magistratura havia aguardado lá embaixo, com meu pai, os relatos do amigo da família. E que, depois de certo tempo discutindo a portas fechadas, os dois senhores haviam saído com ares de satisfação, conversando descontraidamente e até mesmo rindo. Ela acreditava ainda ter ouvido dizerem que estava tudo bem, que a história toda não significava coisa alguma.

— É claro — disse enfaticamente —, é claro que a história não terá importância alguma... para mim, para nós, pois não fiz nada de errado; e mesmo que tivesse feito, eles bem saberiam como dar um jeito. Mas e os outros? Quem fará alguma coisa pelos outros?

Minha irmã tentava achar um meio de me consolar com o argumento de que não era possível poupar as pessoas mais distintas, sem que se fizesse vistas grossas também aos erros da arraia-miúda. Mas nada daquilo surtiu muito efeito. E nem bem ela deixou meu quarto, entreguei-me novamente às minhas dores, evocando alternadamente imagens tanto de minha afeição e carinho quanto do infortúnio presente e da desgraça iminente. Fantasiava história atrás de história, desgraça em cima de desgraça, sem poder deixar de pensar no desfecho miserável que se anunciava para mim e Gretchen.

O amigo de nossa família havia ordenado que eu ficasse em meu quarto e que não entrasse em contato com ninguém fora de meu círculo familiar. Achava mesmo melhor assim, já que não queria senão ficar sozinho. Minha mãe e minha irmã subiam vez ou outra para ver como eu estava e não economizavam esforços para tentar me consolar e me reconfortar tanto quanto possível. Já no segundo dia surgiriam com uma proposta, em nome de meu pai — desta vez mais bem informado —, de anistia total. Aceitei-a de bom grado, mas recusei veementemente a oferta de sair com ele para ir ver as insígnias imperiais, que, naqueles dias, estavam à exposição dos mais curiosos. E também deixei claro que não quereria saber nada mais nem sobre o mundo, nem sobre o Império Romano, enquanto não tivesse notícias de como aquela confusão horrível, que para mim não teria nenhuma consequência maior, havia acabado para aqueles meus pobres conhecidos. Minha irmã e minha mãe, no entanto, não sabiam nada a respeito e logo me deixaram sozinho novamente. Nos dias que se seguiram, tentou-se de tudo para me tirar de casa e me fazer participar das festividades públicas. Em vão! Nem o grande dia de gala, nem os eventos em torno das tantas cerimônias de promoção, nem mesmo o banquete público do imperador e do rei, nada foi capaz de me demover. O eleitor do Palatinado viria prestar seus respeitos a Suas Majestades, que, por sua vez, também renderiam visitas aos outros príncipes-eleitores. Todos iriam então juntos para a última reunião da assembleia eleitoral, com o intuito de resolver as pendências e renovar o conselho de eleitores – nada daquilo foi capaz de me resgatar daquela solidão ardente. Soaram os sinos da festa de ação de graças, o imperador visitou a igreja dos capuchinhos, depois deixou a cidade, como o fizeram também, logo em seguida, os príncipes-eleitores – e eu não arredei um só pé de meu quarto. Nem a última canhonada, por mais grandiosa e estrepitosa que tivesse sido, conseguiu me impressionar. E assim como se dissipavam a fumaça e o som, também se ia esvaindo em mim o sentido de sua magnificência.

Não sentia satisfação senão em ruminar minha própria miséria e desdobrá-la de mil e uma formas em minha imaginação. Minha criatividade e minhas habilidades poéticas e retóricas haviam se lançado de chofre sobre essa mácula doentia e, justamente pela brutalidade de sua força vital, ameaçavam infligir sobre corpo e alma uma doença incurável. Na tristeza dessa condição lamentável e lamentosa, nada mais me despertava o desejo, a vontade. Vez ou outra eu era acometido pela necessidade urgente de saber como andavam meus pobres e queridos amigos, em que resultara aquela investigação mais minuciosa, se eles estariam envolvidos naqueles crimes ou teriam sido considerados inocentes. Mas também quanto a isso eu devaneava com toda minúcia de detalhes, não conseguindo imaginar senão que eram inocentes e que estariam muito infelizes. Em certos momentos não dava mais conta de viver com tamanha incerteza e punha-me a escrever cartas ameaçadoras àquele amigo da família, compelindo-o a não me ocultar o desenrolar das coisas. Mas logo em seguida as rasgava todas, com receio de descobrir a real dimensão de minha desgraça e de ter de abrir mão até mesmo daquela forma ilusória de consolo, com a qual eu vinha ora me punindo, ora me reconfortando.

Passava os dias e as noites em tamanho desassossego, fúria e exaustão, que foi até com certo alívio que meu corpo se deixou tomar de assalto por uma doença mais grave. Tiveram então de ir buscar auxílio de um médico e de pensar em uma forma diferente de me tranquilizar. Achavam que conseguiriam isso ao me assegurar solenemente do seguinte: que todos aqueles que, de um modo ou de outro, tinham alguma parcela de culpa, haviam sido tratados com a maior condescendência; que meus amigos mais próximos, considerados inocentes, haviam sido liberados com uma leve reprimenda; e que Gretchen havia deixado a cidade e voltado para sua terra natal. Hesitaram um pouco em contar-me essa última parte e, de fato, não recebi a notícia da melhor maneira. Não me pude convencer de que sua partida tivesse sido voluntária, tendo como certo, para mim, que se tratara, antes, de um banimento desonroso. Minha condição física e meu ânimo não melhoraram em nada com a notícia. A infelicidade acabaria de tomar conta do que restava de mim e tive então tempo o suficiente para me autoflagelar com devaneios sobre um romance dos mais estranhos, com episódios tristes e um desfecho trágico e inevitavelmente catastrófico.

Segunda parte

*O que se deseja quando jovem
obtém-se plenamente com a idade.*

Sexto livro

E assim as coisas iam se passando alternadamente, ora contribuindo para a melhora de meu estado de saúde, ora retardando minha recuperação. Uma certa irritação velada passou a fazer companhia a meus sentimentos de sempre, pois logo me dei conta de que me observavam, que não deixavam chegar até mim nenhum envelope selado sem atentar às minhas reações: se o mantinha em segredo ou o deixava aberto sobre a mesa, e o que mais houvesse de ser. Suspeitava que Pilades, algum dos primos ou que mesmo Gretchen pudesse ter tentado me escrever, para dar-me ou pedir-me notícias. Portanto, além de toda minha aflição, fui tomado ainda por um aborrecimento que me dava uma nova ocasião para levantar toda espécie de suspeita e me perder nas conjecturas mais improváveis.

Não tardou muito, arranjaram-me um tutor particular.[1] Felizmente era um homem de quem eu gostava e tinha em alta conta. Havia exercido o papel de preceptor na casa de amigos, mas não acompanhara seu último pupilo à academia. Como já havia me visitado tão frequentemente naquele meu estado de espírito, logo concluíram que o mais natural seria providenciar-lhe um quarto ao lado do meu, de onde ele então poderia me tranquilizar, arrumar-me alguma ocupação e, como eu bem percebera, manter-me à vista. No entanto, como eu gostava mesmo dele e já lhe havia confidenciado muita

---

1 Não há registro formal de quem tenha sido esse tutor.

coisa antes, exceto minha afeição por Gretchen, resolvi enfim que seria ainda mais franco e sincero com ele — até porque seria insuportável conviver diariamente com alguém, diante de quem se tem sempre um pé atrás. Não demorou muito para que me abrisse com ele também sobre esse assunto, sentindo-me aliviado ao contar-lhe e recontar-lhe nos mínimos detalhes as circunstâncias de minha felicidade pregressa. Com isso, ele, que era um homem inteligente e compreensivo, entendeu que o melhor a fazer era colocar-me a par dos desfechos da história. E sem poupar-me das particularidades e das especificidades, para que eu tivesse mais clareza sobre toda a história e pudesse finalmente ser convencido de que não tinha senão de me aquietar com seriedade e afinco, deixar para trás o passado e começar uma vida nova. Primeiro ele me confiou os nomes de outros rapazes de famílias respeitáveis que também se haviam deixado levar, de início, por mistificações imprudentes, depois por maquinações farsescas — que viraram caso de polícia — e, mais adiante, por trapaças burlescas e outros engodos semelhantes. Aos poucos, um pequeno conluio acabou se formando, ao qual viriam se juntar pessoas inescrupulosas, que, com a falsificação de documentos e com a fraude de assinaturas, cometeram uma série de falcatruas e já se preparavam para embustes ainda maiores. Os primos, pelos quais perguntei então impacientemente, eram completamente inocentes; conheciam essas outras pessoas de vista, mas não tinham nenhuma relação direta com eles. Meu protegido, cuja recomendação a meu avô acabou me implicando no caso, era um dos piores. Ele só havia se candidatado àquele cargo oficial para poder empreender ou acobertar suas armações e patifarias. Depois de ouvir a tudo aquilo, não pude me conter e perguntei que fim levara Gretchen, por quem, finalmente, confessei minha maior afeição. Meu amigo balançou a cabeça e sorriu:

— Pode ficar tranquilo — redarguiu ele —, essa moça passou por todas as provações e se saiu esplendidamente bem. Nada se pôde descobrir dela que não fosse sintomático de sua bondade e amabilidade. Os próprios investigadores acabaram simpatizando com ela e não puderam deixar de atender-lhe o pedido para deixar a cidade. Também foi muito honrado da parte dela o que ela declarou a seu respeito, meu caro; pude ler seu depoimento entre os documentos confidenciais e vi também sua assinatura.

— Essa assinatura — exclamei —, que me fez tão feliz e infeliz. O que foi que ela declarou? Ela assinou o quê?

O amigo hesitou em responder, mas pude notar na tranquilidade de seu semblante que não me ocultava nada de muito grave.

— Se você quer mesmo saber — redarguiu ele por fim —, quando se tratou de falar de você e de sua relação com ela, a moça disse muito sinceramente: "Não posso negar que nós nos tenhamos encontrado frequentemente e com prazer, mas sempre o vi como uma criança; gostava dele de verdade, mas como uma irmã. Vez ou outra, ao invés de deixar que se envolvesse em iniciativas bastante duvidosas, tive a oportunidade de lhe dar bons conselhos e, com isso, pude conter sua participação em tramoias que poderiam lhe ter causado problemas ainda maiores".

Meu amigo continuou a dar voz àquela Gretchen governanta de meninos, mas eu já não prestava atenção ao que ele dizia, pois fiquei simplesmente indignado com o fato de ela me tomar por uma criança em suas declarações — de repente, tive a sensação de estar completamente curado de toda aquela minha paixão. E apressei-me a assegurar a meu amigo que a história toda estava enfim encerrada. De fato, não falaria mais dela, nem mencionaria mais seu nome. Mas muito me custava abrir mão do péssimo costume de ficar pensando nela, de ficar imaginando sua forma, sua essência, sua expressão, ainda que já começasse a vê-la com olhos bem diferentes. Achava intolerável que uma moça, alguns poucos anos mais velha do que eu, pudesse me tomar por criança — a mim, que já me tinha na conta de ser um rapaz tão esperto e habilidoso. Aquele seu jeito frio e distante, que antes tanto me instigava, não me parecia mais, senão, antipático. E as liberdades que ela se permitia comigo, sem nunca admitir que eu as retribuísse, não me causavam senão ojeriza. Mas tudo isso eu ainda poderia ter relevado, se a assinatura daquela epístola de amor — com a qual declarara formalmente uma afeição por mim — não me levasse a considerá-la uma coquete dissimulada e egoísta. Nem mesmo em seu disfarce de modista ela me parecia fazer uma figura inocente. Fiquei moendo e remoendo esses pensamentos desgostosos por algum tempo, até que todas as características mais encantadoras daquela moça se consumissem completamente. Minha razão tentava me persuadir e me fazer acreditar que não me cabia senão rejeitá-la; mas sua imagem insistia em me desmentir sempre que ressurgia em minha lembrança, o que não acontecia com pouca frequência.

Seja como for, aquela flecha com todas as suas rebarbas fora finalmente arrancada de meu peito e a pergunta, que então se colocava, era como fazer despertar de novo em mim a energia vital e revigorante da juventude. Tomei bastante coragem e as primeiras coisas que deixei de lado foram meus choramingos e esperneios, que passei a ver então como algo particularmente infantil. Um grande passo para minha recuperação! Isso porque, até então, eu vinha passando boa parte de minhas noites completamente entregue à violência dessas dores. E de tanto chorar e soluçar, chegara a um ponto em que quase não conseguia mais engolir, de modo que a degustação da comida e da bebida me era dolorosa e também o peito, que dessa dor se avizinhava, parecia me fazer sofrer. Mas o desgosto que eu continuava sentindo em razão daquela revelação não me deixaria esmorecer. Era assombroso que eu tivesse sacrificado meu sono, sossego e saúde por uma moça que se gabava de me ver como um lactente e de se comportar como uma ama.

Logo me convenci de que somente o exercício de alguma atividade poderia afastar de mim aqueles pensamentos nocivos. Mas fazer o que exatamente? Era mais que tempo de me preparar para a academia e tinha muito que recuperar, em vários sentidos diferentes. No entanto, nada me animava, nada me despertava a atenção, tudo me parecia enfadonho, trivial. E como não encontrasse nem forças próprias nem estímulo exterior que justificassem maior esforço, acabei me deixando levar pelas predileções de meu bravo vizinho de quarto, movendo-me na direção de uma área de estudo que me era absolutamente nova e estranha e que se me ofereceria, por muito tempo, como um vasto campo de conhecimentos e reflexões. Meu amigo começara a me iniciar nos mistérios da filosofia. Ele havia estudado com Daries[2] em Iena e, com muito discernimento e argúcia, havia compreendido as relações intrincadas daquela disciplina, que ele então tentava me transmitir. Infelizmente, apresentadas daquele jeito, aquelas coisas não pareciam querer

---

[2] Joachim Georg Daries (1714-1791), professor de filosofia moral e política na Universidade de Iena, bem como de jurisprudência na Universidade de Frankfurt (Oder). Em seu tempo, foi um dos grandes críticos do pensamento de Christian Wolff (1679-1754).

fazer muito sentido para mim. Eu fazia perguntas que ele prometia responder mais tarde; fazia solicitações que ele prometia providenciar no futuro. Nossa maior divergência residia no fato de eu não ver necessidade de haver uma filosofia como algo à parte, uma vez que ela já era parte integrante da religião e da poesia. Esta era uma posição com a qual ele não podia de modo algum concordar. Muito pelo contrário, procurava me convencer de que eram a religião e a poesia que tinham de se fundar na filosofia, algo que eu não podia, senão, negar obstinadamente, buscando, a cada movimento de nossas conversas, novos argumentos que justificassem minha opinião. Afinal, se na poesia tinha de ter lugar uma certa crença no impossível e na religião, uma crença semelhante no inexplicável, a mim parecia que os filósofos, que tentavam resolver e explicar ambas a seu modo, ocupavam uma situação bastante delicada. Era também o que deixava entrever facilmente a história da filosofia, que mostra como cada filósofo sempre busca uma fundamentação diferente da dos outros, até que surge o cético e coloca em questão as bases e os fundamentos de tudo.

Todavia, essa mesma história da filosofia – que meu amigo se viu obrigado a repassar comigo, uma vez que eu não conseguia tirar muito proveito de suas lições dogmáticas – entretinha-me sobremaneira, ao menos na medida em que cada doutrina e opinião, tanto quanto eu as pudesse compreender, fossem consideradas igualmente aceitáveis. O que me agradava especialmente nos pensadores e nas escolas mais antigas era a constatação de que, para eles, poesia, religião e filosofia formavam um todo comum. E eu reiterava assim minha opinião original, ainda com mais veemência, pois o Livro de Jó, o Cântico dos Cânticos e os Provérbios de Salomão pareciam-me oferecer tão oportuna prova disso quanto os cantos de Orfeu e de Hesíodo. Meu amigo tomava o *Pequeno Brucker*[3] como base para suas lições e, quanto mais avançávamos, mais confuso eu ficava com aquilo tudo. Eu simplesmente não conseguia entender o que queriam os primeiros filósofos

---

3 Johann Jakob Brucker (1696-1770), teólogo, pastor protestante e historiador da filosofia. O *Pequeno Brucker* (*kleiner Brucker*) refere-se à obra *Institutiones historiae philosophiae, usui academica* (1756). Bastante difundida em sua época, trata-se de uma introdução à filosofia, publicada como versão resumida da obra *Historia critica philosophiae a mundi incunabulis* (1742-1744), do mesmo autor.

gregos. Sócrates parecia-me um homem bom e sábio, que, em sua vida e em sua morte, podia ser comparado à figura de Cristo. Já seus discípulos pareciam ter grande semelhança com os apóstolos, que se dispersariam após a morte do mestre e passariam a reconhecer, a partir de então, apenas um modo muito particular de pensar. Nem a argúcia de Aristóteles, nem a prodigalidade de Platão se provavam muito fecundas para mim. Exceção seja feita aos estoicos, por quem já havia muito nutria alguma simpatia; adquiri então um livro de Epiteto, que passei a estudar com bastante dedicação. Meu amigo não se sentia muito confortável com aquela minha escolha tão unilateral, da qual, porém, ele também não era capaz de me demover. Apesar de tanto estudo, não sabia chegar ao cerne das questões. Bastaria que me tivesse dito que o que mais importa na vida é fazer as coisas e deixar que o prazer e o sofrimento venham por si mesmos. E que basta, portanto, deixar os jovens por sua própria conta, pois eles não se prendem por muito tempo a máximas falsas — a vida logo os leva adiante, arrebatando-os para novos caminhos.

A estação mais agradável do ano vinha chegando e nós dois passamos a passear com mais frequência ao ar livre, visitando os vários lugares de recreação que se espalhavam no entorno da cidade. Mas era justamente nessas localidades que eu me sentia menos à vontade, pois ainda via em toda parte os fantasmas daqueles primos e tinha receio de um deles acabar surgindo do nada a qualquer minuto. Até os olhares mais indiferentes me incomodavam. Eu simplesmente havia perdido aquela felicidade inconsciente de quem anda por aí incógnito e tranquilo, sem a impressão de estar sendo observado até mesmo em meio à multidão. Acabei então me deixando atormentar pela presunção hipocondríaca de que eu atraía a atenção das pessoas, de que seus olhares estavam sempre dirigidos a mim, de que minha pessoa, enfim, era alvo de curiosidade, censura e acusação.

Em razão disso, fazia de tudo para que nossos passeios tomassem o rumo da floresta. E em vez da uniformidade dos abetos, buscava os bosques mais bonitos e frondosos, que, embora não fossem amplos e vastos naquela região, eram suficientemente extensos para servir de abrigo a um pobre coração ferido. Ali, no recôndito mais profundo daquela floresta, escolhi para mim um lugar em que os carvalhos e as faias formavam um espaço amplo e maravilhosamente sombreado. Certa inclinação do chão deixava transparecer de forma ainda mais notável o trabalho dos anos nos troncos ancestrais. Um anel de arbustos mais densos traçava o contorno dessa área livre, para além da qual despontavam, majestosas e altivas, rochas cobertas de musgo, desenhando a corredeira abrupta de um riacho copioso.

Meu amigo, preferindo a paisagem dos campos abertos às margens do rio, mais frequentadas por toda a gente, assegurou-me, jocosamente, que, com minha predileção, eu dava evidências de ser um verdadeiro alemão. Tomando Tácito[4] por base, contou-me então, com riqueza de detalhes, como nossos ancestrais germânicos se satisfaziam com as sensações que a natureza nos proporciona tão esplendidamente, e sem maiores artifícios, na solidão daqueles ermos. Mas mal pôde ir muito longe com sua narrativa, logo o interrompi:

— Quem dera esse lugar tão precioso ficasse no coração de um mundo completamente selvagem! Quem dera pudéssemos erguer uma cerca em seu entorno, fazendo dele um lugar sagrado e consagrando-o a nós mesmos, ao mesmo passo que nos isolamos do restante do mundo! Por certo não há forma mais bela de adoração divina do que aquela que pode prescindir de imagens, do que aquela que irrompe de nosso seio simplesmente a partir do diálogo com a natureza.

Ainda trago muito vivo na lembrança o que senti naquela época, ainda que não possa mais reproduzir, aqui, tudo o que eu disse na ocasião. Mas uma coisa tenho por certa: somente aqueles sentimentos mais indefinidos e difusos, típicos da juventude e de povos incultos, são realmente propícios ao sublime; pois que, se despertado em nós por coisas externas — por coisas sem forma ou de forma inapreensível —, o sublime nos envolve com uma grandeza desmedida, para cuja percepção não estamos nunca preparados.

Quase todas as pessoas são afetadas por tais disposições de ânimo e procuram satisfazer como podem essa necessidade tão nobre. Mas do mesmo modo que o sublime é engendrado tão facilmente pelo crepúsculo e pela noite, quando as formas todas se amalgamam, ele é também rapidamente

---

4 Alusão ao nono capítulo da obra *Germania* (*De origine et situ Germanorum liber*), do historiador romano Tácito (Publius Cornelius Tacitus, 58-120).

banido pelo dia, que tudo particulariza e separa. Assim, quanto maior o crescimento cultural [*wachsende Bildung*], mais o sublime vai saindo de cena – a não ser que tenha a felicidade de buscar abrigo no belo e de se unir a ele, quando ambos alcançam, então, a condição de algo imortal, indestrutível.

Por mais breves que fossem aqueles meus momentos de prazer, meu amigo pensador era sempre capaz de abreviá-los ainda mais. Logo que eu voltava às paragens mais abertas e macilentas do mundo, tentava em vão fazer brotar de novo em mim aquelas sensações, mas nem a lembrança delas eu era capaz de reter na memória. Meu coração havia sido mimado e sacudido demais para que, agora, pudesse simplesmente sossegar: meu coração amou, mas o objeto de seu amor lhe foi arrancado; meu coração viveu, mas minguava-lhe a vida. Um amigo que evidencia explicitamente seu cuidado com nossa educação não é um amigo que nos deixe muito à vontade. Já uma amiga, imbuída do mesmo propósito, se parece nos mimar, é logo adorada como uma criatura celestial e acalentadora. Mas aquela figura, em que eu descobrira a própria noção do belo, havia finalmente desaparecido por completo na distância. Embora me visitasse ainda vez ou outra sob a sombra de meus carvalhos, eu não a podia mais apreender – o que me impelia violentamente a procurar ao longe algo semelhante.

Sem que eu percebesse, havia acostumado ou mesmo compelido meu amigo e tutor a me deixar sozinho, pois nem mesmo na solidão de minha floresta sagrada aqueles sentimentos vultosos e indefinidos conseguiam me satisfazer. Era com o olho, mais do que com qualquer outro órgão, que eu apreendia o mundo. Desde minha infância vinha convivendo com pintores e acabei me acostumando, como eles, a ver os objetos a partir de sua relação com a arte. Agora, completamente entregue a mim mesmo e a minha solidão, esse dom – meio natural, meio adquirido – parecia ganhar novo fôlego. Para onde quer que eu olhasse, enxergava um quadro. E tudo o que me chamava à atenção, tudo o que me encantava eu queria logo capturar. Foi assim que, de modo especialmente desastrado, comecei a desenhar a natureza. Afinal, para o exercício do desenho não me faltava senão tudo. Ainda assim, mesmo sem qualquer recurso técnico, insistia obstinadamente a reproduzir o que de mais fascinante se apresentava diante de meus olhos. A prática até que me fizera desenvolver uma atenção maior aos objetos, mas só os conseguia apreender como um todo, só os via na medida em que causavam em mim alguma forma de impacto. E assim como a natureza não tinha me talhado para poeta descritivo, tampouco ela parecia querer me conceder a habilidade para o desenho dos detalhes. Todavia, como esta era a única forma de expressão que me restara, apeguei-me a ela ainda mais determinadamente. E quanto menos resultados eu alcançasse, mais avidamente eu mergulhava em meus desenhos, cego e obcecado.

Não posso negar que uma certa malícia também não estivesse envolvida naquilo tudo. Quando escolhia um objeto de estudo mais complicado – como um velho tronco parcialmente sombreado, em torno de cujas raízes poderosas e tortuosas se agarram samambaias bem iluminadas, acompanhadas pelos raios de luz que entrecortam a vegetação –, meu amigo, que, por experiência própria, sabia que o exercício não me custaria menos de uma hora, ia logo procurar um outro lugar mais agradável para ler seu livro. Nada mais me incomodava então e eu podia me entregar completamente a meu novo passatempo. E eu o fazia tanto mais diligentemente quanto mais me afeiçoava aos meus rabiscos, que me acostumei a ver não pelo que de fato se apresentava sobre a folha de papel, mas, sim, pelo que eu havia pensado a cada hora, a cada instante que os desenhara. É assim que o mato e as flores mais comuns podem render um belo e dileto diário, pois nada que evoca a lembrança de um momento feliz pode nos passar de modo indiferente. Ainda hoje me custaria muito descartar, como algo sem valor, algumas dessas peças – que restaram de então e de outras épocas –, justamente porque são capazes de me transportar para aqueles tempos, dos quais sempre me lembro melancolicamente, mas não sem algum prazer.

Se aqueles desenhos foram capazes de despertar por si mesmos alguma forma de interesse, há de se justificar tal privilégio exclusivamente pela atenção e pelo cuidado de meu pai. Diante do relato de meu tutor, de que eu aos poucos vinha me reencontrando e de que passara a me dedicar apaixonadamente ao desenho da natureza, meu pai ficou muito contente – em parte, porque ele mesmo dava muito valor ao desenho e à pintura; mas também porque seu compadre Seekatz já lhe havia dito, mais de uma vez, que era uma pena eu não estar destinado a me tornar um pintor. Mais uma vez as diferenças entre pai e filho entravam em atrito. Para mim era impensável usar em meus desenhos uma folha nova, completamente branca. Eram as folhas velhas e acinzentadas, por vezes já utilizadas no verso, que mais me interessavam, como se minha incapacidade receasse o confronto com a pedra de toque de um fundo inteiramente branco. Além disso, não me preocupava em acabar nenhum de meus desenhos. E nem poderia mesmo fazê-lo. Podia até enxergar um todo com os olhos, mas não conseguia compreendê-lo como tal; podia até conhecer seus detalhes, mas não tinha nem habilidade nem paciência suficientes para levá-los em conta. Também quanto a isso o tino pedagógico de meu pai era admirável. Sempre muito compreensivo, ele me pedia para mostrar-lhe meus esboços. E fazia questão de dar-lhes um enquadramento, traçando suas linhas retas em torno daqueles meus rabiscos inacabados e tentando, com isso, inculcar em mim algum senso de completude e integridade. Aparava as irregularidades das folhas, que começou então a colecionar, com o propósito de, um dia, poder se alegrar com o registro dos progressos de seu filho. Por isso, não se importava tanto com o fato de que minha natureza inquieta e selvagem acabasse me levando a vagar sem rumo pelas redondezas. Ao contrário, ficava muito feliz quando de minhas errâncias trazia-lhe um caderno repleto de esboços, que ele logo transformava em objeto de exercício de sua paciência e de renovação de suas esperanças em relação à minha pessoa.

    Ninguém mais se preocupava com a possibilidade de eu ter uma recaída e retomar meu antigo círculo de relações, de modo que, aos poucos, fui conquistando novamente toda minha liberdade. As coisas foram se dando de tal modo que, sem muito planejar, acabei realizando uma série de viagens a pé, na companhia de grupos que se formavam mais ou menos aleatoriamente. Desde criança as montanhas se impunham a mim como algo majestoso, distante, e agora eu tinha finalmente a ocasião de visitar algumas delas. Fui a lugares como Homburg e Kronberg. Subi até o alto do Feldberg, de onde a vista parecia projetar os olhares cada vez mais longe; e nem o Königstein pudemos deixar de fora de nossas andanças. Os arredores de Wiesbaden e Schwalbach ocuparam-nos por vários dias. Descemos até o rio Reno, que, do alto e de longe, já víramos serpenteando o curso de seu leito. A cidade de Mainz nos deixou maravilhados, mas não o suficiente para prender por muito tempo nosso ânimo juvenil, que então ansiava por vastidão e ar livre.

Ficamos deslumbrados também com a região de Biebrich; de lá, felizes e satisfeitos, o caminho seguia de volta para casa.

No retorno de minhas andanças, meu pai me aguardava com a expectativa de uma produção considerável de desenhos, que eu não podia senão frustrar quase totalmente. Afinal, quanta argúcia, quanto talento e quanto empenho não são necessários para se transformar uma ampla e extensa paisagem na imagem de um quadro! Sem bem me dar conta, sentia-me novamente atraído pelos espaços mais constritos, dos quais eu ao menos podia tirar algum proveito. E não havia castelo nem muro em ruínas, que, remetendo ao passado, eu não tomasse por um objeto digno de ser desenhado e reproduzido da melhor maneira possível. Cheguei a desenhar até mesmo o cenotáfio de Druso, nas fortificações de Mainz, correndo os riscos e sofrendo as inconveniências de todo aquele que quer levar para casa algumas lembranças pictóricas daquilo que vivenciou durante sua viagem. Infelizmente, costumava levar comigo apenas um pouco de papel de rascunho e sempre da pior qualidade, de modo que, muito inabilmente, ia amontoando diferentes esboços todos numa mesma folha. Mas meu mestre paternal não se deixava abalar por isso. Recortava as folhas todas, separando esboço por esboço. Mandava então que o encadernador juntasse as peças que lhe parecessem combinar, enquadrava novamente cada um dos esboços nos limites de suas linhas retas e pedia-me que completasse o desenho de algumas montanhas até a nova margem ou que preenchesse o primeiro plano com alguma vegetação e com pedras.

Se não se pode dizer que seus esforços incansáveis tenham de fato conseguido fazer com que meu talento se desenvolvesse, é ao menos inegável que esse seu amor pela ordem tenha tido sobre mim uma influência velada que se evidenciaria mais tarde de diferentes formas.

Essas investidas errantes – fosse pela diversão, fosse pela arte – eram realizadas num curto espaço de tempo e repetidas com frequência. Mas eu sempre voltava para casa como que atraído por um ímã, que exercia sobre mim um grande poder de atração: minha irmã. Ela, apenas um ano mais nova do que eu, convivia comigo desde que tenho consciência de mim mesmo, o que nos tornaria especialmente próximos e unidos. Somava-se ainda a essas circunstâncias naturais uma espécie de tensão que surgia das condições particulares de nossa vida familiar. Por um lado, um pai amável e bem-intencionado, mas muito rígido, que – justamente por esconder em sua intimidade um coração tão terno – construía, com uma determinação incrível, uma imagem austera de si, a partir da qual pretendia dar a seus filhos a melhor educação possível, bem como construir, organizar e manter um lar sólido, bem constituído. Por outro lado, uma mãe que era ainda quase uma criança e que só iria se reconhecer como adulta a partir da convivência com seus dois filhos mais velhos. Nós três enxergávamos o mundo com um olhar salutar, cheio de vitalidade e sempre em busca dos prazeres de cada momento. Com o passar dos anos, a diferença de ânimos em nossa casa se tornaria cada vez mais expressiva, acirrando a tensão. O pai seguia ininterrupta e inabalavelmente seus propósitos. A mãe e os filhos não tinham como abrir mão de seus sentimentos, anseios e desejos.

Naquelas circunstâncias, era natural que o irmão e a irmã se tornassem grandes aliados e que se aproximassem, ambos, da mãe, para tentar ao menos captar algo das alegrias que, em geral, não lhes eram concedidas. Mas como as horas de confinamento e esforço se estendiam longa e amplamente em relação aos raros momentos de distração e prazer – em especial para minha irmã, que não podia ficar tanto tempo longe de casa como eu –, sua necessidade de conversar comigo tornava ainda mais forte a saudade com a qual ela me acompanhava em minhas distâncias.

Como desde os primeiros anos os dois irmãos haviam passado sempre juntos os momentos de brincadeira e estudo, as fases de crescimento e de formação, ao ponto de serem tomados por gêmeos na infância, sua comunhão e cumplicidade acabariam resistindo também ao despontar de suas forças físicas e morais. De mãos dadas, os irmãos compartilhavam todos os interesses que se tem na juventude – o espanto diante do despertar da sensualidade, que assume formas espirituais; as necessidades espirituais, que assumem formas sensíveis –, trocavam suas considerações sobre esses assuntos, que mais anuviavam as ideias do que esclareciam qualquer coisa – como faz a neblina, que encobre o vale quando se levanta –, enfim, viviam juntos cada desvio e extravio que derivava disso tudo. E quanto mais se aproximavam com intimidade, tanto menos compreendiam sua relação, pois o pudor sagrado de seu grau de parentesco logo os forçava a enxergar mais claramente sua condição particular, afastando-os violentamente um do outro.

Desagrada-me falar aqui de modo tão genérico de algo em que venho querendo trabalhar há tantos anos, mas nunca consegui levar a cabo. Como acabei perdendo[5] cedo demais essa criatura tão amável e indecifrável, senti-me compelido a torná-la presente em minha imaginação. Nisso surgiu-me a ideia de escrever uma obra em que me fosse possível representar Cornelia em toda sua individualidade. E a única forma que me parecia plausível era a dos romances de Richardson,[6] pois somente o detalhamento preciso e a atenção à riqueza infinita de suas particularidades poderiam retratá-la em toda sua vivacidade, fazendo sua personalidade brotar aos poucos de uma profundidade intrincada e construindo, assim, uma ideia de sua própria profundidade. Somente desse modo a tentativa de representar a personalidade tão notável de minha irmã poderia ter obtido algum sucesso. Afinal, não se pode imaginar uma fonte sem pensar em suas águas jorrando. Infelizmente, o tumulto do mundo acabaria me desviando desse propósito belo e devotado, bem como de inúmeros outros. Portanto, não me resta aqui senão evocar por um instante, como que com o auxílio de um espelho mágico, a sombra daquele espírito bem-aventurado.

Ela era alta, de figura elegante e delicada. Uma certa dignidade natural fundia-se a sua leveza e afabilidade. Os traços de seu rosto, nem tão belos, nem tão expressivos, diziam de uma criatura que não estava, nem podia estar conformada consigo mesma. Seus olhos não eram os mais lindos que eu havia visto, mas certamente os mais fundos, dos quais se podia esperar tudo. Quando expressavam simpatia ou amor, ganhavam um brilho sem igual, mas, mesmo nesses casos, a expressão de seus olhos não era exatamente a da afeição que brota do coração, trazendo consigo algo de ansiedade e desejo. Aquela expressão brotava da alma, plena e abundante. Era a expressão de quem só sabia dar, não parecia ter a necessidade de receber.

---

5 A irmã de Goethe, nascida em 1750, morreria em 1777.
6 Referência à obra do escritor inglês Samuel Richardson (1689-1761), conhecido especialmente por seus romances epistolares.

Havia algo, no entanto, que desfavorecia muito seu rosto, a ponto de conseguir deixá-la mesmo feia: era a moda daquela época, que, de propósito ou por acaso, não apenas costumava deixar a testa nua, como também primava em sugerir ou explicitar seu destaque. E como as curvas tão decisivamente femininas e delicadas de sua testa conviviam com suas sobrancelhas negras e seus olhos salientes, as feições de seu rosto ganhavam o realce de um forte contraste, que, se não era exatamente repulsivo ao primeiro olhar de um estranho, também não era necessariamente atraente. Logo cedo ela se daria conta disso e, com o passar dos anos, sofreria cada vez mais por causa de sua condição, especialmente quando chegada a idade em que homem e mulher começam a sentir os prazeres inocentes de se fazer agradável um ao outro.

Ninguém pode sentir aversão por si mesmo, a mais feia e a mais bela das criaturas têm o mesmo direito de se comprazer com sua figura. Afinal, se a boa vontade nos torna mais belos e se cada um de nós se olha no espelho sempre com boa vontade, é de se supor que todos tenhamos algum prazer em ver nossa própria imagem, por mais que aquilo que vejamos só nos cause repulsa. Acontece que minha irmã tinha um pendor tão grande à racionalidade que não se deixava cegar nem iludir por isso. Devia saber — até bem demais — que ficava muito atrás de suas amigas quanto à beleza exterior, mas não se permitia consolar com o fato de lhes ser infinitamente superior quanto às virtudes interiores.

Se há algo que possa consolar uma mulher por sua falta de beleza, minha irmã podia se sentir amplamente reconfortada pela confiança plena, pela atenção e pelo carinho que por ela nutriam todas as suas amigas; fossem mais velhas ou mais novas, todas pareciam tê-la sempre em alta conta. Com o tempo, acabaria se formando em torno dela um grupo muito simpático, no qual um ou outro rapaz mais jovem sempre encontrava um jeito de se misturar. Quase todas as moças tinham um namorado — somente ela persistia sem sua outra metade. A bem da verdade, se sua aparência já não era necessariamente atraente, a força de caráter que ela deixava transparecer também não parecia contribuir senão para afugentar as pessoas, pois diante de alguém com tamanhas virtudes, é mais comum que o outro recue e se retraia. Quanto mais ela sentia isso na pele — sem nunca me esconder nada –, mais se sentia apegada a mim. A situação era muito particular. Acontecia conosco o mesmo que acontece entre confidentes, que, ao se abrirem um ao outro sobre suas desilusões amorosas, deixam-se envolver com a história e acabam se tornando rivais da outra parte, como se disputassem a mesma afeição. Assim, quando minha relação com Gretchen ruiu em definitivo, minha irmã esforçou-se tanto e tão intensamente em me consolar que começou a sentir secretamente certa satisfação com o fato de estar se livrando de uma concorrente. Do mesmo modo que eu, secretamente, também não me sentia de todo triste quando, diante de mais uma desilusão, minha irmã me confessava que eu era o único que a amava, o único que a conhecia e sabia admirá-la de verdade. Quando, de tempos em tempos, a dor da perda de Gretchen voltava a me torturar e, como que do nada, eu começava de novo a chorar e a me lamentar, ficando simplesmente intratável, o exaspero de minha perda logo fazia despertar nela também certa impaciência desesperada em relação às paixões que ela nunca pôde ter, que nunca pôde concretizar, que deixara de viver. Condoíamo-nos então ambos de nossa infelicidade sem fim, e tanto mais por sabermos que, em nosso caso particular, os confidentes não se poderiam transformar nunca em amantes.

Felizmente, o estranho deus do amor, que tanto mal comete sem necessidade, interveio dessa vez beneficamente para livrar-nos de todo constrangimento. Eu tinha boas relações com um jovem inglês[7] que viera estudar na pequena instituição educacional criada por Pfeil.[8] Entendia bastante de sua língua, que eu praticava com ele sempre que podia, aprendendo muita coisa sobre seu país e sua gente. Era um frequentador assíduo de nossa casa, mas eu não havia me dado conta de sua simpatia por minha irmã. Aliás, ele devia vir alimentando secretamente aquele sentimento já havia algum tempo até se transformar naquela paixão que, meio sem querer, acabaria revelando. Ela o conhecia e simpatizava com ele, que era um rapaz digno de sua atenção. Não raro, formávamos um trio em nossas conversas em inglês. Atentos a tudo que saía da boca de nosso amigo, minha irmã e eu esforçávamo-nos para aprender as extravagâncias da pronúncia inglesa, assimilando

---

7 Arthur Lupton (1748-1807).
8 Ver nota 9 do Quarto livro, à p.151.

não apenas as especificidades de seus sons e entonações, mas também as singularidades da pronúncia de nosso professor, de modo que era mesmo estranho como, juntos, parecíamos falar todos de uma mesma boca. Já os esforços que ele dedicava para aprender conosco o alemão não pareciam render os mesmos resultados; e se muito não me engano, tenho a impressão de que também aquela pequena negociação amorosa aconteceria – tanto oralmente quanto por escrito – em língua inglesa. Os dois jovens pareciam feitos um para o outro. Ele era alto e elegante, assim como ela, mas talvez um pouco mais esguio. Seu rosto, ao mesmo tempo estreito e pequeno, poderia ter sido verdadeiramente belo, não fosse a forte desfiguração causada pela varíola. Era quieto, determinado e às vezes nos passava a impressão de ser até mesmo frio e seco; mas, no fundo, era um rapaz de coração generoso e afetuoso, de alma nobre e de sentimentos tão duradouros e constantes quanto decididos e tranquilos. Esse casal de jovens tão sérios que haviam acabado de se encontrar era bem diferente dos casais mais comuns, mais frívolos, sem grandes preocupações com o futuro, formados em geral por pessoas que já se conhecem há mais tempo e que simplesmente se deixam levar pela ocasião das relações. Por via de regra, tais relações não passam de prelúdios infrutíferos de uniões futuras mais sérias e apenas muito raramente têm consequência mais duradoura para suas vidas.

Aquele pequeno grupo de amigos bem dispostos também sabia tirar proveito dos ares da boa estação e das belezas de nossos arredores. As viagens de barco eram as mais frequentes, já que esses passeios costumavam ser os mais agradáveis para todos. E fosse por água, fosse por terra, as forças da sedução logo começavam a se manifestar pontualmente, formando casais por toda parte. Todavia, rapazes que ainda não eram comprometidos – como era o meu caso – estavam fadados a ficar sem qualquer companhia feminina ou ficavam à mercê daquelas companhias que ninguém teria necessariamente escolhido num dia tão agradável. Um outro amigo encontrava-se nessa mesma situação e certamente só não havia encontrado ainda sua cara metade porque, em seu jeito sempre bem-humorado de ser, faltava-lhe uma dose de ternura e, em sua grande inteligência, faltava-lhe o cuidado da atenção, sem o que nenhuma relação mais séria se faz possível; cansado dos tantos lamentos jocosos e espirituosos de sua condição, esse amigo prometeu-nos que, em nosso encontro seguinte, iria nos fazer uma proposta que ajudaria não somente a si próprio, mas também a todos nós. E ele não deixaria de cumpri-la. Certo dia, depois de uma deslumbrante viagem de barco e de uma caminhada muito inspiradora por entre morros sombreados, enquanto fazíamos alegres e felizes nossa refeição campestre, uns sentados na grama, outros sobre o musgo das pedras e das raízes, nosso amigo, vendo-nos ali tão animados e de bem com a vida, pediu-nos, com seu jeito folgazão de sempre, que sentássemos em semicírculo, diante do qual ele se colocou de pé e logo começou a proferir enfaticamente seu discurso:

— Meus mais diletos amigos e amigas, caríssimos pareados e despareados aqui presentes! Vejam como a escolha dessa forma particular de tratamento já deixa claro o quanto se faz necessário que um pregador surja aqui e aguce a consciência deste grupo. Uma parte de meus nobres amigos é pareada e deve se sentir muito bem assim. Mas a outra parte, despareada, não se sente senão muito mal com isso, como posso garantir por experiência própria. E como meus caros amigos pareados constituem aqui a grande maioria, convido-os a pensarem comigo: será que cuidar de todo mundo não seria justamente uma forma de dever social? Afinal, por que razão nos reunimos em tão grande número, senão para aproveitarmos a companhia um do outro? E como isso pode se tornar possível, se em nosso círculo se evidenciam tantas pequenas exclusões? Longe de mim querer investir contra relações tão belas, metendo-me onde não sou chamado. Mas cada coisa a seu tempo! Belas palavras, aliás, grande formulação proverbial. É pena que ninguém a leve seriamente em consideração, especialmente quando já dispõe de tudo de que precisa para passar seu tempo.

Ele discursava com entusiasmo e vigor crescentes, contrapondo as virtudes sociais aos sentimentos mais íntimos.

— Estes — dizia ele — nunca hão de nos faltar, sempre os temos em nós e, mesmo sem muita prática, qualquer um aprende muito rapidamente a ser um mestre nesse assunto. Já quanto àquelas, é preciso saber encontrá-las; e é preciso muito esforço para chegar até elas. Não importa quanto nos empenhemos nessa busca, eis o tipo de coisa que nunca cessamos de aprender.

Aos poucos, começou então a se encaminhar para as questões mais centrais de sua fala. Alguns de nós sentíamo-nos diretamente afetados pelo que ele dizia e não podíamos evitar a troca de olhares. Mas nosso amigo contava com o privilégio de que ninguém ali levaria nada daquilo a mal, de modo que pôde seguir com seu discurso sem ser interrompido.

— Não basta explicitar a falta! Não é nem mesmo justo fazer isso, se também não sabemos dizer como melhorar a situação. Portanto, meus amigos, não quero exortá-los ao arrependimento e à regeneração, como se eu fosse um pregador da Semana Santa. Ao contrário, desejo a todos esses pares tão simpáticos a mais longa e duradoura felicidade. Mas justamente para que eu mesmo possa contribuir com ela de modo decisivo, proponho aqui que desmembremos e suspendamos essas pequenas e adoráveis formações exclusivistas durante as horas que passamos juntos. E para o caso de poder contar com sua aprovação — continuou ele —, já providenciei até mesmo um modo de colocar isso em prática. Neste saco estão os nomes de todos os senhores aqui presentes. Tirem sua sorte, minhas formosas damas, e tenham a honra de aceitar como seu criado, por oito dias seguidos, aquele cujo nome foi sorteado. É claro que isso só terá validade em nosso círculo de amigos. Ao fim de cada reunião, tão logo este círculo se desfaça, também esses vínculos se darão por desfeitos. Caberá então apenas a seus corações, minhas caras, decidir quem as deverá acompanhar até suas casas.

Boa parte do grupo parecia entusiasmada com o discurso e com o modo como havia sido proferido, aparentemente aprovando a ideia. Alguns casais, porém, olhavam-se sem saber muito o que dizer, já que não encontravam muito sentido naquilo tudo. Diante disso, ele exclamou com uma impetuosidade espirituosa:

— Para falar a verdade, estou surpreso com o fato de que, apesar da hesitação de um ou outro de vocês, ninguém aqui se levantou para exaltar as qualidades de minha proposta, tampouco para discutir suas vantagens, o que me pouparia do papel de ficar aqui fazendo elogios a mim mesmo. Sou o mais velho entre nós, que Deus me perdoe. Vejam que, de tanto pensar e refletir, já me vai brilhando a calva — ao dizer isso, tirou seu chapéu e logo continuou seu discurso — e desnudá-la, assim, seria sempre uma honra e uma grande alegria, se minhas reflexões, que me ressecam a pele e me privam do mais belo dos adornos, pudessem ser de algum proveito para mim e para os outros. Nós somos jovens, meus amigos, isso é belo. Nós ficaremos velhos, isso é uma estupidez. Nós não nos aborrecemos uns com os outros, isso é muito bonito e combina com a estação. Mas logo chegarão os dias em que teremos vários motivos para nos aborrecermos conosco mesmos: cada um de nós terá então de se virar para dar conta de si mesmo. Ao mesmo tempo, porém, também os outros terão motivos para se aborrecerem conosco, e por razões que nem sempre compreenderemos: para isso, meus caros, temos de nos preparar desde já. E é isso que temos de fazer acontecer agora!

Ao longo de toda sua fala, mas especialmente nessa última parte, o rapaz havia discursado com a impostação e os gestos de um capuchinho, pois, como católico, haveria de ter tido ocasião suficiente para estudar as artes retóricas desses padres. O discurso parecia tê-lo deixado quase sem fôlego, fazendo transpirar sua calva precoce, que lhe conferia mesmo um ar sacerdotal. E suas parlapatices deixaram tão animado aquele grupo de gozadores, que todos ali ficaram ansiosos para continuar a ouvi-lo. Ele, no entanto, ao invés de seguir com seu discurso, apanhou o saco a que se tinha referido antes e dirigiu-se à moça mais próxima:

— É só uma experiência! — exclamou ele. — A obra faz seu autor. E se daqui a oito dias não estivermos contentes, abandonamos essa ideia e deixamos que tudo volte ao que era antes.

Um pouco por vontade, um pouco por pressão, as moças foram tirando seus papeletes e aquela simples operação logo deixou transparecer claramente as paixões que estavam em jogo. Por um lance de sorte, os casais mais eventuais acabaram sendo separados, enquanto aqueles mais sérios calharam de ficar juntos. Assim, minha irmã pôde se manter ao lado de seu inglês, pelo que ambos ficaram muito gratos ao deus do amor e da felicidade. Nosso antístite tratou então de juntar logo os novos pares casuais. Bebemos a sua saúde, desejando a todos tanto mais felicidade, quanto mais curta se evidenciasse a duração daquelas uniões. Este foi certamente o momento mais animado que nosso grupo havia vivenciado nos últimos tempos. Os rapazes que ficaram sem par assumiram a tarefa de providenciar o que fosse necessário para atender às demandas do intelecto, da alma e do corpo — para usar mais ou menos os termos em que nosso orador havia se expressado —, mas especialmente as da alma, dizia ele, já que as outras duas demandas se resolviam bem sozinhas.

Os novos mestres de cerimônia fizeram questão de assumir logo seus postos. Trouxeram uma série de jogos bastante divertidos e prepararam um jantar surpresa em uma localidade mais distante. Chegaram a mandar iluminar o barco em nosso caminho de volta, ainda que o belo luar os dispensasse completamente de fazê-lo; desculparam-se, afirmando que ofuscar o brilho terno da lua com o brilho das luzes terrenas era algo que combinava com o novo espírito do grupo. No momento em que desembarcamos de volta daquela excursão, nosso Sólon exclamou:

— *Ite, missa est!*[9]

Cada um dos rapazes ainda ajudaria a moça que lhe fora atribuída pelo sorteio a descer da embarcação, entregando-a então de volta nas mãos de sua verdadeira metade e recebendo, em troca, aquela que lhe cabia.

No encontro seguinte, resolvemos que deveríamos fazer valer aquele expediente semanal por todo o verão e fizemos novamente o sorteio. Não havia dúvidas de que aquela brincadeira havia criado rumos novos e inesperados para o nosso grupo. Agora, cada um de nós se sentia sempre motivado a mostrar o que tinha de mais espirituoso e engraçado, além de primar também pelos galanteios e pela corte da moça que então nos acompanhava. Com isso garantíamos, ao menos por uma semana, uma boa dose de atenção e gentileza.

Mal o grupo havia incorporado sua nova dinâmica, seus integrantes — em vez de agradecerem a nosso orador — acusaram-lhe de ter guardado para si a melhor parte de seu discurso, a saber, a conclusão. Ele, de sua parte, garantia-nos que o melhor de um discurso é a persuasão; para ele, quem não pretendia persuadir, não precisava nem começar a discursar. E persuadir não era uma coisa nada fácil. Como mesmo assim ninguém lhe desse sossego, acabou retomando sua capuchinhada e o fez de modo ainda mais caricato do que antes — talvez porque, agora, tivesse o propósito de tocar nos assuntos mais sérios. Ele citava muitas passagens da Bíblia, mas poucas tinham a ver com a questão discutida. Fazia toda sorte de comparações que, no entanto,

---

9 Trata-se da expressão final da missa católica, em latim. Em português, a expressão latina significa algo como "Vão, estão dispensados". O termo "missa" teria surgido justamente a partir dessa expressão litúrgica, tomando-se o termo "dispensa" pelo sentido daquilo de que se era dispensado ao final do rito católico.

não fechavam de jeito nenhum. E era eloquente em suas alusões que, todavia, não esclareciam coisa alguma. Desenvolveu então a tese de que quem não sabe esconder suas paixões e simpatias, seus desejos, princípios e objetivos não se torna ninguém na vida, ao contrário, está fadado a ser molestado e enganado por todos, em toda parte. Por isso seria preciso adotar a disciplina dos segredos mais íntimos, especialmente quando se deseja ser feliz no amor.

Essa ideia de fato permeava todo seu discurso, mas não ganhava expressão direta em suas palavras. Para tentar entender melhor aquele rapaz tão singular, é preciso levar em consideração o fato de que, nascido como um menino de grande potencial, desenvolveria seus talentos e sua argúcia nas escolas dos jesuítas, onde adquiriria um grande conhecimento do mundo e da humanidade, mas apenas no que diz respeito a seu lado mais negativo. Ele tinha em torno de vinte e dois anos e adoraria ter feito de mim um prosélito de sua misantropia. Seu discurso, porém, não me causava grande impressão — eu ainda mantinha uma grande disposição para ser bom e para achar que os outros também poderiam sê-lo. Contudo, ele me despertou a atenção para várias coisas.

Para completar a formação de uma trupe bem animada, nada como a presença de um ator capaz de se comprazer quando, para animar momentos triviais como aqueles, os demais resolvem lançar contra ele suas flechas jocosas. E tudo pode ficar ainda mais divertido se essa figura não for apenas uma espécie de espantalho sarraceno — como aqueles em que os cavaleiros atiravam suas lanças ao treinarem para os torneios –, mas também souber fazer suas próprias escaramuças, provocando aqui, atiçando ali, machucando um pouquinho, mas logo recuando, dando a impressão de se render, mas retrucando mais uma vez logo em seguida. Tínhamos um tipo desses no grupo, na figura de nosso amigo Horn,[10] cujo próprio nome já era pretexto para todo tipo de gozações e que, por sua compleição miúda, costumava ser chamado de Hörnchen.[11] Ele era mesmo o menor de nosso grupo, de aspecto um tanto rude, mas cativante. O nariz rombudo, a boca

---

10 Referência a Johann Adam Horn (1749-1806), que seria colega de estudos de Goethe em Leipzig e manteria com ele contato por longos anos.

11 Em alemão, *Horn* significa chifre, corno, trompa. Em sua forma diminutiva, *Hörnchen*, significa "esquilo".

arrebitada e os olhos pequenos e faiscantes formavam um rosto moreno que parecia sempre pronto para despertar o riso em alguém. Seu crânio pequeno e compacto era fartamente coberto por uma cabeleira negra e crespa. A barba lhe azulara precocemente as faces e ele bem que gostaria de deixá-la crescer para usá-la como uma espécie de máscara cômica que mantivesse o grupo constantemente em ponto de riso. Era um sujeito simpático e vivaz, embora achasse que tinha as pernas tortas, o que fazíamos questão de confirmar, já que ele assim o desejava. Disso surgiam algumas piadas, pois, como era muito procurado pelas moças por suas habilidades na dança, atribuía isso a uma peculiaridade das mulheres, a saber: a de gostarem de ver suas pernas tortas em pleno movimento. Seu bom humor era inabalável e sua presença em nossos encontros havia se tornado imprescindível. Nós dois também nos aproximaríamos muito e tanto mais por ter ido comigo à mesma academia – trata-se de alguém que faz jus à lembrança, pois me acompanhou por muitos anos, sempre com apreço, lealdade e paciência.

Minha facilidade para rimar e encontrar algo de poético nos objetos mais comuns despertaria nele a motivação para se arriscar nesse mesmo tipo de trabalho. Tratávamos poeticamente tanto as pequenas viagens e excursões que fazíamos juntos quanto as casualidades que surgiam nessas ocasiões. Com isso, a descrição de cada acontecimento acabava se tornando, em si, um novo acontecimento. No entanto, como em geral tais gracejos com o grupo acabavam sempre em deboche, e meu amigo Horn, com suas tiradas burlescas, nem sempre sabia manter os devidos limites, vez ou outra isso acabava gerando algum tipo de aborrecimento – mas que, de modo geral, logo em seguida também já se resolvia.

Foi assim que ele acabou se arriscando numa modalidade poética que, na época, entrara na ordem do dia: o chamado poema herói-cômico. *O rapto do cacho de cabelo*,[12] de Pope, havia inspirado um número imenso de imitações, a exemplo da epopeia cômica de Zachariä,[13] autor que cultivava esse gênero poético em terras alemãs. Tratava-se de um tipo de narrativa poética que

---

12 Referência ao poema narrativo herói-cômico *The rape of the lock* (1712), do escritor inglês Alexander Pope (1688-1744).
13 Justus Friedrich Wilhelm Zachariä (1726-1777) ficaria conhecido por sua epopeia cômica intitulada *Der Renommist* [O renomista], de 1744.

parecia agradar a todos, pois costumava ter como objeto um sujeito abobalhado, pirraceado sempre por espíritos travessos, que, por sua vez, favoreciam um outro sujeito, melhor que ele.

Não é admirável, mas é de causar certa admiração como, ao observarmos o que está acontecendo em uma literatura – na alemã, por exemplo –, toda uma nação parece de repente não conseguir mais se livrar de um mesmo objeto temático já tratado de uma forma específica antes e com algum sucesso. Insiste-se então em repetir o tema à exaustão e de todos os modos possíveis e imagináveis, chegando-se ao ponto de encobrir ou mesmo de sufocar o próprio original.

A epopeia de meu amigo só fazia confirmar tal observação. Por ocasião de um grande passeio de trenó, um sujeito abobalhado tem por par uma moça que não gosta dele. De modo convenientemente picaresco, ele vai sofrendo todo tipo de acidente imaginável ao longo do percurso, até que, por fim, ao solicitar à moça o prêmio[14] prescrito pelas leis do trenó, cai de cima do estrado, já que, como era de se esperar, os espíritos lhe passaram a perna. A moça assume então as rédeas e, sozinha, leva o trenó de volta para casa, onde seu predileto a recebe de braços abertos, triunfando, assim, sobre seu rival presunçoso. Era, na verdade, muito bem pensado o modo como, nessa epopeia, quatro espíritos diferentes iam provocando os acidentes um após o outro, até que, finalmente, os gnomos conseguiam derrubar o abobalhado do trenó. O poema, escrito em alexandrinos e baseado em fatos reais, deliciava nosso pequeno público, que não tinha a menor dúvida de que aquela obra rivalizava perfeitamente com a *Noite de Valburga*,[15] de Löwen, ou mesmo com *O renomista*, de Zachariä.

Como essa nossa diversão social ocupava-me apenas uma noite por semana e como sua respectiva preparação não me custava mais do que algumas poucas horas, sobrava-me tempo suficiente para ler e fazer algo que eu, então, chamava de estudar. Para agradar a meu pai, empenhei-me em memorizar o *Pequeno Hoppe* de trás para frente e de frente para trás, sentindo-me logo apto a prestar qualquer exame, já que dominava perfeitamente o

---

14 O referido prêmio era um beijo.
15 *Die Walpurgisnacht* (1756), epopeia cômica de Johann Friedrich Löwen (1726-1771).

conteúdo principal das institutas.[16] Todavia, uma certa sede de saber acabaria me levando ainda mais adiante, conduzindo-me para o campo da história da literatura antiga e, a partir daí, para um certo enciclopedismo, que me faria passar pela *Isagoge* de Gesner[17] e pelo *Polyhistor* de Morhof.[18] Adquiriria, assim, uma ideia geral de como haviam acontecido muitas das coisas mais estranhas e curiosas da vida e do saber. Mas esse empenho contínuo e apressado, dia e noite sem parar, acabaria mais me confundindo do que me educando; e eu ainda me perderia num labirinto muito maior ao mergulhar fundo na obra de Bayle,[19] que havia encontrado na biblioteca de meu pai.

Nesse meio-tempo, também se renovava em mim a convicção da importância das línguas da Antiguidade, pois, em meio a todo aquele emaranhado literário, rebrotava-me a ideia de que essas línguas mantinham guardados todos os modelos retóricos e tudo o que de mais digno o mundo já havia possuído um dia. Tanto meu hebraico quanto meus estudos dos livros bíblicos haviam sido deixados em segundo plano, assim como o grego, já que meus conhecimentos dessa língua não iam além do Novo Testamento. Passei então a me dedicar mais seriamente ao latim, cujas obras exemplares nos são muito mais próximas. E além das produções maravilhosas originalmente escritas nessa língua, o latim oferece-nos ainda toda a riqueza adquirida ao longo dos tempos através das traduções e das obras de grandes estudiosos.[20] Lia muito e com grande presteza nessa língua, acreditando poder dizer que entendia bem cada um dos autores, já que nada do sentido

---

16 Ver notas 41 e 42 do Quarto livro, à p.179.
17 Referência à obra *Primae lineae isagoges in eroditionem universalem nominatim philologiam, historiam et philosophiam in usum praelectionum ductae et retractatius iterum editae* (1756), de Johann Matthias Gesner (1691-1761), professor de poesia e retórica na Universidade de Göttingen.
18 Referência à obra homônima de Daniel Georg Morhof (1631-1691), intelectual importante de sua época, contemporâneo de Leibniz.
19 Referência à obra *Dictionnaire historique et critique* (1695-1697), de Pierre Bayle (1647-1706), precursor do Iluminismo.
20 Na época em que Goethe era jovem, clássicos gregos como Sófocles, Eurípedes e Homero eram mais frequentemente lidos em traduções para o latim do que a partir do próprio original em grego. Eram frequentes, portanto, as edições bilíngues (grego-latim) dessas obras.

literal me escapava. Aliás, fiquei mesmo aborrecido quando soube que Grócio[21] havia declarado, arrogantemente, que lia Terêncio de forma diferente da dos meninos. Felizes as limitações da juventude! E das pessoas, em geral, que a cada instante de suas vidas pensam que atingiram a plenitude, mas nunca se questionam quanto ao que é verdadeiro ou falso, alto ou baixo, somente quanto àquilo que lhes interessa.

Assim, acabei aprendendo o latim do mesmo modo que o alemão, o francês e o inglês, ou seja, apenas pela prática, sem regras nem maiores conceitualizações. E para quem conheça o estado da educação escolar daquela época, não causará espanto algum o fato de tê-lo feito sem passar pelo estudo da gramática e da retórica. Tudo me parecia se dar em seu curso natural: as palavras, sua formação e suas transformações, eu as apreendia de ouvido, aprendia seu sentido e usava-as depois livremente para escrever e papear.

O dia de São Miguel Arcanjo[22] já se aproximava e com ele também o momento de partir para a academia. Sentia-me bastante empolgado, tanto com a vida quanto com os estudos, e uma certa aversão a minha cidade natal começara a se evidenciar em mim de modo cada vez mais claro. Com o afastamento de Gretchen, os brotos da planta de minha adolescência e juventude haviam sido podados brutalmente, e levaria ainda algum tempo para ela conseguir fazer brotar seus novos ramos laterais e superar os primeiros danos com a força de seu crescimento. O tempo das minhas caminhadas pelas ruas havia acabado; como os outros, só andava agora pelos caminhos que se faziam necessários. Nunca mais voltei às vizinhanças em que Gretchen morava, nem mesmo a seu bairro. E assim como meus antigos muros e torres aos poucos iam perdendo em mim todo o encanto de outrora, o mesmo se dava em relação à cidade como um todo: tudo aquilo que um dia me parecera tão memorável agora não passava, senão, de um conjunto borrado de imagens fora de lugar. Como neto do prefeito, não me haviam passado desapercebidos os problemas mais secretos de uma república como aquela. Até porque as crianças costumam ficar muito particularmente

---

21 Hugo Grócio (1583-1645), jurista, filósofo, dramaturgo e poeta dos Países Baixos, foi um dos primeiros autores modernos na área do direito natural e internacional.
22 Dia 29 de setembro.

impressionadas com essas coisas; e quando algo antes tão venerado parece se deixar abalar, de repente, por algum tipo de suspeita, sentem-se motivadas a bisbilhotar ainda mais incessantemente. Eu pude acompanhar de perto a irritação inútil de alguns homens honestos no embate direto com aqueles que se deixavam aliciar ou mesmo corromper pelos interesses particulares. Eu simplesmente detestava qualquer forma de injustiça, até porque, em geral, as crianças são rigoristas morais. Meu pai, que se envolvia nos negócios da cidade apenas na condição particular de cidadão, expressava energicamente sua irritação com muitos desses malogros. E aquilo que eu via nele, como o poderia desejar para mim? Depois de tanto estudo, de tanta perseverança e aplicação, de tantas viagens e de uma formação tão ampla e variada, meu pai acabou levando uma vida solitária, restrita aos quatro muros de sua propriedade. Essas coisas todas juntas atormentavam-me de forma desesperadora e a única forma que eu vislumbrava para me livrar de tamanho desânimo era imaginar um plano de vida completamente diferente daquele que me havia sido prescrito. Pensando comigo, imaginava-me então deixando de lado o direito e dedicando-me exclusivamente ao estudo das línguas, da Antiguidade, da História e de tudo o que decorre disso.

Costumava ter grande prazer em traduzir poeticamente o que eu acabara de perceber em mim, nos outros e na natureza. Aliás, fazia isso cada vez com maior facilidade, já que era algo que se dava de modo instintivo — eu ainda não havia sido confundido pela crítica. E por mais que não tivesse meus escritos em tão alta conta, enxergava-os antes como algo ainda imperfeito, do que como algo simplesmente sem valor. Portanto, quando alguém via problema num ou noutro aspecto do que eu fazia, mantinha-me firme na convicção velada de que, com o tempo, poderia fazer aquilo de modo ainda melhor e de que, algum dia, ainda teria a honra de poder ser mencionado ao lado de homens como Hagedorn, Gellert,[23] entre outros. Mas uma determinação como esta, por si só, não me parecia senão algo vago e insuficiente. O que eu desejava mesmo era me dedicar inteiramente ao aprofundamento daqueles outros campos de estudo. Assim, à medida que fosse adquirindo uma visão mais ampla da Antiguidade e fosse desenvolvendo paralelamente

---

23 Ver nota 40 do Segundo livro, à p.105.

meus trabalhos pessoais, podia me habilitar para assumir uma vaga de professor na universidade, o que me parecia ser o mais desejável para um rapaz que pretendia tanto investir em sua própria formação quanto contribuir para a formação de outras pessoas.

Quando pensava nisso, sempre tinha Göttingen[24] em mente. Eram homens como Heyne,[25] Michaelis[26] e tantos outros que me inspiravam confiança. Meu desejo mais sincero era o de me sentar a seus pés e ficar ouvindo o que eles tinham para ensinar. Meu pai, porém, manteve-se irredutível. E nem mesmo a insistência de alguns amigos da família, que simpatizavam com minha opinião, seria capaz de fazê-lo mudar de ideia: eu iria para Leipzig, estava decidido. Contrariando então suas convicções e vontades, como que em legítima defesa, tomei a decisão de construir para mim um projeto paralelo de estudo e de vida. A obstinação de meu pai — que, sem ele saber, projetava-se na direção contrária de meu projeto secreto — só acabaria fortalecendo minha rebeldia. E tanto o fez, que acabei me tornando capaz de ouvi-lo impiedosamente por horas sem nem me perturbar, especialmente quando ele insistia em repassar, pela milésima vez, os caminhos de vida e de estudo que eu deveria seguir no mundo e na academia.

Como perdera todas as minhas esperanças de ir para Göttingen, voltei meus olhares, enfim, para a Universidade de Leipzig. Parecia-me que Ernesti[27] era um de seus luminares, mas também Morus[28] suscitava confiança. Secretamente, elaborei o projeto de uma espécie de contracurso, ou melhor, construí um castelo no ar, ainda que sobre uma base relativamente sólida. E tinha para mim que era até mesmo romanticamente honroso alguém querer esboçar os rumos de sua própria vida — rumos que, aliás, não

---

24 No século XVIII, a Universidade de Göttingen, fundada em 1737, contava com a fama de ser um das mais modernas instituições de seu gênero.
25 Christian Gottlob Heyne (1729-1812), em sua época, o mais importante filólogo alemão de línguas antigas.
26 Johann David Michaelis (1717-1791), teólogo e orientalista.
27 Johann August Ernesti (1707-1781), professor de retórica e, mais tarde, de teologia da Universidade de Leipzig.
28 Samuel Friedrich Nathanael Morus (1736-1792), professor de filosofia e, mais tarde, de teologia da Universidade de Leipzig.

me pareciam nada fantasiosos, já que Griesbach,[29] ao seguir caminhos semelhantes, havia feito grandes progressos e conquistado o reconhecimento de todos. A alegria velada de um preso, quando se livra de suas algemas e está prestes a acabar de limar as grades de sua prisão, não poderia ser maior do que a minha, ao perceber que os dias de setembro voavam e outubro já se aproximava. Nem a estação desagradável do ano, nem as estradas perigosas, de que todo mundo tinha uma história para contar, nada daquilo me assustava. A ideia de ter de pagar o preço de ser novato numa cidade estranha justamente durante o inverno não me deixava desanimado. Afinal, não via as circunstâncias em que me encontrava senão como desoladoras, de modo que todo o restante do mundo desconhecido me parecia mais divertido e radiante. Ia construindo assim os meus sonhos, aos quais me agarrava firmemente, prometendo a mim mesmo que o futuro, num lugar bem distante, não me traria senão alegria e satisfação.

Embora mantivesse esses meus propósitos em segredo absoluto, não podia ocultá-los de minha irmã. No princípio ela ficou muito assustada com tudo, mas acabou conseguindo se tranquilizar quando lhe prometi que um dia viria buscá-la, para que ela, então, pudesse compartilhar e aproveitar comigo a condição de destaque e prosperidade que eu haveria de alcançar.

O tão esperado dia de São Miguel Arcanjo finalmente chegou. Parti[30] com satisfação, na companhia do livreiro Fleischer[31] e de sua esposa, que, de solteira, chamava-se Triller e que pretendia visitar seu pai na cidade de Wittenberg. Parti indiferente, deixando para trás aquela valorosa cidade, que me dera à luz e que me educara. Parti como se nunca mais quisesse pôr os pés ali novamente.

---

29 Ver nota 74 do Quarto livro, à p.199.

30 Goethe partiria de Frankfurt no final de setembro de 1765, chegando a Leipzig no dia 3 de outubro.

31 Johann Georg Fleischer (1723-1796), livreiro e editor em Frankfurt, seguia viagem para a feira de livros de Leipzig. Remontando suas origens ao século XVII e tornando-se o evento alemão mais importante de seu gênero no século XVIII, apenas após a Segunda Guerra Mundial a feira de Leipzig perderia sua prevalência para a feira de Frankfurt.

É assim que, num dado momento, os filhos acabam se separando dos pais, os serviçais de seus senhores, os protegidos de seus protetores. E a tentativa de andar com as próprias pernas, de se fazer independente, de viver por conta própria, obtenha-se ou não sucesso, não se dá, senão, como algo natural, em conformidade com os desígnios da natureza.

Partimos da cidade pelo portão de Todos os Santos e, em pouco tempo, já deixávamos para trás também a localidade de Hanau. A partir dali, passaríamos por vários lugares que chamariam minha atenção por sua novidade, ainda que tivessem muito pouco de realmente encantador para nos oferecer naquela estação do ano. Uma chuva ininterrupta deixara em péssimo estado os caminhos, que, naquela época, mesmo quando em seu estado de normalidade, já não ofereciam as melhores condições, que só seriam alcançadas muito mais tarde. Nossa viagem não foi, portanto, nem agradável, nem divertida. Ainda assim, devo àquele clima úmido a oportunidade de ter presenciado um fenômeno natural de extrema raridade. Nunca mais teria a chance de ver nada semelhante, tampouco teria notícia de qualquer outra pessoa que tivesse visto algo igual. Já era quase de noite, estávamos subindo uma ladeira a meio caminho entre Hanau e Gelnhausen e, embora estivesse prestes a anoitecer, achamos que era melhor saltar do coche e continuar a pé do que nos expormos ao perigo e às dificuldades daquele trecho. De repente, notei que, à direita de nosso caminho, a baixada no fundo do vale formava uma espécie de anfiteatro iluminado. Luzes e mais luzes, dispostas em diferentes níveis, um sobre o outro, luziam os contornos de um espaço afunilado e brilhavam tão vigorosamente que chegavam a me ofuscar a vista. No entanto, o que mais confundia o olhar era o fato de que algumas daquelas luzes não se mantinham imóveis: saltitavam de um lado para o outro, de cima para baixo, de baixo para cima, em todas as direções. A maioria, porém, tremeluzia firme e forte, sem sair de seu lugar. Foi muito a contragosto que tive de seguir adiante, deixando-me afastar daquele espetáculo luminoso, que eu tanto desejava poder observar mais de perto. Diante de minhas perguntas, o cocheiro insistiu em me dizer que não sabia nada sobre tal fenômeno. Contou-me, porém, que havia naquelas redondezas uma velha pedreira, cuja furna mais central se enchera de água. Se o que vi foi obra de um pandemônio de fogos-fátuos ou a folia de um grupo de criaturas reluzentes, isso eu não sei, nem quero ter de decidir aqui.

As estradas da região da Turíngia eram ainda piores e, infelizmente, ao cair da noite, nosso coche acabou encalhando nos arredores da localidade de Auerstädt. Estávamos longe de tudo e de todos, não nos restando como opção, senão, fazer o possível e o impossível para tentar deixar aquele atoleiro. Não poupei esforços e me empenhei o quanto pude. Disso resultaria um estiramento no músculo do peito, que se manifestaria, a partir de então, como uma dor intermitente, da qual eu só me livraria em definitivo muitos anos mais tarde.

Mas naquela mesma noite, como se ela estivesse reservada a todas as mudanças de sorte possíveis, estava prestes a sentir ainda um constrangimento ridículo, logo após um acontecimento feliz e inesperado. Em Auerstädt, encontramos um casal muito distinto, que, detidos pelos transtornos de uma sorte semelhante à nossa, também havia acabado de chegar. O marido, homem garboso e elegante, na flor da idade, vinha acompanhado de sua belíssima esposa. De modo muito cordato, convidaram-nos para que nos juntássemos a eles em sua mesa, e fiquei muito feliz quando aquela mulher tão deslumbrante dirigiu a mim algumas palavras gentis. Fui mandado então até a cozinha, para ver se conseguia acelerar a chegada de nossa tão esperada sopa. Mas como eu não estava acostumado às extenuações de uma viagem como aquela, tampouco a ficar acordado até altas horas, fui tomado de assalto por um sono tão irreprimível, que eu parecia dormir de pé. Voltei à sala e, sem me dar conta de que naquele instante os outros faziam sua prece em agradecimento à refeição, coloquei-me automaticamente de pé atrás da cadeira, como todo mundo, mas sem tirar o chapéu — eu nem sonhava que meu gesto desatento pudesse ter atrapalhado seu momento de oração. Depois da prece e antes mesmo de nos sentarmos à mesa, madame Fleischer, a quem não faltavam nem humor e inteligência, nem a língua afiada, pediu àqueles desconhecidos que não estranhassem aquilo que estavam vendo ali, com seus próprios olhos. Disse-lhes que o jovem, que os acompanhava naquela viagem, tinha uma forte queda pelo quackerismo, uma sociedade religiosa que não conhecia melhor forma de se respeitar a Deus e ao rei do que mantendo a cabeça sempre coberta. O riso, que a bela dama não pôde conter, tomou conta de seu semblante, deixando-a ainda mais fascinante. E eu daria tudo no mundo para não ter sido a razão daquela chacota, pois que, de resto, a risada caía-lhe excepcionalmente bem.

Todavia, nem bem tirei meu chapéu e aquelas pessoas todas, tão vividas e de tão bom trato, já davam por esquecida a brincadeira; e com a ajuda do melhor vinho da casa, logo conseguiram afugentar completamente o sono, o mau humor e a lembrança das dificuldades por que havíamos passado naquele dia.

Cheguei a Leipzig em plena época de feira, o que me deixou muito animado, já que percebia naquele evento uma espécie de continuidade de algo que já conhecia de minha terra natal; as mercadorias e os mercadores pareciam-me muito familiares, só o lugar e a forma de organização é que eram diferentes. Passei por todo o mercado, visitando cada uma das barracas com muita atenção e curiosidade. Contudo, o que mais me chamou a atenção, talvez pelo modo particular de se vestir, foram as pessoas vindas de regiões mais ao leste, os poloneses e os russos, mas sobretudo os gregos. Passaria várias vezes por eles, apenas para ver de perto a elegância de seus trajes e a bela figura que faziam.

Mas esses tempos de agitação logo acabariam e eu me veria então frente a frente com a própria cidade. Não tardei a reparar em suas construções belas, altas e de aparência bastante homogênea, que me causavam muito boa impressão. Não há de se negar que, no geral, a cidade tenha um ar imponente, especialmente em alguns momentos mais tranquilos dos domingos e feriados. Tampouco se pode deixar de mencionar suas ruas em noites de luar, que, nem tão sombrias, nem tão bem iluminadas, são sempre muito convidativas para um passeio noturno.

Todavia, em vista daquilo a que eu estava acostumado, não me deixaria impressionar muito com as novidades. Para o observador, Leipzig não evocava tempos muito mais antigos; seus monumentos davam testemunho de um passado recente, de uma época moderna, marcada pelo sucesso comercial, pela prosperidade e pela riqueza. Ainda assim, o tamanho monumental de suas construções impunha-se bem ao meu gosto. Com suas altas e amplas fachadas, algumas das edificações faziam frente para duas ruas, circunscrevendo internamente os limites de grandes pátios, em cujo espaço encerrava-se todo um universo urbano – como se fossem enormes castelos, burgos, quase uma cidade. Fui morar justamente num desses lugares, a saber, no chamado *Feuerkugel*,[32]

---

32 O nome *Feuerkugel* (em alemão, esfera ou bola de fogo) remontaria à figura da granada de mão incandescente, representada como emblema no arco de entrada do referido conjunto residencial.

localizado entre o velho e o novo Neumarkt.[33] Durante a feira, Fleischer, o livreiro, alugara ali alguns cômodos bastante bem ajeitados, com vista para o pátio interno e, portanto, também para o movimento da passagem. Ao fim da feira, acabei assumindo o aluguel daquele espaço por um preço bastante tolerável. Meu vizinho de quarto era um teólogo,[34] um sujeito esclarecido e muito bem instruído em sua disciplina, mas também pobre e portador de um sério problema nos olhos, algo que o inquietava muito e o deixava com receio do futuro. Seu problema de visão era o resultado da insistência em prolongar sua leitura até o último fio de claridade do dia, ou noite adentro, apenas sob a luz do luar, o que fazia, não raro, para economizar um pouco de óleo da lâmpada. A proprietária[35] daqueles imóveis, uma senhora já de mais idade, mostrava-se especialmente caridosa com ele, sempre muito simpática comigo e bastante prestativa com nós dois.

Uma vez instalado, apressei-me então a levar minha carta de recomendação ao conselheiro áulico Böhme,[36] que, tendo sido pupilo de Mascov,[37] era agora seu sucessor e ensinava história e direito do Estado na Universidade de Leipzig. Fui recebido gentilmente por esse homem baixo, atarracado e cheio de energia, que logo me apresentou a sua esposa. O casal, assim como outras pessoas a quem eu ainda prestaria visitas formais, encheram-me de boas esperanças em relação a minha estadia na cidade. Mas é claro que, de início, não deixei ninguém perceber o que eu realmente tinha em mente. E mal podia suportar o tempo de espera até o momento decisivo de me livrar de vez do direito e declarar minha devoção ao estudo dos antigos. Por precaução, esperei até que os Fleischer tivessem partido, pois queria evitar que meus planos chegassem rápido demais aos ouvidos de meus familiares. E assim que deixaram a cidade, dirigi-me sem demora até o conselheiro

---

33 Referências a localidades antigas da região central da cidade.
34 Johann Christian Limprecht (1741-1812).
35 Johanna Elisabeth Straube (1696-1780).
36 Johann Gottlob Böhme (1717-1780). Conselheiro áulico era um título honorífico, concedido com frequência a professores catedráticos, não pressupondo, em geral, nenhum tipo de poder, nem de obrigação específica.
37 Johann Jacob Mascov (1684-1761) alcançaria grande reconhecimento como historiador.

Böhme – a quem eu acreditava dever confiar a coisa toda antes do que a qualquer outra pessoa – e expus-lhe meus propósitos com muita sinceridade e firmeza. Minha exposição, contudo, não encontraria a menor receptividade. Como historiador e estudioso do direito do Estado, Böhme tinha um ódio declarado de tudo que cheirasse às belas-letras; e, para minha infelicidade, não se dava nada bem com aqueles que as cultivavam. Muito menos com Gellert, por quem eu, em minha exposição – muito inabilmente –, havia declarado toda minha admiração, mas que calhava de ser alguém que Böhme simplesmente não suportava. Recomendar a tais homens um ouvinte tão fiel, de quem, aliás, ele mesmo teria de abrir mão, e fazê-lo ainda naquelas circunstâncias tão especiais de meu caso: minha solicitação parecia-lhe algo simplesmente inadmissível. Irritado, passou-me de improviso um belo de um sermão, assegurando-me de que não poderia permitir que eu desse um passo como aquele sem a autorização de meus pais – e não o faria nem mesmo se aprovasse minha iniciativa, o que claramente não era o caso. Zangado, começou então a cobrir de impropérios a filologia e o estudo das línguas, e tanto mais os exercícios poéticos, aos quais eu também havia aludido inadvertidamente em minha exposição. Por fim, concluiria dizendo-me que, se eu tinha algum interesse em me aproximar do estudo dos antigos, o direito seria o melhor caminho para que isso acontecesse. Lembrou-me de alguns juristas bastante elegantes, como Everhard Otto e Heineccius;[38] prometeu-me que eu encontraria mundos e fundos na Antiguidade romana e na história do direito; e mostrou-me, com uma clareza solar, que o caminho do direito não representaria nem mesmo um grande desvio, se, mais tarde, tendo amadurecido a ideia e contando com a permissão de meus pais, eu resolvesse retomar meu plano original. Pediu-me então gentilmente que refletisse de novo sobre a coisa toda e que lhe informasse em breve de minha decisão, pois, como o início das aulas já se aproximava, era preciso resolver logo o assunto.

A verdade é que ele ainda foi muito gentil comigo, especialmente por não me obrigar a lhe dar uma resposta imediata. Seus argumentos e a gravidade

---

38 Everhard Otto (1685-1756), professor em Duisburg e Utrecht; Johann Gottlieb Heineccius (1681-1741), professor em Halle e Frankfurt às margens do rio Oder.

com a qual ele os expusera haviam sido suficientes para sensibilizar minha alma juvenil e maleável, pois só então eu pude começar a ver as dificuldades e a seriedade de um plano que, na minha imaginação, parecera-me antes tão factível. Sua esposa mandaria me chamar logo em seguida. Voltei a sua casa, mas, dessa vez, encontrei-a sozinha. Ela não era mais uma mulher tão jovem e deixava transparecer sua condição extremamente debilitada. A suavidade e delicadeza infinitas da esposa contrastavam fortemente com a figura de seu marido, um indivíduo que era ríspido até em seu jeito mais amável de ser. Ela retomou a conversa que eu havia tido com ele, apresentando-me a coisa toda de um modo tão simpático, carinhoso e razoável, que eu não pude senão me render completamente a seus argumentos; e mesmo os poucos pontos em que me reservara o direito de insistir foram bem acolhidos por ela e, mais tarde, devidamente concedidos.

Seu marido responsabilizou-se pela organização de meu plano de aulas e ficou estabelecido que, entre outras atividades, assistiria às preleções sobre filosofia, história do direito e as *institutas*.[39] Concordei com tudo e também consegui fazer valer meu desejo de frequentar as preleções de Gellert sobre história da literatura – que ele oferecia com base na obra de Stockhausen[40] –, bem como seus exercícios práticos.[41]

Eram extraordinários a admiração e o respeito que os mais jovens nutriam por Gellert.[42] Eu já o havia visitado uma vez e fora recebido muito amistosamente. Não era um homem alto, antes esguio do que magro. Tinha olhos doces, quase tristes, uma fronte vistosa, um nariz comedidamente aquilino, lábios finos, um rosto de belo talhe oval, enfim: tudo nele contribuía para torná-lo uma pessoa de presença agradável e estimulante. No

---

39 Ver nota 42 do Quarto livro, à p.179.
40 No século XVIII, era comum que os catedráticos organizassem suas preleções (*Vorlesungen*) a partir de uma obra específica. A obra de base na referida preleção de Gellert era *Kritischer Entwurf einer auserlesener Bibliothek für die Liebhaber der Philosophie und der schönen Wissenschaften* [...], publicada em 1752 por Johann Christoph Stockhausen (1725-1784).
41 Exercícios estilísticos em latim e alemão.
42 Christian Fürchtegott Gellert (1715-1769), professor de poesia e moral na Universidade de Leipzig, foi muito conhecido na Alemanha de sua época, tornando-se um dos primeiros escritores do século XVIII a conquistar grande popularidade.

entanto, era bastante custoso chegar até ele. Seus dois fâmulos pareciam padres protegendo uma relíquia sagrada, cujo acesso não se oferecia nem a todo mundo, nem a qualquer horário. Mas também não havia a menor dúvida de que esse cuidado era necessário, pois se Gellert resolvesse atender a todas as pessoas que cogitavam se aproximar dele, acabaria sacrificando seu dia inteiro.

De início, frequentava as aulas com extrema diligência e assiduidade, mas a filosofia insistia em não me aclarar muito as coisas. Na lógica, parecia-me estranho que aquelas operações mentais, que eu fazia com tranquilidade desde a adolescência, devessem agora ser dissecadas e isoladas, quando não destruídas, para que entendêssemos seu funcionamento correto. E sobre as coisas materiais, sobre o mundo em geral e sobre Deus, tinha a impressão de saber pelo menos tanto quanto o próprio professor, pois em muitos momentos ele parecia se atrapalhar seriamente. A despeito de tudo, consegui manter mais ou menos minha rotina até a véspera da Quarta-feira de Cinzas, quando então descobrimos, na praça de São Tomás, não muito distante da casa do professor Winckler,[43] uns bolinhos deliciosos que saíam quentes da panela justamente no horário de nossas aulas, o que acabaria nos atrasando naquela e em tantas outras ocasiões, que nossas anotações de aula começaram a rarear cada vez mais, até se dispersarem completamente ao final do semestre, sumindo como a neve que dava lugar à primavera.

Também as aulas de direito logo teriam destino semelhante, uma vez que eu já tinha conhecimento daquilo que o professor achava por bem nos ensinar. Em razão disso, minha disposição inicial em copiar tudo o que o professor nos ditava foi diminuindo aos poucos, pois era algo extremamente tedioso ter de anotar de novo as mesmas coisas que eu havia praticado à exaustão com meu pai — em seus exercícios de perguntas e respostas — e que, desde então, já trazia bem guardadas em minha memória. Os prejuízos causados pela insistência de se levar os jovens longe demais no estudo de determinadas áreas de conhecimento ainda no período escolar manifestam-se claramente no futuro. Isso porque o tempo e a atenção, que então deveriam

---

[43] Johann Heinrich Winckler (1703-1770), professor de filosofia e importante filósofo iluminista, adepto da filosofia de Christian Wolff (1679-1754).

ser dedicados aos exercícios de línguas e ao aprendizado de outros conhecimentos verdadeiramente basilares, são desperdiçados com os chamados estudos aplicados às factualidades, que mais dispersam do que educam, especialmente quando não são ensinados metodicamente, tampouco discutidos de maneira mais ampla.

Vale mencionar aqui, ainda, um outro mal que assola os estudantes: o fato de que os professores, assim como outros homens em cargos públicos, não têm como ser todos de uma mesma idade. Acontece então que os professores mais jovens, a bem da verdade, só ensinam para aprender; e quando tem boa cabeça e estão à frente de seu tempo, vão construindo sua própria formação à custa dos pobres estudantes, que acabam tendo aulas não sobre aquilo que deveriam aprender, mas, sim, sobre o que seus jovens professores julgam precisar exercitar melhor. Já no caso dos professores mais velhos, muitos deles simplesmente pararam no tempo. Transmitem então a seus alunos, em geral, uma visão estática das coisas; e, no que diz respeito aos detalhes, costumam insistir em uma série de especificidades que o próprio tempo já provou serem obsoletas, quando não falsas. Entre essas duas facções, tem lugar então um conflito infeliz, em meio ao qual as mentes mais jovens são constantemente arremessadas de um lado para o outro. E nem mesmo os professores de meia-idade são capazes de intervir em seu favor, pois, mesmo que já tenham sido suficientemente instruídos e formados, ainda mantêm aceso seu afã por conhecimento e reflexão.

Foi assim que acabei entrando em contato com muito mais coisas do que eu de fato conseguia entender e organizar em minha cabeça, o que fez crescer em mim um mal-estar que, aos poucos, foi tomando conta de meus humores. Mas também na vida, em geral, vinha experimentando algumas contrariedades, o que aparentemente é o preço que se paga quando alguém muda de cidade e passa a viver em circunstâncias completamente novas. A primeira coisa que as mulheres de Leipzig criticaram em mim foi o modo de me vestir, já que, para a vida na academia, trouxera de casa todo um guarda-roupa que se mostrara, para dizer o mínimo, incomum.

Meu pai – que simplesmente detestava ver as coisas acontecendo em vão, especialmente quando alguém não sabia aproveitar seu tempo ou não encontrava ocasião para fazê-lo – levaria tão longe sua obsessão pela otimização de tempo e energia, que nada lhe dava mais prazer do que matar dois coelhos com *uma* cajadada só.[44] Por essa razão, nunca empregara alguém em nossa casa que também não se mostrasse útil em alguma outra atividade além de seu próprio ofício. E do mesmo modo que, apesar de acostumado a escrever tudo sempre de próprio punho, disporia mais tarde da comodidade de ter, na figura do rapaz que morava conosco, alguém a quem podia ditar seus escritos, achou vantajoso empregar também alfaiates, que podiam então dedicar seu tempo à confecção e aos reparos tanto de seus próprios uniformes quanto das roupas do pai e de seus filhos. Meu pai mesmo tratava de providenciar os melhores tecidos e aviamentos, aproveitando a vinda de comerciantes estrangeiros para as feiras, de quem comprava sistematicamente mercadorias da mais alta qualidade, estocando-as em sua dispensa. E lembro-me ainda de que ele também fazia visitas frequentes ao senhor von Loewenich, tecelão da cidade de Aachen, proporcionando-me, desde minha mais tenra idade, o contato com este e outros grandes homens de negócio.

Como a qualidade dos aviamentos era garantida por meu pai e como havia em casa sempre um grande estoque de diferentes tipos de fazendas, sarjas, tecidos finos de lã, assim como o estofo necessário para os forros, não tínhamos de que nos envergonhar do ponto de vista dos materiais com que nossas roupas eram confeccionadas. Infelizmente, o modo como eram feitas colocava tudo a perder, pois o alfaiate que meu pai empregara podia até dominar as técnicas da costura de cortes previamente preparados por um mestre-alfaiate, mas quando cabia a ele mesmo executar os cortes, a coisa raramente acabava bem. Some-se ainda a isso o fato de que meu pai era extremamente cuidadoso com suas roupas, de modo que as fazia durar por longos anos, ainda que as usasse pouco. Talvez isso explicasse sua predileção generalizada por certos cortes e adornos mais antiquados, em razão da qual acabava conferindo também às nossas roupas uma aparência bastante fora do comum.

Foi justamente desse modo que o guarda-roupa para meus tempos de academia foi preparado. Era bastante completo e distinto, incluindo até

---

44 Em alemão: "zwei Fliegen mit *einer* Klappe zu schlagen" [matar duas moscas com uma só batida].

mesmo uma casaca inteiramente bordada. Como eu estava acostumado a me vestir daquele modo, imaginava-me suficientemente bem alinhado. Mas não demoraria muito tempo para que minhas amigas me convencessem, primeiramente com suas provocações sutis, mais tarde com suas ponderações bastante razoáveis, de que eu parecia alguém que os ventos houvessem trazido de repente de um outro mundo. Por maior que fosse esse meu incômodo, de início não imaginava o que fazer para remediar minha situação. No entanto, quando vi o senhor von Masuren[45] – o tão querido e exaltado poeta da província – ser representado numa peça de teatro com roupas muito parecidas com as minhas e, nisso, ser ridicularizado mais por sua aparência do que pelos disparates que dizia, resolvi mudar todo o meu guarda-roupa de uma só vez, trocando-o por um mais moderno e adequado à moda local – negociação que me obrigaria a reduzi-lo drasticamente em seu tamanho.

Depois de passar por essa minha primeira provação, teria logo de enfrentar uma outra, ainda muito mais desagradável, já que envolvia algo de que não se pode abrir mão tão facilmente, nem trocar tão rapidamente.

Nasci e fui educado numa região em que se falava uma variante dialetal do alto-alemão.[46] Meu pai sempre se empenhara em manter certa pureza no uso de nossa língua, chamando-nos a atenção, desde pequenos, para aquilo que se podia chamar de incorreções idiomáticas e preparando-nos, desse modo, para o melhor domínio da variante padrão. Ainda assim, acabaria preservando em meu modo de falar algumas peculiaridades bastante sutis, que eu – como estas, ingenuamente, tanto me agradassem – fazia questão de enfatizar, o que me rendia invariavelmente fortes repreensões de meus novos concidadãos. O falante típico dessa variante, mas especialmente aquele que habita a região entre os rios Reno e Meno (pois grandes rios, assim como as regiões litorâneas, sempre trazem consigo algo de

---

45 Protagonista da peça *Der poetische Dorfjunker* (1741), escrita por Luise Adelgunde Gottsched (1713-1762) – uma das primeiras mulheres a escrever comédias na Alemanha –, com base na comédia *Le Poète campagnard*, de Philippe Néricault Destouches (1680-1754).

46 Na verdade, uma variante franco-renana (*rheinfränkisch*) do alemão-superior (*Oberdeutsch*), que, por sua vez, é uma das subdivisões do grande grupo dialetal do alto-alemão (*Hochdeutsch*).

vivificante), costuma usar muitas comparações e alusões em seu modo de se expressar; e tendo uma compreensão profunda da alma humana, serve-se frequentemente de provérbios e de outras expressões idiomáticas. Em ambos os casos, seu modo de falar pode até soar um tanto rústico, mas é também muito preciso e apropriado, se levarmos em conta o propósito das expressões. É claro que, às vezes, algo sempre pode escapar e acabar ferindo um ouvido um pouco mais sensível.

Toda província ama seu dialeto, pois este é verdadeiramente o elemento em que a alma vai buscar seu alento. Mas é também de conhecimento de todos a obstinação com que a variante saxã[47] soube dominar e mesmo excluir por algum tempo, todas as outras. Sofremos anos a fio sob o pedantismo desse regime e foi apenas com muita luta e resistência que o restante das províncias conseguiu reconquistar seus antigos direitos linguísticos. Para se ter bem a ideia do quanto tem de suportar um jovem sob o jugo de tais imposições, basta levarmos em conta que, ao abrir mão das singularidades de seu modo de se expressar — algo que, se diz respeito apenas a especificidades da pronúncia, alguém poderia até mesmo concordar em fazer —, o jovem sacrifica também um modo de pensar, de imaginar e de sentir as coisas, enfim, sacrifica as características que lhe são mais próprias e típicas de sua terra natal. E pensar que essa demanda intolerável vinha justamente da parte de homens e mulheres tão cultos e bem instruídos. Eu, de minha parte, não podia aderir a essas convicções, cuja injustiça eu intuía claramente, ainda que não conseguisse muito bem compreendê-la. Mesmo assim, fui obrigado a restringir minhas frequentes alusões a passagens bíblicas e a evitar as citações mais ingênuas que costumava fazer das antigas crônicas. E fui também compelido a esquecer que, um dia, havia lido os sermões de Geiler von Kaisersberg,[48] tendo de me livrar, de

---

47 Em alemão, "meißnische Mundart" [variante dialetal de Meissen, também Mísnia]. Variante do grupo dialetal turíngio-alto-saxão: no contexto dos esforços de purificação linguística do idioma alemão, empreendidos por figuras como Johann Christoph Gottsched (1700-1766) e Johann Christoph Adelung (1732-1806), as variantes do alto-saxão eram consideradas superiores a todas as demais. A justificativa, em geral, fundava-se no fato de Lutero ter se valido de um registro oficial da variante dialetal da região de Meissen como base para sua tradução da Bíblia.

48 Johann Geiler von Kaysersberg (1445-1510), conhecido por seus sermões e como um dos mais importantes pregadores de língua alemã do final da Idade Média.

uma vez por todas, do costume de me valer tão frequentemente de provérbios — por mais que estes, com suas tacadas certeiras, evitassem os ramerrames sem fim. Em suma, tinha agora de esquecer todas aquelas coisas que eu havia aprendido por força de meu entusiasmo juvenil. E isso me deixava internamente paralisado. Não sabia mais nem mesmo como dizer as coisas simples do dia a dia. Além de tudo, ainda ouvia o tempo todo que era preciso falar como se escreve e escrever como se fala.[49] Para mim, porém, a fala e a escrita eram duas coisas completamente distintas, ambas legítimas, mas cada qual a seu modo. Até porque certas coisas que se ouviam no dialeto saxão não faziam necessariamente uma bela figura no papel.

Qualquer pessoa que se dê conta da influência decisiva que esses homens e mulheres cultos, eruditos e outras pessoas de fino trato exercem sobre aquele jovem estudante, logo adivinharia — mesmo que aqui não ficasse explícito — que estamos falando de Leipzig. Cada uma das universidades alemãs tem suas características próprias. E como nenhum sistema geral de formação consegue prevalecer em nossas terras, cada localidade persiste e insiste nas particularidades que lhe são mais habituais — o que também vale, é claro, para as universidades. Em Iena e em Halle, uma certa crueza no jeito de ser era elevada como qualidade mais emblemática: a força física, a habilidade na esgrima e a mais feroz autossuficiência estavam na ordem do dia, características que, no entanto, só podem se estabelecer e se perpetuar no contexto de um estilo de vida mais voraz e desregrado. Daí que, resguardadas suas singularidades, a relação dos estudantes com os moradores dessas cidades acabassem se estabelecendo sempre a partir de uma base comum: o forasteiro não tinha a menor consideração para com o morador local, sentindo-se um indivíduo privilegiado e à parte, alguém que se achava no direito de dizer e fazer o que bem entendesse. Em Leipzig, muito pelo contrário, para manter contato com os moradores locais mais ricos, bem educados e bem estabelecidos, o estudante não poderia ser, senão, galante.

---

49 Trata-se aqui de referência à visão defendida por Gellert (*Praktischen Abhandlung vom guten Geschmack in Briefen*, 1751), que se voltava contra os formalismos retóricos, vazios e impessoais, ainda em voga na época.

É verdade que a galantaria, quando não floresce naturalmente de um padrão social mais amplamente estabelecido, pode parecer algo de outro tempo, algo limitado e, sob certos pontos de vista, até mesmo algo tolo – razão pela qual aqueles caçadores broncos das margens do rio Saale se achavam muito superiores aos pastores mansos das margens do rio Pleisse.[50] Nesse sentido, *O renomista*, de Zachariä, restará para sempre como um documento precioso, pois nos oferece uma visão clara dos modos de viver e pensar dessa época. E seus poemas continuarão agradando a todos aqueles que queiram ter uma ideia das condições precárias, mas também encantadoras – pela inocência e ingenuidade quase infantis – da vida social e intelectual daqueles tempos.

Costumes que surgem de relações implicadas num modo mais geral e arraigado de viver são sempre duradouros e, na minha época, muita coisa que vivíamos ainda lembrava a epopeia cômica de Zachariä. Entre meus colegas de universidade, apenas um se julgava suficientemente rico e independente para provocar a opinião pública. Como tinha boa amizade com todos os cocheiros da cidade, fazia-os sentar no coche como se fossem eles os cavalheiros e subia então à boleia, assumindo ele próprio a condução das carruagens. Vez ou outra achava divertido fazê-las capotar, sabendo, no entanto, bancar generosamente todos os custos com eventuais lesões e com a reparação integral dos cupês. Com isso, não ofendia ninguém em particular, mas escarnecia das reações mais pudicas do povo. Certa vez, num dia lindo, ótimo para um passeio, ele e um de seus cúmplices se apoderaram do burro que pertencia ao moageiro da igreja de São Tomás. Vestidos então com sapatos e meiões nobres e imbuídos de um ar grave e solene, deram uma volta por toda a cidade no lombo do burrico, causando espanto na turba de passantes que passeavam pelas redondezas das antigas fortificações da cidade. Depois, quando algumas pessoas mais ponderadas o advertiram, respondeu-lhes, sem qualquer embaraço, que desejara apenas saber como é que o próprio Senhor Jesus Cristo se sairia numa situação semelhante àquela. Era um jovem de poucos colegas – ninguém parecia disposto a seguir seus passos.

---

50 Referência à rivalidade entre os estudantes, respectivamente, de Halle e de Leipzig.

Em Leipzig, o estudante de alguma posse e prestígio tinha todos os motivos para se mostrar deferente em relação à classe abastada dos comerciantes, bem como para se esforçar em observar ainda mais cuidadosamente os aspectos formais do decoro, já que a numerosa colônia francesa[51] na cidade oferecia, *in loco*, um modelo de referência de seus costumes. Os professores eram eles mesmos pessoas abastadas e cheias de benefícios, de modo que não dependiam de seus estudantes. E muitos dos estudantes nativos daquela região, tendo estudado já nos colégios bancados por príncipes ou em outros liceus e tendo a expectativa de poderem se valer de alguma oportunidade futura, não ousavam qualquer desvio do que pregava a tradição dos bons costumes. Assim, a proximidade em relação a Dresden, a atenção da sede do governo saxão a tudo o que se passava em Leipzig e a dedicação irretocável do superintendente de ensino superior não podiam deixar de exercer, em todos, sua forte influência moral e religiosa.

De início, essa vida social não chegava a me incomodar. Minhas cartas de recomendação haviam me colocado em contato com boas famílias, que me introduziram imediatamente também em seus círculos mais diretos de relações. Todavia, logo senti que aquelas pessoas só sabiam me criticar e que, depois de me vestirem conforme seu gosto, queriam agora que eu falasse exatamente como eles. E como começasse a perceber mais claramente, que, em troca de todo meu esforço, receberia muito pouco daquilo que se prometera em termos de educação e desenvolvimento pessoal ao longo de minha estadia acadêmica naquela cidade, comecei a negligenciar as obrigações sociais, as visitas e outras gentilezas do gênero. Aliás, não fosse pela admiração e respeito que tinha pelo conselheiro Böhme e pela simpatia e confiança que nutria por sua esposa, teria me afastado ainda mais cedo desse circuito social. Para minha infelicidade, o esposo não sabia lidar com pessoas mais jovens; não sabia conquistar sua confiança, tampouco dosar suas orientações, oferecendo-as somente à medida que elas se faziam necessárias. Nunca pude tirar maior proveito das visitas que lhe fiz. Já sua esposa, diferentemente dele, demonstrava ter um interesse verdadeiro por mim. Sua enfermidade obrigava-a a ficar em casa, mas ela sempre me convidava

---

51 Franceses que se haviam estabelecido em Leipzig, em parte huguenotes.

para passar os finais de tarde consigo; e sabia aproveitar muito bem essas ocasiões para me instruir e me amparar nas pequenas questões de etiqueta — ainda que eu não pecasse pelos bons modos, não tinha muita prática do chamado trato social. Somente uma única amiga costumava passar as tardes com ela. Esta, no entanto, era uma figura mais mandona e professoral, razão pela qual eu não simpatizava com ela. Vez ou outra, somente para contrariá-la, repetia de propósito, a sua frente, todos aqueles maus costumes de que madame Böhme já havia me desacostumado. Mesmo assim, ambas sempre se mostravam muito pacientes comigo; e chegaram a me ensinar o *piquet*, o *l'hombre* e outros jogos de cartas, cujo conhecimento consideravam indispensável para a prática das relações numa vida em sociedade.

Madame Böhme exerceria ainda grande influência sobre mim no que diz respeito à formação de meu gosto pessoal — mas às avessas, pois quanto a esse quesito ela parecia concordar plenamente com os outros críticos de plantão. As torrentes gottschedianas[52] haviam inundado o mundo alemão como um verdadeiro dilúvio que ameaçara cobrir até mesmo os picos das montanhas mais altas. E é preciso muito tempo até que as águas de uma enchente como esta baixem completamente e a lama seque de vez, pois como em cada época há uma quantidade imensa de poetas que macaqueiam os outros, a imitação do que, já em sua origem, era superficial e aguado, acabaria produzindo uma mistura tão confusa, de cujas proporções é difícil de se fazer ideia hoje em dia. O grande esporte e triunfo dos críticos da época consistia em acusar de ruim aquilo que não era, senão, ruim. Qualquer um que tivesse um pouco de bom senso e alguma familiaridade — ainda que muito superficial — com os antigos e com os mais modernos, acreditava reunir os requisitos necessários para fazer a crítica de tudo e de todos. Madame Böhme era uma senhora muito culta, a quem sempre repugnavam as insignificâncias, as precariedades e as vulgaridades. Além disso, era também a mulher de um homem que vivia uma relação de conflito com a poesia e que não aprovava nem mesmo aquelas poucas exceções que sua esposa se permitia admitir.

---

52 Referência à produção literária que teria lugar como reflexo da reforma linguística e literária proposta por Johann Christoph Gottsched (1700-1766), escritor, dramaturgo e teórico da literatura, representante da primeira geração do Iluminismo alemão.

Quando ela me fazia recitar versos ou passagens em prosa de autores renomados ou de certa reputação – eu ainda mantinha o costume de memorizar aquilo que me agradava –, escutava-me pacientemente por algum tempo. Mas sua tolerância também não durava muito. A primeira obra que a vi desqualificar hediondamente foi a comédia *Os poetas segundo a moda*,[53] de Weisse, que, no entanto, agradava-me muito e vinha sendo encenada frequentemente, com grande sucesso. De fato, olhando melhor, não posso dizer que madame Böhme não tivesse alguma razão nesse caso. Cheguei a arriscar também alguns de meus próprios poemas, que declamei anonimamente. Estes também não tiveram melhor destino. E foi assim que, em muito pouco tempo, as belas e coloridas pradarias que formavam o Parnaso alemão – por onde eu gostava tanto de caminhar ao léu – foram roçadas impiedosamente pela raiz; e ainda me sentia obrigado a ajudar a revirar o mato roçado, escarnecendo de tudo aquilo que ainda há pouco me gerava tanta alegria, como se, agora, não passasse de coisa morta.

Os ensinamentos da madame Böhme seriam reforçados involuntariamente pelo professor Morus,[54] homem de uma simpatia e candura fora do comum. Eu o havia conhecido à mesa do conselheiro áulico Ludwig[55] e ele se mostrara muito receptivo quando tomei a liberdade de lhe perguntar se poderia visitá-lo oportunamente. Em nossos encontros, informava-me com ele sobre os autores da Antiguidade, mas sem dissimular meu encantamento pelos mais modernos. Ele falava sobre essas coisas todas com mais tranquilidade do que madame Böhme; e, o que era pior, também com mais rigor e profundidade. De início, não me causava senão um certo desgosto, mas que logo se transformaria em admiração e, por fim, em uma sensação edificante, que me faria abrir os olhos.

---

53 Título em alemão: *Die Poeten nach der Mode* (1751). Comédia em três atos, de Christian Felix Weisse (1726-1804), escritor e pedagogo, também conhecido como um dos pioneiros da literatura infanto-juvenil em língua alemã.
54 Ver nota 28 do Sexto livro, à p.289.
55 Christian Gottlieb Ludwig (1709-1773), professor de medicina da Universidade de Leipzig.

A isso tudo somavam-se ainda as jeremíadas[56] com que, em seus exercícios práticos, Gellert tentava nos afastar da poesia. Ele só queria saber de composições em prosa e sempre avaliava estas antes de todo o resto. Ele considerava os exercícios em verso meramente suplementares; e, para completar, nem mesmo minha prosa calhava de cair em suas graças, já que costumava organizá-la do meu velho jeito, como um pequeno romance que fazia questão de escrever na forma epistolar. Os temas eram passionais, o estilo ia além de uma prosa mais convencional e o conteúdo, como era de se esperar, não revelava o autor exatamente como um profundo conhecedor da alma humana. No final das contas, acabei sendo muito pouco encorajado por nosso professor, ainda que ele nunca tivesse descuidado de ler meus trabalhos com a mesma atenção que dedicava aos outros, fazendo suas correções em tinta vermelha e acrescentando uma ou outra observação de caráter moral. Infelizmente a maior parte daqueles trabalhos, que eu guardara por anos com prazer, acabou se perdendo entre meus papéis com o passar do tempo.

Quando pessoas mais velhas resolvem intervir com sua pedagogia na vida de um jovem rapaz, não deveriam proibi-lo, tampouco estragar-lhe o prazer de fazer algo que é de seu agrado, seja lá o que for, a não ser que, ao mesmo tempo, saibam lhe indicar outra coisa realmente capaz de substituir a anterior. Todo mundo protestava contra minhas predileções e simpatias, mas as obras que me recomendavam na esteira de seus enfáticos elogios, pareciam-me ora tão distantes de mim que mal conseguia compreender seus méritos, ora próximas demais para que eu pudesse perceber suas diferenças em relação àquilo que acabara de ser repreendido. Isso acabou me deixando completamente confuso e fiquei com esperanças de encontrar algum auxílio na preleção de Ernesti[57] sobre o *Orador*,[58] de Cícero. Não posso dizer que não tenha aprendido alguma coisa nesse curso, mas não obtive qualquer esclarecimento quanto àquilo que mais me inquietava. Buscava encontrar algum

---

56 O termo designa originalmente endechas e lamentações, mas o gênero se dilui no século XVIII, assumindo o sentido genérico de discurso crítico e lamentoso. O termo remonta aos lamentos do profeta Jeremias, no Velho Testamento.

57 Ver nota 27 do Sexto livro, à p.289.

58 Goethe refere-se provavelmente à obra *De oratore libri tres*, de Cícero (106 a.C. a 43 a.C.).

parâmetro para meus julgamentos, mas logo me dei conta de que, no fundo, ninguém tinha nada parecido a me oferecer, já que as pessoas não concordavam entre si nem mesmo na hora de dar seus exemplos. E como formar nossos próprios julgamentos, se aquelas pessoas só sabiam encontrar defeitos até mesmo nos escritos fascinantes e absolutamente cativantes de um homem como Wieland?[59]

Em meio a essa dispersão e a esse esfacelamento de minha vida e de meus estudos, tornei-me presença frequente à mesa do conselheiro Ludwig. Ele era professor de medicina e botânica, e, com exceção de Morus, o grupo que se reunia em sua casa era formado, em geral, por calouros ou veteranos de medicina. Durante as horas que eu passava ali, só ouvia conversas sobre questões da área médica e da história natural, de modo que minha imaginação foi se deixando levar aos poucos para um campo completamente diferente. Ouvia nomes como Haller, Linné e Buffon[60] serem mencionados com grande admiração. E se vez ou outra surgiam discussões também sobre os equívocos que esses homens teriam cometido, ainda assim, ao final, todos pareciam invariavelmente concordar quanto a seus grandes e inegáveis méritos. Os assuntos eram todos muito estimulantes e relevantes, e mantinham-me sempre muito atento e interessado, o que, aos poucos, fez com que eu fosse me familiarizando com muitas das designações técnicas e com certa terminologia de uso mais corrente naquelas áreas. Gostava muito de aprender aquelas coisas todas. E talvez ainda mais pelo fato de não me gerarem medo algum, como quando eu cogitava escrever de novo uma rima – ainda que estas me surgissem tão espontaneamente –, e também quando resolvia ler um poema, com receio de que ele pudesse me agradar e de que, logo em seguida, fosse obrigado a julgá-lo um mau poema, como acontecera com tantos outros.

Essas incertezas quanto a meu próprio gosto e quanto a meus julgamentos vinham me incomodando mais e mais a cada dia, até que me vi verdadeiramente à beira do desespero. De meus escritos de adolescência, levara

---

59 Christoph Martin Wieland (1733-1813), poeta, editor e tradutor alemão.
60 Albrecht von Haller (1708-1777), Carolus Linnaeus [Carl von Linné] (1707-1778) e Georges Louis Leclerc Buffon (1707-1788) foram grandes cientistas naturais do século XVIII.

comigo para Leipzig aqueles que julgava serem os melhores, fosse porque esperava que eles pudessem me render alguma fama, fosse porque, tomando-os como base de comparação, acreditava poder ter uma impressão mais confiável de meus progressos. Encontrava-me, porém, na situação delicada de alguém de quem se demanda uma mudança radical do modo de sentir e de pensar, bem como a renúncia de tudo aquilo que esse alguém até então amara e julgara ser bom. Depois de algum tempo e de muita resistência, fui assaltado por um desprezo tão grande em relação a meus trabalhos — tanto aos mais incipientes quanto aos que eu já havia dado por acabados —, que, certo dia, juntei toda a prosa e a poesia, todos os meus planos, esboços, projetos, e queimei tudo de uma só vez no fogão da cozinha. A fumaça que se ergueu tomou conta de toda a casa, deixando preocupada, e mesmo apavorada, a velha e boa proprietária daquele imóvel.

Sétimo livro

Tanto já foi escrito e tão suficientemente discutido sobre a situação da literatura alemã naqueles tempos, que é de se supor que isso baste a qualquer pessoa interessada em se instruir a esse respeito — até porque a avaliação crítica geral dessa época parece ser bastante consensual. Portanto, o que tenho em mente dizer aqui a esse respeito, de modo fragmentado e a passos largos, tem menos em vista uma imagem desse momento como penso que ele de fato se deu, do que minha própria relação com a literatura alemã de então.[1] Por essa razão, quero começar falando daquelas duas coisas que deixam o público mais ouriçado, das duas inimigas eternas de toda vida sossegada e de toda arte poética que é viva, feliz e bem resolvida. Refiro-me à sátira e à crítica.

Em tempos de paz, cada um deseja viver do modo que melhor lhe convém. O cidadão quer se dedicar a seu ofício, tocar adiante seu negócio e, depois disso, quer também se divertir um pouco. De modo semelhante, o escritor também quer se dedicar a seus escritos, quer tornar conhecido seu trabalho e, com isso, também espera obter algum retorno, se não financeiro, ao menos na forma da manifestação de certo apreço, já que acredita ter feito algo de bom e de útil. Mas, de repente, em meio ao sossego em que

---

[1] Para a elaboração deste capítulo, Goethe se valerá de um grande número de referências da crítica e da história literária de sua época. Trata-se, em sua grande maioria, de autores que lhe são contemporâneos e de obras escritas na virada do século XVIII para o XIX.

gostaria de ir levando sua vida, o cidadão passa a ser importunado desagradavelmente pelo satirista, e o autor, pelo crítico – aquela vida pacífica em sociedade acaba se colocando, então, em polvorosa.

A época literária em que eu nasci desenvolveu-se a partir de uma forte oposição ao momento anterior.[2] A Alemanha, que se deixara inundar por tanto tempo pelos povos estrangeiros, que se deixara invadir por outras nações e que se entregara ao privilégio das línguas estrangeiras, tanto na academia quanto nas transações diplomáticas, essa Alemanha, então, não conseguia mais encontrar meios de formar e cultivar uma língua que lhe fosse própria. Para dar conta dos novos conceitos que surgiam a cada dia, era impelida a assimilar um sem-número de palavras estrangeiras, algumas mais, outras menos necessárias. E, aos poucos, começava a tomar corpo, também, uma tendência a privilegiar expressões e idiomatismos estrangeiros, mesmo para referir coisas que já eram familiares. O alemão, embrutecido por quase dois séculos de uma situação tumultuosa e desafortunada, ia à escola dos franceses para aprender bons modos e à escola dos romanos para aprender a se expressar com dignidade. Mas nem isso acontecia sempre na língua materna e o uso direto e irrestrito desses outros idiomas, somado a uma inevitável germanização decorrente de seu uso, tornava risíveis os estilos tanto da linguagem do dia a dia quanto de seus registros mais oficiais. Em contrapartida, expressões figuradas de certo idiomatismo sul-europeu[3] começavam a se incorporar inadvertidamente no alemão, recursos metafóricos de que as pessoas se serviam, em geral, de modo bastante desregrado e exagerado. E, nesse mesmo movimento, o decoro formal e principesco dos cidadãos romanos decalcava-se sobre as relações provincianas dos intelectuais alemães. Em parte alguma era possível se sentir em casa, e tanto menos em nossa própria casa.

Todavia, como até mesmo essa época faria surgir algumas obras geniais, o espírito disposto e libertário dos alemães acabaria, por fim, sendo despertado. Imbuído então da mais profunda seriedade, faria de tudo para

---

2 Uma oposição em relação à expressão literária do Barroco.
3 Provável alusão à forte carga metafórica da literatura barroca.

que a língua alemã passasse a ser escrita com mais pureza e naturalidade,[4] com bom senso e sem a mistura de palavras estrangeiras. No entanto, esses esforços louváveis também abririam de vez as porteiras para a mediocridade nacional; a barragem enfim se rompera, dando passagem às águas que acabariam por inundar todas essas terras. Nesse mesmo tempo, um pedantismo inflexível instalou-se firmemente nas quatro faculdades do universo acadêmico e longos anos se passariam até que não encontrasse mais abrigo em nenhuma delas.

Alguns homens sagazes, filhos libertários da natureza, passaram então a se ocupar especialmente de duas questões, contra as quais podiam concentrar todos os seus esforços e – como não se tratava, de fato, de nada assim tão importante – nas quais podiam descarregar sua maldade. Eram elas: primeiro, a corrupção da língua alemã por palavras, construções morfológicas e expressões estrangeiras; segundo, a insignificância das obras que eram produzidas a partir desse mesmo esforço de evitar tal desfiguração. Curiosamente, não parecia ocorrer a ninguém que, ao combaterem um desses males, acabavam sempre chamando o outro em seu socorro.

Os primeiros ataques pessoais do jovem e ousado Liscow teriam, como alvo, um escritor tolo e superficial, cuja reação inábil só acabaria dando nova ocasião para o jovem satirista proceder ainda mais energicamente.[5] Aos poucos, Liscow foi ampliando o círculo de figuras que se tornariam objeto frequente de seus escárnios, dirigidos sempre a pessoas e assuntos que ele desprezava – ou procurava tornar desprezíveis – e que perseguia com um ódio visceral. Mas ele não teria uma carreira muito longa, morrendo cedo[6] e desaparecendo de cena como um jovem inquieto e errático. Seus conterrâneos quiseram ver, no pouco que produzira, um talento e

---

4 Alusão à reforma linguística empreendida por autores da primeira geração do Iluminismo alemão, como Gottsched.

5 Christian Ludwig Liscow (1701-1760), satirista alemão, conhecido por suas sátiras de caráter pessoal, direcionadas sempre a figuras mais marginais da cena intelectual da época. O escritor em questão era Johann Ernst Philippi (1700-1758), jurista e professor de "eloquência alemã" (retórica de língua alemã) na Universidade de Halle.

6 Como os escritos satíricos de Liscow haviam sido publicados na década de 1730, o autor não era mais uma figura presente na cena pública por ocasião de sua morte, em 1760, aos 59 anos.

um caráter admiráveis – aliás, algo bem típico dos alemães, que sempre demonstram uma benevolência especial para com aquelas figuras promissoras que morrem prematuramente. Enfim, Liscow nos era apresentado, enaltecido e recomendado como um excelente satirista, digno do mesmo galardão que o famoso e tão respeitado Rabener.[7] Não pudemos tirar muito proveito disso, já que a única coisa que conseguimos descobrir em seus escritos é que ele havia considerado tola a tolice e isso não nos parecia, senão, algo bastante trivial.

Rabener, de sua parte, tivera a oportunidade de frequentar as melhores escolas; era um sujeito bem educado, de natureza alegre e, em hipótese alguma, passional ou odioso – praticava uma sátira de caráter mais geral. Suas repreensões dos chamados vícios e tolices fundavam-se em seu modo particular de entender o senso comum, bem como em certa visão moral de como o mundo deveria ser. Sua censura dos equívocos e dos defeitos alheios era inofensiva e divertida; e como que para se desculpar dos poucos momentos de maior atrevimento em seus escritos, partia sempre do princípio de que não era uma tarefa de todo infrutífera se servir do ridículo para tentar melhorar os tolos.

Uma figura como Rabener não surgirá tão facilmente outra vez. Como um administrador de impostos hábil e eficiente, cumprirá todos os seus deveres, conquistando o respeito de seus concidadãos e a confiança de seus superiores. E, paralelamente a isso, como que para espairecer, acabará se dedicando a uma divertida desconsideração de tudo aquilo que vê a seu redor: eruditos pedantes, jovens vaidosos, todo tipo de limitação e presunção. Mas disso tudo ele fará antes um objeto de piada do que propriamente de escarnecimento; e nem mesmo seus momentos de escárnio serão, de fato, expressão de desprezo. Fará piada até de si próprio, de seus infortúnios, de sua vida e de sua morte.

O modo como esse autor tratava seus assuntos tinha muito pouco de estético. Embora demonstrasse ser suficientemente versátil no que diz respeito

---

[7] Gottlieb Wilhelm Rabener (1714-1771), como satirista, um dos escritores mais respeitados de seu tempo. À diferença de Liscow, suas sátiras tinham caráter menos pessoal.

ao domínio dos aspectos formais, servia-se demasiadamente da ironia direta — elogiando o que é digno de ser censurado e censurando o que é digno de ser elogiado —, recurso retórico de que não se deve dispor senão com muita parcimônia. Isso porque, usado tão repetidamente, irrita os sujeitos mais sensatos, confunde os mais parvos e ainda acaba agradando aos medianos, aquele imenso grupo que, sem nunca se dar ao luxo de maiores esforços intelectuais, sempre se acha mais esperto do que todos os outros. Mas seja lá o que fosse e como fosse, o que Rabener fazia sempre dava testemunho de sua retidão, de seu bom humor e de sua equanimidade, com o que nos cativava completamente. A imensa admiração que conseguiu conquistar em seu tempo era uma consequência direta dessas suas virtudes morais.

É claro que todos queriam descobrir quem estava por trás daquelas suas caracterizações mais genéricas e, em razão disso, sempre havia quem se queixasse dele. Suas tantas e tão longas respostas em defesa da ideia de que suas sátiras não se referiam a ninguém em especial dão mostras do incômodo que essa situação devia representar para ele. Ainda assim, algumas de suas cartas[8] acabariam lhe garantindo os mais altos louros como homem e como escritor. É o caso da preciosa missiva em que descreve a tomada da cidade de Dresden,[9] ocasião em que também perdera sua casa, seus bens, seus escritos e sua peruca, mas sem perder, nem sequer por um minuto, a serenidade e o bom humor — ainda que seus concidadãos e contemporâneos não lhe pudessem perdoar o bom ânimo e a boa disposição naquele contexto. E é também o caso da tão memorável carta[10] em que fala do falecimento de suas forças e de sua morte iminente. Por tudo o que fez e representa, Rabener merece ser honrado como um santo por todas as pessoas bem-humoradas, compreensivas e que se dedicam alegremente aos acontecimentos mais chãos.

Só muito a contragosto separo-me dele aqui, mas uma coisa ainda preciso acrescentar: suas sátiras dirigiam-se sempre à classe média. Ele até

---

8 No século XVIII, a literatura epistolar ganharia grande destaque como gênero literário. Gellert e Rabener contribuiriam de maneira decisiva para seu sucesso.

9 Carta de Rabener a Ferber, datada de 12.8.1760, em que o autor faz referência à ocupação da cidade de Dresden por Frederico II, da Prússia, em julho de 1760.

10 Carta de Rabener a Weisse, datada de 30.10.1767.

chegaria a comentar, numa ou em outra passagem, que conhecia bem as pessoas das classes mais abastadas, mas não julgava recomendável tocar em seus calos. Pode-se dizer que ele não teve nenhum sucessor e que ninguém o igualaria, tampouco se poderia arrogar o direito de se considerar a sua altura.

Enfim, à crítica! E, antes de mais nada, aos ensaios teóricos. Creio que não iríamos longe demais se disséssemos que, naqueles tempos, as abstrações haviam se refugiado todas no mundo da religião. Nem mesmo na ética elas davam o ar de sua graça; e quanto à existência ou não de um princípio supremo da arte, ninguém parecia fazer a menor ideia do que dizer. O primeiro livro que colocaram em nossas mãos foi a *Crítica da arte poética*,[11] de Gottsched. Era um livro útil e suficientemente instrutivo, pois fazia um pequeno apanhado histórico de cada gênero poético, bem como dos ritmos e de suas diferentes variações. O gênio poético estava pressuposto! Mas o poeta também tinha de ter conhecimentos, tinha de ser um erudito, tinha de ter bom gosto e tudo o mais que havia. Em seguida, fomos remetidos à *Arte poética* de Horácio[12]. Era com muito respeito que admirávamos algumas das passagens mais esplendorosas dessa obra de valor inestimável, mas não conseguíamos fazer uma ideia mais clara de seu conjunto, nem de como ela nos poderia ser útil.

Os suíços[13] logo entrariam em cena como antagonistas de Gottsched, o que significava que tinham de querer fazer algo de diferente, que tinham de conseguir produzir algo melhor. E pelo que nos davam notícia de seus trabalhos, deviam ser realmente excepcionais. Foi assim que a *Crítica da arte poética*[14] de Breitinger entrou na ordem do dia. A obra nos introduziria num

---

11 *Versuch einer Critischen Dichtkunst*, publicado originalmente em 1730. A obra de Gottsched, fortemente marcada por sua adesão aos modelos clássicos franceses e ao racionalismo de Christian Wolff, acabaria se tornando a principal referência poetológica da reforma literária na Alemanha iluminista.

12 Horácio (65 a.C.-8 a.C.), poeta lírico romano. Vale lembrar que sua obra, conhecida como *Arte poética*, é também uma carta, a chamada *Epístola aos Pisões*.

13 Referência a Johann Jakob Bodmer (1698-1783) e Johann Jakob Breitinger (1701-1776), críticos de arte (*Kunstrichter*) da cidade de Zurique, que, mais simpáticos à poesia inglesa (Milton), acabariam representando uma via de oposição a Gottsched, advogando em favor de uma poesia mais imaginativa.

14 *Critische Dichtkunst, worinnen die Poetische Malerei erläutert wird. Mit einer Vorrede von Johann Jakob Bodmer* (1740).

campo novo e vasto, mas acabaria se revelando um enorme labirinto e nos deixaria ainda mais extenuados, pois depositávamos grande confiança nesse homem talentoso que tomáramos como guia. Um breve apanhado da situação justificará minhas palavras.

Ninguém conseguia encontrar um princípio fundamental para a arte poética, em si, que a todos parecia demasiadamente intelectual e fugaz. A pintura prestava-se mais facilmente a esse fim, pois era uma arte que se podia apreender com os olhos, que se podia acompanhar passo a passo com o auxílio de nossos sentidos. Ingleses e franceses já haviam teorizado sobre as artes plásticas e, por analogia, julgava-se possível partir daí para fundar os princípios da poesia. Se as artes plásticas apresentavam-nos imagens para os olhos, a poesia deveria fazer o mesmo para nossa imaginação. E exatamente por essa razão, as imagens poéticas eram sempre o primeiro objeto a ser discutido. Começava-se pelas analogias, que se desdobravam em descrições e acabavam dando voz a tudo o que se fizesse representável pelos sentidos.

Imagens, portanto! Era disso que se tratava! E onde deveríamos ir buscar essas imagens, senão na própria natureza? O pintor – estava claro – imitava o mundo natural; por que o poeta não poderia fazer o mesmo? Acontece que a natureza não pode ser imitada assim como ela se nos apresenta, pois é composta por uma série infinita de detalhes que nos são insignificantes e triviais. Ou seja, para representá-la, é preciso fazer escolhas. Mas o que determina essa escolha? Basta seguir os traços daquilo que lhe é mais significativo. Mas o que lhe é mais significativo?

Os suíços parecem ter refletido longamente a propósito dessa questão, pois chegaram a uma conclusão bastante incomum, ainda que simpática, e até mesmo divertida. Para eles, o novo seria sempre o mais significativo. E, depois de discutirem a questão por algum tempo, concluiriam que o maravilhoso é sempre mais novo do que qualquer outra coisa.

Esses críticos conseguiriam abranger em sua reflexão um conjunto bastante razoável de elementos poéticos, ainda que não levassem efetivamente em consideração o fato de que o maravilhoso também podia ser vazio, sem relação alguma com nosso mundo humano. Quanto a isso, diziam apenas que essa relação era imprescindível; e que ela tinha de ser de ordem moral, pois, é claro, era justamente dela que deveria resultar o desenvolvimento do ser humano. Para eles, portanto, um poema só atingiria seu objetivo final, quando, além de ter dado conta de todo o resto, conseguisse também se tornar útil. Tendo por base esse conjunto de requisitos, os suíços empreenderam então uma avaliação dos diferentes gêneros poéticos, chegando à conclusão de que os mais importantes eram aqueles que não apenas imitavam a natureza, mas que também eram maravilhosos e, ao mesmo tempo, revelavam um propósito e uma utilidade moral. E, depois de muito refletir, afirmariam, com grande convicção, que esse lugar de excelência era ocupado pelas fábulas de Esopo.[15]

Por mais estranhas que nos possam parecer hoje em dia tais inferências, vale lembrar da influência decisiva que elas tiveram sobre algumas das mentes mais argutas daquela época. O fato de que Gellert e depois Lichtwer[16] tenham se dedicado a esse campo literário, em que o próprio Lessing se arriscaria e ao qual se dedicariam ainda tantos outros talentos, dá mostras reais do quanto esse gênero se revelava promissor aos autores de então. Teoria e prática sempre influenciam uma a outra; as obras nos permitem ver como as pessoas pensam, no que acreditam, e seus pensamentos nos permitem conjecturar o que estão por realizar.

Contudo, não podemos deixar para trás nossa teoria suíça sem que nós mesmos lhe tenhamos feito justiça. A despeito de todo seu esforço, Bodmer passaria a vida inteira sem conseguir ir muito além de uma infância prática e teórica. Já Breitinger era um homem habilidoso, erudito e perspicaz. E como bom observador das circunstâncias, não se mostrava indiferente aos inúmeros fatores que determinam uma obra. Aliás, pode-se demonstrar que ele próprio já teria percebido alguns dos pontos fracos de seu método. É digno de nota, por exemplo, a pergunta que ele se faz a certa altura: se um determinado poema descritivo de von König,[17] que tinha por tema um

---

15 Fabulista grego, que teria vivido entre o final do século VII e o início do século VI a.C. Suas fábulas se perpetuariam pela tradição oral. A fábula se tornaria um dos gêneros literários mais importantes no contexto do ideário iluminista.
16 Magnus Gottfried Lichtwer (1719-1783), fabulista alemão.
17 Johann Ulrich von König (1688-1744), poeta da corte de Augusto II, o Forte [Friedrich August, der Starke], príncipe-eleitor da Saxônia e rei da Polônia. Planejado para ser uma epopeia do poema de König (*August im Lager*) sobre os majestosos

imenso e suntuoso acampamento festivo de Augusto II, seria efetivamente um poema. E sua resposta também dá provas de seu bom senso. Mesmo partindo de um pressuposto equivocado e passando por longos e dispersos cirunlóquios, ele ainda consegue tocar no ponto principal, a saber: que a literatura nunca perde de vista a representação dos costumes, das personalidades, das paixões, enfim, do homem interior. Ao final de seu livro, numa espécie de suplemento, chegaria mesmo a sugerir essa perspectiva.

Diante de lições tão dispersas, de tantos preceitos fora de lugar e de princípios tão mal compreendidos, não é difícil de imaginar o quanto não se sentiam confusas aquelas mentes juvenis. Tentávamos nos agarrar aos autores mais exemplares, mas isso também não melhorava muito nossa situação: os estrangeiros pareciam-nos todos muito distantes, tanto quanto os antigos; e os melhores conterrâneos destacavam-se sempre por sua excepcionalidade, com virtudes que nos pareciam desmedidamente inatingíveis e com vícios que só sabíamos querer evitar. Para aqueles que, então, sentiam em si um potencial produtivo, a situação era simplesmente desesperadora.

Se observarmos bem, veremos que o que de fato faltava à poesia alemã da época era conteúdo e um conteúdo de relevância nacional – nunca houve escassez de talentos. Basta lembrarmos aqui de Günther,[18] a quem podemos chamar de poeta no sentido forte do termo. Dotado de um talento explícito, que se destacava pela sensualidade, pela imaginação e por uma memória fora do comum, tinha o dom de apreender e retratar as situações das maneiras mais criativas. O ritmo agradável de seus versos, sempre engenhosos e espirituosos, era sintomático de um poeta muito bem instruído. Em poucas palavras, reunia todas as condições para fazer emergir, da vida real e ordinária, uma segunda vida, uma vida construída com poesia. Admirávamos a leveza com que, em seus poemas de circunstância, fazia as emoções engrandecerem as situações mais banais, retratadas com sensações e imagens sempre tão precisas e ornadas de elementos da tradição histórica e da fábula. O que havia nele de rude e selvagem eram, na verdade, marcas de seu tempo, de

---

acampamentos realizados nos arredores de Mühlberg. Apenas o primeiro canto seria escrito.

18 Johann Christian Günther (1695-1723). O breve comentário que Goethe faz aqui sobre o jovem poeta lírico inauguraria um novo olhar crítico sobre sua obra.

seu modo de vida e, especialmente, de seu caráter – ou, se assim se preferir, de sua falta de caráter. Não era um homem que se deixasse domesticar e foi por isso que sua vida e sua poesia se foram esvaindo aos poucos.

Por seu comportamento imaturo,[19] Günther acabaria desperdiçando a chance de ser contratado como poeta da corte de Augusto II, onde, como que para completar seu quadro de luxo e pompa, andavam à procura de um poeta que pudesse animar e enaltecer as festividades, eternizando aqueles momentos de efêmero esplendor. Von König, que soube se comportar melhor e aproveitar bem sua sorte, ocuparia esse cargo com dignidade e distinção.

Nos Estados que gozam de soberania, é comum que o conteúdo da arte literária também seja determinado de cima para baixo e, nesse sentido, talvez possamos dizer que os acampamentos festivos de Augusto II, realizados nas redondezas de Mühlberg, tenham constituído o primeiro objeto – senão nacional, ao menos provincial – digno de inspirar um poeta: o encontro de dois reis que se saúdam na presença de um imenso exército,[20] tendo sua corte e as forças armadas a seu redor; tropas bem mantidas e equipadas, que simulam as mais variadas batalhas; luxuosas comemorações de toda espécie. Enfim, havia estímulo mais do que suficiente para os sentidos e assunto de sobra para uma poesia descritiva e narrativa.

Mas mesmo esse objeto carecia de algo muito importante, pois como não passava de um jogo de ostentação e aparências, dele não resultava nenhum grande feito. As únicas figuras que realmente despertavam a atenção eram os dois grandes monarcas; e mesmo que outros o fizessem, o poeta não se permitiria destacar mais ninguém individualmente, por receio de ferir os privilégios dos outros presentes. Sendo assim, tinha de se valer do *Anuário da Corte e do Estado*,[21] o que acabava conferindo um tom seco e protocolar ao

---

19   Por ocasião da audiência com o regente, Günther teria se apresentado embriagado.
20   Da referida festividade, realizada em 1730 por ocasião do encontro de Augusto II, da Saxônia, e Frederico I, da Prússia – em que também se faria presente o então jovem príncipe Frederico –, participariam cerca de 30 mil soldados e 49 convidados das respectivas cortes.
21   Em alemão: *Hof- und Staatskalender*. Espécie de catálogo anual, bastante comum nas cortes do século XVIII, que fazia referência a todos os indivíduos que integravam a corte ou estavam ligados às atividades sociais e administrativas de um dado domínio.

retrato que fazia das personalidades. E, de fato, já seus contemporâneos o acusavam de retratar melhor os cavalos do que as pessoas. Mas será que isso não podia ser tomado justamente em seu favor? Será que, ao fazer isso, não dava mostras justamente de como sabia fazer valer sua arte nos momentos em que se lhe apresentava um objeto mais digno? Seja como for, o poeta parece logo ter percebido as principais dificuldades de seu empreendimento, de modo que a epopeia planejada não iria além do primeiro canto.

Em meio a esses estudos e considerações, fui surpreendido por um acontecimento inesperado, que acabaria frustrando meus louváveis intentos de conhecer nossa literatura contemporânea desde o princípio. Depois de tanto esforço e aplicação durante os anos de estudante, meu conterrâneo Johann Georg Schlosser[22] optaria por seguir o caminho mais convencional, tornando-se advogado na cidade de Frankfurt. Entretanto, por uma série de razões diferentes, seu espírito ambicioso e universalista não conseguiria se dar por satisfeito com aquela condição. Assim, na primeira oportunidade que surgiu, aceitou sem hesitar um cargo de secretário particular do duque Luís de Würtemberg,[23] que na época residia na cidade de Treptow. Esse duque tinha a fama de ser uma daquelas grandes figuras, que, de modo nobre e autônomo, procurava educar a si mesmo, a seus familiares e a todo seu povo, tentando uni-los na busca de objetivos melhores e mais elevados. Foi este[24] o soberano que, buscando conselho para a educação de seus filhos, escreveu a Rousseau, de quem receberia a célebre resposta que começava com a frase capciosa: — *Si j'avois le malheur d'être né prince...*[25]

Schlosser ficaria incumbido, se não de gerenciar ele mesmo, ao menos de amparar, com seus conselhos e intervenções, tanto os negócios do soberano quanto a educação de seus filhos. Esse rapaz de espírito nobre e bem-intencionado, que tanto se esmerava para manter uma postura moralmente ilibada, teria facilmente afastado as pessoas de si com a secura do rigor não

---

22 Ver nota 73 do Quarto livro, à p.199.
23 Schlosser não trabalharia para o duque Luís, mas, sim, para o duque Frederico Eugênio de Würtemberg (1732-1797).
24 Trata-se, na verdade, de outra pessoa, de seu irmão mais velho, o duque Luís Eugênio de Würtemberg (1731-1795).
25 "Se tivesse a infelicidade de ter nascido príncipe", em carta datada de 10.11.1763.

fosse por sua tão bela e rara erudição literária, por seus conhecimentos de diferentes línguas e por sua habilidade em se expressar por escrito – fosse em verso, fosse em prosa –, características estas que acabavam atraindo as pessoas e tornando mais agradável a convivência com ele. Tive notícias de que ele passaria por Leipzig e aguardei ansiosamente sua chegada. Ele acabaria se hospedando numa pequena estalagem no Brühl,[26] de propriedade do senhor Schönkopf,[27] que era casado com uma mulher[28] de Frankfurt. E se durante o ano o casal tinha poucos fregueses e não costumava hospedar ninguém em suas modestas instalações, durante a época da feira a estalagem era frequentada por muitos cidadãos de Frankfurt, que faziam ali suas refeições e, em caso de emergência, sempre conseguiam algum abrigo. Foi para lá que me dirigi, assim que soube da chegada de Schlosser. Não me lembrava de tê-lo visto antes; encontrei um rapaz bem fornido, de rosto redondo e compacto, mas com traços que não passavam uma impressão carrancuda. A testa arredondada, que se destacava entre as sobrancelhas negras e o cabelo escuro, cacheado, anunciava um indivíduo sério, severo e, provavelmente, obstinado. De certo modo, ele era o contrário de mim, mas essa diferença se tornaria justamente a base de sustentação de nossa longa amizade. Eu nutria por seu talento um imenso respeito, que se tornaria ainda maior quando percebi o quanto ele, diferentemente de mim, era seguro e confiante em relação a tudo o que fazia. E esse respeito, essa minha admiração, por sua vez, só reforçava, nele, a simpatia que nutria por mim, aumentando sua tolerância para com meu jeito célere, afobado e inquieto de ser – que lhe era tão distante. Ele estudava diligentemente os ingleses, e se Pope[29] não representava para ele exatamente um modelo, era ao menos o autor que mais o ocupava. Contrapondo-se à posição defendida em seu *Ensaio sobre o Homem*,[30] Schlosser escreveria um poema exatamente com a mesma forma e o mesmo padrão métrico da obra inglesa, no qual pretendia fazer a religião

---

26 Rua da região central de Leipzig, famosa, entre o século XVIII e a Segunda Guerra Mundial, por seu comércio internacional de peles.
27 Christian Gottlob Schönkopf (1716-1791).
28 Katharina Sibylla Schönkopf (1714-1790).
29 Alexander Pope (1688-1744).
30 Referência ao poema didático de Pope, *The Essay on Man* (1733).

cristã triunfar sobre o deísmo do poeta inglês. Do grande estoque de documentos que trazia consigo, mostrou-me também uma série de composições em verso e em prosa – e nas mais diversas línguas –, que se por um lado me motivavam imediatamente à imitação, por outro, também me deixavam profundamente inquieto. Contudo, soube buscar socorro em minha própria prática poética, dedicando a Schlosser alguns poemas em alemão, francês, inglês e italiano, para cuja composição eu me servia dos assuntos de nossas conversas, que eram especialmente instigantes e instrutivas.

Schlosser não queria ir embora de Leipzig antes de ter estado frente a frente com os homens de renome da cidade frente a frente e foi com muito gosto que o levei à casa daqueles que eu já conhecia. Quanto às personalidades que eu ainda não havia tido oportunidade de encontrar, teria finalmente a ocasião de visitá-las. E isso se daria, aliás, com todas as honras, pois, na qualidade de homem ilustre e já bem estabelecido, Schlosser seria recebido com grande distinção e lisonja e sabia muito bem como conduzir aquelas conversas. Não poderia deixar de mencionar nossa visita[31] a Gottsched, já que, a partir dela, pode-se ter uma ideia da mentalidade e dos costumes desse homem. Ele morava muito bem, no primeiro andar do *Urso de ouro*,[32] residência que o velho Breitkopf[33] lhe concedera em regime vitalício, por conta do quanto lhe haviam rendido os escritos de Gottsched, suas traduções e todos os demais trabalhos por ele intermediados.

Fizemo-nos anunciar. O mordomo conduziu-nos a uma grande sala, informando-nos que seu senhor logo viria nos receber. Não sei dizer com certeza se compreendemos mal um gesto que fizera, mas ficamos com a impressão de que ele nos sugerira passar logo à peça contígua. Foi o que fizemos. Mas ao entrarmos no recinto, presenciamos uma cena única: naquele

---

31 Por ocasião da visita de Goethe, Gottsched não ocupava mais seu antigo lugar de proeminência na crítica literária. Tinha 66 anos e morreria no ano seguinte.
32 Construção localizada na região central de Leipzig (destruída na Segunda Guerra Mundial), que levava esse nome em razão do emblema de um urso dourado, reproduzido em sua fachada.
33 Bernhard Christoph Breitkopf (1695-1777), o pai, editor conhecido da cidade de Leipzig. Seu filho, Johann Gottlob Immanuel Breitkopf (1719-1794), também editor e tipógrafo, revolucionaria as técnicas de impressão de partituras musicais.

mesmo instante, vindo pela porta oposta, surgia a nossa frente o vultuoso, altivo e titânico Gottsched, em seu pijama de adamascado verde, forrado de tafetá vermelho. No entanto, aquela grande cabeça vinha ainda descoberta, deixando à mostra sua calva colossal. Não tardariam em dar jeito na situação, pois o mordomo logo surgiria por uma porta lateral, trazendo em suas mãos uma enorme peruca (os cachos iam até os cotovelos). Completamente sobressaltado, o criado tratou de entregar o precioso adorno a seu senhor. Gottsched, sem deixar transparecer a menor irritação, apanhou a peça com a mão esquerda e, com a direita, enquanto vestia habilmente sua cabeleira postiça, deu um pé de ouvido naquela pobre criatura. O serviçal saiu cambaleando porta afora, exatamente como numa cena de comédia; e, uma vez resolvido o assunto, o distinto patriarca, com a gravidade que lhe cabia, constrangeu-nos a tomar assento e desferiu decorosamente seu longo discurso.

Durante o tempo que Schlosser passou em Leipzig, fazíamos nossas refeições sempre juntos e, nas mesas dos locais que frequentávamos, acabei entrando em contato com pessoas muito simpáticas. Conheci vários colegas da região da Livônia. Conheci o filho do capelão-mor da corte de Dresden, Hermann,[34] que mais tarde se tornaria prefeito de Leipzig, assim como seu preceptor, o conselheiro áulico Pfeil[35], que escrevera *O conde von P.*, um complemento de *Condessa sueca*,[36] de Gellert. E conheci ainda Zachariä,[37] um dos irmãos do famoso poeta, e Krebel,[38] que escrevera manuais de geografia e de genealogia. Eram todos homens muito educados, animados e gentis. Zachariä era o mais reservado. Pfeil era um homem fino, com ares quase diplomáticos, mas sem maneirismos e com um grande coração. Krebel era um verdadeiro Falstaff, sujeito alto, loiro e encorpado, com olhos salientes, lépidos e claros como o azul do céu, sempre alegre e de bem com a

---

34 Christian Gottfried Hermann (1743-1813), filho do capelão-mor Johann Gottfried Hermann, de Dresden. Assumiria por nove vezes o cargo de prefeito da cidade, entre 1794 e 1811.
35 Johann Gottlob Benjamin Pfeil (1732-1800), autor do romance *Geschichte des Grafen von P.* (1755).
36 Referência ao romance *Leben der schwedischen Gräfin von G.* (1747-1748), de Gellert.
37 Provável referência a Georg Ludwig Friedrich Zachariä (1735-1808).
38 Gottlob Friedrich Krebel (1729-1793).

vida. Todos eles me tratavam de modo muito acolhedor, em parte por minha relação com Schlosser, mas em parte, também, por meu jeito aberto, descomplicado e bondoso de ser. Não foi preciso muito para que me persuadissem a participar de sua mesa com mais frequência. E, de fato, após a partida de Schlosser, deixei de frequentar os jantares e almoços na casa do conselheiro Ludwig[39] para fazer parte daquele grupo mais restrito; e ficaria ainda mais feliz ao conhecer a filha[40] de nosso estalajadeiro, moça linda e amável com quem eu logo simpatizei. Aproveitava então aquelas ocasiões para trocar também alguns olhares afetuosos com ela, um prazer que desde a época do acidente com Gretchen eu não havia mais desejado encontrar, nem se me dera encontrar por acaso. Assim, eu passava o horário de almoço com aqueles amigos de maneira alegre e proveitosa. Krebel parecia gostar mesmo de mim – sabia a medida certa de me provocar, mas também de me encorajar. Pfeil tinha um modo mais formal de ser simpático comigo, o que demonstrava ao tentar orientar e formar meu julgamento sobre diversas coisas.

No convívio com essas pessoas, depois de tantas conversas, de tantas histórias exemplares e de tanta reflexão, acabei percebendo que o primeiro passo para conseguir se salvar daqueles tempos rasos, diluídos e prolixos era manter a determinação, a precisão e a brevidade. No estilo então dominante, era muito difícil diferenciar o trivial daquilo que era um pouco melhor, pois as coisas se confundiam numa espécie de achatamento sistemático de tudo. Vários escritores já haviam tentado reagir àquela praga tão amplamente disseminada, alcançando resultados ora mais, ora menos significativos. Haller e Ramler[41] pendiam naturalmente à concisão. E a reflexão acabaria levando Lessing e Wieland[42] para esse mesmo caminho. O primeiro, com o passar do tempo, ficaria cada vez mais epigramático em sua poesia, mais conciso

---

39 Ver nota 55 do Sexto livro, à p.306.
40 Anna Katharina Schönkopf (1746-1810), chamada de Kätchen.
41 Além de cientista, Albrecht von Haller (1708-1777) também era poeta (ver notas 40 do Segundo livro, à p.105, e 1 do Sétimo livro, à p.311). Karl Wilhelm Ramler (1725-1798), poeta, crítico e tradutor alemão.
42 Já mencionados por Goethe anteriormente. Gotthold Ephraim Lessing (1729-1781) foi o dramaturgo alemão mais conhecido antes de Goethe. Christoph Martin Wieland (1733-1813), um dos novelistas mais importantes do século XVIII, acabaria se tornando amigo próximo de Goethe em Weimar, a partir de 1775.

em sua comédia, como em *Minna von Barnhelm*,[43] e mais lacônico em sua tragédia, como em *Emilia Galotti*; somente mais tarde retornaria a uma ingenuidade mais animada que lhe caberia tão bem em seu *Nathan, o sábio*.[44] Já Wieland, que em seu *Agathon*, em seu *Don Sylvio* e nos *Contos cômicos* ainda se mostrava um autor prolixo, vai se tornar maravilhosamente conciso e preciso – sem perder a graça – em seu *Musarion* e em *Idris*.[45] Klopstock, que nos primeiros cantos da *Messíada* também não deixa de ser prolixo, dará logo mostras de concisão em suas odes e em alguns outros poemas mais breves, assim como em suas tragédias. Todavia, por conta de seu espírito de competição com os antigos, especialmente no que concernia a Tácito, acabaria se sentindo compelido a uma economia tão extrema da forma, que tornaria sua obra[46] quase ininteligível e de difícil fruição. Gerstenberg,[47] talentoso, mas um pouco esquisito, também saberá conter sua verbosidade; seus resultados serão reconhecidos, mas, no conjunto, sua obra não conseguirá agradar muita gente. Gleim,[48] prolixo e mais relaxado por natureza, não alcançará senão um único momento de concisão: em suas *Canções bélicas*. Ramler, na verdade, era mais um crítico que um poeta. De início, não pretendia mais que reunir,[49] em suas antologias, aquilo que os alemães vinham produzindo

---

43 Referência a duas peças de Lessing: *Minna von Barnhelm oder das Soldatenglück* (1767), comédia em cinco atos; *Emilia Galotti* (1772), tragédia burguesa, também em cinco atos.

44 *Nathan der Weise*, de 1779, é um drama de tese (*Ideendrama*) em cinco atos.

45 Referência às seguintes obras de Wieland: à novela *Geschichte des Agathon* (1766-1767), à novela *Der Sieg der Natur über die Schwärmerei oder die Abenteuer des Don Sylvio von Rosalva* (1764), às suas narrativas parodísticas em verso, publicadas em *Comische Erzählungen* (1765), à epopeia *Musarion, oder die Philosophie der Grazien* (1768) e ao poema romântico *Idris und Zenide* (1768).

46 Referência a sua obra em prosa *Die deutsche Gelehrtenrepublik* (1774).

47 Heinrich Wilhelm Gerstenberg (1737-1823), poeta e crítico alemão, mais conhecido por sua tragédia *Ugolino* (1768), assumida pela crítica como sendo uma obra precursora do ideário e da atmosfera do *Sturm und Drang*.

48 Johann Wilhelm Ludwig Gleim (1719-1803). Suas *Preussische Kriegslieder in den Feldzügen 1756 und 1757 von einem Grenadier*, publicadas em 1758, alcançariam grande popularidade e seriam exemplares como uma das primeiras expressões literárias do ufanismo prussiano da época de Frederico II.

49 Ramler não apenas coletará a poesia de contemporâneos alemães, publicando-as em suas antologias (*Lyriche Blumenlese*, de 1774 a 1778); movido por sua obsessão

como expressão lírica da época. Contudo, logo se dará conta de que pouquíssimos poemas são realmente de seu agrado. Sente-se então na obrigação de fazer cortes, retoques e outras alterações para que os poemas ganhassem uma forma, a seu ver, minimamente aceitável. O número de inimigos que ele vai conseguir conquistar com isso não seria menor do que o número total de poetas e leitores de poesia que existiam na época. Afinal, cada um só se reconhece mesmo em suas próprias deficiências; e o público, em geral, mostra-se mais interessado por obras marcadas pelas falhas de uma individualidade do que por aquelas produzidas e melhoradas segundo determinadas regras gerais de bom gosto. Naqueles tempos, as questões rítmicas e métricas ainda estavam engatinhando e ninguém conhecia um modo de abreviar sua infância. Enquanto isso, a prosa poética ia tomando fôlego e ganhando a cena. Gessner[50] e Klopstock encontrariam vários imitadores; alguns deles, no entanto, preferindo uma métrica de base silábica, arriscariam traduzir essa prosa poética em versos, adaptando-a a um padrão métrico que consideravam mais inteligível.[51] Mas essas experiências não obteriam grande sucesso, já que tal transposição impunha todo tipo de cortes e acréscimos, de modo que as obras originais mantinham-se inabaláveis em sua condição de superioridade. Seja como for, tamanha preocupação com a concisão acabaria gerando um aprimoramento do olhar crítico, uma vez que a busca por expressões mais enxutas e compactas também colocava em evidência aquilo que era mais significativo em cada obra, permitindo aproximações e comparações mais precisas. Outro resultado dessa busca pela concisão seria

---

formal, intervirá fortemente em suas versões definitivas, sem o consentimento dos autores. Até o Barroco, esse tipo de intervenção era considerado um procedimento perfeitamente comum, mas deixaria aos poucos de ser uma prática admissível com o surgimento e o estabelecimento de um estatuto moderno de autoria – marcadamente individual.

50 Salomon Gessner (1730-1788), poeta e ilustrador suíço, escreveria suas obras todas em prosa poética (prosa ritmada), ficando conhecido como o Teócrito moderno. Já a prosa poética das primeiras obras de Klopstock se transformaria, aos poucos, na primeira grande expressão do verso livre em alemão.

51 Ramler traduziria em versos alguns idílios de Gessner, escritos originalmente em prosa poética. Gleim traduziria em iambos a tragédia *Der Tod Adams*, de Klopstock – para a irritação do poeta.

o surgimento de uma grande variedade de formas poéticas, pois quando os epígonos tentavam recriar aquilo que julgavam ser os traços mais imprescindíveis de determinada obra, acabavam tendo de fazer jus ao objeto, acabavam tendo de olhar para esse objeto com mais atenção e propriedade. Procedendo desse modo, mesmo que não o fizessem conscientemente, acabariam deflagrando uma verdadeira multiplicação das formas poéticas de representação — muitas dessas novas formas, é claro, não passariam de experiências grotescas e estariam, desde o início, fadadas ao fracasso.

Não há a menor dúvida: entre todos esses autores, Wieland era o mais naturalmente talentoso. Quando mais jovem, sua formação havia sido marcada por aquelas paisagens ideais[52] em que os jovens gostam de se deter tão longamente. No entanto, como muito cedo o jovem poeta veria essa condição ruir diante daquilo que chamamos de experiência, da relação com o mundo e com as mulheres, saltou logo para o lado do real e passou a se deliciar — a ele mesmo e aos outros — com o conflito entre esses dois mundos. Foi justamente na leve contenda entre jocosidade e gravidade que seu talento se revelou mais explicitamente. Quantas dessas produções brilhantes não pude ver surgirem em meus tempos de estudante. De suas obras, *Musarion* foi a que teve maior impacto sobre mim. Ainda me lembro bem do lugar e do momento em que tive contato com as primeiras provas do livro, que Oeser[53] fizera a gentileza de me mostrar. Nos versos daquela obra, tive a impressão de reencontrar uma Antiguidade renovada e mais viva, já que a genialidade pictórica de Wieland manifestava-se ali com todo seu vigor. E como, ao final da epopeia, até mesmo Fânias — seu herói timoniano, condenado inicialmente à infelicidade da abstinência — ainda acabava conseguindo reatar seus laços com o mundo e com Musarion, sua musa, o leitor tinha a oportunidade de acompanhar de perto o personagem e viver com ele a longa travessia de sua época de misantropo. Em geral, as pessoas gostavam de enxergar em tais obras uma aversão chistosa àquelas formas mais elevadas de sentimento, que, no descompasso da vida comum, derramam-se como

---

52 Referência ao pietismo cristão que marca o tom seráfico da fase inicial de sua obra — a obra de um Wieland que acabara de passar a casa dos vinte anos de idade.
53 Adam Friedrich Oeser (1717-1799), escultor, pintor e ilustrador alemão.

mero sentimentalismo. Mas, ao autor, escusariam esse seu jeito de perseguir com escárnio o que o restante das pessoas julgava tão verdadeiro e honorável; e tanto mais por seu modo de tornar evidente o quanto aquelas questões também o faziam pensar.

Os primeiros números da *Biblioteca universal alemã*[54] dão-nos uma medida mais clara do quão precariamente a crítica de então se lançava sobre a produção contemporânea. Aos *Contos cômicos*, de Wieland, confeririam uma menção bastante honrosa, mas sem fazer a menor referência às características particulares do gênero literário em questão. Como era praxe naquela época, o crítico formava seu gosto exclusivamente a partir da leitura de obras que lhe eram exemplares. Não lhe irá ocorrer, portanto, que, para julgar obras de caráter parodístico, é preciso ter também diante dos olhos, antes de mais nada, a bela e nobre obra original, justamente para que se possa perceber em que medida o parodista conseguiu destacar um ponto fraco ou cômico de tal obra, se simplesmente a tomou por empréstimo ou se, ao fazer como se apenas a imitasse, não acabou ele mesmo criando uma obra nova, admirável, exemplar. Sem nem mesmo cogitar tais relações, partia-se logo para o elogio e para a reprovação de passagens pontuais dos poemas. E, como que à guisa de justificativa, o crítico sempre alegaria ter sublinhado na obra tantas passagens de seu agrado que lhe seria impossível referi-las todas no contexto de sua recensão. Mas para dirimirmos de vez qualquer resquício de dúvida quanto ao gosto infinitamente retrógrado da *Biblioteca universal alemã*, basta lembrarmos que a excepcional tradução de Shakespeare seria acolhida pelo crítico[55] com a seguinte manifestação: "De pleno direito, um homem como Shakespeare não deveria nem mesmo ser traduzido". Não é de se admirar, portanto, que os jovens mais passionalmente envolvidos com tais questões logo começassem a procurar por outras estrelas-guia.

---

54 Fundado em 1765, por Friedrich Nicolai (1733-1811), o referido periódico (*Allgemeine deutsche Bibliothek*), de orientação fortemente iluminista, acabaria se tornando uma das revistas mais importantes da crítica na Alemanha da época, proeminência que só lhe seria tomada aos poucos a partir da entrada em evidência das publicações de Herder, do próprio Goethe e de autores ligados ao *Sturm und Drang*.

55 Referência à recensão de Friedrich Nicolai, publicada em 1765, no primeiro número da revista.

Naquela época, os alemães pareciam ter entrado numa busca incessante por novos motivos literários, o que, de um modo ou de outro, acabava também determinando a forma de suas produções. Até então, temas de teor e abrangência nacional eram muito raros, se é que se pode dizer que já haviam recebido maior atenção. O *Herrmann*,[56] de J. Elias Schlegel, apenas aludia a esse tipo de fundo temático. Era a tendência ao idílico que se disseminava de modo mais amplo e ilimitado. Aparentemente tão banais, ainda que cheios de graça e de uma singeleza quase pueril, os idílios de Gessner faziam as pessoas acreditarem que era fácil fazer algo semelhante. Alguns poemas eram escritos a partir de motivos estrangeiros, mas também estes pareciam se referir mais ao humano, em geral, do que a particularidades nacionais, como era o caso das *Pastorelas judaicas*[57] e de outras obras semelhantes, que evocavam as figuras dos patriarcas e demais motivos do Velho Testamento. A *Noáquida*,[58] de Bodmer, simbolizava perfeitamente aquele dilúvio que havia então inundado o Parnaso alemão e que tanto tempo demoraria para se dissipar completamente. Por outro lado, a volubilidade anacreôntica[59] também não conseguiria, senão, deixar um sem-número de mentes medianas na mais completa deriva; somente a precisão horaciana faria os alemães começarem a reagir contra isso, ainda que muito lentamente. E tampouco os poemas herói-cômicos – que, por via de regra, baseavam-se no *Rapto do cacho de Pope*[60] – conseguiram contribuir para melhorar a situação.

Ainda preciso trazer à lembrança, aqui, um tresvario, cujos efeitos concretos seriam tão sérios e importantes quanto nos parecem hoje risíveis, se vistos mais de perto. Naqueles tempos, os alemães já dispunham de conhecimentos históricos mais do que suficientes sobre os diferentes gêneros

---

56 Referência à tragédia *Herrmann*, de Johann Elias Schlegel (1719-1749), publicada em 1743, que tem por tema o confronto entre Armínio [*Arminius, Hermann*] e Varo [*Publius Quinctilius Varus*] na batalha da floresta de Teutoburgo (em alemão, *Teutoburger Schlacht, Varusschlacht* ou *Herrmannsschlacht*, a depender do ponto de vista).

57 Referência à antologia poética *Jüdische Schäfergedichte*, publicada em 1765 por Georg August von Breitenbauch (1731-1817).

58 Referência à epopeia *Noachide*, de Bodmer, publicada em 1752, centrada na figura patriarcal de Noé.

59 Referência à expressão lírica típica do Rococó.

60 Ver nota 12 do Sexto livro, à p.284.

literários em que cada nação se destacara ao longo dos tempos. Esse tipo de enquadramento classificatório – que, no fundo, só arruína a ideia do que de fato seja a poesia – havia sido exaustivamente arquitetado por Gottsched em sua *Crítica da arte poética*. E, em sua reflexão, o crítico não perderia a oportunidade de demonstrar, ainda, como os alemães vinham preenchendo cada uma daquelas rubricas com obras excepcionais. A discussão, é claro, não se encerraria ali. A cada ano essa coleção aumentava consideravelmente; e a cada ano, também, novos trabalhos desbancavam os antigos dos lugares de evidência e esplendor que haviam ocupado anteriormente. Àquela altura, se ainda não tínhamos Homeros, não nos faltavam Virgílios e Miltons; se não surgira ainda um Píndaro, já contávamos ao menos com um Horácio. E Teócritos não nos faltavam. Assim, enquanto nosso contingente de obras literárias ia crescendo, fomos nos medindo a partir dessas comparações externas, até chegar o momento em que as comparações internas começaram a se tornar possíveis.

Se as coisas não haviam firmado o pé até então em matéria de gosto, não se pode ignorar que, naquela época, na região protestante da Alemanha e na Suíça, já começava a surgir, com força, algo que as pessoas costumam chamar de bom senso (*Menschenverstand*). Por certo que a filosofia de cátedra,[61] fundada em princípios pressupostos e numa ordem arbitrada, terá para sempre o mérito de ter estabelecido determinadas rubricas para tudo aquilo que o homem pode se perguntar. No entanto, sua frequente opacidade e a aparente inutilidade de seu conteúdo, a aplicação algo inconveniente de seu método – em si, absolutamente respeitável – e sua demasiada dispersão na discussão de tantos temas diferentes, isso tudo somado acabaria fazendo com que essa forma de pensamento fosse vista, pela grande maioria, como algo distante, intragável e, por fim, dispensável. Em geral, as pessoas convenciam-se mais facilmente de que a natureza lhes havia conferido um senso tão bom e apurado – ou seja, suficientemente desenvolvido para compreender claramente as coisas –, que, sozinhas, podiam dar conta de tudo, usando-o em seu proveito e em benefício dos outros. Por que razão se preocupar então com o

---

61 Em alemão: *die Schulphilosophie*. Referência à doutrina racionalista do filósofo Christian Wolff, dominante na filosofia acadêmica alemã em meados do século XVIII.

universalmente válido? Por que se esforçar em meditar sobre coisas tão distantes, a que mal se pode ter acesso? Fazia-se a experiência: as pessoas abriam os olhos, viam o que havia diante de si, mantinham-se atentas, diligentes, voluntariosas. E, se reuniam condições para agir corretamente em seu círculo mais imediato de convivência e para julgar bem as coisas que lhes concerniam diretamente, acreditavam poder fazê-lo também quanto às coisas mais distantes, ainda que estas não fizessem parte de seu próprio círculo.

Pensando desse modo, todo mundo passaria aos poucos a se ver não apenas no direito de filosofar, mas, também, de se achar filósofo. A filosofia se tornaria, enfim, uma espécie de bom senso mais ou menos salutar e mais ou menos bem praticado, que ousava aventurar-se pelo universal e por experiências internas e externas. Na medida em que o meio-termo e a tolerância para com as diferentes opiniões eram tidos como corretos, uma simples dose de lucidez e moderação já bastava para conferir distinção e crédito a muitos escritos e discursos desse gênero. Como resultado, encontrávamos filósofos em todas as faculdades, em todas as classes sociais, em todos os ofícios.

Seguindo por esse mesmo caminho, os teólogos da época passariam a simpatizar com a chamada religião natural. E quando se debatia em que medida a luz da natureza seria suficiente para promover o conhecimento de Deus, bem como o aperfeiçoamento e o enobrecimento de nós mesmos, esses teólogos não hesitavam um instante sequer em responder em seu favor. E como também faziam valer aquele mesmo princípio da tolerância, consideravam que todas as religiões positivas[62] tinham os mesmos direitos, o que acabava por torná-las todas indiferentemente equivalentes e igualmente incertas. De resto, porém, tudo se mantinha como sempre fora; e já que a Bíblia é tão repleta de conteúdos e nos oferece — mais que qualquer outro livro — tantos ensejos para pensar e tantas ocasiões diferentes para observar de perto as coisas humanas, ela continuava a servir de fundamento aos sermões e às demais discussões religiosas — como, aliás, nunca deixara de ser o caso.

Todavia, assim como qualquer outra obra dos demais escritores profanos, também as escrituras estavam sujeitas a enfrentar um destino próprio,

---

62 Religiões reveladas.

de que não teriam como escapar com o passar do tempo. Até então, alimentara-se a crença de que o livro dos livros havia sido criado num só sopro, de que teria sido inspirado ou mesmo ditado pelo espírito divino. Aos poucos, porém, as discrepâncias entre suas diferentes partes começariam a ser criticadas – e respectivamente defendidas – tanto por devotos quanto por não devotos. Ingleses, franceses e alemães atacariam a Bíblia ora com maior, ora com menor veemência, argúcia, atrevimento e malícia; mas, ao mesmo tempo, homens sérios e respeitáveis dessas mesmas nações se ergueriam em sua defesa. Eu, pessoalmente, não apenas gostava da Bíblia, mas a tinha em altíssima conta, uma vez que devia a ela, quase que exclusivamente, toda minha formação moral. Suas histórias e parábolas, seus símbolos e ensinamentos, tudo isso havia me marcado profundamente e exercera em mim, de um modo ou de outro, alguma forma de influência. Por essa razão, desagradavam-me os ataques injustos, debochados e, não raro, perversos. Até porque as discussões já haviam evoluído suficientemente a ponto de se poder aceitar de bom grado, como base argumentativa da defesa de muitas das discrepâncias em questão, que Deus agia sempre nos limites do modo de pensar e da capacidade de compreender dos homens; e que, portanto, nem mesmo aqueles que haviam se deixado inspirar pelo espírito divino poderiam ter aberto mão de sua personalidade, de sua individualidade. Daí que Amos, na condição de pastor de gado, não pudesse dominar a língua do mesmo modo que Isaías, de quem se dizia ter sido um príncipe.

Essa forma de pensar e essas novas convicções, somadas especialmente ao desenvolvimento dos conhecimentos linguísticos, contribuiriam naturalmente para o crescente interesse pelo estudo mais aprofundado das localidades, dos povos, dos produtos naturais e das demais manifestações desse oriente. Seu grande objetivo era produzir um retrato mais apurado daqueles tempos imemoriais. Michaelis[63] consagraria a tais estudos todo o vigor de seu talento e de seus conhecimentos. Antigos relatos de viagem passariam a ser considerados, então, um importante instrumento de apoio na interpretação das Escrituras Sagradas e viajantes contemporâneos, carregados de

---

63 Ver nota 26 do Sexto livro, à p.289.

toda sorte de questionamentos, partiam em busca de respostas que pudessem testemunhar em favor dos profetas e dos apóstolos.

De todas as partes, era manifesto o esforço em abordar as Sagradas Escrituras a partir de um olhar dito natural, com o intuito de tornar mais amplamente inteligíveis as particularidades dos modos de pensamento e de expressão que seriam próprios àqueles textos ancestrais. Essa perspectiva histórico-crítica deveria, sobretudo, dirimir alguns questionamentos afrontosos, minimizar algumas objeções aviltantes e, assim, tornar menos efetivo o impacto de certo tipo de discurso debochado e superficial. Nesse mesmo tempo, porém, outros homens investiriam na construção de um modo praticamente oposto de pensar. Escolhendo como objeto de suas considerações aquelas passagens mais obscuras e enigmáticas das Escrituras, tais homens não se proporiam a elucidá-las, mas, sim, a corroborá-las a partir de suas próprias conjecturas, a partir de seus cálculos e das mais estranhas e espirituosas combinações. E, como desse esforço exegético sempre extraíam alguma forma de profecia, esmeravam-se em demonstrar o cumprimento daquelas que já haviam se sucedido, para, com isso, justificar a fé no que deveríamos esperar do futuro.

Procedendo desse modo, o respeitável Bengel,[64] muito por conta de sua reputação como homem razoável, justo e temente a Deus — enfim, por sua figura irretocável —, conseguiria alcançar uma receptividade considerável para os esforços que dedicara ao livro do Apocalipse. Espíritos mais profundos são compelidos a concentrar sua vida no passado ou no futuro. As miudezas do dia a dia, portanto, não costumam lhes significar grande coisa, já que não sabem venerar, senão, as profecias desvendadas ao longo dos tempos e os misteriosos vaticínios que ainda estão por se desvendar num futuro próximo ou mais distante. Surge a partir daí um tipo de relação com o tempo que escapa à história, que, disso, não parece conseguir registrar mais que um movimento fortuito e incerto num círculo necessariamente fechado. Doutor Crusius[65] era um desses homens a quem mais interessava a parte

---

64 Johann Albrecht Bengel (1687-1752), teólogo pietista alemão.
65 Christian August Crusius (1712-1775), professor de teologia da Universidade de Leipzig.

profética das Escrituras Sagradas, alegando que, no campo do profético, as duas características opostas do ser humano eram colocadas simultaneamente em ação: o sentimento e a razão. Muitos jovens haviam se tornado seguidores dessa doutrina e já formavam um contingente respeitável, do qual se podia ter uma dimensão tanto mais evidente, quanto mais Ernesti,[66] com seus asseclas, se declarasse disposto não apenas a aclarar a obscuridade em que se compraziam os adeptos de Crusius, mas também a bani-la de uma vez por todas. Esse embate, é claro, só podia resultar em desentendimento, ódio, perseguição e outras coisas desagradáveis. Eu acabaria aderindo ao partido da claridade e faria de tudo para tentar assimilar seus princípios e vantagens. Permitia-me suspeitar, no entanto, que, com aquele método interpretativo tão louvável e razoável, o teor poético das Escrituras acabava se perdendo juntamente com o profético que delas se pretendia banir.

Pessoas que se interessavam pela literatura alemã e pelas belas-artes, em geral, sentiam-se mais próximas dos esforços de homens como Jerusalem, Zollikofer e Spalding,[67] que se esmeravam na beleza e conspicuidade de seus sermões e ensaios. Escrevendo desse modo, procuravam conquistar, também junto a pessoas de bom senso e de bom gosto, alguma aprovação e adesão em favor da religião e da moral, sua vizinha mais próxima. Naquele momento, começava-se a perceber o quanto se tornara indispensável escrever de um modo agradável. E porque agradável significava, antes de mais nada, compreensível, começaram a surgir, de todas as partes, autores das mais diversas áreas de especialidade, que se propunham a escrever de um modo claro, legível e enfático sobre seus próprios estudos, tendo em vista não mais apenas os colegas de *métier*, mas também o grande público.

Tomando por modelo um autor estrangeiro chamado Tissot,[68] muitos médicos começaram então a exercer efusivamente sua influência sobre a formação geral (*allgemeine Bildung*) do público alemão. Haller, Unzer e

---

[66] Ver nota 27 do Sexto livro, à p.289.
[67] Johann Friedrich Wilhelm Jerusalem (1709-1789), Georg Joachim Zollikofer (1730-1788) e Johann Joachim Spalding (1714-1804).
[68] Simon-André Tissot (1728-1797), médico suíço e autor de obras de divulgação científica na área da medicina.

Zimmermann[69] eram os autores de maior repercussão e, a despeito do que se possa criticar em cada um individualmente, especialmente nesse último, não se pode negar que tenham sido homens muito ativos e impactantes em seu tempo. Aliás, é disso que se deveria tratar na História e especialmente nas biografias, pois não é pelas obras que alguém deixa para a posteridade, mas, sim, pelo quanto agiu e fez os outros agirem, pelo prazer que teve pela vida e pelo que conseguiu despertar nos outros, que se define a importância de um homem.

Os eruditos do direito, desde sua juventude acostumados a um estilo abstruso — que se manifestava na expressão do mais alto barroquismo em qualquer despacho ou deliberação, fosse nas chancelarias dos feudos soberanos, fosse na assembleia imperial permanente de Regensburg —, não conseguiam senão com muito esforço desenvolver alguma liberdade na escrita, horizonte ainda mais difícil de alcançar em vista dos objetos de que se ocupavam, sempre fortemente relacionados a sua forma de expressão e, portanto, a um estilo bem determinado. A despeito disso, von Moser,[70] mesmo quando mais jovem, já havia dado provas de ser um autor bastante livre e independente. E Pütter,[71] com a grande clareza de sua escrita, também imprimiria alguma clareza a seu objeto, contribuindo, portanto, para o redesenho do estilo com que este deveria ser tratado. Esse homem faria escola e tudo o que se produziria a partir de então nessa linha acabaria se distinguindo por essas mesmas características. Àquela altura, os próprios filósofos viram-se forçados a escrever de um modo mais claro e compreensível para se tornarem mais populares. Foi nesse contexto que surgiram nomes como Mendelsohn e Garve,[72] despertando logo grande interesse e admiração em toda a gente.

Com a formação da língua alemã e de seu estilo em cada disciplina, também acabaria se desenvolvendo uma capacidade de julgamento, o que se

---

69 Albrecht Haller (ver nota 41 do Sétimo livro, à p.325), Johann August Unzer (1727-1799), Johann Georg Zimmermann (1728-1795).
70 Ver nota 30 do Quarto livro, à p.174.
71 Johann Stephan Pütter (1725-1807), jurista e professor da Universidade de Göttingen.
72 Moses Mendelsohn (1729-1798); Christian Garve (1742-1798).

pode observar nas recensões daquela época sobre obras de áreas como a religião, a moral, mas também a área médica. Em contrapartida, a apreciação de poemas ou do que quer que se relacionasse à literatura, quando não perpetuava simplesmente sua antiga condição de precariedade, revelava-se, no mínimo, muito fraca. Isso vale para as *Cartas de literatura*[73] e para a *Biblioteca universal alemã*,[74] mas também para a *Biblioteca de beletrística*,[75] revistas em que podemos encontrar facilmente um sem-número de exemplos representativos dessa condição.

Como essas coisas todas podiam ser muito caóticas naqueles tempos, para aquele que pensasse em produzir alguma coisa de sua própria lavra e que não quisesse se limitar a repetir as palavras e frases de seus predecessores, a única alternativa era passar dia e noite procurando um objeto sobre o qual pudesse se debruçar. Mas mesmo nessa busca acabaríamos sendo induzidos a andar por caminhos incertos. Havia uma frase de Kleist,[76] que era repetida, então, com muita frequência. Tratava-se de uma resposta jocosa, espirituosa e muito autêntica, que o autor teria dado àqueles que o repreendiam pelo tempo que despendia com seus passeios solitários. Kleist teria respondido que seus passeios não eram momentos de ócio, mas, sim, que estava sempre à caça de imagens. A metáfora caía-lhe bem, tanto ao homem nobre quanto ao soldado que ele era, equiparando-o àqueles homens de sua classe, que nunca desperdiçavam uma oportunidade para, de espingarda na mão, sair à caça de lebres e perdizes. E, de fato, encontrávamos nos poemas de Kleist algumas dessas imagens bastante singulares – captadas com tanta felicidade, ainda que nem sempre trabalhadas com o mesmo sucesso –, que nos remetiam muito prazerosamente à natureza. Foi-nos recomendado então, com toda seriedade, que saíssemos à caça de imagens, o que nunca se revelava algo de todo improdutivo, por mais que os pomares, o jardim

---

73 *Briefe die neueste Literatur betreffend* (1759-1765), editada por Nicolai, Mendelsohn e Lessing.
74 Ver nota 54 do Sétimo livro, à p.329.
75 *Bibliothek der schönen Wissenschaften*, fundada por Nicolai em 1757, editada a partir de 1765 por Christian Friedrich Weisse (ver nota 53 do Sexto livro, à p.306).
76 Ewald Christian von Kleist (1715-1759), poeta alemão e oficial prussiano.

de Apel e as vizinhanças de Rosental, Gohlis, Raschwitz e Connewitz[77] não fossem exatamente a região mais maravilhosa para se ir caçar inspiração poética. Fosse como fosse, aproveitava o ensejo para partir sozinho em minhas caminhadas. E já que ao longo de tais passeios muito pouco de belo e menos ainda de sublime se ofereciam ao observador – nem sequer em Rosental, um local belíssimo na melhor estação do ano, onde, no entanto, os mosquitos coibiam qualquer pensamento mais agradável –, fazia um esforço contínuo para concentrar toda minha atenção na natureza miúda (gostaria de usar essa expressão, aqui, por analogia à ideia de natureza morta). Mas como os acontecimentos mínimos que percebemos nessas circunstâncias são, por si sós, praticamente insignificantes, acabei me acostumando a lhes conferir algum sentido, que tendia ora mais ao simbólico, ora ao alegórico, a depender do que pesasse mais naquele instante: a contemplação, o sentimento ou a reflexão. Contarei aqui ao menos um desses episódios.

Eu tinha uma fixação – tão tipicamente humana – por meu próprio nome e costumava escrevê-lo em toda parte, como fazem, aliás, pessoas mais jovens ou menos letradas. Certa ocasião, entalhei-o com muita precisão e capricho na casca lisa e lenhosa de uma tília ancestral. E, no outono seguinte, como minha afeição por Annette[78] se encontrasse em plena fase de floração, tive a ideia de gravar o nome dela sobre o meu. Ao final do inverno, porém, sendo o amante temperamental que eu era, comecei a inventar todo tipo de pretextos e desculpas, o que a acabaria deixando irritada e aborrecida. Ao passar casualmente por aquele mesmo lugar no romper da primavera seguinte, percebi que a seiva – que naquela época do ano rebrotava nas árvores com todo vigor – havia vazado pelo entalhe ainda mal cicatrizado de seu nome, cobrindo o corte endurecido de meu nome com a singeleza daquelas lágrimas vegetais. Vê-la ali se derramando em lágrimas sobre mim, sabendo o quanto meus caprichos já a haviam feito chorar, deixou-me consternado. Diante da lembrança de minha desfaçatez e de seu amor, correram-me então as lágrimas. Não pude senão partir imediatamente a seu

---

77 Referência a localidades (atualmente bairros) nos arredores da cidade de Leipzig.
78 Ver nota 40 do Sétimo livro, à p.325. Goethe se referirá à Anna K. Schönkopf, a Kätchen, como Annette e também como Ännchen.

encontro, em busca de seu perdão por tudo e mais um pouco. E, em seguida, transformaria aquele episódio num idílio,[79] que nunca mais conseguiria ler sem me emocionar, tampouco declamar para os outros sem me sentir profundamente tocado.

Enquanto eu, qual pastor às margens do rio Pleisse, entregava-me de modo ainda um tanto pueril à ternura de tais motivos, permitindo-me escolher apenas aqueles que pudesse abrigar imediatamente no meu peito, para os poetas alemães, em geral, abrira-se, já havia algum tempo, um horizonte muito mais amplo e significativo.

O primeiro tema verdadeiramente mais elevado e autêntico da poesia alemã surgiria por ocasião dos feitos de Frederico, o Grande, na Guerra dos Sete Anos. Nenhuma literatura nacional passará de trivial se não repousar sobre o que é verdadeiramente humano, sobre aquilo que os povos e seus pastores fazem acontecer – o que se mostra ainda mais especial quando ambas as partes se identificam com a figura de um mesmo homem. Reis devem ser retratados no calor da guerra, correndo perigo, lá onde, justamente pelo risco assumido, dão provas de sua proeminência, uma vez que determinam o destino de todo seu povo, mas também partilham desse mesmo destino. Nesse sentido, reis são muito mais interessantes que os deuses, já que estes, depois de determinarem o destino das pessoas, eximem-se de fazer parte do mesmo. Toda nação, se pretende se fazer valer como tal, precisa ter sua epopeia, para a qual a forma do poema épico,[80] porém, nem sempre se faz necessária.

As *Canções bélicas* entoadas por Gleim ocupam um lugar de destaque entre os poemas alemães justamente por terem surgido no turbilhão daqueles acontecimentos. Além do mais, sua forma tão bem-sucedida, como se tivesse sido escrita pelo próprio guerreiro na hora mais decisiva da batalha, transmitia-nos aquelas impressões com a mais excepcional perfeição.

Ramler cantaria de outro modo os feitos de seu nobre soberano, mas o faria também com grande distinção. Todos os seus poemas[81] são repletos de

---

79 Não há registros do referido poema.
80 No século XVIII, a epopeia era o gênero literário de maior prestígio e não eram raras as tentativas – até então sem maior sucesso – de escrever epopeias em prosa.
81 Referência aos poemas publicados, especialmente, em *Oden* (1753) e *Lieder eines Deutschen* (1766).

significados mais profundos e conquistam-nos imediatamente com seus motivos poderosos e arrebatadores – o que, por si só, já lhes deveria conferir um valor inexorável.

Os significados mais profundos do motivo a ser trabalhado poeticamente determinam o começo e o fim de toda arte. Ninguém há de negar que o gênio e o talento artístico, desenvolvido à custa de muito exercício, não sejam capazes de produzir algo a partir de qualquer coisa, superando, com a técnica, até mesmo os assuntos e temas mais renitentes. Mas se olharmos de perto, veremos que, nesses casos, é mais comum surgir um artefato do que uma obra de arte. Esta deve repousar sobre um motivo que lhe faça justiça, de modo que a habilidade, o empenho e o afã do artista, por fim, possam fazer brotar a dignidade do motivo de modo mais bem-sucedido e enaltecedor.

Foi assim que a Prússia e, com ela, a Alemanha protestante conquistaram um tesouro para sua literatura, algo de que o restante dos alemães sentiria falta e cuja carência não conseguiria suprir nem mesmo com os esforços posteriores. Os autores prussianos se valiam da alta conta em que tinham seu rei. E o faziam tão mais avidamente, quanto mais aquele, em nome de quem escreviam, parecesse ignorá-los. Já havia algum tempo que uma dose intensa de cultura francesa havia sido trazida para a Prússia: primeiramente, por intermédio da colônia francesa;[82] depois, em razão da predileção que o rei tinha pela cultura (*Bildung*) dessa nação, bem como por suas instituições financeiras. Na verdade, esse influxo civilizatório se provaria de grande proveito para os alemães, especialmente pelo quanto os faria resistir e reagir contra essa onda. Do mesmo modo, também a antipatia de Frederico em relação à língua alemã seria de grande benefício para a formação (*Bildung*) do âmbito literário alemão. Afinal, os autores tentavam de tudo para se fazer notar pelo rei – não em busca de afeição, mas, simplesmente, de atenção. Isso, no entanto, era feito sempre à moda alemã, ou seja, com a mais profunda convicção: fazia-se o que se entendia ser o correto, ao mesmo tempo em que se esperava ansiosamente que o rei reconhecesse e admirasse esse modo alemão de conceber o que era o correto. É claro que isso não

---

82 Referência aos huguenotes que se haviam fixado em Berlim.

acontecia. E nem poderia acontecer, pois como é possível demandar que um rei – de alguém que quer viver intelectualmente e aproveitar os prazeres da vida – desperdice seus preciosos anos à espera de que aquilo, que ele julga ser bárbaro, desenvolva-se até chegar ao ponto de se tornar minimamente apreciável? No que diz respeito aos produtos industriais e manufaturados, ele bem que poderia impor – a ele mesmo e, especialmente, a seu povo –, no lugar dos excelentes produtos importados, seus similares medianos, pois, nesse campo, as coisas alcançam muito mais rapidamente a perfeição, não sendo preciso esperar toda uma geração para fazê-las amadurecer.

Mas não posso deixar de mencionar uma obra, aqui, com toda a deferência; uma obra repleta de motivos marcadamente nacionais – identificados com a região norte da Alemanha –, o mais legítimo rebento da Guerra dos Sete Anos. Trata-se de *Minna von Barnhelm*,[83] a primeira produção teatral que se vale diretamente dos importantes acontecimentos da vida daquela época e que, por esse seu caráter contemporâneo, lograria alcançar uma repercussão surpreendente. À diferença de Klopstock e Gleim, Lessing não levava sua própria dignidade demasiadamente a sério, até porque não tinha a menor dúvida de poder reconquistá-la novamente a qualquer instante, se fosse o caso de perdê-la. Por isso, adorava se distrair com as mundanidades da vida das tavernas, contraponto poderoso e imprescindível para contrabalancear o ritmo de sua vida intelectual intensa e produtiva; foi assim que acabou se integrando à comitiva do general Tauentzien.[84] Não é difícil perceber como a referida peça desponta justamente do embate entre guerra e paz, ódio e afeição. Foi esta a produção teatral que conseguiu abrir nossos olhos para um mundo mais elevado e significativo, afastando-nos daquele universo exclusivamente beletrístico e burguês pelo qual a literatura transitava até então.

A atmosfera hostil que tomara conta da relação entre a Prússia e a Saxônia durante o longo período de conflito não teria termo nem mesmo com o final da guerra. Só então o saxão começava a sentir mais fundo a dor das

---

83 Peça de Lessing, ver nota 43 do Sétimo livro, à p.326.
84 Friedrich Bogislav von Tauentzien (1710-1791), general prussiano, de quem Lessing foi secretário entre 1760 e 1765.

341

feridas que lhe haviam sido provocadas pelo prussiano que, por sua vez, sentia-se agora ainda mais orgulhoso. A paz política não se mostrara capaz de selar e restabelecer simultaneamente a paz de espírito entre os envolvidos. Mas isso era justamente o que a obra de Lessing parecia conseguir restaurar à força de suas imagens. Em sua peça, a graça e a amabilidade da saxã superavam o valor, a dignidade e a obstinação do prussiano. E tanto os personagens principais quanto os secundários representavam a fusão bem-sucedida de elementos estranhos e antagônicos.

Se acabei deixando meus leitores algo confusos com essas minhas considerações cursórias e desultórias sobre a literatura alemã, creio que consegui oferecer uma boa impressão daquela condição caótica em que então se encontrava meu pobre cérebro. Em meio ao conflito entre duas épocas tão importantes para a literatura de nossa terra pátria, via-me acossado por inúmeras novidades antes mesmo de poder dar conta das coisas mais antigas; e muitas coisas mais antigas ainda faziam valer seu domínio sobre mim, ainda que eu acreditasse ter razões suficientes para abrir mão delas completamente. Quanto ao caminho que tomei para me livrar aos poucos dessa aflição, eis o que vou tentar retraçar, aqui, no limite do que me for possível.

Eu havia atravessado com afinco e dedicação todo o período de prolixidade que marcara a época de minha juventude e tivera a oportunidade de fazê-lo na companhia de homens de grande distinção. Os inúmeros volumes manuscritos que eu havia deixado para trás, na casa de meu pai, davam testemunho suficiente disso. E quantas experimentações, quantos esboços e projetos pela metade não acabariam também virando fumaça — mais por desânimo do que por convicção! À certa altura, comecei a perceber nas discussões, nas aulas, no conflito de opiniões, mas especialmente nas conversas com colegas de mesa, como o conselheiro áulico Pfeil, que era preciso valorizar cada vez mais o significado do objeto e a concisão no modo de tratá-lo. Só o que eu não conseguia compreender era onde procurar tais objetos, nem como alcançar tal concisão. Diante da enorme limitação de minha condição, da indiferença de meus companheiros de estudo, do comedimento dos professores, do isolamento das pessoas mais cultas e da natureza pouco impactante daqueles arredores, senti-me obrigado a buscar tudo em mim mesmo. Se me cobrava em meus poemas um fundo verdadeiro, uma sensação autêntica e uma reflexão mais legítima, ia buscá-las no fundo de meu peito; e se me exigia para a representação poética uma contemplação imediata do objeto ou da ocasião, não me permitia sair do círculo que me concernia mais diretamente, pois este se mostrava mais propício a me inspirar algum interesse. Imbuído desse espírito, pus-me então a escrever alguns poemas em forma de *Lied* ou em versos mais livres.[85] Eles surgiam da reflexão, tratavam do passado e, em geral, assumiam um viés epigramático.

Foi assim que comecei a seguir aquele rumo do qual nunca mais conseguiria me desviar ao longo de toda minha vida: transformava em imagem, em poema tudo aquilo que me alegrasse e me atormentasse, ou que me ocupasse de algum modo. E, fazendo isso, resolvia as questões comigo mesmo, ora me obrigando a reformular minha compreensão do mundo, ora fazendo sossegar em mim minhas tantas inquietações. Ninguém tinha maior necessidade de um dom como esse do que eu mesmo, que vivia sendo constantemente arremessado de um extremo ao outro pela força de minha própria natureza. Portanto, todas as coisas que dei a público não são mais que fragmentos de uma grande confissão. E este livrinho, aqui, não passa de uma tentativa ousada de complementá-la.

Eu havia então transferido minha antiga afeição por Gretchen para aquela Ännchen,[86] de quem eu não saberia dizer, senão, que era tão jovem, linda, animada, amável e agradável, que bem merecia seu lugar de santinha no relicário de meu coração, onde podia torná-la objeto de toda minha reverência – algo que me dava mais prazer em fazer do que em receber. Tudo conspirava para que nos víssemos diariamente. Ela ajudava a preparar as comidas que eu comia e, ao menos à noite, era ela quem me trazia o vinho que eu bebia – a propósito, o grupo fechado que se juntava sempre em nossa mesa do almoço dava provas de que aquele pequeno estabelecimento, tão pouco frequentado fora da época das feiras, bem merecia sua fama. Enfim,

---

85 Reunidos numa coletânea de canções (*Lieder*) intitulada *Neue Lieder, in Melodien gesetzt von Bernhard Theodor Breitkopf*, referida geralmente como *Leipziger Liederbuch* (1770). Trata-se da primeira publicação de poemas de Goethe, musicados por Bernhard Theodor Breitkopf (1749-1820). A obra seria publicada sem fazer menção à autoria dos poemas.

86 Ver nota 78 do Sétimo livro, à p. 338.

a nós dois não nos faltavam nem ocasião, nem vontade de conversar um com o outro. Como ela não conseguisse nem pudesse se ausentar de casa com tanta frequência, nossas opções de passatempo eram bastante restritas. Cantávamos as canções de Zachariä,[87] encenávamos o *Duque Michel*, de Krüger,[88] no qual um lenço todo amarrado fazia as vezes do rouxinol. Assim íamos levando. Mas como esse tipo de relacionamento, com o tempo, costuma oferecer tanto menos variação quanto mais inocente ele se prova ser, fui acometido por aquele ardor perverso que nos leva a fazer do tormento da pessoa amada uma diversão, aproveitando-me da entrega sincera de uma garota para assombrá-la com meus caprichos mais arbitrários e tirânicos. O mau humor que me assolava em razão tanto do insucesso de meus experimentos poéticos quanto da aparente impossibilidade de resolver estas e todas as demais questões que me apoquentavam, essa amargura toda eu me permitia descarregar sobre a pobre moça, que me amava mesmo de coração e fazia de tudo e mais um pouco para me agradar. No entanto, por causa de ciumeiras despropositadas e sem fundamento, acabei estragando os nossos mais belos dias juntos. Por muito tempo ela toleraria minha rabugice com uma paciência inacreditável, diante da qual eu não me mostrava senão suficientemente cruel para provocá-la ainda mais, ao extremo. Por fim, para minha vergonha e desespero, tive de reconhecer que ela havia se afastado de mim e que eu tinha enfim conseguido produzir uma justificativa para os destemperos que eu já me vinha permitindo cometer mesmo antes, sem qualquer razão ou necessidade. Cheguei a provocar algumas cenas terríveis, que não surtiriam efeito algum. E foi somente então que percebi o quanto eu realmente a amava e que não podia me ver longe dela. Minha paixão só fez crescer e foi assumindo todas as formas possíveis e imagináveis. Acabei eu mesmo ficando com o papel que, antes, era desempenhado pela moça. Passei a fazer de tudo para agradá-la e valia-me até mesmo do auxílio dos outros para tentar despertar-lhe alguma alegria. Afinal, não conseguia abrir mão da esperança de conquistá-la de volta. Mas era tarde demais! Eu já a havia

---

87 Ver nota 13 do Sexto livro, à p.284.
88 Referência à comédia *Herzog Michel* (1750), de Johann Christian Krüger (1722-1750).

perdido completamente. E a fúria com que tentei vingar meus erros em mim mesmo, castigando-me fisicamente das maneiras mais insanas – como que para me infligir, assim, algum sofrimento moral –, contribuiu decisivamente para o surgimento de vários males do corpo, que me fariam perder alguns dos melhores anos de minha vida. Aquela perda poderia mesmo ter se revelado fatal, não fosse pela força revigorante do talento poético, que se provaria de grande auxílio naquela ocasião.

Eu já havia me dado conta desses meus descomedimentos em algumas outras circunstâncias. Doía-me fundo o coração quando via aquela pobre criança ser magoada por mim tão despropositadamente. Eu ficava imaginando a sua situação e a minha, e comparava tão minuciosamente a nossa condição com o estado de satisfação de um outro casal de nosso convívio, que acabei não podendo evitar de dar um desdobramento dramatúrgico para a nossa história, como se pudesse fazer disso uma penitência dolorosa e edificante. Daí surgiria meu trabalho dramático mais antigo entre aqueles que se preservaram, a pequena peça O *amante caprichoso*,[89] cuja natureza ingênua deixa logo transparecer o fervor de uma paixão arrebatadora.

Mas, mesmo antes disso, começara a surgir em mim o interesse por um mundo profundo, significativo e aliciante. Por conta de minha história com Gretchen e de suas consequências mais diretas, acabaria me deparando muito precocemente com os estranhos labirintos que minam os subterrâneos da sociedade burguesa. Religião, moral, lei, condição social, círculo de relações, costumes, isso tudo junto exerce seu domínio apenas sobre a expressão mais superficial da vida urbana. As ruas, ladeadas de esplendorosos casarões, mantêm-se sempre impecavelmente limpas, e toda a gente nelas se comporta com respectivo decoro e decência. Mas por dentro, não raro, a coisa toda se revela muito mais funesta. Aquela aparência lustrosa e polida, qual reboco ralo, não faz mais que rebuçar a podridão das paredes que, se desabam no meio da noite, causam a todos ainda mais espanto e horror, justamente pela surpresa de verem ruir um remanso que julgavam tão harmonioso e pacífico. Quantas famílias eu já não havia visto, de perto e de

---

[89] Referência à peça pastoral *Die Laune des Verliebten* (1767-1768). A primeira publicação data de 1806. Goethe participaria de sua primeira montagem em 1779.

longe, caírem em absoluta desgraça ou sobreviverem precariamente à beira do abismo por causa de uma falência, um divórcio, uma filha seduzida, um assassinato, de roubos domésticos ou envenenamentos. A algumas dessas famílias, a despeito de meus poucos anos, pude mais de uma vez lhes estender a mão em socorro e auxílio. Pois como minha sinceridade inspirava confiança, como minha discrição se provava acima de qualquer suspeita, como nenhum sacrifício se mostrava grande demais para mim e como eu parecia me envolver ainda mais profundamente com os casos que se revelavam mais críticos, surgiriam inúmeras ocasiões para uma ação como mediador, para colocar panos quentes ou desviar um que outro raio, enfim, para fazer o que fosse possível nessas situações. Contudo, isso também me faria viver algumas experiências inevitavelmente dolorosas e humilhantes, tanto para mim mesmo quanto para os outros. Para arejar um pouco a cabeça, comecei a esboçar a estrutura de uma série de peças de teatro e chegaria mesmo a escrever a exposição da maior parte delas. No entanto, como minhas intrigas acabassem assumindo sempre um caráter aterrador e quase todas essas peças insistissem em culminar num fim trágico, fui abandonando-as uma a uma ao longo do caminho. A peça *Os cúmplices*[90] foi a única destas que consegui levar a termo. Nessa comédia, os momentos burlescos e engraçados conviviam com um clima familiar sombrio e medonho, de modo que, em suas apresentações, a peça costumava despertar uma impressão geral de pavor, a despeito de tantos detalhes divertidos. Seu enredo, marcado de modo tão duro e explícito pela ilegalidade, acabaria ferindo o senso moral e estético da época, razão pela qual a peça não teria maior repercussão nos palcos alemães. Já algumas de suas imitações, tendo sabido se distanciar habilmente das escarpas mais perigosas, seriam acolhidas com muitos mais aplausos.

Sem que eu me desse conta, acabei escrevendo essas duas peças no horizonte de algo mais elevado. Elas denotavam claramente a importância da prudência e da tolerância em nossos julgamentos morais; e com a crueza e aspereza de seus traços, ambas aludiam jocosamente ao mote tão soberbamente cristão: que atire a primeira pedra aquele que achar que nunca pecou.

---

90 Referência à comédia *Die Mitschuldigen* (1768-1769), publicada pela primeira vez em 1787. Goethe participaria de sua primeira montagem em 1777.

De minha vida: Poesia e verdade

Por causa dessa sisudez que assombrava minhas primeiras peças, deixaria de aproveitar vários motivos bastante promissores e que, no fundo, tinham muito mais a ver comigo. Passar tão jovem por aquelas experiências sérias e medonhas acabaria suscitando em mim um temperamento atrevido, que fazia com que eu me sentisse capaz de tudo – e não apenas por não temer o perigo, mas, muito pior, por atraí-lo de propósito. A razão para isso era certamente o orgulho, sentimento de que a mais vigorosa das idades tanto se compraz, já que o jovem costuma se divertir tanto no momento de pregar suas peças quanto quando delas se lembra e se gaba. Isso chega a ser tão comum nessa idade, que, entre meus colegas estudantes, ganharia até um termo específico: paço. Daí que disséssemos, na época, por força da semelhança da expressão, que fazíamos paço, ao invés de dizer que pregávamos peças.[91]

Esse humor atrevido costuma ter um impacto muito grande quando levado ao teatro de modo criativo e espirituoso. Diferencia-se da intriga porque é instantâneo, porque seu propósito – quando tem um propósito – não tem de se projetar num horizonte mais distante. Beaumarchais entendeu muito bem seu valor. A força de seus *Fígaros*[92] é tributária direta disso, pois quando picardias e convícios bem-intencionados se põem a serviço de um fim mais nobre, ao passo que fazem o protagonista correr perigo, as circunstâncias decorrentes adquirem, de um ponto de vista estético e moral, um grande valor dramatúrgico. É o caso, por exemplo, da ópera *O aguateiro*,[93] que trata talvez do tema mais bem-sucedido que já se viu no teatro.

Para animar um pouco a vida no dia a dia tedioso, chegaria a pregar várias dessas peças: algumas delas, mal me dando conta do que fazia; outras, acompanhando o impulso de meus amigos, a quem gostava de agradar. Não tenho

---

91 Aqui, o jogo em português entre *paço* (no sentido da expressão arcaica *fazer paço*, fazer graça) e *peça* (no sentido da expressão *pregar peças*) emula o jogo em alemão, referido por Goethe, entre a expressão "Possen reissen" (pregar peças, fazer travessuras etc.), que, no jargão estudantil local da época, segundo o autor, dizia-se "Suiten reißen".

92 Referência às comédias *O barbeiro de Sevilha* (1772) e *As bodas de Fígaro* (1781), de Pierre Augustin Caron de Beaumarchais (1723-1799), que têm Fígaro como protagonista.

93 Referência à ópera *Der Wasserträger* (1800), música de Luigi Cherubini (1760-1842) e texto de Jean Nicolas Bouilly (1763-1842).

347

para mim, porém, que tivesse agido nem uma vez sequer de caso verdadeiramente pensado, tampouco que tivesse cogitado fazer de tais investidas um objeto de arte. Aliás, se tivesse me valido desses motivos todos que se me ofereciam naquelas ocasiões, se tivesse me servido deles em minhas primeiras tentativas, por certo que esses trabalhos teriam resultado muito mais proveitosos e animados. É verdade que alguns traços desse humor e atrevimento surgiriam também mais tarde em meu trabalho, mas apenas de modo muito isolado e casual.

Como para nós o coração está sempre mais próximo do que o espírito, as questões do coração sempre me pareceram mais importantes, já que ele costuma nos dar trabalho, enquanto o espírito sabe se virar sozinho. Eu não me cansava de pensar sobre a efemeridade dos afetos, sobre a volubilidade do ser humano, sobre sua sensibilidade ética e sobre tudo o que havia de mais elevado e mais profundo. O modo como essas coisas todas se entrelaçam em nossa natureza pode ser visto como o grande mistério da vida humana. Também dessas questões, quando me atormentavam, tratava de me ocupar na forma de uma canção, de um epigrama ou de um par de rimas que fosse. No entanto, como tais questões estivessem sempre relacionadas a meus sentimentos mais íntimos e a situações muito específicas de minha vida, poucos desses poemas lograriam ser de interesse para qualquer outra pessoa que não fosse eu mesmo.

Nesse meio-tempo, meu círculo de relações havia sofrido rapidamente grandes reconfigurações. Madame Böhme acabaria falecendo após um período longo e triste de enfermidade – já havia deixado de me receber na fase final de sua doença. Seu marido não conseguia se mostrar muito satisfeito comigo, pois eu lhe parecia demasiadamente imprudente e muito pouco aplicado. Ficou aliás ofendidíssimo quando lhe confidenciaram que, nas aulas de direito do Estado, em vez de copiar o que nos era ditado, passava meu tempo desenhando, nas margens de meu caderno, as personalidades que eram discutidas no curso – como os juízes da suprema corte, seus presidentes e membros associados com suas perucas estranhas – e que, com esses gracejos, acabava causando o riso e distraindo meus colegas tão atentos. Após a morte de sua esposa, o conselheiro Böhme passaria a levar uma vida ainda mais reclusa do que antes; por fim, eu mesmo o acabaria evitando para me esquivar de suas repreensões. Mas nosso maior desgosto na época era o fato de Gellert não querer usar a força que poderia exercer sobre nós. É claro, ele não tinha tempo para fazer as vezes de padre confessor e ficar se preocupando com as inculcações e as angústias de cada um de nós. Por isso, tratava a todos do mesmo modo e acreditava poder nos controlar com o auxílio das instituições eclesiásticas. Assim, quando era o caso de nos chamar em sua presença, costumava inquirir, com a cabecinha baixa e com a suavidade de sua voz compungida, se vínhamos frequentando regularmente a igreja, quem era nosso confessor e se havíamos tomado a comunhão recentemente. Se não passássemos nesse exame, éramos logo dispensados com queixas e advertências, o que tinha sobre nós um efeito mais irritante do que edificante. Ainda assim, não conseguíamos abrir mão do carinho e da admiração que tínhamos por aquele homem.

A esse propósito, não posso deixar de retomar aqui um tema que me fará lembrar de minha tenra juventude, com o intuito de mostrar como os grandes ritos das religiões institucionalizadas têm de ser tratados sempre em conjunto se quisermos que eles se provem produtivos e benéficos — como costumamos esperar que eles sejam. O culto protestante não parece se mostrar suficientemente rico e consequente para manter unida a comunidade; daí não ser raro que alguns de seus membros costumem se afastar, ora formando outras pequenas comunidades, ora seguindo tranquilamente sua vida burguesa, sem vínculo algum com a igreja, à sua margem. Há muito tempo já se ouve as pessoas lamentarem o fato de que, ano após ano, o grupo de frequentadores assíduos da igreja só faz diminuir; e que, proporcionalmente, também se reduz, cada vez mais, o número daqueles que querem participar da Santa Ceia. Em ambos os casos, mas especialmente nesse último, a razão é simples, mas quem ousaria explicitá-la? Vamos tentar fazê-lo.

Tanto em questões morais e religiosas quanto nas questões materiais e da vida burguesa, as pessoas não costumam gostar de fazer nada de improviso. Elas precisam de uma continuidade da qual possa surgir naturalmente um hábito, um costume, pois não conseguem conceber e imaginar, como coisa isolada, aquilo que devem amar e fazer por bem. E para chegarem ao ponto de querer repetir alguma ação, esta tem de lhes parecer algo já familiar. Se, em geral, o culto protestante parece carecer de certa riqueza, temos então de examiná-lo em seus pequenos detalhes. E, fazendo isso, perceberemos logo que o protestante tem pouquíssimos sacramentos; na verdade, apenas um de que ele mesmo toma parte ativamente: a Santa Ceia. Pois, quanto ao batismo, ele só o vê ser praticado com os outros e não tira maior proveito disso. Ora, os sacramentos constituem a parte mais sublime da religião, simbolizam sensorialmente o esplendor da graça e da misericórdia divinas. Na Santa Ceia, os lábios mundanos recebem a encarnação da essência divina na forma de um alimento terreno e é nesse gesto que partilham de um alimento celestial. Este é o sentido da eucaristia em todas as igrejas cristãs. Não importa se as pessoas participam do sacramento com maior ou menor entrega a seu mistério, com maior ou menor acomodação àquilo que desse sacramento compreendem; ele continua sendo um rito grandioso e sagrado, que, ao fim e ao cabo, faz as vezes do possível e do impossível, faz as vezes daquilo que é indispensável, mas que o homem não consegue alcançar. Um sacramento como este, no entanto, não deveria figurar sozinho. Nenhum cristão poderá aproveitá-lo do modo verdadeiramente jubiloso com o qual ele se nos oferece se seu sentido simbólico e sacramental já não fizer morada em seu peito. Ele tem de se acostumar a ver a religião interna de seu coração apenas como outra face da religião institucional da igreja. E tem de passar a ver essa unidade como o maior e mais universal de todos os sacramentos; este, que, por sua vez, haverá de se desmembrar então em todos os outros e conferirá, a cada um deles, sua própria sacralidade, sua inexorabilidade e sua eternidade.

Imaginemos aqui um jovem casal que se dá as mãos, mas não como uma saudação corriqueira, tampouco por estarem prestes a iniciarem uma dança. Sobre essas mãos unidas, o padre dará a sua bênção e, nisso, o laço que os une se tornará indissolúvel. Não tardará muito e esses cônjuges trarão aos pés daquele mesmo altar uma pequena criatura à sua imagem, que será então purificada com a água sacra e incorporada de tal forma ao corpo da igreja que ela só perderá esse benefício mediante a mais aberrante renegação. Quanto às coisas do mundo, a criança aprenderá por ela mesma os caminhos da vida, mas quanto às questões divinas, precisará de instrução. E tão logo se prove que sua instrução se deu por completa, essa criança será recebida no seio da igreja como um verdadeiro cidadão, como um devoto legítimo e de boa vontade – não sem sinais externos que mostrem a importância dessa ação. Somente então esse indivíduo se reconhecerá definitivamente como cristão; e conhecerá as vantagens, mas também os deveres que acompanham essa condição. Nessa altura, porém, já terá aprontado muita coisa estranha na vida, e as lições e os castigos o terão feito enxergar quão precária é sua condição humana. Com o passar do tempo, continuará ouvindo falar de preceitos e transgressões, mas os castigos não serão mais como antes. E quando, de repente, ele se perceber envolvido na confusão infinita causada pelo conflito de suas demandas naturais e religiosas, então se lhe oferecerá um instrumento magnífico. Ele poderá confidenciar seus feitos e suas faltas, suas carências e suas dúvidas a um homem muito distinto, especialmente dedicado a esse ofício. Esse homem saberá tranquilizá-lo, adverti-lo, fortalecê-lo, penitenciá-lo – agora apenas de modo simbólico; e, pela absolvição de todos os seus pecados, ele o abençoará e o mandará de volta, de alma pura e limpa, para o quadro de sua humanidade. Assim, pacificado e resguardado por esses vários atos sacramentais – que, se vistos mais de perto, desdobram-se ainda em outros gestos sacramentais menores –, esse homem se ajoelhará para receber a hóstia. E para aumentar ainda mais o mistério desse ato sublime, ele só verá o cálice de longe. Não se trata de comer e beber no sentido trivial, no sentido da ação que sacia. Trata-se de receber um alimento divino, que desperta a sede pelo que é divino.

Mas que o jovem não creia que isso basta. E que tampouco o faça o adulto! Nas questões do mundo, é até possível que acabemos nos acostumando a depender somente de nós mesmos – ainda que nem sempre nossos conhecimentos, nosso entendimento e nosso caráter sejam suficientes. Quanto às questões divinas, porém, sobre estas nunca acabaremos de aprender. Além disso, o sentimento sublime que nos habita – e que, em nós mesmos, nem sempre se sente tão em casa – é afligido constantemente por tanta coisa do mundo externo, que mal temos condição de suprir nossa própria demanda por conselho, consolo e amparo. Mas esse instrumento de cura de que acabamos de falar, este estará à disposição do cristão ao longo de toda sua vida, pois sempre haverá um desses homens piedosos e compreensivos, pronto para mostrar o caminho aos errantes e para aliviar a dor aos sofredores.

Quando à beira da morte, aquilo que se ensaiou por toda uma vida revelará seus poderes de cura de modo dez vezes mais forte. Se desde a juventude o cristão cria e mantém o hábito da confissão, assumindo-o como parte de sua vida, quando moribundo, aceitará fervorosamente as promessas simbólicas e tão significativas que lhe serão oferecidas. E quando não mais lhe restarem quaisquer garantias terrenas, então lhe será assegurada a garantia divina de uma existência abençoada por toda a eternidade. Diante disso, o cristão se convencerá plenamente de que nenhum elemento hostil, nem qualquer espírito mal-intencionado será capaz de impedi-lo de assumir um corpo transfigurado, para que, em relação direta com a divindade, possa usufruir da inestimável bem-aventurança que dela emana.

Por fim, para que todo o corpo do cristão seja sagrado, também seus pés serão ungidos e abençoados. E mesmo no caso de uma eventual recuperação, esses pés não pisarão mais o chão duro e impenetrável do mundo sem sentir alguma relutância. Eles ganharão uma rara vivacidade, que os repelirá do chão da vida que até então os atraíra tão fortemente. É por meio desse encadeamento esplêndido de atos igualmente sublimes — à cuja beleza não pude aludir aqui, senão, muito brevemente —, é desse modo que, por mais distantes que possam se encontrar um do outro, berço e túmulo se unem finalmente na continuidade de um mesmo círculo.

Contudo, essas maravilhas espirituais não brotam naturalmente do chão como os outros frutos; tampouco podem ser simplesmente semeadas, plantadas e colhidas. Temos de rogar por elas, pois vêm de uma região diferente. E elas não se oferecem nem a todo mundo, nem a qualquer instante. Aqui nos veremos diante do mais sublime de todos os símbolos dessa antiga tradição de devoção. Ouviremos dizer que um homem pode ser bendito, abençoado e sagrado pela força divina. Mas para que isso não pareça um dom natural, essa grande bendição, que implica sempre uma grande obrigação, só poderá ser transmitida ao outro por alguém de direito. Assim, o maior bem que é dado ao homem alcançar — não o podendo conquistar sozinho, nem dele se apropriar apenas por si mesmo — será passado adiante e perpetuado sobre a Terra através dessa hereditariedade espiritual. De fato, a ordenação do sacerdote o tornará capaz de realizar tudo o que for necessário para celebrar tais atos sacramentais. E, na consagração de seus atos, a multidão toda será abençoada, sem que para tanto lhe seja necessário qualquer outro esforço que não o de manter sua fé e sua confiança incondicional. E assim o padre ingressa na série de seus antecessores e sucessores, no círculo de todos os seus companheiros de ordenação, representando o Sumo Bendizente de maneira tanto mais gloriosa. Pois não é a ele que veneramos, e sim ao seu ofício. Não é diante de seu gesto que nos ajoelhamos, e sim da bênção que ele nos dá e que parece muito mais sagrada, mais imediatamente oriunda do Céu, porque nenhum instrumento terreno pode enfraquecê-la ou neutralizá-la, nem sequer com uma conduta pecaminosa ou viciosa.

É notável como todo essa relação verdadeiramente espiritual se espedaça no protestantismo! Isso acontece, é claro, no instante em que uma parte desses símbolos é declarada apócrifa e apenas alguns deles são considerados canônicos. Mas como é que a indiferença em relação a alguns desses sacramentos poderá contribuir para a consideração e o respeito que devemos ter pelos outros?

Em meus tempos de garoto, minha instrução religiosa foi confiada a um homem bom, mas já fraco e de idade avançada, que havia muitos anos cumpria a função de confessor de nossa família.[94] Eu sabia na ponta da língua o catecismo, sua paráfrase e a ordem da salvação eterna; e nenhuma das passagens mais lapidares da Bíblia me era estranha. Disso tudo, porém, não consegui colher grandes frutos, pois quando soube que o bom e velho homem aplicava seu exame confirmatório seguindo uma antiga fórmula, perdi completamente o interesse e o gosto pela coisa e, nos últimos oito dias antes da confirmação, entreguei-me a todos os tipos de distração. Coloquei então dentro do meu chapéu as folhas com todas as respostas — emprestadas por um amigo, que as havia tomado do sacerdote — e, no momento oportuno, li mecanicamente e sem qualquer emoção tudo aquilo que eu saberia ter respondido espontaneamente, com muito mais sentimento e convicção.

Quando chegada a hora do confessionário,[95] minha boa vontade e disposição para essas questões religiosas se deixariam anestesiar de vez pelo

---

94 Johann Georg Schmidt (?).
95 Na época em que Goethe era adolescente, a prática da confissão era usual nos meios protestantes, ainda que não se desse do mesmo modo que a confissão católica. Ver nota 63 do Primeiro livro, à p.63.

ramerrame do expediente seco e sem graça desse ato. Eu sabia de alguns de meus pontos fracos, mas não de grandes defeitos. A própria consciência que eu tinha deles parecia poder atenuá-los, na medida em que despertava a força moral que eu trazia em mim — com alguma determinação e perseverança, eu acreditava poder superar o velho Adão. Haviam-nos ensinado que éramos muito melhores do que os católicos exatamente por não termos de contar nada de especial no confessionário; aliás, caso insistíssemos em fazê-lo, diziam-nos que isso não era nem mesmo conveniente. Esse último detalhe não me parecia muito justo, já que eu tinha dúvidas religiosas das mais estranhas, sobre as quais eu teria adorado conversar com alguém numa ocasião como aquela. Como isso não era o esperado, tratava de preparar uma confissão que expressasse minha condição real e que, para um bom entendedor, confessasse, de forma genérica, aquilo que, em detalhes, eu estava proibido de dizer. Contudo, quando entrava no velho coro da igreja dos franciscanos e me aproximava daqueles estranhos armários treliçados em que os sacerdotes costumam se colocar para realizar seu ofício; quando o sacristão abria a porta do confessionário e eu me via então encerrado na estreiteza daquele espaço, face a face com meu grande pai espiritual, que logo me saudava com sua voz fraca e anasalada, aí, de repente, toda a luz de meu espírito e de meu coração se apagava de uma só vez. A confissão que eu havia preparado e memorizado com tanto cuidado simplesmente não saía de meus lábios. Só me restava, então, abrir constrangido o livro que me colocavam nas mãos e ler a primeira fórmula confessional que encontrasse, tão genérica e protocolar, que qualquer pessoa poderia pronunciá-la sem maiores inquietações. Com isso, recebia a absolvição e ia-me embora, sem frio nem calor. No dia seguinte, dirigia-me com meus pais até a mesa do Senhor e, por alguns dias depois disso, comportava-me como convém logo após a celebração de um rito tão sagrado como aquele.

   Não tardaria, porém, para eu sentir os sintomas do mal que nossa religião institucionalizada — que só faz complicar tudo com seus tantos dogmas, fundados em passagens bíblicas que permitem tantas interpretações diferentes — acaba infligindo a pessoas mais cismadas, a ponto de desenvolverem quadros compulsivos, que, nos casos mais críticos, manifestam-se na forma de ideias fixas. Conheci várias pessoas que, embora perfeitamente razoáveis em seu modo de ser e de se portar, não conseguiam parar de pensar no pecado contra o Espírito Santo e no medo de havê-lo cometido. Pois fui acometido por um mal como este no que diz respeito à Santa Ceia. Já desde muito cedo ficaria muito impressionado com aquela passagem bíblica que diz que quem toma a comunhão indignamente, come e bebe sua própria condenação.[96] Todas as histórias apavorantes que eu havia lido nas narrativas medievais sobre as sentenças divinas — as mais estranhas formas de julgamento, que se valiam de ferros incandescentes, fogo em chama, água fervente; e também o que a Bíblia nos contava sobre aquela fonte, cuja água não faria mal ao inocente, mas faria inchar e consumir o culpado[97] — juntavam-se na minha imaginação e amalgamavam-se da forma mais medonha. Afinal, promessas falsas, hipocrisias, perjúrios, blasfêmias, tudo parecia pesar sobre o homem indigno no momento daquele que era o mais sagrado dos sacramentos. O mais assustador é que ninguém podia se declarar digno de fato; e o perdão dos pecados, que deveria fazer tábua rasa de tudo, era concedido sob condições tão especiais, que não se podia ter certeza do quão realmente livre se era para dele poder usufruir.

Esse escrúpulo tenebroso atormentava-me de tal modo, e as soluções que insistiam em me oferecer como suficientes pareciam-me tão fracas e insatisfatórias, que aquela imagem medonha não fez senão tornar-se cada vez mais assustadora. Foi por isso que, ao chegar a Leipzig, tratei logo de me libertar completamente de todo e qualquer laço com a igreja. Bem se pode imaginar, portanto, o quanto não me constrangiam aquelas advertências de Gellert! Seu modo lacônico de lidar conosco, com o qual conseguia desencorajar qualquer eventual insistência de nossa parte, desmotivava-me completamente de ir incomodá-lo com aquelas minhas questões tão estranhas; e eu mesmo começaria a me envergonhar delas em horas mais alegres. Assim, com o tempo, acabaria simplesmente deixando para trás aquele peso tão particular na minha consciência e, junto com ele, também a igreja e o altar.

---

96 Primeira Epístola aos Coríntios 2, 26-29.
97 Números 5, 17-28.

Imbuído de seu caráter fervoroso, Gellert acabaria esboçando sua própria moral,[98] sobre a qual dava preleções públicas de tempos em tempos, cumprindo assim suas obrigações para com a comunidade de um modo extremamente honorável. Os escritos de Gellert já tinham se tornado havia muito o fundamento da cultura moral alemã e todos desejavam ver aquela obra toda impressa. Mas como isso só deveria se concretizar após a morte daquele bom homem, sentíamo-nos muito felizes por termos a oportunidade de ouvi-lo falar pessoalmente. Nessas ocasiões, o grande auditório da filosofia ficava completamente lotado. A alma bela, a vontade pura e o interesse daquele nobre homem por nosso bem-estar — manifesto em suas advertências, repreensões e também em seus apelos, feitos sempre no mesmo tom oco e triste de sua voz — tinham um grande impacto sobre nós todos no momento de suas falas. Essa impressão, porém, não se prolongava por muito tempo, pois não faltavam detratores que nos fizessem suspeitar daqueles trejeitos suaves, que, segundo eles, eram enervantes. Lembro-me de um viajante francês que estava de passagem por Leipzig e buscava se informar sobre as ideias e os sentimentos daquele homem que provocava tanta agitação. Depois de lhe termos feito os devidos relatos, o francês não fez mais que balançar a cabeça e dizer, esboçando um sorriso: — *Laissez le faire, il nous forme des dupes*.[99]

Foi assim que também a boa gente da sociedade — que não parece conseguir tolerar facilmente a convivência com algo mais distinto — procurou encontrar um jeito de minimizar a influência moral que Gellert poderia exercer sobre nós. Ora acusavam-no de oferecer melhor instrução aos ricos e aristocráticos dinamarqueses que lhe eram recomendados do que ao restante dos estudantes, por mostrar-se excepcionalmente atencioso com eles. Ora denunciavam-no por se aproveitar de certos privilégios e também por nepotismo, pelo fato de recomendar que aqueles mesmos jovens dinamarqueses fizessem suas refeições na casa de seu irmão.[100] Este, homem alto e imponente, rude, grosseiro e algo vulgar, dizia-se que era professor de esgrima e, contando com a complacência de seu irmão, maltratava e, não raro, destratava

---

98 Após sua morte, o conjunto de suas preleções sobre esse tema seriam publicados na obra *Moralische Vorlesungen* (1770).
99 Em português: "Deixem que o faça, ele nos forma como a tolos".
100 Friedrich Leberecht Gellert (1711-1770).

aqueles distintos comensais. As pessoas da boa sociedade julgaram-se então no direito de tomar as dores dos rapazes, denegrindo o bom nome de Gellert. E o fizeram de tal modo, que até nós mesmos, sem querermos comprometer a opinião que tínhamos daquela figura excepcional, tornamo-nos mais indiferentes a ele e acabamos deixando de frequentar sua casa. É claro que isso não nos deteria de cumprimentá-lo efusivamente quando este nos cruzava o caminho montado em seu cavalo branco. Esse animal, aliás, fora presentado a ele pelo próprio príncipe-eleitor da Saxônia, com o intuito de que Gellert pudesse fazer os exercícios físicos necessários à manutenção de sua saúde – um privilégio pelo qual as pessoas, em geral, não o podiam perdoar.

Com isso, comecei aos poucos a me aproximar da época em que deixaria de me impressionar tanto por essas grandes autoridades e colocaria em questão até mesmo as maiores e mais importantes figuras que eu conhecera ou que haviam ocupado meus pensamentos até então.

Para mim, Frederico II ainda continuava sendo o homem mais excepcional daquele século, razão pela qual me causava grande estranheza o fato de os habitantes de Leipzig o venerarem tão reservadamente quanto se fazia outrora na casa de meu avô. Não devemos esquecer de que Leipzig sentira pesar fortemente sobre si a mão daquela guerra, de modo que também não seria justo repreender seus cidadãos por não terem na mais alta conta o homem responsável por ter começado e prolongado por tanto tempo aquele conflito. Em geral, admitiam tratar-se de um homem distinto, mas, em hipótese alguma, de um grande homem. Diziam que não é preciso muita arte para se fazer as coisas, quando se dispõe de tantos recursos; e que, quando não se pretende poupar nem terras, nem dinheiro, nem sangue, fica muito fácil levar a cabo qualquer propósito. Frederico não teria se mostrado excepcional em nenhum de seus planos, em absolutamente nada que ele mesmo tivesse proposto. Enquanto o andamento das coisas dependia exclusivamente de suas decisões, não teria feito mais do que cometer um erro atrás do outro; e sua grandeza só viria à tona quando se sentiu obrigado a reparar seus próprios erros. Somente por essa razão é que teria alcançado grande fama. Afinal, todos desejamos ter o dom de saber reparar habilmente os erros que nós mesmos costumamos cometer. Diziam ainda que bastava repassar cada episódio da Guerra dos Sete Anos para perceber como o rei sacrificou de modo completamente desnecessário seu ótimo exército e como foi ele o único culpado pelo prolongamento exagerado daquela contenda arrasadora. Um homem de quem se pudesse dizer que era realmente grande, um verdadeiro senhor de suas hostes teria eliminado o inimigo em muito menos tempo. Para justificar suas opiniões, sabiam enumerar uma quantidade infinita de detalhes, que eu, de minha parte, não tinha a menor condição de contestar. De pouco em pouco, senti então que começava a se arrefecer em mim a reverência incondicional que eu havia devotado àquele notável soberano desde minha adolescência.

Todavia, do mesmo modo como os habitantes de Leipzig me haviam conseguido estragar a sensação prazerosa de venerar um grande homem, um outro amigo, que havia acabado de conhecer àquela altura, contribuiria decisivamente para que eu diminuísse em muito minha consideração por aqueles meus concidadãos. Esse amigo era uma das figuras mais peculiares que se podia imaginar. Chamava-se Behrisch[101] e tinha uma colocação como preceptor do jovem filho do conde de Lindenau. Sua aparência já denunciava logo o tipo esquisito. Esguio e robusto, já no avançado da casa dos trinta, tinha um nariz para além de grande e traços faciais pronunciados. Usava o dia inteiro um penteado muito singular, que bem podíamos chamar de uma espécie de peruca. Vestia-se com elegância e nunca saía de casa sem levar à cintura sua espada e o chapéu debaixo do braço. Era um desses homens que têm o dom especial para matar o tempo; ou melhor, que, do nada, sempre sabem fazer alguma coisa para passar o tempo. Tudo o que fazia tinha de acontecer com muito vagar e com certo decoro, comportamento que certamente poderíamos considerar uma forma de afetação, não fosse pelo fato de Behrisch já ter naturalmente um jeito afetado. Ele parecia um francês de mais idade; aliás, falava e escrevia muito bem e com grande facilidade nessa língua. Seu maior prazer era se ocupar de modo sério e rigoroso com questões insignificantes e risíveis, lucubrando *ad infinitum* sobre alguma ideia maluca que lhe ocorresse. Estava sempre vestido de cinza e, como cada parte de seu traje era produzida com um tecido diferente, compondo um todo em diferentes nuances daquela cor, às vezes chegava a passar dias pensando num modo de acrescentar ainda mais

---

101 Ernst Wolfgang Behrisch (1738-1809).

um tom de cinza sobre seu corpo. E qual não era sua alegria quando realizava a façanha e podia então escarnecer de nós, que antes havíamos duvidado de sua capacidade, ou considerado o feito impossível. Sentia-se então no direito de nos passar longos sermões sobre nossa falta de criatividade e sobre nossa incredulidade no que dizia respeito a seus talentos.

Era um sujeito bem estudado, especialmente proficiente nas línguas modernas e em suas literaturas e, além de tudo, tinha uma caligrafia excepcional. Era muito simpático comigo e, como eu estava acostumado e até mesmo preferia o contato com pessoas um pouco mais velhas, logo me apeguei a ele. Minha companhia também parecia diverti-lo, já que demonstrava ter grande prazer em refrear minhas impaciências e inquietações — algo que, por sinal, não lhe devia dar pouco trabalho. Em questões de literatura, ele tinha o que podemos chamar de um gosto para a coisa, conseguindo discernir, em geral, entre o que era bom e ruim, mediano e admissível; mas seu olhar crítico costumava ser sempre negativo, de modo que — com os comentários impiedosos que sabia tecer de modo espirituoso e bem humorado sobre escritos e poemas deste e daquele autor — ele acabaria conseguindo destruir a pouca esperança que eu ainda alimentava nos contemporâneos. Quanto a meus próprios escritos, no entanto, ele se mostrava bastante complacente; tolerava-os, mas apenas sob a condição de que eu não os publicasse. Em contrapartida, prometeu-me que faria uma cópia daquelas peças que considerasse boas, reunindo-as num belo volume manuscrito com o qual depois me presentearia. Esse empreendimento se tornaria uma ocasião perfeita para matar uma quantidade inacreditável de tempo. Pôs-se logo ao trabalho, mas não escreveria uma linha sequer por semanas, ocupado que estava com atividades como encontrar o papel apropriado, convencer-se de qual seria o formato mais adequado para aquele volume, definir a largura ideal da margem e o tipo de caligrafia a ser utilizado, providenciar as penas de corvo, cortá-las e preparar o nanquim. Passada essa fase, toda vez que se punha a escrever repetia o mesmo ritual preparatório. Aos poucos, porém, lograria coligir um manuscrito preciosíssimo.[102] Os títulos dos poemas, ele

---

102 O manuscrito se preservaria e consta do acervo do Goethe-Schiller-Archiv, em Weimar, sob o título de *Annette*, reunindo dezessete poemas.

optaria por escrevê-los com a angulosidade da letra gótica; já para os versos, usaria uma caligrafia saxônica, mais vertical. E ao final de cada poema, acrescentaria ainda uma vinheta, que ou copiava de algum lugar ou inventava ele mesmo, sabendo imitar com muita graciosidade o sombreado das xilogravuras e os ornatos comumente usados nessas ocasiões. Mostrava-me o trabalho página por página, à medida que as ia acabando; e gabava-se, de um modo cômico e patético, da sorte que eu tinha de ser eternizado numa caligrafia tão excepcional como aquela, tão primorosa, que não poderia ser alcançada em qualidade por nenhuma forma de impressão. Essas coisas todas nos serviriam de pretexto para passarmos horas agradabilíssimas juntos. Naquela altura, sua companhia se provara também moralmente salutar para mim, fosse por conta do conhecimento que ele tinha daquela arte tão bela, fosse por conta de seu modo sempre muito sutil de se saber fazer instrutivo e de conseguir conter meu temperamento mais inquieto e afobado. A propósito, tinha uma grande aversão a tudo o que se mostrasse grosseiro. Suas tiradas duras eram absolutamente barrocas,[103] mas sem jamais resvalarem na rudeza ou na trivialidade. Somente quanto a seus conterrâneos da região de Dresden ele se permitia uma malevolência mais grotesca; e não importava o que fizessem, retratava-os invariavelmente em traços extremamente caricatos. Mas se havia algo que ele não se cansava de fazer era de imitar os outros, encontrando sempre alguma coisa que criticar na aparência de todo mundo. Quando nos postávamos juntos à janela, ele podia despender horas a fio fazendo a crítica dos passantes; e depois de tê-los repreendido o suficiente, explicava em detalhes como achava que cada um deles deveria se vestir, como achava que cada um deveria andar e se portar para passar a impressão de serem pessoas verdadeiramente decentes. Na maior parte dos casos, como era de se esperar, tais sugestões acabavam em algo bizarro e inconveniente, de modo que eu ria menos das pessoas em si do que da aparência que elas teriam, caso cometessem a extravagância de se deixar corromper pelas sugestões de meu amigo. Em todos esses casos ele procedia sem piedade, mas não com malícia, não fazia aquilo com maldade. De minha parte, também sabia como pegar no seu pé, dizendo-lhe que se não parecia

---

103 Em alemão, no sentido corrente do século XVIII: anômalas, incomuns, caprichosas.

um professor de dança francês, tinha no mínimo as feições de um professor de línguas da universidade. Essas acusações costumavam deflagrar outras longas considerações, em que ele então insistia em me explicar a diferença astronômica que se impunha entre ele e um francês de mais idade. E ainda por cima, surgia-me com um sem-número de sugestões de mudança para seu guarda-roupa, repreendendo-me pelo fato de não tê-las feito antes, por minha própria conta e risco.

Quanto mais avançava aquele trabalho cuidadoso e caprichoso com os manuscritos, mais eu me entregava com afinco a meu trabalho de escrita, que passara a tender, então, na direção de algo bem mais natural, autêntico; mesmo que nem sempre os motivos se mostrassem muito significativos, esmerava-me em alcançar uma expressão mais clara e precisa. E tanto mais o fazia, quanto mais frequentemente meu amigo me lembrasse do quanto significava copiar um verso com pena de corvo e tinta nanquim sobre papel holandês; de quanto tempo, talento e esforço eram necessários para dar conta daquela tarefa, que, portanto, não podia ser desperdiçada com coisas vazias e supérfluas. Quando terminava um caderno, tinha o costume de abri-lo e fazer uma análise detalhada do que deveria ou não constar onde, mostrando-me, assim, o quanto eu devia me dar por feliz de não haver de fato nada fora do lugar. Falava com grande desdém do universo do livro impresso. Imitava os tipógrafos, gozava de seus gestos típicos, de sua pressa na hora de compor os tipos; e dessa manobra argumentativa fazia derivar todos os insucessos da literatura. Em compensação, exaltava o decoro e encarecia a postura nobre dos escribas, tratando logo de reproduzi-la para mim e de me repreender – é claro – por não me sentar diante de minha escrivaninha conforme o exemplo que ele me dava. Retomava então a questão do contraste com os tipógrafos, virava de ponta-cabeça uma carta mal começada e mostrava-me o quão inconveniente era escrever de baixo para cima, da direita para a esquerda, entre outras práticas mirabolantes, com as quais as pessoas enchiam volumes inteiros.

Enfim, era com esses despropósitos inofensivos que desperdiçávamos nosso precioso tempo, sem nos darmos conta, no entanto, de que algo de nossas atividades e conversas pudesse acabar chamando a atenção dos outros, o que não contribuiria necessariamente para nossa boa reputação.

Gellert parecia demonstrar cada vez menos entusiasmo com seus cursos práticos e quando resolvia oferecer suas lições de estilo em prosa e em verso, fazia-o apenas para um círculo mais seleto de alunos, do qual Behrisch e eu não tínhamos o privilégio de fazer parte. Isso abriria uma lacuna na formação geral dos estudantes, que um professor chamado Clodius[104] se proporia a preencher. Ele havia conquistado alguma fama como literato, crítico e poeta e, sendo um homem jovial, animado e cheio de energia, faria logo muitos amigos, tanto na cidade, em geral, quanto também na universidade. O próprio Gellert nos recomendaria que assistíssemos às aulas assumidas desde então por Clodius e, no que concernia às questões mais centrais, não perceberíamos maiores diferenças. Como Gellert, Clodius também se limitava à crítica de detalhes pontuais, fazia suas correções com a mesma tinta vermelha e deixava-nos na companhia de uma infinidade de erros, sem nos oferecer qualquer perspectiva na busca do que seria o correto. Cheguei a lhe mostrar alguns de meus pequenos trabalhos, que ele não acharia de todo ruins. Mas nesse meio-tempo, receberia uma carta de casa, pedindo-me que preparasse um poema em homenagem às bodas de meu tio.[105] Sentia-me muito distante daqueles tempos mais leves e leviano em que uma encomenda como aquela ainda me deixava entusiasmado, e como a própria ocasião não se mostrasse especialmente inspiradora, decidi organizar meu poema com ornamentos estrangeiros. Fiz então com que se reunisse todo o Olimpo para deliberar sobre as bodas daquele jurisconsulto de Frankfurt; e o fiz em tom sério e grave, como convém às bodas de um homem tão distinto como aquele. Vênus e Têmis brigariam por sua causa; mas, por causa de uma peça que Amor pregaria em Têmis, Vênus acabaria ganhando o processo e os deuses decidiriam em favor do casamento.

Não fiquei insatisfeito com o trabalho[106] e logo receberia de casa uma carta repleta de elogios, confirmando minha impressão. Preparei então uma outra cópia caprichada do poema, com o qual esperava conquistar alguma aprovação junto a meu professor. Mas que mal passo! Ele levaria a coisa

---

104 Christian August Clodius (1738-1784), escritor e professor de filosofia na Universidade de Leipzig.
105 Casamento do advogado Johann Jost Textor (1739-1792), irmão da mãe de Goethe.
106 Não há registros de que o poema tenha se preservado.

muito a sério e, sem perceber o caráter claramente parodístico de toda a ideia, declarou ser extremamente reprovável servir-se de tantos recursos divinos para tratar de uma questão tão humanamente insignificante. Apontou o uso e o abuso daquelas figuras mitológicas como uma prática equivocada, que ecoava o pedantismo de outros tempos; e não deixou de acusar uma inconstância na forma de expressão, que se fazia ora muito elevada, ora demasiadamente baixa. Embora não tivesse economizado sua tinta vermelha em nenhum detalhe, ainda acrescentaria, por fim, que havia sido demasiadamente complacente.

Essas peças eram lidas e comentadas anonimamente, mas como acompanhássemos de perto o trabalho dos colegas, a autoria daquela mal fadada assembleia dos deuses não permaneceria por muito tempo em segredo. Na verdade, tentando entender o ponto de vista de meu professor, sua crítica me parecia bastante acertada, já que, pensando bem, aquelas divindades todas não passavam mesmo de meras aparições. Por conta desse episódio, passei a amaldiçoar todo o Olimpo e decidi renegar de uma vez por todas o panteão mitológico. Desde então, as únicas divindades que frequentaram ocasionalmente meus pequenos poemas foram Amor e Luna.

Clodius ocupava um lugar de destaque na lista de personalidades que Behrisch havia escolhido como alvos de seu escárnio — não era mesmo de todo difícil flagrar nele um lado cômico. De baixa estatura, encorpado e atarracado, era um homem de comportamento inquieto, enérgico em seus gestos e afobado em seu modo de se expressar. Era, portanto, muito diferente de seus concidadãos, que, ainda assim, faziam vistas grossas, preferindo valorizar suas boas qualidades e apostar nas esperanças que ele inspirava.

Clodius logo ficaria encarregado dos poemas que as efemérides municipais demandavam. Compunha as chamadas odes à moda de Ramler — que, no entanto, só Ramler lograva fazer de fato com sucesso. Na condição de imitador, Clodius havia percebido bem a importância das palavras estrangeiras, que conferiam aos poemas ramlerianos um tom pomposo e majestático e que, por estarem em perfeita consonância com a grandeza do motivo e com os demais aspectos poéticos, produziam um efeito muito especial no ouvido, na alma e na imaginação. Nas imitações de Clodius, porém, essas mesmas expressões não soavam senão estranhas, até porque sua poesia não parecia mesmo muito apropriada para elevar o espírito de ninguém.

Em geral, deparávamo-nos com esses poemas já em sua forma impressa e acompanhados de toda sorte de elogios. Julgávamos extremamente afrontoso o fato de ele fazer brotar em seus poemas algumas palavras gregas e latinas, construindo, com isso, sua própria escadinha para alcançar o Parnaso – justamente ele, que tanto me havia condenado a referência aos deuses pagãos. Essas expressões estrangeiras, que eram bastante recorrentes em sua poesia, acabariam inevitavelmente se fixando em nossa memória; e numa dada ocasião, enquanto nos divertíamos e nos deleitávamos com os bolos e as tortas deliciosas de um café nos arredores de Kohlgärten,[107] ocorreu-me, de repente, a ideia de reunir aquelas palavras tão cheias de força e energia num só poema, dedicado ao mestre confeiteiro Hendel. Pois dito e feito! Eis aqui o poema, reproduzido exatamente da mesma forma[108] como foi rabiscado na parede daquele café:

Oh, Hendel, do *austro* ao *áquilo* teu nome afama,
Escuta e acolhe o *péan* que à tua ouvida inflama!
Tu assas o que buscam *gálios* e *britãos*,
Teu cuca *original*, qual *gênio* e *criação*.
O *oceano* de café que aqui se vê correr,
É doce mais que o mel que o *Himeto* faz verter.
Teu lar, um *monumento* consagrado à arte,
Conclama as glórias *nacionais*, qual *baluarte*:

---

107 Na época, uma localidade de passeio, em meio a pomares na região de Reudnitz, nos arredores de Leipzig. O padeiro e confeiteiro Hendel era proprietário de um pequeno estabelecimento nessa localidade.

108 O poema em alemão faz ecoar algumas expressões presentes no *Prolog zur Eröffnung des Leipziger Neuen Komödienhauses*, de Clodius. Tratam-se ora de expressões relativamente comuns em alemão (*Süd* [sul], *Nord* [norte], *Genie* [gênio], *Germanien* [germanos] etc.), mas que cumprem o fim de reverberar os versos de Clodius; ora de helenismos e latinismos (*Päan, Torus, Phalanx* etc.), que cumprem reverberar os estrangeirismos exagerados de Clodius. Sendo o alemão uma língua germânica, o contraste do uso exagerado de latinismos e helenismos se torna mais evidente do que no português, uma língua neolatina.

Sem dote ou *diadema* Hendel fez sua sorte,
Calçou *coturno* e tanto fez, logrou seu norte.
Um dia, à pompa de tua *urna* majestosa,
Irá render-se ainda a *pátria lacrimosa*.
Pois viva! Que teu *toro* seja *ninho* nobre,
Parnaso firme, e o *Olimpo* todo por de sobre!
Que venham as *falanges*, venham as *balistas*,
Germania e Hendel não se entregam às conquistas.
Teu bem é nosso *orgulho*, o mal é nossa *dor*,
Teu *templo* trago em mim, da *musa* o seu credor.[109]

Por muito tempo esse poema passaria despercebido entre tantos outros que cobriam as paredes daquele café; e mesmo nós, que havíamos tido nossa dose de diversão naquele dia, acabamos nos esquecendo completamente dele, envolvendo-nos logo com outros assuntos. Algum tempo depois, Clodius estrearia seu *Medon*.[110] A sabedoria, generosidade e virtude de seu herói nos pareceram infinitamente risíveis, por mais que a peça conquistasse seus aplausos após a primeira apresentação. Na mesma noite do espetáculo, reunidos na taverna que costumávamos frequentar àquela época, escrevi uma mirlitonada[111] que deveria fazer as vezes de prólogo para a peça. Nela, Arlequim surgia com dois grandes sacos, deixava-os um em cada canto do proscênio e, depois de algumas tiradas rápidas e incidentais, explicava aos espectadores que os sacos estavam cheios daquela areia moral e estética que

---

109 Em alemão: "O Hendel, dessen Ruhm von *Süd* zum *Norden* reicht,/ Vernimm den *Päan*, der zu deinen Ohren steigt!/ Du bäckst, was *Gallier* und *Briten* emsig suchen:/ Mit *schöpfrischem Genie originelle* Kuchen./ Des Kaffees *Ozean*, der sich vor dir ergießt,/ Ist süßer als der Saft, der vom *Hymettus* fließt./ Dein Haus, ein *Monument*, wie wir den Künsten lohnen,/ Umhangen mit *Trophän*, erzählt den *Nationen*:/ Auch ohne *Diadem* fand Händel hier sein Glück/ Und raubte dem *Kothurn* gar manch Achtgroschenstück./ Glänzt deine *Urn* dereinst in majestät'schem Pompe,/ Dann weint der *Patriot* an deiner *Katakombe*./ Doch leb! dein *Torus* sei von edler Brut ein Nest,/ Steh hoch wie der *Olymp*, wie der *Parnassus* fest!/ Kein *Phalanx* Griechenlands mit römischen *Ballisten*/ Vermög *Germanien* und Händeln zu verwüsten./ Dein *Wohl* ist unser *Stolz*, dein *Leiden* unser *Schmerz*,/ Und Hendels *Tempel* ist der *Musensöhne Herz*".
110 *Medon oder die Rache des Weisen* (1767), comédia em três atos.
111 Em alemão: Knittelvers. Ver nota 1 do Quinto livro, à p.203.

os atores costumam jogar na cara da plateia. Um dos sacos estaria repleto de boas ações – daquelas que são feitas quando não implicam qualquer ônus –, e o outro, com sentimentos expressos de modo pomposo – daqueles que não fazem mais que disfarçar um grande vazio. Arlequim deixava o palco a contragosto, mas logo retornava, avisando os espectadores que não deveriam se esquecer de sua séria advertência, recomendando-lhes que fechassem os olhos e lembrando-lhes de como ele sempre se mostrara um bom amigo, de que só queria o bem do público e coisas do gênero. O prólogo foi imediatamente encenado na taverna por meu amigo Horn,[112] mas a graça toda ficaria restrita ao nosso grupo; e como não chegamos a passar nada a limpo, o rascunho também acabou logo se perdendo. Contudo, Horn, que havia desempenhado muito bem o papel do Arlequim, teve a ideia de dar continuidade àquele meu poema dedicado ao mestre confeiteiro Hendel e de fazê-lo dialogar com o *Medon* de Clodius. Leu-nos seus versos em voz alta, mas não achamos maior graça, pois seus acréscimos não eram exatamente muito espirituosos e a lembrança que guardávamos daquele primeiro poema não parecia, senão, corrompida em sua nova versão. Descontente com nossa indiferença, e mesmo insatisfeito com nossa avaliação, Horn teria mostrado seu poema a outras pessoas que o teriam achado engraçado e original, pois, valendo-se da própria fama do *Medon* clodiusiano, logo seus versos começaram a circular em várias cópias e tiveram considerável repercussão. O resultado foi a desaprovação geral e os autores (logo se descobriu que aquilo era coisa de nosso grupo) foram severamente criticados, alegando-se que desde os ataques de Cronegk e Rost[113] a Gottsched não se vira nada igual. Mesmo antes de todo aquele alvoroço já éramos figuras mais à parte, mas foi só a partir de então que nos percebemos na mesma condição particular daquelas grandes corujas que são atacadas pelos outros pássaros. A coisa se espalharia até chegar a Dresden, onde ninguém achou muita graça na história, o que acabou tendo consequências sérias, ainda que não de todo desagradáveis para nós. Já havia algum tempo que o conde Lindenau

---

112 Ver nota 11 do Sexto livro, à p.283.
113 Entre 1754 e 1755, Johann Friedrich von Cronegk (1731-1758) e Johann Christoph Rost (1717-1765) atacariam Gottsched com seus poemas satíricos.

não se dava por satisfeito com o preceptor de seu filho. Por mais que o jovem não fosse de modo algum negligenciado por Behrisch, que se mantinha sempre ou no quarto de seu pupilo, ou no quarto ao lado, em especial quando os outros professores ministravam suas aulas diárias; por mais que o acompanhasse regularmente ao colégio e nunca saísse sem ele durante o dia, fazendo-lhe companhia em qualquer passeio que fosse, ainda assim, Behrisch fazia parte daquele grupo que vivia se encontrando na taverna do Apel e que, não raro, também o acompanhava nessas suas voltas – isso, é claro, sempre causava alguma sensação. Behrisch também havia se acostumado ao nosso convívio. Lá pelas nove horas da noite, depois de entregar o pupilo nas mãos do camareiro, vinha logo nos procurar na taverna, onde aparecia sempre com seus meiões e sapatos típicos, a espada à cintura e o chapéu debaixo do braço. As gozações e os desatinos, de que ele costumava ser o maior inspirador, prolongavam-se indefinidamente. Um de nossos amigos, por exemplo, tinha por costume ir embora pontualmente às dez horas da noite, já que este era o único horário em que conseguia se encontrar com a bela garota com quem estava namorando. Ficávamos sempre tristes com a sua ausência e, certa noite, em que estávamos mais alegres do que de costume, Behrisch resolveu, secretamente, que não o deixaria ir embora quando batessem dez horas. E assim foi que, chegada sua hora, o rapaz se levantou e nos desejou boa-noite. Behrisch chamou-lhe imediatamente de lado, pedindo-lhe que esperasse um pouco, pois ele também já estaria de partida. Começou então a fazer como se procurasse por sua espada, que parecia não conseguir encontrar, ainda que a peça estivesse bem diante de seus olhos; e, em seguida, ao tentar amarrá-la à cintura, fez tantas trapalhadas, que a espada não tinha como parar em seu lugar. No início, procedera de maneira tão natural, que ninguém suspeitou de suas intenções. Mas logo extrapolaria suas patuscadas, tentando colocar a espada ora mais à direita, ora entre as pernas – como que para variar seu número bufo. Caímos todos na gargalhada. Nem o nosso amigo apressadinho, que também era um sujeito divertido, conseguiu resistir àquelas gozações, de modo que Behrisch simplesmente continuou com as suas palhaçadas; e o faria por tanto tempo, que nosso amigo acabou, por fim, perdendo seu encontro amoroso.

Para a alegria de todos, foi aí que a conversa pegou fogo de vez e varamos a noite nesse clima divertido e aprazível.

Infelizmente Behrisch – assim como nós mesmos, muito por seu intermédio – tinha certa queda por algumas moças que eram muito melhores do que rezava sua reputação. Isso, é claro, não contribuía muito para a nossa boa fama. Fôramos vistos várias vezes no jardim da casa daquelas meninas, até porque gostávamos de tomar aquela direção em nossos passeios. Acontece que, vez ou outra, o jovem filho do conde também nos acompanhava por aquelas redondezas. Esta e várias outras informações semelhantes teriam sido compiladas e relatadas a seu pai. Seja como for, fato é que o conde tentaria encontrar, a partir de então, uma maneira gentil e discreta de se ver livre do preceptor de seu filho. E por um lance de sorte, isso ainda acabou fazendo a felicidade de Behrisch. Seu trato elegante, seus tantos conhecimentos e talentos, assim como sua honestidade acima de qualquer suspeita haviam despertado o respeito e a afeição de personalidades muito distintas que o recomendariam como preceptor do príncipe-herdeiro de Dessau.[114] Na corte deste, que diziam ser um soberano excepcional em todos os sentidos, Behrisch encontraria finalmente uma colocação digna e sólida, que o deixaria muito feliz e satisfeito.

A ausência de um amigo como Behrisch teve um forte impacto sobre mim. Ao mesmo tempo em que contribuía para minha formação, aquela figura também acabaria me deixando mal-acostumado: sua presença se me fazia ainda necessária para que aquilo que ele soube encontrar de bom em mim pudesse resultar em algum tipo de fruto para a sociedade. Ele sabia como me motivar a fazer as coisas mais decorosas e agradáveis, sabia me fazer esperar pelo momento oportuno de agir e, assim, despertava em mim uma certa sociabilidade. No entanto, como eu não houvesse desenvolvido independência nesses assuntos, foi só me ver sozinho que logo recaí novamente em meu jeito atrapalhado, confuso e teimoso de ser. E ao começar a me sentir insatisfeito com as coisas ao meu redor – talvez também por perceber o quanto o mundo se mostrava insatisfeito comigo –, esse mau humor

---

114 Behrisch conseguiria uma colocação junto à corte do príncipe Leopold III, conde de Anhalt-Dessau.

só faria se acirrar ainda mais. De modo absolutamente gratuito, passei então a levar a mal muitas coisas que me poderiam ter feito bem, afastando de mim algumas pessoas com quem havia tido ótimas relações até então. Como resultado das tantas agressões a mim mesmo e aos outros – ora por fazer, ou por ter deixado de fazer alguma coisa; ora por fazer muito, ou por fazer muito pouco –, acabaria ouvindo, de pessoas que me eram bem próximas, que eu carecia ainda de muita experiência. E o mesmo eu também poderia ter ouvido de qualquer pessoa bem-intencionada que, então, se propusesse a ler os meus escritos – especialmente no que dizia respeito a suas relações com o mundo exterior. Eu observava o mundo com atenção, tão bem como me era possível fazê-lo, mas não conseguia encontrar nele nada de muito edificante, tendo de acrescentar sempre uma boa dose de imaginação para que se tornasse minimamente suportável. Também meu amigo Behrisch eu ainda incomodaria algumas vezes, pedindo para que ele me explicasse com clareza: o que seria a experiência? Mas com seu jeito brincalhão, esquivava-se e deixava a questão sempre para mais tarde; até o dia em que, depois de muito preparo, surgiu-me finalmente com a seguinte explicação: a verdadeira experiência, na verdade, é quando se tem a experiência de como é que alguém com experiência, ao ter a experiência, tem a experiência da experiência. Se o criticava por aquilo e pedia para ser mais claro, insistia em me dizer que havia um grande segredo por trás daquelas palavras, mas que eu só o entenderia quando tivesse mais... experiência. E assim ele prosseguia. Aliás, Behrisch podia ficar falando daquele jeito por quinze minutos sem o menor problema; afinal, procedendo assim, a experiência ia ganhando cada vez mais experiência e, por fim, podia até mesmo acabar se transformando verdadeiramente em alguma experiência. Quando ele percebia que suas tiradas estavam me deixando completamente perdido, lembrava-me de que havia aprendido esse modo de se fazer tão claro e expressivo com os maiores autores que tínhamos naquela época; com autores que nos mostravam, segundo ele, como se pode aquietar uma quietude aquietante, mas também como o calar, ao calar, é capaz de calar ainda mais profundamente.

   Naquela altura, por acaso, as pessoas da boa sociedade comentavam sobre a presença em Leipzig de um oficial que viera passar as férias na cidade. Parecia se tratar de um homem com muita experiência e sabedoria, que havia lutado a Guerra dos Sete Anos e que conquistara, assim, a confiança e o respeito de todos. Não foi difícil me aproximar dele e chegaríamos mesmo a fazer vários passeios juntos. A questão da experiência havia se impregnado firmemente em mim e eu sentia uma necessidade pungente de esclarecê-la. Com a sinceridade que me era costumeira, revelei àquele homem a situação inquietante em que me encontrava. Ele sorriu e, em resposta às minhas tantas perguntas, fez a gentileza de me contar um pouco sobre sua vida e sobre o mundo ao nosso redor. Por fim, concluiria que a experiência acabava nos convencendo de que nossas melhores ideias e intenções, de que nossos maiores desejos, enfim, seriam sempre irrealizáveis; por essa razão, aqueles que continuavam a alimentar tais ilusões e as expressavam efusivamente eram considerados, em geral, pessoas inexperientes.

Contudo, como se tratava de um homem honesto e sincero, disse-me que ele mesmo não havia abandonado de todo suas ilusões e que se sentia satisfeito com o pouco de fé, amor e esperança que ainda conseguira preservar em si. Ele me contaria muitas coisas sobre a guerra, as condições de vida no campo de batalha, as pequenas escaramuças e os grandes confrontos, especialmente aqueles em que ele havia participado diretamente. Essa série de eventos terríveis, quando entrelaçados pelo condão da vida de um mesmo indivíduo, ganhavam contornos ainda mais singulares. Em seguida, insisti para que me contasse tudo o que sabia sobre as histórias da antiga corte que havia ali e que me passava a impressão de ter saído como que de um conto de fadas. Ouvi então relatos sobre o vigor físico de Augusto II, sua prole numerosa e suas dispendiosas extravagâncias, bem como o gosto de seu sucessor pelas artes e por colecionar todo tipo de coisas. Ouvi histórias do conde Brühl[115] e de sua paixão sem limites pela pompa, que, nos detalhes, chegava a beirar ao mau gosto; mas também ouvi falar das inúmeras festas e comemorações esplendorosas, a que a invasão de Frederico II teria abruptamente colocado um fim. Depois disso, só se veriam ali palácios reais arruinados, as maravilhas de Brühl destruídas; de tudo o que fora antes tão magnífico, não restaria senão uma terra completamente arrasada.

---

115 Conde Heinrich Brühl (1700-1763), ministro saxão responsável pelo fomento às coleções de arte e à ópera de Dresden, que logo conquistariam fama internacional.

Quando percebeu minha admiração diante daquele modo insensato de desfrutar a vida, mas também minha consternação diante do infortúnio que viera logo em seguida, disse-me que, de um homem experiente, esperava-se que não se espantasse, nem se mostrasse demasiadamente sensibilizado com nenhuma dessas situações. A bem da verdade é que senti então um grande prazer em ainda poder persistir em minha condição de inexperiência por algum tempo; e ele próprio me encorajaria a isso, recomendando-me que me agarrasse, por ora, às experiências agradáveis e que me esquivasse ao máximo daquelas mais desagradáveis, quando estas me assaltassem. Um certo dia, porém, como retornássemos ao tema da experiência, contei-lhe sobre aquela máxima jocosa de meu amigo Behrisch. Ele balançou a cabeça e disse:

— Pois veja só o que acontece com as palavras uma vez que pronunciadas! Estas, por exemplo, parecem-nos tão engraçadas, tão despropositadas mesmo, que ficamos com a impressão de ser quase impossível que elas possam de fato significar alguma coisa. Ainda assim, sempre vale a pena uma tentativa.

Diante de minha insistência, prosseguiu então com seu modo sempre muito alegre e compreensivo:

— Tomando a liberdade de prosseguir mais ou menos nos mesmos termos, faria um comentário, um adendo à máxima de seu amigo. Creio que ele quis dizer que a experiência não é nada mais, nada menos do que descobrir aquilo de que não desejamos ter experiência. No final das contas, é sempre disso que se trata, ao menos neste mundo.

Oitavo livro

Havia ainda um outro homem que, num certo sentido, podia ser comparado a Behrisch, embora ambos fossem infinitamente diferentes. Refiro-me a Oeser,[1] uma dessas pessoas que, acomodadas no conforto de sua ocupação, passavam a vida toda sonhando. Veladamente, seus próprios amigos reconheciam que, apesar de dispor de um grande talento natural, ele não o havia desenvolvido suficientemente em seus anos de juventude, razão pela qual não logrou alcançar a perfeição técnica no exercício da arte. No entanto, uma certa diligência parecia ainda persistir em sua idade madura e, ao longo dos muitos anos em que mantivemos contato, nunca me pareceu que ele carecesse de criatividade e dedicação. Oeser despertou minha atenção desde o momento em que nos conhecemos; a começar por sua residência, que de tão misteriosa e peculiar, deixava-me completamente fascinado. No ângulo direito do velho castelo Pleissenburg,[2] subia-se por uma bela e recém-reformada escada em caracol. Logo à esquerda ficavam os amplos e iluminados salões da academia de desenho, que ele dirigia; mas para chegar até ele era preciso atravessar um corredor estreito e escuro, que dava passagem por uma série de quartos, por um grande celeiro, e que somente em seu final

---

[1] Adam Friedrich Oeser (1717-1799), pintor, gravurista e escultor alemão.
[2] Construído no século XVI, o castelo seria demolido no final do século XIX para a construção da nova prefeitura municipal.

levava à porta que dava acesso a esses cômodos por ele habitados. O primeiro deles era todo decorado com telas da Renascença italiana tardia, de mestres, cuja graça ele admirava enormemente. Como eu havia tomado algumas aulas particulares com ele, na companhia de colegas bastante distintos,[3] era-nos permitido permanecer nesse cômodo para realizarmos nossos exercícios de desenho. Vez ou outra, tínhamos acesso também a seu gabinete, no cômodo ao lado, onde, além dos livros, de suas coleções de arte e de espécimes naturais, guardava tudo aquilo que lhe pudesse despertar algum interesse. Tudo ali era simples e de bom gosto, e de tão bem organizado, o pequeno quarto acabava comportando uma quantidade imensa de itens. Móveis, armários, porta-fólios, peças todas sempre muito elegantes, mas sem excessos e exageros. Aliás, esta foi a primeira coisa que nos recomendou e na qual voltaria a insistir inúmeras vezes: a simplicidade em tudo o que se faz, tanto na arte quanto no artesanato. Na qualidade de inimigo declarado do floreio, da rocalha e de todo o gosto barroco, mostrava-nos esses modelos em antigos desenhos e gravuras em cobre, comparando-os com formas decorativas que julgava serem melhores, a exemplo dos móveis e de outras peças mais simples de seu gabinete; e como tudo ao seu redor corroborava essas máximas, suas palavras e seus ensinamentos causavam em nós uma impressão boa e duradoura. Além disso, ele teve a oportunidade de nos deixar vê-lo colocar suas ideias em prática, pois, como contasse com o respeito de personalidades tanto do âmbito privado quanto do governo, era sempre consultado a propósito de projetos de reforma ou de novas construção na cidade. Em geral, parecia mais inclinado a realizar trabalhos ocasionais que tivessem um fim e um uso mais determinado do que a assumir e executar coisas que bastassem a si mesmas, as quais demandavam maior perfeição e acabamento. Era por isso que sempre se mostrava pronto e disposto quando os livreiros lhe pediam uma gravura, do tamanho que fosse, para ilustrar alguma obra em processo de edição – e foi assim que acabou preparando, por exemplo, as vinhetas para as primeiras publicações de Winckelmann.[4] Na maior parte

---

3 A exemplo de Karl August von Hardenberg (1750-1822), futuro homem de Estado e ministro prussiano.
4 Johann Joachim Winckelmann (1717-1768), importante historiador da arte (um dos fundadores da disciplina em seu sentido moderno), arqueólogo e helenista

das vezes, no entanto, não fazia mais do que alguns pequenos esboços, a que Geyser[5] sabia dar os devidos acabamentos. Suas figuras costumavam ter algo de universal, para não dizer ideal. Suas mulheres eram simpáticas e aprazíveis, suas crianças eram suficientemente ingênuas; somente os homens não lhe saíam muito bem, pois seus maneirismos sempre nebulosos e abreviantes, ainda que espirituosos, acabavam conferindo sistematicamente a suas figuras masculinas as feições de um lazzaroni.[6] Como tivesse menos em conta a forma do que a luz, a sombra e os volumes, suas composições, como um todo, acabavam causando um bom efeito e tinham sempre a sua própria graça – assim como todas as outras coisas que ele produzia. Contudo, não conseguia nem pretendia evitar uma tendência forte para o significativo e alegórico, enfim, para tudo aquilo que incitasse à reflexão; suas obras ofereciam sempre algo a mais para se pensar, de modo que as ideias acabavam compensando aquilo que a execução artística não levava a cabo por si mesma. Essa propensão, sempre muito perigosa, conduzia-o, não raro, aos limites do bom gosto, quando não era o caso de ultrapassá-los. Costumava tentar alcançar seus propósitos com o auxílio das ideias mais estranhas e de gracejos algo bizarros; de fato, seus melhores trabalhos tinham sempre uma nota humorística. E se o público não se desse por satisfeito, na primeira ocasião que surgisse tratava logo de se vingar com uma nova tirada, ainda mais estranha que a anterior. Foi o caso da figura idealizada da mulher que ele, a sua maneira, pintou na antessala do grande salão de concertos: tratava-se de uma figura feminina que, com a espevitadeira na mão, movia-se em direção a uma vela. Como ele se alegrava quando conseguia fazer com que sua figura despertasse alguma discussão: estaria aquela musa tão incomum prestes a atiçar ou a apagar a chama? E em tais ocasiões,

---

    alemão. Suas obras seriam decisivas para a definição da expressão estética neoclássica no contexto alemão do final do século XVIII.

5 Christian Gottlieb Geyser (1742-1803), aluno de Oeser e, mais tarde, seu genro, foi pintor, gravurista e professor da Academia de Artes de Leipzig. Ilustrador famoso em seu tempo, produziu ilustrações para a obra de autores como Gellert, Wieland e Goethe.

6 Eram chamados de *lazzaroni* os miseráveis de Nápoles. (N. E.)

não deixava de suscitar toda espécie de adendos jocosos, o que fazia de modo bastante provocativo.

A construção do novo teatro[7] foi o acontecimento que causou a maior sensação em meus tempos de Leipzig e, por ser ainda uma novidade, sua grande cortina produziu um efeito encantador e fora do comum. Oeser retirara as musas das nuvens, onde elas costumavam pairar em ocasiões como estas, e as transportara para a terra. O vestíbulo, à entrada do templo da fama, era decorado por estátuas de Sófocles e Aristófanes, em torno de cada uma das quais se agrupavam todos os dramaturgos mais contemporâneos; junto a eles se faziam presentes também as deusas das artes, compondo um conjunto nobre e belo. E aí surgia o inusitado! Através do espaço livre que se abria no centro da imagem, podia-se ver, ao fundo, o portal do templo; e um moço de capa leve caminhava decididamente em sua direção, logo à frente dos dois grupos mencionados acima, mas sem lhes dedicar qualquer atenção; esse moço, nós o víamos apenas pelas costas, não estando, portanto, melhor caracterizado. A ideia era que essa figura retratasse Shakespeare, que, sem precursores nem sucessores e sem prestar muita atenção aos modelos vigentes, caminhava, com suas próprias pernas, em direção à imortalidade. Oeser executaria essa obra no grande ático sobre o novo teatro, onde nos reunimos várias vezes ao seu redor e onde tive também a oportunidade de ler para ele as primeiras provas do *Musarion* de Wieland.

No que diz respeito a mim mesmo, não vinha fazendo qualquer progresso na prática das artes. Os ensinamentos de Oeser tinham um grande impacto sobre nosso modo de pensar e também sobre nosso gosto; seus próprios desenhos, no entanto — como eu vagueasse sem muito rumo entre os objetos da arte e da natureza — eram demasiadamente indeterminados para me orientarem num exercício mais rigoroso e decidido. De rostos e de corpos transmitia-nos antes seus aspectos gerais do que suas formas, antes os gestos do que suas proporções. Passava-nos uma ideia das figuras e pedia-nos que as fizéssemos ganhar vida em nós mesmos. Isso teria sido ótimo e teria funcionado muito bem, não fosse o fato de ele não ter mais

---

7 Inaugurado em outubro de 1766.

do que meros iniciantes diante de si. Se, por conta disso, talvez não possamos dizer que ele dispusesse de um talento extraordinário para o ensino, por outro lado, é preciso reconhecer que era um homem muito experimentado e inteligente, e que, num sentido mais elevado, uma feliz destreza do espírito qualificava Oeser perfeitamente como professor. Ele percebia muito bem os pontos fracos de cada um de nós, mas evitava repreender-nos diretamente, preferindo expressar sua reprovação e seus elogios de modo indireto e lacônico. Isso nos obrigava a pensar sobre as coisas e logo passamos a nos dar conta de muito mais. Certa vez, por exemplo, eu estava desenhando, com giz branco e preto sobre uma folha de papel azul, um ramo de flores conforme um modelo preestabelecido; com dedicação e capricho, ora esfumando, ora hachurando, tentava dar realce à pequena figura. Depois de muito me esforçar para concluir o desenho a meu modo, Oeser passou por trás de mim e disse: — Mais papel! —, afastando-se logo em seguida. Meu vizinho e eu quebramos a cabeça para entender o que aquilo poderia significar, já que meu ramo de flores, posicionado bem no centro de uma meia folha, tinha espaço mais do que suficiente em torno de si. Depois de refletir longamente a respeito, acreditamos ter encontrado o sentido de seu comentário: percebemos que, ao cobrir completamente o fundo azul com minha mistura intrincada de preto e branco, eu havia destruído completamente as meias-tintas, produzindo, por fim, um desenho inteiramente sem graça, a despeito de toda minha dedicação. No mais, Oeser também não se furtava a nos ensinar o suficiente sobre questões de perspectiva, de luz e de sombra, mas o fazia de tal modo que penávamos muito até encontrar um modo de aplicar os princípios que ele nos transmitia. Como não estávamos destinados a nos tornar artistas de fato, sua intenção, provavelmente, era apenas a de desenvolver em nós certa percepção e um gosto, familiarizando-nos com as exigências básicas de uma obra de arte, mas sem cobrar de nós que fôssemos capazes de produzir algo semelhante. Dado que a dedicação não fosse o meu ponto forte — pois eu só tinha prazer naquilo que fazia sem maiores dificuldades —, aos poucos fui ficando, senão relaxado, ao menos desmotivado; e como o conhecimento é mais cômodo que sua aplicação, acabei me deixando levar completamente pelos caminhos propostos por Oeser.

Naquela época, *A vida dos pintores*, de d'Argenville,[8] acabara de ser traduzida para o alemão. Eu a adquiri assim que foi publicada e a estudei com alguma aplicação. Isso deixaria Oeser muito contente e ele tratou então de arranjar um jeito para que víssemos alguns porta-fólios da grande coleção de arte de Leipzig, a partir dos quais ele, então, começaria a nos introduzir na história da arte. Mas também esses exercícios acabariam provocando em mim um efeito bem diferente daquele que teria pretendido nosso professor. Os vários motivos que eu via serem trabalhados pelos artistas despertavam em mim a veia poética; e do mesmo modo como era comum produzirem gravuras em cobre para um poema, passei a escrever poemas a partir de gravuras e desenhos. Eu imaginava aquelas personalidades no contexto anterior e posterior ao momento em que haviam sido retratadas e logo compunha uma pequena canção que lhes pudesse ser condizente; assim, acabei me acostumando a observar o modo como as artes se relacionavam umas com as outras. E mesmo os equívocos que eu cometia então, como o de produzir poemas por vezes demasiadamente descritivos, acabariam se revelando muito instrutivos mais tarde, depois de amadurecer algumas daquelas ideias, já que criaram em mim uma atenção especial para a diferença entre as formas de arte. Vários desses pequenos poemas integraram a antologia preparada por Behrisch, mas acabariam se perdendo completamente.[9]

O domínio do gosto e das artes em que Oeser vivia e para o qual ele carregava todos aqueles que o visitavam regularmente tornava-se ainda mais significativo e aprazível por conta de ele gostar de relembrar dos homens, já mortos ou apenas distantes, com quem havia se relacionado ou ainda mantinha contato. Se alguém lograva merecer sua estima, nunca mais deixava de tratar bem essa pessoa, tendo-a para sempre na mais alta conta.

---

8 Referência à obra *Abrégé de la vie des plus fameux peintres* (1745), de Antoine Joseph Dézallier d'Argenville (1680-1765), traduzida para o alemão por Johann J. Volkmann como *Nachrichten aus dem Leben der berühmtesten Maler* (1767-1768).

9 Os poemas do manuscrito não explicitam nenhuma relação com alguma gravura ou desenho em especial. O manuscrito foi preservado, ver nota 102 do Sétimo livro, à p.359.

De minha vida: Poesia e verdade

Depois de termos ouvido falar tão bem de Caylus[10] entre os franceses, Oeser apresentou-nos também os alemães que estavam em atividade no campo das discussões sobre a arte. Foi assim que tivemos notícias da grande contribuição do professor Christ,[11] que, como amante das artes – na condição de colecionador, conhecedor e colaborador –, teria dedicado toda sua erudição ao desenvolvimento das reflexões nesse campo. Já Heinecken[12] não deveria receber o mesmo destaque: fosse por ele se dedicar exageradamente aos primórdios demasiado infantis da arte alemã, aos quais Oeser não dava maior atenção; fosse por ele ter sido deselegante com Winckelmann em certa ocasião, algo pelo que jamais poderia ser perdoado. Nossa atenção, no entanto, acabaria sendo direcionada mais centralmente para os esforços de Lippert,[13] uma vez que nosso professor sabia muito bem compreender e avaliar seus méritos. Dizia-nos que, embora as estátuas e esculturas maiores constituíssem, a um só tempo, a base e o ápice de todo o conhecimento sobre a arte, apenas muito raramente elas se nos apresentavam no original ou em uma cópia moldada. Em contrapartida, Lippert nos teria dado a conhecer um pequeno universo de gemas.[14] Sua coleção tornaria mais explícitos e compreensíveis os méritos dos antigos: o sucesso na invenção, a adequação na composição e a execução de bom gosto; além disso, a grande quantidade de itens reunidos também favorecia a comparação. Enquanto nos ocupávamos – tanto quanto podíamos – com esses assuntos, fomos também remetidos às reflexões de Winckelmann sobre a arte na Itália; e foi com grande devoção que lemos seus primeiros escritos, pois como Oeser

---

10 Anne Claude Philippe de Tubières Caylus ou Conde de Caylus (1692-1765), colecionador, arqueólogo e estudioso da arte.
11 Johann Friedrich Christ (1700-1756), importante arqueólogo e estudioso da arte, foi professor de história na Universidade de Leipzig.
12 Karl Heinrich von Heinecken (1706-1791), estudioso da arte e diretor da Galeria de Artes Gráficas de Dresden [*Dresdner Kupferstichkabinett*].
13 Philipp Daniel Lippert (1702-1785), supervisor da coleção de arte antiga da Academia de Artes de Dresden.
14 Lippert contribuiria decisivamente para o estabelecimento do campo da gemologia na Alemanha, pelo qual também Goethe se interessaria. É digna de nota sua coleção de mais de 3 mil gemas da Antiguidade, a chamada *Daktyliothek* (1767), organizada em conjunto com Christ.

tinha por esse autor uma reverência passional, acabaria nos transmitindo muito naturalmente essa mesma admiração. [15] Nós não tínhamos condição de decifrar os aspectos problemáticos daqueles seus primeiros ensaios – que ainda se tornam mais confusos pela carga irônica e pelas alusões a ideias e eventos demasiadamente específicos. Mas como Oeser tivera muita influência sobre tais reflexões e costumava pregar-nos incessantemente o evangelho do belo, ou melhor, do bom gosto e do aprazível, conseguimos compreendê-los em suas linhas mais gerais. E, ao levarmos em conta a sorte de podermos beber da mesma fonte em que Winckelmann saciara sua primeira sede, acreditávamos estar seguindo por um caminho especialmente seguro em nossas interpretações.

Não há maior sorte que possa calhar a uma cidade do que acolher em suas vizinhanças vários homens cultos e bem-educados, que partilhem de determinada compreensão do bem e do justo. Leipzig teve esse privilégio e dele desfrutou de modo mais pacífico enquanto algumas divergências de opinião ainda não haviam vindo à tona. Havia Huber,[16] colecionador de gravuras em cobre e experiente conhecedor de arte, a quem, muito gratamente, reconhecia-se também outro mérito: o de tentar dar a conhecer, entre os franceses, o valor da literatura alemã. Havia Kreuchauff,[17] um amante da arte e homem de olhar experimentado, que, na condição de amigo de toda a sociedade ligada ao meio artístico, podia apreciar as coleções particulares como se fossem suas. Havia Winkler,[18] que adorava partilhar com os outros o contentamento criterioso que tinha em relação a seus tesouros; e muitos outros se somavam ainda a eles. Viviam e agiam todos conforme *um* mesmo sentido e, nas vezes em que pude acompanhar de perto suas apreciações críticas, não me lembro de jamais ter percebido qualquer discordância entre

---

15 Trata-se aqui de uma referência, em especial, à obra *Gedanken über die Nachahmung der griechischen Werke in der Malerei* (1755), cuja produção remonta à época em que Oeser e Winckelmann eram colegas de quarto em Dresden.

16 Michael Huber (1727-1804), leitor de francês na Universidade de Leipzig desde 1766, traduziu para o francês obras de Klopstock, Gessner, Gellert, Lessing, entre outros.

17 Franz Wilhelm Kreuchauff (1727-1803), comerciante e colecionador de gravuras.

18 Gottfried Winkler (1731-1795), banqueiro e conselheiro municipal, possuía uma imensa coleção particular de gravuras, desenhos e pinturas.

eles. Normalmente, levavam em consideração a escola em que se enquadrava o artista, a época em que vivera, o talento especial que a natureza lhe havia conferido e o quanto desse dom ele fora capaz de colocar em prática em cada obra de arte. Não havia predileção por motivos sacros ou mundanos, por temas bucólicos ou urbanos, pela natureza-morta ou viva; tratava-se invariavelmente de uma questão de adequação artística.

Se esses amantes e colecionadores de arte – conforme sua posição e disposição, seus recursos e oportunidades – costumavam direcionar seu interesse mais para a escola dos Países Baixos, seu olhar reverente e curioso, apesar de fixar os olhos nos infinitos méritos dos artistas do noroeste, mantinha-se sempre aberto para o que viesse do sudeste.

Enfim, foi assim que a universidade – onde eu simplesmente não conseguia concretizar nem os anseios de minha família nem os meus próprios – acabou me oferecendo os fundamentos de uma área em que eu ainda viria a encontrar as maiores alegrias de minha vida. E é com carinho e admiração que eu guardaria a impressão de cada um dos locais em que recebi aquelas inspirações tão importantes para mim. Do velho castelo Pleissenburg, com as salas da academia e, em especial, a residência de Oeser, até as coleções de Winkler e Richter, ainda trago esses lugares muito fortemente presentes na memória.[19]

Um jovem acaba se vendo numa situação bastante incômoda, porém, quando, em meio aos mais velhos, que só conversam sobre assuntos que já conhecem muito bem, não recebe mais do que uma instrução indireta e ocasional, cabendo a ele próprio, portanto, a parte mais complicada: a de encontrar um nexo entre as coisas todas. Daí que eu e meus colegas procurássemos ansiosamente por alguma nova forma de esclarecimento, a qual acabou vindo ao nosso encontro por intermédio de um homem de quem já nos considerávamos enormemente tributários.

Há duas maneiras de alegrar fortemente o espírito: através da opinião e do conceito. A primeira demanda um objeto digno de atenção, algo que nem sempre se nos oferece de imediato, bem como uma formação condizente,

---

19 Referência à coleção de arte do comerciante e conselheiro municipal Johann Zacharias Richter (1696-1764), que, após sua morte, abriu-se à visitação como uma espécie de museu privado.

que talvez ainda não tenhamos alcançado. O conceito, por sua vez, só quer receptividade; ele já traz consigo seu conteúdo e constitui, ele mesmo, a ferramenta da formação. Daí que nos fosse tão excepcionalmente bem-vindo aquele raio de luz que o mais excelente dos pensadores fez cair sobre nós por entre as nuvens sombrias. É preciso ser jovem para poder imaginar o impacto que o *Laocoonte*[20] de Lessing teve então sobre nós, arrancando-nos da região de uma opinião precária e atirando-nos nos campos livres do pensamento. De uma hora para a outra, a tão mal compreendida máxima horaciana da *ut pictura poesis* foi posta de lado, a diferença entre as artes pictóricas e as artes da palavra ficou clara e os pontos culminantes de cada uma delas se apresentavam como coisas distintas, por mais que suas bases mantivessem pontos de contato. O artista plástico deveria manter-se nos limites do belo, enquanto ao artista da palavra, que não tem como não significar algo de um modo ou de outro, a este se concederia o direito de um vagar para além desses limites. Aquele trabalha para os sentidos exteriores, que só podem ser satisfeitos através do belo; já este se incumbe da imaginação, que pode se dar por satisfeita até mesmo com o feio. De repente, como num relâmpago, todas as consequências desse pensamento maravilhoso ficaram claras para nós; toda a crítica de orientação e de julgamento feita até então foi jogada fora qual um casaco puído. Acreditávamo-nos libertos de todo o mal e nos achávamos no direito de projetar um olhar de superioridade e compaixão sobre o outrora tão magnífico século XVI. Pois nos poemas e nas artes plásticas daquela época, a vida não era representada senão sob a forma de um bobo com seu gorro cheio de guizos; a morte, como um esqueleto disforme que bate sua ossada; e os males todos do mundo, tanto os necessários quanto os fortuitos, pela imagem do diabo em suas caramunhas.

O que mais nos admirava era a beleza da ideia de que os antigos reconheciam na morte uma irmã do sono:[21] menecmas, que de tão parecidos, acabavam

---

20 Referência à obra *Laokoon oder über die Grenzen der Malerei und Poesie* (1766), de Lessing. A obra rompe com uma compreensão vigente desde, pelo menos, o século XVII, segundo a qual a poesia (*Dichtung*, no sentido genérico de literatura) seria a pintura que fala, enquanto a pintura seria a poesia calada.

21 Alusão à discussão de Lessing sobre a representação da morte na Antiguidade, presente no *Laocoonte*, mas desenvolvida no ensaio "Wie die Alten den Tod gebildet" (1769).

sendo confundidos. Com isso podíamos finalmente celebrar o triunfo do belo, relegando o feio, em todas as suas expressões, à esfera mais baixa do ridículo – ao menos nos domínios da arte, dado não ser possível bani-lo de vez do mundo.

O esplendor dessas ideias capitais e fundamentais só se revela a mentes dispostas a se deixarem influenciar infinitamente; só se revela a uma época no momento propício, em que tais ideias já correspondam a um anseio. Aqueles que então se sentem servidos de tal alimento, ocupam-se apaixonadamente desses ideais durante épocas inteiras de sua vida e alegram-se com as evidências de um crescimento efusivo. Mas há sempre aqueles que se voltam prontamente contra efeitos como estes; e outros, ainda, que não fazem mais que regatear e rebaixar seu sentido mais elevado.

Todavia, como conceito e opinião costumam fomentar-se reciprocamente, não pude ficar remoendo por muito tempo aqueles pensamentos sem evitar que surgisse em mim uma necessidade intensa de contemplar um conjunto maior e mais significativo de obras de arte. Decidi, assim, que não tardaria em fazer uma visita breve à cidade de Dresden. Não me faltavam os recursos necessários para tanto, mas havia algumas outras dificuldades a serem superadas, que eu, com minha natureza caprichosa e atarantada, só consegui fazer com que se multiplicassem. A questão é que eu pretendia manter tal propósito inteiramente em segredo, pois desejava contemplar do meu próprio modo as preciosidades artísticas daquela cidade, acreditando que, assim, não me deixaria induzir nem influenciar por ninguém. Além disso, uma outra esquisitice minha acabou complicando ainda mais esse empreendimento aparentemente tão simples.

Todos nós temos fraquezas, tanto inatas quanto adquiridas, e valeria a pena pensar, aqui, quais delas nos dão mais trabalho. Por mais que eu gostasse de experimentar todo tipo de situação – para o que nunca me faltaram as devidas ocasiões –, meu pai havia inculcado em mim uma grande aversão a toda forma de hospedaria. Tal indisposição teria se arraigado nele nas viagens que fizera pela Itália, França e Alemanha. Embora não costumasse falar de modo figurado e só recorresse a esses recursos quando estava muito animado, vez ou outra ele fazia questão de repetir que via nos portões de toda hospedaria uma grande teia de aranha, tecida com tanta arte, que os insetos até podiam atravessá-la na entrada, mas nem as vespas mais privilegiadas conseguiam passar incólumes por ela na saída. Parecia-lhe apavorante a ideia de ter de abrir mão de seus hábitos e de tudo o que um sujeito mais estima na vida para viver conforme as regras do estalajadeiro e de seus atendentes – e, ainda por cima, tendo de pagar por isso. Ele exaltava a hospitalidade à moda dos antigos e, por mais que não gostasse de ter de tolerar em sua casa algo que fugisse ao habitual, ainda assim exercia essa forma de hospitalidade, recebendo e tratando bem especialmente os artistas e virtuosos – como o compadre Seekatz, que sempre encontrava abrigo em nossa casa, mas também Abel,[22] o último dos musicistas que soube executar a viola da gamba com êxito e aprovação. Carregado de tais impressões de infância e adolescência – que até então nada havia conseguido apagar –, como é que eu poderia decidir me hospedar numa cidade estranha? É claro que nada me teria sido mais fácil do que encontrar pouso na casa de algum bom amigo; o conselheiro áulico Krebel[23] e o assessor Hermann[24] já me haviam feito tal oferta mais de uma vez. Mas acontece que também deles eu pretendia ocultar minha viagem, o que acabou me levando a ter uma ideia inusitada. Meu vizinho de quarto – aquele dedicado estudante de teologia, cuja visão vinha rareando cada vez mais – tinha um parente em Dresden, um sapateiro com quem ele de tempos em tempos se correspondia. Esse homem já havia despertado antes minha atenção pela maneira como se expressava, de modo que a chegada de uma carta sua era sempre comemorada por nós. Ele tinha um jeito todo próprio de responder às lamentações do primo prestes a perder a visão. Não procurava motivos que pudessem servir-lhe de consolo, algo que, de resto, é sempre difícil de encontrar. Mas a serenidade com que vislumbrava sua própria vida parca, miserável, sofrida; o humor e a graça com que abstraía de seus infortúnios e inconveniências, assim como a convicção inabalável de que a vida é, por si mesma, um bem maior, tudo isso se transmitia fortemente ao leitor daquelas cartas, que era então como que transportado, por alguns instantes, para o mesmo estado de espírito. Entusiasmado como

---

22 Karl Friedrich Abel (1725-1787), músico em Dresden e Londres.
23 Ver nota 38 do Sétimo livro, à p. 324.
24 Ver nota 34 do Sétimo livro, à p. 324.

eu era, costumava pedir a meu colega que estendesse a ele minhas mais cordiais saudações, dizendo-lhe o quanto eu admirava seu talento natural e expressando-lhe meu desejo de um dia conhecê-lo pessoalmente. Diante disso tudo, nada me pareceu mais natural do que a ideia de ir então visitá-lo, conversar com ele, pedir-lhe pouso em sua casa e ter assim a oportunidade de conhecê-lo melhor. Depois de resistir um pouco, meu bom colega doutorando deu-me uma carta de recomendação, que só escreveria com muito custo, e, com a matrícula no bolso, parti com a carruagem amarela, ansioso para chegar à cidade de Dresden.

Lá chegando, saí atrás de meu caro sapateiro,[25] que logo encontrei num bairro da cidade. Sentado em seu banquinho, recebeu-me muito simpaticamente e, depois de ler a carta que trouxera comigo, disse-me sorridente:

— Pelo que vejo, meu jovem, o senhor é um cristão algo excêntrico.

— Como assim, mestre? — perguntei-lhe.

— Quando digo excêntrico não estou querendo dizer nada de mal — disse o homem e seguiu adiante —, é assim que chamamos alguém que não parece coincidir consigo mesmo. Se digo que o senhor é um cristão excêntrico, faço-o porque, por um lado, o senhor se mostra um fiel seguidor do Senhor, mas, por outro, não.

Diante de meu pedido de esclarecimento, o homem continuou:

— Tenho a impressão de que seu intuito é o de anunciar uma mensagem alegre aos pobres e desprivilegiados. Isso é muito bonito e também muito louvável como imitação do Senhor. Mas não se esqueça de que Ele preferia se sentar à mesa dos ricos e abastados, onde lhe ofereciam sempre do bom e do melhor; e de que Ele não desprezava a fragrância do bálsamo — em minha casa é mais provável que o senhor encontre justamente o oposto disso tudo.

Esse início de conversa tão espirituoso deixou-me bem-humorado e, por algum tempo ainda, continuamos jogueteando um o outro. Sua esposa se mostrava apreensiva, pois não sabia o que fazer para receber e acomodar um hóspede como este. Também quanto a isso o homem fazia suas graças, aludindo não apenas à Bíblia, mas também à *Crônica* de Gottfried; e logo que

---

25 Considerado pela crítica uma figura fictícia até o século XIX, no século XX a pesquisa contemporânea identificaria essa figura com o sapateiro Johann Friedrich Hauke.

ficou acertado que eu poderia ficar em sua casa, entreguei minha bolsa – assim como ela estava – a sua esposa, pedindo-lhe que a guardasse, mas que também dela se servisse, caso fosse necessário. Como o homem desse ares de querer recusar a oferta implícita, dando-me a entender – com seu jeito brincalhão de sempre – que ele não estaria tão quebrado como podia parecer, desarmei-o dizendo que, mesmo que assim fosse, um remédio caseiro e de efeito tão comprovado não seria de todo inconveniente na transformação da água em vinho; afinal, já não se faziam mais milagres como antigamente. Aos poucos a dona da casa começou a estranhar menos o meu jeito de falar e agir; e não demoraria muito para que todos nos acostumássemos uns com os outros, de sorte que acabamos passando uma noite muito agradável. O homem parecia sempre o mesmo, pois tudo nele provinha de *uma única* fonte. Seu bem maior era um poderoso bom senso, que repousava sobre a serenidade de seu ânimo e que se dava por contente com a regularidade tradicional de sua atividade. Trabalhar incessantemente e sem descanso era para ele a coisa mais importante e necessária; ver todo o resto como algo meramente incidental era o que o mantinha de bem com a vida. Não havia como eu não contá-lo entre aqueles homens inconscientemente sábios – e à frente de muitos deles – a que costumamos chamar de filósofos práticos.

Finalmente chegou a hora tão impacientemente aguardada em que se deveria abrir a galeria.[26] Ao entrar no santuário, meu deslumbramento superou todas as expectativas. Salas que pareciam brotar umas das outras e onde o esplendor e a limpidez reinavam placidamente; molduras magníficas, recentemente revestidas com folhas de ouro; o assoalho tão bem encerado; espaços mais frequentados por espectadores do que utilizados por alguém a trabalho; enfim, tudo ali produzia uma sensação solene e singular, qual a de entrar num local de devoção. E essa sensação intensificava-se ainda mais pelo fato de que se expunham, ali, a decoração de tantos templos

---

26 Nessa época, a galeria de arte de Dresden ficava no chamado *Johanneum*, um palácio construído em 1722 especialmente para abrigar a coleção de arte da cidade. Tratava-se de uma galeria no sentido estrito da palavra: a construção quadrangular era constituída por um conjunto de salas interligadas ao longo de seu perímetro, formando um imenso corredor com janelas que davam para o lado de fora. Na área central havia um pátio interno, para o qual se abria um segundo conjunto interligado de salas.

e objetos de tantas formas diferentes de adoração, ainda que, agora, consagrados inteiramente à arte. Deixei-me levar de bom grado pela rápida apresentação de meu guia, pedindo-lhe apenas que despendêssemos mais tempo na galeria externa.[27] Ali, para a minha felicidade, sentia-me completamente em casa. Já havia visto obras de vários daqueles artistas, algumas eu conhecia apenas por gravuras e outras, somente pelo nome. Como não me esquivasse de revelar isso a meu guia, logo comecei a inspirar-lhe alguma confiança. E ele ficaria mesmo encantado com o modo como me entusiasmavam as peças em que o pincel saía vitorioso em sua luta contra a natureza. Na verdade, era justamente isso o que mais me atraía: quando, da comparação com a natureza conhecida, não resultava, senão, o necessário enaltecimento do valor da arte.

Quando cheguei à casa de meu caro sapateiro para almoçar, mal pude crer no que vi: tinha a impressão de presenciar uma cena de van Ostade,[28] que de tão perfeita, poderia estar exposta nos salões da galeria. A composição dos objetos, a luz, as sombras, o matiz acastanhado e a impressão mágica do conjunto, tudo o que mais se podia admirar nas telas eu via agora ali, acontecendo de verdade. De fato, foi a primeira vez que me dei conta, de modo tão evidente, daquele dom que, mais tarde, eu exercitaria tão conscienciosamente, a saber: o de enxergar a natureza com os olhos de um ou de outro artista, a cujas obras eu houvesse acabado de dedicar minha atenção. Essa habilidade me proporcionaria ainda muito prazer, mas também multiplicaria meu desejo incontrolável de, vez ou outra, entregar-me avidamente ao exercício de um talento de que a natureza parecia haver me privado.

Visitei a galeria em todos os horários permitidos e não pude evitar de manifestar em alto e bom tom todo o meu entusiasmo com várias daquelas obras tão preciosas. Com isso, porém, acabei frustrando o louvável propósito de manter-me incógnito e passar despercebido. Até então, havia sido ciceroneado apenas por um dos encarregados de plantão; mas quando

---

27 A galeria externa era composta por alas que formavam o circuito externo da galeria e que abrigavam obras da escola dos Países Baixos, bem como de pintores franceses e alemães.

28 Adriaen van Ostade (1610-1685), pintor holandês.

o diretor da galeria, o conselheiro Riedel,[29] teve notícia de mim, veio atender-me pessoalmente e fez questão de me chamar a atenção para uma série de coisas que julgava estarem na esfera de meus interesses. Esse homem extraordinário pareceu-me, então, tão solícito e obsequioso quanto me pareceria nas tantas ocasiões em que voltamos a nos encontrar nos anos seguintes — e assim se mantém até hoje. Em minha memória, sua imagem acabaria se fundindo de tal modo àquelas preciosidades artísticas, que eu já não podia mais ver nenhum deles de modo isolado; e sua lembrança me acompanharia ainda ao longo de toda minha viagem à Itália, onde, ao visitar as maiores e mais ricas coleções, desejei por muitas vezes que ele estivesse presente.

Como não é possível calar diante de obras como estas, nem tampouco conter alguma forma de expressão, mesmo estando em meio a estrangeiros e desconhecidos — uma vez que sua contemplação parece induzir os ânimos a uma disposição mais expansiva —, acabei puxando conversa, na galeria mesmo, com um jovem que parecia residir em Dresden e estar ligado a algum tipo de legação diplomática. O rapaz me convidou para encontrá-lo mais tarde numa taverna, onde, segundo ele, reunia-se um grupo muito animado e, por um preço muito razoável, podia-se desfrutar de algumas horas bastante aprazíveis.

Chegando ao local, não encontrei o tal grupo. E qual não foi minha surpresa, quando o garçom me transmitiu os cumprimentos e um recado do jovem senhor que me havia convidado, antecipando as desculpas por ter de chegar um pouco mais tarde do que o combinado e acrescentando, ainda, que eu não deveria me preocupar com nada que acontecesse naquela noite, pois não haveria de pagar mais do que minha própria conta. Não sabia exatamente como eu deveria entender aquelas palavras, mas logo me lembrei das teias de aranha de meu pai e fiquei de sobreaviso, pronto para o que viesse. O grupo logo se reuniu. Meu conhecido apresentou-me então a eles e não precisei ouvir a conversa por muito tempo para perceber que se tratava de pregar uma peça em um moço que, para um novato, comportava-se de modo

---

29 Johann Anton Riedel (1736-1816), pintor e gravurista, diretor da galeria de Dresden entre 1757 e 1816.

De minha vida: Poesia e verdade

demasiadamente atrevido e presunçoso. Diante disso, mantive-me atento e mais reservado, a fim de evitar que tivessem a ideia de me considerar um colega do moço. À mesa, o propósito geral parecia cada vez mais claro para todos, menos para o rapaz. Bebia-se a passos largos e contínuos; e quando, à certa altura, resolveram fazer um brinde em homenagem à amada do rapaz, juraram todos, em altos e excelsos brados, que nunca mais se beberia uma gota sequer daqueles copos, atirando-os em seguida para trás – e esta seria apenas a deixa para o início de loucuras ainda maiores. Aos poucos consegui finalmente me afastar do rebuliço, e o garçom, depois de me passar uma conta de valor consideravelmente baixo, insistiu para que eu voltasse ao local em outra ocasião, garantindo-me que nem todas as noites seriam assim tão agitadas. Eu tinha um longo caminho até onde estava hospedado e já era perto de meia-noite quando lá cheguei. As portas, eu as encontrei abertas; todos já estavam na cama e uma lâmpada iluminava as condições parcas daquela casa. Meu olhar cada vez mais treinado logo reconheceu, ali, a mais bela das cenas de Schalcken, que, não saindo mais da minha cabeça, afastaria meu sono por completo.[30]

Os poucos dias que passei na cidade foram dedicados exclusivamente às pinturas da galeria. As esculturas antigas, expostas nos pavilhões do parque chamado de Grande Jardim, estas eu deixaria de lado, bem como todo o restante das preciosidades de Dresden; afinal, eu tinha plena convicção de que não havia esgotado nem mesmo a coleção de pinturas, que devia ter ainda muita coisa a ser descoberta. O grande valor dos mestres italianos, por exemplo, eu os assumia mais por crença e confiança no que deles se dizia, do que pelo quanto eu fosse capaz de discernir em suas obras. Aquilo que eu não conseguia enxergar como natureza, aquilo que eu não conseguia colocar em seu lugar nem comparar com um motivo conhecido, simplesmente não tinha impacto sobre mim. A impressão material é o que dá início a toda admiração mais elevada.

---

30 Gottfried Schalcken (1643-1706), pintor holandês, representante da expressão tardia da escola holandesa do século XVII. Em suas telas era recorrente a presença de uma vela ou de uma lâmpada como única fonte de luz.

Entendia-me muito bem com meu sapateiro. Ele era suficientemente espirituoso e multifacetado e, às vezes, passávamos o tempo desafiando-nos um ao outro com nossas tiradas chistosas. Contudo, um homem que se considera feliz e exige dos outros que façam o mesmo acaba nos colocando numa situação desagradável; sem contar a repetição incessante de tais atitudes, que não resulta, senão, enfadonha. Eu me sentia ocupado, entretido e animado, mas não me sentia de todo feliz; os sapatos feitos a seu modo simplesmente não pareciam me caber. Não obstante isso, despedimo-nos como grandes amigos e, por fim, nem a dona da casa mostrou-se assim tão descontente comigo.

Pouco antes de minha partida, algo de muito agradável ainda calharia de acontecer. Por intermédio do rapaz que eu conhecera na galeria e que agora se esmerava em recompor seu crédito junto a mim, fui apresentado ao diretor von Hagedorn, que muito gentilmente me mostrou sua própria coleção de arte, ficando encantado com o entusiasmo do jovem amigo das artes a quem ciceroneava.[31] Como é próprio de um conhecedor das artes, era um homem verdadeiramente apaixonado pelas telas que possuía, mas apenas muito raramente encontrava alguém que partilhasse da mesma disposição. Ficou especialmente contente com o fato de eu ter gostado tanto de uma tela de van Swanewelt[32] e de saber elogiar e exaltar incansavelmente cada um de seus pequenos detalhes. A verdade é que eu me sentia profundamente tocado por paisagens assim, que me faziam lembrar o céu belo e claro sob o qual havia crescido, da exuberância vegetal daquelas regiões e de todos os demais privilégios que um clima mais ameno concede ao ser humano — aquela tela havia despertado em mim as lembranças mais saudosas.

No entanto, essas experiências tão valiosas, que preparavam minha mente e meus sentidos para a verdadeira arte, acabariam sendo suspensas e abafadas por uma cena extremamente triste: a condição de ruína e desolação em que se encontravam algumas das ruas de Dresden, pelas quais eu passava em meu caminho de volta.[33] Era o caso de ruas como a Mohrenstrasse, mas

---

31 Christian Ludwig von Hagedorn (1713-1780), irmão do poeta Hagedorn, foi diretor geral das academias de arte de Leipzig e Dresden entre 1764 e 1780.
32 Herman van Swanewelt (1600-1655), pintor holandês.
33 Fruto da ocupação e do bombardeamento da cidade pelos prussianos em 1760.

também da Igreja da Cruz (*Kreuzkirche*), com sua torre ruída. Aquelas cenas marcaram-me profundamente e se perpetuam até hoje como uma mácula sombria em minha imaginação. Do alto da cúpula da Igreja de Nossa Senhora (*Frauenkirche*) eu podia observar os destroços abomináveis que se espalhavam pela cidade, como que plantados na beleza de sua ordem urbana. Servindo-me de guia, o sacristão tecia altos elogios à arte do mestre-construtor,[34] visto que, prevendo um incidente tão indesejável, construíra aquela cúpula e a igreja à prova de bombardeios. Em seguida, o mesmo bom sacristão apontou-me as demais ruínas pelos cantos de Dresden, dizendo-me, com seu jeito pesarosamente lacônico: — Tudo obra do inimigo![35]

Ainda que a contragosto, acabei finalmente retornando a Leipzig, onde encontrei meus amigos completamente atônitos. Como não estivessem acostumados a tais escapadas de minha parte, faziam já toda sorte de conjecturas quanto aos possíveis significados daquela minha viagem tão cheia de mistérios. Quando então lhes contei toda a minha aventura, não a quiseram aceitar, senão, como uma narrativa fictícia e, valendo-se de toda sua perspicácia, tentavam decifrar o enigma que eu, maliciosamente, teria dissimulado por trás daquele conto do albergue do sapateiro.

Pudessem eles enxergar bem dentro de meu coração e não teriam encontrado aí malícia alguma, até porque eu acabara de ser atingido em cheio pela força da verdade de um antigo provérbio: quanto mais se sabe, mais se sofre.[36] Quanto mais eu me esforçava para tentar assimilar e colocar em ordem tudo o que via, menos eu conseguia fazê-lo. Tive de me resignar, afinal, e deixar que as coisas agissem serenamente sobre mim. Mas a vida logo me absorveria de novo no curso normal de seus dias e, por fim, ainda acabaria me dando por contente com a companhia dos amigos, com a aquisição de conhecimentos mais a meu alcance e com uma certa dose de escrita, que me ocupava de maneira menos significativa, embora mais condizente com as minhas forças.

---

34 Georg Bähr (1666-1738), arquiteto alemão.
35 A frase reverbera a passagem bíblica em Mateus 13, 28.
36 Em alemão: "Zuwachs an Kenntnis ist Zuwachs an Unruhe".

Johann Wolfgang von Goethe

De meu círculo de relações em Leipzig, nessa época, uma das convivências mais agradáveis – e, para mim, mais salutares – foi a que eu mantive com a família Breitkopf. Bernhard Christoph Breitkopf, o verdadeiro patriarca da família, que chegara a Leipzig na condição de um modesto impressor de livros, ainda estava vivo e residia no *Urso de ouro*[37] – uma construção muito distinta localizada na região central do chamado novo Neumarkt –, tendo Gottsched por vizinho. Seu filho, Johann Gottlob Immanuel,[38] era casado havia muito tempo e pai de uma tropa de crianças. Os Breitkopf não viram melhor investimento para uma parte de sua imensa fortuna do que construir, bem em frente a sua primeira residência, um novo e majestoso prédio – construção ainda mais alta e ampla que a anterior –, a que chamaram *Urso de prata* [*Zum silbernen Bären*]. Meus primeiros contatos com a família remontam justamente à época dessa construção. O filho mais velho de Johann Gottlob Immanuel[39] devia ter poucos anos a mais do que eu; era um rapaz bem aprumado, amante da música e exímio tocador tanto de piano quanto de violino. Seu segundo filho,[40] sujeito de alma boa e franca, era igualmente musical e não animava menos que seu irmão mais velho os concertos que costumavam organizar. Ambos, assim como seus pais e suas irmãs, nutriam grande simpatia por mim. Acompanhei-os de perto durante a construção e a fase de acabamento do novo imóvel, na mudança e na escolha da nova mobília, podendo aprender bastante com tais atividades; além disso, tive ainda a oportunidade de ver os ensinamentos de Oeser serem aplicados na prática. Tornei-me um frequentador assíduo da nova residência, que eu vira surgir desde sua fundação. Os irmãos e eu fizemos várias coisas em conjunto e o mais velho chegou a musicar algumas de minhas canções, que, quando publicadas, indicavam seu nome, mas não faziam menção ao meu. Essas *Lieder* não tiveram maior repercussão; escolhi então as melhores entre elas e

---

37 Ver nota 32 do Sétimo livro, à p.323.
38 A propósito dos Breitkopf, pai e filho, ver nota 33 do Sétimo livro. Bernhard Christoph Breitkopf foi o fundador de uma casa editorial que, mais tarde, viria a se chamar Breitkopf & Härtel, a mais antiga editora de partituras de que se tem notícia. Por ocasião de sua morte, aos 83 anos de idade, era o editor mais conhecido em toda a Alemanha.
39 Bernhard Theodor Breitkopf (1749-1820), neto do patriarca da família.
40 Christoph Gottlob Breitkopf (1750-1800), neto do patriarca da família.

dispersei-as em meio ao restante de meus pequenos poemas.[41] O pai, que inventara ou aperfeiçoara a técnica de impressão de partituras, colocou sua bela biblioteca à minha disposição, cujas obras, em geral, versavam sobre a origem e o desenvolvimento da imprensa; valendo-me dessa oportunidade, pude aprender várias coisas sobre essa área. E encontrei ali ainda uma coleção de belas gravuras com motivos da Antiguidade, da qual também pude me servir para levar adiante meus estudos nesse campo, tanto mais motivado pelo fato de que a respeitável coleção de gemas antigas, em cópias moldadas,[42] havia sido toda desordenada durante a mudança. Na medida do que me era possível, dispus-me a colocá-la de novo em ordem e, nisso, senti-me obrigado a recorrer a Lippert e outros autores. No mesmo prédio residia também um médico, o doutor Reichel,[43] com quem eu me consultava regularmente, pois ainda que não me encontrasse exatamente enfermo, não me sentia muito disposto. E assim íamos todos levando aquela nossa vida tranquila e agradável.

Esse meu círculo de relações se ampliaria ainda mais quando o gravurista Stock[44] se mudou para a mansão dos Breitkopf. Nascido na cidade de Nürnberg, era um homem extremamente dedicado, muito minucioso e organizado em seus trabalhos. Assim como Geyser, ele também partia de desenhos de Oeser para fazer suas águas-fortes nos mais variados tamanhos, uma atividade que crescia cada vez mais em função dos pedidos de ilustração de poemas e romances. Ele era extremamente caprichoso no processo de gravação, de modo que os trabalhos saíam praticamente prontos de seu banho em água-forte, sem requerer maiores retoques com o buril, instrumento que ele manejava com excelência. Costumava estimar com precisão o tempo necessário para realizar a gravação de cada placa e nada era capaz de desviá-lo

---

41 Ver nota 85 do Sétimo livro, à p.343. Alguns desses poemas seriam integrados às edições de 1785 e 1815 das obras de Goethe.

42 Em alemão: *Schwefelsammlung*, ou simplesmente *Schwefel* (enxofre). A expressão, que se refere a cópias moldadas de gemas antigas e finamente lavradas, alude ao composto químico (sulfato de cálcio) presente, em sua forma mineral, na gipsita e, a partir daí, no gesso, material então amplamente utilizado nas técnicas de moldagem.

43 Georg Christian Reichel (1717-1771), médico e professor de medicina na Universidade de Leipzig.

44 Johann Michael Stock (1737-1773), gravurista.

de seu trabalho enquanto não cumprisse a meta diária que havia estabelecido. Assim, passava o dia inteiro sentado junto a uma ampla mesa de trabalho, diante da grande janela de empena de um cômodo muito limpo e bem arrumado, na companhia doméstica de sua esposa e duas filhas.[45] Quanto às duas meninas, uma seria muito feliz no casamento e a outra se tornaria uma artista excepcional; ao longo de nossas vidas, nunca mais deixamos de ser bons amigos. Passei então a dividir meu tempo entre os andares superiores e inferiores da grande mansão e acabei me apegando bastante àquele homem que, a despeito de incansavelmente dedicado, possuía um senso de humor espetacular e era a bondade em pessoa.

Sentia-me fascinado pelo apuro técnico daquela forma de arte e, em companhia do artista, arrisquei também as minhas próprias águas-fortes. Minha atenção voltava-se agora novamente para as paisagens, que, entretendo-me ao longo de longas e solitárias caminhadas, pareciam-me mais acessíveis e artisticamente apreensíveis do que a figura humana, diante da qual eu me sentia intimidado. Seguindo suas orientações, gravei várias paisagens a partir de quadros de Thiele[46] e de outros artistas; e ainda que executadas por mão tão destreinada, essas peças acabariam produzindo um certo efeito e seriam bem acolhidas. Havia muito que fazer durante todo o processo: o escovamento das placas, sua pintura com a base branca, a gravação, em si mesma, e, por fim, o banho de água-forte; mas logo fui pegando o jeito das coisas, ao ponto de poder auxiliar meu mestre em algumas dessas etapas. Não me faltava a atenção necessária para o banho de água-forte e apenas muito raramente algo me saía errado; mas não tinha cuidado suficiente para me proteger dos vapores nocivos que costumam se desprender nesse processo e é bem provável que eles tenham contribuído decisivamente para o surgimento dos males que me assolariam mais tarde. Para que eu pudesse experimentar de tudo um pouco, de vez em quando eu alternava

---

45 Johanna Dorothea Stock (1760-1832), a filha mais velha, tornou-se pintora e realizou retratos de personalidades como Mozart e Schiller. Anna Maria Jacobine Stock (1762-1843), a mais nova, foi mãe de Theodor Körner (1791-1813), poeta e dramaturgo alemão.

46 Johann Alexander Thiele (1685-1752), pintor da corte de Dresden, conhecido por suas paisagens. Duas das águas-fortes produzidas por Goethe seriam preservadas.

esses trabalhos com o exercício de entalhe na madeira; e cheguei mesmo a preparar várias pequenas vinhetas à moda francesa, algumas das quais resultariam aceitáveis.

Mas deixem-me lembrar aqui ainda de alguns outros homens que viviam nessa época em Leipzig ou que passaram então algum tempo na cidade. Weisse,[47] o coletor distrital de impostos, era um sujeito simpático, alegre e obsequioso, que, ainda em seus melhores anos, tinha toda nossa estima e admiração. Embora não quiséssemos tomar suas peças de teatro como absolutamente exemplares, elas sempre conseguiam nos cativar, e suas óperas, tão graciosamente animadas por Hiller,[48] sempre nos davam grande prazer. Schiebeler,[49] que vinha de Hamburgo, seguia pelo mesmo caminho e sua ópera *Lisuart e Dariolette* também encontraria grande acolhimento entre nós. Eschenburg[50], um rapaz jovem e de boa aparência, não muito mais velho que nós mesmos, sobressaía-se e muito entre os estudantes. Zachariä[51] aceitaria passar algumas semanas em Leipzig e, apresentado por seu irmão, jantava conosco na *mesma* mesa. Nós considerávamos, apropriadamente, uma honra revezarmo-nos na tarefa de fazer as vontades de nosso convidado, pedindo ora um prato um pouco diferente, ora uma sobremesa mais substanciosa ou um vinho mais especial. Ele, de sua parte, homem alto, forte e bem animado, não fazia a menor questão de dissimular seu gosto por uma boa mesa. Lessing também passaria pela cidade nessa época,[52] mas não sei o que tínha-

---

47 Christian Felix Weisse (1726-1804), além de coletor de impostos, foi um escritor prolífico e de grande repercussão em sua época. Ver nota 53 do Sexto livro, à p.306.

48 Johann Adam Hiller (1728-1804), compositor alemão bastante popular no século XVIII, famoso por seus *Singspiele*, espécie de peça cantada, semelhante às óperas cômicas francesas do século XVII.

49 Daniel Schiebeler (1741-1771), jurista e escritor de Hamburgo. Sua ópera cômico-romântica, *Lisuart und Dariolette, oder Die Frage und die Antwort* (1766), foi musicada igualmente por Hiller.

50 Johann Joachim Eschenburg (1743-1820) trabalharia com Wieland no projeto da primeira tradução alemã das obras completas de Shakespeare (1775-1782). Foi um influente crítico e teórico da literatura.

51 Justus Friedrich Wilhelm Zachariä (1726-1777). No que diz respeito a seu irmão, ver nota 37 do Sétimo livro, à p.324.

52 Lessing passaria por Leipzig entre abril e maio de 1768, para resolver questões com seu editor.

mos então em nossas cabeças, pois agradava-nos a ideia de não lhe fazer o favor de ir ao seu encontro; e chegamos mesmo a evitar os lugares em que sabíamos que ele podia estar. É provável que nos julgássemos bons o bastante para manter certa distância, não ousando, portanto, qualquer forma de aproximação. Por causa dessa tolice momentânea, nada incomum entre jovens presunçosos e afetados, eu acabaria sendo castigado mais tarde, pois nunca mais teria ocasião de ver com meus próprios olhos esse homem que eu tinha na minha mais alta conta.

Entre todos aqueles que se dedicavam então ao campo da arte e da Antiguidade, já não havia mais quem não levasse em consideração as reflexões de Winckelmann, cujas virtudes vinham sendo reconhecidas com entusiasmo por todos os cantos de nossa terra pátria. Líamos seus escritos diligentemente, procurando entender, em especial, as circunstâncias em que ele escrevera os primeiros. Logo descobrimos neles várias ideias que pareciam ecoar as de Oeser; e, de fato, até mesmo as tiradas e os gracejos soavam-nos bem ao seu estilo. Diante disso, não pudemos sossegar até conseguirmos formar uma imagem mais clara da situação em que haviam surgido aquelas obras tão notáveis e, ao mesmo tempo, tão enigmáticas. Contudo, não procedemos de modo muito rigoroso, afinal, os jovens preferem mais a diversão do que a instrução – e esta, por sinal, não seria a última vez que eu ficaria devendo, a páginas sibilinas, um passo tão importante em minha formação.

Aquela era uma bela época para a literatura; grandes homens ainda eram tratados com respeito, embora as querelas de Klotz e as controvérsias de Lessing[53] já anunciassem o fim iminente daqueles tempos. Winckelmann gozava de uma veneração generalizada e indiscutível, e é bem sabido o quanto ele era sensível a qualquer manifestação de natureza pública que não lhe parecesse fazer jus a suas virtudes, das quais, aliás, ele tinha plena consciência. Todas as revistas eram unânimes em exaltá-lo, os viajantes mais distintos, ao retornarem de seus encontros com ele, sentiam-se instruídos

---

53 Christian Adolf Klotz (1738-1771), professor da Universidade de Halle, criticaria duramente os escritos de Lessing, em especial no que dizia respeito a suas reflexões sobre *Laocoonte*. Este, por sua vez, não se eximiria de responder a suas críticas, desatando assim uma polêmica, entre os anos de 1768 e 1769, na qual se envolveriam vários outros autores, como Herder, que se voltaria frontalmente contra Klotz.

e embevecidos, e as novas perspectivas que ele abria logo se espalhariam pelos campos da ciência e da vida. O príncipe de Dessau[54] também havia conquistado semelhante admiração. Jovem de ideias boas e nobres, despertava uma impressão muito agradável por onde quer que passasse em suas viagens ou em outras ocasiões. Também Winckelmann se encantara enormemente com ele e, sempre que o mencionava, não o fazia sem acrescentar os mais belos epítetos. A construção de um parque[55] que, na época, era o único em seu gênero, o gosto pela arquitetura, amparada pela atividade de Erdmannsdorff,[56] tudo falava em favor de um príncipe que, fazendo de si próprio um exemplo que iluminava os outros, apresentava-se a seus súditos e serviçais como promessa de uma época de ouro. Foi então que nós, jovens estudantes, pudemos comemorar a notícia de que Winckelmann estaria voltando da Itália, visitaria seu amigo príncipe, faria uma parada em Leipzig para rever Oeser e, portanto, deveria, em breve, dar o ar de sua graça também em nosso círculo. Não tínhamos a pretensão de falar com ele, mas esperávamos poder vê-lo. E como, naqueles tempos, qualquer coisa logo se transformava em pretexto para a diversão, organizamos o coche e os cavalos para ir a Dessau — um lugar encantador e enaltecido pela arte, bem administrado e, ao mesmo tempo, todo embelezado —, onde pretendíamos ficar à espreita, acompanhando de longe, mas com nossos próprios olhos, o périplo daqueles homens que nos eram tão superiores. Só de pensar no reencontro, o próprio Oeser já se punha completamente exaltado. De repente, como um trovão em céu aberto, desabou sobre nós a notícia da morte de Winckelemann.[57] Ainda me lembro bem do lugar em que me encontrava no momento em que soube do acontecido: estava no pátio do castelo de Pleissenburg, não muito longe da portinhola pela qual se tinha acesso à residência de Oeser. Um de meus colegas veio em minha direção, disse-me que Oeser não estava recebendo ninguém e, em seguida, explicou-me a razão. O incidente monstruoso logo desenlaçaria, também, uma repercussão monstruosa; havia

---

54 Leopold Friedrich Franz (1740-1817), príncipe identificado com os ideais humanistas de visada iluminista, especialmente interessado em questões de educação.
55 Referência ao parque de Wörlitz, nos arredores de Dessau, de estilo inglês.
56 Friedrich Wilhelm Erdmannsdorff (1736-1800), arquiteto e paisagista.
57 Winckelmann foi assassinado em Trieste, no dia 8 de junho de 1768.

choro e lamento em toda parte. Sua morte prematura estimularia ainda mais a consideração pelo valor de sua vida. E é possível mesmo que o impacto de suas atividades não tivesse sido tão grande, caso ele tivesse dado continuidade a elas ao longo dos anos, até atingir o avançado da idade. Mas era assim que havia de ser, agora que o destino o havia condecorado com um fim estranho e repugnante, como já fizera com tantos outros homens excepcionais.

 Enquanto me lamentava infinitamente pelo falecimento de Winckelmann, mal podia imaginar que, dali em breve, eu mesmo me veria numa condição preocupante em relação a minha própria vida, pois, em meio a todos esses acontecimentos, minha saúde não havia tomado um rumo dos mais favoráveis. Já trouxera de casa uma certa propensão hipocondríaca, que não somente não desapareceria, como se acirraria com a nova vida sedentária que eu levava. A dor no peito que eu sentia de tempos em tempos desde o incidente em Auerstädt e que, depois de uma queda de cavalo, só fizera se intensificar, deixava-me completamente sem ânimo. Com uma dieta infeliz, acabei desregrando meu trato digestivo; com a pesada cerveja de Merseburg, acabei turbando meu cérebro. O café, que costumava provocar em mim uma sensação muito particular de prostração, especialmente quando o tomava com leite após as refeições, paralisava-me inteiramente as vísceras, como se suspendesse completamente suas funções. Isso tudo começava a me deixar aflito e preocupado, mas não o suficiente para me fazer optar por um estilo de vida mais sensato. Meu humor, suficientemente suscetível aos vigores da juventude, variava entre os extremos do exagero eufórico e do desgosto melancólico. Além disso, entrava então em voga a época dos banhos frios, que eram prescritos incondicionalmente. A cama deveria ser dura e firme, e recomendava-se dormir apenas com um cobertor leve, com o que se deveria suprimir toda a transpiração costumeira. Estes e outros arroubos de insensatez, resultantes da mal compreensão das sugestões de Rousseau, deveriam — como nos era prometido — conduzir-nos de volta à natureza, salvando-nos da força corrompedora dos costumes. Tudo isso somado, aplicado sem o menor critério e em variações sem sentido, acabaria resultando em efeitos dos mais nocivos para muitas pessoas. Quanto a mim, consegui irritar de tal modo a saúde de meu organismo, que, por fim, na tentativa de salvar o todo, seus sistemas particulares se amotinaram e resolveram estourar uma revolução.

Certa noite acordei com uma hemorragia violenta, mal tendo força e presença de espírito suficientes para despertar meu vizinho de quarto. O doutor Reichel foi chamado e veio logo me socorrer, dedicando-me toda a simpatia de sua atenção. Passei vários dias entre a vida e a morte, e mesmo a alegria gerada por uma melhora eventual acabaria sendo arruinada pelo fato de que, juntamente com aquela erupção de sangue, havia se formado, na parte esquerda do pescoço, um inchaço que ninguém havia tido tempo de perceber até então, quando já se havia passado o momento de maior perigo. Contudo, a fase de convalescença é sempre agradável e revigorante, mesmo quando se arrasta longa e parcamente; e como a natureza parecia ter resolvido me ajudar, saí dessa condição mais crítica com a impressão de ter me transformado em outra pessoa. Senti então uma serenidade de espírito que nunca havia experimentado antes e fiquei feliz em perceber que o interior de meu corpo fora libertado, mesmo que externamente ainda estivesse sob a ameaça de um sofrimento que haveria de se prolongar por muito tempo.

Especialmente reconfortante, naquela ocasião, foi perceber quantos homens importantes dedicavam-me sua simpatia, sem que eu de fato fizesse por merecê-la. Digo isso porque não havia um só entre eles a quem eu não houvesse importunado com meu mau humor detestável, a quem eu não tivesse magoado mais de uma vez com meus despropósitos doentios, a quem, por sentir-me injustiçado, eu não houvesse teimado vez ou outra em evitar. Tudo isso havia sido esquecido; tratavam-me da forma mais afetuosa e fizeram de tudo para me entreter e distrair, tanto no período em que fiquei recluso em meu quarto, quanto logo que tive condições de sair. Levavam-me em passeios de coche, recebiam-me em suas casas de campo, assim que logo tive a sensação de estar começando a me recuperar.

Entre esses homens que se me mostraram tão amigos preciso mencionar, antes de qualquer outro, o então conselheiro e futuro burgomestre de Leipzig, doutor Hermann.[58] Das figuras que eu conhecera no círculo de convivência de Schlosser, ele foi o único com quem manteria uma relação mais estável e duradoura. Sem dúvida alguma, poderia dizer-se dele que era um dos estudantes mais aplicados da comunidade acadêmica de Leipzig.

---

58 Ver nota 34 do Sétimo livro, à p. 324.

Frequentava os cursos com extrema regularidade e não se dedicava menos a seus estudos em casa. Passo a passo, sem permitir-se qualquer desvio, pude acompanhar seu percurso até alcançar o grau de doutor e, logo em seguida, tornar-se assessor. Nada do que fazia parecia demandar dele um grande esforço, nada parecia acontecer em sua vida, senão, no seu próprio tempo. Se a suavidade de sua personalidade me atraía, seu modo sempre instrutivo de entreter me cativava completamente. E creio que sua aplicação tão regrada me encantasse ainda mais, justamente porque, através da consideração e estima que ele nutria por mim, sentia-me como se partilhasse de um mérito do qual eu, em hipótese alguma, poderia me gabar.

Hermann era tão regrado em seus negócios quanto no exercício de seus talentos e no desfrute de seus prazeres. Tocava piano com grande desenvoltura e, com muito sentimento, fazia também seus desenhos de observação, encorajando-me a fazer o mesmo. E, de fato, desenhando com giz preto e branco sobre papel cinza e a seu modo, acabaria reproduzindo vários dos salgueiros que margeiam o rio Pleisse e algumas perspectivas bastante simpáticas daquelas águas serenas, conseguindo entregar-me inteiramente a meus mais ardorosos pensamentos enquanto desenhava. Com suas tiradas engraçadas, ele sabia muito bem como reagir ao meu humor esquisito. Lembro-me ainda de alguns bons momentos que passamos juntos, como quando ele me convidou, com uma solenidade jocosa, para um jantar a dois:[59] com o devido requinte e à luz de velas, devoramos então uma lebre que lhe haveria surgido na cozinha como dividendo de suas atividades conselheirescas. E valendo-nos de maneirismos e gracejos bem à moda de Behrisch, temperamos a comida e enaltecemos o espírito do vinho, divertindo-nos como nunca. Que esse homem tão distinto – e ininterruptamente ativo em um ofício tão importante[60] – tenha me assistido tão lealmente naquela enfermidade, de cuja gravidade suspeitava-se, mas não se tinha ainda a real dimensão; que ele então tenha dedicado a mim todo o seu tempo livre e, lembrando-me de nossos momentos mais divertidos, tenha

---

59 Em alemão: "unter vier Augen", a quatro olhos.
60 Alusão aos inúmeros mandatos de Hermann na prefeitura da cidade de Leipzig, conforme nota 34 do Sétimo livro, à p.324.

sabido me animar nas horas mais sombrias, isso tudo eu reconheço, hoje, na forma mais sincera da gratidão e, mesmo depois de tanto tempo, alegro-me em poder prestar-lhe publicamente meus agradecimentos.

Além desse meu valoroso amigo, também Gröning,[61] da cidade de Bremen, acabaria se empenhando bastante para tomar conta de mim. Conhecêramo-nos não havia muito tempo, mas só pude notar a boa vontade que tinha para comigo por ocasião de minha doença; e foi então que percebi, também, o verdadeiro valor desse privilégio, afinal, nem todo mundo procura se aproximar de pessoas enfermas. Ele não poupava esforços para me divertir, nem para me distrair dos devaneios obsessivos sobre minha própria condição, nem para me prometer que muito em breve eu estaria melhor e com saúde para retomar minhas atividades. Quantas vezes eu não me alegraria, na sequência de nossas vidas, em ouvir o quanto esse homem admirável pôde se mostrar prestativo e benéfico a sua cidade natal em negócios da maior importância.

Foi ainda nessa circunstância que meu amigo Horn[62] fez valer seu amor e sua atenção infatigáveis. E os membros da família Breitkopf, assim como os da família Stock e alguns outros, também me tratariam como a um parente próximo, de modo que a bondade de tantas pessoas gentis e amigas acabaria amenizando e aliviando o peso de minha condição.

Há um homem, porém, de quem tenho de falar aqui mais detalhadamente; um homem que eu havia conhecido naquela mesma época e com quem tinha conversas tão educativas, que eram capazes de me fazer esquecer a triste condição em que eu me encontrava. Trata-se de Langer,[63] que mais tarde se tornaria bibliotecário na cidade de Wolfenbüttel. De erudição e formação excepcionais, encantava-se com meu apetite voraz por conhecimento, que, no grau extremo de uma sensibilidade acirrada por minha doença, manifestava-se de modo absolutamente febril. Ele tentava me tranquilizar com suas considerações sempre muito lúcidas e, embora tenhamos

---

61 Georg Gröning (1745-1825), oriundo de uma família tradicional de Bremen, foi prefeito dessa cidade e, mais tarde, diplomata, condição que o tornaria uma figura pública em toda a Alemanha.

62 Ver nota 10 do Sétimo livro, à p.283.

63 Ernst Theodor Langer (1743-1820).

tido contato por tão pouco tempo, devo muito a ele: pelo quanto soube me orientar em tantos sentidos, mas também por me fazer perceber o rumo que eu tinha então de tomar. E ao saber que nossa relação o colocava numa situação perigosa e delicada, eu me sentiria ainda mais profundamente em débito com esse homem; é que, tendo assumido a antiga posição de Behrisch como tutor do jovem conde de Lindenau, seu pai imporia, ao novo mentor, a condição explícita de não travar qualquer espécie de contato comigo. Apesar disso, curioso para conhecer o sujeito que pintavam de tão perigoso, deu um jeito de me encontrar em casa de terceiros. Logo conquistei sua simpatia; e sendo mais ponderado do que Behrisch, passava em minha casa à noite. Saíamos então para uma caminhada, conversávamos sobre coisas interessantes e, em seguida, eu o acompanhava até a porta da casa de sua namorada — afinal, nem mesmo esse homem douto, sério e aparentemente tão severo conseguira se livrar das malhas sedutoras de uma jovem dama.

A literatura alemã e, com ela, minhas próprias investidas poéticas haviam se tornado, já havia algum tempo, coisas completamente estranhas para mim. E como geralmente acontece nessas circunvoluções autodidáticas, voltei aos meus caros autores da Antiguidade, que, como montanhas azuis distantes, claras em sua massa e em seus perfis, mas indecifráveis em suas partes e relações internas, davam contornos ao horizonte de meus desejos intelectuais. Fiz uma troca com Langer, em que desempenhei, ao mesmo tempo, o papel de Glauco e de Diomedes:[64] passei-lhe balaios cheios de poetas e críticos alemães e, em contrapartida, recebi um grande número de autores gregos, cuja leitura acabaria se revelando extremamente revigorante para mim, mesmo durante um processo tão longo de recuperação.

A confiança que dois amigos dedicam um ao outro no início da amizade costuma se desenvolver gradativamente. Em geral, é nas ocupações e nos interesses em comum que se sobressai primeiramente uma afinidade mútua. E a isso, não raro, seguem-se as confidências de paixões pretéritas ou presentes, com especial destaque para as aventuras amorosas. Mas quando a relação se consolida de verdade, algo ainda mais profundo se manifesta: os sentimentos religiosos, aqueles assuntos do coração que têm uma relação

---

[64] Referência à cena da troca de armaduras entre Glauco e Diomedes, no canto VI da *Ilíada*.

com o perene e que, a um só tempo, firmam a base de uma amizade e coroam seu apogeu.

Naquela época, a religião cristã oscilava entre seu próprio positivismo historicista e um deísmo puro, que, fundado em questões éticas, deveria constituir os fundamentos da moral. Nesses embates, as diferenças de personalidade e de modos de pensar manifestavam-se em infinitas gradações, mas a diferença principal estava ligada à proporção em que a razão e o sentimento poderiam ou deveriam tomar parte de tais convicções. Os homens mais vivazes e inteligentes pareciam agir como borboletas, que, ignorando muito despreocupadamente sua fase de lagarta, lançam fora a crisálida em que atingiram sua perfeição orgânica. Outros, mais leais e modestos, poderíamos compará-los às flores, que, mesmo quando logram desabrochar a mais bela floração, não se desapegam de sua raiz nem de seu caule materno; e mais, somente por meio desse vínculo familiar são capazes de fazer amadurecer o fruto desejado. Langer era desse segundo tipo de homem. Embora fosse um erudito e um exímio conhecedor de livros, reservava à Bíblia uma predileção especial e acima de outros escritos tradicionais, vendo-a como o único documento ao qual podíamos fazer remontar nossa genealogia moral e espiritual. Ele fazia parte daquele grupo de pessoas que não conseguiam aceitar a ideia de uma relação direta com o grande Deus do universo; daí que assumisse como imprescindível haver sempre uma forma de mediação, para a qual ele acreditava encontrar analogia em todas as coisas terrenas e celestiais. Suas exposições agradáveis e consequentes encontraram acolhida fácil num jovem que, privado das coisas terrenas por uma doença fustigante, achava então mais do que desejável orientar a vitalidade de seu espírito na direção das coisas divinas. Bom conhecedor da Bíblia como eu era, bastava apenas um pouco de fé para conseguir declarar como divino algo que eu, até então, admirara apenas de um ponto de vista humano — e isso não me custaria muito, já que, originalmente, esse livro me havia sido apresentado como algo divinal. Para um sujeito resignado, frágil e até mesmo fraco de sentimento, o Evangelho era muito bem-vindo. E ainda que, com toda sua fé, Langer fosse também um homem muito razoável e insistisse firmemente que não devíamos deixar a emoção tomar conta de nós — o que poderia acabar nos levando a fanatismos —, não havia a menor hipótese de eu conseguir me ocupar do Novo Testamento sem me deixar levar pelo sentimento e entusiasmo.

Passávamos horas conversando sobre essas coisas todas; e como eu me revelasse um prosélito fiel e bem preparado, Langer foi ganhando afeição por mim. Não se importava em dedicar-me uma boa parte do tempo que reservara para sua amada, mesmo correndo o risco de ser denunciado e, como Behrisch, de acabar sendo mal visto por seu patrão. Era com extrema gratidão que eu correspondia a sua simpatia; e se aquilo que ele fazia por mim já seria digno da mais alta estima e consideração em situações normais, ele merecia ainda mais o meu respeito por fazê-lo na condição em que eu então me encontrava.

Contudo, quando a harmonia das almas se afina espiritualmente, é comum também que os tons crus e gritantes da vida mundana surjam-nos de maneira mais violenta e impetuosa, e que a ação sempre contínua e velada do contraste, fazendo notar-se de repente, tenha um efeito ainda mais inquietante. Assim, eu não deixaria a escola peripatética de Langer sem antes ter vivenciado um acontecimento que, ao menos para Leipzig, era algo bastante incomum, a saber, um tumulto[65] provocado pelos estudantes, como explicarei a seguir. Alguns rapazes haviam se desentendido com os soldados da cidade, o que não se deu sem alguma agressão física. Alguns estudantes resolveram então se unir para vingar as ofensas que lhes haviam sido infligidas, mas os soldados resistiriam ferrenhamente e, por fim, o embate não favoreceu o lado dos cidadãos acadêmicos, que ficaram bastante insatisfeitos. Para completar, circulou então a notícia de que algumas personalidades[66] muito distintas teriam elogiado e recompensado os vencedores por sua brava resistência. Isso só fez provocar ainda mais fortemente o sentimento juvenil de honra e vingança. Surgiram então rumores de que, na noite seguinte, janelas seriam quebradas; e alguns de meus amigos, que me haviam trazido a notícia de que aquilo de fato aconteceria, tinham de me levar de qualquer jeito até o local do acontecido – afinal, a juventude e a multidão

---

65 O tumulto acontece em razão de uma tentativa do então reitor da universidade, o conselheiro Böhme, de limitar os direitos dos estudantes.

66 Entre elas, Christian Gottlob Frege (1715-1781), banqueiro e comerciante de Leipzig.

são sempre atraídas pelo perigo e pelo tumulto. Um espetáculo muito estranho estava por começar. A rua, que costumava ficar vazia, estava agora tomada, em uma de suas laterais, por pessoas que, sem fazer qualquer barulho ou agitação, esperavam ali tranquilamente para ver o que ia acontecer. Em sua faixa central, cerca de uma dúzia de rapazes, cada um por si, andava de um lado para o outro, aparentando a mais absoluta indiferença. Mas assim que passavam em frente à casa previamente designada, atiravam pedras em suas janelas; e faziam isso repetidas vezes, em seu caminho de ida e de volta, enquanto houvesse vidraças a estilhaçar. Por fim, tudo acabou do mesmo modo tranquilo que havia começado e a história toda não teria maiores consequências.

Foi em meio a essas estrondosas reverberações das façanhas acadêmicas que, em setembro de 1768, deixei a cidade de Leipzig no conforto de uma carruagem fretada[67] e na companhia de algumas pessoas conhecidas e de confiança. Nos arredores de Auerstädt lembrei-me do acidente que tivera ali, mas não podia nem suspeitar o perigo muito maior que, muitos anos depois, vindo também daquele lugar, ainda haveria de me ameaçar;[68] tampouco podia imaginar, então, que, em Gotha, onde visitamos o castelo, eu ainda receberia tantas demonstrações[69] de gentileza e afeição naquele mesmo salão de honra, todo decorado com seus detalhes em estuque.

Quanto mais eu me aproximava de minha cidade natal, mais eu ficava apreensivo, lembrando-me em que condições e com que planos e expectativas eu havia saído de casa. Voltar agora como se eu fosse praticamente um náufrago era muito deprimente, mas como não havia nada em particular pelo que eu pudesse de fato me recriminar, consegui manter certa tranquilidade. As boas-vindas, porém, não se dariam sem que eu me comovesse.

---

67 Em alemão: "Wagen eines Hauderers". Referência a um tipo de carruagem guiada por um cocheiro contratado (*Mietkutscher, Mietfuhrmann*); diferente, portanto, da carruagem mais simples dos correios.

68 Nesse mesmo local seria travada, em 1806, a Batalha de Iena-Auerstädt, em que Napoleão derrotou os exércitos prussianos. A derrota desencadearia uma série de saques na região, ameaçando também a casa de Goethe na cidade de Weimar, onde ele residiria a partir de 1775.

69 No período de Weimar, Goethe frequentaria com certa regularidade os círculos do duque Ernst II, de Saxe-Coburg e Gotha.

Minha natureza intensa, ainda mais sensibilizada e acirrada pela enfermidade, acabou extravasando uma cena de grande emoção. Minha aparência devia estar muito pior do que eu próprio imaginara, até mesmo porque havia muito eu já não pedia conselhos a nenhum espelho – e quem não acaba se acostumando a sua própria imagem? Enfim, ficou implícito que deixaríamos as perguntas e os relatos para mais tarde e que, antes de mais nada, eu devia tratar de me recuperar física e mentalmente.

Minha irmã logo veio ter comigo e pude então tomar conhecimento, com mais precisão e detalhe, da situação geral e das relações familiares, às quais ela já havia aludido em suas cartas. Depois de minha partida, meu pai passou a concentrar em minha irmã todo o seu diletantismo didático e, mantendo-a sempre ocupada nos domínios da casa – agora não apenas mais segura em razão da paz vigente, como também livre de quaisquer inquilinos –, havia podado quase todas as possibilidades de ela ter algum contato social ou qualquer diversão fora desses limites domésticos. Ela tinha de continuar estudando e praticando alternadamente o francês, o inglês e o italiano, ainda que fosse obrigada a passar a maior parte do dia em frente ao piano. Ela também não deveria se descuidar dos exercícios de escrita e eu já havia percebido como meu pai controlava a correspondência que ela mantinha comigo, fazendo com que seus ensinamentos chegassem até mim pelas missivas de minha irmã. Minha irmã era – e assim continuaria sendo – um ser indefinível, a mais rara combinação de dureza e doçura, de obstinação e condescendência, qualidades que agiam ora em conjunto, ora individualmente, conforme suas vontades e preferências. De uma maneira que me pareceu assustadora, ela voltaria toda sua dureza contra meu pai, a quem ela não conseguia perdoar por não lhe ter permitido ou mesmo por ter estragado, ao longo daqueles três anos, o prazer de algumas alegrias tão inocentes; tampouco ela conseguia reconhecer nele qualquer uma de suas grandes qualidades. Ela executava tudo o que ele pedia ou mandava, mas sempre com a maior má vontade do mundo; e se o fazia exatamente conforme suas ordens, também não se prestava a fazer nada a mais, nada a menos. Aliás, não se acomodava a nada por amor ou complacência, e esta foi uma das primeiras coisas de que minha mãe viria se queixar comigo em conversa particular. Todavia, como minha irmã era tão carente de carinho como qualquer outra criatura nesse mundo, ela acabaria concentrando em mim toda sua afeição. Sua preocupação em me cuidar e me entreter consumiam todo o seu tempo; e suas colegas – que eram dominadas por ela, sem que ela se desse conta disso – também tinham de encontrar um modo de me consolar e divertir. Ela era inventiva em seu jeito de me agradar e penso mesmo que chegou a desenvolver alguns laivos de um humor burlesco, que eu nunca havia notado nela antes, mas que lhe caíam muito bem. Logo criamos uma espécie de linguagem cifrada [*Koteriesprache*], com a qual podíamos falar de todo mundo sem que ninguém nos entendesse; e, com muito atrevimento, ela se servia com frequência desse nosso idioma[70] até mesmo na presença de nossos pais.

Pessoalmente meu pai parecia estar muito bem. Sentia-se bem de saúde, passava uma boa parte de seu dia envolvido com a educação de minha irmã, continuava trabalhando em seus relatos de viagem e gastava mais tempo afinando seu alaúde do que o tocando. Ele fazia o possível para disfarçar o desgosto de ver diante de si um filho que, ao invés de ser um indivíduo vistoso e cheio de energia, prestes a se doutorar e a seguir a carreira planejada, não passava de um mazelado, que parecia sofrer ainda mais da alma do que do corpo. Não ocultava seu desejo de querer acelerar o expediente da cura e eu tinha de tomar bastante cuidado para não deixar transparecer minhas manifestações hipocondríacas em sua presença, já que a isso ele costumava reagir com veemência e amargor.

Minha mãe, de natureza mais viva e alegre, acabaria passando alguns dias muito enfadonhos em razão dessas circunstâncias. Os cuidados com a casa não lhe tomavam muito tempo, de modo que a mente daquela mulher tão bondosa, que internamente não conseguia ficar nunca desocupada, estava sempre em busca de algo que pudesse ser de seu interesse. Aquilo que se lhe oferecia mais imediatamente era a religião, assunto com o qual minha mãe se envolveria ainda mais fervorosamente, na medida em que suas melhores amigas eram todas devotas sinceras e esclarecidas. Entre elas, uma merece destaque especial: a senhorita von Klettenberg,[71] a mesma pessoa que, com suas conversas e cartas, inspiraria as minhas "Confissões de uma bela alma",

---

70 Em alemão: *Rotwelsch*.
71 Susanne Katharina von Klettenberg (1723-1774), tia e amiga da mãe de Goethe.

que podem ser lidas no *Wilhelm Meister*.[72] Era uma mulher de constituição delicada, de altura mediana, e a ampla experiência do trato social e cortês havia tornado ainda mais agradável seu jeito naturalmente cordial de ser. Seu modo muito singelo de se trajar lembrava a forma de vestir das mulheres hernutas, e a amabilidade e a placidez jamais pareciam abandoná-la. Ela considerava sua doença uma parte necessária de sua existência passageira na Terra; sofria suas dores com a maior paciência e, nos momentos de alívio, revelava-se sempre uma figura muito animada e faladora. Seu assunto predileto – e talvez fosse mesmo o único – eram as experiências de ordem moral que o ser humano é capaz de observar em si mesmo. A isso somavam-se ainda os sentimentos religiosos, que ela, com seu jeito gracioso e mesmo muito engenhoso, compreendia tanto de um modo natural quanto de um modo sobrenatural. Não é preciso aqui muito mais para lembrar, aos amigos de tais retratos, a descrição detalhada de sua alma que fiz noutra ocasião. O percurso todo particular que ela havia traçado desde a juventude, o fato de ter nascido e ter sido educada em uma classe mais abastada, assim como o vigor e a singularidade de seu espírito, faziam com que, em geral, ela não se desse muito bem com as demais mulheres que enveredavam por caminhos semelhantes em busca da redenção. A senhora Griesbach,[73] por exemplo, que era a mais distinta entre elas, parecia demasiadamente severa, ríspida e professoral; ela sabia, pensava e compreendia mais do que as outras, que, em geral, já se contentavam com o desenvolvimento de seu próprio sentimento. Sendo assim, acabava se tornando um fardo para suas amigas, pois não é todo mundo que quer ou que consegue carregar consigo um aparato tão grande ao longo do caminho da bem-aventurança. Essas suas amigas, por sua vez, acabavam se tornando um tanto monocórdicas ao se apegarem tão rigidamente a uma terminologia que bem poderíamos comparar às expressões tardias dos sentimentalistas.[74] Já a senhorita von Klettenberg traçava seu próprio caminho por entre esses dois extremos e, com alguma

---

72 Von Klettenberg serve de inspiração para a protagonista do sexto livro de *Anos de aprendizagem de Wilhelm Meister*.
73 Johanna Dorothea Griesbach (1726-1775).
74 Em alemão: "die späten Empfindsamen". "Empfindsamen" se refere a *Empfindsamkeit* (sentimentalidade), forma de expressão secular do pietismo no século XVIII.

autocomplacência, parecia espelhar-se na figura do conde de Zinzendorf,[75] cujas ações e convicções davam provas de sua origem nobre e de sua condição mais privilegiada. Não é de se admirar, portanto, que ela encontrasse em mim tudo o que desejava: uma criatura jovem, cheia de vida e que também almejava uma forma desconhecida de redenção; uma criatura que, se não podia ser tomada exatamente como pecadora, também não se encontrava exatamente em uma condição feliz, tampouco era saudável de corpo e de alma. Ela se encantava tanto com meus talentos naturais quanto com as coisas que eu havia aprendido. E se reconhecia em mim várias virtudes, não fazia isso nunca como uma forma de autodepreciação: em primeiro lugar, porque não passava por sua cabeça qualquer forma de concorrência com uma figura masculina; e, em segundo lugar, porque ela se considerava muito à frente de mim no que concerne à formação religiosa. Minha inquietude, minha impaciência, meus afãs, minhas buscas, minhas questões, minhas reflexões e minhas dúvidas, tudo ela interpretava a seu modo. E não fazia a menor questão de dissimular sua opinião; ao contrário, garantia-me, sem rodeios, que tudo se devia ao fato de eu não ter me reconciliado com Deus. Eu, no entanto, desde minha adolescência, acreditava não ter qualquer problema de relação com meu Deus. Aliás, depois de passar por certas experiências, cheguei mesmo a pensar que ele estaria em débito comigo, sendo ousado o suficiente para achar que, em nossa relação, eu é quem tinha algo a perdoar. Tal presunção remontava à impressão de que, em algumas ocasiões, ele poderia ter me amparado melhor no exercício de minha boa vontade. Fosse como fosse, não é difícil de imaginar o quão frequentemente minha amiga e eu esbarrávamos em divergências quanto a essas questões, mas tudo se dava sempre de maneira extremamente gentil; e, vez ou outra, nossas discussões acabavam como minhas antigas conversas com o doutor Albrecht,[76] quando então a ouvia me dizer que eu era mesmo um garoto doido e que, sendo assim, era preciso relevar algumas coisas.

---

75 Nikolaus Ludwig von Zinzendorf (1700-1760), o conde de Zinzendorf, foi o fundador da Comunidade dos Irmãos Hernutos (*Hernhuter Brüdergemeine*), seita pietista também conhecida como Igreja dos Irmãos Morávios.

76 Ver nota 16 do Quarto livro, à p.157.

O inchaço em meu pescoço causava-me um grande incômodo. No princípio, o médico e o cirurgião[77] haviam pensado em tentar conter aquela excrescência; em seguida, porém, acharam melhor deixá-la "amadurecer", como eles mesmos diziam; por último, resolveram lancetá-la. Assim, por um bom tempo sofri mais com o desconforto da situação do que propriamente com as dores que eu sentia; na fase final do tratamento, porém, o processo infindável de cauterização com pedra-infernal[78] e com outras substâncias corrosivas acabaria conferindo uma perspectiva aterradora a cada novo dia por vir. O médico e o cirurgião[79] integravam aquele mesmo grupo de pietistas de viés separatista, embora fossem pessoas muito diferentes entre si. O cirurgião era um homem elegante e esguio, de mãos leves e habilidosas; infelizmente era algo tísico, mas suportava sua condição com uma paciência verdadeiramente cristã e não deixava que seu mal prejudicasse o exercício de seu ofício. Já o médico era um homem abstruso, de olhar arguto e de palavras gentis, e por mais inescrutável que parecesse, havia conquistado uma enorme confiança de todos aqueles que participavam de tais círculos mais devotos. Sempre muito atento e solícito, sabia bem como consolar seus pacientes; o que mais contribuía para ele aumentar a clientela, no entanto, era o modo talentoso com que aludia a alguns medicamentos misteriosos – que teriam sido preparados por ele –, mas sobre os quais ninguém deveria comentar, uma vez que, aos médicos, então, era rigorosamente proibida a manipulação de seus próprios remédios. No caso de determinados pós – que deveriam ser alguma espécie de digestivo –, ele não parecia agir assim tão sigilosamente; mas quando se tratava do mais importante de seus sais, que só deveria ser empregado em casos extremos, ele tomava o cuidado de mencionar apenas entre seus clientes mais fiéis e devotos – embora nunca ninguém o tivesse de fato visto, tampouco provado de seus efeitos. Para estimular e reforçar a crença nas potencialidades de um remédio universal como este, o médico costumava recomendar a

---

77 No século XVIII, médico (*Arzt*) e cirurgião (*Chirurg, Wundarzt*) ainda eram duas profissões completamente distintas, cabendo exclusivamente à segunda as intervenções cirúrgicas.
78 Em alemão: *Höllenstein*. Nome popular do nitrato de prata.
79 O médico era Johann Friedrich Metz; o cirurgião chamava-se Chrisp.

seus pacientes – quando sabia poder contar com certa receptividade – a leitura de certos livros místicos sobre química e alquimia, dando a entender que, através do estudo do assunto, qualquer pessoa seria capaz de produzir aquela mesma preciosidade. E isso, aliás, ele afirmava ser mesmo necessário, já que, por razões tanto físicas quanto morais, o preparado não era simplesmente transmissível de uma pessoa para outra. Na verdade, para que se pudesse reconhecer, produzir e utilizar uma grande obra como aquela, seria preciso conhecer os segredos da natureza e de suas relações; isso porque não se tratava de algo particular, mas, sim, de algo universal, de algo que poderia se manifestar nas mais diversas formas e figuras. Minha amiga deixara se levar por essas palavras tentadoras. A salvação do corpo estaria intimamente relacionada à salvação da alma; e, sendo assim, haveria gesto de maior benevolência e compaixão para com o outro do que se apropriar de um instrumento através do qual se pudesse aliviar tantos sofrimentos e evitar tantos riscos? Ela já havia estudado, em segredo, o *Opus mago-cabbalisticum*, de Welling,[80] mas como esse autor parecia sistematicamente obscurecer ou suspender a luz que ele mesmo transmitia, ela procurava, então, um amigo que lhe pudesse fazer companhia nesses momentos de alternância entre a luz e a escuridão. Não foi preciso muito para que eu também fosse logo inoculado com a mesma doença. Tratei de comprar a obra, que, como todos os escritos de seu gênero, remontava sua genealogia diretamente à escola neoplatônica. Ao ler o livro, concentrei todos os meus esforços em identificar as tais remissões obscuras – em que o autor lançava o leitor de uma passagem à outra, prometendo revelar, mais adiante, o que, na passagem em questão, parecia preferir ocultar –, com o cuidado de anotar, nas margens do livro, os números das páginas em que se deveriam encontrar as respectivas passagens esclarecedoras. A despeito de todo o meu esforço, a obra ainda continuaria suficientemente obscura e incompreensível, a não ser pelo fato de que, ao fim e ao cabo, acabamos nos familiarizando com uma certa terminologia; e já que podíamos nos valer dela como bem desejássemos, tínhamos ao menos

---

80 Referência à obra *Herrn Georgii von Wellings Opus Mago-Cabbalisticum et Theosophicum, darinnen der Ursprung, Natur, Eigenschaft und Gebrauch des Salzes, Schwefels und Mercurii* [...] *beschrieben* [...] *wird*, de Georg von Welling (1652-1727), escrita em 1721 e publicada em 1735.

a impressão de poder dizer alguma coisa, dado que nem sempre era o caso de entender o que dizíamos. A referida obra mencionava com grande deferência os seus precursores, o que nos motivou a ir atrás dessas fontes. Foi assim que passamos a nos dedicar às obras de Teophrastus Paracelsus[81] e Basilius Valentius,[82] bem como aos escritos de Helmont,[83] de Starkey[84] e de outros, cujos ensinamentos e prescrições, mais ou menos baseados na natureza e na imaginação, nós tentávamos então entender e seguir. A obra que mais me agradou foi a *Aurea catena Homeri*,[85] em que a natureza é apresentada em um belo encadeamento, ainda que talvez de maneira fantástica. Enfim, ora sós, ora em conjunto, dedicamos muito tempo a essas curiosidades; e, nas noites daquele longo inverno em que não pude nem mesmo sair de casa, passamos ótimos momentos juntos, contando vez ou outra também com a companhia de minha mãe. Nós três nos divertíamos então mais com a descoberta de cada um daqueles mistérios do que sua própria revelação teria sido capaz de fazer.

Todavia, a mim se reservava ainda uma provação muito dura: uma digestão bastante perturbada, para não dizer que era praticamente nula em certos momentos, resultaria em sintomas tão assustadores que, completamente tomado pelo medo, cheguei a acreditar que estava prestes a perder a vida. E não havia remédio que quisesse fazer efeito. Diante dessa condição extrema, minha mãe, cada vez mais aflita, insistiu veementemente com o já constrangido doutor para que ele lançasse mão de seu remédio universal. Certa noite, depois de resistir longamente à insistência de minha mãe, o médico apressou-se até sua casa, no meio da madrugada, e logo voltou com um pequeno frasco repleto de um sal seco e cristalizado, que, uma vez dissolvido em água, deveria ser ingerido pelo paciente. Tinha um forte gosto alcalino e, nem bem o sal havia sido

---

81 Paracelso, pseudônimo de Phillipus Aureolus Theophrastus Bombastus von Hohenheim (1493-1541), importante alquimista, pansofista e ocultista suíço-alemão.
82 Nome atribuído a um monge de Erfurt, que teria vivido no século XV e seria o autor (pessoa histórica não identificada, provavelmente fictícia) de uma série de escritos alquímicos e pansofistas publicados por volta do ano de 1600.
83 Jan Baptist van Helmont (1579-1644), médico, fisiologista e importante pansofista belga.
84 George Starkey (1628-1665), médico, alquimista e pansofista inglês.
85 Publicada em 1723, obra de teor alquímico e pansofista, do rosacruz Anton Joseph Kirchweger (?-1746).

ministrado, logo se evidenciaria um alívio da condição. A partir daquele exato momento, a doença simplesmente reverteria seu curso, seguindo então gradativamente em direção à recuperação. Mal posso dizer o quanto isso fortaleceria a confiança geral em nosso médico, assim como também intensificaria nossa dedicação para adquirir aquele tesouro.

Minha amiga, que, não tendo outros familiares, morava sozinha em uma casa grande e bem localizada, já havia começado a se equipar mesmo antes desse episódio, adquirindo um pequeno forno experimental,[86] frascos de laboratório e retortas de tamanho apropriado. Seguindo as indicações de Welling e as dicas importantes que recebia de nosso médico e mestre, ela fazia experimentos especialmente com ferro, do qual se dizia que era possível extrair as maiores forças curativas, uma vez que se soubesse decompô-lo. E como o sal do ar[87] desempenhava um papel importante em todas as obras que nos eram conhecidas e, portanto, também tinha de ser obtido por processos alquímicos, era preciso recorrer ao uso de elementos alcalinos. Estes, liquefazendo-se em contato com o ar, deveriam ligar-se então às substâncias etéreas, produzindo, *per se*, um sal médio[88] misterioso e muito especial.

Assim que me senti relativamente recuperado e, tirando proveito da chegada da melhor estação, pude voltar ao meu antigo quarto no sótão, comecei também eu a me equipar. O forninho experimental já estava preparado com um banho de areia[89] e muito rapidamente aprendi a usar um pavio aceso para transformar os frascos de vidro em balões de ensaio, onde as mais diversas misturas deveriam evaporar. Pus-me então a manipular, de um modo sempre apurado e misterioso, os ingredientes mais estranhos do macro e do microcosmos, sendo que o maior objetivo era encontrar um modo singular de produzir os tais sais médios. Mas o que acabou mesmo me ocupando por

---

86 Em alemão: *Windofen*. Forno de tiragem natural.
87 Em alemão: *Luftsalz*. Segundo os antigos alquimistas, todas as coisas seriam compostas por três princípios fundamentais: o sal, o mercúrio e o enxofre.
88 Em alemão: *Mittelsalz*. Segundo Welling, uma substância intermediária entre o reino vegetal e o mineral.
89 Em alemão: *Sandbad*. Recipiente com areia, utilizado em processos experimentais que demandam um tempo mais lento, uma área maior de contato e um controle mais preciso do aquecimento.

mais tempo foi o chamado *liquor silicum* (água de vidro [*Kieselsaft*]), composto que se pode obter a partir da fusão da sílica[90] pura com uma determinada dose de substância alcalina, resultando em uma espécie de vidro transparente que se derrete no ar como um líquido belo e cristalino. Quem já teve a oportunidade de realizar esse experimento e de ver esse composto com os próprios olhos não há de repreender aqueles que acreditam na *prima materia*[91] e na possibilidade de se produzir toda sorte de efeitos com ela e a partir dela. Eu havia adquirido uma certa habilidade na obtenção dessa água de vidro; os belos seixos brancos que eu encontrava no rio Meno forneciam o material perfeito e não me faltavam nem o restante das substâncias nem a dedicação necessária para dar conta do experimento. No entanto, acabaria me cansando um pouco de tudo quando percebi que a substância silicosa não tinha jeito de se fundir mais intrinsecamente com o sal — como eu acreditava que deveria acontecer e como prescrevia a minha filosofia —, deixando-se separar muito facilmente ao fim do processo. Por mais belo que fosse aquele mineral líquido — que, vez ou outra, para minha grande surpresa, adquiria a forma de uma geleia animal —, ele ainda persistia em desprender um pó que, era imperativo admitir, não passava de uma sílica bem fina e que, portanto, não revelava nada de excepcionalmente produtivo em sua natureza, nada que pudesse despertar as esperanças de ver a *prima materia* alcançar sua condição maternal.

Por mais estranhas e desconexas que fossem tais experiências, eu acabaria aprendendo muita coisa com elas. Prestava atenção em cada detalhe dos processos de cristalização que se davam em meio aos experimentos e logo comecei a me familiarizar com a forma exterior de alguns compostos naturais. E como sabia que, nos últimos tempos, os objetos da química vinham sendo tratados de modo mais metódico, quis obter uma ideia geral também sobre essas discussões, por mais que, como aprendiz de alquimista, não dispensasse muito respeito aos boticários e a todos aqueles que operavam com

---

90 Em alemão: *Quarzkiesel* (dióxido de silício).
91 Em alemão: *jungfräuliche Erde* — "Terra virgem" ou "virginal", designação alquímica para a *prima materia*, substância primordial que, segundo os alquimistas, seria ubíqua e necessária em todo processo de transformação dos metais — daí ela ser imprescindível, também, na busca da pedra filosofal (a *ultima materia*).

o fogo comum.[92] Nesse impulso, porém, acabei me deixando cativar inteiramente pelo *Compêndio*[93] de Boerhaave, uma leitura que logo me conduziria a outros escritos desse homem tão excepcional. E uma vez que minha longa enfermidade já me havia aproximado tanto das questões medicinais, tive a oportunidade de estudar também seus *Aforismos*,[94] que fiz questão de deixar que se impregnassem tanto em minha memória quanto em meu modo de pensar.

Outra atividade de que eu então me ocuparia – mais humana e muito mais útil naquele momento de minha formação – foi a releitura das cartas que eu escrevera para meus familiares enquanto estava em Leipzig. Não há nada mais esclarecedor sobre nós mesmos do que vermos diante de nós, novamente, aquilo que produzimos alguns anos antes. Podemos então fazer de nós próprios um objeto de observação. Eu, no entanto, ainda era jovem demais e estava demasiadamente próximo da época representada por aqueles escritos. E, em geral, dado que na juventude não conseguimos nos livrar facilmente de certa presunção autocomplacente, acabamos olhando para o nosso passado mais imediato com desdém. Pois como só vamos percebendo pouco a pouco que aquilo que admiramos em nós e nos outros nunca resiste a um exame mais minucioso, passamos a acreditar, então, que a melhor maneira de escapar ao constrangimento é abrir mão daquilo que não acreditamos poder salvar em nós mesmos. Foi exatamente o que me aconteceu. Do mesmo modo que, em Leipzig, fui aprendendo aos poucos a desprezar os meus trabalhos dos tempos de infância, também o meu percurso acadêmico começava a parecer-me, de onde eu então o enxergava, igualmente desprezível, pois, nessa época, não conseguia perceber ainda o quanto aquele primeiro período acadêmico fora importante para mim, especialmente por ter me conduzido a um patamar mais elevado de ideias e de reflexões. Com

---

92 Referência ao calor da chama num sentido não simbólico do fogo; à diferença dos alquimistas, para quem o fogo (em seus vários tipos) tem um valor simbólico, no sentido constitutivo, como energia da matéria.

93 Referência à obra *Institutiones et experimenta chemiae* (1724), do médico e químico holandês Herman Boerhaave (1668-1738).

94 Referência à obra *Aphorismi de cognoscendis et curandis morbis in usum doctrinae domesticae digesti* (1709), também de Boerhaave.

seu zelo e dedicação, meu pai compilaria e mandaria encadernar as cartas todas que eu havia mandado de Leipzig para ele e para minha irmã; e chegou mesmo a corrigi-las diligentemente, consertando cada erro de ortografia e de gramática que pôde encontrar.

A primeira coisa que me chamou a atenção nas cartas foi sua aparência geral; era espantoso notar como eu pudera me descuidar tanto de minha letra no período que se estendia de outubro de 1765 até a metade do mês de janeiro do ano seguinte. E, de repente, em meados de março, surgia uma escrita completamente diferente, de mão serena e disciplinada, que mais lembrava meus esforços caligráficos ao preparar composições para concursos. Minha surpresa logo se traduziu em gratidão para com o bom Gellert, pois, como bem me recordava, em toda redação que lhe entregávamos ele sempre exigia, em seu tom afetuoso, que o exercício da caligrafia se tornasse um dever sagrado, com o qual, segundo ele, deviamos nos preocupar ainda mais do que com o estilo. E ele repetia isso todas as vezes que se deparava com uma letra relaxada ou em garranchos, afirmando, com certa frequência, que adoraria poder fazer da bela caligrafia de seus alunos o maior objetivo de suas aulas, tanto mais porque teria percebido, com o passar dos anos, que uma boa caligrafia costumava ensejar o bom estilo.

Outra coisa que pude observar em minhas cartas é que as passagens em francês e em inglês, ainda que não se eximissem de conter um ou outro erro, haviam sido escritas com grande naturalidade e liberdade. Em minha correspondência com Georg Schlosser[95], que então ainda se encontrava em Treptow, pude dar continuidade à prática dessas línguas; e como nossas missivas nos mantiveram longamente em contato, ele acabaria me ensinando muitas coisas sobre a vida (pois nem sempre tudo saía exatamente como ele esperava) e eu passaria a ter cada vez mais respeito por seu modo nobre e sério de pensar.

Algo que tampouco pude deixar de perceber ao passar os olhos de novo pelas cartas foi que meu bom pai, mesmo com a melhor das intenções, acabara me causando sérios problemas e contribuindo decisivamente para o estabelecimento daquele estranho modo de vida que marcara meus últimos

---

95 Ver nota 73 do Quarto livro, à p.199.

tempos em Leipzig. Ele havia me prevenido inúmeras vezes quanto aos perigos envolvidos nos jogos de cartas; acontece que a madame Böhme, enquanto ainda era viva, conseguiu também me influenciar a seu modo, dizendo-me que as prevenções de meu pai diziam respeito somente às situações de abuso e exagero. Como, de minha parte, reconhecia as vantagens socializantes desse jogo, deixei-me levar pelo que ela dizia. Eu entendia o sentido do jogo, mas faltava-me o espírito. Aprendi fácil e rapidamente as regras de todos os jogos, mas não era capaz de manter a atenção necessária durante toda a noite. Assim, por mais que eu costumasse começar muito bem as partidas, acabava sempre cometendo erros mais tarde, fazendo com que meus parceiros e eu perdêssemos no final — algo que, é claro, deixava-me invariavelmente aborrecido. Era então com muito desgosto que eu participava da ceia servida logo após a jogatina; isso quando não era o caso de eu sair da mesa de jogo direto para casa. Logo depois que madame Böhme — que desde o início de sua fase mais enferma já não me chamava mais para seus carteados — faleceu, a advertência de meu pai voltou a ganhar força. No princípio, eu inventava desculpas para não participar das partidas; mas como, diante disso, ninguém soubesse exatamente o que fazer para me entreter de modo diferente, comecei a me tornar um peso para mim e para os outros. Passei então a recusar os convites, que, por sua vez, logo se tornaram mais raros, até que, por fim, cessaram de todo. Apesar de o jogo ser uma atividade altamente recomendável, especialmente no caso daqueles jovens que têm um senso prático e buscam um rumo na vida, simplesmente não havia como eu tomar gosto por esse passatempo, pois independente de quanto jogasse, não conseguia fazer o menor progresso. Se alguém um dia tivesse me oferecido ao menos uma visão geral sobre o assunto, fazendo-me perceber logo como, no jogo, certos sinais e uma dose maior ou menor de acaso formam uma espécie de matéria na qual a capacidade de julgar e de agir podem se exercitar; se eu tivesse tido ao menos a oportunidade de observar as particularidades de vários jogos ao mesmo tempo, quem sabe então eu não tivesse tido mais chance de me afeiçoar a essa prática. Seja como for, eu havia me convencido, na época a que me refiro aqui, de que não apenas não se deveria evitar a prática social do jogo, como, ao contrário, era importante mesmo tentar desenvolver uma certa habilidade em cada um dos diferentes jogos. O tempo é infinitamente longo e cada dia é um recipiente, em que se pode verter muita coisa quando realmente se quer enchê-lo.

Foram inúmeras as atividades que me mantiveram ocupado em minha fase de solidão, e os mais diversos fantasmas dos tantos passatempos, aos quais me dedicara ao longo dos anos, teriam então uma ocasião privilegiada para ressurgir com força renovada. Foi assim que voltei a desenhar. E como mais me interessasse o desenho de observação da natureza, ou melhor, o desenho de coisas reais, resolvi desenhar meu próprio quarto, com cada um de seus móveis e com as pessoas que nele se encontravam. Quando me cansava disso, desenhava as mais variadas cenas daquelas histórias da cidade, que as pessoas costumam achar interessantes e contar umas às outras. Minhas composições não eram desprovidas de singularidade, nem de um gosto todo próprio; mas as figuras, em geral, pecavam quanto à proporcionalidade e careciam de certa substância, para não mencionar, aqui, o caráter altamente nebuloso de minha execução. Meu pai, que nunca deixara de encontrar prazer nessas coisas, insistia para que eu caprichasse mais quanto à clareza dos desenhos; e, como de costume, também não deixava de prezar pelo acabamento final. Mandava, pois, colar meus desenhos sobre folhas maiores, enquadrando-os entre linhas que deviam compor sua moldura. Morgenstern,[96] o pintor que meu pai havia engajado em sua casa – o mesmo que, mais tarde, ficaria conhecido, e até mesmo famoso por suas vistas interiores de igrejas –, tinha então o trabalho de traçar as linhas de perspectiva que deveriam acomodar os meus desenhos do quarto e de outros espaços. Estas, como era de se esperar, contrastavam rudemente com as figuras apenas nebulosamente sugeridas que eu desenhava. Com isso, porém, meu pai acreditava conseguir me sensibilizar, aos poucos, quanto aos cuidados com a definição e com a precisão; para agradá-lo, desenhava então algumas naturezas-mortas, em que, tendo diante de mim os modelos reais, podia trabalhar os desenhos com mais clareza e exatidão. Em meio a esses desenhos, ressurgiria também minha vontade de fazer gravuras. Compus uma paisagem bastante interessante e fiquei muito feliz em poder aplicar

---

96 Johann Ludwig Ernst Morgenstern (1738-1819), pintor com quem Goethe e sua irmã teriam aulas de desenho e pintura.

algumas das antigas técnicas que aprendera com Stock, lembrando-me, enquanto gravava a figura, daqueles tempos prazerosos que passara em sua companhia. Dei logo o banho de água-forte na chapa gravada e comecei a tirar as primeiras provas de impressão. Infelizmente, a composição carecia de luz e sombra; fiz de tudo para tentar reparar a figura gravada, mas como não tivesse muita clareza de qual era exatamente o problema, não obtive maior sucesso. Àquela altura, já vinha me sentindo bem melhor do que antes; foi quando me deixei abater por um mal que até então nunca me havia feito sofrer. Era a garganta que começava a doer de repente, especialmente naquela parte que chamamos de campainha e que estava muito irritada. Não conseguia engolir as coisas senão com muita dor e os médicos não pareciam saber muito bem como proceder naquela situação. Fizeram-me passar por toda sorte de gargarejos e pinceladas na garganta, mas simplesmente não eram capazes de me livrar daquela condição. Foi quando me ocorreu a ideia de que talvez eu não viesse tomando as devidas precauções ao lidar com a água-forte; ocorreu-me que, repetindo aquele procedimento tantas vezes e com tanto entusiasmo, eu poderia ter sido o causador de meu próprio mal, que a continuidade daquela prática só fazia piorar ainda mais. Aos médicos meu argumento pareceu bastante plausível. E não tardaria para que percebessem que eu tinha mesmo razão, pois nem bem resolvi deixar de lado a gravura – algo que não me custou muito, já que minhas tentativas não resultavam mesmo em nada de extraordinário e eu tinha mais razões para esconder meus trabalhos do que para mostrá-los a alguém –, logo me senti aliviado dos sintomas incômodos daquela irritação. Diante disso, no entanto, não pude deixar de cogitar a hipótese de que o tempo em que me entregara a essa mesma ocupação, em Leipzig, também podia ter contribuído consideravelmente para o desenlace daquela condição de enfermidade que tanto me fizera sofrer. Por certo, é sempre algo enfadonho e, não raro, triste, quando nos concentramos demasiadamente em nós mesmos e naquilo que nos faz bem ou mal. Contudo, levando-se em conta, por um lado, as estranhas idiossincrasias da natureza humana e, por outro, a heterogeneidade infinita das formas de vida e de prazer, é sem dúvida um milagre que o gênero humano já não se tenha extinguido há tempos. A natureza humana parece dispor de um tipo todo próprio de resistência e adaptabilidade, que consegue superar ou incorporar tudo aquilo com que se depara; e quando ela não é capaz de assimilação, torna-se, no mínimo, indiferente. É verdade que, depois de um grande excesso, independentemente do quanto pareçamos poder resistir, a natureza precisa ceder aos elementos, como nos mostram os casos das doenças endêmicas, mas também os efeitos das bebidas alcoólicas. Se pudéssemos prestar atenção em nós mesmos, mas sem nos deixarmos afetar pelo que vemos, observando as coisas todas que agem favorável ou desfavoravelmente sobre nós no dia a dia de nossa complexa vida social e civil; e se, por conta das consequências eventualmente nocivas, estivéssemos dispostos a abrir mão de tudo aquilo que nos dá prazer, só aí, então, seríamos capazes de evitar, sem maiores dificuldades, muitos daqueles incômodos que costumam nos assolar ainda mais do que as doenças, mesmo quando dispomos de uma constituição perfeitamente sadia. Para nossa infelicidade, seja em questões dietéticas, seja em questões morais, é tudo sempre a mesma coisa: não somos capazes de reconhecer nossos erros enquanto não nos livramos deles. E o pior é que não aprendemos nada com isso, pois como o erro seguinte não se assemelha ao anterior, também não conseguimos reconhecê-lo a tempo enquanto tal.

Ao reler aquelas cartas que eu havia mandado de Leipzig para minha irmã, também não pude deixar de notar, entre outras coisas, que desde minha primeira aula na academia eu já parecia me presumir muito sábio e esperto, pois nem bem havia aprendido alguma coisa direito, logo me arrogava a posição do catedrático e me tornava imediatamente professoral. Era muito engraçado observar como eu direcionava imediatamente à minha irmã tudo aquilo que Gellert havia acabado de nos transmitir ou recomendar nas aulas, sem me dar conta, no entanto, de que tanto na vida quanto nas leituras há muita coisa que pode ser adequada a um rapaz sem sê-lo necessariamente para uma jovem moça — nós dois nos divertimos muito ao lermos juntos essas minhas macaqueadas. Também os poemas que eu havia escrito em Leipzig não mais me pareciam grande coisa: eram frios, secos e demasiadamente superficiais no que dizia respeito à expressão de questões do coração e do espírito humano. E como eu estava prestes a deixar mais uma vez a casa de meu pai e partir para uma segunda universidade, essa impressão de meus poemas acabaria me motivando a fazer novamente um grande auto da fé de todos esses trabalhos. Muitas peças começadas – algumas das quais desenvolvidas até o terceiro ou quarto ato, outras apenas até o final da exposição –, juntamente com vários poemas, cartas e outros escritos, tudo eu entreguei às chamas, com apenas algumas poucas exceções, como o manuscrito de Behrisch e as peças *O amante caprichoso* e *Os cúmplices*.[97] Nessa última, aliás, eu ainda continuaria insistindo com muito carinho em fazer algumas melhorias; e assim que ficou pronta, reescrevi também sua exposição, tornando-a mais ágil e clara. Nos dois primeiros atos de sua *Minna von Barnhelm*, Lessing havia nos oferecido um modelo inigualável de exposição dramática e nada me interessava mais, naqueles tempos, do que tentar penetrar seu sentido e seus propósitos.

Embora eu já tenha detalhado suficientemente essa narrativa sobre aquilo que mais me ocupava, me estimulava e me tocava naqueles dias, preciso retornar ainda ao interesse que me inspiravam as coisas sobrenaturais, as quais me propus, então, a entender de uma vez por todas – ou, ao menos, tanto quanto isso se fizesse possível.

Fui fortemente influenciado por um livro importante que acabou vindo parar em minhas mãos: a *História da Igreja e das Heresias*,[98] de Arnold. Esse homem não era um historiador apenas reflexivo, mas também devoto e sensível. Suas opiniões pareciam se projetar na mesma direção que as minhas e o que mais me empolgava em sua obra era a ideia mais favorável que ele passava dos hereges, que até então só me tinham sido apresentados como insanos ou ateus. Todas as pessoas trazem em si o espírito da contradição e o prazer pelo paradoxo. Estudei cuidadosamente as diversas opiniões sobre o assunto e, como já tivesse ouvido falar repetidas vezes que, ao fim e ao cabo, cada um tinha sua própria religião, nada me pareceu mais natural do que construir também a minha. Foi o que fiz, e com grande satisfação. Sua base era neoplatônica, mas o hermetismo, o misticismo e a cabala também davam sua contribuição para o mundo bastante peculiar que inventei.

---

97 Ver, respectivamente, notas 89 e 90 do Sétimo livro, às p.345-6.
98 Referência à obra *Unparteyische Kirchen- und Ketzer-Historie von Anfang des Neuen Testaments bis auff das Jahr Christi 1688* (1699-1700), de Gottfried Arnold (1666-1714).

Eu bem poderia imaginar uma divindade que se produzisse, a si mesma, por toda a eternidade. Mas como não é possível pensar produção sem diversidade, era preciso que essa divindade se manifestasse imediatamente como uma segunda, que poderia ser reconhecida sob o nome do filho. Ambas tinham então de dar continuidade ao ato da criação, manifestando-se, juntas, como uma terceira, tão consistentemente viva e eterna quanto o todo que formavam. Com isso fechava-se o círculo da divindade e nem mesmo elas, como um todo, seriam capazes de conceber uma outra que lhes fosse perfeitamente idêntica. No entanto, como a força de produção continuasse pulsando vivamente, criaram uma quarta. Esta constituía, em si mesma, uma contradição, pois, assim como as outras três, era independente, mas, ao mesmo tempo, devia estar também contida nelas e ser limitada por elas. Essa quarta era Lúcifer, a quem foi transmitido todo o poder da criação e de quem deveria provir todo o ser. Lúcifer logo deu mostras de sua providência infinita, criando as ordens dos anjos e fazendo isso também a sua semelhança, ou seja: como manifestações independentes, ao mesmo tempo que contidas nele e limitadas por ele. Cercado por toda essa glória, Lúcifer esqueceu-se então de sua origem mais elevada e acreditou poder encontrá-la em si mesmo; desse primeiro momento de ingratidão resultaria tudo o que não nos parece estar em harmonia com os sentidos e desígnios divinos. E quanto mais ele se concentrava em si mesmo, maior também terá sido seu desconforto, bem como o de todos aqueles espíritos, cuja doce elevação à origem ele impedia. Foi então que aconteceu o que se costuma designar como uma queda dos anjos. Uma parte deles permaneceria concentrada em torno de Lúcifer, enquanto a outra parte retornaria, enfim, a sua origem. Dessa concentração de toda a criação — que provinha de Lúcifer e, sendo assim, tinha de continuar em seu entorno — surgiria tudo aquilo que nós percebemos na forma da matéria, tudo aquilo que percebemos como pesado, sólido e sombrio, mas que, provindo igualmente da essência divina — ainda que de modo indireto, por filiação —, é tão eterno e independentemente poderoso como seu pai e seus avós. Assim, como toda a desgraça — se é que podemos usar aqui esse termo — remontava unicamente à posição parcial de Lúcifer, ainda faltava à criação a melhor de suas partes. Afinal, se essa porção da criação possuía tudo o que pode ser obtido pela concentração, faltava a ela ainda todo o mais que só pode ser gerado a partir da expansão. E se essa concentração persistisse continuamente, toda a criação poderia acabar consigo mesma, poderia se destruir juntamente com seu pai Lúcifer, perdendo qualquer direito a uma eternidade equiparável à divina. Percebendo isso, os Elohim observaram a situação durante algum tempo. Podiam simplesmente esperar a passagem dos éons, até que o campo ficasse finalmente livre e eles tivessem novamente espaço suficiente para uma nova criação; mas também podiam interferir na condição presente, remediando a imperfeição com a força de sua natureza infinita. Optaram pela segunda possibilidade e, num único instante, supriram, por força de sua própria vontade, todas as imperfeições que remontavam ao sucesso inicial de Lúcifer. Os Elohim concederam então ao ser infinito a faculdade de expandir-se e de mover-se na direção deles; o verdadeiro pulso vital estava enfim restabelecido e nem mesmo Lúcifer poderia manter-se imune a seus efeitos. Foi nessa época que surgiu o que conhecemos como luz e que teve início, também, aquilo que costumamos designar mais correntemente com a palavra criação. E por mais que esta fosse aos poucos se diversificando pela ação sempre contínua da força vital dos Elohim, faltava existir ainda um ser que tivesse a capacidade de restaurar a ligação primordial com a divindade. Foi então que surgiu o homem, que em tudo deveria se assemelhar, ou melhor, se igualar à divindade, mas que, por isso mesmo, encontrava-se também na mesma condição de Lúcifer: a de ser, a um só tempo, independente e limitado. Como essa contradição devia se manifestar nele através de todas as categorias da existência, e como uma consciência plena e uma vontade decidida haveriam sempre de acompanhá-lo nessa sua condição, era previsível que o homem logo se tornasse a criatura mais perfeita e imperfeita, mais feliz e infeliz que existia. De fato, não tardou e ele mesmo passou a desempenhar com perfeição o papel de Lúcifer. O afastamento do benfeitor é a verdadeira ingratidão e aí já começava a se anunciar uma segunda queda — ainda que a criação, como um todo, não seja, nem nunca tenha sido, nada mais que um cair e um retornar às origens.

É fácil ver como, aqui, a redenção não é apenas decidida a partir da eternidade, mas também é pensada necessariamente como eterna, tendo mesmo de se renovar incessantemente ao longo de todo o seu tempo de ser e de vir a ser. Nesse sentido, não há nada mais natural do que a divindade assumir a figura do próprio homem, que ela já preparara como um invólucro para si mesma, podendo assim partilhar de seus destinos por algum tempo, com o intuito de exaltar a alegria e aliviar a dor através desse assemelhamento. A história de todas as religiões e filosofias nos mostra como essa grande verdade, da qual nenhum homem pode escapar, vem sendo transmitida por diferentes nações em diferentes épocas e das mais diversas formas, até mesmo em fábulas inusitadas e em imagens condizentes às limitações de cada um. Basta reconhecermos que nos encontramos em uma condição que, embora pareça nos oprimir e rebaixar, também nos motiva, ou mesmo nos obriga a elevarmo-nos e cumprirmos os desígnios da divindade; e que, enfim, se por um lado nos sentimos compelidos a tornar-nos nós mesmos, por outro, não disperdiçamos ocasição para, em pulsões regulares, deixarmos de ser nós mesmos.

Nono livro

"O coração, além do mais, deixa-se sensibilizar frequentemente em benefício de diferentes virtudes, especialmente daquelas mais sociáveis e requintadas; é assim que os sentimentos mais ternos são nele suscitados e desenvolvidos. Impressionarão, particularmente, vários aspectos que oferecem ao jovem leitor uma visão tanto dos ângulos mais ocultos do coração humano quanto de suas paixões, conhecimento este que vale mais que todo o grego e o latim, e no qual Ovídio, de certo, terá sido um mestre extraordinário. Mas esta ainda não é a principal razão por que colocamos antigos poetas, como Ovídio, nas mãos de nossos jovens. Recebemos do bondoso criador uma grande quantidade de faculdades, cuja devida cultura, logo a partir dos primeiros anos, não devemos negligenciar; faculdades que não podem ser cultivadas simplesmente com a lógica, com a metafísica, com o latim ou com o grego. Temos uma imaginação e se não quisermos que ela tome o rumo das primeiras melhores ideias que nos ocorrem, devemos apresentar-lhe imagens mais belas e apropriadas e, com isso, acostumar e exercitar o espírito, para que possamos amar e reconhecer o belo em toda parte, e mesmo na natureza, em seus traços mais definidos e verdadeiros, mas também nos mais discretos e delicados. Tanto para a ciência como para a vida cotidiana, precisamos de uma quantidade de conceitos e de conhecimentos gerais que não podem ser aprendidos em nenhum compêndio. Nossos sentimentos, afeições e paixões devem ser providencialmente depurados e desenvolvidos."

Johann Wolfgang von Goethe

Essa passagem bastante significativa, publicada na *Allgemeine deutsche Bibliothek*,[1] não era única em seu gênero. Opiniões e posições muito parecidas podiam ser lidas em várias páginas publicadas então. Entre nós, jovens animados, essas palavras causavam grande impressão, que era ainda maior pelo fato de serem reforçadas pelo exemplo de Wieland, pois as obras de sua segunda fase[2] de esplendor mostravam claramente que ele havia se formado segundo essas máximas. E o que mais poderíamos querer? A filosofia fora posta de lado, juntamente com suas exigências abstrusas; víamos as línguas antigas, cuja aprendizagem demanda sempre tanto esforço, serem relegadas a segundo plano; os compêndios, sobre cuja suficiência Hamlet[3] já nos sussurrara ao pé do ouvido algumas palavras de dúvida, tornavam-se cada vez mais suspeitos. Recomendavam-nos a observação de uma vida em movimento, o que fazíamos com muito prazer, mas também o conhecimento daquelas paixões que ora sentíamos, ora pressentíamos em nosso peito. E se antes elas não passavam de um objeto de censura, agora tínhamos de considerá-las algo importante e digno, que deveria constituir o objeto principal de nossos estudos; mais que isso, o conhecimento das paixões passara a ser visto, então, como o instrumento mais excepcional de formação de nosso espírito. Tal modo de pensar estava em perfeita consonância com minhas próprias convicções, até mesmo no que dizia respeito ao meu fazer poético. Por conta disso, depois de ter frustrado tantas boas intenções e de ter desperdiçado esperanças tão sinceras, segui, sem resistência, a vontade de meu

---

1 A citação em destaque foi publicada em 1765, no primeiro volume do periódico mencionado (ver também nota 54 do Sétimo livro, à p.329). Trata-se de um excerto da resenha que Christian Gottlob Heyne, filólogo clássico da Universidade de Göttingen, fizera sobre a obra *Lehrreicher Zeitvertreib Ovidianischer Verwandlungen* (1764), de Johann Gottlieb Lindner, em que o autor recusa o valor moral das *Metamorfoses* de Ovídio em favor de uma atenção maior a seu valor estético.

2 Referência a uma distinção corrente na crítica literária alemã, que distingue duas fases na obra de Wieland: a primeira diria respeito a seus anos de produção na Suíça (1752-1760), sob forte influência de Bodmer e de temática mais religiosa (seráfica); a segunda, a partir de 1760, diria respeito a sua obra produzida sob o impacto do envolvimento com a tradição francesa e determinaria sua grande reputação como novelista.

3 Referência à famosa frase de Hamlet: "Há mais coisas entre o Céu e a Terra, Horácio, / do que pode sonhar a tua filosofia" [There are more things in Heaven and Earth, Horatio, / Than are dreamt of in your philosophy] (*Hamlet*, ato 1, cena 5).

pai de me mandar para Estrasburgo, onde me prometiam uma vida alegre e agradável, em que poderia dar continuidade aos meus estudos, os quais eu deveria encerrar com o título de doutor.[4]

Na primavera, minha saúde estava novamente restabelecida e eu sentia retornar, também, minha disposição juvenil. Não via a hora de deixar a casa de meu pai pela segunda vez, ainda que, nessa ocasião, por razões muito distintas daquelas que haviam motivado minha primeira partida. Os belos quartos e cômodos daquela casa, onde eu tanto sofrera, haviam se tornado desagradáveis para mim, e com meu próprio pai não era possível estabelecer qualquer relação agradável. Eu não conseguia perdoá-lo por ele ter se mostrado mais impaciente do que seria razoável nas recidivas de minha doença e durante todo o meu lento processo de recuperação. Ao invés de me consolar com tolerância, costumava se referir cruelmente a uma situação que não estava nas mãos de ninguém, como se minha condição dependesse apenas de minha vontade. Mas ele também seria magoado e ofendido por mim de várias formas diferentes.

Os jovens costumam voltar da universidade com conceitos gerais que podem ser muito corretos e bons; contudo, por se acharem os maiores sabichões, tomam esses conceitos como parâmetro absoluto para tratar de qualquer objeto que se lhes depare – e, não raro, à revelia do próprio objeto. Eu havia adquirido uma noção geral de arquitetura, de decoração e de planejamento geral de uma casa; noções de que eu então me serviria, inadvertidamente, por ocasião de uma conversa sobre a nossa própria casa. Meu pai planejara cada um de seus detalhes e acompanhara a execução da obra com grande afinco; e como se tratava de uma casa concebida exclusivamente para ele e para sua família, não havia ali muito que censurar; várias outras casas de Frankfurt haviam sido construídas do mesmo modo. A escada subia livremente os andares, interligando grandes antessalas abertas, que poderiam muito bem constituir, por si mesmas, outros cômodos – era justamente nesses espaços que passávamos a maior parte do tempo durante a melhor estação do ano. Mas essa existência cômoda e alegre de uma só família, por implicar uma comunicação direta de cima a baixo, tornava-se um grande

---

4 Goethe chega a Estrasburgo em abril de 1770.

inconveniente tão logo a casa fosse habitada por pessoas de grupos diferentes, como bem pudemos perceber por ocasião do aquartelamento francês. E, com efeito, é possível que aquela cena medonha entre meu pai e o conde de Thoranc não tivesse nem acontecido e que meu pai não tivesse sofrido tão intensamente os incômodos todos daquela convivência, caso nossa escada, seguindo o padrão de Leipzig, subisse pela face lateral da casa e limitasse o acesso exclusivo a cada um dos andares com uma porta. Pus-me então a elogiar efusivamente essa outra modalidade de construção, destacando suas grandes vantagens e mostrando a meu pai como também a sua escada poderia ser mudada de lugar. Ele explodiu num acesso incrível de raiva, ainda mais irritado pelas censuras que eu acabara de fazer aos arrebiques nas molduras de seus espelhos e pelo desprezo que eu havia demonstrado diante de algumas de suas tapeçarias com motivos chineses. Foi uma cena e tanto, que, embora logo contida e apaziguada, acabaria acelerando minha viagem rumo à bela Alsácia, onde cheguei rapidamente e sem precisar fazer paradas, uma vez que viajei com a diligência[5] nova e confortável que acabara de ser implementada.

    Desembarquei na hospedaria *Zum Geist* e, tratando imediatamente de satisfazer minha maior curiosidade, apressei o passo em direção à catedral. Os companheiros de viagem já me haviam apontado a construção assim que surgiu no horizonte e eu a trazia fixa no olhar desde então. Quando me aproximei daquele colosso, avistando-a primeiramente de esguelha, no través de uma ruela estreita e, em seguida, estando bem a sua frente, quase exageradamente próximo, em meio ao espaço deveras constrito da praça em seu entorno, a catedral causou-me uma impressão toda única, singular. Eu não tinha a menor condição de compreender o que sentia naquele instante, mas levei comigo aquela impressão difusa ao subir apressadamente até o miradouro, a fim de não desperdiçar o belo momento de um sol que se erguia alto e ditoso e estava prestes a revelar aos meus olhos, de uma só vez, toda a riqueza e vastidão daquelas terras.

---

    5 Carruagens – com quatro rodas, suspensão de mola e tração animal – do correio expresso (*Eilpost*), que também transportavam passageiros.

Da plataforma pude então ver, diante de mim, aquela bela região em que me fora concedido morar e viver por algum tempo: vi uma cidade admirável, vi campinas extensas ao seu redor, maravilhosamente cravejadas de densos arvoredos, vi a riqueza explícita de uma vegetação que, acompanhando o curso do Reno, vai traçando suas margens, suas ilhas, suas ribeiras. As terras planas que descem mais ao sul, irrigadas pelo rio Ill, também não se descuidam de cobrir sua extensão com um verde variado e exuberante; e à oeste, em direção às montanhas, a vista se abre igualmente encantadora num entremeado de pequenos vales com suas matas e pradarias. Ao norte a região é mais marcada pelos morros e por uma infinidade de pequenos riachos, que favorecem o crescimento rápido e viçoso da vegetação. Para tentar entender aquele meu estado de êxtase, em que eu não conseguia senão dar graças ao destino por me designar um lugar tão belo como morada, é preciso ainda imaginar – entre aqueles berços verdes e esplendidamente deitados na amplidão, entre aqueles bosques faustamente disseminados na paisagem – toda uma profusão de terras produtivas e habilmente cultivadas, viçosas e verdejantes, em cujas melhores e mais ricas localidades desenhavam-se pequenos povoados e vilarejos. Para entender todo aquele meu encantamento, é preciso imaginar uma extensão imensa de terra, de terra a perder de vista, que se me oferecia ao olhar qual um paraíso novo, criado para o usufruto do homem e circunscrito, tanto na proximidade quanto na distância, por morros tomados ora pela força da vegetação, ora pela força do cultivo.

A primeira impressão que se tem de um lugar como este, de um lugar em que sabemos estar prestes a passar um determinado tempo de nossas vidas, traz consigo uma sensação muito peculiar, a um só tempo agradável e nefasta, a saber: a de nos vermos como se estivéssemos diante de uma página em branco. Nela ainda não há referência alguma às alegrias e aos desgostos que hão de se abater sobre nós; esse espaço animado, colorido e cheio de vida ainda se nos apresenta como que mudo; o olho se prende apenas àquilo que se faz notar por si só, pois nem a afeição nem a paixão cumpriram ainda seu trabalho de pôr outros pontos em relevo. Todavia, um pressentimento das coisas que ainda virão já enche de inquietude o coração jovem e uma carência insatisfeita reclama, em silêncio, tudo o que pode e deve estar por vir e que, seja para o bem ou para o mal, certamente acabará assumindo, em nós, as características dessa região em que nos encontramos.

Tendo descido do elevado, permaneci por mais algum tempo diante do semblante daquela memorável construção. Mas o que eu não consegui entender direito da primeira vez que a vi – nem o conseguiria ainda por um bom tempo – era a razão pela qual uma maravilha arquitetônica como aquela causava em mim uma impressão tão monstruosa, que certamente poderia ter me aterrorizado, não fosse o fato de, ao mesmo tempo, ela ter me parecido tão compreensível em sua proporcionalidade e tão adorável em sua realização. Não tinha condições de refletir sobre tal contradição naquele instante; apenas deixei então que a presença daquele monumento tão impressionante continuasse impactando silenciosamente sobre mim.

Encontrei alojamento num quarto pequeno, mas muito simpático e bem localizado, no lado mais ensolarado da chamada *Fischmarkt*, a rua do mercado de peixes.[6] Tratava-se de uma rua longa e bela, cujo movimento contínuo sempre ensejava bons momentos de distração. Não tardei em distribuir minhas cartas de recomendação e, entre meus benfeitores, conheci logo um comerciante[7] que, com sua família, devotava-se àqueles mesmos sentimentos pietistas que já me eram bastante conhecidos, embora ele, ao menos no que dizia respeito à frequência aos cultos, não tivesse rompido completamente com a igreja. Não obstante, era um homem muito razoável e, no seu modo de levar a vida, não fazia absolutamente o carola. O estabelecimento em que eu deveria fazer minhas refeições – local que me haviam recomendado, assim como também a minha pessoa fora recomendada ao local – era muito acolhedor e divertido. Havia já algum tempo que duas velhas solteironas[8] gerenciavam com eficiência e sucesso essa pensão, onde eram atendidos regularmente algo em torno de dez comensais, alguns mais velhos, outros mais jovens. Dentre os mais jovens, aquele de que melhor me lembro

---

6 Goethe se alojaria num quarto da casa de Johann Ludwig Schlag (1702-1778), peleteiro e conterrâneo de Frankfurt. A casa situava-se na atual *rue du Vieux Marché aux Poissons* (*Alter Fischmarkt*), número 36.
7 Johann Georg Hebeisen (1732-1804).
8 Anne Marie Lauth e Suzanne Marguerite Lauth. A pensão situava-se na atual *rue de l'Ail* (*Knoblochgasse*), número 22.

era um rapaz chamado Meyer,[9] natural da cidade de Lindau. Se levássemos em conta apenas sua figura e seu rosto, diríamos que era um homem dos mais belos, mas tinha, ao mesmo tempo, algo de desmazelo em todo seu ser. O mesmo se dava em relação a seus admiráveis talentos naturais, algo banalizados por uma frivolidade excessiva, assim como em relação a seu primoroso senso de humor, não raro tolhido por uma leviandade desenfreada. Tinha um rosto aberto e feliz, mais redondo que oval; quanto aos instrumentos do sentido, olhos, nariz, boca e ouvidos, poderíamos dizer que eram abastados, testemunhas de uma plenitude decidida, mas sem ser exageradamente grandes. A boca, com seus lábios revirados, era especialmente terna. No conjunto, tinha uma expressão fisionômica muito própria, marcada enigmaticamente por suas sobrancelhas cerradas,[10] unidas uma à outra por sobre o nariz, traço este que, num rosto bem proporcional, costuma sugerir uma expressão simpática de sensualidade. Sua jovialidade, solicitude e bondade faziam dele um rapaz estimado por todos. Tinha uma memória prodigiosa e não parecia precisar de muito esforço para se concentrar nas aulas, uma vez que memorizava imediatamente tudo o que ouvia. Era astuto o suficiente para enxergar em todas as coisas um lado interessante, o que devia fazer ainda mais facilmente por estudar medicina. Suas impressões marcavam-no de modo muito intenso e ele se deliciava ao fazer imitações jocosas das aulas dos professores. Chegava mesmo a ir tão longe, que, tendo assistido a três aulas diferentes na parte da manhã, repetia-as na íntegra para nós, à mesa, na parte da tarde. Fazia isso com rigores de detalhamento, parágrafo por parágrafo, e, não raro, saltava também de preleção em preleção, intercalando as vozes dos professores. Essas suas aulas sempre tão variegadas costumavam nos divertir muito, mas também podiam se tornar bastante cansativas de vez em quando.

Meus outros companheiros de mesa eram, em geral, pessoas mais ou menos refinadas, sérias e ponderadas. Um deles era cavaleiro aposentado

---

9 Johannes Meyer (1749-1825) exerceria mais tarde a profissão de médico em Viena e depois em Londres.
10 Goethe se vale aqui da expressão *Rätzel* (nas primeiras edições, *Räzel*), que designa tanto o referido traço fisionômico (remontando etimologicamente a *Ratte, Ratz* – rato), quanto à noção de enigma (*Rätsel*).

da Ordem Real e Militar de São Luís;[11] mas a maior parte do grupo era formada mesmo por estudantes, rapazes muito simpáticos e bem-intencionados, ao menos enquanto não ultrapassassem seu quinhão de vinho habitual. Que isso não acontecesse facilmente era a preocupação de nosso presidente, um certo doutor Salzmann.[12] Solteiro, entrando nos sessenta anos, frequentava aquela pensão havia muito tempo e cuidava para manter a ordem e o respeito da casa. Era dono de uma bela fortuna e vestia-se sempre com justeza e bom gosto, fazendo parte daquele círculo de figuras que não eram vistas senão de meiões, sapatos e com o chapéu debaixo do braço. Colocar o chapéu na cabeça, porém, era, para ele, um dos gestos mais raros. E trazia consigo sempre um guarda-chuva, tendo em mente que mesmo os dias mais belos de verão estão sujeitos a ventos e tempestades.

Conversei com esse homem sobre meu propósito de dar continuidade a meus estudos de direito e de concluir minha formação o mais rápido possível ali em Estrasburgo. Como se tratava de alguém que conhecia bem o assunto, perguntei-lhe sobre os cursos que eu pretendia fazer e o que ele achava de minhas escolhas. Respondeu-me que em Estrasburgo as coisas não funcionavam como nas universidades alemãs, onde se formam juristas no sentido mais amplo e acadêmico do termo. Por conta da relação com a França, tudo em Estrasburgo tinha uma orientação mais prática, mais ao gosto dos franceses, que primam em se ater aos fatos. Ensinavam-se alguns princípios gerais e certos conhecimentos básicos, mas tratavam de abreviar essa etapa tanto quanto possível, limitando-a ao que julgavam ser o estritamente necessário. Não tardaria para que o doutor Salzmann me apresentasse a um homem que, como professor particular, gozava de ótima reputação e que logo saberia inspirar também em mim grande confiança. À guisa de introdução, começamos a conversar sobre questões da ciência do direito e ele não ficaria pouco admirado com minha eloquência retórica. Ocorre que, naqueles tempos de Leipzig, acabei adquirindo mais noções de direito do que dei ocasião de demonstrar até esta altura da minha exposição;

---

11 Ordem militar honorífica, criada na França pelo rei Luís XIV, para condecorar os oficiais que se destacassem na prestação de seus serviços.
12 Johann Daniel Salzmann (1722-1812), atuário do Conselho Tutelar de Estrasburgo.

toda minha aquisição, porém, não passava de um enciclopedismo panorâmico e genérico, que eu não podia fazer valer, de fato, como conhecimento mais sólido. Mesmo que não possamos nos gabar da própria dedicação ao longo de nossa vida universitária, esta é infinitamente proveitosa em qualquer tipo de formação, pois como vivemos então sempre cercados de pessoas que têm conhecimento ou que almejam tê-lo, sempre acabamos nos deixando nutrir por essa atmosfera, ainda que inconscientemente.

Meu instrutor, depois de ouvir-me pacientemente e por algum tempo em meus circunlóquios, deu-me a entender que, antes de qualquer outra coisa, eu deveria tratar de manter em vista meu propósito mais imediato, a saber: passar nos exames, colar grau e, quem sabe então, partir para a prática.

— No que concerne ao primeiro ponto – disse ele –, não é preciso ir muito longe. Ninguém há de perguntar onde e como uma lei surgiu, quais as motivações externas e internas que lhe deram origem; ninguém há de inquirir quanto às transformações da lei por força da passagem do tempo ou da mudança dos costumes; tampouco hão de querer saber em que medida as leis se alteram em função de interpretações equivocadas ou mesmo por conta do uso impróprio por parte dos tribunais. Há eruditos que dedicam toda sua vida à pesquisa de questões como essas. Quanto a nós, o que interessa é saber o que vale atualmente; são esses os conhecimentos que devemos memorizar bem, para que eles nos sejam sempre presentes quando formos atuar em proveito e em defesa de nossos clientes. Procedendo assim, equipamos nossos jovens para dar conta das premências imediatas da vida; o resto vem à tona na medida em que cada um vai desenvolvendo seu talento e suas atividades.

Entregou-me em seguida seus cadernos, organizados por perguntas e respostas. Com o auxílio desse material, logo pude começar a me preparar; e o pequeno catecismo de Hopp, que eu ainda trazia inteiro na memória, também me foi de grande ajuda. O restante eu complementaria por conta própria de modo que, mesmo meio a contragosto, acabei chegando muito mais facilmente do que imaginara à condição de candidato apto a prestar os exames.

Todavia, como esse modo de proceder cerceasse praticamente toda possibilidade de um empenho mais pessoal nos estudos – afinal, eu não me interessava apenas pela factualidade das questões; ao contrário, queria entendê-las, senão lógica, ao menos historicamente –, acabei encontrando uma margem mais ampla para o empenho de minhas forças, da qual eu me serviria da maneira mais inusitada, cedendo a um interesse que fora despertado em mim por acaso, a partir de um estímulo externo.

A maior parte de meus colegas de mesa estudava medicina e, como se sabe, estes são os únicos estudantes que conversam entusiasmadamente sobre sua ciência e seu ofício até mesmo fora da sala de aula. Isso tem a ver com a própria natureza da coisa. Os objetos de seus esforços são, a um só tempo, os mais carnais e os mais sublimes, os mais simples e os mais complicados. A medicina ocupa o homem como um todo porque se ocupa do homem como um todo. Tudo o que o jovem aprende está imediatamente relacionado a uma prática importante, por vezes arriscada, mas também recompensadora em muitos sentidos. O estudante entrega-se então apaixonadamente ao que há para ser feito e conhecido, em parte por se tratarem de coisas que por si mesmas o interessam, em parte porque esse empenho lhe abre uma grata perspectiva de independência e abastança.

Assim, não ouvia à mesa senão conversas sobre medicina, exatamente como nos tempos em que frequentava os almoços e jantares na casa do conselheiro Ludwig. E o assunto era também sempre o mesmo em nossos passeios e demais saídas – sim, pois como bons companheiros que eram, esses colegas acabariam se tornando meus parceiros nas demais ocasiões; e a eles costumavam se juntar ainda estudantes vindos de diversas partes, todos sempre igualmente entusiasmados pelo seu ofício. A Faculdade de Medicina brilhava então mais do que qualquer outra, tanto pela fama de seus professores quanto por seu contingente de estudantes. Não foi difícil deixar me levar por essa corrente, até porque o conhecimento que eu tinha sobre todas essas coisas era suficiente para atiçar e multiplicar ainda mais minha sede de saber. No começo do segundo semestre, passei a frequentar as aulas de química, com Spielmann,[13] e de anatomia, com Lobstein;[14] e decidi dedicar-me

---

13 Jacob Reinbold Spielmann (1722-1783), professor de química e botânica na Faculdade de Medicina de Estrasburgo.
14 Johann Friedrich Lobstein (1736-1784), professor de anatomia na Faculdade de Medicina de Estrasburgo e um dos mais respeitados nomes da medicina em seu tempo.

seriamente a esses estudos, pois mesmo dispondo apenas de conhecimentos tão rudimentares, para não dizer, superficiais, já havia conquistado certa consideração respeitosa naquele nosso círculo.

Como se isso não bastasse para a distração e para a interrupção de meus estudos de direito, um evento de Estado, digno de nota, que causaria alvoroço na cidade e que resultaria em alguns bons dias de feriado, estava prestes a abalar ainda mais significativamente minha concentração. Maria Antonieta,[15] arquiduquesa da Áustria e rainha da França, passaria por Estrasburgo a caminho de Paris. As solenidades – aqueles eventos através dos quais o povo fica sabendo que existe grandeza no mundo – foram preparadas com dedicação e prodigalidade. A mim, chamou-me especialmente a atenção a construção erigida em uma ilha entre as duas pontes que ligavam as margens do rio Reno, onde Maria Antonieta seria recepcionada e entregue, em mãos, à guarda dos emissários de seu esposo:[16] a construção elevava-se minimamente do chão, possuía um grande salão bem ao centro e salas menores que lhe eram contíguas, assim como alguns cômodos que se distribuíam ao longo de sua parte posterior. Na verdade, fosse construída de modo mais durável e a edificação bem poderia continuar servindo de residência de verão para grandes personalidades. No entanto, o que mais me interessava – e me fizera gastar alguns bons *Büsel* (uma moeda de prata corrente naquela época) para garantir, junto ao porteiro, minhas várias visitas ao local – eram as tapeçarias que decoravam suas paredes. Foi ali que vi pela primeira vez um exemplar daquelas peças tecidas conforme os famosos cartões de Rafael.[17] Mesmo sendo cópias, aquelas imagens tiveram sobre mim um impacto bastante decisivo, pois representavam um dos mais belos e perfeitos exemplos de trabalho com a proporcionalidade. Eu ia e vinha, passando inúmeras vezes em frente de cada tapeçaria e não conseguia me ver satisfeito; mas um desejo vão me atormentava, pois eu queria compreender

---

15 Maria Antonieta (1755-1793) passaria por Estrasburgo no dia 7 de maio de 1770.
16 O então delfim da França e futuro rei Luís XVI (1754-1793).
17 Entre 1515 e 1516, o pintor italiano Rafael (1483-1520) produziria, a pedido do Papa Leão X, dez cartões com cenas da vida dos apóstolos Paulo e Pedro, que deveriam servir de modelo para as tapeçarias que cobririam as paredes da Capela Sistina, em Roma.

melhor o que, naquelas peças, arrebatava-me de modo tão extraordinário. Entretanto, se as salas contíguas eram encantadoras e fascinantes, o mesmo não podia se dizer do salão principal, que era simplesmente medonho. Este havia sido todo decorado com gobelinos[18] ainda maiores, mais brilhantes, suntuosos e repletos de adereços, tecidos segundo a obra de pintores franceses contemporâneos.

Eu bem poderia ter simpatizado com esse outro estilo, até porque minha sensibilidade e meu juízo não costumavam descartar tão facilmente nenhuma forma de expressão artística, mas a impropriedade temática daquelas peças me deixou extremamente indignado. Essas imagens retratavam a história de Jasão, Medeia e Creúsa,[19] sendo, portanto, um exemplo do mais infeliz dos casamentos. À esquerda do trono via-se a noiva lutando contra a morte cruel, rodeada de observadores em prantos; à direita, o pai se mostrava terrificado diante da visão dos filhos assassinados a seus pés; enquanto isso, a Fúria partia pelo ar em seu carro puxado por dragões.[20] E para acrescentar ainda uma dose de mau gosto ao já tão abominável e abjeto, por trás do veludo vermelho e brocado de ouro da parte posterior do trono deixava-se entrever, à direita, a cauda branca do touro mágico, enquanto a besta, cuspindo fogo, e Jasão, que a combatia, eram completamente encobertos por um portentoso drapeado.

Diante daquilo, todas as máximas que eu havia aprendido na escola de Oeser e tornado minhas como que se alvoroçaram no meu peito. Decorar uma construção concebida para uma solenidade matrimonial com figuras do Cristo e dos apóstolos, como as que havia nas salas laterais, já era por si só um despropósito — sem dúvida, o responsável pela escolha das tapeçarias não haverá se pautado senão pelo tamanho das peças. Mas isso ainda se podia perdoar, até porque sua escolha me daria ocasião de ver aquelas peças todas. Já a decoração equivocada do grande salão, aquilo me tirou definitivamente do sério; e foi com ardor e veemência que convoquei meus

---

18 Referência à série de sete gobelins, tecidos a partir das telas sobre a história de Jasão, do pintor Jean-François de Troy (1679-1752).
19 Também Glauce ou Gláucia.
20 A noiva: Creúsa; o pai: Jasão; a Fúria: Medeia.

De minha vida: Poesia e verdade

companheiros para serem testemunhas daquele crime contra o bom gosto e o bom senso.

— O quê! — eu gritava, sem me preocupar com quem pudesse estar ao meu redor. — Não é possível, expor uma jovem rainha ao exemplo do mais cruel dos casamentos que já se realizou, e justamente quando ela está prestes a dar o primeiro passo em seu novo reino! Será que não há entre os arquitetos, decoradores e tapeceiros franceses nenhuma pessoa capaz de entender que imagens representam alguma coisa, que imagens têm um impacto sobre os sentimentos e as sensações, que provocam impressões, que suscitam pressentimentos? É como se tivessem enviado para a fronteira, ao encontro dessa bela dama — de quem se diz que é tão cheia de vida —, o mais medonho dos fantasmas.

Não sei o que mais posso ter dito então, mas sei que meus companheiros fizeram de tudo para tentar me acalmar e para me tirar daquele lugar, antes que acabássemos causando alguma confusão. Em seguida, procuraram me convencer de que nem todas as pessoas buscavam algum sentido nas imagens; que nem eles próprios teriam percebido aquilo sozinhos; e que nenhum dos moradores de Estrasburgo e da região, por mais que passassem por ali em grandes caravanas, nem sequer a própria rainha com sua corte, ninguém jamais teria pensado em algo semelhante.

Ainda me lembro muito bem do semblante belo e nobre — tão alegre quanto imponente — daquela jovem dama. Em sua carruagem de vidro, que a tornava absolutamente visível para nós todos, parecia conversar muito descontraidamente com suas acompanhantes, divertindo-se com a multidão que vinha ao encontro do cortejo. À noite, saímos pelas ruas para ver o casario todo iluminado, mas especialmente a torre da catedral, com que, tanto de perto quanto de longe, nossos olhos não conseguiam parar de se deliciar.

A rainha seguiu seu caminho, o povo se dispersou e a cidade logo retomou a sua tranquilidade. Antes da passagem da rainha pela cidade, publicara-se um edito municipal — com requintes de racionalidade — que proibia a circulação de pessoas deformadas, aleijados e outros doentes com aspecto repulsivo. O decreto logo virou objeto de piada e eu escrevi um pequeno poema,[21]

---

21 Não há registros do referido poema.

em francês, no qual comparava a chegada de Cristo, que parecia vagar pelo mundo em favor dos doentes e deficientes, com a chegada da rainha, que varria esses coitados de seu caminho. Meus amigos consideraram o poema aceitável; já um francês, que também convivia conosco, criticou impiedosamente meus usos da língua e da versificação francesa e, ao que me pareceu, o fez de modo bastante bem fundamentado. Não me lembro de jamais ter escrito outro poema em francês novamente.

Mal se havia anunciado a notícia de que a rainha chegara bem à capital, quando um comunicado terrível a sucedeu: por ocasião das comemorações com fogos de artifício, um descuido da polícia teria causado a morte[22] de inúmeras pessoas, que teriam ficado presas, com seus cavalos e coches, numa rua bloqueada por materiais de construção. O acidente, bem em meio às festividades em homenagem às bodas reais, teria mergulhado a cidade em dor e luto. Mas logo trataram de ocultar as reais dimensões da tragédia, tanto ao jovem casal real quanto ao restante do mundo, providenciando-se para que as vítimas fossem sepultadas de imediato e incognitamente. Assim, foi somente a partir do desaparecimento total de seus entes queridos, que muitas famílias puderam se convencer de que o acontecimento tenebroso também as havia vitimado. Não preciso nem dizer que, ao saber da tragédia, as imagens cruéis que decoravam o salão principal daquela construção logo retornaram vivamente à minha alma. Afinal, todos sabemos o quão fortes podem se tornar certas impressões morais, quando elas se encarnam também no mundo sensível.

Esses acontecimentos, somados ainda a uma peça que eu me permitira pregar, acabariam deixando angustiados e preocupados também aqueles que me eram mais próximos. Entre nós jovens que estudáramos em Leipzig, manteríamos ainda por muito tempo certa comichão para zombarmos e mistificarmos uns os outros. Imbuído de uma boa dose de malícia e petulância, escrevi uma carta a um amigo[23] de Frankfurt (àquele mesmo que, tendo aumentado e aplicado ao *Medon* o poema que eu dedicara ao

---

22 O acidente, ocorrido na noite do dia 30 para o dia 31 de maio de 1770, causaria a morte de mais de quinhentas pessoas.
23 Johann Adam Horn. Ver nota 10 do Sexto livro, à p.283.

padeiro Hendel, seria o responsável por sua ampla difusão). Na carta, que eu datava como se estivesse em Versalhes, dava-lhe notícias de que chegara bem àquele local, relatava minha participação nas festividades e o mais que havia a relatar, pedindo-lhe, contudo, que mantivesse a história toda em segredo. Preciso acrescentar ainda, que, desde aquela peça que esse amigo nos pregara e que tivera tantas consequências para nós, nosso pequeno círculo de Leipzig havia se acostumado a caçoá-lo, de tempos em tempos, com toda espécie de mistificações; e se tomávamos essa liberdade era também porque ele, o homem mais engraçado do mundo, parecia-nos ainda mais simpático quando descobria o engodo ao qual o havíamos induzido propositadamente. Logo após despachar a tal carta, parti numa pequena viagem, ausentando-me de Estrasburgo por duas semanas. Nesse meio-tempo, a notícia daquela tragédia chegaria também a Frankfurt. Meu amigo acreditou que eu estivesse mesmo em Paris e sua afeição o deixou preocupado, receoso de que eu pudesse figurar entre as vítimas do acidente. Recorreu então a meus pais e a outras pessoas a quem eu costumava escrever, perguntando-lhes se por acaso não haveriam recebido alguma carta minha mais recentemente. E, realmente, como minha viagem me impedisse de despachar cartas naqueles dias, ninguém havia recebido notícias minhas. Ficando cada vez mais angustiado, meu amigo partiu então em busca de nossos colegas mais próximos, a quem confidenciou toda a história, aumentando ainda mais o círculo de aflitos. Por sorte, tal suspeita não chegaria a meus pais antes de eles terem recebido uma carta minha, avisando-lhes de meu retorno a Estrasburgo. Meus jovens amigos ficaram satisfeitos em me saberem vivos, mas não tive como dissuadi-los da ideia de que eu havia mesmo estado em Paris. As cartas que eles então me escreveram, contando-me o quanto haviam ficado apreensivos, deixaram-me tão profundamente tocado que prometi a mim mesmo nunca mais pregar outra peça como essa — infelizmente não posso dizer que não tenha aprontado coisas semelhantes depois disso. Às vezes a vida real perde de tal modo seu brilho, que temos de reanimá-la com o verniz da ficção.

Aquela poderosa torrente de pompas e esplendor da corte logo refluiria e não deixaria em mim outra saudade, senão a das tapeçarias rafaelescas, que eu teria adorado poder continuar observando, admirando e venerando indefinidamente. Para minha felicidade, meus esforços ardorosos para tentar sensibilizar algumas pessoas importantes na cidade conseguiram fazer com que se postergasse ao máximo o momento em que aquelas peças foram desmontadas e empacotadas. Mas logo retomaríamos novamente o passo sereno e fleumático de nossa vida universitária e social e, quanto a esta última, o atuário Salzmann, presidente de nossa roda comensal, mantinha-se em seu papel de pedagogo geral do grupo. Sua compreensão, sua tolerância e sua dignidade — características que ele sabia como preservar em meio às gozações e até mesmo em meio aos pequenos excessos que ele nos permitia fazer — tornavam-no uma pessoa respeitada e admirada por todos nós. Não soube senão de alguns poucos casos em que ele chegou a demonstrar mais seriamente seu desagrado, ou em que teve de se servir de sua autoridade para intervir em pequenas disputas ou desavenças. Entre todos os colegas, porém, eu era o que mais me aproximara dele; e ele também não desgostava de conversar comigo, já que achava que eu tinha uma formação mais ampla do que os demais colegas e que eu não era tão unilateral em meus julgamentos. Cheguei a tomá-lo como exemplo até mesmo no que dizia respeito à minha aparência, de modo que ele não se sentisse constrangido de reconhecer-me publicamente como um colega e companheiro. Pois, apesar de ocupar um cargo que tinha aparentemente pouca influência, exercia suas funções de tal modo que se sentia extremamente honrado ao fazê-lo. Era atuário do Conselho Tutelar e, tal qual o secretário vitalício de uma academia, era ele quem controlava as coisas por ali. E como já exercesse essa função com tanto empenho havia tantos anos, não existia na cidade uma só família, das mais humildes às mais abastadas, que não lhe fosse grata de algum modo. Afinal, são raros os cargos na administração pública em que se possa colher mais bênçãos ou praguejos, do que aquele que assume a responsabilidade pelos órfãos, dilapidando ou deixando dilapidar seus bens e suas posses.

Os cidadãos de Estrasburgo são apaixonados por caminhadas e passeios. E têm toda razão em sê-lo, pois para onde quer que sigam nossos passos, sempre encontramos lugares interessantes, alguns deles naturais, outros construídos no passado ou mais recentemente, mas todos eles igualmente visitados e admirados por pequenos grupos invariavelmente alegres e divertidos. Entretanto, o que em Estrasburgo tornava a contemplação dessas grandes massas de vagantes ainda mais gratificante do que em outros lugares era a variedade do modo feminino de se vestir. As cidadãs mais jovens da classe média mantinham o costume de usar suas tranças enroladas sobre a cabeça, presas por um grande grampo; e trajavam um tipo de vestido que era relativamente justo e em que seria um contrassenso cogitar uma barra mais longa. Mas o que mais agradava era o fato de que esse modo de se vestir conseguia transcender as classes sociais, dado que algumas famílias mais distintas e abastadas não pareciam querer permitir que suas filhas deixassem de usar aquele tipo de traje. As demais se vestiam à francesa e esse partido parecia ganhar cada vez mais prosélitos com o passar dos anos. Salzmann tinha muitos conhecidos e era bem recebido em toda parte, o que calhava ser muito conveniente para o rapaz que o acompanhava; especialmente no verão, pois aonde quer que fôssemos, tanto nos jardins mais próximos quanto nos mais distantes, sempre encontrávamos boa acolhida, boa companhia e algum refresco. Não raro recebíamos até mais de um convite para uma ou outra ocasião festiva. Num desses casos, acabei caindo muito rapidamente nas graças de uma família que eu visitava então apenas pela segunda vez. Fôramos convidados e, na hora combinada, lá estávamos nós. O grupo não era muito numeroso e, como de costume, alguns jogavam enquanto os outros haviam saído para um passeio. Mais tarde, na hora de sentarmo-nos à mesa, vi a dona da casa e sua irmã conversando atonitamente e algo constrangidas. Acheguei-me delas e disse:

— Minhas senhoras, não tenho o direito de me intrometer em seus segredos, mas quem sabe eu não esteja em condições de lhes oferecer um bom conselho, ou de lhes ser útil de alguma outra forma.

Elas então se abriram comigo, revelando-me a situação constrangedora em que se encontravam, a saber: haviam preparado mesa para doze, mas naquele exato momento um parente delas acabava de regressar de viagem e, como convidado de número treze, sem dúvida haveria de se tornar, se não para si próprio, ao menos para alguns dos outros hóspedes um *memento mori* inquietante.

— A coisa é facilmente remediável — respondi-lhes de imediato —, permitam-me que eu me retire, mas reservem-me o direito a uma futura compensação.

Acontece que aquelas pessoas eram muito distintas e requintadas, razão pela qual não fizeram nem hipótese de aceitar minha sugestão. Ao contrário, mandaram logo que fossem procurar nas vizinhanças uma décima quarta pessoa. Deixei que as coisas seguissem seu curso, mas quando percebi que o empregado retornava pelo portão do jardim sem ter obtido sucesso em sua missão, retirei-me discretamente da festa e passei um fim de tarde bastante aprazível sob uma velha tília da região de Wanzenau.[24] Que esse meu gesto de renúncia fosse lautamente recompensado, isso foi uma consequência mais que natural.

Não é possível conceber uma certa convivência social sem os jogos de cartas. Salzmann fez rebrotar em mim as boas lições da madame Böhme, e eu as segui então ainda mais à risca do que o fizera anteriormente; especialmente quando percebi que, à custa desse pequeno sacrifício — se é que era mesmo um sacrifício —, podia-se obter sempre algum prazer e, em determinados círculos, até mesmo galgar certas liberdades que não seriam granjeadas tão facilmente por outras vias. Meu velho e bom *piquet* foi então despertado de seu sono profundo; e ainda aprendi a jogar o uíste.[25] Seguindo as orientações de meu amigo e mentor, tratei também de organizar minhas reservas para o jogo, nas quais eu não deveria tocar em nenhuma outra circunstância. Tive então a oportunidade de passar, com meus amigos, muitas de minhas noites na companhia de pessoas dos melhores círculos sociais; pessoas que, em geral, costumavam me querer bem e perdoar algumas de minhas pequenas irregularidades. Meu amigo, de sua parte, não se cansava de me chamar a atenção diante de tais deslizes, mas o fazia sempre de modo extremamente gentil.

Todavia, para que eu pudesse aprender simbolicamente a que ponto é preciso se entregar e se adaptar ao jogo das aparências nesses círculos sociais, fui obrigado a fazer algo que me pareceu uma das coisas mais incômodas do mundo. Embora eu tivesse cabelos bonitos e vistosos, meu barbeiro de Estrasburgo fez logo questão de assegurar-me que eles haviam sido

---

24 Atualmente, *La Wantzenau*. Localidade situada cerca de 12 km à nordeste da região mais central da cidade de Estrasburgo.
25 Jogo de cartas, variante ancestral do *bridge*.

encurtados demasiadamente na parte de trás e que, com isso, seria impossível penteá-los de um modo minimamente apresentável – dado que o penteado padrão, na época, não permitia senão um corte curto ou cacheado na frente, enquanto o restante da cabeleira, desde o alto do cocuruto, deveria ser todo penteado para trás e preso na forma de uma trança ou com um tipo especial de fita de cabelo.[26] Diante disso, minha única opção foi aceitar usar uma pequena peruca, até que o crescimento natural dos cabelos atendesse novamente às exigências da moda daqueles tempos. Como de início eu resistira veementemente à ideia, meu barbeiro garantiu-me que, se eu aceitasse fazer logo o que sugeria, ninguém jamais perceberia aquele engodo inocente. De fato, ele fez cumprir sua palavra, e não tardaria para que me tomassem por um dos rapazes com o cabelo mais bem arrumado e penteado. O problema é que eu já tinha de me apresentar assim, empoado e aprumado, desde a primeira hora da manhã, o que também significa que, ao longo de todo o dia, eu tinha de tomar cuidado para não denunciar o adereço postiço com um movimento mais brusco ou mesmo por conta do calor. Essa restrição acabaria contribuindo muito para que eu passasse a me comportar de modo mais sereno e reservado; e logo me acostumaria a andar também de chapéu debaixo do braço, sem descuidar dos sapatos e dos meiões. Só não conseguia deixar de vestir, por debaixo destes, minhas meias de couro fino, pois me protegiam dos mosquitos renanos que costumavam se espalhar por aqueles jardins e campinas nas belas noites de verão. Se nessas circunstâncias eu ficava impossibilitado de realizar movimentos mais intensos, as conversas que eu tinha ocasião de entabular tornavam-se cada vez mais animadas e apaixonantes; sem dúvida, eram as mais interessantes que eu já havia tido até então.

Com meu modo particular de pensar e de sentir as coisas, não me custava muito aceitar as pessoas como elas eram ou como elas queriam dar a impressão de ser. Essa abertura de um espírito jovem e viçoso, que parecia florescer como que pela primeira vez em todo seu esplendor, acabaria me rendendo, assim, uma série de amigos e simpatizantes. Em pouco tempo, o

---

26 Em alemão: *Haarbeutel*. Uma pequena bolsa de seda ou tafetá, enfeitada e arrematada na forma de uma fita.

grupo que se reunia à nossa mesa já congregava algo em torno de vinte pessoas, mas como nosso Salzmann não descurasse de seus métodos tradicionais, tudo continuava acontecendo como antes — aliás, as conversas ficariam até mesmo mais contidas, pois, às vezes, algumas pessoas se sentiam constrangidas diante de uma roda tão numerosa. Entre os novos colegas que se haviam juntado a nós, um homem, em especial, despertava meu interesse. Chamava-se Jung,[27] aquele mesmo que, mais tarde, ficaria mais conhecido sob o nome de Stilling. A despeito de seu modo antiquado de se vestir, sua figura tinha sempre uma nota delicada em meio a uma crueza que lhe era dominante. Usava uma daquelas perucas finas, bem ao gosto da época, mas esse adereço não conseguia dissimular os traços fortes e expressivos de seu rosto. Tinha a voz suave, sem ser fraca ou frouxa; e tão logo se entusiasmasse — o que acontecia com muita facilidade —, sua voz assomava-se forte e altissonante. Quem o conhecia melhor, reconhecia nele um homem de bom senso, fortemente marcado por seus sentimentos — motivo pelo qual ele se deixava influenciar por simpatias e paixões. Entretanto, era dessas mesmas emoções que brotava também seu entusiasmo pelas mais perfeitas expressões do bem, da verdade e da justiça. Esse homem levara uma vida muito simples até então, mas ainda assim repleta de acontecimentos e de todo tipo de experiência. O elemento principal de sua energia era uma crença inabalável em Deus e em uma providência que Dele emanaria imediatamente, manifestando-se de modo mais concreto na forma de uma provisão ininterrupta e de uma redenção infalível de toda a desgraça e de todo o mal. Jung

---

27 Johann Heinrich Jung (1740-1817), na época, um estudante de medicina. Como oftalmologista, ganharia grande reputação por suas intervenções cirúrgicas em casos de catarata, mas abandonaria mais tarde a carreira médica, assumindo uma cátedra de economia em Kaiserslautern e em Marburg. Publicou inúmeros escritos autobiográficos, bastante conhecidos no século XVIII, entre os quais: *Heinrich Stillings Jugend* (1777), que Goethe leria ainda na versão manuscrita; *Heinrich Stillings Jünglingslehre* (1778); *Heinrich Stillings Wanderschaft* (1778), obra em que o autor relata sua passagem por Estrasburgo e sua convivência com Goethe, Salzmann, Herder etc.; *Heinrich Stillings häussliches Leben* (1789); *Heinrich Stillings Lehrjahre* (1804), entre outros. Goethe menciona Jung várias vezes ao longo de *Poesia e Verdade* e, sempre que volta a falar dele, faz questão de apresentá-lo com alguma variação da fórmula "Jung, chamado Stilling".

vivera tantas dessas histórias em sua vida – e mesmo nos últimos tempos, em Estrasburgo, havia podido experienciá-las tão frequentemente –, que era com grande alegria que ele tocava adiante sua vida um tanto moderada, mas sem maiores preocupações. E era desse mesmo modo que se entregava inteiramente a seus estudos, mesmo que, de um trimestre para o outro, não soubesse antecipar se poderia ou não contar com recursos suficientes para sua subsistência. Na juventude, quando estava prestes a enveredar pelo caminho que faria dele um carvoeiro, resolveu aprender o ofício de alfaiate; mas depois de ter estudado sozinho assuntos mais elevados, seu senso didático o levaria a se arriscar na condição de mestre-escola. Essa tentativa não daria muito certo, obrigando-o a retomar seu antigo ofício. Contudo, como conquistasse rapidamente a simpatia e a confiança de todo mundo, logo receberia convites para deixar a alfaiataria e acabaria se tornando um preceptor. Sua formação mais profunda e verdadeira ele devia a um tipo então muito disseminado de gente[28] que buscava a cura por seus próprios meios e que – almejando edificar-se através da leitura das Escrituras e de outros livros bendidos, assim como por meio da confissão e da exortação recíproca – alcançava um grau de cultura que não era senão admirável. Pois como seu interesse pelas coisas todas, que sempre os acompanhava e os tornava muito sociáveis, fundava-se simplesmente na moral, na benevolência e na beneficência; e como as transgressões na vida de pessoas que viviam em condições assim tão restritas costumavam ser praticamente insignificantes, fazendo com que sua consciência se mantivesse limpa e seu espírito, em geral, leve; o que resultava disso tudo era uma cultura sem artifícios, verdadeiramente natural, que tinha a grande vantagem de ser adequada a todas as idades e classes sociais e de ainda se revelar absolutamente sociável; e, por isso, em seu próprio círculo essas pessoas se mostravam de fato eloquentes e capazes de se exprimir de maneira agradável e adequada sobre todos os assuntos do coração, desde os mais leves até os mais intrincados. E este também era o caso do bom Jung. Num círculo restrito de pessoas, ainda que de mentalidade diferente da sua, desde que não demonstrassem aversão ao seu modo de pensar, ele se tornava não apenas falante, mas até mesmo eloquente; sobretudo a história

---

28 Alusão aos círculos pietistas da época.

de sua vida ele contava de um modo extremamente encantador, e sabia evocar com clareza e vivacidade quaisquer situações diante de seus ouvintes. Insisti para que ele as escrevesse e ele me prometeu que o faria. Contudo, como em seu modo de se expressar parecesse mais um sonâmbulo, a quem não se deve acordar para que não despenque das alturas de sua condição, ou mesmo a corredeira pequena de um riacho, a qual não se pode obstruir sem que se torne imediatamente turbulenta, Jung acabava se sentindo pouco à vontade quando em meio a grupos maiores. Sua crença não admitia suspeições, sua convicção não tolerava gracejos. E se num ambiente amistoso ele se mostrava infatigável, quando esbarrava com divergências, simplesmente estancava. Eu costumava acudi-lo sempre que isso acontecia, o que ele sabia retribuir com toda a sinceridade de sua afeição. Jung encontrava em mim um colega com quem conseguia se entender, pois suas posições não me eram de todo estranhas — eu me familiarizara com elas justamente por intermédio de meus melhores amigos e amigas — e a ingenuidade e naturalidade, que lhe eram habituais, inspiravam-me grande simpatia. Sua orientação espiritual não me incomodava absolutamente, de modo que também não tinha razão alguma para questioná-lo quanto a sua crença no divino e maravilhoso, que, no geral, parecia fazer-lhe muito bem. Também Salzmann era condescendente com ele; digo condescendente porque, por seu caráter, conduta, idade e posição, Salzmann devia pertencer ao círculo daqueles cristãos racionais, ou melhor, sensatos, cuja religião, na verdade, baseava-se na retidão do caráter e numa independência viril e, por isso, não gostavam de se ocupar e envolver com sentimentos que facilmente poderiam levá-los à melancolia, e com exaltações que logo os fariam cair no obscurantismo. Essa classe também era numerosa e respeitável, formada por pessoas honestas e dedicadas, que se entendiam bem entre si e partilhavam tanto das mesmas convicções quanto do mesmo modo de vida.

Havia entre nós um outro colega, chamado Lerse,[29] que pertencia exatamente a esse grupo. Era um rapaz correto e de caráter ilibado, e como tivesse grandes limitações de recursos e divícias, levava uma vida mais módica e

---

29 Franz Christian Lerse (1749-1800), então estudante de teologia. Mais tarde, professor na Academia Militar da cidade de Colmar.

regrada. Dentre todos os estudantes que eu conhecera, Lerse era aquele que tinha os padrões de vida e de economia mais restritos. Mas ainda que usasse sempre a mesma roupa, era invariavelmente o mais asseado de todos nós. Tinha mesmo o maior cuidado com seu vestuário, e esse zelo ele empenhava também tanto no asseio do lugar em que se encontrasse quanto na ordem de sua vida, em geral. Não era do tipo que se deixa encostar em alguém ou em alguma situação; não se permitia nem mesmo apoiar os cotovelos sobre a mesa. Não se esquecia jamais de identificar seus guardanapos, e se as cadeiras da pensão não se apresentassem impecavelmente limpas, a empregada tornava-se uma vítima certa de suas repreensões. Apesar disso tudo, não passava a impressão de ser uma pessoa dura e rígida. Cordial em seu modo de se expressar, Lerse tinha um jeito decidido e uma certa vivacidade enxuta, que, combinados a algumas notas de ironia, caíam-lhe muito bem. Era um rapaz de figura elegante e estatura mediana; seu rosto, marcado pela varíola, tinha traços discretos; seus pequenos olhos azuis eram amigáveis e pungentes. Além das tantas razões diferentes pelas quais ele se nos mostrava exemplar, fizemos dele ainda nosso professor de esgrima, pois era extremamente hábil no florete. Ele parecia se divertir bastante nesse papel, aproveitando a ocasião para exercer sobre nós todo o pedantismo daquele ofício. Mas nós também sabíamos tirar proveito de suas instruções e ficávamos extremamente gratos a ele por nos proporcionar aquelas horas tão agradáveis de movimento saudável e de exercício.

Por conta dessas características todas, Lerse era a pessoa ideal para desempenhar o papel de árbitro e juiz em qualquer querela, maior ou menor, que acontecesse — e elas aconteciam, ainda que raramente — em nosso círculo, especialmente naqueles casos em que a postura paternal de Salzmann não era capaz de conter nossos ânimos. Sem os típicos formalismos e aparências que costumam causar tanto dano nos meios universitários e unidos pela força das circunstâncias e pela boa vontade, formávamos um círculo fechado, com o qual outras pessoas tentavam interagir ocasionalmente, mas sem jamais conseguir invadi-lo. No julgamento de nossas disputas internas, Lerse demonstrava sempre grande imparcialidade, e quando a confusão não parecia mais poder se resolver com palavras e argumentos, sabia como ninguém conduzir a reparação esperada numa direção menos ofensiva, fazendo-o sempre de modo muito honrado. Nisso ele era simplesmente imbatível e gostava de dizer que, como os céus não o haviam destinado a ser um herói nem das grandes batalhas nem dos grandes amores, dava-se por satisfeito em assumir o papel do segundo – tanto no sentido romanesco, de coprotagonista, quanto no sentido da testemunha nos duelos de esgrima. Como era simplesmente invariável em seu modo de ser, o que o tornava um grande exemplo de constância e bom caráter, a figura desse rapaz acabaria me marcando profunda e afetuosamente; tanto que, ao escrever o *Götz von Berlichingen*,[30] senti-me impelido a construir um monumento à nossa amizade, dando o nome de Franz Lerse àquele personagem corajoso que aceita sua condição subordinada com toda dignidade.

Com sua inquebrantável e bem-humorada sequidão, Lerse sempre sabia nos lembrar de nossos deveres para com os outros e para com nós mesmos, bem como do que deveríamos fazer para viver tanto quanto possível em paz uns com os outros, sem perder a compostura. Eu, não obstante, encontrava-me em meio a um embate – interior e exterior – com questões e adversários bem diferentes; estava em pé de guerra comigo mesmo, com as circunstâncias, com os elementos. Meu estado de saúde permitia-me dar conta de qualquer coisa que eu pudesse ou devesse querer empreender, mas ainda persistia em mim uma certa irascibilidade que nem sempre me ajudava a manter o equilíbrio. Detestava barulhos mais fortes; assuntos mórbidos provocavam em mim o asco e a náusea. E o que mais me angustiava era uma vertigem, que me acometia sempre que, estando em um lugar mais elevado, olhasse para baixo. Procurei tratar de cada uma dessas minhas fraquezas, mas como não tinha tempo a perder, acabei fazendo-o de um modo um tanto rigoroso. De noite, quando soava o toque de recolher, misturava-me ao mundaréu de tambores, sentindo de perto aquelas batidas e vibrações que pareciam prestes a explodir meu coração no fundo do peito. Além disso, tratava de subir sozinho até o ponto mais alto que se podia alcançar na torre da catedral. Ao chegar lá em cima, ficava um bom quarto de hora sentado

---

30 *Götz von Berlichingen mit der eisernen Hand* [Götz von Berlichingen, o cavaleiro da mão de ferro], peça em cinco atos, de 1773, e encenada pela primeira vez em 1774. É considerada pela crítica uma das obras mais importantes do *Sturm und Drang*.

dentro do chamado pescoço, abaixo do que as pessoas denominavam botão ou coroa,[31] até conseguir sair ao ar livre, colocando-me de pé sobre uma plataforma estreita, que não devia ter mais de um côvado quadrado. Sem ter um lugar apropriado onde me segurar, via então diante de mim aquelas terras sem fim, ao mesmo tempo em que os arredores mais próximos, os ornamentos da igreja e toda a estrutura sobre a qual e acima da qual eu me encontrava se encobriam. Sentia-me como se estivesse pairando nos ares numa *montgolfière*.[32] Essa mesma experiência de enfrentamento do medo e da angústia, eu a repetiria ainda tantas vezes até que a impressão me fosse completamente indiferente. E eu tiraria grande proveito desses exercícios mais tarde, tanto em viagens pelas montanhas e excursões de estudo geológico, quanto em visitas a outras grandes obras — chegaria mesmo a apostar corridas com carpinteiros, lançando-me intrepidamente sobre os vãos livres entre as vigas e sobre o cornijamento das construções; e também em Roma, onde sempre é preciso correr tais riscos para observar mais de perto os detalhes das obras de arte mais significativas. De modo análogo, a anatomia também passaria a ter um valor duplo para mim, pois ao mesmo tempo em que ela conseguia satisfazer minha sede de conhecimento, ensinava-me ainda a tolerar a visão das coisas mais repulsivas. Comecei então a frequentar as aulas práticas de clínica médica, do velho doutor Ehrmann, bem como as lições de obstetrícia

---

31 Entre 1647 e 1874 a catedral de Estrasburgo foi considerada o edifício mais alto do mundo. A chamada torre norte é composta por uma imensa torre octogonal de base, sobre a qual se ergue a flecha, pináculo de 42 metros que, somado ao restante da construção, faz a catedral atingir seus 142,8 metros de altura. Construída entre 1419 e 1439, a flecha é formada por uma base piramidal em seis níveis, sobre a qual se assenta um conjunto quadrangular de colunas de 6 metros de altura, chamado lanterna (*Lanterne*). O pescoço (*Hals*) a que Goethe se refere corresponde à uma base colunar que, erguida imediatamente sobre a lanterna, faz a ligação com a última parte da flecha, chamada *couronne* (a que Goethe se refere como *Krone*, coroa): trata-se de uma espécie de cesto, do qual se erguem outras oito pequenas colunas que sustentam um dossel, arrematado em sua parte superior por um botão de rosa (a que Goethe se refere como *Knopf*) e uma cruz de ferro.

32 Trata-se aqui de um aeróstato, um balão de ar quente; o nome faz referência aos Irmãos Montgolfier, a quem se atribui uma das primeiras experiências de voo em balão dirigível.

de seu filho,[33] imbuído sempre do mesmo objetivo: conhecer aquelas coisas todas para me livrar das sensações de aversão e desconforto que elas me causavam. Ao fim e ao cabo, consegui seguir tão longe em meu propósito que nunca mais me deixaria abalar por situações congêneres. Mas não era apenas em relação a essas impressões sensíveis que eu tentava me fortalecer; queria me tornar mais resistente também em relação aos achaques da imaginação. E foi somente com muito esforço que eu consegui me tornar igualmente imune às sensações sinistras e medonhas despertadas pela escuridão, pelos cemitérios, por lugares ermos, por igrejas e capelas à noite e por outros lugares semelhantes. Também nisso consegui progredir a tal ponto que acabei ficando completamente indiferente ao fato de ser dia ou noite quando me encontrava num ou noutro desses locais. A verdade é que, mais tarde, ao tentar reviver a experiência agradável dos arrepios que eu sentira nesses lugares quando mais jovem, não seria mais capaz de evocá-los nem mesmo com o auxílio das imagens mais esquisitas e aterradoras.

Para reforçar as várias tentativas de me livrar da tensão e da pressão provocadas por esses pensamentos e sensações demasiadamente sérios e poderosos — que insistiam em tomar conta de mim, revelando-se ora uma força, ora uma fraqueza —, nada viria melhor a calhar do que aquele padrão livre, sociável e agitado de vida, ao qual eu acabaria me acostumando e do qual, por fim, aprenderia a desfrutar com toda a liberdade. A vida nos dá mostras de que o homem se sente mais liberto e completamente absorto de suas aflições quando percebe os defeitos dos outros e se permite criticá-los sem maior cerimônia. Desfazer de nossos semelhantes através de censuras e depreciações costuma produzir em nós uma sensação deveras agradável, razão pela qual a boa sociedade — em seus círculos menores e nos maiores — entrega-se de bom grado a essas práticas. Contudo, nada se iguala à imensa satisfação que sentimos quando nos arrogamos a condição de juízes de nossos chefes e superiores, de príncipes e homens de Estado, flagrando a inépcia e a inadequação das instituições públicas e apontando tanto suas falhas concretas quanto as hipotéticas — fazemos isso, mas sem jamais reconhecer

---

33 Johann Christian Ehrmann (1710-1797), o pai; e Johann Friedrich Ehrmann (1739-1794), o filho.

a grandeza das intenções, ou o papel que o tempo e as circunstâncias desempenham em toda e qualquer iniciativa dessa natureza.

Quem quer que se recorde da situação do Reino da França naquela época, ou a conheça por meio dos tantos escritos que mais tarde a descreveriam com precisão e detalhe, poderá facilmente imaginar as coisas que se comentavam, sobre o rei e seus ministros, sobre a corte e seus favoritos, numa Alsácia então semifrancesa.[34] Para alguém com meu desejo de instrução e com minha disposição, presunçosa e juvenil, de meter o bedelho em tudo, esses eram assuntos novos e muito bem-vindos. Prestei atenção a tudo o que ouvi e anotei diligentemente cada detalhe.[35] Agora, olhando de novo para o pouco que restou disso tudo, percebo que essas notas — mesmo que redigidas no calor da hora, a partir de fábulas, de boatos vagos e pouco confiáveis — guardam ainda hoje certo valor, pois, a partir delas, é possível relacionar os mistérios de então, que se desvendariam mais tarde, com aquilo que já se intuía ou se fazia público na época, podendo-se, assim, comparar as conjecturas mais ou menos acertadas daqueles contemporâneos com as certezas da posteridade.

O que se tornava a cada dia mais evidente para nós, meros deambulantes, era o projeto de embelezamento da cidade, cuja execução, empreendida de modo bastante peculiar, começava a transformar esboços e planos em realidade. O intendente Gayot[36] estava disposto a redesenhar o traçado anguloso e irregular das ruelas de Estrasburgo, com o intuito de criar, a régua e compasso, uma cidade bela, organizada e distinta. Para tanto, encomendara a Blondel,[37] o arquiteto parisiense, um projeto a partir do qual cento e quarenta proprietários ganhariam mais espaço, oitenta perderiam o que tinham e o restante dos cidadãos continuaria do mesmo jeito de sempre. O projeto foi aprovado, mas não seria executado de uma só vez; a ideia era a de que fosse implementado aos poucos, completando-se no curso do tempo; enquanto isso, porém, a cidade se veria mergulhada numa estranha condição

---

34 Em alemão: "in dem elsassischen Halbfrankreich".
35 Não há registro de preservação das referidas anotações.
36 François Marie Gayot (1699-1766), na condição de pretor de Estrasburgo, era o civil com o cargo mais alto na cidade, sendo pessoa de confiança do governo francês.
37 Jacques François Blondel (1705-1774), famoso arquiteto francês.

que hesitava entre a forma e a deformação. Quando se tratava, por exemplo, de endireitar o lado torto e reentrante de uma rua, o primeiro proprietário que se voluntariasse avançava seus domínios até o novo alinhamento; talvez seu vizinho contíguo fizesse o mesmo e talvez também o vizinho três ou quatro casas adiante, de modo que, entre as casas, originavam-se lacunas e reentrâncias muito pouco graciosas, que mais se assemelhavam a uma espécie de antepátio daquelas casas que, pelo avanço das vizinhas, pareciam agora recuadas. Não era o caso de recorrer à violência, mas sem alguma forma de coação também não se chegaria a lugar nenhum. Assim, ficaram proibidas quaisquer obras e reformas nas casas que estivessem em situação irregular em relação ao alinhamento da rua. Todas essas impropriedades fortuitas e inusitadas ofereciam-se a nós, errantes ociosos, como o melhor dos pretextos para exercitarmos nosso escárnio. Bem à moda de Behrisch, fazíamos então sugestões para acelerar o andamento das obras, ao mesmo tempo em que duvidávamos da possibilidade de que isso um dia chegasse a acontecer — todavia, o surgimento de um sem-número de belas e novas construções na cidade bem podia nos ter feito pensar um pouquinho diferente. Só não sei dizer se o longo período de implementação resultou de fato em algum benefício à execução daquele projeto original.

Outro assunto sobre o qual os protestantes de Estrasburgo adoravam conversar era a expulsão dos jesuítas.[38] Assim que os franceses tomaram conta da cidade,[39] alguns desses padres surgiram ali e reclamaram domicílio; em pouco tempo eles se multiplicaram e construíram um maravilhoso colégio, tão rente à catedral, que a parte posterior da igreja chegava a encobrir um terço de sua fachada. O plano era construir um quadrado perfeito com um jardim em seu centro, mas apenas três lados do quadrado foram concluídos. A construção era toda de pedra, sólida como todas as edificações desses padres. Que os protestantes devessem se sentir então pressionados, senão oprimidos pelos jesuítas, isso parecia fazer parte do projeto geral da sociedade daquela época, que se imbuíra do firme propósito de restaurar a antiga religião em toda sua

---

38 Por decreto real de 1764, os jesuítas foram proibidos de atuar na França.
39 Após a Guerra dos Trinta Anos, com o tratado firmado na chamada Paz de Vestfália, em 1648, parte da Alsácia passaria ao domínio da França. Goethe se refere aqui à tomada de Estrasburgo pelos franceses, em 1681.

magnificência. Sua queda, portanto, foi motivo de grande satisfação entre seus oponentes; e não foi sem contentamento que os protestantes acompanharam de longe os jesuítas enquanto estes vendiam seus vinhos, desfaziam-se de seus livros e tentavam passar adiante seu colégio, quiçá a uma ordem menos ativa que a deles. É admirável perceber o quanto as pessoas se alegram quando se livram de um adversário, ou mesmo um protetor; mas os rebanhos mal se dão conta de que, quando faltam os cães, os lobos fazem a festa.

Estrasburgo, como toda cidade, também precisava ter a sua tragédia particular, daquelas que aterrorizam seus filhos e os filhos de seus filhos a cada nova geração. Circulava então a história de Klinglin,[40] um pretor desafortunado, que depois de ter alcançado o nível mais alto de felicidade terrena, depois de ter dominado absolutamente a cidade e seus arredores e de ter se servido de tudo o que os bens, a posição e a influência lhe puderam garantir, simplesmente caiu em desgraça na corte. E como, em consequência disso, teve de assumir a responsabilidade por tudo aquilo que, até então, ninguém parecia ter levado muito em consideração, foi parar na cadeia, onde acabaria morrendo em circunstâncias bastante suspeitas, com mais de setenta anos de idade.

Quem sabia contar essa e outras histórias de modo passional e animado era aquele outro colega de nossa roda, o Cavaleiro da Ordem Real de São Luís, razão pela qual eu sempre aceitava acompanhá-lo em seus passeios — à diferença do que faziam meus outros colegas, que, declinando desses convites, acabavam me deixando sozinho com ele. Como eu costumasse deixar as coisas acontecerem naturalmente quando conhecia alguém, evitando pensar demais sobre a nova amizade e seus possíveis efeitos, foi só depois de certo tempo que comecei a perceber que as narrativas e apreciações críticas de meu colega mais me inquietavam e confundiam do que conseguiam me instruir e esclarecer. Eu nunca sabia exatamente em que pé estávamos, por mais que o enigma pudesse ter sido facilmente decifrado. Ele era uma dessas tantas pessoas, para quem a vida não resulta grande coisa e que, por conta disso,

---

40 Depois de várias gerações da família Klinglin no poder, Franz Joseph Klinglin (1685?-1755) seria condenado por corrupção e abuso de poder. Foi deposto em 1752, morrendo na cadeia em 1755.

continuam a concentrar todas as suas forças em coisas insignificantes. Acontece que, para sua infelicidade, ele era igualmente um homem determinado e apaixonado pela reflexão, ainda que sem ser muito hábil com o pensamento. E na mente dessas pessoas, é comum que certas ideias se fixem com mais facilidade e intensidade, a ponto de conduzirem o indivíduo a uma condição que poderíamos bem chamar de doentia. Ele também insistia em retornar sempre a uma dessas ideias fixas – o que, com o passar do tempo, começaria a se tornar algo bastante cansativo –, a saber: ele se lamentava amargamente de estar perdendo a memória, sobretudo no que dizia respeito às coisas mais recentes; e encadeando uma sequência toda particular de argumentos, sustentava reiteradamente que todas as virtudes vinham da boa memória, enquanto os vícios, ao contrário, remontariam sempre ao esquecimento. Sabia impor sua doutrina com argúcia; mas afinal, tudo pode ser dito quando nos permitimos utilizar as palavras com mais vagueza, ora num sentido lato, ora num sentido estrito; ou quando as usamos em acepções correlatas, ora mais próximas, ora mais distantes.

Nas primeiras vezes foi muito divertido escutar suas histórias; sua loquacidade era mesmo admirável. Eu acreditava estar diante de um sofista eloquente, que, de brincadeira ou como uma forma de exercício, sabia dar um brilho especial às coisas mais estranhas. Infelizmente essa primeira impressão logo se apagaria, pois ao fim de cada conversa o homem voltava sempre ao mesmo assunto, independentemente de como eu reagisse. Por mais que se interessasse pelos assuntos e conhecesse em detalhes os episódios que narrava, ele não conseguia se manter concentrado neles. Assim, em meio às suas grandes narrativas da história da humanidade, era comum que se deixasse distrair por alguma circunstância menor e voltasse a falar daquela sua ideia predileta e tão irritante.

Um desses nossos passeios vespertinos foi particularmente infeliz nesse sentido. Que a história desse único episódio possa servir aqui de exemplo de como eram aquelas ocasiões, pois que, se fossem todas relatadas, não fariam senão cansar ou mesmo aborrecer o leitor.

Em nossas andanças pela cidade, cruzamos certa vez com uma mendiga, senhora de mais idade que, com suas súplicas e insistências, acabou interrompendo a narrativa de meu colega.

De minha vida: Poesia e verdade

— Vá-se embora, sua bruxa velha! — disse ele, seguindo seu caminho.

Nisso a velha despregou-lhe um conhecido provérbio, ainda que um pouco modificado, pois provavelmente percebera que aquele homem antipático também já entrava no avançado da idade: — Se não queria ficar velho, devia ter deixado que o enforcassem quando jovem![41]

No mesmo instante ele se virou furioso para a mulher — e eu já ia temendo a cena:

— Deixar que me enforcassem! — exclamou ele. — Deixar que me enforcassem! Não, isso não teria sido possível. Eu era bonzinho demais. Mas enforcar-me, enforcar a mim mesmo, isso sim, é verdade, isso eu bem que poderia ter feito. Deveria ter logo gastado comigo um tiro de pistola, o que me pouparia de viver a vida inteira só para perceber, hoje, que não valho nem mesmo o que teria me custado aquela pólvora.

A mulher ficou petrificada, mas ele continuou:

— Você acaba de dizer uma grande verdade, sua bruxa das bruxas! E já que ainda não te afogaram nem te queimaram viva, você será recompensada por seu proverbiozinho — disse ele, atirando-lhe um *Büsel*, moeda valiosa demais para ser oferecida normalmente como esmola.

Continuamos nosso caminho, passamos pela primeira ponte sobre o Reno e seguimos na direção de uma taverna, onde planejávamos fazer uma parada. Eu tentava fazer com que meu colega retomasse sua narrativa anterior quando, de modo completamente inesperado, uma moça muito bonita surgiu no meio do caminho, parou diante de nós e saudou-nos muito educadamente:

— Ei, ei, senhor capitão, vai aonde? — disse ela, entre outras coisas que se costuma dizer nessas ocasiões.

— Mademoiselle — reagiu meu colega, algo constrangido —, eu não sei...

— Como? — disse ela, com uma graciosidade admirável. — Como é que o senhor se esquece assim tão depressa de seus amigos?

A palavra "esquece" deixou-o ainda mais amuado; ele balançou a cabeça e respondeu-lhe irritado:

— Mademoiselle, eu de fato não saberia...

---

41 Referência ao provérbio alemão "Wer nicht alt werden will, mag sich jung hängen lassen" [quem não quer envelhecer, que se deixe enforcar quando jovem].

Ela então replicou com humor, ainda que moderadamente:

— Pois preste atenção, senhor capitão, da próxima vez sou eu quem pode acabar não o reconhecendo!

Tendo dito isso, a moça passou por nós e acelerou o passo, sem nem sequer olhar para trás. Meu colega de passeio cerrou imediatamente os punhos e começou a bater fortemente na própria cabeça:

— Mas eu sou mesmo uma besta! – esbravejou. – Uma besta velha. Está vendo como são as coisas? Diga se não tenho razão!

Desatou então a repetir de modo acalorado aquele seu velho discurso com as mesmas ideias de sempre, agora como que reforçadas pelo tal incidente. Não consigo e nem gostaria de repetir aqui as filípicas que ele desferiu contra si mesmo, mas, por fim, dirigindo-se à minha pessoa, disse:

— Eu o convoco como minha testemunha! Você se lembra daquela vendedora do armazém da esquina, aquela que não é nem jovem nem bonita? Pois toda vez que passamos por lá eu a cumprimento e, vez ou outra, chego até a trocar com ela algumas palavras gentis. E olha que já se vão trinta anos que ela me deu certas liberdades. Mas essa moça, não faz nem quatro semanas, juro que nem isso, não faz nem isso que essa moça me mimoseou com suas generosidades; e agora, além de não conseguir me lembrar dela, ainda por cima a insulto pelo obséquio de sua gentileza! É como eu sempre digo: a ingratidão é o maior dos vícios, mas ninguém seria ingrato se não fosse, antes de mais nada, um esquecido.

Entramos na taverna e só o burburinho fremitoso das bebedeiras nas antessalas do estabelecimento foi capaz de conter as invectivas que meu colega desferia contra si mesmo e contra todos aqueles que tinham sua idade. Finalmente se calou, e eu esperava estar agindo bem ao escolher uma mesa no andar de cima, onde encontramos um jovem que andava sozinho de um lado para o outro e que o capitão logo saudou pelo nome. Fiquei contente em conhecer pessoalmente o rapaz, pois meu velho colega já me havia falado muito bem dele, contando-me que tinha um cargo no Ministério da Defesa (*Kriegsbureau*) e que, em mais de uma oportunidade, ao ter problemas com sua pensão, ele se lhe mostrara muito altruisticamente prestativo. E fiquei feliz, também, ao perceber que a conversa finalmente tomava outro rumo; bebemos juntos uma garrafa de vinho enquanto continuamos a conversar. Nesse meio-tempo, porém, um outro problema – que meu colega tinha em comum com muitas pessoas teimosas – começaria a tomar corpo. Pois do mesmo modo como, em geral, ele não conseguia se ver livre daquelas suas ideias fixas, atinha-se também muito facilmente a qualquer sensação desagradável e momentânea e, sem a menor moderação, desatava então a desnovelar suas impressões. De fato, sua irritação anterior nem bem havia se apaziguado de todo, quando veio à tona algo novo e de natureza completamente diferente. Depois de passear os olhos pelo local, logo percebeu sobre a mesa uma porção dupla de café e duas xícaras. Tomando isso como uma espécie de evidência, levantou então a suspeita – logo ele, que era todo galante e galanteador – de que o rapaz não estivera o tempo todo sozinho antes de nós chegarmos. E quando se assomou nele a hipótese – que logo se alçaria à condição de probabilidade – de que a mesma moça linda, que havia pouco cruzara seu caminho, tinha acabado de prestar uma visita àquele rapaz, sentiu então o mais absurdo dos ciúmes que, acompanhando os resquícios de sua primeira irritação, tirou-o completamente do prumo.

Antes mesmo que eu pudesse desconfiar de qualquer coisa – já que, àquela altura, eu me distraíra conversando inocentemente com o rapaz –, o capitão, num tom bastante antipático que eu logo reconheci, começou a espicaçar as xícaras e não sei o que mais ele via a sua frente. O jovem, sentindo-se atingido, tentou esquivar-se com muito jeito e paciência, como é a praxe entre pessoas de bom trato. Mas o velho prosseguiu com sua maneira impiedosa e impertinente de ser, até que ao rapaz não restou outra alternativa: pegou chapéu e bengala e, despedindo-se, desafiou o velho de modo algo ambíguo. Foi aí que explodiu de vez a fúria do capitão, o que se deu tanto mais violentamente, na medida em que ele havia bebido toda uma garrafa de vinho praticamente sozinho. Começou então a esmurrar a mesa e a gritar reiteradamente:

— Esse eu mato.

No fundo a coisa não era tão séria quanto parecia, pois ele costumava usar essa mesma expressão sempre que alguém se opunha a ele ou o desagradava. Mas o caso acabou se agravando de modo inesperado em nosso caminho de volta, pois cometi a imprudência de repreendê-lo por sua ingratidão em relação ao jovem, tentando recuperar a lembrança do quanto ele me havia exaltado anteriormente aquele rapaz por sua presteza e solicitude. Mas não! Nunca mais encontraria um homem tão furioso consigo mesmo. Derramou-se então um discurso que encerraria a série de acontecimentos desenlaçada pelo encontro casual com aquela bela moça. E, nisso, pude acompanhar de perto como o remorso e o arrependimento eram levados aos extremos da caricatura – o que, aliás, ocorria de modo verdadeiramente genial, já que as paixões tomam de assalto o lugar do gênio. Ele retomou cada um dos incidentes ao longo de nossa caminhada vespertina, usando-os retoricamente para sua autovituperação; por fim, fez ressurgir até mesmo a bruxa, ficando tão tremendamente perturbado, que tive receio de ele se atirar no Reno. Se eu tivesse a certeza de poder resgatá-lo de volta, como fizera Mentor com seu Telêmaco,[42] teria deixado mesmo que ele saltasse – assim ele poderia ter ao menos esfriado seus ânimos antes de eu levá-lo para casa.

Confiei a história imediatamente a Lerse e, na manhã seguinte, fomos juntos até a casa do rapaz, a quem meu amigo faria rir com sua sequidão habitual. Concordamos então em organizar um encontro, que deveria parecer casual e ensejar uma reconciliação. O mais engraçado de tudo é que, também dessa vez, uma noite bem dormida seria o suficiente para restaurar o humor do capitão; ele se mostrava pronto a reconciliar-se com o rapaz, que, de sua parte, também não havia levado a confusão mais a sério. Tudo se resolveu numa só manhã, e como aqueles acontecimentos não passaram desapercebidos, não pude escapar às gozações de meus amigos que, em razão de sua própria experiência, bem poderiam ter me antecipado o quão fastidiosa a amizade com o capitão podia se tornar.

No exato momento em que fico aqui pensando o que teria lugar na sequência desta narrativa, acode-me ao pensamento, como se por um estranho jogo das lembranças, a imagem memorável da catedral. Naqueles dias, já vinha dedicando uma atenção especial a essa construção, que, na cidade tanto quanto em seus arredores, impunha-se o tempo todo aos olhos de toda a gente.

---

42 Referência ao resgate de Telêmaco, filho de Ulisses, por Mentor, seu tutor, na passagem final do sétimo livro da obra *Les Aventures de Télémaque* [As aventuras de Telêmaco], do teólogo e escritor francês Fénelon (1651-1715).

Quanto mais eu contemplava sua fachada, mais se avivava e se assomava em mim aquela primeira impressão de que, ali, o sublime e o gracioso andavam de mãos dadas. Para que o colossal, que se nos impõe na forma monstruosa de sua massa, não nos confunda quando o tentamos compreender em seus detalhes, é preciso que ele construa uma relação muito pouco natural e aparentemente impossível: é preciso que ele se alie ao agradável. E se só é possível falar daquela impressão da catedral quando consideramos em conjunto essas suas duas características geralmente inconciliáveis, já podemos antecipar, daí, a altíssima conta em que havemos de ter esse antigo monumento. Comecemos por pensar melhor como é que elementos tão contraditórios puderam se unir e se combinar tão harmoniosamente.

Deixando as torres por ora de lado, consideremos inicialmente apenas a fachada, que se nos impõe poderosamente aos nossos olhos como um quadrilátero oblongo e vertical. Se nos aproximamos dela ao crepúsculo, ao luar ou numa noite estrelada, quando a distinção de suas partes se torna mais ou menos indefinida, chegando mesmo a desaparecer, tudo o que vemos é uma muralha colossal, cuja altura se encontra numa proporção bastante generosa em relação à largura. Se a contemplamos durante o dia e nos esforçamos mentalmente para abstrair de seus detalhes, reconhecemos a parte frontal de uma construção, que não apenas encerra os espaços internos do edifício, mas que também encobre muito do que há em suas laterais. As aberturas dessa superfície colossal indicam certas necessidades intrínsecas à obra, segundo as quais podemos dividir a fachada em nove campos diferentes. A primeira coisa que salta aos nossos olhos é a grande porta do meio, que dá acesso à nave central da igreja. As duas portas menores, que a ladeiam, integram o claustro e dão acesso às naves colaterais. Sobre a porta principal, nosso olhar logo se depara com uma janela redonda, que tem por finalidade dissipar uma luz misteriosa por todo o interior da igreja até seu teto abobadado. Sobre as portas laterais, veem-se respectivamente duas grandes aberturas verticais, retangulares e oblongas, que contrastam significativamente com a abertura arredondada do meio, dando-nos a entender que pertencem à base de duas torres que se lançam aos céus a partir dali. Finalmente, no terceiro nível, alinham-se lado a lado três outras aberturas, destinadas aos campanários e a outras necessidades eclesiais; acima destas, ao invés das tradicionais cornijas, vê-se a balaustrada da galeria, que arremata o conjunto horizontalmente. Quatro colunas, que se erguem a partir do nível do chão, sustentam, emolduram e seccionam essas três grandes seções perpendiculares, formando os nove espaços aqui descritos.

Do mesmo modo que não se pode negar que o conjunto tenha uma bela relação de proporção entre a altura e a largura, também essas colunas, assim como as seções elegantes que se formam entre elas, conferem ao todo, em cada um de seus detalhes, uma certa leveza homogênea.

Mas continuemos nossa abstração e imaginemos essa muralha descomunal sem nenhum de seus ornamentos, tendo em mente apenas as colunas firmes do contraforte e cada uma das aberturas – mas estas, também, somente na medida em que a necessidade as demande; e concedamos que essas seções principais se apresentem igualmente belas no que diz respeito as suas proporções; ao fazermos isso, o todo bem poderá nos parecer sóbrio e distinto, mas não se eximirá de sua condição fastidiosamente dissaborosa, de uma nudez inartística. Pois uma obra de arte pode até nos causar uma impressão nobre e digna no que diz respeito à grandeza, à singularidade e à proporcionalidade de suas partes, mas o verdadeiro prazer – produzido por aquilo que se nos revela agradável –, este só tem lugar a partir da harmonia entre todos os detalhes individualmente desenvolvidos.

Ora, mas é justamente nesse exato sentido que a construção aqui contemplada nos proporciona o mais alto grau de satisfação, pois nela vemos como cada um de seus ornamentos é perfeitamente adequado à parte que ele cumpre decorar – é como se cada elemento ornamental fosse subordinado a essa parte; é como se ele brotasse naturalmente dela. Uma diversidade como esta, uma vez que derive do que lhe é conforme, sempre gera um enorme bem-estar, provocando imediatamente a sensação de unidade. Somente nesses casos é que o resultado alcançado pode ser considerado a quintessência da arte.

Eis os artifícios que fazem com que essa muralha firme e impenetrável, esse paredão monolítico se nos apresente com tamanha leveza e graciosidade – mesmo que se anunciando como base de sustentação de duas torres alticelestes, mesmo que se revelando à vista como algo que se funda e se firma em si mesmo. E apesar de ser, na verdade, uma superfície toda vazada e perfurada de mil e uma maneiras distintas, passa-nos a impressão inequívoca de uma solidez inabalável.

Tal enigma resolve-se, aqui, com grande felicidade. As aberturas na muralha, suas partes mais sólidas, as colunas, enfim, cada um de seus elementos tem um caráter particular, mas remonta sua origem à destinação específica para a qual foi concebido. Esse caráter vai então se transferindo gradativamente às seções a que os elementos estão subordinados e, com isso, o todo vai sendo ornamentado na razão de sua conformidade, o pequeno e o grande acabam encontrando seu lugar de direito – onde podem ser imediatamente percebidos – e é assim que, por fim, o agradável se manifesta no colossal. Lembremos aqui, por exemplo, das portas, que se afundam em perspectiva na espessura do paredão, e da infinitude de ornamentos nas colunas e nos arcos ogivados; da janela e da rosácea que rebrota de sua forma arredondada; lembremos do perfilado do gradil que a emoldura, bem como das colunatas estreitas e vazadas das seções perpendiculares. Imaginemos essas colunas que vão se recuando pouco a pouco na parede, acompanhadas por pequenas estruturas – levemente colunares, estreitas, ogivais e igualmente direcionadas para o céu – destinadas a abrigar, em forma de baldaquino, as estátuas das figuras santas; imaginemos como, enfim, cada nervura, cada botão parece desabrochar num capitel em flor, num folheado, ou em qualquer outra figura da natureza, traduzida ali nos sentidos da pedra. Para melhor poder avaliar, mas também para dar mais vida a essas minhas considerações, que elas sejam comparadas com a própria construção, ou ao menos com imagens do todo e de seus detalhes. Para muitos, o que digo aqui pode parecer um exagero. Mas eu também precisei de muito tempo para me dar conta de seu valor, ainda que tenha me sentido completamente arrebatado por essa obra desde o primeiro momento em que a vi.

Tendo crescido entre detratores da arquitetura gótica, trazia em mim uma antipatia por esses ornamentos tão multiplamente sobrecarregados e confusos, que, por sua arbitrariedade, tornavam-me seu caráter religiosamente sombrio altamente repugnante. E com o passar do tempo, essa minha animosidade só se fez reforçar, já que não me vira senão diante de obras que me pareceram completamente sem graça e nas quais não se podia perceber nem a elegância da proporcionalidade, nem a clareza de sua consequência.

Ali, porém, tive a sensação de me ver diante de uma nova epifania; ali, simplesmente não havia lugar para tudo aquilo que eu antes julgara reprovável: era justamente com o oposto daquilo tudo que eu me via confrontado.

Entretanto, dado que continuaria investindo naqueles longos momentos de contemplação e reflexão, acabei descobrindo méritos ainda muito maiores do que aqueles que já mencionei até aqui. Descobri a proporção correta entre as seções maiores, o estilo tão exuberante quanto minuciosamente consequente de sua ornamentação; mas descobri também a relação entre esses ornamentos tão variados, o modo como cada uma das partes principais se articula à outra, o enredamento dos detalhes que, embora análogos, variam amplamente em sua forma, indo do sagrado ao monstruoso, do foliar ao pontiagudo. Quanto mais eu pesquisava, mais eu me surpreendia; quanto mais eu me ocupava e me extenuava com desenhos e medições, mais ia crescendo meu apego. Em razão desse envolvimento, acabaria empregando uma quantidade enorme de tempo nessa atividade, ora estudando o que havia, ora imaginando e fazendo esboços daquilo que faltava, daquilo que se apresentava de modo incompleto, especialmente nas torres.

Como eu entendesse que aquela construção havia lançado suas bases sobre antigas terras alemãs, que havia brotado e florescido em tempos verdadeiramente alemães, e que até mesmo o nome de seu mestre-construtor, inscrito em lápide tão humilde, reverberava uma origem igualmente germânica, não me fiz de rogado e, em consideração ao valor daquela obra de arte, propus a mudança da até então infame designação de arquitetura gótica, reivindicando-a como obra de nossa nação, como obra da arquitetura alemã. E não hesitei em dar a público essas minhas ideias patrióticas, primeiro oralmente, depois na forma de um pequeno ensaio,[43] dedicado a D. M. Ervini a Steinbach.[44]

---

43 Referência ao ensaio *Von deutscher Baukunst* [Da arquitetura alemã], publicado inicialmente em 1773, mas impresso em 1772. Como menciona o autor na sequência da narrativa, o ensaio seria republicado na coletânea organizada por Herder e intitulada *Von deutscher Art und Kunst* (1773), obra programática do *Sturm und Drang*.

44 Goethe refere-se aqui – na forma do nome latinizado e antecedido pela fórmula lapidar latina D. M. – *divis manibus*, às almas dos mortos, aos manes – a Erwin von Steinbach (1244-1318). Por muito tempo – também à época de Goethe –, considerou-se

Quando esta minha narrativa biográfica chegar à época em que o ensaio antes referido foi publicado – e que Herder acabaria incluindo em seu livro *Do estilo e da arte alemã* –, outras coisas ainda serão ditas a respeito desse assunto tão importante. Contudo, antes de me despedir aqui desse tema, quero aproveitar o ensejo para me justificar, junto àqueles que possam alimentar ainda alguma dúvida, pela escolha da epígrafe que abre a segunda parte deste volume. Sei muito bem que muito se poderia criticar e que muitas experiências em contrário poderiam ser apresentadas como contestação do otimismo implícito naquele velho provérbio alemão: "O que se deseja quando jovem obtém-se plenamente com a idade!". Todavia, há também muitas experiências que falam em seu favor, e tratarei de explicar, em seguida, o que quero dizer com isso.

Nossos desejos são pressentimentos das capacidades que nos são inerentes, são arautos daquilo que seremos capazes de fazer. Mas tudo o que podemos e desejamos é apresentado à nossa imaginação como algo externo e futuro. Portanto, ansiamos sempre por algo que, de modo latente, já possuímos. É desse modo que uma antecipação apaixonada se torna capaz de transformar uma possibilidade real em uma realidade antes apenas imaginada. Se uma certa inclinação se manifesta em nós de modo decisivo, esse primeiro desejo vai se realizando aos poucos, no compasso de nosso desenvolvimento: por uma via mais direta, quando as circunstâncias são favoráveis; ou, quando desfavoráveis, por vias indiretas, a partir das quais, independentemente dos grandes desvios, acabamos sempre retomando nosso caminho. Assim, vemos homens que, pela perseverança, alcançam as fortunas terrenas, cercando-se de riquezas, de glórias e de honrarias exteriores. Outros, ainda mais convictos, almejam as benesses do intelecto, adquirindo uma visão ampla e clara das coisas, uma paz de espírito e uma segurança para enfrentar o presente e o futuro.

Mas há também uma terceira via, que é formada pela combinação dessas outras duas e se nos impõe como uma garantia ainda mais segura de sucesso.

---

que ele fosse o único mestre-construtor responsável pela concepção e construção (ao menos em sua fase inicial) da catedral de Estrasburgo, o que a pesquisa mais recente viria contestar.

Quando a juventude de um indivíduo calha de coincidir com uma época marcante – em que a criação supera a destruição – e quando se lhe desperta a tempo o pressentimento das demandas e promessas de uma tal época, aí então, compelido por essa força externa a uma forma mais efetiva de participação, esse indivíduo se envolverá com uma coisa atrás da outra e nele se desenvolverá o desejo vivo de atuar e repercutir em diversas atividades. Acontece que, às limitações humanas, vêm se somar ainda tantos acidentes e obstáculos, que ora deixamos pelo caminho um projeto começado, ora nos escapa o que tínhamos agora mesmo em nossas mãos e os desejos vão assim se descartando um após o outro. No entanto, se esses desejos provêm de um coração puro e encontram-se em conformidade com as premências de sua época, podemos deixar tranquilamente que eles se nos escapem e se percam ao longo do caminho, com a certeza de que eles não apenas serão reencontrados e retomados adiante, mas de que também surgirão outros desejos semelhantes, com os quais nunca nem havíamos cogitado nos envolver. E quando, no curso de nossa vida, vemos outras pessoas realizarem aquelas coisas para as quais, antes, nós mesmos sentíamos ter uma vocação – entre outras tantas de que tivemos de desistir no meio do caminho –, vem à tona então a bela sensação de que é somente a humanidade inteira em seu conjunto que constitui o verdadeiro homem, e de que o indivíduo só pode ficar alegre e feliz quando tem a coragem de se sentir parte desse todo.

Essa consideração vem bem a calhar aqui, pois quando penso na minha inclinação por essas antigas obras arquitetônicas, quando calculo o tempo que dediquei somente à catedral de Estrasburgo e a atenção com que mais tarde eu viria a contemplar as catedrais de Colônia e Freiburgo, tornando-me cada vez mais sensível ao valor dessas construções, não posso senão me censurar por tê-las perdido completamente de vista mais tarde, por tê-las relegado totalmente ao segundo plano, à medida que ia me deixando atrair por uma arte mais desenvolvida.[45] Contudo, quando vejo que, em tempos mais recentes, a atenção se voltou novamente a esses objetos, e que a afeição, ou mais, que a paixão por esses assuntos começou a ressurgir e a florescer novamente; quando vejo, hoje, jovens talentosos – e completamente

---

45 Provável referência à expressão artística da Antiguidade clássica.

arrebatados por essas obras – dedicarem incondicionalmente suas forças, seu tempo, seu cuidado e sua fortuna a esses monumentos de um mundo pretérito, fico então feliz por perceber que havia um valor naquilo que eu um dia tanto quis e desejei. É portanto com grande satisfação que vejo essas pessoas não apenas admirarem o que nossa ancestralidade nos legou, mas ainda darem um passo além; pois, partindo de antigos planos e esboços não executados, dispõem-se a recompor e representar, ao menos na forma de desenhos, aquilo a que teriam se proposto inicialmente nossos antepassados. E fazem isso com o intuito de nos deixarem familiarizados com aquele antigo modo de pensar – afinal de contas, o pensamento é sempre o começo e o fim de tudo o que realizamos – e de esclarecerem e reavivarem em nós um passado que, no mais, não nos parece senão obscuro e confuso. Em especial, gostaria de exaltar, aqui, o trabalho arrojado de Sulpiz Boisserée,[46] que, reunindo uma série muito significativa de gravuras, dispõe-se incansavelmente a mostrar a catedral de Colônia como um modelo exemplar daquelas concepções colossais, cujas grandiosas intenções – alçadas babilonicamente aos céus, mas muito além de suas possibilidades terrenas de realização – acabavam forçosamente atravancando a própria execução da obra.[47] E se já nos espantamos com o quão longe essas construções foram capazes de chegar, ficaremos ainda muito mais admirados ao descobrir qual teria sido o verdadeiro propósito de seus construtores.

Espero que iniciativas artístico-literárias dessa natureza sejam devidamente fomentadas por aqueles que dispõem de poder, fortuna e influência, para que a mentalidade grandiosa e monumental de nossos antepassados nos possa ser apresentada de modo mais visível e para que nós possamos formar um conceito melhor do que lhes era permitido então desejar. O conhecimento que há de se ganhar com isso, por certo, não deixará de render

---

46 Sulpiz Boisserée (1783-1854), escritor romântico e colecionador de arte que Goethe conheceria em 1811. A obra aqui referida (*Ansichten, Risse und einzelne Teile des Doms zu Köln*) só seria publicada mais tarde, entre 1821 e 1831.

47 Referência à construção da catedral de Colônia, que tendo começado no ano de 1243, seria abandonada no século XV, sendo retomada e concluída apenas no século XIX (1842-1880), em grande medida por causa da repercussão dos escritos e do material reunido por Boisserée.

seus frutos, pois finalmente estaremos em condições de julgar tais obras com justiça. E poderemos fazer isso de modo ainda mais fundamentado, se esse nosso amigo jovem e ativo, para além dos esforços dedicados à monografia sobre a catedral de Colônia, continuar perseguindo também sua ideia de construir uma história detalhada de nossa arquitetura do medievo.[48] Se tais iniciativas de estudo de todo o universo relacionado ao exercício dessa arte forem continuamente fomentadas, até o dia em que ela possa ser detalhada em seus aspectos mais fundamentais e comparada à arquitetura greco-romana e egípcio-oriental, aí sim poderemos dizer que não há mais muito que fazer nesse campo. Quanto a mim, quando os resultados de tais esforços patrióticos se fizerem públicos, do mesmo modo como ora circulam nas rodas de amigos, aí então eu poderei repetir aquelas palavras com a mais verdadeira satisfação e no melhor de seus sentidos: "O que se deseja quando jovem obtém-se plenamente com a idade".

Se quanto a tais realizações, que se evolvem no compasso dos séculos, não temos mais a fazer do que confiar no tempo e aguardar a ocasião propícia, há outras coisas que, ao contrário, têm de ser aproveitadas logo no frescor da juventude, enquanto são frutos maduros. Permitam-me, com essa rápida mudança de direção, fazer menção à dança, da qual em Estrasburgo, na Alsácia, o ouvido se recorda a cada dia, a cada hora, assim como o olho se recorda da catedral. Desde que éramos crianças, minha irmã e eu tomamos aulas de dança com nosso próprio pai; isso pode até parecer estranho para a figura daquele homem tão austero, mas ele não perdia nunca a compostura. Ensinava-nos a executar os passos e as posições com a máxima perfeição, e quando nos julgava aptos a dançar um minueto, pegava sua flauta doce e tocava-nos alguma coisa simples em compasso ternário, enquanto nós dois fazíamos o que podíamos para nos movermos conforme a música. Em minha adolescência, no teatro francês, tive também a oportunidade de assistir, senão a balés propriamente ditos, ao menos a alguns bons solos de dança e *pas-de-deux*, podendo aprender passos bastante inusitados e vários tipos de salto. Assim, quando nos cansávamos do minueto, pedia a meu

---

48 Ver a obra *Denkmale der Baukunst am Nieder-Rhein vom 7. bis 13. Jahrhundert* (1831-1833), de Boisserée.

pai que tocasse outras danças, daquelas que se nos ofereciam a cântaros nos livros de música, como as gigas e os *murkis*,[49] e eu logo improvisava alguns passos e movimentos, deixando que meu corpo se adequasse livremente ao ritmo, como se este nascesse naturalmente daquele. Isso divertia meu pai a tal ponto que, de vez em quando, ele nos permitia – e se permitia – a graça de dançar fazendo macaquices. No entanto, depois de minha desventura com Gretchen e durante toda minha estadia em Leipzig, eu simplesmente não voltaria mais aos tablados. Lembro-me mesmo de um baile em que, obrigado a dançar um minueto, tive a impressão de que o ritmo e os movimentos tinham abandonado de vez meu corpo, pois eu parecia não saber mais nem os passos básicos, nem as figuras coreográficas. E eu teria saído dessa ocasião completamente humilhado e envergonhado, não fosse a maioria dos espectadores supor que meu comportamento desajeitado não passava de mero capricho – acreditavam que, agindo daquele modo, eu não pretendia senão fazer com que as senhoritas perdessem a vontade de me convidar, esquivando-me assim de ter de dançar a contragosto com uma dama atrás da outra.

Em meu retorno a Frankfurt, encontrava-me portanto absolutamente apartado de tais alegrias, mas, ao chegar a Estrasburgo, o ritmo logo rebrotaria em meu corpo, juntamente com o gosto pela vida. Aos domingos, tanto quanto nos dias de semana, não havia local pelo qual passássemos sem encontrar um grupo animado, que se reunia para passar a noite dançando e girando em círculos.[50] Mas havia ainda os bailes privados, oferecidos nas casas de campo, e, àquela altura, já começavam também a correr os rumores sobre os esplendorosos bailes de máscara do inverno vindouro. Estas eram ocasiões em que eu, então, só poderia me sentir completamente inútil e deslocado, não fosse um amigo, que valsava muito bem, recomendar-me que eu me exercitasse primeiro em lugares menos seletos, para mais tarde poder fazer boa figura em círculos mais distintos. Ele me apresentou a um

---

49 Em alemão: *Gigue*, dança em compasso ternário, e *Murkis*, composição curta, com acompanhamento em baixo oitavado.

50 Referência ao modo típico de dançar a valsa (*im Kreise drehend*), dança que, nas décadas de 1770 e 1780, começava justamente a se disseminar mais amplamente, em especial na Áustria e na região sul do território que hoje compreende a Alemanha.

professor de dança, que era famoso por suas habilidades; este logo me prometeu que, se eu conseguisse repetir e assimilar minimamente os princípios elementares, continuaria a me orientar depois. Era um daqueles franceses de natureza hábil e objetiva, e ele soube me acolher com muita simpatia. Adiantei-lhe um mês de pagamento e recebi dele doze bilhetes, que eu então usava como vales a cada aula de dança. O homem era rígido, preciso, mas não era pedante; e como eu já tivesse alguma prática anterior, em pouco tempo consegui deixá-lo satisfeito e conquistei sua aprovação.

As aulas desse professor contavam ainda com um elemento especialmente facilitador, a saber: tinha duas filhas, ambas lindas e com menos de vinte anos de idade. Instruídas naquela arte desde que eram pequenas, mostravam-se habilíssimas e, como par, teriam conseguido ajudar até mesmo o mais atrapalhado dos alunos a fazer algum progresso. Eram ambas muito educadas, só falavam francês, e eu, de minha parte, continha-me, para não parecer ridículo e canhestro diante delas. Para minha felicidade, tinham-me também em grande apreço, mostrando-se sempre muito dispostas a dançar comigo os minuetos que o pai tocava para nós em sua rabeca; e não pareciam se importar em me ensinar pouco a pouco os giros e demais movimentos da valsa, embora isso lhes fosse certamente mais custoso. No mais, o pai não parecia ter muitos clientes, de modo que as duas filhas levavam uma vida relativamente solitária. Por essa razão, pediam-me às vezes que ficasse mais um pouco após as aulas, para jogarmos um pouco de conversa fora, o que eu fazia, obviamente, com o maior prazer, em especial por serem ambas tão cordatas e por conta da simpatia que eu nutria pela irmã mais nova. Aproveitava a ocasião para ler-lhes em voz alta trechos de algum romance e elas faziam o mesmo. A mais velha, que era tão linda, ou mesmo mais linda que a segunda, ainda que me agradasse menos que a mais nova, parecia-me mais próxima e receptiva. Ficava sempre à disposição durante as aulas inteiras e, não raro, continuava a dançar comigo mesmo depois do horário; por mais de uma vez senti-me na obrigação de pagar a gentileza com dois bilhetes, mas seu pai jamais concordou em aceitar minha oferta. Já a mais nova, ainda que não se mostrasse exatamente antipática comigo, era bem mais quieta e contida, e seu pai precisava sempre ir chamá-la para que viesse substituir sua irmã.

Certa noite, a razão desse comportamento ficou mais clara para mim. Terminada a aula de dança, quando quis passar à sala de visitas na companhia da irmã mais velha, esta me segurou e disse:

— Vamos ficar mais um pouco por aqui, preciso lhe contar uma coisa: neste momento, minha irmã está em companhia de uma cartomante. Ela espera ouvir notícias de um certo amigo distante, por quem seu coração bate mais forte e em quem ela deposita todas as suas esperanças. Já o meu está livre – disse ela, continuando logo em seguida –, mas pelo jeito terei de me acostumar a vê-lo sempre desdenhado.

Respondi-lhe de pronto com algumas gentilezas, dizendo-lhe, enfim, que ela só poderia se convencer de tal condição a partir do momento em que ela mesma se consultasse com aquela sábia senhora; e disse-lhe ainda que eu também gostaria de fazer o mesmo, pois havia tempos que desejava descobrir mais sobre esse tipo de coisa, mas até então me faltara a fé para tanto. Ela imediatamente me repreendeu pela falta de fé, garantindo-me que não havia nada mais certo no mundo do que as predições daquele oráculo; e disse-me ainda que não deveríamos consultá-lo por mera diversão ou brincadeira, somente quando se tratasse de um assunto verdadeiro. Por fim, acabei conseguindo convencê-la de que nós dois deveríamos entrar naquela sala logo que a sessão terminasse. Encontramos sua irmã transbordando de felicidade. E até comigo ela parecia se mostrar mais afável do que de costume, mais brincalhona, quase espirituosa; pois como recebera provavelmente as tão esperadas confirmações em relação a seu amigo distante, não lhe parecia inconveniente mostrar-se um pouco mais gentil com o amigo presente de sua irmã – era assim que ela me via.

Bajulamos então a anciã, prometendo-lhe um bom pagamento se ela aceitasse revelar algumas verdades à irmã mais velha e também a mim. Uma vez feitos os arranjos e os rituais costumeiros, espalhou seus apetrechos sobre a mesa e preparou-se para começar a fazer suas predições sobre a moça. Observou bem a posição das cartas, mas, de repente, pareceu conter-se, como se relutasse em falar:

— Vejo que a senhora parece hesitar – disse a irmã mais nova, mais familiarizada com a interpretação daquele quadro mágico – e não quer revelar nada de desagradável à minha irmã; mas essa é uma carta amaldiçoada!

A irmã mais velha ficou pálida, mas conseguiu se conter: — Diga logo de uma vez! Ninguém aqui vai perder a cabeça por isso!

A velha, depois de suspirar profundamente, disse-lhe então que ela amaria, mas que não seria amada, que haveria uma terceira pessoa entre ela e ele, e outras coisas do gênero. Era visível o constrangimento da moça. A velha acreditou então poder melhorar um pouco a situação, ao tentar despertar-lhe a esperança de que receberia muitas cartas e dinheiro.

— Cartas — disse aquela bela criança —, eu não quero receber carta nenhuma; e de dinheiro eu não gosto. Se é verdade que eu amo, como a senhora me diz, então eu mereço um coração que também me ame de volta.

— Vamos ver se a coisa não melhora — replicou a velha, enquanto embaralhava as cartas e as espalhava sobre a mesa pela segunda vez. Todos nós logo percebemos que a situação só havia piorado: aquela bela moça não apenas ficaria sozinha, como também viveria cercada de desgostos; e o amigo surgia agora ainda mais distante dela, aproximando-se da figura que a eles antes se interpunha. A velha quis abrir as cartas pela terceira vez, na esperança de que uma perspectiva melhor se revelasse, mas aquela adorável criatura não pôde mais se conter: caiu num choro incontrolável, fazendo seus donairosos seios palpitarem intensamente. Virou-nos então as costas e correu para seu quarto. Eu não sabia o que fazer. A afeição me aproximava da irmã ali presente; a compaixão me arrebatava na direção da outra. A situação era bastante constrangedora.

— Vá consolar Lucinde — disse a mais jovem —, vá atrás dela.

Eu hesitei. Como eu poderia consolá-la, sem poder garantir-lhe alguma espécie de afeição? E seria possível fazê-lo com frieza e ponderação num momento como aquele?

— Só se formos juntos — disse eu à Emilie.

— Não sei se a minha presença lhe fará bem — disse a moça. Acabamos indo, mas nos deparamos com a porta trancada. Batemos, chamamos, imploramos; Lucinde simplesmente não respondia.

— É melhor deixá-la um pouco em paz — disse Emilie —, se ela não quer agora, não há o que fazer!

Pensando então no modo como ela costumava se comportar já desde nosso primeiro encontro, dei-me conta de que ela sempre teve um jeito um tanto intenso e descompensado. Sua afeição por mim ela provava, em geral, na medida em que me privava de seus momentos de mau humor. O que eu havia então de fazer? Paguei bem a consulente — por todo o incômodo que ela havia causado — e já estava prestes a sair, quando Emilie me disse:

— Espere, faço questão de que as cartas sejam jogadas também para você.

A velha estava pronta para fazê-lo.

— Só me permitam que eu não esteja presente! — exclamei eu, apressando o passo escadaria abaixo.

No dia seguinte eu não tive coragem de voltar lá. No terceiro dia, Emilie mandou-me um recado por um garoto — que já me havia trazido outras mensagens das irmãs, assim como havia lhes levado flores e frutas de minha parte —, insistindo para que eu não faltasse à aula daquele dia. Cheguei na hora de sempre e encontrei o pai das moças sozinho. Ele ainda fez alguns pequenos ajustes em meu modo de pisar e dar os passos, de me deslocar para a frente e para trás, de conduzir e de me portar, mas se mostrava satisfeito. A irmã mais nova apareceu na parte final da aula e dançou comigo um minueto muito gracioso, movendo-se de modo extraordinariamente encantador. O pai assegurou-nos de que poucas vezes vira dançar ali um par mais belo e habilidoso. Terminada a aula, dirigi-me, como de costume, à sala de visitas; o pai deixou-nos a sós, mas eu sentia a falta de Lucinde.

— Ela está de cama — disse-me Emilie —, e eu vejo isso com bons olhos. Não se incomode com ela. Suas mazelas da alma parecem se aliviar sempre que se sente doente do corpo; e como ela não quer morrer de jeito nenhum, faz tudo o que pedimos quando se encontra nessa situação. Temos certos remédios caseiros, que ela toma e logo se acalma; e assim vão se refreando aos poucos as oscilações mais furiosas. Ela fica muito amável e carinhosa quando mete na cabeça que está doente. E como a verdade é que ela se encontra bem fisicamente, pois não foi acometida senão pela paixão, começa a fantasiar os tipos mais romanceados de morte, diante dos quais ela tem então o prazer de sentir medo, exatamente como uma criança que adora ouvir histórias de fantasma. Ontem mesmo, por exemplo, declarou-me veementemente que, desta vez, era certo que morreria; e disse-me ainda que somente quando estivesse a um passo da morte, deveriam permitir de novo a presença daquele amigo falso e ingrato, que fora tão bom para ela no início

471

e que agora a tratava tão mal. Nessa ocasião ela então lhe faria as acusações mais amargas e, no instante seguinte, daria seu último sopro de vida.

— Eu não me sinto culpado — exclamei eu — de não ter expressado qualquer forma especial de afeição em relação a ela! E sei de alguém que pode testemunhar isso melhor do que ninguém.

Emilie sorriu e respondeu: — Eu o entendo, mas se não formos sensatos e decididos, nós todos vamos acabar nos vendo numa situação desagradável. O que você diria, se eu lhe pedisse agora para não dar mais continuidade a suas aulas de dança? Você ainda deve ter uns quatro bilhetes do mês passado, mas meu pai já disse que acha pouco conscencioso de nossa parte continuar recebendo o seu dinheiro. A não ser que você resolvesse se dedicar mais seriamente à arte da dança; do contrário, você já saberia tudo o que um rapaz precisa saber neste mundo.

— E é justamente você quem vem agora me dar esse conselho de evitar a sua casa, Emilie? — redargui eu.

— Eu mesma — disse ela —, mas não o faço apenas por mim. Escute bem. Anteontem, depois de você sair correndo daqui, pedi que a consulente jogasse as cartas para você; a mesma predição repetiu-se três vezes, e a cada vez de modo mais forte. Suas cartas estavam repletas de toda sorte de bens e de prazeres, de amigos e de grandes senhores, e dinheiro também não faltava. As mulheres mantinham-se a certa distância; minha pobre irmã, especialmente, afastava-se mais sempre que as cartas eram abertas. Mas uma outra parecia se aproximar de você, ainda que não ficasse nunca a seu lado, pois um terceiro insistia em surgir entre vocês dois. Confesso ter pensado que a segunda dama era eu; e depois de fazer aqui essa confissão, espero que você possa entender melhor o conselho bem-intencionado que acabei de lhe dar. Prometi minha mão e meu coração a um amigo distante, e até agora eu o havia amado mais que tudo. Mas é claro que, com o passar do tempo, sua presença poderia acabar se tornando mais significativa para mim do que até então ela foi. E qual não seria então sua situação entre essas duas irmãs? Uma você faria infeliz pela afeição e a outra, por sua frieza? E esse sofrimento todo por nada e por tão pouco tempo? Afinal, se já não soubéssemos quem você é e o que almeja na vida, as cartas nos teriam esclarecido tudo muito claramente. Adeus! — disse ela, estendendo-me a mão. E como eu hesitasse tomar qualquer atitude, conduziu-me até a porta e acrescentou: — Pois bem, para que seja mesmo a última vez em que nos falamos, tome aqui o que eu em outra ocasião não teria senão lhe negado. — Ela então se agarrou em meu pescoço e beijou-me com toda a ternura. Abracei-a e apertei-a fortemente contra meu corpo.

Nesse exato momento a porta lateral se abriu e a outra irmã surgiu na sala de repente, vestindo uma sua camisola leve, mas decorosa: — Você não é a única que vai se despedir dele!

Emilie largou-me, mas fui imediatamente segurado por Lucinde, que se agarrou firmemente em meu peito, encostou seus cachos negros em meu rosto e permaneceu nessa posição por algum tempo. Encontrava-me, ali, literalmente dividido entre ambas as irmãs, exatamente como profetizara Emilie momentos antes. Quando Lucinde me soltou, olhou-me seriamente nos olhos. Eu quis segurar sua mão e dizer-lhe algumas palavras gentis, mas ela se desviou de mim, começou a andar pela sala de um lado para o outro batendo os pés no chão, até que se atirou num canto do sofá. Emilie também tentou se aproximar dela, mas foi logo rechaçada. Nisso aconteceu então uma cena que, só de lembrar, até hoje me deixa constrangido e que, embora na realidade não tivesse nada de teatral — ao contrário, era perfeitamente natural para uma francesa jovem e tão cheia de vida —, só poderia ser repetida condignamente nos palcos por uma atriz excepcional e muito sensível.

Lucinde descarregou então sobre sua irmã uma infinidade de acusações: — Este não é o primeiro coração — exclamou ela — que se aproxima de mim e que você me rouba. Foi exatamente a mesma coisa com o tal do amigo distante, que ainda acabaria te pedindo em noivado bem à minha frente. Tive de assistir à cena, tive de suportar tudo em silêncio; mas só eu sei quantas mil lágrimas isso me custou. Agora você vem e me toma este também, e sem nem mesmo abrir mão do outro. Quantos mais você quer ter ao mesmo tempo? Sou sincera, bondosa, todo mundo logo pensa que me conhece bem e vai simplesmente me descartando; você é reservada, quieta e as pessoas acham que, por trás disso, você esconde maravilhas. Mas a verdade é que você não oculta senão um coração frio e egoísta, que sacrifica tudo em prol de si mesmo. Ninguém descobre esse seu lado facilmente, pois você sabe esconder isso bem no fundo de seu peito; assim como tampouco descobrem o meu coração leal e ardente, apesar de trazê-lo sempre escancarado, como meu próprio rosto.

Emilie manteve-se calada, sentada ao lado da irmã, enquanto esta continuava sua fala cada vez mais acalorada, em que se manifestava sobre certas particularidades que não eram de minha conta. Nesse meio-tempo, Emilie, procurando tranquilizar a irmã, fez-me discretamente um sinal para que eu me afastasse. Mas o ciúme e a desconfiança têm mil olhos e Lucinde acabou percebendo o gesto da irmã. Levantou-se de sobressalto e veio direto em minha direção, mas sem violência. Parou bem à minha frente, parecia pensar em algo, até que me disse:

— Eu sei que o perdi, nem faço mais questão de tê-lo para mim. Mas você, minha irmã, você também não o terá!

Ao dizer essas palavras, agarrou-me com as duas mãos pelos cabelos, puxando minha cabeça em sua direção, e ao apertar meu rosto contra o seu, beijou-me reiteradamente na boca.

— Agora tema — desabafou a moça —, pois que eu o esconjuro! Desgraça sobre desgraça para todo o sempre à primeira que beijar esses lábios depois de mim! Pronto, minha irmã, quero ver se você agora se atreve a mexer com ele. Bem sei que os céus hão de me ouvir desta vez. E você, meu senhor, vá-se embora daqui, e vá depressa!

Desci correndo as escadarias com o firme propósito de nunca mais colocar os pés naquela casa.

Décimo livro

Os poetas alemães, uma vez que, como membros de uma guilda, não estivessem mais unidos em prol de *um só* homem, não dispunham do menor privilégio no mundo burguês. Não podiam contar com guarida, não tinham uma posição, não gozavam de prestígio; à parte os casos em que eram favorecidos por suas relações, de modo geral, cabia unicamente ao acaso decidir se o talento nascera para ser honrado ou desprezado. Um pobre filho da terra, por mais cônscio que fosse de seu espírito e de suas habilidades, era obrigado a se entregar às lides de sua vida e, sufocado pela urgência das necessidades, desperdiçava o talento que as musas lhe haviam concedido. O poema de circunstância,[1] o primeiro e o mais genuíno de todos os tipos de poesia, era desprezado a tal ponto que, até hoje, a nação ainda passa ao largo de seu imenso valor. E se o poeta não enveredasse por um caminho como

---

[1] Expressão poética (em geral lírica) corrente no século XVII em língua alemã, tipicamente a serviço das demandas e necessidades do mundo das cortes. A alta estima de Goethe por esse tipo de poesia – estigmatizada, em especial a partir de fins do século XVIII, ora por sua natureza circunstancial (como algo efêmero e não elevado), ora por seu caráter instrumental (como produto encomendado), ora por seu automatismo formal (como mera aplicação de fórmulas rímicas e métricas) – remonta a sua compreensão diferenciada – nova para a época – do poema de circunstância, que destaca sua dimensão subjetiva e atribui grande valor à experiência que funda o poema.

o de Günther,[2] estava destinado a figurar no mundo como um tipo tristemente subordinado; como um histrião, um parasita, representado no teatro, e nos palcos da vida, como um personagem de quem todos desfaziam a seu bel-prazer.

Mas se, doutra sorte, a musa concedesse o ar de sua graça a homens de distinção, estes logo adquiriam um esplendor capaz de iluminar a própria benfeitora. Gente nobre e bem-sucedida, como Hagedorn, cidadãos honoráveis, como Brockes, e eruditos notórios, como Haller,[3] despontavam entre os nomes mais proeminentes – e ao mesmo tempo mais distintos e admirados – de toda a nação. Em especial, exaltavam-se aquelas figuras que, para além de disporem de um talento considerável, destacavam-se também por sua lealdade e diligência como homens públicos e de negócio. Daí que personalidades como Uz, Rabener e Weisse[4] gozassem de uma consideração toda especial, pois neles se reconhecia e se admirava a conjunção de duas qualidades tão diferentes e tão raramente combinadas.

Mas, enfim, deveria chegar a hora em que o gênio poético tomaria consciência de si mesmo, criaria suas próprias relações e saberia estabelecer as bases para uma forma independente de dignidade. E em Klopstock, tudo confluía para que ele contribuísse decisivamente na instituição dessa nova época. Quando jovem, era um garoto simples, tanto do ponto de vista sentimental quanto moral; mas contando com uma educação séria e consistente, começa a aprender, desde a adolescência, a dar grande valor a si mesmo e a tudo que realiza. E ao mesmo tempo em que vai medindo cada passo de sua vida, pressente toda sua força interior e volta sua atenção para o mais excelso dos temas que se possa imaginar. O Messias, nome que designa uma infinidade de qualidades, seria exaltado por ele de um modo completamente

---

2 Johann Christian Günther (1695-1723), poeta já destacado por Goethe, no Sétimo livro, por seus poemas de circunstância. Ver nota 18, à p.319.

3 Poetas e literatos de origem nobre ou aristocrática: Friedrich von Hagedorn (1708-1754); Barthold Hinrich Brockes (1680-1747); Albrecht von Haller (1708-1777).

4 Além de sua produção no campo da literatura, Johann Peter Uz (1720-1796) foi jurista, Gottlieb Wilhelm Rabener (1714-1771) foi conselheiro tributário e Christian Felix Weisse (1726-1804), coletor de impostos.

novo. O redentor seria o herói que Klopstock acompanharia desde os sofrimentos de suas relações terrenas até os triunfos mais altos e celestiais. E, para fazê-lo, ele se valerá de tudo o que havia de mais divino, angelical e humano em sua jovem alma. Educado pela Bíblia e alimentado pela força dessa obra, ele passa então a viver com patriarcas, profetas e precursores como se fossem seus contemporâneos. Há séculos, porém, que tais figuras só são convocadas para formar uma espécie de círculo de luz em torno daquele *um*, cuja humilhação elas contemplam com espanto, enquanto participam gloriosamente de sua exaltação. Finalmente, depois de horas atrozes e sombrias, o juiz eterno desvela seu semblante e reconhece de novo seu Filho divino; e este, por sua vez, haverá de conduzir de volta ao Pai tanto os homens que se desviaram do caminho quanto um espírito descaído. Os céus se enchem então de vida com a voz de mil anjos que cantam ao redor do trono e um clarão de amor transborda o mundo todo, que até há pouco parecia concentrar seu olhar naquele local horrendo de sacrifício. A paz celestial que Klopstock sentiu ao conceber e compor esse poema ainda hoje se comunica a qualquer um que leia os primeiros dez cantos sem se deixar dominar pelas exigências a que uma cultura em contínua evolução não renuncia de bom grado.

A dignidade do tema acabaria inflamando no poeta também os sentimentos em relação a sua própria personalidade. Pois um dia ele mesmo faria parte daquele coro celestial; um dia o próprio Deus feito homem o honraria com sua presença, agradecendo-lhe pessoalmente por seus esforços, do mesmo modo que, aqui, o poeta recebera a gratidão terrena na forma de tantas lágrimas puras, derramadas por corações sensíveis e piedosos. Eram estes seus sentimentos, eram estas suas esperanças — tão inocentes e infantis que somente uma mente boa e benfazeja poderia concebê-los e alimentá-los. Assim, Klopstock foi se sentindo no direito de se enxergar como uma figura santa e tomaria todos os cuidados para observar a pureza de sua conduta. Mesmo no avançado de sua idade, por exemplo, ainda o incomodava excepcionalmente o fato de haver devotado o primeiro amor de sua vida a uma moça[5] que, tendo se casado com outro, deixara-o com uma

---

5 Marie Sophie Schmidt, prima de Klopstock, a quem, em suas odes, ele se refere como Fanny.

grande incerteza: não sabia se ela de fato o amara, se realmente havia sido digna dele. Além disso, os sentimentos que o uniram mais tarde a Meta,[6] sua afeição serena e profunda por ela, o casamento breve, beatificado por uma morte prematura, e a resistência do viúvo a uma segunda união:[7] coisas assim certamente nos permitiriam elencar esse homem no círculo dos bem-aventurados.

Esse modo venerável de se considerar a si mesmo seria alimentado ainda mais intensamente pela recepção e pelo acolhimento que Klopstock teve por anos nas terras benfazejas da Dinamarca, na casa de um grande homem de Estado,[8] que, também do ponto de vista humano, acabaria se revelando uma figura excepcional. Nessas altas rodas que, apesar de fechadas em si mesmas, eram também muito atentas às coisas do mundo e aos costumes estrangeiros, os contornos de sua personalidade se inscreveriam definitivamente. O comportamento moderado, as palavras medidas, o laconismo, presente mesmo quando resolvia se expressar com franqueza, juntas essas características confeririam a sua figura, pelo resto da vida, um certo ar diplomático e ministerial, que embora parecesse se contrapor à brandura que lhe era inata, brotava de *uma* única e mesma fonte. Suas primeiras obras[9] são um retrato e um exemplo perfeito disso tudo, razão pela qual só poderiam ter tido mesmo uma influência impressionante em sua época. Todavia, praticamente não se menciona, entre suas grandes qualidades, que Klopstock tenha ainda incentivado pessoalmente outros aspirantes na vida e na poesia.

Esse incentivo aos jovens em seu fazer literário, esse prazer de ajudar a progredir e de facilitar o caminho de gente que, apesar de esperançosa, não contava com nenhuma forma especial de favorecimento, acabaria

---

6 Margareta Moller (Meta) casou-se com Klopstock em 1752 e morreu em 1758, durante um parto, aos trinta anos de idade.
7 Em 1792, Klopstock se casaria com Elisabeth von Winthem, uma sobrinha de Meta.
8 Johann Hartwig Ernst von Bernstoff (1712-1772), ministro dinamarquês. Após a morte de sua primeira esposa, Klopstock foi acolhido na casa de Bernstoff, onde residiu por longos anos.
9 Trata-se aqui das duas obras que, até o século XIX, formavam o núcleo mais central e conhecido dos escritos de Klopstock: o *Messias* [*Der Messias*], publicado entre 1748 a 1773, e suas *Odes*, publicadas esparsamente em periódicos e reunidas pelo autor em uma edição de 1771.

notabilizando um outro alemão. A propósito da distinção que ele conferia a si mesmo, esse homem não poderia ser mencionado senão depois do anterior; mas no que diz respeito ao vigor e à força de sua influência, trata-se de alguém que merece ser destacado acima de todos os outros. Não deixemos de explicitar aqui a referência que faço a Gleim.[10] Ocupando uma posição algo obscura, mas que lhe proporcionava boa renda, morava numa cidade não muito grande,[11] bem localizada e bastante movimentada por suas atividades militares, comerciais e literárias – o suficiente para a cidade garantir a receita de uma instituição local grande e poderosa, mesmo sem afetar o quinhão reservado aos interesses da própria municipalidade. Gleim trazia em si uma pulsão viva e criativa, que, a despeito de toda sua força, não o satisfazia completamente, razão pela qual ele se entregava a uma outra pulsão, quiçá ainda mais poderosa: a de ajudar os outros a criarem. Essas duas atividades sempre estiveram interligadas ao longo de sua vida. Abrir mão de escrever e de dar seus conselhos lhe custaria tanto quanto parar de respirar. E ao ajudar uma legião de talentos carentes a evitar constrangimentos precoces, ou mais tardios – contribuindo assim também para manter a honra da própria literatura –, conquistaria tantos amigos, devedores e simpatizantes, que sua poesia, por mais difusa que fosse, acabaria encontrando grande aceitação; afinal, a condescendência para com seus poemas era tudo o que algumas dessas pessoas podiam lhe oferecer em troca de sua copiosa boa vontade.

O alto conceito que esses dois homens faziam de seus próprios méritos, e que levava outras pessoas a se considerarem igualmente em tão alta conta, desencadearia uma grande e bela repercussão tanto na esfera pública quanto na privada. Mas toda essa altivez, por mais digna de respeito que fosse, acabaria tendo uma consequência particularmente adversa para eles próprios, para o seu meio e a sua época. Se quanto à repercussão intelectual não podemos considerá-los senão grandes personalidades, para

---

10 Johann Wilhelm Ludwig Gleim (1719-1803). Ver nota 48 do Sétimo livro, à p.326. O texto destaca retoricamente a obviedade da explicitação, já que Goethe trabalha com o pressuposto de que, para o leitor do início do século XIX, Gleim era uma figura inequívoca e amplamente conhecida.

11 Gleim ocupava o cargo de secretário do cabido (*Domkapitel*, conjunto dos clérigos da catedral), em Halberstadt, e de cônego da *Stift Walbeck*, em Helmstedt.

o mundo, em geral, eles não significaram grande coisa e, no que dizia respeito às agitações da vida, a restrição de seu círculo de relações os reduziria à insignificância. O dia é longo e, assim, também a noite; não se pode passar o tempo todo fazendo versos, dando conselhos e ajudando os outros a fazer o mesmo. Logo, o tempo desses homens não podia ser preenchido integralmente como o tempo daqueles outros, dos homens de negócio, dos homens ricos e dos grandes homens. Por conta disso, acabaram dando um valor exagerado a suas condições particularmente restritas, atribuindo a suas atividades diárias uma importância que só era de fato reconhecida entre eles mesmos. Satisfaziam-se demasiadamente com suas tiradas espirituosas, que se foram capazes de divertir num dado momento, não conseguiriam, porém, resistir ao tempo, perdendo logo seu significado. Recebiam as honras e os elogios que mereciam e retribuíam-nas com moderação; mas faziam-no, ainda assim, de modo mais generoso e abundante do que seria cabível, pois justamente por saberem tão valiosa a sua afeição, deliciavam-se em expressá-la repetidamente, sem poupar papel nem tinta. Daí nasceram aquelas correspondências,[12] cuja falta de substância espanta os homens do mundo moderno. E não poderemos repreender esses homens por não compreenderem como aquelas figuras tão excepcionais puderam se divertir com o ramerrame de tais banalidades; tampouco poderemos censurá-los por expressarem o desejo sincero de que tais escritos nunca tivessem sido publicados. Mas deixemos esses poucos volumes ocuparem seu lugar entre tantos outros nas prateleiras e aprendamos com isso, que mesmo o mais excepcional dos homens também só vive de seu próprio dia e que ele sempre há de levar uma vida precária se mergulhar demasiadamente em si mesmo, deixando de tirar proveito da plenitude do mundo exterior, que é de fato o único lugar em que ele pode encontrar alimento e a medida para seu próprio crescimento.

---

12 Referência genérica à correspondência de autores e intelectuais dessa época, com especial destaque para a vasta obra epistolar de Gleim, marcada por uma forte nota sentimentalista, a exemplo de: *Briefe von Gleim und Jacobi* (1768), *Briefwechsel zwischen Gleim, Heinse und Johannes von Müller* (1804-1806), *Briefe deutscher Gelehrten aus Gleims Nachlass* (1805), entre outras.

A atividade desses homens encontrava-se em sua mais bela floração na época em que jovens, como nós, começamos a dar os primeiros passos em nossas próprias rodas. Juntamente com amigos mais jovens, mas também com algumas pessoas mais velhas, eu me encaminhava firmemente nessa direção e estava prestes a cair no mesmo jogo recíproco de lisonjas e complacências, de exaltações e bajulações. Na minha esfera de relações, tudo o que eu produzia sempre recebia aprovação; afinal, os amigos, os benfeitores e as moças que cativam nossa atenção não costumam botar defeito nos poemas que escrevemos e lhes dedicamos. De tais gentilezas, contudo, não surge senão a expressão de uma satisfação vazia para com outro, em cuja vanidade um espírito logo se degenera, caso não seja enrijecido, de tempos em tempos, na têmpera dos engenhos e dos propósitos mais elevados.

Tendo isso em vista, só posso me dar por feliz pela chance de ter conhecido tão inesperadamente alguém que acabaria desafiando tudo aquilo que parecia começar a se consolidar em mim como autocomplacência, envaidecimento, presunção, orgulho e arrogância. Foi um desafio único em seu gênero, completamente fora de seu tempo, razão pela qual foi também tanto mais marcante e doloroso.

De fato, conhecer Herder[13] e me aproximar dele foi um acontecimento decisivo, que teria consequências das mais importantes e significativas para minha vida. Ele acabara de chegar a Estrasburgo, acompanhando o jovem e melancólico príncipe de Holstein-Eutin em sua longa viagem. Tão logo nosso grupo soube de sua presença na cidade, movemos grandes esforços para nos aproximar dele; mas, de modo muito casual e imprevisível, justo a mim se daria a sorte de ser o primeiro a encontrá-lo. Eu havia ido à hospedaria *Zum Geist* para visitar não sei que estrangeiro ilustre que lá se hospedava. Logo à entrada, deparei-me com um homem que também acabava de chegar ali e estava prestes a subir as escadas. Podia tê-lo tomado perfeitamente por um clérigo: seu cabelo empoado e rematado num só grande cacho ondulado,

---

13 Johann Gottfried Herder (1744-1804), poeta, tradutor, teólogo e filósofo. Suas ideias teriam grande impacto sobre Goethe. Por ocasião de seu primeiro encontro, no outono de 1770, Goethe era um jovem de 21 anos e Herder contava 26. Ambos manteriam uma longa relação de amizade – com alguns momentos de instabilidade – que se prolongaria até a morte de Herder, em 1804.

assim como suas roupas escuras faziam-me cogitar essa hipótese, que só parecia então se confirmar pelo estilo de sua longa capa de seda preta, cuja barra ele dobrara e prendera na bolsa. Aquela criatura tão fora do comum, ainda que elegante e agradável no todo, não me deixou dúvidas de se tratar do famoso viajante de quem eu havia ouvido falar, e minhas palavras de saudação tinham de convencê-lo imediatamente de que eu sabia de quem se tratava. Perguntou-me então por meu nome, que, para ele, não havia como ter qualquer significado; mas minha franqueza pareceu agradar-lhe e ele não hesitaria em retribuí-la com grande simpatia. Tanto o fez que entabulamos uma conversa bastante animada, à medida que subíamos as escadas da hospedaria. Foge-me aqui à lembrança quem eram as pessoas que nós dois havíamos ido encontrar naquele local; de qualquer forma, ao nos despedirmos, pedi-lhe que me permitisse ir visitá-lo em breve, permissão esta que ele me concedeu de bom grado. Não desperdicei a chance de tirar proveito desse privilégio, e a cada vez que nos encontrávamos, sentia-me mais atraído por aquela figura. Herder demonstrava uma certa candura no trato, que embora muito apropriado e decoroso, não era exatamente refinado. Tinha o rosto arredondado, uma fronte marcante, um nariz algo rombudo e lábios ligeiramente revirados, que, no entanto, encerravam uma boca fascinante e muito singularmente simpática. Sob as sobrancelhas pretas, destacavam-se seus olhos negros como carvão, cujo olhar não se tornava em nada menos intenso pelo fato de um dos olhos se apresentar quase sempre avermelhado e inflamado. Fazendo-me todo tipo de perguntas, procurava familiarizar-se comigo e com a minha situação e, aos poucos, sua força de atração foi tendo um impacto cada vez mais forte sobre mim. Era de minha natureza confiar amplamente nas pessoas, e dele, particularmente, não via razão alguma para guardar qualquer tipo de segredo. Mas não tardaria até que a pulsação odiosa de sua essência se manifestasse, causando-me um desconforto nada desprezível. Contei-lhe sobre várias das atividades que me ocupavam e me encantavam quando criança; falei-lhe, por exemplo, de uma coleção de brasões cunhados em selos de cera, reunida especialmente com o auxílio de um amigo[14] da família, que mantinha uma correspondência intensa. Para

---

14 Conselheiro Schneider.

organizar aqueles selos armoriais, tomara como base o *Anuário do Estado*,[15] de modo que, ao me envolver com tal ocupação, pude tomar conhecimento de grande parte dos potentados, das autoridades e das figuras mais ou menos poderosas, inclusive da nobreza; aqueles símbolos heráldicos ficaram todos gravados na minha memória e haviam se mostrado excepcionalmente úteis por ocasião das festividades e cerimônias de coroação. Contei-lhe isso tudo com certa satisfação, mas acontece que nós não víamos as coisas do mesmo modo; ele não apenas desprezou meu interesse por aquele objeto, como também soube ridicularizá-lo ao extremo, acabando de vez com todo meu prazer.

Eu estava destinado a conviver ainda por muito tempo com esse seu espírito contrariador, já que Herder decidira ficar em Estrasburgo, em parte porque pretendia livrar-se do vínculo com aquele príncipe, em parte por causa de um problema em seu olho. Tratava-se de um dos males mais árduos e inconvenientes que havia, tanto mais incômodo pelo fato de só poder ser tratado por intermédio de uma operação incerta, altamente desgastante e dolorosa. Nele, o sacro lacrimal se encontrava fechado na parte inferior, o que impedia sua umidade de correr na direção do nariz; e esse fluxo era ainda mais dificultado pela falta de uma abertura, na estrutura óssea local, por onde tal secreção deveria correr naturalmente. Diante desse quadro, a base do saco lacrimal tem de ser aberta e o osso perfurado. Em seguida, passa-se um fio de crina de cavalo pelo ponto lacrimal, depois pelo orifício aberto no saco lacrimal e pelo novo canal que surge com essa ligação. Terminado o procedimento cirúrgico, o tratamento continua, consistindo em movimentar diariamente esse fio de crina de um lado para o outro, de modo que possa se estabelecer, aos poucos, um canal de comunicação entre cada uma dessas partes; e, é claro, nada disso pode ser feito com sucesso sem uma incisão externa na região.

Assim que se desligou dos compromissos com o príncipe, Herder procurou um quarto para si em Estrasburgo e decidiu deixar-se operar por Lobstein.[16] Pude então fazer bom proveito daqueles exercícios, através dos quais eu pretendera embotar minha sensibilidade. Consegui assistir

---

15 Em alemão: *Staatskalender*. Ver nota 21 do Sétimo livro, à p.320.
16 Ver nota 14 do Nono livro, à p.434.

à cirurgia e, em seguida, pude me mostrar útil e auxiliar de diversas formas aquele homem tão valoroso. Eu tinha todas as razões para admirar sua grande tenacidade e paciência, pois nem as inúmeras feridas abertas pelas operações, nem os curativos dolorosos, refeitos à exaustão, eram suficientes para deixá-lo minimamente indisposto — dentre nós, aliás, ele parecia ser aquele que menos sofria. Entretanto, de tempos em tempos tínhamos que lidar com as variações de seu humor. Digo aqui *nós* porque, além de mim, um russo muito simpático, chamado Pegelow,[17] também vivia ao seu redor. Este era um conhecido de Herder dos tempos de Riga e, a despeito de não ser mais tão jovem, buscava aperfeiçoar-se nas técnicas cirúrgicas sob a orientação de Lobstein. Herder era capaz de ser a pessoa mais espirituosa e deliciosamente envolvente que existia, mas, com a mesma facilidade, mostrava-nos também seu lado rabugento. Embora essas fases de atração e repulsão sejam algo absolutamente natural no ser humano — em uns de modo mais pronunciado, em outros menos; em uns em ciclos mais intervalados, em outros em pulsões mais aceleradas —, são poucas as pessoas que conseguem de fato superar suas idiossincrasias nessas ocasiões, sendo que a maior parte delas logra fazê-lo apenas no plano das aparências. No que dizia respeito a Herder, a prevalência de seu humor oposicionista, amargo e mordaz remontava certamente a sua doença e aos sofrimentos daí resultantes. Casos como esse são muito frequentes na vida em geral, mas apenas muito raramente levamos em conta os efeitos morais dessas condições de enfermidade. Por essa razão, acabamos julgando o caráter de certas pessoas de modo bastante injusto, uma vez que supomos todos os indivíduos como absolutamente saudáveis e esperamos deles que se comportem nessa mesma medida.

Durante todo o período de tratamento, visitava Herder de manhã e à noite e, vez ou outra, chegava a passar com ele o dia inteiro. Em pouco tempo, comecei a me acostumar com suas censuras e admoestações, aprendendo a admirar cada vez mais suas grandes e belas qualidades, seus vastos conhecimentos e sua compreensão profunda das coisas. Esse rabugento bem-intencionado acabaria tendo sobre mim um impacto grande e significativo. Era cinco anos mais velho do que eu, o que, na flor da idade, faz

---

17 Daniel Pegelow, então estudante de medicina em Estrasburgo.

uma grande diferença; e como eu o reconhecesse pelo que ele era e procurasse levar em consideração aquilo que ele já havia produzido até então, ele acabaria assumindo inevitavelmente uma posição de grande superioridade sobre mim. Mas essa não era exatamente uma situação cômoda. Até então, as pessoas mais velhas com quem eu me relacionara haviam tentado me educar com muito cuidado e tolerância, e talvez só tivessem mesmo conseguido me deseducar com sua complacência; de Herder, ao contrário, fizéssemos o que fizéssemos, não se podia esperar jamais uma palavra de aprovação. E como minha grande afeição e admiração por ele estivesse em constante descompasso com o mal-estar que ele sabia despertar em mim, comecei a viver um conflito interior, o primeiro desse gênero que eu havia experimentado até então em minha vida. As conversas com ele eram invariavelmente significativas, independentemente do que ele perguntasse, respondesse ou me contasse; todo dia – quando não a toda hora – ele me fazia pensar e descobrir novas formas de enxergar as coisas. Em Leipzig eu me acostumara a uma vida mais circunscrita, de contornos restritos e claramente definidos e, em Frankfurt, meu estado de saúde não contribuíra muito para a ampliação de meus conhecimentos sobre a literatura alemã; na verdade, minhas atividades místico-alquímico-religiosas haviam me levado, então, para regiões absolutamente sombrias, deixando-me muito distante de tudo o que vinha acontecendo na imensidão do universo literário naqueles anos. A relação com Herder me colocaria, de uma só vez, em contato com todos os novos empenhos literários e com todas as tendências que eles pareciam seguir. Ele próprio havia conquistado uma reputação considerável nesse campo e, graças a seus *Fragmentos*, a suas *Florestas críticas*[18] e a outros escritos, alcançara um lugar de destaque, imediatamente ao lado dos homens mais excepcionais que já haviam despertado os olhares da terra pátria desde muito tempo. Não é possível apreender nem explicar aqui a amplitude da agitação que movia um espírito como aquele, tampouco o grau de fermentação das ideias na cabeça de um homem daquela natureza. Mas certamente eram grandes as ambições

---

18 Referência às obras *Über die neuere deutsche Literatur. Fragmente* (1767) e *Kritische Wälder* (1769), ambas publicadas no tempo em que Herder ainda morava na cidade de Riga.

que veladamente alimentava, como se há de reconhecer facilmente se levarmos em conta, tantos anos depois, tudo o que ele fez e produziu.

Não fazia muito tempo que vivíamos nessa rotina, quando Herder me segredou que pensava em disputar o prêmio oferecido em Berlim para o melhor ensaio sobre a origem das línguas.[19] Seu trabalho já estava então quase pronto, e como ele tivesse uma ótima caligrafia, foi logo me passando uma parte atrás da outra dos manuscritos para minha leitura e avaliação. Eu nunca havia pensado antes sobre tais assuntos e sentia-me por demais em meio às coisas para conseguir distanciar-me e pensar em um princípio e em um fim. Achava a questão, como tal, um tanto ociosa, pois se Deus criara o homem como homem, a linguagem lhe seria tão inata quanto o andar ereto; e tão logo o homem pudesse perceber que era capaz de andar e de apanhar as coisas, já teria percebido também que era capaz de cantar com a garganta e de modular esses tons de diversas formas com o auxílio da língua, do palato e dos lábios. Se o homem era de origem divina, a própria linguagem também o era; e se, no contexto do mundo natural, o homem era agora entendido como uma criatura da natureza, então a linguagem também tinha de ser entendida como algo que lhe era natural. Assim como o corpo e a alma, essas eram duas coisas que eu nunca conseguiria pensar de modo dissociado. Süssmilch,[20] que com toda a crueza de seu realismo ainda reservava um espaço à fantasia, defendia a tese da origem divina, ou seja, a ideia de que Deus haveria desempenhado o papel de mestre-escola do primeiro ser humano. Já o ensaio de Herder pretendia demonstrar como o homem, enquanto homem, poderia e teria mesmo chegado a uma linguagem exclusivamente a partir de seu próprio esforço. Li o ensaio com grande prazer, mas só pude fazê-lo em proveito próprio, para minha instrução, já que não me sentia em condições de

---

19 Concurso proposto pela Academia de Berlim em 1769, em que os candidatos deveriam dissertar sobre a hipótese de o homem ter inventado sua própria linguagem, bem como sobre as condições em que isso teria acontecido. O trabalho *Ensaio sobre a origem da linguagem* (*Abhandlung über den Ursprung der Sprache*, publicado em 1772), de Herder, ganhou o concurso.

20 Johann Peter Süssmilch (1707-1767), defendendo a referida tese, publicou em 1766 o ensaio *Versuch eines Beweises, dass die erste Sprache ihren Ursprung nicht von Menschen, sondern vom Schöpfer erhalten hat*.

fundamentar uma opinião sobre o trabalho – nem do ponto de vista dos conhecimentos ali pressupostos, nem quanto ao modo de articular aquela reflexão. Por conta disso, limitei-me a demonstrar ao autor minha aprovação na forma de alguns poucos comentários, baseados apenas no modo como eu mesmo entendia a questão. Mas uma coisa seria tomada pela outra, e Herder me criticaria e me repreenderia por cada um dos comentários que fiz, independentemente do fato de eles serem ou não expressão de minha aprovação. Pegelow, o cirurgião gordo que estava sempre conosco, mostrou-se bem menos paciente do que eu: simplesmente recusou-se jocosamente a ler o tal manuscrito, afirmando tratar-se de matéria demasiadamente abstrata para ele. De sua parte, sentia-se mais propenso a jogar o *l'hombre*, que, à noite, era um de nossos passatempos prediletos.

Ainda que submetido a um tratamento tão incômodo e doloroso, nosso Herder não perdia nunca sua vitalidade; esta, no entanto, manifestava-se cada vez de forma menos maviosa. Ele não era capaz de escrever um bilhete sequer, para pedir o que fosse, sem temperá-lo com seu escárnio. Certa vez, por exemplo, escreveu-me o seguinte recado:

Se das cartas de Cícero você tem as de Brutus,
Você, a quem os consolos escolares, jazendo sobre fina prateleira
De todo luxo armada, mais consolam pela mostra que por seus contentos,
Você, filho dum godo, fidalguete ou mero engodo,
Você, Goethe, mande-as para mim.[21]

Não era muito gentil de sua parte permitir-se esse tipo de brincadeira com meu nome. O nome de um homem não é algo como um manto, que pende simplesmente de seus ombros e que pode ser esticado e puxado a

---

21 Em alemão: "Wenn des Brutus Briefe dir sind in Ciceros Briefen, / Dir, den die Tröster der Schulen von wohlgehobelten Brettern, / Prachtgerüstete, trösten, doch mehr von außen als innen,/ Der von Göttern du stammst, von Goten oder vom Kote,/ Goethe, sende mir sie". O penúltimo verso, *Der von Göttern du stammst, von Goten oder vom Kote* [Você, que provem dos deuses, dos godos ou do estrume], faz reverberar o nome de Goethe nas palavras *Göttern* (deuses), *Goten* (godos) e *Kote* (*Kot*, sujeira, excremento, estrume). A tradução procura reinventar em português um outro jogo de palavras que evoca as reverberações do texto em alemão.

esmo; antes, é um traje que o veste perfeitamente, é como a própria pele, que cresce com ele e recobre seu corpo inteiro e que não se pode arranhar nem arreganhar, sem deixar alguém machucado.

Na verdade, a crítica implícita até que tinha lá seu fundamento. Eu havia trazido junto comigo para Estrasburgo as obras que eu trocara com Langer, assim como algumas lindas edições da coleção de meu pai; e imbuído do mais nobre propósito de lê-las todas, organizei-as sobre uma bela prateleira em meu quarto. Mas de onde tirar o tempo para tudo aquilo, se me dispersava em centenas de atividades? Herder, que tinha um olhar excepcionalmente atento aos livros, uma vez que deles se valia a todo instante, reparou em minha bela coleção logo na primeira ocasião em que veio me visitar; mas também não tardaria a perceber que eu dela pouco me servia. Daí que, na condição de grande inimigo das aparências e ostentações, costumasse me provocar ocasionalmente a propósito disso.

Ocorre-me ainda outro desses poemas de escárnio, que ele me enviou certa noite, depois de eu lhe ter falado longamente sobre a galeria de arte de Dresden. De fato, àquela altura eu ainda não havia alcançado os sentidos mais elevados da escola italiana, mas Domenico Fetti,[22] artista excepcional, ainda que um humorista e não de primeira ordem, chamara-me muito a atenção. Em sua época, impunham-se os temas religiosos. Fetti optaria por representar as parábolas neotestamentárias, o que fez com singularidade, bom gosto e humor ao aproximá-las da vida cotidiana. As especificidades de suas composições, tão espirituosas quanto ingênuas, e ademais ressaltadas pelos movimentos libertários de seu pincel, haviam deixado em mim uma impressão viva e marcante. Herder não deixaria de escarnecer daquele meu entusiasmo infantil:

Só por simpatia
Regala-me um mestre com sua arte,
Domenico Fetti é o nome do baluarte.
Parodia as mais bíblicas parábolas

---

22 Domenico Fetti (1589-1624), pintor italiano do Barroco. A galeria em Dresden possuía, então, oito de suas telas que representavam parábolas bíblicas.

Faz delas as mais belas e néscias fábulas,
Só por simpatia. – Oh, néscia parábola!²³

Eu ainda poderia mencionar aqui muitos desses gracejos mais ou menos alegres ou abstrusos, mais ou menos divertidos ou amargos. No fundo eles não me irritavam, mas conseguiam me deixar desconfortável. Todavia, como soubesse aproveitar bem tudo o que julgava poder contribuir para minha formação e como já houvesse abandonado tantas opiniões e tantos pendores anteriormente, fui me habituando com aquilo e, na medida do que então me era possível perceber, limitei-me à tentativa de distinguir as críticas justificáveis das invectivas mais injustas. Assim, não se passava um só dia que não fosse altamente profícuo e instrutivo para mim.

Aprendi a ver a poesia sob outra perspectiva, num horizonte completamente diferente daquele que até então me era conhecido, e gostava muito de pensá-la naqueles termos novos. A poesia hebraica²⁴ – que Herder tratava com criatividade, na linha de Lowth, seu precursor –, a poesia popular, cuja tradição na Alsácia ele nos estimulava a pesquisar e recolher,²⁵ e os documentos mais antigos da humanidade dariam testemunho de que a poesia era um dom universal, inerente a todos os povos e nações, e não somente a herança particular de alguns poucos homens de boa formação. Eu devorava isso tudo com imenso prazer, e quanto mais vorazmente eu queria receber, mais generosamente ele se dispunha a me dar, de modo que acabamos passando muitas horas interessantíssimas juntos. Nesse meio-tempo, eu fazia

---

23 Em alemão: "Aus Sympathie/ Behagt mir besonders ein Meister,/ Domenico Fetti heißt er./ Der parodiert die biblische Parabel/ So hübsch zu einer Narrenfabel,/ Aus Sympathie. – Du närrische Parabel!". (N. R.)

24 Herder trataria desse assunto em diversos trabalhos, como *Älteste Urkunde des Menschengeschlechts* (1774-1776), *Lieder der Liebe* (1778), *Über die Wirkung der Dichtkunst auf die Sitten der Völker* (1778) e *Vom Geist der Ebräischen Poesie* (1782-1783). O referido precursor é Robert Lowth (1710-1787), hebraísta conhecido por suas interpretações que destacavam também a dimensão poética dos textos do Velho Testamento.

25 Incentivado por Herder, Goethe registraria várias canções populares (*Volkslieder*) da Alsácia, especialmente baladas. Enquanto Herder se concentrava mais em manifestações poéticas que encontrava em livros antigos e raros, Goethe procurava registrar aquilo que ouvia, e como ouvia. O *Goethe-Archiv*, em Weimar, mantém um exemplar do manuscrito que Goethe teria preparado e enviado a Herder.

o possível para continuar os estudos que havia começado no campo das ciências naturais, e como sempre se encontra tempo para as coisas quando se sabe bem como empregá-lo, consegui render então até duas ou três vezes mais do que de costume. Quanto à riqueza e amplitude de nossas poucas semanas de convivência, o que posso dizer é que tudo o que Herder viria a realizar aos poucos mais adiante, ele já havia sugerido embrionariamente naquelas nossas conversas. E, com isso, eu me vi na condição privilegiada de poder completar, aprofundar e relacionar de modo mais amplo tudo o que eu até então havia pensado, aprendido e assimilado. Se Herder tivesse sido um homem mais metódico, por certo eu teria encontrado em sua pessoa um guia igualmente precioso para o direcionamento consistente de minha formação; mas ele era alguém que tendia mais a motivar e a colocar os outros à prova do que propriamente a guiar e a orientar. Foi ele, por exemplo, o primeiro a me falar dos escritos de Hamann,[26] pelos quais ele nutria enorme admiração. No entanto, em vez de me professorar longamente sua obra, fazendo-me entender os caminhos e descaminhos daquele espírito extraordinário, ele simplesmente caçoava de meus tentames e balbucios – sem dúvida, bastante peculiares – para tentar compreender aquelas páginas sibilinas. Enquanto fazia isso, porém, fui me convencendo de que havia, nos escritos de Hamann, algo que me falava diretamente ao coração, algo a que eu podia me entregar, mesmo sem saber de onde aquilo vinha nem aonde aquilo poderia me levar.

Como o período de recuperação estivesse se prolongando mais do que o razoável e como Lobstein começasse a hesitar e a se repetir, dando a impressão de que a coisa toda não teria mais fim – o próprio Pegelow me confidenciara, então, que não havia grandes expectativas de que aquilo acabasse bem –, nosso círculo de relações sofreria inevitavelmente o impacto daquelas circunstâncias. Herder se mostrava impaciente e desanimado. Não

---

26 Johann Georg Hamann (1730-1788), filósofo e escritor. Foi um dos primeiros grandes críticos alemães do Iluminismo. Sustentava, entre outras coisas, que a razão não poderia preceder a linguagem e a história. Inculcado por Herder, Goethe alimentaria o interesse por Hamann ao longo de toda sua vida, colecionando seus escritos em sua Hamanniana. No Décimo segundo livro de *Poesia e verdade*, Goethe volta a falar sobre esse autor.

conseguia dar continuidade a suas atividades como vinha fazendo até então; e esse quadro só se agravaria com as restrições que lhe seriam recomendadas, especialmente a partir do momento em que o insucesso da intervenção cirúrgica começou a ser remontado aos esforços intelectuais excessivos de Herder e a sua convivência ininterrupta e demasiadamente agitada e divertida conosco. Enfim, depois de tanta dor e sofrimento, o canal lacrimal que se pretendia formar artificialmente não havia se constituído e a comunicação desejada simplesmente não se estabelecera. Para não agravar ainda mais sua condição, decidiu-se que deixariam a ferida cicatrizar definitivamente. Se durante todo o procedimento já pudéramos admirar a tenacidade com que Herder enfrentara suas tantas dores, havia agora algo de verdadeiramente sublime em sua resignação melancólica, senão tempestuosa, diante da ideia de ter de conviver com aquela mácula pelo resto de sua vida – sua atitude conquistaria para sempre a admiração daqueles que o amavam e o acompanhavam de perto. Aquele mal, que desfigurava o semblante de um homem tão eminente, incomodava-o tanto mais pelo fato de ele ter conhecido, em Darmstadt,[27] uma moça encantadora de quem ganhara a afeição. Esta, aliás, fora uma das razões centrais que o fizera se submeter àquele tratamento, pois assim, em sua viagem de retorno, poderia apresentar-se diante de sua quase noiva como um homem mais livre, mais alegre e mais atraente, para unir-se a ela de modo mais concreto e definitivo. Diante daquele desfecho, não restava nada a Herder senão partir de Estrasburgo tão logo lhe fosse possível; e como sua estadia na cidade havia sido tão dispendiosa quanto desagradável, tomei emprestado para ele uma certa quantia de dinheiro, que ele me prometera pagar dentro de um prazo determinado. O prazo acabaria expirando sem que eu tivesse notícias do dinheiro, e embora meu credor não me fizesse maiores cobranças, senti-me bastante constrangido durante algumas boas semanas. Até que finalmente recebi uma carta com o dinheiro; mas nem nessa ocasião Herder deixaria de se mostrar o mesmo homem de sempre: ao invés de um agradecimento ou de desculpas, sua carta estava repleta de mirlitonadas jocosas e maliciosas, que teriam

---

27 Maria Caroline Flachsland (1750-1809), que Herder conhecera pouco antes de sua chegada em Estrasburgo e com quem se casou em 1773.

desconcertado, ou mesmo tirado do sério qualquer outra pessoa. A mim aquilo não incomodava mais, pois a impressão admirável e poderosa que eu tinha daquele homem fazia com que eu relevasse qualquer coisa que pudesse ferir sua imagem.

Entretanto, não se deve nunca falar – ao menos não publicamente – dos defeitos próprios e dos outros se com isso não pretendermos algo de útil, razão pela qual tenho de fazer ainda algumas considerações que aqui se impõem.

Gratidão e ingratidão fazem parte daqueles fenômenos de ordem moral que se apresentam a todo instante, mas em relação aos quais os seres humanos jamais conseguem entrar em acordo. Costumo fazer uma distinção entre falta de gratidão (*Nichtdankbarkeit*), ingratidão (*Undankbarkeit*) e aversão à gratidão (*Widerwillen gegen den Dank*). A falta de gratidão é inerente ao homem, foi criada com ele; ela surge de um esquecimento benévolo e irrefletido de tudo aquilo que nos agrada ou nos incomoda, revelando-se assim imprescindível para que possamos dar continuidade a nossas vidas. Afinal, o homem carece de um número tão infinito de influências e de cooperações para garantir minimamente sua existência que, se ele fosse parar a cada instante para agradecer devidamente ao sol e à terra, a Deus e à natureza, aos antepassados e aos pais, aos amigos e aos colegas, não lhe restaria nem tempo nem sentimento para receber novos benefícios e aproveitá-los. Contudo, se o homem natural se deixa levar completamente por tal falta de reflexão, certa indiferença fria vai tomando conta dele, ao ponto de enxergar o benfeitor como um estranho, a quem não hesitaria em prejudicar, caso pudesse tirar algum proveito disso. Só essa condição pode de fato ser chamada de ingratidão, que surge da crueza na qual, por fim, a natureza inculta acaba inevitavelmente se perdendo. Já a aversão à gratidão – por exemplo, quando se retribui um benefício de um modo avesso e rabugento – é algo mais raro e só se manifesta em figuras excepcionais. Ao pressentirem seu grande potencial, tendo nascido numa classe menos privilegiada e sem recursos para ajudar a si próprios, essas pessoas, para conseguir se impor paulatinamente desde jovens, precisam aceitar auxílio e amparo de todo mundo, algo que a falta de jeito dos benfeitores, não raro, pode tornar uma experiência bastante amarga e repulsiva para eles. E como o que recebem é algo mundano, enquanto o que oferecem em troca é algo de natureza mais elevada, não há a possibilidade, nesse contexto, de nenhuma forma imaginável de compensação. Lessing, que nos melhores anos de sua vida era dotado de uma bela consciência das coisas do mundo, pronunciara-se a esse respeito de modo duro, mas cativante.[28] Herder, de sua parte, não cessava de atormentar a si próprio e aos outros mesmo nos melhores dias, pois não foi capaz de usar sua força intelectual para conter, quando adulto, aquela mágoa que o afligira forçosamente na juventude.

Não é muito exigir isso de si mesmo, uma vez que a luz da natureza, que sempre se apresenta ativamente como forma de esclarecimento de nossa condição, também pode nos servir gentilmente de auxílio em nosso desenvolvimento intelectual. Aliás, a verdade é que, em alguns casos de formação moral, não deveríamos levar tão a sério os defeitos, nem partir em busca de modos tão incomuns e rigorosos de remediá-los, já que certos erros podem ser reparados muito mais facilmente, de modo quase lúdico. Assim, por exemplo, para que a gratidão possa nascer em nós, manter-se viva e impor-se como uma necessidade, basta fazermos dela um hábito.

Ora, espera-se de um ensaio biográfico que ele seja uma ocasião oportuna para se falar de si mesmo. Pois bem: por natureza, sou alguém tão pouco grato quanto qualquer outra pessoa, e quando me esquecia dos benefícios que outros me haviam proporcionado, aquela sensação arrebatadora que nos assola nos momentos de desentendimento também podia me levar muito facilmente à ingratidão.

Para enfrentar isso, criei antes de mais nada o hábito de sempre me lembrar de como eu conseguira chegar a tudo o que eu possuía e de quem eu havia recebido cada coisa, fosse algo presenteado, trocado, comprado, ou o que fosse. Ao mostrar aos outros as minhas coleções,[29] por exemplo, comecei a mencionar também as pessoas que me haviam auxiliado a adquirir cada um dos itens, fazendo justiça até mesmo às ocasiões, aos acasos e às mais remotas sugestões e colaborações a que eu devia certas coisas que se tornaram minhas e de grande estima e valor. Fazendo isso, tudo o que nos cerca

---

28 Provável alusão à fábula *O garoto e a serpente* [*Der Knabe und die Schlange*], de Lessing.
29 Goethe foi um colecionador ávido e ficaria famoso por isso.

ganha vida, passamos a enxergar as coisas todas a partir de suas relações intelectuais, afetivas, genéticas, e, ao imaginarmos essas circunstâncias passadas, o momento presente se torna mais digno, mais farto. Aqueles que antes nos beneficiaram não cessam então de se reavivar em nossa memória, ligamos sua imagem a uma lembrança agradável e, assim, enquanto a ingratidão vai se tornando aos poucos impossível, uma eventual reciprocidade vai se revelando cada vez mais viável e desejável. Ao mesmo tempo, somos levados a enxergar nas coisas aquilo que não se reduz ao sentido material da posse, e temos prazer em recapitular a lembrança de onde provêm e de quando datam os bens que nos são mais caros.

    Antes de desviar o olhar dessa relação com Herder, que se revelaria tão importante e rica de consequências, tenho ainda alguns adendos a fazer. Dados os termos de nossa relação, nada mais natural que eu, aos poucos, fosse me tornando mais reticente em relação àquilo que eu costumava contar-lhe sobre minha formação pregressa e, particularmente, sobre os assuntos que me ocupavam seriamente àquela altura. Afinal, ele conseguira simplesmente estragar meu prazer por um sem-número de coisas que eu antes adorava; e quanto ele não me repreenderia pela admiração que eu nutria pelas *Metamorfoses* de Ovídio. Fizesse o que eu fizesse em defesa de meu autor predileto, nada parecia ter validade: mesmo que eu sustentasse não haver nada mais gratificante para a imaginação de um jovem do que se perder entre deuses e semideuses por aquelas regiões maravilhosas e aprazíveis, tornando-se assim testemunha de seus atos e de suas paixões; mesmo que eu referisse em detalhes o parecer de um homem[30] tão sério como o que mencionei anteriormente, reforçando seus argumentos com minha própria experiência; para ele, não havia nesses poemas nenhuma verdade imediata e genuína, não se revelava ali de fato nem a Grécia nem a Itália, nem um mundo primitivo nem um mais cultivado. Tudo não passaria de imitação do que já existia e, por sinal, uma apresentação repleta de maneirismos, como seria de se esperar de um autor demasiadamente culto. E mesmo quando eu, por fim, ainda tentei argumentar que a obra de um indivíduo excepcional

---

30 Alusão à passagem citada no início do Nono livro, de Christian Gottlob Heyne. Ver nota 1 do Nono livro, à p.426.

também poderia ser entendida como natureza, e que entre todos os povos, dos mais antigos aos mais modernos, somente os poetas haviam sido poetas, Herder simplesmente não me considerou. Tive de suportar muita coisa por conta disso; e por pouco meu Ovídio não se perdeu de vez, pois não há afeição nem costume tão fortes que resistam por muito tempo à crítica de um homem extraordinário e em quem confiamos tão amplamente. Alguma coisa disso sempre resta, mas quando não se é mais capaz de amar incondicionalmente, é sinal de que algo não vai bem no amor.

Passei então a tomar o maior cuidado para ocultar dele o interesse por certos assuntos que haviam se enraizado mais recentemente em mim e que, de pouco em pouco, começavam a ganhar uma forma poética: o Götz von Berlichingen e o Fausto. A história de vida do primeiro havia me tocado fundo na alma.[31] A figura daquele homem rude e bem-intencionado, que em tempos selvagemente anárquicos só podia contar consigo mesmo, despertara em mim o mais profundo interesse. E a famosa peça para teatro de bonecos,[32] que tematizava o segundo, reverberava e repercutia em mim de mil formas diferentes. Também eu havia vagado por todas as ciências e logo cedo percebera sua vaidade. Também eu provara de tudo na vida e não conseguira ficar senão ainda mais insatisfeito e angustiado. Coisas como estas não saíam de minha cabeça, deliciando-me nas horas solitárias, mas sem ainda encontrar vazão na forma escrita. De tudo, porém, o que eu mais fazia questão de omitir de Herder era minha química místico-cabalística e o que mais se relacionasse a ela, pois eu ainda me ocupava secretamente dela com grande prazer, desenvolvendo-a de modo mais consequente do que ela me fora ensinada. De meus trabalhos poéticos, creio que só mostrei a ele *Os cúmplices*, mas não me lembro de ter recebido de sua parte nenhuma forma de crítica ou de estímulo a partir da leitura dessa peça. A despeito de tudo isso, Herder se

---

31 Referência à obra *Lebensbeschreibung des Herrn Götzens von Berlichingen, zugenannt mit Eisernen Hand...* (1731).
32 Trata-se aqui da primeira menção ao Fausto em *Poesia e Verdade*. A passagem não parece referir-se especificamente a nenhuma versão escrita do mito fáustico — com que é provável que Goethe já tivesse travado contato em sua infância e adolescência –, mas simplesmente a suas encenações, então correntes e populares, na forma de peças para teatro de bonecos.

mantinha para mim sempre o mesmo; tudo o que provinha dele, se não tinha um efeito exatamente animador, era sempre significativo. Até mesmo sua caligrafia exercia sobre mim certo poder mágico. Não me lembro de jamais ter rasgado ou jogado fora nada que ele tivesse me mandado por escrito, nem mesmo os envelopes de suas cartas; ainda assim, depois de minhas tantas mudanças no tempo e no espaço, não me restaria um único documento daqueles dias tão felizes, maravilhosos e auspiciosos.

Não seria preciso mencionar aqui o fato de que Herder também exercia sua força de atração sobre outras pessoas tanto quanto sobre mim, mas não posso deixar de destacar o quão particularmente ela se impunha sobre Jung, a quem chamavam Stilling.[33] As aspirações leais e sinceras desse homem não podiam deixar de interessar enormemente a qualquer pessoa dotada de alguma sensibilidade; e sua receptividade logo inspirava e deixava à vontade todo aquele que tinha algo a dizer. De sua parte, também Herder o trataria com mais consideração do que a qualquer um de nós, até mesmo porque Jung parecia reagir mais proporcionalmente ao modo como Herder agia sobre ele. As limitações de Jung eram acompanhadas de tanta boa vontade e suas insistências eram tão suaves e genuínas, que nenhum indivíduo razoável conseguia se mostrar demasiadamente duro com ele, assim como nenhuma pessoa minimamente generosa se dispunha a ridicularizá-lo ou menosprezá-lo. Jung era tão estimulado e exaltado por Herder, que acabaria se sentindo encorajado e corroborado em tudo o que fazia; na mesma medida, porém, sua simpatia por mim parecia ir diminuindo aos poucos. Mas mesmo assim continuamos sendo bons colegas, aguentando-nos como sempre e amparando-nos mutuamente de modo extremamente amigável.

Mas deixemos de lado os aposentos de nosso amigo doente e essas considerações genéricas, que mais dizem respeito à doença do que à saúde do espírito, e saiamos ao ar livre, deixando-nos transportar para o alto do amplo terraço da catedral, como se estivéssemos ainda naquele tempo em que jovens colegas, como nós, costumavam se encontrar ali ao fim da tarde para,

---

33 Jung dá notícias do impacto dessa relação em seu *Heinrich Stillings Wanderschaft* (1778). Ver nota 27 do Nono livro, à p.444.

de copos[34] cheios, brindar o sol que se despedia. Toda conversa ali acabava se perdendo em meio à contemplação da vista, quando então a acuidade de nossos olhos era colocada à prova e cada um de nós se esforçava para tentar enxergar o objeto mais distante e distingui-lo com clareza. Com o auxílio das melhores lunetas, um colega após o outro apontava, com precisão, a localidade que se lhe tornara a mais cara e predileta. Eu também não deixava de ter meu pontinho no horizonte, que embora não se impusesse de modo mais significativo na paisagem, atraía-me mais do que qualquer outro com sua magia encantadora. Nessas ocasiões, a imaginação costumava se deixar empolgar pelas histórias que cada um contava, e assim surgiam as ideias de pequenas viagens, algumas das quais eram realizadas logo em seguida. Uma dessas eu quero relatar aqui com mais detalhes, já que, de certo modo, ela viria a ter uma série de consequências importantes para mim.

Com dois de meus valorosos colegas de pensão, Engelbach e Weyland,[35] ambos nativos da baixa Alsácia,[36] partimos em cavalgada na direção de Zabern.[37] Com o bom tempo que fazia, a pequena e simpática localidade parecia sorrir-nos graciosamente. A fachada do palácio episcopal logo conquistou nossa admiração; e a extensão, a grandeza e o esplendor do novo estábulo, por si sós, já nos davam uma dimensão concreta do quão abastado devia ser seu proprietário. Enquanto visitávamos os quartos e os salões do palácio, que se nos impunham com toda a reverência, a magnificência de suas escadarias deixou-nos estupefatos; mas a figura miúda e cadiva do cardeal,[38] que pudemos ver de longe enquanto ceava, contrastava com a grandiosidade daquele cenário. A vista para o jardim é magnífica; e um canal longo, que corre por um bom quarto de hora bem na direção do palácio, dá-nos uma ideia clara do engenho e do poder dos antigos proprietários. Passeamos

---

34 Em alemão: *Römern*. Taças de vinho típicas da região.
35 Johann Konrad Engelbach (1744-1802) e Friedrich Leopold Weyland (1750-1785).
36 Referência à região que corresponde atualmente a uma das duas circunscrições administrativas da Alsácia, o departamento do Baixo Reno (em francês, *Bas-Rhin*), situado ao norte do departamento chamado de Alto Reno (*Haut-Rhin*).
37 Goethe utiliza aqui o nome alemão da cidade que, em francês, chama-se Saverne. Esse é o nome oficial pelo qual a cidade é atualmente referida.
38 Louis César Constantin de Rohan-Guémené (1697-1779).

longamente a suas margens, aproveitando cada recanto desse complexo tão bem situado na parte extrema da admirável planície alsaciana, no sopé da cadeia montanhosa dos Vosges.

Depois de nos termos aprazido com a visita àquele anteposto eclesiástico de um potentado monárquico e de termos nos divertido bastante em seus arrabaldes, na manhã seguinte, seguimos logo cedo na direção de um monumento público, de uma obra que abria, com toda dignidade, as portas de um reino poderoso. Iluminada pelo sol nascente, elevou-se diante de nós a famosa passagem de Zabern,[39] uma construção de empenho inimaginável. Serpeando suas curvas e firmando-se sobre os rochedos mais assustadores, uma ampla estrada — suficientemente larga para dar passagem a três carruagens emparelhadas — vai se desenhando num aclive tão suave que mal se deixa notar. A solidez e a perfeição do calçamento, as pequenas elevações pavimentadas em ambos os lados da estrada — como via de pedestres —, as calhas de pedra para o escoamento d'água que corre da montanha, tudo, enfim, é construído com tanta precisão, arte e durabilidade, que é mesmo de encher os olhos de qualquer um. Seguindo-se por esse caminho vamos nos aproximando de Pfalzburg, uma fortaleza moderna. Erguida sobre um morro não muito elevado, as obras são elegantemente feitas da mesma rocha preta sobre a qual elas se firmam e os vãos de suas juntas, destacados em cal branco, delineiam a dimensão de cada bloco de pedra, colocando em evidência a perfeição do trabalho ali realizado. O lugar em si, como costuma ser o caso nas cidadelas, era todo homogêneo e construído de pedra; a igreja também pareceu-nos de muito bom gosto. Ao andarmos por suas ruas — era um domingo, por volta de nove horas da manhã — ouvíamos música, pois na taverna a valsa já esquentava os ânimos. E assim como os moradores não deixavam que seus prazeres fossem afetados pela grande carestia ou, melhor dizendo, pela ameaça de fome,[40] nós também não deixamos que nosso

---

39 A chamada *Zaberner Steige* (em francês: *Col de Saverne*) é uma passagem de cerca de 4 km entre as montanhas dos Vosges, ligando as cidades de Saverne (Zabern), na Alsácia, e Phalsbourg (Pfazlburg), na Lorena. Construída entre 1728 e 1737, era considerada na época uma grande obra de engenharia.
40 Alusão às consequências do verão excessivamente chuvoso de 1770, que desencadearia a carestia de 1770 e 1771.

espírito juvenil se embotasse quando o padeiro nos negou um pouco de pão para a viagem, mandando-nos pedi-lo na pousada da cidade, onde encontraríamos ocasião e local apropriados para comê-lo.

Foi com imenso prazer que fizemos o caminho de volta pela mesma passagem. Pudemos então admirar pela segunda vez aquela maravilha arquitetônica, deliciando-nos novamente com a vista sempre revigorante da Alsácia. Não tardamos em chegar a Buchsweiler, onde nosso amigo Weyland havia preparado uma recepção especial. A vida em uma cidade pequena pode ser muito apropriada para um espírito jovem e cheio de viço: as relações familiares são mais próximas e evidentes; os afazeres de casa se alternam moderadamente entre uma forma mais relaxada de administração, alguma atividade comercial na cidade e o trabalho no campo e no jardim convidando-nos amigavelmente à participação; a sociabilidade é um imperativo, de modo que o forasteiro se sente muito à vontade nesses círculos mais restritos — ao menos enquanto não se deixa incomodar pelas desavenças entre os moradores, que são muito mais perceptíveis nessas localidades. Essa pequena cidade era a sede do Condado de Hanau-Lichtenberg, domínio do Landgrave de Darmstadt, então sob a soberania francesa. Um governo e uma câmara, estabelecidos localmente, faziam da cidade o centro importante de uma bela e invejável possessão principesca. E esquecemos completamente de suas ruas tortas e do padrão irregular de construção de suas casas, quando, logo adiante, nos vimos diante do velho castelo[41] e de seus magníficos jardins, construídos de modo excepcional sobre uma colina. Alguns pequenos bosques, uma área cercada para a criação e preservação de faisões, bem como uma série de outras instalações semelhantes davam mostras de quão adorável aquela pequena residência deveria ter sido outrora.

Mas nada disso era comparável à vista que se tinha quando se contemplava essa região absolutamente paradisíaca do alto do Bastberg.[42] Essa elevação, formada inteiramente a partir do amontoamento de diferentes tipos

---

41 Destruído durante a Revolução Francesa, situava-se no local da atual *Place du Château* (Praça do castelo), em Bouxwiller.

42 À semelhança de nossos sambaquis, *Le Bastberg* é uma elevação de 326 metros de altitude. Segundo reza a lenda local, seria ponto de encontro das bruxas a caminho do Brocken, na região do Harz.

de conchas, chamou-me pela primeira vez a atenção para tais documentos pré-históricos – eu nunca os havia visto tão monumentais. Mas meu olhar curioso logo se concentraria de novo apenas na paisagem. Ali o indivíduo se encontra sobre o último promontório que se ergue diante dos campos. Mais ao norte estende-se uma planície fértil, toda entremeada de pequenas áreas de mata e delimitada por um imponente maciço montanhoso, que se prolonga a oeste na direção de Zabern, onde, na distância, ainda se pode distinguir perfeitamente o palácio episcopal e, a cerca de uma hora dali, a abadia de São João.[43] A partir desse ponto, o olhar continua se projetando mais ao sul, acompanhando o lento evanescer das montanhas dos Vosges. Se nos viramos para nordeste, avistamos o castelo de Lichtenberg no alto de um rochedo; já a sudeste nossos olhos correm as planícies infinitas da Alsácia, que mais ao longe vão se furtando à vista, toldando-se num fundo enevoado de paisagem, até que nossos olhos possam vislumbrar no horizonte os primeiros vultos dos alpes suábios.

Minhas poucas andanças pelo mundo já me haviam sido suficientes para perceber o quanto é importante descobrir o sentido em que correm os rios e até mesmo os pequenos córregos da região pela qual se está viajando. Com isso obtemos uma visão geral da malha fluvial do lugar, bem como uma ideia da relação entre os pontos mais elevados e as maiores depressões topográficas. Auxiliados então por esses fios condutores, que nos socorrem tanto a visão quanto a memória, podemos nos desvencilhar mais seguramente da confusão geológica e política das terras todas. Enquanto ficava contemplando aquela paisagem, despedi-me solenemente de minha tão estimada Alsácia, pois na manhã seguinte pretendíamos seguir viagem em direção à região da Lorena.

Passamos a noite conversando e trocando nossas histórias, valendo-nos da lembrança de um passado melhor para consolarmo-nos diante do descontentamento com o presente. Ali, como em toda aquela pequena região, o nome do último conde Reinhard von Hanau[44] era o mais altamente

---

43 Trata-se aqui da *Abbatiale Saint-Jean-Baptiste*, na localidade de Saint-Jean-Saverne, a cerca de 4 km ao norte de Saverne.
44 Johann Reinhard II, conde de Hanau-Lichtenberg (1665-1736).

celebrado. Sua inteligência e habilidade evidenciava-se em tudo o que ele fizera ou mandara fazer, e alguns belos monumentos ainda davam testemunho de sua existência. Homens como este têm o privilégio de serem benfeitores num sentido duplo: primeiro para o mundo em que viveram, onde conseguiram fazer muita gente feliz; depois para o futuro, cujo arrojo e sensibilidade eles ainda se mostram capazes de nutrir e manter vivos.

Partimos na direção das montanhas, a noroeste, passando pelo velho Lützelstein,[45] um velho castelo incrustado numa área repleta de colinas; e quando, mais adiante, iniciamos a descida para a região dos rios Sarre e Mosela, o céu começou a escurecer, como se quisesse nos fazer sentir mais intensamente a aspereza das terras do Westreich.[46] No vale do Sarre, Bockenheim foi o primeiro lugarejo com que nos deparamos; do outro lado do rio, via-se Neusaarwerden,[47] uma cidade bem construída e com um belo castelo utilizado como residência de verão. Nas duas margens do rio, o vale do Sarre vai seguindo seu curso na companhia de pequenos morros que até poderíamos considerar tristes, não fosse pelo fato de serem contornados por um sem-fim de prados e campinas – o chamado Honau –, que se estende até a cidade de Saaralben e ainda mais além, perdendo-se de vista. Nessa localidade, o olhar não se pode furtar às instalações imensas de um antigo haras dos duques de Lorena, que, valendo-se da localização privilegiada, fora transformado numa pequena fazenda leiteira. Passando por Saargemünd, chegamos finalmente a Saarbrück e essa pequena sede residencial, com seu palácio,[48] pareceu-nos um ponto luminoso naquela região tão agreste e rochosa. A cidade – pequena e de topografia acidentada, mas

---

45 Referência ao castelo nas imediações da pequena cidade homônima. Em alemão: *Lützelstein*; em francês: *la Petite-Pierre*.
46 Referida em antigos documentos desde o século XIII, trata-se atualmente de uma circunscrição apenas geográfica, que abrange uma ampla região no sudoeste da Alemanha e no nordeste da França, delimitada a partir da encosta oeste dos Vosges.
47 Em francês, respectivamente, *Bouquenom*, à margem direita do Sarre, e *Ville Neuve de Sarrewerden*, à esquerda. As duas localidades se uniriam em 1794, formando a cidade de *Saarunion* (em francês: *Sarre-Union*).
48 *Saarbrücker Schloss*, palácio em estilo barroco, localizado na região central da cidade.

embelezada pelo último de seus príncipes[49] — causa uma ótima impressão à primeira vista, pois suas casas são todas pintadas no mesmo tom branco acinzentado e a altura diferente de cada uma delas produz, de longe, uma imagem marcada pela diversidade. No meio de uma bela praça, cercada de construções das mais distintas, ergue-se a igreja luterana,[50] com suas dimensões moderadas, mas perfeitamente proporcional ao complexo ao seu redor. A fachada do palácio encontra-se no mesmo nível do restante da cidade, enquanto sua parte posterior se firma à beira de um antigo penhasco. Como se não bastasse o trabalho de transformação desse declive rochoso e íngreme numa espécie de terraço, que nos permitia descer confortavelmente do palácio até o nível do rio, uma pequena alteração do curso do Sarre, somada ao desbaste da base do rochedo e ao aterro do local, possibilitariam ali a criação e o cultivo de um belo jardim retangular e oblongo. Essa obra remonta à época em que, para a concepção do traçado de um jardim, ainda se pedia conselhos a arquitetos, do mesmo modo como, hoje, busca-se o auxílio do olhar experiente de um pintor de paisagens.[51] A decoração do palácio, com toda sua graça e preciosidade, sua riqueza e elegância, dava indícios de um proprietário que tinha prazer em viver a vida, como era o caso do príncipe falecido; o atual[52] não se encontrava ali. O presidente von Günderode[53] recepcionou-nos muito amistosamente e, durante três dias, tratou-nos melhor do que jamais podíamos ter esperado. Aproveitei o contato com as diversas pessoas que conhecemos nessa ocasião para me instruir mais amplamente sobre vários assuntos. A vida suntuosa do antigo príncipe era matéria mais que suficiente para as conversas, assim como também suas inúmeras iniciativas para se valer das vantagens que a natureza de sua região lhe oferecia. Na verdade,

---

49 Friedrich Wilhelm Heinrich II (1718-1768), príncipe de Nassau-Saarbrücken. Ver também a nota 52, abaixo.
50 *Schlosskirche Saarbrücken*, transformada em museu em 2004.
51 Alusão à distinção entre o geometrismo da tradição paisagística francesa e o caráter pitoresco da tradição inglesa (a partir do século XVIII).
52 O falecido: o já referido Friedrich Wilhelm Heinrich II; o atual: Ludwig von Nassau-Saarbrücken (1745-1794), príncipe de Nassau-Saarbrücken (de 1768 até sua morte).
53 Hieronymus Max von Günderode (1730-1777), original de Frankfurt, era então *Regierungspräsident* de Saarbrücken (chefe mandatário de um município ou distrito).

foi aí que se deu de fato minha iniciação no campo de estudo das regiões montanhosas, despertando-se pela primeira vez em mim o gosto por aquelas considerações de ordem técnica e econômica, que ainda haviam de me acompanhar por grande parte de minha vida. Ouvimos falar então das ricas minas de carvão de Dudweiler, da extração e fabricação de ferro e alúmen, e até mesmo de uma tal montanha candente; não perdemos tempo, fizemos os preparativos e fomos ver de perto todas essas maravilhas.

Deixamos Saarbrücken e nos embrenhamos naqueles morros de mata cerrada. Para alguém que vem de terras tão magnificamente produtivas, a primeira impressão é de uma região erma e imprópera, que só é capaz de nos despertar a atenção por conta daquilo que abriga fundo em seu seio. No caminho, conhecemos duas máquinas diferentes, uma simples e outra mais complexa: uma forja de foices e uma trefiladora de arames. Se já quanto à primeira animava-nos o fato de ela poder substituir o trabalho manual, simplesmente não conseguíamos parar de admirar a segunda, que funcionava num sentido tão organicamente elevado, que mal podíamos crer que não fosse provida de entendimento e consciência. Chegando à fábrica de alúmen, pudemos conhecer em detalhes o modo como esse material tão necessário[54] é extraído e processado. E notando em toda parte os grandes montes de uma substância branca, sebenta, friável e terrosa, perguntamos qual seria a aplicação daquele material; os operários riram, dizendo tratar-se da espuma que se levantava na fervura do alúmen e que o senhor Stauf[55] mandava reservar, acreditando poder fazer uso dela algum dia.

— O senhor Stauf ainda está vivo? — perguntou um de meus companheiros, admirado. Responderam que sim; e nos garantiram que, se seguíssemos nosso plano de viagem, não passaríamos muito longe do local isolado onde ele morava.

---

54 O alúmen é o nome vulgar do sulfato duplo de alumínio e potássio, composto utilizado, na época, em inúmeras aplicações industriais, como na fabricação de tintas, nos curtumes, na produção de medicamentos (como um dos elementos principais da pedra-ume), de velas, de produtos têxteis, entre outros.

55 Provável referência a um químico e inventor da época; algumas fontes o identificam com Johann Kaspar Staudt, que teria então algo em torno de sessenta anos de idade.

A partir dali seguimos morro acima, ladeando as calhas por onde escoa a água utilizada no processamento do alúmen, até chegarmos às mais respeitáveis minas da região, ali chamadas de *Landgrube*,[56] de onde é extraído o famoso carvão de Dudweiler. Quando seca, essa variedade xistosa de hulha tem a cor azul-escura do aço temperado, e sobre sua superfície rebrilham, ao menor movimento, as mais belas iridescências. Mas a escuridão das galerias subterrâneas não nos atraía tanto a atenção quanto seu conteúdo, que víamos espalhado ao nosso redor. Logo chegamos às grotas abertas, onde o xisto calcinado é lixiviado; e mais adiante fomos surpreendidos – por mais que estivéssemos preparados – por um fenômeno raro e muito particular. Descemos por um grotão e logo nos vimos no local que dá fama à chamada montanha candente. Um forte cheiro de enxofre exalava de todos os lados. Uma das vertentes do gretado, coberta por uma rocha meio avermelhada, meio cinzenta, parecia quase em brasa. As fendas no solo soltavam um vapor espesso, e mesmo usando calçados com solado grosso, podia se sentir o calor do chão. Esse fenômeno incidental – já que não se sabia exatamente como aquele lugar pegava fogo – vinha bem a calhar à fabricação de alúmen, pois, naquela região, a camada de rocha que recobre a superfície da montanha já se encontra naturalmente calcinada, precisando ser apenas lixiviada durante o processamento. Aliás, o grotão em que nos encontrávamos surgira justamente a partir da extração e do consumo gradual daquele minério calcinado. Saímos escalando a vertente mais abarrancada da grota e logo nos vimos no alto da montanha. Um belo faial cobria toda a área, espalhando-se e envolvendo o grotão. Algumas árvores já se achavam estorricadas; outras davam indícios de começarem a murchar, mesmo estando ao lado de outras que ainda se mostravam em pleno viço, sem nem mesmo suspeitarem a existência do braseiro que se aproximava ameaçadoramente de suas raízes.

Nessa área, muitas das fendas ainda soltavam seus bafos vaporosos, enquanto outras já pareciam ter esgotado seu fôlego. Esse fogo ardia havia mais de década naqueles antigos fossos e galerias, que, desbarrancados ao longo do tempo, agora minavam toda a montanha. Na verdade, não é

---

56 Designação regional das referidas minas e suas galerias subterrâneas. Dudweiler fica na região da Lorena.

improvável que esse fogo estivesse queimando fundo até os próprios filões, atingindo reservas ainda não exploradas de carvão. Cerca de cem passos mata adentro tentara-se, noutros tempos, seguir as evidências de um veio bastante profícuo, mas a escavação não foi muito longe, já que os jatos fortes de vapor logo coibiram e afugentaram os trabalhadores. O buraco então aberto se fechara novamente, mas nós ainda encontramos o lugar bafejando quando passamos por ele a caminho da morada de nosso químico ermitão. Esta ficava localizada bem no meio da mata, rodeada de montanhas e no ponto exato em que os vales traçam a elegância de suas curvas de modo mais plural. Naqueles arredores, o chão é negro como carvão e por toda a parte os veios rebrotam na superfície. Definitivamente, um filósofo do carvão – *philosophus per ignem*,[57] como se dizia antigamente – não poderia ter escolhido melhor lugar para morar.

Seguimos nosso caminho até nos vermos diante de um casebre pequeno, mas perfeitamente habitável, onde encontramos o senhor Stauf, que reconheceu imediatamente meu amigo e logo o saudou com queixas contra o novo governo. Das coisas que dizia, pudemos depreender rapidamente que, por conta de circunstâncias externas – quiçá também internas –, a produção do alúmen, assim como outras iniciativas bem-intencionadas, não pareciam conseguir bancar nem mesmo seus custos de operação. Ele era um daqueles químicos típicos de sua época, que, imbuído da convicção de que se podia tirar grande proveito dos produtos naturais, perdia-se em meio a considerações abstrusas sobre questões menores e detalhes insignificantes; e que, por não dispor de conhecimentos suficientes, não conseguia levar efetivamente a cabo nada de que se pudesse, de fato, tirar alguma vantagem econômica e comercial. Assim, o fim que pretendia dar àquela espuma, que por ora só fazia se amontoar, parecia estar distante demais para ser algo realizável; tudo o que ele tinha a nos mostrar, ali, era um bolo de sal amoníaco, que a montanha candente acabara de lhe presentear.

---

57 Jean Baptiste van Helmont (1579-1644), médico, químico e cientista natural, atribuía esse título a si mesmo. A expressão em latim significa "filósofo pelo fogo", como na antiga designação dos alquimistas.

Com muita disposição e feliz de encontrar ouvidos humanos que ouvissem suas queixas, aquele homúnculo magricelo e desgastado – com *um* pé em um sapato, *um* pé num chinelo, e com seus meiões que, caídos às canelas, ele insistia em vão em ajeitar – ia se arrastando conosco montanha acima, onde ficava a sua fabriqueta de resina. Ele mesmo havia montado aquelas instalações que, com grande desgosto, via agora cair em pedaços. Havia ali um conjunto de fornos interligados, utilizado na dessulfurização do carvão – tornando-o próprio para o uso no processamento do ferro. Mas ao mesmo tempo as instalações também deveriam servir para o processamento de óleo, de resina; e nem a fuligem deveria ser desperdiçada. Eram tantos os propósitos daquelas instalações, que o empreendimento acabaria fracassando. Nos tempos do falecido príncipe, o negócio fora tocado como um passatempo, uma aposta; agora, só queriam saber das possíveis aplicações imediatas, que não eram comprováveis.

Deixando nosso sectário na companhia de sua solidão, apressamos o passo – pois já se fazia tarde – em direção à fábrica de vidro de Friedrichsthal, onde, de passagem, pudemos conhecer um dos mais importantes e maravilhosos ofícios do engenho humano.

Todavia, mais do que essas experiências significativas, o que despertava mesmo o interesse de jovens rapazes, como nós, eram certos incidentes divertidos, como os fogos de artifício que nos surpreenderam ao romper da escuridão nas proximidades de Neukirch. Sim, pois do mesmo modo que, algumas noites antes, entre rochas e arbustos às margens do rio Sarre, víramo-nos envolvidos por nuvens luminosas de vaga-lumes, deparávamo-nos, agora, com o espetáculo pirotécnico das fornalhas que cuspiam aos céus suas fagulhas. Já havia escurecido completamente quando visitamos as fundições localizadas no fundo do vale, e ficamos admirados com o insólito semibreu no interior daqueles casebres de tábua, que não eram iluminados senão muito precariamente pelas aberturas mínimas dos cadinhos incandescentes. O barulho da água e dos foles que ela movimentava, assim como os silvos e apitos medonhos da corrente de ar, que, enfurecida no encontro com o minério fundido, adormentava os ouvidos e confundia os sentidos, isso tudo acabaria fazendo com que deixássemos logo aquele lugar. Buscamos pouso em Neukirch, uma cidade construída nas encostas da montanha.

De minha vida: Poesia e verdade

A despeito da variedade de coisas que havíamos visto e de toda a agitação daquele dia, eu simplesmente não conseguia relaxar naquela noite. Deixei então meu colega em seu sono profundo e saí em busca do castelo de caça,[58] que ficava num ponto mais elevado da cidade. Lá do alto a vista se abria na amplidão das matas e dos morros, cujos contornos eu ainda conseguia enxergar na tênue claridade da noite, sem, no entanto, poder divisar seus flancos e os vales mais profundos. A construção bem conservada não se encontrava apenas deserta, mas completamente vazia; não havia sinal de castelões, nem de caçadores. Sentei-me diante das grandes portas de vidro do castelo, sobre os degraus que circundavam todo o terraço. Ali, naquele lugar abandonado por todos em meio às montanhas, tendo sob meus pés uma terra escura e toda coberta pela mata — e que parecia tanto mais escura em contraste com o horizonte claro daquela noite de verão —, e, acima de mim, a abóbada celeste, estrelada e cintilante, fiquei sentado longamente comigo mesmo e tive a nítida impressão de nunca antes ter sentido tamanha solidão. Quão agradável não foi portanto a surpresa de ouvir soar ao longe duas trompas de caça, que, de súbito, qual uma fragrância balsâmica, deram novos ares àquela atmosfera serena. Foi quando se despertou em mim a imagem de uma criatura adorável, que as cenas tão variegadas daqueles dias de viagem haviam feito recuar para um segundo plano; aos poucos, a imagem foi se desvelando mais e mais, até que, enfim, não pude senão levantar e voltar para o albergue, onde tratei de organizar tudo o que era necessário para partir logo à primeira hora da manhã.

Não tiramos tanto proveito do caminho de volta quanto do percurso que nos trouxera até ali. Assim, acabamos passando muito apressadamente por Zweibrücken, que, sendo uma cidade bela e digna de nota, bem teria merecido maior atenção de nossa parte. Não demos mais do que uma rápida espiada em seu castelo, que era grande, mas discreto; vimos suas esplanadas amplas e bem construídas — com mudas de tília plantadas num espaçamento perfeitamente regular —, que costumavam ser utilizadas para o adestramento de cavalos de caça; e não pudemos deixar de reparar em seus

---

58 Em alemão: *Jagdschloss*. Referência ao *Schloss Jägersberg*, castelo barroco construído entre 1752 e 1753 e destruído na virada do século XVIII para o XIX.

imensos estábulos, nem nas casas que o príncipe[59] construíra na cidade para depois sortear. Tudo isso, bem como o modo de se vestir e de se comportar de seus habitantes, especialmente das mulheres e das meninas, fazia-nos intuir uma ligação com algo mais distante, que se evidenciava na relação com Paris – influência que há muito se tornara incontornável em todas aquelas terras para além do Reno. Saindo da cidade, visitamos ainda as adegas do ducado, que eram muito espaçosas e equipadas com enormes barris, construídos com toda técnica e arte. Continuando nossa viagem, encontramos diante de nós uma paisagem muito assemelhada à dos arredores de Saarbrücken. Apenas um ou outro vilarejo despontava entre as montanhas selvagens e acidentadas – ali, os olhos logo perdiam o costume de procurar ao longe pelos campos de trigo. Margeando o curso do Hornbach, subimos até a cidade de Bitsch, que se situa na região em que suas águas se dividem, parte correndo para o Sarre, parte descendo a planície renana, que era para onde nós também logo seríamos atraídos. Mas, antes, não podíamos deixar de dar alguma atenção a essa pequena cidade que se desenhava pitorescamente no entorno da montanha; tampouco à cidadela que se erguia mais ao alto e que fora construída em parte sobre a rocha, em parte na própria rocha. Suas acomodações subterrâneas eram extraordinárias, pois além de haver ali espaço suficiente para acomodar uma quantidade enorme de pessoas e de animais, podíamos encontrar, em seus grandes salões abobadados, espaços dedicados à prática de exercícios militares, um moinho, uma capela e todo o mais de que se podia precisar quando a situação na superfície se revelasse demasiadamente intranquila.

Acompanhando os riachos que se precipitavam morro abaixo, seguimos nossa rota pelo vale de Bärenthal. Ali as matas densas que sobem ambas as encostas ainda se encontravam completamente inexploradas. Milhares de troncos apodreciam uns sobre os outros, enquanto uma infinidade de rebrotos surgia por cima de seus antepassados parcialmente combalidos. No caminho, a conversa com alguns de nossos companheiros de caminhada faria repercutir novamente em nossos ouvidos o nome de von Dietrich,[60] de quem

---

59 Christian IV (1722-1775), duque do Palatinado-Zweibrücken.
60 Johann von Dietrich (também Jean de Dietrich), o mais importante latifundiário e empresário da região. Teria empregado mais de 1500 famílias em suas fundições e ferrarias.

tão bem já ouvíramos falar por aquelas bandas cobertas de mata. Suas atividades, suas habilidades, sua riqueza — assim como o uso e o propósito que dava a ela —, tudo nesse homem parecia em perfeito equilíbrio. Ele tinha razões para poder se contentar com tudo aquilo que adquirira e fizera se multiplicar, e sabia usufruir bem de seus ganhos enquanto os consolidava. Quanto mais eu via do mundo, mais eu me alegrava em saber da existência de nomes que — para além dos mais universalmente conhecidos — eram mencionados em certas regiões isoladas com tanto amor e respeito. Foi assim que, depois de fazer algumas perguntas rápidas, descobri que, muito antes que qualquer outra pessoa, von Dietrich havia sabido se servir com sucesso dos tesouros daquelas montanhas — do ferro, do carvão, da madeira —, transformando-os, com muito trabalho, numa fortuna que simplesmente não parava de crescer.

Niederbronn, onde chegamos logo em seguida, dava testemunho claro de todo esse empenho. Von Dietrich comprara esse pequeno povoado do conde de Leiningen e de outros pequenos proprietários, com o objetivo de instalar na região sua indústria do ferro.

Nessa localidade, em que já os romanos haviam instalado seus banhos termais, fui como que inundado pelo espírito da Antiguidade,[61] cujas memoráveis ruínas, perdidas ali em meio à barafunda de tralhas e implementos agrícolas, pareciam refulgir insolitamente na forma vestigiosa de antigos baixos-relevos e inscrições, fustes e capitéis.

Imbuído desse mesmo espírito, subi até o castelo de Wasenburg, que ficava naquelas imediações, e não pude deixar de admirar, no imenso bloco de rocha que dá sustentação a um dos lados da construção, uma inscrição latina ainda bem preservada, que reconhecia sua gratidão a Mercúrio. Esse castelo se ergue sobre a última montanha que encontramos no caminho entre Bitsch e a planície alsaciana. Na verdade, são ruínas de um castelo alemão que, por sua vez, já fora construído sobre os restos de uma fortificação romana. Do alto de sua torre podia-se contemplar de novo toda a Alsácia, e o pináculo da catedral, que se reconhecia longe no horizonte, designava a localização exata de Estrasburgo. Recuando o olhar, era possível observar como a reserva florestal de Hagenau ia se espalhando pela planície e

---

61 Ver o poema de Goethe intitulado *O peregrino* [*Der Wanderer*], 1772.

como, por trás dessa área, despontavam as torres da cidade homônima. Fui levado exatamente nessa direção. Passamos a cavalo por Reichshofen, onde von Dietrich mandara construir um castelo imponente. E depois de observarmos, do alto dos morros de Niedermodern, o traçado gracioso que o pequeno rio Moder fazia ao contornar a floresta de Hagenau, deixei para trás meu colega, que tivera a ideia risível de visitar uma mina de carvão mineral justamente naquela região – visita que teria sido por certo muito mais proveitosa em Dudweiler. Continuei então minha cavalgada, passei pela cidade de Hagenau e, tomando mil atalhos que davam a real dimensão do sentimento que me movia, segui para minha amada Sesenheim.[62]

Pois nem todas as vistas daquelas regiões selvagens e montanhosas, nem o subsequente reencontro dessas terras mais arejadas, férteis e animadas foram capazes de conquistar de fato a atenção de meu olhar interior, que se encontrava completamente voltado para uma criatura adorável e cativante. E, dessa vez, esse longo percurso parecia ter mais graça do que a viagem que me levara até ali pela primeira vez, pois ele me conduzia novamente para perto de uma moça a quem eu entregara meu coração e que merecia de mim tanto amor quanto atenção. Mas antes de apresentar aqui meus amigos em sua vida bucólica, permitam-me mencionar uma circunstância que acabaria contribuindo decisivamente para motivar e intensificar meus sentimentos e a felicidade que eles me proporcionariam.

Pode-se inferir de meu estilo de vida durante a passagem por Frankfurt, bem como da natureza dos estudos a que eu então me dedicara, o quanto eu havia deixado de lado a literatura contemporânea. E minha estadia em Estrasburgo também não vinha contribuindo muito para mudar essa situação, até que surgiu Herder, que além de me apresentar seus grandes conhecimentos e diferentes modos de entender a produção literária de então, acabaria me fazendo conhecer também algumas publicações mais recentes. Entre elas, Herder destacava *O vigário de Wakefield*[63] como uma obra

---

62 Trata-se da pequena cidade de Sessenheim, hoje em território francês. Goethe se vale de um modo particular de grafar o nome da cidade.

63 Em alemão: *Landpriester von Wakefield*. Trata-se da tradução alemã (provavelmente na versão realizada por Johann Gottfried Gellius, publicada em 1767) do romance *The*

excepcional, cuja tradução alemã ele mesmo se propusera a ler para nós em voz alta.

Herder tinha um jeito todo próprio de fazer essas leituras, e quem o ouviu em suas prédigas poderá compreender bem o que eu quero dizer com isso. Tudo o que ele lia em voz alta, inclusive o referido romance, lia com simplicidade e sobriedade. Assim, distanciando-se de toda espécie de apresentação mímico-dramática, evitava até mesmo aquelas pequenas modulações — que não apenas são lícitas, como também imprescindíveis na recitação de tais narrativas —, aquelas pequenas variações de tom quando pessoas diferentes falam, que além de darem destaque ao que cada um tem a dizer, ainda marcam melhor uma distinção entre o narrador e os personagens. Sem ser monótono, Herder recitava uma coisa atrás da outra sempre num *mesmo* tom uniforme, como se a leitura não fosse capaz de presentificar o que era lido e tudo não passasse de um relato histórico; como se os vultos daquelas criaturas poéticas não ganhassem vida própria, como se desfilassem indiferentemente diante dele. Contudo, na sua voz, esse tipo de leitura recitativa era infinitamente estimulante. Isso porque, sentindo tudo profundamente e sabendo valorizar os diferentes aspectos da narrativa, o que acabava se sobressaindo em sua leitura era o conjunto dos méritos da obra; algo que, por sinal, acontecia de modo ainda mais puro e nítido do que se o ouvinte fosse distraído com a ênfase particular de um ou outro detalhe, o que, não raro, pode acabar prejudicando a percepção da obra como um todo.

Um pastor protestante, radicado numa pequena comunidade do interior, pode ser um dos mais belos objetos de um idílio moderno; ele surge então como um Melquisedeque: a um só tempo rei e sacerdote. Tanto por sua ocupação quanto por seus laços familiares, esse homem se liga à condição mais inocente que se pode imaginar na face da Terra — a de lavrador. Ele é o pai, é o senhorio, é o agricultor; e, como tal, é também, em todos os sentidos, um membro da comunidade. É sobre essa fundação pura, bela e terrena que se sustenta, então, sua vocação mais elevada: cabe a ele preparar as pessoas para a vida, cuidar de sua educação espiritual, abençoá-las em todos os principais

---

Vicar of Wakefield (1766), do escritor irlandês Oliver Goldsmith (1730-1774). A obra teve grande recepção na época, motivando diversas outras retraduções.

momentos de sua existência, instruí-las, fortalecê-las, consolá-las; e se o consolo não bastar para aliviar o presente, caberá também a ele despertar nas pessoas e assegurar-lhes a esperança num futuro mais feliz. Pois pensemos num homem como este, de sentimentos puramente humanitários, forte o suficiente para não se desviar deles em qualquer circunstância e, por essa mesma razão, alguém que se destaca dentre os restantes – de quem não se pode esperar nem pureza, nem firmeza. E concedamos que esse mesmo homem tenha os conhecimentos necessários para o exercício de seu ofício e que desempenhe sua atividade de modo alegre e constante, até mesmo com paixão, na medida em que não deixa nunca de fazer o bem. Temos aí um homem bem preparado. Acrescentemos agora um pouco da sempre tão necessária moderação, para que ele não apenas queira permanecer nesses pequenos círculos, mas, se for o caso, até prefira restringi-los ainda mais. E não nos esqueçamos de lhe dotar ainda de boa vontade, de espírito conciliador, de perseverança e de todas as demais qualidades dignas de louvor num caráter decidido; e, além de tudo isso, de uma condescendência serena e de uma tolerância bem-humorada tanto em relação aos próprios erros quanto em relação aos erros dos outros. Pronto, eis aí um retrato razoavelmente completo de nosso extraordinário Wakefield.

 A apresentação das alegrias e dos sofrimentos desse personagem ao longo de sua vida, bem como o interesse da fábula, que só faz crescer à medida que o absolutamente natural vai se ligando ao excepcional e insólito, fazem desse romance um dos melhores que já foram escritos. Além do mais, a obra tem o grande mérito de ser de natureza inteiramente moral, até mesmo cristã no mais puro sentido do termo – retratando a recompensa pela boa vontade e pela insistência no que é correto e justo, confirmando o sentido da confiança incondicional em Deus e afiançando o triunfo final do bem sobre o mal –, mas sem dar o menor indício de fanatismo e pedantismo. O autor fora preservado de ambos por conta de sua sensibilidade mais apurada, que se manifesta na ironia de cada passagem da narrativa, fazendo com que essa pequena obra se nos pareça tão sábia quanto encantadora. O doutor Goldsmith, seu autor, era sem dúvida nenhuma um grande conhecedor do universo moral, de seus valores e de suas fragilidades; ao mesmo tempo, porém, devia dar graças por ser inglês, e só podia mesmo demonstrar grande apreço pelos privilégios que lhe eram concedidos por seu país, por sua nação. A família, de cuja representação ele se ocupa, encontra-se num dos últimos degraus do bem-estar burguês, mas mesmo assim ela entra em contato com personagens da classe mais elevada. Seguindo o curso natural e burguês das coisas, seu círculo restrito – e que vai se estreitando ainda mais – passa a intervir na esfera mais elevada; esse pequeno barco familiar flutua nas ondas copiosas e agitadas da vida inglesa e, tanto no bem como no mal, pode esperar, da parte da imensa esquadra que navega ao seu redor, tanto o dano quanto a dádiva.

Posso pressupor que meus leitores conheçam essa obra e se recordem dela. Mas posso também afirmar que tanto aqueles que a ouvem mencionar aqui pela primeira vez, quanto os que se sentirem estimulados a relê-la só terão a me agradecer. Para os primeiros gostaria apenas de dizer *en passant* que a esposa do pastor é uma dessas mulheres gentis e ativas, que não deixa faltar nada nem a ela nem aos seus, mas que também se mostra um tanto presunçosa em relação a si mesma e a sua família. Ela tem duas filhas: Olivia, bela e mais extrovertida; e Sophia, encantadoramente introvertida. E não posso deixar de mencionar também seu filho Moses, aplicado, algo rústico e cioso de enveredar pelo mesmo caminho que seu pai.

Se fosse para falarmos de um problema no modo como Herder nos lia esses textos, mencionaríamos a sua impaciência. Ele simplesmente não conseguia esperar até que o ouvinte tivesse percebido e assimilado determinadas passagens da narrativa, de modo que as pudesse sentir e entender mais apropriadamente. Afoito, queria ver as reações surgirem em nós imediatamente; e é claro que não se dava por satisfeito nem mesmo quando elas assim se manifestavam. Em mim, criticava o exagero das emoções que iam borbotando cada vez mais intensas. Eu sentia as coisas como sente um ser humano, como um jovem; para mim, tudo era muito verdadeiro, presente, cheio de vida. Ele, que não tinha olhos senão para formas e conteúdos, percebia claramente que eu me via tocado e arrebatado pelo assunto, e era justamente isso que ele não queria tolerar. Quanto às considerações de Pegelow, que não eram exatamente um exemplo de requinte, Herder as recebia de modo ainda mais severo. O que mais o irritava era a nossa falta de perspicácia para perceber e antecipar os contrastes de que o autor se servia; ficava simplesmente indignado ao ver como nos deixávamos comover e enlevar pelo que líamos, sem perceber a recorrência de certos artifícios narrativos. Ele não conseguia nos perdoar, por exemplo, por não termos percebido ou ao menos suspeitado, logo no início da narrativa,[64] na passagem em que Burchell muda de uma narração em terceira para uma narração em primeira pessoa, que ele chega quase a trair a si mesmo; que por muito pouco não revela ser ele mesmo o tal lorde[65] de quem ele fala. E, no final da leitura, ao nos mostrarmos felizes como crianças quando o pobre e miserável Burchell revela sua verdadeira identidade e se transforma num senhor rico e poderoso, Herder nos fazia lembrar justamente daquela primeira passagem, em que não prestáramos atenção às artimanhas do autor; repreendia-nos então por nossa estultice, passando-nos um belo de um sermão. Como se pode depreender disso tudo, Herder só enxergava a obra como um produto artístico, e cobrava-nos o mesmo; de nossa parte, ainda errávamos por circunstâncias da vida em que é perfeitamente lícito deixar as obras de arte agirem sobre nós como se fossem uma criação da própria natureza.

Não me deixei confundir pelas invectivas de Herder; acontece que os jovens têm a sorte, ou a infelicidade, de incorporarem a si próprios o efeito de algo que teve grande impacto sobre eles, e disso podem resultar tanto algumas coisas boas quanto certos desastres. A referida obra me causara uma impressão tão forte que nem eu mesmo conseguia compreendê-la. Na verdade, sentia-me completamente imbuído daquela disposição irônica que, erguendo-se por sobre as coisas todas – sobre a felicidade e o infortúnio, o bem e o mal, a morte e a vida –, assenhoreia-se de um mundo genuinamente poético. Disso, obviamente, eu só teria clareza muito tempo mais tarde. Mas fosse como fosse, por aquele momento eu tinha coisa suficiente de que me ocupar; só não esperava ser transportado tão rapidamente desse mundo fictício para um mundo real tão semelhante.

Meu colega de pensão, Weyland, que, sendo natural da Alsácia, animava sua vida serena e regrada com eventuais visitas aos amigos e parentes que moravam na região, era uma pessoa muito solícita e prestativa nessas

---

64 A passagem acontece no terceiro capítulo. A obra é composta por 32 capítulos.
65 Sir William Thornhill.

minhas pequenas excursões, uma vez que me apresentava – ora pessoalmente, ora através de cartas de recomendação – a diversas famílias e localidades. Ele já havia me falado algumas vezes de um pastor que vivia nas proximidades de Drusenheim, a seis horas de Estrasburgo,[66] e que tinha uma bela paróquia, uma esposa muito sagaz e duas filhas adoráveis. A hospitalidade e amabilidade daquela casa também era algo de que Weyland falava de modo especialmente elogioso. Ora, não era preciso muito mais do que isso para motivar um jovem cavaleiro que vinha se acostumando a passar todos os seus dias e horas de folga cavalgando ao ar livre. Decidimos realizar logo essa viagem, mas não sem eu antes fazer meu amigo prometer que, ao me apresentar a seus conhecidos, não diria nada nem de bom nem de ruim a meu respeito. E mais: que ele me trataria com certa indiferença e ainda consentiria que eu me apresentasse, senão malvestido, pelo menos em trajes mais humildes e desleixados. Ele concordou com tudo, certo de que também ele teria sua dose de diversão.

Algumas pessoas importantes têm o costume perdoável de ocultar ocasionalmente os sinais exteriores de sua condição privilegiada, com o propósito de fazer valer mais puramente os valores humanos que lhes são inerentes. É por essa razão que o incógnito dos príncipes e as aventuras decorrentes dessa condição têm sempre alguma coisa de altamente aprazível. Surgem então os deuses em seus disfarces, que podem avaliar duas vezes melhor tudo de bom que se faz em seu favor, tendo condições tanto de relevar as situações desagradáveis quanto de evitá-las. É portanto muito natural – e quanto não nos divertimos com isso – que Júpiter tenha se comprazido de se apresentar incógnito ao casal Filemon e Baucis,[67] e que o mesmo tenha

---

66 Ao longo de sua obra, Goethe costuma mensurar distâncias com base no tempo necessário para percorrê-las, medido em horas. Vale lembrar que o sistema métrico ainda estava longe de ser universalizado na Europa de então. Nesse sentido, tais medidas se assemelham ao padrão da *légua*, que também remonta à medida de um percurso percorrido em determinado tempo. As seis horas de Estrasburgo a Sessenheim correspondem a algo em torno de 33 km.

67 A saga de Filemon e Baucis encontra-se nas *Metamorfoses* de Ovídio. Júpiter e Mercúrio visitam disfarçados uma cidade e os únicos que lhes demonstram alguma hospitalidade são o velho Filemon e sua esposa Baucis. O motivo ressurge também no quinto ato do segundo *Fausto* de Goethe.

se passado com Henrique IV[68] ao apresentar-se a seus campônios depois de uma caçada. Mas que um rapaz sem nome e importância tenha a ideia de tirar algum proveito dessa condição, isso muitos considerarão uma prova imperdoável de soberba. Todavia, como não se trata de discutir aqui em que medida certas ações e intenções são louváveis ou censuráveis, mas, sim, de acompanhar como elas vão se dando e se revelando pouco a pouco, perdoemos dessa vez, em favor de nosso entretenimento, a presunção do jovem; e tanto mais pelo fato de que – é preciso acrescentar aqui – fora meu próprio pai, homem sempre tão sério, que incutira em mim, desde pequeno, o prazer do disfarce.

Também dessa vez, usando roupas que eram ou simplesmente das mais velhas que eu possuía ou emprestadas de alguém, e penteando o cabelo de um modo inusual, se eu não me apresentava de todo desfigurado, ao menos conseguira me vestir de maneira tão estrambótica que meu amigo não podia conter seu riso ao longo do caminho; ainda mais quando eu imitava – à perfeição – a pose e os gestos daquelas figuras que, montadas a cavalo, eram então chamadas de cavaleiros latinos.[69] A bela estrada pavimentada, o tempo maravilhoso e a proximidade do rio Reno deixaram-nos no melhor dos humores. Fizemos uma pequena parada em Drusenheim: meu amigo, para se fazer mais apresentável, e eu, para recapitular meu papel, que eu tinha receio de eventualmente não conseguir cumprir à risca. Essa região tem o caráter vasto e amplo das planícies alsacianas. Seguimos cavalgando por uma trilha muito bonita através de campos e campinas, chegamos a Sesenheim, deixamos nossos cavalos na estalagem e fomos caminhando muito tranquilamente até a casa do pastor.

— Não se deixe enganar — disse-me Weyland, mostrando-me de longe onde o pastor morava – pelo aspecto velho e decaído da casa, que parece ser de um camponês; por dentro ela te parecerá bem mais nova.

Quando chegamos, o conjunto que formava aquela propriedade logo me agradou, pois tinha justamente aquilo que se costuma chamar de pitoresco e que já na arte holandesa havia me despertado tão encantadoramente

---

68 Motivo da ópera *A caçada* [Die Jagd] (1770), de Johann Adam Hiller (1728-1804), com libreto de Christian Felix Weisse (1726-1804).

69 Em alemão: *lateinische Reiter*, expressão que remonta à figura canhestra que alguns eruditos faziam ao montar seus cavalos.

a atenção. A ação que o tempo exerce sobre as obras do homem fazia-se ali brutalmente visível. Casa, celeiro e estábulo encontravam-se exatamente naquele ponto da condição de degradação, em que, na dúvida entre fazer a manutenção ou reconstruir tudo de novo, acaba-se abrindo mão da primeira alternativa, sem no entanto conseguir se resolver pela segunda.

Tudo estava quieto e deserto, tanto no pátio da pequena propriedade como no pequeno vilarejo. Logo encontramos o pai,[70] um homem de estatura baixa, aparentemente mais retraído, mas muito gentil; estava sozinho, pois o restante da família havia saído para o campo. Deu-nos as boas-vindas, ofereceu-nos um refresco — que nós, porém, recusamos. Meu amigo saiu em seguida, à procura das mulheres da família, enquanto eu fiquei ali a sós com nosso anfitrião.

— Imagino que o senhor fique admirado — disse-me ele — de me encontrar tão mal instalado neste vilarejo rico e numa posição relativamente rentável e prestigiosa. Isso acontece — ele continuou — por conta da indecisão. Faz tempo que a comunidade e também a congregação me prometeram construir uma casa nova. Vários projetos foram feitos, analisados e modificados; nenhum deles foi completamente descartado, mas tampouco foram colocados em prática. Essa situação vem se prolongando por tanto tempo que eu já perdi minha paciência.

Respondi-lhe do modo que julguei mais apropriado, procurando alimentar suas esperanças, tentando motivá-lo a insistir mais veementemente no projeto. Ele continuou a conversa, confiando-me uma descrição das pessoas de quem aquelas coisas dependiam, e ainda que ele não fosse um retratista excepcional, logo pude compreender bem o porquê de as coisas estarem todas emperradas. A confiança que aquele homem depositava em mim tinha algo de particular; ele falava comigo como se me conhecesse há décadas, mas sem que eu pudesse perceber qualquer coisa em seu olhar que me fizesse inferir um interesse especial de sua parte em minha pessoa. Finalmente o meu amigo retornou com a mãe da família.[71] Esta já parecia olhar

---

70 Johann Jacob Brion (1717-1787), pastor protestante em Sessenheim desde 1760.
71 Magdalena Salomea Brion (1724-1786), nascida Schöll, uma família tradicional da região.

para mim com olhos bem diferentes. Seu rosto se desenhava em traços proporcionais, tinha um ar inteligente – devia ter sido uma bela mulher quando jovem. Era uma figura alta e magra, mas não mais do que se podia esperar de uma mulher de sua idade; e, vista por trás, revelava uma compleição ainda bastante jovial e atraente. Em seguida surgiu a filha mais velha,[72] que chegou toda afoita e logo perguntou por Friedrike,[73] assim como já haviam feito os outros dois. O pai garantiu-lhe que não a vira mais desde que as três haviam saído juntas. A moça saiu de novo porta afora, em busca da irmã. A mãe logo nos trouxe alguns refrescos e Weyland entabulou com o casal uma conversa que girava em torno das pessoas de suas relações – como costuma ser o caso nas ocasiões em que conhecidos se reencontram depois de certo tempo, perguntando uns aos outros sobre as pessoas de seu círculo e trocando notícias a seu respeito. Escutei tudo com atenção e não tardei em intuir o quanto eu poderia esperar daquele círculo de relações.

A filha mais velha surgiu de novo às pressas na sala da casa, inquieta por não ter encontrado sua irmã. As mulheres começaram a ficar preocupadas, repreendendo a caçula por um que outro mau hábito. Mas o pai dizia com toda serenidade:

— Deixe que ela ande por aí à vontade, ela já volta!

E, de fato, naquele mesmo instante a moça entrou pela porta da casa; foi como se uma estrela surgisse encantadoramente naqueles rústicos céus da Alsácia. Ambas as filhas vestiam-se à moda alemã,[74] como se costumava dizer então, e aqueles trajes nacionais, já tão em desuso na região, caíam particularmente bem em Friedrike. Um saiote branco, curto e rodado, com um falbalá longo o suficiente para ainda deixar entrever os tornozelos daqueles graciosos pezinhos; um corselete branco, bem justo, e um avental preto de tafetá – vestida assim, ela parecia ficar no limiar entre uma camponesa e uma moça da cidade. Leve e esbelta, caminhava como se não levasse peso algum; e seu pescoço parecia quase frágil em contraste com as fartas tranças loiras

---

72 A filha mais velha, Maria Salomea Brion, nascida em 1749, tendo portanto a mesma idade de Goethe.

73 Goethe privilegiará esta grafia para o nome de Friederika Elisabetha Brion (1752-1813). Esta é a única das filhas que Goethe efetivamente nomeia em sua narrativa.

74 Ou seja, não aderindo à moda parisiense.

que descaíam de sua cabeça singela. Do fundo azul de seus lindos olhos ela observava tudo ao seu redor com máxima atenção, e seu belo narizinho arrebitado parecia sondar o ar livremente, como se não pudesse haver mais coisa alguma no mundo com que se preocupar. O chapéu de palha, ela o trazia pendurado no braço; e foi assim que, desde a primeira vez em que a vi, tive o prazer de conhecê-la já em toda sua graça e seu encanto.

Comecei então a desempenhar meu papel com alguma moderação, um tanto envergonhado por me sentir como que enganando aquelas pessoas tão boas. Tempo não me faltava para observá-las, já que as meninas seguiam na mesma conversa de antes, que aos poucos ia ficando mais acalorada e animada. Desfiavam vizinhos e parentes de toda parte, e diante daquela multidão de tios e tias, primos, primas, pessoas que chegavam e que partiam, hóspedes e compadres, tinha a impressão de me encontrar no lugar mais populoso do mundo. Todos os membros da família haviam trocado algumas palavras comigo. A mãe estava claramente de olho em mim, observando-me sempre que saía ou que retornava à sala. Mas foi Friedrike a primeira a conversar de verdade comigo; e no que apanhei algumas partituras que estavam espalhadas pela sala e comecei a olhá-las com mais atenção, a moça perguntou-me se eu sabia tocá-las. Respondendo-lhe positivamente, pediu-me então que eu executasse alguma delas; mas o pai logo interveio, contendo-me e dizendo que o mais apropriado era que os hóspedes fossem antes mimoseados com alguma peça musical ou com uma canção.

Ela tocou várias peças diferentes, demonstrando certa habilidade – bem ao modo do que se costuma ouvir no campo; e tocou, aliás, em um piano que havia tempos o mestre-escola já deveria ter tratado de afinar, se tivesse tido o tempo necessário para tanto. Em seguida, ela tentou cantar uma canção, que era anunciada como sendo muito terna e melancólica; mas ela simplesmente não conseguiu fazê-lo. Levantou-se e disse sorrindo, ou melhor, com aquela expressão alegre a adorável que não saía um só instante de seu rosto:

— Se eu cantar mal, não posso jogar a culpa nem no velho piano nem no mestre-escola; mas espere até que saiamos para dar um passeio. Aí você poderá ouvir minhas cantigas típicas da Alsácia e da Suíça; elas costumam soar bem melhor.

Passei o jantar pensando numa coisa que já me havia ocorrido antes, e me vi tão absorvido por aquele pensamento que acabei ficando completamente calado e pensativo, embora a vivacidade da irmã mais velha e o encanto da mais nova insistissem em me distrair volta e meia de minhas considerações. Estava completamente admirado, e sem saber o que dizer, pois me via no seio de uma encarnação da família de Wakefield. É verdade que o pai talvez não pudesse ser comparado àquele homem tão excepcional – mas e quem poderia? Por outro lado, toda dignidade que, no romance, reservava-se ao marido, encontrava-se, ali, na figura da esposa. Não era possível olhar para ela sem sentir, ao mesmo tempo, um imenso respeito e um certo receio. Percebia-se nela logo os sinais de uma boa educação; era uma mulher calma, desenvolta, alegre e simpática.

Se a filha mais velha não tinha a mesma beleza tão exaltada de Olivia, era ainda assim uma moça de bela figura, cheia de energia e algo impetuosa; ela não parava quieta um só instante, e auxiliava a mãe em tudo o que fazia. Já comparar Friedrike à figura de Sophia Primrose não era uma tarefa assim tão difícil, pois desta não se fala muito no romance, a não ser que é encantadora – e encanto não faltava à Friedrike. Assim como circunstâncias e situações parecidas, independentemente de onde se manifestem, costumam suscitar efeitos se não iguais, ao menos bastante semelhantes, também ali se desenrolava e ganhava expressão muito daquilo que havia se passado no contexto da família de Wakefield. E quando por fim irrompeu na sala um filho mais novo,[75] que vinha sendo longamente anunciado e ansiosamente aguardado pelo pai, e que se sentou conosco sem a menor cerimônia e sem sequer tomar conhecimento dos hóspedes, tive de me conter para não sair gritando: – Moses, você também por aqui?

As conversas à mesa ampliaram minha visão daquele círculo familiar e bucólico, já que tratavam de vários episódios engraçados que haviam ocorrido naquelas redondezas. Friedrike, sentada ao meu lado, aproveitava a ocasião para me falar de diversas localidades que valeriam a pena visitar na região. E como uma história sempre puxa a outra, aos poucos também eu comecei a participar da conversa, contando um ou outro caso

---

[75] Christian Brion, nascido em 1763.

parecido. Acontece que nossos anfitriões não pareciam preocupados em economizar no ótimo vinho de mesa que nos ofereciam, de modo que passei a correr o risco de acabar saindo de meu papel. Meu amigo, sendo mais prudente, usou então o belo luar como pretexto para propor um passeio – ideia que foi imediatamente aceita por todos. Ele ofereceu o braço à mais velha, eu, à mais nova, e assim saímos passeando pelos vastos campos, tendo por objeto mais o céu que se abria sobre nós do que as terras ao nosso redor, que se perdiam em sua imensidão. O modo como Friedrike se expressava, porém, não tinha nada de luar; com toda sua clareza, transformava a noite em dia, e nada do que dizia deixava transparecer ou suscitar qualquer forma de sentimento. Mas passara a se referir mais a mim do que anteriormente, pois, àquela altura, sempre que falava de sua vida, de seus conhecidos e da região, fazia-o como se supusesse que eu ainda conheceria melhor aquilo tudo e aquelas pessoas. Pois esperava, acrescentava ela, que eu não me tornasse uma exceção e que viesse visitá-la novamente, como costumavam fazer, aliás, todos os forasteiros que já haviam passado por ali alguma vez.

Era especialmente agradável ouvi-la em silêncio, enquanto ela descrevia o pequeno mundo em que se movia e as pessoas que ela mais admirava. E ela conseguiria fazer com que eu tivesse uma ideia clara e, ao mesmo tempo, tão encantadora de sua vida, que aquilo tudo teria um efeito todo particular sobre mim: de repente, comecei a sentir um profundo desgosto por não ter entrado antes naquela história de sua vida e, simultaneamente, senti também uma sensação constrangedora de inveja de todas aquelas pessoas que haviam tido a felicidade de viver até então ao seu redor. Prestava ainda uma atenção especial – como se eu tivesse o direito de fazê-lo – em todos os homens que ela descrevia, surgissem eles na forma de vizinhos, primos ou padrinhos, o que me permitia, aos poucos, ir traçando e retraçando minha suposição. Mas como eu poderia descobrir alguma coisa na minha condição de ignorância total daquelas suas relações? Enquanto ela ia se tornando cada vez mais expansiva, eu mergulhava mais e mais em meu silêncio. Era simplesmente bom demais ficar ali, ouvindo-a falar; e como dela eu só percebesse a voz, uma vez que seu rosto se perdia com todo o resto no crepúsculo, era como se eu ouvisse falar seu próprio coração – que eu, por sinal, não podia supor senão perfeitamente puro, dado que se abria para mim naquela mais singela e incontrolável tagarelice.

Quando meu colega e eu nos acomodamos no quarto de hóspedes que havia sido preparado para nós, ele logo desatou a gracejar comigo, satisfeito consigo mesmo por ter conseguido me surpreender tanto ao me apresentar aquela família tão primroseana. Só pude concordar com ele, mostrando-me especialmente grato.

— De fato — exclamou ele —, o conto de fadas está todo preparado! Esta família é perfeitamente comparável àquela do romance; e você, meu caro senhor mascarado, ainda terá a honra de se fazer passar pelo senhor Burchell. De resto, como na vida comum não precisamos tanto de vilões quanto nos romances, quero assumir desta vez o papel do sobrinho, e farei de tudo para me comportar melhor do que ele.

Por mais que aquela conversa me agradasse, mudei logo de assunto e perguntei muito francamente a meu amigo se ele não tinha mesmo me denunciado. Ele insistiu em dizer que não, que eu podia confiar nele. Disse-me que as moças tinham mesmo tentado saber mais sobre o tal colega engraçado, que frequentava a *mesma* pensão que ele em Estrasburgo, mas garantiu-me que não lhes contara senão as coisas mais desencontradas. Passei então para as outras perguntas: se ela já havia amado? Se estava amando? Se estaria prometida a alguém? Meu amigo respondeu que não.

— No fundo — redargui eu —, não consigo entender como alguém pode ser tão naturalmente alegre. Se ela já tivesse amado uma vez, perdido esse amor e conseguido se recompor, ou se ela estivesse noiva e prestes a se casar, eu acharia compreensível.

Continuamos conversando assim até tarde da noite, e eu já estava acordado antes mesmo de o dia raiar. A necessidade de vê-la novamente parecia-me incontrolável; mas quando comecei a me vestir, assustei-me ao perceber o quão desgraçadas eram as roupas que eu havia escolhido maliciosamente para aquela viagem. Quanto mais eu ia me vestindo, mais eu tinha a sensação de parecer infame, desprezível; afinal, este era exatamente o efeito pretendido originalmente. Em meu cabelo eu bem que poderia ter dado um jeito, mas quando me espremi na casaca cinza e puída que eu havia pegado emprestado, percebendo o cúmulo da aparência estapafúrdia que aquelas mangas curtas me conferiam, caí no mais completo desespero. E o pior é que só tinha a minha disposição um espelho minúsculo, no qual só conseguia me enxergar parcialmente – não havia parte de mim que lograsse parecer menos ridícula que a outra.

Meu amigo acordou justamente enquanto eu me vestia e, com a satisfação de quem tem a consciência limpa e a sensação de ter um dia feliz pela frente, ficou me olhando de sua cama, de baixo de seu cobertor forrado e com capa de seda. Havia tempos que, cheio de inveja, eu já vinha botando olho gordo naqueles belos trajes que ele havia deixado pendurados sobre a cadeira; e fôssemos do mesmo tamanho, surrupiaria aquelas peças bem debaixo de seu nariz, trocaria de roupa fora do quarto e, apressando meu passo pelo quintal, deixaria para ele aqueles meus farrapos malditos. Ele, de sua parte, por certo que teria bom humor suficiente para vestir os meus trajes; e, assim, logo pela manhã daríamos um fim engraçado àquele conto de fadas. Mas nem valia a pena cogitar tal hipótese, pois não havia estratagema que pudesse remediar adequadamente aquela situação. Para mim era simplesmente impossível aparecer diante de Friedrike – que na noite anterior havia se mostrado tão gentil para com aquela versão disfarçada de mim – naquela figura de um estudioso aplicado e talentoso de teologia, ainda que pobre, que era como meu amigo acabaria podendo me apresentar. Fiquei de pé ali, sem saber o que fazer, irritado e pensativo, tentado buscar socorro em minha criatividade; mas ela também me havia abandonado. Depois de ficar me olhando fixamente, Weyland, ainda estendido confortavelmente sobre a cama, soltou de repente uma gargalhada e disse:

– É, você está mesmo horrível!

Ouvindo isso, respondi decidido:

– Pois já sei o que vou fazer! Peça a todos que me desculpem. Vou me embora, até mais!

– Você está maluco? – gritou ele, saltando da cama para ainda tentar me deter. Mas nisso eu já saíra porta afora, escada abaixo; deixei para trás a casa, a propriedade e fui até a estalagem. Num piscar de olhos meu cavalo já estava selado; e, tendo um mau humor danado por companheiro, saí galopando em direção a Drusenheim, passei pelo vilarejo e continuei seguindo adiante.

Quando me senti a uma distância segura, diminuí o ritmo da cavalgada; foi somente então que eu percebi o quão infinitamente contrariado eu me afastava daquele lugar. Tentei me conformar com meu destino, procurando me acalmar com a lembrança do passeio da noite anterior e alimentando secretamente a esperança de revê-la muito em breve. Mas aquele sentimento silencioso logo se transformou em impaciência; decidi então que me apressaria para chegar a Estrasburgo e, lá, trocaria de roupa e iria atrás de um cavalo bom e descansado. Assim, como me fazia crer aquele arroubo de paixão, poderia estar de volta a Sesenheim ainda antes do jantar, ou ao menos para a sobremesa, mas com certeza ao romper da noite, podendo então pedir desculpas por tudo.

Estava prestes a meter as esporas em meu cavalo e executar aquele plano, quando me ocorreu uma outra ideia, que também me parecia bastante promissora. Já no dia anterior, ao pararmos na pousada em Drusenheim, o filho do proprietário chamara-me a atenção por se apresentar tão bem vestido; e ainda há pouco, naquela manhã, entretido com seus afazeres no campo, o rapaz me saudara de longe. Tinha a mesma figura que eu, e confesso que chegara a achá-lo um tanto parecido comigo. Pois foi só pensar naquilo e já estava por fazê-lo. Dei meia-volta e logo me vi chegando de novo a Drusenheim. Deixei meu cavalo no estábulo e, sem delongas, tratei logo de propor ao rapaz que ele me emprestasse suas roupas, explicando-lhe que planejava fazer uma brincadeira com alguns conhecidos em Sesenheim. Não precisei nem acabar de falar; ele aceitou a proposta com gosto e ainda elogiou minha ideia de divertir as *mamselles*. Disse-me que eram moças boas e gentis, em especial a *mamsell* Rikchen;[76] assim como também seus pais, que prezavam por uma vida sempre alegre e divertida. O rapaz olhou-me com atenção e, como em vista de meus trajes me tomasse por um pobre coitado, acrescentou:

— Se você pretende cair nas graças das moças, este é mesmo o melhor caminho.

Nesse meio-tempo já havíamos avançado bastante em nossa troca de roupas; ele nem precisava ter me confiado seus trajes típicos de domingo em

---

76 *Mamsell*: variação coloquial e regional alsaciana para a forma de tratamento *mademoiselle*. *Mamsell Rikchen* refere-se, portanto, à senhorita Friedricke.

troca daqueles meus trapos, mas era um rapaz de bom coração e, além do mais, meu cavalo ficaria em seu estábulo, como garantia. Logo fiquei pronto e aprumado, podendo estufar de novo o peito; e meu amigo também parecia comprazer-se de ver em mim sua própria imagem:

— Está feito, senhor meu irmão! – disse ele, estendendo-me sua mão, que apertei com força –, só não se aproxime demais da minha garota; vai que ela acaba se confundindo.

Meus cabelos, que àquela altura já haviam retomado seu comprimento habitual, consegui reparti-los mais ou menos como os do rapaz. E como eu o observasse atentamente, achei que seria divertido, com um pedaço de rolha queimada, imitar também suas bastas sobrancelhas, reforçando as minhas para que se aproximassem uma da outra, de modo que minhas intenções enigmáticas ganhassem, na aparência, uma expressão igualmente enigmática.[77]

— Por acaso você não teria – perguntei-lhe, enquanto ele me entregava seu chapéu todo enfitado – algum recado para a paróquia? Assim minha visita poderia parecer ainda mais natural.

— Bom – começou ele –, mas você terá então de esperar mais duas horas. Temos em casa uma mulher que acabou de ter filho; vou me oferecer para levar o bolo para a mulher do pastor, mas o senhor se encarregará de fazê-lo por mim. A lisonja tem seu preço, assim como a diversão.

Decidi esperar, mas aquelas duas horas pareciam infinitamente longas; e eu já estava prestes a me desesperar de impaciência, quando, no correr da terceira hora, o bolo finalmente saiu do forno. Peguei a encomenda ainda quentíssima e, sob um sol maravilhoso, parti levando aquele embrulho como fosse minha credencial. Durante boa parte do caminho ainda fui acompanhado por meu símile, que se ofereceu para levar minhas roupas mais tarde até Sesenheim, oferta que não aceitei, tentando reservar-me o direito de devolver-lhe seus trajes pessoalmente.

Não havia ido longe com meu presente, que eu levava enleado num pano de prato limpo, quando avistei de longe meu amigo e as duas moças, que vinham em minha direção. Senti meu coração apertar, ainda que a casaca

---

[77] Goethe se vale aqui novamente do jogo entre *Rätsel* e *Rätzel*. Ver nota 10 do Nono livro, à p.431.

que eu vestia estivesse longe de me espremer o peito como a outra. Parei de pronto, recuperei o fôlego e tentei pensar em como reagir. Foi só então que percebi o quanto o local em que eu me encontrava favorecia a vista da região. Os três vinham caminhando pela outra margem do riacho que, assim como as faixas de campina por entre as quais ele corria, mantinha relativamente afastados os dois caminhos. Quando chegaram ao ponto em frente ao lugar em que eu me encontrava, Friedrike, que já me trazia no olhar havia algum tempo, gritou bem alto:

— O que você vem trazendo aí, George?

Fui esperto o suficiente para esconder meu rosto por trás do chapéu, que eu tirei da cabeça no exato momento em que ergui bem alto o embrulho com seu conteúdo.

— Um bolo de batismo! — replicou ela, em resposta a meu gesto. — Como vai sua irmã?

— Bem — respondi eu, no que tentava soar senão exatamente alsaciano, ao menos diferente do que me era habitual.

— Leva o bolo lá para casa! — disse a mais velha. — E se minha mãe não estiver, entrega para a empregada; mas espera por nós, que já voltamos, ouviu bem?

Apressei o passo e segui meu caminho, alegre e esperançoso de que tudo o que começou tão bem pudesse ainda acabar bem. Não tardei a chegar à casa do pastor. Não encontrei ninguém nem na casa, nem na cozinha; também não quis incomodar o pai, que imaginei estar ocupado em seu escritório. Sentei-me então num banco em frente à porta, coloquei o bolo ao meu lado e baixei o chapéu sobre o rosto.

Não me lembro de ter sentido uma sensação mais agradável que aquela: sentar de novo na soleira daquela porta, pela qual havia pouco eu tinha fugido em desespero; tê-la visto novamente e ouvido de novo sua voz, pouco depois de meu mau humor ter me feito imaginar uma longa separação; esperar por ela, sabendo que chegaria a qualquer instante; esperar por uma descoberta que já fazia meu coração bater mais forte, e que fosse uma descoberta que não causasse vergonha, mesmo naquele caso controverso; pois aí se evidenciaria, logo de início, uma travessura mais engraçada do que qualquer outra de que ríramos juntos no dia anterior! O amor e a necessidade são os melhores mestres; exerciam ali seus efeitos de maneira conjunta, e o aprendiz não se mostrava indigno de seus ensinamentos.

A empregada saiu de repente do celeiro, vindo em minha direção:

— Então, os bolos deram certo? – perguntou-me ela. – E como vai sua irmã?

— Tudo bem – disse eu, mostrando-lhe o bolo, mas sem erguer muito o olhar. Ela apanhou o embrulho e resmungou:

— O que é que você tem hoje? Não vai me dizer que Bärbchen anda de novo de olho em outro? Não desconte isso em nós. Se continuar assim, vamos ter casamento!

Como a mulher falasse alto o suficiente, o pastor logo surgiu à janela, querendo saber o que estava acontecendo. Ela fez-lhe um sinal, apontando para mim; eu me levantei, virando-me para ele, mas sem tirar o chapéu. O homem me disse algumas palavras gentis e pediu que eu ficasse mais um pouco; pensei então em ir até o quintal, onde estava prestes a chegar, quando a mulher do pastor, que vinha entrando pelo portão da propriedade, chamou por mim. Como naquele exato instante o sol batesse de chofre em meu rosto, vali-me novamente das vantagens do chapéu e fiz-lhe as devidas mesuras e rapapés. Ela recomendou-me que não fosse embora antes de comer alguma coisa e entrou logo em casa. Segui então até o quintal, onde fiquei caminhando de um lado para o outro. Até aquele momento tudo corria muito bem, mas eu suspirava profundamente ao pensar que os três estariam logo de volta. De repente, de modo completamente inesperado, a mãe surgiu à minha frente, querendo me fazer uma pergunta; mas quando me olhou diretamente no rosto, que eu então não tive mais como ocultar, suas palavras pareceram ficar presas na garganta:

— Vim falar com George – disse ela, depois de fazer uma pausa – e olha só quem eu encontro! É o senhor mesmo, meu jovem? Mas quantas caras o senhor tem?

— Para as coisas sérias, apenas *uma* – respondi-lhe eu –, mas nos momentos de diversão, quantas a senhora desejar.

— Pois não quero estragar sua brincadeira – disse ela, rindo. – Sugiro que o senhor saia pelo quintal em direção aos jardins e fique esperando lá pelas campinas. Quando bater meio-dia, o senhor pode voltar; até lá já terei preparado a surpresa.

Fiz como ela sugeriu. Contudo, justamente quando estava cruzando as cercas dos jardins do vilarejo e pretendia seguir o caminho até a campina, vi ao longe alguns camponeses que vinham em minha direção e acabei me sentindo um pouco acanhado. Resolvi então enveredar por um bosque que se erguia no entorno de um pequeno morro nas proximidades, onde pensava poder me esconder até a hora combinada. Qual não foi minha surpresa quando encontrei em meio ao arvoredo um espaço amplo e aberto, com vários bancos; e de cada um deles, tinha-se uma bela vista de toda a região: de um, via-se o vilarejo e a torre da igreja; do outro, via-se Drusenheim e, mais além, as ilhas arborizadas do rio Reno; e do banco em frente a este, via-se o complexo montanhoso dos Vosges e, mais adiante, a catedral de Estrasburgo. Cada um desses quadros, pintados a céu aberto, eram como que emoldurados num recorte da vegetação — não se podia imaginar vistas mais deslumbrantes e encantadoras. Sentei-me num dos bancos e logo notei, fixada na árvore mais robusta daquele local, uma placa oblonga com a inscrição: Remanso de Friedrike. Não me ocorreu, então, que eu talvez pudesse ter vindo até ali justamente para perturbar uma condição de recesso e sossego. Afinal, uma paixão que está germinando, por não ter consciência de sua origem, tem sempre a beleza de não pensar nunca em seu fim; e como não a sentimos senão com alegria e deleite, mal podemos suspeitar que ela seja capaz de nos causar também os maiores desgostos.

Já estava em vias de me perder em meio aos mais doces devaneios, mas antes mesmo que eu pudesse me entregar ao prazer de cada uma daquelas vistas, ouvi alguém se aproximar — era a própria Friedrike.

— George, o que você está fazendo aqui? — perguntou ela, ainda de longe.

— George, não — respondi eu, levantando-me e indo ao seu encontro —; mas, sim, alguém que veio pedir mil vezes por seu perdão.

Ela olhou assustada para mim, mas logo se refez, dizendo-me, depois de um longo suspiro:

— Homem mau, olha só o susto que você me deu!

— O primeiro disfarce me obrigou ao segundo — exclamei eu —: aquele seria imperdoável, soubesse eu, antes, quem eu acabaria encontrando por aqui; este, você me há de perdoar, pois me fiz passar por uma pessoa que lhe tem simpatia.

Suas bochechas empalidecidas coloriram-se de repente com o mais belo rubor das rosas.

— Pior do que George você certamente não será tratado! Vamos nos sentar um pouco. Confesso que tremi de susto até os joelhos.

Sentei-me ao seu lado, emocionado.

— Seu amigo já nos contou a história toda; ao menos até o que aconteceu hoje cedo — disse ela —, agora me conte o restante.

Ela não precisaria me pedir duas vezes. Comecei descrevendo-lhe minha sensação repugnante diante da figura estrambótica que eu fazia naqueles trajes; e falei-lhe disso e de minha fuga desembestada de maneira tão cômica que ela sorriu com graça e carinho. Contei-lhe então o resto — com certa moderação, mas com paixão suficiente para que aquela narrativa ganhasse, com cujo anúncio arrematei minha história, também, ares de uma declaração de amor. E o prazer de reencontrá-la novamente, celebrei-o com um beijo em sua mão, que ela deixou então repousar naturalmente sobre a minha. Se em nosso passeio ao luar, na noite anterior, ela havia assumido sozinha as custas da conversa, eu agora lhe pagava generosamente minha parte da dívida. E tão grande era meu prazer de reencontrá-la e de poder dizer-lhe tudo o que na última noite eu tivera de conter e disfarçar, que em minha verbosidade não percebi o quanto ela própria ia ficando cada vez mais quieta e pensativa. Vez ou outra ela soltava um suspiro mais fundo, quando então eu não deixava de reiterar minhas desculpas pelo susto que lhe causara. Não tenho ideia de quanto tempo ficamos sentados ali, mas, de repente, ouvimos alguém chamando "Rikchen! Rikchen!". Era a voz de sua irmã.

— Isso ainda vai nos render uma boa história — disse a menina adorável, como que com o ânimo restaurado. — Minha irmã vai passar aqui do meu lado — acrescentou ela enquanto se inclinou à minha frente, ocultando-me para me esconder um pouco. — Vire o rosto para lá, assim ela não o reconhecerá imediatamente.

A irmã chegou mais perto; não vinha só, mas na companhia de Weyland. E ambos ficaram como que petrificados quando nos viram juntos.

Se víssemos de repente cuspirem as labaredas mais violentas dos telhados de uma casinha tranquila, se nos deparássemos com alguma monstruosidade, cuja deformidade fosse ao mesmo tempo revoltante e medonha, não seríamos acometidos por horror tão apavorante quanto aquele que nos assalta ao vermos algo inesperado com os próprios olhos, ao vermos algo que, até então, acreditávamos ser moralmente impossível.

— Mas o que significa isso? — gritou a irmã, com a precipitação de alguém completamente apavorado. — O quê? Você, de mãos dadas com George? O que eu devo pensar disso?

— Minha querida irmã — respondeu-lhe Friedrike, ponderando —, esse pobre homem, ele veio me pedir algo e tem também algo a lhe pedir; mas, antes de mais nada, você mesma tem de perdoá-lo.

— Eu não estou entendendo, não consigo entender — disse a irmã, balançando a cabeça e olhando para Weyland, que, com seu jeito calado de sempre, ficou ali em silêncio, observando a cena sem se manifestar. Friedrike então se levantou e puxou-me junto consigo.

— Nada de hesitação — disse Friedrike —, perdão pedido, perdão concedido!

— Pois é isso mesmo — disse eu, aproximando-me um pouco da irmã mais velha —, é bem de perdão que eu preciso!

Ela deu um passo para trás, soltou um grito alto e foi enrubescendo mais e mais; até que se sentou no gramado e rasgou uma enorme gargalhada, sem conseguir parar de rir. Weyland também sorriu contente, dizendo:

— Você é mesmo um rapaz e tanto!

Veio então apertar-me a mão euforicamente. Ele não era alguém que costumava expressar abertamente seus sentimentos, mas aquele seu aperto de mão — que ele também logo soube conter — tinha algo de carinhoso e revigorante.

Depois de termos nos recuperado e recomposto, tomamos o caminho de volta para o vilarejo. Enquanto caminhávamos, fiquei sabendo como se armara todo aquele encontro. Friedrike decidira abandonar os outros dois em sua caminhada, pois pretendia passar antes do almoço em seu recanto, para ter um momento de sossego; e quando a irmã mais velha e Weyland voltaram de seu passeio, a mãe os mandara imediatamente buscar Friedrike, dado que o almoço já estava pronto.

A irmã mais velha estava no melhor dos humores, e quando soube que a mãe já tinha descoberto o mistério, exclamou:

— Agora só nos restam o pai, o irmão, o empregado e a empregada para pregarmos essa peça.

Quando nos aproximamos da cerca do quintal, a irmã mandou Friedrike e meu amigo irem à frente. A empregada estava ocupada no quintal, e Olivia (chamemos assim a irmã mais velha) gritou-lhe:

— Venha cá, tenho algo a lhe dizer!

Quanto a mim, pediu que eu esperasse junto à cerca e foi logo falar com a empregada. De longe, pude ver como elas conversavam seriamente. Olivia fazia a moça acreditar que George havia rompido com Bärbchen e que estaria interessado em casar-se com ela. A ideia não lhe pareceu de todo mal; fui então chamado para confirmar o que a irmã havia dito. Aquela criatura tão bela e rústica baixou os olhinhos e ficou assim até que eu chegasse mais perto. Mas quando de repente percebeu em mim um rosto diferente, também ela soltou um enorme grito e saiu correndo. Olivia pediu que eu fosse atrás da moça, antes que ela entrasse em casa e estragasse tudo; ela mesma queria ir à frente e ver por onde andava seu pai. No caminho, Olivia encontrou com o empregado, que, por sua vez, tinha uma queda pela jovem empregada — nesse meio-tempo eu conseguira deter a moça.

— Pois veja só que felicidade! — disse Olivia para o rapaz. — A história com Bärbchen acabou, e agora George vai se casar com Liese.

— Eu bem já imaginava — disse o empregado, que ficou ali parado, todo tristonho.

Enquanto isso, eu explicava à jovem empregada que queríamos apenas pregar uma peça no papai. Corremos então até o rapaz, que, percebendo nossa aproximação, virou as costas e tentou se afastar. Mas Liese conseguiu segurá-lo e, assim que o empregado se deu conta da falseta, não pôde conter os gestos mais estranhos. Entramos juntos na casa. A mesa estava posta e o pai já se encontrava na sala. Olivia, que me ocultava atrás de si, ficou parada na soleira da porta e disse:

— Pai, tudo bem se George jantar hoje conosco? Mas olha, você terá de permitir que ele fique de chapéu!

— Por mim tudo bem — disse o velho —, mas por que a esquisitice? Por acaso ele está machucado?

Olivia puxou-me de chapéu na cabeça e tudo.

— Não! — disse ela, empurrando-me então para o meio da sala. — É que uns passarinhos estão fazendo ninho aí debaixo e eles poderiam sair voando e fazer uma algazarra infernal. São muito marotos esses pássaros.

O pai aceitou a brincadeira, mesmo sem saber exatamente o que ela devia significar. Mas, nesse exato momento, Olivia tirou o chapéu de minha cabeça, fez uma reverência e intimou-me a imitá-la. O velho olhou bem para mim, reconheceu-me e, sem perder o ar sacerdotal:

— Ora, ora, senhor aprendiz — disse ele, erguendo em riste um dedo ameaçador —, mas o senhor muda muito rápido de carreira. E, com isso, da noite para o dia, eu perdi um ajudante que ontem mesmo me prometia, tão lealmente, assumir vez ou outra meu lugar semanal no púlpito.

Depois de dizer isso, riu desbragadamente, deu-me as boas vindas e nós todos nos sentamos à mesa. O garoto Moses só chegaria mais tarde; na condição de caçula mimado, ele estava acostumado a não dar ouvidos às batidas do meio-dia. Além disso, ele também não dava muita atenção aos presentes, nem mesmo quando os contradizia. Para que ele não me percebesse logo, fizeram-me sentar não entre as irmãs, mas no último canto da mesa, onde George se sentava às vezes. Quando o garoto entrou na sala, passando por trás de mim, deu-me um tapa forte nos ombros e disse:

— George, Deus abençoe esse apetite!

— Muito agradecido, jovem fidalgo! — respondi-lhe eu. A voz e o rosto estranhos deixaram-no sobressaltado.

— Então, o que você me diz? — perguntou Olivia. — Você não acha que ele é muito parecido com o irmão?

— Ah, sim, pelas costas — replicou Moses, que logo soube se recobrar —, como todo mundo.

Ele não olhou mais para mim, ocupado que estava em engolir afoitamente os pratos todos que ele tinha sempre de repetir; e, vez ou outra, levantava-se e ia fazer ou buscar alguma coisa fora da casa ou no jardim. Nisso chegou o verdadeiro George, ainda a tempo de pegar a sobremesa. Com sua entrada, a cena ganharia ainda mais vida, pois as moças não perderiam o ensejo de debochar de seu ciúme e de provocá-lo por ele ter me transformado num rival. Mas ele era precavido e esperto o suficiente, e conseguiu confundir de um modo tão amalucado as figuras de sua noiva, de seu símile e das *mamsells*, que, depois de algum tempo, ninguém mais sabia exatamente de quem ele estava falando; por fim, deixaram que o moço bebesse em paz uma taça de vinho e se deliciasse com um pedaço de seu próprio bolo.

Depois do almoço surgiu a ideia de acompanharmos as moças num passeio, o que não era ocasião das mais apropriadas para alguém com aqueles meus trajes rústicos. Contudo, naquela mesma manhã, quando as moças descobriram quem era a figura que havia partido tão apressadamente, lembraram que um de seus primos havia deixado no armário uma bela casaca agaloada, com a qual ele costumava sair para caçar sempre que vinha visitá-los. Eu, porém, recusei a oferta com humor e graça, embora, por vaidade, só não quisesse mesmo era correr o risco de estragar, no papel de primo, a boa figura que eu fizera até então como camponês. O pai se recolhera para tirar sua soneca vespertina; a mãe estava ocupada com os afazeres domésticos, como sempre. Meu amigo sugeriu então que eu lhes contasse uma história, sugestão que não hesitei em aceitar. Acomodamo-nos à sombra de um espaçoso caramanchão e narrei-lhes um conto que, mais tarde, eu escreveria sob o título de *A nova Melusina*.[78] Esse conto está para o *Novo Páris* mais ou menos como o homem jovem está para o menino. E eu bem que poderia incluí-lo nesta altura da narrativa, não fosse meu receio de estragar, com os estranhos jogos de minha fantasia, a atmosfera simples e rústica que aqui nos rodeia. Enfim, basta dizer que consegui alcançar tudo aquilo que melhor pode recompensar o criador e narrador de tais histórias: despertei a curiosidade em meus ouvintes; mantive sua atenção; provoquei-os a antecipar suas hipóteses para os mistérios só desvelados ao final do conto; embaralhei suas expectativas; confundi-os ao fazer com que o insólito cedesse seu lugar a coisas ainda mais insólitas; despertei-lhes a compaixão e o medo; deixei-os inquietos, comovidos; enfim, ao transformar o aparentemente sério em gracejos espirituosos e divertidos, consegui satisfazer seus ânimos, oferecendo-lhes matéria para a imaginação, como estímulo a novas fantasias, e para a razão, como estímulo ao pensamento e à reflexão.

---

78 O conto integra a terceira parte da obra *Os anos de peregrinação de Wilhelm Meister* [*Wilhelm Meisters Wanderjahre*] (1821-1829).

Johann Wolfgang von Goethe

Se, no futuro, alguém ler esse conto na versão impressa e duvidar que ele tenha sido capaz de produzir um efeito como este, vale lembrar que, a bem da verdade, o homem só é chamado a agir no presente. A escrita é um abuso da linguagem e a leitura silenciosa não passa de um triste substituto da fala. A ação do homem sobre o homem só se dá, de todo, através da força de sua personalidade, a juventude sempre impactando mais fortemente sobre a juventude. E é também daí que surgem os efeitos mais puros, que dão nova vida ao mundo, não deixando que ele se extinga física ou moralmente. De meu pai, herdei uma certa loquacidade didática; de minha mãe, o dom de expressar, de modo cativante e impactante, tudo o que a imaginação é capaz de apreender e despertar, o dom, enfim, de reinventar contos conhecidos, de inventar e contar histórias novas, e mesmo de inventá-las no instante de contá-las. Esse dote paterno faria de mim, em muitas ocasiões, uma figura socialmente incômoda; afinal, ninguém gosta de ficar escutando o tempo todo as opiniões e as convicções do outro, especialmente de um jovem, cuja capacidade de julgamento, por sua falta de experiência, evidencia-se sempre como insuficiente. Já minha mãe me equipara muito bem para algumas formas sociáveis de entretenimento. Mesmo o mais raso dos contos revela-se um grande estímulo para a imaginação, quando então qualquer laivo de sentido já é recebido pela razão com enorme gratidão.

Por conta dessas histórias, que não me custavam qualquer esforço, acabei me tornando bem quisto pelas crianças, animava e encantava os jovens e também lograva conquistar a atenção das pessoas mais velhas. No entanto, logo tive de abrir mão desse tipo de exercício, tão comum nessas rodas sociais, o que representaria para mim uma grande perda no que diz respeito ao prazer pela vida e às possibilidades de livre desenvolvimento de meu espírito. Ainda assim, os dois dons que recebera de meus pais acabariam me acompanhando por toda a vida, associando-se ainda a um terceiro: a necessidade de me expressar de modo figurado e por analogias. Em vista dessas características, reconhecidas em mim pelo tão clarividente e espirituoso doutor Gall,[79]

---

[79] Franz Joseph Gall (1758-1828), médico e anatomista; a partir de relações entre os traços de personalidade e a forma do crânio humano, desenvolveria o campo de estudo da chamada freonologia.

esse mesmo médico alegaria, conforme sua teoria, que eu tinha vocação para ser um perorador popular. Não me assustei pouco com tal revelação; afinal, se ela tivesse mesmo fundamento – dado que não havia nada sobre o que perorar em minha terra –, tudo o que eu então ainda pensava fazer de minha vida não passaria de um grande equívoco vocacional.

Terceira parte

*Cuidou-se para que as árvores
não cresçam até os céus.*[1]

---

1 Em alemão: "Est ist dafür gesorgt, daß die Bäume nicht in den Himmel wachsen". Variação de um antigo provérbio alemão, que encontra expressão, por exemplo, nas *Conversas à mesa* de Martinho Lutero: Deus tem de conduzir as árvores mais altas de tal modo que elas não cresçam até os céus [*Gott muss die hohen Bäumen steuern, dass sie nicht in den Himmel wachsen*].

Décimo primeiro livro

    Sentado sob aquele caramanchão em Sesenheim, depois de acabar de contar minha história, na qual o comum e o impossível alternavam-se de modo bastante aprazível, vi minhas ouvintes – que já vinham se mostrando particularmente atentas – ficarem completamente encantadas com aquela narrativa tão singular. Insistiram para que eu escrevesse o conto, a fim de que o pudessem ler mais vezes entre elas e para outras pessoas. Prometi-lhes que o faria, e com muito prazer, uma vez que esperava fazer disso um pretexto para repetir minha visita, bem como uma ocasião para estreitar aqueles laços. O grupo desfez-se por um momento e imagino que todos tenham então sentido que, depois de um dia como aquele, vivido tão intensamente, a noite só poderia acabar resultando um tanto sem graça. Mas dessa preocupação livrou-me logo meu amigo, que, em nosso nome, pedira que nos dessem licença para partirmos imediatamente, pois ele – na condição de um acadêmico tão aplicado e zeloso por seus estudos – pretendia passar aquela noite já em Drusenheim e, na manhã seguinte, partir logo cedo para Estrasburgo.

    No caminho até a nossa pousada, mantivemo-nos em silêncio: eu, por sentir cravado no peito um gancho farpado que me impedia de seguir adiante; ele, porque vinha pensando em algo que só me contaria quando chegamos à hospedaria em Drusenheim.

— Acho muito estranho — começou ele — que você tenha ido parar justamente nesse conto. Você não percebeu o efeito particular provocado por sua história?

— É claro que percebi — respondi-lhe eu. — Como eu poderia não ter percebido os tantos momentos em que a mais velha ria além de todo comedimento e a mais nova balançava a cabeça, enquanto vocês trocavam olhares tão expressivos; e você mesmo, por pouco, também não perdeu a compostura. Confesso que isso quase me confundiu. Passou-me pela cabeça que talvez fosse um despropósito contar àquelas criaturas tão boas tais despautérios, que seria melhor que elas ignorassem; e que talvez fosse até mesmo inadequado passar-lhes uma imagem tão ruim dos homens, como aquela que elas inevitavelmente encontrariam na figura do aventureiro.[2]

— De modo algum! — replicou meu amigo —; pelo jeito você não se deu conta da situação, mas e como poderia adivinhar? Essas criaturinhas tão boas estão longe de desconhecerem isso tudo como você pensa, pois seu amplo círculo de relações lhes oferece subsídio mais que suficiente para pensar a respeito dessas coisas todas. Do outro lado do Reno há, por exemplo, um casal exatamente como esse que você descreveu, ainda que sem os exageros fabulares de seu conto. Ele é grande, bronco e corpulento; ela é tão pequena e delicada, que bem poderia caber em sua mão. E o restante das circunstâncias e da história desse casal corresponde tão perfeitamente a sua narrativa, que as meninas chegaram a me perguntar se você por acaso não conheceria aquelas pessoas e não as estaria retratando ali de uma forma caricata. Garanti-lhes que não, mas você não daria um mau passo se deixasse de passar esse conto para o papel. Com pretextos e protelações, daremos sempre um jeito de encontrar uma desculpa.

Fiquei muito surpreso, já que não tinha pensado em casal algum, nem deste nem do outro lado do Reno; a verdade é que não sabia dizer nem mesmo como eu chegara àquela ideia. Simplesmente gostava de ficar imaginando essas brincadeiras sem muita importância e sem qualquer referência mais específica; e esperava que os outros também fizessem o mesmo quando eu lhes contava tais histórias.

---

2 Referência ao personagem Raymond, no conto da Melusina.

Quando retomei meus afazeres da cidade, senti que eles me pesavam mais do que de costume. Uma pessoa naturalmente ativa sempre faz planos demais e acaba se sobrecarregando de tanto trabalho. Tudo pode correr relativamente bem, até o momento em que surge um obstáculo de ordem física ou moral que nos faz enxergar então mais claramente o descompasso entre as forças de que dispomos e os tantos projetos empreendidos.

Continuei os estudos de direito apenas com a dedicação necessária para conseguir obter o grau de doutor com alguma dignidade. A medicina me empolgava, pois era capaz de revelar – ou pelo menos de me fazer perceber – a natureza em todas as suas dimensões; além disso, eu estava ligado a essa área também em função de meus hábitos pessoais e das pessoas de minha convivência imediata. E eu tampouco podia deixar de dedicar algum tempo e atenção ao círculo de relações sociais, até porque eu havia sido tratado com muito carinho e respeito por várias das famílias que conheci. Mas tudo isso teria sido para mim algo mais que suportável, não fosse pelo peso descomunal que Herder me obrigaria a carregar. Ele havia arrancado a cortina que antes escondia de mim a pobreza da literatura alemã. Ele havia destruído brutalmente vários de meus preconceitos e ilusões – no céu da pátria não restaram mais que alguns poucos astros significativos, já que ele não tratava os restantes senão como estrelas cadentes e efêmeras. E mesmo o que eu podia esperar e imaginar de mim no futuro, até isso ele havia conseguido abalar de tal modo que comecei a desconfiar de minhas capacidades. Ao mesmo tempo, porém, Herder arrebatava-me com o caminho amplo e maravilhoso que ele próprio tendia a desbravar. Chamava-me a atenção para seus autores prediletos, entre os quais Swift[3] e Hamann[4] eram os que vinham sempre em primeiro lugar; e fazia-o sempre mais me sacudindo fortemente do que me fazendo inclinar diante das coisas. A essa agitação toda somava-se também uma paixão que então só fazia crescer e que, ameaçando me engolir por inteiro, até conseguia me distrair de algumas dessas situações, mas não me ajudava muito a superá-las. E não bastasse isso, ainda passei a

---

3 Jonathan Swift (1667-1745), escritor satírico irlandês, autor de obras como as famosas *Viagens de Gulliver* [*Travels into Several Remote Nations of the World, by Lemuel Gulliver*], de 1726.

4 Ver nota 26 do Décimo livro, à p.490.

ser acometido por um mal-estar físico: depois das refeições, sentia como que um nó no fundo da garganta – sensação que eu só conseguiria aplacar bem mais tarde, quando me dispus a abrir mão de um vinho tinto que bebíamos com frequência e com muito gosto na pensão em Estrasburgo. Esse incômodo insuportável não me assolava em Sesenheim, razão pela qual lá eu me sentia sempre duplamente feliz; mas era só eu voltar à minha dieta urbana e, para meu desgosto, o tal incômodo se instalava imediatamente. Isso tudo me deixaria pensativo e desanimado, e minha aparência começava a dar mostras desse meu estado de espírito.

Frequentava então as aulas práticas de clínica médica – mais incomodado do que nunca, dado que aquele mal-estar violento me assaltava sempre logo após as refeições. A grande simpatia e serenidade com que nosso honorável professor[5] nos conduzia de leito em leito, sua percepção precisa dos sintomas mais significativos, sua avaliação do desenvolvimento geral de cada enfermidade, seu modo tão elegantemente hipocrático de proceder – com o que, sem recorrer à teoria, as formas do conhecimento iam brotando da própria experiência –, suas preleções finais, com as quais ele costumava coroar as aulas práticas; isso tudo me atraía naquele professor, tornando cada vez mais estimada e estimulante, para mim, aquela área estranha, na qual eu, como um estrangeiro, arriscava minhas espiadelas. Meu horror diante dos doentes foi diminuindo progressivamente, à medida que fui aprendendo a enxergar, nas condições de enfermidade, as possibilidades de cura e de restabelecimento da forma e da existência humanas. E como o rapaz esquisito que eu era, imagino que nosso professor devesse ficar sempre de olho em mim; mas imagino que também me perdoasse pela curiosidade anômala que me levava a frequentar suas aulas. Certa vez, em vez de terminar sua aula como de costume – com uma consideração geral sobre a doença que havíamos acabado de observar –, ele simplesmente disse, com toda simpatia:

– Meus senhores! Teremos agora alguns dias de férias pela frente. Aproveitem esse tempo para recobrarem os ânimos. Os estudos não podem ser tratados apenas com seriedade e aplicação, é preciso tratá-los também com uma boa dose de animação e liberdade de espírito. Deem aos seus corpos um

---

5 Provável referência ao doutor J. C. Ehrmann. Ver nota 33 do Nono livro, à p.450.

pouco de movimento, saiam viajando por essas belas terras, a pé e a cavalo: quem é nativo da região se alegrará em rever o que já conhece; quem é de outro lugar será marcado por várias impressões novas, que poderá então guardar na memória na forma de agradáveis lembranças.

Esse conselho só poderia ter sido dirigido a dois de nós – e quem dera aquela prescrição soasse de modo igualmente esclarecedor aos ouvidos do outro colega! Pensei ter ouvido uma voz vinda dos céus e apressei-me o quanto pude para providenciar um cavalo, trocar de roupa e me aprumar. Mandei um recado a Weyland, mas ele não parecia se encontrar em parte alguma. Isso não me fez mudar de ideia, mas como os preparativos acabaram tomando um certo tempo, não consegui partir tão cedo quanto eu pretendia. Por mais que eu acelerasse a cavalgada, a noite vinha no meu encalço.[6] O caminho era inequívoco e a lua iluminava minha investida apaixonada. Naquela noite medonha de ventania, eu seguia adiante, a galope; não queria ter de esperar até a manhã seguinte para me ver de novo diante dela.

Já era tarde quando deixei meu cavalo na estalagem em Sesenheim. Perguntei ao estalajadeiro se ele vira luz acesa na casa do pastor, ao que ele me respondeu que sim, pois as moças haviam acabado de chegar; disse-me que tinha a impressão de ter ouvido comentarem que estavam à espera de alguém, de um forasteiro. Não gostei nada disso, pois teria preferido ser o único. Apressei o passo para que eu ao menos fosse o primeiro a chegar, ainda que o fizesse tão tarde. Encontrei as duas irmãs sentadas à porta da casa. Não pareciam muito admiradas com minha chegada, ao contrário de mim, que fiquei muito surpreso ao ouvir Friedrike dizendo para Olivia ao pé do ouvido – mas alto o suficiente para que eu escutasse:

– Não disse? Aí está ele!

Convidaram-me logo a entrar e encontrei a mesa preparada com uma pequena refeição. A mãe me cumprimentou como a um velho conhecido, mas quando a irmã mais velha olhou bem para mim à luz da sala, soltou uma tremenda gargalhada – ela não era dessas pessoas que costumam se conter.

---

6 Ver o poema *Willkommen und Abschied* [*Encontro e despedida*], em suas duas versões (de 1771 e de 1785).

Depois de uma primeira recepção algo inesperada, logo desatamos a conversar livre e calorosamente, e tudo o que me foi ocultado naquela noite, eu descobriria na manhã seguinte. Friedrike havia previsto que eu viria – e quem não sente um certo contentamento ao ver realizadas as suas previsões, mesmo quando estas não resultam necessariamente em algo feliz? Todos os pressentimentos, quando confirmados pelos acontecimentos que se seguem, conferem ao homem uma imagem mais elevada de si próprio, seja por ele se sentir possuidor de uma sensibilidade refinada, capaz de antecipar uma situação ainda remota, seja por ele se sentir perspicaz o suficiente para perceber a inevitabilidade de certas associações, ainda que de todo incertas. Também o mistério em torno da gargalhada de Olivia logo se desvelaria: confessou-me que lhe parecera muito engraçado ver-me dessa vez todo aprumado e bem vestido. Friedrike, de sua parte, achou por bem não atribuir minha apresentação à mera vaidade, preferindo enxergar nisso o meu desejo de lhe agradar.

De manhã bem cedo Friedrike me chamou para um passeio; a mãe e a irmã estavam às voltas com os preparativos para a recepção de outros convidados. Ao lado daquela moça adorável, tive então o prazer de provar de uma daquelas esplendorosas manhãs de domingo no campo, tal como as descreveria o inestimável Hebel.[7] Ela me falou das pessoas que a família se preparava para receber, e pediu-me que eu lhe ajudasse para que todos pudessem se divertir juntos e para que as atividades se dessem numa determinada ordem.

– É que – dizia ela –, em geral, as pessoas se dispersam e acaba ficando um em cada canto. Com isso, as pessoas não conseguem aproveitar bem os jogos e as diversões e, no final, uma parte acaba recorrendo ao carteado, enquanto os outros se esbaldam de tanto dançar.

Traçamos assim nosso plano, definindo cada uma das atividades que deveriam acontecer antes e depois do almoço. Ensinamos um ao outro novos jogos de salão, e já havíamos combinado tudo e nos dado por satisfeitos com a programação quando soaram os sinos que nos chamavam para

---

7 Alusão ao poema *Sonntagsfrühe* [Manhã de domingo], de Johann Peter Hebel (1760-1826), escrito em *Allemanisch*, variante dialetal do alemão. Goethe discutiria este e outros poemas de Hebel em seu ensaio "Alemanische Gedichte", de 1803.

a igreja, onde, sentado ao lado dela, o tempo passaria voando enquanto eu ouvia a uma prédica um tanto quanto seca de seu pai.

A proximidade de quem amamos sempre faz o tempo correr mais depressa; ainda assim, aquela hora não passou para mim sem que eu mergulhasse em certos pensamentos. Passei em revista os traços característicos que Friedrike demonstrava tão espontaneamente diante de mim: uma alegria ponderada, uma ingenuidade consciente, uma jovialidade precavida – qualidades que não parecem conciliáveis, mas que nela se encontravam juntas e conferiam graciosidade a seu jeito de ser. Contudo, era hora também de eu pensar mais seriamente em mim mesmo, ainda que tais considerações ameaçassem estragar aquele meu estado tão descomprometido de felicidade.

Desde que aquela moça apaixonada amaldiçoara e benzera meu lábios (sim, pois uma praga como aquela sempre pressupõe essas duas coisas), a superstição me levou a tomar mais cuidado e não sair beijando qualquer moça, uma vez que eu tinha receio de causar uma desgraça – mesmo que de uma forma tão singularmente mística. Em razão disso, tentava conter em mim toda a lascívia que move um jovem a conceder essa mercê – mais ou menos significativa – à moça que o fascina. E mesmo na presença da mais virtuosa das companhias, eu sempre acabava me vendo diante de uma provação incômoda. Afinal, sempre surgia ocasião para aqueles pequenos jogos – mais ou menos interessantes –, que, unindo e reunindo um círculo animado de jovens, organizavam-se em função de um determinado prêmio, para cuja obtenção os beijos não tinham um valor insignificante. Foi assim que eu simplesmente decidi não mais beijar. E como as privações e os impedimentos acabam nos estimulando a fazer coisas que, de resto, não faríamos nunca, vali-me de todo meu talento e humor para ir contornando as situações e para que, aos olhos de minha companhia – ou em seu favor –, eu mais parecesse ganhar do que perder. Quando para resgatar o prêmio fazia-se necessário compor um verso, a demanda não raro se voltava para minha pessoa. Eu estava sempre preparado para essas ocasiões e sabia bem como declamar algo em louvor da dona da casa ou da moça que se me mostrara mais simpática. Mas se acontecesse de ainda assim se impor a situação do beijo, tentava então me esquivar com alguma tirada espirituosa que se mostrasse igualmente satisfatória. Como eu sempre podia antecipar tais situações, não me faltavam nem graça nem diversidade nessas respostas. No entanto, eram as tiradas de improviso que sempre funcionavam melhor.

Quando voltamos da igreja para casa, os convidados, vindos dos mais diversos lugares, já zuniam de um lado para o outro em plena animação. Friedrike não tardou a reuni-los, convidando-os todos para um passeio em que os conduziria até seu adorável remanso. Lá faríamos um belo lanche e, dando início à série de brincadeiras, aguardaríamos a hora do almoço. De comum acordo com Friedrike — ainda que esta não suspeitasse de meu segredo —, consegui então organizar e conduzir os jogos de modo que eles não presumissem prêmios, ou ao menos não implicassem beijos.

Todavia, meus talentos e habilidades se fariam ainda mais necessários a partir do momento em que aquelas pessoas — que eu até então não conhecia — começaram a suspeitar de uma relação especial entre mim e a adorável moça, passando a usar de toda sua malícia para me obrigar a fazer justamente aquilo que eu, secretamente, tentava evitar. Em rodas como essa, assim que se percebe uma afeição crescente entre dois jovens, é comum que se tente constrangê-los a se aproximarem; aliás, exatamente do mesmo modo como, mais tarde, quando a paixão entre os jovens se declara abertamente, essas mesmas pessoas fazem de tudo para afastar um do outro — afinal, para esses seres sociáveis, tanto faz se eles ajudam ou prejudicam os outros, conquanto possam garantir seu entretenimento.

Observando Friedrike ao longo dessa manhã, consegui perceber ainda melhor seu jeito de ser; e tão bem que essa minha percepção mal se alteraria com o passar do tempo. Já o modo simpático e caloroso com que os camponeses a saudavam — e era a ela que eles saudavam antes de todo mundo — dava a entender o quão gentil ela era para com eles, e o quanto eles se alegravam em vê-la. Em casa, era a irmã mais velha que ajudava a mãe, pois nada que demandasse esforço físico era solicitado à Friedrike. Poupavam-na por causa de seu peito, como costumavam dizer.

Há mulheres que nos parecem mais simpáticas dentro de casa; há outras que saem em vantagem quando estão ao ar livre; Friedrike pertencia a esse segundo grupo. Seus trejeitos e os traços de sua figura pareciam ainda mais fascinantes quando, em nossas caminhadas, ela passava diante de nós por uma trilha mais elevada: a graciosidade de seus modos parecia então concorrer com a terra florida, enquanto a alegria inabalável de seu semblante rivalizava com o céu azul. Mas ela também levava para dentro de casa esse ar etéreo e revigorante que a envolvia, e era fácil perceber sua habilidade em contemporizar situações conflitantes e em dispersar rapidamente as impressões de incidentes desagradáveis.

A mais pura forma de satisfação que uma pessoa amada é capaz de nos proporcionar é aquela que sentimos ao ver como essa pessoa consegue fazer os outros felizes. Em seu trato social, Friedrike era sempre generosa e benevolente. Nos passeios, borboleteava com seu espírito revigorante de um lado para o outro, conversando com todo mundo e preenchendo uma ou outra lacuna que eventualmente viesse a surgir. À leveza de seus movimentos já aludimos aqui, mas ela era ainda mais fascinante quando corria. Assim como uma corça parece estar cumprindo seu destino ao atravessar saltitante a seara em plena fase de brotação, também Friedrike parecia explicitar ainda mais claramente o seu jeito de ser quando corria os passos leves pelos campos e pradarias, fosse para ir buscar algo que havíamos esquecido, fosse para procurar por algo perdido, fosse para ir chamar um casal que havia ficado para trás ou para resolver algum assunto urgente. Corria e nunca perdia o fôlego, mantendo-se sempre em perfeito equilíbrio – razão pela qual as enormes preocupações de seus pais com a condição de seu peito, para muitos, não pareciam senão um exagero.

O pai, que vez ou outra nos acompanhava pelos campos e campinas, em geral, não costumava encontrar companhia proveitosa para a caminhada. Eu seguia então a seu lado, e ele não perdia ocasião para retomar seu tema predileto e entreter-me com os detalhes do plano de construção da casa pastoral. Ele reclamava especialmente do fato de não conseguir reaver suas plantas tão cuidadosamente preparadas, o que o impediria de continuar refletindo sobre o projeto, para o qual pensava poder sugerir ainda uma ou outra melhoria. Disse a ele então que esses desenhos poderiam ser muito facilmente substituídos e me ofereci para preparar um novo esboço – o que, naquele caso, era mesmo a primeira coisa a ser providenciada. Ele ficou muito contente com a oferta, dizendo-me que o mestre-escola me auxiliaria com quaisquer medições que se fizessem necessárias; e não perdeu tempo em apressar o passo até a casa deste, para que, já na manhã seguinte, os instrumentos de medida[8] estivessem à disposição.

Assim que o pai havia se afastado de nós, Friedrike disse:

— É muita bondade de sua parte tratar essa fraqueza de meu bom pai com tanta consideração, em vez de fazer como os outros, que, cansados dessa conversa, só sabem fugir dele ou mudar de assunto. Mas preciso lhe confessar que o restante da família não deseja tanto essa obra, que teria um custo demasiadamente alto para a comunidade e também para nós, afinal: casa nova, tudo novo! Nossos convidados não se sentiriam melhor na nova casa, até porque estão acostumados à antiga construção. Nesta nós podemos recebê-los farta e espaçosamente; na nova, nós nos veríamos todos espremidos, mesmo contando com um pouco mais de espaço. Bom, esta é a situação, mas não deixe de ser gentil com meu pai, pelo que eu desde já lhe agradeço do fundo do coração.

Nesse meio-tempo, uma outra moça que se aproximara de nós perguntou-nos sobre alguns romances e queria saber se Friedrike já os havia lido, ao que esta respondeu que não, que havia lido muito pouco, pois crescera e se formara apenas vivendo a vida singelamente, com alegria e prazer. *O vigário de Wakefield* estava na ponta da língua, mas não arrisquei mencioná-lo — a semelhança entre as circunstâncias era demasiadamente evidente e significativa.

— Eu adoro ler romances — disse a moça —; neles a gente encontra figuras tão bonitas e ainda acaba querendo ser como elas.

Na manhã seguinte tiramos as medidas da casa, o que se deu de modo relativamente lento, uma vez que nem eu nem o mestre-escola éramos de fato iniciados em tais artes. Finalmente um primeiro esboço ganhou forma. O pai falou-me então de seus propósitos, e não ficaria descontente ao me ver partir para preparar a planta com mais comodidade na cidade. Também Friedrike deixou-me ir de bom grado; estava tão convicta de minha afeição por ela quanto eu da que ela tinha por mim. Para nós, aquelas seis horas de viagem não representavam mais nenhuma distância. Era muito fácil chegar a Drusenheim com a diligência; e, com o auxílio desse mesmo meio de transporte,

---

[8] Em alemão: *Fuss- und Zollstab*. Instrumentos de medida de comprimento, em geral feitos de madeira. À época, a medida era em pés e polegadas.

bem como de mensageiros regulares ou especiais, podíamos facilmente nos manter em contato — George desempenharia então o papel de expedidor.

De volta à cidade, tratei de me ocupar com o desenho da planta — que eu me esmerava para fazer com todo o capricho —, dedicando-lhe logo as primeiras horas da manhã, já que dormir até tarde estava fora de cogitação. Nesse meio-tempo eu havia mandado para Friedrike um pacote de livros, juntamente com algumas palavras breves e gentis. Recebi sua resposta logo em seguida. E como fiquei feliz em poder ler aquela sua caligrafia leve, bela e cândida; também seu conteúdo e estilo pareciam-me muito naturais, bondosos, carinhosos — vindos do fundo do coração —, de modo que a impressão agradável que ela me causara pôde se manter viva e continuar se renovando. Era com imenso prazer que eu relembrava cada um dos traços daquela criatura tão graciosa, ao mesmo tempo que alimentava a esperança de reencontrá-la em breve e por um período mais prolongado.

A essa altura, não precisava mais ouvir aquelas exortações de meu valoroso professor; suas palavras, naquele momento tão propício, haviam tido sobre mim um efeito tão fundamentalmente curativo, que eu não sentia mais a menor vontade de voltar a suas aulas, nem mesmo de rever seus doentes. Minha correspondência com Friedrike foi se tornando cada vez mais viva e intensa. Ela então me convidou para uma festa, para a qual chamara também alguns de seus amigos que moravam do outro lado do rio Reno. Disse-me que, desta vez, eu devia me preparar para uma estadia mais longa. E foi exatamente o que fiz: despachei na diligência uma mala prodigiosa e, algumas horas mais tarde, lá estava eu de novo ao seu lado. Logo em minha chegada, deparei-me com um grupo grande e animado de convidados. Chamei o pastor de lado e entreguei-lhe a planta, o que o deixou extremamente contente. Comentei com ele as ideias que me haviam ocorrido durante a execução do desenho, e ele mal conseguia se conter de tanta satisfação, elogiando-me especialmente pelo capricho. Vinha praticando aquele tipo de desenho desde minha juventude, mas, naquele caso, valera-me de papel da melhor qualidade e entregara-me ao trabalho com toda a dedicação. Infelizmente, o prazer de nosso bom anfitrião não duraria muito tempo. Extasiado de alegria e contrariando minha recomendação, mostrou logo a planta aos convidados. Longe de demonstrarem o interesse esperado, alguns dos presentes simplesmente não deram atenção àquele trabalho valoroso, enquanto os outros, presumindo-se entendidos no assunto, fizeram ainda pior: reprovaram o projeto, argumentando que este feria as regras da arte. E num momento em que o velho se vira distraído, pegaram aquelas folhas – preparadas com tanto zelo – e trataram-nas como se fossem um mero borrão; para apresentar sua sugestão de melhoramento, um dos convidados riscou tão toscamente aquele papel delicado que sua intervenção inviabilizaria completamente qualquer tentativa futura de restauração da condição original do desenho.

Ao ver seu prazer ser frustrado tão vergonhosamente, a decepção daquele homem foi imensa. Não consegui consolá-lo nem mesmo quando lhe assegurei que, também para mim, aqueles desenhos não passavam de meros esboços, sobre os quais ainda tínhamos muito que discutir e a partir dos quais, de qualquer modo, ainda seriam produzidos outros desenhos. Ignorando tudo e todos, o velho retirou-se da festa, extremamente aborrecido. Friedrike agradeceu-me enormemente pela atenção que eu dedicara a seu pai, mas também pela paciência que eu demonstrara diante daquela falta de modos de seus convidados.

Quando estava ao lado dela, eu não conhecia dor nem incômodo. Aquele grupo era formado em sua maioria por jovens algo barulhentos e por um senhor mais velho que, fazendo o possível para se sobressair entre os mais moços, propunha coisas ainda mais mirabolantes do que as que estes faziam. O vinho marcava sua presença já desde o café da manhã; e à mesa farta do almoço, os convivas não se furtavam a nenhum dos prazeres – afinal, depois de exercícios físicos tão extenuantes num dia relativamente quente, tudo lhes parecia ter um sabor ainda mais especial. E se, provando do bom e do melhor, o velho funcionário público passava da conta, seus jovens companheiros não ficavam nem um pouco atrás.

Junto de Friedrike, minha felicidade era sem limite; eu era loquaz, divertido, espirituoso, atrevido, mas ainda assim suficientemente moderado pela força do sentimento, do cuidado e da afinidade. Ela, nessa mesma condição, mostrava-se receptiva, alegre, interessada e comunicativa. Ambos parecíamos viver em função daquele grupo de convidados, quando, na verdade, não vivíamos senão um para o outro.

Depois do almoço saímos em busca de sombra e começamos a sessão de jogos. Era a hora das brincadeiras que envolviam prêmios, e quando se tratava de resgatá-los, não havia o que não se fizesse com exagero: os gestos demandados, as tarefas a serem realizadas, os enigmas a serem resolvidos, tudo ali era expressão de uma volúpia incauta e sem limites. Eu mesmo cheguei a condimentar essas brincadeiras mais aguerridas com minhas farsetas e gozações, enquanto Friedrike se mostrava brilhante nas tiradas engraçadas que vez ou outra arriscava. Ela me parecia mais adorável do que nunca. Todos os meus assombros supersticiosos e hipocondríacos pareciam haver sumido completamente; e quando surgiu a oportunidade de beijar carinhosamente minha bem-amada, não me fiz de rogado e tampouco me esquivei de repetir outras vezes essa mesma alegria.

O grupo ansiava por música, e seu desejo logo seria satisfeito — bastou ouvi-la para que todos se pusessem logo a dançar. Alemandas,[9] valsas, giros e volteios eram nosso início, meio e fim. Todos conheciam bem a dança nacional,[10] e eu também não faria minhas instrutoras secretas passarem vergonha. Friedrike, que dançava do mesmo jeito que andava, saltitava e corria, ficou muito feliz em encontrar em mim um par experimentado. Passamos a maior parte do tempo dançando juntos, mas éramos obrigados a parar a todo instante, já que, de toda parte, recomendavam à moça que não se agitasse demasiadamente. Compensamos essas intromissões com um passeio de mãos dadas, só nós dois; e na serenidade daquele seu local de recesso, o abraço intenso e caloroso era expressão da mais sincera certeza de que estávamos nos amando profundamente.

Algumas pessoas mais velhas, que passeavam por ali depois de terem deixado de lado seu jogo de cartas, acabaram nos arrastando consigo. E durante o jantar também não tivemos muita oportunidade de ficar a sós. A dança prolongou-se até tarde da noite e, assim como na hora do almoço, não faltaram nem saúdes nem outros brindes para embalar o ritmo em que bebíamos.

Eu nem bem conseguira encadear umas poucas horas de sono mais profundo, quando despertei, sentindo meu sangue esquentar e levantar fervura.

---

9 Dança de origem alemã, de compasso quaternário.
10 A valsa.

É nessas horas e nessas circunstâncias que a inquietude e o remorso costumam assolar a pessoa que se vê ali deitada e indefesa. Minha imaginação produzia uma série de imagens, uma mais viva do que a outra. Vejo então como Lucinde, depois daquele beijo intenso, afasta-se apaixonadamente de mim e, com o semblante incandescente e os olhos faiscantes, solta sua maldição — que pretendia ameaçar apenas sua irmã, mas que, mesmo sem ela saber, acabava ameaçando também outras pessoas inocentes. Vejo Friedrike em frente a ela, petrificada diante da cena, pálida ao perceber as consequências daquela praga, de que ela até então não tinha o menor conhecimento. E vejo-me entre as duas, tão incapaz de me opor aos efeitos místicos daquele incidente quanto de evitar aquele beijo amaldiçoado. A saúde sensível de Friedrike só parecia acelerar o desastre iminente, e seu amor por mim ganhava, agora, os ares infaustos da fatalidade — eu só desejava me ver longe de tudo.

Não vou esconder aqui o que havia de mais doloroso para mim por trás disso tudo. Era uma certa presunção que vinha mantendo viva em mim aquela superstição. Meus lábios — benditos ou amaldiçoados — pareciam-me então mais prestigiosos do que nunca. E não me sentia pouco satisfeito em perceber meu comedimento, minha capacidade de abnegar alguns pequenos prazeres inocentes: em parte como uma forma de perpetuar essa condição mágica, em parte para não magoar uma criaturinha inocente, caso eu sucumbisse.

Agora, porém, estava tudo irremediavelmente perdido. Eu voltara a minha condição comum e ainda julgava ter magoado, desgraçado irreparavelmente, aquela criatura adorável. Em vez de me livrar daquela maldição, ela havia abandonado meus lábios para vir se alojar no fundo de meu coração.

Isso tudo fervia em meu sangue escaldado de amor e paixão, de vinho e dança, e confundia tanto minhas ideias, atormentava tanto meus sentimentos, que me senti acometido por um desespero sem fim — especialmente em contraste com a alegria prazenteira do dia anterior. Felizmente a luz do dia raiou para mim por entre as frestas da janela e, superando todas as forças da noite, o sol nascente conseguiu me colocar de novo sobre meus próprios pés. Não demorei para sair ao ar livre, onde logo me senti aliviado, senão mesmo revigorado.

A superstição, assim como vários outros delírios, perde muito de sua força quando, ao invés de reforçar nossa vaidade, começa a ameaçá-la, querendo fazer essa natureza singela passar por maus bocados. É nesse instante que percebemos ser capazes de nos libertar dela a qualquer momento; e nós a renegamos ainda mais facilmente, quando tudo o que conseguimos livrar da superstição se reverte em nosso favor. O prazer de poder olhar para Friedrike, a sensação de seu amor, a alegria da circunstância: em meio àqueles dias tão felizes eu só podia mesmo me repreender por ter dado abrigo a pássaros noturnos e tão agourentos — acreditei, então, que os havia espantado para sempre. O modo cada vez mais íntimo e confiante com que a adorável moça me tratava deixava-me mais e mais contente, e eu me senti verdadeiramente feliz quando, dessa vez, ao me despedir, ela me beijou na frente de todo mundo — como fazia com seus melhores amigos e parentes.

Na cidade, aguardavam por mim deveres e distrações, dos quais eu me esquivaria com frequência para poder me somar a minha amada, na forma da correspondência regular que passamos a estabelecer. Também nas cartas ela se mantinha sempre a mesma. Quisesse ela contar algo de novo, ou aludisse ela a algum acontecimento conhecido, refletisse ela de passagem sobre o que quer que fosse; eu tinha sempre a impressão de que, também nos traços de sua pena, ela ia e vinha, corria e saltitava, parecendo-me tão leve quanto segura. Eu também adorava escrever para ela. Imaginá-la em cada um de seus detalhes só fazia crescer minha afeição, mesmo em sua ausência; e esse tipo de conversação não perdia em nada para as conversas que tínhamos pessoalmente — com o passar do tempo, eu passaria a achá-la mais agradável e até mesmo a preferi-la.

Ao fim e ao cabo, aquela superstição tinha de desaparecer completamente. Ela se fundava, é certo, em impressões de meus primeiros anos de vida, mas o espírito dos tempos, o arrebatamento da juventude e a relação com pessoas frias e sensatas constituíam um ambiente inóspito a sua sobrevivência. E tanto era assim, que não havia uma só pessoa entre meus conhecidos para quem a confissão de meus assombros não tivesse parecido algo absolutamente ridículo. O problema é que, ao sumirem, esses delírios deixam para trás uma impressão mais concreta daquela condição em que os jovens se encontram quando suas paixões precoces não se podem apresentar como promessas auspiciosas de uma relação duradoura. Via-me tão desamparado ao tentar libertar-me daquele despropósito, que nem a razão e a reflexão pareciam poder melhorar a situação. À medida que eu ia conhecendo os valores daquela moça tão excepcional, minha paixão não parava de crescer. Mas já se aproximava o tempo em que eu perderia – talvez para sempre – todo aquele amor e bem-querer.

Durante um bom tempo vivemos essa vida tranquila e animada, até o dia em que nosso amigo Weyland resolveu cometer a travessura de trazer *O vigário de Wakefield* para Sesenheim, pegando-me de surpresa ao entregar-me o livro – como se isso não quisesse dizer nada – no instante exato em que me pediam para ler qualquer coisa em voz alta. Eu soube manter o controle e li a história tão desenvolta e animadamente quanto me foi possível fazê-lo. Os semblantes de meus ouvintes também logo manifestaram sua animação, mas não se importaram nem um pouco com o fato de se verem compelidos novamente a fazer suas comparações. Se da outra vez haviam sido capazes de associar com Raymond e Melusine as contrapartes mais estranhas, desta vez enxergavam-se a si mesmos num espelho que, aliás, não os desfigurava de todo. Ninguém admitiria nada às claras, mas também não negariam reconhecer-se, ali, na companhia de figuras que lhes pareciam muito próximas, tanto espiritual quanto emocionalmente.

As pessoas de boa natureza, à medida que vão se formando e se desenvolvendo culturalmente, sentem que têm um duplo papel a desempenhar no mundo, um real e outro ideal, e é nessa sensação que se funda todo sentimento nobre. Quanto ao papel real que nos é conferido, nós costumamos experimentá-lo com muita clareza; já quanto ao segundo, raramente conseguimos fazer ideia do que seja. Ainda que o homem persiga sua destinação mais elevada na Terra ou no Céu, no presente ou no futuro, ele – justamente em razão dessa busca – mantém-se sempre suscetível: internamente, a uma volubilidade sem fim e, externamente, a uma influência invariavelmente perturbadora. Até o dia em que, de uma vez por todas, ele decide declarar que a coisa certa é aquela que está em conformidade consigo mesmo.

Entre as formas mais perdoáveis de tentar alcançar ou de querer se equiparar a uma condição mais elevada está, certamente, aquele impulso juvenil de se comparar a personagens de romances. Esse afã é extremamente inocente e, independentemente do que se diga em contrário, é também extremamente inofensivo. Ele nos entretém naquelas épocas em que, de outro modo, acabaríamos morrendo de tédio ou tendo de recorrer a distrações mais intensas.

Quantas vezes já não ouvimos repetirem a ladainha dos males infligidos pelos romances? Será mesmo uma desgraça tão grande que uma moça bem-comportada ou um rapaz jovem e elegante se coloquem no lugar de um personagem mais ou menos feliz na vida do que eles mesmos? Será que a vida burguesa vale mesmo tanto assim? Será que as necessidades cotidianas não acabam engolindo o ser humano tão completamente, a ponto de ele ter de abrir mão de suas belas intenções?

Por certo poderemos ver os nomes de batismo como pequenas derivações dessas ficções romântico-poéticas. Remontando a figuras históricas ou literárias, estes invadiram a igreja alemã e substituíram os nomes de santos – não sem irritar os sacerdotes que oficiam o ato batismal. O afã de enobrecer o próprio filho atribuindo-lhe um nome altissonante – mesmo que nada justifique tal atribuição – também é louvável, e essa forma de ligação de um mundo imaginário com o real, não raro, acaba por conferir, à pessoa em questão, um aura graciosa ao longo de toda sua vida. Ora, mas a uma bela criança que tivéramos o prazer de chamar de Berta, nós não nos sentiríamos senão ofendidos se tivéssemos de chamá-la de Urselblandina.[11] Um nome como esse certamente faria engasgar o homem mais erudito – e ficaria completamente entalado entre os lábios do amante. Mas não se pode culpar o mundo por seus julgamentos frios e parciais, nem mesmo quando este considera ridículo e desprezível tudo o que se nos surge como fantasia; o homem conhecedor e pensador da humanidade, este, sim, tem de saber fazer seus julgamentos conforme seus próprios valores.

Para a situação dos amantes às margens do Reno, aquelas comparações, que um bufão os constrangera a fazer, teriam as consequências mais agradáveis. Quando nos vemos no espelho, não pensamos sobre nós mesmos, mas conseguimos nos sentir e nos aceitar. O mesmo se dá com aqueles

---
11 Referência a Ursel Blandine, personagem da farsa escrita por Goethe e intitulada *Hanswursts Hochzeit oder der Lauf der Welt – Ein mikrokosmisches Drama* (1775).

nossos símiles morais, em quem reconhecemos, qual numa silhueta, nossos próprios modos e afeições, nossos costumes e singularidades, desejando apreendê-los e abarcá-los com uma sensibilidade fraternal.

Com o tempo, fomos consolidando cada vez mais o hábito de estarmos juntos; dava-se já por óbvio que eu pertencesse àquele círculo familiar. Deixamos as coisas acontecerem e seguirem seu curso, sem nos perguntarmos o que deveria resultar daquilo tudo. E que pais não se sentem compelidos a deixarem seus filhos e filhas viverem por algum tempo essas situações incertas, até que um acaso decida suas vidas de uma maneira mais decisiva do que qualquer plano longamente arquitetado seria capaz de fazê-lo?

Todos acreditavam poder confiar plenamente tanto nos sentimentos de Friedrike quanto também em minha retidão, de que já haviam podido fazer uma imagem bastante positiva, em especial por conta daquele meu raro comedimento até mesmo em relação aos carinhos mais inocentes. Deixavam-nos entregues à nossa própria liberdade, como era o costume local naquela época, de modo que cabia exclusivamente a nós decidir se perambularíamos pela região na companhia de grupos maiores ou menores, ou se visitaríamos algum amigo nas redondezas. Às duas margens do Reno, em Hagenau, em Fort-Louis, em Philippsburg e em toda a região de Ortenau, reencontrei separadamente as pessoas que eu conhecera reunidas em Sesenheim, cada qual em sua casa, como anfitriões gentis, hospitaleiros e sempre dispostos a abrir as portas tanto de suas cozinhas e adegas quanto de seus jardins, de seus vinhedos e de toda a vizinhança. As ilhas do Reno eram um dos destinos frequentes de nossos passeios. Ali, sem a menor piedade, colocávamos os moradores das águas frescas e límpidas do Reno no caldeirão, na brasa, na gordura escaldante; e talvez tivéssemos passado muito mais tempo do que devíamos naquelas simpáticas cabanas de pescadores, não fossem aqueles mosquitos detestáveis nos espantarem logo depois de algumas horas. Esse incômodo insuportável naquele que era um de nossos destinos mais belos de passeio – onde, de resto, tudo era só felicidade, e a afeição dos amantes parecia harmonizar-se crescentemente com o desenlace da aventura – fazia com que eu explodisse nas mais irreverentes blasfêmias diante do bom pai e sacerdote. Obrigado a interromper mais cedo o passeio, contra todas as expectativas e contra minha vontade, eu soltava então toda sorte de impropérios, assegurando que aqueles mosquitos eram capazes de abalar minha crença de que o mundo fora criado por um Deus bondoso e sábio. Aquele senhor velho e fervoroso chamava-me severamente à razão, explicando-me que esses mosquitos e outros insetos haviam sido criados somente depois da queda de nossos primeiros pais; e que se já existiam no paraíso, lá não deveriam senão zunzunir agradavelmente, sem picar ninguém. Embora suas palavras logo me apaziguassem – é mais fácil acalmar um indivíduo irado se conseguimos provocar nele o riso –, redargui que não teria sido preciso enviar nenhum anjo com espada fulgurante para expulsar do jardim o casal pecaminoso; e pedi-lhe licença para conjecturar que a mosquitarada dos rios Tigre e Eufrates, sozinha, já teria dado conta do recado. Com isso também consegui despertar-lhe o riso, afinal, era um homem que gostava dessas tiradas jocosas, ou pelo menos as tolerava.

Mas o prazer de passar as horas e as estações naquela região maravilhosa era coisa muito mais séria e fascinante. Bastava entregar-se ao momento para, com a amada ou em sua proximidade, deleitar-se com a claridade daquele céu limpo, com o fulgor daquelas terras férteis, com suas tardes amenas, com suas noites quentes. Durante meses fomos regalados por manhãs límpidas e etéreas, em que o céu se manifestava em toda sua exuberância, enquanto embebia a terra na umidade do orvalho. E para que o espetáculo não se tornasse simples demais, com frequência as nuvens se acumulavam sobre as montanhas mais distantes, ora numa região, ora noutra. Pairavam no horizonte durante dias, semanas a fio, mas sem turvar o céu, sempre claro; e até as tempestades passageiras refrescavam a terra e tornavam mais exuberante o verde, que rebrilhava à luz do sol, antes mesmo que pudesse se secar completamente. O arco-íris duplo – a bainha bicolor de uma fita celeste de tom cinza escuro, quase preto – era mais esplêndido, colorido e nítido, mas também mais efêmero do que qualquer outro que eu houvesse observado em outros lugares.

Foi nessas circunstâncias que, de modo inesperado, surgiu novamente em mim um desejo de escrever poesia que havia tempos eu não mais sentia. Compus para Friedrike algumas canções a partir de melodias já conhecidas. Eles teriam dado um belo livrinho, mas, destes, restaram somente alguns poucos – não será difícil de reconhecê-los entre o restante de meus poemas.[12]

Como em função das particularidades de meus estudos e de meus outros círculos de relações eu era forçado a retornar frequentemente à cidade, isso acabou dando nova vida ao nosso sentimento, protegendo-nos daquelas coisas mais desagradáveis que costumam surgir como consequência incômoda das relações amorosas. Longe de mim, ela trabalhava em meu favor, pensando em novas formas de me entreter quando eu voltasse; longe de Friedrike, eu me empenhava por ela, para que em nosso reencontro eu pudesse surgir com novas ideias, novos mimos. Naquela época, as fitas pintadas haviam acabado de entrar em moda; pois pintei-lhe então algumas e enviei-lhe juntamente com um pequeno poema,[13] já que daquela vez eu teria de ficar longe dela por mais tempo do que eu pretendia. E para manter a promessa que fizera a seu pai, de preparar uma planta nova e reelaborada da construção, convenci um jovem arquiteto a executar o desenho em meu lugar. Este tinha tanto prazer na execução da tarefa quanto em se me mostrar obsequioso, e animava-se com a expectativa de ser bem acolhido por uma família tão agradável. Ele preparou uma planta baixa, uma vista da fachada e um corte transversal da casa; do pátio e do quintal ele também não esqueceria. E ainda acrescentaríamos um orçamento detalhado, mas bastante contido, com o intuito de explicitar a viabilidade e a exequibilidade daquela obra grande e custosa.

Essas provas de nosso empenho amigável acabariam nos valendo a mais afetuosa das recepções. E como o pai percebera que estávamos dispostos a ajudá-lo de bom grado, surgiu com um outro desejo: o de ver seu belo coche, que era todo laqueado de uma só cor, decorado com flores e outros ornamentos. Declaramo-nos prontos para iniciar o trabalho. O velho mandou então buscar tintas, pincéis e outros artigos semelhantes nos armazéns e nos boticários da cidade mais próxima. Entretanto, para que nesse desenredo não faltasse um malogro bem à moda wakefieldiana, percebemos,

---

12 Poemas como *Willkommen und Abschied*, *Mit einem gemalten Bande*, *Maifest*, *Balde seh' ich Rikchen wieder*, entre outros.

13 Referência ao poema *Mit einem gemalten Bande*, publicado em sua primeira versão em 1775.

depois de termos colorido e decorado tudo com o maior capricho e dedicação, que havíamos usado um verniz inadequado, que simplesmente não parecia querer secar. Nem o sol, nem o vento, nem o tempo seco, mas tampouco a umidade: nada surtia efeito. Nesse meio-tempo a família vinha tendo de se servir de um velho carroção, de modo que não nos restou outra alternativa senão a de raspar toda a decoração que havíamos feito – o que nos daria mais trabalho do que a própria pintura. E nosso desgosto com a tarefa só aumentaria ainda mais com a insistência das moças, que nos pediam – pelo amor de Deus – para que procedêssemos lentamente e com todo o cuidado, de modo a preservar a pintura de fundo. De fato, depois dessa operação, não houve mais como restaurar o brilho original do coche.

Esses pequenos contratempos desagradáveis, porém, perturbavam tão pouco a serenidade de nossa vida quanto no caso do doutor Primrose e de sua adorável família, pois a nós, assim como aos amigos e vizinhos, sobrevinham continuamente as alegrias mais inesperadas: casamentos, batismos, festas da cumeeira, heranças, prêmios de loteria – tudo o que acontecia era logo anunciado e celebrado conjuntamente. Compartilhávamos cada uma dessas alegrias como um bem comum e, com espírito e amor, sabíamos dar-lhes o devido valor. Esta não foi nem a primeira nem a última vez que me vi em um círculo familiar – ou numa roda social – justamente no apogeu de sua floração, e se posso me gabar de ter contribuído um pouco para o esplendor desses momentos, não posso deixar também de me repreender por ter sido o responsável por fazer com que esses tempos passassem mais depressa e acabassem desaparecendo precocemente.

No entanto, nosso amor ainda teria de enfrentar uma prova bastante peculiar. Quero chamá-la de prova, embora essa não seja a palavra mais adequada. A família do campo, de quem eu me aproximara tanto, tinha familiares na cidade; eram pessoas distintas, de reputação e em situação financeiramente confortável. Os jovens parentes citadinos iam com frequência a Sesenheim; já as pessoas mais velhas, mães e tias, com suas limitações de mobilidade, ouviam todo tipo de coisas que vinham acontecendo por lá. Ouviam dizer que as filhas do pastor ficavam cada dia mais graciosas, mas também ouviam falar de minha influência. Resolveram então que, primeiramente, tratariam de me conhecer; e depois que eu as tivesse visitado e fosse recepcionado por elas algumas vezes, queriam nos ver todos juntos – até porque se acreditavam em dívida de hospitalidade para com aqueles amigos e familiares.

Muito se discutiria a esse respeito. A mãe não podia simplesmente se afastar de seus afazeres domésticos; Olivia tinha horror à cidade, onde se sentia deslocada; e Friedrike não se sentia atraída pelo lugar. A discussão se arrastaria por dias, até que acabou se resolvendo por si mesma, em razão de eu me ver impossibilitado de voltar ao campo por um período de duas semanas; achamos então que era melhor nos encontrarmos na cidade, mesmo a contragosto, do que não nos vermos em absoluto naquele meio-tempo. Foi assim que, de repente, ali estavam minhas amigas – que me acostumara a ver em cenas bucólicas, tendo árvores que balançam, riachos murmurantes, flores do campo e a vastidão do horizonte por pano de fundo; foi assim que as vi, pela primeira vez, naquele ambiente urbano, num espaço bastante amplo, mas, ainda assim, fechado, com seus papéis de parede, espelhos, relógios de coluna e bonecas de porcelana.

A relação que temos com o que nós amamos é tão decisiva, que, por vezes, as circunstâncias acabam sendo pouco significativas; mas nosso sentimento não deixa de ansiar pelo ambiente mais apropriado, natural, costumeiro. Com minha sensibilidade apurada para as coisas que aconteciam ao meu redor, não consegui me sentir imediatamente à vontade no descompasso daquele momento. O comportamento decoroso e placidamente nobre da mãe estava em pleno acordo com o ambiente; ela não se distinguia do restante das senhoras. Olivia, ao contrário, mostrava-se inquieta como um peixe à beira da praia.[14] Do mesmo modo que em Sesenheim – sempre que queria me dizer algo em especial – ela costumava me chamar até o quintal ou me puxar de lado quando caminhávamos pelos campos, também ali ela replicava seu hábito, chamando-me vez ou outra até o parapeito da janela. Mas fazia isso com constrangimento e desazo; sabia não ser exatamente o mais apropriado, mas fazia isso mesmo assim. Não tinha a me dizer senão as coisas mais insignificantes do mundo, nada de que eu já não soubesse: que ela, ali, estaria se aborrecendo terrivelmente, que preferia estar às margens do

---

14 Em alemão: "wie ein Fisch auf dem Strande". Variação idiomática de Goethe para a expressão "como peixe fora d'água" [*wie ein Fisch aus dem Wasser*].

Reno, além do Reno, na Turquia ou onde quer que fosse. Já Friedrike comportava-se de modo notável nessa situação. Na verdade, ela também não se encaixava tão bem naquela cena; mas seu comportamento dava testemunho de seu caráter: em vez de tentar se adaptar, modelava inconscientemente a situação segundo ela própria, comportando-se, ali, do mesmo modo como entre a gente do campo. Sabia como divertir as pessoas o tempo todo. Sem inquietar ninguém, colocava a roda em movimento e apaziguava aquele grupo, que de fato só era perturbado pelo tédio. Com isso, Friedrike também satisfazia plenamente o desejo de suas tias da cidade, que, sentadas em seus sofás, queriam testemunhar aqueles jogos e entretenimentos bucólicos de que tanto ouviram falar. Tão logo todos tivessem se divertido o suficiente, Friedrike passava então a observar e admirar, sem demonstrar inveja, o guarda-roupa, as joias e todo o mais que distinguia suas primas da cidade, vestidas à francesa. E também em relação a mim ela não se deixava complicar, tratando-me exatamente como sempre. Não deixava transparecer qualquer tipo de atenção especial, a não ser pelo fato de dirigir suas vontades e seus desejos mais para mim do que para qualquer outro dos presentes, reconhecendo-me, assim, como seu servidor.

Num dos dias que se seguiram ela se valeria confiantemente dessa minha condição serviçal, segregando-me que as senhoras desejavam ouvir-me ler alguma coisa. As moças da família haviam falado muito a esse respeito, pois em Sesenheim eu estava sempre pronto a ler tudo o que me demandassem. Coloquei-me a sua disposição, mas, para tanto, pedi que me dedicassem algumas horas de silêncio e atenção. Todos concordaram e, numa só noite, li para elas o *Hamlet*[15] inteiro; e o fiz sem interrupção, entrando tanto quanto me era possível no espírito da peça e expressando-me com a paixão e o vigor que são tão próprios à juventude. Colhi aplausos enormes. Friedrike havia soltado um ou outro suspiro de tempos em tempos, e suas bochechas se recobriam de um rubor furtivo. Esses dois sintomas daquele coração enternecido e comovido, que brotavam daquela sua feição sempre alegre e serena, não me eram nem um pouco estranhos e constituíam a única recompensa

---

15 Provavelmente na tradução de Wieland e Eschenburg, publicada entre 1762 e 1766, primeiro projeto de tradução das obras completas de Shakespeare para o alemão.

que realmente me importava receber. Ela acolheu com prazer os agradecimentos por ter me motivado a fazer a leitura e, com seu jeito todo delicado, não se esquivaria de se orgulhar ao perceber que, em mim e por meu intermédio, ela também havia brilhado naquela noite.

Essa visita à cidade não estava planejada para estender-se por muito tempo, mas a data de retorno postergava-se continuamente. Friedrike fazia a sua parte para entreter aquela roda, e eu também contribuía como podia; mas acontece que as fartas reservas de recursos, que no campo são tão profícuas, logo se esgotariam na cidade. E a situação foi se tornando ainda mais constrangedora, à medida que a irmã mais velha começou a perder a compostura. As duas irmãs eram as únicas, naquela roda, que se vestiam à moda alemã. Friedrike nunca se imaginara de outra forma e acreditava que, vestida assim, estaria bem em qualquer situação – ela não se comparava a mais ninguém. Mas Olivia achava absolutamente insuportável ter de frequentar um círculo tão distinto da sociedade naquelas roupas de criada. No campo ela raramente via as outras moças em trajes citadinos, de modo que também não os desejava; mas, na cidade, simplesmente não conseguia suportar aquelas vestes campestres. Isso tudo, somado aos demais aspectos da vida das moças da cidade e às tantas insignificâncias de um ambiente completamente oposto ao seu, conturbaria tão profundamente aquele peito ardente depois de alguns dias, que, a pedido de Friedrike, tive de mimá-la e acalmá-la com toda a blandícia de minha atenção. Eu temia que tudo pudesse acabar numa cena desbragada; antecipava o momento em que ela se atiraria aos meus pés, implorando-me, em nome de tudo o que é mais sagrado, para que eu a salvasse daquela situação. Quando conseguia se portar do seu próprio jeito, era de uma bondade divina; mas um tormento como aquele a deixava absolutamente mau-humorada, sendo capaz de levá-la ao desespero. Procurei então acelerar aquilo que a mãe e Olivia tanto desejavam, e que não parecia contrariar a vontade de Friedrike. Aliás, não deixei de elogiá-la pelo comportamento tão distinto ao de sua irmã; e disse-lhe o quanto me alegrava em vê-la sempre naquele seu jeito invariável de ser, em vê-la como um pássaro que saltita livremente de galho em galho, mesmo naquelas circunstâncias adversas. Ela foi generosa o bastante para me responder que o mais importante era que eu estivesse ali; e que não desejava estar em outro lugar enquanto me tivesse ao seu lado.

De minha vida: Poesia e verdade

Finalmente assisti a sua partida, e foi como se tirassem uma pedra de meu peito. Sentia-me como se partilhasse um pouco da condição de cada uma das duas irmãs: não me sentia tão ardorosamente angustiado como Olivia, mas também estava longe de me sentir tão à vontade quanto Friedrike.

Na verdade, como viera a Estrasburgo com o propósito de me doutorar, não podia deixar de computar entre as irregularidades de minha vida o fato de considerar esse empreendimento tão central como um assunto secundário. As preocupações com os exames eu conseguira afastar com grande facilidade;[16] tratava-se, agora, de pensar na defesa – dado que, ao partir de Frankfurt, prometera a meu pai, mas também decidira que eu escreveria uma tese. O grande erro das pessoas que sabem fazer várias – talvez muitas – coisas diferentes é acreditar que são capazes de tudo; mas é assim mesmo que a juventude acaba procedendo quando quer chegar a algum lugar. Eu havia conseguido obter uma visão razoável do direito e de toda a disciplina jurídica em geral; e alguns assuntos e questões legais me interessavam de fato. Com isso e com um pouco de bom senso, dado que tomara por exemplo o valoroso Leyser,[17] julgava que poderia me sair bem. O campo da jurisprudência encontrava-se em polvorosa naquela época: demandava-se mais equidade nos julgamentos, os antigos direitos consuetudinários vinham sendo desafiados diariamente e uma grande transformação estava prestes a acontecer, especialmente no campo do direito criminal. Quanto a mim, eu bem sabia que ainda faltava uma infinitude de coisas para finalizar e tornar consistente aquele conjunto de proposições jurídicas que eu havia preparado. Não conhecia as matérias a fundo, mas também não havia nada em mim que me impelisse mais fortemente na direção desses assuntos. E eu carecia também de estímulo externo, já que havia sido arrebatado por uma área completamente distinta. Em geral, para me interessar por alguma coisa, eu tinha de sentir que era capaz de tirar algum proveito dela, tinha de perceber algo nela que me parecesse profícuo e promissor. Diante disso, tratei de fazer minhas anotações e de, em seguida, reunir todo o material, valendo-me também das notas em meus

---

16 Ver passagem no Nono livro de *Poesia e verdade*.

17 Augustin von Leyser (1683-1752), professor de direito em Helmstedt e Wittenberg, autor de *Meditationes ad Pandectas* (1717-1748), entre outros. Goethe entrara em contato com essa obra em Frankfurt, antes de sua ida para Estrasburgo.

cadernos. Repassei de novo aquilo que eu tinha em vista sustentar, bem como o esquema segundo o qual pretendia organizar cada um dos elementos, e segui trabalhando assim por um tempo. Contudo, logo tive clareza suficiente para perceber que eu não poderia prosseguir desse modo, que o tratamento de uma matéria especial demandava também uma dedicação especial e um empenho de longo prazo. Enfim, que ninguém poderia cumprir, nem mesmo com sorte, uma tarefa tão especial, sem ser, em alguma medida, mestre no assunto, ou ao menos um aprendiz já veterano.

Os amigos com quem me abri sobre minha situação delicada riram-se de mim, pois afirmavam que uma tese na forma de um conjunto de proposições podia ser defendida tão bem, ou até melhor do que um tratado mais dissertativo – em Estrasburgo, isso não seria nada incomum. Eu me sentia muito inclinado a encaminhar meu trabalho nesses termos, mas meu pai, a quem escrevi contando sobre o caso, demandou-me uma obra num formato mais convencional; um trabalho que, como ele gostava de afirmar, eu tinha plenas condições de fazer, contanto que eu quisesse e me empenhasse devidamente. Assim, fui obrigado a me dedicar a um tema genérico qualquer, algo que me fosse minimamente familiar. Eu conhecia a história da igreja quase melhor do que a própria história do mundo, e desde sempre tivera grande interesse por aquela espécie de conflito duplo em que se encontra, e sempre há de se encontrar, a igreja – como forma publicamente reconhecida de culto: por um lado, um conflito eterno com o Estado, em relação ao qual ela pretende ocupar uma posição de superioridade; por outro, um conflito com os indivíduos, que ela quer ver reunidos todos num só corpo. O Estado não se dispõe a reconhecer essa pressuposta superioridade da igreja, enquanto os indivíduos resistem a sua força de constrição. Ao Estado interessa o público, o universal, enquanto o indivíduo tem em vista o doméstico, o familiar, o particular. Desde minha infância eu fora testemunha de movimentações como estas, em que o clero ora se desentendia com instâncias superiores, ora com a comunidade. Por conta disso tudo, imbuído de minhas convicções juvenis, tinha para mim que o Estado, na condição de legislador, deveria ter o direito de determinar a forma de culto, segundo a qual tanto os clérigos teriam de se comportar e proferir seus ensinamentos, quanto os leigos deveriam orientar sua vida publicamente. Quanto ao resto, não deveria haver o que se questionar sobre o que cada um pensa, sente e acredita. Com isso, achava que eu havia colocado em suspenso, de uma vez por todas, todo tipo de desencontro. Escolhi então para a minha dissertação[18] a primeira parte desse tema: a ideia de que o legislador não teria apenas o direito, mas também a obrigação de prescrever um determinado culto, do qual nem os clérigos nem os leigos poderiam se esquivar. Dissertei sobre esse tema em parte numa perspectiva histórica, em parte de modo mais argumentativo, mostrando que todas as religiões públicas haviam sido introduzidas por conquistadores, reis e outros homens poderosos — e que, por sinal, este era também o caso do próprio cristianismo. O exemplo do protestantismo, é claro, ainda era muito recente. Acabei me entregando a esse trabalho com ainda mais ousadia, porquanto o escrevesse exclusivamente para agradar meu pai e, assim sendo, não desejasse nada mais intensamente neste mundo do que vê-lo reprovado pela faculdade. Dos tempos de Behrisch eu ainda alimentava em mim uma aversão incontornável à ideia de me ver impresso; e minha relação com Herder revelara-me muito claramente minhas insuficiências — sentia que finalmente amadurecera em mim uma certa desconfiança em relação a mim mesmo.

Como tirei quase todo esse trabalho de minhas próprias considerações e como falava e escrevia o latim correntemente, o tempo que empenhei na redação de minha tese acabaria transcorrendo muito agradavelmente. Ao menos a tese tinha algum fundamento, e a apresentação, retoricamente falando, não era de todo má — com efeito, o trabalho parecia relativamente redondo. Logo que terminei uma primeira versão, revisei-a com o auxílio de um bom latinista que, embora não pudesse melhorar muito meu estilo como um todo, conseguiu dar-lhe seus retoques, minimizando os erros mais evidentes. Com isso, concluiria um trabalho que se mostrava, no mínimo, apresentável. Não tardei em enviar uma cópia manuscrita para meu pai. Este, como bom protestante, mesmo desaprovando o fato de que eu não desenvolvera aquelas tantas proposições cogitadas anteriormente, ficou bastante satisfeito com a ousadia da proposta. Minhas singularidades

---

18 Nenhum exemplar da dissertação de Goethe, intitulada *De legislatoribus*, foi preservado.

foram toleradas, meu esforço foi elogiado, e ele esperava, a partir da publicação do opúsculo, uma repercussão bastante considerável.

    Encaminhei então meu trabalho à faculdade, que o receberia com inteligência e simpatia, para minha felicidade. O decano, homem sensato e perspicaz, começou sua avaliação com vários elogios ao meu trabalho, passando, em seguida, às questões problemáticas, que ele aos poucos soube desenvolver, mostrando-me como podiam se transformar em algo perigoso; com base nisso, afirmou, por fim, que não seria recomendável tornar o trabalho público na forma de uma dissertação acadêmica. O candidato teria provado aos membros da Faculdade que era um jovem que sabia pensar por sua própria conta e que, no futuro, só se podia esperar dele o melhor. E para não emperrar meu doutoramento, declarou o decano, a Faculdade autorizava-me a me apresentar para a defesa de uma tese com outras proposições. Mais adiante, se eu assim desejasse, poderia publicar aquele meu trabalho como estava, ou em uma versão retrabalhada, em latim ou em qualquer outra língua. Como indivíduo e como protestante, contemporizava o catedrático, isso não seria difícil para mim e, procedendo desse modo, eu certamente conseguiria alcançar um reconhecimento mais amplo e genuíno para aquele trabalho. Mal pude esconder do bom homem o tamanho da pedra que ele tirava de dentro de meu peito. Eu ia me sentido mais aliviado a cada novo argumento que ele apresentava para tentar não me magoar nem me irritar com sua reprovação. Ao final, ele mesmo se sentiria melhor quando, contrariando suas expectativas, percebeu que eu não me opunha a nenhuma de suas colocações, mas antes achava-as altamente esclarecedoras e ainda lhe prometia seguir à risca seus conselhos e instruções. Voltei então a recorrer ao meu instrutor. Um conjunto de proposições foi escolhido e impresso na forma de teses, e a sessão de defesa, tendo na banca alguns de meus colegas de pensão,[19] transcorreu de modo muito divertido, para não dizer leviano. Meu antigo exercício de folhear o *Corpus juris* acabaria vindo muito bem a calhar nessa ocasião e, com isso, eu ainda passaria a impressão

---

19 O trabalho final de Goethe, *Positiones juris*, publicado em 1771 em Estrasburgo, continha 56 teses, em latim, sobre questões relativas às mais diversas áreas do direito.

de ser um homem de grande instrução. Para encerrar devidamente a cerimônia, passamos aos comes e bebes, nos conformes da tradição.

Meu pai ficou muito insatisfeito com o fato de aquele primeiro opúsculo não ter sido devidamente aprovado e encaminhado à impressão como uma dissertação acadêmica, pois esperava que o trabalho me garantisse algum prestígio ao retornar a Frankfurt. Passou então a insistir na ideia de vê-lo publicado independentemente. Expliquei-lhe, no entanto, que o assunto encontrava-se apenas esboçado naquele trabalho e que precisava ser desenvolvido futuramente. Com isso em mente, ele guardou cuidadosamente o manuscrito, e muitos anos mais tarde eu ainda o veria em meio a seus papéis.

No dia 6 de agosto de 1771 foi conferido a mim o título de doutor;[20] no dia seguinte, aos setenta e cinco anos de idade, morreu Schöpflin.[21] Mesmo sem nunca termos nos encontrado, ele exerceria influência importante sobre mim. Os grandes homens que nos são contemporâneos podem ser comparados às estrelas mais brilhantes, para as quais nossos olhos logo se voltam, assim que sua luz se destaca no horizonte; e quando temos a chance de percebê-los em toda sua perfeição, eles conseguem fazer com que nos sintamos mais fortes e bem preparados. A natureza generosa concedera a Schöpflin uma compleição privilegiada: de figura elegante, olhos simpáticos e boca loquaz, era sempre uma presença agradável. E quanto aos dons do intelecto, a natureza tampouco se revelaria avarenta para com seu predileto. Sem ter de se empenhar além da medida, seu sucesso seria uma consequência direta das qualidades inatas que pôde desenvolver com tranquilidade. Era um desses homens afortunados, que gostam de unir presente e passado, e que são capazes de associar, ao interesse pela vida, o conhecimento histórico. Nascido na região de Baden e crescido entre as cidades da Basileia e Estrasburgo, era um verdadeiro filho do paradisíaco vale do rio

---

20 Na época, o título francês de licenciado em direito, conferido pela Universidade de Estrasburgo, era amplamente reconhecido, na Alemanha, como título de doutor. Ainda que fosse tratado como doutor, Goethe só se apresentava e se referia a si mesmo como licenciado.

21 Johann Daniel Schöpflin (1694-1771), professor de história e de retórica na Universidade de Estrasburgo, autor, entre outros, da obra *Alsatia ilustrata* (1751-1761), a que Goethe se refere mais adiante.

Reno, essa terra pátria tão vasta e bem localizada. Interessado por tudo que havia de antigo e histórico, apreendia as coisas vivamente com sua imaginação prolífica e as mantinha registradas longamente em sua prodigiosa memória. Como era ávido por aprender e ensinar, progrediria continuamente na vida e nos estudos; e sem ter de arcar com maiores interrupções, não tardaria a emergir e a se tornar uma figura eminente. Muito rapidamente ele passa a ser bem quisto no mundo literário e burguês, pois conhecimentos históricos dizem respeito a todos, e uma boa dose de afabilidade sempre acaba aproximando as pessoas. Ele viaja pela Alemanha, Holanda, França, Itália; entra em contato com todos os eruditos de seu tempo; entretém os príncipes e só se torna algo incômodo às figuras da corte quando, em razão de sua loquacidade vigorosa, prolonga demasiadamente as audiências ou as horas à mesa. Em contrapartida, conquista a confiança dos homens de Estado, elabora para eles os pareceres mais consistentes e, com isso, passa a encontrar em toda parte um palco para a exibição de seus talentos. Tentam persuadi-lo a se fixar em outros lugares, mas ele se mantém leal a Estrasburgo e à corte francesa. Nesse contexto será reconhecido também por sua inabalável retidão germânica, e chegará a ter de ser protegido da ação predatória do poderoso pretor Klinglin,[22] que o toma secretamente por inimigo. Sociável e expansivo por natureza, Schöpflin se fazia presente em toda parte, tanto nas rodas ligadas ao saber e aos negócios quanto nas rodas sociais; e seria difícil compreender de onde ele conseguia tirar tanto tempo para essas coisas, se não soubéssemos que um desinteresse pelas mulheres o acompanhara por toda sua vida – condição que certamente lhe renderia todas aquelas horas e os dias que os simpatizantes do sexo feminino, em geral, costumam desperdiçar com a maior felicidade.

De resto, como autor era um homem das coisas públicas e, como orador, uma figura das multidões. Seus programas, seus discursos, suas falas solenes eram todas dedicadas às ocasiões especiais, às cerimônias e ao momento de sua celebração. E assim, ao resgatar o passado, revitalizar personalidades apagadas, dar vida às pedras de toque e de cantaria, e recolocar inscrições fragmentárias diante de nossos olhos, conferindo-lhes sentido, Schöpflin

---

22 Ver nota 626.

conseguirá fazer também com que sua grande obra, a *Alsatia illustrata*, pertença ao domínio das coisas vivas. É desse modo e com esse empenho que se ocupará da Alsácia e de suas circunvizinhanças. Na região de Baden e do Palatinado, continuará sendo um homem influente até o avançado da idade; e em Mannheim fundará a Academia de Ciências, que presidirá até sua morte.

Nunca cheguei a me aproximar tanto desse homem excepcional quanto certa noite em que resolvemos fazer-lhe uma serenata à luz de archotes. Nossas tochas preenchiam mais com fumaça do que com luz o pátio abobadado de tílias em frente ao prédio da antiga abadia. Assim que encerramos nossa farfalhada musical, Schöpflin desceu e veio juntar-se a nós. Ali, conosco, ele parecia se encontrar verdadeiramente em seu lugar: ancião animado, alto e elegante, ficava completamente à vontade em nossa presença; e com seu jeito tranquilo e respeitoso, ainda nos brindaria com um discurso bem elaborado, carinhoso e paternal, que não tinha o menor traço de repressão ou pedantismo. Naquele instante nós só pudemos nos sentir absolutamente lisonjeados, já que ele nos tratava exatamente como aos reis e aos príncipes diante de quem costumava ser chamado a discursar. Expressamos nosso enorme contentamento da maneira mais barulhenta possível, fazendo soar novamente as trombetas e os tambores. Em seguida, aquela nossa plebe acadêmica, tão encantadora quanto promissora, dispersou-se em seu caminho para casa, e cada um levaria consigo um sentimento da mais profunda satisfação.

Alguns de seus alunos e colegas, como Koch e Oberlin,[23] mantinham uma relação mais próxima comigo. Como eu era um profundo amador dos vestígios de épocas pregressas, abriram-me reiteradas vezes as portas do museu que abrigava várias das peças de que Schöpflin tratava em sua grande obra sobre a Alsácia. Na verdade, só fui ter um contato maior com essa obra depois de realizar aquela viagem em que pude visitar pessoalmente, e em seus próprios locais de origem, alguns desses vestígios do passado. Mas a

---

[23] Christoph Wilhelm von Koch (1737-1813), aluno de Schöpflin, bibliotecário e depois professor de direito público em Estrasburgo; Jeremias Jacob Oberlin (1735-1806), aluno de Schöpflin, mais tarde professor de lógica e metafísica em Estrasburgo.

partir de então, com a riqueza de subsídios que a referida obra me oferecia, a cada nova excursão que eu fazia, por menor que fosse, passei a imaginar o vale do Reno como uma grande ocupação romana, podendo reconstruir – acordado – alguns sonhos da Antiguidade.

Nem bem havia feito muitos progressos nesse campo, quando Oberlin começou a me chamar a atenção para os monumentos da Idade Média e apresentou-me várias ruínas e restos que ainda resistiam ao tempo, assim como sinetes e outros documentos históricos. Aos poucos ele procurava despertar em mim o interesse pelos chamados *Minnesänger*,[24] bem como pelos poetas épicos. Tornei-me grande devedor desse homem valoroso, assim com do senhor Koch, mas se dependesse de suas vontades e de seus desejos, eu acabaria lhes devendo o sucesso de todo o restante de minha vida. Eis o que aconteceu.

Schöpflin, que passara a vida toda se movimentando na mais alta esfera do direito estatal e conhecia muito bem a influência que esta e outras áreas afins são capazes de ter nas cortes e nos gabinetes, em especial quando dominadas por mentes perspicazes, sentia uma aversão incontrolável, talvez até mesmo injusta, em relação àqueles que se ocupavam do direito civil. E esse sentimento acabava contagiando também as pessoas que lhe eram mais próximas. Koch e Oberlin, que eram amigos de Salzmann, acabariam me conhecendo no contexto dessa relação de amizade. Pareciam admirar mais do que eu mesmo a minha paixão pela contemplação e observação dos objetos, bem como o modo como eu apresentava e colocava em destaque seus traços, emprestando-lhes um interesse especial. Não lhes havia passado desapercebido o fato de eu me ocupar tão pouco, ou quase nunca, com o direito civil; e também já me conheciam o suficiente para saber quão facilmente eu me deixava influenciar. Eu não lhes havia feito segredo de meu gosto pela vida acadêmica. Foi aí que tiveram a ideia – inicialmente apenas como algo vago, depois mais resolutamente – de encaminhar minha carreira para as áreas da história, do direito estatal e da retórica. Diziam-me que a própria cidade de

---

24 Referência aos poetas do *Minnesang*, uma forma de poesia lírica e cortês, de tradição trovadoresca, que se disseminaria no espaço de língua alemã, especialmente entre os séculos XII e XIV.

Estrasburgo poderia me favorecer bastante nesse sentido. A perspectiva da chancelaria alemã em Versalhes, a exemplo do percurso de Schöpflin – uma posição que não me parecia senão inalcançável –, se não precisava tornar-se um horizonte a ser diretamente imitado, ao menos deveria me motivar a desenvolver um talento semelhante, que poderia ser tão profícuo ao indivíduo que pudesse se gabar de possuí-lo, quanto àqueles que dele lograssem tirar algum proveito. Esses meus benfeitores, juntamente com Salzmann, valorizavam imensamente minha memória e minha habilidade para lidar com as nuances de sentido da linguagem, e era principalmente a partir daí que tentavam inculcar em mim suas sugestões e seus propósitos.

Como foi que isso tudo acabou resultando em coisa alguma e como aconteceu de eu abandonar a margem francesa do Reno para voltar à alemã, eis o que pretendo contar agora. Mas antes, permitam-me, como já tantas outras vezes, fazer aqui algumas considerações mais gerais, à guisa de transição.

São poucas as biografias que conseguem apresentar o indivíduo em um desenvolvimento puro, constante e impassível. Nossa vida, como o todo em que nos encontramos inscritos, é formada por uma combinação inapreensível de liberdade e necessidade. Nosso querer é uma antecipação daquilo que faremos em qualquer circunstância. Mas essas circunstâncias sempre nos pegam de surpresa. O *o que* trazemos todos em nós, o *como* só muito raramente depende de nós mesmos e pelos *porquês* não devemos nem perguntar, razão pela qual nos mandam voltar sempre aos *pois*.[25]

Desde criança eu tinha uma afeição pela língua francesa; eu a aprendi num momento agitado da vida e, através dela, acabaria entrando em contato com uma forma mais agitada de vida. Sem recorrer à gramática e a aulas de francês, a prática e o exercício me fariam assimilá-la como uma segunda língua materna. Quis então poder servir-me dela com ainda mais naturalidade, e foi por essa razão que, como destinação acadêmica, preferi Estrasburgo a

---

25 Traduzo aqui o *Quia* (*weil*), o "porque" de resposta, como "pois", para marcar melhor a distinção com o "por que" de pergunta (o *warum*), que traduzo pela forma substantivada do "porquê". A passagem reverbera o dito goetheano: *Wie? Wann? und Wo? – Die Götter bleiben stumm!/ Du halte dich ans Weil und frage nicht Warum?* [Como? Quando? Onde? – Os deuses calam de vez./ Limite-se aos seus pois, esqueça dos porquês].

outras universidades. Acontece que, nessa cidade, eu viveria infelizmente o oposto do que eu esperava e acabaria antes me distanciando do que me aproximando mais dessa língua e de seus costumes.

Os franceses, que em geral não economizam esforços em favor das boas maneiras, são especialmente tolerantes com os estrangeiros que começam a falar sua língua; não lhes ocorre zombar de ninguém por conta de um erro, e tampouco se dispõem a corrigir alguém de modo mais direto. No entanto, como também não suportam ver sua língua ser castigada, tem por costume repetir, de outro modo, aquilo que acabamos de dizer. Dessa forma, confirmam-nos educadamente, mas o fazem se valendo de outra expressão, daquela que nós deveríamos ter utilizado originalmente, e, assim, conduzem as pessoas mais atentas e inteligentes ao uso correto e adequado de sua língua.

Por mais que possamos ganhar muito com isso, sentindo-nos até mesmo estimulados – ao menos quando levamos tudo a sério e não nos importamos em assumir a condição de aprendiz –, essa situação sempre nos deixa um pouco humilhados; e como, em geral, costumamos falar em função daquilo que temos a dizer, essas interrupções e distrações incessantes fazem com que percamos a paciência e acabemos desistindo da conversa. Essa era uma situação em que eu me via mais frequentemente do que outros colegas: porque sempre acreditava ter algo de interessante a dizer e, portanto, esperava ouvir algo de significativo em troca – ao invés de ser apenas remetido de volta ao modo como eu acabara de me expressar; e também porque meu francês era muito mais diversificado do que o de qualquer um dos outros estrangeiros. Havia aprendido – com serviçais, valetes e guardas, com atores mais novos e mais velhos, com amantes, camponeses e heróis das peças de teatro – uma miríade de expressões e de entonações diferentes. E esse meu idioma babilônico acabaria se tornando especialmente confuso com a adição de um ingrediente bem particular: eu adorava ouvir os clérigos reformados franceses. E gostava ainda mais de frequentar suas igrejas na medida em que isso não apenas me facultava, mas também me proporcionava um passeio de domingo até Bockenheim. E isso não era tudo, pois ao longo de minha adolescência, à medida que ia me concentrando cada vez mais nas referências culturais germânicas do século XVI, ia também acrescentando à minha lista de predileções os franceses dessa época dourada. Montaigne,

Amyot, Rabelais e Marot[26] eram meus amigos e despertavam em mim tanto interesse quanto admiração. Todos esses elementos tão diversos faziam-se sempre presentes em meu modo particularmente caótico de falar, de modo que, para o ouvinte, não raro, minhas intenções acabavam se perdendo por trás de uma forma particularmente singular de expressão. Diante disso, um francês cultivado não podia contentar-se em apenas me corrigir polidamente, sentindo-se, antes, impelido a me repreender de modo professoral. Enfim, encontrava-me, em Estrasburgo, na mesma condição linguística em que havia me sentido em Leipzig, com a diferença de que, dessa vez, não podia me valer do direito de minha terra natal — assim como de outras províncias — de falar de seu modo todo particular; aqui, em terra e chão estrangeiros, não me restava senão curvar-me às regras da tradição.

Talvez tivéssemos nos entregado inteiramente a essa situação, não fosse um gênio maligno sussurrar-nos no ouvido que qualquer esforço de um estrangeiro para falar francês estaria sempre fadado ao insucesso, pois um ouvido treinado sempre escutaria o alemão, o italiano ou o inglês por sob sua máscara francesa. Poderíamos até ser tolerados, mas nunca seríamos acolhidos no seio da santa e única igreja da língua francesa.

Admitiam somente algumas raras exceções. Falava-se, por exemplo, de um tal senhor von Grimm;[27] mas também se dizia que nem mesmo Schöpflin teria alcançado os mais altos píncaros dessa língua. Reconheciam o fato de ele ter admitido, desde cedo, a necessidade de se expressar em francês com perfeição; aprovavam sua disposição para se comunicar com quem quer que fosse, e levavam especialmente em consideração seu pendor para entreter as grandes personalidades e os homens de distinção; chegavam mesmo a admirá-lo, pois no palco em que se colocava em cena, esmerava-se para assenhorear-se da língua daquele país e transformar-se, tanto quanto possível, em um

---

26 Michel Eyquem de Montaigne (1533-1592), autor dos *Essais*; Jacques Amyot (1513-1598), importante nome da tradução francesa, tradutor de Plutarco; François Rabelais (1495-1553), autor de obras como *Gargântua* e *Pantagruel*; Clément Marot (1495-1544), poeta lírico.

27 Friedrich Melchior von Grimm (1723-1807), o barão von Grimm, viveu longamente em Paris e era amigo próximo de grandes personalidades do Iluminismo francês, como Diderot.

grande orador e homem público daquela sociedade. Mas de que lhe servirá renegar sua língua materna e esforçar-se tanto por uma língua estrangeira? Ninguém lhe dará o devido reconhecimento. Nas rodas sociais ele será acusado de ser vaidoso – como se alguém quisesse e pudesse se comunicar com os outros sem um mínimo de autocomplacência e amor-próprio! Além disso, os mais sofisticados conhecedores do mundo e da língua francesa garantirão: ele era mais dado a dissertar e dialogar do que, de fato, a entabular uma boa conversa. Aquela era reconhecida como uma fraqueza fundamental e hereditária dos alemães; esta, em geral, como a virtude cardinal dos franceses. E como orador ele também não se sai muito melhor. Ao mandar imprimir seus discursos tão bem elaborados, destinados ao rei ou aos príncipes, os jesuítas – que, por ele ser protestante, não lhe serão simpáticos – ficarão atentos e farão questão de apontar tudo o que não for francês em sua forma de se expressar.

Nós, em vez de nos conformarmos com a situação e, ainda como madeira verde, aceitarmos o mesmo peso que recaía sobre aquele velho lenho ressequido, injuriamo-nos com aquela injustiça pedante. Um exemplo tão explícito como aquele nos fez perder as esperanças, convencendo-nos de que era absolutamente em vão tentar satisfazer os franceses quanto a esse quesito, uma vez que eles se mostravam demasiadamente ligados às formas exteriores através das quais as coisas todas deveriam se manifestar. E foi assim que resolvemos nos voltar contra isso tudo, rechaçando completamente a língua francesa e dedicando-nos com mais energia e seriedade – muito mais do que fizéramos até então – à nossa língua materna.

Também para isso a vida nos ofereceria ocasião e motivação. A Alsácia ainda não se havia unido há tanto tempo com a França, a ponto de os mais jovens e também os mais velhos deixarem de se sentir ligados afetivamente à antiga constituição, às tradições, à língua e aos costumes que vigiam antigamente. Quando um povo vencido é coagido a abrir mão de metade de sua forma de existência, abandonar a outra metade voluntariamente se torna uma desonra. Por isso, costumam agarrar-se firmemente a tudo que evoca os bons e velhos tempos, podendo assim alimentar a esperança do retorno de uma época feliz. Muitos dos habitantes de Estrasburgo organizavam--se em pequenos círculos, que eram fechados e isolados entre si, mas que, quanto ao seu propósito, tinham um sentido comum. Esses grupos se multiplicavam e, em geral, eram recrutados pelos súditos de príncipes alemães que possuíam consideráveis extensões de terra sob domínio do soberano francês – em função de seus negócios ou de seus estudos, pais e filhos sempre acabavam se mantendo por algum tempo em Estrasburgo.

À nossa mesa também não se falava, senão, a língua alemã. Salzmann expressava-se em francês com muita facilidade e elegância, mas, em vista de suas aspirações e de seu modo de ser, era indiscutivelmente um perfeito alemão. Lerse poderia ser colocado em exposição como um ótimo exemplar de jovem germânico. Meyer, aquele de Lindau, preferia transitar confortavelmente pela língua alemã do que ter de se policiar para falar um bom francês. E se entre o restante de nossos colegas de pensão havia também os que simpatizavam com a língua e os costumes gálicos, estes, enquanto estavam conosco, abriam mão de suas preferências e deixavam-se levar pelo tom geral de nossa mesa.

Da questão da língua passávamos às questões de Estado. Embora não tivéssemos muito que elogiar em nossa constituição imperial, admitindo que era formada por uma série de abusos legitimados, acreditávamos ser muito superior à constituição francesa da época, que perdia-se num sem-fim de abusos não legalizados, com um governo que via sua energia ser investida apenas em lugares errados e era obrigado a admitir que as mais negras perspectivas de futuro fossem profetizadas abertamente, apontando uma mudança radical na ordem das coisas.

Mas se olhássemos para o norte, veríamos brilhar a figura de Frederico II, a estrela polar em torno da qual a Alemanha, a Europa e o mundo todo pareciam então girar. Sua supremacia em relação a todas as coisas evidenciava-se ainda mais claramente no fato de que o próprio exército francês havia incorporado, às suas práticas militares, o chamado exercício prussiano – e até mesmo o bastão prussiano deveria ser introduzido. Aliás, perdoávamos a predileção que esse monarca nutria por uma língua que lhe era estrangeira, já que nos satisfazíamos em ver como seus poetas, filósofos e literatos franceses o irritavam continuamente, repetindo-lhe que ele nunca seria visto e tratado senão como um invasor.

Mas, de tudo, o que nos distanciava mais violentamente dos franceses era a tão reiterada e desrespeitosa suposição de que aos alemães, em geral, bem como ao seu rei – que tinha a cultura francesa em tão alta conta – faltaria o bom gosto. Quanto a essa afirmação quase proverbial, repetida como um refrão no corpo de toda espécie de julgamento que era feito, tentávamo-nos tranquilizar ao ignorá-la. Mas, para nós, a questão restava tanto menos esclarecida, na medida em que, como nos asseguravam, já Ménage[28] haveria dito que os escritores franceses seriam possuidores de tudo, menos de bom gosto; assim como ouvíamos falar também da Paris contemporânea: que a maior parte dos autores mais novos careceria de bom gosto e que nem mesmo Voltaire escaparia totalmente a essa crítica tão severa. Uma vez que já nos haviam lembrado tantas vezes antes de nossa natureza, recusamo-nos a aceitar qualquer coisa que não fosse a verdade e a sinceridade do sentimento, bem como sua expressão mais crua e abrupta.

> Amizade, amor, fraternidade
> Não se expressam por si sós?[29]

Esse era o mote, o grito de guerra a partir do qual os membros de nossa pequena horda acadêmica costumavam se reconhecer e se encorajar. Essa máxima era o princípio de todos os nossos encontros festivos; e em algumas daquelas noites, é claro, o primo Michel[30] não pôde deixar de nos visitar em toda sua tão reconhecida germanidade.

Talvez não se queira enxergar no que acabo de relatar nada mais que motivações superficiais e fortuitas, que remontam a peculiaridades de minha pessoa, mas vale dizer que a literatura francesa possuía certas características que mais costumavam repelir do que atrair um jovem cheio de aspirações. Era uma literatura *antiquada* e *requintada*, dois traços que não costumam entusiasmar muito uma juventude ansiosa pelos prazeres da vida e pela liberdade.

---

28 Gilles Ménage (1613-1692), escritor francês.
29 Em alemão: "Freundschaft, Liebe, Brüderschaft,/ Trägt die sich nicht von selber vor?". Ver Goethe, *Urfaust*, verso 197. Os versos não são recorrentes no primeiro Fausto.
30 Em alemão: *Vetter Michel*. Figura alegórica, um tipo que designa exemplarmente a estreiteza do espírito pequeno-burguês alemão.

Desde o século XVI nunca se vira o curso da literatura francesa ser completamente interrompido; as agitações político-religiosas internas e as guerras externas teriam até mesmo acelerado o seu desenvolvimento. No entanto, o que se ouvia, então, é que já fazia um século que essa literatura havia atingido sua mais completa florescência. Circunstâncias favoráveis teriam contribuído, a um só tempo, para o amadurecimento e para a colheita de uma safra copiosa, de tal modo que mesmo os maiores talentos do século XVIII tinham de se contentar humildemente em ser vistos como frutos de uma colheita tardia.

Ao longo desse século, porém, muita coisa havia envelhecido, especialmente a comédia, que precisa ser sempre atualizada – embora sempre careça de perfeição – para poder acolher a vida e os costumes com interesse renovado. No que diz respeito às tragédias, muitas delas haviam desaparecido completamente do teatro. E Voltaire não deixaria escapar a oportunidade preciosa que lhe seria oferecida: editar as obras de Corneille,[31] podendo apontar e comentar, assim, todas as falhas de seu predecessor – a quem, segundo a opinião geral da época, ele não teria conseguido se equiparar.

E esse mesmo Voltaire,[32] a maravilha de seu tempo, tampouco ele escapara de envelhecer; tanto quanto a literatura que, ao longo de quase um século, ele primara por impulsionar e dominar. Ao seu lado existiam e vegetavam ainda, mais ou menos ativos e felizes no avançado de suas idades, inúmeros literatos que, de pouco em pouco, começavam então a desaparecer. A influência da alta sociedade sobre os escritores não parava de crescer, uma vez que as camadas mais abastadas, formadas por pessoas de berço, posição e posses, haviam escolhido a literatura como uma de suas formas principais de entretenimento – razão pela qual esta se impregnara de requintes e formalidades. Figuras da sociedade e homens de letras formavam-se mutuamente e só podiam acabar deformando-se mutuamente; afinal, tudo que não passa de formalidade e requinte é, em si, repulsivo. E

---

31 Em 1764, Voltaire publicará *Le Théâtre de Corneille*, edição em doze volumes das obras completas de Pierre Corneille (1606-1684).
32 François Marie Arouet Voltaire (1694-1778), escritor e pensador francês. Goethe chegará a traduzir e encenar, em Weimar, duas de suas peças – *Le Fanatisme ou Mahomet le Prophète* (1736) e *Tancrède* (1760) –, em 1799 e 1800, respectivamente.

repulsiva era também a crítica francesa: negativa, demolidora, difamadora. A classe mais elevada servia-se dessa forma de julgamento para referir-se aos escritores; e os escritores, com um pouco menos de decoro, procediam do mesmo modo entre eles e, não raro, também em relação a seus próprios benfeitores. Se não conseguiam se impor diante do público, faziam de tudo para surpreendê-lo ou para ganhá-lo ao demonstrar alguma humildade. E foi assim que a cena literária — ao largo do que movimentava internamente a Igreja e o Estado — começou a fermentar de tal modo, que o próprio Voltaire precisou valer-se de todo seu empenho e autoridade para manter-se acima de certa onda de indiferença generalizada. Chamavam-no já abertamente de menino velho e teimoso; seus esforços incansáveis e incessantes eram vistos como tentativas vãs de um ancião desgastado pelo tempo; determinados princípios, sobre os quais ele fundara toda uma vida e para cuja disseminação ele dedicara cada um de seus dias, não encontravam mais qualquer estima e respeito; e não aceitavam mais nem mesmo o seu Deus, cuja confissão de fé conseguira mantê-lo a uma boa distância de toda forma de ateísmo. Nessas circunstâncias, até mesmo ele, o velho patriarca, sentiu-se como o mais jovem de seus rivais e foi obrigado a ficar de olho nas oportunidades, a correr atrás de favores, a demonstrar-se demasiadamente gentil com os amigos e exageradamente maldoso com seus inimigos; enfim, sob as aparências de um afã apaixonado e do amor pela verdade, foi obrigado a agir com falsidade, sem verdade. Terá valido a pena viver uma vida tão grandiosamente ativa para terminar assim, mais dependente dos outros do que quando ele começara? Seu espírito elevado e sua sensibilidade apurada não eram indiferentes ao caráter insuportável de tal situação. Vez ou outra, aos arroubos e sobressaltos, dava fôlego a seus sentimentos, soltava as rédeas de seu mau humor e passava dos limites, distribuindo suas estocadas e deixando amigos e inimigos descontentes — as pessoas, em geral, pareciam se julgar superiores, mas não chegavam a seus pés. Um público que dá ouvidos apenas aos juízos dos homens mais velhos torna-se muito rapidamente precoce; e não há nada mais desencontrado do que um juízo maduro assimilado por um espírito imaturo.

Para os mais jovens como nós, que, com nosso amor tão germânico pela natureza e pela verdade, não perdíamos de vista — como a melhor guia na vida e nos estudos – a honestidade para conosco e com os outros, aquela parcialidade e falta de sinceridade de Voltaire e sua prática de detratação de tantas figuras respeitáveis causavam-nos um incômodo cada vez maior. A cada dia que passava, nossa aversão por ele só fazia se confirmar ainda mais. Para atacar os chamados padrecos, não conseguia se cansar de esbandalhar a religião e os livros sagrados sobre os quais ela se funda – algo que causava em mim um desconforto considerável. E quando eu soube que, para enfraquecer a tradição do dilúvio, Voltaire negara a evidência de toda e qualquer concha fossilizada, afirmando que não passariam de joguetes da natureza, não pude senão perder completamente a confiança nele. Afinal, meus olhos me haviam mostrado o suficiente no alto do Bastberg[33] para saber que me encontrava, ali, sobre o fundo de um antigo mar ressecado e entre as exúvias de seus habitantes ancestrais. Pois sim, houve um dia em que aquelas montanhas estiveram cobertas por ondas. Se isso ocorreu antes ou durante o dilúvio, eis uma questão que não me importava. Bastava-me saber que o vale do Reno foi um lago imenso, ou uma baía que se estendia a perder de vista – ninguém podia convencer-me do contrário. Interessava-me, isso sim, avançar em meus conhecimentos sobre aquelas terras e montanhas, independentemente do resultado a que eu viesse chegar.

Enfim, antiquada e requintada: assim era a literatura francesa daquela época, graças a si própria e também a Voltaire. Dediquemos ainda algumas considerações a esse homem tão digno de nota!

Desde jovem, Voltaire orientou seus desejos e esforços na direção de uma vida social ativa, da política, dos grandes ganhos, das relações com os grandes senhores do mundo e do uso de tais relações para que ele mesmo se tornasse um desses grandes senhores. É raro alguém submeter-se à tamanha dependência com o propósito de se tornar independente. E ele também foi capaz de exercer grande domínio intelectual: a nação inteira cairia a seus pés. Seus adversários desenvolviam seus talentos medianos e um ódio descomunal, mas tudo era em vão: nada conseguia atingi-lo. Embora nunca tenha vivido harmoniosamente com a corte de seu país, muitos reis estrangeiros lhe seriam tributários. Catarina e Frederico, os Grandes, Gustavo

---

[33] Ver nota 42 do Décimo livro, à p.499.

da Suécia, Cristiano da Dinamarca, Poniatowski da Polônia, Henrique da Prússia e Carlos de Brunsvique,[34] todos esses se confessariam seus vassalos. Até mesmo papas[35] acreditavam ter de aliciá-lo com certa dose de condescendência. O fato de o imperador José II ter preferido manter-se distante de Voltaire não lhe renderia boa fama; com sua inteligência apurada e seus sentimentos nobres, ser um pouco mais espirituoso e apreciar mais as lides do espírito não teria feito mal algum a ele, nem a seus empreendimentos.

Isso tudo que eu relato aqui, de modo conciso e com certo grau de coerência, naquela época, ribombava em nossos ouvidos como um grito do momento, incoerente e despropositado, dissonante e infinitamente cacofônico. O que se ouvia, então, era o elogio aos precursores. Exigia-se sempre algo de bom, algo de novo, mas tudo o que surgia de novo era sistematicamente refutado. Nem bem um patriota apresentava no teatro francês – já há tanto estagnado – algum tema de teor nacionalista, algo que fizesse bater mais forte os corações, nem bem *O cerco de Callais*[36] ganhava aplausos entusiasmados e essa peça, juntamente com outras de mesmo teor patriótico, já era declarada vazia e reprovável em todos os sentidos. As comédias de costumes de Destouches,[37] com as quais eu tantas vezes me deleitara quando garoto, eram consideradas fracas. O nome desse homem valoroso havia, então, desaparecido completamente. E quantos outros escritores eu não poderia mencionar, autores que acabariam me rendendo a acusação de provinciano sempre que, ao discutir com alguém que seguia de perto as mais recentes agitações literárias, eu demonstrava alguma simpatia por tais homens e suas obras.

---

34 Respectivamente: Catarina II, a Grande (1729-1796), imperatriz da Rússia; Frederico II, o Grande (1712-1786), rei da Prússia; Gustavo III (1746-1792), rei da Suécia; Cristiano VI (1699-1746), rei da Dinamarca e da Noruega; Estanislau II Augusto Poniatowski (1732-1798), rei da Polônia; Henrique da Prússia (1726-1802); Carlos Guilherme Fernando de Brunsvique-Wolfenbüttel (1735-1806).

35 Voltaire teve laços de amizade com o papa Clemente XIV, o Rigoroso (1705-1774).

36 *Le Siège de Callais* (1765), peça do dramaturgo francês Pierre Laurent Buirette de Belloy (1727-1775), que remonta ao Cerco de Callais (1346), episódio da chamada Guerra dos Cem Anos, entre França e Inglaterra.

37 Philippe Néricault Destouches (1680-1754), autor francês de comédias, já mencionado no Terceiro livro de *Poesia e verdade*.

Foi assim que jovens alemães, como nós, fomos ficando cada vez mais descontentes. Seguindo nossos sentimentos, a singularidade de nossa natureza, adorávamos acalentar as impressões de cada coisa, gostávamos de processá-las lentamente e, quando era o caso de ter de abandoná-las, fazíamos de tudo para postergar ao máximo esse momento. Estávamos convencidos de que, com a devida atenção e com um empenho contínuo, sempre se podia tirar algo de qualquer coisa; acreditávamos que, com aplicação e perseverança, era possível chegar a um ponto em que, juntamente com o juízo de valor, viria à tona, também, a razão que o fundara. Não menosprezávamos o fato de que o grande e maravilhoso mundo francês nos proporcionara uma série de ganhos e vantagens: Rousseau falava-nos diretamente ao coração. Mas se levássemos em conta sua vida e seu destino, encontraríamos um homem que, como grande prêmio por tudo o que fizera, conquistara o privilégio de viver em Paris como um desconhecido, na condição de total esquecimento.

Quando ouvíamos falar dos enciclopedistas[38] ou quando abríamos um dos volumes de sua obra gigantesca, tínhamos a impressão de estar andando por entre os incontáveis teares e bobinas em movimento de uma grande fábrica. Diante dos rangidos e da guizalhada sem fim, diante de todos os mecanismos que baralhavam os olhos e os sentidos, diante da ininteligibilidade de uma instalação, cujas partes se relacionavam de maneira infinitamente variada, enfim, ao observar aquilo tudo que é necessário para se produzir um pedaço de pano, era como se estranhássemos o próprio casaco que levávamos no corpo.

Sentíamo-nos muito próximos de Diderot, pois em tudo que os franceses o censuravam, mostrava-se um legítimo alemão. Contudo, seu ponto de vista era demasiadamente elevado e seu horizonte era amplo demais, para que pudéssemos nos comparar a ele e nos colocar a seu lado. Mas seus filhos naturais,[39] que ele sabia tão bem destacar e enobrecer com seu grande domínio da arte retórica, agradavam-nos sobremaneira; seus larápios destemidos

---

38 Colaboradores da *Encyclopedie, ou Dictionnaire raisonné des sciences des arts et des métiers* (1751-1772), obra monumental e exemplar do Iluminismo francês, organizada por D'Alembert e Diderot.

39 Provável alusão à peça *Le Fils naturels, ou Les Épreuves de la vertu* (1757), de Diderot.

e seus contrabandistas[40] deixavam-nos extasiados – mais tarde, essa cambada toda se multiplicaria sem limites no Parnaso alemão. Como Rousseau, ele também disseminava uma ideia de aversão à vida em sociedade, preparando silenciosamente o caminho para aquelas imensas transformações[41] do mundo, quando, então, tudo o que existia nos pareceria prestes a sucumbir.

Nessa altura, cabe deixar de lado essas considerações e voltar nossa atenção para o modo como esses dois homens influenciaram a arte. Também nesse campo eles nos indicariam caminhos, fazendo com que desviássemos nosso olhar da arte para a natureza.

A maior tarefa de toda forma de arte é criar, através da aparência, a ilusão de uma realidade mais elevada. Mas é um grande equívoco pretender tornar essa aparência tão real, a ponto de, ao final, ela não restar senão como uma realidade comum e indistinta.

Na condição de lugar idealizado, o palco tirara grande vantagem das leis da perspectiva ao organizar os bastidores um atrás do outro; agora, porém, pareciam querer abrir mão injustificadamente desse ganho ao fechar as laterais do teatro, erguendo ali as paredes reais de um cômodo. A própria peça, o modo de representar dos atores, enfim, tudo deveria se adequar a esse novo lugar de cena e fazer surgir, assim, um teatro inteiramente novo.

Na comédia, os atores franceses haviam atingido o apogeu da verdade artística.[42] A vida em Paris, que lhes possibilitava observar de perto o comportamento das pessoas da corte, as relações amorosas dos atores e das atrizes com gente das classes mais elevadas, tudo isso contribuiria para transplantar nos palcos a mesma elegância e o mesmo decoro daquela vida social. Quanto a isso, os defensores da naturalidade não tinham o que objetar. Estes acreditavam que a escolha de temas sérios e trágicos para suas peças – questões que nunca faltavam à vida em sociedade – era sinal de um grande progresso; do mesmo modo, serviam-se da prosa como a forma máxima de expressão, banindo pouco a pouco do palco tanto os versos –

---

40 Provável alusão ao conto *Les Deux Amis de Bourbonne* (1770), de Diderot.
41 Referência à Revolução Francesa.
42 Em alemão: *das Kunstwahre*. Em seus escritos sobre a arte (como em *Über Wahrheit und Wahrscheinlichkeit der Kunstwerke*, de 1768, por exemplo), Goethe opõe essa noção de verdade artística à ideia de verdade natural (da natureza), *das Naturwahre*.

tidos como não naturais – quanto as formas artificiais de declamação e gesticulação.

O que é particularmente digno de nota, embora seja levado apenas muito raramente em consideração, é o fato de que, naquela época, até mesmo a velha tragédia, com todo seu engenho e rigor rítmico, estava ameaçada por uma revolução que só pôde ser defletida com o empenho de grandes talentos e por força da tradição.

Contra o ator trágico Lecain,[43] por exemplo, que representava seus heróis de modo intenso e elevado, com o mais apurado decoro dramático, mantendo-se distante do natural e trivial, insurgiu-se um homem chamado Aufresne,[44] que resolveu declarar guerra a todas as formas de artificialidade, buscando a mais alta expressão da verdade em sua forma de representação trágica. Seu modo de atuar não tivera como se adequar ao restante dos atores de Paris, e, à medida que os outros se fechavam em sua forma de atuação, ele ia ficando sozinho. Suficientemente teimoso para insistir em suas ideias, preferiu então deixar Paris e, nisso, acabou passando por Estrasburgo. Lá o vimos desempenhar, entre outros, o papel de Auguste, em *Cinna*,[45] e de Mithridate[46] – todos eles representados do modo mais virtuoso e verdadeiramente natural. Em cena, Aufresne surgia como um homem alto e bonito, mais esguio que robusto, de natureza nobre e agradável, mas sem parecer de fato imponente. Tinha um modo sereno e refletido de representar, mas não era frio; e sabia ser suficientemente intenso, quando necessário. Era um artista muito experiente e um dos poucos que conseguia transformar a arte inteira em natureza e toda a natureza em arte. Na verdade, são figuras como essa, que, quando mal compreendidas, dão margem às teorias sobre a falsa naturalidade.

---

43 Henri Louis Lecain (1728-1778), também *Lekain*. Famoso ator francês, que Voltaire engajaria em muitas de suas peças.

44 Jean Rival Aufresne (1728-1804), ator famoso por suas atuações em peças de Corneille.

45 *Cinna, ou la Clémence d'Auguste* (1641), tragédia de Corneille.

46 Protagonista da tragédia *Mithridate* (1673), de Racine.

Mas também gostaria de lembrar, aqui, de uma obra pequena e notável, que faria época: refiro-me ao *Pigmaleão*,[47] de Rousseau. Muito haveria a se dizer a seu respeito, pois se trata de mais uma daquelas produções curiosas, que também oscilam entre a natureza e a arte com a ambição equivocada de tentar reduzir esta à natureza. Temos um artista que foi capaz de produzir uma obra da mais completa perfeição e que, mesmo assim, não consegue se dar por satisfeito em ver seu ideal ganhar uma expressão artística, não se contenta em lhe ter conferido uma forma mais elevada de vida. Não, a obra ainda tem de ser trazida para o plano da vida mundana. E com o mais banal dos gestos da sensibilidade, o artista acaba destruindo a mais elevada forma de expressão que o espírito e a ação humana foram capazes de produzir.

Entre verdades e meias verdades, estas e outras coisas repercutiam fortemente em nós, ora de modo mais sério, ora de modo mais tolo, contribuindo para confundir ainda mais nossas ideias. Vagávamos por toda sorte de desvios e descaminhos, e foi assim que, de várias partes, deu-se por preparada aquela revolução literária alemã,[48] de que fomos testemunhas e para a qual, consciente e inconscientemente, voluntária ou involuntariamente, acabaríamos contribuindo decisivamente.

Não sentíamos nem motivação nem inclinação para sermos iluminados e instruídos de modo filosófico, e quanto às questões religiosas, acreditávamo-nos suficientemente esclarecidos. Daí que fôssemos relativamente indiferentes às ferozes desavenças entre os filósofos franceses e a padraria. Livros proibidos e condenados à fogueira, que na época costumavam causar grande estardalhaço, não tinham maior impacto sobre nós. Para citar ao menos um caso exemplar, lembro-me aqui da obra *Système de la Nature*,[49] que, por curiosidade, tivemos em mãos. Não fazíamos a menor ideia de como um

---

47 Referência à peça *Pygmalion* (1762), de Rousseau, que põe em cena o antigo mito grego do escultor apaixonado pela escultura de uma bela mulher que ele mesmo fizera e que ganha vida a partir da intervenção de Afrodite.

48 Alusão ao movimento precursor do Romantismo e que, no século XIX, ficaria conhecido por *Sturm und Drang* [Tempestade e Ímpeto], a partir do título homônimo de uma peça escrita em 1776 pelo poeta e dramaturgo Friedrich Maximilian Klinger (1752-1831).

49 Referência à obra de Paul Henri Thiry d'Holbach (1723-1789), que, em sua primeira edição, de 1770, foi publicada anonimamente.

livro como aquele poderia ser considerado perigoso. Parecia-nos tão cinza, tão cimmeriano, tão mortiço, que sofríamos para suportar sua presença, que tremíamos diante dele como diante de um fantasma. De um modo todo próprio, o autor acreditava estar fazendo boa recomendação de seu livro ao garantir, em seu prefácio, que, na condição de ancião desvivido, já com um pé dentro da cova, tinha o propósito de anunciar a verdade a seus contemporâneos e à posteridade.

Ríamo-nos dele, pois acreditávamos então ter percebido que, na verdade, não há nada de bom e de amável no mundo que possa ser do agrado de pessoas mais velhas. "Igrejas velhas têm vitrais escuros!" ou "Quanto ao sabor das amoras e cerejas, melhor perguntar às crianças e aos pardais!": esses eram nossos motes prediletos. Assim, aquele livro, como o mais perfeito exemplo da quintessência da senilidade, só nos pôde parecer insosso e de muito mau gosto. Segundo o autor, tudo na vida seria uma questão de necessidade, razão pela qual não haveria um Deus. De nossa parte, perguntávamo-nos: mas será que a existência de um Deus também não poderia ser entendida como necessária? É claro que não julgávamos ser possível escapar às necessidades do dia e da noite, das estações do ano, das influências climáticas, das condicionantes físicas e animais. Contudo, sentíamos algo em nós que surgia como o mais perfeito arbítrio, e também alguma outra coisa que procurava contrabalançar esse arbítrio.

Não podíamos abrir mão da esperança de nos tornarmos cada vez mais racionais, de nos tornarmos cada vez mais independentes das coisas do mundo e até de nós mesmos. A palavra liberdade soa tão bem, que não poderíamos passar sem ela nem mesmo se ela designasse um grande equívoco.

Nenhum de nós chegara a ler o tal livro até o fim, uma vez que nossas expectativas haviam sido frustradas logo que o abríramos. Anunciava-se um sistema da natureza e, por isso mesmo, esperávamos realmente descobrir algo de novo sobre a Natureza, nossa deusa idolatrada. Há anos que a física e a química, as descrições da Terra e dos céus, a história natural e a anatomia, assim como outros campos do saber haviam direcionado nossa atenção — e continuariam a fazê-lo até o último dia — para a imensidão ornada do mundo. Teríamos adorado descobrir, nesse livro, novos detalhes ou mesmo generalidades sobre os sóis e as estrelas, sobre os planetas e as luas, sobre montanhas, vales, rios e mares, bem como sobre tudo o que vive e revive nesse mundo. Contávamos com a certeza de que encontraríamos, nessa obra, algumas coisas que, para o homem comum, poderiam ser consideradas nocivas, para os clérigos, perigosas, e para o Estado, inadmissíveis; enfim, esperávamos que esse pequeno livro não tivesse superado indignamente sua prova de fogo. Mas quão ocos e vazios não nos sentimos diante daquela penumbra triste e ateísta em que a Terra, com todas as suas formações, e o céu, com todas as suas constelações, simplesmente desapareciam. O que líamos, ali, era que haveria existido desde sempre uma matéria, que essa matéria estaria desde sempre em movimento e que, com esse movimento, à direita, à esquerda e em todas as direções, essa matéria, sem mais nem porquê, haveria produzido toda a infinidade de fenômenos da existência. Nós até poderíamos ter nos dado por satisfeitos com isso, caso o autor tivesse de fato conseguido, partindo de sua matéria em movimento, construir o mundo diante de nossos olhos. No entanto, ele parecia saber tão pouco sobre a natureza quanto nós mesmos. Em seu livro, nem bem acaba de propor alguns conceitos gerais e logo os abandona para tentar transformar aquilo que é mais elevado que a natureza, ou aquilo que surge como de mais elevada natureza na natureza, em algo material, em algo pesado, em algo que pode até ser dinâmico, mas que é também natureza sem forma e sem direção – e, com isso, o autor ainda acreditava ter alcançado grande coisa.

Entretanto, se esse livro nos causou algum mal, foi o de nos ter estragado completa e profundamente o gosto por toda e qualquer filosofia, especialmente pela metafísica. Em compensação, isso também fez com que nos entregássemos ainda mais vigorosa e apaixonadamente às formas vivas do saber e da experiência, aos fazeres da vida e à poesia.

Foi assim que, estando justamente na fronteira com a França, vimo-nos de repente despojados e livres de tudo o que dizia respeito ao universo francês. Seu modo de vida parecia-nos demasiadamente definido e requintado, sua poesia era fria, sua crítica era demolidora, sua filosofia era abstrusa e deixava muito a desejar. Estávamos a ponto de nos entregar à natureza mais crua – ao menos a título de experimentação –, não fosse uma outra influência nos vir preparando já havia algum tempo para um jeito mais livre e elevado de ver o mundo e para formas tão verdadeiras quanto poéticas dos prazeres do intelecto; não fosse essa influência nos ter dominado por inteiro, primeiramente de um modo mais velado e discreto, mas, daí por diante, de um modo cada vez mais explícito e arrebatador.

Não preciso nem dizer que me refiro aqui a Shakespeare.[50] E, tendo evidenciado isso, já não seria necessário acrescentar mais nada. Shakespeare encontraria mais reconhecimento entre os alemães do que em qualquer outra nação, quiçá mais do que em sua própria terra natal. Concedemos a ele fartamente toda a justiça, a equidade e o respeito que, entre nós, costumamos negar uns aos outros. Homens de grande distinção se ocuparam da apresentação das facetas mais favoráveis de seu espírito tão talentoso, e eu mesmo sempre fiz questão de subscrever tudo o que se disse em sua honra, em seu favor, mas também para escusá-lo. Já me referi, em outros escritos, à influência que esse espírito extraordinário exerceu sobre mim; e a propósito de seus trabalhos, já escrevi também alguns ensaios que, por sinal, tiveram boa acolhida. Portanto, há de bastar aqui, por ora, uma exposição mais geral, ao menos até que eu esteja em condições de apresentar, àqueles amigos que me queiram ouvir, um apanhado de considerações – que por pouco não caí em tentação de incluir aqui – sobre os imensos méritos desse autor.

No presente momento, gostaria apenas de falar um pouco mais sobre o modo como tomei conhecimento dele. Isso aconteceu relativamente cedo, ainda em Leipzig, por intermédio da coletânea de Dodd, intitulada *Beauties of Shakespeare*.[51] Diga-se o que se quiser dizer contra antologias como esta, que sempre apresentam os autores em retalhos, mas ainda assim estas publicações são capazes de produzir bons efeitos. Nem sempre estamos preparados e temos argúcia suficiente para assimilar o valor de uma obra em sua íntegra. Afinal, não costumamos sublinhar nesses livros justamente aquelas passagens que dizem mais respeito a nós mesmos? Os jovens, em especial,

---

50 Goethe inicia aqui uma exposição sobre a recepção de William Shakespeare (1564-1616) na Alemanha, aludindo, em síntese, ao que já escrevera (especialmente em *Os anos de aprendizado de Wilhelm Meister*, 1795-1796, entre outros ensaios) ou que ainda escreveria mais tarde (*Shakespeare und kein Ende*, 1815-1826).

51 William Dodd (1729-1777), teólogo e pesquisador de Shakespeare, organizador de uma antologia de obras do bardo inglês, que circularia amplamente até o século XIX: *The Beauties of Shakespeare*, publicada originalmente em 1752.

que ainda carecem de uma formação mais ampla, costumam ficar consideravelmente fascinados com tais seleções de passagens brilhantes. Eu mesmo me lembro muito bem de como uma das épocas mais belas de minha vida foi marcada pela obra do referido autor. Suas peculiaridades admiráveis, suas grandes frases, suas descrições certeiras, suas tiradas humorísticas, tudo me tocava de um modo intenso e único.

Foi então que apareceu a tradução de Wieland.[52] Ela foi imediatamente devorada, depois comentada e recomendada aos amigos e conhecidos. Nós, alemães, tínhamos o privilégio de que muitas das obras mais significativas de nações estrangeiras eram trazidas até nós, primeiramente, de um modo mais leve e claro. Traduzido prosaicamente[53] – primeiro por Wieland e, em seguida, por Eschenburg[54] – e assim se tornando uma leitura acessível e compreensível a todo e qualquer leitor, Shakespeare pôde disseminar-se muito rapidamente e alcançar grande repercussão. Venero o ritmo e a rima como os elementos a partir dos quais a poesia se faz poesia, mas o que impacta mais profunda e determinantemente, o que mais verdadeiramente forma e fomenta é aquilo que sobra do poeta quando ele é traduzido em prosa. Resta então o mais puro e completo teor, que uma forma brilhante costuma saber simular, quando ele falta, e encobrir, quando ele se faz presente. Daí eu considerar que, no início da formação dos jovens, as traduções prosaicas sejam mais propícias que as poéticas; afinal, é notável como os garotos, para quem tudo é motivo de piada, deleitam-se com o som das palavras e com a cadência das sílabas e, movidos por uma espécie de leviandade parodística, acabam destruindo os teores profundos da obra mais nobre. Por essa razão, fico pensando se não seria o caso de empreender, primeiramente, uma tradução prosaica de Homero,[55] contanto, é claro, que esta fosse digna

---

52 Ver notas 55 do Sexto livro, à p.306, e 15 do Décimo livro, à p.563. A passagem que se segue, sobre a tradução de Wieland, é uma das citações mais conhecidas de Goethe sobre a tradução.

53 Em alemão: *prosaisch*. Aqui, trata-se de uma tradução em prosa, no sentido de uma tradução que não opta por privilegiar os elementos métricos e rítmicos e a segmentação em versos que estruturam o texto em língua inglesa.

54 Ver nota 50 do Oitavo livro, à p.395.

55 Na época, as únicas traduções de Homero disponíveis em alemão eram as traduções de Johann Heinrich Voss (1751-1826), que publicou sua *Ilíada* [*Ilias*] (1781) e sua

do momento presente em que se encontra a literatura alemã. Deixo isso e tudo o que acabo de dizer para a consideração de nossos diletos pedagogos, que hão de poder contar com sua vasta experiência a propósito dessa questão. Todavia, em favor de minha proposta, gostaria de lembrar aqui ainda, ao menos, da tradução que Lutero fez da Bíblia. O fato de esse homem excepcional ter-nos dado em nossa língua materna, como se fundida em peça *única*, uma obra composta nos mais variados estilos, em tom ora poético, ora histórico, ora imperativo, ora didático, contribuiu mais para a religião do que se ele tivesse pretendido reproduzir detalhadamente as singularidades do original. Mais tarde, muitos se esforçariam em vão para tornar mais palatáveis, em sua forma poética, o Livro de Jó, os Salmos e outros cantos. Para as massas, as quais uma obra como essa pretende impactar, uma versão mais simples sempre foi e continuará sendo a melhor. Já aquelas traduções críticas, que rivalizam com o original, servem, na verdade, apenas para entreter os estudiosos.

Assim, Shakespeare — em tradução e no original, em fragmentos e no conjunto de sua obra, a partir de citações pontuais e de pequenos excertos — passou a repercutir tão fortemente nas rodas de Estrasburgo, que, do mesmo modo como há homens com sólidos conhecimentos sobre a Bíblia, nós também nos fomos consolidando pouco a pouco em Shakespeare. Em nossas conversas, imitávamos as virtudes e as mazelas de um tempo que esse autor nos dava a conhecer; e divertíamo-nos enormemente com seus calembures, que traduzíamos e recriávamos licenciosamente, pretendendo superá-lo. Nisso tudo, não era irrelevante o fato de eu ter me apegado a esse autor com um entusiasmo maior do que o de meus colegas. Meu testemunho extasiado de que algo mais alto parecia pairar sobre mim contagiava meus amigos, que se entregavam a esse mesmo estado de espírito. Não negávamos a possibilidade de conhecer Shakespeare ainda mais de perto, de entender melhor seus méritos e de poder avaliá-los com maior discernimento, mas reservávamos essa possibilidade para mais tarde, para outra época. Naquela altura, só queríamos ter a alegria de fazer

---

Odisseia [*Odyssee*] (1793) em hexâmetros, afirmando ter criado, com isso, a forma ideal de traduzir Homero para o alemão.

parte daquilo, de agir vigorosamente conforme o modelo. E dado o prazer imenso que aquele homem nos proporcionava, não queríamos ficar repreendendo e reclamando; muito pelo contrário, sentíamo-nos bem ao venerá-lo incondicionalmente.

Se alguém quiser saber mais sobre o que se pensou, disse e discutiu naquelas rodas tão cheias de vida, que leia o ensaio de Herder sobre Shakespeare, publicado na coletânea intitulada *Do estilo e da arte alemã*;[56] e também as *Notas sobre o teatro*,[57] de Lenz, que acompanham uma tradução de *Love's labour's lost*.[58] Herder penetra as profundezas do gênio de Shakespeare e o faz numa exposição maravilhosa; Lenz procede de modo mais iconoclástico, voltando-se contra o teatro tradicional e querendo ver, para onde quer que olhe, as coisas acontecerem todas de modo shakespeariano. Já que estou sendo levado a mencionar, aqui, esse homem tão talentoso quanto peculiar, este é um bom lugar para dizer mais alguma coisa sobre ele. Só o fui conhecer ao final de minha estadia em Estrasburgo. Víamo-nos raramente. Frequentávamos rodas diferentes, mas sempre buscávamos ocasião de nos encontrar e gostávamos muito de conversar, pois, sendo da mesma geração, alimentávamos sentimentos bastante semelhantes. De baixa estatura, mas de compleição simpática, tinha uma cabecinha das mais singelas, cuja delicadeza correspondia perfeitamente aos traços graciosos e sutis de seu rosto. De olhos azuis e cabelos loiros, era, enfim, uma dessas típicas figurinhas com quem volta e meia nos deparamos entre os jovens do norte.[59] Tinha um jeito leve e sempre cuidadoso de andar; era agradável em seu modo de falar, ainda que não fosse de todo fluente; e, a meio caminho entre a introversão e a timidez, tinha modos que caíam muito bem a um moço jovem como ele. Sabia recitar muito bem poemas mais curtos, em especial os que ele mesmo escrevia, e tinha mão boa para a caligrafia. Na verdade, a única palavra com

---

56 Ver nota 43 do Nono livro, à p.462.

57 Trata-se da obra *Anmerkungen übers Theater, nebst angehängtem übersetzten Stück Shakespears*, publicado anonimamente em Estrasburgo, em 1774, mas de autoria de Jacob Michael Reinhold Lenz (1751-1792).

58 *Trabalhos de amor perdidos*, comédia de Shakespeare, publicada pela primeira vez em 1598.

59 Lenz era original da Livônia, atual Letônia.

que eu saberia designar seu modo de ser é o termo inglês *whimsical*, que, como referem os dicionários, conjuga uma série de excentricidades em *um* só conceito. Talvez por isso mesmo ninguém fosse mais capaz do que ele de sentir e reproduzir as exorbitâncias e excrescências do gênio shakespeariano. A tradução de *Love's labour's lost* — a que acabei de me referir — dá testemunho exemplar disso. Ele trata seu autor com grande liberdade, não é nada menos que preciso e fiel, mas sabe muito bem como vestir a armadura, ou melhor, os trajes de polichinelo de seu predecessor, imitando tão comicamente seus gestos, que não deixava nunca de arrancar aplausos daqueles que costumavam se animar com tais coisas.

Eram especialmente os disparates de seus *clowns* que faziam a nossa alegria, e admirávamos Lenz como um homem de talento privilegiado ao se mostrar tão bem sucedido em traduções como a daquele epitáfio à caça morta pela princesa:

> A impávida princesa prega a pua, o pau
> E põe a pique um porco espicaçado;
> Mas há quem diga cerdo, sem ser dor o mal
> E nem ser dó a dor do golpe dado.
> Os cães de caça, estes ladram sem ter pressa:
> — E se sair o C e entrar um S?
> Ser dó no cerdo então é dor dum C que cessa;
> Sem dor com C é cem: é a dor que cresce.
> E se em romanos troco cem por mil,
> A mor a dor recresce como ninguém viu.[60]

---

[60] Trata-se da fala do personagem Holofernes, na segunda cena do quarto ato de *Love's Labour's Lost*, que começa com: "The preyful princess pierced and prick'd a pretty pleasing pricket". Em alemão, valendo-se dos termos *Hirsch* (cervo, veado) e *Hirschel* (forma diminutiva do mesmo termo), a tradução de Lenz cria novas tramas rítmicas, aliterantes e semânticas que, juntas, remetem a um jogo semelhante ao que se constrói polissemicamente (a partir dos diferentes sentidos de *sore*) e paragogicamente (a partir de *sore*, cervo mais velho, e *sorel*, cervo mais novo) no poema em inglês. A tradução para o alemão, citada por Goethe, é a seguinte: "Die schöne Prinzessin schoss und traf/ Eines jungen Hirschleins Leben;/ Es fiel dahin in schweren Schlaf,/ Und wird ein Brätlein geben./ Der Jagdhund boll! – Ein L zu Hirsch,/ So wird es denn ein

A tendência a cometer tais disparates, que na juventude se manifesta de modo livre e irrestrito – e que mais tarde se retira cada vez mais para a profundeza, sem contudo se perder de todo –, brotava em nós à flor da pele, de modo que também tentávamos homenagear nosso grande mestre ao inventar nossas próprias tiradas. Aliás, sentíamo-nos gloriosos quando, ao nos valermos da possibilidade de mostrar algo desse gênero em nossa roda, tínhamos a sensação de que nossa apresentação era minimamente bem recebida, como, no caso do poema que se segue, sobre um cavaleiro[61] e seus acidentes com um cavalo selvagem:

Nesta casa mora um cavaleiro
Ao lado d'um andante altaneiro;
Quem enrama os dois co' um só barbante,
Tem por fim um cavaleiro andante.
Se ele anda e manda em seu montado,
Monta o nome bem, o nome dado;
Mas se o desanda a cavalgadura
Foi-se o nome da progenitura![62]

Discutíamos com seriedade se tais coisas eram dignas ou não de um *clown*, se provinham de fato das fontes mais profundamente genuínas da bufonaria, ou se a lógica e a razão já não haveriam se imiscuído entre elas de

---

Hirschel;/ Doch setzt ein römisch L zu Hirsch,/ So macht es funfzig Hirschel./ Ich mache hundert Hirsche draus,/ Schreib' Hirschell mit zwei LLen". A tradução para o português, sem poder se valer do recurso da paragoge, opta por desdobrar o poema a partir do termo *cerdo*, construindo um tipo de jogo de palavras, de inspiração shakespeariana, que Lenz também privilegia ao traduzir essa passagem e que tanto impressiona Goethe pela liberdade e criatividade.

61 Em alemão, *Rittmeister*, que significa literalmente "mestre de cavalaria" e é também uma patente militar semelhante a de capitão. No poema em alemão, Goethe joga com esse duplo sentido. A tradução para o português procura criar algo desse jogo a partir do termo "cavaleiro andante".

62 Em alemão: "Ein Ritter wohnt in diesem Haus,/ Ein Meister auch daneben;/ Macht man davon einen Blumenstrauß,/ So wird's einen Rittmeister geben./ Ist er nun Meister von dem Ritt,/ Führt er mit Recht den Namen;/ Doch nimmt der Ritt den Meister mit,/ Weh ihm und seinem Samen!".

um modo inadequado e inadmissível. Mas quando, em sua *Dramaturgie*,[63] o próprio Lessing – em quem todos depositavam tanta confiança – deu o primeiro passo nessa mesma direção, tais ideias inusitadas acabaram se disseminando ainda mais intensamente e contagiando um número maior de pessoas.

Com essa companhia tão empolgada e bem humorada tive a oportunidade de realizar algumas excursões muito agradáveis pela região da Alta Alsácia, de onde, no entanto, justamente em razão de toda essa animação, não pude tirar maiores ensinamentos. Os inúmeros poemetos que borbotavam em qualquer ocasião e que, por certo, poderiam ter rendido uma descrição bastante animada de nossas viagens, acabaram todos se perdendo. No claustro da abadia de Molsheim ficamos admirados com os vitrais coloridos. Na região fértil entre Colmar e Schlettstadt,[64] entoamos hinos jocosos a Ceres, enaltecendo e tematizando detalhadamente o consumo dos frutos daquela terra, sem deixarmos de mencionar com muito humor a importante polêmica a propósito da liberação ou restrição de seu comércio. Em Ensisheim vimos o enorme aerólito[65] que se encontrava pendurado na igreja; e, nos termos do ceticismo típico daquela época, escarnecemos da credulidade das pessoas, sem suspeitar que, um dia, essas mesmas criaturas nascidas do ar,[66] se não chegariam a cair diretamente em nosso quintal, seriam mantidas, no mínimo, como espécime em nossas próprias coleções.

Lembro-me também com muito prazer de uma peregrinação que fizemos até o alto da Odilienberg,[67] na companhia de centenas, ou melhor, de

---

63 Em um dos textos críticos de sua *Hamburgische Dramaturgie* (1767-1769), Lessing defende a presença, no teatro, do arlequim e de outras figuras cômicas tradicionais como forma de reação ao afã de verossimilhança defendido no contexto da reforma de Gottsched.

64 Nomes alemães das cidades de Colmar e Sèlestat, respectivamente, que atualmente estão sob domínio francês.

65 Referência a um meteorito de 140 quilos que teria caído na cidade de Ensisheim em 1492.

66 Em alemão: *luftgeboren*. Provável neologismo do autor. Goethe simpatizava com a teoria de que esses corpos celestes teriam surgido a partir de gases, daí a formulação "nascidos do ar".

67 Goethe grafa o nome em alemão como *Ottilienberg*. Trata-se do monte de Santa Odília (em francês: *mont Sainte-Odille*), uma montanha sagrada da Alsácia, onde fica localizado o convento de santa Odília.

milhares de fiéis. Dizia-se que, seguindo os ensejos de sua fé, a bela filha de um conde havia morado em meio às rochas e ruínas daquele lugar, onde ainda se podiam reconhecer os vestígios da fundação de uma antiga fortificação romana. Não muito longe da capela em que os peregrinos costumavam se edificar, podia-se visitar ainda sua fonte d'água e ouvir algumas belas histórias. A imagem que fiz dessa mulher, juntamente com seu nome, acabariam tendo forte impacto sobre mim. E por muito tempo levei seu nome e sua imagem comigo, até que finalmente chamei de Ottilie[68] a uma de minhas filhas, que embora temporã, não foi menos amada, e que seria recebida tão bem por corações puros e piedosos.

Do alto dessa elevação, a Alsácia se revela igualmente magnífica aos olhos, sempre a mesma e sempre nova. E do mesmo modo como num anfiteatro, onde quer que nos sentemos, conseguimos enxergar bem todas as pessoas — e ainda melhor nossos vizinhos —, também ali acontecia algo semelhante com os arbustos, os rochedos, os montes, as florestas, os campos, os pastos e as localidades próximas ou mais distantes. Afirmavam que era possível avistar no horizonte até mesmo a cidade de Basel. Não posso jurar que eu a tenha visto, mas o azul distante das montanhas suíças já exercia dali sua forte ascendência sobre nós, atraindo-nos em sua direção; como, porém, não podíamos seguir aquele impulso, restava-nos o ressaibo de certo pesar.

Quanto mais minha relação amorosa com Friedrike começava a me botar medo, mais eu me entregava de bom grado a tais distrações e prazeres, deixando-me inebriar completamente. Uma afeição juvenil como essa, cultivada sem maiores pretensões, é comparável a uma bomba lançada à noite, que desenha no céu a linha suave e brilhante de sua trajetória, mistura-se às estrelas, parece pairar entre elas por um instante, mas, logo em seguida, segue descrevendo seu arco descendente no sentido oposto, até arruinar o local em que encerra sua trajetória. Friedrike mantinha-se sempre a mesma, passando a impressão de não pensar ou de não querer pensar que aquela relação pudesse estar na iminência de seu fim. Olivia, ao contrário, que também

---

68 Trata-se de Ottilie, personagem da obra *As afinidades eletivas* [*Die Wahlverwandschaften*], publicada por Goethe em 1809.

não gostava de sentir minha falta – ainda que certamente não sofresse com minha ausência o mesmo que sua irmã –, era mais prevenida e transparente. Vez ou outra ela conversava comigo sobre minha provável despedida, procurando encontrar, então, razões que pudessem servir de consolo a si mesma e a sua irmã. Uma moça que abre mão de um homem a quem não negou sua afeição está longe de encontrar-se na mesma situação constrangedora em que se vê um rapaz que, na mesma situação, foi longe demais com suas declarações. Este acaba sempre fazendo um papel lamentável, pois dele – que está em vias de se tornar um homem de verdade – espera-se que tenha certa noção da condição em que se encontra: uma leviandade explícita não lhe cai bem. As justificativas de uma moça que dá um passo atrás parecem ser sempre válidas; as de um rapaz, nunca.

Mas como pode uma paixão cativante e arrebatadora nos fazer enxergar antecipadamente aonde ela há de nos levar? Não conseguimos nos livrar dela em definitivo, nem mesmo quando decidimos renunciar a ela conscientemente; e ainda acabamos nos deleitando ao sentir de novo a velha sensação, mesmo que o façamos, então, de uma maneira diferente. Pois foi exatamente isso o que aconteceu comigo. E embora a presença de Friedrike me amedrontasse, não havia nada mais agradável do que ficar pensando nela em sua ausência e conversar com ela à distância. Minhas visitas foram se tornando mais raras, mas nossa correspondência foi ficando cada vez mais intensa. Ela sabia me contar de sua vida e de seus sentimentos com alegria e graciosidade; e eu me deixava animar e apaixonar por suas virtudes. A ausência me conferia certa liberdade, e foi somente a partir dessas conversas à distância que meu afeto pôde desabrochar de vez. Nesses momentos, eu conseguia abstrair de qualquer questão que dissesse respeito ao futuro e encontrava distração suficiente no correr do tempo e nas questões que se faziam mais prementes. Até aquela altura, meu interesse vivo pelo presente e meu empenho para viver cada momento haviam me dado condições de realizar as atividades mais diversas; aos poucos, porém, as coisas todas começaram a se sobrepor e a conflitar umas com as outras, como sempre costuma acontecer quando é chegada a hora de alguém se desvencilhar de um lugar.

Nos últimos dias em Estrasburgo eu ainda me ocuparia de um acontecimento inesperado. Eu me encontrava na companhia de pessoas muito distintas em uma casa de campo, de onde se podia avistar magnificamente bem a fachada da catedral e a torre que sobre ela se erguia.

— É pena – disse alguém – que a obra não tenha sido acabada e que tenhamos uma única torre.

Eu repliquei: — A mim incomoda, igualmente, ver incompleta essa única torre, pois suas quatro volutas acabam de modo muito abrupto; sobre elas haviam de ter construído ainda quatro flechas mais leves, assim como uma mais alta bem no meio, onde hoje se encontra aquela cruz tão pesada.

Como havia exposto aquela opinião com meu entusiasmo habitual, um senhor baixinho e animado dirigiu-me a palavra, perguntando:

— Quem foi que lhe disse isso?

— Foi a própria torre – respondi. — Eu a observei tão longa e atentamente, demonstrando-lhe tanta afeição, que ela resolveu confessar-me esse seu segredo.

— Pois saiba que ela não lhe disse nenhuma inverdade – redarguiu ele –; posso assegurar-lhe disso melhor do que ninguém, já que sou o administrador[69] responsável por essas obras. Nós ainda temos guardados em nossos arquivos os esboços originais da obra, que indicam exatamente o mesmo e que eu posso lhe mostrar.

Em virtude da proximidade de minha partida, pedi-lhe que não tardasse em me conceder tal favor. Ele me deixou ver de perto aqueles rolos de valor inestimável; e usando um papel oleado, tratei de copiar rapidamente as flechas que não haviam sido construídas, lamentando apenas o fato de não ter tido notícia daquele tesouro antes. Mas era sempre assim que se davam as coisas comigo: à custa de muita observação e contemplação, eu penava para chegar a um entendimento de certas coisas; e talvez esse mesmo entendimento não me chamasse tanto a atenção, nem fosse tão profícuo para mim, caso alguém o tivesse simplesmente me transmitido.

A despeito de toda aquela pressa e confusão, não podia deixar de ir ver Friedrike mais uma vez. Foram dias de embaraço e incômodo, cujas lembranças não se preservaram em minha memória. Quando lhe estendi a mão

---

[69] Johann Andreas Silbermann (1712-1783), também um famoso construtor de órgãos de tubos.

do alto de meu cavalo, as lágrimas pararam-lhe nos olhos e eu só pude me sentir muito mal. Segui então meu caminho em direção a Drusenheim e ali fui acometido por um pressentimento[70] dos mais estranhos, a saber: eu me vi – não com os olhos do corpo, mas com os do espírito – vindo pelo mesmo caminho, cavalgando em direção a mim mesmo e portando um traje que eu nunca vestira, todo de um cinza azulado com detalhes em dourado. E assim que consegui me despertar desse sonho, a figura simplesmente havia desaparecido. O mais estranho é que oito anos mais tarde,[71] vestindo – não por escolha, por mero acaso – o mesmo traje sonhado um dia, lá estava eu de novo naquele caminho, indo visitar Friedrike outra vez. Seja lá o que forem essas coisas, o fato é que a miragem conseguiu me dar um pouco de tranquilidade naquele momento de separação; atenuava-se a dor de deixar para sempre a maravilhosa Alsácia com tudo o que eu havia adquirido ali. E assim que finalmente consegui me recuperar da vertigem do adeus, logo me vi de novo em meio a uma viagem tranquila e divertida.

Ao chegar a Mannheim, apressei o passo com entusiasmo para ver o tão renomado Salão de Antiguidades.[72] Já nos tempos de Leipzig, por ocasião da leitura dos escritos de Winckelmann e Lessing, eu ouvira falar a respeito daquelas importantes obras de arte, mas poucas delas eu havia de fato visto pessoalmente: à parte o *Laocoonte* (apenas o pai, sem seus filhos) e o fauno com crótalos,[73] não havia outras cópias moldadas na Academia de Leipzig; e tudo o que Oeser vez ou outra se dignava a nos contar a respeito dessas peças era suficientemente enigmático. Afinal, como fazer para passar a iniciantes uma ideia do fim da arte?

O diretor Verschaffelt recebeu-me muito gentilmente. Um de seus assistentes conduziu-me até a sala e, depois de abri-la para mim, deixou-me ao

---

70 Vale lembrar que o dom da premonição era atribuído ao avô de Goethe, Johann Wolfgang Textor.

71 Por ocasião de uma viagem à Suíça, realizada em setembro de 1779, acompanhando o duque Carl August von Sachsen-Weimar-Eisenach (1757-1828).

72 Em alemão, *Antikensaal*. Grande coleção de cópias moldadas em gesso, sob a curadoria do escultor e diretor da Academia de Artes de Mannheim, Peter Anton von Verschaffelt (1710-1793).

73 Peça também conhecida como o *Fauno dançante*.

sabor de minhas preferências e contemplações. Lá estava eu, entregue às impressões mais maravilhadas, num salão amplo, quadrado, quase cúbico – em razão do pé-direito extraordinariamente alto – e todo iluminado pela luz das janelas que se abriam logo abaixo da cornija. E lá estavam as mais maravilhosas estátuas da Antiguidade, não apenas dispostas ao longo da parede, mas também espalhadas ao acaso por toda a sala; uma floresta de estátuas em que era preciso se embrenhar, uma multidão ideal, através da qual era preciso abrir passagem. Com uma simples regulagem das cortinas, cada uma daquelas peças esplêndidas podia ser iluminada da maneira que melhor lhe conviesse; e como não bastasse, as peças repousavam sobre pedestais móveis, de modo que era possível virá-las e girá-las a nosso bel-prazer.

Depois de ter me entregado por um tempo aos primeiros impactos dessa coleção irresistível, voltei minha atenção para as peças que mais me atraíam; e quem poderá negar que o *Apolo Belvedere*,[74] com sua estatura maciça e colossal, com seu talhe esguio, com sua liberdade de movimento e seu olhar triunfal, não se sobressaísse mais do que qualquer outro ao despertar nossa sensibilidade? Em seguida voltei-me para o *Laocoonte*,[75] que pude ver, ali, pela primeira vez na companhia de seus filhos. Esforcei-me o quanto pude para puxar à memória o que já se havia debatido e discutido a seu respeito, e tentei formar uma opinião minha, mas ora me inclinava mais numa direção, ora mais noutra. O *gladiador moribundo*[76] também me ocupou por bastante tempo, mas meus momentos mais especiais eu devo àqueles restos preciosos, embora problemáticos, do grupo de *Castor e Pólux*.[77] Eu ainda

---

74 O *Apolo Belvedere* (Museu do Vaticano) é uma cópia romana em mármore de uma escultura datada do século IV a.C., cuja autoria é atribuída ao escultor grego Leocares (século IV a.C.). Na época de Goethe, era considerada uma das obras mais importantes da Antiguidade.

75 O *Grupo de Laocoonte* ou *Laocoonte e seus filhos* (Museu do Vaticano) é uma escultura grega de mármore, datada aproximadamente de 40 a.C. Além de influenciar a arte da escultura na Renascença, foi objeto de discussões importantes no campo da história da arte por parte de Winckelmann, Lessing, Herder, entre outros.

76 Também conhecida como *Gálata moribundo* (Museus Capitolinos), é uma cópia romana em mármore de uma antiga escultura grega que remonta ao século III a.C.

77 Conjunto conhecido também como *Grupo de São Ildefonso* (Museu do Prado), datado do século I. d.C. A problemática aludida refere-se à hipótese de tratar-se não de um conjunto, mas de uma composição a partir de duas figuras autônomas.

não havia me dado conta de como é impossível assimilar e compreender imediatamente algo que acabamos de ter o prazer de contemplar. Fazia o que podia para entender aquelas coisas todas; e como não conseguisse chegar a nenhuma forma de clareza, tive de me contentar com a sensação de que cada uma das figuras daquela imensa coleção tinha de ser apreendida individualmente, que cada um daqueles objetos tinha natureza própria e era, em si mesmo, significativo.

Contudo, foi ao Laocoonte que dediquei mesmo minha maior atenção, e resolvi comigo mesmo a famosa questão[78] – que indagava o porquê de ele não gritar – simplesmente assumindo que ele não o fazia porque não conseguiria fazê-lo. Para mim, todas as ações e movimentos de cada uma das três figuras emergiam da concepção básica do grupo escultórico. A postura tão violenta quanto primorosa da figura principal resultava, portanto, da composição de dois esforços: o de enfrentamento das serpentes e o de esquiva no momento da mordida. Para minimizar essa dor, era preciso contrair o abdômen, o que tornava o grito impossível. Convenci-me também de que o filho mais novo não havia sido mordido, permitindo-me, assim, procurar outros modos de interpretar o valor artístico desse grupo. Escrevi uma carta a Oeser contando-lhe de minhas ideias, mas ele não prestou maior atenção à minha interpretação, respondendo à minha boa vontade com um encorajamento genérico. Tive, no entanto, a felicidade de manter vivas em mim aquelas ideias e deixá-las repousando por vários anos, até que elas pudessem finalmente se integrar ao conjunto mais amplo de minhas experiências e convicções – pude então expressá-las por ocasião da publicação da revista *Propyläen*.[79]

Depois de ter contemplado avidamente tantas esculturas sublimes, não podia deixar de provar ao menos um tira-gosto da arquitetura da Antiguidade. Havia ainda na coleção a cópia moldada de um capitel do Panteão de

---

78 Proposta por Winckelmann, mas respondida diferentemente por ele (que justificava a contenção do grito em razão do caráter nobre e estoico da figura heroica) e por Lessing (para quem a justificativa seria de caráter estético).

79 Alusão a seu ensaio *Über Laokoon* [Sobre Laocoonte], que inaugura a revista de arte *Die Propyläen*, editada por Goethe e seu amigo Johann Heinrich Meyer (1760-1832) e publicada entre 1798 e 1800. A revista contaria com contribuições de figuras como Wilhelm von Humboldt e Friedrich Schiller.

Roma, e não posso negar que, diante da visão daquelas folhas de acanto, a um só tempo colossais e graciosas, minha crença na arquitetura do norte não tenha começado a se abalar.

Esse exercício precoce do olhar, que me marcaria ao longo de toda vida, não teve, porém, consequências mais imediatas. Como eu adoraria ter começado um livro falando disso, ao invés de encerrá-lo com essa exposição. Mas a verdade é que nem bem se fecharam atrás de mim as portas daquele magnífico salão e eu já desejava sair novamente em busca de mim mesmo. Cheguei mesmo a me esforçar para banir aquelas figuras de minha imaginação – qual a um incômodo –, de modo que seria necessário um longo desvio nos caminhos de minha vida para que um dia eu retornasse a elas. Todavia, não se pode subestimar a fecundidade silenciosa de tais impressões que assimilamos prazerosamente, sem a ação lacerante do juízo. A juventude é capaz dessa forma mais elevada de felicidade, em especial quando, ao invés de se pretender sempre crítica, permite também que as coisas boas e excepcionais impactem sobre ela sem maiores análises e categorizações.

Décimo segundo livro

O peregrino voltava enfim a sua casa, dessa vez mais saudável e feliz do que por ocasião de seu primeiro retorno; mas manifestava-se nele também certa nota de exaltação, o que não era indício único e exclusivo de um espírito saudável. Desde minha chegada, acabei colocando minha mãe numa situação em que ela tinha de encontrar um meio-termo e arbitrar entre a dureza do espírito de ordem de meu pai e as múltiplas formas de minha excentricidade. Em Mainz, fiquei tão impressionado com um garoto tocador de harpa, que, estando a feira de nossa cidade prestes a começar, convidei-o para vir a Frankfurt, prometendo-lhe hospedagem e todo o apoio de que precisasse. Nisso ganhava novamente expressão um traço de minha personalidade, uma característica que, por sinal, ainda me faria pagar muito caro, a saber: o prazer que sinto em me ver cercado de pessoas mais jovens, e, para me aproximar tanto delas, por fim, acabava ficando responsável por seu destino. Nem mesmo uma longa série de experiências desagradáveis pôde conter esse meu impulso natural, que ainda hoje, a despeito da clareza de minhas convicções, ameaça-me de tempos em tempos a cometer alguns desacertos. Minha mãe, que tinha mais clareza sobre as coisas do que eu, sabia muito bem antecipar o quão estranho pareceria a meu pai o fato de um músico saltimbanco hospedar-se em uma casa tão distinta e depois ir ganhar seu pão por aí, em tascas e tavernas; tendo isso em mente, tratou de garantir-lhe pensão e guarida nas vizinhanças. Eu, de minha parte, recomendei-o também a alguns de meus amigos, de modo que o garoto não teve do que se queixar – encontrei-o novamente alguns anos mais tarde, e embora ele tivesse se tornado um rapagão grande e achavascado, não havia crescido muito em sua arte. A intrépida senhora, satisfeita com os resultados do primeiro ensaio de seu exercício de conciliação e panos quentes, nem imaginava o quanto suas artes se fariam necessárias dali em breve. Meu pai, que levava uma vida tranquila, perdido em meio a suas ocupações e seus passatempos de sempre, parecia mostrar-se satisfeito; como um homem que consegue levar adiante seus planos, apesar de toda sorte de impedimentos e dilações. Afinal, eu me doutorara; com isso, estava dado o primeiro passo para a construção gradual de uma longa carreira e de uma vida como cidadão. Minha tese havia sido aprovada, e ele se empenhava, então, em revisá-la atentamente e em prepará-la para uma futura publicação. Além disso, escrevi também muitos pequenos poemas, ensaios, notas de viagem e uns tantos textos esparsos durante minha estadia na Alsácia. Pois meu pai se empenharia também em categorizá-los e organizá-los, chegando a pedir-me vez ou outra que lhes desse melhor acabamento. Assim, ficava feliz em poder alimentar a esperança de que, aos poucos, eu fosse perdendo minha aversão – até então insuperável – pela ideia de publicar essas coisas todas. Minha irmã cercara-se de uma roda de moças inteligentes e amáveis. Mesmo sem ser dominadora, dominava todas elas, pois tinha uma visão mais abrangente das coisas e uma disposição conciliadora, razão pela qual se encontrava mais frequentemente na condição de confidente do que na situação de rival. Dos antigos amigos e conhecidos, reencontrei em Horn o companheiro divertido e o amigo leal de sempre. Também Riese[1] era uma figura próxima. Ele não perdia a oportunidade de pôr à prova e exercitar minha perspicácia com suas incessantes contradições, povoando de dúvida e negação o entusiasmo dogmático a que eu adorava sucumbir. Aos poucos foram se juntando a esse círculo ainda outras pessoas, que mencionarei mais adiante. Mas entre todos aqueles que tornaram profícuo e agradável esse novo período de estadia em minha cidade natal, os irmãos Schlosser[2] são certamente os mais dignos de menção. O

---

1 Johann Jakob Riese (1746-1827), jurista.
2 Ver nota 73 do Quarto livro, à p.199.

mais velho, Hieronymus, um jurista minucioso e elegante, gozava da confiança geral de todos como advogado. Em lugar algum ele se sentia tão bem quanto entre seus livros e documentos, em cômodos dominados pela mais absoluta ordem; em lugares como esses eu sempre o encontrava alegre e simpático. Mas em rodas mais numerosas ele também se mostrava agradável e interessante, já que, em virtude de sua tão vasta leitura, seu espírito era adornado com as belezas do mundo antigo. E não desdenhava de aumentar ainda mais o prazer da companhia com a leitura de seus espirituosos poemas latinos. Ainda guardo dele alguns dísticos jocosos, escritos sob as caricaturas, que eu mesmo desenhara, de figuras estranhas e bem conhecidas da cidade de Frankfurt. Vez ou outra eu me aconselhava com ele sobre o seguimento de minha carreira e de minha vida, e ele teria sido por certo o mais seguro dos guias, caso centenas de outras afeições, paixões e distrações não me tivessem arrastado para longe daquele caminho.

Seu irmão Georg, que deixara Treptow ao desligar-se dos serviços que prestava ao duque Frederico Eugênio de Würtemberg,[3] era mais de minha idade. Tendo avançado muito em seus conhecimentos do mundo e em algumas habilidades de ordem prática, não havia deixado de fazer progressos também no que dizia respeito a sua visão geral da literatura alemã e de literaturas estrangeiras. Como era comum antigamente, ele gostava de escrever em várias línguas, mas não conseguia me motivar a fazer o mesmo, porque, dedicando-me exclusivamente ao alemão, cultivava outras línguas somente até o ponto de estar mais ou menos em condições de ler os melhores autores em sua língua original. Ele demonstrava a mesma integridade de sempre, e é possível que a experiência de conhecer o mundo o tenha levado a agarrar-se ainda mais rigorosa e rigidamente a suas convicções de homem bem-intencionado.

Por meio desses dois amigos eu logo conheceria também Merck,[4] a quem Herder, ainda de Estrasburgo, já havia dado notícias – não necessariamente desfavoráveis – de minha pessoa. Esse homem singular, e que exerceria influência tão grande sobre minha vida, era original da cidade de Darmstadt. Quanto a sua formação eu não saberia muito que dizer, mas, terminados

---

3 Ver nota 23 do Sétimo livro, à p. 321.
4 Johann Heinrich Merck (1741-1791).

seus estudos, Merck acompanhou na qualidade de tutor um jovem rapaz[5] em uma viagem à Suíça, onde ele se manteria por um tempo, voltando de lá casado. Quando o conheci, era responsável pelas finanças militares em Darmstadt. Com a inteligência e o discernimento que lhe eram próprios, adquirira belíssima erudição, particularmente no que dizia respeito ao conhecimento da literatura contemporânea, mas também da história do mundo e da humanidade em geral, de todas as épocas, de todos os lugares. Tinha o dom dos juízos precisos e certeiros. Era estimado por ser um administrador seguro e decidido, e também por ser bom de contas. Circulava com facilidade por todas as rodas, revelando-se uma companhia agradabilíssima àqueles que ele não havia assustado com suas tiradas mordazes. Era alto e magro, tinha um nariz pontiagudo que se destacava, e seus olhos azuis-claros, talvez cinza, davam ao seu olhar sempre atento um ar tigrino. A *Fisiognomia* de Lavater[6] preservou-nos seu perfil. Sua personalidade revelava uma considerável descompensação: era um homem de natureza leal, nobre e confiável; acontece que o mundo o conseguira amargar, e ele se deixava arrebatar de tal modo por um ímpeto irascível, que sentia uma inclinação incontrolável para agir deliberadamente como um trocista, ou mesmo como um ladino. Ora sensato, bondoso e tranquilo, no momento seguinte, qual o caracol que de repente revira seus cornos, podia ocorrer-lhe de agir de modo a magoar, machucar ou mesmo a prejudicar os outros. Eu, na condição de alguém que se julgava suficientemente seguro ao lidar com algo perigoso, sentia-me ainda mais disposto a conviver com ele e desfrutar de suas boas qualidades, até porque uma sensação de confiança me permitia supor que ele jamais voltaria seu lado mau contra mim. Do mesmo modo como, em razão desse espírito moralmente inquieto e dessa necessidade de tratar as pessoas de modo pérfido e malicioso, ele acabava arruinando sua vida social, uma outra inquietação, que ele acalentava com muito cuidado, também incomodava sua paz interior, a saber: sentia uma pulsão criativa diletante, à qual tanto mais se entregava quanto mais sentia que tinha facilidade e era

---

5 Heinrich Wilhelm von Bibra (?-1829).
6 Referência à obra *Physiognomische Fragmente zur Beförderung der Menschenkenntnis und Menschenliebe* (1775-1778), de Johann Kaspar Lavater, publicada originalmente em quatro volumes. Ver também nota 24 do Quinto livro, à p.225.

bem-sucedido ao se expressar em prosa e verso — bem poderia ter cogitado figurar entre os espíritos mais brilhantes daquela época. Eu mesmo ainda possuo algumas de suas epístolas poéticas, marcadas por uma ousadia, uma crueza e uma bile digna de Swift.[7] E se essas cartas se destacam por sua visão original das pessoas e das coisas, não se pode deixar de mencionar que são escritas com uma força tão contundente, que nem mesmo hoje eu as poderia dar a público. Melhor seria destruí-las de uma vez, ou preservá-las para a posteridade como documentos típicos dos conflitos velados de nossa literatura. Porém, ele próprio sentia-se desconfortável com o fato de proceder em todos os seus trabalhos de modo negativo e destrutivo, e muitas vezes confessou invejar meu prazer inocente pela escrita, advindo da alegria que me proporcionavam tanto o objeto representado quanto sua representação.

Seu diletantismo literário, aliás, podia ter lhe rendido mais proveito que prejuízo, não fosse pelo fato de sucumbir a um impulso irresistível de atuar também na área fabril e comercial. Quando começava a amaldiçoar suas próprias capacidades, ficando fora de si por não conseguir exercitar seu talento a ponto de satisfazer seus anseios de modo suficientemente genial, deixava de lado ora as artes plásticas, ora as artes poéticas, e punha-se logo a pensar em empreendimentos industriais e comerciais que pudessem lhe render algum dinheiro e o divertissem ao mesmo tempo.

Havia ainda, em Darmstadt, um círculo social[8] de que participavam homens de grande erudição. O conselheiro privado von Hesse, que depois se tornaria ministro do condado de Darmstadt,[9] o professor Petersen,[10] o reitor Wenck,[11] além de outros cidadãos locais, a que ocasionalmente vinham se juntar alguns desconhecidos das vizinhanças e muitos viajantes de passagem pela região. A esposa do conselheiro von Hesse[12] e sua irmã, a senhorita

---

7 Ver nota 3 do Décimo primeiro livro, à p. 543.
8 Alusão ao grupo que se reunia em torno da figura da condessa Caroline von Hessen-Darmstadt (1721-1774).
9 Andreas Peter von Hesse (1728-1803), conselheiro privado a partir de 1770 e ministro do condado de Darmstadt-Hessen a partir de 1780.
10 Georg Wilhelm Petersen (1744-1816), preceptor do príncipe.
11 Helfrich Bernhard Wenck (1739-1803), teólogo e historiador, reitor do Seminário pedagógico [*Pädagogium*] de Darmstadt.
12 Friederike Flachsland (1745-1801).

Flachsland,[13] eram moças de raros predicados e talentos; e esta última era duplamente interessante: por suas próprias qualidades, mas também pela afeição que nutria por um homem tão excepcional como Herder, de quem era noiva.

    Não saberia estimar o quanto fui motivado e incentivado pelas pessoas dessa roda. Gostavam de ouvir a leitura tanto de minhas obras terminadas quanto daquelas que eu acabara de começar. Encorajavam-me quando eu lhes contava franca e detalhadamente o que eu planejava fazer, mas repreendiam-me quando, envolvido com os ensejos de um novo projeto, eu acabava deixando de lado o que já havia começado. O *Fausto* já ia bem adiantado, o *Götz von Berlichingen*[14] ia se construindo aos poucos em meu espírito. Concentrava-me, então, no estudo do século XV e XVI, e a catedral de Estrasburgo havia deixado em mim uma impressão tão profunda que esta bem podia servir de pano de fundo para minhas criações poéticas.

    De tudo o que refleti e imaginei a respeito dessa arquitetura, coloquei o que pude no papel. A primeira questão, para mim, era insistir para que essa expressão artística fosse chamada de *alemã* e não de *gótica*, para que ela não fosse vista como estrangeira, mas, sim, como nacional. A segunda questão era a de que essa arquitetura não deveria ser comparada à expressão arquitetônica dos gregos e romanos, já que tinha origem num princípio completamente diferente. Quando esses povos antigos, que viviam sob céus mais alegres e radiantes, faziam repousar seus telhados sobre imensas colunas, surgia de imediato um conjunto de paredes vazadas. Nós, que precisamos nos proteger contra as intempéries e nos cercar de muros por todos os lados, temos de venerar, antes, o engenho que criou meios de dar alguma variedade a essas paredes maciças, o gênio que as fez parecerem vazadas, transformando essas grandes superfícies em um objeto que se ofereça de modo mais digno e prazeroso aos nossos olhos. E o mesmo deveria valer também para as torres, que em vez de pretenderem formar um céu em seu interior, como as cúpulas, lançam-se incessantemente aos céus, anunciando, na amplidão das terras todas que se avizinham, a existência do santuário

---

13 Maria Caroline Flachsland. Ver nota 27 do Décimo primeiro livro, à p.491.
14 Ver nota 30 do Nono livro, à p.448.

situado em sua base. Já quanto ao interior dessas edificações tão veneráveis, eis uma questão que eu então não ousava tocar senão com um olhar mais poético e com um sentimento de profunda devoção.

Tivesse eu me disposto a escrever essas minhas mesmas considerações – cujo valor, porém, não quero negar aqui – de um modo mais claro, legível e em um estilo mais convencional, por certo que o opúsculo *Da arquitetura alemã* teria causado maior impacto na época em que o publiquei e despertado mais cedo a atenção de meus compatriotas amantes da arte. No entanto, seduzido que eu estava pelo exemplo de Hamann e Herder, acabei encobrindo essas ideias e reflexões relativamente simples com a nebulosidade de palavras e frases estranhas, eclipsando assim, para os outros e para mim mesmo, a luz que se me revelara então. À parte isso, essas páginas até que foram bem recebidas e chegariam a ganhar uma segunda publicação na coletânea *Do estilo e da arte alemã*,[15] organizada por Herder.

Eu gostava muito de me ocupar da Antiguidade de nossa pátria e de tentar revivê-la em minha imaginação, mas, de tempos em tempos, fosse por causa de minhas inclinações, fosse por meus pendores poéticos ou de outra natureza, eu acabava me distraindo com o estudo da Bíblia e com outras questões religiosas. É que a vida e os feitos de Lutero, que tão magnificamente brilharam no século XVI, sempre me levavam de volta às Escrituras Sagradas e às reflexões a propósito de minhas convicções e de meus sentimentos religiosos. Eu alimentava certo orgulho de mim mesmo por entender a Bíblia como uma obra que foi reunida e formada aos poucos, como uma obra que era o resultado do esforço de diferentes épocas – isso porque esse modo de entendê-la estava longe de ser uma visão dominante, tanto menos no círculo de relações em que eu vivia. No que dizia respeito ao sentido mais geral, valia-me sempre das formulações de Lutero, mas, para os detalhes, preferia recorrer à tradução literal de Schmid,[16] tentando fazer render tanto quanto possível meu pouco hebraico. Que haja contradições na Bíblia, eis algo que, hoje em dia, não é mais objeto de contestação. Para tentar harmonizá-las, escolhiam as passagens mais legíveis como base e

---

15 Ver nota 43 do Nono livro, à p.462.
16 Ver nota 20 do Quarto livro, à p.160.

esforçavam-se para aproximar destas as passagens contraditórias e menos claras. Eu, com minhas análises, estava interessado mesmo era em descobrir as passagens que tinham mais a dizer sobre cada assunto; atinha-me então a estas e descartava as outras como imputações.

 Já naquela época se consolidara em mim um modo básico de pensar, que não sei dizer se me foi instilado, inspirado ou se nasceu de minhas próprias reflexões. Era a convicção de que em tudo que nos é transmitido, em especial naquilo que nos é transmito por escrito, o que mais importa é sempre a base, o âmago, o sentido, a orientação da obra; nisso reside o que ela tem de primordial, divino, produtivo, intangível, inexorável, e nem o tempo, nem quaisquer influências ou condições externas podem afetar esse modo intrínseco e original de ser, do mesmo modo que a enfermidade do corpo não pode afetar uma alma bem formada. Assim, a língua, o dialeto, as idiossincrasias, o estilo e, por fim, a escrita devem ser vistos como o corpo de qualquer obra do espírito; esse corpo, no entanto, embora estreitamente ligado ao que lhe é inerente, está sujeito à degeneração, à desfiguração. Afinal, nenhuma tradição, por sua própria natureza, nos é transmitida de maneira absolutamente pura e, mesmo que o fosse, isso não significa que ela se manteria perfeitamente compreensível para sempre: a pureza absoluta é impossível em razão da insuficiência dos órgãos pelos quais ela é transmitida; a compreensibilidade perfeita, pela diversidade das épocas e dos lugares, mas sobretudo por causa da diferença entre as habilidades humanas e os modos de pensar dos homens de cada tempo – eis também o porquê de os intérpretes nunca estarem inteiramente de acordo.

 Por essa razão, investigar a singularidade de um escrito – aquilo que é o mais próprio de uma obra que nos diz muito – é algo que concerne a cada um de nós como uma questão particular. Daí que, antes de qualquer outra coisa, tenhamos de levar em consideração o modo como a obra se relaciona com aquilo que nos é mais próprio e devamos pensar em que medida a força vital dessa obra é capaz de estimular e fecundar a nossa própria vitalidade. Em contrapartida, aquilo que nos é exterior, aquilo que não tem maior impacto sobre nós ou que nos parece passível de dúvida, isso tudo deveríamos deixar aos cuidados da crítica. Esta, porém, mesmo que reunisse meios de desmembrar e esmiuçar a obra em suas mínimas partes, nunca seria capaz de roubar-nos a própria base em que nos firmamos, tampouco conseguiria confundir, por um instante sequer, nossa confiança já bem arraigada.

Essa convicção, nascida de minhas crenças e observações mostra-se útil e revigorante em qualquer das situações que costumamos reconhecer como as mais importantes e é, pois, fundadora tanto de minha vida moral quanto de minha vida literária. Por isso, deve ser vista como um capital que foi bem investido e é especialmente rentável, ainda que, em certas ocasiões, sempre possamos ser levados a aplicar esse capital de modo equivocado. Foi somente a partir dessa perspectiva que a Bíblia se tornou mais acessível para mim. Eu a li; e eu a reli várias vezes, como é praxe nas aulas de religião dos protestantes. E, à medida que a lia aos saltos, de frente para trás e ao contrário, fui me familiarizando aos poucos com ela. A naturalidade rústica do Velho Testamento e a ingenuidade singela do Novo eram o que mais havia me atraído em cada uma dessas partes individualmente; e embora a Bíblia insistisse em nunca se apresentar para mim como um todo, as diferenças de caráter entre os diferentes livros já não me perturbavam mais: sabia imaginar fidedignamente o significado de cada um deles, um a um, e já havia investido muito de minha disposição nessa obra para que, algum dia, eu pudesse simplesmente abnegá-la. A propósito, era justamente desse ponto de vista que eu me sentia protegido contra os mais diversos deboches, já que eu os conseguia perceber imediatamente como uma forma de má-fé. Mas eu não apenas detestava essas gozações; permitia, também, que me enfurecessem. Ainda me lembro exatamente de como, nos ardores de meu fanatismo infantil, eu bem poderia ter estrangulado Voltaire – se tivesse tido ocasião de apanhá-lo com as próprias mãos – pelo que fizera com seu *Saul*.[17] Por outro lado, investigações mais conscienciosas me despertavam grandemente o interesse. E era com satisfação que eu lia, por exemplo, as exposições que lançavam novas luzes sobre as localidades e os costumes daquele Oriente, continuando, assim, a ensaiar toda minha perspicácia na discussão dessas tradições tão valorosas.

É sabido que eu desde cedo procurei me iniciar nas questões daquele mundo primevo que nos é representado no primeiro livro de Moisés. E como

---

17 Referência ao modo como Voltaire representa o personagem Saul em sua peça homônima, de 1763.

eu então pretendia proceder de modo compassado e organizado, foi só depois de um longo período de interrupção que passei para o segundo livro.[18] E que diferença! Do mesmo modo como aquela sensação de plenitude da infância havia desaparecido de minha vida, tive a impressão de que um enorme abismo se abria entre o segundo e o primeiro livro. O completo esquecimento do tempo passado já se fazia patente nestas poucas, mas significativas palavras: "Entrementes se levantou sobre o Egito um novo rei, que não conhecera a José".[19] Mas também o povo, inumerável como as estrelas no firmamento, esteve prestes a se esquecer do ancestral a quem Jeová, sob o céu constelado, havia feito a promessa que ali se cumpria.[20] Foi somente com um esforço imenso, um aparato precário e grandes limitações que eu consegui passar pelos cinco livros de Moisés; e esse trabalho todo me rendera as ideias mais estranhas. Acreditava ter descoberto que os dez mandamentos não haviam sido escritos sobre as tais tábuas, que os israelitas não haviam vagado quarenta anos pelo deserto, mas apenas por um período curto de tempo, e alimentava ainda a ilusão de que eu podia oferecer subsídios completamente novos para a compreensão da figura de Moisés.

O Novo Testamento também não ficaria imune às minhas investigações; meu gosto pelo discernimento não o poderia poupar de meus afãs, mas, por amor e simpatia, eu estava sempre disposto a me ajustar àquele mote tão edificante: "Os evangelistas bem podem se contradizer, contanto que o Evangelho não entre em contradição".[21] Também nessa seara eu acreditava ter feito descobertas de toda espécie, a exemplo daquele dom das línguas, que se concedera de modo tão lúcido e fulguroso no dia de Pentecostes: este eu entendia de modo[22] um tanto abstruso e muito pouco propício a conquistar um círculo maior de simpatizantes.

---

18   O livro do Êxodo, segundo livro de Moisés.
19   Êxodo 1:8, na versão atualizada da tradução de João Ferreira de Almeida.
20   Provável alusão à promessa que Deus fizera em sonho a Jacó (Gênesis 28:13-15).
21   As aspas, em Goethe, nem sempre são utilizadas para indicar a citação efetiva de outro texto. Nessa passagem, cuja referência textual a crítica até hoje não pôde identificar, as aspas parecem marcar, antes, um destaque ou um efeito de citação. A ideia geral, no entanto, é recorrente nos escritos teológicos de Lessing.
22   Ver as questões discutidas por Goethe em sua obra *Zwo wichtige bisher unerörterte biblische Fragen* [...], de 1773.

Tentei me imbuir de uma das principais doutrinas do luteranismo, a qual os pietistas[23] haviam assimilado de modo ainda mais rigoroso, a saber: a de que o homem deve ser visto dominantemente como um pecador. Mesmo sem obter grande sucesso, consegui me apropriar bastante bem da terminologia dessa doutrina e pude até me servir dela em uma carta,[24] que resolvi escrever sob a persona de um pastor de vilarejo do interior e endereçar a um novo colega de ofício. O tema principal desse escrito, porém, era a palavra de ordem daqueles tempos, a *tolerância*, tema igualmente subscrito pelas maiores cabeças e pelos grandes espíritos da época.

Escritos como esse, que me iam surgindo aos poucos, eu mandei imprimir no ano seguinte por minha própria conta, com o intuito de testar a reação do público. Eu então os presenteava ou os deixava na Livraria Eichenberg,[25] para que se fossem vendendo na medida do possível, sem que eu, com isso, contraísse qualquer vantagem financeira. Vez ou outra alguma resenha chegava a referir essas publicações, ora favoravelmente, ora desfavoravelmente, mas elas não tardariam a cair em esquecimento. Meu pai guardou-as cuidadosamente em seu arquivo, e não fosse por isso, não me restaria delas nem sequer um único exemplar. Pretendo incluí-las na nova edição[26] de minhas obras, juntamente com alguns outros manuscritos do gênero, que eu ainda tive a oportunidade de resgatar.

Como o estilo sibilino daquelas páginas e sua publicação eram, na verdade, resultado do quanto eu havia me deixado desencaminhar por Hamann,[27] surge aqui uma ocasião propícia para rememorar esse homem influente e tão digno de respeito, que, já naquela época, era para nós um homem particularmente misterioso e que, para o restante de seus conterrâneos, assim se

---

23 Em alemão: *Brüdergemeine*, os pietistas hernutos. Ver também nota 62 do Primeiro livro, à p.63.

24 Alusão ao escrito *Brief des Pastors zu *** an den neuen Pastor zu ****, de 1773.

25 Livraria de Frankfurt, de propriedade do livreiro Johann Conrad Deinet (1735-1797).

26 Goethe faz aqui menção à edição de suas obras em vinte volumes, publicada pela Editora Cotta entre 1815 e 1819. Os textos que ele menciona nessa passagem, porém, só seriam publicados em 1842, no volume 56 da chamada "edição de última mão" (*Ausgabe letzter Hand*) de suas obras.

27 Ver nota 26 do Décimo livro, à p.490.

manteria para sempre. Sua *Memorabilia socrática*[28] chegou a despertar alguma atenção e conquistaria a simpatia especialmente daquelas pessoas que não conseguiam se sentir à vontade com o espírito de deslumbramento daqueles tempos. Pressentia-se nele um homem de pensamento profundo e minucioso, um homem que, sendo grande conhecedor tanto do mundo revelado quanto da literatura, ainda assim aceitava o enigmático, o inescrutável, e discorria a esse respeito de um modo que lhe era todo próprio. Para aqueles que dominavam a cena literária da época, como seria de se esperar, ele não passava de um sonhador abstruso; mas uma juventude cheia de ambições se deixou atrair fortemente por ele. Até mesmo aquele grupo de pietistas que, meio por gozação, meio a sério, era chamado de "Quietos no país"[29] – almas devotas, que, sem se reconhecer como uma forma de coletividade, formavam uma igreja invisível –, até mesmo eles voltavam sua atenção para Hamann. Para minha amiga Klettenberg,[30] assim como para seu amigo Moser,[31] o Mago do Norte[32] era uma manifestação muito bem-vinda. E sentimo-nos ainda mais ligados a ele quando descobrimos que conseguia manter a beleza e a altivez desse seu estado de espírito mesmo padecendo das condições precárias em que vivia. Levando-se em conta a grande influência do presidente von Moser,[33] teria sido muito fácil propiciar uma existência confortável e conveniente a um homem que se satisfazia com tão pouco. Aliás, a coisa[34] foi mesmo encaminhada; e tanto já se haviam entendido e acordado, que Hamann chegou a empreender a longa viagem de Königsberg até Darmstadt. E como calhasse de o presidente não estar na cidade por ocasião de sua chegada, aquele homem tão incomum resolveu voltar imediatamente para casa – não se sabe ao certo o motivo. A despeito do ocorrido, continuariam

---

28 *Sokratische Denkwürdigkeiten*, de 1759.
29 Em alemão: *die Stillen im Lande*. Ver nota 62 do Primeiro livro, à p.63.
30 Ver nota 72 do Oitavo livro, à p.408.
31 Ver nota 30 do Quarto livro, à p.174.
32 *Magus aus Norden*, epíteto pelo qual Hamann era conhecido. A expressão surge no contexto de uma polêmica entre Hamann e Moser – ambos utilizam o termo *magus* no sentido neotestamentário de sábio.
33 Primeiro-ministro do condado de Darmstadt-Hessen.
34 Tratava-se de uma posição como tutor do príncipe do condado de Darmstadt-Hessen, que von Moser organizara para Hamann, em 1764.

amigos, por correspondência. Ainda tenho comigo duas dessas cartas de Hamann endereçadas a seu benfeitor, escritos estes que dão testemunho da notável grandiosidade e da profunda sinceridade de seu autor.

Mas um entendimento tão perfeito não poderia durar por muito tempo. Aquele círculo de devotos havia imaginado que Hamann era um devoto a sua maneira; haviam-no tratado e respeitado como o Mago do Norte e acreditavam que ele continuaria a se comportar de modo respeitável. Ele, no entanto, havia causado certo alvoroço com sua obra *Nuvens – Epílogo à memorabilia socrática*;[35] para não mencionar suas *Cruzadas do filólogo*,[36] que não só mostravam em sua folha de rosto o perfil bodesco de um Pã chifrudo, como apresentavam, logo em suas primeiras páginas, a xilogravura de um grande galo marcando o compasso para uma série de jovens frangotes que, segurando suas partituras com as garras, postavam-se de pé diante de seu dirigente — alusão jocosa a certas manifestações da música sacra, que, decerto, não contavam com a aprovação do autor. Foi então que, entre aquelas pessoas tão delicadas e bem-dispostas, começou a surgir um mal-estar que elas não se dispuseram a disfarçar diante do autor. Este, como não se sentisse necessariamente edificado com tal reação, acabou então rompendo toda forma mais íntima de ligação com aquela roda. Herder fazia questão de nos manter sempre atentos a esse homem, e, em sua correspondência conosco e com sua noiva, informava-nos imediatamente sobre tudo o que surgia daquele espírito tão distinto. Isso incluía também suas notas e resenhas literárias publicadas no *Königsberger Zeitung*,[37] que tinham todas um caráter altamente singular. Reuni uma coleção quase completa de seus escritos, que inclui um manuscrito[38] bastante importante, em que, discorrendo sobre o premiado

---

35 *Wolken, ein Nachspiel Sokratischer Denkwürdigkeiten*. Trata-se de um escrito de 1761 que se volta contra a ciência abstrata.
36 *Kreuzzüge des Philologen*, de 1762.
37 Trata-se do jornal *Königsbergische gelehrte und politische Zeitung*.
38 Provável referência ao manuscrito *Philologische Einfälle und Zweifel über eine akademische Preisaufgabe*, que só seria publicado em 1823. Hamann vê uma contradição na ideia herderiana de que o homem teria sido criado por Deus, mas adquiriria a linguagem naturalmente.

escrito de Herder sobre a origem da linguagem, Hamann, do seu modo todo peculiar, lança as mais curiosas luzes sobre a peça herderiana.

Ainda guardo esperanças de poder providenciar eu mesmo a edição das obras completas de Hamann, ou ao menos incentivar de algum modo sua organização;[39] e quando o conjunto desses documentos se oferecer novamente aos olhos do público, aí então será o momento de discutir mais de perto a natureza e o caráter desse autor. Nesse meio-tempo, gostaria apenas de ir adiantando algo; até porque homens de grande distinção lhe foram bastante simpáticos, e eu acabaria acolhendo de muito bom grado tanto a aprovação quanto a repreensão que deles recebi. O princípio a que remontam todas as manifestações de Hamann é o seguinte: "Tudo o que o ser humano se dispõe a empreender, seja através de suas ações ou de suas palavras, seja como for, tem de surgir da união somada de todas as suas forças; tudo o que se dá como algo à parte é reprovável". Que máxima magnífica! Mas quão difícil de segui-la. Ela certamente poderia valer para a vida e para a arte; mas no caso de toda expressão da palavra que não seja exatamente poética, surge uma grande dificuldade: a palavra tem de se dissociar das outras, tem de se distinguir como tal para poder dizer, para poder significar alguma coisa. Na medida em que fala, o homem tem de se singularizar por um momento; sem diferenciação não há comunicação, nem ensinamento. Como Hamann repudiava com todas as suas forças essa dissociação – dado que pretendesse falar do mesmo modo que sentia, pensava e imaginava, exigindo o mesmo de todo mundo –, ele acabaria entrando em conflito com seu próprio estilo e com tudo o que os outros foram capazes de produzir. E para ser capaz do impossível, passa então a se servir de todos os elementos: das percepções mais profundas e enigmáticas, em que a natureza e o espírito se encontram veladamente; dos lampejos de uma razão esclarecedora, que irradiam de tal encontro; das imagens impactantes que pairam nessas

---

39 Apesar da insistência de seus amigos, Hamann não chegaria nem mesmo a iniciar o trabalho de organização de seus escritos. Herder seria o primeiro a dedicar esforços nesse sentido, mas, apesar de sua contribuição, nem ele nem Goethe dariam cabo dessa tarefa. Subsidiada pela coleção de Goethe, a primeira edição de suas obras completas, em sete volumes, seria organizada por Friedrich Roth e publicada entre 1821 e 1824.

regiões; dos dizeres impositivos de escritores pagãos e sagrados; e de tudo o que, a isso, ainda se possa acrescentar de humorístico. São esses elementos todos somados que constituem a totalidade maravilhosa de seu estilo, de sua expressão. E como, à medida que o vamos estudando, não conseguimos nos juntar a ele nas profundezas, nem acompanhá-lo nas alturas, nem nos assenhorearmos das imagens que pairam diante dele, enfim, como não conseguimos nem mesmo descobrir o sentido de uma passagem apenas aludida, advinda do repertório infinito de suas leituras, tudo ao nosso redor começa então a se tornar mais opaco e obscuro. E essa escuridão só tende a crescer com o passar dos anos, uma vez que suas alusões — à vida e à literatura — sempre convocam as particularidades dominantes de um momento específico. Tenho em minha coleção alguns de seus trabalhos impressos, em cujas margens Hamann anotou, de próprio punho, as passagens a que se referem suas alusões. Se as consultamos, somos iluminados de novo como que por uma luz dupla, ambígua, que nos parece especialmente reconfortante; mas, para tanto, temos de abandonar inteiramente o que costumamos chamar de compreensão. Se tais escritos merecem ser chamados de sibilinos é também pelo fato de não podermos considerá-los em si e por si sós; é preciso aguardar a ocasião em que se possa recorrer a seus oráculos. E cada vez que os consultamos, é como se descobríssemos algo novo, pois o sentido que reside em cada passagem nos toca e nos afeta de muitos modos diferentes.

Não cheguei a vê-lo pessoalmente, tampouco tive com ele qualquer relação mais direta por correspondência. Mas tenho a impressão de que Hamann tenha tido muita clareza sobre sua vida e suas amizades e de que tenha podido estimar muito acertadamente os vínculos que as pessoas tinham entre si e para com ele. Das cartas a que tive acesso, todas me pareceram excepcionais e muito mais claras do que seus outros escritos, uma vez que, nelas, as referências ao tempo, às circunstâncias, bem como às relações pessoais surgiam de modo mais evidente. Contudo, eu também acreditava ter percebido nessas cartas que, sentindo da maneira mais ingênua possível a superioridade de seus dons do espírito, Hamann se considerava sempre mais sábio e esperto do que as pessoas com quem ele se correspondia, para com as quais ele costumava se mostrar mais irônico do que cordial. E ainda que, em sua vida, isso se tenha verificado somente em alguns poucos casos, estes, para mim, representavam a maioria e eram motivo mais que suficiente para eu não sentir maior necessidade de me aproximar de sua pessoa.

Com Herder, em contrapartida, mantínhamos bem viva uma prazerosa correspondência literária; só é pena que ele nunca conseguisse se manter calmo e pacífico. Herder não sabia abrir mão de suas provocações e reprimendas. Merck, por exemplo, era alguém que nem precisava de muito para se sentir provocado, e ele também sabia como me fazer perder a paciência. Como Herder parecia venerar Swift acima de todos os outros escritores e seres humanos, nós passamos a chamá-lo de deão[40] – o que, é claro, acabaria ensejando uma série de desentendimentos e confusões.

À parte isso, alegramo-nos imensamente ao receber a notícia de que ele conseguira um emprego em Bückenburg. A colocação honrava-o duplamente, pois seu novo patrão[41] conquistara grande fama como um homem sensato e corajoso, apesar de suas excentricidades. Nesse mesmo cargo, Thomas Abbt[42] tornara-se figura conhecida e reputada; e a pátria ainda lamentava sua perda, tendo de se consolar com o monumento que lhe dedicara seu patrão e benfeitor. Herder tinha agora a tarefa de ocupar aquele cargo e de satisfazer aquelas expectativas tão dignamente despertadas pelo predecessor precocemente falecido.

A época em que isso aconteceu conferiria duas vezes mais brilho e importância a tal nomeação. Acontece que muitos dos príncipes alemães já vinham seguindo o exemplo do conde de Lippe, procurando engajar em suas cortes não apenas figuras bem instruídas e hábeis no exercício de seus ofícios, mas homens que ao mesmo tempo fossem espirituosos e de futuro promissor. Dizia-se, por exemplo, que o margrave de Baden[43] pretendera contratar

---

[40] Swift foi deão da Catedral de Saint Patrick, em Dublin – daí o apelido atribuído a Herder.

[41] Referência ao conde Guilherme de Schaumburg-Lippe (1724-1777), que, em 1770, nomeou Herder conselheiro do consistório e capelão-mor de sua corte.

[42] Thomas Abbt (1738-1766), teólogo e pensador, foi um dos antecessores de Herder em Bückenburg.

[43] O *markgraf* Karl Friedrich von Baden (1728-1811) tentou engajar Klopstock em sua corte, mas depois de uma curta estadia em Karlsruhe, este decidiu voltar para Hamburgo, onde residia desde que voltara de Copenhague, cidade em que vivera por duas décadas.

Klopstock mais pela graça e pelos benefícios de sua presença nas altas rodas da sociedade do que para realizar algum serviço específico. Se com isso ganhava ainda mais vulto a consideração que se tinha por esse soberano tão extraordinário, dedicado a tudo o que era belo e necessário, também a veneração de Klopstock não deixaria de crescer. Tudo o que provinha dele era apreciado e bem quisto. E era com grande cuidado e atenção que copiávamos suas odes e elegias, tão logo tivéssemos acesso a elas.[44] Daí que tenhamos ficado especialmente contentes quando a condessa Caroline de Hessen-Darmstadt[45] organizou uma reunião da obra de Klopstock e um dos raros exemplares veio parar em nossas mãos, permitindo-nos o cotejo e a complementação de nossas próprias coletâneas manuscritas. Isso também explica por que essas primeiras versões de sua obra cativaram tanto nossa predileção; e por muito tempo ainda continuaríamos a admirar e a nos deliciar com alguns daqueles poemas que o próprio poeta, mais tarde, acabou descartando. Verdade seja dita: quanto menos uma bela alma é constrangida pela crítica a enquadrar-se no campo das artes, mais livremente a vida, que dela emana, age e impacta sobre os outros.

Com sua personalidade e seu modo de se portar, Klopstock soube conquistar admiração e respeito para si, mas também para outros homens de talento; estes, por sua vez, passariam a dever ao autor a segurança e a melhoria de suas condições de vida. Nos primeiros tempos, o negócio do livro[46] envolvia predominantemente as obras acadêmicas de maior relevo ou a publicação de artigos relacionados, os quais eram apenas modestamente remunerados. A produção de escritos poéticos ainda era vista, então, como algo sagrado, de modo que contrair ou negociar honorários era tido

---

44 Ao longo de sua vida, Klopstock publicaria suas odes apenas esparsamente. A primeira edição impressa de suas odes e elegias (1771) é fruto de uma antologia organizada por seus amigos e admiradores e corrigida pelo autor. Antes de sua morte, Klopstock ainda chegou a revisar novamente essa edição, o que serviria de base para a edição de "última mão" de suas obras, publicada em 1798.

45 Landgräfin Caroline von Hessen-Darmstadt (1721-1774).

46 A época de Goethe coincide com o surgimento da figura do escritor independente, do mercado livresco e do universo editorial moderno. O próprio Goethe teria papel decisivo na regulamentação dos direitos autorais na Alemanha, especialmente no que dizia respeito aos direitos de reimpressão.

praticamente como um ato de pura simonia. Autores e editores mantinham entre si as relações mais curiosas. Dependendo do ponto de vista, ambas as partes poderiam figurar como patrões e como clientes. Os autores, que, para além de seu talento, geralmente eram vistos e venerados pelo público como pessoas da maior distinção, tinham um estatuto intelectual e sentiam-se compensados pela felicidade do trabalho bem-sucedido. Os editores, de sua parte, contentavam-se de bom grado com um lugar secundário, mas gozavam de benefícios consideráveis. Todavia, a prosperidade não tardou a fazer com que os ricos livreiros galgassem a posição de prestígio dos pobres poetas, e tudo logo encontrou seu mais belo equilíbrio. Generosidade recíproca e gratidão não eram, nessa época, uma exceção: o editor Breitkopf e o autor Gottsched, por exemplo, partilharam o mesmo teto durante boa parte de suas vidas – a mesquinharia e a vileza, sobretudo no que concerne às reimpressões, ainda não haviam entrado então na ordem do dia.

Não obstante, um movimento começou a tomar forma entre os autores alemães. Eles comparavam suas condições modestas, quando não precárias, com a fortuna dos prestigiados comerciantes de livro e observavam como, por maior que fosse a fama de um Gellert ou de um Rabener, mesmo os escritores mais amplamente admirados tinham de lidar com a situação precária em que viviam – a não ser que conseguissem criar para si algum outro modo de facilitar sua subsistência. Até mesmo as mentes mais medianas e de menor vulto sentiram uma necessidade vital de ver melhorada a sua situação e de se tornarem independentes dos editores.

Foi então que Klopstock surgiu com a ideia de oferecer, por subscrição, a publicação de sua *República dos letrados*.[47] Os últimos cantos de seu *Messias*, fosse em razão de seu conteúdo, fosse em razão do modo como o tratava, não haviam conseguido alcançar a mesma repercussão dos primeiros[48] – que, puros e inocentes, vieram a público em tempos igualmente puros e inocentes. Mas a admiração pelo poeta ainda se mantinha inabalável. Afinal, com a publicação de suas odes, Klopstock ganhara o coração, a mente e a alma de inúmeras pessoas.

---

47 Trata-se da obra *Die deutsche Gelehrtenrepublik, ihre Einrichtung, ihre Gesetze, Geschichte des letzten Landtags* (1774), de Klopstock.
48 Ver nota 43 do Segundo livro, à p. 105.

Muitos pensadores, entre os quais alguns de grande influência, ofereceram-se de imediato para bancar o adiantamento pela edição de sua *República*, no valor de um *Louis d'or* – diziam não se tratar exatamente de um pagamento pelo livro, mas de uma ocasião para recompensar o autor pelos serviços prestados à pátria. E as pessoas chegaram a disputar a chance de repetir esse gesto; até mesmo rapazes e moças que não tinham muito que gastar resolveram mexer em suas economias. Homens e mulheres, a classe alta e a classe média, por fim, todos resolveram dar sua contribuição para a santa coleta – é possível que mais de mil pessoas tenham subscrito a publicação dessa obra. As expectativas projetavam-se nas alturas, a confiança era a maior possível.

Diante disso tudo, a obra só poderia mesmo encontrar a recepção mais estranha do mundo ao ser lançada, e ainda que reconhecido seu valor, não despertaria maior interesse. O pensamento de Klopstock sobre poesia e literatura era apresentado na forma de uma antiga república alemã de druidas, e suas máximas sobre o autêntico e o falso eram insinuadas em apotegmas lacônicos, conquanto sua opção pela estranheza formal acabasse sacrificando o caráter instrutivo das formulações lapidares. O livro era e continuaria sendo de valor inestimável para escritores e literatos, mas só se mostraria produtivo e proveitoso nesses círculos mais restritos. Quem estava acostumado aos exercícios do pensamento não tinha maiores problemas em acompanhar o pensador; quem buscava e sabia valorizar o autêntico sentia-se instruído por aquele homem bom e profundo. Já o leitor amador, este não tinha como se sentir esclarecido; para ele, o livro mantinha-se como que selado. Ainda assim, a obra foi parar nas mãos de toda a gente, e diante da expectativa de encontrar uma obra absolutamente usual, a grande maioria acabaria recebendo um livro que não tinha a menor possibilidade de cair no seu gosto. A consternação foi generalizada, mas a admiração por aquele homem era tamanha que não se ouviu um só murmúrio, mal surgiram rumores a respeito. A bela juventude do mundo conformou-se com sua perda e agora, de brincadeira, presenteava adiante os caros exemplares que haviam adquirido. Eu mesmo recebi de minhas amigas vários desses exemplares, dos quais não me restaria um único sequer.

Esse empreendimento de sucesso para o autor, mas não para o público, teria uma consequência negativa, já que a prática de adiantamento de honorários e a perspectiva de publicação por subscrição deixaram, então, de se apresentar como uma opção cogitável. Mas o desejo de mantê-las vivas havia se disseminado de maneira tão ampla que não tardaria a surgirem novos esforços nesse sentido. Como no caso da casa editorial de Dessau,[49] que se declararia disposta a retomar essas práticas em grande estilo. A ideia era firmar uma associação entre homens de letras e editores, para que ambos pudessem desfrutar igualmente dos lucros estimados. A condição de precariedade tão penosamente sofrida até então despertaria novamente grandes expectativas, mas estas não sobreviveriam por muito tempo; depois de algumas tentativas, os participantes acabaram se separando, cada qual levando consigo sua parte do prejuízo.

Nesse meio-tempo, todavia, já se havia estabelecido um modo ágil de comunicação entre os amantes da literatura: enquanto os almanaques das musas[50] reuniam os poetas mais jovens, as revistas[51] colocavam os poetas em contato com os demais escritores. Meu desejo de criar não tinha limites, mas minhas criações me eram indiferentes; somente quando tinha a felicidade de retomá-las, sozinho ou num círculo de amigos, é que se renovava em mim a afeição por elas. Aliás, muitos de meus amigos gostavam também de participar de alguma forma desses meus trabalhos, tanto dos maiores quanto dos menores. Isso porque, quando as pessoas demonstravam um mínimo de habilidade ou interesse, eu logo as impelia a produzir alguma coisa de seu próprio punho e de forma independente; e essas mesmas pessoas, em seguida, estimulavam-me igualmente a escrever novos poemas e escritos. Essas provocações e incitações recíprocas, que não raro eram levadas ao extremo, tinham sobre cada um de nós, a sua maneira, uma influência animadora. E foi a partir desse remoinho criativo, desse viver e deixar viver,

---

49 *Dessauische Verlagshandlung*, editora e livraria fundada por escritores em 1781 como uma espécie de cooperativa, mantendo-se em funcionamento até 1788.
50 Seguindo o modelo do *Almanac des Muses* parisiense (fundado em 1765 por Sautreau de Marsy), surgiriam a partir de 1769, também na Alemanha, os chamados *Musenalmanache*, antologias de poetas novos e, em geral, inéditos.
51 Vale lembrar que a publicação de revistas, em geral, e de revistas literárias, em particular, é uma prática que só surgiria e se estabeleceria ao longo do século XVIII. Durante sua vida, Goethe participou como fundador de diversos desses periódicos.

desse dar e receber – encarado de peito aberto e a seu próprio modo por cada um daqueles tantos jovens, sem depender de ninguém e sem qualquer espécie de estrela-guia teórica – que surgiu aquela renomada época literária,[52] tão famosa quanto infame; uma época que viu surgir uma grande massa de jovens geniais, com todo o arrojo e toda presunção tão típicos de sua idade: com o uso de suas forças, produziriam alegrias e prazeres; com o abuso das mesmas, causariam males e desprazeres. Os efeitos e as reações advindos dessa fonte constituem justamente o tema principal deste livro.

Mas em que os jovens concentrarão seu maior interesse? E como poderão os jovens despertar o interesse uns dos outros, se o amor não lhes servir de inspiração e se as coisas do coração não se fizerem vivas neles de algum modo? Eu, de minha parte, tinha um amor perdido de que me lamentar. Isso me tornou mais gentil e condescendente, e também mais simpático para com meus colegas do que naqueles áureos tempos, em que eu não via nada em mim que semelhasse qualquer defeito ou o menor passo em falso; naqueles tempos, em que eu me lançava intempestivamente sempre adiante, sem levar nada mais em conta.

A resposta de Friederike à minha carta de despedida partiu-me o coração. Era a mesma mão, o mesmo pensamento e o mesmo sentimento que se haviam desenvolvido para mim e por mim. E foi só então que senti o quanto a perda a fez sofrer, mas eu não via possibilidade alguma de repará-la, nem mesmo de aliviá-la. Friedrike não saía de minha cabeça, sentia sua falta a todo instante e, o que era muito pior, eu não era capaz de me perdoar por minha própria infelicidade. Gretchen havia sido tomada de mim, Annette havia me abandonado, mas nesse caso, pela primeira vez, era eu o culpado. Ferira profundamente o coração mais adorável que havia e, agora, sentindo falta das benesses a que me habituara aquele amor, vivia a dor insuportável dos tempos sombrios do arrependimento. Mas o ser humano deseja viver e, a partir daí, passei a me interessar mais sinceramente pelos outros. Procurava ajudá-los em suas dificuldades, tentava unir quem parecia querer se separar, com o intuito de que não tivessem o mesmo destino que eu. Por isso

---

52   Referência ao movimento literário *Sturm und Drang* [Tempestade e Ímpeto]. Ver nota 48 do Décimo primeiro livro, à p.586.

começaram a me chamar de *confidente*, mas também de *peregrino*, em razão de meus passeios ao léu pela região. Esse apaziguamento de meus humores — que eu só conseguia encontrar a céu aberto, nos vales, sobre os morros, nas campinas e matas — eu devia à localização de Frankfurt, situada bem no coração da região que se desenhava entre Darmstadt e Homburg,[53] duas localidades muito agradáveis, que, devido aos laços familiares de suas cortes, mantinham ótima relação. Acostumei-me a viver com o pé na estrada, como se fizesse as vezes de um mensageiro que fica vagando incessantemente entre montanhas e planícies. De vez em quando, estivesse eu sozinho ou acompanhado, atravessava minha cidade natal como se ela não me dissesse o mínimo respeito. Comia numa das grandes estalagens da Fahrgasse e, depois da refeição, seguia meu caminho. Mais do que nunca eu me sentia então atraído pela vastidão do mundo e pelo sentido de liberdade da natureza. Em minhas jornadas, cantava os mais estranhos hinos e ditirambos, um dos quais se preservaria com o título de *Canção de tempestade do peregrino*.[54] Certo dia eu cantava inflamadamente esses semidesatinos, quando, de repente, fui surpreendido por um terrível temporal, que me vi obrigado a enfrentar em plena estrada.

Meu coração se encontrava impassível e ocioso: eu evitava deliberadamente toda e qualquer relação mais próxima com as mulheres e, despreocupado e distraído, não me dei conta de que um gênio amável adejava discretamente a meu redor. Uma mulher[55] doce e adorável alimentava uma afeição secreta por minha pessoa; e como eu não me apercebesse de coisa alguma, não me importava de mostrar-me ainda mais animado e alegre em sua presença tão prazenteira. Somente muitos anos mais tarde, a bem dizer, somente após sua morte foi que eu soube daquele amor velado e divinal; e o soube de um modo que me deixaria comovido. Mas dessa vez eu não tinha culpa alguma e podia carpir meus sentimentos puros e sinceros por aquela criatura inocente; e tão mais belamente o faria, pois aquela revelação

---

53 Sede do landgrave de Homburg.
54 *Wanderers Sturmlied*: "Wen du nicht verlässest, Genius/ Nicht der Regen, nicht der Sturm/ Haucht ihm Schauer übers Herz [...]". Canção datada de abril de 1772, musicada por Richard Strauss (Op. 14).
55 Henriette Helene von Rousillon, falecida em 1773.

coincidia justamente com uma época em que, sem qualquer arroubo de paixão, eu tinha a felicidade de poder viver apenas para mim e para os interesses de meu espírito.

Contudo, como a dor pela situação de Friedrike ainda me acossava, deixei-me levar por meu antigo costume e voltei a buscar guarida na poesia. Dei então seguimento ao meu professar poético, para que, dessa forma autopenitente de expiação, eu me tornasse minimamente digno de uma absolvição interior. As duas Marias no *Götz von Berlichingen* e no *Clavigo*,[56] assim como a má figura desempenhada por seus amantes, podem bem ser o resultado da compunção de tais considerações.

Mas como, na juventude, as mágoas e as doenças são superadas muito rapidamente – em vista da condição, que uma ordem sadia da vida orgânica tem, de enfrentar as enfermidades, assegurando o tempo necessário para seu restabelecimento –, a prática ocasional de exercícios físicos veio muito bem a calhar, fazendo com que eu me sentisse novamente encorajado e motivado a viver os prazeres e as alegrias da vida, de suas mais variadas formas. Aos poucos, as cavalgadas foram suplantando aquelas minhas caminhadas errantes, melancólicas e pesarosas, que além de tudo eram vagarosas e sem rumo; o cavalo era uma forma mais veloz, divertida e confortável de se chegar a algum lugar. Alguns de meus colegas mais jovens voltaram a praticar a esgrima, mas foi com a chegada do inverno que um mundo novo se abriu para nós: não tardei em decidir que aprenderia a patinar, mesmo sem nunca ter tentado fazer isso antes. E em pouco tempo, com exercício, reflexão e perseverança, consegui evoluir o suficiente para, sem maiores pretensões, tirar bom proveito de uma pista de gelo repleta de gente alegre.

Era também a Klopstock que devíamos essa nova e tão animada atividade. Se o registro de algumas declarações pessoais já pode atestar seu entusiasmo por essa forma gaudiosa de movimento, suas odes dão testemunho incontestável disso. Lembro-me perfeitamente de certa manhã fria e ensolarada de inverno, em que saltei da cama dizendo para mim mesmo os seguintes versos:

---

56 Tragédia em cinco atos, publicada em 1774. Trata-se da primeira peça publicada por Goethe, dado que o *Götz von Berlichingen*, de 1773, fora publicado como peça anônima.

Feliz da sensação de estar saudável,
Risquei de branco, beira abaixo,
As águas em sua capa de cristal.[57]

Como, branda, a luz de inverno rompe o dia
Sobre o lago! E fulge a geada, constelada,
Que a noite salpicara sobre ele![58]

De início hesitante e titubeante, logo firmei minha decisão e parti em busca de um local onde um iniciante tão velho como eu pudesse começar seus primeiros exercícios com alguma decência. E verdade seja dita: esse modo de despender energia bem merecia ser recomendado por Klopstock, pois era capaz de nos colocar em contato com nossa mais viva infância, convocando o jovem a aproveitar toda sua agilidade e resguardando os mais velhos da ronçaria da idade. Entregamo-nos desmesuradamente a esse prazer! Passar um dia maravilhosamente ensolarado sobre a pista de gelo não nos bastava; continuávamos patinando noite adentro. Acontece que, enquanto outros tipos de esforço físico apenas fatigam o corpo, patinar parece lhe conferir um impulso sempre renovado. A lua cheia entre as nuvens, pairando sobre a vastidão noturna das campinas transformadas em campos de gelo, os ares da noite ciciando contra o corpo em movimento, o estrondo grave do gelo reacomodando-se ao desnível das águas, o eco estranho de nosso próprio movimento, tudo isso reavivava em nossa imaginação, com a mais absoluta perfeição, cenas dignas dos cantos de Ossian.[59]

---

57 Citação da ode *Braga*, versos 13 a 15, de Klopstock: "Schon von dem Gefühle der Gesundheit froh/ Hab'ich, weit hinab, weiß an dem Gestade gemacht/ Den bedeckenden Kristall".
58 Citação da ode *Eislauf* [Patinação], versos 26 a 28, de Klopstock: "Wie erhellt des Winters werdender Tag/ Sanft den See! Glänzenden Reif, Sternen gleich,/ Streute die Nacht über ihn aus!".
59 Referência aos escritos do escocês James Macpherson (1736-1796), publicados como uma coletânea e tradução, para o inglês contemporâneo, de antigos fragmentos que cantariam os feitos de um herói gaélico chamado Ossian. A crítica não tardaria em colocar em discussão a autenticidade desses escritos, comprovando, por fim, que se tratava de uma criação do próprio Macpherson.

De minha vida: Poesia e verdade

Os amigos, um após o outro, entoavam odes de Klopstock numa espécie de meio canto declamatório; e em nossas idas e vindas, quando dávamos uns com os outros à luz do crepúsculo, ressoava então o mais sincero elogio do fundador de nossas alegrias.

> Não havia de ser imortal quem
>   Em nós despertou saúde e a alegria
>   Que aos galopes, rocim algum nos deu,
>   E que nem mesmo a bola tem para dar?[60]

Tamanha é a gratidão merecida por um homem que, com um gesto do espírito, sabe enobrecer e difundir de maneira tão digna uma atividade trivial qualquer!

E tal como crianças talentosas, cujos dons intelectuais se destacam desde cedo, costumam se entregar, na primeira ocasião que lhes surge, às mais simples brincadeiras de menino; do mesmo modo, também nós acabamos esquecendo muito rapidamente de nossa vocação para os assuntos mais sérios. Todavia, aquele balouço sereno no indefinido, aquele vai e vem contínuo, e frequentemente solitário, fez despertar em mim muitos de meus desejos mais íntimos que havia muito tinham adormecido. Foi, portanto, nessas horas de patinação que alguns de meus antigos projetos começaram finalmente a ganhar forma.

Os séculos sombrios da história alemã desde sempre ocuparam minha imaginação e curiosidade. A ideia de dramatizar a figura do Götz von Berlichingen no contexto de sua época era-me especialmente cara e preciosa. Li aplicadamente os principais autores que escreveram sobre aqueles tempos, dedicando toda atenção à obra *De pace publica*, de Johann Datt[61] – que eu

---

60 Citação da mesma ode *Eislauf*, versos 9 a 12: "Und sollte der unsterblich nicht sein,/ Der Gesundheit uns und Freuden erfand,/ Die das Roß mutig im Lauf niemals gab,/ Welche der Ball selber nicht hat?".

61 Johann Philipp Datt (1654-1722), jurista e autor de *Volumen rerum Germanicarum novum sive De pace Imperii publica libri V* (1698), obra de referência sobre a *Dieta de Worms* de 1495, reunião da cúpula imperial que encetaria uma série de reformas na organização jurídica e política do Sacro Império Romano-Germânico. Entre as reformas, a proclamação da Paz perpétua (*pax publica*) – que dirimiria o *Fehderecht*, uma espécie de

estudaria na íntegra e com grande afinco, fazendo o possível para conseguir entender suas especificidades e curiosidades. E toda essa dedicação, movida por propósitos de ordem poética e moral, acabou se mostrando útil ainda em outro sentido, uma vez que, tendo em vista uma futura visita a Wetzlar, eu estaria suficientemente preparado no que dizia respeito a sua história. Isso porque a instalação da Corte Suprema nessa cidade também se dera como consequência da proclamação da *pax publica*, de modo que a história desse tribunal poderia valer como um fio condutor significativo em meio ao emaranhado de acontecimentos da história alemã. Afinal de contas, observar como se constituem os tribunais e os exércitos é a maneira mais precisa de observar como se constitui qualquer império. Mesmo as finanças, cuja influência tomamos como tão importante, estão muito menos em questão; até porque sempre que falta algo ao todo, basta tomar dos indivíduos aquilo que eles ganharam e acumularam com o suor de seu trabalho – eis o que faz com que o Estado seja sempre suficientemente rico.

O que aconteceu comigo em Wetzlar não é de muita relevância, mas se não desprezarmos, aqui, a ocasião de passar os olhos pela história da Corte Suprema, ao menos para que se possa ter uma ideia do quão impróprio era o momento em que cheguei a essa cidade, pode surgir daí algo de interesse mais elevado.

Os senhores da terra são os senhores da terra justamente porque, em tempos de guerra, reúnem em torno de si os mais bravos e obstinados, assim como, em tempos de paz, conseguem manter ao seu redor os mais sábios e justos. O referido tribunal era parte integrante da corte do imperador alemão e, assim sendo, acompanhava-o em suas viagens pelo império. Mas nem essa precaução, nem o direito suábio que vigia no sul da Alemanha, nem o direito saxão que valia mais ao norte, nem os juízes comissionados para a manutenção desses direitos, nem os acordos firmados entre os pares, nem os árbitros reconhecidos por contrato, nem mesmo os arranjos amigáveis, estabelecidos pelo clero, nada disso podia silenciar a inclinação

---

direito medieval de se fazer justiça com as próprias mãos, instituindo, em seu lugar, instâncias legais para a mediação de conflitos – e a fundação da Suprema Corte Imperial (*Reichskammergericht*), sediada originalmente em Frankfurt e, após várias mudanças, a partir de 1693, em Wetzlar.

cavalheiresca de fazer justiça com as próprias mãos. Por causa das disputas internas, das campanhas militares em terras estrangeiras – especialmente as Cruzadas – e também de algumas práticas instituídas em certos tribunais, esse modo belicoso de judicação foi provocado, alimentado e acabou se arraigando como um costume entre os alemães. Para o imperador, assim como para os estamentos mais poderosos do império, essas desavenças incessantes representavam sempre um grande incômodo: os pequenos viviam intimidando seus iguais e, quando associados, também se tornavam um fardo para os grandes. E se, com isso, a ordem interna se abalava, também todo o poder de ação exterior ficava paralisado. Além disso, os tribunais vêmicos[62] ainda oprimiam a grande maioria dos territórios. Pode-se imaginar a extensão de suas atrocidades se pensarmos que essas cortes vêmicas acabaram degenerando e se transformando em uma polícia secreta, cujo controle, por fim, acabou indo parar nas mãos do poder privado.

Muitas tentativas em vão foram feitas para gerenciar minimamente essas tantas contrariedades, até que os estamentos começaram a insistir na ideia de instituir, urgentemente, um tribunal com seus próprios recursos. A despeito da boa intenção, essa proposta representava uma ampliação cada vez mais irrestrita da autoridade estamental e a consequente limitação do poder imperial. A ideia é protelada sob o reinado de Frederico III;[63] já seu filho, Maximiliano,[64] não podendo resistir a pressões externas, é obrigado a ceder. Caberia a ele designar então o juiz presidente da Corte, enquanto os estados determinariam os juízes adjuntos: deveriam ser em número de 24, mas, a princípio, satisfizeram-se com doze.

---

62 Em alemão: *Femgericht*. Também conhecido como Vehme Sagrada, era uma espécie de tribunal secreto que remonta à Idade Média e que se disseminou por toda a Alemanha a partir do século XIV. Os membros da Corte Vêmica, que se mantinham sempre anônimos, viam-se no direito de julgar e decretar a sentença de morte. No quinto ato da peça *Götz von Berlichingen*, Adelheid é sentenciada à morte por esse mesmo tipo de tribunal.

63 Friedrich III (1415-1493), da casa dos Habsburgos, imperador do Sacro Império Romano-Germânico de 1452 até o ano de sua morte.

64 Maximilian I (1459-1519), filho de Frederico III, imperador do Sacro Império Romano-Germânico de 1508 até o ano de sua morte, institui a Corte Suprema Imperial (*Reichskammergericht*) em Frankfurt no ano de 1495.

Um erro bastante comum que os homens costumam cometer em seus empreendimentos foi também o primeiro e o mais decisivo defeito da Corte Suprema: para alcançar grandes fins, lançaram mão de meios insuficientes. O número de juízes associados era demasiadamente reduzido: como poderiam dar conta de uma tarefa tão gigantesca e difícil? Mas e quem ali teria interesse em uma organização mais adequada a suas demandas? Do imperador não se podia esperar que favorecesse uma instituição que parecia agir mais contra si do que em seu favor; antes, tinha razões fortes para formar seu próprio tribunal, seu Conselho Áulico. Por outro lado, se levarmos em consideração o interesse dos estados, estes só se mostravam preocupados em estancar o sangue; não lhes interessava saber se a ferida seria ou não curada — ainda mais se isso representasse um aumento de despesas! Aparentemente, as casas nobres não devem ter tido clareza de que essa instituição só vinha aumentar o número de pessoas a serviço de cada príncipe, ainda que para um fim muito específico; mas, afinal, quem é que gosta de gastar dinheiro com aquilo que é necessário? Todo mundo fica mais satisfeito se puder obter de graça as coisas que lhe são úteis.

De início os juízes adjuntos tinham de viver de espórtulas; em seguida, passaram a receber dos estados uma modesta gratificação — ambas eram insignificantes. Mas não faltaram homens voluntariosos, habilidosos e diligentes para cumprir essa tarefa, cuja necessidade se fazia notória. O tribunal estava finalmente instituído. É difícil dizer se eles tinham consciência de que se tratava ali somente de aliviar, mas não de curar os males; ou, como em casos semelhantes, se de fato alimentavam alguma esperança de fazer muito com tão pouco. Basta, aqui, dizer que o tribunal servia mais como pretexto para condenar os desordeiros do que como meio decisivo para prevenir as injustiças. Não obstante isso, nem bem se dera por constituída e essa instituição já começaria a adquirir uma força própria, pressentindo a ordem hierárquica em que estava inscrita e assumindo sua grande importância política. E, de pouco em pouco, ao se destacar em suas ações, calharia a essa Corte construir uma imagem mais séria e decisiva. Os juízes fariam tramitar tudo o que podia e tinha de ser encaminhado rapidamente; e também saberiam resolver tudo aquilo que se podia decidir de imediato ou o que, de resto, era mais simples de ser julgado. Foi assim que essa corte surgiu aos olhos de todo o império como eficiente e digna de respeito. Já quanto aos casos de teor mais complexo, aqueles que de fato constituíam uma questão de ordem jurídica, estes foram ficando para trás, e não se via mal algum nisso. Ao Estado cabe apenas garantir a segurança da propriedade; não é de seu escopo discutir com que direito alguém se faz proprietário ou não de alguma coisa. Isso explica por que a quantidade imensa e cada vez maior de processos atrasados não representou prejuízo algum ao Império. Contra aquelas pessoas que se valiam de violência, sabia-se exatamente como proceder, e a Corte lidava muito bem com isso. Já quanto àqueles que resolviam entrar em disputas jurídicas por suas propriedades, estes sobreviviam, gozavam a vida, ou passavam fome; arruinavam-se, morriam, ou acabavam se reconciliando, conforme o caso. Isso tudo, no entanto, dizia respeito apenas à fortuna ou aos infortúnios particulares de cada família; as tensões do Império, aos poucos, iam se pacificando. Afinal, haviam provido a Corte Suprema de uma força legal contra os insurgentes; e se lhe houvessem conferido o poder da excomunhão, este teria se mostrado ainda mais eficiente.

Na época em que então nos encontrávamos, como o número de juízes adjuntos variava constantemente, como as atividades do tribunal haviam sofrido inúmeras interrupções e como sua sede havia sido transferida[65] de uma localidade para outra, aqueles processos atrasados só faziam se acumular indefinidamente. E como isso não bastasse, em tempos de guerra[66] uma parte do arquivo foi levada de Speyer para Aschaffenburg, outra parte foi transferida para Worms, e uma terceira acabou caindo nas mãos dos franceses, que, no princípio, acreditaram ter se apossado de um importante arquivo de Estado, porém, mais tarde, teriam simpatizado muito com a ideia de poder se livrar daquela papelada, caso alguém tivesse oferecido os meios para o transporte.

Os homens competentes que se reuniram por ocasião das negociações da Paz de Vestfália[67] souberam entrar em acordo quanto ao tamanho da alavanca necessária para se mover aquela carga sísifica do lugar. Decidiram que

---

65 De Frankfurt para Nürnberg, Regensburg, Speyer, Esslingen e Wetzlar.
66 Invasão do Palatinado pelos franceses, em 1688.
67 Série de tratados, firmados nas cidades de Osnabrück e Münster, que deram fim à Guerra dos Trinta Anos.

seriam engajados cinquenta juízes adjuntos. Esse número, porém, nunca foi alcançado; e como a despesa lhes pareceu desproporcional, mais uma vez acabaram se contentando com a metade – é claro que teriam bancado facilmente o número previsto de assessores se todos os interessados tivessem percebido as vantagens que poderiam tirar dessa história. Para pagar o salário de vinte e cinco juízes adjuntos eram necessários aproximadamente 100 mil florins – a Alemanha tinha condições de empenhar até mesmo o dobro dessa quantia. A proposta de financiar a Corte Suprema com bens confiscados do clero não se revelou muito promissora: como poderiam as duas vertentes religiosas entrar em entendimento quanto à parte que teriam de sacrificar? Os católicos não queriam perder ainda mais e os protestantes planejavam empregar seus ganhos em proveito próprio. Aqui, também, sob vários pontos de vista, a divisão do Império em dois partidos religiosos teve a pior das influências. Aos poucos, a participação e o interesse dos estados em seu tribunal começaram a diminuir: os mais poderosos tentavam se desvincular da instituição; havia uma demanda cada vez mais viva pela prerrogativa de não ser julgado diante de nenhum tribunal superior de justiça; os maiores simplesmente deixavam de efetuar seus pagamentos, enquanto os menores, que já pela dotação a ser empenhada se julgavam prejudicados, postergavam suas contribuições o quanto fosse possível.

Não era, portanto, nada fácil levantar o numerário necessário para cobrir as despesas com os vencimentos dos juízes. E essa situação daria origem ainda a uma nova tarefa, mais uma perda de tempo para a Corte Suprema – uma atividade que, antes, era resolvida nas chamadas visitações anuais. Os príncipes em pessoa, ou seus conselheiros, partiam por semanas ou meses para a localidade em que se situava o tribunal, onde inspecionavam os cofres, levantavam os débitos atrasados e assumiam o encargo de contribuir para a gestão das finanças. Ao mesmo tempo, se algo emperrasse o trâmite dos processos legais ou se qualquer forma de abuso estivesse em vias de se evidenciar, esses mesmos príncipes ou conselheiros estavam autorizados a intervir. Deviam descobrir e sanar os problemas da organização; somente bem mais tarde passaria a fazer parte de suas incumbências a investigação e a condenação das contravenções pessoais cometidas pelos próprios membros da corte. Entretanto, como os pleiteantes adoram prolongar sempre por

De minha vida: Poesia e verdade

mais um instante o sopro de vida de sua esperança, recorrendo e apelando a instâncias jurídicas cada vez mais elevadas, esses visitantes anuais acabaram se transformando numa espécie de corte de apelação. Deles esperava-se, nos casos mais claros e definidos, a devida reparação; mas, em geral, era mesmo a protelação e a perpetuação do conflito o que de fato estava em jogo. E a apelação à Assembleia Imperial[68] também não contribuiria menos para essa dilação; assim como os esforços despendidos pelos dois partidos religiosos, fosse para suplantar um o outro, fosse para equiparar seus poderes.

Se, contudo, pensarmos o que poderia ter sido desse tribunal sem todos esses entraves e sem essas condições tão incômodas e destrutivas, não poderemos deixar de notar o quão importante e admirável foi essa iniciativa. Se logo de início a Corte tivesse sido provida de uma quantidade mais adequada de membros e se lhes tivessem garantido salários condignos, a eficiência dos alemães teria feito com que a influência dessa instituição se estendesse a perder de vista. Só então eles mereceriam verdadeiramente o título honorífico de anfictiões,[69] que lhes era atribuído apenas protocolarmente; e por certo teriam conseguido se estabelecer como uma espécie de poder intermediário, respeitado tanto pelo soberano quanto pelas instâncias que integravam o Império.

Muito longe de alcançar tamanho sucesso, porém, o tribunal não fez mais que se arrastar precariamente ao longo dos anos, talvez com a exceção de um breve período sob o reinado de Carlos V[70] e nos anos que antecederam a Guerra dos Trinta Anos. Não é fácil imaginar como se podiam encontrar homens dispostos a realizar uma tarefa tão triste e ingrata. Mas acontece que, se tem jeito para a coisa, o ser humano acaba tomando gosto por aquilo que faz diariamente, mesmo que não consiga enxergar o resultado concreto de sua prática. Os alemães, em especial, são homens que têm esse caráter persistente, e foi assim que, durante três séculos, os homens

---

68 Em alemão: *Reichstag*, no sentido da assembleia dos estados (*Stände* ou *Reichsstände*) constituintes do Império.

69 Na mitologia grega, o título designava cada um dos integrantes da chamada anfictionia ou liga anfictiônica, uma assembleia confederada criada pelo rei Anfictião.

70 Sucessor de Maximiliano I, Carlos V (1500-1558), da casa dos Habsburgo, foi imperador do Sacro Império Romano-Germânico entre 1516 e 1556.

mais distintos se ocuparam desses trabalhos e assuntos. Uma galeria que se mostrasse representativa de tais figuras certamente despertaria interesse e inspiraria coragem mesmo nos dias de hoje.

É, pois, justamente em tempos anárquicos como estes que o homem de distinção se impõe mais firmemente; e aqueles que buscam o bem encontram sempre seu lugar de direito. Daí que, por exemplo, a presidência de Fürstenberg[71] fosse tão relembrada e venerada; aliás, a morte desse homem excepcional coincide com o início de uma época de muitos abusos nefastos.

Todavia, essas deficiências todas, das mais antigas às mais recentes, advinham de uma primeira e única fonte: o número reduzido de pessoal. Havia-se regulamentado que os juízes adjuntos relatariam seus processos em turnos definidos e numa determinada ordem. Cada um deles tinha condições de saber quando estava por chegar a sua vez e a dos processos de que fora encarregado; e, sendo assim, cada um deles podia também se orientar por isso, podia se preparar para isso. Mas as malditas pilhas de processos atrasados só cresciam; era preciso que os juízes se dispusessem a fazer a triagem das questões jurídicas mais importantes, que teriam de ser relatadas fora da ordem. E é difícil avaliar a importância de uma questão em relação a outra quando se vive sob a pressão de tantos casos importantes — a escolha não tem como ficar livre de certa parcialidade. De vez em quando acontecia ainda outra situação inquietante. O relator atormentava o tribunal, e também a si próprio, com alguma querela complexa e confusa, e, ao final, não se encontrava ninguém interessado em cumprir a sentença: as partes haviam se reconciliado, haviam se dado por conformadas, estavam mortas ou simplesmente tinham mudado de ideia. Decidiu-se então que só seriam discutidos aqueles casos que fossem cobrados de novo pelos interessados. Os juízes queriam se sentir convencidos de que as partes continuariam perseverando, mas, com isso, abriram as portas para a maior das infrações: afinal, quem cobra, cobra sempre de alguém, e de quem se poderia cobrar melhor uma posição senão daquele que tem o processo nas mãos? Manter em segredo

---

71 Froben Ferdinand Dominik Christoph zu Fürstenberg-Mößkirch (1664-1741), juiz-presidente da Corte Suprema Imperial entre 1718 e 1721. Deixa a Corte duas décadas antes de sua morte.

a identidade do relator, como recomendavam as regulamentações, era simplesmente impossível, pois, com tantos subalternos partilhando informações, como poderia justamente o responsável permanecer anônimo? E se alguém pode solicitar a aceleração do processo, pode logo solicitar um favor, pois, ao decidir que buscará uma solução para o caso, o relator já dá indícios de que o julga justo. É possível que isso não acontecesse de modo assim tão direto, mas havia de se dar com certeza, começando pelos subalternos; e uma vez que a confiança destes estivesse ganha, o caminho estava aberto para toda espécie de intrigas e subornos.

O imperador José II, por sua própria iniciativa – mas seguindo o exemplo do soberano da Prússia, Frederico II –, voltaria sua atenção logo de início para as armas e para a justiça. Observou cuidadosamente a situação da Corte Suprema e, das injustiças tradicionais às formas mais recentes de abuso, nada escaparia ao seu olhar. Ali também era preciso provocar, sacudir e fazer alguma coisa. Sem indagar se seria ou não uma prerrogativa imperial e sem poder antecipar qualquer resultado positivo, o imperador propôs uma visitação à Corte Suprema e não tardou a realizá-la.[72] Há 166 anos não se efetuava nenhuma inspeção para valer. Uma pilha monstruosa de processos havia se amontoado e só fazia se avolumar a cada ano, já que os dezessete juízes adjuntos não tinham condições de analisar nem mesmo a demanda corrente. Vinte mil processos haviam se acumulado; e a cada ano, se sessenta podiam ser resolvidos, o dobro destes vinha se somar ao monte. Havia também um número nada desprezível de revisões à espera do visitante: falava-se em algo na ordem de 50 mil processos. Como se isso não bastasse, vários tipos de abuso obstruíam o curso da justiça; mas o pior mesmo era que, por trás daquilo tudo, podiam-se entrever as contravenções dos próprios juízes adjuntos.

Quando chegou minha época de ir a Wetzlar,[73] já havia alguns anos que tal inspeção estava em curso. Os culpados haviam sido suspensos e as investigações tinham avançado bastante. E como os especialistas e mestres do direito constitucional alemão não podiam deixar passar aquela

---

72 No ano de 1767.
73 Em 1772, Goethe iria para Wetzlar na condição de estagiário.

oportunidade de expor suas opiniões, dedicando-as ao bem comum, surgiram, nessa época, inúmeros escritos sérios e bem-intencionados sobre o assunto – qualquer pessoa com um mínimo de conhecimento prévio podia instruir-se substancialmente àquele respeito. Àqueles que aproveitavam o ensejo para retomar a Constituição Imperial e os escritos que tratavam dela era evidente como a condição quimérica daquele organismo enfermo – que só por um milagre ainda se mantinha vivo – contava com a condescendência da maioria desses especialistas. Isso porque a tão valorosa aplicação alemã, que se apega mais à reunião e à discussão de minúcias do que a resultados, encontrava na condição dessa Corte uma motivação inesgotável para se manter sempre renovadamente em atividade. Afinal, quer opusessem o Império ao imperador, os pequenos estados aos grandes, os católicos aos protestantes, havia sempre e necessariamente, conforme os mais diversos interesses, uma variedade enorme de opiniões, assim como oportunidades sem-fim para novas disputas e contestações.

Como eu já havia podido formar antecipadamente uma boa ideia tanto dessas circunstâncias mais antigas quanto das mais recentes, não havia como eu esperar nada de animador de minha passagem por Wetzlar. Não era exatamente uma perspectiva muito estimulante a de encontrar, numa cidade até bem situada, ainda que pequena e tão mal construída, um mundo duplo: inicialmente aquela velha e tradicional sociedade local; em seguida, uma sociedade nova, forasteira e encarregada de colocar a primeira rigorosamente à prova – ou seja, um tribunal que julgava e era ao mesmo tempo julgado. Muitos dos habitantes receavam ser implicados nas investigações impostas; e mesmo algumas das personalidades locais mais distintas, que por tanto tempo haviam sido consideradas dignas de respeito, vinham sendo condenadas e punidas de modo degradante por terem sido levadas a cometer as contravenções mais vergonhosas. Tudo isso somado formava um quadro triste e não era capaz de motivar ninguém a mergulhar mais fundo em um assunto que, suficientemente complexo por si mesmo, parecia então ainda mais confuso depois de tantas improbidades.

Depois de alguma hesitação, fui levado a essa região mais por meu desejo de mudança de ares do que pela sede de conhecimento. À parte as questões de direito civil e constitucional alemão, não podia imaginar que fosse encontrar em Wetzlar nada de valor mais propriamente científico; ainda por cima, ficaria à margem de todos os círculos poéticos. Mas qual não foi minha surpresa quando, em vez de encontrar apenas uma sociedade azeda e amargurada, acabei me vendo diante de uma terceira experiência de vida acadêmica. Na mesa comum de uma taberna encontrei reunidos quase todos os subordinados de cada uma das legações de inspeção, todos muito jovens e cheios de disposição. Foram muito gentis comigo em sua acolhida e logo no primeiro dia percebi que eles animavam seus almoços com uma fantasia de ares românticos:[74] com espirituosidade e vigor, apresentavam-se como cavaleiros de uma távola-redonda. À cabeceira sentava-se o líder do exército, a seu lado o chanceler, depois os oficiais de legação mais importantes; em seguida vinham os cavaleiros, por ordem de ancianidade; já os estranhos que se juntavam àquela mesa tinham de se contentar com os lugares mais inferiores e, em geral, não conseguiam entender muito da conversa, dado que a linguagem usada naquele círculo, para além das expressões cavalheirescas, era também repleta de alusões obscuras. Cada um dos integrantes recebia um nome de cavaleiro, com o respectivo epíteto. A mim, chamaram-me de Götz von Berlichingen, o leal. O nome eu merecera em razão de meu interesse por esse valoroso patriarca alemão; o epíteto vinha de minha simpatia e veneração sinceras pelos homens excepcionais que eu conhecia. Durante minha estadia em Wetzlar acumulei uma grande dívida de gratidão para com o conde de Kielmannsegg.[75] Este foi o mais sério dos homens que conheci nessa cidade, competentíssimo e altamente confiável. Já von Goué[76] era uma pessoa difícil de decifrar e descrever: de figura grande, robusta e hanoveriana, era calmo e retraído. E não lhe faltavam os mais variados talentos. Suspeitava-se que fosse filho ilegítimo; de sua parte, não parecia desgostar de certa aura de mistério, ocultando seus verdadeiros desejos e propósitos sob uma série de esquisitices. Ele era a verdadeira alma daquela curiosa liga de cavaleiros, mas nem por isso pretendia assumir o lugar de líder daquela

---

74 Romântico, aqui, no sentido de medieval, como em passagens anteriores.
75 Christian Albrecht von Kielmannsegg (1748-1811).
76 August Siegfried von Goué (1742-1789), secretário de legação de Braunschweig em Wetzlar e escritor.

hoste. Ao contrário, como justo nessa época faltasse ao grupo uma figura de liderança, deixou que elegessem outra pessoa e passou a exercer sua influência através do novo eleito. Sabia também como chamar-nos a atenção para algumas pequenas casualidades, fazendo com que parecessem significativas e que pudessem ser apresentadas na forma de fábula. Mas nisso tudo não se podia notar nenhum propósito mais sério. Von Goué não se importava, senão, em espantar o enfado que ele e seus colegas deviam sentir em virtude das incessantes protelações inerentes a sua atividade; tratava-se simplesmente de preencher o espaço vazio, mesmo que fosse com teias de aranha. Diga-se de passagem que esse jogo farsesco e fabuloso era encarado com extrema seriedade: ninguém se permitia rir quando o moinho virava fortaleza e o moageiro era tratado como senhor do castelo; nem quando um conto medieval, como *Os quatro filhos de Aimone*,[77] era declarado um livro canônico; e tanto menos quando alguns de seus trechos eram lidos reverentemente em certas ocasiões cerimoniosas. O rito de ordenação de cavaleiro, propriamente dito, dava-se também com toda a carga simbólica tradicional, tomada de empréstimo às mais variadas ordens de cavalaria. Mas, em geral, o que mais ensejava as piadas era tratar o evidente com ares de grande mistério: tudo ali era feito abertamente, mas não se devia falar nada a respeito. A lista com o nome de todos os cavaleiros era impressa com a seriedade e decoro dos anuários da Assembleia Imperial; e se alguma família ousasse zombar e considerar absurda e ridícula toda essa história, armava-se uma série de intrigas, para seu castigo, até que algum dos respeitáveis maridos ou um parente próximo da respectiva família fosse induzido a aceitar a ordenação e juntar-se àquele círculo — era justamente com a irritação dos demais familiares desse novo membro que o grupo então se alegrava.[78]

Nesse universo cavalheiresco enredava-se ainda uma estranha ordem, que deveria ser de natureza filosófica e mística, mas não tinha nome algum. O primeiro grau era chamado de passagem; o segundo, de passagem da passagem;

---

77 Narrativa popular medieval de tradição francesa (*La Chanson des quatre fils Aymon*, conhecida também como *Chanson de Renaud de Montauban*), popularizada em versões alemãs a partir do século XVI.

78 Em alemão: *Schadenfreude*, expressão que designa uma espécie de prazer ou contentamento com a desgraça alheia.

o terceiro, de passagem à passagem da passagem; e o quarto, de passagem da passagem à passagem da passagem. Era dever dos iniciados interpretar o sentido mais elevado de cada um desses graus e isso era feito com base em um pequeno livro[79] impresso, em que essas expressões curiosas eram esclarecidas – melhor seria dizer amplificadas – de um modo ainda mais curioso. Ocupar-se com essas coisas todas era, nesse círculo, o modo predileto de se matar o tempo. Desatinos à moda de Behrisch e disparates dignos de Lenz pareciam ter se fundido ali numa coisa só; mas insisto em dizer que não havia sequer a menor nuance de propósito por trás de tais superficialidades.

Ainda que me fosse um grande prazer poder contribuir diretamente para essas farsas – cheguei a colocar em ordem o conjunto de perícopes de *Os quatro filhos de Aimone* e a fazer minhas recomendações quanto às ocasiões festivas e solenes em que deviam ser lidas, sabendo fazê-lo também com a devida ênfase –, a verdade é que havia muito tinha me cansado dessas coisas. E como sentisse falta das rodas de Frankfurt e Darmstadt, foi com grande satisfação que encontrei a figura de Gotter,[80] que acabaria se aproximando de mim com a mais sincera simpatia, ao que eu só poderia retribuir com cordialidade e boa vontade. Era um homem de espírito sensível, claro e alegre, com talentos exercitados e cultivados. Esmerava-se em prol de uma elegância francesa e alegrava-se com a parte da literatura inglesa que se ocupava de assuntos agradáveis e construtivos. Passamos muitas horas prazerosas juntos, em que falávamos um ao outro sobre os nossos conhecimentos, projetos e predileções. Ele me estimularia a fazer vários pequenos trabalhos, e como tivesse contatos com as rodas de Göttingen, pediu-me também alguns de meus poemas para o almanaque de Boie.[81]

Foi assim que entrei em contato com aquele grupo de jovens talentosos, que, mais tarde, teriam uma repercussão tão expressiva e variada. Os dois

---

79 Referência à obra *Der hoeere Ruf* (1768), de Goué, em colaboração com Hochstetter.
80 Friedrich Wilhelm Gotter (1746-1797), secretário de legação da Saxônia e Gota, tradutor e poeta.
81 Heinrich Christian Boie (1744-1806), editor do *Göttinger Musenalmanach*, importante meio de divulgação da produção literária, especialmente de jovens poetas de Göttingen, como os que Goethe cita mais adiante.

condes de Stolberg, Bürger, Voss, Hölty[82] e outros haviam se reunido, por suas ideias e crenças, em torno da figura de Klopstock, cuja influência disseminava-se então em todas as direções. E nesse círculo cada vez mais amplo de poetas alemães, também começou a se desenvolver, simultaneamente e com toda variedade de virtudes poéticas, uma outra disposição a que eu não saberia dar um nome de todo apropriado. Talvez pudéssemos chamá-la de uma necessidade de independência, algo que costuma vir à tona em tempos de paz, justamente quando as pessoas não são propriamente dependentes. Em épocas de guerra suportam-se tão bem quanto possível as formas mais cruas de violência. As pessoas se sentem feridas física e economicamente, mas não moralmente. As constrições não humilham ninguém e ceder às pressões do momento não constitui vergonha alguma. Todos se acostumam a sofrer nas mãos de inimigos e de amigos, e cada um tem seus desejos, mas nenhuma disposição. Já em tempos de paz o sentimento de liberdade do ser humano manifesta-se cada vez mais intensamente, e quanto mais livre se é, mais livre se quer ser. Nenhuma forma de restrição é tolerada: não queremos nos sentir oprimidos, ninguém deve ser oprimido. E essa sensação frágil — quiçá mesmo deletéria — surge então nas almas mais belas sob a forma da justiça. Eram estes o espírito e a mentalidade que se manifestavam em toda parte naquela época, e ainda que muito pouca gente fosse oprimida, desejava-se libertar também estas de suas pressões eventuais. Daí surgiria certa atmosfera de provocação moral e de intervenção do indivíduo na esfera pública, o que, apesar de ter tido um começo louvável, acabaria levando a consequências inimaginavelmente desafortunadas.

Ao prestar-se à defesa da família Calas,[83] Voltaire causaria grande sensação, conquistando para si as maiores honras. Na Alemanha, um caso igualmente

---

82 Goethe enumera aqui alguns dos representantes do círculo de poetas e tradutores de Göttingen, alguns dos quais formariam, mais tarde, um grupo chamado *Göttinger Hainbund*: conde Christian zu Stolberg-Stolberg (1748-1821) e seu irmão, conde Friedrich Leopold zu Stolberg-Stolberg (1750-1819); Gottfried August Bürger (1747-1794); Johann Heinrich Voss (1751-1826); Ludwig Heinrich Christoph Hölty (1748-1776).

83 Em 1762, Jean Calas (1698-1762), negociante de Toulouse e protestante (religião apenas tolerada num contexto de predomínio católico), foi condenado à morte e executado por ter sido responsabilizado pelo suicídio de seu filho, que tentara a

importante e que chamaria quase tanta atenção como o de Calas foi a campanha de Lavater contra o governador Grebel.[84] O sentido estético, unido ao arrojo juvenil, dava expressão a um desejo de avanço; e se antes os estudantes se dedicavam para galgar a algum cargo oficial, agora todos pareciam mais interessados em se tornar auditores do poder público. Aproximava-se a época em que os dramaturgos e romancistas passariam a buscar entre ministros e oficiais os seus vilões. Disso tudo surgiria um mundo – em parte real, em parte imaginário – de ações e reações, no qual, mais tarde, vivenciaríamos as cenas mais brutais de exibicionismo e provocação: uma forma de raiva, que, sob a aparência de justiça, marcava as licenciosidades de periodistas e jornalistas. E estes exercem um efeito irresistível sobre seus leitores, pois faziam com que o público acreditasse estar diante de um verdadeiro tribunal – que tolice! Afinal, nenhum público tem poder executivo; e numa Alemanha fragmentada como a da época, a opinião pública não era capaz nem de favorecer nem de prejudicar ninguém.

Para os jovens, como nós, não havia nada nessas manifestações que nos parecesse de fato censurável; mas algo tomou conta de nós, uma ideia de certo modo semelhante, que se nos havia surgido como um misto de poesia, tradição e a mais nobre ambição – uma ideia inofensiva, mas também pouco produtiva.

Com a publicação de sua *Batalha de Armínio*[85] e a respectiva dedicação dessa obra ao imperador José II, Klopstock havia nos dado uma inspiração

---

conversão ao catolicismo. Com a publicação de *Sur la Tolérance à cause de la mort de Jean Calas*, em 1763, Voltaire daria início a uma campanha que resultaria na reabilitação póstuma da honra do executado e de sua família.

84 Em 1762, ao publicar anonimamente, em conjunto com Füssli, seu *Der ungerechte Landvogt* [O bailio injusto], Lavater daria início a uma campanha contra Felix Grebel, governador provincial [*Landvogt,* bailio], acusando-o de improbidade administrativa e provocando sua demissão.

85 Em alemão: *Hermannsschlacht*. Referência ao drama de Klopstock intitulado *Hermanns-Schlacht, ein Bardiet für die Schaubühne*, de 1769. *Bardiet*, para Klopstock, era uma forma poética de teor patriótico, em que o poeta assume a figura do bardo (no sentido daquele que canta os *barditus,* os cantos de guerra dos povos germânicos, como referidos pelo historiador romano Tácito). A assimilação dessa tradição germânica à figura do bardo declamador da tradição celta populariza-se no século XVIII, quando bardo torna-se sinônimo de poeta.

maravilhosa. Os alemães, que haviam se libertado da opressão dos romanos, eram representados nessa obra como um povo poderoso e esplendoroso, e uma imagem como essa era muito apropriada para despertar a autoestima da nação. Acontece que, em tempos de paz, o patriotismo não consiste senão na ideia de que cada um deve varrer sua calçada, fazer a parte que lhe cabe e aprender sua própria lição – tudo para que as coisas corram bem em casa. Como consequência direta disso, o sentimento patriótico despertado por Klopstock não conseguiria encontrar um objeto sobre o qual se exercitar. Frederico II havia salvado a honra de uma parte dos alemães contra um mundo de aliados; e, ao aplaudir e venerar esse grande soberano, era lícito que cada membro da nação partilhasse de sua vitória. Mas o que fazer então com essa intrepidez guerreira que incitavam em nós? Que direção ela deveria tomar, que efeitos deveria produzir? No princípio, tratava-se de mera forma poética, e as canções bárdicas,[86] que mais tarde seriam tão frequentemente repreendidas e ridicularizadas, surgiriam aos cântaros como resultado desse impulso, desse estímulo inicial. E como não houvesse inimigos externos a combater, era preciso criar os tiranos; para tanto, é claro que tomariam por modelo os príncipes e seus serviçais – primeiramente de modo mais geral, mas, aos poucos, de modo cada vez mais determinado. Foi justamente aí que a poesia veio se somar mais intensamente àquela intervenção na esfera jurídica, já referida anteriormente. Por sinal, é notável como muitos poemas dessa época são completamente dominados pela ideia de que toda forma de supremacia, seja ela monárquica ou aristocrática, deveria ser suprimida.

No que dizia respeito a mim, continuava a servir-me das artes da poesia para a expressão de meus sentimentos e inquietações. Pequenos poemas, como O peregrino,[87] foram escritos nessa época e publicados no *Göttinger Musenalmanach*. Mas se algo dessas manias havia se impregnado em mim, tentei livrar-me logo disso com a publicação de meu *Götz von Berlichingen*, obra em que retratei como, em tempos tumultuosos, um homem honesto e bem-intencionado decide, por extrema necessidade, assumir o lugar da lei e do

---

86 Em alemão: *Bardenlieder*.
87 Em alemão: *Der Wanderer* (1772), publicado em 1773.

poder vigente, mas acaba caindo em desgraça por parecer suspeito e desleal justamente aos olhos daquele que reconhecia e venerava como seu soberano.

As odes de Klopstock haviam introduzido na literatura alemã menos a mitologia nórdica do que os nomes de suas divindades; e apesar de, em geral, eu gostar de me servir poeticamente de tudo o que se me oferecia de novo, não me senti movido a fazer maior uso daquelas referências. Isso porque havia muito o prefácio de Mallet a sua *História da Dinamarca*[88] já me tinha colocado em contato com as fábulas das *Eddas*, e elas haviam passado imediatamente a fazer parte de meu repertório – aliás, estas figuravam entre as histórias que eu mais gostava de contar em reuniões sociais, quando me solicitavam fazê-lo. Mais tarde, Herder faria chegar a minhas mãos um Resenius,[89] deixando-me ainda mais familiarizado com os heróis daquelas sagas nórdicas. Mas essas coisas todas, por mais que as tivesse em alta conta, simplesmente não as conseguia acolher no círculo de minha criação poética; por mais que excitassem esplendorosamente minha imaginação, escapavam-me completamente à percepção sensível. Enquanto isso, a mitologia grega, transformada pelos maiores artistas do mundo em formas concretas e fáceis de visualizar, oferecia-se ainda fartamente aos nossos olhos. Normalmente eu não costumava mesmo fazer figurarem muitos deuses nas coisas que eu escrevia, pois, para mim, eles habitavam um lugar à parte da natureza que eu sabia reproduzir. Mas, enfim, o que poderia ter me movido a substituir Júpiter por Odin, Marte por Tor? O que poderia ter feito com que eu incluísse em minhas criações, em vez das figuras de contornos tão bem definidos do sul, aquelas formações nebulosas, aqueles meros reboos verbais? Por um lado essas figuras nórdicas se aproximavam dos heróis ossiânicos – que eram igualmente informes –, sendo apenas mais grosseiros e agigantados; por outro, eu as associava ao animado universo dos contos de fadas, pois o traço humorístico que atravessa todos os mitos nórdicos, e que me agradava

---

88 Em 1755 Paul Henry Mallet (1730-1807) publicou sua *Introduction à l'histoire du Danmark*, em conjunto com uma tradução da compilação de textos da mitologia nórdica conhecida como as *Eddas*. Entre 1765 e 1766, a obra seria publicada em tradução alemã.

89 Referência à obra *Edda Islandorum* (tradução das *Eddas* para o latim), do erudito dinamarquês Johannes Petrus Resenius (1625-1688).

sobremaneira, era digno de nota. Esta me parecia ser a única mitologia que conseguia não se levar sempre a sério; a única que confrontava toda uma estranha dinastia de deuses com gigantes aventureiros, mágicos e monstros, figuras que, juntas, não tinham senão o propósito de lograr e confundir os personagens mais elevados em sua governança, para, mais tarde, ameaçá-los com a perspectiva inevitável de uma queda vergonhosa.

As fábulas indianas, com que travei contato primeiramente através das viagens de Dapper,[90] despertaram em mim um interesse parecido, se não idêntico. E foi também com grande prazer que eu as incluí em meu fabulário pessoal. A história do *Altar de Rama*[91] era uma das que eu contava melhor; e a despeito da variedade de personagens desse conto, era o macaco Hanuman o preferido de meu público. Mas nem mesmo essas criaturas informes e disformes conseguiam me satisfazer poeticamente; estavam demasiadamente distantes da verdade que meu espírito não cansava de almejar.

Contudo, uma força esplêndida viria proteger meu senso para o belo contra todos esses fantasmas adversos à arte. É sempre uma época de felicidade para a literatura quando grandes obras do passado ressurgem e entram na ordem do dia, pois mais uma vez elas se mostram capazes de produzir um efeito completamente renovado. Também a luz de Homero rebrilhava de um modo novo para nós, e bem no espírito daquela época, que soube estimar altamente essa aparição, dado que a constante remissão à natureza acabaria fazendo com que aprendêssemos a considerar também as obras da antiguidade sob essa perspectiva. O que muitos viajantes haviam feito pela elucidação das Escrituras Sagradas, outros fizeram também por Homero. Guys[92] abriu o caminho, Wood[93] daria um grande impulso à coisa toda.

---

90 Referência à obra *Asia oder ausführliche Beschreibung des Reiches des grossen Mogols* [...] *und eines grossen Theils von Indien* [...], do holandês Olfert Dapper (1635-1686). A referida tradução alemã, do original holandês de 1672, foi publicada em 1681.

91 Em alemão, "Altar des Ram", expressão que Dapper utiliza para se referir ao epos indiano *Ramayana*, atribuído ao lendário sábio hindu Valmik. Nessa narrativa, o deus-macaco Hanuman ajuda o herói Rama em suas desventuras.

92 Referência à obra *Voyage litteraire de la Grèce ou lettres sur les Grecs anciens et modernes* (1771, talvez na tradução alemã de 1772), de Pierre Augustin Guys (1720-1799).

93 Referência ao *Essay on the original genius and writings of Homer* (1769, talvez na tradução alemã de 1773), de Robert Wood (1717-1771).

Uma resenha da obra original de Wood — no início, bastante rara —, publicada em Göttingen, deixou-nos familiarizados com seus propósitos e mostrou-nos o quão longe já se havia chegado. A partir daí, deixamos de ver naqueles poemas apenas um heroísmo tenso e inflamado, passando a lê-los como o reflexo verdadeiro de um tempo ancestral que também já fora presente um dia — um tempo do qual fazíamos o possível para nos aproximar. É verdade que, naquele mesmo momento, não conseguíamos aceitar o princípio de que, para compreender bem a natureza das criações homéricas, fazia-se necessário conhecer melhor aqueles povos selvagens e seus costumes, tal como são descritos pelos viajantes dos novos mundos; afinal, não se podia negar que tanto os europeus quanto os asiáticos eram retratados nos poemas homéricos já num grau elevado de cultura, talvez até mesmo mais elevado do que aquele que a época da Guerra de Troia pôde de fato vivenciar. Mas esse preceito estava em pleno acordo com a crença natural então vigente, de modo que acabamos cedendo a ele.

Em meio a todas essas ocupações ligadas ao estudo do ser humano, no sentido mais elevado, bem como à arte poética, num sentido mais imediato e afetivo, não havia como eu me esquecer um dia sequer do fato de que eu me encontrava em Wetzlar. A todo instante ouvíamos falar do andamento da inspeção, de seus obstáculos cada vez maiores e da descoberta de outras contravenções. Ali se encontrava novamente reunido o Sacro Império Romano-Germânico, desta vez não apenas para celebrações públicas,[94] mas para tratar de um caso da mais profunda gravidade. E ali, também, eu não podia parar de me lembrar daquele salão esvaziado no dia da coroação, quando então os convidados deixaram de comparecer por serem demasiadamente bem-educados. Em Wetzlar eles até podiam ter comparecido, mas não havia como ignorar alguns sintomas ainda mais condenáveis. A falta de coesão do todo e a oposição das partes vinha continuamente à tona, e não era mais segredo algum que os príncipes haviam acertado entre si um propósito comum: o de aproveitar a oportunidade para tirar alguma vantagem de seu soberano.

---

94 Como por ocasião da coroação descrita no Quinto livro de *Poesia e verdade*, a que Goethe alude logo em seguida.

Johann Wolfgang von Goethe

Qualquer pessoa honesta poderá fazer uma ideia da péssima impressão que as minúcias desses tantos relatos de negligência e omissão, injustiça e corrupção acabariam causando em um rapaz jovem, que queria o bem e se esforçava, do fundo do coração, para fazê-lo. Diante de tais circunstâncias, de onde deveria surgir o respeito para com a lei e os juízes? Por mais que se tivesse a maior confiança nos resultados da inspeção, por mais que se pudesse acreditar que ela cumpriria perfeitamente seus altos desígnios, para um jovem ditoso e que só queria seguir adiante na vida, não havia ali a menor chance de salvação. As próprias formalidades desses processos redundavam todas em alguma forma de dilação. E se alguém quisesse de fato agir e fazer algo de minimamente significativo, tinha de se colocar sempre a serviço daquele que estava errado, a serviço do réu, tendo de demonstrar que dominava, qual um exímio esgrimista, a arte das torções e das esquivas.

Como, em meio a essas distrações todas, nenhuma de minhas criações estéticas parecesse querer dar certo, acabei me perdendo reiteradas vezes em especulações estéticas – pois que toda teorização indica ou a carência ou a estagnação da força criativa. Eu queria descobrir princípios que pudessem servir de orientação no momento da criação. Já me propusera a fazer isso antes com Merck e, em Wetzlar, tentava fazê-lo ocasionalmente na companhia de Gotter – nenhum de nós lograria muito sucesso. Merck era cético e eclético; Gotter se apegava exclusivamente aos exemplos que mais lhe agradavam. A teoria de Sulzer[95] foi então anunciada, mas parecia valer mais para o amante das artes do que para os artistas. No horizonte dessa obra, os efeitos morais viriam acima de todas as outras coisas; disso surge logo uma cisão entre aqueles que criam e aqueles que apreciam a arte, pois uma grande obra de arte até pode ter – certamente terá – consequências de ordem moral, mas exigir do artista um escopo moral é o mesmo que acabar com seu ofício.

Há anos eu vinha me esmerando em ler, ainda que de modo mais incidental do que sistemático, tudo o que os antigos haviam dito sobre esses

---

95 Johann Georg Sulzer (1720-1779) publicou, entre 1771 e 1774, sua obra *Allgemeine Theorie der Schönen Künste*, dicionário enciclopédico que abrangia sistematicamente os diversos campos da estética. De espírito marcadamente iluminista, essa foi a primeira publicação do gênero em língua alemã.

assuntos importantes. Aristóteles, Cícero, Quintiliano, Longino,[96] nenhum autor me passara despercebido. Mas isso não me foi de grande auxílio, uma vez que todos esses homens pressupunham uma experiência que me escapava. Introduziam-me num mundo infinitamente rico em obras de arte, refletiam sobre os méritos de poetas e de oradores excepcionais – de quem, na maioria dos casos, só haviam restado os nomes – e, com isso, puderam me convencer, de um modo assaz vigoroso, de que precisamos primeiramente reunir diante de nós um grande conjunto de objetos de arte antes de podermos pensar a respeito de cada um deles; convenceram-me, enfim, de que precisamos primeiro criar e errar por nós mesmos, para conhecermos as nossas capacidades e a dos outros. No entanto, minha relação com essas tantas joias daqueles velhos tempos era sempre e exclusivamente escolar e livresca; não era nunca uma coisa viva, ainda que fosse evidente, em especial no caso dos oradores mais bem reputados, que sua própria vida os havia formado e que nunca se poderia falar de suas características artísticas sem mencionar também suas características pessoais. No caso dos poetas isso parecia menos evidente, mas, em geral, somente a vida possibilita o contato entre a natureza e arte. E, assim, o resultado de toda essa minha busca e reflexão não ficou muito distante de minha antiga resolução de investigar a natureza interior e exterior e, ao imitá-la com carinho, deixar que ela aja por si mesma.

A esses influxos todos, que não sossegavam em mim nem de dia nem de noite, vieram se somar ainda dois grandes temas – na verdade, dois temas imensos –, cuja riqueza eu nem precisaria ter admirado tão amplamente, para que ela me movesse a criar algo de significativo. Eram eles: os tempos antigos, em que vivera o Götz von Berlichingen, e os novos, cujo florescimento infeliz é retratado no *Werther*.[97]

Já falei anteriormente sobre a preparação, de fundo histórico, necessária para a realização do primeiro desses trabalhos; cabe, agora, falar um pouco sobre as motivações éticas que dariam origem ao segundo.

---

96 Referência à *Poética* (*Peri poiêtikês*), de Aristóteles, ao *De oratore*, de Cícero, ao *De institutione oratória*, de Quintiliano, e ao *Tratado sobre o sublime* (*Peri hypsous*), de Longino.

97 Trata-se da obra *Os sofrimentos do jovem Werther* (*Die Leiden des jungen Werthers*), romance epistolar publicado por Goethe em 1774.

Aquela resolução de deixar minha natureza interior seguir seu próprio curso e de aceitar que a natureza exterior exercesse sua ação sobre mim a sua maneira acabaria me aproximando da conjunção peculiar em que o *Werther* foi concebido e escrito. Eu tentava me desvencilhar internamente de tudo o que me era estranho; tentava observar as coisas externas com mais carinho, deixando que todas as criaturas — do homem até as mais minúsculas, no limite do perceptível — agissem sobre mim do modo que lhes fosse próprio. Disso resultaria uma sensação maravilhosa de intimidade com os elementos do mundo natural, bem como uma espécie de ressonância interna, uma sintonia com o todo, de modo que a menor mudança, fosse ela de lugar, de região, de período do dia, de estação do ano, ou do que calhasse acontecer de diferente, deixava-me profundamente tocado. O olhar de pintor vinha então se juntar ao de poeta; e a bela paisagem campestre, à qual aquele rio[98] inspirador conferia ainda mais vida, intensificava minha propensão para ficar sozinho, favorecendo minhas considerações silenciosas, mas sempre atentas a tudo ao meu redor.

Após ter deixado para trás aquele círculo familiar em Sesenheim e, logo em seguida, a roda de amigos em Frankfurt e Darmstadt, abriu-se em meu peito um vazio que eu não conseguia mais preencher. Daí que eu me encontrasse num tal estado em que bastava uma afeição se insinuar minimamente para me pegar de surpresa e frustrar inesperadamente todos os meus bons propósitos.

Ao chegar a esta altura de seu empreendimento, o autor se sente pela primeira vez de coração leve ao realizar seu trabalho, pois é somente daqui em diante que este livro poderá se tornar aquilo que ele de fato deve ser. Ele nunca foi anunciado como obra independente; antes de mais nada, ele está determinado a preencher as lacunas da vida de um autor, de complementar algo do que restou em fragmentos e de preservar, na memória, certos riscos e ousadias que já se haviam perdido e esquecido. Mas o que está feito não pode nem deve ser repetido. Seria inútil o autor tentar invocar de novo as forças obnubiladas de sua alma; não seria senão em vão a tentativa de fazer reviver aquelas ligações amorosas que tanto embelezaram sua estadia no

---

[98] A cidade de Wetzlar fica às margens do rio Lahn, um afluente do Reno.

vale do rio Lahn. Felizmente o gênio já havia tomado antes os devidos cuidados e provido o autor, nos tempos fartos da juventude, do costume de tomar registro do passado mais imediato, para que, imbuído então da coragem necessária, ele pudesse retratá-lo e torná-lo público em hora mais propícia. Mal seria preciso explicar aqui que me refiro ao *Werther*; já no que diz respeito aos personagens que figuram nesse livrinho e aos sentimentos nele representados, há ainda algumas coisas que, aos poucos, podem começar a ser reveladas.

Entre os jovens que se vinculavam às legações como forma de preparação para sua futura carreira, havia um que nós costumávamos chamar simplesmente de "o noivo".[99] Ele se destacava por seu comportamento sereno e equilibrado, pela clareza de suas opiniões, pela firmeza em suas ações e no modo de se expressar. Sua forma bem-disposta de executar suas tarefas e sua dedicação incessante o recomendavam de tal forma para seus superiores que estes lhe prometeram uma colocação para muito em breve. Sentindo-se autorizado por tal promessa, o rapaz tomou a iniciativa de ficar noivo de uma moça[100] que condizia perfeitamente com seu modo de ser e com seus anseios. Depois da morte de sua mãe, a moça se provara especialmente zelosa e expedita ao assumir sozinha o comando de uma família jovem e numerosa, tentando manter seu pai[101] de pé em sua condição de viúvo. Em vista desse retrospecto, qualquer futuro marido podia esperar o mesmo para si e sua descendência, criando expectativas de uma vida familiar decididamente feliz e segura. Todo mundo admitia, mesmo sem ter em vista para si mesmo tais projetos de vida, que se tratava de uma moça adorável. Era uma dessas mulheres que, se não nos inspiram paixões intensas, parecem ter sido talhadas, no mínimo, para despertar o encanto de toda a gente. Uma figura de constituição delicada e de belas formas; uma natureza pura, saudável e com a alegria de viver daí decorrente; um modo impassível de lidar com as premências do dia a dia; enfim, a ela fora dado isso tudo. Diante de tais qualidades, também eu me sentia invariavelmente bem, e era com grande prazer

---

99 Johann Christian Kestner (1741-1800).
100 Charlotte Sophie Henriette Buff (1753-1828).
101 Heinrich Adam Buff (1710-1795).

que me aproximava de pessoas como ela. E se eu nem sempre encontrava ocasião de lhes ser realmente útil de alguma forma, adorava partilhar com elas, mais do que com outras pessoas, a alegria daqueles prazeres inocentes que estão sempre ao alcance dos jovens e podem ser proporcionados sem muito esforço e alvoroço. Além disso, como é sabido que as mulheres só se vestem umas para as outras e, em seu modo de se vestir, competem incansavelmente umas com as outras, eu, de minha parte, preferia aquelas garotas que, em sua simplicidade e singeleza, passavam aos amigos e a seu noivo a impressão velada de que se haviam preparado apenas para eles, dando-lhes a segurança de que sua vida inteira poderia continuar a ser levada daquele mesmo modo, sem maiores dispêndios e cerimônias.

Pessoas como essas não costumam se ocupar demasiadamente de si mesmas; elas têm tempo para observar o mundo ao seu redor e serenidade o bastante para se deixar orientar por ele, para se conformar a ele. Tornam-se sábias e compreensivas sem grande esforço, e não carecem de muitos livros para sua formação. Assim era a noiva. O noivo, com seu jeito absolutamente correto e confiante de ser, não tardava a apresentar sua prometida a todas as pessoas que estimava; e como os negócios o ocupassem durante a maior parte do dia, ficava feliz quando sua noiva, depois de liberada de seus afazeres domésticos, encontrava um pouco de diversão em passeios e excursões pelo campo na companhia de amigos e amigas. Lotte – eis como ela não podia deixar de se chamar – era despretensiosa em dois sentidos: primeiramente, porque sua natureza tendia mais para uma gentileza generalizada do que para uma forma específica de afeição; e, além disso, porque ela havia decidido devotar-se a um só homem, que, sendo digno dela, declarara-se disposto a unir o seu destino ao dela pelo resto da vida. Os ares mais benfazejos sopravam ao seu redor. E se já é fascinante ver o modo como os pais dedicam um cuidado incondicional a seus filhos, a mesma cena tem algo de ainda mais belo quando são irmãos que o fazem uns pelos outros. No primeiro caso trata-se mais de um impulso natural e de um costume social; no segundo, percebe-se mais a escolha deliberada e a disposição de espírito.

O recém-chegado, inteiramente livre de todo e qualquer laço, por sentir-se tranquilo na presença de uma moça que, sendo prometida, não havia de interpretar a gentileza de seus favores e atenções como forma de galanteio – podendo se alegrar ainda mais com eles –, entregou-se tranquilamente ao curso dos acontecimentos. Contudo, ao mesmo tempo em que era tratado pelo jovem casal com imensa confiança e amizade, começou a se sentir de tal modo cativado e envolvido que ele já não conseguia mais reconhecer a si próprio. Absorto e sonhador, uma vez que o presente não lhe pudesse satisfazer, encontrou o que lhe faltava em uma amiga, que, apesar de viver para o ano inteiro, dava ares de viver apenas para o instante. Ela gostava de tê-lo como seu acompanhante; ele, em pouco tempo, já não suportava mais abrir mão de sua proximidade, pois ela se tornara sua única ligação com a vida cotidiana. E foi assim que, dali a pouco, sempre em meio a tanta gente, nos campos e nos prados, nas hortas e nos pomares, os dois acabaram se tornando companheiros inseparáveis. Quando seus negócios permitiam, o noivo também se fazia presente; e, sem querer, os três foram se acostumando um com o outro, e já não sabiam mais dizer como haviam chegado ao ponto de não conseguirem mais se separar. Ao longo de um verão magnífico, viveram então um verdadeiro idílio alemão: a terra fecunda contribuía com a prosa, os afetos mais puros garantiam a poesia. Passeando pelos trigais maduros, alegravam-se com o rociado da manhã; a canção da cotovia e o piado da codorniz ditavam os tons do deleite; mais tarde vinham as horas de calor, seguidas de tempestades descomunais que irrompiam nos céus. E os três só faziam se aproximar cada vez mais. Vários pequenos contratempos familiares eram imediatamente dissipados diante daquela forma inabalável de amor. Por mais comum que fosse, um dia rendia o outro, mas todo dia era dia de festa, como se o calendário inteiro tivesse de ser impresso em vermelho. Irão me compreender melhor aqueles que puderem se lembrar do que vaticinara o amigo feliz, mas desafortunado, daquela nova Heloísa de Rousseau: "E, sentado aos pés de sua amada, ele vai bater o cânhamo, ele vai querer bater o cânhamo, hoje, amanhã, depois de amanhã, por toda sua vida".[102]

Aqui não posso dizer muito, mas talvez já seja o suficiente, de um jovem, cujo nome, mais tarde, acabaria sendo mencionado tão frequentemente.

---

102 Montagem a partir de uma citação da sétima carta da quinta parte da obra *Julie ou la Nouvelle Héloïse*, de Rousseau. Ver também nota 29 do Quinto livro, à p.228.

Refiro-me a Jerusalem,[103] o filho do famoso teólogo de pensamento liberal e refinado. Também ele trabalhava em uma das legações. De compleição agradável, estatura mediana e constituição forte, tinha um rosto mais arredondado do que oblongo, de traços delicados, serenos e todo o mais que costuma compor a figura de um jovem loiro, bonito, de cujos olhos azuis podia-se dizer que eram mais atraentes do que expressivos. Vestia-se à moda tradicional da Baixa Alemanha, à imitação dos ingleses: fraque azul, colete e culote de couro amarelado, botas de remate marrom. O autor nunca lhe fez uma visita, nem nunca o recebeu em sua casa; ocasionalmente encontrava com o jovem na casa de amigos. Não se destacava necessariamente pelo modo como se expressava, mas era bem-intencionado. Demonstrava interesse pelas mais diversas formas de criação, mas gostava mesmo era daqueles desenhos e esboços capazes de captar a serenidade de lugares ermos e solitários. Em tais ocasiões sociais, mostrava aos amigos algumas gravuras de Gessner,[104] encorajando os amantes daquela arte a tomá-las por modelo em seus exercícios. Envolvia-se pouco – ou quase nada – com aquelas nossas mascarações cavalheirescas, vivendo mais para si e para seus pensamentos. Corriam rumores de sua paixão desenfreada pela mulher[105] de um amigo. Em público eles nunca haviam sido vistos juntos. E para além do fato de que se ocupava com a literatura inglesa, sabia-se muito pouco a seu respeito. Como filho de um homem bem-sucedido, não precisava se dedicar tão ansiosamente aos negócios, nem se apressar para conseguir logo uma colocação.

Aquelas gravuras de Gessner lograram aumentar nosso prazer e interesse por cenas campestres, e um pequeno poema, que fizemos circular com entusiasmo entre os amigos mais próximos, não nos permitiu que

---

103 Karl Wilhelm Jerusalem (1747-1772), colega de Goethe dos tempos de Leipzig, era, na época, secretário da legação de Brunswique em Wetzlar. Era filho de Johann Friedrich Wilhelm Jerusalem (1709-1789), importante teólogo protestante iluminista, defensor de uma perspectiva teológica intitulada *Neologie*, que se afastava radicalmente dos dogmas da teologia tradicional.
104 Ver nota 50 do Sétimo livro, à p.327.
105 Elisabeth Herdt (1741-1813), esposa de Philipp Jakob Herdt (1735-1809), secretário de legação do Palatinado.

nos interessássemos por outra coisa daí em diante: a *Deserted village* [Vila deserta],[106] de Goldsmith, não tinha como não agradar muito a todos que, naquele estágio de sua formação, partilhassem do espírito daqueles tempos. Todas as coisas que adorávamos ver com nossos próprios olhos, todas as coisas que amávamos, admirávamos e buscávamos apaixonadamente em nosso presente, para vivê-las com o vigor de nossa juventude, não eram retratadas de modo vivo e impactante nesse poema, mas como uma existência pretérita, havia muito extinta: os dias de férias e de festa no campo, as celebrações do dia do padroeiro e as feiras anuais, a sóbria reunião dos anciãos à sombra da tília mais antiga do vilarejo, logo abreviada pelo prazer intenso dos mais jovens pela dança, a que tampouco se furtavam as famílias mais bem instruídas. E como pareciam convenientes esses prazeres todos, devidamente moderados por um bom pastor paroquial, que sabia refrear e harmonizar imediatamente o que calhasse passar dos limites, antes que pudesse dar origem a querelas e confusões. Também ali encontrávamos de novo nosso leal vigário de Wakefield num meio que lhe era de todo conhecido e familiar; mas dessa vez não se tratava de um vigário em carne osso: este não passava de uma sombra evocada pelos tons plangentes do poeta elegíaco. Se considerarmos o propósito do poeta de reviver um passado inocente na forma de um lamento gracioso, só a ideia dessa forma de representação já era das mais felizes. Mas, também em outros sentidos, quão bem o poeta inglês não foi capaz de realizar esse seu projeto sentimental! Eu e Gotter partilhávamos do entusiasmo por esse poema adorável; e ele seria mais feliz do que eu na tradução[107] que empreendemos em conjunto, pois foi com demasiado recato que tencionei reproduzir em nossa língua a delicadeza tão emblemática do original, conseguindo render justiça a algumas passagens isoladas, mas não à obra como um todo.

Se é na saudade que se encontra a maior felicidade, como se costuma dizer, e se a verdadeira saudade só pode ter o inalcançável como horizonte, tudo parecia mesmo conspirar para que o jovem, que aqui acompanhamos

---

106 Referência à elegia *The Deserted Village* (1770), do escritor irlandês Oliver Goldsmith (1730-1774), autor amplamente conhecido na Alemanha da época em razão de sua obra *O vigário de Wakefield*. Ver também nota 63 do Décimo livro, à p.510.

107 Não há registros dessa tradução.

em seus descaminhos, se tornasse o mais feliz dos mortais. A paixão por uma mulher já comprometida, a tentativa de se apropriar de obras-primas da literatura estrangeira e de querer incorporá-las à nossa, os esforços para representar objetos naturais não apenas com palavras, mas também com lápis e pincéis – mesmo sem dispor de uma técnica apropriada para fazê-lo: cada uma dessas coisas, por si só, já bastaria para inflamar o coração e apertar o peito de qualquer um. Mas para arrancar esse nosso doce sofredor de tais circunstâncias e proporcionar-lhe novas situações que lhe acarretassem novas inquietações, eis o que se sucedeu.

    Havia em Giessen um catedrático de direito chamado Höpfner.[108] Como figura competente em sua área e pensador valoroso, era reconhecido e muito admirado por Merck e Schlosser. Há muito que eu desejava conhecê-lo pessoalmente, e como esses dois amigos pensassem em prestar-lhe uma visita para conversar sobre questões de literatura, ficou decidido que, nessa mesma ocasião, eu também deveria ir a Giessen. No entanto, como é comum acontecer nos enlevos desses tempos felizes e sossegados, tínhamos certa dificuldade para dar cabo das coisas de modo mais simples e direto, pois, como as verdadeiras crianças que ainda éramos, não abríamos mão de pregar nossas peças nem mesmo quando se tratava de uma situação séria. Combinamos, então, que eu, na condição do desconhecido, deveria me apresentar ao professor como se fosse um estrangeiro – e assim poderia satisfazer mais uma vez o prazer que eu tinha pelos disfarces. Numa bela manhã, antes de o sol nascer, deixei Wetzlar para trás, seguindo a pé as encantadoras margens do rio Lahn vale acima – essas caminhadas voltavam então a ser minha maior alegria. Feliz e animado na solidão de meus silêncios, fui tendo ideias, fazendo minhas associações, repassando as coisas todas; depois fiquei pensando em tudo de desastrado e confuso que este mundo, eterno contraditor, já me havia levado a fazer. Chegando ao meu destino, procurei a casa de Höpfner e fui direto bater à porta de seu gabinete. O professor convidou-me de imediato para entrar. Apresentei-me modestamente como um estudante que, voltando à casa dos pais após seus anos de universidade,

---

108 Ludwig Julius Friedrich Höpfner (1743-1797), professor de direito na Universidade de Giessen.

queria conhecer os homens mais distintos que encontrasse pelo caminho. Estava preparado para responder as suas perguntas sobre meu círculo de relações; contei-lhe uma historieta prosaica e verossímil, com a qual ele pareceu se contentar. Também não fiz má figura ao me declarar um jurista – conhecia seus grandes feitos nessa área e sabia que ele vinha se ocupando mais recentemente de questões do direito natural. Quando vez ou outra a conversa estagnava, o catedrático parecia querer que eu tomasse nota de algo importante ou que eu lhe brindasse logo com minhas despedidas. Mas eu sabia bem como me alongar enquanto aguardava a chegada iminente de Schlosser, conhecido por sua pontualidade. Ele chegou em seguida, foi recebido gentilmente por seu amigo e, limitando-se a olhar para mim de soslaio, não me deu maior atenção. Höpfner, de sua parte, fez questão de me envolver na conversa, dando mostras de ser uma figura absolutamente humana e de bom coração. Eu logo me despedi e me apressei para chegar à hospedaria, onde troquei algumas palavras rápidas com Merck e combinei a sequência de nosso plano.

Meus amigos haviam decidido chamar Höpfner para jantar e convidaram também Christian Heinrich Schmid,[109] que não era um nome de expressão na cena literária alemã, mas tinha lá seu papel. Era nele que queríamos pregar nossa peça, era ele que deveria ser patuscamente penitenciado pelos vários pecados que cometera. Assim que os convidados chegaram ao restaurante da hospedaria, pedi para o garçom perguntar aos cavalheiros se consentiam que me juntasse a eles. Schlosser, a quem caía bem certa feição de gravidade, não hesitou em se opor, pois não queria que a conversa amigável fosse atrapalhada pela presença de um estranho. Mas diante da insistência do garçom e da intervenção de Höpfner em meu favor, assegurando aos outros que eu era uma pessoa tratável, fui finalmente admitido naquela roda. De início, comportei-me com humildade e reserva. Schlosser e Merck não se sentiram incomodados com minha presença e continuavam expressando suas opiniões como se ali não houvesse estranho algum. Questões literárias da maior importância e nomes de grande repercussão vieram à tona.

---

[109] Algumas edições críticas, como a de Hamburgo, que tomamos aqui por base, registram *Philipp Heinrich Schmidt*. Trata-se de Christian Heinrich Schmid (1746-1800), professor de retórica e poesia na Universidade de Giessen.

Com o tempo, fui me mostrando um pouco mais ousado; e não me deixei perturbar nas ocasiões em que Schlosser, de modo mais sério, e Merck, mais ironicamente, desferiram em mim suas alfinetadas. Afinal, era Schmid o alvo de todas as minhas setas, que, por sinal, atingiam de modo certeiro e contundente cada um de seus pontos fracos, que eu tão bem conhecia.

Eu havia me proposto a beber moderadamente meu quartilho[110] de vinho de mesa, mas os cavalheiros mandaram vir à mesa um vinho de melhor qualidade e não o deixaram de compartilhar comigo. Depois de terem discutido diversos assuntos prementes daqueles dias, a conversa foi tomando um rumo mais geral, até chegar àquela pergunta que sempre se repetirá enquanto houver uma roda de escritores, a saber: se a literatura estaria então num momento ascendente ou descendente, num movimento de avanço ou de retrocesso. Essa questão, sobre a qual raramente concordam escritores jovens e velhos, iniciantes e consagrados, foi discutida euforicamente pelos convivas, mas sem que se pretendesse seriamente chegar a um consenso final. A certa altura do debate, tomei a palavra e disse:

— As literaturas, assim me parece, têm também suas estações do ano, que, alternando-se como na natureza, produzem determinados fenômenos e vão se repetindo a cada novo ciclo. Por isso eu não acredito que se possa elogiar ou repreender por inteiro nenhuma época de nenhuma literatura; desagrada-me, sobretudo, quando vejo alguns talentos — produtos de seu tempo — serem tão altamente exaltados e festejados, enquanto outros são diminuídos e ultrajados. A primavera enche de ânimo a garganta do rouxinol, mas também a goela do cuco. As borboletas, que nos fazem tão bem aos olhos, assim como os mosquitos, que tanto atordoam nossos sentidos, ambos são despertados pelo calor do sol. Se levássemos isso em consideração, não ouviríamos de novo as mesmas lamentações a cada dez anos; se levássemos isso em consideração, não desperdiçaríamos mais com tanta frequência nossos esforços para erradicar uma ou outra coisa de nosso desagrado.

O grupo fitou-me com espanto, querendo saber de onde havia surgido de repente tanta sabedoria e tolerância. Impassível, continuei tranquilamente

---

110 Em alemão: *Nössel*, antiga unidade de medida volumétrica, usada comumente no comércio de cerveja e vinho, equivalente a algo em torno de meio litro.

a comparar manifestações literárias com fenômenos da natureza, e nem sei mais como fui capaz de chegar aos moluscos, destacando toda sorte de esquisitices a seu respeito. Como eu dizia, não se podia negar que essas criaturas tivessem uma espécie de corpo, e até mesmo uma forma minimamente definida; mas como não possuíssem uma estrutura óssea, não sabíamos muito bem onde enquadrá-las, de modo que, para nós, não representavam, senão, uma forma viva de muco; nada obstante, o mar também tinha que abrigar habitantes como esses. Como, àquela altura, minhas associações começassem a passar da conta e minha alusão à figura de Schmid e a esse tipo de literato sem personalidade já se fizesse por demais evidente, fui lembrado pelos colegas de que comparações abrangentes demais acabam perdendo seu sentido.

— Se é assim — redargui —, gostaria de voltar à terra firme e falar da hera. Se os moluscos não têm ossos, a hera não possui tronco, o que não a impede de gostar de desempenhar sempre o papel principal, onde quer que ela se agarre. Seu lugar mais apropriado são aquelas velhas paredes, onde, de um modo ou de outro, já não há mais nada que arruinar. Há, portanto, bons motivos para que seja afastada das construções mais novas, pois mesmo as árvores ela suga até a última gota de sua seiva. Contudo, para mim o mais intolerável é quando ela trepa pelo poste e, cobrindo-o todo com suas folhagens, insiste em se apresentar como se ela mesma possuísse um tronco vivo.

À parte o fato de me acusarem novamente de produzir associações obscuras e impróprias, fui me tornando cada vez mais impetuoso contra toda espécie de criatura parasita e, mesmo com os limitados conhecimentos de ciências naturais que eu tinha naquela época, até que não me saí mal. Por fim, gritei ainda um *vivat* a todos os homens independentes e um *pereat* a todos os impertinentes; e ao encerrarmos o jantar, segurei a mão de Höpfner, cumprimentei-o enfaticamente, declarei-o o homem mais excepcional do mundo e dei um abraço sinceramente acalorado nele e nos outros. Meu mais novo e bravo amigo não parecia entender nada, até o momento em que Schlosser e Merck abriram o jogo com Höpfner. Uma vez esclarecida, nossa peça foi motivo de alegria generalizada; mesmo para Schmid, cujo ânimo logo conseguimos acalmar, reconhecendo que ele também tinha seus méritos e demonstrando nosso interesse pelas questões que lhe eram mais caras.

Esse prelúdio espirituoso só faria animar e favorecer o clima de nosso congresso literário, que era o que de fato tínhamos em vista ali. Merck, que ora se dedicava à estética, ora à literatura, ora a seus empreendimentos comerciais, estimulara o articulado e versado Schlosser, conhecedor de tantas matérias diferentes, a organizar a edição daquele ano da revista *Frankfurter gelehrten Anzeigen*.[111] Para tanto, haviam contatado Höpfner e mais alguns acadêmicos de Giessen, além de um valoroso professor de Darmstadt, o reitor Wenck,[112] entre outros homens de grandes méritos. Cada um deles tinha conhecimentos teóricos e históricos mais que suficientes em sua área de especialidade, mas era o modo como esses homens pensavam aqueles tempos que fazia com que parecessem agir com uma *mesma* cabeça. As duas primeiras edições desse periódico (dado que a direção da revista mudaria de mãos em seguida) dão raro testemunho da variedade de campos pelos quais se estendia o conhecimento dos colaboradores, bem como da clareza de sua visão das coisas e da sinceridade de sua disposição. Toda perspectiva humana e cosmopolita era encorajada; homens honestos e merecidamente bem reputados eram protegidos contra importunações; suas posições eram defendidas contra seus inimigos, especialmente contra estudantes que agora se aproveitavam do que haviam aprendido para prejudicar seus professores. Os artigos mais interessantes eram, provavelmente, as resenhas críticas de outras revistas como a *Bibliothek* de Berlim e a *Merkur* alemã,[113]

---

111 A revista foi fundada em 1736 com o nome de *Frankfurter gelehrte Zeitung*; a partir de 1772, sob a direção de Merck e Schlosser (e a contribuição de Höpfner, Goethe, Herder, entre outros), a revista seria rebatizada como *Frankfurter gelehrten Anzeigen*, tornando-se, aos poucos, um importante veículo de circulação da produção de artistas e intelectuais ligados à expressão do que, mais tarde, ficaria conhecido como *Sturm und Drang*. As edições a que Goethe se refere em seguida são as de 1772 e 1773.

112 Ver nota 11 do Décimo segundo livro, à p.607.

113 Referência a duas revistas literárias (mas que não se restringiam ao campo da literatura) importantes da época, ambas de viés iluminista: a *Allgemeine deutsche Bibliothek*, editada por Friedrich Nicolai entre 1765 e 1806, passando a se chamar *Neue allgemeine deutsche Bibliothek* em 1793; e a *Der teutsche Merkur*, editada por Wieland (em Weimar) nos moldes da famosa revista francesa *Le Mercure Galant* (também *Mercure de France*), publicada de 1773 a 1810, passando a se chamar *Der neue teutsche Merkur* em 1790.

nas quais se podia admirar a equidade, a perspicácia e a competência dos críticos e resenhistas nas mais variadas áreas.

No que me diz respeito, os editores entenderam muito bem que faltavam em mim praticamente todas as qualidades necessárias para um bom crítico. Meu conhecimento histórico era desconexo, já que a história do mundo, das ciências e da literatura só me atraíam pelo que cada uma de suas épocas mais importantes tinha a me dizer – as grandes questões, em si mesmas, eu só as conseguia contemplar parcialmente ou muito genericamente. O potencial que eu tinha para evocar e dar vida às coisas mesmo fora de seus contextos fazia com que eu me sentisse completamente em casa em um determinado século ou num ramo específico da ciência, podendo prescindir de maior instrução sobre os acontecimentos que lhes eram anteriores e posteriores. Além disso, havia se desenvolvido em mim certo senso teórico-prático, que, sem muito nexo filosófico, mas ocasionalmente de modo bastante acurado, levava-me a justificar as coisas mais com base no que elas deveriam ser do que a partir do que de fato eram. Somava-se a isso ainda uma facilidade para captar rapidamente o sentido das coisas e um modo sempre gentil de acolher as opiniões alheias – contanto, é claro, que estas não entrassem em contradição direta com minhas próprias convicções.

Ademais, esse clube literário seria favorecido por uma intensa troca de correspondência e, dada a pequena distância entre as localidades, pelo contato pessoal frequente. O primeiro a ler um livro logo o resenhava. Às vezes era o caso de surgirem dois resenhistas ao mesmo tempo: o assunto era então discutido, comparado a questões análogas e, assim que se chegasse a algum desfecho, *um* dos dois assumia a tarefa de redigir a crítica. Daí que muitas das resenhas resultassem tão competentes quanto vivas, tão agradáveis quanto prazerosas. Coube muitas vezes a mim assumir o papel do secretário, mas meus amigos me permitiam incluir, também em seus trabalhos, minhas tiradas jocosas; e quando se tratava de temas diante dos quais eu me sentia mais à vontade ou que me eram especialmente caros, davam-me toda a liberdade para intervir. Seria um despropósito ficar evocando aqui, com descrições ou considerações gerais, o espírito e o sentimento que animavam aqueles tempos, não fosse o fato de as duas edições anuais da revista mencionada nos oferecerem documentos tão decisivos a esse respeito. E é possível que, no futuro, algumas passagens das resenhas em que reconheço minha própria escrita possam ser publicadas em lugar mais apropriado, junto a outros escritos semelhantes.

Com esse intercâmbio tão intenso de conhecimentos, opiniões e convicções, logo passei a conhecer melhor Höpfner e a nutrir por ele certa afeição. Tão logo ficávamos a sós, conversava com ele sobre questões de sua área de especialidade – que deveria tornar-se também o meu campo de competência – e sempre encontrava nele uma forma naturalmente consistente de esclarecimento e instrução. Nessa época eu ainda não tinha percebido com tanta clareza como eu era capaz de aprender tanto com livros e conversas, mas incapaz de fazê-lo ao assistir a uma série de preleções catedráticas. O livro permitia que eu me detivesse em uma passagem determinada, ou mesmo que eu voltasse a um trecho anterior, o que a exposição oral e o professor não me possibilitavam fazer. Às vezes, no início da aula, surgia uma ideia que não me saía mais da cabeça, eu deixava de prestar atenção no pensamento seguinte e acabava perdendo completamente o fio da meada. Era exatamente isso o que costumava acontecer comigo durante o curso de direito, razão pela qual eu não podia desperdiçar aquela oportunidade de conversar com Höpfner, que tinha prazer em discutir minhas dúvidas e ponderações e sabia preencher muitas de minhas lacunas. Aos poucos, foi surgindo em mim, então, a vontade de permanecer em Giessen e de me deixar instruir pela convivência com Höpfner, mas sem me distanciar demasiadamente de minhas relações mais próximas em Wetzlar. Meus dois amigos acabariam contribuindo para contrariar esse meu desejo, primeiro sem que soubessem, depois conscientemente – não tinham apenas pressa de ir embora daquele lugar, mas também certo interesse em me tirar logo daqueles arredores.

Schlosser revelou-me que sua amizade com minha irmã se convertera em um relacionamento mais íntimo[114] e que ele pretendia encontrar em breve uma colocação, para que pudesse se unir a ela. Essa declaração mexeu comigo, muito embora pudesse tê-la intuído havia tempos das cartas de minha irmã. Acontece que costumamos fazer vistas grossas para tudo que possa afetar a boa imagem que temos de nós mesmos; logo, foi somente

---
114 Schlosser e Cornelia noivaram em 1772 e se casaram em novembro de 1773.

nesse momento que pude perceber como de fato sentia ciúmes de minha irmã, um sentimento de que eu tanto menos podia me esconder, quanto mais nos fomos aproximando desde meu retorno de Estrasburgo. Quanto tempo não despendêramos contando um ao outro nossas pequenas desventuras do coração, nossos casos de amor e outras coisas mais que nos haviam ocorrido naquele período? E por acaso não se abrira para mim um mundo todo novo no campo da imaginação? Como eu poderia deixar de introduzi-la nesse universo? Eu tinha de familiarizá-la aos poucos com minhas pequenas criações e com a imensidão da poesia do mundo. Daí que eu traduzisse para ela de improviso aquelas passagens homéricas que lhe pudessem interessar mais imediatamente. Tomava por base a tradução literal de Clarke[115] para o latim e, na medida do possível, tentava lê-la de cabo a rabo em alemão: minha leitura em voz alta costumava então transformar o texto em uma série de giros e desfechos métricos, enquanto o vigor com o qual eu apreendia as imagens e a força com a qual eu as declamava colocavam em suspenso todos os obstáculos proporcionados por uma sintaxe atravessada – o que eu oferecia a Cornelia espirituosamente, ela também acompanhava com todo seu espírito, e assim nos entretínhamos por horas e mais horas. Em compensação, quando ela reunia seu círculo de amigos, era apenas sobre o lobo Fenris e o macaco Hanuman que todos queriam ouvir; quantas vezes não tive então de repetir a famosa história de como Tor e seus companheiros foram ludibriados pelos gigantes mágicos![116] Por conta disso, tais narrativas acabaram deixando em mim uma impressão tão agradável que até hoje elas figuram entre as coisas mais valiosas que minha imaginação é capaz de evocar. Além do mais, eu também não podia deixar de falar à minha irmã sobre o círculo de relações em Darmstadt; e até mesmo minhas caminhadas e as ausências delas decorrentes acabaram fortalecendo nossos laços. Isso porque eu lhe escrevia a respeito de tudo o que me acontecesse; falava-lhe imediatamente de cada pequeno poema que havia escrito, mesmo que não passasse de um simples ponto de exclamação; e não deixava de mencionar

---

115 Samuel Clarke (1675-1729).
116 As figuras de Fenrir e de Tor são mencionadas nas narrativas nórdicas das Eddas. O deus-macaco Hanuman aparece no epos indiano *Ramayana*.

nenhuma carta que eu recebesse, nem minhas respectivas respostas. Todavia, essa nossa agitação estacara desde minha partida de Frankfurt. Minha estadia em Wetzlar não era suficientemente intensa para continuar guarnecendo uma correspondência tão viva; sem contar que minha afeição por Lotte também haveria de limitar a atenção que eu dedicava à minha irmã. Em poucas palavras: Cornelia acabou se sentindo sozinha, talvez desprezada, ficando, assim, mais suscetível às investidas sinceras de um homem honrado, que, sério e introvertido, confiável e admirável, dedicava-lhe apaixonadamente sua afeição – por sinal, um sentimento que não expressava senão muito parcamente em outras ocasiões. Tive que aceitar a situação e ceder à felicidade de meu amigo, mas sem deixar de me nutrir secretamente da presunção de que, se o irmão não tivesse se mostrado ausente, o amigo não teria prosperado tão facilmente.

Ao meu amigo e provável cunhado interessava, é claro, que eu regressasse logo para casa, a fim de que, por mediação minha, ele pudesse transitar mais livremente nesse ambiente – uma medida que parecia ser de grande utilidade para aquele homem, cujo coração havia sido tocado de modo tão insuspeitável. Por isso, ao se despedir de mim, fez-me prometer que eu também seguiria o mesmo caminho logo em seguida.

De Merck, que dispunha então de mais tempo, eu esperava que aceitasse prolongar um pouco sua estadia em Giessen, para que, nesses dias a mais, eu pudesse passar ainda algumas horas com o bom Höpfner, enquanto meu amigo investia seu tempo na preparação da edição da *Frankfurter gelehrten Anzeigen*. Mas ele não se deixou dissuadir. Assim como o amor havia levado embora meu cunhado, era o ódio da universidade que afugentava Merck de Giessen. Certas pessoas possuem antipatias que lhe são inatas: algumas não suportam gatos, outras têm aversão a isso ou àquilo; Merck era simplesmente um inimigo mortal de todo o povo da universidade – uma gente que, naqueles tempos, em Giessen – verdade seja dita –, tolerava as formas mais profundas de estupidez. Eu não tinha maiores problemas com essas figuras, e bem poderia tê-las aproveitado como máscara em alguma de minhas fantasias de carnaval; mas ser obrigado a conviver com o semblante daquelas pessoas durante o dia e a ouvir suas vociferações à noite era algo que acabava completamente com o humor de meu amigo. Merck passara os mais belos tempos de sua juventude na Suíça francesa e, desde então, vinha usufruindo da companhia agradável de pessoas da corte, de homens do mundo e dos negócios, de literatos; e era solicitado até mesmo por alguns militares em quem se instilara o gosto pela cultura intelectual. Enfim, Merck costumava viver a sua vida num círculo de pessoas extremamente educadas. Não era de se admirar, portanto, que aqueles destemperos acadêmicos o irritassem de tal forma. De fato, sua ojeriza pelos estudiosos era mais visceral do que se esperaria de um homem tão razoável; ainda assim, ele sempre conseguia me fazer rir com as descrições espirituosas da aparência e do comportamento daquelas criaturas abomináveis. Os convites de Höpfner e minha insistência não ajudaram em nada, e acabei voltando a Wetzlar com Merck assim que se fez possível.

Mal podia esperar pelo momento de apresentá-lo à Lotte; sua presença naquela roda, porém, não me foi muito vantajosa. Assim como Mefistófeles não deixa nada de benfazejo nos lugares por onde passa, a indiferença de Merck em relação àquela pessoa amada, se não chegou a abalar meus sentimentos, também não me causou maior alegria. Eu bem poderia ter previsto isso, caso tivesse me lembrado de que essas mulheres garbosas e graciosas, que, sem maiores pretensões, irradiam uma alegria de viver, não eram especialmente de seu agrado. Ele não tardou em dar sua preferência à figura de Juno de uma de suas amigas; e, como para ele havia passado o tempo de estreitar relações como aquela, repreendeu-me amargamente por eu não ter me interessado por figura tão exuberante, ainda mais sabendo que ela se encontrava inteiramente livre e descompromissada. Ele me dizia que eu não sabia distinguir o melhor para mim e lamentava profundamente aquele meu modo tão particular de desperdiçar o tempo.

Se, em geral, costuma ser perigoso apresentar a um amigo as virtudes da mulher que se ama, já que ele pode achá-la atraente e se deixar encantar por ela, há também o perigo inverso, nada desprezível, de que ele, com sua desaprovação, acabe nos confundindo. Não foi exatamente isso o que aconteceu nesse caso: a imagem adorável de Lotte havia impactado tão profundamente em mim que ninguém a poderia apagar assim tão facilmente. Mas a presença de Merck e suas insistências acabaram contribuindo para que eu antecipasse minha decisão de deixar aquele lugar. Sua animação ao me falar de uma viagem que ele, sua mulher e seu filho estavam prestes a realizar ao longo do rio Reno despertou em mim o desejo de finalmente ver com meus próprios olhos aqueles lugares de que tantas vezes ouvira falar, sem poder esconder certa dose de inveja. Quando enfim ele partiu, também eu me afastei de Charlotte, talvez com a consciência mais tranquila do que no caso de Friedrike, mas não sem dor. Por força do hábito e de certa condescendência, também esse relacionamento se tornara, para mim, mais passional do que deveria. Em compensação, a serenidade que Lotte e seu noivo demonstravam era tão grande que não podia haver nada de mais belo e amável. Aliás, a segurança que essa relação me inspirara foi justamente o que me fez esquecer os perigos todos que eu corria. Contudo, eu não tinha como ignorar o fato de que aquela aventura estava prestes a acabar; afinal, minha ligação com a adorável moça dependia diretamente da expectativa de nomeação do jovem noivo. Como o ser humano, quando é minimamente determinado, acaba assumindo fazer o que é necessário, tomei a decisão de me afastar[117] deliberadamente daquela situação, antes que fosse banido por um desfecho que eu não pudesse suportar.

---

117 Goethe deixou Wetzlar no dia 11 de setembro de 1772 sem se despedir.

Décimo terceiro livro

Merck e eu combinamos de nos encontrar na estação mais bela do ano em Koblenz, na casa da senhora von La Roche.[1] Despachara minha bagagem para Frankfurt e mandara por barco, rio abaixo, as coisas de que eu pudesse precisar no caminho de volta. Assim, pude descer a pé as margens do belo rio Lahn, seguindo o curso adorável de suas curvas e apreciando suas diferentes facetas. Sentia-me livre para tomar qualquer decisão, mas aprisionado por meus sentimentos — um estado em que a presença vivissilente[2] da natureza costuma nos fazer muito bem. Meu olho, treinado para descobrir as belezas pictóricas e para além de pictóricas da paisagem, deliciava-se com a contemplação das proximidades e das distâncias, dos rochedos encobertos pela vegetação, das copas ensolaradas, dos rasos úmidos da mata, dos castelos entronados no relevo e da cadeia azul de montanhas que, de longe, cativava o olhar.

Eu caminhava pela margem direita do rio que, lá adiante, seguia correndo o longo de seu leito, ora à luz do sol, ora encoberto por copiosos vimeiros e

---

[1] Marie Sophie von La Roche (1731-1807, nascida Gutermann) chegou a ser noiva de Wieland, mas casou-se com Georg Michael Frank von La Roche (1720-1788). Trata-se da autora do romance epistolar *Geschichte des Fräuleins von Sternheim* [História da senhorita de Sternheim, 1771], considerado o primeiro romance em língua alemã escrito por uma mulher; a obra, editada por Wieland, foi publicada anonimamente.

[2] Em alemão: *stummlebendig* (silenciosamente viva), neologismo oximoresco de Goethe.

chorões. Diante daquela cena, ressurgia em mim o antigo desejo de reproduzir aqueles motivos de um modo mais digno. Por acaso eu trazia um belo canivete na mão esquerda, quando, como que do nada, brotou-me do fundo da alma uma ordem para atirá-lo imediatamente no rio. Se eu o visse afundar n'água, meus anseios artísticos seriam satisfeitos; mas caso a submersão do canivete fosse ocultada pelos vimeiros e chorões que encobriam parcialmente o rio, então era melhor que eu abrisse mão de tais anseios e esforços. Nem bem eu tivera essa ideia amalucada e já ela se dava por realizada; sem levar em conta o quanto o canivete me era útil, dado que reunia em si uma série de funcionalidades, atirei-o energicamente no rio com minha mão boa, a esquerda. Mas também nesse caso eu teria de passar pela experiência da ambiguidade enganosa do oráculo, da qual os antigos se lamentavam tão amargamente: o mergulho do canivete no rio foi ocultado pelos últimos ramos dos vimeiros, mas o jorro provocado pelo impacto do objeto n'água saltou para o alto como um chafariz e fez-se completamente visível. Não consegui interpretar o ocorrido de modo favorável. E, com o tempo, a dúvida que o oráculo instilou em meu espírito só me tornaria ainda mais inconstante e negligente em meus debuxos e bosquejos, de modo que eu próprio acabei contribuindo para que a interpretação do oráculo se realizasse. Naquele momento de minha caminhada, senti que havia perdido o interesse pelo mundo exterior; entreguei-me então às minhas fantasias, aos meus sentimentos e, dando continuidade à viagem – em geral sozinho, mas por vezes também na companhia de algum outro viajante –, fui aos poucos deixando para trás aqueles castelos tão privilegiadamente bem situados em lugarejos como Weilburg, Limburg, Diez e Nassau.[3]

Depois de alguns dias de uma caminhada bastante agradável, cheguei a Ems,[4] onde não pude me privar do prazer de tomar alguns bons banhos antes de pegar um barco e seguir rio abaixo. E ao me aproximar dos

---

3 Estas referências e as que se seguem indicam o trajeto percorrido, em grande parte a pé, por Goethe entre Wetzlar e Koblenz, perfazendo um total de aproximadamente noventa quilômetros.

4 Atualmente a cidade se chama Bad Ems. Está localizada no estado alemão da Renânia-Palatinado, também às margens do rio Lahn, conhecida como estância balnear.

belíssimos arredores de Oberlahnstein,[5] o velho Reno abriu-se diante de mim, deixando-me extasiado. Mas ainda mais magnífico e majestoso era o castelo Ehrenbreitstein, que se erguia na paisagem com toda a força e pujança de sua panóplia. A seus pés, contrastando adoravelmente com a fortificação, situava-se um belo vilarejo chamado Thal,[6] onde logo pude encontrar a residência do conselheiro von La Roche.[7] Anunciado previamente por Merck, fui recebido com muita amizade por aquela nobre família, que logo passaria a me tratar como um de seus membros. À mãe ligavam-me as aspirações literárias e os anseios sentimentalistas; do pai aproximava-me certa forma bem-humorada de mundanidade; com as filhas,[8] tinha em comum a juventude.

Da casa, construída no final do vale, um pouco acima do nível d'água, tinha-se uma vista ampla do rio em sua jusante. Os cômodos eram espaçosos, com pé-direito alto; e em suas paredes, qual numa galeria, espremiam-se telas e mais telas umas ao lado das outras. As janelas davam para todos os lados e faziam as vezes de molduras de um retrato natural, que a luz mais tênue do sol colocava vividamente em destaque – lembro-me de ter ficado com a impressão de nunca ter visto manhãs mais radiantes, nem fins de tarde tão esplêndidos quanto aqueles.

Não fui por muito tempo o único hóspede na casa. Para a reunião que haveria de ter lugar ali, numa atmosfera algo artística, algo sentimentalista, fora convidado também Leuchsenring,[9] que acabara de chegar de Düsseldorf.[10] Esse homem, grande conhecedor da literatura contemporânea, tivera

---

5 Localidade incorporada atualmente à cidade de Lahnstein, onde o rio Lahn deságua no Reno.
6 Localidade atualmente incorporada à cidade de Koblenz.
7 Georg Michael Frank von La Roche (1720-1788) foi conselheiro privado do arcebispo de Trier, depois conselheiro de Estado e chanceler de Trier.
8 Referência às duas irmãs La Roche: Maximiliane Euphrosyne (1756-1793) – mais tarde, mãe do poeta Clemens Brentano (1778-1842) e da escritora e compositora Bettina von Arnim (1785-1859) – e Luise von La Roche (1759-1832).
9 Franz Michael Leuchsenring (1746-1827), conhecido então nas rodas sentimentalistas por sua correspondência com grandes personalidades da época.
10 Provável referência ao contato de Leuchsenring com o filósofo Friedrich Heinrich Jacobi (1743-1819), grande crítico do racionalismo, que possuía uma propriedade nos arredores de Düsseldorf.

contato com muita gente interessante em suas diversas viagens, especialmente por ocasião de uma estadia na Suíça; e como era uma pessoa simpática e cativante, pudera tirar muito proveito dessas relações. Carregava consigo inúmeros baús contendo a correspondência pessoal que mantinha com vários de seus amigos. Nessa época as pessoas costumavam abrir tanto seus corações que não se podia falar nem escrever nada a ninguém em particular, sem considerar que se estivesse dirigindo a muitas pessoas ao mesmo tempo. Espreitava-se o próprio coração, mas também o coração alheio; e com a indiferença dos governos diante dessa forma de comunicação, com a velocidade cada vez maior do sistema postal de Taxis,[11] com a segurança garantida pelo selo e com o custo acessível da postagem, essa forma de trânsito literário e moral logo ganharia terreno.

Tais correspondências, sobretudo aquelas com grandes personalidades da época, eram reunidas com todo cuidado, para que, em seguida, algumas de suas passagens pudessem ser lidas em voz alta nas rodas de amigos. Assim, como os discursos políticos fossem de menor interesse, as pessoas foram se familiarizando aos poucos com a amplitude do universo moral.

Nesse sentido, os baús de Leuchsenring continham muitos tesouros, a exemplo das cartas de uma Julie Bondeli,[12] que eram muito consideradas. Bondeli era conhecida como uma mulher de ideias e virtudes, e também como amiga de Rousseau. Quem quer que tivesse tido qualquer forma de relação com esse homem excepcional desfrutava também de uma parcela da glória que dele emanava, de modo que uma comunidade silenciosa foi assim se disseminando cada vez mais amplamente em seu nome.

Eu gostava muito de participar dessas sessões de leitura, já que elas me transportavam para um mundo incógnito e me permitiam conhecer os meandros de alguns acontecimentos mais recentes. É verdade que nem tudo ali era tão substancial. E o senhor La Roche, um ditoso homem de negócios e do mundo, que, apesar de católico, já havia feito troça da clerezia e do

---

11 Referência a Franz von Taxis (1459-1517), conhecido como o criador do primeiro sistema de serviço postal regular na Europa, entre Viena e Bruxelas, em 1500.
12 Julie von Bondeli (1731-1778), reputada como uma das mulheres mais espirituosas e cultivadas do século XVIII, era a figura central de um círculo de intelectuais e artistas na cidade de Berna.

monacato em seus escritos, acreditava ver uma forma de irmanação também no fato de alguns indivíduos sem valor subirem na vida à custa dessas ligações com pessoas importantes — ligações que, afinal, eram proveitosas para eles próprios, mas não para tais personalidades. Em geral, esse homem valoroso se retirava do grupo logo que os baús eram abertos. E se acaso ficasse para ouvir a leitura de uma ou outra carta, era certo que faria alguma observação maliciosa em seguida. Entre outras coisas, disse certa vez que a leitura dessas correspondências reforçava ainda mais a sua antiga convicção de que as mulheres poderiam poupar todo o lacre que usavam para selar suas cartas: elas bem poderiam fechá-las com um simples alfinete, com a certeza de que chegariam intocadas às mãos de seu destinatário. Da mesma maneira, costumava zombar ainda de tudo o que excedia a esfera da vida prática e dos negócios. Quanto a isso, agia conforme as ideias de seu mestre e senhor, o conde Stadion,[13] ministro do príncipe-eleitor de Mainz, que por certo não era a pessoa mais recomendada para compensar, com o respeito por qualquer coisa de etéreo, a frieza e a mundanidade de seu pupilo.

Cabe abrir espaço, aqui, para uma anedota a propósito do grande senso prático do conde. Assim que ganhou simpatia pelo jovem La Roche, então recém-orfanado, e o acolheu como seu educando, exigiu logo que o garoto o servisse como secretário. Passava-lhe cartas a serem respondidas, despachos a serem elaborados, incumbindo o menino de passar tudo a limpo, de codificar os documentos quando necessário, além de lacrá-los e endereçá-los. Essa atividade estendeu-se por vários anos. E quando o garoto se tornou moço feito e passou a executar de verdade aquelas tarefas que imaginava ter realizado até então, o conde mostrou-lhe uma imensa escrivaninha, em que mantinha, intactas, todas as cartas e encomendas que ele produzira naqueles anos, como exercícios dos tempos de aprendizagem.

Havia também um outro exercício que o conde demandava de seu educando, mas este não haveria de contar com a mesma aprovação geral: La Roche tivera de aprender a imitar fidedignamente a caligrafia de seu mestre e senhor, para poder livrá-lo do tormento de ter de escrever de próprio

---

13 Anton Heinrich Friedrich Stadion (1691-1768), admirador de Voltaire, foi um dos pioneiros do Iluminismo católico.

punho. No entanto, esse talento não seria utilizado apenas no campo dos negócios; também nos assuntos do coração o jovem rapaz tinha de assumir o lugar de seu professor. O conde havia se envolvido amorosamente com uma espirituosa dama da alta sociedade e, enquanto ele desfrutava de sua companhia até altas horas da madrugada, seu secretário ficava em casa, forjando as mais ardentes cartas de amor. De volta ao lar, o conde então escolhia uma delas e a fazia chegar, ainda na mesma noite, às mãos de sua amante que não tinha, então, como não se convencer da chama infinita de seu admirador apaixonado. É de se imaginar que tais experiências precoces não tenham deixado no jovem a melhor das impressões das correspondências amorosas.

La Roche, que serviu a dois eleitores eclesiásticos,[14] fora tomado por um ódio implacável da clerezia, advindo, muito provavelmente, de sua observação do universo rude, grotesco, pobre de espírito e de mau gosto que os monges costumavam fazer valer em muitas partes da Alemanha, obstruindo e destruindo toda e qualquer possibilidade de desenvolvimento cultural. Suas *Cartas sobre o Monacato*[15] causariam grande sensação e seriam acolhidas muito favoravelmente por todos os protestantes, mas também por muitos católicos.

Esse homem, que se levantava contra tudo o que se pudesse chamar de sentimentalista e que se afastava decididamente de qualquer coisa que semelhasse a isso, não fazia a menor questão, porém, de esconder a ternura paternal na relação carinhosa com sua filha mais velha, que, de fato, não era, senão, uma criatura absolutamente adorável. Moça de figura graciosa, antes miúda que graúda, de compleição doce e encantadora, os olhos mais negros e uma pele em tons que não se poderia imaginar de mais pura flor. Também ela amava seu pai e tendia a pensar como ele. Como ativo homem de negócios, os encargos da profissão tomavam-lhe a maior parte de seu tempo; e como os hóspedes em sua casa não fossem de fato seus convidados, mas de sua mulher, aquelas reuniões não lhe proporcionavam maiores alegrias. À mesa ele era agradável e divertido, e fazia o possível para resguardar as refeições dos condimentos sentimentalistas.

---

14 La Roche serviu ao príncipe-eleitor de Mainz, como secretário do conde Stadion, e, a partir de 1771, ao príncipe-eleitor de Trier.
15 *Briefe über das Mönchwesen*, publicadas anonimamente em 1771.

Quem conhece as opiniões e o modo de pensar da senhora La Roche — ela que, tendo vivido tanto e escrito muito, acabaria se tornando condignamente conhecida de todo alemão —, bem poderia suspeitar que a relação do casal estivesse fadada a toda sorte de desentendimentos. Mas não, de modo algum! Ela era a mais admirável das mulheres e eu não saberia mesmo com quem compará-la. De figura esbelta e delicada, mais alta que baixa, ela soube conservar até o avançado da idade uma elegância que era tanto física quanto de atitude, variando graciosamente entre a postura nobre de uma dama e o comportamento respeitável de uma senhora burguesa. Quanto ao modo de se vestir, ela o mantivera o mesmo por muitos anos: usava sempre uma touquinha singela, que combinava perfeitamente com seu rosto fino e a cabeça pequena, assim como vestidos em tons de cinza ou marrom, que conferiam ares de serenidade e distinção a sua presença. Expressava-se bem e sempre sabia se valer de sentimento para dar significado às coisas que dizia. Tratava todas as pessoas exatamente da mesma forma; mas nenhuma dessas características diz respeito àquilo que lhe era mais próprio — e não é fácil defini-lo. Ela parecia se envolver em várias coisas, mas, no fundo, nada tinha impacto sobre ela. Era sempre gentil com todos e tolerava tudo, sem sofrimento. Aos gracejos de seu marido, à amabilidade de seus amigos, ao carinho de seus filhos: a tudo ela reagia do mesmo modo. Era assim que conseguia ser sempre ela mesma, sem que o bem e o mal, no mundo, nem a excelência e a mediocridade, na literatura, fossem capazes de afetá-la. Graças a esse seu jeito de ser, foi capaz de manter sua independência até o final da vida, mesmo que, em seus últimos anos, o destino ainda lhe reservasse uma boa dose de tristeza e privação.[16] Todavia, para não cometer aqui nenhuma injustiça, tenho de mencionar que seus dois meninos, então crianças de uma beleza deslumbrante, conseguiam, vez ou outra, arrancar da mãe uma expressão bastante diferente daquela que lhe era usual no dia a dia.

Passei algum tempo vivendo nesse ambiente novo e excepcionalmente agradável, até que Merck chegou com sua família. De imediato surgiram

---

16 Em 1780, por conta de suas posições críticas em relação à Igreja, seu marido seria dispensado dos serviços que prestava ao príncipe-eleitor de Trier, morrendo em 1788. Sophie von La Roche viveria viúva por mais dezenove anos.

novas afinidades eletivas:[17] enquanto as esposas se aproximavam uma da outra, Merck, que era um conhecedor do mundo e dos negócios, homem instruído e viajado, sentia-se mais à vontade com o senhor La Roche. O menino de Merck juntou-se aos outros meninos, e a mim coube fazer companhia às filhas – não tardou para que a mais velha conquistasse toda minha atenção. É muito bom sentir que uma paixão nova começa a despertar em nós antes mesmo que a antiga tenha se extinguido de todo. É assim que, ao observar o sol se pondo, gostamos de ver a lua nascendo no lado oposto e ficamos felizes com o brilho dobrado dos dois corpos celestes.

Não nos faltava ocasião para todo tipo de entretenimento, dentro e fora da casa. Varamos toda a região: subimos até o castelo de Ehrenbreitstein, de um lado do rio, e até o antigo mosteiro dos Cartuxos,[18] do outro lado; e a cidade, a ponte sobre o rio Mosel, a balsa que fazia a travessia do Reno, tudo nos proporcionava alguma forma de diversão. O novo castelo ainda não havia sido construído,[19] mas levaram-nos até o local onde planejavam fazê-lo e nos mostraram os primeiros esboços do projeto.

No entanto, mesmo numa atmosfera tão harmônica, a matéria da intolerância – que, independentemente do quão cultivada seja uma comunidade, sempre mostra seus efeitos desagradáveis – começou a ganhar corpo no interior daquela roda. Merck, que era um homem a um só tempo frio e inquieto, nem bem havia ouvido por muito tempo a leitura daquelas correspondências quando deixou escapar alguns comentários maliciosos a propósito tanto do assunto de que versavam as cartas quanto daquelas pessoas e de suas relações; e para mim, em particular, segredou-me as coisas mais estranhas, que estariam por trás daquilo tudo. Na verdade, não se tratava de nenhum grande segredo político, nem de nada que estivesse nesse contexto

---

17 Em alemão: *Wahlverwandschaften*. Se hoje o termo nos remete sobretudo ao título do romance de Goethe, na época, o termo evocava preponderantemente o termo técnico do campo da química.

18 Demolido em 1802, o antigo mosteiro da ordem cartusiana, edificado a partir de uma velha construção beneditina do século XII, ficava localizado sobre uma elevação chamada de Beatusberg, atualmente um bairro da cidade de Koblenz (*Karthause*), cujo nome faz referência ao velho mosteiro.

19 Trata-se do *Kurfürstliches Schloss*, a residência do último príncipe-eleitor de Trier, em Koblenz, construído no final do século XVIII.

particular. Merck chamava-me a atenção para certas pessoas que, sem ter um talento especial, sabiam, com jeito, conquistar certa influência pessoal, projetando sua imagem à custa de suas tantas relações. Foi só a partir de então que passei a observar melhor essas figuras. Como tais pessoas costumam mudar sempre de cidade e, nessa condição de viajantes, estão sempre chegando a algum lugar diferente, elas sabem se valer do benefício da novidade, uma experiência que não nos deveria causar inveja, mas que tampouco deveríamos deixar de enfrentar. Trata-se de uma questão antiga, que pesa em favor de todo viajante, mas que, frequentemente, é experimentada como prejuízo pelos habitantes locais.

Seja lá como for, basta dizer que, a partir de então, passamos a observar, com uma atenção mais inquieta, talvez até invejosa, pessoas como estas, que vagavam de um lado para o outro a seu bel-prazer e lançavam âncora em toda cidade, tentando ganhar influência, no mínimo, em uma ou outra família. Retratei, senão com toda justiça, ao menos com bom-humor, um representante amável e gentil dessa guilda em minha peça *Padre Brey*,[20] e outro, mais esperto e grosseirão, num entrudo, ainda inédito, intitulado *Sátiro, ou o demônio idolatrado da floresta*.[21]

Os estranhos membros daquela nossa pequena roda acabaram conseguindo conviver razoavelmente bem uns com os outros. Afinal, éramos ora contidos por nossos próprios costumes e modos de vida, ora apaziguados pela dona da casa, que, não se deixando afetar demasiadamente pelo que acontecia ao seu redor, entregava-se sempre a certas representações ideais e, sabendo expressá-las de modo gentil e amigável, conseguia amenizar as asperezas e compensar as divergências que surgissem no grupo.

Merck foi o primeiro a dar o sinal de partida, e não poderia tê-lo feito em momento mais propício, tanto que o grupo se desfez sem maiores desentendimentos. Acompanhei-o, e a sua família, numa viagem de retorno Reno acima, a bordo de um veleiro que seguia em direção a Mainz; e embora este seguisse muito lentamente, fizemos questão de insistir com o capitão para

---

20 *Ein Fastnachtspiel, auch wohl zu tragieren nach Ostern, von Pater Brey, dem falschen Propheten* (1774), pequena peça satírica de Goethe.
21 *Satyros, oder der vergötterte Waldteufel*, escrito em 1773, mas publicado apenas em 1817.

que ele não se apressasse. Fartamo-nos então de apreciar a variedade infinita de coisas que se nos ofereciam no caminho e que, com aquele tempo magnífico, pareciam ficar ainda mais belas a cada hora que passava, transformando-se e variando tanto seu tamanho quanto seu aspecto. Só posso esperar que, ao mencionar nomes como Rheinfels e St. Goar, Bacharach, Bingen, Elfeld e Biebrich,[22] cada um de meus leitores possa evocar as suas próprias lembranças desses lugares.

Vínhamos desenhando bravamente e a atenção de nossos traços nos deixava ainda mais fortemente impressionados com a miríade de facetas daquelas magníficas margens renanas. Depois daquele período mais longo de convivência e de tantas conversas sobre os mais variados assuntos, também nossa relação de amizade acabou se tornando mais forte, tanto que Merck passou a exercer grande influência sobre mim, enquanto eu me tornara para ele um companheiro imprescindível nos momentos prazenteiros da vida. Meu olhar, ainda mais aguçado pela natureza, voltava então a se interessar pela contemplação das obras de arte, e as belas coleções de telas e gravuras de Frankfurt ofereceram-me ocasião perfeita para fazê-lo – devo isso à simpatia dos senhores Ettling e Ehrenreich, mas especialmente ao bom Nothnagel.[23] Observar a natureza na arte tornou-se para mim uma paixão que, nos momentos mais extasiantes, devia parecer quase uma loucura aos olhos dos outros, mesmo para os amantes das artes. Haveria forma melhor de acalentar uma paixão como esta do que a contemplação contínua das obras extraordinárias dos holandeses? Para que eu pudesse conhecer essas coisas também de um ponto de vista mais prático, Nothnagel providenciou-me um gabinete, onde eu dispunha de todo o material necessário para a pintura a óleo; e a partir da observação de modelos reais, pintei várias naturezas mortas em composições mais simples. Uma delas – que retratava um cabo de faca em casco de tartaruga, com detalhes incrustados em prata – surpreendeu

---

22 Localidades situadas às margens do rio Reno, respectivamente: o castelo de Rheinfels e as cidades de Sankt Goar, Bacharach, Bingen am Rhein, Eltville am Rhein e Biebrich (atualmente um bairro de Wiesbaden).

23 Johann Friedrich Ettling (1712-1786), colecionador de arte; Johann Benjamin Ehrenreich (1733-1806), pintor, gravurista e colecionador de arte; Johann Andreas Benjamin Nothnagel (1729-1804), pintor (ver também a nota 5 do Terceiro livro, à p.115).

meu mestre de tal modo, que, tendo me visitado uma hora antes de eu começar a tela, chegou a supor que um de seus artistas assistentes havia passado por ali naquele meio-tempo.

Tivesse eu persistido pacientemente no exercício da pintura de tais objetos, procurando captar cada vez melhor seus jogos de luz e sombra e as particularidades de sua superfície, por certo que teria adquirido alguma prática, reunindo condições para trilhar caminhos mais ousados. Acontece que o erro de todo diletante me perseguia, e quis começar logo com o mais difícil, com o impossível. Não tardei a me envolver em grandes projetos, mas estes só me fizeram travar: tanto porque demandavam habilidades técnicas muito além das minhas, como também porque eu nem sempre conseguia manter tão plena e vigorosa aquela dedicação atenta e despreocupada que faz com que até mesmo aprendizes consigam produzir alguma coisa.

Também nessa mesma época, fui de novo arrebatado por uma esfera mais elevada da arte, pois tive a oportunidade de adquirir algumas belas cópias em gesso de cabeças esculturadas da Antiguidade. Os italianos que vinham para as feiras na cidade costumavam trazer consigo alguns bons exemplares dessas peças, que eles vendiam de bom grado após terem tirado delas um molde. Valendo-me dessas ocasiões, consegui formar um pequeno museu, em que, de pouco em pouco, fui reunindo as cabeças de Laocoonte, de seus filhos e das filhas de Níobe; isso para não mencionar uma série de imitações, em miniatura, das obras mais importantes da Antiguidade, que comprei do espólio de um amante da arte. Assim, tentava fazer o possível para dar nova vida àquelas impressões tão fortes que eu experienciara em Mannheim.

Enquanto eu procurava exercitar, nutrir e fomentar tudo o que havia em mim de talento, de amor pela arte ou qualquer outra forma de inclinação artística, usava uma boa parte do dia para, em resposta aos anseios de meu pai, dedicar-me à advocacia; e foi mais por acaso que acabei encontrando a oportunidade perfeita para fazer isso. Depois da morte de meu avô,[24] meu tio Textor[25] tornou-se um membro do conselho municipal e passou a me confiar pequenos encargos, coisas de que eu pudesse dar conta sozinho – um

---

24 Johann Wolfgang Textor morreu em 6 de fevereiro de 1771.
25 Johann Jost Textor (1739-1792).

Johann Wolfgang von Goethe

expediente de que também os irmãos Schlosser se serviam. Eu tomava conhecimento dos processos, mas meu pai também fazia questão de lê-los, já que, motivado pelos encargos do filho, ele se via de novo envolvido com uma atividade de que tinha sido privado havia muito tempo. Conversávamos sobre cada um dos casos e, em seguida, eu redigia sem maiores dificuldades o que se fizesse necessário – tínhamos ainda um excelente amanuense[26] à disposição, em quem sempre podíamos confiar para resolver qualquer formalidade da chancelaria. Assim, esse trabalho tornou-se para mim uma atividade tanto mais agradável, na medida em que também me aproximava de meu pai. E ele, sob esse ponto de vista plenamente satisfeito com meu comportamento, não se importava em fazer vistas grossas para todo o resto de que eu me ocupava, na mais fervorosa expectativa de que, em breve, eu pudesse colher alguns louros também como escritor.

Como, a cada época, as coisas todas estão sempre relacionadas, de modo que as opiniões e os sentimentos dominantes se multiplicam das formas mais diversas, os mesmos princípios aplicados então à religião e à moral passaram a ser seguidos também na teoria do direito. Aos poucos, a atenção à dignidade do ser humano começou a se disseminar, primeiramente entre os advogados mais novos e, mais tarde, entre os juízes mais velhos. Todo mundo parecia competir, também no que concernia às relações jurídicas, para ser o mais humano possível. As cadeias foram melhoradas, crimes foram perdoados, penas foram aliviadas, legitimações foram facilitadas, divórcios – no caso de uniões entre pessoas de classes diferentes – foram encorajados. E um dos melhores advogados de nossa cidade logrou receber as mais altas honrarias ao conseguir conquistar, para o filho de um carrasco,[27] o direito de exercer a profissão de médico. As guildas e outras corporações de ofício resistiam, mas era em vão, pois as barreiras iam se rompendo uma atrás da outra. A tolerância entre os partidos religiosos deixara de ser apenas ensinada para ser praticada, e a constituição civil esteve muito perto de sofrer um impacto ainda maior, quando começaram a surgir

---

26 Johann Wilhelm Liebholdt (1740-1806).
27 Nos termos das leis até então vigentes, de tradição medieval, carrascos e suas famílias eram considerados pessoas sem honra, não lhes sendo permitido assumir nenhum cargo, nem exercer qualquer profissão considerada honrada.

tentativas enérgicas, perspicazes e muito razoáveis para persuadir essa época tão benevolente de que era preciso estender a tolerância também aos judeus. Essas novas questões da prática jurídica, que eram então estranhas à lei e à tradição vigentes, mas que não faziam mais que apelar para um julgamento justo e compassivo, também requeriam um estilo mais natural e vivo. Os mais jovens, como nós, víamos abrir-se aí um novo campo, em que adorávamos nos arriscar; e ainda me lembro bem de quando um procurador do conselheiro áulico enviou-me uma carta muito gentil, elogiando-me o modo como eu procedera num desses casos. Os *plaidoyers* franceses serviam-nos, então, de modelo e inspiração.

Com isso, estávamos em vias de nos tornar melhores oradores do que juristas, como certa vez observou, em tom de censura, o consistente Georg Schlosser. Contara a ele sobre a grande satisfação de um cliente meu ao ouvir-me lendo, efusivamente, uma defesa que eu havia escrito em seu favor. Schlosser respondeu-me dizendo:

— Pois nesse momento você provou ser mais um escritor do que um advogado. Nunca se deve perguntar como um escrito como esse pode ser do agrado do cliente, o importante é que ele possa agradar ao juiz.

Mas por mais sérios e urgentes que sejam os negócios aos quais nos dedicamos durante todo o dia, não há quem não consiga encontrar algum tempo à noite para frequentar o teatro. Este era o caso de alguém como eu, que, mesmo na falta de palcos mais prestigiosos, não deixava de refletir sobre o teatro alemão, pensando em alguma forma de participar dele mais produtivamente. O estado da arte da cena teatral naquela segunda metade do século XVIII é bastante conhecido, e qualquer pessoa que queira informar-se mais a respeito encontrará material mais apropriado de instrução em toda parte. Daí que, a esse propósito, eu não pretenda incluir aqui, senão, algumas observações mais gerais.

O sucesso nos palcos dependia mais da personalidade dos atores do que do valor das peças. E este era especialmente o caso quando se tratava de uma peça parcialmente ou inteiramente improvisada,[28] em que tudo dependia do humor e do talento do ator cômico. A matéria de tais peças tinha de ser

---

28 Tributária da tradição da *commedia dell'arte*.

colhida nas situações mais comuns do dia a dia e tinha de ter uma relação com os costumes do povo diante do qual se encenava. Da imediatez dessa relação resultava o grande aplauso com que essas peças costumavam ser recebidas. Encenações como essas sempre foram mais comuns no sul da Alemanha, onde essa tradição fora preservada, transformando-se, de tempos em tempos, apenas no que dizia respeito à caracterização das máscaras cômicas, para que elas pudessem se adequar também às mudanças das pessoas. Contudo, o teatro alemão, reagindo conforme a seriedade do caráter nacional, não tardaria a se voltar para uma natureza mais moral. E essa virada seria fortemente alavancada por um motivo externo ao mundo dos palcos, a saber: os cristãos mais severos começaram a indagar se o teatro figurava entre aquelas coisas pecaminosas, que, a todo custo, deveríamos evitar, ou entre aquelas coisas a que podíamos ser indiferentes, pois só faziam mal a quem era do mal e faziam bem a quem era do bem. Fanáticos mais rigorosos negavam essa última possibilidade e sustentavam firmemente que nenhum clérigo jamais deveria ir ao teatro. A tese contrária só poderia ser defendida com alguma ênfase, na medida em que se sustentasse que o teatro, além de ser inofensivo, também poderia ser útil. E para ser útil, tinha de ser moral. No norte da Alemanha, graças a certo gosto atravessado que banira dos palcos os personagens cômicos,[29] esse tipo de teatro ganharia rapidamente terreno, a despeito do que diziam em favor do tipo cômico algumas vozes muito respeitadas[30] e por mais que, há tempos, essa figura bufa já tivesse abandonado a rudeza do germânico Hans Wurst[31] em prol da elegância e delicadeza do Arlequim italiano e francês. Até mesmo as figuras de Crispim e Scapino foram desaparecendo aos poucos; o último Crispim que eu tive a chance de ver fora representado por Koch,[32] já no avançado de sua idade.

---

29 Alusão à reforma teatral de Gottsched, que pleiteava o banimento de figuras como o Arlequim.

30 Vozes como Justus Möser (1720-1794), Lessing e Wieland.

31 O *Hanswurst* (Hans Wurst, tradicionalmente chamado João Salsicha) é a figura bufa e arlequinesca do *clown* alemão, presente no teatro de expressão popular pelo menos desde o século XVI.

32 Heinrich Gottfried Koch (1703-1775), ator e diretor de teatro, trabalhava em Leipzig na época em que Goethe era estudante nessa cidade.

Os romances epistolares de Richardson[33] já haviam chamado a atenção do mundo burguês para uma forma mais moderada de moralidade. Em *Clarissa*,[34] as consequências sinistras e inevitáveis do mau passo dado por uma mulher eram dissecadas de um modo cruel. Esse mesmo tema seria trabalhado por Lessing em sua peça *Miss Sara Sampson*.[35] E o *Mercador de Londres*[36] mostrava-nos a situação terrível de um jovem que fora seduzido. Os dramas franceses tinham a mesma finalidade, mas eram mais moderados no modo de fazê-lo e, com seus desfechos conciliadores, sabiam bem como agradar. Peças como *O pai de família*, de Diderot, *O criminoso honesto*, *O vinagreiro*, *O filósofo sem o saber* e *Eugênia*,[37] entre outras obras do gênero, eram perfeitamente adequadas ao espírito familial e burguês, que começava a predominar cada vez mais naquela época. Entre nós, *O filho grato*, *O desertor por amor filial* e todo seu clã seguiam no mesmo rumo.[38] E obras como *O ministro*, *Clementine* e o restante das peças de Gebler, mas também *O pai de família alemão*, de Gemmingen,[39] todas elas representavam, com sensibilidade, as virtudes da classe média – e da classe baixa –, deliciando o grande público. Ekhof,[40] que com sua personalidade nobre conferia à profissão de ator uma dignidade de

---

33 Ver nota 6 do Sexto livro, à p.275.
34 Referência ao romance *Clarissa Harlowe* (1748), de Richardson, publicado em tradução alemã entre 1748 e 1753, alcançando grande repercussão, em especial nos círculos sentimentalistas.
35 *Miss Sara Sampson* (1755).
36 *Der Kaufmann von London* (1752), ver nota 25 do Terceiro livro, à p.135.
37 Respectivamente: *Père de Famille* (1758), de Denis Diderot (1713-1784); *L'Honnête criminell* (1768), de Charles Fenouillot de Falbaire de Quingey (1727-1800); *La Brouette du vinaigrier* (1775), de Louis Sébastien Mercier (1740-1814); *Le Philosophe sans le savoir* (1765), de Michel Jean Sedaine (1719-197); e *Eugénie* (1767), de Pierre Augustin Caron de Beaumarchais (1723-1799).
38 Respectivamente: *Der dankbare Sohn* (1770), de Johann Jakob Engel (1741-1802); *Der Deserteur aus Kindesliebe* (1773), de Johann Gottlieb Stephanie, o Jovem (1741-1800).
39 Respectivamente: *Der Minister* (1771) e *Clementine* (1772), de Tobias Philipp von Gebler (1720?-1786); *Der deutsche Hausvater* (1780), de Otto Henrich von Gemmingen-Hornberg (1755-1836).
40 Hans Konrad Dietrich Ekhof (1720-1778), um dos nomes mais importantes das artes cênicas na Alemanha no século XVIII, decisivo na defesa de uma forma mais realista de representação.

que esta, até então, não havia desfrutado, conseguiu dar uma estatura extraordinária aos protagonistas dessas peças; nesse ator, um homem probo, a expressão de probidade era perfeitamente convincente.

Enquanto o teatro na Alemanha curvava-se completamente a uma espécie de amolecimento, Schröder[41] surgiu como ator e escritor e, movido pelas relações entre Hamburgo e a Inglaterra, passou a adaptar comédias inglesas para os palcos alemães. Na verdade, ele só podia se servir dessas peças em linhas muito gerais, já que os originais não seguiam formalmente as regras da dramaturgia e, ainda que começassem bem e de modo estruturado, acabavam se perdendo em sua vagueza mais adiante. Parecia que os autores não pretendiam, senão, apresentar as cenas mais estranhas possíveis e, para aqueles que estavam acostumados com obras de arte mais regradas e contidas, não havia como se sentir confortável ao se ver arrastado na direção do ilimitado. Além disso, essas peças eram inteiramente permeadas de coisas tão intratáveis e indecorosas, tão insuportavelmente vulgares e ordinárias, que seria mesmo difícil livrar a trama e os personagens de todas as suas impropriedades. Eram um prato grosseiro e, portanto, perigoso, que só em uma época muito particular pôde agradar e ser digerido por uma grande massa popular – ela mesma, em grande parte, pervertida. Schröder fez mais por essas peças do que se costuma suspeitar: transformou-as profundamente, aproximou-as do espírito alemão, suavizou-as na medida do possível. Mas restava sempre um fundo desagradável, já que, muito frequentemente, as piadas giravam justamente em torno do modo como as pessoas eram destratadas, merecessem elas ou não. Essas apresentações, que imediatamente se espalharam pelos palcos, acabaram por fazer um contraponto velado com aquela outra forma de moralidade, demasiadamente delicada; e, para nossa felicidade, o embate entre essas duas tendências foi capaz de impedir a monotonia em que, doutra sorte, teríamos logo caído.

O alemão, bondoso e generoso por natureza, não quer ver ninguém ser maltratado. Mas como, por mais benigno que seja, não há ser humano que

---

41 Friedrich Ludwig Schröder (1744-1816), como diretor do Teatro de Hamburgo, adaptou inúmeras comédias inglesas e conseguiu emplacar as encenações de Shakespeare nos palcos alemães.

tenha certeza de que nunca o obrigarão a fazer algo contra sua vontade, e como também a comédia – se ela pretende agradar – pressupõe ou desperta no espectador uma boa porção de alegria com a desgraça alheia,[42] acabamos nos encaminhando, de modo bastante natural, para um tipo de comportamento que, até então, havia sido considerado contrário à natureza. Tratava-se de tirar as classes mais altas de seu pedestal e, assim por dizer, de torná-las tocáveis. Sim, pois que, até então, a sátira em prosa e em versos sempre havia evitado tocar na corte e na nobreza. Rabener[43] sempre se absteve de zombar de qualquer uma das duas, limitando-se aos círculos inferiores. Zachariä[44] ocupou-se bastante da pequena fidalguia rural, representando comicamente suas singularidades e predileções, mas sem desrespeitá-la. E a *Wilhelmine* de Thümmel,[45] uma composição pequena e espirituosa, tão agradável quanto ousada, foi muito bem acolhida: talvez porque seu autor, homem nobre e cortesão, não tenha retratado assim com tantos cuidados sua própria classe. Mas o passo mais decisivo foi dado mesmo por Lessing em *Emilia Galotti*,[46] obra em que as paixões e as intrigas nas rodas mais altas da sociedade são retratadas de modo amargo e contundente. Todas essas coisas estavam perfeitamente em sintonia com o espírito agitado daqueles tempos, e pessoas menos espirituosas e talentosas também acreditavam poder fazer o mesmo, quiçá mais. Foi assim que Grossmann,[47] em seis pratos nada apetitosos, serviu, para um público cioso da desdita alheia, todos os quitutes de sua cozinha popular: o conselheiro Reinhardt, distinto cavaleiro, assumia ele mesmo o papel de mordomo dessa mesa desoladora, para consolo e edificação de todos os convivas. A partir dessa época,

---

42 Em alemão: *Schadenfreude*. Ver nota 78 do Décimo segundo livro, à p.638.
43 Ver nota 7 do Sétimo livro, à p.314.
44 Ver nota 13 do Sexto livro, à p.284.
45 Referência à obra *Wilhelmine, ein prosaisches komisches Gedicht* (1764), de Moritz August von Thümmel (1738-1817).
46 Tragédia burguesa em cinco atos, publicada por Lessing em 1772.
47 Referência à peça *Nicht mehr als sechs Schüsseln* (1780), de Gustav Friedrich Wilhelm Grossmann (1746-1796), em que o conselheiro áulico Reinhardt, casado com uma nobre, não permite que sejam servidos a sua mesa mais do que seis pratos diferentes, conforme o costume burguês, em vez dos tradicionais dezoito de seus parentes nobres.

os vilões do teatro passaram a ser escolhidos sempre entre figuras das classes mais altas. E para ser digno de tal distinção, o fidalgo tinha de ser um oficial da corte ou ao menos um conselheiro privado. Mas as figuras mais infames eram escolhidas entre os que ocupavam os cargos e funções mais elevados da corte e do estado civil – e, nesse grupo tão distinto, era aos magistrados que se reservava a figura de vilão de primeira grandeza.

Com receio de já ter me estendido para além da época de que se trata aqui, volto ao que me diz respeito, para falar do ímpeto que me moveu a trabalhar, nas horas vagas, naqueles projetos dramáticos que um dia eu concebera.

O envolvimento contínuo com a obra de Shakespeare ampliara tanto meu espírito que o espaço estreito de um palco e o curto intervalo de tempo necessário a uma apresentação não mais me pareciam suficientes para a exposição de qualquer coisa significativa. A vida do valoroso Götz von Berlichingen,[48] escrita por ele mesmo, fazia com que eu tendesse para um estilo mais histórico de tratamento da matéria; minha imaginação se expandia de tal modo que também a forma dramática que encontrei, como procurasse aproximar-se mais e mais dos acontecimentos reais, acabou ultrapassando todos os limites da dramaturgia. À medida que eu ia progredindo, conversava sobre todos esses detalhes com minha irmã, que se envolvia de corpo e alma na discussão. Mas a verdade é que eu retomava essa conversa mais frequentemente do que conseguia de fato fazer avançar a obra, de modo que ela começou a ficar impaciente e a me implorar, de bom coração, que eu não me limitasse simplesmente a lançar palavras no ar, mas que, de uma vez por todas, colocasse no papel aquilo tudo que se passava em minha cabeça. Certa manhã, movido por esse impulso, comecei finalmente a escrever, sem ter feito previamente qualquer esboço ou plano. Escrevi as primeiras cenas, que na mesma noite eu li em voz alta para Cornelia. Ela as elogiou bastante, mas com reservas, pois duvidava que eu conseguisse prosseguir daquele jeito, chegando mesmo a expressar claramente sua falta de crença na minha força de vontade. Isso, porém, só me deixaria ainda mais estimulado. Retomei o trabalho no dia seguinte e o fiz também no dia que se seguiu a este. As leituras diárias fizeram crescer as esperanças de minha

---

48 Ver nota 31 do Décimo livro, à p.495.

irmã e, a cada novo passo que eu dava, como fosse me apropriando inevitavelmente da matéria, também para mim aquilo tudo começava a ganhar mais vida. Continuei trabalhando sem interrupção, numa obra que eu perseguia em linha reta, sem me permitir olhar para trás, nem para a direita, nem para a esquerda; e, depois de algo em torno de seis semanas, tive o prazer de ver diante de mim o manuscrito pronto e encadernado. Mostrei o trabalho para Merck, que o comentou com inteligência e generosidade. Mandei-o também para Herder, que se manifestou de maneira dura e antipática, sem perder a oportunidade de caçoar de mim em alguns de seus versos de ocasião, chamando-me os nomes mais escarnecedores. Mas eu não me deixei intimidar por isso; ao contrário, passei a olhar meu objeto de um modo ainda mais crítico. A sorte estava lançada; e a pergunta, agora, era como mover as peças no tabuleiro de modo mais favorável. Eu sabia que, também a esse propósito, não poderia contar com os conselhos de ninguém. Depois de certo tempo, quando consegui visualizar minha obra com algum distanciamento, pude reconhecer que, na tentativa de abrir mão da unidade de tempo e espaço, acabei afetando também uma unidade[49] mais elevada, porquanto imprescindível. Como, sem maiores planos e delineamentos prévios, eu houvesse me entregado inteiramente à força de minha imaginação e aos meus impulsos interiores, consegui, de início, ater-me relativamente bem ao que tinha em mente, de modo que os primeiros atos até que se ajustavam aos propósitos que deveriam cumprir. Nas partes seguintes, porém, e especialmente perto do final, deixei-me arrebatar inconscientemente por uma paixão muito estranha: ao tentar retratar Adelheid de maneira simpática e amável, acabei eu mesmo me apaixonando por ela. Sem que eu pudesse reagir a isso, minha pena devotou-se exclusivamente a essa mulher, fazendo com que o interesse por seu destino tomasse conta da peça. E como, de qualquer maneira, Götz saísse de cena na parte final, para retornar apenas em uma participação infeliz na Guerra dos Camponeses,[50] nada mais natural que a figura sedutora de uma mulher tomasse o seu lugar na mente do

---

49 Referência à unidade do enredo.
50 Em alemão: *Bauernkriege*, revolta dos camponeses (mas não exclusivamente destes) em toda a região sul da Alemanha, na Turíngia e em parte da Áustria e da Suíça, entre 1525 e 1526.

autor, que, ao livrar-se dos grilhões da arte, pensava estar ensaiando seus primeiros passos num campo novo. Não precisei de muito tempo para perceber nisso uma falha, ou melhor, um exagero censurável – a própria natureza de minha poesia me impelia sempre a pensar na unidade. Em vez de continuar me nutrindo da biografia de Götz e do antigo mundo alemão, passei, então, a me concentrar em minha própria obra, procurando conferir-lhe cada vez mais teor histórico e nacional e tentando apagar o que nela fosse fantasioso ou meramente emotivo. É claro que, assim procedendo, fui obrigado a sacrificar muita coisa, pois a inclinação pessoal teve de ceder à convicção artística. Eu havia me dado o direito, por exemplo, de fazer Adelheid surgir em meio a uma cena de ciganos, assustadoramente noturna, em que sua presença graciosa fazia maravilhas. Um exame minucioso me obrigou a bani-la; do mesmo modo, tratei de reduzir ao máximo, no quarto e no quinto ato, o desenvolvimento, antes tão detalhado, da relação amorosa entre Franz e sua ditosa esposa, mantendo apenas os rútilos de seus momentos mais importantes.

Assim, sem efetuar qualquer alteração no primeiro manuscrito, que ainda guardo comigo em sua forma original,[51] resolvi reescrever tudo de novo; e esmerei-me tanto para fazê-lo, que em poucas semanas já tinha diante de mim uma peça inteiramente renovada. Como não tinha a menor intenção de ver publicada essa segunda versão, dei cabo ainda mais rapidamente do trabalho, que eu não via, senão, como uma forma de exercício preparatório, que, no futuro, deveria servir de ponto de partida para um novo projeto – mais bem pensado, mais bem cuidado.

No entanto, quando comecei a contar a Merck sobre as várias ideias que eu tinha para retomar o projeto, ele caçoou de mim e me perguntou qual era o sentido de ficar trabalhando e retrabalhando eternamente aquela mesma matéria. Sem dúvida eu conseguiria fazer com que a coisa toda ficasse diferente, dizia ele, mas não necessariamente melhor; o melhor seria ver logo como *essa* obra seria recebida pelo público e, em seguida, partir para algo novo. E, com ares proverbiais, arrematou:

---

51 O manuscrito foi preservado e é conhecido como o *Ur-Götz* (1771).

— Sem demora pr'o varal, assim se secam os cueiros![52] —, acrescentando ainda que hesitações e protelações só tornavam as pessoas inseguras. Respondi-lhe, de minha parte, que não seria nada agradável oferecer a um livreiro um trabalho em que eu havia depositado tanto empenho, para, muito possivelmente, não receber mais que um não como resposta; pois que juízo um livreiro haveria de fazer de um escritor jovem, desconhecido e ainda por cima inconsequente? Como minha resistência à impressão de meus trabalhos viesse desaparecendo com o passar do tempo, já chegara a ter vontade de ver publicado os meus *Cúmplices*[53] – uma peça que eu tinha em alta conta –, mas não encontrei nenhum editor que se dispusesse a fazê-lo.

Foi aí que os anseios técnico-mercantilistas de meu amigo vieram à tona. Em virtude de seu envolvimento com a edição da revista de Frankfurt,[54] Merck travara contato com muitos livreiros e eruditos, o que o levava a acreditar que deveríamos publicar essa obra tão singular e curiosa por conta própria, com chances de que ela viesse render alguns bons dividendos – ele, como tantos outros naquela época, tinham o costume de conjecturar sobre os lucros dos livreiros, que, em alguns casos, era mesmo enorme, especialmente se não se levasse em consideração o quanto uma casa editorial perdia com a publicação de outros escritos e com negócios malogrados. Enfim, ficou combinado que eu providenciaria o papel e que ele se responsabilizaria pela impressão. Começamos imediatamente o trabalho, e não me desagradou em nada ver como, de pouco em pouco, aqueles esboços selvagens de meu drama iam ganhando corpo nas primeiras provas – a edição ficou mesmo muito melhor do que eu imaginara. Concluída a impressão,[55] despachamos os livros em inúmeros pacotes; e não demorou muito para que a obra agitasse as mais variadas rodas: em toda parte ela causava sensação. Entretanto, como dispúnhamos de recursos limitados para distribuir de modo mais veloz os exemplares, começou a circular, de repente,

---

52 Em alemão: "Bei Zeit auf die Zäun, so trocknen die Windeln!". Na tradução à letra: "em tempo sobre a cerca, é como secam os cueiros!".
53 Ver nota 90 do Sétimo livro, à p.346.
54 A já mencionada *Frankfurter gelehrten Anzeigen*. Ver nota 111 do Décimo segundo livro, à p.658.
55 Essa edição da obra foi concluída em 1773.

uma reimpressão fraudulenta[56] da obra. Além disso, não recebemos de imediato nenhuma forma de pagamento por nossas remessas, tanto menos em dinheiro vivo. O resultado foi que eu – na condição de alguém que ainda vivia com os pais e que, por isso mesmo, não dispunha de maiores reservas financeiras –, ao mesmo tempo que começava a ganhar maior atenção, e até mesmo certo reconhecimento de todos os lados, acabei me vendo numa situação constrangedora, já que não reunia condições para pagar nem mesmo o papel com o qual eu fizera o mundo conhecer meu talento. Merck, que sabia como se virar melhor nessas situações, alimentava a esperança de que tudo se resolvesse dali em breve; eu, de minha parte, não via sinal algum de que isso pudesse acontecer.

Antes disso, ao publicar anonimamente algumas pequenas páginas avulsas, já havia tido oportunidade de conhecer o público e a crítica às minhas próprias custas, de sorte que estava razoavelmente preparado, tanto para os elogios quanto para as repreensões – há anos que eu vinha acompanhando de perto o modo como eram tratados os autores a quem eu dedicava uma atenção mais especial.

Mesmo diante de todas as minhas inseguranças, eu conseguia perceber, com clareza, quanta coisa sem fundamento, tendenciosa e arbitrária era dita dia após dia pela crítica. Mas era chegada a hora de também eu passar por essa situação, e não fosse pela experiência que eu já tinha, nem sei estimar o quanto não me teriam confundido os contrassensos ditos por pessoas tão esclarecidas! A *Merkur* alemã, por exemplo, publicou uma resenha extensa e bem-intencionada, de autoria de algum espírito mais limitado.[57] Eu não conseguia concordar com suas censuras e tanto menos com suas sugestões de como eu poderia ter feito a coisa de outro modo. Daí eu ter me alegrado tanto quando, algum tempo depois, topei com uma declaração animadora

---

56 Já no mesmo ano de sua publicação (1773), a obra contou com duas reimpressões fraudulentas, o que, a despeito do prejuízo financeiro do autor, é bom indício do impacto que ela teve logo que editada.

57 Alusão à resenha publicada na *Merkur* alemã em setembro de 1773, pelo professor Christian Heinrich Schmid (1746-1800), catedrático da Universidade de Giessen, que se refere à obra de Goethe como "o *monstrum* mais belo e interessante".

de Wieland,[58] que, no geral, discordava daquele crítico e partia em minha defesa. Fosse como fosse, aquela resenha também fora dada à impressão, representando um bom exemplo da mentalidade embaçada de homens tão cultivados e educados; mas o que esperar do grande público?

O prazer que eu tinha de conversar com Merck e de me deixar instruir por ele sobre tais coisas não durou muito tempo, pois a sagaz condessa de Hessen-Darmstadt[59] o engajaria, como parte de sua comitiva, na condição de seu acompanhante em uma viagem a São Petersburgo.[60] As detalhadas cartas que dele recebi lograram ampliar a visão que eu tinha do mundo; e como fossem desenhadas por mão tão amiga e familiar, pude tirar proveito ainda maior de suas descrições. Apesar disso, sua viagem deixou-me bastante sozinho por um bom tempo; num momento tão importante de minha vida, acabei me sentindo privado daquela companhia luminosa, de que eu tanto precisava.

Assim como alguém toma a decisão de ser soldado e de partir para a guerra, assumindo corajosamente que tem de enfrentar o perigo e suportar dificuldades como a dor, as feridas e até mesmo a morte, mas sem poder imaginar as situações concretas em que os males, antecipados apenas muito genericamente, acabarão por nos surpreender — possivelmente de modo bastante desagradável —, o mesmo se dá com qualquer pessoa que se arrisca no mundo, especialmente com os autores. Foi o que aconteceu comigo. Como a maior parte do público se deixa mover mais pela matéria do que pela forma com que ela é tratada, o interesse dos jovens rapazes pelas minhas obras era, em geral, de natureza temática. Eles acreditavam enxergar nelas uma bandeira, em nome da qual se permitiam abrir espaço para tudo o que há de mais selvagem e desmedido na juventude; e foram justamente as melhores cabeças — em que já pululava algo semelhante — que se deixaram arrebatar. Ainda guardo comigo uma carta de Bürger — homem excepcional

---

58 Referência à resenha que Wieland fez do *Götz von Berlichingen*, publicada também na *Merkur* alemã, de que era o editor, em junho de 1774, declarando, entre outras coisas: "que tenhamos muitas dessas monstruosidades!".

59 Condessa Henriette Christine Caroline Louise von Hessen-Darmstadt (1721-1774).

60 Entre maio e dezembro de 1773.

e, em certo sentido, único em seu gênero –, destinada não sei mais a quem,[61] que pode dar um testemunho importante da repercussão que minha obra provocou na época de seu lançamento. Do lado contrário, homens os mais vetustos censuravam-me por eu ter retratado a lei do mais forte com cores demasiadamente favoráveis, acusando-me de pretender reintroduzir, em nossa época, as inconstâncias daqueles tempos remotos. Outros me tomavam por um homem profundamente erudito e exigiam que eu publicasse uma nova edição anotada da biografia original do bom Götz – tarefa para a qual eu não me sentia em hipótese alguma competente, embora não me desagradasse saber que alguém resolvera imprimir meu nome na capa da então recente reedição dessa narrativa.[62] Como eu havia sabido colher bem as flores de uma vida tão grandiosa, tomavam-me por um jardineiro zeloso. Mas havia também quem colocasse em dúvida essa minha sapiência toda. Certo dia, um homem de negócios, senhor muito distinto, veio inesperadamente me prestar uma visita. Senti-me especialmente honrado e tanto mais por ele começar sua conversa com elogios ao meu *Götz von Berlichingen* e aos meus conhecimentos da história alemã; mas, qual não foi minha surpresa quando percebi que ele só viera me visitar para me ensinar que Götz von Berlichingen não fora cunhado de Franz von Sickingen e que, ao criar poeticamente esse elo, eu havia cometido um atentado contra a História. Fiz o que pude para me desculpar, justificando que o próprio Götz se referia a Franz desse modo; o homem respondeu-me que aquela era apenas uma expressão, um modo particular de se referir a uma relação mais próxima de amizade – assim como chamamos aos outros de irmãos sem que seja necessário haver entre nós qualquer elo familiar.[63] Agradeci-lhe como pude pela

---

61 Carta do poeta Gottfried August Bürger (1747-1794), endereçada – apesar do desconhecimento presumido por Goethe – ao também poeta Heinrich Christian Boie (1744-1806), em que Bürger se refere ao autor do *Götz* como o "Shakespeare alemão".

62 A edição de 1731 da *Lebensbeschreibung des Herrn Götzens von Berlichingen, zugenannt mit Eisernen Hand...* foi reeditada por Felssecker em 1775. O nome de Goethe não aparece na capa, mas o prefácio faz menção clara a seu *Götz*.

63 Nessa passagem, em alemão, Goethe explora a acepção de cunhado [*Schwager*] como postilhão [*Postillone, Postillion*], jogo de palavras sem correspondência direta no português.

lição, lamentando apenas que esse mal não pudesse mais ser remediado. Ele lamentou igualmente o ocorrido e exortou-me, com toda sua gentileza, a continuar meus estudos de história e da constituição alemã, colocando à minha disposição a sua biblioteca, da qual não deixei de fazer bom proveito dali em diante.

Mas, de tudo, o que de mais engraçado me aconteceu foi a visita de um livreiro, que, com toda a franqueza do mundo, veio me encomendar uma dúzia de peças semelhantes ao *Götz*, prometendo-me bons honorários por elas. Não é preciso dizer aqui o quanto tal proposta nos divertiu; no fundo, porém, ela não era de todo um despropósito, na medida em que eu já vinha me ocupando secretamente de algo semelhante: seguindo os mesmos moldes do *Götz*, pretendia voltar às origens a partir desse ponto de virada da história alemã, mas também pretendia partir dele e chegar até os tempos modernos, tematizando os principais acontecimentos históricos – um propósito elogiável, que, como tantos outros, acabou frustrado pela célere passagem do tempo.

Contudo, essa peça não era o único projeto que ocupava então o autor. Enquanto ela era pensada, escrita, reescrita, impressa e distribuída, muitas outras imagens e ideias agitavam seu espírito. As que se prestavam à elaboração dramática tinham o privilégio de serem repensadas mais frequentemente, alcançando um estágio de maior acabamento; mas, ao mesmo tempo, começava a se desenrolar uma transição para outro gênero de representação, que não costuma ser contabilizado entre as formas dramáticas, apesar de ter com elas muitos traços em comum. Essa transição se deu principalmente em razão de uma peculiaridade do autor, que transformava até mesmo seus solilóquios em diálogos.

Acostumado a passar seu tempo preferencialmente na companhia de outras pessoas, ele tinha o hábito de conferir, aos seus momentos mais solitários de reflexão, a forma de uma conversação, e o fazia do seguinte modo: quando se via sozinho, evocava a lembrança de alguma pessoa de seu círculo de conhecidos; convidava-a então para se sentar, andava de um lado para o outro a sua frente, parava diante dela e começava a discutir, com ela, o assunto que tinha em mente naquele instante. Vez ou outra, a pessoa lhe respondia, sinalizando sua aprovação ou reprovação num gesto que lhe fosse típico – dado que cada pessoa tem seu jeito particular de fazer isso. Em seguida, o autor retomava a conversa, procurando prosseguir na direção do que parecia ser mais do agrado de seu convidado, reformulando ou definindo melhor aquilo que o desagradava. Ocasionalmente, chegava ao ponto de abrir mão de sua tese inicial. O mais curioso nisso era que ele nunca escolhia pessoas com quem tinha maior intimidade, mas aquelas que ele via apenas muito raramente, ou mesmo algumas que viviam em outras partes do mundo e com quem ele só tivera um contato passageiro. Em geral, eram pessoas de natureza mais receptiva do que comunicativa, mas prontas a mostrar um interesse sereno e sincero pelas mais diversas coisas que deparavam em seu horizonte — ainda que, de vez em quando, o autor não deixasse de evocar, para esses exercícios dialéticos, também alguns espíritos mais contenciosos. Eram pessoas de ambos os sexos, de todas as classes sociais, de todas as faixas etárias, pessoas que se mostravam invariavelmente agradáveis e gentis, porquanto só fossem evocadas para conversar sobre assuntos que conheciam e de que gostavam. Várias delas, porém, teriam ficado muito surpresas se soubessem o quão frequentemente elas haviam sido convocadas para participar dessas conversações imaginárias, até porque algumas delas dificilmente teriam dado o ar de sua graça para uma conversa de verdade.

Creio que não seja difícil de perceber o quanto essas conversas se aproximam do espírito da correspondência, com a diferença de que, nesta, o que se costuma ver é a resposta a uma relação de confiança construída com o passar do tempo, enquanto, naquelas, sabemos ter de criar, nós mesmos, uma relação nova, sempre diferente e que, no fundo, não responde a ninguém. Quando se tratou, então, de retratar aquele fastio que as pessoas sentiam, mesmo sem estar passando por maiores contrariedades, o autor não teve como não representar seus sentimentos, senão, por intermédio de cartas. Afinal, todo desgosto é um rebento, um filho da solidão; quem a ele se entrega, foge a toda forma de contestação. E o que se poderia contrapor mais a esse sentimento do que as companhias alegres e animadas? O prazer que os outros sentem pela vida é, para ele, qual uma acusação dolorosa e constrangedora; e sendo assim, justamente aquilo que deveria resgatá-lo dessa condição acaba fazendo com que ele se volte ainda mais para dentro de si mesmo. Se acaso ele resolver falar a respeito de sua situação, é por carta que ele o fará, pois ninguém se contrapõe imediatamente a um desabafo escrito, seja ele de alegria ou de pesar; e uma réplica, com todos seus contra-argumentos, só dará, ao recluso, oportunidade para ele mergulhar ainda mais fundo em sua prostração, um pretexto para ele se tornar ainda mais inflexível. Escritas nesse espírito, é provável que as cartas do *Werther* devam seu forte apelo ao fato de que, se por um lado, toda a variedade de seu conteúdo já havia sido previamente discutida com indivíduos diferentes nesses diálogos imaginários, por outro, na composição em si, cada carta surge sempre endereçada a *um* único amigo e confidente. Quanto ao – já tão comentado – tratamento formal dado a esse meu pequeno *Werther*, não seria nem mesmo conveniente dizer algo a mais aqui; quanto ao seu conteúdo, porém, ainda há o que acrescentar.

Esse *taedium vitae*[64] tem suas causas físicas e suas causas morais: daquelas, deixemos que cuidem os médicos; destas, os moralistas. Diante de uma matéria já tão frequentemente discutida, atentemos apenas para o ponto principal, para o ponto que nos revela esse fenômeno de modo mais evidente. Na vida, toda forma de bem-estar se funda na reincidência regular dos estímulos exteriores: a variação do dia e da noite, a recorrência das estações do ano, da floração, dos frutos e todo o mais que se nos ocorre de tempos em tempos para que possamos – e devamos – desfrutar disso tudo. Eis aí a verdadeira mola propulsora da vida terrena. Quanto mais nos abrimos a esses prazeres, mais nos sentimos felizes; mas se a diversidade desses fenômenos fica apenas rodopiando sem parar à nossa frente, sem que nos interessemos por nada, sem que nos tornemos minimamente receptivos a uma oferta tão benévola, aí, então, surge o maior dos males, a mais grave das doenças: passamos a ver a vida como um fardo nauseabundo. Conta-se a história de um inglês que haveria se enforcado somente para não ter mais de se vestir e se despir de novo diariamente. Conheci, também, um bravo jardineiro, responsável por cuidar de um parque imenso, que certa vez exclamou, com profundo pesar: "Terei eu de ficar para sempre aqui, vendo

---

64 Em alemão: *Ekel vor dem Leben* (náusea diante da vida). Nas anotações em seu diário, em 14.4.1813, e, portanto, contemporâneas da época em que *Werther* foi escrito, Goethe se vale da expressão latina *taedium vitae* para se referir ao sentimento em questão.

passarem essas nuvens de chuva noite e dia?". E mesmo a propósito de um de nossos homens mais excepcionais,[65] dizia-se que ele ficava triste ao ver o mundo verdejar novamente na primavera, pois desejaria profundamente que, para variar, a estação pudesse chegar vermelha ao menos uma única vez. Todas essas histórias são, na verdade, os sintomas de um enfastiamento da vida, que, não raro, acaba em suicídio,[66] e é muito mais comum entre pessoas introvertidas e pensativas do que se pode imaginar.

Todavia, não há nada que desencadeie mais decisivamente esse enfado do que o retorno do amor. O primeiro amor, diz-se com razão, é o único, pois já com o segundo, e justamente por causa desse segundo, perde-se seu sentido mais elevado: a ideia de eternidade e infinitude que esse sentimento costuma sustentar e propagar é então destruída e o amor ressurge efêmero como tudo o que revém. A separação do sensível e do moral, que, nas complicações do mundo cultivado, acaba por segregar amor e desejo, configura, também aqui, um exagero — condição a partir da qual, por sinal, não há como resultar nada de bom.

Com o tempo, um jovem logo acaba percebendo, se não em si mesmo, ao menos nos outros, que também a moral tem suas épocas e varia exatamente como as estações do ano. A benevolência dos grandes, a mercê dos poderosos, o apoio das pessoas que fazem por acontecer, a simpatia da massa, o amor de cada indivíduo, enfim, todas essas coisas passam e repassam sem que consigamos segurá-las, assim como nos escapam também o sol, a lua, as estrelas. Acontece que as tais coisas, a que nos referimos aqui, não são meros fenômenos naturais: se nos fogem, é por nossa própria culpa ou por culpa de outro alguém; se nos escapam, é por acaso ou por destino. São coisas que sempre mudam; em relação a elas, nunca teremos qualquer segurança.

O que mais amedronta um jovem sensível, no entanto, é a recorrência inexorável de nossos erros, já que demoramos muito a perceber que, ao desenvolver nossas virtudes, cultivamos também nossos defeitos. As virtudes repousam sobre os defeitos qual fossem suas raízes, ao mesmo tempo

---

65 Alusão a Lessing.
66 Ver a carta de Goethe, datada de 3.12.1812, a seu amigo Carl Friedrich Zelter (1758-1832), a propósito do suicídio de seu filho.

em que os defeitos vão rebrotando veladamente, mas com a mesma força e diversidade que as virtudes costumam ter em plena luz do dia. E como costumamos exercitar voluntária e conscientemente nossas virtudes, enquanto somos antes inconscientemente surpreendidos por nossos erros, o resultado é que nossas virtudes raramente nos proporcionam alegrias, ao passo que nossos defeitos não cessam de provocar dor e tormento. Aí reside o ponto mais crítico do processo de autoconhecimento, o ponto que o torna quase impossível. Some-se a isso tudo ainda um sangue jovem e efervescente, uma imaginação que se deixa paralisar facilmente por qualquer assunto em particular e as hesitações recorrentes do dia a dia, e logo deixaremos de pensar que o esforço impaciente para se libertar de um aperto como este não seja natural.

Contudo, esses pensamentos sombrios, que não conduzem senão ao infinito aqueles que a eles se entregam, não poderiam ter se desenvolvido de modo tão decisivo no espírito dos jovens alemães, sem que uma instância externa os tivesse provocado e estimulado a se perder nesses tristes desenredos. A literatura inglesa foi a grande responsável por isso, e especialmente sua poesia, cujas maiores virtudes estão sempre ligadas a uma gravidade soturna, que contagia todo aquele que dela se ocupa. Desde muito jovem o britânico mais espirituoso já se vê rodeado por um mundo repleto de importâncias, um mundo que instiga todos os seus desejos. Mais cedo ou mais tarde, porém, ele perceberá que é preciso se valer de toda sua razão para dar conta dessas forças. Quantos desses poetas ingleses não levaram uma vida desgarrada e agitada logo na juventude e, ainda moços, sentiram-se no direito de lamentar a vanidade das coisas terrenas! Quantos destes não se arriscaram na vida pública e, desempenhando papéis ora mais ora menos importantes – no parlamento, na corte, no ministério ou nas embaixadas –, envolveram-se nas agitações internas, nas transformações do Estado, nas mudanças políticas, causando, se não a si mesmos, de certo a seus amigos e benfeitores, mais experiências tristes do que alegres! Quantos destes não chegaram a ser banidos, enxotados, presos ou privados de seus bens!

Mas até mesmo a condição de ser apenas espectador de eventos tão grandiosos leva o homem a encarar tudo de modo mais grave e sério; e ao que mais nos haveria de conduzir essa seriedade, senão à reflexão sobre o teor efêmero e fútil de todas as coisas terrenas? Como a seriedade é uma característica também do homem alemão, a poesia inglesa pareceu-lhe sob medida; e, ao mesmo tempo, imponente, na medida em que era escrita a partir de uma condição superior. Nessa poesia, podia-se encontrar sempre um pensamento grandioso, experimentado e talentoso, ao lado de um sentimento profundo e delicado, das melhores intenções e de uma dedicação apaixonada: enfim, as qualidades mais excepcionais que podemos enaltecer em homens espirituosos e cultivados. Mas isso tudo junto ainda não basta para fazer um poeta. A verdadeira poesia tem lugar quando, por força de uma serenidade interior e de um comprazimento exterior, ela é capaz de nos libertar, qual um evangelho mundano, dos lastros que a vida faz pesar sobre nós. Como um balão de ar,[67] ela nos faz tirar os pés do chão, levando-nos com todos os nossos contrapesos para as regiões mais elevadas e permitindo-nos observar, da perspectiva dos pássaros, os descaminhos confusos da vida no mundo. Na poesia inglesa, as obras mais alegres, assim como as mais graves, tinham todas um mesmo fim: moderar tanto o prazer quanto a dor através de uma forma feliz e espirituosa de representação. Se observarmos desse ponto de vista a maioria dos poemas ingleses – geralmente de fundo didático e moral –, veremos que, por via de regra, eles não revelam, senão, aquele mesmo fastio amarguroso da vida. Vale dizer que isso não diz respeito apenas aos *Night-Thoughts*, de Young,[68] em que esse tema é desenvolvido extensivamente e de modo tão excepcional; isso abrange, também, todos os demais poemas contemplativos, que, antes mesmo de nos darmos conta, já se embrenham nesse campo triste, em que à razão se atribui uma tarefa, cuja solução ela não é capaz de encontrar – até porque, nesse caso, a própria religião, por mais edificante que se pudesse mostrar, não faria mais do que abandoná-la. Poderíamos publicar livros e mais livros com comentários a esses textos tenebrosos, mas sempre no mesmo espírito:

---

67 O balão de ar quente foi inventado em 1783 pelos irmãos Montgolfier. Ver também nota 32 do Nono livro, à p.449.

68 Edward Young (1681-1765), poeta inglês e autor da obra *The Complaint: or, Night-Thoughts on Life, Death, & Immortality*, um longo poema publicado entre 1741 e 1745. Sua obra (em tradução alemã a partir de 1751-1752) teria forte impacto sobre a expressão literária sentimentalista.

A idade e a experiência, de mãos dadas,
Levam-no à morte e a ver, no fim da estrada,
Depois de tanta busca e desespero,
Que toda a vida não passou de um erro.[69]

Algo que, para além disso tudo, também contribuiria para completar a fama de misantropos dos poetas ingleses e para recobrir seus escritos com os ares desagradáveis da aversão generalizada a tudo, era o fato de que eles todos, em razão das várias dissidências entre seus diferentes círculos, sentiam-se sempre na obrigação de tomar partido de um ou de outro grupo – senão ao longo de toda sua vida, por certo durante a melhor parte dela. E dado que um autor como este não pudesse simplesmente elogiar e exaltar, na obra dos seus, as questões que de fato lhe importavam, posto que isso só lograsse despertar a inveja e a repugnância geral, só lhe restava usar todo seu talento para falar tão mal quanto possível de seus adversários, afiando e envenenando ao máximo suas armas satíricas. Acontece que todas as partes se valiam desse mesmo expediente, o que fez com que o mundo entre elas acabasse sendo completamente destruído, inviabilizado; não havia restado nada na grande comunidade desse povo tão intelectualmente ativo que não se revelasse mais que desatino e loucura – para dizer isso, aqui, com toda suavidade. Até mesmo seus poemas de amor pareciam se ocupar de temas tristes: ora morria uma moça que fora abandonada, ora era um amante fiel que morria afogado – ou que, nadando apressadamente para chegar a sua amada, era devorado por um tubarão antes de alcançá-la. Quando um poeta como Gray[70] resolveu se instalar no cemitério de uma pequena cidade rural e entoar de novo aquelas famosas melodias, não era de se admirar, portanto, que ele conseguisse reunir um número bastante razoável de amigos

---

69 Citação do poema *A Satyr against Mankind*, panfleto anônimo publicado no século XVII, que, em 1779, o crítico Samuel Johnson atribuiria a John Wilmont Earl of Rochester. Os versos são citados em inglês: "Then old Age and Experience, hand in hand,/ Lead him to death, and make him understand,/After a search so painful and so long,/ That all his life he has been in the wrong".

70 Thomas Gray (1716-1771), conhecido especialmente por sua obra *Elegy written in a country church-yard*, de 1751, a cujo enredo Goethe alude nessa passagem.

da melancolia. E, ao escrever seu *Allegro*, Milton[71] teve primeiramente que espantar toda essa amargura com versos enérgicos, para só então conseguir alcançar um patamar mínimo de prazer. Até mesmo o alegre Goldsmith acabaria se perdendo em sentimentos elegíacos, quando, em sua *Vila deserta*,[72] tentou nos retratar, de modo tão adorável quanto triste, um paraíso perdido que o seu *Viajante*[73] buscava por toda a Terra.

Não duvido que não me possam apontar e contrapor obras mais animadas e poemas mais alegres que estes todos, mas a maioria e os melhores deles certamente haverão de remontar a uma época mais antiga da poesia inglesa, enquanto, dos poucos contemporâneos que poderíamos destacar, a maioria tende à sátira: são poemas amargos e especialmente desdenhosos em relação às mulheres.

Em suma, esses poemas a que venho me referindo aqui, por mais sérios e debilitadores da natureza humana que fossem, eram, dentre todos os que podíamos escolher, os nossos prediletos. A depender de seus humores, alguns jovens simpatizavam mais com uma forma leve e elegíaca de tristeza, ao passo que outros preferiam o peso acachapante do desespero e da abnegação absoluta. O curioso é que nosso pai e mestre Shakespeare, exímio disseminador da mais completa sensação de alegria, também acabaria reforçando os nossos ares de indisposição. Hamlet e seus monólogos haviam se tornado fantasmas que nos assombravam o nosso espírito. Sabíamos de cor suas passagens principais e adorávamos recitá-las, de modo que cada um de nós se achava autorizado a ser tão melancólico como o príncipe da Dinamarca, mesmo sem ter visto qualquer tipo de espectro, e mesmo sem ter um pai monarca para vingar.

Todavia, para que esses tantos humores sombrios não ficassem sem um espaço perfeitamente adequado, os poemas de *Ossian*[74] nos arrebataram até

---

71 Referência ao poema bucólico *L'Allegro* (1633), de John Milton (1608-1674), normalmente associado ao poema *Il penseroso*, ambos publicados pela primeira vez em uma coletânea de 1645.
72 Ver também nota 106 do Décimo segundo livro, à p.653.
73 Referência a *The Traveler or a Prospect of Society*, poema didático de Goldsmith, de 1764.
74 Ver nota 59 do Décimo segundo livro, à p.626.

as fronteiras finais da *Ultima Thule*,[75] onde, cruzando a vastidão dos pântanos cinzentos e passando por entre lápides musguentas que rebentavam do chão, víamos o hálito tenebroso do vento mover a vegetação ao nosso redor, enquanto um negrume de nuvens carregava os céus acima de nós. Somente o clarão da lua era capaz de transmudar em dia aquelas noites caledônias; heróis capitulados e donzelas fenecidas pairavam em torno de nós, até que finalmente acreditamos avistar o espírito de Loda[76] em sua forma horripilante.

Imersos nos humores de uma atmosfera como essa, envolvidos com estudos e passatempos dessa natureza, atormentados por paixões mal correspondidas, refratários a todo estímulo exterior que nos pudesse motivar a fazer algo de mais significativo e diante da perspectiva inelutável de continuarmos presos a uma vida burguesa, arrastada e desenxabida, fomos aos poucos nos familiarizando — numa espécie de presunção pesarosa — com a ideia de que, na pior das hipóteses, podíamos simplesmente abandonar a vida quando quiséssemos, caso esta não fosse mais de nosso agrado. Com isso, improvisávamos uma alternativa que, pelo menos, ajudava-nos a suportar os destemperos e a modorra dos dias. Esses sentimentos eram tão comuns naquela época que o *Werther* teve uma grande repercussão, especialmente porque, de um modo claro e franco, conseguiu atingir a todos, tocando fundo o âmago de uma insânia juvenil e doentia. Alguns poucos e significativos versos, publicados antes mesmo de o *Werther* ter sido dado à impressão, dão testemunho do quão bem os ingleses conheciam essas formas de consternação:

> Propenso a dores congeniais,
> Mais mágoas que lhe deu a natureza conhecia,
> Se a forma da miséria lhe surgiu à fantasia,
> Não foi senão no breu dos tons e torvos ideais.[77]

---

75 Conforme Tácito e Virgílio (nas *Geórgicas*), ilha no extremo norte do mundo.

76 Referência à figura de Loda, espírito da morte mencionado logo no primeiro canto do *Ossian*.

77 Versos do poema *The suicide* (1771), de Thomas Warton (1728-1790). São citados em inglês: "To griefs congenial prone,/ More wounds than nature gave he knew,/ While misery's form his fancy drew/ In dark ideal hues and horrors not its own".

O suicídio é um incidente da natureza humana e, por mais que já tenha sido tão discutido e debatido, sempre demanda a atenção e o interesse de todo ser humano, devendo ser enfrentado de novo diante dos desafios que cada época impõe. Montesquieu[78] concede a seus heróis e a seus grandes homens o direito – de livre-arbítrio – à morte, afirmando que todos deveriam ter a liberdade de escolher onde e quando querem pôr um ponto final no quinto ato de sua tragédia. Mas não se trata, aqui, daquelas figuras que viveram uma vida significativa, repleta de realizações, daqueles personagens que dedicaram seus dias a um grande reino ou à causa da liberdade; se pessoas como essas, ao verem desaparecer da Terra a ideia que tanto perseguiram, cogitassem continuar sua busca noutro mundo, nós não tomaríamos isso necessariamente por mal. Aqui, trata-se daquelas pessoas que acabam perdendo o gosto pela vida justamente por não terem feito nada de tão significativo – mesmo vivendo o mais pacífico dos mundos –, ou por conta das exigências exageradas que fazem de si mesmas. Como eu mesmo era um desses casos e, portanto, sabia exatamente as dores que eu havia sentido e o quanto não me havia custado livrar-me dessa condição, não quero me eximir, aqui, de revelar minhas considerações deliberadas sobre as diferentes formas que se pode escolher para morrer.

É tão contrária à natureza humana a ideia de privar-se de si mesmo, de não apenas se ferir, mas de acabar de vez consigo, que, na maior parte das vezes, o homem precisa recorrer a meios mecânicos para dar cabo de seu propósito. Quando Ájax[79] cai sobre sua espada, é o peso de seu próprio corpo que cumpre esse último serviço. Quando um guerreiro[80] encarrega seu escudeiro de não o deixar cair em mãos inimigas, é também de uma força exterior que ele se vale – nesse caso, de uma força moral ao invés de física. As mulheres buscam resfriar seus desesperos na água[81] e o recurso estritamente mecânico de uma arma de fogo garante uma ação rápida com um mínimo de esforço. O enforcamento não é uma alternativa que as pessoas

---

78 Alusão ao décimo segundo capítulo da obra *Considérations sur les causes de la grandeur et de leur décadence des Romains* (1734), de Montesquieu (1689-1755).
79 Referência à tragédia *Ájax* (em torno de 450 a.C.), de Sófocles.
80 Alusão à figura de Cássio, na tragédia *Julio César* (1598-1599), de Shakespeare.
81 Alusão à figura de Ofélia, no *Hamlet*.

gostem de mencionar, dado que se trata de uma morte ignóbil. Essa possibilidade ocorre mais frequentemente na Inglaterra, pois lá, desde muito cedo, é comum ver pessoas serem enforcadas sem que se trate necessariamente de uma pena desonrosa. O veneno e o corte dos pulsos são opções para aqueles que cogitam se despedir lentamente da vida, enquanto a forma mais imediata, sofisticada e indolor é aquela que se dá através da mordida de uma víbora – forma digna de uma rainha que viveu uma vida de prazeres e esplendores.[82] Mas essas possibilidades todas não passam de subterfúgios exteriores: são inimigos com quem o homem firma uma aliança contra si mesmo.

À medida que eu ia pensando sobre cada uma dessas variantes e ampliando minhas leituras da história, acabei me dando conta de que, entre todos aqueles que tiraram sua vida com as próprias mãos, ninguém executara esse ato com mais grandiosidade e liberdade de espírito que o imperador Otho.[83] Vendo-se em desvantagem no campo de batalha, mas longe de estar numa situação extrema e desfavorável, esse general decidiu abandonar nosso mundo: pelo bem do reino que estava prestes a conquistar, mas também em prol de milhares de almas que, com esse gesto, ele conseguiu poupar. À noite o imperador ainda celebraria com seus amigos uma fausta ceia; na manhã seguinte, foi encontrado morto – metera um punhal no coração, com a própria mão. Esse gesto único me pareceu tão digno de ser imitado que, a partir de então, eu me convenci de que alguém que não fosse capaz de agir como Otho não deveria ter a liberdade de abrir mão de sua vida voluntariamente. E foi essa convicção que acabou me salvando tanto do projeto quanto da fantasia suicida que haviam se insinuado no espírito dos jovens ociosos naqueles tempos esplêndidos de paz. Entre vários itens de minha respeitável coleção[84] de armas havia um precioso punhal, especialmente afiado. Toda noite eu deixava a arma sobre a mesa de cabeceira e, antes de apagar a luz, experimentava-a para ver se eu era capaz de afundar algumas polegadas daquela lâmina pontiaguda em meu peito. E como não fosse

---

82 Alusão à figura de Cleópatra.
83 Referência a Marcus Salvius Otho (32-69), imperador romano, cuja morte é retratada por Plutarco e Suetônio.
84 Como se pode inferir também de outras passagens desta obra, Goethe foi um colecionador contumaz.

minimamente capaz de fazê-lo, só pude rir de mim mesmo, descartando de vez essas excentricidades hipocondríacas e fazendo uma opção pela vida. Mas para conseguir chegar a esse ponto e fazer isso com alegria, tive, antes, de dar cabo de uma tarefa literária, em que tudo o que eu havia sentido, pensado e fantasiado a propósito dessa questão tão importante deveria ganhar expressão. Para tanto, reuni elementos que já me habitavam havia anos, imaginei as situações que mais me haviam oprimido e angustiado, mas a coisa não parecia querer ganhar forma: faltava-me uma ocasião, uma fábula em que tudo pudesse ganhar corpo.

Foi então que tive notícia da morte de Jerusalem[85] e, logo depois de terem chegado a mim os boatos mais gerais, também tomei conhecimento dos relatos mais precisos e detalhados sobre o que havia acontecido. Nesse exato momento, deu-se por encontrado o plano para o *Werther*; tive de repente a sensação de que as coisas todas se encaixavam com perfeição e davam forma a uma massa sólida, qual a água de um balde, que, estando a ponto de congelar, transforma-se subitamente em gelo ao menor movimento. E esse sentimento estranho de realização — de imaginar uma obra de conteúdo tão variado e significativo e de conseguir executar cada uma de suas partes — foi para mim tanto mais caro, porquanto, nessa mesma época, eu houvesse deixado me envolver de novo em uma situação constrangedora, que inspirava ainda menos esperança que a anterior e era prenúncio certo de descontentamento, se não de desprazer.

Sempre é difícil entrar em um novo círculo de relações que é estranho aos nossos costumes. Não raro, somos levados a estabelecer uma forma artificial de relação com esse mundo e acabamos sofrendo com o que inevitavelmente nos faz falta nessas circunstâncias; ao mesmo tempo, porém, não conseguimos vislumbrar meios nem de tornar essas relações mais plenas, nem de nos livrarmos definitivamente delas.

A senhora von La Roche casara sua filha mais velha com um comerciante de Frankfurt, vinha visitá-la com frequência na cidade, mas não conseguia se dar por satisfeita com aquela situação, que, em última análise, fora ela

---

85 Karl Friedrich Jerusalem suicidou-se no dia 30.10.1772. Ver também nota 103 do Décimo segundo livro, à p.652.

mesmo quem escolhera.[86] Ao invés de conformar-se com o que via ou de fazer algo que pudesse provocar alguma mudança, ela se perdia em suas lamentações, a ponto de passar a impressão de que sua filha era mesmo muito infeliz. No entanto, como nada faltasse à filha e como seu marido não lhe negasse coisa alguma, não ficava muito claro em que consistiria sua infelicidade. Nesse meio-tempo, eu já havia sido muito bem recebido naquela casa e tivera oportunidade de conhecer todos os integrantes daquela nova roda, composta em parte por pessoas que haviam contribuído para que se firmasse aquele matrimônio, em parte por pessoas que desejavam que ele fosse bem-sucedido. Logo de início ganhei a confiança e até mesmo a amizade do senhor Dumeiz, deão da igreja de São Leonardo.[87] Ele foi o primeiro clérigo católico com quem tive um contato mais próximo e, como era um homem muito lúcido, falou-me com bastante beleza e abrangência sobre a crença, os ritos e as relações internas e externas daquela igreja tão antiga. E ainda me lembro perfeitamente de uma mulher de figura belíssima, embora não mais tão jovem, chamada Servière.[88] Também nessa época, aproximei-me de várias outras famílias, como os Allesina-Schweitzer,[89] criando, com seus filhos, laços de amizade que se prolongariam pelos anos seguintes. Quando dei por mim, já me sentia em casa naquele círculo de pessoas estranhas e me via invariavelmente motivado — por vezes quase constrangido — a tomar parte em suas atividades, em suas diversões e até mesmo em sua prática religiosa. Minha relação anterior com a jovem esposa — uma ligação de natureza absolutamente fraternal — teve continuidade após seu casamento. Tínhamos mais ou menos a mesma idade e eu era o único de toda aquela roda em quem ela ainda ouvia reverberarem aqueles tons do intelecto, com os quais se acostumara desde jovem. Vivíamos sempre juntos, numa cumplicidade

---

86 Maximiliane von La Roche casou-se em 9.1.1774, aos dezoito anos, com Peter Anton Brentano (1735-1797), então viúvo e pai de cinco filhos. O casamento fora arranjado pelos pais da noiva.

87 Friedrich Damian Dumeiz (1729-1802), deão da *Leonhardskirche* (igreja de São Leonardo de Noblac, padroeiro dos presos), em Frankfurt.

88 Maria Johanna Josepha Servière (1731-1805).

89 Família do comerciante católico, de origem italiana, Franz Maria Schweitzer (1722-1812) e de sua esposa, Paula Allesina (1725–1791).

infantil, e embora nenhuma nota de paixão se misturasse ao modo como tratávamos um ao outro, essa relação acabou fazendo com que a moça sofresse, posto que ela não soubesse o que fazer para se encontrar em seu novo mundo. Apesar de uma vida abençoada com bens materiais, a moça havia sido transportada da região de Thal-Ehrenbreitstein e de uma juventude feliz diretamente para uma casa de comércio situada numa região soturna de Frankfurt; não bastasse isso, ainda tinha de desempenhar o papel de mãe diante de alguns enteados. Enfim, eu me encontrava enredado em todas essas novas situações familiares, mas sem que eu de fato participasse, sem que eu fosse parte delas. Quando calhava de estarem todos satisfeitos uns com os outros, as coisas pareciam seguir seu curso por si mesmas. Mas nos momentos de tribulação, era a mim que recorria a maior parte das pessoas daquele círculo – e eu, com todo o vigor de minha simpatia, costumava mais piorar do que melhorar a situação. Não demorou muito para que aquela condição se tornasse insuportável[90] e todo o tormento que costuma advir dessas relações pela metade parecia pesar dupla, triplamente sobre meus ombros. Mais uma vez, fez-se necessário tomar uma atitude mais drástica, fazer algo que, de uma vez por todas, pudesse me libertar totalmente daquelas circunstâncias.

A morte de Jerusalem, fruto da paixão infeliz que o rapaz sentia pela esposa[91] de um amigo, despertou-me de meus sonhos. E como não era apenas de modo contemplativo que eu assistia a tudo o que se passava com ele naquele momento, dado que me sentia profundamente tocado pelas semelhanças em relação ao que acontecia comigo, não pude deixar de insuflar a obra em que eu vinha trabalhando com um ardor que não me permitia qualquer distinção entre o poético e o real.[92] Isolei-me completamente

---

90 Especialmente em razão dos ciúmes de Brentano, o marido.
91 Ver nota 105 do Décimo segundo livro, à p.652.
92 Em alemão: "zwischen dem Dichterischen und dem Wirklichen". Nessa formulação, que reverbera uma variação do próprio título da obra (*Dichtung und Wahrheit*), o termo *dichterisch* – conforme seu uso entre meados do século XVIII e início do XIX, não muito diferente do que se faz no alemão contemporâneo – não é atributo de um gênero literário específico, mas, sim, da criação literária, do literário, da arte poética em geral, podendo referir-se, portanto, às várias formas de escrita criativa como a poesia, o drama, o romance, etc.. A opção por traduzir *dichterisch* (aqui e em várias

do mundo exterior, refutando até mesmo as visitas de meus amigos, e consegui, também internamente, afastar-me de tudo o que não estivesse diretamente relacionado àquele propósito. Em compensação, ao revisitar meu passado mais recente, fiz questão de reunir tudo aquilo que me parecia ter alguma relação com meu projeto e que, até então, eu ainda não havia aproveitado poeticamente. Depois de tantos e tão longos preparativos secretos, foi nessas circunstâncias que finalmente escrevi o *Werther*; e o fiz em quatro semanas,[93] sem rascunhar esquema algum do todo nem qualquer esboço de tratamento das partes.

Tinha enfim acabado uma primeira versão do manuscrito, que eu então via ali, diante de mim, com poucas correções e alterações. Mandei encadernar imediatamente aquelas páginas, uma vez que a encadernação está para a obra escrita mais ou menos como a moldura para a tela: só assim é que se vê se ela se sustenta mesmo como tal. Como eu havia escrito esse opúsculo quase inconscientemente, feito um sonâmbulo, acabei me admirando comigo mesmo quando o li novamente do início ao fim para fazer as modificações e melhorias necessárias. Contudo, na expectativa de que o tempo me distanciasse um pouco da obra e de que ainda me ocorressem, nesse intervalo, ideias que pudessem contribuir para melhorá-la, pedi a alguns amigos mais novos que lessem o manuscrito. O efeito sobre eles foi tanto maior, na medida em que foram pegos de surpresa, pois, contrariando meus hábitos, eu não havia contado a ninguém a respeito, tampouco revelado o que tinha exatamente em mente. Também nessa ocasião, o tema da obra foi sem dúvida o grande responsável por tal efeito; e, nesse sentido, meus amigos se encontravam num estado de espírito que era diametralmente oposto ao meu. Afinal, com essa composição – mais do que com qualquer outra – eu

---

outras passagens da obra) por poético, assim como a *Dichtung* (do título, por exemplo) por poesia convoca o leitor de língua portuguesa a se recolocar diante de uma vagueza, mas também de uma abrangência que esse termo assume em alemão, tanto mais relevante numa obra que evoca uma época que não apenas não havia vivido ainda o apogeu da forma romanesca, mas que também vivia um mundo em que os gêneros do drama e da poesia tinham um lugar bastante diferente daquele que ocupam no mundo que nos é contemporâneo.

93 Entre fevereiro e março de 1774.

havia justamente me livrado de um ambiente tempestuoso, no qual eu fora arrastado violentamente de um lado para o outro, ora pela minha própria culpa, ora pela dos outros, ora pelo estilo de vida que eu adotara deliberadamente, ora pelo que eu assumira por acaso, ora por força de minha vontade, ora pelo afobamento, ora por minha teimosia, ora pelas concessões. Eu me sentia como depois de uma confissão geral, eu me sentia de novo alegre, livre e pronto para começar uma vida nova. Minha velha receita caseira havia funcionado excepcionalmente bem dessa vez. Mas enquanto eu me sentia aliviado e esclarecido por ter transformado realidade em poesia, meus amigos se atarantavam com a ideia de que tinham de transformar a poesia em realidade,[94] seguindo os mesmos passos de um romance como aquele e, se necessário fosse, dando um tiro na cabeça. E o que aconteceu de início ali, naquela roda mais restrita de alguns poucos amigos, aconteceria também com o grande público. Assim, esse pequeno livro, que me fora pessoalmente tão útil, acabou sendo declarado altamente prejudicial.[95]

Entretanto, por muito pouco esses males e essas desgraças todas – que, como diziam, a obra teria causado – não puderam ser evitados, pois, logo após sua impressão, o livro correu sérios riscos de ser aniquilado. A história se deu do seguinte modo. Merck acabara de voltar de sua viagem a São Petersburgo. Como ele estivesse sempre ocupado, conversamos pouco; e a propósito do tal *Werther*, que me seria tão caro, eu não tive ocasião de falar com ele senão em linhas muito gerais. Certo dia ele veio me visitar e, como não estivesse muito para conversa, pedi que me ouvisse. Ele tomou assento no canapé e eu comecei a ler em voz alta aquela aventura, carta após carta. Depois de seguir lendo por um bom tempo, como não conseguisse arrancar-lhe o menor sinal de aprovação, apelei para um tom ainda mais emotivo. Mas qual não foi minha decepção, quando, numa pausa que fiz, ele se afastou de mim, soltando um terrificante:

---

94 Nessa passagem, em que, em alemão, o par "Poesie und Wirklichkeit" articula a relação poesia e realidade, o termo *Poesie* surge como variante do mesmo sentido genérico de *Dichtung*, conforme o exposto na nota 92 do Décimo segundo livro, à p.702.

95 Como o suicídio era uma prática religiosamente condenável, o *Werther* foi considerado uma obra perigosa e chegou a ser banido, por exemplo, de Leipzig, onde foi publicada sua edição *princeps*.

— Pois bem, até que é bonito!

Fiquei absolutamente fora de mim, pois como eu costumava me alegrar muito com as coisas que eu escrevia, apesar de — nos primeiros tempos — não dispor de um olhar mais crítico sobre elas, aquela reação fez logo com que eu me convencesse de que me havia equivocado na escolha do tema, do tom, do estilo — que, por sinal, eram mesmo muito arriscados —, enfim, que eu havia produzido algo inteiramente inaceitável. Se naquele instante eu tivesse encontrado por perto uma lareira acesa, eu certamente teria queimado a obra ali mesmo, mas tomei coragem e consegui me conter. Passei alguns longos dias de sofrimento, até Merck finalmente me contar que, naquela ocasião, acabara de descobrir que se encontrava na situação[96] mais terrível em que uma pessoa pode se enredar, razão pela qual ele não teria visto nem ouvido coisa alguma, e não fazia a menor ideia do que se tratava meu manuscrito. Naquele meio-tempo, as coisas todas já haviam se arranjado — na medida do possível — e Merck, no auge de sua energia, provou ser um homem capaz de enfrentar as situações mais extremas; aos poucos, foi recobrando também o ânimo, mas acabou se tornando uma pessoa mais amarga do que era antes. Repreendeu duramente meu propósito de continuar mexendo no *Werther* e insistiu que queria vê-lo logo publicado, no estado em que se encontrava. Providenciou-se então para que o manuscrito fosse passado a limpo, mas essa cópia não ficaria por muito tempo em minhas mãos. Por um acaso do destino, no mesmo dia[97] em que minha irmã se casou com Georg Schlosser, fazendo a casa resplandecer com as agitações da celebração, recebi uma carta de Weygand,[98] editor de Leipzig, solicitando-me um manuscrito. Tomei a coincidência por um bom presságio, envie-lhe o *Werther* e fiquei muito contente ao saber que os honorários

---

[96] Merck teria acabado de receber a notícia de que sua esposa esperava um filho de outro homem.

[97] As relações cronológicas estabelecidas por Goethe, aqui, têm um sentido mais ficcional do que histórico. Cornelia e Georg Schlosser se casaram em 1.11.1773, enquanto o *Werther* só acabaria de ser escrito em março de 1774.

[98] Christian Friedrich Weygand (1742-1807), livreiro de Leipzig, publicou várias obras dos poetas e escritores ligados ao *Sturm und Drang*.

recebidos não seriam inteiramente devorados pelo pagamento das dívidas que eu fora obrigado a contrair para publicar o *Götz von Berlichingen*.

A repercussão desse pequeno livro foi muito grande, quiçá mesmo imensa, mas em especial por ter surgido exatamente na hora certa. Do mesmo modo que só precisamos de um pequeno toco de pavio para explodir violentamente toda uma mina, também a explosão que a obra causou no público se deu de modo bastante violento, pois o mundo dos mais jovens já se havia minado a si próprio; e a comoção só foi tão generalizada, porque, a partir da leitura da obra, cada um pôde então dar vazão a suas próprias exigências exageradas, a suas paixões mal correspondidas e a seus sofrimentos fantasiados. Não se pode exigir do público que uma criação intelectual seja acolhida intelectualmente. No fundo, o público não atentava, senão, para o conteúdo, para o tema da obra, semelhantemente ao que eu já percebera antes entre meus amigos. Some-se ainda, a esse panorama de recepção, o ressurgimento de um velho preconceito, oriundo de certa compreensão da dignidade de toda obra impressa, a saber: a ideia de que todo livro deveria ter um propósito didático. Acontece que a verdadeira obra de arte não tem nenhum. Ela não aprova, não condena; e se nos ilumina e instrui, ela o faz por ser capaz de engendrar as tramas e os sentimentos todos no curso de sua narrativa.

Não levei muito em consideração o que disseram os críticos. Por mais que também essa boa gente ainda tivesse de se ver com a obra, para mim, a história estava encerrada. Mas meus amigos não deixavam de colecionar essas coisas e, como também já se deixassem contagiar pela minha forma de lidar com a situação, não perdiam a oportunidade de se divertir com elas. A obra *As alegrias do jovem Werther*, por exemplo, com a qual Nicolai[99] logrou certo destaque, deu-nos ocasião para todo tipo de brincadeiras. Esse homem, de resto muito correto, valoroso e conhecedor das coisas, havia iniciado uma campanha para depreciar e acabar com tudo o que não se adequasse a seu próprio modo de pensar – que ele, sendo muito limitado intelectualmente, julgava ser o único e o verdadeiro. Ele também logo tentou se voltar contra mim e não demoraria muito até que sua brochura chegasse às

---

99 Referência à obra *Leiden und Freuden Werthers des Mannes* (1775), paródia do iluminista berlinense Friedrich Nicolai (1733-1811).

nossas mãos. A delicadíssima vinheta de Chodowiecki[100] deixou-me muito satisfeito, pois eu nutria por esse artista uma admiração acima de qualquer medida. Já os arremedos de Nicolai eram recortados daqueles panos caseiros os mais grosseiros, que o senso comum só faz questão de recrudescer nos círculos familiares. Insensível ao fato de que não havia o que remediar naquela situação, pois que a juventude em flor de Werther já se apresentava desde o início picada pelo verme da morte, o autor deixava sua obra desenrolar-se como a minha até a página 214.[101] Nessa passagem, no entanto, quando o rapaz desatinado se prepara para dar seu passo fatal, a perspicácia de um médico da mente faz com que surja nas mãos de seu paciente uma pistola carregada com sangue de galinha, do que resulta um espetáculo dos mais sujos, mas que felizmente não tem nenhuma grande desgraça por consequência. Lotte então se casa com Werther e tudo acaba bem para o contentamento de todos.

Isso é tudo de que eu consigo me lembrar, já que nunca mais tive a oportunidade de ver esse livro de novo. A bela vinheta, eu a recortara e guardara entre minhas gravuras preferidas. Em seguida, como num gesto velado e inofensivo de vingança, escrevi um pequeno poema satírico — *Nicolai ante o túmulo de Werther* —, que não convém ser publicado.[102] Também o prazer de dar a tudo uma forma dramática reacendeu-se em mim nessa época. Escrevi um diálogo[103] em prosa entre Werther e Lotte, que acabaria resultando bastante sarcástico. Nele, Werther reclama amargamente do fato de sua salvação através do sangue de galinha ter tido um desfecho tão ruim, pois, apesar de ter mantido a vida, perdera sua vista. Nessa condição, o rapaz cai então em desespero: tornara-se marido de Lotte, mas não podia mais vê-la; e a visão dela como um todo lhe era quase mais cara que a doçura dos pequenos

---

100 Daniel Chodowiecki (1726-1801) foi o ilustrador mais famoso da segunda metade do século XVIII.
101 Trata-se de uma referência à primeira edição da obra em alemão.
102 Trata-se do poema *Freuden des jungen Werthers* [Alegrias do jovem Werther], escrito provavelmente em 1775 e publicado somente como obra do espólio de Goethe.
103 Diferentemente do que Goethe afirma mais adiante, o manuscrito dessa obra foi preservado. Trata-se da *Anekdote zu den Freuden des jungen Werthers*, publicada como obra do espólio, em 1862.

detalhes que ainda se podia assegurar pelo toque. Já Lotte, como se poderia esperar, não se sente necessariamente bem casada ao lado de um homem cego, o que lhe dá ocasião para repreender Nicolai severamente, em especial por ele ter se intrometido na vida dos outros sem ser chamado. O diálogo todo fora escrito com muito humor, retratando – de modo bastante livre e alusivo – uma mania infeliz e presunçosa de Nicolai, a saber: a de se ocupar de coisas que fugiam ao seu alcance. Por proceder assim, acabou causando a si mesmo e aos outros muitos aborrecimentos[104] e, por fim, a despeito de seus inegáveis méritos, perdeu completamente a consideração que as pessoas tinham por sua obra. Os rascunhos originais desse diálogo nunca foram passados a limpo e acabaram se perdendo há muitos anos. Eu, porém, tinha um apreço todo especial por esse meu trabalho. Na situação tragicômica em que se viam enredados, a chama pura da paixão entre aqueles dois jovens parecia mais se intensificar do que se exaurir. E a obra toda era marcada pela mais maviosa brandura; nem mesmo o inimigo era tratado com amargor, só de maneira humorística. Mas eu também dava voz – talvez não a mais gentil – ao meu próprio opúsculo, a exemplo de passagens em que, imitando versos mais antigos,[105] o livrinho dizia coisas assim:

> Que esse homem todo presunçoso
> A mim me julgue assim tão perigoso;
> É um troncho que não sabe nem nadar,
> E n'água quer agora se esbaldar!
> Não ligo ser banido de Berlim
> Por padrecos do gosto mais chinfrim!
> Se alguém for incapaz de me entender,
> Melhor é que ele aprenda logo a ler.[106]

---

104 Além de Goethe, Nicolai atacaria figuras como Kant, Schelling, Fichte, Schiller, entre outros.
105 Alusão ao preâmbulo em versos do *Sachsenspiegel*, um compêndio de direito organizado por Eike von Repgow (1180-1233).
106 Poema retrabalhado a partir de uma versão mais antiga (1775) para figurar nesta passagem de *Poesia e verdade*. Em alemão, trata-se de uma oitava com rimas alternadas: "Mag jener dünkelhafte Mann / Mich als gefährlich preisen; / Der Plumpe, der nicht

Como havia me preparado para tudo o que pudesse ser dito contra o *Werther*, não me deixei aborrecer nem um pouco com as inúmeras objeções. Mas eu não havia imaginado que também as almas que me eram simpáticas e me queriam bem pudessem me atormentar tão insuportavelmente. Essas pessoas, em vez de me dizerem algo de gentil sobre meu opúsculo – na forma como ele se apresentava –, insistiam terminantemente em saber o que daquilo tudo era verdade. Isso me deixava extremamente irritado e, com frequência, levava-me a dar respostas especialmente malcriadas. Afinal, se fosse mesmo para responder a essas perguntas, eu teria de desmembrar e, assim, destruir a forma de uma pequena obra que eu tanto me esmerara para que ganhasse uma unidade poética. E se com isso cada uma de suas partes não perdesse de todo o sentido, no mínimo ficariam dispersas e isoladas umas das outras. Pensando bem, talvez eu não pudesse culpar o público por essa curiosidade insaciável. O destino de Jerusalem havia tido enorme repercussão. Um jovem amável, ilibado e bem-educado, um moço saudável e bem de vida, filho de um teólogo e escritor importante, abandonara de vez o mundo, sem que se soubesse haver qualquer motivo. Todos então se perguntavam como aquilo havia sido possível. Quando tiveram notícias de um amor frustrado, os jovens todos entraram em polvorosa; e quando se soube das pequenas contrariedades que ele sofrera nos meios mais distintos da sociedade, toda a classe média ficou alvoroçada, querendo, a todo custo, entender o que exatamente havia acontecido. Pois foi nesse momento que surgiu o *Werther*, obra em que as pessoas acreditavam poder encontrar um retrato detalhado do modo de pensar e de viver do jovem em questão. A caracterização do local e da personalidade parecia conferir e a grande naturalidade com que a história fora escrita fazia com que as pessoas se sentissem amplamente informadas e satisfeitas. Por outro lado, um exame mais atento dos fatos deixava claro que muitas coisas não se encaixavam, e para aqueles que buscam sempre a verdade, tinha início ali uma tarefa insuportável, já que esforços críticos como estes não costumam revelar, senão, uma

---

schwimmen kann, / Er will's dem Wasser verweisen! / Was schiert mich der Berliner Bann, / Geschmäcklerpfaffenwesen! / Und wer mich nicht verstehen kann, / Der lerne besser lesen".

série infindável de dúvidas. Não era possível chegar ao fundo das questões, pois tudo aquilo o que de minha vida e de meus sofrimentos eu acrescentara à composição, não constituía algo passível de ser decifrado – como um jovem que costumava passar despercebido, eu até podia não levar uma vida exatamente em segredo, mas eu a vivia apenas para mim e para os meus.

No curso do envolvimento com meus trabalhos, não me havia passado indiferentemente a história daquele artista[107] que tanto se privilegiara da possibilidade de estudar inúmeras beldades para retratar sua Vênus. Do mesmo modo, também eu me permiti compor minha Lotte a partir da figura e das características de várias jovens de graça e beleza, embora os traços principais remontassem àquela que me era a mais cara. Daí que o público curioso sempre acabasse encontrando semelhanças entre Lotte e as mais diversas mulheres; e as próprias mulheres também não ficavam de todo indiferentes ao saber que havia quem as considerasse a verdadeira. Contudo, cada Lotte que surgia representava para mim mais um tormento, pois bastava que me encontrassem onde quer que fosse para exigirem incessantemente que eu revelasse onde morava a Lotte de verdade. Fazendo como Nathan, o Sábio,[108] na parábola dos três anéis, eu bem que tentei encontrar uma saída; a ideia até que podia convir a personagens mais distintos, mas não era a mais apropriada para fazer sossegar nem o público fiel, nem o público leitor. Eu alimentava ao menos a esperança de que, com o passar do tempo, acabasse me livrando aos poucos dessas inquirições constrangedoras; mas a verdade é que elas me acompanhariam pelo resto de minha vida. Procurava me esquivar delas viajando incógnito, mas, ocasionalmente,

---

107 Alusão ao pintor grego Zeuxis (464 a.C.-398 a.C.). Para pintar Helena de Troia, ele teria se valido dos traços das cinco jovens mais belas da cidade de Crotona.

108 Referência à famosa parábola do anel em *Nathan der Weise*, peça de Lessing publicada em 1779. Perto de sua morte, um ancião, que deixaria ao filho mais amado um anel especialmente valioso, manda fazer mais duas cópias da peça, para que possa dar a cada um de seus três filhos um anel idêntico. Os filhos, tendo recebido os anéis após a morte do pai, discutem para saber qual deles seria o verdadeiro, mas como eram perfeitamente idênticos, chegam à conclusão de que os três seriam igualmente legítimos e valiosos, símbolo do mesmo amor que seu pai sentia por cada um deles. Na peça de Lessing, a parábola está associada a uma discussão sobre o judaísmo, o islamismo e o cristianismo.

nem isso funcionava. Se com esse opúsculo o autor produziu mesmo algo de injusto e nocivo, tais importunações incontornáveis cumpriram o fim de castigá-lo suficientemente – quiçá além da conta.

Por sofrer pressões como essa, ele logo pôde perceber que há um abismo imenso separando os autores do público, um abismo de que, felizmente, nenhuma das partes costuma se dar conta. Havia tempos que ele já tinha entendido, por exemplo, o quão inócuos são os prefácios, pois quanto mais se pensa em aclarar algum propósito, mais se dá margem às confusões. Ademais, não importa o quanto um autor queira antecipar em seus preâmbulos, o público continuará sempre a fazer aquelas mesmas perguntas que ele tanto buscou evitar antes. Também me dei conta logo cedo de outra característica dos leitores, de uma de suas particularidades que, por sinal, parece-nos muito engraçada, sobretudo naqueles que publicam seus juízos por escrito, a saber: eles vivem a ilusão de que, quando se cria algo, a gente se torna seus eternos devedores; e é claro que a gente acaba sempre ficando muito aquém do que eles próprios queriam e desejavam, por mais que, antes de terem visto nosso trabalho, não fizessem a menor ideia de que algo assim existisse ou fosse possível. À parte tudo isso, a maior felicidade – ou infelicidade – de todas foi que o mundo inteiro ficou curioso para saber quem era esse autor tão jovem e singular, que surgira de modo tão insuspeitável e ousado. Todos queriam vê-lo, todos queriam conversar com ele; e mesmo de muito longe havia quem quisesse ouvir a seu respeito, de modo que, pela primeira vez, ele pôde experimentar também esse assédio intenso, que era ora gratificante, ora incômodo, mas que, invariavelmente, acabava por dispersar sua atenção. Afinal, tinha inúmeros projetos por terminar, tinha trabalho suficiente para ocupá-lo por vários anos, mas apenas se ele fosse capaz de se dedicar a cada um deles com aquele mesmo amor e carinho. Acontece que ele se sentia como se fora dragado daquela condição de quietude crepuscular e obscura, a única situação propícia para a criação de obras tão genuínas; e essa mesma força o arremessava na algazarra da luz do dia, onde nos perdemos nos outros, onde somos confundidos o tempo todo tanto pela simpatia como pela frieza, pelo elogio assim como pela censura – pois que esses pontos de contato exterior não coincidem jamais com o tempo de nossa condição interior e, não sendo capazes de nos servir de estímulo, acabam necessariamente nos prejudicando.

Contudo, para além de todas essas distrações do dia a dia, o que mais desviava o autor do retrabalho e da conclusão de obras de maior fôlego era o prazer, que havia acometido todo seu grupo de amigos, de dramatizar, de dar, a tudo o que de minimamente significativo acontecesse na vida, uma forma de drama. O que de fato significava essa expressão técnica (era assim que a usávamos naquela roda tão produtiva) é algo que carece, aqui, de alguma explicação. Estimulados pela atmosfera espirituosa daqueles dias felizes de nossa convivência, acostumamo-nos a repartir, na forma de composições mais breves e pontuais, todo o material que havíamos reunido em vista de nossos projetos maiores. Um incidente todo único, uma expressão feliz – por mais que tola ou ingênua –, um mal-entendido, um paradoxo, uma observação inteligente, características ou hábitos pessoais, uma expressão facial marcante e tudo o mais que pode aparecer numa vida sempre colorida e agitada: isso tudo ganhava a forma ora de um diálogo, ora de um jogo catequético de perguntas e respostas, ora de uma trama divertida ou de uma pequena cena, às vezes em prosa, porém mais frequentemente em verso.

Nesse exercício, que praticávamos com gênio e paixão, confirmava-se um modo mais propriamente poético de pensar: deixávamos que os objetos, os acontecimentos e as pessoas ganhassem corpo tanto por si sós quanto no espaço de suas relações, concentrando-nos apenas em apreendê-los o melhor possível e em retratá-los vivamente. Todo juízo de valor, fosse ele de aprovação ou de reprovação, deveria mover-se, ele mesmo, como uma forma viva diante dos olhos do observador. Aliás, podíamos chamar essas criações de epigramas vivos,[109] pequenas criações compostas por um conjunto de movimentos certeiros e decisivos, mas sem maiores contundências nem pungências. A *Festa da feira anual*,[110] por exemplo, era uma dessas peças, ou melhor, uma reunião de tais epigramas. Várias de suas máscaras representavam pessoas de verdade, que, em geral, ou eram participantes daquela nossa roda, ou figuras relativamente bem conhecidas e mais ou menos ligadas ao grupo. O verdadeiro sentido do enigma, porém, mantinha-se velado

---

109 Em alemão: *belebte Sinngedichte*.
110 Referência ao esquete cômico-satírico, na forma da mirlitonada, intitulado *Das Jahrmarkt zu Plundersweilern*, escrito em 1773 e publicado em 1774.

para a grande maioria: todos riam com essas peças, mas poucos sabiam que essa graça toda remontava a suas próprias peculiaridades. Já o *Prólogo às últimas revelações de Bahrdt*[111] pode ser visto como um exemplo de outro gênero. Os epigramas menores foram reunidos como parte de minha poesia diversa, muitos deles se perderam e alguns dos poucos que se pôde preservar não são exatamente apropriados à publicação. O que disso tudo apareceu impresso, logrou intensificar a agitação do público e aumentar ainda mais a curiosidade em relação ao autor; o que circulou como manuscrito serviu de inspiração ao nosso círculo mais próximo, que só fazia crescer. Doutor Bahrdt, que residia então na cidade de Giessen, veio a Frankfurt prestar-me uma visita, parecendo-me muito sincero e cordial; fez suas piadas com meu *Prólogo* e disse-me que queria firmar laços de amizade comigo. Todavia, jovens como nós não entrávamos em nenhuma forma de relação social, sem deixar de alimentar aquele prazer malicioso (*Schadenfreude*) de rir veladamente das peculiaridades que havíamos percebido nos outros e que conseguíramos retratar com sucesso.

Ao jovem autor não desagradava, de modo algum, que o vissem – com certa perplexidade – como um meteoro literário, mas isso não o impedia de se mostrar modestamente feliz ao expressar sua admiração pelos homens mais excepcionais de sua pátria, entre os quais é preciso mencionar, antes de qualquer outro, o magnífico Justus Möser.[112] Sempre tematizando as mais variadas questões cívicas, os pequenos ensaios desse homem incomparável já vinham sendo publicados havia alguns anos nas *Osnabrücker Intelligenzblätter*. Quem me apresentou a eles foi Herder, que não deixava passar em branco nada que, de alguma forma, fosse digno de seu tempo, tanto menos se fosse algo impresso. A filha de Möser, a senhora von Voigts,[113] havia tratado de

---

111 Referência à cena *Prolog zu den neuesten Offenbarungen Gottes*, de Goethe, publicada em 1774. Essa pequena peça teria sido motivada pela tradução do Novo Testamento publicada pelo teólogo iluminista Carl Friedrich Bahrdt (1741-1792), sob o título *Neueste Offenbarungen Gottes in Briefen und Erzählungen* (1773). Como representante da *Teologia natural*, Bahrdt provocou uma série de escândalos e, em 1778, acabou sendo exonerado de sua cátedra de teologia em Giessen, sob a acusação de heresia.
112 Justus Möser (1720-1794).
113 Jenny Wilhelmine Juliane von Voigts (1752-1814).

reunir essas folhas esparsas e mal podíamos esperar por sua publicação. Entrei em contato com ela para assegurar-lhe, com o interesse mais sincero, que aqueles ensaios, originalmente dirigidos a um público leitor mais restrito, seriam de utilidade e proveito muito mais geral, tanto no que dizia respeito a seu conteúdo quanto a sua forma. Ela e seu pai acolheram de bom grado essas palavras de um estranho nem mais tão desconhecido e, ao menos por algum momento, puderam aliviar seus receios em relação àquela publicação.

Esses pequenos ensaios – que, por terem sido escritos sempre *num mesmo espírito*, formavam verdadeiramente um todo – são extremamente notáveis e elogiáveis, em especial pelo profundo conhecimento que demonstram da vida civil. Neles vemos, por exemplo, como uma constituição pode remontar ao passado, mas ainda assim se manter viva. Se por um lado se persiste numa remissão firme às tradições, por outro, não é possível impedir o movimento e a transformação das coisas. Se há quem tenha medo diante das inovações de sentido mais utilitário, há também os que ficam felizes e se deleitam com o novo, mesmo que este seja inútil, ou até prejudicial. Mas com que isenção o autor não é capaz de detalhar os vínculos entre os diferentes estamentos, assim como a relação recíproca em que se veem as cidades, as vilas e os povoados. Ficamos sabendo então de seus privilégios e, ao mesmo tempo, das bases jurídicas que os justificam. Descobrimos onde se encontra o verdadeiro capital do Estado e o quanto ele rende. Passamos em revista as formas de propriedade e as vantagens que delas podemos tirar, mas também seus custos e toda espécie de desvantagem que trazem consigo, assim como as inúmeras formas de adquiri-las – e, nisso, flagramos um confronto entre os tempos antigos e os mais modernos.

Ao ler esses ensaios, descobrimos também que a cidade de Osnabrück, como membro da Liga Hanseática, apresentava uma intensa atividade comercial já em tempos muito remotos. Para as condições daquela época ancestral, estava muito bem e belamente situada, podendo se prevalecer da produção do campo, mas sem estar demasiadamente distante do mar a ponto de não poder exercer, também sobre essa região, o seu domínio comercial. Com o passar dos anos, no entanto, a cidade vai se afundando no interior, perdendo aos poucos sua participação no comércio marítimo e, por fim, ficando completamente excluída dessa esfera comercial. Möser explica de vários pontos de vista como isso tudo se sucedeu. Fala de coisas como o conflito entre a Inglaterra e essa região costeira, mas também do conflito dos portos com o interior do país. Destaca as grandes vantagens dos habitantes do litoral, mas também faz sugestões bastante concretas de como os habitantes do interior poderiam conquistar vantagens semelhantes. Em outros ensaios, aprendemos ainda uma série de coisas sobre os artesãos e as mais diversas atividades profissionais, mas também como estas logo são varridas pelas grandes fábricas e esmagadas pelos armazéns e pequenos comércios. Vemos a decadência sempre como consequência de inúmeras causas, mas também essa consequência, por sua vez, como causa de outros casos de decadência, num círculo eterno de que é muito difícil se libertar. Mas esse cidadão tão determinado desenha esse círculo com tanta clareza e lucidez que acreditamos vislumbrar uma possibilidade de romper com esse movimento vicioso. O autor é capaz de compreender profundamente as circunstâncias mais específicas. Suas sugestões e recomendações, ele não as inventa do nada, mas ainda assim se provam difíceis de serem implementadas, razão pela qual a coletânea desses escritos foi intitulada *Fantasias patrióticas*[114] – por mais que tudo ali se mantenha estritamente no âmbito do possível e do real.

Como tudo o que é público repousa sobre o universo familiar, também a essa questão Möser dedica uma atenção especial. Entre os objetos de suas considerações – tanto as sérias quanto as mais jocosas – encontramos, por exemplo, as mudanças nos usos e nos costumes, no modo de se vestir, na maneira de se alimentar, nos padrões da vida doméstica, na educação. Seria preciso listar à exaustão tudo o que ocorre em nossa vida civil e moral para conseguirmos esgotar os assuntos de que trata esse autor. E o modo como o faz é digno de admiração: é como um perfeito homem de negócios que ele se dirige ao povo nas páginas de um semanário e torna compreensíveis para cada um, de uma perspectiva correta, todas as coisas que um governo razoável e benevolente se propõe a fazer. Para tanto, não se vale, porém, de

---

[114] *Patriotische Phantasien* (1774-1778), coletânea organizada por Jenny von Voigts, filha de Möser.

ares professorais; serve-se, antes, das mais variadas formas, que bem poderíamos chamar de poéticas, mas que também passariam por retóricas, na melhor acepção do termo. Möser nos dá a impressão de estar sempre acima dos assuntos que discute, e sabe muito bem como nos oferecer uma perspectiva agradável das coisas mais sérias. Ora fala como quem se oculta parcialmente por trás de uma ou outra *persona*, ora assume sua própria voz. E faz isso sempre de modo abrangente, exaustivo, alegre, mais ou menos irônico, excepcionalmente competente, correto e bem-intencionado; vez ou outra é mais rude e incisivo, mas sempre de modo tão moderado que não há como deixar de admirar, a um só tempo, o espírito, a inteligência, a leveza, a habilidade, o bom gosto e o caráter desse autor. Quanto à escolha dos assuntos de utilidade pública, ao modo perspicaz e amplo como entende as coisas, ao sucesso no tratamento das questões e ao humor tão autêntico quanto divertido, eu não saberia compará-lo a mais ninguém, senão, a Franklin.[115]

A figura de um homem como esse se nos impunha intensamente, marcando de modo decisivo uma juventude que também queria mostrar ao que veio e que estava em vias de compreender o modo de fazê-lo. Acreditávamo-nos capazes de entender e de reproduzir as formas de sua exposição, mas quem ousaria acreditar que, um dia, pudesse saber tanto sobre tantas coisas diferentes e ainda lidar com tanta autonomia com assuntos assim tão recalcitrantes?

Pois eis a nossa mais bela e doce insanidade, da qual simplesmente não podemos abrir mão, por mais que ela nos cause muita dor na vida: queremos que tudo aquilo que admiramos e veneramos nos outros possa também fazer parte de nós, pois queremos fazê-lo, criá-lo a partir de nós mesmos.

---

115 Benjamin Franklin (1706-1790), escritor e político norte-americano.

Décimo quarto livro

Paralelamente a essa agitação que então se propalava cada vez mais amplamente, começava a surgir nessa época também outra movimentação, talvez ainda mais significativa para o autor, visto que tivera lugar no círculo imediato de suas relações. Seus amigos mais velhos,[1] familiarizados com aquelas obras desde os manuscritos – e, portanto, desde muito antes que viessem causar tanta sensação –, tomavam-nas quase como se fossem suas, gabando-se de um sucesso que eles teriam sido capazes de antecipar. E a essa roda foram se juntando novos participantes;[2] em geral, pessoas que sentiam em si mesmas um potencial criativo, ou que pretendiam despertá-lo e alimentá-lo.

Dentre os mais velhos, Lenz era quem se destacava mais vivamente, e de um modo bastante peculiar. Alguns traços dessa figura singular já foram esboçados anteriormente, quando também não deixei de mencionar com carinho o talento que esse homem tinha para o humor. Mas ainda gostaria de falar um pouco sobre seu caráter e farei isso mais a partir dos resultados que ele pôde alcançar do que com base numa descrição detalhada de suas

---

[1] Especialmente Herder, Merck e Lenz (Jacob Michael Reinhold Lenz, 1751-1792).
[2] Friedrich Maximilian Klinger (1752-1831), Johann Kaspar Lavater (1741-1801), Friedrich Heinrich Jacobi (1743-1819), entre outros.

ações, uma vez que seria impossível segui-lo pelos descaminhos de sua vida e simplesmente inviável retratá-lo em todas as suas particularidades.

Já tivemos notícia aqui daquela forma de martírio de si próprio, que, como não houvesse então maiores privações por parte da vida e dos outros, aquela época viu entrar na ordem do dia e atormentar, sobretudo, os espíritos mais excepcionais. Aquelas coisas que costumam afligir apenas ocasionalmente as pessoas mais comuns — que não têm por hábito a observação de si mesmas —, aquelas coisas que, em geral, as pessoas se esforçam para tirar de suas cabeças, isso era justamente o que constituía o objeto predileto de atenção e consideração daquelas figuras mais distintas, que registravam tudo em suas obras, cartas e diários. As exigências morais mais rigorosas — para consigo mesmo e para com os outros — conviviam, no entanto, com um desleixo enorme em relação às coisas que essas figuras faziam; assim, certa presunção, resultante desse pseudoconhecimento de si mesmo, acabava levando essas pessoas a adquirir os hábitos e os comportamentos mais curiosos. Ademais, esses esforços implacáveis de observação de si mesmo eram ainda justificados pela psicologia empírica[3] então em ebulição, que, se não pretendia condenar e expurgar completamente as inquietações interiores, também não podia aceitá-las todas. Isso provocaria um conflito interminável, simplesmente impossível de se resolver, e Lenz era imbatível no modo como conduzia e alimentava esses conflitos, indo além de todos os desocupados ou pseudo-ocupados que se dedicavam, então, à tarefa de derruir a si mesmos. Daí que, em geral, Lenz sofresse tanto com esse tal espírito de época que a situação retratada no *Werther* cumpria o fim de arrematar. Um traço muito individual, porém, distinguia-o de todos os restantes — que tampouco podiam deixar de ser reconhecidos como almas abertas e sinceras —, a saber: ele tinha uma tendência fortíssima para a intriga; aliás, para a intriga em si mesma, sem qualquer intuito específico, sem ter em vista qualquer objetivo mais razoável ou particular. Costumava impor a si mesmo alguma

---

3 Trata-se, aqui, de uma referência a um ramo científico da psicologia, surgido no século XVIII, cujos maiores representantes foram Friedrich Karl Kasimir von Kreuz (1724-1770), Johann Heinrich Lambert (1728-1777), Johann Christian Lossius (1743-1813), Johann Nikolaus Tetens (1736-1807), Ferdinand Überwasser (1752-1812), entre outros.

forma de ilusão grotesca, o que lhe garantia sempre uma ocupação. Daí que se imaginasse, por toda sua vida, como uma espécie de pícaro. E como seus amores e ódios fossem todos imaginários, agia arbitrariamente com suas imaginações e sentimentos, apenas para nunca deixar de ter o que fazer. Procurava os meios mais atravessados para dar realidade a suas afeições e a seus desafetos, fazendo questão de destruir ele mesmo cada uma das obras que criava. Assim, nunca se beneficiou das pessoas que amava, mas também nunca prejudicou ninguém que odiasse. Parecia pecar somente para poder punir a si mesmo; e suas intrigas, parecia construí-las apenas para engastar mais uma fábula nova sobre uma velha.

Seu talento, provindo de uma profundidade verdadeira e de uma fonte inesgotável de criatividade, manifestava-se como expressão da mais franca concorrência entre a delicadeza, a comoção e a sutileza; mas mesmo com toda essa beleza, era um talento dos mais frágeis – e estes são justamente os mais difíceis de se avaliar. Não se podia passar indiferente a alguns aspectos grandiosos de seu trabalho: uma sensibilidade adorável forçava seu caminho por entre os barroquismos mais absurdos e disparatados, que, entretanto, não se podiam perdoar nem em vista de um humor tão profundo e despretensioso, de um dom tão verdadeiramente cômico. Seus dias não se compunham senão de um imenso nada, ao qual, com seu modo agitado de ser, ele sempre sabia conferir algum significado. Afinal, ele podia desperdiçar tantas horas de sua vida quanto quisesse, pois, em virtude de sua memória prodigiosa, o pouco tempo que utilizava para a leitura já lhe era suficientemente proveitoso para enriquecer, com uma variedade enorme de assuntos, seu modo todo particular de pensar.

Lenz fora mandado originalmente a Estrasburgo na companhia de dois jovens fidalgos da baronagem livônia,[4] que dificilmente poderiam ter sido mais infelizes na escolha de um mentor. O irmão mais velho logo precisou voltar por algum tempo a sua terra natal, deixando em Estrasburgo uma amante,[5] com quem mantinha uma relação firme e séria. Lenz, no intuito

---

4 Friedrich Georg von Kleist (1751-1800) e Ernst Nikolaus von Kleist (1752-1787).
5 Susanne Cleophe Fibich (1754-1820), filha de um joalheiro de Estrasburgo.

de proteger a dama de outros pretendentes – entre os quais o próprio irmão mais novo do fidalgo, que também cortejava a moça –, resguardando assim aquele coração precioso para seu amigo ausente, decidiu ele mesmo apresentar-se como se estivesse apaixonado pela beldade. Ou melhor, decidiu que se apaixonaria por ela. Ele impôs essa tese a si mesmo com uma devoção das mais obstinadas, mergulhando completamente na idealização que fizera da moça e recusando-se a perceber que, para ela, tanto ele quanto os outros todos não passavam de mera diversão e passatempo. Tanto melhor! Pois também para ele aquilo era apenas uma espécie de jogo, que, por sinal, bem poderia prolongar-se indefinidamente, porquanto a moça reagisse a ele exatamente nos mesmos termos jocosos, ora atraindo o rapaz para si, ora afastando-o, ora demonstrando sua consideração por ele, ora expressando seu desdém. Não restam dúvidas de que, ao tomar consciência das coisas – algo que também lhe calhava acontecer de tempos em tempos –, Lenz só pode ter se alegrado muito com a felicidade de ter tido uma ideia como aquela.

Assim como seus dois educandos, ele também passava muito de seu tempo com os oficiais da guarnição. A essa convivência devem remontar aquelas estranhas ideias que, mais tarde, ele incorporaria em sua peça *Os soldados*.[6] Mas as relações que mantivera desde cedo com o universo militar teriam ainda outra consequência em particular: ele se considerava um grande conhecedor das forças armadas. De fato, Lenz dedicou-se ao estudo dessa área com tanto detalhe, que, alguns anos mais tarde, chegou a preparar, para o ministro da guerra francês, um extenso memorando[7] sobre o tema, com a certeza de que suas observações obteriam grande sucesso. Embora os problemas daquele meio fossem muito bem identificados por ele, as sugestões que propunha eram todas risíveis e impraticáveis. Lenz insistia, porém, que aquele memorando poderia render-lhe grande influência na corte, razão pela qual se mostrou muito pouco grato para com os amigos que, à custa de muitos argumentos e objeções, tentaram impedi-lo de encaminhar aquela obra fantasiosa, recomendando-lhe, em seguida, que a queimasse – apesar de

---

6 Referência à parte final da peça *Die Soldaten* (1776), de Lenz, em que ele sugere a ideia de uma instituição que formasse mulheres para os soldados, de modo que as boas filhas da burguesia não fossem mais assediadas pelos militares.

7 Referência à obra *Über die Soldatenehen* (1776).

apresentar-se tão bem copiada e já acompanhada de uma carta envelopada e formalmente endereçada.

De início oralmente, depois por escrito,[8] Lenz confiou-me todos os descaminhos de seus feitos e desfeitos relacionados àquela dama que acabamos de mencionar. A poesia que ele sabia conferir às coisas mais comuns era algo que sempre me deixava perplexo, e não fiz senão insistir para que ele fecundasse espirituosamente o gérmen dessa longa e tortuosa aventura e finalmente escrevesse, a partir daí, um pequeno romance. Mas esse não era bem o seu negócio, uma vez que não se sentisse bem fazendo isso. Preferia embrenhar-se indefinidamente nos detalhes e ficar desfiando eternamente seus desenredos, sem maiores propósitos. Levando-se em conta essas premissas, talvez um dia seja possível descrever mais amplamente os caminhos de sua vida, ao menos até a época em que Lenz se perdeu na loucura. Por ora, atenho-me, aqui, ao que me diz mais diretamente respeito.

Nem bem o *Götz von Berlichingen* havia sido lançado, quando recebi de Lenz um extenso ensaio, escrito no mais ordinário papel de rascunho — material que ele costumava usar para seus escritos — e sem deixar o menor espaço em branco para as margens, nem no alto, nem em baixo, nem em qualquer um dos lados da página. Essas folhas traziam o título *Sobre nosso casamento*[9] e, se não acabassem se perdendo com o tempo, seriam mais esclarecedoras para nós atualmente do que puderam ser para mim naquela época — eu não tinha, então, uma ideia tão clara sobre a figura de Lenz e sua personalidade. O intuito principal desse longo escrito era o de colocar os nossos talentos, os meus e os dele, lado a lado,[10] ora parecendo se subordinar a mim, ora parecendo se me equiparar. Mas ele conseguia fazer isso com tanto humor e graça que foi com extremo prazer que acolhi o ponto de vista que ele queria me transmitir — e o fiz de muito bom grado, pois nutria uma admiração das mais sinceras por seus talentos. Insistia apenas para que ele contivesse um pouco as suas divagações disformes e fizesse um uso mais artisticamente disciplinado daquele seu dom inato para a criação. Foi,

---

8 Alusão ao diário que, em 1774, Lenz escreveria para Goethe.
9 *Über unsere Ehe* – não há registros de que o texto tenha se preservado.
10 A exemplo do que Lenz faria em seu esboço de peça intitulado *Pandaemonium germanicum* (1775).

portanto, com grande amizade que respondi a sua confiança; e como aquelas páginas clamavam por uma maior aproximação entre nós (do que aquele título incomum já nos pode oferecer uma boa ideia), passei, desde então, a contar-lhe tudo, tanto sobre os trabalhos que acabara de concluir quanto sobre meus projetos futuros. Ele, de sua parte, continuou me mandando seus manuscritos um atrás do outro: *O preceptor, O novo Menoza, Os soldados*,[11] suas imitações à moda de Plauto[12] e também aquela tradução – já mencionada – da peça inglesa[13] que acompanhava suas *Notas sobre o teatro*.

Quanto a essas *Notas*, chamou-me a atenção o fato de Lenz, na forma de um prefácio lacônico, ter dado a entender que o conteúdo do ensaio – que atacava veementemente a forma regrada do teatro clássico – já havia sido lido, alguns anos antes, para um grupo de simpatizantes da literatura e, portanto, numa época em que o *Götz* ainda não havia sido escrito. Pareceu-me algo problemática a ideia de que houvesse, nas relações de Lenz em Estrasburgo, um círculo literário de que eu não tivesse então notícia. Mas não levei isso muito em consideração e tratei logo de providenciar um editor[14] para este e outros de seus escritos, sem levantar a menor suspeita de que ele havia me escolhido como objeto predileto de seu ódio imaginário e, mais tarde, como alvo de uma perseguição inusitada e lunática.[15]

Seguindo a ordem das coisas,[16] gostaria ainda de mencionar aqui, embora muito de passagem, outro bom colega que, mesmo não dispondo de talentos excepcionais, também fazia parte de nosso grupo: refiro-me a Wagner,[17]

---

11 *Der Hofmeister, Der neue Menoza* e *Die Soldaten*, três peças de Lenz, publicadas em 1774.

12 Sob o título de *Lustspiele nach dem Plautus fürs deutsche Theater*, Lenz publicou em 1774 a tradução livre de cinco comédias de Plauto.

13 Trata-se da peça *Love's Labour's Lost*, de Shakespeare. Ver nota 57 do Décimo primeiro livro, à p.592.

14 Goethe falaria de Lenz ao editor Weygand, de Leipzig, que viria a publicar suas obras.

15 Lenz seguiria no encalço de Goethe por várias cidades, tentando imitar seus passos e chegando a fazer contato com pessoas de seu círculo mais íntimo de relações. Em Sessenheim, por exemplo, procuraria Friedrike e, na tentativa de "ele mesmo" reatar com a moça os laços que Goethe rompera, chegaria a escrever-lhe poemas de amor.

16 Goethe alude aqui a uma ordem cronológica de repercussão das obras e autores mencionados.

17 Heinrich Leopold Wagner (1747-1779), estudante de direito em Estrasburgo e advogado em Frankfurt.

que, sem carecer de espirituosidade, talento e instrução, integrou as nossas rodas primeiramente em Estrasburgo e, mais tarde, em Frankfurt. Dava mostras de ser um homem de aspirações e, em razão disso, era bem recebido em nosso círculo. Ele também acabaria se aproximando bastante de mim, e como eu não costumasse fazer segredo de meus projetos, logo contei a ele, assim como a outros colegas, as ideias que eu tinha para o *Fausto*, especialmente as que concerniam à catástrofe de Gretchen. Pois ele se apropriou do tema e o usou numa tragédia intitulada *A infanticida*.[18] Era a primeira vez que alguém surrupiava alguma de minhas ideias. Fiquei bastante incomodado, mas nem por isso eu pude lhe guardar rancores. Ao longo de meus anos, vivenciaria ainda muitas dessas antecipações e vários roubos de ideia dessa mesma natureza, mas como eu tinha o costume tanto de tagarelar sobre meus planos e maquinações quanto de hesitar para colocar em prática os projetos que idealizava, não tenho de todo o direito de me queixar.

Se oradores e escritores, em vista dos grandes efeitos produzidos pelos contrastes, servem-se destes de bom grado – e o que mais deveriam fazer senão recorrer a eles, frequentá-los –, este autor não poderia alegrar-se mais com esta oposição marcante que se impõe aqui, no exato momento em que, tendo acabado de mencionar Lenz, passa a falar de Klinger.[19] Tinham ambos a mesma idade e, quando jovens, eram companheiros de lida e rivais. Lenz atravessou repentinamente o horizonte da literatura alemã, passageiro qual um meteoro, para desaparecer de repente, sem deixar, em vida, o menor rastro.[20] Klinger, ao contrário, conseguiria se manter como um autor de considerável influência, além de um administrador público muito diligente. Sem mais comparações – que aqui já se desenham por si sós –, falarei de Klinger apenas o necessário, pois suas obras e as quantas coisas mais que realizou não passaram despercebidas, e tanto os amigos e conhecidos quanto o grande público guardam-no ainda em alta conta e em boa lembrança.

---

18 Trata-se da peça *Die Kindermörderin* (1776). Após anos de debates, a crítica consideraria essa acusação de plágio injustificada.

19 Friedrich Maximilian Klinger (1752-1831). Ver também nota 48 do Décimo primeiro livro, à p. 586.

20 Em 1779, Lenz retorna a sua região natal da Livônia, morrendo em 1792, em Moscou. Muito pouco se sabe a respeito do autor nesse último período de sua vida.

Quanto à aparência de Klinger — pois é sempre desse ponto de vista que eu gosto de começar a falar das pessoas —, pode-se dizer que era um homem privilegiado. A natureza lhe conferira uma estatura alta, uma figura elegante, bem constituída e um rosto de feições proporcionais. Não descuidava de si, nem do modo de se vestir, e poderíamos nos referir a ele como o integrante mais bem-apessoado em toda nossa pequena roda. Não era nem cativante, nem repulsivo; e quando não era acometido por tempestades interiores, revelava-se um homem bastante moderado.

Gostamos das moças pelo que são e dos rapazes pelo que prometem ser. Assim, tornei-me amigo de Klinger desde o momento em que nos conhecemos. Com sua cordialidade sincera, passava sempre uma ótima impressão, e a firmeza inconfundível de seu caráter despertava a confiança de todos. Desde muito jovem fora instado a levar uma vida séria, tendo de assumir, junto a sua irmã — uma moça igualmente bela e virtuosa —, os cuidados de uma mãe que, na condição de viúva, carecia de filhos como esses para mantê-la. E se conseguiu tornar-se quem ele era, lograra isso apenas com seu próprio esforço, de modo que ninguém lhe levava a mal certa nota orgulhosa de independência, marcante em seu modo de ser. Era possuidor de uma série daquelas disposições absolutamente naturais, tão comuns em pessoas mais talentosas, como a habilidade para entender facilmente as coisas, uma memória excepcional e o dom para as línguas;[21] mas a isso ele parecia dar menos atenção do que à firmeza e à perseverança, que, sendo-lhe igualmente inatas, haviam se desenvolvido nele completamente por força das circunstâncias.

As obras de Rousseau só podiam ser de grande apelo para um jovem como esse. O *Emílio*[22] era seu livro predileto e fundamental, e as ideias desse livro, que então exerciam uma enorme influência sobre todo o mundo civilizado, tinham sobre Klinger um impacto ainda maior do que sobre os outros. Isso porque também ele era um filho da natureza, também ele havia começado por baixo. O que as pessoas queriam descartar, ele nunca

---

21 Cabe observar, aqui, que estas são também qualidades que Goethe identifica em si mesmo.
22 Referência à obra *Émile, ou de l'education* (1762), de Jean-Jacques Rousseau.

possuíra; e os vínculos de que as pessoas costumavam querer se libertar, estes nunca o oprimiram. Daí que pudesse ser visto como um dos discípulos mais puros daquele Evangelho natural. E considerando-se a seriedade de seu empenho, assim como seu comportamento enquanto ser humano e filho, bem poderia caber-lhe exclamar: — Tudo fica bem, se provém das mãos da natureza! —. Mas experiências desagradáveis também o obrigariam a reconhecer que: — Tudo acaba mal nas mãos do ser humano![23] —. A batalha de Klinger não era consigo mesmo, mas com o mundo exterior das tradições, de cujos grilhões aquele pensador genebrino pretendia nos salvar. Todavia, como na flor da idade essa luta havia sido frequentemente difícil e amarga, Klinger acabou se fechando violentamente em si mesmo, sem conseguir sentir qualquer alegria e satisfação com seu processo de educação. Ao contrário, tivera de abrir cada um de seus caminhos à força, tivera de forçar a passagem. Isso explicava em sua personalidade certo traço de amargura, que por vezes ele cultivava e alimentava, mas, em geral, combatia e controlava.

Em suas produções, tanto quanto sou capaz de relembrar aqui, manifestava-se um modo rigoroso de compreender as coisas, um senso de correção, uma imaginação vigorosa, uma observação perspicaz da diversidade humana e uma forma muito característica de reproduzir as diferenças de gênero. Suas meninas e seus meninos eram sempre livres e encantadores, seus jovens eram radiantes, seus homens eram simples e compreensivos; e mesmo as figuras que ele representava mais desfavoravelmente não pareciam de todo exageradas. Não lhe faltavam alegria e bom humor, tampouco força de espírito e as tiradas mais bem-sucedidas. Tinha sempre alguma alegoria ou uma expressão simbólica a nos oferecer. Sabia bem como nos entreter, divertir, e o nosso prazer — assim como o dele — poderia ter sido ainda mais puro, não fosse por sua insistência em, vez ou outra, estragar, com o amargor de sua malevolência, a graça e o sentido de suas piadas. Mas isso era justamente o que fazia dele o que ele era. E assim, o gênero dos seres vivos e dos escritores

---

23 Em alemão: "Alles ist gut, wie es aus den Händen der Natur kommt!", "Alles verschlimmert sich unter den Händen der Menschen!". Citação a partir do primeiro livro do *Emílio*: "Tout est bien sortant des mains de l'Auteur des choses, tout dégénère entre les mains de l'homme".

ia se tornando tão diversificado, que, na teoria, cada indivíduo parecia variar entre o conhecer e o errar e, na prática, entre dar vida e aniquilar.

Klinger era daqueles homens formados para o mundo por força de sua própria inteligência e sensibilidade. E como isso acontecera com ele, mas também com um contingente que se tornava, então, cada vez maior; e como, entre si, essas pessoas todas falavam, com vigor e eficiência, uma mesma língua, oriunda de uma natureza que lhes era comum e das particularidades de seu povo, ocorreu que — para alguns mais cedo, para outros mais tarde — toda e qualquer fórmula de caráter mais escolar passou a lhes parecer extremamente detestável. Especialmente quando, separadas de suas origens, essas expressões acabavam se corrompendo e, na condição de meras frases isoladas, perdiam inteiramente o frescor de seu significado primeiro. Pessoas como estas se declaravam contrárias tanto a opiniões, pontos de vista e sistemas novos, quanto a novos acontecimentos e personalidades que, ao emergirem em sua recém-conquistada condição de importância, anunciavam e provocavam grandes transformações. Seja como for, não podemos tomar-lhes isso por mal, uma vez que, por princípio, essas pessoas só viam uma ameaça naquilo que comprometesse as coisas a que deviam sua própria existência e formação.

Mas a perseverança de um homem decidido torna-se ainda mais respeitável quando este logra estabelecer-se no seio da sociedade e no mundo dos negócios; e tanto mais quando, aplicado em tempo propício, seu modo de lidar com as coisas — embora a muitos possa parecer ríspido e até mesmo algo brutal — revela-se capaz de conduzi-lo com maior segurança aos seus objetivos. Foi exatamente isso o que aconteceu com Klinger. Não sendo muito flexível (o que está longe de constituir uma das virtudes típicas de cidadãos nascidos em cidades imperiais),[24] mas tanto mais valoroso, firme e honesto, ele galgaria postos importantes, sabendo manter-se neles e exercer

---

24 Vale lembrar que Klinger nasceu em Frankfurt, cidade que gozava desse estatuto de "cidade imperial" (*Reichstadt*). Esse estatuto garantia ao município uma série de liberdades e privilégios políticos e econômicos, já que implicava uma imediatidade imperial (*Reichsunmittelbarkeit*), ou seja, a cidade imperial estava diretamente sob os auspícios do imperador e não de alguma espécie de autoridade intermediária, eclesiástica (bispos) ou leiga (príncipes).

seus encargos com a aprovação e à mercê de seus benfeitores mais ilustres. Ao fazer isso, porém, jamais se esqueceria de seus velhos amigos, tampouco do caminho que percorrera para chegar aonde chegara. Aliás, independentemente do grau de ausência e separação, esforçava-se obstinadamente para manter suas lembranças tão intactas quanto possível. Além do mais, é digno de nota o fato de que ele, mesmo na condição de um dos sucessores do arcebispo Willigis,[25] não deixaria de eternizar, no conjunto armorial decorado com as insígnias das ordens que lhe cabiam, símbolos que remontavam aos seus primeiros anos de vida.[26]

Não tardou muito e entrei em contato também com Lavater.[27] Algumas passagens de minha *Carta aos pastores*,[28] endereçada a seus colegas de ofício, causaram-lhe boa impressão, pois muito do que eu expusera nesse escrito coincidia perfeitamente com suas próprias opiniões. E como se tratasse de um homem incansavelmente ativo, nossa correspondência logo ganharia intensidade e vigor. Nessa época, Lavater tratava justamente das providências para a grande edição de sua *Fisiognomia*,[29] de que ele já havia dado a público uma introdução. Ele pedia a todo mundo que lhe enviasse desenhos, silhuetas e, em especial, retratos de Cristo; e por mais que eu não conseguisse produzir nada, pediu também a mim que tratasse de desenhar para ele uma imagem do Salvador, assim como eu o imaginava. Tal demanda do impossível deu-me ocasião para alguns gracejos, pois a única forma de que podia me valer para reagir às manias singulares de Lavater era pagar-lhe na moeda de minhas próprias excentricidades.

Era grande o número de pessoas que não davam muito crédito à *Fisiognomia*, ou que a tomavam por algo incerto e enganoso. Mesmo muitos daqueles que tinham grande consideração por Lavater sentiam também uma comichão irresistível para provocá-lo e, se possível, pregar-lhe uma peça. Em Frankfurt, o autor encomendara a um pintor nada inabilidoso os perfis

---

25 Willigis (975-1011), arcebispo de Mainz, beatificado pela Igreja Católica.
26 A figura da roda, em seu brasão, remeteria, por exemplo, à profissão do pai (fabricante de rodas e carroças).
27 Ver nota 24 do Quinto livro, à p.225.
28 *Brief des Pastors*. Ver nota 24 do Décimo segundo livro, à p.613.
29 Ver nota 6 do Décimo segundo livro, à p.606.

de várias pessoas de renome. Por ocasião do envio do primeiro trabalho, o responsável pela expedição das encomendas permitiu-se a graça de mandar-lhe primeiramente um retrato de Bahrdt,[30] mas como se fosse o de minha pessoa. A pilhéria acabaria rendendo ao expedidor uma missiva bem-humorada, mas trovejante, repleta de argumentações insistentes e de toda sorte de trunfos que Lavater costumava tirar da manga, aproveitando a ocasião para reafirmar sua doutrina fisiognômica e, é claro, para atestar que aquele não podia ser meu retrato. Ele receberia o meu retrato logo em seguida, e este ele aceitou de melhor grado; mas nessa situação toda já se anunciava o tipo de contenda em que Lavater ainda viria a se enredar, envolvendo tanto os pintores quanto os indivíduos retratados, dado que aqueles não lhe pareciam nunca capazes de realizar um trabalho suficientemente preciso e verdadeiro, enquanto estes, independentemente das qualidades que tivessem, ficavam sempre muito aquém da ideia que ele alimentava dos homens e da humanidade – isso, de certo modo, acabaria levando-o a sentir certo desprezo diante dos traços sempre particulares que fazem, de cada um, uma pessoa.

A noção de humanidade que Lavater desenvolvera – e que se fundava nele mesmo e nos traços de sua própria humanidade – aproximava-se tanto da ideia de Cristo que ele trazia tão viva em si mesmo, que não lhe parecia compreensível que um ser humano pudesse viver e respirar sem ser, ao mesmo tempo, cristão. Minha relação com a religião cristã era antes uma questão do espírito e do coração, de modo que não tinha a menor ideia do sentido que Lavater gostava de dar àquela familiaridade de ordem física. Daí que me irritasse, nesse homem tão espirituoso quanto cordial, a insistência violenta com que ele partia para cima de mim, de Mendelssohn[31] e de vários outros, afirmando que ou deveríamos nos tornar cristãos com ele, cristãos a sua maneira, ou deveríamos atraí-lo para o nosso lado, convencendo-o de tudo aquilo em que encontrávamos nossa paz interior. Uma exigência como

---

30 Ver nota 111 do Décimo terceiro livro, à p.713.
31 Moses Mendelssohn (1729-1786), filósofo judeu. Lavater traduziu a obra *Palingénesie philosophique*, de Charles Bonnet, pois julgava ter encontrado nesta uma prova filosófica da verdade do cristianismo. Tendo dedicado então a segunda parte dessa obra a Mendelssohn, desafiou o filósofo judeu a refutar a argumentação que ali se desenvolvia, ou, no caso de não obter sucesso nessa tarefa, a converter-se ao cristianismo.

essa, que se voltava de modo tão evidentemente contrário ao espírito secular e liberal ao qual eu aos poucos ia me convertendo, não teria sobre mim um efeito dos mais positivos. Todas as tentativas de conversão, sempre que malogradas, acabam tornando ainda mais obstinados e turrões aqueles a quem se pretendeu converter em prosélitos. Pois esse foi exatamente o meu caso, especialmente quando Lavater fez com que eu me confrontasse com o difícil dilema: ou cristão, ou ateu! Diante disso, não pude senão declarar que, se ele não conseguia aceitar a forma de cristianismo que eu havia nutrido até então, eu bem poderia optar pelo ateísmo – até porque ninguém me parecia saber exatamente o que de fato significava cada uma dessas coisas.

Essa troca intensa de cartas, por mais acalorada que fosse, não chegaria a afetar nossa boa relação. Lavater dispunha, além de persistência e perseverança, de uma paciência inacreditável. Era um homem seguro de sua doutrina e, imbuído do firme propósito de disseminar sua convicção mundo afora, contentava-se em realizar, com suavidade e sem pressa, aquilo que a força não era capaz de alcançar. Era uma daquelas poucas pessoas afortunadas em quem a vocação exterior e a interior coincidiam perfeitamente. Era uma daquelas pessoas, enfim, cujas primeiras etapas de formação lograram alimentar a sua formação subsequente, de modo que seus talentos todos puderam seguir seu curso natural de desenvolvimento. Nascido com inclinações morais das mais sensíveis, decidiu tornar-se sacerdote. Pôde dispor de toda a instrução necessária e revelou ser possuidor de várias habilidades, mas não chegou a enveredar por uma formação que pudéssemos chamar, mais propriamente, de erudita. Pois também Lavater, pouco mais velho do que nós, havia sido tomado pelo espírito da liberdade e da natureza daqueles tempos. E, com sua força sedutora, esse espírito sussurrava-nos no ouvido, dizendo que, mesmo sem muitos recursos exteriores, tínhamos substância e conteúdo suficientes e que tudo dependia apenas de desenvolvermos adequadamente o que havia em nós mesmos. O dever do sacerdócio de exercer sobre os homens uma influência moral, no sentido mais mundano, e uma ascendência religiosa, num sentido mais elevado, encontrava-se em perfeito acordo com seu modo de pensar. Transmitir às pessoas os sentimentos sinceros e pios, assim como ele os vivenciava, bem como despertar nelas sentimentos semelhantes, eis o que movia mais fortemente aquele jovem. Daí que sua ocupação predileta consistisse na observação tanto de si mesmo como dos outros. Sua sensibilidade interior tornava mais fácil a realização da primeira dessas tarefas, enquanto seu olhar, atento às coisas do mundo exterior, facilitava e até mesmo se impunha na execução da segunda. Contudo, Lavater não nascera para a contemplação e não tinha o menor dom para a apresentação, em seu sentido estrito. Antes, sentia-se impelido a concentrar todas as suas forças no efeito de suas atividades práticas. Aliás, nunca conheci ninguém que se mostrasse tão incessantemente ocupado como ele. Acontece que a natureza moral de cada um só ganha corpo em nossas relações exteriores, seja como parte de uma família, de uma classe social, de uma corporação de ofício, dos munícipes de uma cidade ou dos cidadãos de um Estado. Diante disso, e como estivesse decidido a agir, Lavater teve que interagir ao mesmo tempo com cada uma dessas dimensões do mundo exterior, colocando-as em movimento, o que, como seria de se esperar, acabaria gerando uma série de confrontos e entreveros — especialmente em vista do fato de que a comunidade, a que ele pertencia por nascença,[32] desfrutava de uma longa e elogiável tradição de liberdade, ainda que dentro de limites muito precisos e bem delimitados. Desde a infância esse jovem republicano se acostumara a pensar sobre as coisas públicas e a participar ativamente das discussões. E na primeira flor da idade, como membro de sua guilda, o jovem Lavater logo se viu numa situação em que lhe cabia dar ou recusar-se a dar seu voto. Mas para ser capaz de fazer julgamentos de modo justo e independente, ele precisava, antes de qualquer coisa, convencer-se do valor de seus concidadãos; precisava conhecê-los, tomar conhecimento de suas opiniões e de suas potencialidades. E foi assim que, ao se esmerar para aprender sobre os outros, acabou fazendo um caminho que sempre levava de volta a si mesmo.

Lavater se exercitara desde cedo nesse círculo de relações, e essa atividade parece tê-lo ocupado muito mais efetivamente do que o estudo das línguas, bem como daquela forma de análise crítica que lhe é própria e constitui, ao mesmo tempo, seu fundamento e seu objetivo. Mais tarde, quando sua

---

32 Referência ao fato de Lavater ter nascido na Suíça.

compreensão e seu conhecimento já se haviam ampliado infinitamente, gostava de dizer, com alguma frequência – ora a sério, ora fazendo graça –, que não era um erudito; e é preciso fazer remontar justamente a essa falta de um estudo mais formal e sistemático o modo como se apegava à letra da Bíblia e a sua respectiva tradução; a verdade é que, para aquilo que buscava e pretendia, podia encontrar nela alimento e amparo mais que suficientes.

Todavia, não demoraria muito para que Lavater percebesse que aquele círculo de ação tão tipicamente moroso das guildas e corporações de ofício fosse demasiadamente estreito para uma natureza tão cheia de vigor como a sua. Aos jovens não é difícil ser justo, já que um coração puro costuma abominar todo tipo de injustiça de que ele mesmo ainda não se provou culpado. As atitudes opressivas de certo governador provincial[33] estavam diante dos olhos de qualquer cidadão; mais difícil era levá-las diante de um tribunal. Lavater alia-se então a um amigo[34] e ambos enviam uma ameaça anônima àquele homem digno de punição. Os rumores se espalham e não resta alternativa senão investigar o caso. O culpado é punido, mas os instigadores dessa ação tão justa também acabam sendo censurados e mesmo repreendidos. Afinal, num Estado bem constituído, o direito não deve ser exercido por vias tortas.

Por ocasião de uma viagem[35] pela Alemanha, Lavater entra em contato com vários homens eruditos e de grande discernimento; isso, porém, só resulta num acirramento ainda mais forte de suas próprias ideias e convicções. De volta a sua terra natal, passa a agir por si mesmo, com liberdade cada vez maior. Na condição de homem bom e generoso, percebe-se então tomado por uma maravilhosa sensação de humanidade. E as coisas todas que a experiência prática insistia em contrapor a uma noção tão perfeita do humano, aquelas falhas inegáveis que afastam cada indivíduo da perfeição, isso tudo deveria simplesmente entrar na conta de uma divindade que, a meio caminho dos tempos, descera à condição humana para restituir, aos homens, a imagem primeira a partir da qual eles teriam sido criados.

---

33 Ver nota 114 do Décimo segundo livro, à p.660.
34 Johann Heinrich Füssli (1741-1825), pintor e escritor.
35 No ano de 1763.

Por ora, isso basta para dar notícia dos primeiros tempos de vida desse homem tão singular, e passo logo a um animoso relato de nosso encontro e convívio pessoal. Não havia ainda muito que nos correspondíamos, quando Lavater anunciou a mim e a outros colegas, que, em razão de uma viagem que planejava fazer em breve pelo Reno, pretendia passar por Frankfurt. A notícia causou grande agitação logo de imediato. O público todo estava curioso para ver de perto aquele homem tão notável. Alguns alimentavam a esperança de aproveitar o encontro em favor de sua formação moral e religiosa; os céticos armavam-se de seus grandes arrazoados para exibir suas objeções; os presunçosos, estes estavam certos de que podiam confundi-lo e constrangê-lo com os mesmos argumentos por meio dos quais eles próprios haviam se fortalecido. E no mais, surgia ali toda espécie de coisa agradável e desagradável, coisas que costumam aguardar um homem famoso, quando este se propõe a lidar com um universo tão heterogêneo como aquele.

Nosso primeiro encontro foi bastante cordial. Abraçamo-nos como bons amigos e tive logo a impressão de ele corresponder exatamente à imagem que vira representada em vários de seus retratos. Um indivíduo, um ser único, diferente de todos os que eu havia visto e ainda haveria de ver: eis o que eu enxergava ali, diante de mim, cheio de vida e ativo. Ele, pelo contrário, depois de algumas observações muito singulares, deixou transparecer, já nos primeiros instantes, que esperava encontrar alguém bem diferente. Seguindo os princípios de meu realismo algo inato, algo adquirido, insisti que, se Deus e a natureza haviam concordado em me fazer do jeito que eu era, nós bem que podíamos nos contentar com isso. E embora tenhamos passado logo à discussão daquelas questões, sobre as quais nunca conseguíamos chegar a um acordo em nossa correspondência, não nos foi dado tempo o suficiente a sós para discuti-las mais a fundo. Daí que eu me visse levado a passar por uma situação que ainda não me havia acontecido antes.

Em geral, quando outros colegas e eu queríamos conversar sobre assuntos do espírito e do coração, costumávamos nos afastar das rodas mais numerosas e do nosso próprio grupo, uma vez que é mais difícil se fazer entender diante da variedade dos modos de pensar e dos diferentes graus de formação, mesmo quando entre poucas pessoas. Já Lavater não parecia pensar assim. Ele adorava estender sua influência em todas as direções. Não havia nada que lhe fizesse sentir melhor do que estar em meio a um grupo numeroso de pessoas que ele, com um talento todo especial – sempre amparado em seus dons de fisiognomista –, sabia instruir e entreter como ninguém. A ele fora concedida a habilidade de discernir e distinguir bem cada pessoa e seus humores, de modo que, num só lance de olhar, era capaz de dizer como a pessoa se sentia. E se a isso se seguisse ainda uma confissão sincera, uma pergunta franca e confiante, Lavater sabia muito bem como encontrar, no imenso repertório de suas experiências interiores e exteriores, uma resposta perfeitamente adequada a cada um, para a satisfação de todos. A gentileza profunda de seu olhar, a doçura inequívoca de seus lábios, a inocência de seu dialeto suíço, que reverberava no modo como ele falava o alto-alemão, isso, entre tantas outras coisas mais que o distinguiam, parecia transmitir a todos com quem ele falava a mais agradável sensação de tranquilidade. Até mesmo sua postura corporal, algo inclinada para a frente em virtude de seu peito levemente escavado, contribuía consideravelmente para contrabalançar a força intensa de sua presença diante dos demais circunstantes. Costumava enfrentar com muita calma e habilidade qualquer expressão de arrogância e presunção: dando ares de quem se esquivava, de repente se valia de uma grande ideia qual de um escudo diamantado,[36] deixando o desjeitoso adversário com a sensação de que nunca pensara em nada igual; e Lavater sabia moderar tão agradavelmente a luz que daí provinha, que a pessoa, surpresa, ainda acabava por se sentir instruída e convencida, ao menos enquanto estava sob o efeito de sua presença. Em alguns, porém, a impressão bem pode ter perdurado mais longamente – afinal, os egoístas também podem ser boas pessoas. Era tudo uma questão de agir com suavidade para romper a dura casca que envolve o núcleo fecundo.

Entretanto, Lavater sentia-se imensamente incomodado na presença daquelas pessoas de aparência repulsiva, estigmatizadas irreversivelmente como inimigos declarados daquela sua doutrina do significado das formas. Tomadas então por uma malevolência passional e um ceticismo mesquinho,

---

36 Alusão aos cantos XIV e XVI da obra *Gerusalemme liberata*, do italiano Torquato Tasso (1544-1595), em que figura um escudo de diamante com o poder de levar ao autoconhecimento aquele que nele se vê refletido.

essas pessoas, em geral, serviam-se de algum bom senso e do que dispusessem de dons e talentos para se erguer contra a tal doutrina que lhes era tão evidentemente ofensiva. Até porque é muito raro surgir, nesses contextos, alguém tão magnânimo como Sócrates, que teria sido capaz de interpretar sua casca faunesca em proveito da construção de seu próprio senso moral. A dureza e a tenacidade de tais adversários deixava Lavater apavorado, mas ele os enfrentava com a mesma paixão de sempre, fazendo como as línguas de fogo da forja, que fustigam o minério bruto e resistente, como se este fosse algo odioso e hostil.

    Nessas circunstâncias, uma conversa mais reservada – que tratasse de assuntos nossos, e que só a nós dissessem respeito – seria algo impensável. Contudo, observar o modo como ele lidava com as pessoas já era, para mim, algo bastante instrutivo, a despeito de pouco poder contribuir para minha formação. Digo isso porque minha condição era muito diferente da dele. Quem age moralmente nunca se esforça em vão, pois sementes dessa natureza costumam vingar com muito mais frequência do que modestamente nos relata a parábola do semeador no Evangelho.[37] Já quem age como artista corre o risco de perder todo o trabalho empenhado caso sua obra não seja percebida como arte. Não é segredo, por exemplo, o quanto costumavam me inquietar meus leitores tão queridos e interessados, nem por quais razões eu me sentia tão especialmente avesso a entender-me com eles. Ali, naquela ocasião, comecei a perceber uma distância clara que me separava de Lavater, uma diferença que dizia respeito ao modo como nossos esforços repercutiam junto ao público: o dele tinha efeito em sua presença, o meu, em minha ausência. Quem com ele antipatizasse à distância, de imediato simpatizava em sua proximidade; já aqueles que, ao lerem minhas obras, tomavam-me por uma pessoa adorável, frustravam-se por completo ao esbarrar num ser humano tão intransigente e intratável.

    Merck, que acabara de chegar de Darmstadt, logo se pôs de Mefistófeles, fazendo graça, em especial, dos sobressaltos que Lavater causava nas senhoras e senhorinhas; e quando soube que algumas delas haviam inspecionado de perto as instalações designadas ao profeta, dedicando uma atenção

---

37 Lucas 8, 4-15.

especial ao seu quarto de dormir, o trocista não pôde se conter, afirmando que, decerto, aquelas almas piedosas intencionavam apenas ver de perto o lugar onde haviam deitado nosso Senhor. Apesar de tudo, também ele se deixaria exorcizar como os outros, até porque Lips,[38] que acompanhava Lavater, desenhou o perfil de Merck de modo tão perfeito e preciso que, mais tarde, este acabaria figurando ao lado dos retratos de outros homens, mais ou menos ilustres, na grande obra da fisiognomia.

O contato com Lavater foi extremamente importante e enriquecedor para mim, especialmente porque suas provocações incessantes produziam uma verdadeira revolução em minha natureza calma e contemplativa de artista. De fato, não pude tirar daí nenhum proveito imediato, uma vez que essa agitação só fazia intensificar o quadro de dispersão que há tempos tomara conta de mim. Mas como já havíamos discutido tantas coisas diferentes em nossa correspondência, senti um desejo imenso de retomar o curso de nossas conversas. Por essa razão, decidi que, quando Lavater seguisse viagem para a cidade de Ems, eu o acompanharia até lá, de modo que, reclusos em sua carruagem e isolados do mundo, pudéssemos tratar à vontade daqueles assuntos que mais nos diziam ao coração.

As conversas de Lavater com a senhorita von Klettenberg também foram de inestimável valor para mim. Tive então a ocasião de ver duas figuras decididamente cristãs se colocarem frente a frente e, nisso, conseguia perceber, com muita clareza, como uma mesma confissão pode se transformar de acordo com os sentimentos de cada pessoa. Naqueles tempos de tolerância, repetia-se com frequência a ideia de que cada ser humano teria a sua própria religião, seu modo particular de venerar a Deus. E ainda que eu não chegasse então a assumi-lo, esses dois amigos me levaram a pensar que homens e mulheres careciam, cada qual, de um tipo diferente de Salvador. A senhorita von Klettenberg relacionava-se com o seu como com um amante, a quem ela se entregava incondicionalmente, depositando nele

---

38 Johann Heinrich Lips (1728-1817), pintor e gravurista, seria engajado por Lavater no projeto de sua *Fisiognomia*. No entanto, quanto à passagem a que esta nota se refere, os diários de Lavater registram que, na parada em Frankfurt, ele teria conhecido, na verdade, outro pintor e gravurista, chamado Georg Friedrich Schmoll (1785). Este também colaboraria significativamente para a composição da obra de Lavater.

todas as suas alegrias e esperanças e confiando-lhe, sem hesitar, nem pestanejar, o destino de sua vida. Lavater, por sua vez, tratava seu Salvador como a um amigo, com quem, carinhosamente e sem inveja, desejava rivalizar; um amigo daqueles, cujos grandes feitos reconhecemos, exaltamos e, por isso mesmo, fazemos de tudo para nos assemelharmos a ele, para sermos como ele. Que diferença imensa entre ambas as orientações! E numa, tanto quanto na outra, vemos esboçadas, em linhas gerais, as necessidades espirituais de cada gênero. Talvez isso explique porque alguns homens de maior sensibilidade, como Sannazaro,[39] tenham devotado sua vida e seus talentos à mãe de Deus, figura exemplar de beleza e virtude femininas, limitando-se apenas a brincar, de vez em quando, com a figura do Deus menino.

O modo como cada um desses meus amigos enxergava o outro — e em que medida concordavam ou não — era algo que eu não conhecia apenas de presenciar suas conversas, mas também das confidências que ambos me faziam em particular. Eu, no entanto, não me via em condições de dar razão a nenhum deles, pois também o meu Cristo assumira uma forma toda própria. Como eles tampouco se dispusessem a aceitar essa minha versão particular, eu os importunava com toda a sorte de paradoxos e extremos; e quando eles chegavam ao ponto de perder a paciência, eu simplesmente me esquivava, marcando minha saída com um gracejo qualquer.

Nessa época, a querela entre o conhecimento e a fé[40] ainda não havia entrado na ordem do dia, mas essas duas palavras e os conceitos que relacionávamos a elas já frequentavam ocasionalmente nossas conversas — enquanto os verdadeiros vilipendiadores do mundo já se punham a afirmar que nenhuma das duas era, de fato, confiável. Diante disso, achei por bem declarar-me em favor de ambas, o que, é claro, não motivaria a aprovação de nenhum de meus amigos. Em questões de fé, dizia eu, tudo era uma questão de crer, de ter fé; o objeto dessa crença, qual fosse, era absolutamente

---

39 Jacopo Sannazaro (1458-1530), poeta e humanista italiano, teria dedicado décadas à preparação de sua epopeia latina *De partu virginis* (1526), que versava sobre o nascimento de Maria.

40 Goethe alude aqui às tensões entre o deísmo e os desdobramentos da filosofia kantiana, objeto de grande debate na obra de vários pensadores como Friedrich Heinrich Jacobi, Jacob Friedrich Fries, Friedrich Schleiermacher, entre outros.

irrelevante. Para mim, a fé era uma grande sensação de segurança em relação ao presente e ao futuro, e essa segurança deveria surgir justamente da confiança num ser ilimitado, todo-poderoso e inescrutável. O mais importante de tudo era essa confiança ser inabalável. Já quanto ao modo como cada um de nós imaginamos esse ser, isso era algo que dependia de nossas demais capacidades e também das circunstâncias, mas não era nada de decisivo. Para mim, a fé era um receptáculo sagrado, no qual cada um, a seu modo, deveria estar pronto para depositar, em sacrifício, seus sentimentos, seu entendimento e sua imaginação. Já com o conhecimento se daria justamente o contrário. O fato de conhecer – de saber – não seria o mais importante, mas, sim, *o que conhecemos*, *quão bem* conhecemos e *quanto* conhecemos. É por isso que, quanto ao conhecimento, sempre se poderia discutir, pois este é dado a ser corrigido, ampliado ou limitado. O conhecimento, dizia eu então, bem podia ter início no indivíduo, mas era infinito e sem forma, não podendo nunca – quiçá apenas em sonho – ser abarcado em sua totalidade. Daí que se impusesse como o extremo oposto da fé.

Enquanto criação poética, meias-verdades como essas e os desatinos produzidos em seu nome podem até distrair e entreter; mas na dinâmica da vida, elas não fazem mais que atrapalhar e confundir nossas conversas. Por fim, resolvi deixar Lavater a sós com todos aqueles que nele e com ele buscavam sua edificação, mas fui suficientemente recompensado dessa privação pela viagem que fizemos juntos à cidade de Ems.[41] Fomos acompanhados por um belo clima de verão, e Lavater mostrava-se alegre e simpático. Apesar de ele seguir – ainda que de modo tranquilo – uma orientação religiosa e moral das mais severas, não se mostrava insensível quando os ânimos se exaltavam diante dos acasos da vida. Era compreensivo, espirituoso, engraçado, e gostava que os outros assim também o fossem, contanto que se mantivessem dentro dos limites prescritos por sua sensibilidade. Se alguém ousasse cruzar esses limites, costumava dar um pequeno tapa no ombro do cidadão e, com um simpático "Seja bonzinho!", pronunciado na mais viva

---

41 A referida viagem teria tido início em 28.06.1774. Atualmente, a cidade chama-se Bad Ems.

cor de seu dialeto suíço,[42] solicitava ao ousado que se contivesse. Essa breve viagem deu-me ocasião para aprender uma série de coisas e também para despertar em mim algumas motivações; contudo, tratava-se de um aprendizado que se dava mais pelo que eu ia descobrindo da personalidade de Lavater do que pelo impacto que ele tinha na regulação e na formação do meu caráter. Em Ems ele logo se deixaria envolver de novo em rodas sociais de todo tipo; e, como meus pequenos negócios vinham chegando a um ponto em que eu não mais podia abandoná-los, tomei logo meu caminho de volta a Frankfurt.

Mas tão cedo eu não retomaria o ritmo normal das coisas, já que Basedow,[43] que havia chegado recentemente à cidade, acabaria me impressionando muito e cativando meu interesse de um ponto de vista diferente. Seria difícil de imaginar dois tipos mais nitidamente contrastantes do que Lavater e Basedow, e já as feições deste último anunciavam-no como o avesso do primeiro. Enquanto os traços faciais de Lavater abriam-se inteiramente ao observador, os de Basedow pareciam como que contraídos e voltados para dentro. Os olhos de Lavater eram doces e pios, acolhidos sob suas longas pálpebras; os de Basedow, negros, miúdos e penetrantes, cintilavam do fundo de seu rosto, à sombra de suas sobrancelhas felpudas, com as quais contrastava a delicadeza da fronte de Lavater, emoldurada pelos contornos de seu cabelo castanho. A voz forte e grossa de Basedow, suas intervenções ligeiras e contundentes, seu riso sempre com um tom de escárnio, suas mudanças repentinas de assunto e as quantas coisas mais que o caracterizavam, tudo nele parecia se opor diametralmente às qualidades e ao trato a que Lavater acabara nos acostumando. Também Basedow receberia a atenção de várias pessoas em Frankfurt, que admiravam seus grandes talentos intelectuais; mas ele não era exatamente um homem nascido nem para edificar, nem para guiar os espíritos alheios. Sua questão maior era o aprimoramento da imensa área[44] a que ele mesmo se designara, e seu intuito, o de que, no futuro, a humanidade pudesse estabelecer-se nesse campo de modo mais

---

42 No original: "Bisch guet!".
43 Johann Bernhard Basedow (1723-1790), teólogo e pedagogo alemão.
44 A pedagogia.

agradável e natural; esse objetivo, no entanto, ele o tentaria alcançar por vias demasiadamente diretas.

Eu não conseguia simpatizar muito com os planos de Basedow, nem mesmo enxergar com maior clareza os seus propósitos. Gostava da ideia de que ele pretendesse tornar mais animada e natural todo tipo de instrução. Também me parecia elogiável seu intuito de exercitar as línguas antigas num contexto contemporâneo, bem como reconhecia de bom grado o valor de tudo o que, em seu projeto, pretendia promover as atividades práticas e uma visão mais arejada do mundo. Incomodava-me, porém, o fato de que os desenhos em sua *Obra elementar*[45] fossem mais dispersivos do que os próprios objetos a que se referiam. Isso porque, no mundo real, somente as coisas possíveis se encontram umas ao lado das outras, e é por essa razão que, apesar de toda a diversidade e uma aparente confusão, o mundo ainda guarda alguma espécie de ordem entre as suas partes. Sua *Obra elementar*, ao contrário, conseguia dispersar o mundo todo por completo, na medida em que, para respeitar afinidades de ordem conceitual, representava lado a lado coisas que nunca aparecem no mundo nessas condições. Além disso, faltava a essa obra algo do caráter sensível e metódico que não podíamos deixar de perceber em outros trabalhos semelhantes, como no de Amos Comenius.[46]

Mas ainda muito mais peculiar e impenetrável do que sua doutrina era o modo como Basedow costumava se comportar. O propósito da viagem que o levara a Frankfurt era o de, por força de sua personalidade, ganhar o interesse do público para seu projeto filantrópico, fazendo com que as pessoas abrissem mais seus bolsos do que seus corações. Sabia como falar de seus planos com grandeza e persuasão, e todos logo simpatizavam com suas proposições. Contudo, por mais incompreensível que fosse, Basedow não tardava em magoar justamente aquelas pessoas de quem ele esperava obter alguma forma de contribuição. Chegava mesmo a ofendê-las sem a menor necessidade, apenas por não saber controlar suas manias e conter suas opiniões em relação a questões religiosas. Também nesse aspecto Basedow era o oposto de Lavater. Se este considerava a Bíblia – ao pé da letra e em todos

---

45 *Elementarwerk*, obra de Basedow, publicada em 1774.
46 Amos Comenius (1592-1671). Ver também nota 40 do Primeiro livro, à p.52.

os seus sentidos, palavra por palavra — como algo perfeitamente válido e aplicável até os dias de hoje, Basedow sentia a mais irresistível comichão de renovar tudo e de remodelar, nos conformes das excentricidades que ele próprio um dia concebera, tanto as doutrinas da fé quanto os ritos da Igreja. No entanto, sua forma mais impiedosa e imprudente de tratamento tinha por objeto aquelas ideias que não provinham diretamente da Bíblia, mas, sim, de sua exegese, ou seja, aquelas expressões, formulações filosóficas ou analogias repletas de sentido com as quais os Pais da Igreja e os Concílios procuraram, ao longo dos tempos, contestar os hereges ou esclarecer o inexpressável. Com a crueza e a inconsequência de seus modos, declarava-se, em público, o inimigo número um da Trindade, e não se cansava de argumentar contra esse mistério tão universalmente aceito. Também eu sofreria com essas conversas em nossos encontros particulares, em que ele sempre retomava suas longas falas sobre a *hypostasis*, a *ousia* e o *prosopon*.[47] Eu, em contrapartida, empunhava as armas do paradoxo, investia de flanco contra suas opiniões e ousava combater o atrevimento com um atrevimento ainda maior. E isso acabou despertando de novo o ânimo em meu espírito, pois como Basedow era um homem muito mais lido e dominava o sabre das disputas bem melhor do que um naturalista como eu, era preciso que eu me esforçasse cada vez mais à medida que íamos avançando na discussão de pontos mais importantes.

Eu não podia deixar passar aquela oportunidade tão maravilhosa, se não de me instruir, por certo de me exercitar retoricamente. Tratei de encarregar meu pai e alguns amigos dos negócios mais urgentes e deixei Frankfurt mais uma vez para trás, dessa feita na companhia de Basedow. Mas sempre que puxava à memória a graça que emanava da convivência com Lavater, que diferença! Puro como ele era, fazia com que se sentissem puros também aqueles que estavam ao seu redor. Quando ao seu lado, portávamo-nos todos quase como donzelas, simplesmente para não colocá-lo em contato direto com nada de mais repulsivo. Basedow, ao contrário, era demasiadamente autocentrado para perceber o mundo ao seu redor. O fato de

---

47 Conceitos fundamentais da doutrina da Trindade, que remontam ao Primeiro Concílio de Niceia, no ano de 325.

ele fumar ininterruptamente um tabaco da pior qualidade já era extremamente incômodo, mas ruim mesmo era quando, tendo acabado de fumar, ele se servia de novo daquele *fungus igniarius*,[48] preparado a partir de um cogumelo altamente inflamável, sujo e fedido, com o qual ele acendia mais uma vez o cachimbo, empestando o ar de modo pavoroso e insuportável logo nas primeiras baforadas. Eu chamava aquele preparado fedorento de *bodum basedowianum*,[49] e era com esse título que eu queria que ele entrasse para os anais da História Natural. Ele, de sua parte, divertia-se então ao me explicar nos mínimos detalhes, até me deixar nauseado, o modo repulsivo como se fazia aquele preparado, deleitando-se com o desprazer de meu asco. E, de fato, esta era uma das piores e mais profundamente arraigadas características daquele homem tão excepcionalmente talentoso: ele tinha prazer em importunar os outros e adorava aguilhoar maliciosamente os mais desavisados. Não podia ver ninguém tranquilo, que logo o provocava com sua voz rouca e seu riso escarninho; ou o constrangia com uma pergunta inesperada, rindo de modo atroz se lograsse atingir seu objetivo. Todavia, também ficava satisfeito quando, imediatamente recomposto, o atingido revidava o golpe de pronto.

A saudade que eu tinha de Lavater havia aumentado naqueles dias. E, por ocasião de nosso reencontro,[50] ele também daria mostras de seu contentamento, confiando-me, logo de imediato, várias das coisas que havia vivido e descoberto mais recentemente, em especial quanto ao caráter daqueles nossos convivas, dentre os quais ele soubera fazer vários amigos e seguidores. Eu mesmo teria, então, a oportunidade de reencontrar alguns velhos conhecidos e, ao rever aqueles que eu não via há anos, comecei a constatar algo que costuma se manter velado ao longo de toda nossa juventude: os homens envelhecem, as mulheres se transformam. Aquela roda social só fazia crescer a cada dia que passava. Dançávamos além da medida e, como

---

48 *Schwamm* refere-se, aqui, a *Feuerschwamm* ou *Zunderschwamm* (*phellinus igniarius*), como são conhecidos alguns cogumelos tradicionalmente utilizados para acender e fazer fogo.
49 Em alemão: "Basedowschen Stinkschwamm", em que *Schwamm* é fungo (também esponja) e *stink-*, do verbo *stinken*, é feder, cheirar mal.
50 Referência ao reencontro de Goethe e Lavater na cidade de Ems, em 15.07.1774.

era intensa a convivência nas duas grandes termas da cidade, à medida que nos íamos conhecendo melhor, começaram a ter lugar, também, as brincadeiras. Certo dia, disfarcei-me de clérigo de um pequeno vilarejo, enquanto um amigo meu, homem de renome, assumiu o papel da respectiva esposa. Nosso excesso de reverência e cortesia conseguiu quase irritar aquele grupo tão distinto, mas, por fim, todos acabaram ficando de bom humor. Além do mais, não poupávamos as serenatas ao fim da tarde, à meia-noite e até a mais alta madrugada, pois jovens como éramos, quase não dormíamos.

Como contraponto a essas distrações, eu sempre passava uma parte da noite com Basedow. Este parecia nunca ir para a cama, e não cessava seu ditado. Vez ou outra se atirava em seu leito e cochilava por um instante, enquanto seu amanuense, de pena em punho, permanecia sentado e em silêncio, pronto para continuar a escrever assim que Basedow, meio dormindo, meio acordado, tornasse a dar vazão a seus pensamentos. Isso tudo acontecia num quarto hermeticamente fechado e completamente tomado pela fumaça do tabaco e daquele seu fungo. Sempre então que eu me abstinha de uma dança, subia até o quarto de Basedow, que, a qualquer hora, mostrava-se disposto a falar e a discutir o problema que fosse. E quando, momentos depois, eu descia apressadamente para não perder a dança seguinte, ouvia como ele retomava serenamente o fio de seu pensamento, mesmo antes de eu fechar a porta, continuando a ditá-lo como se nada tivesse acontecido.

Com aquelas pessoas, fizemos também uma série de excursões pelas vizinhanças, visitamos castelos, sobretudo aqueles das mulheres da nobreza, que costumavam se mostrar muito mais simpáticas e receptivas às coisas do intelecto e do espírito do que os homens. Em Nassau, na residência da senhora von Stein,[51] dama venerada por todos e da mais alta distinção, encontramos reunida outra roda bastante numerosa. Também a senhora von La Roche[52] se fazia presente e não faltavam moças nem crianças. Ali, Lavater seria tentado a pôr em prática suas artes fisiognômicas, o que, em geral, consistia numa insistência, por parte dos convivas, de levá-lo a tomar, por

---

51 Henriette Caroline von Stein (1721-1783), mãe do famoso homem de Estado e reformador prussiano Heinrich Friedrich Karl vom und zum Stein (1757-1831).
52 Ver nota 1 do Décimo terceiro livro, à p.665.

essenciais, meros acidentes da conformação facial. Mas aquele homem tinha um olho bom o suficiente para não se deixar enganar. De minha pessoa, como sempre, esperava-se que eu testemunhasse a veracidade dos sofrimentos de Werther[53] e revelasse, finalmente, o verdadeiro endereço de Lotte, solicitações de que eu nem sempre me esquivava da maneira mais elegante. Em compensação, as crianças se reuniam em torno de mim para que eu lhes contasse as fábulas mais estranhas, embora eu me servisse apenas de coisas que eram bastante familiares a todos. A grande vantagem dessa roda infantil é que nenhum de seus ouvintes ficava me interrompendo a todo instante para saber se o que eu lhes contava era verdade ou poesia.[54]

Basedow, de sua parte, abordava o único tema que lhe era imperativo, a saber, o de uma melhor educação dos jovens; e, para esse fim, pedia aos convivas mais distintos e abonados que contribuíssem expressivamente para sua causa. Todavia, nem bem seus argumentos e sua eloquência sedutora conseguiram despertar a boa vontade dessas pessoas — quando não era o caso mesmo de convencê-los —, logo era possuído pelo malévolo espírito antitrinitário. E este, sem demonstrar a menor sensibilidade para com a circunstância em que se encontrava, desatava a fazer os discursos mais bizarros, que, para ele, até podiam ser a expressão de um sentimento profundamente religioso, mas, na opinião do restante do grupo, não soavam, senão, como altamente blasfematórios. Cada um de nós, a seu modo, até tentaria remediar a situação: Lavater, com a candura de sua seriedade; eu, com minhas tiradas evasivas; as senhoras, com a distração de seus passeios. Não havia, porém, nada que fosse capaz de reparar o bom humor naquela roda. Nem as conversas cristãs, aguardadas em virtude da presença de Lavater, nem as discussões de cunho pedagógico, que se esperavam de Basedow, nem as sentimentais, para as quais eu deveria me mostrar disposto: simplesmente não havia mais ambiente, ali, para nada disso. No caminho de volta para casa, Lavater não se eximiu de repreendê-lo. Já eu preferi puni-lo de maneira mais jocosa. Fazia então um calor intenso e a fumaça do tabaco

---

53 Apesar da referência, o *Werther* só seria publicado em setembro daquele ano (1774).
54 Em alemão: *Wahrheit* (verdade) e *Dichtung* (poesia, literatura), em alusão ao título do livro. Ver também nota 92 do Décimo quarto livro, à p.702.

só podia ter ressecado o céu da boca de Basedow, uma vez que parecia ansiar desesperadamente por um copo de cerveja. Tanto que, ao avistar de longe a primeira estalagem à beira da estrada, pediu avidamente ao cocheiro que fizesse ali uma parada. Mas no momento em que o bom homem estava prestes a parar o coche, bradei imperiosamente, ordenando-lhe que tocasse adiante! Basedow, surpreso, mal pôde gritar algo em contrário, dado o estado de sua rouquidão. Reforcei mais uma vez minha ordem, e o cocheiro, aceitando o comando, seguiu viagem. Basedow me amaldiçoaria por aquilo, e por pouco não me deu umas boas pancadas, mas antes que chegássemos a isso, disse-lhe com toda tranquilidade:

— Acalme-se, meu padre! O senhor devia é me agradecer. Por sorte o senhor não prestou mais atenção na insígnia daquela estalagem, formada por dois triângulos entrecruzados.[55] Afinal, se *um* só triângulo já é o bastante para deixá-lo doido, teríamos de tê-lo acorrentado se o senhor visse logo *dois* de uma só vez.

Aquela tirada o fez cair na gargalhada, mas, de tempos em tempos, ele voltava a ralhar comigo e a me amaldiçoar pelo que eu fizera. Enquanto isso, Lavater exercitava toda sua paciência com os dois grandes tolos que o acompanhavam, o mais velho e o mais jovem.

Quando, em meados de julho, Lavater começou a preparar sua partida de Frankfurt, Basedow entendeu por bem acompanhá-lo; e tanto eu havia me acostumado à companhia daquelas duas figuras que não pude me resignar a abandoná-los. Nossa viagem, um verdadeiro bálsamo para a mente e para o coração, seguia agradavelmente o rio Lahn abaixo. E foi ao avistar as memoráveis ruínas de um antigo castelo,[56] que escrevi, no álbum de Lips, aquela canção que começa com o verso "No alto da velha torre".[57] Como

---

55 Os triângulos entrelaçados, formando uma estrela de seis pontas, remetem à insígnia da guilda dos cervejeiros na cidade de Frankfurt, recorrente também em outras regiões.

56 Alusão às ruínas do castelo de Lahneck. Datado de 1226 e restaurado em 1852, o castelo situa-se atualmente no alto da cidade de Lahnstein, na Alemanha.

57 Em alemão: "Hoch auf dem alten Turme steht". O poema, registrado no diário de Lavater (não de Lips), seria incorporado ao conjunto da obra poética de Goethe com o título de *Geistesgruss* [Saudação do fantasma], canção musicada posteriormente por Schubert.

essas rimas foram bem recebidas por meus companheiros, eu, cedendo a um de meus péssimos costumes, enchi as páginas seguintes com toda sorte de mirlitonadas e bazófias, só para estragar de vez aquela primeira impressão. Como fiquei feliz em ver de novo o esplendoroso Reno; e deleitei-me com a surpresa daqueles que desfrutavam desse espetáculo pela primeira vez. Finalmente descemos em Koblenz. E aonde quer que fôssemos, a aglomeração era sempre grande, pois cada um de nós três, a seu modo, despertava a curiosidade e o interesse das pessoas. Basedow e eu parecíamos então competir para ver quem conseguia ser mais impertinente e rabugento; Lavater portava-se de modo prudente e razoável, mas, apesar de toda a boa vontade, como não conseguisse conter suas opiniões mais sinceras, também parecia, aos olhos das pessoas normais, um sujeito completamente fora do comum.

A lembrança de uma refeição muito peculiar que fizemos à mesa de uma estalagem em Koblenz ficaria registrada nos versos de um poema que, acompanhado de todo o restante de seu clã, deve ser incluído na nova edição de minhas obras.[58] Eu me sentara entre Lavater e Basedow. O primeiro instruía um clérigo local sobre os mistérios do Apocalipse; o outro se esforçava, em vão, para demonstrar, a um professor de dança muito teimoso, que o batismo era um rito ultrapassado e completamente inadequado aos nossos tempos. E assim que partimos para a cidade de Colônia, tomei nota dos seguintes versos, num álbum qualquer:

E, fôssemos para Emaús, seguimos
A passos de fogo e vento essa empreita:
Um profeta à esquerda, outro à direita,
No meio, o mais mundano dos meninos.[59]

---

58 Referência ao poema *Diné zu Koblenz* (*Zwischen Lavater und Basedow/ Sass ich bei Tisch des Lebens froh...*), publicado no segundo volume da edição de 1815 das obras completas de Goethe, editadas entre 1815 e 1819. Leve-se em conta, portanto, que Goethe refere-se, nessa passagem, a uma edição então ainda não publicada de suas obras completas.

59 Últimos versos do poema *Diné zu Koblenz*: "Und, wie nach Emmaus, weiter ging's/ Mit Sturm- und Feuerschritten:/ Prophete rechts, Prophete links,/ Das Weltkind in der Mitten". O antepenúltimo verso desse poema apresenta uma pequena variação na edição das obras completas: "Mit Geist- [ao invés de Sturm-] und Feuerschritten".

Felizmente esse menino mundano tinha também uma faceta que se voltava para questões mais excelsas e que estava prestes a ser tocada de um modo todo particular. Já em Ems, ficara feliz ao saber que, em Colônia, encontraríamos os dois irmãos Jacobi,[60] que, na companhia de outros homens ilustres e atenciosos, vinham ao encontro daqueles dois viajantes distintos que eu acompanhava. De minha parte, esperava obter dos Jacobi apenas o perdão por algumas pequenas insolências, fruto de uma pronunciada crueza que o humor mordaz de Herder acabara instilando em nós. Aquelas cartas e poemas em que Gleim e Georg Jacobi[61] não pareciam, senão, adular-se mutuamente em público, deram-nos ocasião para todo tipo de graça e zombaria; não nos havíamos dado conta, porém, do quão igualmente autocomplacente era fustigarmos aquelas pessoas que se comprazíam de seus rapapés, apenas para passarmos, a nós mesmos ou aos amigos, a impressão gratuita de estarmos fazendo uma boa ação. Daquilo tudo resultaria certo obscurecimento das relações entre as regiões mais ao norte e mais ao sul do Reno, mas o desconcerto foi tão insignificante que logo pôde ser pacificado – e para dar conta disso, as nobres damas da região se mostraram especialmente hábeis. Sophie de La Roche já nos havia falado muito bem daqueles distintos irmãos; e também a senhorita Fahlmer,[62] que se mudara de Düsseldorf para Frankfurt e que tinha grande familiaridade com aqueles círculos, deu-nos – pela delicadeza de seu espírito e por sua extraordinária educação – provas concretas do quão valorosa era aquela sociedade em que crescera. Aos poucos ela nos foi deixando envergonhados diante da paciência que demonstrava para com nossas maneiras mais ríspidas de alemães do sul; e ao fazer-nos sentir que também os outros eram tolerantes conosco, ensinou-nos, por fim, que bem nos caberia uma boa dose de tolerância. A singeleza da irmã mais nova dos Jacobi[63] e a animação da esposa de Fritz

---

60 Johann Georg Jacobi (1740-1814), poeta e editor; Friedrich Heinrich Jacobi (1743-1819), escritor e filósofo.
61 Alusão ao teor vazio dessa correspondência, já criticado por Goethe no Décimo livro de *Poesia e verdade*.
62 Johanna Fahlmer (1744-1821), tia dos irmãos Jacobi. Georg Schlosser casou-se com ela após a morte de Cornelia, irmã de Goethe.
63 Ana Katharina Charlotte Jacobi (1752-1832), a Lolo.

Jacobi[64] também contribuiriam bastante para nos aproximarmos cada vez mais daquelas regiões do norte alemão. Essa última moça, por sinal, conseguia me deixar absolutamente encantado: sensível, mas sem qualquer traço de sentimentalismo, e capaz de se expressar com vivacidade, era uma holandesa maravilhosa, que, sem dispor da mesma expressão de sensualidade, mas com comparáveis virtudes, lembrava as mulheres retratadas por Rubens.[65] Por ocasião de uma série de passagens mais longas e mais breves por Frankfurt, essas moças firmaram estreitos laços de amizade com minha irmã, conferindo uma nota de ânimo e amabilidade à natureza séria, rígida e, de certo modo, desgostosa de Cornelia. Foi assim que, ao menos mentalmente e em nossos corações, uma Düsseldorf e uma Pempelfort[66] foram aos poucos se construindo em Frankfurt.

Assim, nosso primeiro encontro em Colônia foi marcado, logo de início, pela franqueza e cordialidade, uma vez que a boa impressão que aquelas moças tinham de nós também havia produzido seus efeitos em suas casas. Não me tratavam, ali, como até então naquela viagem: meramente como a cauda de poeira daqueles grandes cometas. Ao contrário, os Jacobi também se dirigiam diretamente a mim, dizendo-me coisas boas e demonstrando interesse em me ouvir. Na verdade, eu estava cansado daqueles meus despropósitos e atrevimentos, por trás dos quais eu não fazia mais que dissimular o desprazer por ter encontrado tão pouco alimento para minha mente e meu coração ao longo daquela jornada. Meus sentimentos irromperam, então, violentamente; e talvez isso explique o fato de eu não conseguir me lembrar com detalhes de tudo o que aconteceu. As coisas que pensamos e as imagens que vemos, essas podem ser evocadas novamente pela razão e pela imaginação; mas o coração não é tão indulgente, sendo incapaz de trazer à tona de novo os sentimentos mais belos. E os momentos de maior entusiasmo são justamente os que menos conseguimos reviver: somos assaltados por eles sem maior aviso, assim como os deixamos para trás sem nos darmos conta.

---

64 Forma contraída de Friedrich H. Jacobi. Sua esposa, Helene Elisabeth Jacobi, nascida Clermont.
65 Peter Paul Rubens (1577-1640), pintor flamengo.
66 Vilarejo nos arredores de Düsseldorf, de onde vinham os Jacobi.

Daí que outras pessoas, que nos observam nesses momentos, tenham desses eventos uma percepção mais clara e precisa do que nós mesmos.

Até aquela altura de minha vida, tratara de me esquivar cuidadosamente das conversas sobre religião, e só muito raramente respondia com humildade a questionamentos mais circunspectos, já que, em vista daquilo que de fato me importava, tais discussões costumavam me parecer demasiadamente limitadas. Se alguém tentava me impor suas próprias sensações e ideias a respeito de minhas obras e, sobretudo, se me atormentavam com exigências do senso comum, ditando-me determinadamente o que eu deveria ou não ter feito, aí então rebentava o último fio de paciência e a conversa era ou de pronto interrompida, ou ia desmoronando aos poucos. Daí que ninguém pudesse ficar com uma impressão especialmente favorável de minha pessoa. Para mim seria muito mais natural apresentar-me de modo mais gentil e simpático. Acontece que meu sentimento não se deixava doutrinar; queria mesmo era abrir-se a uma forma desinteressada de bondade e deixar-se levar por um interesse verdadeiro, que inspirasse a devoção. Mas um sentimento, em especial, me arrebatava de modo fulminante e se manifestava das formas mais estranhas: a sensação do passado e do presente como sendo uma única coisa — uma perspectiva que sempre conferia ao presente algo de fantasmagórico. Esse modo de sentir as coisas está expresso em muitos de meus trabalhos, dos maiores aos menores; nos poemas, isso sempre acaba tendo um efeito benéfico, mas nos momentos em que essa sensação ganha expressão diretamente na vida, ou em razão da vida, as pessoas não a percebem senão como algo incomum, incompreensível, ou mesmo desagradável.

Colônia era um desses lugares, em que o passado era capaz de exercer sobre mim um efeito incalculável. As ruínas da Catedral[67] (afinal, uma obra incompleta é como uma obra destruída) despertavam em mim aquelas mesmas sensações que eu me acostumara a sentir em Estrasburgo. Não podia fazer minhas considerações de ordem artística, já que dispunha, a um só tempo, de muito e de muito pouco; e não havia ninguém, então, que pudesse me ajudar — como

---

67 Vale lembrar que a construção da Catedral de Colônia só seria finalizada no século XIX.

hoje o fazem nossos amigos tão dedicados e perseverantes[68] — a cruzar aquele labirinto das intenções e das realizações, do que se pretendera fazer e do que efetivamente fora feito, dos elementos construídos e daqueles ainda em construção. Quando estava acompanhado, bem que eu admirava a amplitude daqueles espaços internos e de suas colunas, mas, quando só, mergulhava, um tanto melancólico, na contemplação daquele mundo imobilizado em meio a sua criação e ainda tão longe de se dar por acabado. Ali uma ideia colossal mais uma vez não alcançaria sua realização! Era como se a arquitetura estivesse ali apenas para nos convencer de que muitas pessoas juntas, ao longo dos tempos, não são capazes de produzir nada, e de que, na arte como na vida, só ganha uma forma definitiva aquilo que surge como Minerva,[69] já crescida e armada, diretamente da cabeça de seu criador.

Naqueles tempos mais deprimentes do que animadores, eu nem suspeitava de que as sensações mais belas e apuradas estivessem a minha espera, muito perto dali. Até que me levaram a Casa Jabach,[70] onde pude ver materializado e com meus próprios olhos algo que eu só havia então concebido em minha imaginação. Havia muito que aquela família teria falecido, mas no piso térreo de sua residência, que dava para um jardim, nada parecia ter se alterado. Via-se ali um piso todo decorado com ladrilhos vermelho acastanhados, enormes poltronas entalhadas, com encostos e assentos bordados, tampos de mesa artisticamente trabalhados, assentados sobre pesados pés de madeira, luminárias de metal, uma lareira imensa, com os respectivos aparatos feitos na mesma proporção, tudo, enfim, em perfeita sintonia com aqueles outros tempos; não havia nada de novo em todo aquele espaço, nada de atual, a não ser nós mesmos. Mas o que multiplicava e, para além de toda medida, transbordava as sensações suscitadas ali de modo tão excepcional era um grande retrato de família,[71] pendurado acima da lareira. A tela retratava o antigo e rico proprietário daquela casa, sentado ao lado de sua esposa

---

68 Referência ao trabalho dos irmãos Sulpiz e Melchior Boisserée. Ver também nota 47 do Nono livro, à p.465.
69 Nome romano da deusa Atena, que teria nascido da cabeça de Zeus.
70 Casa da família de Everard Jabach, importante colecionador de arte de Colônia no século XVII.
71 Retrato pintado por Charles Lebrun por volta de 1660.

e rodeado por seus filhos. Todos naquele quadro pareciam tão atuais, tão vivos e cheios de viço, como se fora ontem, ou hoje mesmo, embora aquelas pessoas havia muito já não mais existissem. Até mesmo as bochechas redondas e viçosas das crianças haviam envelhecido, e não fosse pela existência daquela representação tão talentosa, não restaria delas mais nenhuma lembrança. Dominado como fui pela força daquelas impressões, não saberia dizer nem como eu me vi, nem como me portei diante daquilo tudo. Com o pulsar intenso e infindo do meu peito, o que havia de mais profundo em minhas disposições humanas e em minhas potencialidades poéticas brotou à flor da pele, e tudo o que se escondia em mim de bom e de amável há de haver irrompido e se manifestado; pois, daquele momento em diante e pelo resto de minha vida, sem maiores inquirições nem deliberações, aqueles homens passaram a partilhar comigo de sua mais completa simpatia e confiança.

Na esteira dessa conjunção de almas e espíritos, em que tudo o que vivia em cada um de nós ganhava expressão, ofereci-me para recitar, das últimas baladas que havia escrito, as minhas prediletas. *O Rei de Tule* e *Havia um amante assaz ousado*[72] causaram grande efeito e, se declamei essas baladas de modo tão inflamado, foi simplesmente porque aqueles poemas ainda estavam muito presos ao meu coração e só muito raramente transcendiam meus lábios. É que, na presença de certas pessoas, sentia-me imediatamente inibido, em geral por receio do mal que meus sentimentos exageradamente ternos pudessem vir a causar. Vez ou outra esses receios me assolavam bem em meio à declamação e eu então perdia completamente o fio da meada. Quantas vezes não me repreenderam por isso, acusando-me de ser um sujeito muito inusitado e estranhamente afetado!

Embora a criação poética me ocupasse então a maior parte do tempo e tão bem conviesse a minha natureza, a meditação sobre outras questões não me era algo alheio. O modo original e tão próprio como Jacobi se colocava diante do inescrutável me parecia extremamente interessante e prazeroso. Entre nós não costumava haver conflitos, nem sobre questões

---

72 Referência aos poemas *König von Thule* (publicado somente em 1782) e *Es war ein Buhle frech genug* (publicado em 1776), respectivamente.

De minha vida: Poesia e verdade

cristãs, como com Lavater, nem sobre questões didáticas, como com Basedow. Os pensamentos que Jacobi me transmitia emanavam diretamente de seus sentimentos. E como eu me sentia particularmente tocado quando percebia que ele, com uma confiança incondicional, não se furtava a me contar nem mesmo os seus anseios mais profundos. Dessa combinação curiosa de necessidades, paixões e ideias só pude, àquela altura, pressentir aquilo que, no futuro, talvez eu viesse a entender de modo mais claro. Por sorte eu já havia dado meus primeiros passos nessa direção ao estudar a vida e o pensamento de um homem extraordinário – é verdade que ainda de maneira muito incompleta, furtivamente, mas mesmo assim já sentia em mim efeitos importantes. Essa mente que me impressionou de modo decisivo e que ainda teria um impacto tão grande sobre meu modo de pensar chamava-se Spinoza.[73] E, de fato, depois de ter virado o mundo todo em vão atrás de um modo de cultivar minha estranha natureza, finalmente me vi diante da *Ética*[74] desse homem. Não saberia dizer com precisão o que eu fui então capaz de entender dessa obra, tampouco o que de mim eu terei projetado sobre ela. Basta dizer que encontrei nela algo capaz de aquietar minhas paixões: parecia-me que aquela obra se abria como uma forma livre e promissora de ver o mundo sensível e moral. Mas o que mais me cativava nesse pensador era o altruísmo ilimitado que parecia irradiar de cada uma de suas proposições. Meu pensamento foi inteiramente inundado por frases como "Quem ama a Deus de verdade, não deve exigir que Deus retribua esse amor",[75] com todas as premissas sobre a qual ela repousa e com todas as consequências que dela decorrem. Ser altruísta em tudo e de modo ainda mais extremo no amor e na amizade, eis o que, então, traduzia o meu maior anseio, minha máxima, minha prática, de modo que o atrevimento de palavras como "Se eu te amo, o que você tem a ver com isso?",[76]

---

73 Baruch Spinoza ou Benedictus de Spinoza (1632-1677), filósofo. Goethe voltará a falar sobre ele no Décimo sexto livro de *Poesia e verdade*.
74 *Ethica, ordine geometrico demonstrata*, publicada em 1677.
75 *Ética*, parte V, proposição 19: "Qui Deum amat, conari non potest, ut Deus ipsum contra amet".
76 Frase de Philine, no quarto livro da obra *Os anos de aprendizado de Wilhelm Meister* (1795-1796).

que eu pronunciaria bem mais tarde, provinha diretamente do meu coração. De resto, não deixemos de lembrar, aqui, que as ligações mais íntimas e intensas, na verdade, só podem resultar da união entre opostos. A calma de Spinoza, que parecia tudo apaziguar, contrastava com minha afobação habitual, que só resultava em agitação; assim como seu método matemático fazia contraponto com minha sensibilidade e meu tino poético. Mas foi justamente esse seu procedimento regrado no tratamento das coisas — que muitos nem mesmo admitiam como adequado para questões de ordem moral — o que fez de mim seu discípulo mais entusiasmado e seu admirador mais determinado. Mente e coração, razão e sensibilidade buscavam-se mutuamente com a urgência de uma afinidade eletiva, e foi por meio desta que se fez possível a ligação entre dois seres os mais distintos.

Mas isso tudo ainda se encontrava num primeiro estágio de ações e reações, na fervura, na fermentação. Fritz Jacobi, o primeiro a quem concedi uma visão desse caos, homem cuja natureza também não cessava de trabalhar em suas mais extremas profundezas, acolheu de bom grado minha confiança, retribuiu-me com a sua e procurou iniciar-me em suas ideias. Também ele se sentia movido por uma necessidade intelectual inefável e também ele se recusava a aceitar o socorro alheio, preferindo desenvolver-se e buscar a compreensão de si por conta própria. As coisas que ele me contava a propósito da condição de seu mundo interior, no fundo, eu não conseguia compreender muito bem — até porque não conseguia fazê-lo nem mesmo em relação a minha pessoa. Mas ainda assim, ele — que, em matéria de pensamento filosófico, inclusive no que dizia respeito a Spinoza, encontrava-se num estágio muito mais avançado do que eu — procurava orientar e iluminar meus anseios mais obscuros. Uma afinidade intelectual tão pura como aquela era algo novo para mim e inspirou-me um desejo intenso de não cessar jamais aquela nossa conversação. De noite, quando a roda havia se desfeito e todos já haviam tomado o rumo de seus quartos, eu recorria novamente a ele. O luar bruxuleava sobre o largo Reno, enquanto nós dois, à janela, refestelávamo-nos com a copiosidade de uma troca como aquela, tão preciosa no alvorecer de nosso desenvolvimento.

Hoje eu mal teria condições de falar com mais detalhes sobre aquela experiência tão inexprimível, mas lembro-me bem de uma excursão que

De minha vida: Poesia e verdade

fizemos até o castelo de caça de Bensberg,[77] que, situado à margem direita do Reno, propiciava-nos uma vista das mais exuberantes. O que naquela construção arrebatava de forma desmedida minha atenção era o modo como Weenix[78] decorara suas paredes. Todos os animais que se pudessem imaginar como objeto de caça estavam retratados, um ao lado do outro, em todo o perímetro da sala, como se deitados à base de um grande salão colunado; e se corrêssemos os olhos mais acima, o olhar logo se perdia na imensidão da paisagem. Aquele homem extraordinário esgotara todo seu talento para dar vida a essas criaturas inanimadas. E de tal modo lograra dar cabo da variedade dos tegumentos, da pelagem, das cerdas, das penas, das galhadas e das garras de cada animal, que se igualava à natureza em sua representação, mas superando-a, sem dúvida, quanto ao efeito alcançado. Depois de admirar bastante aquelas obras de arte em seu conjunto, éramos então impelidos a refletir sobre os gestos e os traços, que, com tanta inspiração quanto precisão, tornaram possível a criação de tais imagens. Mal podíamos crer que fosse obra de mãos humanas, tampouco imaginávamos os instrumentos empregados. Um pincel não bastaria, pois, para se alcançar uma variedade tão grande de efeitos, era preciso supor a criação e utilização de um aparato todo especial. Aproximávamo-nos, distanciávamo-nos, mas sempre igualmente extasiados: a causa era tão admirável quanto o efeito.

O restante da viagem Reno abaixo se deu alegre e ditosamente. O alargamento do rio também convidava a mente a se expandir e a olhar para longe. Chegamos a Düsseldorf e, de lá, fomos direto para Pempelfort, um lugarejo extremamente agradável e prazeroso, onde uma casa ampla e espaçosa, à qual se apensavam uma série de jardins muito bem cuidados, abrigava uma roda inteligente e educada. Os membros da família eram numerosos, mas também se faziam presentes ali os estranhos, que só podiam se sentir muito bem naquele ambiente acolhedor e fecundo.

---

77 Atualmente um hotel (*Grandhotel Schloss Bensberg*) na cidade de Bergisch Gladbach, nos arredores de Colônia.
78 Jan Weenix, o Jovem (1640-1719), pintor holandês.

Na Galeria de Düsseldorf[79] pude saciar fartamente minha predileção pela Escola holandesa. Encontrei salões repletos de quadros excepcionais e vibrantes, que faziam brilhar a natureza em toda sua opulência; e embora essas telas não tenham acrescentado nada de novo à minha percepção da arte, elas enriqueceram meus conhecimentos e fortaleceram ainda mais minha paixão.

A sensação agradável de quietude, bem-estar e estabilidade, que constituíam os traços mais característicos daquela família, logo se tornou ainda mais viva aos olhos do hóspede, quando percebi que aquele era apenas o centro de um círculo de influência muito mais amplo, com um raio de ação que se estendia para bem além dos limites daquele lugarejo. As atividades econômicas e a prosperidade das cidades e localidades vizinhas não contribuíam pouco para consolidar ainda mais um sentimento de satisfação interior. Visitamos a cidade de Elberfeld[80] e ficamos felizes em perceber o vigor de suas inúmeras fábricas, todas muito bem estabelecidas. Foi também aqui que voltamos a encontrar nosso Jung, mais conhecido como Stilling,[81] que já nos viera encontrar em Koblenz, acompanhado, como de praxe, pelo deleite de sua fé em Deus e por sua preciosa lealdade aos homens. Ali nós o vimos em seu próprio círculo e alegramo-nos ao perceber a confiança depositada nele por seus concidadãos que, embora mais entretidos com os ganhos terrenos, não pareciam descuidar dos bens divinais. Aquela região industriosa surgia aos nossos olhos como uma visão alentadora, pois seu espírito pragmático parecia emergir de um senso de ordem e de perfeição. Passamos vários dias felizes envolvidos com tais considerações.

Ao retornar para junto de meu amigo Jacobi, pude desfrutar de novo daquela sensação fascinante de estarmos ligados a alguém pelo que há de mais profundo em nós mesmos. Nós dois alimentávamos a mais viva esperança de realizarmos alguma coisa juntos. Instei-lhe então que tratasse de dar uma expressão literária a tudo aquilo que se revolvia dentro dele. Essa era a forma que eu encontrara para me libertar de minhas tantas

---

79 No século XVIII, uma das maiores coleções de telas da Alemanha, mais tarde vendida para a *Alte Pinakothek*, em Munique.
80 Nessa região teria lugar um dos primeiros focos de industrialização na Alemanha.
81 Johann Heinrich Jung (1740-1817). Ver nota 27 do Nono livro, à p.444.

perplexidades, e esperava que ela também lhe fosse útil. Ele não hesitou em aceitar intrepidamente minha sugestão, e quanta coisa boa, bela e inspiradora ele não viria a produzir! Por fim, cada um de nós tomou seu rumo, mas com o sentimento profundo de uma ligação que duraria para sempre. Não suspeitávamos, então, que nossos esforços ainda acabariam enveredando por direções diametralmente opostas, como no curso de nossas vidas fomos obrigados a reconhecer.

Não sei dizer o que exatamente vivenciei em meu caminho de volta, Reno acima, pois esses eventos apagaram-se completamente de minha memória: em parte porque o segundo contato que temos com as coisas tende a confluir com o primeiro em nosso pensamento; mas em parte, também, porque me encontrava absolutamente ensimesmado, procurando entender tudo o que acontecera comigo e tentando processar seus efeitos. Mas posso falar aqui de um resultado importante, que ainda viria a me ocupar por um bom tempo, na medida em que me estimularia a produzir.

Com meu jeito extremamente livre de pensar e com meu modo de agir e de viver sem metas nem planos, não me pôde passar despercebido o fato de que Lavater e Basedow se serviam de meios intelectuais, e também espirituais, para galgarem seus objetivos mundanos. Eu, que desperdiçava meu talento e meus dias ao léu, logo percebi que esses dois homens, cada qual a seu modo, embora sempre empenhados em instruir, ensinar e influenciar os outros, também ocultavam certos propósitos que lhes eram caros e que eles insistiam em alcançar a qualquer preço. Lavater procedia com cuidado e destreza; Basedow era intenso, atrevido, por vezes torpe. E ambos pareciam tão convencidos de suas propensões, de seus projetos e da excelência de seus afazeres, que só os podíamos considerar homens da maior probidade, admirando-os e reverenciando-os. Em favor de Lavater poderíamos até dizer que ele de fato tinha objetivos mais elevados e que, se vez ou outra, agia com uma astúcia mundana, certamente era por acreditar que os fins justificavam os meios. Ao observar de perto esses dois homens, chegando mesmo a confidenciar-lhes minha opinião e ouvindo deles o que tinham a dizer a respeito, comecei a entender que grandes homens como aqueles costumam alimentar o desejo de difundir, mundo afora, aquilo que julgam ser divino em si mesmos. Acontece que eles logo se deparam com o mundo em sua mais pura crueza e, para conseguirem agir sobre ele, são obrigados a se equiparar a ele. Diante disso, porém, esses homens são obrigados a abrir mão de boa parte daquilo que os tornava especiais e, por fim, acabam renunciando por completo a essas qualidades excepcionais. Tudo que era divino e eterno submerge então no corpo dos propósitos mais terrenos, seguindo de arrasto no curso das coisas mais efêmeras. Foi desse ponto de vista que, àquela altura de minha vida, considerei as trajetórias daqueles dois homens, e elas me pareceram, a um só tempo, honrosas e lamentáveis; isso porque eu acreditava antever que ambos acabariam se sentindo compelidos a sacrificar seus desígnios superiores em nome dos inferiores. Nessa época eu tinha por hábito explorar ao extremo todas as minhas considerações dessa natureza e, transcendendo os limites estreitos de minha experiência, gostava de procurar casos que me parecessem similares na História. Tomando então por base a vida de Maomé – alguém que eu nunca poderia imaginar como um impostor[82] –, tive a ideia de dar uma forma dramática[83] àquelas trajetórias que, observadas por mim de tão perto na vida real, pareciam-me conduzir antes à ruína do que à salvação. Como eu havia acabado de ler e estudar com grande interesse a vida desse profeta oriental, senti que estava relativamente preparado para dar cabo do projeto. A ideia que eu tinha para o todo se aproximava mais de um formato convencional e regrado, com o qual eu voltava então a simpatizar; mas eu não deixava de me servir, em alguma medida, das licenças que o teatro havia se permitido mais modernamente, em especial com respeito à liberdade no tratamento do tempo e do espaço. A peça começava com um hino, que Maomé entoava na solidão da noite, sob a luz do firmamento. Primeiro ele canta os astros infinitos, como se cada um deles fosse um deus; ergue-se então no céu o simpático astro Gad (nosso Júpiter), a quem Maomé rende uma veneração toda especial, como rei de todo o firmamento. Nisso surge no céu também a lua, conquistando o olhar e o coração do adorador que, logo a seguir, maravilhosamente animado e revigorado pelo sol que acabava de nascer, é convocado a entoar uma

---

[82] Visão corrente entre os críticos religiosos franceses no século XVIII.
[83] Referência à peça *Maomé* [*Mahomet*], escrita entre 1772 e 1773, da qual restariam apenas alguns fragmentos.

nova louvação. No entanto, por mais agradável que fosse essa sucessão, ela também se mostrava inquietante; a alma sente que é preciso mais: eleva-se, então, na direção de Deus, o Uno, o Eterno, o Infinito, a quem todas as coisas maravilhosas, embora finitas, devem a sua existência. Eu havia escrito esse hino com todo carinho, mas o texto acabou se perdendo.[84] Ele bem poderia ser reconstruído como uma cantata, que seria recomendada ao músico por sua variedade de expressão. Como já era minha intenção naquele tempo, seria preciso imaginar Maomé como o líder de uma caravana, com sua família e todo seu povo, o que daria ensejo a toda sorte de variações nas diferentes vozes e abriria espaço à força dos corais.

Depois de Maomé converter a si mesmo, ele comunica seus sentimentos e suas ideias aos seus. Sua mulher e Ali o apoiam incondicionalmente. No segundo ato, Maomé e Ali – este ainda mais intensamente – tentam divulgar essa crença entre o povo. A tentativa encontra tanto acolhimento quanto objeção, conforme a personalidade de cada um. Tem início então a discórdia, os conflitos vão se tornando cada vez mais violentos, e Maomé é obrigado a fugir. No terceiro ato, o profeta supera seus opositores, torna pública a sua religião e expurga a Caaba de todos os seus ídolos. Mas como nem tudo se alcança pela força, ele também tem de recorrer à astúcia. O mundano se assoma nele e toma conta de seu espírito; o divino recua e se torna nebuloso. No quarto ato, Maomé dá sequência às conquistas. Sua doutrina torna-se mais um pretexto do que o fim, e ele tem de se valer de todos os instrumentos imagináveis, mesmo dos mais cruéis. Até que Maomé é envenenado por uma mulher, cujo esposo ele executara. No quinto ato ele sente os efeitos do veneno. Contudo, sua grande compostura, bem como o retorno a si próprio e aos ideais mais elevados, fazem dele um homem digno de admiração. Por fim ele purifica sua doutrina, consolida seu império e morre.

Esse é o esboço de um trabalho que me ocupou o pensamento por muito tempo, pois, em geral, eu precisava primeiro reunir os elementos todos de uma obra na cabeça, para, só então, começar com sua escrita. Minha ideia era retratar em que medida a personalidade e o espírito de um gênio são capazes

---

84 Um manuscrito desse hino foi encontrado no espólio da senhora von Stein e publicado em 1846.

de exercer influência sobre os homens, e como isso acaba redundando, para ele, tanto em perda quanto em ganho. Escrevi uma série de versões preliminares de cantos que eu planejava inserir no corpo da peça; apenas um destes sobreviveria no conjunto de minha poesia, com o título de *Canto de Maomé*.[85] Na peça, Ali era quem deveria entoá-lo em honra a seu mestre, no momento máximo do sucesso de suas investidas, pouco antes da grande virada, encetada pelo caso do envenenamento. Lembro-me ainda com clareza do que eu tinha em mente em várias passagens da peça, mas teria de me estender demais para desenvolvê-las aqui.

---

85 *Mahomets Gesang*, publicado pela primeira vez no *Göttinger Musenalmanach*, em 1774.

Décimo quinto livro

Depois das mais variadas distrações – que, no entanto, também me levavam a tecer considerações bastante sérias, inclusive de cunho religioso –, eu sempre voltava a procurar minha distinta amiga, a senhorita von Klettenberg,[1] cuja companhia era capaz de aplacar, ao menos momentaneamente, a tempestuosidade de minhas paixões e de meus pendores tão amplamente dispersos; à parte minha irmã, era com ela que eu mais gostava de compartilhar meus projetos. Eu bem podia ter me dado conta de que sua saúde vinha fraquejando com o passar do tempo, mas era como se eu me recusasse a reconhecer isso; talvez em razão do carinho com que ela me tratava, que crescia na mesma proporção de sua doença. Sempre simpática e impecavelmente bem vestida, ela gostava de se sentar à janela, acomodada em sua poltrona, e ouvia de bom grado as histórias que eu contava de minhas viagens e todo o mais que eu me dispusesse a ler para ela. Vez ou outra eu improvisava um desenho, para melhor lhe descrever a região que eu acabara de conhecer. Certo dia, eu evocava alguma dessas cenas pitorescas, quando ela e todo aquele seu ambiente, imersos na luz de um fim de tarde, pareceram-me como que transfigurados; pois não pude conter o impulso e, embora agindo no limite de minha incompetência, desenhei a minha amiga ao lado dos objetos de seu quarto, compondo uma cena que, nas mãos de um pintor mais

---

[1] Ver nota 71 do Oitavo livro, à p.407.

talentoso como Kersting,[2] por certo teria resultado encantadora. Enviei o desenho, mais tarde, a uma amiga distante, anexando a ele uma canção, como forma de comentário e suplemento:

> Veja nesse espelho meu,
> Qual num sonho bom e terno,
> Sob as asas do bom Deus,
> Nossa amiga em sono enfermo.
>
> Veja como se rebela,
> Vence a vida e voa além;
> Teu retrato é como o dela,
> Que é o do Salvador também.
>
> Sinta tudo o que eu senti
> Nesses ares divinais,
> Quando o afã que eu não contive
> Fez-se o esboço que aqui jaz.[3]

Se nessas estrofes, assim como também em algumas outras ocasiões, eu me apresentava como alguém de fora, como um estrangeiro ou mesmo como um pagão, minha amiga não se mostrava descontente; ao contrário, garantia-me que gostava de mim mais desse modo do que como antigamente, quando eu me valia da terminologia cristã, sem, contudo, saber usá-la a contento. De vez em quando eu lia para ela alguns relatos de viagem de missionários – que ela, por sinal, adorava ouvir; nessas ocasiões, já era praxe

---

2 Georg Friedrich Kersting (1785-1847), pintor conhecido por retratar cenas de interiores.
3 Poema datado do ano de 1774, intitulado *Mit einer Zeichnung* [*Com um desenho*]. Em alemão: "Sieh in diesem Zauberspiegel/ Einen Traum, wie lieb und gut,/ Unter ihres Gottes Flügel,/ Unsre Freundin leidend ruht.// Schaue, wie sie sich hinüber/ Aus des Lebens Woge stritt;/ Sieh dein Bild ihr gegenüber/ Und den Gott, der für euch litt.// Fühle, was ich in dem Weben/ Dieser Himmelsluft gefühlt,/ Als mit ungeduld'gem Streben/ Ich die Zeichnung hingewühlt". Não há registros de que esse desenho tenha sido preservado.

eu assumir a posição dos gentios, defendendo sempre a prevalência de sua condição autóctone. Minha amiga sempre se mostrou afetuosa e serena comigo, e não parecia demonstrar a menor preocupação com a possibilidade de eu ser ou não salvo.

Se eu vinha me distanciando aos poucos daquela sua confissão pietista, isso só se dava, na verdade, por eu ter pretendido abordá-la com uma seriedade excessiva e com um amor demasiadamente apaixonado. Desde minha primeira aproximação das ideias dos Irmãos Morávios,[4] minha simpatia por essa comunidade, congregada sob a bandeira vitoriosa de Cristo, havia crescido bastante. Toda religião positiva tem um apelo muito maior enquanto se encontra em sua fase de desenvolvimento. Daí que seja tão agradável imaginarmo-nos na época dos apóstolos, em que tudo ainda tinha certo frescor e apelava diretamente ao espírito. Pois o fato é que essa comunidade pietista tinha algo de mágico, na medida em que parecia dar continuidade, ou até mesmo perenizar essa condição primitiva. Sua origem remontava aos tempos mais primevos, mas nunca se dera por acabada; por muito tempo, não fizera mais do que se ramificar pelo mundo nu e cru, sem chamar muito a atenção. Mas havia chegado a hora em que um único broto, sob os cuidados de um homem pio e distinto,[5] lançaria suas raízes e se espalharia de novo pelo mundo inteiro, deixando para trás sua origem discreta e aparentemente casual. Para tanto, tratava-se de combinar, como uma coisa única e indissociável, as constituições civil e religiosa, de modo que o professor fosse visto igualmente como um soberano e o pai, como um juiz. Além disso, o líder divino, em quem se depositava uma crença incondicional no que dizia respeito às questões do espírito, era conclamado a dar orientação também nas questões mundanas; suas respostas, tiradas na sorte, eram assimiladas com dedicação por seus seguidores, dissessem elas respeito à administração como um todo ou apenas a um indivíduo, isoladamente. Sua calma admirável, ao menos aquela demonstrada externamente, era altamente convidativa; por outro lado, seu chamado missionário exauria todas as forças

---

4 Ver nota 75 do Oitavo livro, à p.409.
5 Nikolaus Ludwig von Zinzendorf (1700-1760).

que existem num ser humano. No Sínodo de Marienborn,[6] para o qual eu seguira na companhia do conselheiro de legação Moritz,[7] representante do conde de Isenburg, conheci homens excepcionais, que conquistaram toda minha admiração; e eu teria me tornado imediatamente um deles, se eles assim o quisessem. Ocupei-me da história, da doutrina, bem como da origem e do desenvolvimento dessa confissão de fé, chegando mesmo ao ponto de poder discorrer livremente sobre essas coisas todas e conversar, de igual para igual, com outros adeptos. Contudo, fui forçado a admitir que nem os Irmãos nem a senhorita von Klettenberg queriam me aceitar, de fato, como um cristão – constatação esta que me deixou inquieto de início, mas que logo acabou por arrefecer consideravelmente minhas disposições. Por mais evidente que fosse a razão, muito tempo se passaria sem que eu conseguisse discernir exatamente o que nos distinguia, até o dia em que, mais por acaso do que como resultado de qualquer esforço analítico, acabei descobrindo por mim mesmo. A questão que me distanciava dos Irmãos Hernutos, assim como de outras boas almas cristãs, era a mesma que, mais de uma vez, levara a Igreja a se dividir. Uma parte acreditava que a natureza humana havia sido corrompida de tal modo pela queda do paraíso, que nela não haveria mais nenhum resquício de bondade, nem em seus recônditos mais profundos, razão pela qual o homem deveria renunciar as suas próprias forças e entregar-se completamente à graça divina. A outra parte até aceitava a falha hereditária dos seres humanos, mas ainda reconhecia em sua natureza interior a existência de certo gérmen que, uma vez animado pela graça divina, teria plenas condições de se tornar uma gaudiosa árvore da felicidade espiritual. Sem me dar conta, encontrava-me, então, absolutamente permeado por essa segunda convicção, embora minhas palavras e minha pena já tivessem confessado minha fé justamente na direção oposta. A verdade é que essas coisas se apresentavam para mim num lusco-fusco que me impedia de formar uma ideia mais clara de meu verdadeiro dilema. Certa vez, de modo completamente inesperado, fui subitamente despertado desse sonho numa conversa sobre religião, em que manifestei minha opinião de modo muito franco e

---

6 Assembleia da Comunidade dos Irmãos Hernutos, em 1769.
7 Ver nota 1 do Quarto livro, à p.145.

ingênuo – ao menos assim me pareceu – e, em virtude do que disse, acabei tendo de ouvir um longo sermão de reprimenda. Disseram-me que aquilo não passava do mais puro pelagianismo[8] e que, para a infelicidade daqueles tempos modernos, essa doutrina perniciosa parecia querer ganhar fôlego novamente. Fiquei muito surpreso, até mesmo assustado. Voltei imediatamente à História da Igreja, estudei mais a fundo a doutrina e o destino de Pelágio e pude perceber, então, como essas duas posições inconciliáveis haviam se alternado ao longo dos séculos e também como as pessoas haviam aderido a uma ou a outra, conforme sua natureza mais ativa ou passiva.

Aqueles últimos anos haviam me desafiado a treinar constantemente minhas próprias forças; era como se não cessasse em mim um esforço infatigável – realizado com a maior boa vontade – de formação e desenvolvimento moral. E como o mundo exigia que esse esforço fosse regrado e usado em benefício dos outros, eu tinha de encontrar um modo de incorporar essa grande exigência. A natureza, que se me apresentava em todo seu esplendor, despertava minha atenção de todas as formas possíveis. Conhecera tanta gente valente e corajosa, que, no cumprimento de suas obrigações, por força da obrigação, suportavam toda sorte de aborrecimentos; era impossível ignorá-los, assim como me parecia impossível ignorar a mim mesmo. O abismo que me separava daquela doutrina tornara-se, enfim, mais evidente, o que também significava que eu tinha de me afastar daquela comunidade. E como não houvesse nada capaz de roubar minha simpatia nem pelas Sagradas Escrituras, nem pela figura fundadora do Cristianismo e por seus primeiros discípulos, resolvi elaborar um cristianismo para meu uso pessoal, procurando fundamentá-lo e desenvolvê-lo a partir do estudo dedicado da História e com base na observação atenta de pessoas que se mostravam simpáticas a ideias semelhantes às minhas.

Entretanto, como tudo o que eu acolhia em mim com amor logo assumia uma forma poética, tive a inusitada ideia[9] de dar um tratamento épico à his-

---

8 Doutrina cristã que remonta ao monge britânico (iro-escocês) Pelagius (360-418), também chamado Pelágio de Bretanha, segundo a qual o homem poderia fazer o bem e alcançar a perfeição por suas próprias forças. Essa doutrina, que negava o pecado original, foi proscrita em 431, no Primeiro Concílio de Éfeso.

9 Da obra, como planejada, preservaram-se apenas alguns fragmentos.

tória do judeu errante, que, por meio de antigas edições populares,[10] eu já conhecia – e me impressionava – desde criança. Tendo essa narrativa como fio condutor, pretendia repassar os principais pontos da história da religião e da Igreja, cada qual a seu tempo. Aqui, gostaria de falar um pouco sobre a fábula, assim como eu a imaginava, e também sobre o modo como eu então a entendia.

Havia em Jerusalém um sapateiro, a quem a tradição atribui o nome de Ahasverus.[11] Para compor o personagem, servi-me amplamente dos traços mais característicos daquele sapateiro[12] que conhecera em Dresden. E conferi ao personagem também o humor e a espirituosidade de um de seus companheiros de ofício, Hans Sachs,[13] mas sem deixar de enobrecê-lo com uma nota de simpatia por Cristo. Como sua oficina era aberta e ele gostava de conversar com os passantes, provocando-os e, socraticamente, instigando cada um deles de um modo particular, seus vizinhos e o povo, em geral, gostavam de passar o tempo com ele. Fariseus e saduceus também costumavam ir até sua oficina para conversar; e na companhia de seus discípulos, até mesmo o Salvador teria tido o hábito de visitá-lo de quando em vez. O sapateiro, um homem de interesses exclusivamente mundanos, chegaria a criar uma afeição toda especial por Nosso Senhor; e sua afeição se manifestaria principalmente na tentativa de converter, ao seu próprio modo de pensar e agir, aquele grande homem, cujo pensamento o sapateiro não conseguia compreender. Daí que Ahasverus não parasse de insistir para que Cristo abrisse mão daquele ar de contemplação, para que deixasse de vagar pelas redondezas com desocupados e para que não incitasse mais as pessoas a largarem seus empregos e a segui-lo por terras desertas: segundo dizia o sapateiro, um povo reunido é sempre um povo agitado, e nada de bom pode resultar disso.

De sua parte, o Senhor procurava instruir o artesão de modo alegórico, ensinando-o sobre suas ideias e seus desígnios mais elevados – esforço este

---

10 Em alemão: *Volksbücher*, edições populares de narrativas medievais e contemporâneas, que entraram em circulação a partir do século XV e XVI.
11 Também Aasvero, Asvero, Ahsuerus, Ashver, entre outras variantes.
12 Johann Friedrich Hauke (variante: Haucke). Ver nota 25 do Oitavo livro, à p. 385.
13 Hans Sachs (1494-1576), poeta e dramaturgo alemão, era sapateiro de ofício.

que, no entanto, não parecia produzir grandes efeitos sobre um homem rude como aquele. E à medida que Cristo ia ficando mais importante, tornando-se uma pessoa pública, o sapateiro benfazejo se dirigia a ele de modo cada vez mais duro e contundente. Reclamava, dizendo que, daquilo tudo, só poderiam resultar tumultos e rebeliões e que, em algum momento, o próprio Cristo seria levado inevitavelmente a se proclamar o chefe daquele partido que começava a se formar, algo que fugiria completamente aos seus propósitos. Como as coisas tomaram o rumo que todos nós conhecemos, com Cristo sendo preso e condenado, Ahasverus só podia mesmo ter ficado muito irritado quando Judas, que aparentemente teria traído o Senhor, apareceu desesperado na sapataria e, aos prantos, contou sobre seu malfadado gesto. Assim como os seguidores mais perspicazes daquele grande homem, Judas afirmava que tinha plena convicção de que, a qualquer momento, Cristo se declararia líder e regente de seu povo. Diante dessa expectativa, ele não teria tido senão a intenção de forçar o Senhor a agir diante de uma hesitação que até então se mostrava insuperável; e esta teria sido também a razão que o levara a incitar os sacerdotes a cometerem certos atos de violência, que nem eles haviam ainda ousado por conta própria. Dos discípulos também não se poderia dizer que não estivessem armados; e se o Senhor não tivesse se rendido, se Ele não tivesse deixado seus pupilos naquela situação nefasta, é muito provável que tudo tivesse corrido bem. Ahasverus – que não se deixara aplacar por aquela narrativa – tanto fez para amargar ainda mais a situação daquele ex-apóstolo que não restou ao pobre coitado senão apressar o passo em direção à forca.

Quando Jesus, então no caminho de sua morte, passa em frente à oficina do sapateiro, ocorre aquela famosa cena[14] em que o sofredor sucumbe ao peso da cruz e Simão, o Cireneu, é obrigado a carregá-la em seu lugar. Nesse mesmo instante surge Ahasverus com um ar austero, como uma daquelas pessoas que, vendo alguém sofrer por culpa própria, não sentem pena alguma ou que, impelidas por um senso intempestivo de justiça, só pioram a situação com suas repreensões. O sapateiro sai de sua oficina e, dirigindo-se a Jesus, repete todas as suas antigas advertências, que aos poucos

---

14 Mateus 27:32; Marcos 15:21; Lucas 23:26.

se transformavam, então, nas piores acusações – e tudo lhe parece absolutamente justificável, em vista da afeição que nutria pelo sofredor. Este nada responde, mas, nesse exato momento, a amável Verônica cobre o rosto do Salvador com um sudário; e quando ela o toma de volta e o ergue diante de seus olhos, Ahasverus vislumbra, no tecido, o semblante do Senhor. Não se tratava, porém, do rosto daquele homem que se via ali sofrendo, mas, sim, de um rosto magnificamente transfigurado, que irradiava uma vivacidade divina. Ofuscado por aquela visão, o sapateiro desvia o olhar e ouve as seguintes palavras:

– Vagarás pela Terra até o dia em que me vires novamente desta forma.

Ahasverus demorará algum tempo até recobrar novamente os sentidos, e como todos já haviam então seguido adiante, na direção da praça de execução, encontra as ruas de Jerusalém completamente desertas; tomado pela inquietude e pela angústia, ele parte, dando início a sua errância.

Sobre essa errância, assim como sobre o evento que encerra o poema – que eu, contudo, ainda não dava por acabado –, deixo para falar em outra ocasião que se faça mais oportuna. O começo, o fim e algumas passagens esparsas já estavam prontos, mas ainda me faltavam o tempo, os dados e os estudos necessários para que eu pudesse conferir à obra a consistência desejada. Como se isso não bastasse, as poucas páginas que eu já havia escrito acabariam sendo relegadas ao esquecimento de vez, quando começou a anunciar-se irremediavelmente em minha vida uma época, que já tivera início nos tempos em que eu me ocupava da escrita do *Werther*, mas que só mais tarde, ao ver seus efeitos, eu perceberia que havia tido lugar.

O destino comum da humanidade, cujo peso todos nós estamos fadados a carregar, deve pesar ainda mais sobre aquelas pessoas em quem as aptidões intelectuais se desenvolvem mais ampla e precocemente. Podemos crescer e nos desenvolver sob a proteção dos pais e dos parentes, podemos encontrar apoio nos irmãos e nos amigos, podemos desfrutar da diversão entre os conhecidos e da felicidade com a pessoa amada, mas, ao fim e ao cabo, a verdade é que o homem sempre estará entregue apenas a si próprio. Até mesmo a divindade parece se colocar desse modo diante do homem, uma vez que nem sempre ela é capaz de responder ao respeito, à confiança e ao amor que lhe dedicam – isso é o que em geral experimentamos, ao menos nos momentos de maior urgência. Ainda jovem, logo aprendi que, nas horas de grande necessidade, há alguém que nos diz:

— Médico, cura-te a ti mesmo![15]

E quantas vezes não tive de ficar carpindo minha dor, dizendo a mim mesmo:

— Pisei sozinho as uvas no lagar.[16]

Assim, na busca por algo que confirmasse minha independência, percebi que a base mais segura para a mesma era meu talento para a criação poética. Havia anos que ele não me abandonava nem por um instante. Não raro, o que eu observava ao longo do dia ganhava corpo à noite, até em meus sonhos; e bastava eu abrir os olhos para que surgisse mais uma ideia interessante, ora para um projeto completamente novo, ora para uma obra em que eu já vinha trabalhando. Eu costumava escrever todas essas ideias logo nas primeiras horas da manhã; mas também à noite, ou na alta madrugada, quando o vinho e a boa companhia alegravam os ânimos, encontrava-me sempre disposto a escrever o que quer que de mim solicitassem. Bastava surgir uma ocasião propícia, e eu logo me colocava a postos. Ao refletir sobre esse dom natural, dei-me conta de que se tratava de algo que me era muito próprio e que não podia ser nem favorecido nem embargado por nenhuma força exterior. Fiquei então muito satisfeito de poder imaginar, nesse traço de minha personalidade, o fundamento de toda minha vida. Essa ideia logo ganharia corpo numa imagem. Ocorreu-me a figura mitológica de Prometeu,[17] que, apartado dos deuses, fora capaz de povoar um mundo todo a partir de sua oficina. Eu sabia muito bem que, para produzir algo de significativo, era necessário isolamento. As obras que eu escrevera e que foram bem recebidas pelo público eram todas filhas da solidão. Desde que eu passara a manter relações mais amplas com o mundo, nunca me faltaram nem força criativa nem disposição; mas eu estacava sempre no momento da execução das obras, pois não tinha um estilo próprio nem em prosa nem em verso, o que significava que, a cada novo trabalho, conforme o assunto em questão, eu era obrigado a começar tudo de novo do zero, aos tateios. E

---

15 Lucas 4:23.

16 Isaías 63:3.

17 Da peça dramática intitulada *Prometheus* só há registro de fragmentos. O famoso poema homônimo fora concebido como parte da peça (abertura do terceiro ato).

como, para tanto, eu descartara e mesmo rejeitara o amparo de todo mundo, acabei me isolando também dos deuses, assim como Prometeu; e isso aconteceria de maneira perfeitamente natural, já que minha natureza e meu jeito de pensar eram de tal modo constituídos que *uma* ideia sempre acabava engolindo ou repelindo de vez todas as outras.

A fábula de Prometeu foi ganhando vida em mim. Risquei e cortei os velhos trajes de titã conforme as minhas medidas e, sem maiores ponderações, pus-me logo a escrever uma peça que retratava as adversidades pelas quais Zeus e os novos deuses fizeram Prometeu passar, como castigo por ele ter criado os homens com as próprias mãos, por ter lhes concedido a vida com os favores de Minerva e por ter criado uma terceira dinastia.[18] E, com efeito, os deuses reinantes tinham todos os motivos para se queixar, pois, a partir dessa criação, podiam ser vistos como seres injustamente enquadrados entre os titãs e os homens. Integrava também essa estranha composição, na forma de um monólogo, aquele poema que acabou ganhando um lugar de destaque na cena literária alemã, em especial por ter motivado Lessing a se declarar contrário a Jacobi no que diz respeito a pontos importantes de sua maneira de pensar e sentir.[19] O poema serviu de estopim para uma explosão que trouxe à tona e deu expressão ao que havia de mais velado na relação entre alguns homens muito distintos: relações que lhes eram, também a eles próprios, em grande medida inconscientes, como se estivessem até então adormecidas em uma sociedade que, de resto, insistia em se mostrar invariavelmente esclarecida. O estrago foi tão brutal que, nos incidentes que se seguiram, acabamos perdendo Mendelssohn,[20] um de nossos homens mais excepcionais.

---

18 A dinastia dos seres humanos, em relação à dos deuses e à dos titãs.

19 Pouco antes de sua morte – por ocasião de uma conversa que teria tido como ponto de partida o poema *Prometeu*, de Goethe –, Lessing teria revelado a Jacobi sua adesão às ideias de Spinoza, considerado então, por muitos, um filósofo ateísta.

20 Moses Mendelssohn (ver nota 31 do Décimo quarto livro, à p.728), que já vinha convivendo havia anos com sua saúde debilitada, ficaria bastante magoado com as declarações de Jacobi a respeito de Lessing e acabaria morrendo na época do desenlace dessa polêmica, razão pela qual acusariam Jacobi de ter provocado sua morte; não há, contudo, qualquer evidência de que tais declarações tenham contribuído decisivamente para a morte de Mendelssohn.

Embora seja possível tecer considerações de ordem filosófica ou mesmo religiosa – como de fato o fizeram – a propósito do *Prometeu*, seu lugar legítimo é, sem sombra de dúvida, a poesia. Os titãs são o requinte do politeísmo, assim como se pode ver o diabo como o requinte do monoteísmo; mas esse último, bem como o Deus único a quem ele se opõe, não são figuras poéticas. O Satanás de Milton,[21] tão bravamente delineado, resta sempre na condição desfavorável da subalternidade, uma vez que se dedica exclusivamente a destruir a criação maravilhosa de uma entidade superior. Prometeu, ao contrário, tem a vantagem de ser, ele mesmo, capaz de criar e dar forma, ainda que, para tanto, tenha de desafiar as entidades superiores. Além do mais, é especialmente bela e tem tudo a ver com poesia a ideia de atribuir a criação dos homens não ao ordenador supremo do universo, mas, sim, a uma figura intermediária, que, no entanto, por descender da mais ancestral das dinastias, é suficientemente digno e valoroso para fazê-lo. A mitologia grega, por sinal, oferece-nos uma fonte inesgotavelmente rica de símbolos divinos e humanos.

Contudo, essas fabulações titânico-gigantescas e arrebatadoras não se me ofereciam como a matéria mais apropriada ao tipo de poesia que eu fazia. Sentia-me mais inclinado a retratar aquela resistência pacífica, maleável e paciente, que reconhece a autoridade superior, mas quer se equiparar a ela. É claro que também as figuras mais ousadas dessa estirpe – Tântalo, Íxion e Sísifo – eram sagradas para mim. Quando na companhia dos deuses, não se portavam de modo suficientemente submisso; como hóspedes petulantes, despertavam a ira de seus benfeitores hospitaleiros e, em razão disso, acabaram sendo tristemente condenadas ao desterro. Eu me compadecia dessas figuras – já os antigos reconheciam sua condição como verdadeiramente trágica. Tanto que, mais tarde, ao fazê-las figurar como membros de uma oposição descomunal, no plano de fundo de minha *Ifigênia*,[22] tornei-me delas devedor, uma vez que é a elas que se deve tributar boa parte do efeito que essa peça teria a felicidade de produzir.

---

21 Referência à obra *Paraíso perdido* (1667-1674), de John Milton (1608-1674).
22 Referência à peça *Iphigenie auf Tauris*, escrita a partir da obra de Eurípedes. Goethe escreveria uma primeira versão em prosa (1779) e, depois de várias revisões, chegaria a uma versão definitiva em 1786, em versos.

Johann Wolfgang von Goethe

Naquela altura de minha vida, a poesia e a pintura eram duas práticas que caminhavam inexoravelmente juntas. Eu desenhava retratos de perfil de meus amigos, em geral sobre papel cinza e com giz branco e preto. Quando eu ditava um texto ou quando ouvia alguém ler algo em voz alta, aproveitava a ocasião para rascunhar a pose do escrivão ou do leitor, tomando como fundo o ambiente em que se encontravam. Em geral, a semelhança não era de se menosprezar, e essas folhas avulsas tinham boa recepção – os diletantes têm sempre essa vantagem, já que não cobram por seu trabalho. Contudo, percebendo a insuficiência e as inadequações de meus arroubos de retratista, voltei a me dedicar à prática que parecia obedecer melhor aos meus comandos, a saber: a linguagem e os ritmos. Alguns de meus poemas dão testemunho do vigor, da alegria e da celeridade com que eu os escrevia. E, como uma forma entusiasmada de expressão da natureza da arte e da arte da natureza, vários deles, por ocasião de sua criação, foram capazes de dar novos ânimos aos meus amigos e a mim mesmo.

Certo dia, vendo-me ocupado em meu quarto – a luz tênue que vazava as frestas das janelas cerradas e os inúmeros trabalhos começados, que eu pendurara pelas paredes, conferiam-lhe, ao menos na aparência, os ares de ateliê de um artista em plena atividade –, vi entrar ali um homem alto e bem talhado, que, de início, na penumbra, tive a impressão de se tratar de Fritz Jacobi, mas que, logo reconhecendo meu equívoco, acabei cumprimentando como se cumprimenta a um estranho. Seu comportamento decoroso e desembaraçado deixava transparecer certa compostura militar. Apresentou-se com o nome de von Knebel[23] e, depois de uma breve introdução, percebi tratar-se de alguém que, residindo havia algum tempo em Berlim e Potsdam a serviço dos prussianos, travara bom contato com os literatos locais e com a literatura alemã em geral. Dizia ter se aproximado muito de Ramler,[24] deixando-se influenciar por seu modo de recitar poemas. Além disso,

---

23 Karl Ludwig von Knebel (1744-1834), preceptor do príncipe Friedrich Ferdinand Constantin von Sachsen-Weimar-Eisenach (1758-1793). Von Knebel viria a se tornar um amigo mais próximo de Goethe no tempos de Weimar.

24 Karl Wilhelm Ramler (1725-1798), poeta, crítico e tradutor alemão. Ver notas 49 e 51 do Sétimo livro, às p.326 e 327, respectivamente.

demonstrava ter grande familiaridade com a obra de Götz,[25] que, àquela altura, ainda não era um nome de destaque entre os alemães. Aliás, o próprio von Knebel teria sido o responsável por organizar, em Potsdam, a impressão da elegia de Götz intitulada *Ilha das moças*,[26] fazendo-a chegar até as mãos do rei, que, ao que tudo indica, teria ficado encantado com a obra.

Nem bem havíamos tido tempo de ir mais fundo em nossa discussão sobre questões gerais da literatura alemã, quando tive o prazer de descobrir que, justamente naquele momento, von Knebel ocupava uma posição em Weimar e havia sido designado para acompanhar o príncipe Constantin em suas viagens. Eu já havia ouvido falar muito bem das coisas que aconteciam naquela cidade, pois eram inúmeros os forasteiros que, vindos de Weimar, chegavam a Frankfurt encantados com o modo como a duquesa Amalia[27] cuidava da educação de seus príncipes, engajando, nessa tarefa, homens da maior distinção. Também se falava, com igual encanto, da Universidade de Iena, que, com seus renomados professores, devia contribuir a seu modo para a realização daquele belo projeto formativo. Isso para não mencionar as artes, que não somente eram fomentadas pela regente, como também praticadas por ela com seriedade e ardor. Dizia-se ainda que Wieland[28] contava com sua enorme benevolência e a revista *Merkur*[29] alemã, ao reunir os trabalhos de escritores de tantos lugares diferentes, só fazia aumentar a fama da localidade em que era publicada. Ali também havia se instalado um dos melhores teatros alemães, célebre não apenas por seus atores, mas também pelos autores que escreviam para aqueles palcos.[30] Com o terrível incêndio

---

25 Johann Nikolaus Götz (1721-1781), poeta anacreôntico, era pastor de ofício.
26 Referência à elegia *Mädcheninsel*, publicada em 1773, em Potsdam. O rei referido é Frederico II da Prússia.
27 Anna Amalia von Sachsen-Weimar-Eisenach (1739-1807). Após a morte de seu marido, em 1759, assumiria a regência do ducado em lugar do príncipe Carl August até sua maioridade, em 1775. Foi responsável por fazer de Weimar uma referência na cena cultural e intelectual da época.
28 Desde 1772, preceptor do príncipe Carl August em Weimar. Lá, Wieland lograria reunir em torno de si um círculo literário de grande importância.
29 Revista editada por Wieland. Ver nota 113 do Décimo segundo livro, à p.658.
30 Alusão à passagem por Weimar de companhias teatrais como a Trupe de Seyler (*Seylersche Schauspiel-Gesellschaft*), da qual faziam parte atores famosos como Konrad

que, em maio do mesmo ano, destruiu o castelo que abrigava o teatro, essas belíssimas instalações e instituições pareciam todas fortemente ameaçadas de destruição ou, ao menos, prestes a entrar em uma longa fase de estagnação; mas a confiança no príncipe-herdeiro[31] era tamanha que todos estavam convencidos não apenas de que aqueles danos seriam logo reparados, mas, também, de que as expectativas depositadas no jovem regente seriam todas grandemente correspondidas. Qual um velho conhecido, eu perguntava avidamente sobre essas pessoas e sobre as questões de seu interesse, manifestando o desejo claro de conhecê-los ainda melhor. Foi quando o recém-chegado von Knebel anunciou-me, com toda simpatia, que não poderia haver ocasião melhor para nos conhecermos pessoalmente, já que o príncipe-herdeiro, juntamente com o senhor seu irmão, o príncipe Constantin, haviam ambos acabado de chegar a Frankfurt e desejavam me conhecer e conversar comigo. Declarei-me enormemente disposto a prestar-lhes de imediato meus respeitos. Meu novo amigo respondeu-me, então, que eu não deveria tardar em fazêlo, porque sua estadia na cidade não seria longa. Enquanto me preparava para acompanhá-lo, deixei-o aos cuidados de meus pais, que, admirados ao saber de sua chegada à cidade e da mensagem que trazia consigo, tiveram o maior prazer em conversar com ele. Apressando o passo, seguimos juntos ao encontro dos jovens príncipes, que me receberam sem maiores formalidades e com enorme generosidade. Também o conde Görtz,[32] preceptor do príncipe-herdeiro, pareceu me receber sem maiores agravos. Embora não nos pudesse faltar assunto no campo das discussões literárias, um simples acaso abriu-nos o caminho para que aquela conversa logo se tornasse ainda mais significativa e profícua.

Ao chegarmos, encontrava-se sobre a mesa, recém-encadernada, mas com as páginas ainda por cortar, uma edição da primeira parte das *Fantasias*

Ekhof (1720-1778). Escreviam para a cena local autores como Wieland, Bertuch, Musäus etc.

31 Apesar de se referir nomeadamente a seu irmão mais novo e também a sua mãe, Goethe não se refere a Carl August pelo nome em nenhuma passagem de *Poesia e verdade*.

32 Johann Eustachius von Schlitz (1737-1821), chamado von Görtz, além de preceptor do príncipe-herdeiro, foi também diplomata, escritor e um dos precursores do Classicismo de Weimar (*Weimarer Klassik*).

patrióticas, de Möser.[33] Como eu conhecesse bem essa obra e o restante dos presentes ainda a desconhecesse quase por completo, ofereceu-se a mim a prerrogativa de poder tecer-lhes um comentário detalhado a seu respeito. E nisso ensejou-se, da forma mais apropriada possível, a oportunidade de conversar com um jovem príncipe, que dispunha da maior boa vontade e do firme propósito de se valer de sua posição para realizar grandes feitos. A obra de Möser, fosse pelo conteúdo, fosse por sua forma, só podia ser de grande interesse para qualquer alemão. Se, em geral, o Império Alemão costumava ser criticado por sua fragmentação, anarquia e impotência, do ponto de vista de Möser, ao contrário, o grande número de pequenos Estados parecia ser algo altamente desejável para a disseminação particularizada da cultura, ou seja, conforme as necessidades decorrentes da situação e da constituição de cada uma das diversas províncias. Se Möser, partindo da cidade e do bispado de Osnabrück, sabia transcender o Círculo da Westfália[34] e descrever suas relações com todo o restante do Império; e se, ao discutir a situação geral, era capaz de associar o passado com o presente, mostrando em que medida este era uma decorrência direta daquele e, com isso, oferecendo-nos subsídios para avaliar, com maior clareza, se cada mudança ocorrida era mais digna de louvor ou de censura, bastaria, então, que os administradores contemporâneos de cada Estado procedessem do mesmo modo em sua própria localidade. E se assim o fizessem, passariam a conhecer cada vez melhor a constituição de seus próprios domínios, bem como as relações com seus vizinhos imediatos e com todo o restante do Império, podendo avaliar tanto o presente quanto o futuro.

Meu comentário abriria nossa conversa para uma série de outras questões, por exemplo, as diferenças entre os Estados da Alta e da Baixa Saxônia. Desde os tempos mais remotos, tanto os produtos naturais quanto os costumes, as leis e os usos haviam evoluído de modo bastante diferente nessas duas regiões e, segundo a forma de governo e a religião, orientaram-se

---

33 Justus Möser (1720-1794). Ver nota 114 do Décimo terceiro livro, à p.715.
34 Em alemão: *westfälischer Kreis*. Circunscrição imperial estabelecida em 1500 pelo imperador Maximiliano I de Habsburgo (1459-1519), vigente até 1806.

ora numa direção, ora noutra. Tentamos então detalhar um pouco melhor as diferenças entre esses dois Estados e, ao fazermos isso, logo percebemos o quão era vantajoso podermos nos servir de um bom modelo: se considerarmos não as particularidades, mas o método utilizado por ele, o modelo poderia ser aplicado aos casos mais distintos, tornando-se assim, para o juízo, um instrumento de extremo proveito.

À mesa, demos sequência a essas conversas, e elas acabaram inspirando uma impressão de minha pessoa, que talvez fosse melhor do que a que eu de fato mereceria. Isso porque, em vez de direcionar o tema de minha fala para aqueles trabalhos que eu mesmo ainda seria capaz de realizar, reclamando para minha peça e para meu romance uma atenção menos dispersa,[35] eu, à luz daquele Möser, passei a impressão de preferir aqueles escritores, cujo talento provém das atividades práticas da vida e retorna imediatamente a essa esfera na forma de algo útil. A verdade, no entanto, é que trabalhos poéticos, que pairam além do mundo moral e sensível, só se tornam úteis por vias muito indiretas e, ainda assim, por mero acaso. Aquelas nossas conversas mais pareciam as *Mil e uma noites*: cada assunto interessante que surgia puxava outro, que logo tomava conta da conversa, mas, antes mesmo que pudéssemos esgotá-lo, também já cedia seu lugar ao próximo tema. E assim, como a passagem dos jovens soberanos por Frankfurt não pudesse mais se alongar, fizeram-me prometer que eu os acompanharia até Mainz e que lá passaríamos alguns dias juntos. Senti-me muito tocado com o convite e, de posse de uma notícia tão prazerosa como aquela, corri para casa com o intuito de contá-la logo aos meus pais.

A notícia não deixaria meu pai nem um pouco satisfeito. Na qualidade de cidadão imperial livre, ele sempre se mantivera distante dos potentados e, embora estivesse regularmente em contato com representantes de príncipes e soberanos das redondezas de Frankfurt, não mantinha com eles nenhuma relação de ordem mais pessoal. E, de fato, o mundo das cortes figurava entre os temas de que ele gostava de fazer graça; mas ele também não se importava

---

35 Alusão à peça *Götz von Berlichingen*, datada de 1773 e encenada pela primeira vez em 1774, e ao romance *Die Leiden des jungen Werthers* [Os sofrimentos do jovem Werther], publicado em 1774 – obras que Goethe estava, então, prestes a dar a público.

muito quando alguém lhe respondia ao gracejo, contanto que o fizesse, a seu ver, de modo inteligente e espirituoso. Assim, diante do seu *procul a Jove, procul a fulmine*,[36] que não coloquei em discussão, repliquei que, em questão de raios, o que importava não era saber *de onde* eles vêm, mas, sim, *onde* eles caem. Ele recorreu então, de pronto, a um velho ditado alemão, segundo o qual não seria recomendável comer cerejas na companhia dos grandes senhores.[37] Respondi-lhe, também sem demora, que pior seria ter de dividir a comida de *um mesmo* balaio com gente gulosa. Isso ele não negou, mas tampouco tardou a soltar outra rima sentenciosa, que não tinha senão o objetivo de me desconcertar completamente. Provérbios e ditados surgem entre as pessoas do povo, pois que, por não terem outra opção a não ser obedecer, fazem questão de poder ao menos dizer alguma coisa; já as autoridades, de sua parte, satisfazem-se por meio de suas ações. E como, além do mais, a poesia do século XVI foi quase toda fortemente didática, não faltavam, na nossa língua, nem fórmulas sérias nem tiradas jocosas, que eram utilizadas de baixo para cima. No entanto, jovens, como nós, gostávamos de nos exercitar retoricamente em posições contrárias, de modo que, imaginando-nos grandes, ensaiávamos também o ponto de vista dos grandes. Eis aqui alguns exemplos dessas disputas rimadas:

A. Muito tempo na corte, muito tempo no inferno!
B. Mas quanta gente a corte não abriga no inverno!

A. Assim como sou, sou meu próprio senhor;
   Dispenso, ademais, qualquer outro favor.
B. Favores, meu caro, por que rejeitá-los?
   Aceite ao menos um, que um dia há de dá-los.

A. Dos problemas da corte você só faz troça:
   Não é bom cutucar a ferida que coça!

---

36 Expressão latina: "longe de Júpiter, longe dos raios".
37 Em alemão: "mit grossen Herren sei Kirschessen nicht gut".

Johann Wolfgang von Goethe

B. É que quando se fala de fato ao povo,
　　Ferida não coça, e cutucamos de novo.

A. Se alguém decide ser na vida serviçal,
　　Em metade de sua vida, já se deu mal;
　　E aconteça com ele o que acontecer,
　　A outra metade já se pôs a perder.

B. Aqueles que confiam nos seus potentados,
　　Mais cedo ou mais tarde serão recompensados;
　　Aqueles que se fiam por essa gentalha,
　　A eles restarão apenas as migalhas.

A. Quando o trigo na corte enfim florescer,
　　Saiba que ninguém o há de colher;
　　E se for de consolo ele estar entre os muros,
　　Saiba que ele, aí, não está tão seguro.

B. Se o trigo floresce, também madurece,
　　É assim desde o tempo em que o dia amanhece;
　　Se esse ano a chuva acabar com a colheita,
　　No ano que vem a coisa se endireita.

A. Àquele que quer viver por própria conta,
　　Bastará ficar em casa sem afronta
　　E em família passar os dias com gosto,
　　Bebendo o sumo fermentado do mosto
　　No desfrute dos pratos os mais frugais,
　　Nada então nos fará falta, nada mais.

B. Quer escapar ao jugo do seu Senhor,
　　Mas vai pra onde? Pra onde quer que for?
　　Não leve a ferro e fogo tudo o que quer!
　　Quem te domina mesmo é tua mulher,

E ela segue as leis do teu próprio filhinho,
Você já é um escravo no teu ninho.[38]

———

No exato momento em que buscava as rimas acima em meio aos meus alfarrábios, acabei encontrando uma série de outros exercícios jocosos, em que nós amplificávamos antigas máximas alemãs, para, em seguida, confrontá-las com outros provérbios mais simples, que a experiência, porém, provava serem igualmente verdadeiros. Quem sabe uma seleção[39] desses versos não possa um dia figurar como epílogo às peças para teatro de bonecos, ensejando então as mais alegres reflexões.

---

38 Apesar de, em alemão, os versos anteriores serem predominantemente escritos em tetrâmetros iâmbicos, com algumas variações em contraponto trocaico, sua dimensão rítmica dominante são os padrões acentuais da própria prosódia da língua alemã – por certo tributária das inúmeras alusões a expressões idiomáticas, ditos populares e provérbios, que constituem a matéria prima desses versos. Os versos seguem, contudo, um padrão rímico rígido (reproduzido na tradução), de que não abrem mão. Em alemão: "A. Lang bei Hofe, lang bei Höll!/ B. Dort wärmt sich mancher gute Gesell!// A. So wie ich bin, bin ich mein eigen;/ Mir soll niemand eine Gunst erzeigen./ B. Was willst du dich der Gunst denn schämen?/ Willst du sie geben, mußt du sie nehmen.// A. Willst du die Not des Hofes schauen:/ Da wo dich's juckt, darfst du nicht krauen!/ B. Wenn der Redner zum Volke spricht,/ Da wo er kraut, da juckt's ihn nicht.// A. Hat einer Knechtschaft sich erkoren,/ Ist gleich die Hälfte des Lebens verloren;/ Ergeb' sich was da will, so denk' er,/ Die andere Hälft' geht auch zum Henker./ B. Wer sich in Fürsten weiß zu schicken,/ Dem wird's heut oder morgen glücken;/ Wer sich in den Pöbel zu schicken sucht,/ Der hat sein ganzes Jahr verflucht.// A. Wenn dir der Weizen bei Hofe blüht,/ So denke nur, daß nichts geschieht;/ Und wenn du denkst, du hättest's in der Scheuer,/ Da eben ist es nicht geheuer./ B. Und blüht der Weizen, so reift er auch,/ Das ist immer so ein alter Brauch;/ Und schlägt der Hagel die Ernte nieder,/ 's andre Jahr trägt der Boden wieder.// A. Wer ganz will sein eigen sein,/ Schließe sich ins Häuschen ein,/ Geselle sich zu Frau und Kindern,/ Genieße leichten Rebenmost/ Und überdies frugale Kost,/ Und nichts wird ihn am Leben hindern./ B. Du willst dem Herrscher dich entziehn? So sag, wohin willst du denn fliehn?/ O nimm es nur nicht so genau!/ Denn es beherrscht dich deine Frau,/ Und die beherrscht ihr dummer Bube,/ So bist du Knecht in deiner Stube".

39 Em 1815, Goethe publicaria a referida seleção de versos (635 ao todo) como uma sessão de sua obra poética, intitulada *Sprichwörtlich* [Proverbial].

Johann Wolfgang von Goethe

A despeito de todas as minhas réplicas, não consegui fazer com que meu pai mudasse de ideia. E como, por força do hábito, ele reservava seu argumento mais cabal para o final das conversas, pôs-se, enfim, a me contar novamente, e em detalhes, a aventura de Voltaire[40] com Frederico II: de como os favores desmesurados, a proximidade e as gentilezas recíprocas foram simplesmente suspensos de uma hora para outra, desaparecendo por completo; e de como nós mesmos tivéramos ocasião de vivenciar aquele espetáculo, em que um poeta e escritor excepcional fora detido por soldados da guarda municipal de Frankfurt – que, atendendo a uma requisição de Freitag,[41] o adido prussiano residente na cidade, agia sob ordens do burgomestre von Fichard[42] – e mantido prisioneiro por algum tempo na hospedaria *Zur Rose*, na rua Zeil. Eu bem poderia ter feito minhas objeções, ressaltando, entre outras coisas, que Voltaire também teria tido lá sua parcela de culpa, mas, em tais situações, por respeito filial, sempre acabava me rendendo.

Nessa ocasião, tantas outras alusões a eventos semelhantes ainda foram feitas, que eu não sabia mais como deveria me comportar. Meu pai não fazia rodeios para me advertir, pressupondo que aquele convite não havia de passar de uma armadilha, de uma oportunidade para aqueles nobres desferirem em mim sua vingança pelas licenciosidades[43] que eu me permitira em relação a Wieland, o seu eleito. Por mais convencido que eu estivesse do contrário – eu percebia claramente como meu pai se deixava atormentar por uma opinião preconcebida, motivada por suas próprias assombrações hipocondríacas –, não tinha a menor intenção de agir contra suas convicções; mas tampouco conseguia encontrar algum pretexto que pudesse me servir de justificativa para, sem parecer rude e ingrato, voltar atrás em minha promessa. Infelizmente minha amiga von Klettenberg, a quem eu costumava

---

40 Voltaire viveu por três anos em Potsdam, até o ano de 1753, quando, ao perder todos seus benefícios em razão de suas diversas críticas, julgou ser melhor deixar a cidade, o que logo fez, levando consigo alguns poemas de Frederico II. O soberano mandaria prendê-lo em Frankfurt, em sua viagem de retorno à França, sob o pretexto de recuperar os poemas.
41 Ver notas 24 e 25 do Segundo livro, à p.99.
42 Johann Karl von Fichard (1695-1771).
43 Alusão à sátira de Goethe intitulada *Götter, Helden und Wieland* [Deuses, heróis e Wieland], publicada em 1774, por Lenz, contra a vontade de Goethe.

recorrer em situações como aquela, estava de cama. Nela e em minha mãe eu encontrava invariavelmente duas excelentes mentoras; eu as chamava de Previdência e Providência.[44] Sempre que a primeira delas lançava aquele seu olhar sereno e benfazejo sobre as coisas terrenas, tudo aquilo que costumava confundir os filhos da Terra, como eu, deslindava-se de imediato diante dela, e ela sabia então, como ninguém, apontar os melhores caminhos a serem seguidos – talvez porque visse o labirinto sempre de cima e, portanto, não se encontrasse perdida nele. Mas tão logo uma decisão tivesse sido tomada, sempre podíamos contar com a disposição e o poder de ação de minha mãe. Assim como von Klettenberg se valia de seu olhar, minha mãe encontrava forças em sua crença, e como era capaz de manter a serenidade em qualquer circunstância, nunca lhe faltavam os meios para alcançar o que quer que ela tivesse desejado ou planejado. Naquele caso, em especial, pedi-lhe que fosse buscar, junto a nossa amiga enferma, um parecer sobre a minha situação; e como este favorecia a minha opinião, pedi a minha mãe, logo em seguida, que tentasse conseguir o consentimento de meu pai, que, embora descrente e contrariado, acabou cedendo.

Afinal, cheguei a Mainz na hora combinada de um dia bastante frio de inverno[45] e, conforme os termos firmados pelo convite, fui recebido muito amigavelmente pelos dois jovens príncipes e por seus mentores. Lembramo-nos das conversas de Frankfurt, demos continuidade ao que havíamos começado a discutir anteriormente e, assim que a conversa chegou à literatura alemã contemporânea e suas ousadias, não houve como evitar uma menção à tão comentada peça *Deuses, heróis e Wieland*. Para minha felicidade, logo percebi que a coisa toda era tratada por eles com muita graça e humor. Contudo, solicitaram-me que eu falasse sobre as circunstâncias que me haviam levado a produzir aquela farsa, que tanta sensação provocara. Não pude então deixar de começar por admitir que, como um filho genuíno da Alta Renânia, não conhecia limites para expressar nem minha simpatia, nem minha antipatia. Nossa admiração por Shakespeare chegava à beira da adoração. Wieland, ao contrário, imbuído do firme propósito de aplacar os

---

44 Em alemão: *Rat* (conselho) e *Tat* (ação).
45 Goethe chegou à cidade de Mainz em 13.12.1774, aí permanecendo por três dias.

ânimos e minimizar o seu próprio interesse e o dos leitores, havia criticado o grande autor em muitas das notas a sua tradução e o fizera de um modo que nos irritava tão profundamente, que, aos nossos olhos, mal conseguíamos reconhecer o mérito daquele seu trabalho. O mesmo Wieland, que como poeta nós admirávamos amplamente e, como tradutor, realizara uma tarefa tão hercúlea, passamos a vê-lo, então na condição de crítico, como uma figura rabugenta, parcial e injusta. Some-se a isso ainda o fato de que ele declarava não ter a menor simpatia por nossos grandes ídolos, os gregos, o que só acirrava ainda mais nossa indisposição. É mais do que sabido que os deuses e os heróis gregos não se fundavam em qualidades morais, mas, sim, em sua transfiguração física – razão pela qual eles sempre se ofereceram, aos artistas, como figuras maravilhosas. Wieland, em seu *Alceste*,[46] criara heróis e semideuses à moda moderna; contra isso, em si, não havia de fato nada o que objetar, pois cada um é perfeitamente livre para transformar as tradições poéticas segundo seus propósitos e seu modo de pensar. Mas acontece que, nas cartas que escreveu sobre essa ópera e publicou na *Merkur*, Wieland nos pareceu fazer uma apologia demasiadamente parcial de sua maneira tão particular de proceder, cometendo, além do mais, uma falta imperdoável contra os antigos e seu estilo sublime, na medida em que, de modo quase irresponsável, recusava-se veementemente a reconhecer, na força bruta e sadia da natureza, a base de toda aquela produção. Mal havíamos discutido mais acaloradamente tais desconfortos em nossas pequenas rodas locais, quando, numa tarde de domingo, meu habitual furor de dramatizar tudo tomou conta de mim e, na companhia de uma boa garrafa de Borgonha, escrevi a peça inteira, assim como ela foi publicada, *numa* sentada. Não tardei em ler o manuscrito para meus colegas, que o receberam com grande entusiasmo; mandei-o, então, para Lenz, em Estrasburgo. Este me pareceu igualmente encantado e insistiu para que publicássemos a peça de imediato. Depois de trocarmos algumas cartas, acabei cedendo, e ele se apressou em encaminhar a peça para uma editora de Estrasburgo. Somente muito tempo depois eu descobriria que aquele gesto tão solícito e entusiasmado, na verdade,

---

46 Ópera de Martin Wieland (libreto) e Anton Schweitzer (música), de 1773, segundo a tragédia homônima de Eurípedes.

não passara de um dos primeiros passos de Lenz em sua longa jornada para me prejudicar e me tornar malvisto diante do público; é claro que, naquela época, eu não fazia a menor ideia disso.

E foi assim que, com toda a ingenuidade e na medida do que eu tinha em minha própria conta, contei aos meus mais novos benfeitores sobre as circunstâncias inofensivas que haviam dado origem àquela peça, com o intuito de convencê-los, ao menos, de que não havia por trás daquela obra nenhuma questão mais pessoal, nem outra intenção obscura. Contei-lhes também sobre o modo jocoso e divertido com que costumávamos provocar e instigar uns aos outros naquele nosso círculo de amigos e, diante disso, percebi como seus olhos pareciam brilhar — era como se nos admirassem por nosso grande receio, de que alguém acabasse dormindo sobre seus próprios louros. Compararam-nos àqueles corsários flibusteiros, que não se permitiam relaxar nem mesmo em seus momentos de descanso, razão pela qual seu líder, sempre que não houvesse inimigos a combater nem nada o que roubar, costumava, vez ou outra, dar um tiro de pistola embaixo da mesa de banquete, para que, mesmo em tempos de paz, não lhes faltassem as agruras e as dores da vida. Depois de muita conversa sobre o assunto, motivaram-me a escrever uma carta amistosa para Wieland, e eu aproveitei o ensejo para fazê-lo de uma vez, dado que ele próprio já havia se manifestado sobre aquela sátira juvenil na *Merkur*, arrematando a discussão com muito bom humor e espirituosidade, como, aliás, era de seu costume em querelas literárias daquele gênero.

Aqueles poucos dias de minha estadia em Mainz correram de forma bastante agradável. Enquanto meus novos benfeitores saíam para suas visitas e jantares oficiais, eu passava o tempo na companhia de seus mentores, desenhando seus retratos e, como os fossos congelados da fortaleza se mostrassem especialmente propícios para a patinação, também patinando no gelo. Entusiasmado com tudo de bom que me havia acontecido naqueles dias, tomei o caminho de casa, ansioso para relaxar os ânimos e dar aos meus um relato circunstanciado do ocorrido. Em minha chegada, porém, só encontrei semblantes consternados e não ficaria oculto por muito tempo o fato de que nossa amiga Klettenberg havia nos deixado.[47] Senti imensamente a

---

47 Von Klettenberg faleceu em 13.12.1774.

sua perda, e tanto mais porque precisava dela como nunca na situação em que me encontrava. Para meu consolo, contaram-me que uma morte bastante piedosa havia dado termo a sua vida bem-aventurada, e que sua alegria devota havia se mantido firme até o fim. No entanto, havia ainda outro óbice que me impedia de referir mais amplamente minha mais recente aventura. Ao invés de se alegrar com o desfecho feliz daquela minha pequena peripécia, meu pai insistia na ideia de que aquilo tudo não teria passado de encenação e que, muito provavelmente, aquelas pessoas estariam planejando me atacar com algo muito pior dentro em breve. Diante disso, acabei indo procurar meus amigos mais jovens, a quem, naturalmente, eu nunca era capaz de contar as coisas com um grau de detalhamento suficiente. Mas seu interesse e sua boa vontade acabariam tendo uma consequência extremamente desagradável para mim. Algum tempo mais tarde, seria publicada uma pequena brochura, em forma dramática, intitulada *Prometeu e seus críticos*.[48] Seu autor, ao invés de dar nomes aos personagens, havia tido a ideia provocativa de inserir xilogravuras entre as falas do diálogo, designando por meio de toda sorte de figuras satíricas aqueles críticos que haviam se manifestado publicamente sobre minhas obras ou sobre outros assuntos ligados a ela. Via-se ali o arauto de Áltona[49] tocando sua corneta, mas sem a cabeça; via-se um urso rugindo, um ganso grasnando.[50] Mercúrio,[51] é claro, também não havia sido esquecido. Algumas criaturas mais ou menos selvagens tentavam atrapalhar o criador em seu ateliê, mas este, sem se deixar incomodar, continuava avidamente seu trabalho, dando-se ainda ao luxo de explicitar seus propósitos. Essa peça, que irrompera de repente e de modo tão surpreendente, deixou-me absolutamente pasmo, pois seu estilo e seu tom denunciavam o autor como sendo alguém de nosso círculo; mais que isso, o trabalho fora realizado de tal modo que podia mesmo ser considerado de

---

48 Referência à arlequinada *Prometheus, Deukalion und seine Rezensenten* (1775), publicada anonimamente.
49 Referência à revista *Altonaer Reichspostreuter*, de Hamburgo.
50 O urso faria referência à revista *Allgemeine deutsche Bibliothek*, de Berlim, enquanto o ganso aludiria à revista *Frankfurter gelehrte Anzeigen*.
51 Referência à revista *Merkur* alemã, editada por Wieland, que, em 1774, resenhou o recém-publicado *Werther*.

minha própria autoria. O mais desagradável, no entanto, era o fato de que *Prometeu* fazia menção à minha estada em Mainz e a assuntos que lá foram tratados – coisas que, além de mim mesmo, ninguém mais precisava saber. Isso, para mim, era prova suficiente de que o autor se encontrava entre os amigos que me haviam ouvido contar em detalhes os episódios daquela viagem. Passamos então a nos olhar de modo diferente, um suspeitando do outro, mas o autor sabia bem como se ocultar. Eu esbravejava contra aquele de nós que ali dissimulava; afinal, depois de ter sido recebido tão bem, de ter tido conversas tão significativas e de ter escrito aquela carta tão cordial para Wieland, era especialmente incômodo, para mim, deparar-me mais uma vez com qualquer coisa que pudesse servir de pretexto para novas desconfianças e outros inconvenientes. Mas minha incerteza quanto à identidade do autor não se alongaria por muito tempo. Certo dia, enquanto caminhava em meu quarto de um lado para o outro, lendo aquele opúsculo em voz alta, tive a sensação de poder ouvir claramente, no modo como se articulavam suas tiradas e seus lampejos, a voz de Wagner.[52] E, de fato, era ele mesmo quem estava por trás daquilo. Desci as escadas correndo ao encontro de minha mãe para anunciar-lhe minha descoberta, ao que ela me disse já estar a par de tudo. Receoso dos efeitos ruins de um trabalho que, segundo o próprio autor, havia sido produzido com a melhor e mais louvável das intenções, Wagner procurara minha mãe e pedira sua intervenção: ele não desejava que, por abuso de confiança, eu levasse a cabo minha ameaça pungente de cortar completamente as relações com o autor. A verdade é que ele teve sorte de eu ter descoberto tudo sozinho, pois aquela sensação agradável – que sempre acompanha esses momentos em que descobrimos algo por conta própria – acabou predispondo meus ânimos a uma conciliação. Perdoei-lhe aquela falta que, apesar de tudo, dera-me também ocasião para que eu tivesse uma prova cabal de minha perspicácia. O público, porém, não se deixou convencer tão facilmente de que Wagner fosse o autor da peça e de que naqueles escritos não houvesse também um dedo meu.[53] Não lhe creditavam

---

52 Heinrich Leopold Wagner (1747-1779).

53 Em 1775, Goethe publicou uma nota no *Frankfurter gelehrte Anzeigen*, declarando ser Wagner, e não ele, o autor da peça panfletária. Muitos de seus amigos e conhecidos, entre os quais o próprio Wieland, não se sentiriam suficientemente convencidos.

tamanha versatilidade e criatividade. Mas eles não levavam em consideração que, embora não dispusesse de um talento excepcional, Wagner era plenamente capaz de anotar, assimilar e reproduzir, exatamente do mesmo modo, cada uma das tiradas, dos achados e dos lampejos que sempre foram comuns naquela roda. E foi assim que, mais uma vez, como em tantas outras ocasiões ao longo de minha vida, tive de pagar não apenas por minhas próprias estultices, mas também pela leviandade e afobação de meus amigos.

Uma vez que a coincidência das mais variadas circunstâncias traz à tona minhas lembranças, gostaria de fazer menção, aqui, a outros homens importantes, que, em diferentes épocas, estando de passagem por nossa cidade, hospedaram-se em nossa casa ou, ao menos, aceitaram sentar-se à nossa mesa hospitaleira. Para ser justo, é preciso fazer com que Klopstock[54] seja o primeiro a figurar nessa lista. Já havíamos trocado uma série de cartas, quando ele me comunicou que fora convidado para morar em Karlsruhe e que, em sua viagem, passaria por Friedberg[55] numa data específica e gostaria que eu fosse apanhá-lo nessa cidade. Como não podia deixar de ser, lá estava eu, na hora e no local combinados; mas um contratempo acabaria fazendo com que ele tivesse de interromper a viagem. Depois de ter esperado alguns dias em vão, voltei para casa, e somente algum tempo depois é que ele chegaria a Frankfurt,[56] desculpando-se por não ter comparecido ao nosso encontro e agradecendo-me por minha disposição em recebê-lo. Era um homem de estatura baixa, mas bem fornido, de comportamento sério e ponderado, mas sem ser hirsuto, e de uma conversa determinada e agradável. Em sua presença, tínhamos a impressão de estarmos diante de um diplomata. Esse homem mostrava-se disposto a assumir as difíceis tarefas de: manter, a um só tempo, sua própria dignidade e a dignidade de um superior, a quem ele deveria prestar contas; lutar por seus próprios interesses ao mesmo tempo em que lutava pelos interesses — muito mais importantes — de um soberano e de todo um Estado; e, ainda por cima, mostrar-se

---

54 Ver nota 38 do Segundo livro, à p.104. Vale notar que Klopstock é o primeiro autor contemporâneo a ser mencionado em *Poesia e verdade*, já no Segundo livro, e, desde então, é referido reiteradas vezes.

55 Cidade localizada a cerca de 25 km de Frankfurt.

56 No dia 27.9.1974.

simpático para com as gentes todas, mesmo em meio às situações mais delicadas. Era assim que Klopstock parecia querer se apresentar: como homem valoroso e como representante de instâncias superiores, tais como a religião, a moral e a liberdade. E ele ainda havia incorporado, também, uma peculiaridade das pessoas mundanas, a saber: a de evitar justamente aqueles assuntos sobre os quais preferimos e até esperamos poder conversar. Daí que o ouvíssemos falar tão raramente sobre questões poéticas e literárias. Mas como ele encontraria, em mim e em meus amigos, verdadeiros aficionados da patinação no gelo, pudemos conversar amplamente sobre essa nobre arte, a propósito da qual ele já havia refletido tão profundamente, tendo clareza das coisas todas que, nesse campo, deveriam ser feitas ou evitadas. Mas antes mesmo de podermos nos beneficiar de suas lições tão oportunas, tivemos de ouvir pacientemente a sua tentativa de nos corrigir quanto ao uso apropriado do termo que designava essa atividade. Na melhor expressão do alemão que falávamos mais ao sul,[57] patinar era *schlittschuhen*, expressão que ele, no entanto, não podia aceitar. Explicou-nos que esse termo[58] não deveria tomar por base *schlitten*, cuja ideia pressupunha um deslizar como o dos trenós, mas, sim, *schreiten*,[59] pois, ao patinar, fazíamos como os deuses homéricos:[60] andávamos com pés alados sobre um mar transformado em chão de gelo. Finalmente chegamos ao instrumento propriamente dito. Klopstock não queria saber daqueles patins[61] de lâminas altas e desbaste côncavo, recomendando-nos os de lâminas maiores, mais baixas e de desbaste reto, típicos da Frísia, que seriam mais apropriados à patinação em velocidade – ele não era um grande amigo daquelas evoluções artísticas que se costumam executar nessa prática. Seguindo sua recomendação, adquiri

---

57 Em alemão, *Oberdeutsch* (alemão superior): subgrupo de variantes dialetais do *Hochdeutsch* (alto-alemão ou alemão-padrão) faladas mais ao sul da Alemanha, na França (Alsácia), na Áustria e na Suíça.
58 O verbo *schlittschuhen* (forma sintética não preferencial de *Schlittschuh laufen*) é composto pela porção verbal *schlitten* (deslizar, escorregar) e pelo substantivo *Schuhe* (sapatos).
59 *Schreiten* significa andar, numa nuance mais solene se comparada ao significado de *schlitten*.
60 Alusão ao deus grego Hermes.
61 Goethe se vale, aqui, da expressão privilegiada por Klopstock e derivada do raciocínio exposto anteriormente: *Schrittschuh*.

um par desses patins com lâminas de perfil reto e de bico longo e, apesar de certo desconforto, usei-os ao longo de muitos anos. Também sobre o mundo da equitação e do adestramento de cavalos Klopstock soube nos dar suas preleções, e parecia gostar muito disso. Assim, ao falar desobrigadamente de artes que ele praticava como um amador, ele ia evitando a conversa sobre seu próprio *métier* – fazendo-o, ao que tudo indica, de firme propósito. Eu poderia continuar falando aqui longamente de muitas outras particularidades desse homem excepcional, não fosse o fato de outras pessoas[62] que conviveram com ele por muito mais tempo já nos terem esclarecido suficientemente a seu respeito. Mas não posso me eximir de fazer ainda *uma* consideração: quando pessoas, a quem a natureza conferiu qualidades excepcionais, experimentam em sua vida um estreitamento excessivo de seu campo de ação – ao menos em relação aos horizontes que seu talento os teria permitido alcançar –, acabam desenvolvendo formas bastante inusitadas de comportamento; e por não saberem como se valer mais produtivamente de seus dons nessa condição restrita, fazem as coisas mais estranhas e extraordinárias para exibi-los.

Zimmermann[63] também foi nosso hóspede por algum tempo. Este era um homem alto, forte, de natureza intensa e arrojada, mas sempre capaz de manter sob controle sua compleição e seu comportamento, de modo que, no trato social, deixava a impressão de ser um médico habilidoso e requintado; sua faceta mais imoderada e brutal manifestava-se exclusivamente em seus escritos, ou na presença daqueles que lhe eram mais próximos. As conversas com ele eram variadas e extremamente instrutivas, e para quem fosse capaz de relevar o fato de ele ficar o tempo todo nos lembrando de sua personalidade e de suas virtudes, Zimmermann se mostrava uma companhia agradabilíssima. Como nunca me deixei incomodar por aquilo que as

---

62 Em vista das obras sobre Klopstock disponíveis na época – já então bastante numerosas para um autor contemporâneo –, trata-se provavelmente de referência ao *Lexikon deutscher Dichter und Prosaisten* (1808), de Karl Heinrich Jördens (1757-1835) e aos trabalhos de Carl Friedrich Cramer (1752-1808), em especial aos vários volumes de seu *Klopstock, er und über ihn* (1780-1792).

63 Johann Georg Ritter von Zimmermann (1728-1795), médico, filósofo e escritor suíço.

pessoas consideram ser pura vaidade – pelo contrário, eu mesmo me permitia ser vaidoso, ou seja, sem qualquer comedimento, eu chamava a atenção dos outros para aquelas coisas de que eu gostava em mim mesmo –, acabei me acertando bem com ele. Trocávamos elogios e censuras, e como ele se permitisse ser sempre muito franco e direto comigo, pude aprender uma infinidade de coisas no pouco tempo que passei ao seu lado.

Mas para fazer jus a um homem como esse, dedicando-lhe o reconhecimento, a seriedade e a atenção que ele merece, talvez nem se possa dizer que ele fosse exatamente vaidoso. Nós, alemães, costumamos fazer um uso algo tortuoso da palavra "vaidade".[64] Em última análise, esse conceito tem a ver com certo "vazio" e, assim sendo, só seria de fato apropriado para designar alguém que não consegue dissimular o contentamento com a sua própria inanidade, a satisfação com uma existência oca. Zimmermann era justamente o contrário disso: ele dispunha de grandes virtudes, mas essas não bastavam para lhe garantir qualquer satisfação interior. Aqueles que não conseguem se contentar veladamente com seus dons naturais, aqueles que não conseguem se satisfazer com a compensação que o simples exercício desses dons já é capaz de proporcionar e, ao invés disso, ficam sempre esperando e aguardando que os outros reconheçam e apreciem o mérito de suas realizações, essas pessoas sempre se colocam numa situação extremamente desagradável. Afinal, é sabido que o ser humano é muito econômico em seus aplausos, que modera seus elogios e, sempre que tem ocasião, transforma-os em reprovação. Todo aquele que entra na vida pública sem levar essas questões em consideração, não pode esperar nada mais que desgosto. Ainda que nem sempre sejamos capazes de superestimar aquilo que provém de nós mesmos, ao menos somos capazes de estimá-lo incondicionalmente, enquanto toda a receptividade que experimentamos no mundo se dá, invariavelmente, de modo condicional. Em outras palavras, elogio e aprovação pressupõem certa receptividade, como ocorre com qualquer outro prazer. Se aplicarmos isso ao caso de Zimmermann, seremos forçados a admitir mais uma vez o seguinte: um homem só pode receber aquilo que já traz consigo.

---

64 Em alemão: *eitel* (adj.).

Caso não queiramos aceitar essa escusa, vale ressaltar que será ainda mais difícil de encontrar justificativa para o outro defeito desse homem tão notável, pois que este tinha, como consequência direta, a perturbação, se não a destruição da felicidade alheia. Refiro-me, aqui, ao modo como Zimmermann tratava seus filhos. Certa vez, uma filha,[65] que costumava acompanhá-lo em suas viagens, permaneceu por alguns dias em nossa casa enquanto ele viajava pelas redondezas. Ela já devia ter seus dezesseis anos, mas, apesar de esbelta e bem crescida, não demonstrava o menor traço de graciosidade. Seu rosto, de feição perfeitamente regular, seria adorável se nele vislumbrássemos ao menos um vestígio de interesse, mas ela parecia sempre tão apagada e imóvel quanto um retrato. Raramente ela dizia alguma coisa, e, na presença de seu pai, simplesmente se calava. Entretanto, depois de passar alguns dias sozinha na companhia de minha mãe e de sentir a presença calorosa e afetiva da mulher simpática e compassiva que ela era, a moça atirou-se a seus pés de coração aberto e, debaixo de um mar de lágrimas, suplicou-lhe que a mantivesse ali consigo. Declarava, no mais alto registro da passionalidade, que se dispunha a ficar naquela casa pelo resto da vida, como criada ou como escrava, apenas para não ter de voltar para junto de seu pai, de cuja dureza e tirania nós nem suspeitávamos. Seu irmão teria enlouquecido por conta do modo que o pai o tratava, e ela só teria suportado até então aquele fardo por acreditar que a situação, nas outras famílias, não era muito diferente ou, pelo menos, não era muito melhor do que na dela. Mas depois de ter sido tratada naturalmente com tanto afeto e generosidade, sua situação teria se tornado, a sua vista, um verdadeiro inferno. Minha mãe mostrou-se muito comovida ao me contar sobre aquela erupção passional. E sua compaixão parecia mesmo não ter limites, pois me dava claramente a entender que ficaria muito satisfeita em manter aquela moça em sua casa, se eu me dispusesse a casar com ela:

— Se ela fosse órfã — respondi-lhe —, podíamos até pensar no caso, mas Deus me livre de ter um sogro que é assim como pai!

---

65 Katharina von Zimmermann (1756-1781), que, na época em questão, tinha já entre dezoito e dezenove anos.

Minha mãe ainda despenderia muito esforço em defesa daquela boa moça, mas ela só parecia ficar cada vez mais infeliz. A certa altura, minha mãe teve a ideia de colocá-la num pensionato. Apesar de tudo, a moça não colheria muitas primaveras mais.

Dificilmente eu mencionaria, aqui, uma característica tão condenável desse homem que, de resto, se mostrara muito digno de respeito, se esta já não fosse de conhecimento de todos, tornada pública, sobretudo por ocasião de sua morte, quando muito se debateu sobre a lamentável hipocondria que atormentara a si e aos seus nos últimos momentos de sua vida. Sim, porque também a dureza com que tratava seus filhos era efeito de sua hipocondria, uma espécie de insanidade parcial, um contínuo assassínio moral, com que ele, depois de ter vitimado seus filhos, acabaria atormentando a si próprio. Não deixemos de levar em consideração, portanto, que esse homem, por mais vigoroso que parecesse, sofria imensamente enquanto passava pelos melhores anos de sua vida; lembremos que um incurável mal do corpo torturava incessantemente o mesmo hábil médico que ajudara e ainda ajudava muitos doentes. A despeito da reputação, da notoriedade, da honra, da posição e do patrimônio que conquistara, esse homem viveu a vida mais triste, e quem quer que deseje ler mais a seu respeito em tudo que sobre ele foi escrito,[66] por certo haverá menos de condenar do que de se compadecer de sua existência.

Para falar da influência que esse homem importante teve sobre mim, preciso antes fazer algumas considerações mais gerais sobre aquela época. Podemos chamar aqueles tempos de *desafiadores*: desafiávamo-nos a nós mesmos e aos outros, na expectativa de que se fizessem coisas que, até então, ninguém havia feito. Era como se uma luz tivesse iluminado os espíritos mais extraordinariamente sensíveis e pensantes de então, fazendo-os perceber que a contemplação direta da natureza em sua originalidade era a melhor base de fundamentação das práticas humanas que o homem podia desejar encontrar – e que isso nem seria assim tão difícil de alcançar. A experiência

---

66 Alusão a obras como *J. G. Zimmermanns Krankheitsgeschichte* (1796), de Johann Ernst Wichmann, *Beitrag zur Biographie des seligen Hofrathes und Ritters von Zimmermann* (1796), de Heinrich M. Marcard, entre inúmeras outras.

entrava novamente na ordem do dia, e cada um abria seus olhos o quanto pudesse. Eram os médicos, aliás, que mais tinham razão para insistir nisso e ocasião para fazê-lo. Da mais remota Antiguidade ressurgia, então, uma estrela de primeira grandeza, que se lhes oferecia como exemplo de tudo o que almejavam. Os escritos que haviam chegado até nós sob o nome de Hipócrates[67] davam-nos o modelo de como o homem deveria contemplar o mundo e de como deveria falar sobre as coisas que observava, sem, contudo, deixar-se confundir com suas contemplações. Mas ninguém levava em conta o fato de que não somos capazes de enxergar as coisas como os gregos e que nunca faremos versos, nem esculturas, nem curas como eles. Mesmo admitindo que pudéssemos aprender algo com eles, já havíamos experimentado coisas demais por nossa própria conta, e nem sempre da maneira mais pura, de modo que nossas experiências acabaram se constituindo, mais frequentemente, a partir de opiniões. Mas isso, por si só, também era algo que precisávamos saber, algo que precisávamos reconhecer e enxergar — mais um tremendo desafio. Agindo e observando as coisas pessoalmente, teríamos então de descobrir a natureza benfazeja por si mesma, como se a víssemos e a considerássemos pela primeira vez na vida — somente assim daríamos lugar ao que é certo e verdadeiro. Mas como não se pode pensar em sabedoria sem erudição e pedantismo, e tanto menos em uma prática sem empiria e charlatanismo, estabeleceu-se um conflito violento no momento em que se fez necessário separar o uso do abuso e abrir mão da casca para ganhar o grão. E bastou darem o primeiro passo na execução de suas ideias, logo perceberam que o caminho mais curto para se sair daquele impasse era buscar socorro na figura do gênio, que, com seu dom mágico, seria o único capaz de apaziguar todas as tensões e de dar conta dos desafios que se impunham. Nesse meio-tempo, porém, a razão também já havia se intrometido na história. Tudo tinha de ser apresentado em noções absolutamente claras e de uma forma lógica, para que os preconceitos todos fossem deixados de lado e para que se eliminassem de vez as superstições. E como alguns homens

---

67 Hipócrates (460 a.C.-370 a.C.), um dos mais importantes nomes da medicina da Antiguidade, considerado o "pai da medicina".

De minha vida: Poesia e verdade

excepcionais, como Boerhaave[68] e Haller,[69] mostraram-se capazes de realizar coisas inacreditáveis, parecia-lhes plenamente justificável desafiar os seus pupilos e sucessores a irem ainda mais longe. Afirmava-se, correntemente, que o caminho havia sido aberto, embora apenas muito raramente se possa falar propriamente de caminhos nessas questões terrenas. Assim como a água, que se aparta à passagem do navio, sempre volta a se juntar quando a embarcação segue adiante, também é natural que os desacertos, afastados pela trajetória marcante de espíritos brilhantes, voltem a tomar conta de tudo logo após sua passagem por nós.

Mas isso nosso honrado Zimmermann não queria admitir de modo algum; não queria reconhecer que, na verdade, o absurdo repletava o mundo. No limite iracundo de sua impaciência, partia para cima de tudo o que ele reconhecia ou assumia como incorreto. E se ele se digladiava com o enfermeiro ou com Paracelso, com um profeta da urina ou com um alquimista, isso pouco lhe importava: continuava desferindo seus golpes tanto num quanto no outro; e quando se exauria a ponto de perder o fôlego, admirava-se de ver que a hidra, que ele julgava ter esmagado completamente com seus pés, já lhe mostrava de novo os dentes, novos em folha, de cada uma de suas tantas cabeças.

Quem tiver a ocasião de ler seus escritos, especialmente seu competente tratado intitulado *Da experiência*,[70] poderá ter uma visão mais ampla dos assuntos que pautavam minhas discussões com esse grande homem – discussões que, em mim, tinham um efeito ainda maior por ele ser vinte anos mais velho. Na condição de médico de renome, ocupava-se quase exclusivamente do tratamento das pessoas de círculos mais altos da sociedade, e isso o levava a falar a todo instante sobre a degradação dos tempos, que seria resultado direto do embotamento do espírito e do excesso de prazeres. Assim, também seus discursos de médico, tanto quanto o dos filósofos e de meus amigos poetas, remetiam-me sempre de volta à natureza. De seu apaixonado furor reformador eu não conseguia partilhar completamente;

---

68 Herman Boerhaave (1668-1738). Ver notas 93 e 94 do Oitavo livro, à p.415.
69 Albrecht von Haller (1708-1777). Ver nota 41 do Sétimo livro, à p.325.
70 Referência à obra *Von der Erfahrung in der Arzneikunst* (1763-1764), de Zimmermann.

tanto que, depois de nos despedirmos, voltei de imediato a mergulhar no campo que me era mais próprio, tratando de me empenhar regularmente para fazer melhor uso dos talentos que a natureza me havia concedido. E em meio à batalha intensa contra tudo o que eu reprovava, procurei reservar um pouco de espaço para mim mesmo, sem me preocupar tanto com os efeitos das coisas que eu fazia, nem com o destino para o qual elas acabariam me encaminhando.

Também o suíço von Salis,[71] que instalara um grande pensionato em Marschlins, prestou-nos uma visita por ocasião de sua passagem por Frankfurt. Era um homem sério e compreensivo, que, lá com os seus, haverá de ter feito os comentários mais curiosos sobre o excêntrico modo de vida de nossa pequena roda de gênios. E a mesma impressão parece ter sido despertada em Sulzer,[72] que nos visitou a caminho de sua viagem ao sul da França; ao menos é isso que se pode depreender de uma passagem de seus relatos de viagem, em que ele mencionaria a minha pessoa.

Essas visitas, em geral tão prazerosas quanto proveitosas, misturavam-se, porém, a umas tantas outras que teríamos preferido evitar. De figuras realmente necessitadas aos aventureiros mais descarados, todo tipo de pessoa parecia recorrer àquele jovem que tanta confiança inspirava, apoiando suas solicitações urgentes ora em pretensas relações de parentesco, ora nas mais variadas desventuras, reais e fictícias. Em geral, recorriam a mim para me pedir dinheiro emprestado, obrigando-me a fazer também alguns empréstimos, o que, não raro, acabava me colocando em posição constrangedora diante de amigos mais ricos e prestimosos. Assim, se, de minha parte, começava a querer mandar esses importunadores aos corvos, meu pai, por sua vez, mais parecia se sentir na condição do aprendiz de feiticeiro,[73]

---

71 Karl Ulysses von Salis (1728-1800), membro de uma reputada família da aristocracia suíça, foi um entusiasta das inovações pedagógicas do século XVIII.

72 Johann Georg Sulzer (1720-1779). Referência a uma passagem de seu *Tagebuch einer von Berlin nach den mittäglichen Ländern von Europa in den Jahren 1775 und 1776 getanen Reise und Rückreise* (1780), em que ressalta o quanto se impressionara com a figura singular daquele então já bastante conhecido jovem escritor, sem deixar de apontar, no entanto, que seus juízos sobre questões humanas, morais, estéticas e políticas ainda eram os de um jovem de experiência limitada. Ver nota 95 do Décimo segundo livro, à p.646.

73 Alusão à balada *O aprendiz de feiticeiro* [*Der Zauberlehrling*], de Goethe.

que bem gostaria de ver sua casa toda lavada, mas se desesperava ao não poder conter a enxurrada que brotava de todas as partes, entrando pelas soleiras das portas e cobrindo os degraus. Afinal, aqueles meus gestos de benevolência excessiva começavam, aos poucos, a atrapalhar e atrasar o projeto de vida que meu pai havia arquitetado para mim e que, a cada dia, assumia formas novas e inesperadas. Já havíamos praticamente desistido da ideia de eu passar algum tempo em Regensburg e Viena[74] – como há tanto planejado –, mas em minha viagem à Itália eu deveria ao menos passar por essas cidades, para ter delas uma impressão geral. Ao mesmo tempo, alguns outros amigos, que não conseguiam conviver com a ideia de eu ter de fazer desvios tão grandes antes de entrar na vida ativa, insistiam que eu deveria aproveitar aquele momento propício e considerar a possibilidade de conseguir logo uma posição boa e permanente em minha cidade natal. Apesar de ter sido deixado de fora do Conselho municipal, primeiro por meu avô e depois por meu tio,[75] ainda havia uma série de colocações civis que eu poderia pleitear e que criariam a possibilidade de eu me estabelecer na cidade e aguardar, mais tranquilamente, o que o futuro me reservava. Algumas posições de agenciamento diplomático asseguravam ocupação mais que suficiente, e os cargos de adido eram considerados especialmente honrosos.[76] Deixando-me levar então por esses argumentos, comecei a me convencer de que era capaz de dar conta dessas coisas, sem ponderar, contudo, se aquele modo de vida e de trabalho – em que era preciso gostar de manter sempre o foco e a objetividade, mesmo diante das maiores distrações – seria adequado a uma pessoa como eu. E, a esses planos e disposições, veio se somar ainda uma nota de simpatia e afeição, que também me faria pensar mais decididamente no estabelecimento de uma vida doméstica, acelerando o ritmo de minhas decisões.

A pequena roda a que me referi anteriormente, formada por jovens moças e rapazes, devia à figura de minha irmã, se não a sua origem, ao menos a sua consistência. Mas mesmo depois de seu casamento e de sua partida

---

74 O plano original de seu pai seguia os moldes de sua estadia em Wetzlar.

75 As relações de parentesco com membros do Conselho impediriam por longos anos a candidatura de Goethe.

76 Em alemão: *Agentschaften* e *Residentstellen*. Referência a cargos nas instâncias de representação, em Frankfurt, de príncipes e soberanos de outros Estados.

de Frankfurt, o grupo ainda se manteve ativo, talvez porque tivéssemos nos acostumado uns aos outros, talvez porque não conhecêssemos modo melhor de passar uma noite por semana num círculo tão amistoso. Também aquele nosso velho amigo falastrão, que já encontráramos na sexta parte deste livro, havia retornado para o grupo – mais perspicaz e mais malicioso do que nunca, depois de ter passado pelas mais diversas aventuras – e assumira de novo seu papel de legislador de nosso pequeno Estado. Como que para dar sequência àquelas nossas antigas brincadeiras, propôs algo de semelhante: a cada encontro semanal de nosso grupo, deveríamos sortear não meros pares enamorados, como antes, mas determinar verdadeiros casais. Dizia-nos que até podíamos saber como nos portar na condição de namorados, mas que ainda não tínhamos a menor de ideia de como esposo e esposa se comportavam em sociedade – e, em vista dos anos que já se haviam passado, teríamos a obrigação de aprendê-lo urgentemente. Ele definiu então as regras gerais daquela nova brincadeira que, como não podia deixar de ser, consistia em agir como se fôssemos quase estranhos: era-nos vedado sentarmo-nos um ao lado do outro, não deveríamos conversar demasiadamente entre nós e não poderíamos nos permitir nem mesmo a menor demonstração de carinho em público. Mas não se tratava apenas de evitar tudo o que levantasse suspeitas e causasse constrangimentos de parte a parte; ao contrário, só seríamos merecedores dos maiores elogios se fôssemos capazes de demonstrar nossa ligação a nossa esposa com o máximo de naturalidade.

A sorte foi então conclamada a tomar suas decisões. Diante de alguns casais absolutamente barrocos,[77] que a sorte faria questão de compor, nós só podíamos rir e fazer graça, e foi nesse clima animado que teve início aquela comédia da vida casada, que ganharia novo fôlego a cada semana.

Por uma dessas coincidências suficientemente estranhas, a sorte me conferiria como par, por duas vezes seguidas desde o início dessa brincadeira, a mesma moça,[78] uma daquelas criaturas bondosas que um homem cogita

---

77 Em alemão: *barock*, que no uso do século XVIII denotava algo como o não natural, o não harmônico, o sem sentido.
78 Provavelmente Susanne Magdalena Münch (1753-?), filha de um comerciante de Frankfurt.

de bom grado para esposa. De figura bela e proporcional, tinha um rosto agradável de se ver, e seu ar sereno e tranquilo dava testemunho da saúde de seu corpo e de seu espírito. Passavam-se as horas, os dias, e ela se mostrava invariavelmente a mesma pessoa. Suas habilidades domésticas eram notórias e muito elogiadas. Apesar de não ser muito falante, podia-se reconhecer, no pouco que dizia, uma mulher correta, inteligente e de boa formação. Não era difícil, portanto, dedicar-se com amizade e atenção a uma pessoa como ela. Na verdade, talvez por um pendor geral de minha parte, sempre tive o hábito de um trato mais atencioso para com as pessoas, mas, naquelas circunstâncias, essa minha amabilidade habitual deveria ganhar a dimensão de um dever social. E quando a sorte insistiu em nos unir pela terceira vez, nosso provocante legislador declarou solenemente que os céus haviam se pronunciado e que, dali em diante, nós dois não poderíamos mais nos separar. Aceitamos com prazer nosso destino e ambos nos acomodamos tão bem àqueles deveres públicos do matrimônio que, em pouco tempo, já podíamos ser considerados um casal exemplar. E como, seguindo os protocolos gerais, todos os casais formados devessem se tratar informalmente por "você"[79] durante nosso encontro, nós dois acabamos nos acostumando a essa forma mais íntima de tratamento com o passar das semanas; tanto que o "você" vinha à tona naturalmente também nas outras ocasiões em que por acaso nos encontrávamos. Mas o hábito é mesmo uma coisa muito estranha: depois de certo tempo, nada nos parecia mais natural do que essa forma próxima e familiar de relação. Minha afeição pela moça foi crescendo a cada dia, e o modo como ela me tratava dava provas da confiança serena e amorosa que ela depositava em mim. E se acaso contássemos naquela roda com a presença de um padre, não duvido que não nos tivéssemos logo entregado um ao outro em matrimônio.

---

79 Na língua alemã, em que há uma marcação mais clara do tratamento formal e informal, a referida informalidade corresponde ao tuteio, uso do pronome *informal* de segunda pessoa (*du*) em lugar do pronome *formal* de segunda pessoa (*Sie*), e também ao tratamento pelo prenome (ao invés do nome de família, típico do tratamento formal). Note-se que, ao longo de *Poesia e verdade*, Goethe refere-se à maioria absoluta das pessoas pelo sobrenome, enquanto as poucas exceções correspondem justamente às pessoas inscritas num círculo de relações mais íntimas e familiares.

Como era praxe lermos sempre algo de novo em nossos encontros, certa noite levei comigo, como grande novidade, a versão original das *Memórias* de Beaumarchais contra Clavigo.[80] A leitura teve ótima acolhida e não faltaram os muitos comentários que uma obra como essa sempre é capaz de suscitar. Depois de conversarmos longamente a respeito, minha estimada companheira virou-se para mim e disse:

— Se eu fosse tua ama e não tua esposa, pediria que você transformasse essas memórias numa peça de teatro. Elas me parecem muito apropriadas para isso.

— Para te mostrar, minha cara — respondi-lhe —, como ama e esposa podem se unir perfeitamente *numa* mesma pessoa, prometo que, dentro de uma semana, trarei a matéria deste livro transformada em um drama e o lerei aqui, em voz alta, como acabo de fazê-lo com estas páginas.

O grupo todo ficou admirado com aquela minha proposta tão ousada, mas não deixei de cumpri-la, pois a invenção — ou o que em casos como aquele as pessoas costumam chamar de invenção — era algo que, em mim, começava a acontecer de modo quase instantâneo. Daí que, ao final daquela noite, ao acompanhar minha esposa titular até em casa, eu parecesse tão calado. Percebendo-me nesse estado, minha parceira perguntou-me logo o que havia comigo.

— Estou pensando na peça — disse a ela —, já estou quase em sua metade. Quero te mostrar como fico feliz em fazer algo por ti.

Ela então apertou minha mão e, como eu lhe respondesse avidamente com um beijo, disse-me:

— Não saia do teu papel! Dizem que o carinho não convém a pessoas casadas.

— Pois deixe que o digam — repliquei-lhe — e façamos nós do nosso próprio jeito.

---

80 Referência ao "Fragment de mon Voyage d'Espagne", publicado em *Quatrième Mémoire à consulter* (1774) por Pierre-Augustin Caron de Beaumarchais (1732-1799), empresário e dramaturgo francês. O fragmento relata uma viagem de Beaumarchais à Espanha, em 1764, para onde teria partido em defesa da honra de sua irmã, com quem o escritor espanhol José y Fajardo havia prometido se casar, mas sem cumpri-lo. Esse motivo será trabalhado por Goethe em sua tragédia intitulada *Clavigo* (1774), a primeira publicada por Goethe em seu próprio nome. Ver nota 56 do Décimo segundo livro, à p.625.

Ainda naquela noite, antes mesmo de me ver de volta a casa, a peça já estava quase toda arquitetada. Fizera, é verdade, um longo desvio no caminho de regresso. Mas, seja como for, para que isso não ganhe, aqui, um tom demasiadamente enfatuado, devo admitir que, desde a primeira – e a segunda – leitura daquele texto de Beaumarchais, a matéria já vinha me parecendo propícia para uma adaptação dramática, teatral. Sem aquela motivação adicional, no entanto, essa obra, assim como tantas outras, teria se somado simplesmente ao rol dos nascimentos possíveis. Quanto ao modo como pensei em tratar o tema, não há muito que acrescentar ao que todos já sabemos. Cansado daqueles vilões tradicionais, que, por vingança, por ódio ou por qualquer outra mesquinharia, voltavam-se contra pessoas de natureza nobre e as destruíam completamente, quis fazer com que, na figura de Carlos,[81] a mais pura sabedoria mundana ganhasse corpo através de uma amizade verdadeira e se voltasse contra a paixão, a simpatia e as privações externas; era desse modo particular que eu pretendia criar o motivo de uma tragédia. Autorizado por nosso patriarca Shakespeare, não tive o menor escrúpulo para traduzir, palavra por palavra, tanto a cena principal quanto o espírito dramático do original em francês. Para concluir, ainda tomei por empréstimo os versos finais de uma balada inglesa,[82] e, com isso, a peça estava pronta antes mesmo que chegasse a sexta-feira.[83] Quanto à repercussão geral da leitura de minha peça, ninguém haverá de dizer que eu não tenha motivos para me gabar. E minha esposa – e ama – também não ficaria menos contente. Para nós, essa obra foi como uma forma intelectual de progenitura, que chegava para fortalecer e consolidar nossa relação.

Nesse contexto, Merck,[84] o mefistofélico, cometeria comigo, então pela primeira vez, uma grande injustiça. Ao mostrar-lhe a peça, ele não me respondeu, senão, com o seguinte:

– Nunca mais me escreva uma bobagem como essa; qualquer um é capaz de fazer coisas assim.

---

81 Na peça de Goethe, Carlos é o amigo de Clavigo.
82 Provável referência à balada *Röschen und Kolin*, traduzida do inglês por Herder.
83 Final de maio de 1774.
84 Ver nota 4 do Décimo segundo livro, à p.605.

Penso que, quanto a isso, não lhe posso dar razão. Nem tudo aquilo que se faz tem sempre de transgredir os limites de todos os conceitos vigentes; é bom, vez ou outra, manter-se nos limites das coisas que são mais comumente aceitas. Se, naquela época, eu tivesse escrito uma dúzia de peças como o *Clavigo* – o que, com a devida motivação, não me teria custado tanto assim –, não tenho dúvidas de que três ou quatro delas ainda hoje estariam em cena nos palcos. Toda direção de teatro que sabe reconhecer o valor de um bom repertório saberá também argumentar em favor dos benefícios que a montagem de peças como essas podem trazer.

Como resultado desta e de outras diversões espirituosas, nosso curioso jogo do casamento acabou virando o assunto, se não de toda a cidade, ao menos de nossas famílias, que, a julgar pelas mães de nossas belas esposas, não viam aquilo absolutamente com maus olhos. Tampouco à minha mãe desagradava aquele acaso do destino. Já havia algum tempo ela vinha observando com simpatia a moça com quem eu mantinha aquela relação tão particular, e parecia acreditar que ela pudesse se sair tão bem como nora quanto como esposa. A vida incerta e alvoroçada que eu vivia já havia algum tempo não deixava minha mãe muito satisfeita, até porque, no fundo, era ela quem mais tinha de arcar com o ônus daquilo tudo. Era ela quem tinha de recepcionar faustosamente aqueles infindáveis hóspedes, e o fazia sem ganhar com sua hospitalidade literária nenhuma outra forma de compensação, a não ser as honrarias que, em decorrência de seu empenho, eram prestadas a seu filho. No mais, ela tinha clareza de que aqueles jovens sem posses, que ali não se reuniam apenas pelo conhecimento e pela poesia, mas também pela diversão, não tardariam em se tornar um peso um para o outro e, especialmente, para mim, cuja generosidade desbragada e disposição para interceder por outrem ela bem conhecia.

Diante dessa situação, bastou meu pai surgir de novo com a ideia da tão almejada viagem à Itália, que minha mãe veria nela o meio mais eficaz para cortar de vez aquelas relações. E para evitar que eu me deixasse enredar em outras situações perigosas pelo mundo, teve a ideia de consolidar aquela união já entabulada ainda antes de minha partida, para que meu retorno à terra natal se tornasse mais desejável e para que eu finalmente definisse um rumo profissional. Se sou eu, aqui, quem lhe imputo esse plano, ou se foi ela quem de fato o concebeu, talvez ainda em companhia de sua falecida amiga,[85] isso eu não saberia dizer com certeza. Mas o que sei ao certo é que suas ações pareciam ter sempre em vista um horizonte muito bem definido. Passei então a ouvir coisas, como a ideia de que nosso círculo familiar haveria se estreitado demasiadamente após o casamento de Cornelia e de que a mim me faltaria uma irmã, à minha mãe, uma ajudanta, e ao meu pai, uma nova pupila. E a conversa não parou por aí. Certa vez, como que por acaso, meus pais encontraram aquela moça em meio a um passeio, convidaram-na para entrar e conversaram longamente com ela em nosso jardim. E, durante o jantar, minha mãe ainda chegaria a fazer graça a esse respeito, comentando que a dama teria agradado sobremaneira a meu pai, uma vez que era possuidora de todas aquelas qualidades fundamentais, que ele, como grande conhecedor do assunto, esperava encontrar numa mulher.

Dali a um tempo, percebi certa movimentação no primeiro andar da casa, como se estivéssemos para receber alguma visita. Jogos de cama foram modelados, e trataram de colocar em ordem alguns itens domésticos que havia tempos precisavam de reparo. Certo dia, flagrei minha mãe inspecionando os velhos berços que guardávamos no sótão e dedicando uma atenção toda especial a uma peça em particular, bem grande, de nogueira, com detalhes em marfim e ébano, que um dia havia embalado meus sonhos. Ela não pareceu ficar nem um pouco contente quando comentei que aqueles caixotões de balanço haviam saído completamente de moda, e que, modernamente, as crianças costumavam ficar mais à vontade e eram carregadas à vista de todos, numa espécie de cestinho a tiracolo, como qualquer outra mercadoria.

Em síntese, esses indícios de um lar em gestação começaram a se manifestar cada vez mais frequentemente. E como eu não me dispusesse contra isso, a ideia de uma condição que se pudesse perpetuar por toda uma vida foi se transformando numa sensação de paz, que tomou conta de toda a casa e contagiou seus moradores de um modo como havia muito não tínhamos experimentado.

---

85   A senhorita von Klettenberg.

Quarta parte[1]

---

[1] Enquanto as três primeiras partes desta obra foram produzidas no período entre 1811 e 1813, esta última foi escrita de modo bem mais esparso, entre 1813 e 1831, sendo publicada apenas postumamente, a partir de uma compilação final realizada por Eckermann. É provavelmente por esse caráter mais inacabado que, à diferença do que ocorre nas primeiras três partes deste livro, à quarta Goethe não atribuiria, ele mesmo, um mote epigráfico. Comum nas edições alemãs entre 1833 e 1965 (e em inúmeras traduções que as tomam por base), a inscrição *Nemo contra deum nisi deus ipse* (Ninguém é contra Deus, exceto o próprio Deus) é fruto de uma sugestão de Eckermann e, portanto, de uma intervenção *a posteriori* dos editores da obra de Goethe.

Preâmbulo[2]

Ao lidarmos com uma história de vida que se desdobra de maneira tão variada, como esta que ousamos aqui retratar, surgem circunstâncias que se nos impõem com certa dificuldade ao longo do caminho. Para torná-las mais legíveis e compreensíveis, sentimos a necessidade de tratar com maior destaque determinados eventos há muito devorados pelo tempo e de tratar em bloco alguns outros que só ganham sentido quando reunidos numa sequência. Logo, esta obra é composta por partes que, prestando-se isoladamente a uma consideração mais minuciosa, propiciam um aproveitamento mais amplo do todo.

Abrimos esta última seção do livro com a observação acima, na expectativa de que ela possa contribuir para justificar o modo como procedemos. Pedimos ainda que o leitor tenha em mente que a narrativa, que aqui se segue, não se projeta exatamente numa linha de continuidade dos últimos

---

2 Na edição de Hamburgo [*Hamburger Ausgabe*], que tomamos por base ao longo da tradução aqui proposta, o primeiro parágrafo do preâmbulo apresenta-se como uma versão em síntese do texto estabelecido na edição da *Deutscher Klassiker Verlag*, organizada por Klaus-Detlef Müller. É nesta última edição, uma versão não sintetizada do texto de Goethe, que se funda a tradução dessa passagem. A propósito, o texto da última parte de *Poesia e verdade* apresenta uma série de diferenças nas duas edições citadas acima. Para efeitos desta tradução, optamos sempre pela versão mais completa do texto, apontando em nota de rodapé as variações mais significativas.

eventos narrados no livro anterior. Trata-se, antes, de retomar um a um seus principais fios narrativos, encadeando-os consistentemente e fazendo jus tanto às pessoas quanto a seus atos e suas ideias.

Décimo sexto livro

Assim como dizemos comumente que as desgraças nunca vêm sozinhas, podemos observar que algo semelhante se dá também com a felicidade e com outras circunstâncias que nos vão cercando de um modo harmonioso – seja por imposição do destino, seja porque o homem é capaz de atrair para si as coisas que têm alguma conexão.

Seja como for, eu experimentava então a sensação de que tudo parecia confluir para produzir uma paz tanto exterior quanto interior: da primeira eu gozava por aguardar tranquilamente o desenlace daquilo que se pretendia e se planejava para mim; mas da segunda eu só desfrutaria, de fato, ao retomar os estudos.

Havia muito que eu não mais me ocupava de Spinoza e foi justamente uma crítica ao seu pensamento que me levou de volta a ele. Eu havia encontrado, em nossa biblioteca, um pequeno livro,[3] cujo autor se voltava veementemente contra aquele pensador; e para começar seu ataque de modo ainda mais efetivo, incluíra um retrato de Spinoza na página que fazia face ao título, acompanhado da inscrição *signum reprobationis in vultu gerens*,[4] para dizer que aquele homem trazia, já no rosto, o signo da reprovação e da

---

3 Referência à obra *Das Leben des Benedict von Spinoza* [...], tradução para o alemão, datada de 1733, do original em holandês, publicado em 1705 por Johannes Colerus (1647-1707).

4 Em Colerus, lê-se "*characterem* reprobationis in vultu gerens".

confusão. De fato, talvez não pudéssemos negar isso de todo ao olharmos com atenção aquele retrato, pois se tratava de uma gravura miseravelmente mal impressa, que mais lembrava uma carranca. Por conta disso, o livro me fazia pensar naqueles inimigos que começam desfigurando seus adversários, para, em seguida, combatê-los como quimeras.

Como eu não simpatizasse com nenhum tipo de controvérsia, essa obra não conseguiu ter maior impacto sobre mim. Sempre preferi descobrir com os próprios pensadores como eles pensavam, ao invés de ouvir, dos outros, como esses pensadores deveriam pensar. Contudo, minha curiosidade acabaria me levando a ler o verbete sobre Spinoza no dicionário de Bayle,[5] uma obra tão estimável e útil por sua erudição e perspicácia, quanto risível e nociva por sua maledicência e seus disparates.

O artigo sobre Spinoza logo despertou em mim certo mal-estar e alguma desconfiança. Já de início o homem é declarado ateu e suas ideias são condenadas sumariamente; em seguida, porém, reconhece-se que ele era um pensador equilibrado e muito dedicado aos seus estudos, que era um bom cidadão, além de um indivíduo de bom trato e tranquilo. Ora, parecia até que havia se esquecido completamente da palavra do Evangelho: "Pelos seus frutos os conhecereis".[6] Afinal, como poderia uma vida como essa, tão agradável a Deus e aos homens, surgir de princípios tão condenáveis?

Nessa época, ainda guardava bem a lembrança da sensação de serenidade e lucidez que recaíra sobre mim ao folhear as obras póstumas[7] daquele homem notável pela primeira vez. E embora não pudesse mais puxar à memória os detalhes do que havia lido então, o efeito que aquela obra causara em mim ainda era perfeitamente reconhecível. Pois resolvi não perder mais tempo e comecei a reler aquelas obras de que eu havia me tornado tão devedor. Os mesmos ares de paz começaram então a soprar mais uma vez sobre mim. Entreguei-me completamente à leitura e, ao voltar a atenção para mim mesmo, tive a sensação de que nunca vira o mundo de modo assim tão claro antes.

---

5 Ver nota 19 do Sexto livro, à p.286.
6 Mateus 7:16.
7 *Opera posthuma* (1677).

De minha vida: Poesia e verdade

Como tanto já foi discutido sobre esse assunto, inclusive mais modernamente,[8] não gostaria de ser mal compreendido, razão pela qual não vou me eximir de incluir, aqui, algumas considerações sobre aquele modo tão detestado e mesmo temido de compreender as coisas.

Nossa vida, tanto no plano físico quanto no social, nossos costumes e hábitos, nosso conhecimento do mundo, nossa filosofia, nossa religião e até as coisas que acontecem por mero acaso, tudo parece nos dizer, em alto e bom som, que devemos *renunciar*.[9] Muito daquilo que nos é intimamente mais próprio não está destinado a ganhar nenhuma forma externa de expressão. Somos privados daquelas poucas coisas do mundo de que necessitamos como complemento de nossa essência, enquanto tantas outras coisas do mundo nos são impostas, por mais que nos sejam absolutamente estranhas e importunas. Roubam-nos tudo o que conquistamos a duras penas, tudo o que nos foi concedido com generosidade, e antes mesmo de nos darmos conta disso, sentimo-nos compelidos a desistir de nossa própria personalidade, primeiro parcialmente, depois por completo. Como se isso não bastasse, ainda temos por hábito não levarmos muito em consideração aqueles que se rebelam diante dessas coisas; ao contrário, parece que quanto mais amargo o cálice, mais doce deve ser nossa feição, tudo apenas para que o espectador tranquilo não se sinta ofendido por nenhuma careta fortuita.

A natureza dotou o homem de força, energia e perseverança em doses mais que suficientes para cumprir essa difícil tarefa. Mas é especialmente a sua volubilidade — uma qualidade, nele, indestrutível — que costuma vir ao seu auxílio, pois é através dela que o homem se torna capaz de renunciar a uma coisa a cada instante, desde que, no momento seguinte, ele sempre possa continuar buscando algo diferente. É assim que, sem percebermos, passamos a vida toda construindo incessantemente de novo a nossa vida. Substituímos uma paixão por outra. Experimentamos novas ocupações, simpatias, predileções, caprichos; experimentamos de tudo para, por fim,

---

8 Ou seja, não apenas no século XVII, mas também no século XVIII e XIX; em especial, alusão à polêmica entre Jacobi e Mendelssohn e toda sua grande repercussão na época. Ver notas 19 e 20 do Décimo quinto livro, à p.768.

9 A *renúncia* é um dos motivos mais presentes nas obras da maturidade de Goethe, como é patente em *Os anos de peregrinação de Wilhelm Meister ou Os renunciantes* (1829).

declarar que tudo não passa de vaidade.¹⁰ A verdade é que ninguém costuma se desesperar diante dessa máxima falsa e blasfema, e ainda acreditamos dizê-la como se fosse a coisa mais sábia e irrefutável. Poucas são as pessoas capazes de pressentir essa sensação insuportável; e mais raras ainda são aquelas que, para não sucumbirem a uma forma parcial de resignação, dispõem-se a se resignar de tudo e de uma vez por todas.

São justamente essas poucas pessoas que se convencem daquilo que é eterno, necessário e legítimo, procurando propor ideias que sejam implacáveis, ideias que não sejam invalidadas pelo efêmero, mas, ao contrário, confirmadas por ele. E como nisso há mesmo algo de sobre-humano, em geral essas pessoas passam a ser vistas como se fossem uma aberração, uma quimera sem o menor respeito por Deus nem pelo mundo – e sabe-se lá quantas garras e chifres não lhes hão de atribuir.

Minha confiança em Spinoza, fundada no efeito apaziguante que ele era capaz de provocar em mim, só fez crescer quando começaram a acusar de spinozismo¹¹ os meus venerados místicos – quando soube, por exemplo, que nem o próprio Leibniz pudera escapar a essa acusação e que Boerhaave, suspeito de partilhar das mesmas ideias, fora obrigado a deixar a teologia e buscar refúgio na medicina.

Mas não pensem vocês que pretendi subscrever as ideias e me converter à letra dos escritos de Spinoza. Àquela altura eu já havia compreendido suficientemente bem que ninguém entende o outro, que não somos capazes de dizer exatamente a mesma coisa que o outro pensa, nem mesmo ao nos valermos das mesmas palavras, e que uma conversa e uma leitura podem despertar em diferentes pessoas um encadeamento completamente diferente de ideias. Portanto, vocês hão de conceder ao autor do *Werther* e do *Fausto*, que ele, tão profundamente atravessado por esses mal-entendidos, não tenha alimentado a presunção de entender na totalidade um homem que, como discípulo de Descartes e por intermédio de sua cultura matemática

---

10 Eclesiastes 12:8.
11 Nesse contexto, a acusação de *spinozismo* era, na verdade, uma via indireta para uma acusação de ateísmo.

e rabínica, chegou ao ápice do pensamento e o fez de tal modo que até hoje ainda parece se projetar como horizonte de todos os esforços especulativos.

Seria bem mais fácil perceber aquilo que eu de fato assimilei de Spinoza se houvesse se preservado algum registro escrito da visita que o judeu errante fez a esse pensador – e que eu considerei, então, poder ser um ingrediente precioso daquele poema a que me referi anteriormente.[12] Acontece que eu me comprazia tanto ao pensar sobre essas coisas e gostava tanto de ficar me ocupando delas longamente em pensamento, que, em geral, nem chegava a anotá-las. Como consequência direta disso, essa ideia, que como uma tirada incidental haveria de ter lá seus méritos, começou de tal modo a crescer, que, de repente, perdeu a graça e, tornando-se enfadonha, acabou sendo descartada de vez. Em todo caso, gostaria de apresentar aqui, da maneira mais breve e concisa possível, ao menos aqueles pontos de minha relação com Spinoza, que, insistindo em não se apagar de minha memória, exerceriam uma influência decisiva sobre o curso de minha vida.

A natureza age por leis eternas, necessárias e tão divinas que nem a própria divindade seria capaz de alterá-las. Quanto a esse ponto, todas as pessoas costumam estar de acordo, ainda que nem sempre se deem conta disso. Pensemos, por exemplo, na perplexidade e no horror que nos causa um fenômeno natural capaz de demonstrar inteligência, razão ou apenas alguma forma de arbítrio.

Quando os animais demonstram traços de racionalidade, mal conseguimos dar um passo além do nosso próprio assombro ou maravilhamento, pois ao mesmo tempo em que se nos revelam tão próximos, eles também parecem estar separados de nós por um abismo infinito, que os condena ao reino da necessidade. Daí que não possamos levar a mal aqueles pensadores[13] que pretenderam declarar a técnica dessas criaturas – infinitamente engenhosa, mas igualmente limitada – como sendo de ordem puramente mecânica.

Mas é quando voltamos às plantas que a sensação de perplexidade, suposta acima, parece se confirmar de modo ainda mais claro. Pensemos

---

12   Ver nota 9 do Décimo quinto livro, à p.763.
13   Alusão ao materialismo francês do século XVIII.

na sensação que temos quando, ao tocarmos uma sensitiva,[14] vemos suas folhas pinadas se fecharem aos pares e seu pecíolo curvar-se para baixo logo em seguida, como se a planta fosse provida de articulações. E essa sensação – que prefiro não nomear – é ainda mais impactante ao observarmos a *Hedysarum gyrans*,[15] que, sem qualquer estímulo exterior visível, balança suas folhinhas para cima e para baixo como se estivesse brincando consigo mesma – e também com nossos conceitos. Agora imaginemos um imenso pacová[16] dotado desse mesmo dom, de modo que ele pudesse balançar alternadamente, para cima e para baixo, cada um de seus gigantescos leques de folha – qualquer pessoa que o avistasse pela primeira vez daria um salto para trás, de tão horrorizada. A ideia de uma superioridade de nossas próprias qualidades está tão fortemente arraigada em nós que não concedemos ao mundo exterior nem a menor hipótese de que ele também possa partilhar delas; e ainda que abríssemos uma exceção, talvez não fôssemos capazes de admitir que essas qualidades sejam de fato dignas de nós mesmos.

Ora, somos acometidos pelo mesmo tipo de horror quando vemos um homem agir de modo irracional contra leis morais amplamente aceitas ou quando o vemos se portar de modo temerário contra seus próprios interesses e contra os interesses de outrem. E para nos livrarmos então dessa sensação apavorante, nós a transformamos imediatamente em censura e em aversão, tratando logo de nos afastarmos dessa pessoa – seja de fato, seja

---

14 Planta da subfamília das *mimosoideae*, dentre as quais a mais conhecida é a *Mimosa pudica*, a sensitiva, também conhecida por dormideira.
15 Um dos nomes pelo qual é conhecida a *Codariocalyx motorius*.
16 Em alemão: *Pisang*. Goethe se vale aqui de um termo de pouca circulação mesmo em sua época. Trata-se de um estrangeirismo de origem asiática, que significa banana e/ou bananeira. Para evocar, nessa passagem, algum grau de estranheza que a opção mais imediata por "bananeira" não seria capaz de suscitar em nosso português contemporâneo, sugiro a tradução do referido termo por *pacova* ou *pacová* (substantivo de dois gêneros), palavra de origem tupi (*pa'kowa*) que designa tanto o fruto quanto algumas plantas semelhantes à bananeira. Nunca é demais lembrar que, apesar de conhecida pelos europeus desde o século XVI, a banana – assim como o termo usado para referi-la – estava longe de ser comum e acessível na Europa dos séculos XVIII e XIX.

apenas em pensamento. Todo mundo costuma concordar com isso, razão pela qual não preciso me estender, aqui, a esse respeito.[17]

Eu me vali desses contrastes todos, que Spinoza destaca tão energicamente em sua obra, para lidar de um modo bastante particular com minha própria natureza, de sorte que o que apresentei nesses últimos parágrafos não pretendeu cumprir outro fim que o de tornar um pouco mais compreensível tudo o que tenho a dizer a esse respeito daqui em diante.

Àquela altura de minha vida, eu havia chegado a um ponto em que passei a considerar meu talento para a poesia como algo perfeitamente natural, ainda mais por eu ter feito do mundo natural o objeto principal desse talento. E embora o exercício desse dom de poeta pudesse ser induzido e determinado por motivações externas, ele também se manifestava espontaneamente e, por vezes, até mesmo contra minha vontade – por sinal, era nessas ocasiões que ele se manifestava de modo mais feliz e produtivo.

> Por campo e mata a andar,
> Meu verso a assoviar,
> Passava o tempo assim.[18]

Também quando eu acordava, no meio da noite, era sempre a mesma coisa. Às vezes me dava vontade de mandar fazer uma véstia de couro – como teria feito um de meus predecessores[19] –, para que, mesmo na mais funda escuridão, eu me acostumasse a fixar sobre a pele curtida, com a simples força do meu tato, os versos que me ocorriam sem aviso. Era tão comum eu não conseguir me lembrar de canções inteiras que me haviam ocorrido anteriormente, que, sempre que podia, corria à minha escrivaninha[20] e, não me

---

17 A *Hamburger Ausgabe*, diferentemente da edição da *Deutscher Klassiker Verlag*, não registra esse último período do parágrafo.
18 Em alemão: "Durch Feld und Wald zu schweifen,/ Mein Liedchen weg zu pfeifen,/ So ging's den ganzen Tag". Esses são os primeiros versos do poema de Goethe intitulado *Filho das musas* [*Musensohn*], de 1799, musicado por Schubert.
19 Referência a Petrarca.
20 Em alemão: *Pult* (púlpito). Para além de sua utilização como tribuna (política, acadêmica, religiosa), o móvel também era utilizado, na época, como estrutura de apoio para a prática da escrita, realizada então de pé.

deixando dispersar nem com o acerto de linhas e margens, escrevia o poema do início ao fim no atravessado da primeira folha em branco que encontrava, sem arredar o pé do lugar. Nessas horas, preferia usar o lápis, que parecia se entregar mais espontaneamente aos movimentos de cada traço; afinal, quantas vezes o rilhar da pena e seus respingos não me despertaram daquele sonambulismo poético, distraindo-me por completo e sufocando de vez uma pequena obra no momento de seu nascimento. Eu tinha grande carinho por esses poemas, já que com eles eu me relacionava mais ou menos como uma galinha que, depois de chocar os seus pintinhos, fica observando cada um deles piar ao seu redor. Renovava-se em mim, então, meu antigo prazer de mostrar esses poemas aos outros apenas de forma oral, lendo-os em voz alta. A ideia de trocá-los por dinheiro me parecia absolutamente abjeta.

A esse propósito, gostaria de mencionar aqui um caso que aconteceu comigo algum tempo mais tarde. Como o interesse por minhas obras viesse crescendo e eu fosse continuamente solicitado a organizar uma edição que as reunisse – algo que a referida abjeção me inibia de fazer por conta própria –, Himburg[21] aproveitou minha hesitação e, certo dia, recebi, inesperadamente, alguns exemplares de minhas obras reunidas. Como se isso não bastasse, o editor não autorizado ainda teve o atrevimento de me comunicar, gabando-se de si próprio, que estava prestando um grande serviço ao público e que até mesmo se disporia a me enviar, como contrapartida, algumas peças de porcelana berlinense, caso eu assim o desejasse. Lembrei-me então de que os judeus de Berlim, ao se casarem, eram obrigados a comprar

---

21 Christian Friedrich Himburg (1733-1801) foi um editor controverso. Entre 1775 e 1776, publicou – à revelia do autor – uma edição em três volumes dos escritos de Goethe, de que lançaria ainda uma segunda (1777) e uma terceira (1779) edição. Nestas também figuravam textos de outros autores, como Herder e Jacobi. Além de suas próprias intervenções no corpo do texto (a título de adaptações ao público leitor do norte da Alemanha), Himburg produziria e perpetuaria uma série de imprecisões no registro da obra goetheana. Vale lembrar, no entanto, que a relação entre autores e editores, no século XVIII, ainda estava longe de ser regulamentada como hoje. Nesse sentido, o caso de Himburg, para além de sua licenciosidade exemplar, é igualmente sintomático de um comportamento ainda bastante usual por parte dos editores da época – como o próprio Goethe comenta na sequência deste texto. Ver também nota 46 do Décimo segundo livro, à p.619.

uma quantidade significativa dessas peças de porcelana – um modo de dar vazão à produção da fábrica do rei. O desprezo que passei a nutrir por esse reimpressor descarado deu-me forças para suportar o desgosto que aquele roubo despertara em mim. Simplesmente não lhe dei resposta alguma, mas, enquanto ele fazia bom proveito de minha propriedade, vinguei-me dele sem fazer alarde, escrevendo os seguintes versos:

> Fagueiras testemunhas dos sonhos mais doces,
> Fanadas flores, cã que à grácil mecha impôs-se,
> Véus, fitas levemente rofas, sem lustrado,
> Juras tristes de amores há muito calados,
> Cada qual destinada ao ardor de meu fogo,
> 'té que um Sosias se adona delas com arrogo,
> Como se minha obra e em mim o que é primeiro,
> Coubessem de direito a ele como herdeiro;
> E eu, que ainda vivo, houvesse por fiança
> À mesa do café o prazer da faiança!
> Chega de porcelanas, chega de pão doce!
> Para os Himburg é como se eu não mais fosse.[22]

Todavia, a mesma natureza que fazia brotar em mim tão espontaneamente essas obras, ora mais longas, ora mais breves, também parecia adormecer de vez em quando por períodos mais alongados, de modo que, nesses intervalos, eu não me sentia capaz de produzir absolutamente nada, nem

---

22 Em alemão: "Holde Zeugen süß verträumter Jahre,/ Falbe Blumen, abgeweihte Haare,/ Schleier, leicht geknickt, verblichne Bänder,/ Abgeklungener Liebe Trauerpfänder,/ Schon gewidmet meines Herdes Flammen,/ Rafft der freche Sosias zusammen,/ Eben als wenn Dichterwerk und Ehre/ Ihm durch Erbschaft zugefallen wäre;/ Und mir Lebenden soll sein Betragen/ Wohl am Tee- und Kaffeetisch behagen?/ Weg das Porzellan, das Zuckerbrot!/ Für die Himburgs bin ich tot". Predominantemente escrito em pentâmetros trocaicos, o poema teria sido motivado pela publicação da terceira edição das obras reunidas de Goethe, em 1779, a que Himburg acrescentaria ainda um quarto volume com a poesia do autor. A referência a Sosias – alusão aos *Sosii* (*Sosius* e seu irmão), livreiros romanos na época de Horácio – parece cumprir o fim de evocar genericamente a classe dos editores.

mesmo se eu o quisesse. Era então que me acometia um terrível tédio. Foi diante da recorrência dessa situação, tão severamente contrastante para mim, que me ocorreu uma ideia: será que eu não poderia usar em proveito dos outros, mas também em benefício próprio, a outra faceta daquilo que havia em mim de humano, racional e sensato, aproveitando esses ínterins — como eu já havia feito antes e como demandavam de mim cada vez mais enfaticamente — para me dedicar aos negócios do mundo, sem deixar, assim, de fazer uso de nenhuma das minhas potencialidades? Percebi que essas ideias, que pareciam ter origem naqueles conceitos gerais, estavam tão perfeitamente em sintonia com meu espírito e com minha situação, que resolvi agir sempre assim dali em diante e, com isso, pôr termo às hesitações e incertezas que até então me haviam assolado. Gostava muito de pensar que eu poderia cobrar das pessoas uma contraparte concreta por serviços efetivamente prestados, ao mesmo tempo em que aquele meu adorável dom natural poderia continuar se oferecendo de modo desinteressado, quase como algo sagrado. Essa forma de pensar, aliás, salvou-me da amargura que poderia ter se instalado em mim, quando fui obrigado a perceber que justamente aquele talento tão solicitado e admirado era tratado, na Alemanha, como algo que estava à mercê de todos e não contava com qualquer forma de proteção da lei. Afinal, não era apenas em Berlim que a reimpressão[23] era uma prática perfeitamente legal, quando não gratificante; mesmo o tão venerável margrave de Baden,[24] reverenciado por suas virtudes como soberano, e o imperador José II,[25] em quem foram depositadas tantas esperanças, mostravam-se inteiramente favoráveis a essa prática: o primeiro, ao seu Macklot, o segundo, ao seu nobre von Trattner. Era público e notório que os direitos

---

23 Note-se que se trata, aqui, de uma prática de edição e de reimpressão que se dava sem autorização e sem nenhum benefício para o autor. Somente entre 1787 e 1790, Goethe publicaria, ele mesmo, uma edição de seus escritos — mas dez edições não autorizadas de sua obra a antecederam.

24 O margrave Karl Friedrich von Baden (1728-1811) patrocinava o editor Karl Friedrich Macklot (1760-1812). Margrave era um título concedido aos landgraves de províncias e estados fronteiriços do Império Germânico, correspondendo, em geral, ao título de conde.

25 O imperador José II patrocinava seu livreiro real, Johann Thomas von Trattner (1717-1798).

De minha vida: Poesia e verdade

e a propriedade do gênio cabiam ambos, incondicionalmente, ao artesão e fabricante do livro.

Quando, certa vez, reclamei dessa situação em conversa com um visitante da região de Baden, este nos contou a seguinte história. Disse-nos que a senhora margravina,[26] sendo uma mulher de iniciativa, havia montado uma fábrica de papel. O produto, porém, seria de tão baixa qualidade que ninguém o queria comprar. Diante disso, o livreiro Macklot teria sugerido, então, que se imprimissem, sobre esse papel, os poetas e prosadores alemães, com o que ao menos poderiam elevar um pouco o valor do material. A sugestão foi aceita com ambas as mãos.

Embora a história nos parecesse algo fantasiosa, não pudemos deixar de nos divertir um bocado com ela: de imediato, o nome Macklot tornou-se uma espécie de palavrão, que não nos cansávamos de repetir sempre que acontecia algo de ruim. Assim, enquanto a vilania ia ficando rica à custa dos talentos de jovens incautos, como nós — que não raro ainda eram obrigados a contrair empréstimos —, sentíamo-nos suficientemente recompensados por podermos nos prevalecer de algumas dessas boas tiradas.

[27]
———

Crianças e jovens felizes vivem por aí numa espécie de inebriamento que se torna ainda mais manifesto, quando essas criaturas boas e inocentes mal se encontram em condições de notar, quem dirá de reconhecer, as coisas todas que se passam ao seu redor. Elas enxergam o mundo como uma matéria a que devem dar forma, ou como um imenso estoque de provisões de que

---

26 Caroline Louise von Baden. Ver nota 59 do Décimo terceiro livro, à p.687, em cuja passagem de referência a margravina é referida genericamente como landgravina ou, simplesmente, como condessa.

27 Nesta quarta parte do livro, é frequente a ocorrência de uma marcação (aqui, por travessões, mas também por espaçamentos diferenciados, a depender da edição) que pode indicar muitas coisas, como a quebra ou suspensão da narrativa, o início de um breve excurso, a justaposição de uma nova sequência narrativa que não se vincula linearmente à anterior ou simplesmente uma lacuna deixada em aberto. Assim, podemos tributar essas marcações tanto ao estado inacabado desta última parte quanto à singularidade da estruturação da obra, já descrita no preâmbulo.

se devem apropriar. Tudo lhes pertence, tudo parece ceder a sua vontade; daí que muitas vezes se percam numa vida estéril e devassa. Nos melhores casos, contudo, essa propensão se desenvolve na forma de um entusiasmo moral, que, com maior frequência, deixa-se orientar, conduzir, seduzir, mas, ocasionalmente, também se orienta por seu próprio esforço na direção de alguma ação aparentemente ou realmente boa.

Essa era a situação do jovem de quem estamos falando agora e que, se às pessoas em geral, parecia um sujeito estranho, para alguns outros, porém, era sempre uma companhia bem-vinda. Desde o primeiro encontro com ele percebíamos tratar-se de um rapaz de mente absolutamente aberta, de uma sinceridade cordial nas conversas e, vez ou outra, um pouco precipitado em suas ações. No que diz respeito a essa precipitação, algumas historinhas.

Certa vez, na *Judengasse*, uma travessa estreita e apinhada de construções, houve um incêndio terrível. Minha habitual benevolência e minha consequente disposição para o pronto auxílio dos outros fizeram com que eu me dirigisse imediatamente até o local, sem nem mesmo trocar o bom traje que estava vestindo. Uma passagem fora aberta pela *Allerheiligengasse* e foi dela que me servi. Chegando ao local, encontrei um número enorme de pessoas correndo de um lado para o outro e se debatendo com baldes vazios ou cheios d'água. Logo percebi que o resultado de seu esforço seria duas vezes mais efetivo se eles formassem duas filas para passar os baldes adiante. Peguei então dois baldes cheios d'água e fiquei parado em meu lugar, ao mesmo tempo em que comecei a gritar para outros se juntarem a mim: os que chegavam aliviavam ali sua carga e os que voltavam, de baldes vazios, formavam uma fila logo ao lado. Minha proposta de organização foi aprovada de pronto, minhas palavras de ordem e meu engajamento pessoal foram bem acolhidos, e não tardou para que a fila dupla corresse por toda a extensão da travessa, desde a entrada até o foco do incêndio. Mas nem bem a agitação com que isso tudo acontecia chegou a despertar um clima mais animado, talvez até divertido nessa máquina viva e eficiente, quando a malícia surgiu e abriu espaço para a bazófia. Os pobres refugiados, carregando nas costas os restos miseráveis de suas posses, tinham necessariamente de passar entre as duas filas ao longo de toda a extensão da travessa e não eram poupados nem em uma situação como aquela: alguns adolescentes desalmados começaram a espirrar água em quem passava, acrescentando assim, à miséria daquelas pessoas, uma dose extra de desprezo e destrato. Mas com palavras bem medidas e algumas reprimendas mais fortes – a que eles talvez só tenham dado ouvidos em razão do primor de meus trajes, algo de que eu nem me dera conta –, esse despropósito logo teve um fim.

Por força da curiosidade, alguns de meus amigos deslocaram-se até a travessa para observar o acidente e pareciam surpresos ao verem seu colega, de sapatos de couro e meias de seda – como ditava a moda de então –, completamente envolvido com aquela tarefa encharcante. Alguns deles eu até consegui convencer a nos ajudar, outros só riam e balançavam a cabeça. Aguentamos firmes por longas horas, pois sempre que alguém se retirava, surgia outra pessoa para ocupar seu lugar. Os curiosos também se sucediam, e foi assim que essa minha proeza inocente começou a correr de boca em boca, de sorte que aquela minha licenciosidade tão peculiar se tornou o assunto da cidade naquele dia.

[28]

Esse modo de agir despreocupadamente em resposta a uma compulsão caritativa ou simplesmente benfazeja, resultante de uma sensação de estar bem consigo mesmo – o que, não raro, as pessoas logo censuravam como vaidade –, fazia com que nosso jovem amigo chamasse a atenção por algumas de suas excentricidades. A esse propósito, o episódio seguinte parece ser digno de nota.[29]

Certa feita, um inverno muito rigoroso cobrira o rio Meno de gelo e o transformara em uma imensa superfície de chão firme, sobre a qual foi aos poucos se estabelecendo e se intensificando, tanto por necessidade quanto por prazer, uma ampla circulação social. Tomadas por uma multidão, as

---

28 Conforme anota a edição crítica da *Deutscher Klassiker Verlag* (DKV), a esta marcação, em particular, corresponde um espaçamento de cerca de noventa linhas no manuscrito da obra.

29 Esse período "de passagem" não consta do texto estabelecido na edição de Hamburgo.

infindáveis pistas de patinação[30] e as vastas extensões geladas pareciam formigar de gente. Eu chegava cedo e, como me vestisse muito levemente, era comum estar me sentindo completamente congelado quando, mais tarde, minha mãe chegava para assistir ao espetáculo. Nessas ocasiões ela costumava ficar na sege, aninhada em seu casaco vermelho de pele e de veludo, que, fechado na altura do peito com seus vistosos alamares e cordões de ouro, parecia conferir-lhe um ar imperial:

— Me dê esse seu casaco, minha mãe! — gritei-lhe certa vez, sem muito pensar a respeito. — Estou quase congelando de frio.

Pois ela também não pensou duas vezes e, quando percebi, lá estava eu, nada mal vestido, trajando meu gorro de pele acastanhada e aquele manto púrpura, que, com seus debruns de marta e adereços de ouro, descia até minhas panturrilhas. Nesses trajes, continuei então a patinar despreocupadamente de um lado para o outro, e como a multidão fosse grande, aquela figura tão insólita mal seria notada; a não ser por algumas poucas pessoas, que, mais tarde, incluiriam esse meu comportamento peculiar — por brincadeira, mas também a sério — na longa lista de minhas tantas anomalias.

[31]
———

Depois de mencionar essas lembranças do modo feliz e despreocupado com que eu agia, retomemos aqui os verdadeiros fios de nossa narrativa.

Um francês[32] muito espirituoso disse certa vez que se um homem de talento foi capaz de chamar a atenção do público com uma obra digna de mérito, as pessoas farão o possível para evitar que ele um dia consiga produzir algo semelhante de novo.

Isso é muito verdadeiro: algo de bom e criativo é produzido no isolamento silencioso do viço da idade. Logo vêm os aplausos, mas perde-se a independência. Aquele talento é então arrastado de sua concentração para

---

30 Em alemão: *Schrittschuhbahnen* (pl.). Para a composição do substantivo, o autor se vale aqui do termo recomendado por Klopstock (*Schritt*, ao invés de *Schlitt*).

31 Conforme anota a edição crítica da DKV, a esta marcação, em particular, corresponde um espaçamento de cerca de 35 linhas no manuscrito da obra.

32 O dito é atribuído a Rousseau.

o meio de um mundo de distrações, uma vez que as pessoas pensam poder arrancar alguma coisa de sua personalidade em benefício de si mesmas.

Foi nesses termos que recebi uma série de convites, se é que podemos falar mesmo de convites nesses casos. Um amigo ou conhecido sugeria, não raro com demasiada insistência, que poderia me apresentar a tais e tais pessoas em um ou outro lugar. Mas a sugestão, em geral, não cumpria o fim, senão, de satisfazer a curiosidade momentânea de alguma *coterie* ou de uma família em particular.[33]

Ora conhecido e anunciado como Urso, dadas as suas recusas tão frequentes e deselegantes, mas também como o huroniano de Voltaire,[34] como o índio oeste-americano de Cumberland[35] ou como prodígio da natureza, em virtude de seus tantos talentos, esse quase estranho despertava uma curiosidade enorme, de modo que em diversas casas faziam-se os mais decorosos arranjos para vê-lo.

Numa noite como tantas outras, um amigo pediu-me que o acompanhasse a um pequeno concerto que seria oferecido na casa de um distinto comerciante calvinista.[36] Já era tarde, mas como eu adorava tudo que acontecia de improviso, segui em sua companhia, vestido a caráter, como de costume. Entramos num cômodo do piso térreo, que, na verdade, era a ampla sala de estar da família. O grupo era numeroso e se encontrava todo reunido em torno de um cravo,[37] diante do qual logo veio se sentar a única filha[38] daquela família, que nos mostrou saber tocar aquele instrumento

---

33 A *Hamburger Ausgabe* não registra esse último período.
34 Referência ao protagonista da obra *L'Ingénu* (1767), de Voltaire.
35 Referência a um personagem da peça *The West-Indian*, de Richard Cumberland (1732-1811), traduzida por Johann Joachim Christoph Bode (1731-1793) em 1772. A peça se tornaria popular na Alemanha da época, e, em 1778, o próprio Goethe faria o referido papel.
36 Trata-se da casa de Johann Wolfgang Schönemann (1717-1763), comerciante e banqueiro. Assim como procedera no caso da família de Friedrike Brion, Goethe evita mencionar o nome da família que ele começa a apresentar nesta passagem.
37 Em alemão: *Flügel*. Esse termo é contemporaneamente utilizado para designar pianos de cauda, mas vale lembrar que, em sua atual forma, o *pianoforte* só se popularizaria no final do século XVIII, ocupando o lugar de cravos, de clavicórdios e de outros instrumentos semelhantes, então mais comuns.
38 Ana Elisabeth Schönemann (1758-1817), chamada Lili.

com muita graça e habilidade. Eu me posicionei do outro lado do cravo, para poder observar mais de perto os ares e as feições daquela moça. Tinha algo de pueril em seu modo de ser, mas os movimentos que a peça a obrigava a executar, ela os realizava com leveza e desembaraço.

 Terminada a sonata, a moça levantou-se e veio em direção a outra extremidade do cravo, passando ao meu lado. Cumprimentamo-nos sem mais palavra, pois um quarteto já dava sequência ao concerto. Ao fim dessa apresentação, aproximei-me dela e disse-lhe qualquer coisa de gentil, que era um prazer conhecer também aquele seu talento logo na primeira ocasião em que nos encontrávamos. Ela soube responder com elegância às minhas palavras, mas sem sair de seu lugar, nem eu do meu. Contudo, não pude deixar de perceber que ela me observava e que, no fundo, era eu o verdadeiro objeto na ribalta. Eu conseguia tolerar bem aquela situação, dado que também a mim me concediam o prazer de observar algo de tão gracioso. Até que, num dado momento, nossos olhares se cruzaram; não posso negar que acreditei sentir, então, uma atração das mais ternas. A circulação constante daquelas pessoas todas e suas performances artísticas, porém, impediram qualquer forma de aproximação naquela noite. Mas tenho de confessar que senti certo prazer quando a mãe da moça, ao se despedir de mim, deu-me a entender que eles todos esperavam me ver de novo em breve, e a moça, com alguma gentileza, pareceu concordar com a mãe. Depois de passados alguns dias, como rezava a boa educação, não deixei de repetir a visita; travamos então uma conversa divertida e inteligente, mas que não parecia prenunciar nenhum tipo de relação amorosa.

 Nesse meio-tempo, aquela hospitalidade que se instalara em nossa casa começou a causar vários aborrecimentos aos meus bons pais e a mim mesmo. Além do mais, aquele modo de vida não favorecia em nada a minha propensão para descobrir, conhecer, promover e, sempre que possível, imitar de um modo criativo tudo aquilo que havia de mais elevado. As pessoas que acolhíamos eram devotadas na medida em que eram boas, e eram inábeis e insensatas na medida em que eram ativas: o primeiro grupo não me ajudava muito, o segundo só fazia me confundir. Tomei o cuidado de registrar por escrito um desses casos exemplares.

De minha vida: Poesia e verdade

39

No começo do ano de 1775, Jung, que mais tarde ficaria conhecido por Stilling,[40] anunciou-nos que faria uma viagem de sua região do Baixo-Reno[41] até Frankfurt, em atenção a um chamado para realizar um importante tratamento de vista. E como se tratasse de uma pessoa muito bem-vinda em nossa casa, nós lhe oferecemos hospedagem.

O senhor von Lersner,[42] um distinto senhor de idade, admirado por seu trabalho como preceptor e tutor dos filhos de vários príncipes, bem como por sua conduta inteligente tanto na corte quanto em suas viagens de representação, sofria, já havia algum tempo, a infelicidade de uma cegueira total. A esperança de encontrar uma cura, porém, não se extinguira por completo. Jung havia se tornado amplamente conhecido naqueles anos, em razão das tantas operações de catarata, que ele, com coragem e muita segurança, realizara em sua região. Sua honestidade de espírito, a fiabilidade de seu caráter e a pureza de sua devoção inspiravam uma confiança total nesse homem, fazendo com que sua fama logo se espalhasse Reno acima na direção de vários centros comerciais. O senhor von Lersner e sua família, aconselhados por um médico bastante competente,[43] decidiram chamar o afortunado oculista, embora outro comerciante de Frankfurt, em quem o tratamento não surtira o efeito esperado, tivesse insistido no contrário — mas o que poderia provar um único caso de insucesso diante de tantos bem-sucedidos! Pois Jung resolveu vir, especialmente atraído pela possibilidade de contrair honorários bastante significativos, com os quais ele até então nunca havia contado; e veio feliz e confiante, na expectativa de aumentar ainda mais sua reputação. Quanto a nós, alegrávamo-nos de ter conosco à mesa um hóspede tão agradável e corajoso.

---

39 Conforme anota a edição crítica da DKV, a esta marcação, em particular, corresponde um espaçamento de cerca de 55 linhas no manuscrito da obra.
40 Ver nota 27 do Nono livro, à p.444.
41 Vet nota 36 do Décimo livro, à p.497.
42 Friedrich Maximilian von Lersner (1736-1804), que, na referida época, não devia ter mais de 39 anos.
43 Johann Michael Hoffmann (1742-1799).

Depois de vários preparativos de ordem médica, a catarata foi finalmente removida de ambos os olhos. Estávamos todos ansiosos, já que ouvíramos falar que o paciente havia sido capaz de enxergar logo após a operação e que só fora novamente privado da luz do dia em razão dos curativos. Era notório, porém, que Jung não se dera por satisfeito e que alguma coisa atrapalhava sua paz de espírito. De fato, após alguma insistência de minha parte, ele admitiu estar preocupado com o resultado final do tratamento. Em geral – e eu mesmo pudera presenciar isso em mais de uma ocasião em meus tempos de Estrasburgo –, nada no mundo parecia tão fácil como aqueles procedimentos nas mãos de Stilling, que já várias vezes obtivera sucesso em operações semelhantes. Depois de realizado um corte indolor na córnea dessensibilizada, o cristalino opaco, submetido à mais leve pressão, saltava sozinho para fora. O paciente passava a ver as coisas de imediato, mas precisava aguentar pacientemente de olhos vendados até que a conclusão do tratamento lhe permitisse servir-se inteira e confortavelmente de seu precioso órgão. Quantos pobres, a quem Jung havia proporcionado aquela felicidade, não desejaram que os céus recompensassem e abençoassem seu benfeitor. Pois aquele homem rico de Frankfurt parecia predestinado a se encarregar dessa tarefa.

Jung confessou-me, no entanto, que, dessa vez, as coisas não haviam se passado tão bem. Como o cristalino não saltara sozinho para fora, ele foi obrigado a deslocá-lo e, como este se tornara demasiadamente espesso, teve de extraí-lo – procedimento que não se executa sem alguma violência. E dizia-me, também, estar arrependido de ter seguido com a operação no segundo olho. Havia decidido, previamente, fazer os dois olhos de uma vez, mas nem cogitara uma eventualidade como aquela, e, quando ela se impôs, ele não se mostrou capaz de pensar rápido e de tomar uma solução mais cabível. Resultado: o segundo cristalino também não saltou para fora por si só, tendo de ser deslocado e extraído por aqueles meios nada adequados.

Não há narrativa nem descrição no mundo capaz de dar uma ideia precisa do quão mal não deve ter se sentido, nessa situação, um homem de boa índole, bem-intencionado e tão devoto como Jung. Por isso, a essa altura, talvez caiba melhor uma consideração mais genérica sobre esse estado de espírito. Aliás, acabo de encontrar em meio aos meus papéis as seguintes observações, que eu incluo, aqui, sem mais delongas, para exame futuro.[44]

Trabalhar no desenvolvimento da própria constituição moral é das tarefas mais simples e exequíveis que um homem pode querer empreender. O ser humano já é naturalmente propenso a fazê-lo, mas, na vida em sociedade, o bom senso e o amor reforçam essa tendência, compelindo-o a realizar essa tarefa.

Stilling vivia imbuído de uma forma ético-religiosa de amor e, portanto, não suportava viver sem algum tipo de troca ou partilha, demandando sempre uma simpatia recíproca. Quando não o conheciam, calava; quando não admiravam o médico famoso, ficava triste. Daí que se sentisse mais confortável entre aquelas pessoas bem-intencionadas, que, na quietude de um círculo profissional mais restrito, tratavam de levar seu ofício aos limites da perfeição, mas sem muitos sobressaltos.

Pessoas de círculos como esses não costumam encontrar maiores problemas em abrir mão da vaidade, nem em renunciar a certo anseio por honrarias externas; elas adotam uma reserva no modo de falar e mantêm um comportamento afável e equitativo em relação a cada um de seus colegas e vizinhos.

Não raro, há por trás dessas pessoas uma forma algo obscura de inteligência, transformada pela força de sua individualidade. São pessoas que – movidas pelas ocasiões que se lhes oferecem – dão grande importância ao curso de sua vida prática, enxergando intenções sobrenaturais em todas as coisas que lhes acontecem, convictas de que Deus age diretamente sobre tudo.

Some-se a isso tudo o fato de que o homem tem certa tendência a persistir no estado em que se encontra, ao mesmo tempo em que se deixa mover e levar pelas coisas do mundo, experimentando, por conta disso, certa indecisão ao agir por si próprio. Essa hesitação se avoluma com o fracasso dos planos mais bem arquitetados, mas também se intensifica com o alcance meramente casual do sucesso, obtido a partir da simples coincidência de circunstâncias imprevisíveis.

---

44 Esse período não consta do texto estabelecido pela edição crítica de Hamburgo [HA].

Como essa forma de vida acaba minando um comportamento mais viripotente e cuidadoso, também o modo como o indivíduo acaba chegando a essa condição costuma ser perigoso.

Um dos assuntos prediletos das pessoas que partilham dessas disposições anímicas é o chamado despertar,[45] uma forma de conversão mental, cujo valor psicológico não se há de contestar. É que, no campo das ciências e da poesia, podemos chamar de *aperçu*: a percepção de uma grande máxima, a que sempre corresponde um movimento genial do espírito. É pela contemplação que chegamos a isso, não através da reflexão, nem do aprendizado ou da tradição. Aqui, é a percepção da força moral que se ancora na fé e que é sentida, assim, com uma segurança da qual se pode ter orgulho mesmo em meio às ondas mais bravias.

Um tal *aperçu* rende as maiores alegrias ao seu descobridor, pois costuma apontar para o infinito de maneira original. E, geralmente, não é preciso aguardar o transcurso do tempo para que as pessoas se convençam disso; essa convicção surge de imediato, em toda sua plenitude. Daí o velho e bom provérbio francês:

En peu d'heure
Dieu labeure.[46]

São estímulos exteriores que costumam irromper violentamente tais conversões mentais, e as pessoas acham, então, que viram sinais, que presenciaram milagres.

Confiança e afeição ligavam Stilling a mim de um modo especialmente cordial. Afinal, eu também havia tido alguma influência boa e benéfica sobre o curso de sua vida,[47] e era típico de sua natureza guardar consigo uma forma

---

45 Em alemão, *Erweckung*. Trata-se aqui do momento da revelação religiosa e, portanto, da grande virada no curso da vida de um pietista.

46 Em francês, no original. Goethe traduziria mais tarde esse provérbio para o alemão: "In wenig Stunden/ Hat Gott das Rechte gefunden", algo como: "Em poucas horas, Deus realizou suas obras".

47 Ver o livro nono de *Poesia e Verdade*, em especial a passagem em que Goethe incentiva Jung a escrever.

sutil de gratidão por tudo que as pessoas faziam por ele. A despeito disso, a convivência com ele naquele momento específico de minha vida não me era nem muito animadora, nem proveitosa. Eu não me importava muito com o modo como cada um julgava por bem entender e interpretar os mistérios de sua existência, mas achar que tudo de razoavelmente bom que acontece nas desventuras de nossas vidas é o resultado imediato de uma ação divina, isso me parecia demasiadamente presunçoso. Tampouco eu podia aceitar a ideia de que a leviandade e a presunção, como resultado de um modo precipitado e arrogante de agir, teriam sempre consequências negativas e irreparáveis, e que as deveríamos subscrever igualmente a certa pedagogia divina. Em outras palavras, eu até era capaz de ouvir esse bom amigo, mas não tinha muito de animador para lhe dizer em troca. Como em tantos outros casos, não o critiquei por nada disso; e, assim como já havia feito anteriormente, também mais tarde eu partiria em sua defesa, especialmente quando alguém, provido de uma mentalidade excessivamente mundana, parecia não poupar esforços para magoar sua natureza tão terna. Foi também por essa razão que não permiti chegar a seus ouvidos o comentário de um sujeito malicioso, que, certa vez, disse seriamente:

— Não! A verdade é que se eu estivesse tão bem com Deus como Jung, eu não pediria ao Ser Supremo nenhuma recompensa em dinheiro, mas, sim, na forma de sabedoria e bons conselhos, para que eu não fizesse mais tantas daquelas besteiras que costumam custar caro e que acabam nos endividando miseravelmente por anos.

48

Não há dúvidas de que aquele não era o melhor momento para pilhérias e provocações. Vários dias se passaram, alternando-se entre o temor, que ganhava cada vez mais corpo, e a esperança, que foi aos poucos se apagando, até desaparecer. A despeito de toda paciência, os olhos daquele bom homem

---

48 Conforme anota a edição crítica da DKV, a esta marcação, em particular, corresponde um espaçamento de 26 linhas no manuscrito da obra.

foram acometidos por uma inflamação, não deixando dúvidas de que o tratamento havia falhado.

Não há como descrever a situação em que se encontrava nosso amigo, que agonizava profundamente num desolamento da pior espécie. Pois quanta coisa ele não havia perdido nessa ocasião? Para começar, a enorme gratidão do paciente a quem ele poderia ter devolvido a visão – a coisa mais maravilhosa que um médico pode desejar; mas também a confiança de tantos outros enfermos e, por conseguinte, sua reputação, uma vez que o insucesso no exercício das artes médicas deixava desamparada toda sua família. Em suma, parecíamos acompanhar de perto, do início ao fim, uma encenação do lamentável drama bíblico de Jó, em que o fiel protagonista ainda fazia questão de desempenhar, ele mesmo, o papel dos amigos que o censuravam. Jung insistia em ver aquele incidente como um castigo pelos erros cometidos até então; era como se, sacrilegamente, ele tivesse transformado o domínio casual de um método de tratamento dos olhos em uma espécie de vocação divina para o exercício daquele ofício. Censurava-se por não se ter dedicado mais ao estudo daquela especialidade tão importante, entregando-se descuidadamente aos acasos da prática. Começou a se lembrar de tudo o que pessoas malfazejas haviam dito a seu respeito, questionando-se, então, se elas não teriam alguma razão. Coisas como essas o magoavam profundamente, e tanto mais por ter de admitir que se deixara levar, no curso de sua vida, pela leviandade, tão perigosa para os homens de grande devoção, mas também pela presunção e pela vaidade. Nesses momentos, era como se ele tivesse se perdido de si próprio, e, por mais que nós todos tentássemos compreender aquilo tudo, não chegávamos senão à única conclusão racionalmente inevitável: que os desígnios de Deus são impenetráveis.

Como eu costumava fazer de tudo para ficar sempre de bem com a vida, eu teria sofrido ainda muito mais com tudo isso, caso eu não tivesse submetido esses estados anímicos a um exame sério e cuidadoso, analisando-os, como de costume, do meu próprio modo. Eu ficava entristecido ao ver minha mãe ser tão mal recompensada por todo seu cuidado e por sua dedicação doméstica, ainda que, diante disso, ela se mostrasse impassível em sua rotina incessantemente ativa. Mas eu me compadecia mesmo era da situação de meu pai. Por minha causa ele havia transformado completamente, com muito decoro e distinção, uma rotina doméstica que, antes, era extremamente fechada. Quando estávamos à mesa – ocasião em que a presença de algum estrangeiro acabava atraindo também amigos locais e, eventualmente, algum viajante de passagem –, meu pai ao menos se comprazia de ouvir aquelas conversas animadas, às vezes paradoxais, em que eu me valia de todas as armas dialéticas de que dispunha, conseguindo, assim, proporcionar-lhe alguma distração e, vez ou outra, despertando-lhe o riso. Para tanto, eu tinha por hábito contestar maliciosamente tudo o que era dito, mas continuava teimando apenas até o ponto de tornar explicitamente risível aquele que tinha razão. Conversas assim, no entanto, ficaram completamente fora de cogitação naquelas semanas, pois nem mesmo alguns eventos alegres e bem-sucedidos, resultantes do sucesso no tratamento de outros casos menores, conseguiram arrancar de sua tristeza o nosso amigo, profundamente infeliz pelo insucesso naquele caso tão importante.

Houve um caso que conseguiu nos fazer rir, ao menos fora dessa roda mais familiar. Era a história de um mendigo judeu velho e cego do condado de Isenburg, que, chegando a Frankfurt na mais profunda miséria, não pôde encontrar na cidade nem um teto para se abrigar, nem o pouco de comer, nem os cuidados que demandava. Mas valendo-se de sua tenacidade oriental, logo pôde se alegrar de estar completamente curado, e sem que isso lhe tivesse causado o menor incômodo. Quando lhe perguntaram se a operação havia sido dolorosa, este respondeu ao seu modo hiperbólico:

– Se eu tivesse milhões de olhos, deixaria operá-los todos, um de cada vez, por meio tostão cada um.

Por ocasião de sua partida, o velho não se comportou de modo menos excêntrico em plena *Fahrgasse*, agradecendo a Deus bem à moda do Velho Testamento, sem deixar de exaltar também o Senhor e o Milagreiro por ele enviado. Seguiu então em direção à ponte, percorrendo lentamente essa rua repleta de estabelecimentos comerciais. Vendedores e compradores saíam das lojas, surpreendidos por um entusiasmo tão raramente devoto e tão passionalmente declarado diante do mundo inteiro. E seu gesto conseguiria despertar de tal modo a simpatia de todos, que, mesmo sem pedir nem mendigar, foi contemplado copiosamente com donativos e mantimentos para sua viagem.

Em casa, mal podíamos fazer menção a uma história como essa, pois se podíamos imaginar a felicidade daquele homem tão pobre e miserável, de volta a sua arenosa terra natal na margem oposta do Meno, deste lado de cá do rio, o que víamos era um homem rico e virtuoso, mas que se sentia completamente cerceado do precioso bem-estar que ele um dia almejara.

Daí que fosse tão humilhante para ele receber os mil florins que haviam sido combinados por seus serviços, qualquer que fosse o resultado final do tratamento – e que foram nobremente pagos pelo generoso paciente. Após seu retorno, essa soma estava destinada a saldar uma parte das dívidas que pesavam sobre a tristeza e a desolação daquelas circunstâncias.

Despedimo-nos desconsoladamente. Jung já antevia a recepção de uma esposa preocupada, assim como a mudança de atitude na relação com os sogros, que, tendo se oferecido como fiadores de tantas dívidas desse homem tão confiável, poderiam cogitar ter se enganado na escolha do companheiro de vida de sua filha. E ele podia antever também, nas janelas de determinadas casas, o desprezo e o escárnio daqueles que mesmo em dias mais felizes já se lhe mostraram hostis. Além do mais, havia ainda de se preocupar com sua clínica, que de certo ficara largada às moscas em sua ausência e se via fundamentalmente ameaçada em razão daquele incidente.

Foi assim que o vimos partir, embora, de nossa parte, não tivéssemos perdido completamente as esperanças. Afinal, sua natureza tenaz, apoiada na crença em uma assistência de ordem sobrenatural, ainda havia de inspirar alguma confiança em seus amigos, mesmo que discreta e silenciosa.

Décimo sétimo livro

Ao retomar aqui a história de minha relação com Lili, tenho de me lembrar dos momentos especialmente agradáveis que passamos juntos, ora sozinhos, ora na presença de sua mãe. Por causa das coisas que eu havia escrito até então, creditavam-me certo conhecimento do coração humano – como se costumava dizer naquela época –, e, imbuídos desse espírito, nossas conversas tinham, em todos os sentidos, um interessante teor moral.

Mas como conversar sobre assuntos tão pessoais sem abrir a intimidade ao outro? Corações não se vão abrindo aos poucos.[1] Não tardaria muito até que, em uma hora mais tranquila, Lili resolveu me contar a história de sua infância. Ela havia crescido num ambiente que lhe permitira desfrutar de toda sorte de préstimos e distrações da vida em sociedade. Desde cedo, sua vaidade fora estimulada e satisfeita – é pena que detalhes a esse respeito não tenham sido preservados. A isso também se seguiram relatos sobre seus irmãos, sobre parentes e todo seu círculo mais próximo; a figura de sua mãe, no entanto, mantinha-se respeitavelmente obscura. E

---

[1] A edição de Hamburgo e a maior parte das edições acadêmicas e comerciais registram, para os três parágrafos que se seguem, um texto que teria sido revisado por Eckermann, a partir de uma sugestão do chanceler Friedrich von Müller (1779-1849). A edição da DKV registra a versão inalterada dos manuscritos, que tomamos por base para a tradução dessa passagem.

como entregar-se com tanta confiança ao outro sem fazer menção alguma aos erros que cometemos? Erros que talvez nem fossem assim tão dignos de censura, mas como o mundo os tivesse censurado, ainda que meras sombras, não deixariam de ser contabilizados como máculas. Ela não pôde deixar de me contar, então, que havia percebido ter o dom de atrair as pessoas; este vinha combinado, no entanto, com certa habilidade para dispensá-las. Continuamos esse vaivém de nossa conversa, até que chegamos a um ponto delicado: também sobre mim ela teria exercido a força daquele seu dom, mas não sem ser penalizada com a atração que ela própria teria começado a sentir por mim.

Essas confissões brotavam de uma natureza tão pura e pueril, que essa moça acabou me cativando inteiramente.

Logo se desenvolveu entre nós uma necessidade recíproca, um hábito de nos vermos; mas como eu haveria de dar conta disso em certos dias, noites e nas madrugadas, se não me dispusesse a encontrá-la em seu próprio meio? Eis um martírio que me deixava extremamente aflito. Minha relação era com ela, de pessoa para pessoa, mas ela também era a filha bela, culta e adorável de sua família; a situação se equiparava à de meus relacionamentos anteriores e era de um tipo ainda mais elevado. Mas como eu poderia ter imaginado aquelas questões externas, as intromissões e imiscuições incessantes daquela roda social? Um desejo incontrolável tomou conta da cena, eu não podia mais existir sem ela, nem ela sem mim. Quantos dias desperdiçados, quantas horas perdidas!

Houve a história de uma excursão divertida, que acabou revertida em decepção: um irmão enrolado, com quem eu deveria ir junto, mas que precisava terminar algum trabalho antes de partir e não o faria senão com a maior tranquilidade do mundo — provavelmente feliz pela angústia causada em mim por sua demora —, atrapalhando completamente o encontro tão minuciosamente combinado. Houve histórias de encontros e desencontros, de muita impaciência e de alguma privação, enfim, essas tribulações todas, que, se representadas detalhadamente em um romance qualquer, por certo haveriam de encontrar leitores interessados. Isso tudo eu tenho de deixar de lado aqui. No entanto, para conferir um pouco mais de vida e uma dose

De minha vida: Poesia e verdade

de compaixão jovial a esta narrativa, incluo a seguir algumas canções[2] que, embora já conhecidas, talvez ganhem maior expressividade neste contexto.

    Coração, meu coração,
    O que ameaça a tua paz?
    Vida estranha esta, não?
    Não te reconheço mais.
    Foi-se tudo o que amava,
    Foi-se até o que o magoava,
    Foi-se a faina, é só buliço –
    Como foi que chegou nisso?

    Por acaso a flor da idade,
    De tão cândida figura,
    De olhos francos de bondade,
    Põe-te a ferros, te enclausura?
    Se fugir é meu intento
    E esquivar-me eu tento, tento,
    Mal começo, mal voejo,
    Já ao teu lado me desejo.

    Com esses fios de mago encanto,
    Que não hão de se romper,
    Essa moça, no entretanto,
    Prende a mim sem meu querer;
    Em seu círculo encantado
    Danço ao som do seu dobrado.
    Que mudança, que error!
    Ah, liberta-me, amor![3]

---

2 Em alemão: *Lieder* (forma plural de *Lied*), aqui no sentido do gênero lírico da canção.

3 Intitulado *Neue Liebe, neues Leben* [Novo amor, nova vida] e publicado originalmente na revista *Iris*, em 1775, o poema é formado por três oitavas em terâmetros trocaicos, com padrão rímico ABABCCDD. Em alemão: "Herz, mein Herz, was soll das geben?/ Was bedränget dich so sehr?/ Welch ein fremdes neues Leben!/ Ich erkenne

Johann Wolfgang von Goethe

Por que você me quer nesse ambiente
De tanto brilho e pompas?
Não 'stava eu bom menino já contente
Na solidão das sombras!

Em meu modesto quarto recolhido,
Deitado ao luar,
Pelo livor da lua todo ungido,
Já me via a sonhar.

Sonhava com os douros d'hora cheia
De um prazer sem igual,
E a moça já avançava pelas veias
De meu peito abissal.

Será que 'inda sou eu que aí estou
Em tua mesa de jogos?
Diante de quem você acomodou
Aqueles com quem jogo?

A flor da primavera não seduz
Qual você nessa mesa;
Onde te vejo, anjo, você é luz,
Onde então, natureza.[4]

---

dich nicht mehr./ Weg ist alles, was du liebtest,/ Weg warum du dich betrübtest,/ Weg dein Fleiß und deine Ruh –/ Ach wie kamst du nur dazu?// Fesselt dich die Jugendblüte,/ Diese liebliche Gestalt,/ Dieser Blick voll Treu und Güte/ Mit unendlicher Gewalt?/ Will ich rasch mich ihr entziehen,/ Mich ermannen, ihr entfliehen,/ Führet mich im Augenblick/ Ach mein Weg zu ihr zurück.// Und an diesem Zauberfädchen,/ Das sich nicht zerreißen lässt,/ Hält das liebe lose Mädchen/ Mich so wider Willen fest;/ Muss in ihrem Zauberkreise/ Leben nun auf ihre Weise./ Die Verändrung ach wie groß!/ Liebe! Liebe! laß mich los!".

4 Intitulado *An Belinden* [À Belinde] e publicado originalmente na revista *Iris*, em 1775, o poema tem uma forma métrica composta com quadras regulares, que intercalam

Se lermos com atenção essas canções, ou melhor, se as declamarmos para alguém com sentimento, é possível que sintamos um sopro daquela profusão de horas felizes. Afinal, quando se trata de desvelar a intimidade e de passá-la adiante, a mensageira mais segura é a poesia, arrematada pela música.[5]

Mas não abandonemos tão apressadamente essa roda movimentada e radiosa, sem antes acrescentarmos ainda algumas observações, especialmente no que diz respeito aos últimos versos do segundo poema.

Certa vez, aquela moça que eu me acostumara a ver sempre nas mesmas roupas simples – ela raramente as variava – surgiu fulgurosa diante de mim, vestindo um elegante traje da moda. Apesar disso, era a mesma moça de sempre. Sua graça e simpatia mantinham-se absolutamente inalteradas, mas eu diria que seu dom da atração havia ganhado mais evidência. Talvez porque, estando diante de tantas pessoas, sentisse vontade de se expressar mais vivamente e de mostrar suas diferentes facetas, conforme a atenção que um ou outro lhe demandava. Assim, eu não podia negar que, se por um lado, aqueles estranhos todos me eram inconvenientes, por outro, eu tampouco gostaria de ter perdido a oportunidade de conhecer as virtudes sociais daquela moça e de perceber que ela estava preparada para circular também em rodas mais amplas e sofisticadas.

Embora ocultado por traje tão fino, aquele era o mesmo peito que havia me revelado seus segredos mais íntimos e que eu compreendia tão bem como o meu próprio; e aqueles eram também os mesmos lábios que, pouco antes, haviam me falado sobre as condições em que crescera e passara os anos de sua vida. Cada olhar que trocávamos e cada sorriso que esses olhares

---

pentâmetros e trímetros trocaicos em rimas alternadas. Em alemão: "Warum ziehst du mich unwiderstehlich/ Ach in jene Pracht?/ War ich guter Junge nicht so selig/ In der öden Nacht!// Heimlich in mein Zimmerchen verschlossen/ Lag im Mondenschein,/ Ganz von seinem Schauerlicht umflossen,/ Und ich dämmert' ein.// Träumte da von vollen goldnen Stunden/ Ungemischter Lust,/ Hatte schon das liebe Kind empfunden/ Tief in meiner Brust.// Bin ich's noch, den du bei so viel Lichtern/ An dem Spieltisch hältst?/ Oft so unerträglichen Gesichtern/ Gegenüber stellst?// Reizender ist mir des Frühlings Blüte/ Nun nicht auf der Flur;/ Wo du, Engel, bist, ist Lieb und Güte,/ Wo du bist, Natur.".

5 Esse período não consta do texto estabelecido pela edição crítica de Hamburgo.

suscitavam eram a expressão de uma cumplicidade nobre e velada. Em meio àquela roda numerosa, fiquei admirado ao perceber a ligação secreta e inocente que havíamos construído da maneira mais natural e mais humana que há.

Com a chegada da primavera, a liberdade considerável que uma vida ao ar livre podia nos oferecer lograria estreitar ainda mais essa relação. A localidade de Offenbach, às margens do Meno, já nessa época dava indícios da cidade que prometia se tornar. Destacavam-se algumas belas construções que, para a época, eram grandiosas. Tio Bernard,[6] a quem prefiro logo chamar por esse título familiar, morava na maior delas, ao lado da qual se viam as amplas instalações de uma fábrica. D'Orville,[7] um rapaz cheio de vigor e de peculiaridades adoráveis, morava logo em frente. Os jardins contíguos aos casarões, com pátios externos que se prolongavam até as margens do Meno, davam acesso direto à paisagem graciosa dos arredores, propiciando a todos os que chegavam, ou aos que ali se encontravam, uma sensação esplendorosa de bem-estar. O amante não poderia desejar local mais apropriado para o abrigo de seus sentimentos.

Fiquei hospedado na casa de Johann André[8] e, ao mencionar esse homem que, mais tarde, acabaria se tornando tão conhecido, tomo a liberdade de fazer aqui uma pequena digressão, com o propósito de dar uma ideia da cena operística daquela época.

O teatro de Frankfurt era então dirigido por Marchand,[9] que se empenhava ao máximo para fazer o possível. Era um homem bonito, alto, encorpado e ainda na flor da idade; mas era por sua serenidade e suavidade que mais chamava a atenção, fazendo uma presença sempre agradável no palco. Como tivesse voz suficiente para atender aos requisitos da execução musical

---

6 Nicolas Bernard (1709-1780), comerciante e dono de uma fábrica de processamento de tabaco, membro da comunidade protestante (reformada) de Offenbach.

7 Jean George d'Orville (1747-1811), irmão da mãe de Lili, casado com uma sobrinha de Nicolas Bernard. Era comerciante e membro da mesma comunidade protestante de Offenbach.

8 Johann André (1741-1799), originalmente um fabricante de seda, estabeleceu uma gráfica e uma editora voltadas para a publicação de partituras musicais em Offenbach, seguindo mais tarde para Berlim, onde atuou como diretor de ópera. Musicaria dois libretos de Goethe: *Erwin und Elmire* (1775) e *Claudine von Villa Bella* (1780).

9 Theobald Marchand (1741-1800), ator e diretor de teatro.

de qualquer obra daquela época, sentia-se confortável para adaptar tanto as grandes quanto as pequenas óperas francesas.

Marchand desempenhava particularmente bem o papel do pai na ópera *A bela e a fera*, de Grétry,[10] em que sabia conferir uma expressividade inigualável aos gestos que fazia por trás de uma cortina de véus.

Essa ópera, constituindo um sucesso em seu gênero, aproximava-se ainda do estilo nobre e era apropriada para despertar os sentimentos mais ternos. Em contrapartida, um demônio realista havia então se apossado dos palcos operísticos, dando origem a uma série de óperas sobre profissões e outras questões da vida cotidiana. *O caçador*,[11] *O tanoeiro*[12] e outras tantas abriram o caminho; André viria em seguida com *O oleiro*.[13] Ele mesmo escrevera o poema para sua peça e soube aplicar toda a extensão de seu talento musical sobre o texto que conhecia tão bem.

Fiquei hospedado em sua casa, e não gostaria de falar mais do que o necessário sobre esse poeta e compositor que se mostrava sempre tão cheio de disposição.

André era um homem a quem a natureza concedera uma grande vitalidade na forma de vários talentos. Estabelecido em Offenbach como técnico e industrial, encontrava-se, na música, a meio caminho entre os diletantes e o mestre de capela: na esperança de algum dia alcançar um reconhecimento igualável ao deste último, esforçava-se com seriedade para tomar pé nos fundamentos musicais; mas em sua condição de diletante, tendia a se repetir infindavelmente em suas composições.

Entre as pessoas que completavam o círculo de relações de Lili e que se empenhavam ativamente para animá-lo, é preciso mencionar ainda o pastor

---

10 André Ernest Modeste Grétry (1741-1813), compositor francês. Sua ópera-ballet *Zémire et Azor* – musicada e coreografada a partir de um libreto de Jean François Marmontel (1723-1799), baseado no conto *La Belle et la Bête* – foi traduzida para o alemão em 1771 com o título *Die Schöne bei dem Ungeheuer*.
11 Provável referência à ópera *A caçada* (1773), com texto de Christian Felix Weisse (1726-1804) e música de Johann Adam Hiller (1728-1804).
12 Referência à ópera *Le Tonnelier*, de Nicolas-Médard Audinot (1732-1801), traduzida para o alemão em 1773 (*Der Fassbinder*) por J. H. Faber (?).
13 *Der Töpfer*, ópera de Johann André, encenada pela primeira vez em 1773.

Ewald,[14] que, sempre espirituoso e alegre nas rodas da sociedade, sabia conduzir sem alarde os estudos a que era compelido por força de seu ofício e de sua posição – empenho que, mais tarde, acabaria fazendo dele um homem respeitável e conhecido no campo da teologia. No contexto daquela roda social, é preciso pensá-lo como uma figura indispensável, sempre muito receptivo e reativo.

As habilidades de Lili ao cravo tornaram o nosso bom André um refém de nosso grupo. Ora como seu instrutor ou regente, ora executando ele mesmo alguma peça musical, eram poucas as horas do dia e da noite em que ele não tinha alguma forma de participação nas atividades cotidianas daquela família.

André musicara o poema *Lenore*, de Bürger,[15] então recém-publicado e acolhido com grande entusiasmo entre os alemães; ele gostava de tocar sua canção e não se importava de repeti-la várias vezes.

Também eu, que gostava de dar minhas récitas de quando em vez, mostrava-me sempre pronto e animado para declamar a balada de Bürger. Naquela época, as pessoas ainda não se entediavam tanto com a repetição de uma mesma coisa. E quando cabia aos membros do grupo escolher quem de nós dois eles gostariam de ouvir, a decisão geralmente tendia para o meu lado.

Fosse como fosse, essas coisas todas somadas não serviam, aos amantes, senão para prolongar o tempo que passavam juntos. Não queriam que esses momentos tivessem um fim, e nosso bom Johann André, deixando-se levar pela força de persuasão ora de um, ora de outro, tocava sua música ininterruptamente, repetindo-a até avançarmos para além da meia-noite. Era assim que os dois amantes asseguravam a possibilidade tão preciosa e indispensável de estarem na companhia um do outro.

Logo nas primeiras horas da manhã, saíamos de casa para aproveitar o tempo ao ar livre, o que, em Offenbach, não significava necessariamente um passeio pelos campos. Deparávamo-nos com distintos casarões, que

---

14 Johann Ludwig Ewald (1747-1822), pastor da comunidade protestante (reformada) em Offenbach.

15 Referência à balada *Lenore* [Leonor], de Gottfried August Bürger (1747-1794), publicada originalmente em 1773. A versão musicada de Johann André, de 1775, acabaria se tornando uma peça importante para o desenvolvimento do gênero da canção na Alemanha.

orgulhariam qualquer cidade daqueles tempos; com jardins que se abriam aos nossos olhos como amplos *parterres*, repletos de canteiros de flores e outros ornamentos; e com uma vista que dava diretamente para as margens do rio e que, desde bem cedo, permitia-nos observar um intenso tráfego fluvial de jangadas, barcas e navios mercantes, um mundo vivo que deslizava suavemente diante de nós e entrava em perfeita harmonia com nossos sentimentos mais delicados e afetuosos. Até mesmo o serpeado solitário das águas e o sussurro contínuo da vegetação ribeirinha eram altamente revigorantes, enfeitiçando a todos que chegavam com a força apaziguante de sua magia. O céu aberto, típico da mais bela das estações, abobadava a cena toda, e como era agradável reencontrar pessoas tão próximas logo na manhã de um dia que começava assim.

Para o caso de esse modo de vida parecer demasiadamente frívolo e leviano a algum leitor mais sério, cabe considerar o seguinte: tudo isso que, em prol da narrativa, descrevo aqui como se fosse um só contínuo, na verdade ocorreu, em razão de minhas demais determinações e atividades, de modo todo entrecortado, diluindo-se ao longo de dias e semanas marcadas pela privação, quando não pelo mais insuportável tédio.

Diga-se, a esse propósito, que tanto os homens quanto as mulheres daquele círculo também se ocupavam avidamente de seus afazeres no contexto particular de suas obrigações. E tampouco eu, de olho no presente e no futuro, deixava de cumprir com meus deveres e minhas responsabilidades. Ainda assim, sempre me sobrava tempo mais que suficiente para realizar aquelas coisas, na direção das quais a paixão e o talento me arrebatavam irresistivelmente. Nas primeiras horas da manhã eu pagava meus tributos à poesia, enquanto o restante do dia ficava por conta dos negócios do mundo, com os quais eu lidava de um modo todo meu. Meu pai, um jurista minucioso e mesmo elegante, cuidava pessoalmente dos negócios que a administração de seus próprios bens e a ligação com alguns amigos distintos lhe impunham – embora sua condição de conselheiro imperial não lhe permitisse advogar, colocava-se sempre à disposição de algumas pessoas que confiavam em seu senso jurídico. Cada documento que ele preparava, no entanto, tinha de ser assinado por um advogado devidamente ordenado, que cobrava uma taxa por suas assinaturas.

Depois que comecei a ajudá-lo nos negócios, o volume dessas suas atividades só fizera crescer. Aos poucos, porém, fui percebendo que ele valorizava mais os meus talentos como poeta do que meus empenhos como advogado, razão pela qual ele fazia de tudo para que me restasse algum tempo e eu pudesse me dedicar aos meus trabalhos e estudos poéticos. Nessa condição de consultor particular, meu pai — bastante minucioso e competente, mas lento no que concernia à concepção e execução — sempre estudava previamente cada um dos processos. Mais tarde, quando nos reuníamos, ele então me apresentava o caso, e eu costumava deliberar com tanta facilidade que seu orgulho paterno o deixava exultante; certa vez, não podendo se conter, chegou a me dizer que, se eu fosse um estranho, ele teria inveja de mim.

Para facilitar o trabalho, havíamos engajado um amanuense[16] que, com seu jeito singular de ser e de viver, poderia fazer ótima figura em um romance — se bem retratado. Depois de tirar ótimo proveito de seus anos escolares, quando então aprendera perfeitamente o latim e adquirira um conjunto variado de bons conhecimentos, uma vida acadêmica demasiadamente leviana interrompeu o percurso restante de seus dias de formação. Dado o estado enfermiço de seu corpo, chegou a mergulhar por algum tempo na mais completa indigência, e só muito mais tarde ele conseguiria sair dessa situação, graças a sua bela caligrafia e a sua habilidade com números. Auxiliado por alguns advogados, foi aos poucos se familiarizando com as formalidades dos processos jurídicos e, com sua integridade e pontualidade marcantes, fez daqueles a quem servia seus benfeitores. Também com a nossa casa ele se comprometera e estava sempre à disposição para todo e qualquer serviço em questão de leis e de números.

Com seus preciosos préstimos, esse homem ajudava-nos a manter sob controle nossos negócios — então em expansão —, auxiliando-nos tanto nos problemas jurídicos quanto no gerenciamento e na execução de tarefas administrativas em geral. Ele conhecia bem os caminhos e descaminhos na prefeitura e, ao seu modo, sua presença era tolerada nas audiências dos dois burgomestres de Frankfurt. Como conhecera vários dos membros da junta

---

16 Johann Wilhelm Liebholdt (1740-1806).

De minha vida: Poesia e verdade

do conselho quando ainda eram novos – alguns dos quais logo avançariam à condição de conselheiros municipais – e se revelavam inseguros em seus primeiros dias de ofício, acabou inspirando nesses homens certa confiança, algo que bem poderíamos chamar de uma forma de influência. Isso ele sabia muito bem como usar em proveito de seus benfeitores; e como sua condição de saúde o obrigasse a exercer suas atividades com moderação, nós o encontrávamos sempre pronto a executar cuidadosamente toda e qualquer ordem ou tarefa que lhe fosse solicitada.

De corpo delgado e feições regulares, não fazia uma presença desagradável. Longe de ser importuno, mas sempre com um ar de segurança e convicção daquilo que se deveria fazer, mostrava-se hábil e bem disposto diante dos obstáculos com que se deparava. Nessa época, devia estar avançando a casa dos quarenta;[17] como lamento (se posso repetir aqui o que já mencionei acima) não me ter valido de sua figura como engrenagem no mecanismo narrativo de alguma novela.

Na esperança de ter podido satisfazer minimamente aquele meu leitor mais sério com o que acabo de relatar aqui, permito-me retomar aqueles momentos esplendorosos, em que a amizade e o amor manifestavam-se no mais intenso fulgor de sua beleza.

Era típico daqueles grupos que os aniversários fossem comemorados meticulosamente, com muita animação e alguma variedade. Para o aniversário do pastor Ewald, por exemplo, foi composta a seguinte canção:

Que em toda hora boa,
De amor, de vinho e união,
Ressoe a voz que entoa
Em coro esta canção!
O Deus que nos reúne
É quem aqui nos traz;

---

17 Supondo que essa inferência seja contemporânea ao tempo do narrado (em torno de 1775), Liebholdt teria no máximo 35 anos. Apesar de excepcional retratista, é comum – como já se viu antes ao longo desta obra – Goethe conferir mais idade aos seus retratados.

Renova nosso lume,
Reaviva nossa brasa.[18]

Como esse *Lied* acabou resistindo ao tempo e como é raro encontrar um grupo bem disposto, que, reunido em festa, não acabe se animando ao cantá-lo novamente, nós não podemos senão recomendá-lo também à nossa posteridade;[19] e desejamos a todos aqueles que venham a cantá-lo e declamá-lo de novo, que possam sentir um prazer comparável ao que nós sentimos outrora, quando, sem nos darmos conta do mundo todo que havia lá fora, vivíamos as delícias daquele pequeno círculo de amigos, que, para nós, tornara-se um mundo por si só.

Ora, seria de se esperar, portanto, que o aniversário de Lili, comemorado pela décima sétima vez no dia 23 de junho de 1775,[20] fosse celebrado de modo todo especial. A moça prometera chegar a Offenbach ao meio-dia, e — admito que de muito bom grado — seus amigos e eu combinamos de deixar de lado aquelas frases feitas típicas de tal efeméride para recebê-la e entretê-la exclusivamente com manifestações de afeto que fossem dignas dela.

Entretido com essas obrigações tão agradáveis, passei o fim de tarde acompanhando de longe o pôr do sol, que anunciava bom tempo para o dia seguinte e prometia a graça de sua presença luminosa em nossa festa; foi quando o irmão de Lili, Georg,[21] que não sabia dissimular suas emoções, entrou de modo algo abrupto em meu quarto e, sem meias-palavras, comunicou-me que nossos planos festivos estavam cancelados. Ele mesmo não sabia explicar nem por que nem como. Sua irmã o teria mandado até mim

---

18 Em alemão: "In allen guten Stunden/ Erhöht von Lieb und Wein,/ Soll dieses Lied verbunden/ Von uns gesungen sein!/ Uns hält der Gott zusammen,/ Der uns hierher gebracht;/ Erneuert unsre Flammen,/ Er hat sie angefacht". Originalmente em trímetros iâmbicos, os versos acima correspondem à primeira estrofe do poema *Bundeslied* [Canção da união] em sua última versão com cinco estrofes. O poema (um *Lied*) foi publicado pela primeira vez em 1775.
19 Musicada por compositores os mais diversos, como Zelter, Beethoven e Schubert, a canção se tornaria famosa, integrando, em suas diversas formas, o repertório popular do *Lied*.
20 Segundo registros, Goethe estava de viagem pela Suíça nessa data.
21 Jakob Georg Schönemann (?), irmão mais novo de Lili.

para me dizer que lhe seria completamente impossível chegar a Offenbach a tempo de participar da festa que nós pretendíamos lhe dedicar; mas, se tudo desse certo, ela ainda esperava conseguir se juntar a nós no final da tarde. Dizia sentir muito e saber bem o quanto isso havia de ser desagradável para mim e para nossos amigos, mas me pedia, do fundo de seu coração, que eu inventasse alguma coisa que pudesse aliviar, ou melhor, acabar com o aborrecimento causado por essa notícia que, além do mais, eu mesmo deveria dar ao restante do grupo; por fim, dizia-me que ficaria imensamente grata por tudo isso.

Calei por um momento, mas, logo me recompondo, ocorreu-me, como que por inspiração divina, aquilo que deveria ser feito naquela ocasião:

— Corre, Georg! — disse eu. — Vai dizer a ela que se acalme e que faça o possível para chegar a Offenbach no final da tarde. Prometo que faremos dessa contrariedade um motivo ainda maior para festejar.

O rapaz ficou curioso e queria saber qual era o plano, mas me recusei solenemente a contar-lhe minha ideia, por mais que ele tenha se valido de todas as artes e artifícios que um irmão de nossa amada pode se arrogar em situações como aquela.

Nem bem ele havia saído e eu já me encontrava andando da um lado para o outro de meu quarto, tomado por uma rara sensação de autocomplacência e feliz por sentir que ali se me oferecia uma ocasião em que eu poderia me mostrar brilhantemente útil àquela moça. Prendi com uma fita bonita de seda algumas folhas de papel, como rezava então a praxe dos poemas de ocasião, e não tardei em escrever o título:

"Ela não vem!

Lamentável drama familiar, o qual, valha Deus, haverá de ser apresentado da maneira mais natural no dia 23 de junho de 1775 em Offenbach, às margens do Meno. A ação começa de manhã e se estende até o final da tarde."[22]

Não mantive dessa peça farsesca nem esboço nem manuscrito, e, a despeito de muito perguntar, não consegui descobrir seu paradeiro. Será preciso,

---

22 Não há registros de que a obra tenha se preservado.

portanto, recompô-la aqui em linhas gerais, o que não representa tarefa assim tão difícil.

A cena se passa na casa e no jardim de d'Orville, em Offenbach. A ação tem início com os empregados, cada um desempenhando de tal modo o seu papel, que se torna perfeitamente evidente a preparação de uma grande festa. As crianças, compostas segundo os modelos que a vida nos oferece, vão se misturando à ação aos poucos; em seguida, surgem o dono e a dona da casa, em atividades e com a autoridade que lhes são próprias. Enquanto as coisas todas vão se sucedendo de modo algo inquieto e apressado, surge o vizinho incansável, o compositor Hans André, que se senta ao cravo e chama todo mundo para ouvir e ensaiar a canção que ele acabara de escrever em homenagem àquela festividade. Ele consegue atrair a atenção da casa inteira, mas logo o grupo todo se dispersa, retornando aos seus afazeres mais urgentes. Um chama pelo outro, o outro precisa daquele um e, em meio a isso tudo, surge então o jardineiro, cuja presença nos chama a atenção para as cenas no jardim e na água: nem as guirlandas, nem as bandeirolas com inscrições as mais graciosas, nada havia sido esquecido.

Enquanto as pessoas começam novamente a se reunir, agora em torno desses objetos animosos, entra em cena um mensageiro, um jocoso leva-e--traz que bem merecia ser desempenhado por um ator de gênero; e à medida que vai recebendo generosas gorjetas, o rapaz começa a perceber mais ou menos o que está acontecendo. Ele se prevalece então do envelope que traz consigo, esperando que lhe ofereçam quiçá uma taça de vinho ou um pãozinho, até que, depois de hesitar malandramente, faz enfim a sua entrega. O dono da casa deixa cair os braços, os papéis se espalham pelo chão, e ele diz:

— Levem-me até a mesa, ou até uma cômoda, preciso *passar a mão*.

A convivência espirituosa de pessoas tão cheias de vida costuma se destacar, sobretudo, pelo caráter simbólico que adquirem sua linguagem e seus gestos. Com o tempo, desenvolve-se uma espécie de idioma secreto, que, ao mesmo tempo em que faz a alegria dos iniciados, passa despercebido para os estranhos – que, se o percebem, não veem muita graça.

Uma das características mais adoráveis de Lili, que, na peça, ganhava corpo na expressão e no gesto de *passar a mão*, manifestava-se sempre que lhe diziam ou lhe contavam algo que a chocava — em geral, quando ela estava sentada à mesa ou perto de alguma outra superfície.

A origem desse mau hábito tão infinitamente adorável remontava a certa ocasião em que um estranho, sentado ao seu lado à mesa, dissera-lhe qualquer coisa inapropriada. Sem mover um só traço de seu semblante gracioso, Lili começou então a passar suavemente a mão direita sobre a toalha, derrubando no chão tudo o que seu movimento delicado podia alcançar — não sei dizer o quê: faca, garfo, pão, saleiro e tudo o mais de que se servia seu vizinho. Todos se assustaram, os empregados correram em seu auxílio, ninguém entendia o sentido daquilo, com exceção dos convivas mais próximos, que haviam acompanhado a cena de perto; estes só puderam se alegrar ao vê-la reagindo de modo tão delicado àquela inconveniência.

Com isso, encontrara-se como que um símbolo de repúdio às coisas desagradáveis — coisas estas que também ocorrem, vez ou outra, no seio de um grupo coeso, de pessoas distintas, estimadas e bem intencionadas, mas de caráter ainda em formação. E, a partir de então, todos nós nos permitimos repetir aquele gesto com a mão direita como sinal de repúdio; Lili, ao contrário, entendeu por bem não se servir mais daquele gesto, senão, com muita moderação e elegância — e sempre passando sua mão sobre um objeto específico.

Ora, pode-se imaginar o efeito significativo que o poeta não foi capaz de alcançar ao conferir ao dono da casa, na expressão de um gesto dramático, esse desejo de passar a mão, um hábito que, àquela altura, já se tornara natural naquele grupo. E enquanto o homem ameaçava passar sua mão por todas as superfícies que encontrava, derrubando no chão o que visse em sua frente, as pessoas faziam de tudo para contê-lo e tranquilizá-lo, até chegar o momento em que ele, completamente exausto, atira-se em sua poltrona.

— Mas o que foi que aconteceu? — perguntam todos. — Ela está doente? Alguém morreu?

— Leiam, leiam vocês mesmos! — exclama d'Orville. — Está tudo aí, espalhado nestas páginas pelo chão.

A missiva é recolhida, é lida em silêncio, e alguém exclama: — *Ela não vem!*

O grande susto inicial os havia preparado para um susto ainda maior; mas ela estava bem, nada de mal lhe havia acontecido, nem a nenhum dos membros da família. E ainda havia esperanças para aquele fim de tarde.

André, que nesse meio-tempo não parara um só instante de tocar a sua música, aproxima-se finalmente dos outros, consolando-os e buscando consolo. O pastor Ewald e sua esposa[23] também entram em cena fazendo jus aos tipos que representam: com irritação e compreensão, com renúncia indignada e ponderação moderada. A confusão ainda seguia grande e generalizada, quando surge em cena o exemplarmente sereno tio Bernard, na expectativa de um bom café da manhã e de uma fausta ceia festiva. Sendo o único que consegue enxergar as coisas de um ponto de vista razoável, ele diz algumas palavras sensatas e reconfortantes, colocando tudo de novo em sua ordem – do mesmo modo como, nas tragédias gregas, um deus era capaz de mitigar a perplexidade dos maiores heróis com apenas algumas poucas palavras.

Isso tudo eu escrevi ainda na primeira parte daquela noite, num impulso ininterrupto de minha pena, passando o material imediatamente a um mensageiro, a quem instruí para apresentar-se em Offenbach, com sua entrega, pontualmente às dez horas da manhã seguinte.

Fui despertado pela claridade intensa da manhã, fazendo logo os devidos arranjos para cumprir meu propósito de chegar também eu a Offenbach exatamente ao meio-dia.

Fui recebido com um estranho charivari de manifestações, mas mal se comentava o adiamento da festa; as atenções se concentravam mais em me repreender e em me abespinhar por ter representado a todos tão bem. Até os empregados estavam satisfeitos de poderem aparecer com seus senhores num mesmo palco. Somente as crianças, as criaturas mais resolutamente realistas e incorruptíveis de sempre, insistiam em teimar que as pessoas não falavam daquele jeito e que as coisas todas haviam se passado de um modo completamente diferente daquele que estava escrito – adiantando-lhes algumas mostras do que nos esperava mais tarde na mesa de sobremesas, logo tornamos a ser amigos. Um almoço alegre e a suspensão das cerimônias e formalidades convencionais deixaram-nos a todos animados para recepcionar Lili, talvez sem muita pompa, mas, justamente por isso, com muito mais carinho. Ao final da tarde ela chegou e, ao ver que era recebida por aqueles rostos felizes e

---

23 Rachel Gertrud Ewald (?), nascida Dufay.

sorridentes, quase se sentiu ofendida por saber que sua ausência inspirara tanta alegria. Contamos tudo a ela, lemos para ela a peça, e Lili, com seu jeito doce e amável, agradeceu-me como só ela sabia fazer.

———— [24]

Não é preciso muita perspicácia para perceber que a ausência de Lili justamente na festa que lhe dedicávamos não fora meramente casual, mas, sim, uma consequência direta dos comentários que se acumulavam sobre nossa relação. Contudo, nada disso tinha a menor influência nem sobre nosso sentimento, nem sobre o modo como nos comportávamos.

Naquela época do ano era inevitável que as pessoas deixassem a cidade para se reunir em seus arredores, ao ar livre. Eu, em geral, chegava a esses encontros no final da tarde, mas, ainda assim, Lili sempre me passava uma impressão de simpatia. E como eu também não pudesse permanecer senão por algumas poucas horas, fazia de tudo para, de algum modo, tornar-me útil a ela, encarregando-me de alguma providência mais ou menos importante ou colocando-me à disposição dela para fazê-lo. Essa servilidade é certamente uma das coisas mais prazerosas que podem acontecer na vida de um homem, como tão bem souberam nos legar, de modo algo obscuro, mas vigoroso, os antigos romances de cavalaria. Que ela tivesse pleno domínio sobre mim, isso era algo evidente, e ela tinha todo o direito de se orgulhar disso; em casos como este, triunfam tanto o vencedor quanto o vencido, e ambos se comprazem do orgulho que sentem.

Essas minhas participações recorrentes, ainda que frequentemente breves, tornavam-se cada vez mais vigorosas. Johann André brindava-nos sempre com seu repertório musical e eu também costumava trazer coisas novas de minha própria lavra e de outros autores. Era uma verdadeira chuva de florilégios poéticos e musicais. Aquela foi certamente uma época magnífica; uma certa exaltação parecia reinar em nosso grupo, e nenhum momento entre nós era sem graça. E não há dúvidas de que nossa relação contagiasse

---

24 Conforme anota a edição crítica da DKV, a esta marcação corresponde um espaçamento de cerca de cinco linhas no manuscrito da obra.

também os restantes. Afinal, quando a afeição e a paixão vêm à tona com a força de sua própria natureza, elas enchem de coragem aqueles espíritos mais tímidos, que, diante disso, não veem mais razão alguma para fazer mistério das coisas semelhantes que eles mesmos sentem. Foi a partir daí que começamos a perceber, ao nosso redor, uma série de relações até então mais ou menos veladas, que passaram a ser levadas sem maiores pudores; e também outras, que, embora não se assumissem tão abertamente, continuavam se insinuando confortavelmente por debaixo dos panos.

Se em razão de meus compromissos profissionais, que então só faziam se multiplicar, não me era dado passar os dias com ela, as noites, sempre agradabilíssimas, davam-nos ocasião de prolongar nossos encontros ao ar livre. Corações apaixonados hão de acolher de bom grado o episódio que irei relatar a seguir.[25]

Tratava-se de uma situação para a qual, valia o mote, há muito escrito: "Durmo, mas meu coração vela".[26] As horas de claridade e escuridão eram iguais umas às outras: a luz do dia não era capaz de ofuscar a luz do amor, enquanto a noite, à luz dos afetos, transformava-se no mais claro dos dias.

Certa noite, sob um céu cravejado de estrelas, prolongamos até mais tarde nosso passeio ao ar livre. Depois de tê-la acompanhado até a porta de sua casa, como já havia feito com cada um dos colegas de nossa roda, e de ter finalmente me despedido dela, tinha tão pouco sono que não hesitei em começar outra caminhada. Tomei a estrada que seguia na direção de Frankfurt, entregando-me inteiramente a meus pensamentos e a minhas esperanças; no caminho, sentei-me num banco em meio ao mais puro silêncio da noite, sob a luz mirificante do céu constelado, e fiquei ali, pensando somente nela e em mim.

De repente eu percebi, bem ao meu lado, um som difícil de identificar; não era um sussurro, não era um cicio, e, ao prestar mais atenção, descobri tratar-se da atividade de pequenos animais debaixo da terra. Devia ser um

---

[25] Conforme anota a edição crítica da DKV, a este fim de parágrafo segue-se um espaçamento de cerca de dez linhas no manuscrito da obra.

[26] Cântico dos Cânticos 5:2. Em 1775, Goethe traduziu algumas passagens desse livro bíblico.

porco-espinho, uma fuinha, ou o que quer que se ocupasse de seus negócios naquele avançado da hora.

Continuei logo em seguida minha caminhada em direção à cidade, até chegar ao Röderberg,[27] onde não tardei a identificar, pela brancura de seu brilho calcário, os degraus que davam acesso aos vinhedos. Subi o outeiro, procurei um lugar para me sentar e acabei pegando no sono.

Quando acordei, a aurora já se anunciava amplamente. Logo avistei a amurada, que outrora fora construída como defesa contra os outros elevados que se erguiam daquele mesmo lado do rio. Sachsenhausen[28] surgia aos meus pés, uma neblina tênue indicava o curso do rio; a manhã amanhecia amena, e seu frescor me era muito bem-vindo.

Fiquei ali até que o sol, que se erguia pouco a pouco atrás de mim, iluminou a região que se abria à minha frente. Como era lá que eu havia de encontrar novamente a minha amada, tratei de retomar lentamente meu caminho de volta para aquele paraíso que a rodeava enquanto ela dormia.

O aumento de minhas ocupações profissionais, que eu tratava então de gerenciar e expandir em razão do amor que eu sentia por Lili minhas visitas a Offenbach se tornaram cada vez mais raras, o que acabou me fazendo sofrer as penas de uma situação algo embaraçosa. Era óbvio que o presente estava sendo negligenciado e sacrificado em prol do futuro.

À medida que minhas perspectivas começaram a melhorar, passei a considerá-las mais significativas do que elas de fato eram, o que me fez pensar em apressar minha decisão – um relacionamento que se dava tão publicamente não podia se prolongar naqueles termos por muito tempo sem causar certo mal-estar. Como costuma acontecer em casos semelhantes, não dizíamos as coisas claramente um para o outro, mas o sentimento de bem-estar recíproco e incondicional, a certeza absoluta de que uma separação seria impensável e a confiança mútua que cada um de nós depositava no outro despertavam, em nós, ares de profunda seriedade. Eu, que me havia decidido a não mais levar adiante nenhum relacionamento daqueles que vão

---

27 Elevação ao leste da região central da cidade de Frankfurt. Estando no caminho entre Offenbach e Frankfurt, é mais provável que se trate, aqui, de Mühlberg, já que Röderberg fica na margem oposta do Meno.

28 Na época um vilarejo, hoje um bairro da cidade de Frankfurt.

se arrastando eternamente e que me via, ali, novamente envolvido em uma relação assim — sem a menor segurança de um desfecho feliz —, fui tomado então por uma espécie de torpor; e para me libertar dessa sensação, deixei-me envolver ainda mais com ocupações mundanas que, no fundo, me eram indiferentes, mas das quais eu esperava tirar alguma vantagem e contentamento quando conquistasse a mão de minha amada.

Nessa situação particular, que muita gente há de ter experimentado não sem certa dor, veio em nosso socorro uma velha amiga da família, que conseguia enxergar com muita clareza o emaranhado daquelas circunstâncias e relações pessoais. Refiro-me, aqui, à demoiselle Delph,[29] como era chamada. Com sua irmã mais velha, dirigia uma pequena empresa em Heidelberg e, em muitas ocasiões, a grande casa bancária da cidade de Frankfurt se tornaria merecedora de sua gratidão. Ela conhecia e gostava de Lili desde que esta era uma criança. Era uma pessoa bastante peculiar, de aparência sóbria, masculina, e que tocava sua vida adiante a passos firmes e céleres. Como ela mesma tivera de se adaptar às exigências do mundo, conhecia-o muito bem, pelo menos de determinado ponto de vista. Não se podia dizer exatamente que ela fosse de causar intriga. Observava longamente as relações e ficava meditando, de modo discreto, sobre seus propósitos, até que fazia valer seu dom de antever uma boa oportunidade; e quando percebia que o sentimento das pessoas oscilava entre a dúvida e a decisão, quando percebia que tudo dependia de agir de modo resoluto, aí então ela intervinha com uma força de caráter tão grande que dificilmente deixava de alcançar seu objetivo. Na verdade, seus objetivos não eram egoístas; ter feito, ter realizado alguma coisa, especialmente quando se tratava de ajudar na promoção de um casamento, já lhe era recompensa mais que suficiente. Em virtude de suas frequentes visitas a Frankfurt, havia muito que já tinha percebido e vinha investigando nossa situação, até o dia em que se convenceu de que nossa afeição deveria ser encorajada, de que nossos projetos — sinceros e honrados, embora nutridos e perseguidos de modo ainda insuficiente — careciam de seu apoio e, enfim, de que esse pequeno romance tinha de ser escrito até a última página.

---

29 Helena Dorothea Delph (1728?-1808).

Há anos a senhorita Delph gozava da confiança da mãe de Lili; e apresentada por mim a minha família, também soube deixar uma ótima impressão em meus pais — aquele seu jeito mais áspero e duro não causava espécie numa cidade imperial, e quando usado com inteligência, era até mesmo bem-visto. Ela conhecia nossos desejos, nossas esperanças, e, neles, seu prazer de intervir encontrou uma missão. Para resumir: ela tratou de se encarregar da negociação com nossos pais. Não sei como foi que ela deu início a tudo, nem como contornou as dificuldades que hão de se ter imposto; basta dizer que, certo dia, ao fim da tarde, ela veio até nós para nos comunicar o consentimento de nossos pais.

— Deem logo as mãos! — disse ela, com seu jeito passionalmente imperioso.

Eu estava diante de Lili e estendi-lhe minha mão. Ela me deu a sua, não exatamente de modo hesitante, mas com certo vagar. E depois de recobrarmos o fôlego, caímos apaixonadamente um nos braços do outro.

Era curioso que o Ser que tudo rege houvesse decidido que, ao longo de minha venturosa vida, eu haveria de experimentar também a sensação de ser um noivo.

Posso dizer que, para um homem de boa educação, esta é uma lembrança das mais agradáveis; é um prazer enorme poder relembrar aqueles sentimentos tão difíceis de expressar quanto de explicar. De repente a situação anterior se transforma por completo: as contrariedades mais abruptas são suspensas, as discordâncias mais irredutíveis são harmonizadas; a intempestividade da natureza, a advertência incessante da razão, a tirania dos impulsos e a sensatez da lei — forças estas que, em geral, mantêm-nos em situação de conflito constante —, elas todas parecem ressurgir então como que harmonicamente unidas. E numa festividade tão piamente celebrada em toda parte, o que era proibido passa a ser incentivado e o que era malvisto é elevado à condição de uma obrigação indispensável.

Todavia, é preciso destacar aqui, não sem certa condescendência, que, a partir daquele exato momento, teve início em mim também uma transformação de meus sentimentos. Se até aquele momento Lili me parecera bela, graciosa e atraente, a partir de então ela passava a figurar também como digna e importante. Ela passava a ter, portanto, uma dupla personalidade: sua graça e sua amabilidade me diziam respeito, e isso eu continuava sentindo como sempre o fizera; mas o valor de seu caráter, a segurança em si mesma e a confiança que ela tinha em tudo, isso eram coisas que restavam sendo só dela. Eu a observava, tentava compreendê-la e me alegrava com o que eu via como uma espécie de capital, de cujos juros eu teria a vida inteira para tirar proveito ao lado dela.[30]

Há muito já se disse, com tanta razão quanto insistência: não se pode permanecer por muito tempo no auge da situação. O consentimento das duas famílias, fruto dos esforços de *demoiselle* Delph, foi imediatamente reconhecido como validação da situação, sem maiores discussões nem formalidades. Mas logo que algo assim tão idealizado – como poderíamos caracterizar um noivado como aquele – assenta o pé na realidade, surge, no mesmo momento em que tudo parecia resolvido, uma crise. O mundo exterior é impiedoso, e talvez tenha suas razões para ser assim, já que ele precisa se impor, por si mesmo e sem hesitação. A paixão inspira muita autoconfiança, mas é com grande frequência que a vemos se frustrar diante da realidade. Jovens recém-casados, que, sobretudo em nossos tempos, entram na condição matrimonial sem dispor de condições suficientes, não podem esperar que a vida seja uma eterna lua de mel. O mundo não tarda a ameaçá-los com exigências insuportáveis, que, uma vez não cumpridas, fazem a união do jovem casal parecer absurda.

Eu não fora capaz de perceber antes a insuficiência dos meios que, com muita seriedade, eu havia escolhido para alcançar meus objetivos; mesmo porque eles vinham se mostrando relativamente suficientes até então. Mas assim que o objetivo de todo aquele esforço se tornou mais visível e concreto, minha escolha não se revelou adequada para nenhuma das partes.

Aos poucos, começou a se manifestar, em toda sua incongruência, aquela falácia, à qual a paixão costuma se acomodar tão bem. Fazia-se necessário reconsiderar friamente, por exemplo, as circunstâncias de minha casa e a particularidade de minha posição dentro dela. Eu tinha plena consciência de que a casa toda havia sido preparada com vistas ao acolhimento de uma nora; mas com que nora, exatamente, meus pais estariam contando?

---

30 Conforme anota a edição crítica da DKV, a este fim de parágrafo segue-se um espaçamento de cerca de cinco linhas no manuscrito da obra.

Ao final da terceira parte deste livro, conhecemos uma que era moderada, amável, compreensiva, bela, virtuosa, sempre equilibrada, carinhosa e impassível; aquela moça era a pedra que faltava numa arcada já amplamente edificada e abobadada. Mas, aqui, olhando-se a situação toda mais serenamente e com algum distanciamento, não era possível ignorar o fato de que, para fazer essa nova pretendente desempenhar a mesma função da outra, seria preciso construir uma arcada inteiramente nova.

Isso, no entanto, não era algo de que eu nem Lili tivéssemos clareza àquela altura. Quando eu olhava para mim em minha casa e pensava em incluí-la naquele espaço, ela simplesmente não me parecia combinar muito com o lugar. Para frequentar seu círculo de amigos sem causar espécie nas pessoas de sua relação – todos sempre em dia com a moda –, sentia-me obrigado a mudar meus trajes de tempos em tempos e a nunca deixar de fazê-lo com regularidade. A questão é que isso não podia ser feito, por exemplo, com todo o mobiliário de uma casa, ao menos não em nossa casa recém-reformada, de ares estatais e burgueses, em que uma pompa já tão fora de moda continuava a dar marcha a ré nos ares domésticos.

Assim sendo, mesmo depois de consentirem no matrimônio, nossos pais não conseguiram construir nem manter relações de maior proximidade entre si; não havia uma ligação de natureza mais familiar, as práticas religiosas eram outras e outros eram também os costumes! E se minha bem-amada quisesse dar um mínimo de continuidade a seu modo de vida, ela não encontraria ocasião nem espaço suficiente para fazê-lo em nossa casa, por mais digna e espaçosa que ela fosse.

Mas se até aquele momento eu vinha fazendo vistas grossas a essas coisas todas, era porque se abriam para mim, então, belas perspectivas de obter uma posição de prestígio – horizonte que tinha uma ação tranquilizante e revigorante sobre minha pessoa. Um espírito ativo se estabelece em qualquer parte; competências e talentos inspiram confiança; todo mundo pensa que as coisas todas se resolvem com uma simples mudança de direção. A juventude insistente é beneficiada, e do gênio espera-se que ele seja capaz de tudo – mesmo que ele só seja capaz de determinado tipo de coisa.

O campo literário e intelectual alemão, naquela época, podia bem ser considerado um terreno recém-desmatado. Entre os representantes de grandes mandatários havia gente inteligente, que, para cuidar do solo a ser de novo cultivado, desejava encontrar lavradores competentes e administradores astutos. Também a honorável e bem estabelecida loja maçônica, com cujos distintos membros eu travara conhecimento por meio da minha relação com Lili, soube, com seus movimentos precisos, preparar os caminhos de minha aproximação. Eu, no entanto, imbuído de um sentimento de independência — o que mais tarde me pareceria uma loucura —, declinei toda forma mais próxima de ligação,[31] sem me dar conta de que aqueles homens, ainda que unidos por uma causa mais elevada, bem poderiam ter sido de grande auxílio na realização de meus objetivos, que não se encontravam assim tão distantes dos seus.

Voltemos ao que mais me dizia respeito nessas questões.

Em cidades como Frankfurt havia várias funções de representação coletiva, por exemplo, a de adido, a partir da qual, com o devido empenho, podia-se expandir ilimitadamente o raio de ação. Também a mim foram oferecidas oportunidades como essa, que, à primeira vista, pareciam tão honoráveis quanto vantajosas. Presumia-se, é claro, que eu fosse alguém apto a assumir esses encargos e nosso escritório de advocacia a três, como o descrevi anteriormente, bem poderia ter dado conta do recado. Mas cada um guarda para si suas dúvidas, partilhando com os outros o que lhe parece mais auspicioso. Os momentos de hesitação são então superados com o vigor da intervenção; com isso, porém, algo de inverdade começa a tomar corpo na situação, mesmo que, nisso, a paixão não ceda de todo.

32

Em tempos de paz, não há leitura mais prazerosa para as massas do que os documentos públicos, que nos dão notícia expedita dos últimos

---

31 Goethe enxergava no círculo maçônico, antes de mais nada, uma ocasião de convívio social, sem parecer partilhar, porém, de seus propósitos mais diretamente políticos e sociais. Apesar de declinar do convite em Frankfurt, Goethe filiou-se à loja maçônica de Weimar, em 1780.

32 Conforme anota a edição crítica da DKV, a esta marcação segue-se um espaçamento de cerca de oito linhas no manuscrito da obra.

acontecimentos no mundo. Neles o cidadão burguês, tranquilo e bem provido, encontra uma oportunidade de exercitar, ainda que de modo inocente, aquele espírito partidário, de que, reservadas nossas limitações, não podemos nem devemos nos livrar. Desse modo, toda pessoa desprovida de maiores inquietações desenvolve, qual em uma aposta, um interesse aleatório, algo da ordem de um ganho e de uma perda insignificantes; e assim, como no teatro, acaba participando vivamente, embora apenas em termos imaginários, da sorte e dos infortúnios da vida alheia. Esse interesse, em geral, parece arbitrário, mas repousa sobre uma base moral. Pois se ora aplaudimos merecidamente aqueles de propósitos louváveis, ora nos voltamos, como que arrebatados pelo brilho do sucesso, também para aqueles cujos princípios não faríamos senão censurar. Qualquer que fosse o caso, aqueles tempos nos ofereciam material mais que suficiente.

Frederico II, valendo-se de sua força, ainda parecia continuar fazendo as vezes de juiz do destino da Europa e do mundo. Catarina, uma grande mulher que soube se mostrar digna do trono da Rússia, dava grandes liberdades a alguns de seus eleitos mais competentes, para que estes não cessassem de ampliar os domínios da soberana. E como isso acabou acontecendo à custa dos turcos, a quem nos habituamos a retribuir copiosamente o desprezo com que nos olham de cima para baixo, não tínhamos, então, a impressão de que eram seres humanos aqueles milhares de infiéis sacrificados.[33] O incêndio da frota turca no porto de Chesme[34] geraria uma comoção generalizada em grande parte do mundo civilizado e todos puderam experimentar a sensação de soberba do vencedor quando se soube que, com o intuito de preservar uma imagem verossímil daquele grande evento, fizeram ir aos ares um navio de guerra na enseada de Livorno – exclusivamente para esses fins artísticos.[35] Pouco tempo mais tarde, um jovem rei nórdico, também

---

33 Referência à guerra empreendida por Catarina II contra os turcos, entre 1768 e 1774.

34 Referência à batalha travada no porto da cidade turca de Chesme (Çeşme), em 7 de julho de 1770.

35 Referência ao trabalho do pintor Jacob Philipp Hackert (1737-1807). Encarregado de pintar uma série de telas sobre a referida batalha, o almirante russo Graf Orlow mandaria explodir um navio de guerra na costa de Livorno, somente para

por força de sua própria autoridade, assumiria as rédeas de seu governo.[36] E ninguém lamentaria a perda dos aristocratas que ele oprimiu. Aliás, a aristocracia, em geral, não costumava cair nas graças do público, já que, seguindo sua própria natureza, agia sempre em silêncio e, quanto menos desse o que falar, mais se sentia segura de si. Nesse caso, em especial, as pessoas tinham o jovem rei em alta conta, uma vez que, para manter o equilíbrio das classes mais altas, ele beneficiou também as classes menos abastadas, aliando-se a elas.

Mas o mundo se comoveria ainda mais vivamente quando todo um povo deu ares de se libertar. Já anteriormente havíamos gostado de ver o mesmo espetáculo numa escala menor. Há muito que a Córsega era o ponto para onde se dirigiam as atenções, e quando Paoli,[37] impedido de levar adiante seu projeto patriótico, atravessou a Alemanha a caminho da Inglaterra, ele acabou conquistando todos os corações. Era um homem loiro, bonito e elegante, a quem não faltavam nem charme, nem simpatia. Eu o encontrei na casa da família Bethmann,[38] onde ele passou algum tempo e, com gentileza e amabilidade, recebeu uma turba de curiosos. Nessa mesma época, no entanto, cenas semelhantes iriam se repetir num canto ainda mais remoto do mundo. Desejávamos toda sorte aos americanos, e nomes como Benjamin Franklin e George Washington começaram a reluzir e cintilar nos céus da política e da guerra. Muita coisa, enfim, vinha acontecendo, então, para o alívio da humanidade, mas quando até mesmo o novo e benevolente rei da França[39] mostrou a melhor das intenções para combater certos abusos e para se dedicar a fins mais nobres, dispondo-se a introduzir uma economia de Estado mais regular e satisfatória, a renunciar a toda forma arbitrária de violência e a reinar sempre pela ordem e pela justiça; quando isso aconteceu, as mais felizes esperanças se espalharam pelo mundo todo, e os

---

    que o pintor tivesse a experiência de presenciar uma explosão como aquela antes de retratá-la.
36 Referência a Gustavo III (1746-1792), rei da Suécia.
37 Pasquale Paoli (1725-1807), patriota córsico que liderou os movimentos de libertação da Córsega contra o domínio genovês.
38 Referência à casa do banqueiro Johann Philipp Bethmann (1715-1793), em Frankfurt.
39 Referência à Luís XVI, que assumiu o trono em 1774.

jovens daquela geração, confiantes, julgavam poder acreditar na promessa de um belo futuro, de um futuro maravilhoso para eles e para todos os seus contemporâneos.

Acompanhava esses eventos todos apenas na medida em que eles interessavam à sociedade em geral; eu mesmo e as pessoas de meu círculo mais próximo não nos ocupávamos muito dos jornais e das novidades. Nosso maior interesse era conhecer o ser humano; e, quanto aos seres humanos propriamente ditos, que agissem como bem entendessem.[40]

A condição de paz e tranquilidade que se espalhava então pelas terras alemãs – e de que também minha cidade natal desfrutava havia mais de um século – vinha conseguindo se manter perfeitamente intacta apesar de uma série de guerras e agitações. Havia certo contentamento generalizado, que, ao invés de afastar as classes mais abastadas das menos privilegiadas, parecia, antes, unir as personalidades dessas diferentes ordens hierárquicas, do imperador até o judeu. Se os reis se subordinavam ao imperador, o direito ao voto, que este lhes concedia, e os privilégios por eles reclamados e conquistados restabeleciam decisivamente o equilíbrio entre essas duas instâncias. Também a alta nobreza havia então se misturado ao primeiro escalão da realeza, de modo que, em vista de suas prerrogativas nada desprezíveis, podia se considerar em pé de igualdade com a esfera real; de certo modo, a nobreza podia se considerar até mesmo superior, já que os príncipes-eleitores eclesiásticos tinham precedência sobre todos os outros e, como rebentos diretos dessa ordem hierárquica, mantinham uma posição venerável e inconteste.

Se levarmos em consideração as vantagens extraordinárias de que essas famílias tradicionais e estabelecidas gozavam diretamente, mas também indiretamente, por força de sua influência em fundações, ordens de cavalaria, ministérios, associações e confrarias, não será muito difícil imaginar que essa grande massa de figuras tão importantes, sentindo-se ao mesmo tempo subordinada e coordenada, vivesse seus dias com grande satisfação no desempenho regrado de suas atividades, garantindo e transferindo, sem grande esforço, o mesmo grau de bem-estar para seus descendentes.

---

40 Conforme anota a edição crítica da DKV, a esta marcação segue-se um espaçamento de cerca de quarenta linhas no manuscrito da obra.

Tampouco faltava a essa classe uma cultura intelectual. Havia pelo menos cem anos que a formação dos altos escalões militares e político-administrativos vinha se destacando significativamente e ganhando expressão nos altos círculos sociais e diplomáticos; mas, ao mesmo tempo, essa formação também soubera ganhar os espíritos por meio da filosofia e da literatura, instigando neles uma condição de superioridade de seus pontos de vista, que, no entanto, não se mostrava de todo auspiciosa para o presente.

Na Alemanha, até então não havia ocorrido a ninguém a ideia de invejar aquela enorme massa de privilegiados, nem de ver com maus olhos as belas vantagens sociais que esses eleitos tiravam em toda e qualquer situação. A classe média havia se devotado impassivelmente aos seus negócios e às ciências, elevando-se, com isso e com a tecnologia relacionada a essas atividades, a uma posição que contrabalançava de modo significativo sua relação com as outras classes. Cidades livres – ou parcialmente livres – favoreciam o desenvolvimento dessas atividades, despertando em seus moradores certa sensação plácida de bem-estar. Aqueles que viam suas posses se multiplicarem e sua atividade intelectual se desenvolver, especialmente no campo jurídico e nas questões de Estado, estes tinham a sorte de exercer uma influência importante em toda parte. Afinal, nos altos tribunais do império, assim como em qualquer outra instância, os nobres sempre tinham assento diante dos homens de saber, e a visão mais liberal daqueles parecia harmonizar perfeitamente com as considerações mais profundas destes. Não havia qualquer vestígio de rivalidade. O nobre, assentado sobre as prerrogativas exclusivas que o tempo lhe consagrara, sentia-se absolutamente seguro, enquanto o burguês achava indigno de si lutar por uma aparência de nobreza, que o acréscimo de um *von* diante de seu sobrenome poderia produzir. Os homens do mundo dos negócios e da técnica tinham mais o que fazer, preocupando-se, antes, em acompanhar minimamente o ritmo acelerado do desenvolvimento de outras nações. Se nos permitirmos deixar de lado as habituais variações de um dia para o outro, podemos certamente afirmar que, no conjunto, esta foi uma época de empenhos como nunca havíamos visto antes; e por causa do rumo que as coisas todas acabaram tomando, externa e internamente, tampouco esses tempos se perpetuariam por muito tempo.

De minha vida: Poesia e verdade

Nessa época, minha relação com as classes mais elevadas lhes era bastante favorável. Ainda que, no *Werther*, certas contrariedades – resultantes do confronto de duas ordens sociais bem determinadas – ganhassem traços de irreverência,[41] isso, em geral, parecia ser relevado diante do tom mais dominantemente passional do livro, percebendo-se que, por trás disso, não havia nenhum propósito mais específico.

E foi com o *Götz von Berlichingen*, no entanto, que eu acabei fazendo ótima figura diante das classes mais altas. Essa obra até podia ferir os princípios e adequações da literatura produzida até então, mas retratava, com conhecimento e competência, as circunstâncias do antigo mundo germânico, com seu inabalável imperador acima de todos, com personagens das mais diversas classes e com um cavaleiro que, por conta própria e em meio a um contexto sem lei, empenhava-se para agir, senão legalmente, ao menos com alguma justiça – o que, para ele, teria consequências trágicas. Esse complexo de relações e complicações não havia surgido de minha cabeça; tratava-se de uma elaboração viva e vigorosa – e, por isso mesmo, também moderna em relação a uma ou outra questão –, mas sempre nos termos do que aquele bom e valoroso homem retratara, não raro com certa dose de autocomplacência, em sua própria narrativa.

Sua família encontrava-se em plena florescência e seu parentesco com a classe dos cavaleiros da Francônia[42] ainda se mantinha inteiramente preservado, por mais que tais relações, assim como tantas outras coisas naquela época, viessem aos poucos se tornando cada vez mais apáticas e inexpressivas.

Com essa obra, de uma hora para outra, o pequeno rio Jagst e o castelo de Jagsthausen[43] ganharam um significado poético e chegaram a se tornar um ponto de visitação, assim como a prefeitura de Heilbronn.

---

41 Ver, em especial, o episódio no início do Segundo livro do *Werther*.

42 Referência ao *Fränkischer Reichskreis*, circunscrição política do Sacro Império Romano--Germânico, estabelecida em 1500 pelo imperador Maximiliano I de Habsburgo (1459-1519).

43 Atualmente, Jagsthausen é um município situado no distrito de Heilbronn, no norte do estado alemão de Baden-Württemberg.

Era sabido que eu vinha me ocupando de outros pontos da história daquela época e algumas famílias tradicionalíssimas, que remontavam suas origens àqueles tempos, nutriam grandes esperanças de ver algum de seus antepassados ser trazido da mesma forma à luz do dia.

Quando a história de uma nação é relembrada de maneira espirituosa, é comum que isso produza, nas pessoas em geral, uma sensação peculiar de bem-estar; o povo se orgulha então das virtudes de seus antepassados e ri de suas respectivas mazelas, acreditando tê-las há muito superado. Não é difícil, portanto, que uma peça como esta desperte interesse e aprovação; nesse sentido, eu só tinha mesmo é de ficar contente com a ampla repercussão que essa obra logrou alcançar.

Contudo, talvez seja digno de nota o fato de que, entre tantas pessoas – e, dentre elas, inúmeros jovens – que a partir de então se aproximaram de mim, não houvesse sequer um nobre. Em contrapartida, muitos que, já na casa dos trinta anos, buscaram meu contato e vieram me visitar, demonstravam, em suas intenções e ambições, uma esperança e uma disposição para se preparar e se educar mais seriamente, tanto como patriotas quanto como seres humanos.

A essa altura, um interesse por tudo que remontava à virada do século XV para o XVI ganhava vida e força. Foi então que tive acesso às obras de Ulrich von Hutten[44] e me senti absolutamente maravilhado ao perceber que algo, em nossos tempos modernos, parecia estar se manifestando, de novo, do mesmo modo como ocorrera em sua época: havia, nas ações e nas aspirações daqueles homens que eu então comecei a conhecer, um sério traço de esperança de que pudessem desenvolver tanto quanto possível seus ideais patrióticos e morais.[45]

A carta de Ulrich von Hutten a Billibald Pirkheimer,[46] que reproduzo a seguir, parece vir bem a calhar aqui.

---

44 Ulrich von Hutten (1488-1523), humanista, filólogo e escritor.
45 Esse período foi eliminado do texto estabelecido por Eckermann, que o substituiria pelo período que se segue.
46 Goethe traduz para o alemão a passagem da referida carta de Ulrich von Hutten a Willibald Pirckheimer (1470-1530) a partir da edição em latim *Ulrichi D. Hutten ad B. Pirckheimer [...] epistulae. Commentarium subiecit Jacobus Burckhard*, de 1717.

De minha vida: Poesia e verdade

"O que a sorte nos concede, ela muito frequentemente nos toma de volta; e não apenas isso, mas também tudo o que se agrega exteriormente ao homem, vemos que está sujeito ao acaso. Eu, de minha parte, almejo honrarias que desejaria alcançar sem despertar inveja, fosse do modo que fosse, pois que se apossa de mim uma vigorosa sede de fama, de que eu seja tão enobrecido quanto possível. Mas eu me sentiria muito mal, estimado Billibald, se, mesmo tendo nascido nessa categoria, numa família dessa estirpe e com os pais que tenho, eu me tomasse de imediato por um nobre, ao invés de enobrecer a partir de meus próprios esforços. Eis a grande obra que tenho em mente! Penso mais alto! Não me quero ver transmudado numa classe mais distinta e ilustre; ao contrário, quero encontrar em algum lugar uma fonte, na qual eu possa me servir de uma nobreza especial. Não quero que me contem entre os nobres delusórios, satisfeito com o que recebi de meus avós; quero, antes, acrescentar a esses bens algo de minha parte, algo de mim que possa ser transmitido aos meus descendentes.

Para isso, nem tudo depende da sorte, mas ela também tem seu papel; o quanto ela influi, eu não saberia dizer. Tenho de admitir, portanto, que eu bem gostaria que a vida me concedesse alguns lances de sorte, capazes de me alçar ao alto com seu impulso auspicioso.[47] É por isso que me volto e me dedico aos meus próprios estudos e esforços, contrapondo-me, em opinião, àqueles que se dão por satisfeitos com as coisas todas do modo que elas existem; para mim, nada disso é suficiente, e eis que te dou aqui a conhecer minha ambição quanto a essas coisas, sem que isso sequer me fosse sugerido ou requisitado.[48] Assim, confesso, pois, que não invejo aqueles que, partindo das classes menos favorecidas, foram capazes de ir além de minha própria condição; quanto a isso, penso de modo muito diferente do que fazem os homens de minha classe, que costumam menosprezar todos aqueles que, tendo uma origem mais humilde, destacaram-se por força de seus méritos. Afinal, é mais do que justo que prefiramos aqueles homens que agarraram e tomaram para si o objeto da fama, que nós mesmos negligenciamos.

---

47 Os dois primeiros períodos desse parágrafo foram cortados por Eckermann na edição póstuma da obra.

48 A última frase desse período, registrada na edição da DKV, não consta da edição crítica de Hamburgo.

Não importa que sejam filhos de artesãos e curtidores, eles souberam obter sucesso enfrentando muito mais dificuldades do que qualquer um de nós encontraria em seu caminho.

Não basta chamar de insensato o indivíduo ignorante que inveja aquele outro que foi capaz de se destacar por força de seus conhecimentos; é preciso contá-lo entre os miseráveis, ou melhor, entre os mais miseráveis. E nossa nobreza padece muito especialmente desse defeito, na medida em que vê esses conhecimentos de modo meramente decorativo. Mas, por Deus! O que significa invejar aquele que possui o que nós desprezamos? Por que não nos aplicamos mais no estudo das leis? Por que não aprendemos nós mesmos a beleza da erudição e das melhores expressões da arte? Quanto a isso, sapateiros, carpinteiros e outros artesãos tomaram nossa frente. Por que abandonamos o posto, por que relegamos os estudos mais liberais àqueles que nos servem e — uma vergonha para nós — ao seu calão? De modo muito justo, a herança da nobreza, que nós só soubemos desprezar, foi apropriada e bem utilizada por aqueles que mostraram ter habilidade e engenho. E quão miseráveis somos nós, por termos negligenciado aquilo que bastava para que qualquer homem das classes mais desprivilegiadas pudesse se alçar a uma condição superior à nossa! Que cessemos de invejar e tratemos, também nós, de tentar alcançar aquilo de que, para nossa vergonha e desgraça, outros se arrogaram o direito de obter. Tudo aquilo que é desprezado pertence a todos; pois não estaríamos também abandonando completamente os caminhos que estão abertos a todo mundo e que nos são muito mais acessíveis do que aos outros, se nos recusássemos completamente a progredir e, dado que nos saímos bem com muito menos, nos servíssemos desses caminhos apenas por preguiça ou por outro sentimento obscuro?[49]

Todo desejo de fama é honorável, toda luta pelo mérito é digna de louvor; mas que cada classe preserve sua própria honra, que seja assegurado a cada classe seu próprio ornamento! Não pretendo menosprezar nem a imagem dos antepassados, nem as mais frondosas árvores genealógicas, mas por maior que seja seu valor, este não é automaticamente nosso se não o tornamos nosso por nossos próprios méritos; assim como esse valor tampouco

---

49 Esse período inteiro foi cortado por Eckermann na edição póstuma do texto.

há de se perpetuar se a nobreza não adotar modos que lhe sejam adequados. Será de todo em vão, então, que um daqueles senhores bem nutridos e fornidos mostrará a ti os retratos de seus ancestrais, enquanto ele mesmo, de tanta indolência, mais se assemelhará a um cepo qualquer do que àquelas figuras que iluminaram de virtude o caminho que o antecedeu.

Eis aí o que, de modo tão prolixo quanto sincero, eu desejava confiar a ti sobre minha ambição e minha natureza."[50]

Embora não com o mesmo encadeamento de ideias, eu já havia ouvido alguns de meus amigos e conhecidos mais distintos falarem de sentimentos igualmente inflamados e vigorosos, que ganhavam corpo na forma de uma atividade exercida com retidão e honestidade. A ideia de que cada um tinha de conquistar pessoalmente a sua própria condição de nobreza se tornara, então, uma espécie de credo, e se alguma forma de rivalidade se manifestava naqueles nossos tempos tranquilos, era de cima para baixo que ela se apresentava.

Nós, de nossa parte, tínhamos tudo o que queríamos: o exercício livre e liberado dos talentos que a natureza nos havia concedido, ao menos na medida em que essa atividade pudesse viver harmonicamente com nossa condição burguesa.

No que diz respeito a isso, minha cidade natal tinha uma posição toda particular, embora poucos atentassem para esse fato. Enquanto as cidades imperiais livres do norte fundavam-se em sua ampla atividade comercial e as do sul, com a retração do comércio, passaram a se concentrar nas atividades ligadas às artes e à técnica, em Frankfurt podia-se notar uma rede de sustentação mais complexa, em que se entrelaçavam atividades do ramo comercial, financeiro, imobiliário, bem como o gosto pelas ciências e pelas coleções. A confissão luterana estava no comando, mas todos podiam encontrar lugar na magistratura: o antigo ganerbinato que carregava o nome da tradicional Casa Limpurg; a Casa Frauenstein, que tivera início como um simples clube e que, mesmo em meio às rebeliões das classes menos privilegiadas, mantivera-se fiel a seus ideais; os juristas e todo cidadão de posses e de ideias. Até

---

50 Conforme anota a edição crítica da DKV, a esta marcação segue-se um espaçamento de cerca de 23 linhas no manuscrito da obra.

mesmo aqueles artesãos que haviam se atido à ordem em tempos[51] mais conturbados eram elegíveis para o Conselho, embora não lhes fosse dado progredir em sua hierarquia interna. Os outros contrapesos constitucionais, bem como as formalizações institucionais e todos os procedimentos diretamente relacionados à constituição garantiam, a muitas pessoas, um espaço para o exercício de suas atividades, enquanto a afortunada posição geográfica da cidade estava longe de constituir um obstáculo às atividades comerciais e industriais.

A alta nobreza vivia e agia para si mesma, sem sofrer com a inveja alheia e praticamente sem ser notada. Já a classe que vinha logo abaixo desta precisava agir com um pouco mais de ambição e, apoiada nos antigos recursos e nas posses de suas famílias tradicionais, procurava distinguir-se através de sua ação no campo do direito e da política de Estado.

Os chamados reformados, assim como em outras regiões também os huguenotes refugiados, formavam uma classe de pessoas muito distintas, e mesmo quando, aos domingos, partiam em seus belos coches para assistir a seu culto no vilarejo de Bockenheim,[52] isso sempre representava uma espécie de triunfo sobre os demais cidadãos de Frankfurt, que, com chuva ou com sol, não tinham senão o privilégio de ir à igreja a pé.

Os católicos mal eram notados; mas eles também não deixaram de perceber as vantagens de que se haviam apropriado as outras duas confissões.

---

51 Ver nota 47 do Quarto livro, à p. 183.
52 Até 1788 os reformados calvinistas eram proibidos de realizar seu culto na cidade luterana de Frankfurt, fazendo-o no vilarejo de Bockenheim, já mencionado anteriormente por Goethe nesta obra.

Décimo oitavo livro

Retornando às questões literárias, tenho de destacar, aqui, as circunstâncias que tiveram grande influência sobre a poesia alemã daquela época e que são dignas de toda nossa atenção, na medida em que fizeram prolongar seu impacto sobre os caminhos da arte poética até nossos dias e, possivelmente, não vão deixar de fazê-lo no futuro.

Desde os tempos mais remotos, os alemães haviam se acostumado à rima, recurso que oferecia a grande vantagem de se poder proceder de modo bastante ingênuo e sem precisar fazer muito mais do que contar as sílabas. Com o desenvolvimento de nossa cultura, aqueles que atentavam – de modo mais ou menos instintivo – também para o sentido e o significado[1] das sílabas, estes alcançaram glórias, que apenas alguns poucos poetas souberam conquistar para si mesmos. A rima indicava o fim da frase poética; nos versos mais curtos, anunciava até mesmo as menores cesuras, e um ouvido naturalmente bem desenvolvido sabia como empregá-la com graça e variação. Mas, de repente, a rima simplesmente sumiu, sem que se levasse em consideração o fato de que ainda muito pouco se havia decidido quanto ao valor das sílabas – se é que se podia mesmo decidir algo a esse respeito. Nesse sentido,

---

1 Em alemão: *Sinn und Bedeutung*. Vale observar que, no início do século XIX, esses dois termos ainda não evocavam necessariamente o leque de nuances linguísticas e filosóficas que o século XX criaria e que reverberam em nossa leitura contemporânea.

Johann Wolfgang von Goethe

Klopstock[2] foi um precursor e é notório o quanto ele se engajou e realizou em razão dessa causa. Todos sentiam a insegurança da coisa e poucos eram os que se mostravam à vontade para se arriscar. Movidas por essa tendência mais natural, as pessoas acabaram recorrendo a uma espécie de prosa poética.[3] Os mais que adoráveis idílios de Gessner lograram abrir definitivamente o caminho. Klopstock escreveria o diálogo de sua *Batalha de Armínio* em prosa e faria o mesmo também em *A morte de Adão*.[4] Com os dramas e com as tragédias burguesas, um estilo elevado e sentimental começava a tomar conta do teatro, enquanto, na contramão desse movimento, o pentâmetro iâmbico, disseminado entre nós por influência dos ingleses, traria a poesia para o chão da prosa; das demandas métricas e rímicas, no entanto, eram poucos os que conseguiam abrir mão. Embora agisse segundo princípios incertos, Ramler,[5] por exemplo, era um crítico rigoroso de sua própria obra e não se eximia de fazer valer o mesmo rigor para as obras alheias. Ele transformava prosa em verso, mudava e melhorava o trabalho dos outros, mas isso tudo não lhe renderia grande reconhecimento e só viria confundir ainda mais as coisas. Os mais bem sucedidos eram aqueles que se valiam da figura tradicional da rima, mas sem deixar de levar também em consideração o valor silábico. Movidos por um gosto natural, esses poetas seguiam regras implícitas e instáveis, como fazia, por exemplo, Wieland, que, embora inigualável, por muito tempo acabaria servindo de modelo a poetas de talento mediano. Fosse como fosse, o exercício da poesia continuaria sendo algo incerto, e não havia ninguém, nem mesmo entre os melhores, que não tivesse passado por algum momento de perplexidade. O resultado disso, para nossa infelicidade, é que o período mais genial de nossa poesia não foi

---

2 Ver também nota 38 do Segundo livro, à p.104. A partir de 1747, Klopstock passaria a escrever suas odes em hexâmetros e em formas métricas e estróficas da Antiguidade clássica; a partir de 1754, passaria a escrever suas obras em ritmo livre. Goethe se concentra, nessa passagem, na questão do uso "livre" de seu verso.

3 No sentido de uma prosa ritmada, como nos *Moralische Erzählungen und Idyllen*, os chamados *Idílios*, de Salomon Gessner (1730-1788), publicados a partir de 1756 e referidos por Goethe logo a seguir. Ver também nota 50 do Sétimo livro, à p.327.

4 Quanto à *Batalha de Armínio*, ver nota 85 do Décimo segundo livro, à p.641. A peça *Der Tod Adams* (1757) foi o primeiro drama escrito por Klopstock.

5 Ver nota 24 do Décimo quinto livro, à p.770.

capaz de produzir muita coisa digna de ser qualificada como exemplo de perfeição em seu gênero. Também na poesia aquele era um tempo caudaloso, exigente e produtivo, mas pouco dado a reflexões e incapaz de se satisfazer consigo mesmo.[6]

Para, diante disso tudo, encontrar um chão em que pudéssemos de fato firmar o pé poeticamente, para descobrir um elemento em que pudéssemos respirar livremente, foi preciso voltar alguns séculos atrás, até uma época em que talentos verdadeiramente grandes haviam se mostrado capazes de se erguer em meio ao caos vigente, impondo-se de modo brilhante. E foi assim, também, que começamos a simpatizar com a arte poética desses tempos mais remotos. Os *Minnesänger* encontravam-se muito distantes de nós; para podermos lê-los, teria sido necessário estudar primeiro sua língua, e isso não estava em nosso horizonte.[7] Não queríamos aprender, queríamos viver.

Hans Sachs,[8] o verdadeiro mestre dos poetas, parecia-nos mais próximo. Um homem de talento, não como um daqueles cavaleiros ou cortesãos, mas, sim, como um simples burguês – condição em que nós também nos gabávamos de nos encontrar. Seu realismo didático tinha grande apelo entre nós, e em muitas ocasiões nos serviríamos daquele seu mesmo ritmo leve e de suas rimas que se nos ofereciam de modo tão cômodo. Aquela forma parecia adequar-se tão bem à poesia nossa de cada dia, que não pudemos mais prescindir dela em momento algum.

---

6 Conforme anota a edição crítica da DKV, a este fim de parágrafo segue-se um espaçamento de cerca de quarenta linhas no manuscrito da obra.

7 Referência à expressão alemã da tradição trovadoresca, mais tardia do que em outras regiões europeias como a França. Remontando aos séculos XII, XIII e XIV, trata-se, em geral, de uma expressão poética em *Mittelhochdeutsch* (alto-alemão médio), variante da língua alemã falada na Alta Idade Média. O início do movimento de revalorização das referências artístico-literárias da Idade Média remonta a meados do século XVIII, com publicações de Bodmer entre 1748 e 1759, mas só ganhará maior evidência ao final desse século, no contexto do Romantismo alemão.

8 Ver nota 13 do Décimo quinto livro, à p.764. Hans Sachs (1494-1556) não era muito conhecido nos séculos XVII e XVIII. Goethe reescreveria os caminhos de recepção de sua obra, também pela contribuição que daria à revitalização da mirlitonada, forma poética praticada com excelência por Hans Sachs, mas pouco considerada na época da juventude de Goethe.

9

Se minhas obras mais importantes – como algumas das que já mencionei anteriormente –,[10] que demandaram anos a fio ou mesmo toda uma vida de dedicação e trabalho, se já essas obras foram fundadas sobre bases tão pouco firmes e motivadas por pretextos mais ou menos levianos, imaginem então em que condições arbitrárias não foram concebidas todas aquelas outras produções mais ligeiras, como as epístolas poéticas, as parábolas e invectivas de toda espécie, com as quais eu não cessava nem de me combater internamente, nem de buscar confusão externa.

À parte o que já foi impresso, muito pouco restou disso tudo. É possível que esse pouco se preserve;[11] para aqueles que se interessam pelo assunto, esses breves apontamentos hão de poder prestar algum esclarecimento sobre as origens e os propósitos de minha obra.

Aqueles que vierem um dia a se aprofundar no estudo dessas coisas vão perceber, quiçá com certa simpatia, que um mesmo esforço sincero moveu todas essas excentricidades. Afãs honestos lutaram contra a presunção, o natural enfrentou o tradicional, o talento se insurgiu contra a forma, o gênio confrontou a si mesmo, a força impôs-se diante da indolência, as virtudes em formação duelaram contra a mediocridade estabelecida; e tudo isso pode ser visto como um combate na linha de frente, como aquele combate que se segue a uma declaração de guerra e que anuncia uma disputa longa e violenta. Pois, a bem da verdade, mesmo depois desses cinquenta anos a batalha ainda não chegou a seu fim; ela continua, só que em regiões mais altaneiras.[12]

---

9 Conforme anota a edição crítica da DKV, a esta marcação corresponde um espaçamento de cerca de vinte linhas no manuscrito da obra.
10 A aposição não consta do texto estabelecido na edição crítica de Hamburgo.
11 Os referidos textos seriam integrados à edição de 1842 de suas obras completas.
12 O parágrafo a seguir não consta do texto estabelecido na edição crítica de Hamburgo. Goethe previra inserir aqui, originalmente, uma exposição sobre seu projeto do *Fausto*, que ele não acreditava então (em torno de 1816) poder acabar. Ao dar por encerrada a segunda parte do *Fausto*, em 1831 – obra publicada postumamente em 1832 –, Goethe resolve excluir essa passagem sobre o livro. Daí a passagem direta à discussão da opereta e, em especial, de *Hanswursts Hochzeit*, cuja inspiração, assim

De minha vida: Poesia e verdade

Aquelas óperas especialmente prosaicas, que se articulavam em torno de uma profissão, acabaram finalmente se tornando insuportáveis para mim depois de eu as ter tolerado por tanto tempo. Tratei então de criar um tema romântico na opereta *Claudine von Villabella*,[13] tendo em vista a fusão, em um mesmo mote, de sentimentos nobres e de ações vagamundeantes, o que me parecia muito apropriado para o palco — tratava-se, aliás, de algo bem conhecido na poesia espanhola, mas que ainda era novo para nós naquela época. De lá até hoje, muitos já usaram e abusaram dessa mesma ideia inúmeras vezes.

14
———

Tomando por base uma antiga peça para teatro de bonecos,[15] tive então a ideia de escrever uma farsa caricata e amalucada, que deveria levar o título de *As bodas de João Salsicha*.[16] O esquema era o seguinte: João Salsicha, filho órfão de camponeses ricos, acaba de atingir a maioridade e quer se casar com uma moça rica chamada Ursel Blandina. Seu tutor, Kilian Plastrão,[17] a mãe da moça e a tia da moça, também Ursel, a do buraco frio, ficam bastante contentes com a ideia: afinal, com o casamento, seus maiores anseios e os planos, há tanto arquitetados para os jovens, seriam finalmente realizados. Nenhuma forma de objeção se apresenta contra o enlace nupcial, de modo que toda a ação da peça se concentra no fato de que a satisfação do desejo recíproco dos jovens nubentes é continuamente retardada pelos preparativos da festa de casamento e pelas inevitáveis contrariedades que daí

---

como no caso do drama fáustico, Goethe também tomaria a partir de uma peça de teatro de bonecos.

13 Referência ao drama musical (*Singspiel*) escrito por Goethe entre 1774 e 1775, publicado em 1776 e musicado posteriormente por vários compositores como Reichardt e Schubert.

14 Conforme anota a edição crítica da DKV, a essa marcação corresponde um espaçamento de cerca de 35 linhas no manuscrito da obra.

15 Possível referência à peça *Monsieur le Harlekin oder des Halekins Hochzeitsschmaus* (1695), de Christian Reuter (1665-?).

16 Referência à farsa intitulada *Hanswursts Hochzeit oder der Lauf der Welt — Ein mikrokosmisches Drama* (1775). A peça se preservaria apenas como fragmento. Ver nota 31 do Décimo terceiro livro, à p.678.

17 Em alemão: *Kilian Brustfleck*.

decorrem. O prólogo tem início com o personagem encarregado de convidar os convivas para a celebração do casamento. Ele faz sua fala banal e tradicional, arrematando-a com as seguintes rimas:

> Na taverna do piolho dourado
> Lá o himeneu será celebrado.[18]

Para escapar às acusações de violação da unidade do espaço dramático, já se podia avistar, ao fundo do teatro, a insígnia brilhante da referida taverna; mas à medida que era como que girada sobre uma cavilha, a taverna ia se revelando em cada uma de suas quatro faces, o que acabara demandando algumas alterações engenhosas também nos bastidores frontais do teatro.

No primeiro ato via-se a fachada da taverna para a rua, com sua insígnia dourada como que ampliada por um microscópio solar; no segundo ato, via-se a face que dava para o jardim da casa; no terceiro era a vez da face que se voltava para um pequeno bosque e, no quarto e último ato, o que se podia ver era a face que dava para um lago próximo à taverna. Com isso, ficava de uma vez por todas profetizado que, dali muito em breve, o decorador[19] não precisaria de grande esforço para fazer correr uma onda por todo o palco até chegar à concha do ponto.

Mas a verdade é que isso tudo ainda não nos dá uma ideia concreta do que era o real interesse dessa farsa. Sua maior graça residia no desvario de batizar a todos os personagens da peça com nomes que, em alemão, não passavam de insultos e injúrias. Com esse recurso, o caráter de cada personagem, bem como sua relação com os outros, ganhava uma expressão clara logo que seu nome fosse pronunciado.[20]

Como esperamos que a presente obra seja lida nas boas rodas da sociedade e também nos círculos mais respeitáveis de nossas famílias, não nos

---

18 Em alemão: "Bei dem Wirt zur goldnen Laus/ Da wird sein der Hochzeitschmaus".
19 O cenógrafo ou cenarista.
20 Levando esse propósito em consideração, como o fizemos na tradução do restante dos nomes dessa peça, Hans Wurst poderia ser traduzido por João Banana, ou algo semelhante. Mantemos aqui João Salsicha em razão do modo como esse personagem (tipo) é traduzido mais tradicionalmente e figura na bibliografia crítica.

permitiremos, a esta altura, elencar os personagens da peça um após o outro, como seria de praxe fazer nos cartazes de teatro; tampouco citaremos, aqui, as passagens em que esses personagens revelam seu caráter de modo mais claro e eminente, por mais que esta pudesse ser uma maneira bastante simples de destacar a espirituosidade das tiradas e as relações instigantes, divertidas e inofensivas a que seus nomes aludem.[21]

A título de experiência, acrescentamos a seguir uma página de exemplo, deixando a critério de nossos editores a avaliação quanto a seu grau de admissibilidade.[22]

O primo Súcio,[23] pelo vínculo familiar, tinha todo o direito de ser convidado para a festa e ninguém fazia maiores objeções. Afinal, por mais que fosse um aparvalhado na vida, a verdade é que ele existia e, como existia, não era possível renegá-lo de um modo decoroso. Além do mais, num dia de festa como aquele, não era preciso trazer de volta à lembrança o fato de que, de tempos em tempos, ele era capaz de dar bons motivos para que as pessoas se indispusessem com ele.

Já o caso do senhor Biltre[24] era um tanto mais complicado: certa vez beneficiara a si próprio ao prestar serviços à família. E, em outra dessas ocasiões, teria chegado a prejudicar seus familiares, não se sabe se, de fato, com o intuito de garantir para si mesmo alguma vantagem, ou se apenas porque teve a oportunidade de fazê-lo. Os mais ou menos espertos votaram em favor de sua presença na festa, vencendo aqueles poucos que teriam preferido deixá-lo de fora.

Mas havia ainda uma terceira pessoa[25] e, quanto a ela, a decisão era ainda mais difícil. No trato social era alguém que parecia perfeitamente em ordem,

---

21 Conforme anota a edição crítica da DKV, a esse fim de parágrafo se segue um espaçamento de cerca de oito linhas no manuscrito da obra.
22 Este período, incorporado por todas as edições desde a publicação organizada por Eckermann, era apenas uma nota de Goethe dirigida aos futuros editores de sua obra, não constituindo parte do texto original. Os quatro parágrafos que se seguem constituem o referido exemplo.
23 Em alemão: *Vetter Schuft*.
24 Em alemão: *Herr Schurke*.
25 Trata-se do personagem *Hans Arsch von Rippach*, algo como um João Quizila de Costelo.

um homem prestativo, agradável e não menos aceitável do que qualquer outro; mas tinha um grave defeito: não podia ouvir o próprio nome. E quando o ouvia, era tomado por uma fúria de titã, como a que os nórdicos viam em seus *berserkers*.[26] No instante dessa condição, ameaçava, então, matar a todos que encontrasse por perto e, mergulhado nesse seu rapto, tanto feria quanto era ferido. Aliás, era por causa das reações dessa pessoa que o segundo ato da peça acabava numa grande confusão.

Nesse contexto surgia também uma oportunidade inestimável de fustigar aquele larápio chamado Macklot.[27] Ele vem vindo de porta em porta, vendendo as maculaturas resultantes de suas macklotagens, e quando percebe que, naquela casa, tudo girava em torno dos preparativos para uma festa de casamento, não consegue conter o impulso de parasitar também aquelas pessoas e de encher suas tripas esfaimadas à custa dos outros. Ele se apresenta, Kilian Plastrão analisa sua súplica, mas se vê obrigado a enjeitá-lo, já que, como bem explica, todos os convidados daquela festa eram figuras públicas e conhecidas, algo que o suplicante jamais poderia pretender ser. Macklot faz então o possível e o impossível para demonstrar que ele é tão renomado quanto todos os outros presentes. Kilian Plastrão mostra-se inamovível no rigor de sua condição de mestre de cerimônias, mas aquele outro personagem, aqui não nomeado, depois de recuperar-se do acesso de fúria berserkeriana que tivera ao final do segundo ato, assume de modo tão impressionante a defesa do franco-impressor – com quem dava a impressão de ser aparentado –, que os demais convivas acabam cedendo e aceitando sua presença.

[28]
———

---

26 Guerreiros nórdicos ferozes, que eram tomados por uma enorme fúria antes de suas batalhas.
27 Referência ao editor Karl Friedrich Macklot (1760-1812), famoso por suas edições à revelia dos autores – prática comum e generalizada nessa época.
28 Conforme anota a edição crítica da DKV, essa marcação corresponde um espaçamento de cerca de dezoito linhas no manuscrito da obra.

Foi aproximadamente nessa época que os condes de Stolberg,[29] no curso de sua viagem à Suíça, anunciaram que nos fariam uma visita. Por causa das manifestações mais precoces de meu talento nas páginas do *Göttinger Musenalmanach*, eu acabara firmando laços de amizade com eles e com uma série de outros jovens poetas,[30] cuja importância é hoje reconhecida por todos. Naquela época, fazia-se uma ideia estranhamente singular do que era a amizade e o amor. Éramos jovens cheios de vida que nos abríamos uns para os outros e, nisso, revelávamos nossos espíritos talentosos, mas ainda pouco cultivados. Essa relação que mantínhamos e que, com efeito, ganhava ares de grande confiança, nós a tomávamos como uma forma de amor, como uma forma autêntica de afeição. Mas, assim como tantos outros, também eu me enganei a esse respeito e, por conta disso, acabei sofrendo de muitas formas diferentes ao longo dos anos.[31] Dessa época ainda guardo comigo uma carta de Bürger,[32] em que se pode ver como aqueles colegas não se importavam com implicações morais ao discutirem questões de ordem estética. Cada um se inspirava a seu modo e se sentia autorizado a agir e a compor conforme os ditames de sua empolgação.

Os irmãos chegaram a Frankfurt na companhia do conde Haugwitz.[33] Recebi-os com toda a cordialidade e com o devido decoro. Instalaram-se numa hospedaria, mas faziam a maior parte das refeições conosco, em nossa casa. Nosso primeiro encontro foi especialmente divertido e deixou a todos animados, mas não foi preciso muito tempo para que começassem a surgir as primeiras manifestações excêntricas.

---

29 A referida visita se daria no início de maio de 1775. Christian Leopold (1748-1821) e Friedrich Leopold zu Stolberg-Stolberg (1750-1819) eram do círculo mais próximo de Klopstock e, no tempo de estudantes, associaram-se ao grupo de poetas conhecido como *Göttinger Hain*.

30 Poetas do referido círculo de Göttingen. Ver nota 82 do Décimo segundo livro, à p.640.

31 Alusão ao posterior distanciamento entre Goethe e o conde Friedrich Leopold, motivado por uma querela em torno da discussão de um poema de Schiller.

32 Ver nota 61 do Décimo terceiro livro, à p.688.

33 Christian August Haugwitz (1752-1831). Na época em que Goethe escrevia essa passagem (cerca de quatro décadas depois do acontecido), Haugwitz tornara-se uma figura pública e amplamente conhecida por ter exercido o cargo de ministro prussiano entre 1797 e 1807.

A relação do grupo com minha mãe era um capítulo à parte. Com seu jeito direto e expedito, ela era capaz de se transportar diretamente para a Idade Média e assumir, de uma hora para outra, o papel de aia de alguma princesa lombarda ou bizantina. Chamavam-na simplesmente de senhora Aia e ela se comprazia da brincadeira, deixando-se enredar de tal modo nas fantasias daqueles jovens, que se julgava fielmente retratada na imagem da virtuosa esposa do Götz von Berlichingen.

Mas esse clima cordial e jocoso não duraria muito tempo. Bastou que partilhássemos algumas vezes da mesma mesa, para que, depois de uma e outra garrafa de vinho, começasse a brotar em nós aquele ódio poético dos tiranos, que dava mostras do quanto desejávamos o sangue dessas figuras despóticas. Diante disso, meu pai ensaiava um riso, balançando a cabeça; minha mãe mal havia ouvido falar de tiranos em sua vida, mas ela se lembrava de ter visto algumas gravuras desses vilões desumanos na *Crônica* de Gottfried e ainda guardava na memória imagens como a do rei Cambisses,[34] que, segundo se conta, vangloriara-se de ter acertado com a lança o coração de um rapaz de sua própria corte, sem se importar de fazê-lo na presença do pai do garoto. Certa vez, para tentar dar um rumo mais divertido a essas manifestações tão pesadas, minha mãe se pôs a caminho do porão, onde mantinha grandes barris de vinho de safras mais antigas — eram vinhos dos bons anos de 1706, 1719, 1726 e 1748, de que ela cuidava pessoalmente e que só cogitava servir raramente em ocasiões muito especiais.

Ao retornar do porão, colocou sobre a mesa uma garrafa de cristal com um vinho de um vermelho vivo, exclamando: — Eis o verdadeiro sangue dos tiranos! Deliciem-se com ele, mas chega dessas ideias de morte e assassínio em minha casa! — Com esse simples gesto ela conseguiu conter nossos ânimos da maneira mais prazerosa possível, fazendo-nos retomar os rumos da moderação e da civilidade.[35]

---

34 Referência ao rei persa Cambisses II (558 a.C.-522 a.C.), segundo relato que dele faz Heródoto, retratando-o como o tirano que, para provar como ainda era senhor de seus sentidos mesmo depois de ter bebido tanto vinho, atira uma lança no peito do filho de um dos membros de sua corte; em seguida, manda abrirem o corpo para provar como o golpe havia atingido em cheio o coração do rapaz.

35 Esse período não consta no texto estabelecido pela edição crítica de Hamburgo.

De minha vida: Poesia e verdade

— Sim, eis o verdadeiro sangue dos tiranos — disse eu —, e não há tirano maior do que aquele, cujo sangue do coração se apresenta aqui, diante de nós. Aproveitem, mas com moderação! Pois é preciso tomar cuidado para que esse sangue não nos subjugue com seu espírito e seu bom gosto. Os vinhedos são os tiranos universais e deveriam ser eliminados até a última gota; façamos, pois, do santo Licurgo da Trácia o nosso patrono, ele que empreendeu piamente essa grande obra, mas foi cegado e destruído pela sedução demoníaca de Baco, razão pela qual merece figurar no primeiro escalão dos mártires.[36]

— Sim, os vinhedos são os piores tiranos, a um só tempo hipócritas, ludibriantes e violentamente despóticos. As primeiras gotas de seu sangue nos dão apenas água na boca, mas uma gota convoca irresistivelmente a outra, e assim continuam sem cessar, formando um colar de pérolas que tememos romper.[37]

Se levantarem aqui a suspeita de que eu teria substituído, logo acima, meu verdadeiro discurso por uma fala meramente inventada, como também já fizeram os melhores historiadores, gostaria de dizer que minha maior vontade era a de que um estenógrafo tivesse registrado e transmitido à posteridade os detalhes dessa minha peroração. Todos veriam transcritos, então, exatamente os mesmos motivos e um encadeamento de ideias quiçá ainda mais gracioso e encantador. Seja como for, falta ao presente registro de minha fala a eloquência copiosa e transbordante tão típica daquele jovem que tinha ciência de sua força e habilidade, mas não sabia exatamente o que fazer com isso.

Em uma cidade como Frankfurt encontramo-nos sempre numa situação muito peculiar, pois os estrangeiros que por ali passam a cada instante remetem nossa imaginação constantemente a todas as partes do mundo, despertando em nós o gosto pela viagem. Eu já havia sido tocado anteriormente pelo germe da mobilidade, de modo que, justamente naquele momento em que se tratava de averiguar se eu era capaz de viver sem Lili e de enfrentar

---

36 Conforme anota a edição crítica da DKV, a esse fim de parágrafo segue-se um espaçamento de cerca de cinco linhas no manuscrito da obra.

37 Conforme anota a edição crítica da DKV, a esse fim de parágrafo segue-se um espaçamento de cerca de quarenta linhas no manuscrito da obra.

uma inquietação dolorosa que me tornava inapto para realizar qualquer tipo de atividade mais concreta, o convite dos Stolberg para acompanhá-los em sua viagem à Suíça não podia ser mais bem-vindo. Encorajado pela aprovação de meu pai, que só podia ver com bons olhos uma viagem naquela direção e que ainda me recomendaria, se possível, não perder a oportunidade de estender a viagem até a Itália, acabei tomando rapidamente minha decisão e, quando percebi, já estava de malas prontas. Depois de algumas insinuações, mas sem despedidas, separei-me enfim de Lili; ela se tornara uma parte tão importante de mim que eu mal me acreditava capaz de viver longe dela.

Em poucas horas eu já me via em Darmstadt, na companhia de meus divertidos colegas de viagem. Na corte local foi preciso comportarmo-nos com todo o decoro, e, quanto a isso, o conde Haugwitz foi nosso melhor guia e mestre. Entre nós ele era o mais jovem; de corpo bem talhado, feição nobre e delicada, traços suaves e graciosos, era um rapaz equilibrado e simpático, mas de tal modo comedido que, ao lado dos outros, parecia destacar-se por certa impassibilidade. Por essa razão, tinha de aguentar toda sorte de gozação, para não falar dos inúmeros apelidos que lhe atribuíam os irmãos Stolberg. Isso tudo até que era admissível e tolerável enquanto eles se permitiam agir como simples criaturas da natureza, mas quando se tratava de agir com decoro e de se comportar — não exatamente contra sua vontade — como condes, era Haugwitz quem sabia encaminhar e resolver as coisas todas; e tanto ele fez por nós, que, ao partirmos daquela cortes, se não fizemos a melhor das figuras, ao menos não deixamos a impressão de sermos inconvenientes.

Nesse meio-tempo eu aproveitei para estar com Merck, que via os planos de minha viagem com um olhar mefistofelicamente atravessado e sabia retratar meus companheiros, que também o haviam visitado, com uma perspicácia impiedosa. Ele me conhecia muito bem a seu modo; daí que tanto lhe doesse ver em mim aquela bondade incorrigivelmente ingênua, aquela tolerância infinita. Minha disposição para viver e deixar viver era algo que o irritava profundamente.

— Partir em viagem com esses garotos é uma grande tolice — disse-me ele, retratando muito coerentemente os dois irmãos, ainda que de modo impreciso. Faltava-lhe o que podemos chamar de benevolência, o que me fazia crer que eu tinha uma visão mais ampla e acurada da situação — ao fim e ao cabo, isso não se provaria verdadeiro; a questão é que eu era capaz de levar em consideração alguns pontos que escapavam ao seu horizonte mais imediato.

– Você não vai aguentar muito tempo com eles! – foi este o veredito final de suas considerações. Mas lembro-me ainda de outra coisa notável que ele me disse nessa mesma ocasião, algo que ele fez questão de repetir de novo mais tarde e que eu mesmo ainda repetiria para mim tantas vezes, dada a importância que isso passou a ter ao longo de minha vida:

– Todo teu esforço – dizia ele –, todo o sentido mais inabalável de tua orientação na vida se concentra em dar uma forma poética ao real. Os outros, em geral, costumam se preocupar mais em tornar real aquilo que chamam de poético ou imaginativo, e disso só podem resultar tolices.

Aqueles que forem capazes de perceber a diferença brutal entre esses dois modos de agir, aqueles que conseguirem manter em vista essa diferença e fazê-la valer em sua vida, estes hão de tirar proveito dessa máxima para uma infinidade de questões.

Infelizmente, antes mesmo que o grupo deixasse a cidade de Darmstadt, deu-se algo que só veio reforçar irrefutavelmente a opinião de Merck.

Entre os muitos despropósitos em voga naquela época, originados do pressuposto de que deveríamos tentar retornar ao nosso estado natural, havia a ideia de que era bom banhar-se em águas a céu aberto. E nossos amigos, depois de tanto esforço para se conterem nos limites do decoro, não podiam deixar de incorrer nessa inconveniência. Darmstadt, situada numa planície arenosa e sem grandes fluxos de água, tinha em seus arredores um pequeno lago, de que eu até então nunca havia ouvido falar. Pois meus dois amigos, que eram rapazes de sangue quente e revelavam cada vez mais o seu ardor, resolveram buscar refresco nesse laguinho. Acontece que a visão de dois jovens nus em plena luz do dia estava longe de ser algo perfeitamente natural para as pessoas daquela região, e é claro que aquilo acabaria provocando inevitavelmente um escândalo. Merck só faria reforçar suas conclusões; de minha parte, não posso negar que fiz então de tudo para apressar nossa partida.[38]

---

38 Conforme anota a edição crítica da DKV, a esse fim de parágrafo segue-se um espaçamento de cerca de cinco linhas no manuscrito da obra.

Já no caminho para Mannheim, algumas diferenças em nossos modos de pensar e agir começaram a ganhar evidência, embora mantivéssemos preservados os bons e nobres sentimentos que nos uniam. Leopold Stolberg segredou-nos, com arroubos de paixão, como fora obrigado a abrir mão de uma relação amorosa com uma bela moça inglesa,[39] razão pela qual ele partira em tão longa viagem. Contudo, se outro alguém lhe revelasse, com simpatia, que tais sentimentos também lhe eram familiares, o rapaz explodia com o furor desmedido de sua juventude, sustentando que nada no mundo era comparável a sua paixão e a sua dor, e tanto menos à beleza e à amabilidade de sua amada. E se, diante de tal reação, alguém tentasse modalizar seu posicionamento com algumas palavras de ponderação e equilíbrio — gesto bastante comum entre bons companheiros —, aí mesmo é que a situação se agravava, de modo que ao conde Haugwitz e a mim não restava, senão, mudar de assunto. Chegando a Mannheim, acomodamo-nos nos belos quartos de uma hospedaria muito distinta e, já na hora da sobremesa de nosso primeiro almoço local, ocasião em que não economizáramos no vinho, Leopold convocou-nos a brindarmos à saúde de sua beldade, o que não fizemos sem estrondo. E, depois de esvaziados os copos, o rapaz exclamou:

— De agora em diante, estes cálices sagrados não hão de se prestar a nem mais um gole sequer, pois que usá-los para um segundo brinde seria a mais pura profanação. Eis porque devemos destruí-los de imediato! — E, dito isso, atirou a taça contra a parede atrás de si. Imitamos o seu gesto, e, naquele mesmo instante, senti como se Merck estivesse ali presente e me puxando pelo colarinho.

Mas há um traço da infância que costuma se prolongar por toda a juventude: bons companheiros não guardam rancores de nada. E uma alma bondosa e ingênua até pode ser tocada de modo bastante desagradável, mas é incapaz de se sentir verdadeiramente ferida.[40]

---

39 Sophie Hanbury.
40 Como registra a edição crítica da DKV, o manuscrito da obra apresenta, nessa passagem, o início de uma frase que foi posteriormente riscada (*ich hatte pp*), indício de que, originalmente, o autor pretendia incluir nesse ponto um texto que, no entanto, não foi preservado.

Depois de aquelas taças – declaradas angélicas – terem pesado substancialmente em nossa conta, apressamos o passo na direção de Karlsruhe, esperançosos, bem-humorados e em busca do acolhimento confiável e despreocupado de outra roda social. Nessa cidade encontramos com Klopstock,[41] que sabia exercer com grande dignidade sua antiga autoridade moral sobre aqueles pupilos[42] que tanto o veneravam; de minha parte, aceitava com prazer sua ascendência sobre mim, de modo que, convidado a ir à corte juntamente com os outros, tenho a impressão de ter me comportado de modo bastante aceitável para um novato naquelas altas rodas. De certo modo, esperava-se que agíssemos, a um só tempo, com gravidade e naturalidade. O homem que então reinava como margrave de Baden,[43] na condição de um dos príncipes mais veteranos, era muito respeitado pelo restante dos regentes alemães, especialmente pela excelência de suas medidas como governante; ele gostava de conversar sobre assuntos ligados à política econômica. A senhora margravina,[44] mulher ativa e versada nas artes e em várias outras áreas do conhecimento, também parecia fazer questão de demonstrar toda sua simpatia com um jeito encantador de nos entreter. Só podíamos reagir a esse tratamento com enorme gratidão, mas, uma vez de volta aos nossos quartos, não havia como evitarmos as piadas sobre a produção de sua fábrica de papel de péssima qualidade e sobre o fato de a margravina financiar as reimpressões contumazes de Macklot.

O mais importante para mim, porém, foi descobrir que o jovem duque de Sachsen-Weimar[45] e sua honorável noiva, a princesa Louise von Hessen-Darmstadt,[46] haviam combinado de se encontrar naquela cidade para acer-

---

41 A convite do margrave de Baden, Klopstock passaria o período entre outubro de 1774 e março de 1775 em Karlsruhe. Na referida viagem, Goethe chegou a essa cidade no dia 17 de maio de 1775, de modo que, com base nessas datações, Klopstock não mais se encontraria no local.

42 Membros do grupo de Göttingen (*Hainbund*), como os Stolberg, viam em Klopstock a figura de um mestre.

43 Karl Friedrich von Baden (1728-1811).

44 Ver nota 26 do Décimo sexto livro, à p.815.

45 Carl August von Sachsen-Weimar-Eisenach (1757-1828).

46 Louise von Hessen-Darmstadt (1757-1830), sobrinha da margravina Caroline Louise von Baden.

tar a formalização de sua aliança matrimonial. Era por essa razão que von Moser,[47] o presidente do condado, também viera a Karlsruhe, com o propósito de esclarecer os termos dessa união tão significativa e de firmá-los, em definitivo, com o conde Görtz,[48] o grão-mestre da corte. Tive conversas agradabilíssimas com essas duas altas personalidades, que, ao final de nossa audiência, asseguraram-me, com insistência, que fariam muito gosto em me ver em breve em Weimar.

Algumas das conversas particulares que tive com Klopstock acabaram inspirando em mim, pela amizade com que ele me brindava, uma sensação de franqueza e confiança. Mostrei a ele então as últimas cenas que eu havia escrito para o *Fausto*, e ele me pareceu bastante receptivo; mais tarde, ficaria sabendo que ele falara com entusiasmo dessa obra a outras pessoas — algo que ele não costumava fazer normalmente —, expressando abertamente o desejo de vê-la terminada.

Aquele comportamento inculto — que, na época, às vezes também era chamado de genial — foi relativamente controlado naquele solo venerável e sagrado de Karlsruhe. Ali, separei-me de meus colegas, pois tinha de fazer um pequeno desvio para chegar à cidade de Emmendingen, onde meu cunhado exercia o cargo de bailio. Para mim, ver minha irmã representava uma verdadeira provação. Sabia que ela não levava uma vida feliz, sem que se pudessem culpar por isso nem a esposa, nem o marido, nem as circunstâncias em que eles viviam. Ela era uma criatura toda especial, mas é também muito difícil falar dela; deixem-me tentar resumir aqui, ao menos, aquilo que é passível de descrição.

Cornelia tinha um corpo belo e bem formado, mas não se podia dizer o mesmo de seus traços faciais, que, embora expressassem claramente sua bondade, inteligência e simpatia, careciam de certa graça e proporcionalidade. Somava-se a isso, ainda, o fato de que sua testa alta e pronunciadamente saliente, em razão da infausta moda — então em voga — de afastar os cabelos do rosto, deixava-lhe com uma expressão bastante desagradável, embora anunciasse igualmente suas qualidades morais e intelectuais. Penso que

---

47 Ver nota 30 do Quarto livro, à p. 174.
48 Johannes Eustachius Görtz (1737-1821).

ela se sentiria muito melhor diante do espelho, sem se preocupar em desagradar nem a ela nem aos outros, se, seguindo os padrões mais recentes da moda, pudesse emoldurar a parte superior de seu rosto com seus cachinhos, deixando caí-los sobre as têmporas e as bochechas. Além do mais, é preciso contabilizar também o fato de que sua pele apenas muito raramente se apresentava sem qualquer forma de erupção, um mal que, por uma fatalidade demoníaca, assolava minha irmã desde a juventude, eclodindo justamente nos dias de festa, de concerto, de baile e sempre que ela recebia alguma espécie de convite.

Aos poucos, Cornelia foi conseguindo enfrentar cada uma dessas circunstâncias desafortunadas, enquanto suas demais qualidades continuavam se desenvolvendo esplendidamente.

Tinha um gênio difícil de dobrar, uma alma simpática e carente de simpatia, um espírito formidavelmente bem cultivado; era possuidora de grandes conhecimentos e talentos, dominava algumas línguas e era dona de uma escrita ágil e bela, de modo que, se tivesse sido contemplada ainda com uma aparência mais atraente, teria facilmente se tornado uma das mulheres mais cobiçadas de seu tempo.[49]

Como se isso tudo não bastasse, é preciso revelar ainda mais uma de suas particularidades: minha irmã não tinha o menor traço de sensualidade. Havia crescido ao meu lado e parecia desejar viver sua vida inteira numa continuidade dessa harmonia fraternal. Quando voltei para casa depois de meus tempos de universidade, tornamo-nos inseparáveis; reinava entre nós uma confiança íntima, que fazia com que partilhássemos pensamentos, sentimentos, caprichos e toda sorte de impressões casuais. Mas quando parti para Wetzlar, Cornelia não suportou a solidão; foi então que meu amigo Schlosser, que não lhe era nem estranho nem desagradável, acabou assumindo meu lugar. Infelizmente, nele a fraternidade se convertera em uma forma de paixão decidida, talvez a primeira que ele tenha experimentado na vida, se levarmos em conta seu temperamento sóbrio e consciencioso. Tratava-se, como se costuma dizer, de um bom partido – conveniente e

---

[49] Conforme informa a edição crítica da DKV, o manuscrito indica, nessa passagem, que o autor planejava uma continuação, da qual, porém, não se tem registro.

desejável; e, depois de recusar peremptoriamente inúmeras propostas significativas de homens que não lhe significavam nada, de homens que ela simplesmente desprezava, minha irmã finalmente aceitou, ou, para dizer melhor, deixou-se convencer.

Mas com toda sinceridade, tenho de confessar que, às vezes, quando fantasio sobre seu destino, prefiro não imaginá-la como dona de casa, mas, antes, como abadessa ou madre superiora de uma comunidade distinta. Ela possuía todas as características necessárias às figuras que ocupam uma posição de destaque como essa – faltava-lhe apenas aquilo que, para o mundo, era imprescindível. Exercia uma influência irresistível sobre as almas femininas, atraía afetivamente a atenção de seus ânimos juvenis e dominava-os com a força de espírito de suas virtudes morais. E como ela partilhava comigo de uma tolerância universal para com o humano – respeitando suas singularidades, contanto que não se chegasse ao extremo da perversidade –, nada que se revelasse em suas características mais peculiares e naturais precisava se dissimular ou se constranger diante dela. Era por isso que nossa convivência social, como já descrevi anteriormente, dava-se sempre de modo variado, livre e prazeroso, embora às vezes beirasse os limites do atrevimento. Devo à minha irmã, por exemplo, o hábito de conviver de maneira decorosa e cordial com as moças, em geral, sem que disso decorresse necessariamente qualquer forma particular de predileção ou de afeição. Creio que, diante do relatado, o leitor inteligente, capaz de ler nas entrelinhas aquilo a que aqui se alude – mas não precisa ser escrito –, poderá fazer uma ideia mais precisa da gravidade dos sentimentos que então me acompanhavam a caminho de Emmendingen.[50]

Ao partir dessa cidade, depois de minha breve visita, o que mais me pesava no coração era o fato de que minha irmã me havia recomendado, até mesmo ordenado, uma separação imediata de Lili. Ela mesma havia sofrido

---

50 No texto estabelecido pela edição da DKV, em que esse último período se encerra com o verbo *verliess*, o narrador refere-se a sua saída da cidade (Emmendingen *verlassen*), diferente do que registra a edição de Hamburgo, em que o período se encerra com o verbo *betrat*, que aponta um movimento de chegada à cidade (Emmendingen *betreten*). Conforme informa a edição crítica da DKV, a esse fim de parágrafo segue-se um espaçamento de cerca de cinco linhas no manuscrito da obra.

muito com um noivado que também se arrastara longamente. Schlosser, sendo o homem correto que era, não a quis desposar até que tivesse certeza de sua colocação no grão-ducado de Baden – na verdade, esperaria até que estivesse efetivamente empregado. Acontece que a definição de tal nomeação parecia se postergar de um modo bastante incomum. Se devo expor aqui a hipótese que tenho a esse respeito, diria que, devido à natureza inflexível de sua correção, o valoroso Schlosser, por mais hábil que fosse em seu ofício, não tinha um perfil dos mais desejáveis para servir ao soberano nem como serviçal imediato, nem como colaborador direto de seus ministros. Assim, a tão almejada e insistentemente desejada colocação em Karlsruhe acabaria não se confirmando.[51] Mas a razão de toda essa demora ficaria mais clara para mim, quando, ao surgir a vaga de bailio-mor na cidade de Emmendingen, Schlosser foi imediatamente transferido para lá. Finalmente lhe fora conferido um cargo distinto e bem remunerado, para o qual, aliás, ele se mostraria perfeitamente apto. Seu modo de pensar e de agir adequava-se bem à condição solitária de autoridade daquele lugarejo, podendo agir conforme suas próprias convicções e assumindo a responsabilidade por tudo, sem se importar de ser elogiado ou censurado.

Não havia, pois, nada o que fazer. Minha irmã teria de acompanhá-lo; não para instalar-se na capital de um grão-ducado, como imaginara, mas, sim, num lugarejo que a ela, por certo, não terá parecido, senão, absolutamente ermo e isolado. Sua casa, embora espaçosa, magistrática e solene, carecia de uma vida social mais ativa. Algumas jovens moças de seu antigo círculo de amigos acompanharam-na até Emmendigen e, como a família Gerock[52] havia sido abençoada com muitas filhas, estas se alternavam na tarefa de visitar minha irmã. Portanto, a despeito de suas tantas privações, ela ao menos podia gozar da companhia de algumas poucas pessoas que lhe eram mais próximas.

---

51 Schlosser obteve uma colocação em Karlsruhe, na qual se manteve entre 1773 e 1774.

52 Família de Johann Georg Gerock (?-1796), comerciante de Frankfurt, marido de Sophie Christine Gerock (1727-1772) e pai de Antoniette Louise, Charlotte e Katharina Gerock.

Foram essas circunstâncias e experiências que fizeram com que Cornelia se sentisse avalizada para ordenar que eu me separasse imediatamente de Lili. Parecia-lhe uma crueldade arrancar uma moça como aquela – de quem minha irmã tivera a melhor das impressões – de uma vida agitada e intensa, quando não radiante, para acomodá-la em nossa casa que, apesar de muito digna, não fora aparelhada para receber pessoas das rodas sociais mais distintas; parecia-lhe uma crueldade fazê-la conviver com as figuras de um pai cheio de boas intenções, calado e obsessivamente didático e de uma mãe que, a seu modo, era muito ativa em suas tarefas domésticas, mas que, depois de terminados os afazeres diários, não gostava de ser perturbada no conforto de seus trabalhos manuais, nem no prazer de suas conversas com as jovens personalidades que ela acolhia ou escolhia para estarem ao seu redor.

Cornelia me fez enxergar com mais clareza o contraste entre isso tudo e o mundo de Lili, de que eu já havia lhe falado tanto e com tantos detalhes ora em nossas cartas, ora nos momentos de nossas confidências mais apaixonadamente loquazes.

Infelizmente, o retrato de Lili que ela me descrevia era também o resultado da reelaboração detalhada e bem-intencionada de características que lhe haviam sido insistentemente sussurradas por certo amigo, em quem, com o passar do tempo, percebemos não mais poder confiar.

Enfim, não podia lhe prometer nada, ainda que fosse obrigado a admitir que ela havia me convencido. Ao deixar a cidade, levava no peito aquele sentimento enigmático, do qual a paixão insiste em se alimentar – pois que Amor, essa criança teimosa, continua segurando na barra da saia da esperança, mesmo quando esta, a passos firmes, já se pôs a se afastar.[53]

A única coisa da viagem de Emmendingen a Zurique de que ainda me lembro bem são as cataratas do Reno, em Schaffhausen. Ali, um primeiro desnível na paisagem, evidenciado por uma poderosa queda d'água, anunciava a região montanhosa em que estávamos ansiosos para entrar e onde, de pouco em pouco, de degrau em degrau montanha acima, empenharíamos todos os nossos esforços para alcançar as alturas.

---

53 Conforme informa a edição crítica da DKV, a esse fim de parágrafo segue-se um espaçamento de cerca de setenta linhas no manuscrito da obra.

A vista do lago de Zurique, apreciada dos portões do *Schwert*,[54] também ainda se faz presente em minha memória; refiro-me, aqui, apenas aos portões desse estabelecimento, pois, chegando à cidade, em vez de entrar na hospedaria, segui logo ao encontro de Lavater.[55] A recepção foi alegre, cordial e, é preciso admitir, incomparavelmente agradável. Como era de se esperar, sua presença evocava confiança, consideração, bendição, celebração. Sua esposa,[56] de traços bastante singulares, mas serenos e delicadamente pios, parecia se adequar perfeitamente ao modo de pensar e de viver de Lavater, como, ademais, acontecia com todo o restante das coisas ao seu redor. Logo de início, nossa conversa já foi se concentrando quase exclusivamente em sua *Fisiognomia*.[57] Se não me engano, a primeira parte dessa obra peculiar já havia sido inteiramente publicada nessa época, ou estava prestes a sê-lo. Podemos nos referir a ela como uma obra, a um só tempo, genialmente empírica e metodologicamente coletiva, mas eu, pessoalmente, tinha uma relação das mais particulares com ela. Lavater fazia questão de que o mundo inteiro fosse colaborador ou participante de seu projeto. Já em sua viagem pelo Reno havia encomendado inúmeros retratos de pessoas importantes, a fim de que as considerações sobre suas personalidades pudessem despertar-lhes o interesse por uma obra em que elas mesmas haviam de se ver retratadas. Ele procederia exatamente do mesmo modo com os artistas, convidando a todos para que lhe enviassem desenhos que atendessem aos seus propósitos – os desenhos chegavam, mas não contribuíam decisivamente para os fins de seu projeto. E Lavater ainda encomendaria a torto e a direito um sem-número de gravuras, que, no entanto, só muito raramente se revelavam suficientemente características. De sua parte, havia realizado um grande trabalho; com dinheiro e com esforços de toda sorte, preparara as bases de uma obra importante, que honrava a tradição fisiognomônica. Mas

---

54 Também *Hôtel de l'Epée* (hotel da espada), famosa hospedaria na margem esquerda do rio Limmat, hoje *Haus zum Schwert*, situada na rua Weinplatz 10, no centro histórico de Zurique.

55 Na época, Lavater acabara de ser promovido de diácono a primeiro pastor (presbítero) em Zurique.

56 Anna Lavater, nascida Schinz (1742-1815).

57 Ver nota 6 do Décimo segundo livro, à p.606.

no momento em que isso tudo estava em vias de ganhar corpo num livro, no momento em que, fundamentada por uma teoria e comprovada por exemplos, a fisiognomia devia se aproximar do estatuto de ciência, justamente nesse momento tão decisivo, nenhum dos retratos parecia dizer o que deveria dizer. Diante disso, as ilustrações tinham de ser criticadas, condicionalmente; não se tratava de elogiá-las, apenas de aceitá-las como tal, ao passo que algumas deveriam ser como que apagadas pelas explicações. Para alguém como eu, que nunca dava um passo adiante sem a certeza de poder firmar o pé, essa era uma das tarefas mais melindrosas que podiam ter me solicitado. Pois que cada um julgue por si mesmo. O manuscrito com as respectivas estampas, que deveriam ilustrar cada passagem do texto, eu já o recebera em Frankfurt. E fora-me concedido o direito de suprimir o que me desagradasse, bem como de modificar e de incluir o que eu julgasse pertinente – obviamente, fiz um uso bastante comedido dessa prerrogativa. Houve apenas uma única ocasião em que, depois de me repreender, Lavater voltou a incluir na obra uma controvérsia, uma disputa inflamada contra um crítico injusto,[58] que eu, anteriormente, havia excluído e substituído por um poema[59] gracioso sobre a natureza. Mais tarde, porém, depois de esfriar os ânimos, ele acabaria aprovando também essa minha intervenção.

Aqueles que folhearem os quatro volumes da *Fisiognomia* ou mesmo se dispuserem a lê-los na íntegra – do que não hão de se arrepender – poderão imaginar o quão interessante não foi esse nosso encontro, especialmente porque a maior parte dos desenhos e das gravuras já estava pronta: cabia a nós apresentá-los e criticá-los, pensando num meio engenhoso de dar um sentido instrutivo até mesmo à ilustração mais inadequada, tornando-a, por força desse recurso, adequada.

Sempre que passo de novo os olhos pela obra de Lavater, produz-se em mim uma sensação estranhamente agradável: é como se eu tivesse diante de mim as sombras de pessoas que eu conhecia muito bem, que um dia me irritaram e que nunca mais conseguiriam me entusiasmar.

---

58 Referência ao crítico Johann Jakob Hottinger (1652-1735).
59 Publicado originalmente no primeiro volume da obra de Lavater, em 1775, sob o título de *Lied eines physiognomischen Zeichners*, seria incorporado posteriormente, em versão modificada com o título de *Künstlers Abendlied*, às obras completas de Goethe.

Contudo, o que tornou mesmo possível unir relativamente bem numa só unidade aquelas figuras tão desconjuntadas foi o talento decisivo e portentoso do desenhista e gravurista Lips.[60] De fato, ele parecia ter nascido com o dom da representação livre e prosaica da realidade, e, nessa obra, era justamente isso que estava em questão. Ele trabalhava sob a tutela de nosso fisiognomista tão singularmente exigente e, por isso, dedicava todo o cuidado possível para satisfazer as exigências do mestre. Esse talentoso filho de camponeses sabia bem de suas obrigações de gratidão para com o senhor clerical daquela cidade tão privilegiada, e tratava de fazer seu trabalho da melhor maneira possível.[61]

Como eu não me encontrava hospedado junto a meus companheiros de viagem, fui me afastando deles dia após dia, mesmo sem que qualquer incidente mais desagradável houvesse acontecido entre nós. Nossas excursões pelos campos já não seguiam pelos mesmos caminhos, embora ainda acabássemos nos vendo bastante na cidade. Com toda sua arrogância de jovens condes, eles também haviam feito sua visita a Lavater, despertando no habilidoso fisiognomista uma impressão, por certo, um pouco diferente daquela que os fidalgos costumavam causar no restante do mundo. Ele próprio veio se abrir comigo a esse respeito, e ainda me lembro claramente de como, referindo-se a Leopold Stolberg, ele exclamava:

— Não entendo aonde vocês querem chegar. Ele é um rapaz nobre, notável e talentoso, mas que me fora descrito como um herói, um Hércules. Nunca vi em minha em minha vida um jovem tão terno, delicado e, a depender do caso, completamente influenciável. Sei que ainda estou muito longe de alcançar a segurança de uma clarividência fisiognomônica, mas fico triste de ver como andam as coisas para a maioria de vocês.[62]

Desde sua viagem pela região mais ao norte do Reno,[63] o interesse por Lavater e por seus estudos fisiognomônicos vinha aumentando significativamente.

---

60 Johann Heinrich Lips (1728-1817).
61 Conforme informa a edição crítica da DKV, a esse fim de parágrafo segue-se um espaçamento de cerca de cem linhas no manuscrito da obra.
62 Conforme informa a edição crítica da DKV, a esse fim de parágrafo segue-se um espaçamento de cerca de dez linhas no manuscrito da obra.
63 Ver o Décimo quarto livro de *Poesia e verdade*.

No intuito de retribuir-lhe a visita, todo tipo de gente se aglomerava a sua porta em Zurique, de modo que, não raro, ele acabava se sentindo constrangido de ser visto não somente como primeiro pastor, mas também como o primeiro e único homem de espírito capaz de atrair até ali todos aqueles visitantes. Para minimizar problemas com a inveja e o rancor alheios, insistia em lembrar e convencer a todos aqueles que o visitavam de que não podiam deixar de prestar seus respeitos e suas deferências também aos demais cidadãos distintos daquela cidade.

O velho Bodmer[64] era sempre o primeiro notável dessa lista, e também nós fomos impelidos a ir visitá-lo e a render-lhe nossas jovens homenagens. Ele morava num ponto elevado da cidade grande — também chamada cidade velha —, uma região localizada na margem direita do lago que, depois do estreitamento de suas margens, convertia-se no rio Limmat. Atravessamos a cidade para, depois, subirmos, por caminhos cada vez mais íngremes, os outeiros que se erguiam por trás das muralhas, onde, entre as velhas fortificações e o antigo muro da cidade, havia se formado um bairro muito agradável, quase rural, constituído em parte por uma série de casas conjugadas, em parte por edificações esparsas. Pois ali se encontrava a casa de Bodmer, residência de toda sua vida, situada no mais livre e simpático dos arredores de Zurique, que nós, naquele dia claro e lindo, já vínhamos vislumbrando de longe com grande prazer. Conduziram-nos por um lance de escada até um quarto todo revestido de lambris, no andar superior, onde fomos recepcionados por um ancião animado, de estatura mediana. Bodmer recebeu-nos com a saudação que costumava utilizar quando se dirigia a visitantes mais jovens: segundo ele, deveríamos tomar como uma grande generosidade de sua parte, o fato de ele ter postergado sua partida desse mundo efêmero, a tempo de poder nos saudar com sua amizade, de nos conhecer pessoalmente, de se alegrar com nossos talentos e de nos desejar sucesso na continuidade da longa jornada de nossas vidas.

Em contrapartida, nós também tínhamos a felicidade de poder exaltá-lo: seja porque ele, como poeta, pertencente do mundo dos patriarcas do Velho Testamento, vivendo nos arredores de uma cidade tão altamente civilizada,

---

64 Johann Jakob Bodmer (1698-1783), que, nessa época, já estava na casa de seus 77 anos.

conseguiu levar uma vida verdadeiramente idílica; seja porque foi capaz de gozar por tantos anos, naqueles ares livres da alta montanha, da vastidão daquela vista, um consolo constante para os olhos.

Ele não pareceu se incomodar quando pedimos para dar uma espiada na vista que ele tinha de sua janela e que, em dia de sol e céu aberto, na melhor estação do ano, era algo simplesmente inigualável. Dali podíamos correr os olhos por boa parte da cidade grande, acompanhando seu declive até o rio, mas avistávamos também a cidade pequena, na margem oposta do Limmat e, ao cair da tarde, os campos férteis que beiram o curso do Sihl. Atrás de nós, à esquerda, víamos uma parte do lago de Zurique com sua superfície cintilantemente agitada e suas margens infinitamente variegadas, alternando seus vales, montanhas e elevações que os olhos mal podiam alcançar. E como se não bastasse nosso deslumbre diante dessas coisas todas, ainda contemplávamos, ao fundo, as escarpas de uma cadeia azulada de montanhas, cujos cumes mais altos nós arriscávamos nomear.

Bodmer parecia sentir certo prazer ao perceber a satisfação daqueles moços diante do extraordinário, que, para ele, depois de tantos anos, havia se tornado algo meramente habitual e cotidiano. Demonstrava uma espécie de simpatia irônica, se é que podemos colocar as coisas desse jeito. Partimos de lá como se fôssemos melhores amigos, mas o que dominava nossos espíritos, de fato, eram os anseios desencadeados em nós por aquelas cordilheiras azuladas.

Neste exato momento em que me vejo prestes a deixar para trás nosso venerável patriarca, percebo que acabei não me pronunciando a respeito de sua figura e de suas feições, nem de seus gestos e do modo de se comportar.

Em geral, não julgo ser muito apropriado que viajantes apresentem um homem tão importante, que acabaram de visitar, como se estivessem oferecendo informações para o retrato falado de um criminoso procurado. Parece que ninguém se dá conta de que, curiosos, realizamos tal observação do nosso próprio modo e sempre num momento particular. Sendo assim, o visitado pode às vezes parecer — e até mesmo ser — alguém orgulhoso ou humilde, calado ou falante, alegre ou triste. Nesse caso, em especial, gostaria de pedir desculpas por dizer que a figura tão honorável de Bodmer, quando descrita em palavras, não era capaz de passar de imediato uma boa impressão. Felizmente existe a gravura de Bause[65] a partir do retrato feito por Graff;[66] nessa imagem, Bodmer é representado exatamente do modo como nós o percebemos naquela visita, inclusive com o mesmo olhar perscrutador e contemplativo.[67]

Foi um prazer especial para mim – não de todo inesperado, mas sem dúvida desejado – encontrar em Zurique com meu jovem amigo Passavant.[68] Filho de uma distinta família calvinista de minha cidade natal, ele vivia então na Suíça, de onde provinha originalmente aquela doutrina religiosa, que ele um dia pretendia pregar como pastor. De estatura não tão alta, mas bem constituído, suas feições e sua pessoa anunciavam um rapaz resoluto, expedito e agradável. De olhos vivos, com barba e cabelos castanhos, tinha ares de uma pessoa simpática e ponderada.

Abraçamo-nos, e mal havíamos trocado as primeiras saudações quando ele me veio com a proposta de visitarmos os pequenos cantões suíços,[69] que ele me dizia já ter percorrido com grande encanto e que ele fazia questão de me mostrar, para que eu também fosse arrebatado por aquelas mesmas vistas encantadoras.

No meio-tempo em que fiquei envolvido com Lavater na discussão das questões mais urgentes e importantes de sua obra, chegando praticamente a esgotar os assuntos que tínhamos de resolver, meus sempre dispostos companheiros de viagem se aventuraram pelos mais diversos caminhos e, ao seu modo, puderam conhecer amplamente aquela região. Passavant, que me acolhera com toda sua amizade e cordialidade, julgava, por isso, ter adquirido também o direito de exclusividade sobre minha companhia e, na ausência dos Stolberg, sempre sabia como me arrastar para as montanhas; eu não

---

65 Johann Friedrich Bause (1738-1814), gravurista, professor da Academia de Artes de Leipzig.
66 Anton Graff (1736-1813), suíço, pintor da corte de Dresden, famoso por seus retratos.
67 Conforme informa a edição crítica da DKV, a esse fim de parágrafo segue-se um espaçamento de cerca de 75 linhas no manuscrito da obra.
68 Jacob Ludwig Passavant (1751-1827), original de Frankfurt, então candidato a uma colocação como teólogo em Zurique, trabalhou para Lavater como amanuense entre 1774 e 1775.
69 Schwyz, Luzern e Uri, cantões às margens do lago chamado *Vierwaldstädtersee*.

objetava, até porque eu mesmo estava decidido a empreender, do meu jeito e com a maior tranquilidade possível, essas caminhadas sonhadas já havia tanto tempo. Certa manhã, à luz de um sol resplandecente, entramos a bordo de um bote e subimos as águas daquele lago magnífico.

Que o poema a seguir possa dar uma ideia daqueles momentos de felicidade:

Do néctar, seu frescor, o sangue novo,
Esse mundo eu sorvo inteiro;
Quão bela a natureza, meu renovo,
Que me acolhe em faustos seios!
A onda embala adiante meu batel
No compasso da remada,
Montanhas rematadas pelo céu
Nos saúdam na jornada.

Meu olho, olho meu, por que a revolta?
Cadê meus sonhos d'ouro, que não voltam?
Pois, sonho, vai! por d'ouro o mais que sejas;
Aqui eu tenho amor e a vida adeja.

Sobre a onda recintilam
Mil estrelas flutuantes;
Brumas diáfanas destilam
As distâncias torreantes,
De manhã o ar zarelha
Na baía sombreada
E no lago então se espelha
A seara a ser segada.[70]

---

70 Registrado em uma primeira versão nos diários de sua viagem à Suíça, o poema foi publicado na primeira reunião completa que o autor faria de seus escritos (a *Summa summarum seines Lebens*), em 1789, com o título *Auf dem See*. Em alemão, o poema, com padrões rímicos variados, alterna, na primeira estrofe, tetrâmetros e trímetros jâmbicos; a segunda estrofe se constrói exclusivamente com tetrâmetros trocaicos e a terceira, com trímetros trocaicos, como se segue: "Und frische Nahrung, neues Blut/ Saug' ich aus freier Welt;/ Wie ist Natur so hold und gut,/ Die mich am Busen hält!/

Johann Wolfgang von Goethe

Aportamos em Richterswil,[71] onde havíamos sido recomendados, por Lavater, ao doutor Hotz.[72] Na condição de médico, sendo um homem inteligente e benevolente, gozava de grande respeito e distinção em seu vilarejo e em toda aquela região; não me ocorre um modo melhor de fazer jus a sua memória do que mencionando, aqui, a passagem em que Hotz é descrito na *Fisiognomia* de Lavater.[73]

"Muito fino, mas nem por isso menos alegre, leal, honesto, confiável e devotado, eis o que se vê nas hachuras do perfil abaixo, que retrata um cidadão excepcional de nosso cantão. Os traços mais exteriores, por mais que não tenham podido apreender o bastante, dão contornos, sem dúvida, a um grande homem.

A parte interior do nariz contrasta com sua feição externa, dando-nos a impressão de ser menor.

No olho se vê um espírito jovial, nobre, objetivo, mas também livre e indulgentemente bondoso.

A baixa qualidade do desenho das bochechas não nos permite fazer qualquer julgamento a respeito.

Na boca e em seu entorno, uma alegria natural e uma benevolência cordial estampam-se sem qualquer traço de candura lânguida.

Agrada-me, ainda, o maxilar anguloso e pronunciado, em especial o modo como ele salta aos olhos do meio do sombreado, confirmando, assim, uma impressão de inteligência, ainda que sem favorecer de todo os ares de uma firmeza masculina.

Die Welle wieget unsern Kahn/ Im Rudertakt hinauf,/ Und Berge, wolkig himmelan,/ Begegnen unserm Lauf.// Aug mein Aug, was sinkst du nieder?/ Goldne Träume, kommt ihr wieder?/ Weg, du Traum! so Gold du bist;/ Hier auch Lieb und Leben ist.// Auf der Welle blinken/ Tausend schwebende Sterne;/ Weiche Nebel trinken/ Rings die türmende Ferne,/ Morgenwind umflügelt/ Die beschattete Bucht/ Und im See bespiegelt/ Sich die reifende Frucht".

71 Vilarejo na margem sul do lago de Zurique, a cerca de 24 km da capital. As distâncias dadas aqui, em nota, referem-se a uma média aproximada dos trajetos a pé (às vezes também de barco), com base nas indicações de percurso do autor.

72 Johannes Hotz (1734-1801), médico.

73 A citação, correspondente aos sete parágrafos que se seguem, não consta da edição crítica de Hamburgo.

Pessoas alegres, felizes, bem constituídas, fortes e autônomas, sem traços de langor e dureza em seus retratos, conferem sempre uma nota de confiabilidade a sua integridade."

Depois de termos sido recebidos de modo tão acolhedor e gracioso e de termos reunido informações bastante úteis sobre as estações seguintes de nossa caminhada, pusemo-nos a subir as montanhas que se erguiam por trás daquele lugarejo. E quando, lá no alto, estávamos prestes a retomar a descida pelo vale de Schindellegi,[74] voltamos o olhar mais uma vez para trás, como que para gravar em nós aquela visão encantadora do lago de Zurique.

Os versos que se seguem dão uma ideia de como andavam meus ânimos. Reproduzo-os aqui exatamente do mesmo modo como os anotei então numa caderneta,[75] que até hoje ainda guardo comigo:

Se Lili amo Lili eu não te amasse,
Ledices essa vista renderia!
Mas e se Lili amo Lili eu não te amasse,
Seria, o que seria minha alegria?[76]

Creio que essa pequena interjeição ganhe mais expressividade aqui do que no contexto de publicação do conjunto de meus poemas.

Os caminhos acidentados que dali seguimos até chegar à localidade de Maria Einsiedeln[77] não foram capazes de nos desanimar. Um grupo de peregrinos, que já havíamos encontrado antes à beira do lago e que, aos cantos e preces,

---

74 Às margens do rio Sihl, cerca de 30 km ao sul da cidade de Zurique e 3 km do lago de Zurique.

75 Referência ao diário de sua viagem à Suíça.

76 Poema registrado nos diários da viagem à Suíça com o título de *Vom Berge in die See*, publicado na reunião de suas obras em 1789, com o título de *Vom Berge* e com pequenas alterações. Em alemão: "Wenn ich, liebe Lili, dich nicht liebte,/ Welche Wonne gäb' mir dieser Blick!/ Und doch, wenn ich, Lili, dich nicht liebte,/ Wär', was wär' mein Glück?".

77 Referência à pequena comuna de Einsiedeln, a cerca de 15 km de Richterswyl, famosa por sua abadia em estilo barroco (mencionada no texto a seguir), do arquiteto austro-suíço Caspar Moosbrugger (1656-1723), bem como por ser uma estação de peregrinação.

vinham seguindo compassadamente seu caminho, acabara de nos alcançar. Saudando-os, deixamos que passassem por nós, enquanto eles, com seu traço mais graciosamente característico e convocando-nos a entrar no espírito de seus desígnios fervorosos, davam nova vida àquelas altitudes tão ermas. Observávamos de longe como eles iam descrevendo animadamente a trilha sinuosa, pela qual também nós estávamos prestes a enveredar, e parecíamos nos sentir ainda mais felizes por saber que os seguíamos. Os ritos da igreja romana costumam parecer extremamente imponentes e significativos aos olhos de um protestante, pois que, neles, ele reconhece apenas o primeiro e mais íntimo princípio que lhes dera origem, assim como a natureza humana através da qual esses ritos foram capazes de se perpetuar de geração em geração; chama a atenção do protestante, enfim, o núcleo dessas práticas, sem que se lhe desperte o interesse, num primeiro momento, nem pela pele, nem pela casca da fruta e nem mesmo pela própria árvore, com seus galhos, folhas, cascas e raízes.

Logo adiante, num vale mais aberto e sem árvores, vimos erguer-se uma igreja magnífica; a abadia, de proporções imensas e majestosas, situava-se em meio a um povoamento muito bem estabelecido e cuidado, a fim de poder receber de modo relativamente adequado uma quantidade grande e variada de visitantes.

A pequena ermida dentro da igreja, antiga morada do santo,[78] fora toda decorada com mármore, na tentativa de transformá-la, tanto quanto possível, em uma capela mais respeitável. Aquilo era algo completamente novo para mim, nunca vira nada igual: um pequeno santuário, circundado por pilares e encerrado sob uma cobertura abobadada. E pensar que, outrora, uma única faísca moral e piedosa fora capaz de acender e perpetuar, ali, uma chama pequenina, mas ardente e luminosa, capaz de atrair caravanas de fiéis e peregrinos, que só alcançariam seu destino a duras penas, com o propósito de acender também suas pequenas velas naquela chama sagrada. Seja como for, eis o indício de uma necessidade infinita que o ser humano tem de se deixar acalentar e alimentar pela mesma luz e pelo mesmo calor sentidos e vivenciados, com tanta fé e profundidade, por um homem santo como

---

78 Trata-se do eremita Meinrad de Einsiedeln (797-861), beatificado. São Meinrad é conhecido como o padroeiro da hospitalidade.

aquele. Fomos logo conduzidos até a câmara do tesouro, que, sendo bastante rica e pujante, oferecia, aos nossos olhos de assombro, os mais diversos bustos de santos e fundadores de ordens católicas, ora em tamanho natural, ora em proporções colossais.

Mas o que vimos dentro do armário que nos foi mostrado logo em seguida despertou em nós um tipo diferente de atenção, uma vez que ele guardava preciosidades antigas, que ali eram reverenciadas e veneradas. Meu olhar fixou-se de imediato nas várias coroas, que me chamavam a atenção pela singularidade do trabalho de ourivesaria. Uma delas nós examinamos com mais detalhe. Tratava-se de uma coroa de pontas, bem ao estilo dos velhos tempos, parecida com aquelas que costumávamos ver adornando as cabeças das rainhas de antigamente. Seu desenho, porém, era de extremo bom gosto, e seu acabamento era o resultado de um trabalho de grande refinamento artístico; também suas pedras preciosas, das mais diversas cores, eram incrustadas com grande habilidade e distribuídas de modo muito bem pensado. Enfim, tratava-se de uma daquelas obras que, logo à primeira vista, costumamos declarar perfeitas, mesmo sem conseguirmos elaborar essa impressão em termos mais técnicos e artísticos.

Nessas ocasiões em que a arte é mais sentida do que entendida, o espírito e o coração tendem logo a se pautar pelo horizonte de uma aplicação prática: passamos, então, a querer possuir a joia, para, com ela, podermos fazer a alegria de outro alguém. Pedi permissão para retirar a pequena coroa do armário, e ao segurá-la de verdade com minhas próprias mãos, erguendo-a até o alto, a única coisa que me passou pela cabeça foi assentar aquela coroa sobre as madeixas sedosas de Lili – e se assim o fizesse, eu a conduziria em seguida até o espelho mais próximo, deixando que ela mesma percebesse o quanto estava feliz e o quanto contagiava os outros com sua felicidade. Depois disso, muitas foram as ocasiões em que, imaginando essa cena nas mãos de um pintor de grande talento, tive a certeza de que ela renderia uma impressão extremamente agradável, tanto à mente quanto ao coração. Num caso como esse, valeria muito a pena ser o jovem rei que, com esse gesto, conquistava uma esposa e todo um novo reino.

Para que conhecêssemos todo o conjunto de riquezas do monastério, fomos conduzidos a um gabinete repleto de obras de arte, curiosidades e espécimes do mundo natural. Naquela época eu não tinha muita noção do valor dessas coisas. Não havia sido cativado, ainda, pela geognosia,[79] aquele campo de estudos que, embora extremamente admirável, acaba por fragmentar a impressão que o espírito tem das belezas na superfície terrestre; tampouco havia sido engolido pelos meandros labirínticos de uma geologia fantástica. Não obstante isso, o sacerdote que nos guiava forçou-nos a dedicar certa atenção à cabeça fossilizada de um pequeno javali, que se haveria preservado especialmente bem numa argila xistosa de cor azulada – segundo ele, uma peça altamente admirada pelos conhecedores do assunto. Por mais negra que fosse, aquela imagem ficaria gravada para sempre em minha imaginação. O fóssil fora encontrado nos arredores de Rapperswyl, uma região que, por ser palustre desde as mais priscas eras, pôde acolher e preservar múmias como estas para a posteridade.

Contudo, foi de uma natureza bastante diferente a atração exercida sobre mim por uma gravura de Martin Schön,[80] que, emoldurada sob uma lâmina de vidro, representava a assunção de Maria. É claro que somente o próprio exemplar de uma obra, em sua perfeição, pode nos dar uma ideia da arte de um mestre como aquele; mas, como em todo caso de perfeição, logo somos completamente arrebatados por ela e não conseguimos mais nos livrar do desejo de possuir a dita peça – independentemente do tempo transcorrido desde o primeiro momento em que a vimos –, justamente para podermos repetir esse instante. Por que não me adiantar aqui e admitir, de uma vez por todas, que eu também não sossegaria até finalmente conseguir adquirir uma boa cópia daquela gravura.

No dia 16 de junho de 1775 – esta é a primeira data que encontro em minhas anotações[81] –, partimos por um caminho bastante difícil. Tínhamos

---

79 No século XIX, nome atribuído ao ramo da geologia que hoje corresponde, em grande medida, ao campo da geologia estrutural.
80 Martin Schongauer (1420-1480), pintor e gravurista do século XV. Goethe adquiriria mais tarde a referida gravura.
81 Como já apontamos anteriormente, o autor se vale de suas anotações de viagem (seu diário) para escrever seus relatos em *Poesia e Verdade*. Na maioria dos casos, porém, Goethe faz modificações substanciais no texto de suas anotações, especialmente no que diz respeito a uma modalização do estilo que marcava seus escritos de juventude. Note-se que, desse ponto do texto até o final do Décimo oitavo livro, Goethe intercala

diante de nós uma trilha que seguia pelas alturas selvagens, ermas e pedregosas da região, e pretendíamos cruzá-la inteiramente sozinhos. Ao final do dia, faltando quinze minutos para as oito horas,[82] vimo-nos diante do chamado Hocken, o passo entre o Grande e o Pequeno Mythen,[83] dois imensos picos que, um ao lado do outro, rebentam colossalmente os céus. Foi a primeira vez que encontramos neve em nosso caminho, mas o que cobria os cimos daqueles picos dentados e rochosos ainda era a neve do inverno anterior. Uma floresta ancestral de coníferas, sisuda e sombria, preenchia os desfiladeiros inescrutáveis pelos quais teríamos de descer. Depois de uma breve pausa para descanso, partimos vívida, lépida e desenfreadamente pela picada que desabava montanha abaixo. Fomos saltando de rocha em rocha, de platô em platô, até que, exatamente às dez horas da noite, chegamos à localidade de Schwyz.[84] Estávamos ao mesmo tempo cansados e despertos, extenuados e animados, e, antes de qualquer coisa, saciamos com voracidade nossa enorme sede, o que acabou nos deixando ainda mais entusiasmados. Imaginemos esse jovem rapaz, que dois anos antes escrevera o *Werther* e ali se encontrava na companhia de um amigo mais moço,[85] que, de sua parte, já havia se deixado inflamar pelo manuscrito daquela obra maravilhosa; agora imaginemos ambos como que transpostos — embora sem o saber ou querer — em um estado natural, rememorando vigorosamente suas paixões pretéritas, mergulhando nos amores presentes, cogitando planos inconsequentes e cruzando ebriamente o reino da fantasia, na certeza das sensações que sua força lhes assegurava; imaginemos dois jovens como esses e conseguiremos ter uma ideia aproximada

---

  à narrativa pequenas passagens de estrutura tópica e telegráfica, típicas de um diário de bordo.

82 Apesar da hora indicada, a cena não se passa necessariamente na escuridão da noite. Vale lembrar que, nessa região da Europa, em meados de junho (quase verão), o sol costuma se pôr mais tarde do que na primavera e no verão brasileiro.

83 Referência às duas montanhas dos Alpes suíços chamadas de Mythen (o grande e o pequeno, com 1.902 m e 1.815 m de altura, respectivamente). *Hocken* (*Hacken* ou *Haggen*) refere-se aqui ao passo entre os dois Mythen, mas é também o termo, na variante suíça do alemão, para referir a própria figura do passo (desfiladeiro, colo, portela), a passagem entre duas montanhas (*Pass* ou *Passübergang*, na variante alemã).

84 Localidade a cerca de 18 km de Einsiedeln.

85 Passavant.

do estado em que eles se encontravam naquela noite. Eu mesmo não saberia descrevê-lo, não fosse por uma nota que encontrei em meu diário: "Os risos e a exultação se estenderam até a meia-noite".

No dia 17 pela manhã, avistamos o Hocken de nossas janelas. Nuvens e mais nuvens subiam pelas encostas gigantescas e irregulares daquelas pirâmides naturais. Era uma da tarde quando partimos de Schwyz com destino ao monte Rigi; às duas, sob um sol maravilhoso, já havíamos chegado ao lago Lauerz.[86] Nosso arrebatamento era tamanho que mal conseguíamos prestar atenção ao que acontecia ao nosso redor. Duas moças eficientes conduziam nosso barco; achamos graça, mas pouco nos importamos com isso. Aportamos numa ilha[87] que, segundo diziam, fora outrora a morada de um antigo tirano[88]; seja lá qual tenha sido seu destino, via-se ali também, instalada entre as ruínas, a pequena cabana de um eremita.[89]

Subimos então o monte Rigi.[90] Às sete e meia estávamos diante de Nossa Senhora das Neves[91]; passamos pela capela, pelo convento, e nos hospedamos numa pousada chamada *Zum Ochsen*.

Na manhã do dia seguinte, domingo, dia 18, desenhei a vista que se tinha da capela a partir da hospedaria. Ao meio-dia saímos na direção de Kaltbad, da fonte das Três Irmãs.[92] Às duas e quinze já tínhamos concluído a subida; encontrávamo-nos em meio às nuvens, que então nos pareciam duplamente desagradáveis, pois tanto nos obstruíam a vista quanto nos envolviam na cerração que baixava sobre nós. Mas deixamos de nos incomodar com essas

---

86 O trajeto mais curto até o lago mencionado é de cerca de 3,5 km.
87 Ilha de Schwanau, em meio ao referido lago.
88 Referência à figura de um cavaleiro da ilha de Schwanau, de cujo nome e paradeiro não se tem notícia. O castelo, cujas ruínas são mencionadas pelo autor, teria sido construído no final do século XII e destruído no século XIII.
89 Referência ao eremita Johann Linder, que teria se fixado na ilha no final do século XVII.
90 Rigi é um complexo montanhoso na região central da Suíça, cujo pico mais alto atinge 1.797,5 m.
91 Santuário da padroeira *Maria zum Schnee*, estação de peregrinação localizada no vilarejo de Rigi Klösterli, a cerca de 16 km de Schwyz.
92 *Drei-Schwestern-Brunnen*, na localidade de Rigi-Kaltbad (a cerca de 2 km de Rigi-Klösterli), até hoje conhecida por suas estâncias hidrominerais.

pequenas contrariedades assim que a cortina de névoa começou a se rasgar aqui e ali, dando-nos a ver, de relance, um mundo esplêndido, claro e todo banhado de sol, qual uma série de telas que se alternavam numa moldura esvoaçante. Era uma visão que nunca havíamos tido antes e que provavelmente nunca mais voltaríamos a ver de novo; permanecemos longamente ali, naquele estado algo incômodo, somente para que, por entre as brechas e os rasgos na névoa em movimento, pudéssemos flagrar uma réstia de terra ensolarada aqui, um laivo de rio ali, um restinho de lago acolá.

Às oito da noite estávamos de volta à pousada, restabelecendo-nos diante de um bom prato de peixe assado e ovos, acompanhado de bastante vinho.

À medida que o sol ia se pondo e a escuridão da noite vinha chegando de pouco em pouco, nossos ouvidos passaram a se ocupar de certos sons que anunciavam uma harmonia sibilina: o repique dos sinos da capela, o respingar murmurante das fontes, o zunido cambiante das lufadas, as trompas de caça ao longe — aqueles foram momentos extremamente benfazejos, apaziguantes, acalentadores.

Manhã do dia 19, às seis e meia, primeiro montanha acima, depois abaixo na direção de Vitznau, às margens do lago dos Quatro Cantões;[93] de lá, por água até Gersau.[94] Almoço na estalagem à beira do lago. Às duas horas, em frente ao Rütli,[95] onde os três Tells[96] fizeram seu juramento; em seguida, na plataforma onde o herói[97] teria saltado de seu barco e onde, para honrar sua

---

93 Em alemão: *Vierwaldstätter See*. A localidade de Vitznau fica a cerca de 7,5 km de Rigi-Klösterli.

94 O trajeto entre Vitznau e Gersau, margeando o lago, é de cerca de 7 km.

95 Rütli, também *Grütli*, é uma planície elevada, às margens do referido lago, onde, segundo reza a lenda, Walther Fürst, Werner Stauffacher e Arnold an der Halden, representantes do que viriam a ser os três cantões mais antigos (*Uri, Schwyz, Unterwalden*), teriam jurado sua eterna aliança (o *Rütlischwur*) na virada do século XIII para o XIV, fundando assim o núcleo político do que hoje conhecemos por Suíça.

96 A expressão "os três Tells" refere-se aos líderes da Guerra Camponesa, de 1653; Goethe parece usá-la, aqui, para referir-se aos três fundadores da aliança suíça.

97 Trata-se, aqui, do herói da libertação nacional da Suíça, Guilherme Tell (Wilhelm Tell), que Goethe devia conhecer da *Crônica* de Ägidius Tschudi (1505-1572). Com variações segundo a versão da lenda, famosa e paradigmática é a cena em que Tell é preso e obrigado a disparar uma flecha de sua besta numa maçã colocada sobre a cabeça de seu próprio filho. Goethe flertaria com a ideia de escrever uma epopeia

figura, a lenda de sua vida e de seus feitos foi imortalizada numa pintura. Às três, em Flüelen,[98] onde o herói teria embarcado; às quatro, na vila de Altdorf,[99] onde Guilherme Tell teria acertado a maçã com sua flecha.

Enquanto puxávamos o fio dessa meada poética, íamos descendo por um labirinto de paredões íngremes e rochosos, que se precipitavam abruptamente até o nível da água — sem nos dizer coisa alguma. Erguiam-se impassíveis e inabaláveis, como os cenários de um grande teatro; sorte ou infortúnio, prazer ou sofrimento eram atributos que só diziam respeito aos personagens que entravam em cena ali, naquele dia.

Contudo, considerações dessa natureza ainda estavam muito longe do horizonte daqueles jovens. Eles haviam acabado de riscar o passado mais recente de suas mentes, e um futuro se abria a sua frente, tão maravilhosamente inescrutável quanto as montanhas para onde se dirigiam.

No dia 20, seguimos na direção de Amsteg,[100] onde nos foi preparado um peixe assado saborosíssimo. Naquelas encostas — que por si mesmas já eram suficientemente selvagens —, o rio Reuss jorrava por entre as fissuras alcantiladas da rocha e a água fresca da neve derretida brincava nos leitos de seixo rolado; não deixei de aproveitar a tão ensejada ocasião e refresquei-me em suas ondas murmurosas.

Partimos dali às três horas; uma tropilha de cavalos de carga seguia a nossa frente e, junto com ela, atravessamos um extenso bloco de neve. Só mais tarde soubemos que aquela passagem de gelo era oca por baixo. Ali, as neves do inverno haviam se acumulado no vão de uma grande fenda, formando um atalho para os passantes que, antes, tinham de contornar o desfiladeiro. Aos poucos, porém, a água que corria no fundo da fenda foi escavando sua passagem, enquanto os ares mornos do verão começaram a derreter uma porção cada vez maior daquele bloco gelado, até que dele

---

em torno da figura de Tell, mas foi Schiller quem levou o projeto a cabo, na forma de um drama, encenado em 1804 — essa foi também a última peça concluída por Schiller.
98 De barco, a cerca de 15 km de Rütli.
99 O trajeto de Flüelen até Altdorf é de cerca de 3,5 km, enquanto o percurso todo de Rigi-Klösterli até Altdorf é de cerca de 35 km.
100 Localidade a cerca de 15 km de Altdorf.

restasse somente um grande arco que unia as duas bordas, fazendo as vezes de uma enorme ponte natural. Convencemo-nos da explicação desse maravilhoso fenômeno natural logo que, tendo seguido um pouco mais adiante, aventuramo-nos pela parte mais ampla daquele desfiladeiro.

Quanto mais alto chegávamos, mais deixávamos para trás, no fundo do vale, as florestas de coníferas, por entre as quais conseguíamos avistar, de quando em vez, as espumas que o Reuss formava sobre suas quedas rochosas.

Às sete e meia chegamos a Wasen,[101] onde, para nos refrescarmos com o vinho tinto, pesado e ácido da Lombardia, tivemos de adicionar-lhe uma boa dose d'água e de substituir, com muito açúcar, o ingrediente que a natureza se negara a curar na própria uva. O estalajadeiro aproveitou a ocasião para nos mostrar um conjunto de belíssimos cristais, mas eu me encontrava tão distante desses estudos da natureza[102] naquela época, que nem mesmo o preço irrisório me fez sobrecarregar a bagagem com aqueles produtos da montanha.

No dia 21, às seis e meia da manhã, montanha acima. Os penhascos tornavam-se mais altos e assustadores, e era cada vez mais cansativo o caminho que nos conduzia até a pedra do Diabo,[103] de onde se podia ver a ponte do Diabo. Meu companheiro de caminhada quis fazer uma pausa nesse lugar; ele insistiu para que eu desenhasse aquelas vistas tão impressionantes. E se os contornos mais básicos da figura me saíam relativamente bem, não podia dizer o mesmo de minhas tentativas de construir impressões de profundidade e relevo; para lidar com objetos como aquele, eu simplesmente não dispunha de uma linguagem. Continuamos nossa penosa jornada. Um mundo monstruosamente selvagem parecia dominar cada vez mais a cena: platôs se transformavam em cordilheiras, depressões se transformavam em imensos abismos. E foi justamente por esses caminhos que meu guia me conduziu até o chamado *Ursener Loch*,[104] um túnel que atravessei não sem certo incô-

---

101 Localidade a cerca de 12 km de Amsteg.
102 A mineralogia é um dos campos das ciências naturais com que Goethe mais viria a se ocupar numa fase posterior de sua vida.
103 Em alemão: *Teufelsstein*. Penedo às margens do rio Reuss.
104 Também *Urner Loch*, túnel construído em 1708 no desfiladeiro de Schöllenen.

modo; o que víramos até então era sublime, mas aquela escuridão parecia colocar tudo em suspenso.

É claro que meu guia travesso já havia imaginado a feliz surpresa que me aguardava à saída do túnel. O rio, espumando então com mais moderação, passava a serpentear suavemente por um vale plano, cercado de montanhas, mas amplo o suficiente para despertar uma impressão especialmente acolhedora. Acima do vilarejo de Urseren[105] e de sua igreja, que víamos diante de nós num mesmo plano, espalhava-se um pequeno bosque de coníferas, tido ali como algo sagrado, já que protegia os moradores daquele sopé de montanha contra possíveis avalanches. Naquela altura de nossa jornada, pequenos chorões voltavam a adornar o rio que cruzava os prados verdes do vale – e como era prazeroso reencontrar uma vegetação de que havia tanto sentíamos falta. A sensação de alívio era enorme, pois, naqueles caminhos planos, era como se nos rebrotassem as forças – meu companheiro de viagem mal pôde conter sua satisfação por ter preparado tão habilmente aquela surpresa.

Naquelas planícies alpinas conhecemos o famoso queijo de Urseren e os jovens mais exaltados deliciavam-se com um vinho assaz bebível, que aumentava a sensação de bem-estar e dava um impulso ainda mais fantástico aos seus projetos.

No dia 22, às três e meia, partimos de nosso albergue, deixando para trás as planuras do vale de Urseren para entrar de vez no pedregoso vale de Leventina.[106] Ali também sentimos falta da fertilidade da terra. Não havia senão a nudez das rochas, que, quando muito, cobriam-se de neve ou de algo que semelhava o musgo; ouvíamos as rajadas de vento, que varriam as nuvens de um lado para o outro, os ruídos de quedas d'água e o tilintar dos cavalos de carga nas altitudes mais ermas, onde não se podia avistar nem quem chegava, nem quem partia. Em regiões como aquela, a imaginação não

---

105 Referência ao vilarejo de Andermatt, no vale de Urseren, a cerca de 8 km de Wasen e 20 km de Amsteg.

106 Em alemão: *Liviner Tal* ou *Livinertal*. Goethe terá aqui possivelmente se confundido, já que o referido vale fica mais ao sul e adiante do Passo de São Gotardo, enquanto, segundo seus relatos, o autor se dirigia para Sankt Gotthard pelo vale de Gotthardreuss.

precisa de muito esforço para começar a pensar em dragões aninhados entre as fendas rochosas. Mas o espírito sempre se anima e se eleva quando se vê diante de uma daquelas quedas d'água belíssimas e espetacularmente variadas, tão propícias a inspirar uma bela obra de arte; e tanto mais nessa época do ano, em que suas águas são alimentadas copiosamente pela neve derretida e sua vista ora se desvela, ora se esconde por trás da névoa. Aquele lugar nos manteve cativos por longo tempo.

Enfim chegamos aos pequenos lagos de brumas[107] – eis como eu os gostaria de chamar aqui, dado que mal se distinguissem das raias atmosféricas. Mas não demorou muito para que uma construção rompesse ao longe aquela densa neblina: era o hospício,[108] e foi imensa a nossa satisfação em poder encontrar acolhida imediata sob seu teto hospitaleiro.

---

107 Referência aos vários pequenos lagos (lago di S. Carlo, lago della Piazza, lago dei Banchi etc) nas proximidades do Passo de São Gotardo.
108 Referência a um albergue mantido por padres capuchinhos, cuja construção remonta à época da dinastia carolíngia, no Passo de São Gotardo, a cerca de 10 km de Andermatt.

Décimo nono livro

Anunciados pelo ladrido quase imperceptível de um cãozinho que veio ao nosso encontro, fomos recebidos à porta pela simpática figura de uma senhora já de idade, mas de compleição ainda bastante robusta. Desculpou-se pela ausência do senhor padre, que teria ido a Milão, mas havia de retornar naquela mesma noite. Em seguida, sem gastar tempo com muita conversa, tratou de providenciar para que nos sentíssemos confortáveis e suprissemos nossas necessidades mais urgentes. Fomos acolhidos em uma sala ampla e aconchegante; pão, queijo e um vinho bem bebível foram logo dispostos sobre a mesa, com a promessa de um jantar mais apropriado ainda por vir. Repassamos então as surpresas daquele dia; meu amigo gabava-se de tudo ter corrido tão bem e de termos vivido mais um daqueles dias, cujas impressões nem a prosa, nem a poesia são capazes de reproduzir. Ao romper tardio do crepúsculo, finalmente chegou o distinto padre,[1] que saudou seus hóspedes com uma deferência amistosamente calorosa, recomendado à cozinheira, com poucas palavras, que nos dedicasse toda a atenção possível. Como não dissimulássemos nossa admiração diante do fato de ele ter querido passar sua vida naquelas altitudes, numa região tão absolutamente erma e distante de toda forma de sociedade, ele tampouco se eximiria de nos

---

[1] Padre Lorenzo, com quem Goethe voltaria a se encontrar em suas viagens à Suíça de 1779 e 1797.

assegurar que companhia, ali, era algo que nunca lhe faltava – nós mesmos, que também o viéramos alegrar com nossa visita, seríamos a melhor prova disso. Segundo ele, o transporte de mercadorias entre Itália e Alemanha – nas duas vias – era bastante intenso, e esse vaivém incessante de remessas acabara colocando-o em contato com algumas das casas comerciais mais importantes. Ele descia sempre até Milão, ia mais raramente a Lucerna;[2] mas as empresas de lá, que se encarregavam do serviço postal ao longo daquela via de ligação, enviavam frequentemente seus rapazes até aquele passo divisório, para que se inteirassem de todas as circunstâncias e eventualidades que pudessem ter impacto sobre seu negócio.

Passamos o final do dia conversando sobre os mais variados assuntos e tivemos uma noite bastante tranquila de sono, num dormitório com camas relativamente curtas e de tal modo afixadas à parede, que mais pareciam prateleiras.

Tendo levantado cedo na manhã seguinte, não tardei em me ver a céu aberto; a impressão geral, porém, era a de estar em um espaço fechado, estreitado pelos altos cumes das montanhas que nos rodeavam. Sentei-me no meio do caminho que desce para a Itália e, bem ao estilo dos diletantes, pus-me a desenhar aquilo que não era desenhável, nem mesmo poderia render uma boa imagem, a saber: os picos das montanhas mais próximas, cujos costados a neve derretida hachurava com seus sulcos brancos e seus gretados negros. Para meu consolo, esse esforço improdutivo conseguiu fazer ao menos com que aquela imagem se gravasse indelevelmente em minha memória.

Meu companheiro de viagem, animado, veio logo ao meu encontro e começou:

— O que você achou das histórias que nosso anfitrião sacerdotal nos contou ontem à noite? Você também não ficou com vontade, assim como eu, de descer desse ninho de dragões e de ir visitar aquelas regiões encantadoras lá embaixo? A descida por este desfiladeiro deve ser maravilhosa e muito tranquila; e quão prazeroso não será acompanhar a paisagem se abrindo

---

[2] A distância (a pé) do Passo de São Gotardo até Lucerna é de cerca de 150 km, e até Milão, de cerca de 175 km.

aos poucos à medida que vamos nos aproximando de Bellinzona![3] As palavras do padre fizeram com que as ilhas do grande lago[4] revivessem em mim. Tanto se viu e se ouviu falar delas desde as viagens de Keyssler,[5] que não sei se consigo resistir à tentação. E você? – perguntou-me ele, continuando. – Você está sentado no ponto exato. Eu também já estive nesse lugar uma vez, mas não tive coragem para dar o primeiro passo montanha abaixo. Vá sem medo! Vá indo na frente e espere por mim em Airolo.[6] Eu vou logo em seguida, junto com o carregador, depois de me despedir do bom padre e de fechar nossas contas.

— Não me sinto à vontade para decidir isso assim, de improviso – respondi.

— Mas o que há tanto para se pensar? – replicou ele. – Temos dinheiro suficiente para chegar até Milão e crédito não há de nos faltar. Em nossas feiras em Frankfurt conheci vários colegas comerciantes de lá.

Meu amigo só fazia crescer em sua insistência, até que eu disse:

— Então vá! Prepare-se para a partida. Mas essa decisão, nós a deixamos para mais tarde.

Em momentos como esses, é como se o ser humano não sentisse em si nenhum poder de decisão e acabasse se deixando guiar e levar pela força de impressões anteriores. A Lombardia e a Itália surgiam diante de mim como algo completamente estranho; a Alemanha, como uma opção familiar, simpática e repleta de perspectivas agradáveis e acolhedoras. Mas a questão, de fato, era outra, e é preciso admitir isso aqui: aquilo que por tanto tempo havia me arrebatado por inteiro, circunscrevendo os limites de minha existência, ainda continuava sendo para mim o mais indispensável dos elementos, cuja fronteira eu simplesmente não me sentia em condições de cruzar. Exemplo disso era o pequeno coração de ouro que eu acalentava junto ao

---

3   A cerca de 70 km do Passo de São Gotardo.

4   Isola Bella, isola Madre, isola dei Pescatori e isola di San Giovanni, no lago Maggiore, na fronteira entre Suíça e Itália.

5   Referência à obra *Neueste Reisen durch Teutschland, Böhmen, Ungarn, die Schweiz, Italien und Lothringen*, publicada por Johann Georg Keyssler (1693-1743) entre 1740 e 1741. Goethe volta a se referir a essas ilhas no segundo livro de sua obra *Os anos de peregrinação de Wilhelm Meister*.

6   Localidade a cerca de 12 km do Passo de São Gotardo.

peito. Desde que o recebera de Lili, em uma de nossas horas mais memoráveis, eu o carregava comigo, preso ainda na mesma fita à qual ela o havia atado. Pois, naquele instante de indecisão, eu o segurei e o beijei. Permitam-me incluir, a seguir, o poema que esse momento inspiraria:

> Lembrança da alegria que se foi,
> Lembrança que 'inda trago junto ao peito,
> Será você mais forte que nós dois?
> Do amor você prolonga os breves feitos?
>
> Fujo, Lili! Mas preso à tua fita é que eu ondejo
> Por terras onde vejo e não me vejo,
> Por matas e por vales tão distantes!
> Que o coração de Lili não se afaste assim
> Deste meu coração errante.
>
> Feito um passarim
> Que rompe o laço e torna à mata,
> Mas leva, da prisão que o envergonha,
> Um pedaço do lio que o abisonha,
> As asas não adejam mais em mim,
> Se um dia alguém me atou, atou e não desata.[7]

---

[7] Publicado pela primeira vez em 1789, na coletânea de seus escritos, com o título de *An ein goldenes Herz, das er am Halse trug*. O poema se organiza a partir de um padrão rímico variadamente alternado e de um regime métrico inicialmente regular (quatro pentâmetros dominantemente trocaicos na primeira estrofe), com variações mais irregulares (em pés jâmbicos e trocaicos) nas duas últimas estrofes. Em alemão: "Angedenken du verklungner Freude,/ Das ich immer noch am Halse trage,/ Hältst du länger als das Seelenband uns beide?/ Verlängerst du der Liebe kurze Tage?// Flieh' ich, Lili, vor dir! Muss noch an deinem Bande/ Durch fremde Lande/ Durch ferne Täler und Wälder wallen!/ Ach, Lilis Herz konnte so bald nicht/ Von meinem Herzen fallen.// Wie ein Vogel, der den Faden bricht/ Und zum Walde kehrt,/ Er schleppt, des Gefängnisses Schmach,/ Noch ein Stückchen des Fadens nach,/ Er ist der alte freigeborne Vogel nicht,/ Er hat schon jemand angehört".

Levantei-me rapidamente para me afastar daquelas escarpas e para tentar evitar que eu fosse arrastado abismo abaixo por meu amigo que, na companhia de nosso bagageiro, já vinha se afobando de volta em minha direção. Eu também fui então me despedir do fervoroso padre e, sem gastar mais nenhuma palavra, enveredei pelo caminho por onde havíamos vindo. Hesitante, meu amigo acabou me seguindo nessa mesma direção e, a despeito do carinho e da afeição que nutria por minha pessoa, manteve-se distante de mim por um bom tempo; até que o encanto daquela queda d'água nos aproximasse novamente, e o que fora resolvido, por fim, ganhasse ares de uma decisão boa e salutar.

Não contarei muito mais sobre nossa descida além do fato de que aquela ponte de neve, sobre a qual, havia alguns poucos dias, passáramos tranquilamente na companhia de uma tropilha tão carregada, tinha colapsado por inteiro. E como fomos obrigados a fazer um desvio para contornar o desfiladeiro, tivemos ocasião de contemplar, com grande admiração, as ruínas colossais daquela obra da arquitetura natural.

Meu amigo não havia conseguido se conformar de todo com a reversão dos planos de viagem à Itália. Ao que tudo indica, Passavant já havia planejado tudo aquilo antes e, com sua forma carinhosa de astúcia, esperava poder me surpreender com essa ideia quando chegássemos àquele passo. Daí que a viagem de volta não tenha sido tão animada quanto a nossa vinda. De minha parte, porém, aproveitei o mutismo do caminho para me concentrar nas singularidades mais explicitamente características daquelas formações colossais – imagens estas que, com o passar do tempo, costumam se esvair aos poucos em nosso espírito.

Não foi exatamente sem ideias e sensações novas ou renovadas que, depois de passar ao largo das consideráveis altitudes no entorno do lago dos Quatro Cantões, chegamos a Küssnacht,[8] onde desembarcamos e continuamos nossa viagem de volta a pé. Logo na sequência de nossa caminhada, fizemos uma visita à capela de Tell,[9] rememorando aquele assassinato que

---

8 Comuna a cerca de 13 km ao leste de Lucerna e 40 km ao sul de Zurique.
9 Construída no caminho entre Küssnacht e Immensee, às margens do lago de Zug, num local chamado de *Hohle Gasse*, onde, em 1307, Guilherme Tell, armado com sua

se tornara famoso no mundo inteiro como um ato de heroísmo patriótico. Em seguida, atravessamos de barco o lago de Zug, com o qual já havíamos travado conhecimento de longe quando estávamos no alto do monte Rigi. No que diz respeito ao vilarejo de Zug,[10] lembro-me apenas de ter visto, engastados nas janelas da estalagem em que paramos, alguns vitrais pintados, não muito grandes, mas excepcionais em seu gênero. A partir daí, seguimos pelas montanhas do Albis até chegar ao vale do Sihl, onde visitamos um jovem hanoveriano chamado von Lindau,[11] que se comprazia de viver na mais profunda solidão. Meu propósito, com essa visita, era minimizar o mal-estar que eu certa vez causara ao rapaz em Zurique, quando acabei recusando sua companhia de uma maneira nada gentil e decorosa. E a causa dessa recusa foi justamente a amizade ciumenta de meu excelente Passavant, que me acabou afastando dessa companhia simpática, ainda que um tanto incômoda.[12]

Mas antes de descermos dessas alturas magníficas e retomarmos nosso caminho em direção ao lago e à região tão agradável em que se situa Zurique, tenho de fazer ainda uma observação quanto as minhas tentativas de produzir alguma coisa proveitosa com meus desenhos e esboços dessa região. O hábito de olhar para a paisagem como um quadro — prática cultivada por mim desde a adolescência — levava-me a querer registrar a natureza sempre que eu a enxergasse como um objeto pictoricamente interessante, possibilitando-me, assim, preservar uma recordação mais precisa dos momentos que passei nesses lugares. Mas como até então eu só havia me exercitado nessa arte a partir de objetos e temas bastante limitados, aquele universo suíço fez com que eu logo sentisse toda minha limitação. O ímpeto e a pressa,

---

besta, teria matado o bailio Hermann Gessler. Schiller tornaria esse local famoso ao referi-lo em sua peça que leva o nome do herói suíço.

10 A comuna de Zug fica a cerca de 16 km de Immensee e 19 km de Küssnacht.

11 Heinrich Julius von Lindau (1754-1776), personalidade representativa dos tempos do *Sturm und Drang* e dos movimentos sentimentalistas. Em razão de suas desilusões amorosas, o rapaz decidiria levar uma vida de eremita na Suíça; mais tarde, partiria para os Estados Unidos, na condição de oficial, onde, ainda muito jovem, morreu em meio à Guerra da Independência norte-americana.

12 Conforme anota a edição crítica da DKV, a este fim de parágrafo segue-se um espaçamento de cerca de três linhas no manuscrito da obra.

combinados, forçaram-me então a adotar uma estratégia bastante particular: sempre que avistava um tema de meu interesse e, em poucos rabiscos, esboçava-o grosseiramente no papel, registrava também com palavras, escritas logo ao lado do desenho, os detalhes que eu não era capaz de expressar nem de executar com o lápis. Com isso, consegui tornar essas imagens tão intimamente presentes para mim, que era como se essas localidades se me ressurgissem de imediato sempre que eu delas me valia para escrever um poema ou uma narrativa.[13]

Quando cheguei de volta a Zurique,[14] não encontrei mais os irmãos Stolberg; sua estadia nessa cidade fora abreviada de um modo bastante peculiar.

Façamos aqui, antes de tudo, uma observação de caráter mais geral: os viajantes, quando se afastam das limitações que lhes impõe seu mundo doméstico, tendem a achar que entram num outro universo natural, não apenas novo e estranho, mas também completamente livre. E eis uma ilusão que se costumava alimentar tanto mais frequentemente naqueles tempos em que ainda não havia um controle sistemático de passaportes pela polícia, nem aduanas, nem outros óbices semelhantes que nos fizessem lembrar, a cada instante, que, fora do lar, a situação costuma ser mais constritiva e restritiva do que dentro dele.

Se a isso somarmos, ainda, aquela tendência incondicional à prática de uma liberdade natural, teremos então de perdoar aqueles jovens espíritos que viam justamente na Suíça o lugar certo para transformar em idílio o frescor de sua natureza juvenil. A bem da verdade, a candura dos poemas de Gessner,[15] assim como o encanto de suas gravuras, ofereciam justificativas mais do que plausíveis para inspirar esse tipo de comportamento.

---

13 Conforme anota a edição crítica da DKV, a este fim de parágrafo segue-se um espaçamento de cerca de cinquenta linhas no manuscrito da obra.
14 Goethe chega de volta a Zurique no dia 26 de junho de 1775; mas, segundo registros da correspondência de Goethe, os Stolberg só partiriam da cidade no início de julho do mesmo ano.
15 Referência aos *Idílios* de Gessner (ver nota 3 do Décimo oitavo livro, à p.864), bem como às gravuras que o autor produziu, em parte como ilustração de seus idílios, em parte como obras avulsas.

Na prática, nada parecia qualificar mais perfeitamente essas manifestações poéticas que o banho ao ar livre. Em nosso caminho de vinda, tais exercícios naturistas já haviam se provado suficientemente inadequados do ponto de vista dos costumes modernos, razão pela qual nos abstivemos deles até certo ponto. Mas não havia como resistir a essa tentação estando na Suíça, onde víamos e sentíamos a umidade daquelas águas que vertem e escorrem por toda parte e, depois de se acumularem nos altiplanos, vão correndo aos poucos montanha abaixo, espalhando-se pelos lagos. Eu mesmo não hei de negar que me juntei a meus colegas em um ou outro mergulho nas águas cristalinas do lago,[16] acreditando não estar à vista de outros olhos humanos. Acontece que, nus, os corpos brilham de longe, e quem quer que os veja, pode acabar ficando incomodado.

Aqueles jovens bons e inocentes, para quem não havia nada de ofensivo em se verem seminus como pastores poéticos ou completamente nus como deidades pagãs, foram logo aconselhados, por alguns amigos, a abandonarem essa prática naturista. Deixaram-lhes claro que eles não se encontravam no recesso natural de um mundo primevo, mas, sim, num país que sempre considerou como sendo bom e útil preservar os antigos costumes e as instituições que vinham se perpetuando, entre eles, desde a Idade Média. Eles não se mostraram de todo avessos a tal recomendação, especialmente por se tratar de uma questão que envolvia a Idade Média, uma época que pareciam venerar como se fosse sua segunda natureza. Seguindo o conselho, abandonaram então as margens demasiadamente frequentadas do lago de Zurique e foram buscar, em passeios pelas montanhas, aquelas águas claras, murmurantes e refrescantes, que, em meados de julho, eram simplesmente irresistíveis. Foi assim que, numa dessas suas longas caminhadas, chegaram àquele vale sombrio atrás das montanhas do Albis, por onde correm as águas caudalosas do Sihl — rio que, por sinal, continua seu curso montanha abaixo, até desaguar no Limmat, já em Zurique. Longe de qualquer forma de habitação e também das trilhas mais transitadas, os jovens sentiram-se completamente à vontade para tirarem suas roupas e se atirarem corajosamente nas corredeiras espumejantes do Sihl. É claro que isso, no entanto, não podia acontecer sem a

---

16 O lago de Zurique.

devida algazarra, sem aquela animação tão tipicamente selvagem – motivada em parte pelas águas geladas, em parte pelo extremo bem-estar que sentiam –, com a qual os rapazes conseguiam transformar aquele cenário de florestas ermas e rochedos sombrios numa cena idílica das mais consagradas.

Não se sabe dizer exatamente se eles foram seguidos por algumas daquelas pessoas que não os queriam bem, ou se seu próprio alvoroço poético, num lugar tão ermo como aquele, teria atraído a atenção de inimigos. O fato é que, de repente, de trás da vegetação muda e silenciosa da montanha, começaram a voar pedras e mais pedras em sua direção, sem que eles conseguissem saber se aquilo era obra de uma ou de mais pessoas, nem se era algo feito de propósito ou por força do acaso; diante daquele apedrejamento, julgaram ser mais sensato abandonar imediatamente o elemento em que refrescavam o corpo e partir em busca de suas roupas.

Nenhum deles foi atingido; feridos eles só se sentiriam mentalmente, em razão do susto e da irritação que haviam sofrido. Mas na condição de jovens alegres e cheios de vida, souberam apagar rapidamente de suas memórias a lembrança do ocorrido.

As consequências desagradáveis desses eventos teriam impacto até mesmo sobre Lavater; não apenas por ele ter hospedado gentilmente em sua casa aqueles jovens de índole tão atrevida, mas também por tê-los acompanhado em vários passeios, prestando, assim, favores a esses rapagões de natureza selvagem, bravia e – por que não – pagã, que teriam causado tamanho escândalo numa região tão regrada e bem-educada como aquela.

Nosso amigo sacerdotal, no entanto, sabendo bem como acalmar os ânimos diante de tais contrariedades, conseguiu dar jeito também nessa situação, de modo que, logo depois da partida daqueles viajantes meteóricos, e antes mesmo que Passavant e eu retornássemos de nossa viagem pelas montanhas, a situação toda já havia recobrado a normalidade.

No fragmento das viagens de Werther,[17] republicado no volume XVI de minhas obras, tentei mostrar como a tão elogiável ordem suíça e sua

---

17 Publicado pela primeira vez em 1808, com o título de *Briefe aus der Schweiz*. Goethe faz referência a sua republicação em 1828, no volume XVI da chamada *Vollständige Ausgabe letzter Hand* (1827-1830).

respectiva constrição legal contrastam fortemente com aquela vida natural reclamada pelos jovens no limite de seus desvarios juvenis. Mas como tudo o que o poeta apresenta com franqueza costuma ser tomado como sua opinião definitiva, ou mesmo como uma forma didática de repreensão, os suíços acabaram ficando descontentes com isso, o que me fez desistir de dar a continuidade planejada para esse trabalho – nela, pretendia dar conta de boa parte da trajetória de Werther até a época em que seus sofrimentos são descritos e, nesses termos, tenho certeza de que essa sequência teria sido muito bem acolhida pelos estudiosos da natureza humana.

De volta a Zurique, meu tempo era todo de Lavater, a cuja hospitalidade eu tive de apelar novamente – em geral, sem ter de dividir sua atenção com mais ninguém. A *Fisiognomia*, com todas as suas figuras e desfiguras, parecia pesar cada vez mais sobre os ombros daquele homem excepcional. Discutimos as questões todas tão detalhadamente quanto nos foi possível naquelas circunstâncias, mas prometi a ele que, chegando a Frankfurt, continuaria dedicando a sua obra a mesma atenção de sempre.

O que me movia a fazer uma promessa como essa era a confiança inabalável e juvenil que eu tinha em minha habilidade de compreender as coisas com extrema rapidez, mas também, e tanto mais, a sensação de ser uma pessoa especialmente flexível e de boa vontade. Afinal, o modo como Lavater organizava a análise de cada fisiognomia me era, pessoalmente, bastante estranha. A impressão que uma pessoa causava em mim no primeiro encontro costumava ser determinante do modo como eu me relacionaria com ela, embora a benevolência geral de minhas atitudes, somada à leveza de meus ares juvenis, acabasse sempre predominando. Isso tudo somado fazia com que eu observasse os indivíduos em questão numa espécie de lusco-fusco.

Já o espírito de Lavater, de sua parte, impunha-se de modo decisivo; ao lado dele, não havia como escapar a uma forma pregnante de influência. Só me restava, portanto, acostumar-me a observar isoladamente testa e nariz, olhos e boca, para, em seguida, examinar com a mesma atenção suas proporções e demais relações. Na verdade, aquele observador minucioso forçava-se a agir desse modo, pois só assim era capaz de justificar completamente aquilo que sua intuição lhe fazia enxergar com tanta clareza. De minha parte, sempre que eu pretendia decompor, em suas características fundamentais, uma pessoa que se apresentasse diante de mim, procurando inferir, a partir desses traços elementares, suas qualidades morais, eu tinha a nítida impressão de estar como que espionando ou, no mínimo, agindo com certa ardileza. No fundo, preferia ater-me aos detalhes de sua conversa, ocasião em que a pessoa sempre acaba por se desvelar nos limites de sua própria discrição. Quanto ao mais, não posso negar que a presença de Lavater deixava-nos todos um tanto ansiosos. Afinal, assim que ele descobria nossas características fundamentais com o auxílio de sua fisiognomia, tornava-se logo senhor de nossos pensamentos, os quais ele era capaz de adivinhar com muita perspicácia e facilidade no decorrer de nossas conversas.[18]

Quem se sabe possuidor de um grande poder de síntese tem todo o direito de exercitar essas práticas de análise, pois, ao observar os detalhes externos de cada indivíduo, coloca também à prova e legitima o que lhe é mais próprio e interior. *Um* exemplo, aqui, há de bastar para dar mostras de como Lavater se comportava em relação a isso.

Nos domingos, ao final de sua prédica, Lavater tinha, como parte de seus deveres sacerdotais, a tarefa de oferecer, a todos os que saíam da igreja, a bolsa de veludo e cabo curto, com a qual ele fazia a coleta do óbolo, abençoando, em seguida, o gesto caridoso de cada um dos doadores. Certo domingo, impôs-se o desafio de não olhar, senão, para a mão das pessoas, tentando interpretar o sentido de suas formas. E não se tratava apenas de atentar para a forma dos dedos; também os gestos que os dedos faziam ao largar o donativo na bolsa eram de seu interesse e, a esse propósito, Lavater teria inúmeras revelações a me fazer. Quão instrutivas e instigantes essas conversas não foram para mim, justo para mim, que me encontrava em vias de me qualificar como um retratista da natureza humana?

---

18 A esse final de parágrafo segue-se um excerto, também de um parágrafo suprimido nas edições em geral (a partir do texto base estabelecido por Eckermann), que repete a passagem do Décimo oitavo livro de *Poesia e verdade*, em que Lavater se mostra surpreso com o contraste entre a imagem que lhe antecipavam de Leopold Stolberg – quase um Hércules – e o perfil que dele o fisiognomista faria e registraria em sua obra. Neste caso, em particular, por se tratar de uma repetição e também de um tema que será amplamente discutido nas páginas finais deste Décimo nono livro, esta edição acompanha a sugestão de supressão da referida passagem.

Johann Wolfgang von Goethe

Em muitos momentos posteriores de minha vida, fui levado a reavivar as tantas lembranças desse homem, que incluo entre os mais excepcionais com quem tive ocasião de manter uma relação mais próxima. Por isso, é preciso ter em conta que minhas várias manifestações a seu respeito, como as que poderão ser lidas a seguir, foram escritas em épocas diferentes de minha vida. Seguindo as tendências tão diferentes que nos orientavam, não havia como evitar que nos fôssemos tornando cada vez mais estranhos um para o outro; apesar disso, não quis deixar que as impressões que eu tinha de seu caráter excepcional se corrompessem com o passar do tempo. Era com grande frequência que, puxando o fio de minhas lembranças, eu sempre acabava pensando de novo nesse homem, e assim foram surgindo estas páginas, completamente independentes umas das outras, em que por certo hão de se encontrar algumas repetições, mas não contradições – assim espero.

Lavater era, na verdade, um perfeito realista, e idealismos ele só conhecia sob a forma moral. É preciso ter isso em vista se quisermos fazer uma ideia de quem era esse homem tão raro e singular.

Suas *Visões da eternidade*[19] não são nada mais do que extensões da vida neste mundo que nos é presente, ainda que sob condições mais leves do que aquelas que temos de suportar em nossa existência terrena. Sua *Fisiognomia* funda-se na convicção de que a presença do mundo sensível coincide perfeitamente com a do mundo espiritual, sendo desta seu testemunho, quiçá mesmo sua representação.

Lavater não simpatizava facilmente com o mundo idealizado das artes, dado que seu olhar perspicaz reconhecia muito facilmente a impossibilidade de que tais criaturas artísticas pudessem, de fato, existir como organismos vivos; diante disso, simplesmente ignorava tais composições, relegando-as ao reino das fábulas, ou mesmo ao domínio das monstruosidades. Sua tendência irreprimível de querer tornar real tudo o que era ideal

---

[19] *Aussichten in die Ewigkeit*, obra de Lavater publicada em quatro volumes, entre 1768 e 1778.

conferiria a Lavater a fama de ser um sonhador, por mais que ele tivesse a plena convicção de que ninguém no mundo se atinha tanto à realidade quanto ele mesmo – razão pela qual ele também nunca foi capaz de perceber o descompasso entre seu modo de pensar e de agir.

Poucas pessoas empenharam-se tão passionalmente na vida para se tornarem reconhecidas, e, justamente por isso, Lavater era um homem talhado para a condição de professor. Mas ainda que seus esforços se concentrassem no aperfeiçoamento intelectual e moral dos outros, este estava longe de ser o fim último de seus trabalhos.

O que mais o ocupava, de fato, era a ideia de tornar real a persona de Cristo; daí sua mania quase insana de mandar desenhar, copiar e reproduzir retratos do Cristo, um após o outro, sem que, naturalmente, pudesse se satisfazer com nenhum deles.

Com o passar dos anos, seus escritos foram se tornando mais difíceis de compreender, pois não é fácil alcançar o que ele de fato queria dizer. Ninguém escreveu tanto sobre sua época ao mesmo tempo em que se inscrevia tão profundamente nela. Suas obras são verdadeiras crônicas, cuja leitura demanda o mais apurado conhecimento da história de seu tempo. E, em geral, são escritas com as particularidades da linguagem de uma *coterie*, com a qual é preciso estar familiarizado para lhe fazer justiça; do contrário, grande parte de sua obra não parecerá senão insana e de mau gosto a um leitor mais razoável – eis algo pelo que Lavater sempre foi bastante criticado, tanto em vida quanto depois de sua morte.

Nós, por exemplo, esquentamos tanto sua cabeça com nossa febre de dramatização de tudo o que nos ocorria, sem que pudéssemos aceitar de bom grado nenhuma outra forma de fazê-lo, que ele, entusiasmado com isso, esforçou-se ao extremo para, com seu *Pontius Pilatus*,[20] mostrar-nos que não havia obra mais dramática do que a Bíblia, sendo que, nela, a história da Paixão de Cristo deveria ser vista como o drama dos dramas.

---

20 Obra de Lavater, publicada em quatro volumes entre 1782 e 1785. Segundo a crítica especializada, essa obra poder ser lida como o estopim de certo estranhamento na relação entre Goethe e Lavater.

Nesse capítulo de seu opúsculo, mas também ao logo de toda essa sua obra, Lavater lembrava-nos o padre Abraham de Santa Clara;[21] pois qualquer homem espirituoso que pretenda ter impacto sobre seu próprio tempo terá de se valer de um tom semelhante. Terá de conhecer as tendências e as paixões de sua época, a língua e suas terminologias, para poder servir-se delas e, assim, aproximar-se das massas que ele pretende atrair.

―――

Como Lavater imaginava a persona de Cristo literalmente, do mesmo modo que o leem os exegetas das Escrituras Sagradas, essa figura lhe servia de suplemento a sua própria existência; e tanto era assim, que, com o passar do tempo, começou a incorporar idealmente essa face humana de Deus a sua humanidade individual. Imaginava-se unido a Ele, fundido com Ele num ser único e, por fim, chegou mesmo a acreditar que era Ele próprio.

Em razão dessa sua crença tão fortemente literal na Bíblia, Lavater acabaria se convencendo profundamente de que as pessoas são capazes de realizar milagres hoje em dia do mesmo modo como o eram naquele tempo. E como já anteriormente, em certas situações importantes e urgentes de sua vida, ele havia conseguido alcançar, através do ardor, quando não da violência de suas preces, uma reversão favorável das circunstâncias mesmo quando diante do incidente grave que se anunciava, não havia objeção fria e racional que o fizesse mudar de ideia. Persuadido, então, do grande valor de uma humanidade remida por Cristo e dedicada a uma bem-aventurança eterna, mas, ao mesmo tempo, sabendo ele também das diversas necessidades do espírito e do coração, do nosso anseio ilimitado por conhecimento e, ademais, sentindo ele próprio aquele desejo de se expandir até o infinito – desejo este que todo céu estrelado parece sempre provocar em nossos sentidos –, Lavater deu início à escritura de suas *Visões da eternidade*, obra que acabaria sendo vista com estranheza por grande parte de seus contemporâneos.

---

21 Johann Ulrich Megerle (1644-1709), conhecido como Abraão de Santa Clara, monge católico e pregador, foi um dos escritores mais importantes do Barroco alemão, famoso pela força de sua escrita inventiva e espirituosa.

Apesar de todo esse esforço, de todos os seus anseios e empreendimentos, nada nele era tão determinante quanto o gênio fisiognomista que a natureza lhe concedera. Pois assim como a pedra de toque, que, com o negrume e a porosidade de sua superfície polida, presta-se perfeitamente à distinção dos metais que sobre ela atritamos, também ele, com sua noção tão pura de humanidade e com seu talento de observador sensível e perspicaz — que ele, de início, por força de sua intuição, só empregara casual e superficialmente, mas que, mais tarde, exercitaria com muita reflexão, deliberação e método —, também ele se prestava perfeitamente à percepção das particularidades de cada ser humano, sendo capaz de reconhecê-las, de apontá-la, de distingui-las. Todo talento que se funda numa disposição natural mais marcante, dá-nos a impressão de ter algo de mágico, uma vez que não conseguimos compreender nem esse talento em si, nem os impactos que ele causa. E, de fato, o modo como Lavater conseguia enxergar as pessoas era algo que ia além de toda a nossa compreensão. Ficávamos definitivamente abismados quando o ouvíamos falar, confidencialmente, sobre uma ou outra pessoa; e era mesmo aterrador viver nas proximidades de um homem capaz de enxergar tão claramente cada um dos limites em que a natureza fez por bem nos encerrar como indivíduos.

As pessoas acreditam que aquilo que elas mesmas possuem em si é passível de ser transmitido aos outros e, tendo isso em vista, é natural que Lavater não pretendesse ser o único a fazer uso daquele grande talento; queria também descobri-lo e estimulá-lo nos outros, quiçá mesmo difundi-lo mais amplamente entre o povo em geral. Mas quantas pessoas não hão de se lembrar de como essa doutrina tão marcante acabaria dando ocasião às mais obscuras interpretações, a distorções maliciosas, a piadas imbecis e a toda sorte de infâmias e ridicularizações; e, nisso, esse homem excepcional não deixou de ter também sua parcela de culpa. Afinal, se por um lado a unidade de sua natureza interior se fundava em um elevado senso de moralidade, ele, por outro lado, não era capaz de conferir uma unidade exterior aos seus mais variados esforços, dado que não levava o menor jeito para o pensamento filosófico e tampouco dispunha de talentos artísticos. Não era nem pensador, nem poeta e, para sermos sinceros, nem mesmo um grande orador, no sentido estrito do termo. Incapaz de enfrentar metodicamente as questões como um todo, limitava-se à segurança com que isolava as singularidades de cada objeto e à ousadia com que as relacionava. Sua grande obra fisiognomônica é o melhor exemplo e testemunho disso. Em Lavater, nele próprio, é bem possível que as ideias de um ser físico e de um ser moral pudessem, de fato, constituir uma unidade, mas ele não sabia como apresentar essa unidade para os outros, a não ser daquele seu jeito mais prático de sempre, atento somente aos detalhes de cada indivíduo, do mesmo modo com que ele se acostumara a depreender os detalhes da vida.

Para nosso pesar, essa obra também nos mostra como um homem tão perspicaz acabaria sendo obrigado a tatear as experiências mais ordinárias, comissionando toda sorte de artistas e impostores vivos, gastando rios de dinheiro com desenhos e gravuras absolutamente sem caráter distintivo, para, ao final de tudo, dizer em seu livro que essa e aquela ilustração foram mais ou menos bem-sucedidas, quando não insignificantes ou mesmo inúteis. É claro que, ao fazer isso, ele confere maior contundência a sua crítica e aguça o juízo dos outros; ao mesmo tempo, porém, isso também é indício de que ele estava mais preocupado em acumular experiências do que em lançar alguma luz sobre elas, do que em lhes dar novos ares. Eis a razão pela qual ele nunca conseguiu manter o foco nos resultados que eu tanto e com tanta insistência cobrava dele. Aquilo que ele, mais tarde, em conversas particulares com seus amigos, viria a apresentar como sendo seu resultado final, não me pareceu de fato sê-lo: na verdade, tudo não passava de uma grande coleção de linhas e traços, e também de pintas e verrugas, que ele associava a determinadas características morais e, não raro, também imorais. Algumas de suas observações eram mesmo assustadoras; mas nada daquilo tinha muito nexo, tudo ali parecia se misturar por mero acaso, não havendo, nessa sua obra, nenhum tipo de instrução ou referência. Tampouco se percebia qualquer traço de método de escrita ou de senso artístico em seus demais escritos, que não continham, senão, uma apresentação veementemente passional de seu pensamento e de suas vontades; e, como sempre, eram os detalhes — sempre emocionantes e espirituosos — que tinham de fazer as vezes daquilo que suas obras eram incapazes de oferecer como um todo.

Uma vez que se referem às mesmas circunstâncias, cabe incluir aqui, também, as considerações que se seguem.

Ninguém gosta muito de admitir no outro seus grandes predicados, especialmente enquanto ainda é possível contestá-los de alguma forma. E os predicados naturais, sejam eles quais forem, são os mais difíceis de contestar. Apesar disso, os usos idiomáticos daquela época costumavam reservar o termo "gênio" exclusivamente aos poetas. Foi então que, de repente, um novo mundo começou a surgir e as pessoas passaram a exigir uma genialidade dos médicos, dos generais, dos políticos e, em pouquíssimo tempo, de qualquer pessoa que almejasse alguma forma de destaque nos diversos campos das atividades práticas ou teóricas. Foi Zimmermann,[22] antes de qualquer um de nós, que trouxe à baila essas exigências. E, diante disso, Lavater, em sua *Fisiognomia*, sentiu-se obrigado a sugerir uma distribuição mais ampla e geral de todos os tipos de talentos intelectuais. A palavra "gênio" tornou-se então uma fórmula universal e, de tanto que a ouvíamos sendo utilizada, passamos a acreditar que aquilo que ela tão comumente designava fosse também algo igualmente comum. E como todo mundo se achasse no direito de exigir a genialidade dos outros, as pessoas começaram a se convencer de que também elas haviam de ser possuidoras dessa qualidade. Ainda estávamos muito distantes da época em que se declararia que a genialidade é aquela força do ser humano, que, por meio de suas práticas e ações, estabelece a lei e a regra.[23] Naqueles nossos tempos, o gênio não se manifestava, senão, ao transgredir as leis vigentes, ao derrubar as regras comumente aceitas e ao se declarar livre de qualquer tipo de limitação. Era fácil ser genial; nada mais natural, portanto, que esse abuso do termo e da coisa por ele designada levasse as pessoas mais regradas a se erguerem contra esse despautério.

Se alguém saía mundo afora a pé, sem saber muito bem o porquê nem para onde, diziam tratar-se de uma "viagem de gênio"; e se alguém fazia algo

---

22 Johann Georg Zimmermann (1728-1795). O quarto volume de sua obra *Von der Erfahrung in der Arzneikunst* (1763-1764) leva o título de *Von dem Genie und den ersten Schritten desselben zur Erfahrung* [Do gênio e dos primeiros passos do mesmo em direção à experiência].

23 Alusão à discussão feita por Kant nos parágrafos 46 a 50 de sua *Crítica do juízo* (1790).

meio atravessado, sem qualquer fim ou objetivo, chamavam isso logo de um "lance de gênio". No entanto, muitos jovens vibrantes e, em alguns casos, verdadeiramente talentosos, acabaram se perdendo completamente diante dessa falta de limites; e, enquanto isso, seus mais variados insucessos eram publicamente ridicularizados por sabichões de mais idade, que se compraziam maliciosamente desse exercício crítico, embora, em geral, fossem absolutamente desprovidos de qualquer talento e espirituosidade.

Em meio a isso tudo, sentia-me como que obstruído no modo de me desenvolver e me expressar, e mais pela influência e colaboração inapropriadas daqueles com quem eu tinha afinidades, do que propriamente pela resistência que me impunham aqueles que não pensavam como eu. Palavras, epítetos e frases inteiras de depreciação dos mais altos dons do espírito acabaram se disseminando de tal modo entre a multidão — que os repetia indiscriminadamente — que até hoje ainda reverberam aqui e ali nas situações comuns da vida das pessoas menos cultivadas, chegando a conquistar espaço até mesmo nos dicionários. Por fim, a palavra gênio sofreria uma deformação de sentido tão grande que houve quem quisesse inferir, a partir disso, uma necessidade de bani-la completamente da língua alemã.

E foi assim que os alemães — entre os quais a vulgaridade costuma ter muito mais ocasião de se impor do que em outras nações — estiveram prestes a se privar da mais bela flor da língua, apenas aparentemente estrangeira, já que igualmente pertencente a todos os povos, não fosse pelo feliz impacto da força restauradora de uma filosofia mais profunda,[24] que fundaria novos sentidos para o que é melhor e mais elevado.

---
[25]

Nas páginas anteriores, tratamos de discutir os anos de juventude de dois homens de quem a história da literatura e dos costumes alemães nunca haverá de se esquecer. Na época a que então nos referíamos, nós os

---

24 Referência à obra de Kant, especialmente ao período entre as décadas de 1780 e 1790, quando o filósofo daria a público suas três críticas.
25 Conforme anota a edição crítica da DKV, a essa marcação corresponde um espaçamento de cerca de sete linhas no manuscrito da obra.

conhecíamos, por assim dizer, somente pelos maus passos que, iludidos por uma máxima equivocada daqueles tempos, os dois irmãos acabariam dando, sem deixar de levar consigo alguns de seus contemporâneos da mesma idade. Nada mais justo, portanto, do que apresentá-los, agora, na forma natural e própria de seu caráter, ou seja: nos termos diletos e honrados com que o perspicaz Lavater, em seu contato direto com eles, lograra enxergá-los naqueles tempos. E como é provável que os volumes caros e pesados de sua grande obra da fisiognomia sejam de difícil acesso à grande maioria de nossos leitores, não hesitaremos em citar, a seguir, as passagens admiráveis em que os dois jovens são descritos e que se podem encontrar no trigésimo fragmento da segunda parte da referida obra, à página 244.

[26]

"Os dois rapazes, cujos retratos e silhuetas vemos aqui, foram as primeiras pessoas que se sentaram diante de mim para que eu delas fizesse uma descrição fisiognomônica, exatamente como alguém posa para um pintor que lhes faz o retrato.

Eu já os conhecia, esses nobres — e fiz então minha primeira tentativa de descrição de seu caráter, tomando por base a observação de sua natureza e meus demais conhecimentos. —[27]

Eis a descrição do homem como um todo. —

---

26 A longa citação que se inicia aqui e se estende pelas próximas páginas pode ser lida à luz da polêmica gerada, justamente na época em que Goethe escrevia essa passagem de *Poesia e verdade*, pela conversão de Leopold Stolberg ao catolicismo, o que causaria irritação em alguns de seus antigos colegas do círculo de Göttingen, como Johann Heinrich Voss. Referência a Lavater, *Physiognomische Fragmente zur Beförderung der Menschenkenntnis und Menschenliebe*, p.244-7. Para esta tradução, seguimos o padrão textual e de formatação estabelecido no texto da edição crítica da DKV, recorrendo também ao texto de Lavater como base de cotejo e apontando eventuais discrepâncias em nota, quando relevantes.

27 Como o leitor perceberá a seguir, para além da sintaxe elíptica e entrecortada, Lavater faz um uso bastante singular dos travessões, possivelmente como modo de pontuar um destaque. Reproduzimos, aqui, essas marcas de seu texto.

Primeiro, a do mais moço.[28]

Olhem para este jovem na flor de seus 25 anos! É uma criatura elástica e leve, que paira, que flutua! Não fica deitado; não fica de pé; não se ergue; não voa; ele paira ou flutua. Vivaz demais para repousar; solto demais para ficar parado; pesado e mole demais para voar.

Eis um ser que paira, que não toca a terra! Em todo o contorno de seu perfil, nem uma única linha inteiramente frouxa, mas tampouco alguma de todo reta, de todo tesa, nem firmemente arqueada, rigidamente curva; – nenhuma reentrância angulosa; nenhuma proeminência rochosa da fronte; nenhuma dureza, nenhuma rigidez; nenhuma crueza iracunda; nenhuma superioridade ameaçadora; nenhuma coragem de ferro – resistente à irritação, talvez, mas não de ferro; nenhuma profundidade decisiva, perscrutadora; nenhuma reflexividade mais lenta, tampouco uma circunspecção esperta; em parte alguma traços dum *raisonneur*, que segura firmemente a balança numa das mãos e a espada na outra, nem o menor sinal de rigidez nos olhares e nos julgamentos! E, ainda assim, a mais perfeita retidão de espírito, ou melhor, o mais imaculado senso de verdade! Sempre aquele que sente intimamente, nunca o que pensa a fundo; nunca o inventor, nunca o desenvolvedor que põe à prova a verdade imediatamente vislumbrada, reconhecida, admirada, compreendida... Eterno ser que paira; que enxerga; que idealiza; que embeleza. Formador de todas as suas ideias! Sempre um poeta meio embevecido, que vê o que quer ver; – não o melancolicamente enlanguescido – não o esfacelador implacável; – mas, sim, o excelso, nobre, poderoso! Aquele que paira para lá e para cá pelas regiões aéreas com moderada 'sede de sol', aquele que almeja além de si mesmo, para de novo – não para descer à Terra! para desabar sobre a Terra, para mergulhar no inundado da 'torrente de rochedos' e balançar-se no 'trovão dos penhascos retumbantes ao seu redor'[29] – Seu olhar, não o olhar flamejante da águia! Sua fronte e seu nariz, não a coragem do leão! Seu peito – não a firmeza do corcel que relincha em

---

28 Friedrich Leopold zu Stolberg.
29 Sem ponto final no original. As passagens entre aspas simples referem-se a expressões e imagens citadas livremente, por Lavater, a partir de um poema de juventude de Leopold Stolberg, intitulado *Freiheitsgesang* (1775).

meio à batalha! No conjunto, porém, muito da elasticidade do elefante que anda como se pairasse....[30]

Seu lábio superior repuxado e saliente, em contraste com o nariz penso, sem quinas nem reentrâncias, e somado à força de resolução da boca, indica bom gosto e sensibilidade apurada; a porção inferior do rosto, muita sensualidade, indolência, descuidado. Já o conjunto de contornos do perfil, franqueza, sinceridade, humanidade, mas, ao mesmo tempo, uma leve seduzibilidade e um alto grau de leviandade inocente, que só causa mal a ele próprio. Em repouso, a mediana de sua boca é a de um homem correto, despropositado, de coração mole, bondoso; em movimento, é a de um homem cândido, refinado, extremamente suscetível, amável, nobre. No arco das pálpebras e no brilho dos olhos não habita nenhum Homero, mas alguém que sente e apreende Homero da maneira mais rápida, íntima e profunda; não o poeta épico, mas o das odes; gênio que verte, transforma, enobrece, conforma, paira e, como num passe de mágica, dá a tudo feições heroicas, divinas[31] — As pálpebras, parcialmente visíveis em razão do arco que descrevem, são antes as de um poeta cada vez mais refinado, do que as de um artista que cria seguindo seus planos à risca, trabalhando longamente; antes as de um apaixonado, do que as de um escrupuloso. — O rosto do jovem, como um todo, é muito mais cativante e atraente do que seu perfil,[32] demasiadamente frouxo, derramado; ao menor movimento, a parte anterior de seu rosto dá indícios de uma gentileza íntima, espontânea, inventiva, atenciosa, sensível, bem como de uma vitalidade delicadamente estremecedora, avessa à injustiça — e sedenta de liberdade. Não é capaz de dissimular nem mesmo a menor das tantas impressões que ele assimila sempre todas de uma só vez, e sem cessar. — Todo problema de que ele se acerca faz-lhe subir o sangue até

---

[30] Quatro pontos, outra particularidade de pontuação de Lavater. Os pontos não indicam, portanto, nenhum corte no texto do autor, que segue sendo continuamente citado por Goethe.

[31] Sem ponto no original de Lavater.

[32] Lavater toma, como base de sua análise, a silhueta e os perfis de Leopold Stolberg publicados em sua obra, mas, como se vê nessa passagem, não se exime de incluir, em sua análise, também sua própria experiência de observação do homem que ele descreve.

o nariz e as bochechas; e em questões de honra, o mais virginal dos pudores, com a fulminância de um raio, toma conta de sua pele lesta e sensível. —

A tez do rosto não tem a palidez do gênio que tudo cria e tudo devora; nem a incandescência selvagem do espezinhador que tudo despreza; nem a lividez láctea do tolo, nem o amarelado do sujeito duro, hirto; nem o castanho do trabalhador lento e aplicado; mas, sim, o alvirrubro, o violeta, tão expressivamente e mescladamente combinados, tão afortunadamente fundidos quanto a força e a fraqueza no conjunto de seu caráter. — A alma desse todo e de cada um de seus traços mais singulares é a liberdade, é a agilidade elástica, que impele facilmente, mas também é facilmente repelida. Uma magnanimidade e uma alegria sincera irradiam de toda a parte anterior do rosto e da posição da cabeça.[33] A incorruptibilidade dos sentimentos, o refinamento no gosto, a pureza de espírito, a bondade e a nobreza da alma, a energia zelosa e a sensação de força e fraqueza atravessam de tal modo a totalidade de seu semblante, que os demais traços de uma autoestima arrojada dissolvem-se numa forma nobre de modéstia, enquanto o orgulho natural e a vaidade juvenil se apagam adoravelmente no jogo desse conjunto, sem maiores constrições nem artifícios. — Os cabelos esbranquiçados, seu comprimento e o desconcerto do corte, a leveza e a suavidade de sua presença, o modo de andar como se pairasse, o achatamento do peito, a testa branca e sem vincos e uma série de outras expressões difundem nesse homem todo os ares de uma certa feminilidade que modaliza o atrevimento interior, tornando seu coração definitivamente incapaz de qualquer vileza e ofensa intencional; ao mesmo tempo, porém, deixa também evidente que o poeta tão cheio de ardores e de coragem, com toda sua sede desafetada de liberdade e libertação, não está destinado a se tornar, por sua própria iniciativa, um homem de negócios persistente, determinado e objetivo, nem tampouco a alcançar a imortalidade numa batalha sangrenta. E somente agora, ao final, percebo que não disse nada sobre aquilo que nele mais chama a atenção; nada sobre sua simplicidade pura, nobre e isenta de toda afetação! Nada sobre a puerícia de seu coração! Nada sobre a mais completa

---

33 A edição da DKV anota aqui um travessão, quando, na edição de Lavater, há apenas um espaço a mais em branco.

indiferença que ele tem para com sua condição nobre! Nada sobre a indescritível bonomia com que ele suporta e aceita advertências e repreensões, ou até mesmo achaques e injustiças. –

Mas quem haverá de querer, enfim, falar de tudo o que se pode perceber e sentir em um ser humano bom, em quem a mais pura humanidade se revela de modo tão pronunciado! [...][34]

Descrição do mais velho.[35]

O que eu disse a propósito do irmão mais jovem – quanto disso não pode ser dito também do mais velho! O que posso destacar como sendo mais digno de nota é o seguinte: sua figura e seu caráter são mais compactos e menos dispersos do que os do anterior. Naquele, tudo alto e mais plano; neste, tudo pequeno, mais ancho, mais abaulado, mais curvo; naquele, tudo mais frouxo, neste, tudo mais contido. Assim é a fronte; assim o nariz; assim o peito; mais comprimido, mais vivo, menos espalhado, mais concentração na força e na vitalidade! De resto, a mesma amabilidade e bonomia! Não a franqueza manifesta; mais argúcia, ainda que, no fundo, ou melhor, na prática, a mesma sinceridade. A mesma aversão invencível à injustiça e à maldade; a mesma irreconciliabilidade com toda espécie de intriga e malícia; a mesma inexorabilidade contra a tirania e o despotismo; o mesmo sentimento puro e incorruptível por tudo o que é nobre, bom, grandioso; a mesma necessidade de amizade e liberdade, a mesma sensibilidade e o desejo nobre de fama; a mesma generosidade para com todas as pessoas boas, sábias, simples, cheias de energia, famosas ou anônimas, conhecidas ou desconhecidas; – e – a mesma precipitação irrefletida, leviana. Não! Não

---

34 Neste ponto, há um pequeno corte no texto de Lavater, deixando-se de lado um parágrafo em que compara sua descrição de Leopold Stolberg com uma silhueta de Homero.

35 Os manuscritos de Goethe não incluem o fragmento de Lavater sobre o irmão mais velho de Leopold, Christian zu Stolberg. A maioria absoluta das edições da obra, no entanto, acompanha a complementação da citação, sugerida por Eckermann e Stegemann. Acompanhamos, aqui, essa mesma sugestão de complementação, cotejando o texto das edições críticas com o original de Lavater já referido anteriormente, agora às páginas 248 e 249.

exatamente a mesma. O rosto é mais bem recortado, retesado, firme; tem mais potencial para desenvolver facilmente uma habilidade nos negócios e nas deliberações práticas; mais coragem para se impor com constância, o que se pode notar na forma rombudamente arredondada, mas marcadamente saliente dos ossos que formam a órbita. Não o sentimento alto, puro, rico e transbordante do poeta; não a leveza lépida da energia produtiva do outro. Mas, ainda assim, vivaz, correto e introspectivo, embora em regiões mais profundas. Não o gênio airoso e luminoso, que cria suas formas ao pairar pelo céu à luz do arrebol —[36] Mais força interior, talvez, menos expressão! mais poderoso e temível — menos suntuosidade e arredondamento; se bem que não faltem ao seu pincel nem encanto, nem coloração. — Mais espirituosidade e humor desbragado; sátiro engraçado; testa, nariz, olhar — tudo tão para baixo, tão pendente; traços verdadeiramente decisivos para uma espirituosidade original, revigorante, que não se nutre de elementos exteriores, mas, sim, de si mesmo. Em geral, tudo em seu caráter é insistente, anguloso, invasivo, tempestuoso! — Em parte alguma platitude, em parte alguma dormência, exceto no olho baixo e cerrado, em que, assim como na testa e no nariz, a volúpia — ressalta! De resto, mesmo nessa testa, nessa concisão de tudo — até mesmo desse olhar — a expressão indissimulável de grandeza natural; força; ímpeto de humanidade; firmeza; simplicidade; determinação! —"

Depois de passar por Darmstadt, tendo de conceder a Merck o sabor do triunfo por ele ter sido capaz de antecipar a separação iminente do grupo que eu formara com aqueles meus companheiros tão folgazes, vi-me de volta a Frankfurt, onde me senti acolhido por todos; inclusive por meu pai, que, embora não me tenha repreendido expressamente, tampouco foi capaz de esconder seu descontentamento com o fato de eu não ter descido as montanhas até Airolo e de não lhe ter mandado notícias de Milão. Ele, por sinal, não demonstrava o menor interesse por penhascos selvagens, lagos

---

36 Sem ponto no original de Lavater.

de brumas e ninhos de dragão. Não que ele quisesse de fato me contradizer, mas assim que teve ocasião, fez questão de deixar claro como ele avaliava o proveito de toda aquela viagem, dizendo que, quem nunca foi a Nápoles, não sabe o que é viver.

Não evitei nem poderia ter evitado o contato com Lili; um clima de ternura e consideração reinava entre nós. Preveniram-me de que, em minha ausência, ela havia sido completamente persuadida a se separar de mim e a acreditar que essa separação era necessária e oportuna, já que, com minha viagem e com aquela ausência tão arbitrária, eu teria declarado de modo suficientemente claro minha posição. Todavia, os lugares que frequentávamos, na cidade ou no campo, e essas mesmas pessoas que conheciam tão de perto nossa história também acabariam contribuindo diretamente para que o casal, ainda apaixonado – apesar de apartados de modo tão estranho –, não perdesse de todo o contato. Vivíamos uma situação como que enfeitiçada e, de certo modo, comparável ao Hades, onde convivem aqueles felizes infelizes que partiram desta vida.

Em certos momentos, parecia que os bons tempos de antes haviam voltado, mas esses fantasmas fulgurantes não tardavam a desaparecer.

Alguns amigos bem-intencionados haviam-me confidenciado que Lili, diante dos tantos obstáculos que se impunham à nossa união, mostrara-se disposta, por afeição a mim, a abandonar a vida que levava e todo seu círculo de relações para partir comigo em direção à América. Naquela época, a América representava, ainda mais do que agora, um eldorado para aquelas pessoas que enfrentavam limitações em sua condição de vida.

Mas justamente aquilo que poderia ter reavivado minhas esperanças acabou por destruí-las. Afinal, a bela casa de meu pai, a apenas algumas centenas de passos de distância da de Lili, oferecia-nos condições mais toleráveis do que as regiões distantes e incertas de além-mar; mas não posso negar que, como sua proximidade fizesse rebrotar em mim toda sorte de esperanças e vontades, com elas brotavam também novas inseguranças.

A bem da verdade, as recomendações de minha irmã foram para mim decisivas e absolutamente inibidoras. Com a sensibilidade e a sensatez que a distinguiam, ela não apenas me havia feito ver a situação com mais clareza em nosso último encontro, como também continuou insistindo energicamente nesse mesmo ponto em suas cartas sempre intensas e verdadeiramente dolorosas. Ela dizia:

— Bom, se não há como evitar, será preciso arcar com essa situação. Isso é algo que se pode até mesmo tolerar, mas não escolher.

Alguns meses se passaram nesta mais desafortunada das circunstâncias. O mundo todo havia se posicionado contra aquela união, mas dentro de Lili — eis no que eu acreditava, eis o que eu sabia — havia ainda uma força, que bem poderia ter superado esses obstáculos.

Os dois jovens enamorados, cientes de sua condição, faziam de tudo para não se encontrarem a sós; mas por força do hábito, simplesmente não havia como não esbarrarem um no outro em alguma das rodas que frequentavam. Foi então que tive de passar por uma das mais duras provações, como hão de concordar comigo as almas de sentimento nobre — se eu conseguir me explicar, a seguir, com mais detalhe. Consideremos, genericamente, que um amante prefere encobrir com um véu a sua história pregressa sempre que conhece uma pessoa nova e tem início um novo amor. A paixão não se preocupa com antecedentes; e como surge de súbito, feito um raio, não costuma querer saber nem do passado, nem do futuro. Ora, aproximara-me de Lili justamente em razão de nossas conversas sobre os primeiros anos de sua juventude, quando então ela me contara como desde criança despertava a simpatia e a afeição dos visitantes — especialmente dos estrangeiros — que frequentavam sua casa sempre tão animada; e também como ela se regozijava de saber dessa sua força de atração, embora disso nunca houvesse resultado nenhuma consequência ou ligação mais íntima.

Acontece que pessoas verdadeiramente apaixonadas consideram tudo o que até então sentiram como mera preparação para seu estado presente de felicidade, enfim, como mera base sobre a qual, a partir de então, devem construir o edifício de suas vidas. Nessa situação, paixões pretéritas não surgem, senão, como fantasmas noturnos, que desaparecem antes mesmo de raiar o dia.

Mas, afinal, o que foi que aconteceu? Veio a época da feira e, com ela, um enxame de fantasmas tomou conta do mundo real de Lili. Um após o outro, todos os comerciantes amigos daquela importante família foram chegando à cidade e, em pouco tempo, ficou muito claro que nenhum deles queria, nem podia abrir mão completamente de certo interesse que tinham pela adorável moça. Os mais jovens, sem serem inoportunos, surgiam como velhos conhecidos; os de meia-idade, com um decoro de certo modo compulsório, surgiam como pessoas que insistiam em se mostrar agradáveis e, nos casos mais extremos, deixavam muito claro que vinham imbuídos das mais elevadas intenções. Entre eles havia alguns homens muito bonitos, com a desenvoltura que costuma advir de uma condição substancialmente abastada.

Já os senhores de mais idade eram simplesmente insuportáveis em seu jeito de velhos tios; não tinham freios nas mãos e, em meio a desagradáveis tapinhas e apalpadelas, ainda demandavam sempre um beijo, do que a bochecha da moça tampouco se esquivava. Lili sabia responder a cada um deles com extrema naturalidade e cordialidade. Suas conversas, no entanto, evocavam lembranças que despertavam certas suspeitas. Falavam de excursões prazerosas por água e por terra, de algumas situações perigosas que tiveram final feliz, de bailes e passeios noturnos, de piadas sobre pretendentes ridículos e de todo o mais que pudesse irritar o coração ciumento de um amante desconsolado, que via desbragar-se, diante de si, a soma das experiências de tantos anos. Mas mesmo em meio à agitação dessas reuniões tão disputadas, Lili não ignorava seu amigo e sempre que se voltava para ele, sabia como expressar toda a sua ternura com poucas palavras e gestos, um comportamento perfeitamente apropriado à situação em que os dois se encontravam.

Chega! Afastemo-nos desse tormento quase insuportável que ainda hoje revém com força à lembrança e voltemos à poesia que, naquelas circunstâncias, valeu-me de grande alívio ao espírito e ao coração.

O poema intitulado "Parque de Lili"[37] remonta mais ou menos a essa época; não vou incluí-lo aqui, pois, ao invés de expressar a condição terna e sensível em que eu me encontrava naqueles tempos, esse poema, ao contrário, imbuído de uma intensidade inspirada, esforça-se para exaltar o que então me contrariava e para transformar, com imagens ironicamente irritantes, a renúncia em desespero.

---

37 *Lilis Park*. Poema relativamente longo, com 134 versos, foi escrito em 1775 e só seria publicado em 1789 na primeira reunião dos escritos do autor.

Johann Wolfgang von Goethe

A canção que se segue expressa melhor certas notas de graça e de encanto que acompanhavam aquele meu momento de infelicidade, razão pela qual eu a incluo aqui.

Doce rosa que esfloresce,
Meu amor não a soube amar;
Flor, aflora a quem esmorece,
Dói-me a alma a espedaçar!

Lembro ainda, quão saudoso,
Quando eu, anjo, a te seguir
No jardim, esperançoso
D'um botão preste a se abrir.

Toda flor e toda fruta
Eu levava então p'ra ti,
Teu olhar, 'sperança bruta
Punha o peito a percutir.

Doce rosa que esfloresce,
Meu amor não a soube amar;
Flor, aflora a quem esmorece,
Dói-me a alma a espedaçar![38]

---

38 Trata-se de uma canção da opereta *Erwin und Elmire*, de Goethe, com música de Johann André (1741-1799), publicada originalmente na revista *Iris*, em 1775, e montada pela primeira vez nesse mesmo ano. O poema se constrói em quatro estrofes (sendo que a quarta estribilha a primeira) de quatro versos, tetrâmetros trocaicos em rimas alternadas. Em alemão: "Ihr verblühet süße Rosen,/ Meine Liebe trug euch nicht;/ Blühet, ach, dem Hoffnungslosen,/ Dem der Gram die Seele bricht!// Jene Tage denk' ich trauernd,/ Als ich, Engel, an dir hing,/ Auf das erste Knöspchen lauernd/ Früh zu meinem Garten ging.// Alle Blüten, alle Früchte/ Noch zu deinen Füssen trug,/ Und vor deinem Angesichte/ Hoffnung in dem Herzen schlug.// Ihr verblühet, süße Rosen,/ Meine Liebe trug euch nicht;/ Blühet, ach, dem Hoffnungslosen,/ Dem der Gram die Seele bricht!"

A ópera *Erwin e Elmira* foi inspirada pela adorável *romanza* que Goldsmith incluiu em seu *Vigário de Wakefield*[39] e que tanto nos deliciara naqueles bons tempos, em que mal suspeitávamos que um destino semelhante ainda nos aguardava.

Já citei anteriormente outras criações poéticas dessa mesma época e meu único desejo era que todas elas tivessem sido preservadas como um conjunto. A excitação permanente daqueles tempos felizes de amor, reforçada pelas preocupações que sobrevinham amiúde, acabaria dando vazão a uma série de canções que, sem dúvida, não representavam nada de muito esplêndido, mas sempre davam expressão aos sentimentos de um dado momento. Das canções escritas para ocasiões festivas até aquelas que acompanhavam os regalos mais discretos, tudo era muito cheio de vida e partilhado por um grupo de pessoas bastante cultivadas. Primeiro vieram os momentos felizes, depois os dolorosos; mas não havia auge de felicidade, nem abismo de sofrimento a que não fosse dedicado ao menos um verso.

Todos esses acontecimentos internos e externos eram escudados de maneira sábia e diligente por minha mãe, que fazia de tudo para que eles não chegassem a incomodar meu pai, que, por sinal, tinha cada vez menos esperança de ver em sua casa aquela primeira nora[40] com quem tanto simpatizara. A verdade é que a "grande dama", como meu pai costumava se referir a Lili ao falar em particular com sua esposa, simplesmente não o conseguia encantar.

Àquela altura dos acontecimentos, meu pai, que havia deixado os negócios correrem seu curso, encontrava-se especialmente envolvido com os assuntos de seu pequeno escritório de advocacia. Seu jovem colega jurista[41] e seu hábil amanuense[42] vinham conquistando cada vez mais terreno para sua firma. Mas já que, como é sabido, em geral não damos por falta dos

---

39 Trata-se do poema intitulado *A Ballad*, incluído por Goldsmith no capítulo VIII da referida obra. Ver também nota 63 do Décimo livro, à p. 510-1.
40 Susanne Magdalena Münch (1753-?).
41 Referência ao jovem Goethe.
42 Johann Wilhelm Liebholdt (1740-1806), já referido anteriormente.

ausentes,[43] os dois acabariam deixando que eu seguisse meus caminhos, procurando se estabelecer cada vez mais firmemente num terreno em que eu mesmo não deveria prosperar.

Para minha felicidade, o caminho pela qual eu começava a enveredar coincidia perfeitamente com as opiniões e os anseios de meu pai. Ele tinha meu talento poético em tão alta conta e se alegrava tanto com a boa acolhida que meus primeiros trabalhos haviam logrado, que, vez ou outra, vinha conversar comigo sobre meus mais novos projetos e sobre as ideias que eu tinha para projetos futuros. Em compensação, eu fazia de tudo para que ele não tomasse conhecimento de minhas peças mais jocosas e tanto menos de meus poemas de amor.

Depois de eu ter retrabalhado no *Götz von Berlichingen*, a meu modo, o símbolo de uma importante época da história mundial, parti diligentemente em busca de uma virada, também decisiva, na história política. A Revolta Holandesa[44] acabaria conquistando minha atenção. No *Götz*, um homem valoroso sucumbia à insana ilusão de que, em tempos de anarquia, um indivíduo forte e bem-intencionado poderia fazer alguma diferença. Já no *Egmont*,[45] condições tradicionalmente bem estabelecidas mostravam-se incapazes de fazer frente a um despotismo ferrenho e bem calculado. Conversei tão animadamente com meu pai a respeito desse projeto – sobre o que se deveria fazer, sobre o que eu pretendia fazer –, que ele mal pôde conter seu desejo de ver logo no papel, finalizada e impressa, a peça que, apesar de já quase inteiramente concebida, só existia, então, em minhas ideias.

Se antes, durante o tempo em que ainda nutria a esperança de ter Lili para mim, havia dedicado o conjunto de meus esforços ao estudo e ao exercício dos negócios públicos, o novo momento me colocava diante do desafio de preencher, com questões que me ocupassem a alma e a mente, uma lacuna

---

43 Em alemão: "der Abwesende (wird) nicht vermisst". Provável tradução do proverbial "On oublie aisèment les absents", em francês.

44 Em alemão: "Aufstand der Niederlande". Também conhecida como a Guerra dos Oitenta Anos (1568-1648), entre a Espanha e as várias províncias que formavam os Países Baixos.

45 A tragédia, em cinco atos, se passa em Bruxelas, entre os anos de 1566 e 1568, e se desenvolve em torno dos eventos que dariam início à Guerra dos Oitenta Anos.

assustadora deixada pela separação. Foi só aí que comecei de fato a escrever o *Egmont*,[46] mas não seguindo a sequência linear da própria peça, como no caso de minha primeira versão do *Götz von Berlichingen*; depois de escrever uma primeira parte introdutória, passei logo para as cenas principais, sem me preocupar muito com eventuais conexões. E acabei fazendo progressos consideráveis, já que, conhecendo meu modo mais desleixado de trabalhar, meu pai passou a me instigar dia e noite – não exagero quando digo isso; afinal, para ele, o que fora concebido com tanta facilidade também podia ser finalizado com a mesma facilidade.

---

46 Segundo essa passagem, o trabalho de escrita da peça teria começado efetivamente em 1775; no entanto, levando-se em conta suas correspondências, têm-se indícios de que o trabalho de escrita já haveria começado em fins de 1774. Seja como for, Goethe trabalharia longamente em seu *Egmont*, finalizando-o apenas em 1787 e publicando-o no ano seguinte. A primeira montagem da tragédia, em Mainz, data de 1789.

Vigésimo livro

Naqueles dias de inquietude passional e cizânia interior,[1] a companhia de um artista notável acabaria me ajudando a enfrentar alguns momentos bastante difíceis. Como em tantas outras ocasiões, também nesse caso eu devia minha estranha paz interior – em dias que eu talvez nem esperasse alcançá-la – à busca incerta por uma formação de ordem mais prática.

Georg Melchior Kraus,[2] nascido em Frankfurt e formado em Paris, acabava então de regressar de uma pequena viagem pelo norte da Alemanha. Ele veio me visitar e senti imediatamente um impulso, uma necessidade de me aproximar dele. Era um homem alegre, que sabia vive a vida e, em Paris, havia encontrado a escola perfeita para um homem talentoso e animado, com um jeito agradável e descomplicado de ser.

Naqueles anos, Paris reservava aos alemães uma recepção das mais acolhedoras. Philipp Hackert[3] morava então nessa cidade, onde gozava de

---

1 A redação do início desse primeiro parágrafo foi modificada por Eckermann na versão que se tornaria referência para grande parte das edições dessa obra, como a edição crítica de Hamburgo. A redação proposta por Eckemann é "Então continuei a trabalhar no *Egmont* [...]". Acompanhamos, aqui, a edição crítica da DKV, que registra o texto dos manuscritos.
2 Georg Melchior Kraus (1737-1806), artista plástico alemão.
3 Jacob Philipp Hackert (1737-1807), pintor alemão, conhecido especialmente por suas paisagens. Ver também nota 35 do Décimo sétimo livro, à p.853-4.

prosperidade e de grande admiração. A técnica tipicamente alemã, de começar suas paisagens com um desenho de observação da natureza e de continuar sua execução em guache e a óleo, era muito bem recebida, por contraste a certo maneirismo prático a que vinham se devotando os franceses. Wille,[4] extremamente respeitado como gravurista, inscrevia os propalados méritos alemães em bases firmes e sólidas. Grimm,[5] já bastante influente nessa época, tampouco se revelava menos útil a seus compatriotas. Muitas viagens a pé eram empreendidas, naqueles dias, com o propósito específico de fazer desenhos de observação da natureza, e assim surgiram várias grandes obras — ou, ao menos, esboços preliminares que lhes dariam origem.

Boucher e Watteau,[6] dois artistas verdadeiramente natos, cujas obras, por mais que subsumidas no espírito e nas ideias daquele tempo, ainda se mostravam dignas de grande respeito e admiração, também simpatizariam[7] com a novidade; e eles mesmos chegariam a experimentá-la praticamente, embora apenas de brincadeira, para conhecer a técnica. Greuze,[8] que levava uma vida serena, restrita ao seio de seu círculo familiar, e gostava de pintar cenas da vida burguesa, era um homem encantado com seu próprio trabalho, além de feliz por ser o senhor de pinceladas tão leves e honoráveis.

Nosso Kraus sabia bem como assimilar todas essas referências na expressão de seu talento. Ao frequentar as rodas da sociedade, aprendeu sobre elas e foi capaz de retratar com muita graciosidade algumas dessas reuniões nas casas de amigos. Suas paisagens não eram menos bem-sucedidas e, com seus contornos nítidos, uma distribuição homogênea das áreas de luz e sombra e um colorido agradável, eram especialmente convidativas aos olhos; certa verdade ingênua de suas obras parecia satisfazer nossas expectativas

---

4 Johann Georg Wille (1715-1808), famoso gravurista alemão estabelecido em Paris.
5 Friedrich Melchior von Grimm (1723-1807). Ver nota 27 do Décimo primeiro livro, à p.575.
6 François Boucher (1703-1770), pintor francês; Jean Antoine Watteau (1684-1721), pintor francês, que, apesar de ter morrido jovem, ainda era um artista bastante influente na segunda metade do século XVIII.
7 Falecido em 1721, Watteau não poderia ter partilhado dessa mesma simpatia que Boucher teria nutrido por Kraus, nascido apenas em 1737.
8 Jean Baptiste Greuze (1725-1805), pintor francês, famoso por seus quadros da vida burguesa.

interiores, enquanto o amante da arte não podia deixar de admirar sua habilidade de incluir imediatamente e organizar, como uma única composição, tudo o que ele desenhava a partir de suas observações da natureza.

Ele próprio era uma companhia agradabilíssima: tinha sempre uma alegria equilibrada como companheira; era solícito sem ser submisso, contido sem ser orgulhoso, e não havia lugar onde ele não se sentisse em casa, onde ele não fosse bem quisto; era, a um só tempo, o mais ativo e o mais acomodado dos mortais. Dotado de tamanho talento e de tal personalidade, não tardaria para que caísse nas graças dos círculos mais altos da sociedade; foi muito bem recebido no castelo baronial dos vom Stein,[9] em Nassau, às margens do Lahn, onde passou a tutorear uma moça adorável e talentosa[10] no desenvolvimento de suas investidas artísticas, contribuindo também para animar, de diversos modos, a vida social daquela família.

Depois do casamento dessa dama excepcional com o conde von Werthern, o jovem casal decidiu levar o artista consigo para o seu condado na Turíngia, e foi assim que Kraus chegou aos círculos de Weimar. Ali ele se tornaria conhecido e reconhecido; nada mais natural, portanto, que esse distinto grupo insistisse para que o pintor se fixasse definitivamente na região.

De volta a Frankfurt, como se mostrasse sempre disposto a interferir e ajudar, Kraus me incentivou a transformar minha condição de colecionador e amante da arte em uma prática artística. Para o diletante, a proximidade do artista é indispensável, pois neste ele vê o complemento de sua própria existência – os desejos do amador se realizam e se completam no artista.

Em razão de certa propensão natural e de muito exercício, eu até que me saía bem nos esboços; e também não tinha maiores dificuldades para transformar em uma composição aquilo que eu observava na natureza; mas me faltava o que poderíamos chamar mais propriamente de uma força plástica, o trabalho e a determinação capazes de, ao distribuir adequadamente os claros e escuros da imagem, dar corpo a um esboço. Minhas reproduções não

---

9 Ver nota 51 do Décimo quarto livro, à p.742.
10 Referência a Johanna Louise vom und zum Stein (1752-1816), chamada Johanna Louise von Werthern depois de casada. Ao lado de seu marido, referido na sequência do texto, o conde Jacob Friedemann von Werthern (1739-1806), da Turíngia, ela teria um papel de destaque nos círculos de Weimar.

passavam de impressões muito distantes de alguma forma determinada e minhas figuras mais pareciam aquelas criaturas leves e airosas do *Purgatório de Dante*,[11] que, como não produziam sombra por si mesmas, horrorizavam-se diante da sombra dos corpos de verdade.

Graças à perseguição fisiognomônica de Lavater – pois assim podemos chamar o arrojo impetuoso com que ele se esforçava em compelir as pessoas não apenas a contemplarem suas fisiognomias, mas, também, a contribuírem praticamente com a produção de retratos faciais, pouco se importando se eram de natureza artística ou meras falácias –, eu adquirira certa experiência em desenhar retratos de amigos com giz branco e preto sobre papel cinza. As semelhanças eram inconfundíveis, mas era preciso sempre a mão de meu amigo artista para fazer esses retratos saltarem de seu fundo escuro.

Quando folheávamos e contemplávamos os abundosos *portfolios* que o bom Kraus trouxera de sua viagem, seu assunto predileto, ao apresentar-me as paisagens e os retratos que produzira, era o círculo de Weimar e tudo que havia ao seu redor. E a bem da verdade, eu também me detinha com prazer naquele assunto. Afinal, olhar para todas aquelas imagens não podia ser, senão, extremamente lisonjeiro àquele jovem rapaz, ao ficar sabendo que elas todas apenas reforçavam, em coro, uma mesma ideia: a de que minha presença era desejada em Weimar. Valendo-se dos retratos das personalidades com muito charme e encanto, Kraus sabia dar vida às saudações e aos convites todos que ele me transmitia. Uma tela a óleo, de execução muito bem-sucedida, apresentava-me o mestre de capela Wolf,[12] sentado junto ao cravo, com sua esposa atrás de si, preparando-se para cantar; e o artista não perdia a ocasião para enfatizar o quão amavelmente aquele valoroso casal não me haveria de receber. Entre seus desenhos havia inúmeros que retratavam as matas e as montanhas ao redor de Bürgel.[13] Ali, um homem valoroso, responsável por aquela área de floresta,[14] construíra uma série de pontes,

---

11   Referência à segunda parte da *Divina comédia*, obra canônica de Dante Alighieri.
12   Referência a Ernst Wilhelm Wolf (1735-1792), mestre de capela da corte de Weimar, e sua esposa, Caroline Wolf (1742-1820, nascida Benda), que era cantora.
13   Localidade a cerca de 40 km de Weimar.
14   Trata-se de Traugott Friedemann Slevoigt. A filha mais velha: Friederike Elisabetha Caroline Slevoigt (1751-1810), que mais tarde casaria com Friedrich Justin

mainéis e trilhas menos acidentadas para, talvez mais por amor às suas amáveis filhas do que para benefício próprio, tornar acessíveis e transitáveis os caminhos que levam até os rochedos, os bosquedos e os recantos mais selvagens da mata. Nos desenhos de Kraus, viam-se as moças de vestido branco caminhando pelas trilhas mais encantadoras, e elas não vinham sozinhas. Num dos rapazes deveríamos reconhecer a figura de Bertuch, cujas intenções sérias para com a filha mais velha não se podiam negar; e Kraus não se fazia de rogado ao associar o outro rapaz da cena a ele mesmo e à afeição germinal que começava a sentir pela irmã mais nova.

Como pupilo de Wieland, Bertuch havia se destacado de tal modo por seus conhecimentos e atividades, que, empregado como secretário pessoal do duque, só podia esperar o melhor de seu futuro. A honestidade, a generosidade e a simpatia de Wieland eram, então, um motivo onipresente nas conversas; as pessoas já se referiam com detalhes aos seus belos projetos literários e poéticos, bem como à repercussão de sua *Merkur* em toda a Alemanha. E muitos outros nomes de destaque nas cenas literária, política e social de Weimar mereciam também a mesma atenção, como Musäus, Kirms, Berendis e Ludecus.[15] Entre as mulheres, a esposa de Wolf e uma certa viúva Kotzebue — com sua filha encantadora e um menino cheio de disposição —,[16] ao lado de várias outras, eram todas descritas e exaltadas por Kraus. Enfim, tudo apontava na direção de uma vida artística e literária das mais movimentadas.

E assim ia se desenhando pouco a pouco o meio sobre o qual o jovem duque[17] de Sachsen-Weimar haveria de exercer seu poder após o regresso de

---

Bertuch (1747-1822), escritor e editor; e a filha mais nova: Auguste Slevoigt, com quem Kraus efetivamente se casaria.

15 Respectivamente: Johann Karl August Musäus (1735-1787), professor e escritor; Franz Kirms (1750-1826), secretário da corte; Hieronymus Dietrich Berendis (1719-1782), conselheiro, amigo de Winckelmann; Johann August Ludecus (1742-1801), secretário privado e conselheiro.

16 Anna Chrsitiane Kotzebue (1736-1828, nascida Krüger), cunhada de Musäus. A referida filha: Amalie Kotzebue (1759-1844), que Goethe conheceria assim que chegasse em Weimar; o referido menino: August (von) Kotzebue (1761-1819), escritor.

17 De volta da viagem, em cujo caminho conhecera Goethe, Carl August, tendo completado a maioridade em 1775, assumiria a regência do ducado de Sachsen-Weimar.

sua viagem de formação à França. Essa era a situação para a qual o havia preparado a senhora sua mãe,[18] que até então mantivera sua guarda e assumira, em seu lugar, a regência do ducado; já o que dizia respeito à execução dos negócios mais importantes, como é praxe se impor nesses regimes provisórios de administração, ficara sempre a critério das convicções e da iniciativa do futuro regente. As terríveis ruínas deixadas pelo incêndio do castelo[19] eram vistas como uma ótima oportunidade para novas ações. Também as minas ociosas de Ilmenau,[20] cuja possível reativação se havia assegurado através da custosa conservação de sua profunda galeria, e a Universidade de Iena,[21] que havia entrado em relativo descompasso com as ideias mais contemporâneas e que se encontrava sob a iminência de perder alguns de seus mais hábeis professores, assim como tantas outras questões relevantes pareciam despertar, então, o nobre espírito do público. Por toda aquela Alemanha cheia de grandes aspirações, buscavam-se personalidades que se sentissem convocadas a promover o bem em suas mais diversas formas, de modo que se abriam, então, perspectivas novas – e isso era o que mais poderia desejar uma juventude tão cheia de vigor e energia. E se, sem poder contar com a dignidade de uma residência apropriada, o novo soberano parecia ficar triste ao convidar uma jovem princesa[22] a se instalar em acomodações tão modestas, concebidas originalmente para fins bastante diferentes, residências de campo bem

---

18 Anna Amalia von Sachsen-Weimar-Eisenach (1739-1807). Ver nota 27 do Décimo quinto livro, à p.771.

19 Referência ao incêndio do *Residenzschloss* em Weimar, em 6 de maio de 1774. Esse era o castelo em que residiam os duques de Sachsen-Weimar.

20 Logo nos primeiros tempos de Weimar, Goethe participaria da comissão que tratou desse assunto. Fechadas desde 1739, as minas seriam reativadas em 1784, mas foram fechadas novamente em 1798, depois de se provarem pouco rentáveis.

21 Em alemão: *Akademie Jena*. Goethe contribuiria decisivamente para essa renovação, especialmente ao tentar atrair para Weimar algumas grandes personalidades. Na década de 1790, além de figuras de destaque na área da teologia, das ciências e da medicina, tinham participação ativa na academia figuras como Schiller, Fichte, Schelling e A. W. Schlegel.

22 A jovem duquesa Louise Auguste (1757-1830), nascida von Hessen-Darmstadt, depois de seu matrimônio, em 1775, seguiria para Weimar com seu esposo, Carl August. A passagem faz referência à perda da residência da família dos duques de Sachsen-Weimar, arruinada pelo já referido incêndio.

aparelhadas e situadas, como a de Ettersburg e a de Belvedere,[23] entre outras, garantiam-lhes tanto o conforto e o prazer do presente quanto a esperança de que aquela vida mais natural e campestre, tornada então uma necessidade, pudesse se provar produtiva e agradavelmente agitada.

Ao longo desta narrativa biográfica, vimos em detalhes como a criança, o menino e o jovem tentaram se acercar do transcendente[24] pelos mais diversos caminhos: primeiramente, com sua simpatia por uma religião natural; em seguida, com sua adesão a uma religião positiva; depois disso, testando suas próprias forças ao fechar-se em si mesmo; e, por fim, entregando-se alegremente às formas mais comuns de crença. Enquanto vagava de um lado para o outro nos espaços entre cada uma dessas regiões, procurando por algo, olhando tudo ao seu redor, acabou encontrando coisas que não pareciam caber em lugar algum e, de pouco em pouco, foi se convencendo de que seria melhor afastar seu pensamento daquilo que se lhe manifestava como inapreensível, como monstruosamente além de toda medida.[25] Esse jovem acreditava ser capaz de descobrir, na natureza, algo – vivo ou sem vida, animado ou inanimado – que só poderia se manifestar em contradições e, exatamente por essa razão, não poderia ser apreendido em nenhum conceito, muito menos numa única palavra. Não era algo divino, pois parecia irracional; não era humano, pois não tinha inteligência; não era diabólico, uma vez que se mostrava benéfico; não era angelical, pois não raro se comprazia da desgraça alheia. Equiparava-se ao acaso, pois não se revelava como consequência de nada, e guardava semelhanças com a providência, já que sugeria um nexo. Tudo aquilo que nos era restrito, parecia perscrutável para esse algo, parecia ligar-se arbitrariamente aos princípios fundamentais de nossa existência, contraindo o tempo e expandindo o espaço. Só no impossível esse algo parecia encontrar contentamento, afastando o possível com

---

23 Referência ao castelo de Ettersburg e ao castelo de Belvedere, localizados nos arredores de Weimar e até hoje preservados.

24 No texto em alemão: *dem Übersinnlichen*, termo que também pode ser traduzido por sobrenatural, metafísico, suprassensível; aqui, com a ideia genérica daquilo que transcende o plano do sensível, que está além da possibilidade de apreensão pelos sentidos.

25 A longa paráfrase traduz, aqui, o alemão *dem Ungeheueren*.

desprezo. Esse elemento essencial,[26] que parecia surgir em meio a todas as outras coisas, diferenciando-as, unindo-as, eu o chamava de "demoníaco", seguindo o exemplo dos antigos[27] e de outros que, antes de mim, haviam percebido algo parecido. E para me resguardar dessa essência medonha, procurei buscar refúgio, como de costume, atrás de uma imagem.

Dentre as passagens da história mundial que eu tratei de estudar mais detidamente, havia alguns episódios que tornaram muito famosas aquelas terras — mais tarde unificadas — dos chamados Países Baixos. Eu havia pesquisado as fontes com afinco e, instruindo-me por vias tão diretas quanto possível, tentava dar nova vida a tudo aquilo em minha imaginação. As situações pareciam ter alto potencial dramático e o conde de Egmont,[28] em torno de quem todos os demais se agregavam com a maior alegria, saltava-me aos olhos na condição de personagem principal, encantando-me, sobretudo, por sua grandeza humanamente cavalheiresca. Para meus propósitos, porém, tive de transformá-lo num personagem com características que mais condiziam a um jovem do que a um homem de idade, a um solteiro do que a um pai de família, a um homem independente do que a outro que, por livre que fosse, encontrava-se atado pela força das mais diversas circunstâncias. Depois de tê-lo rejuvenescido em minha imaginação, libertando-o de tudo o que lhe impunha alguma forma de restrição, dotei-o de uma paixão desmedida pela vida e de uma confiança ilimitada em si próprio, conferindo-lhe ainda o dom de atrair todas as pessoas para si (*attrattiva*), com o qual ele acabaria conquistando os favores do povo, a afeição velada de uma princesa, a paixão declarada de uma moça que agia conforme os impulsos de sua natureza e o interesse de um estadista muito inteligente, chegando mesmo a cair nas graças do filho de seu maior oponente.

A bravura pessoal desse herói é a base sobre a qual repousa todo seu ser, é o fundamento que lhe dá origem, o chão de onde ele brota. Sem tomar conhecimento dos perigos, Egmont age cegamente diante do maior deles, justo quando este dele se aproxima. Diante do cerco inimigo, sempre acabamos

---

26 Em alemão: *Wesen*.
27 Alusão, entre outros, a Plutarco (*De Ísis e Osíris*) e Platão (*Banquete, Timeu, Apologia de Sócrates*).
28 Referência à figura histórica do conde Lamoraal van Egmont (1522-1568).

dando um jeito de abrir caminho, mas as tramas da política são bem mais difíceis de romper. O demoníaco que aí entra em jogo de parte a parte, em cujo conflito o amável sucumbe e o odiado triunfa, mas também a perspectiva de que de tudo isso pudesse surgir uma terceira parte, que correspondesse aos desejos de toda a gente, eis os aspectos que muito provavelmente terão rendido a essa peça – não por ocasião de seu lançamento, mas por certo mais tarde, em tempo propício – a consideração de que ela até hoje goza. Assim sendo, em benefício de alguns caros leitores, antecipo-me aqui a mim mesmo e, sem saber se tornarei em breve a retomar a palavra, gostaria, a esta altura, de pronunciar-me sobre algo de que eu só viria a me convencer muito mais tarde.

Embora esse demoníaco possa se manifestar em qualquer coisa corpórea ou incorpórea, apresentando-se de modo mais notável nos animais, é particularmente com o ser humano que ele trava sua relação mais singular, constituindo uma força que, se não é de todo contrária à ordem moral do mundo, por certo a atravessa de um lado ao outro, de modo que bem se poderia tomar uma pela trama e a outra pela urdidura.[29] Para os fenômenos que daí resultam, há um sem-número de nomes, uma vez que todas as filosofias e religiões buscaram resolver esse enigma prosaica e poeticamente, tentando pôr um fim definitivo à questão – e que possam continuar tendo sempre a liberdade de fazê-lo. Mas o demoníaco se manifesta ainda mais aterradoramente quando irrompe de maneira predominante em uma pessoa qualquer. Ao longo de minha vida, tive ocasião de observar muitos desses casos, ora de longe, ora mais de perto. Não costumam ser homens dos mais excepcionais, nem pela grandeza de espírito, nem por seu talento, e tampouco é comum serem pessoas que pudéssemos recomendar pela bondade no coração; mas neles assoma uma força descomunal, com que exercem um poder inacreditável sobre toda criatura e até mesmo sobre as substâncias elementares da natureza – e quem sabe dizer até onde chegará sua influência? Nem todas as forças morais reunidas são páreo contra eles; e é em

---

29 Em alemão: "eine für den Zettel, die andere für den Einschlag". Expressão ligada ao campo semântico da tecelagem, referindo-se aos dois sentidos de passagem do conjunto de fios que se entrecruza no tear, produzindo o tecido.

vão que uma pequena parcela de pessoas mais esclarecidas tenta colocá-los sob suspeição, como homens enganados ou enganadores, posto que as massas se sentem invariavelmente atraídas por eles. Esses homens nunca – ou apenas muito raramente – encontram contemporâneos a sua altura, e não podem ser superados, senão, pelo próprio universo, contra o qual primam em travar sua batalha. É provável que justamente de comentários como esses tenha surgido aquela máxima, a um só tempo tão estranha e prodigiosa: *Nemo contra deum nisi deus ipse.*[30]

    Deixo aqui de lado essas altas considerações para voltar à minha vidinha, que também estava prestes a se deparar com acontecimentos bastante estranhos, revestidos, para dizer o mínimo, de uma feição demoníaca. No alto do Passo de São Gotardo, dando as costas à Itália, eu resolvera tomar o caminho de volta para casa, uma vez que não conseguia suportar a falta que Lili me fazia. Uma afeição fundada na expectativa de um sentimento recíproco de posse e de uma convivência duradoura não se apaga assim, de repente; ao contrário, parece nutrir-se da contemplação daqueles anseios legítimos e das esperanças sinceras que continuamos a acalentar. Em uma situação como essa, é muito natural que a moça acabe por se resignar mais rapidamente do que o rapaz. E na condição de descendentes de Pandora, concedeu-se a essas crianças tão adoráveis o estimável dom de encantar, atrair e agregar os outros em torno de si, o que não faziam tanto por afeição quanto por força algo deliberada – ou melhor, licenciosa – de sua natureza. Nisso, porém, assim como no caso daquele conhecido aprendiz de feiticeiro,[31] jovens como esses acabavam correndo o risco de se apavorar diante da enxurrada de admiradores. Mas, ao final, é sempre preciso que se faça uma escolha e, dentre todos, apenas um será o preferido, apenas um levará a noiva para casa.

    E quão decisivo não é o acaso, no momento em que tal escolha ganha uma direção, no instante em que se define o escolhido? Eu renunciara à Lili com convicção, mas o amor me fazia suspeitar dessa convicção. Também Lili havia se despedido de mim nos mesmos termos, quando eu parti

---

30 Em português: "Ninguém é contra Deus, exceto o próprio Deus". Ver também nota 1 (Quarta parte), à p.801.
31 Ver nota 73 do Décimo quinto livro, à p.792.

para aquela bela viagem, que devia ter cumprido o fim de distrair-me, mas só conseguiu produzir o efeito oposto. Enquanto estive ausente, acreditei no afastamento, mas não na separação. Todas as lembranças, as esperanças e os desejos continuaram fazendo livremente o seu jogo. Até que, finalmente, eu voltei; e se o reencontro é o céu para aqueles que se amam livre e ledamente, pode também se transformar no fogo insuportável do purgatório, na antessala do inferno para duas pessoas que se deixaram separar apenas pela razão. Ao retornar para o universo de Lili, passei a sofrer duplamente com toda aquela dissintonia que havia perturbado nossa relação; e quando me vi novamente diante dela, meu coração logo me fez perceber, a duras penas, que eu a havia perdido de vez. Foi assim que optei mais uma vez pela fuga. E nada poderia parecer-me mais propício que o fato de o jovem casal de duques de Weimar ter, então, acabado de partir de Karlsruhe em direção a Frankfurt,[32] nem nada poderia parecer-me mais desejável que a ideia de eu seguir com eles para Weimar, respondendo, assim, tanto a seus antigos convites quanto aos mais recentes. Suas altezas sempre zelaram em manter uma relação de afeição e confiança comigo, a qual eu só poderia responder com a mais entusiasmada gratidão. A devoção que o duque inspirara em mim desde o primeiro momento em que nos vimos, minha grande admiração pela princesa — a quem eu já conhecia havia tanto tempo, embora apenas de vista —, meu desejo de estreitar os laços de amizade com Wieland, que já se havia mostrado tão receptivo comigo, e de consertar pessoalmente o que minha falta de trato havia causado tanto por acaso quanto por atrevimento: essas eram razões mais do que suficientes para motivar, ou melhor, para impulsionar até mesmo um jovem completamente desprovido de paixão. Para mim, no entanto, somava-se a isso tudo ainda o fato de que eu precisava fugir de Lili, fosse para onde fosse: para o sul, onde se prefiguravam as maravilhas de um paraíso das artes e da natureza, evocado nas inúmeras histórias que meu pai me contava diariamente; ou para o norte, de onde recebera o convite de um círculo insigne de pessoas excepcionais.

---

32 Os jovens soberanos Carl August e Louise Auguste casaram-se em Karlsruhe em 03.09.1775 e, em sua viagem de retorno a Weimar, chegaram a Frankfurt no dia 12 de outubro do mesmo ano.

Em sua viagem de retorno a Weimar, o jovem casal principesco finalmente chegou a Frankfurt. Também a corte do ducado de Meiningen[33] encontrava-se nessa mesma época na cidade, e fui recebido de maneira igualmente amistosa por eles e pelo conselheiro privado von Dürckheim,[34] que então tutoreava os jovens príncipes. Mas como em tais ocasiões não podia faltar um episódio estranho, como é comum nos verdouros da idade, um mal-entendido acabou me colocando numa situação inacreditavelmente constrangedora, embora bastante engraçada — embora, no fundo, a coisa toda nem fosse assim tão desagradável. Os soberanos de Weimar e de Meiningen haviam se instalado em uma *mesma* hospedaria. Minha presença logo é solicitada para um jantar. E como eu não pudesse tirar a corte de Weimar da cabeça, não me ocorreu supor que também da parte da corte de Meiningen pudesse haver algum interesse em minha pessoa, até porque eu não era suficientemente presunçoso para imaginar isso. Vestido em meus melhores trajes, ponho-me então a caminho do hotel chamado "Imperador Romano", mas, chegando ao local, encontro vazios os quartos dos duques de Weimar; e como fico sabendo que eles estariam com a corte de Meiningen, vou direto para lá, onde sou recebido com muita simpatia. Imagino, pois, que se trate de uma visita breve, antes do jantar, ou mesmo que todos planejem jantar juntos; aguardo o desenlace da situação. De repente, o séquito de Weimar põe-se em movimento, ao que eu também me levanto de imediato, pondo-me a segui-lo; no entanto, em vez de tomar o rumo de suas instalações, a comitiva desce as escadarias do hotel, toma assento em suas carruagens e, quando dou por mim, vejo-me ali sozinho, no meio da rua. Ao invés de buscar um jeito hábil e inteligente de me informar sobre o ocorrido e de tentar tirar minhas conclusões, decido, com a resolução que me era habitual, seguir de volta para casa, onde, ao chegar, encontraria meus pais servindo-se já da sobremesa. Meu pai só fazia balançar a cabeça, enquanto minha mãe tentava compensar-me tanto quanto possível pela refeição que eu perdera.

---

33 Referência a Charlotte Amalie de Hessen-Philippstahl (1730-1801) — mais tarde duquesa de Sachsen-Meiningen — e a seus filhos Carl August (1754-1782) e Georg Friedrich Carl (1761-1803).

34 Franz Christian Eckbrecht von Dürckheim (1729-1807), preceptor dos príncipes do ducado e conselheiro particular de Meiningen.

Mais tarde, naquela mesma noite, ela viria me confidenciar que, ao sair de casa para aquele jantar, meu pai comentara que muito se admirava, pois eu, que em geral não me deixava enganar tão facilmente, não era capaz de enxergar que aquelas pessoas não tivessem outro propósito senão o de zombar de mim e de me envergonhar. Mas isso não chegou a me incomodar, já que, no caminho de volta, havia encontrado o senhor von Dürkheim, que, com a suavidade que lhe era característica, repreendera-me gentil e jocosamente por aquela minha saída abrupta, pedindo-me explicações. Despertado então de meu sonho, tive ocasião de agradecer educadamente por aquela tão surpreendente e inesperada honra que me haviam concedido e de apresentar minhas mais sinceras desculpas.[35]

Enfim, depois de eu ter acedido – por boas razões – a propostas tão gentis, ficou combinado o seguinte: um cavaleiro[36] que restara na cidade de Karlsruhe, aguardando a entrega de um landau[37] fabricado em Estrasburgo, chegaria a Frankfurt num determinado dia e eu, de minha parte, deveria ficar pronto para seguir imediatamente com ele para Weimar. A despedida alegre e graciosa daqueles jovens soberanos, assim como o tratamento amistoso de toda sua comitiva, pareciam pavimentar agradavelmente aquele caminho que se abria, despertando ainda mais meu desejo de partir logo em viagem. Mas também nessa ocasião uma série de eventualidades acabaria confundindo as emoções e dificultando a realização de um plano que parecia tão simples; por muito pouco não se pôs tudo a perder. Acontece que depois de me despedir de todo mundo e de ter anunciado a data de minha partida – arrumando tudo às pressas, mas sem esquecer de meus manuscritos –, fiquei aguardando a hora em que o referido amigo passaria por Frankfurt em sua nova carruagem, levando-me consigo para aquelas novas paragens e para as novas circunstâncias de minha vida. A hora chegou, mas passou; passou também o dia, e como eu já me havia declarado ausente a partir daquela

---

35 Conforme anota a edição crítica da DKV, a este fim de parágrafo segue-se um espaçamento de cerca de trinta linhas no manuscrito da obra.

36 Johann August Alexander von Kalb (1747-1814), então conselheiro de câmara em Weimar.

37 Também landô ou landó, carruagem de quatro rodas, com capota em fole dividida em duas seções que podem ser levantadas ou arriadas.

manhã prevista para minha viagem[38] – para não ter de me despedir de todos duas vezes, mas, sobretudo, para evitar de me sentir atordoado com o fluxo intenso das visitas –, tive de me manter recluso não somente em minha casa, mas no meu próprio quarto, enredando-me, assim, numa situação das mais peculiares. Todavia, como a solidão e a constrição costumavam gerar certo efeito produtivo em mim, pois me sentia obrigado a tirar proveito de tais momentos, vali-me da situação para continuar trabalhando em meu *Egmont*, e cheguei muito perto de acabá-lo. Li os manuscritos para meu pai, que de pronto tomou gosto pela peça e não parecia desejar outra coisa que vê-la logo concluída e impressa – ele esperava que aquela tragédia pudesse contribuir para aumentar a boa reputação de seu filho. Aliás, naquele exato momento, meu pai bem que precisava encontrar algo de novo que o pudesse acalmar e contentar minimamente, pois já se punha a desferir as glosas mais temerárias a propósito daquela carruagem que não chegava nunca. Tornou a supor que tudo não passasse de uma invenção, desconfiando da história do novo landau e referindo-se ao tal cavaleiro como um fantasma. Na verdade, meu pai só me dava a entender essas coisas indiretamente; mas não conseguia parar de suplicar nem a si mesmo, nem a minha mãe, e o fazia com rigores de detalhamento: ele via tudo como uma peça que a corte de Weimar resolvera pregar em mim por causa de minha falta de trato e com o propósito único de me ofender e me humilhar; daí que me deixassem, ali, vexatoriamente à espera, ao invés de me honrarem com o que me fora prometido. De minha parte, ao menos de início, mantive-me firme em minha crença, aproveitando o prazer daquelas horas de reclusão – que nem amigos, nem estranhos, nem outras distrações sociais viriam perturbar – para, embora um tanto inquieto, continuar a trabalhar vigorosamente em meu *Egmont*. E é bem provável que essa minha disposição de espírito tenha sido benéfica para a obra, que, movida por tantas paixões, por certo não poderia ter sido escrita pelas mãos de alguém completamente desprovido de emoções. Passaram-se, assim, oito dias, quiçá alguns mais, até que aquele regime de confinamento absoluto começou a me incomodar. Ao longo dos anos, havia me acostumado a viver ao ar livre, na companhia de amigos, com quem mantinha uma

---

38 Estima-se que no dia 17 de outubro de 1775.

relação de reciprocidade das mais sinceras e ativas, e na proximidade da amada, de quem eu até podia ter firmado o propósito de me separar, mas que, enquanto houvesse alguma possibilidade de aproximação, ainda me atraía intensamente para si. Isso tudo foi me deixando de tal modo inquieto que meu trabalho na peça começou a perder, aos poucos, sua atratividade e, a impaciência passou a ameaçar cada vez mais minha energia poética, prestes a estagnar. Já havia algumas noites que eu não conseguia mais me segurar em casa. Envolto em uma capa enorme, eu perambulava pela cidade, passando em frente às casas de meus amigos e conhecidos, e sem deixar, é claro, de me aproximar da janela de Lili. Ela morava no piso térreo de uma casa de esquina; as corrediças verdes na janela estavam baixadas, mas eu conseguia entrever o brilho das luzes internas nos lugares de sempre. Não tardou e pude ouvi-la cantar, acompanhada pelo piano. Reconheci logo a canção *Ai, que não resisto e me arrebatas*,[39] que havia menos de um ano fora escrita para ela. Tive a impressão de que ela a cantava ainda mais expressivamente do que nunca, pois eu conseguia distinguir perfeitamente palavra por palavra. Eu pressionava meu ouvido na janela, chegando tão perto quanto a curvatura externa do gradil me permitia. Depois de finda a canção, pude perceber, pelas sombras projetadas na corrediça, que Lili se levantara; caminhava de um lado para o outro, e em vão eu tentava flagrar, através do espesso tecido, a silhueta daquele ser adorável. Somente o firme propósito de me retirar de cena, de não deixar que minha presença se tornasse um fardo para Lili e de renunciar verdadeiramente ao seu amor, somado à confusão extraordinária que minha reaparição poderia causar naquele momento, deram-me forças suficientes para que eu conseguisse deixar para trás aquela proximidade que me era tão cara.

Passaram-se ainda alguns dias e a hipótese de meu pai começou a se tornar cada vez mais provável, tanto mais por eu não ter recebido de Karlsruhe nem mesmo uma carta que justificasse o atraso da carruagem. Minha poesia havia estancado e a inquietude que me desgastava por dentro era um

---

39 Em alemão: "Ach wie ziehst du mich unwiderstehlich!". Trata-se de uma citação de *Warum ziehst du mich unwiderstehlich*, primeiro verso do poema de Goethe intitulado *An Belinden*. Belinda é o nome da heroína do epos *The rape of the Lock*, de Alexander Pope, então bastante popular .

prato cheio para os joguetes de meu pai, que me propôs o seguinte: como não havia o que fazer naquela situação e como eu já estava de malas prontas, ofereceu-me dinheiro e algum crédito para que eu partisse sem mais delongas rumo à Itália. Indeciso e hesitante diante de uma questão tão importante, acabei concordando, afinal, que, se até determinada hora e dia não chegassem a Frankfurt nem o landau nem qualquer notícia dele, eu partiria em viagem: primeiro até Heidelberg, de onde, contudo, não atravessaria de novo os Alpes pela Suíça, mas, sim, pelos Grisões[40] ou pelo Tirol.

As coisas mais curiosas podem acabar acontecendo quando uma juventude sem perspectivas, que por si só já se deixa desencaminhar tão facilmente, é ainda induzida, por força de um desacerto emocional da maturidade, a tomar um caminho equivocado. Mas assim é a juventude, e também a vida: só aprendemos a reconhecer as estratégias depois que a batalha acabou. No andamento corriqueiro da vida comum, uma eventualidade como aquela teria sido facilmente esclarecida, mas parece que estamos especialmente propensos a nos juntar ao engano para conspirar contra as verdades mais simples, do mesmo modo como embaralhamos as cartas antes de distribuí-las, apenas para que o acaso não perca a oportunidade de exercer sua porção de influência sobre nossos atos. Pois é exatamente assim que tem origem o elemento no qual e sobre o qual o demoníaco age com tanto prazer, jogando tanto mais perversamente conosco quanto mais pressentimos sua proximidade.

Passou-se, enfim, o dia do combinado; na manhã seguinte eu teria de partir. Senti-me, então, fortemente impelido a me encontrar mais uma última vez com meu amigo Passavant, que acabara de retornar da Suíça; até porque ele teria razões mais do que suficientes para ficar com muita raiva de mim se eu ferisse nossa confiança ao segredar-lhe por completo aquela minha mudança de planos. Assim, encarreguei um desconhecido de marcar um encontro com ele naquela noite, num local determinado, onde cheguei envolto em minha capa e ainda antes dele, que lá chegou em seguida; e se ele já se mostrara surpreso com o convite, tanto mais surpreendido ficou ao perceber quem era a pessoa que esperava por ele naquele lugar. Sua alegria

---

40 Somente em 1798 os Grisões se tornariam um cantão da República Helvética.

revelou-se do tamanho de seu espanto, mas não havia tempo para consultas nem conselhos; desejou-me boa sorte na viagem à Itália, separamo-nos, e, no dia seguinte,[41] bem cedo, eu já me via na estrada que me levaria em direção às montanhas.[42] Eu tinha vários motivos para escolher o caminho que passava por Heidelberg. Um deles era bastante razoável, pois soubera que aquele amigo cavaleiro passaria por Heidelberg em sua vinda de Karlsruhe. Lá chegando, dirigi-me imediatamente ao correio, onde deixei um bilhete que deveria ser entregue em mãos a um cavaleiro que, de viagem, passaria por aquela cidade nos termos que eu descrevi. O outro motivo era de ordem sentimental e tinha a ver com os primeiros tempos de minha relação com Lili, a saber: demoiselle Delph,[43] que fora confidente de nossa afeição e, mais tarde, a mediadora que ajudou a selar o compromisso mais sério junto aos nossos pais. Ela morava em Heidelberg e eu me sentia extremamente afortunado por ter a chance de conversar mais uma vez sobre aqueles tempos felizes com uma amiga tão paciente e complacente, antes de deixar de uma vez a Alemanha. Fui muito bem recebido e logo apresentado a várias famílias; entre elas, senti-me particularmente à vontade na casa do superintendente florestal, o senhor von Wrede.[44] Os pais eram pessoas distintas e agradáveis, e uma das filhas me lembrava muito Friedrike. Era época de colheita da uva, fazia um tempo esplendoroso e todas as sensações que eu vivera na Alsácia pareciam se renovar naqueles vales dos rios Neckar e Reno. Aqueles tempos me haviam dado ocasião de experimentar coisas maravilhosas em mim e nas outras pessoas, mas tudo ainda se encontrava em pleno devir, a vida ainda não havia feito surgir em mim seus resultados, e a percepção que eu tivera do ilimitado só me confundia ainda mais. Nas rodas da sociedade, porém, eu ainda era o mesmo de sempre, talvez até um pouco

---

41 No dia 30 de outubro de 1775.
42 Em alemão: *Bergstrasse*. Nome de uma antiga rota – do tempo dos romanos – que partia dos arredores de Darmstadt, passando por Heidelberg, e seguia pelas encostas dos vales para o sul, em direção ao norte do estado de Baden.
43 Ver nota 29 do Décimo sétimo livro, à p.848.
44 Ferdinand Joseph von Wrede (1722-1792), mais tarde conselheiro em Heidelberg – na primeira impressão da obra, grifado apenas como "Von W...". Casado com Katharina von Wrede (1729-1804, nascida Jünger), tiveram duas filhas: Marie Louise Josepha (nascida em 1754) e Franziska Charlotte Josepha (nascida em 1756).

mais atencioso e divertido do que outrora. Ali, sob um céu como aquele, ao ar livre e entre pessoas tão alegres, eu parecia estar em busca daqueles antigos jogos, que para os jovens nunca envelhecem, mantendo-se sempre encantadores. Levando comigo no peito um amor, cuja chama ainda não se apagara, despertei simpatias mesmo sem pretendê-lo, mesmo calando sobre meus sentimentos. Não tardou para que também nesse círculo todos se familiarizassem comigo, e mesmo para que me julgassem necessário naquela roda, fazendo-me esquecer quase por completo que, depois de algumas noitadas de boa conversa, eu tinha um plano de viagem a seguir. Demoiselle Delph era uma dessas pessoas que, sem fazer muita intriga, sempre tinha em vista um ou outro interesse ou negócio, no qual queria envolver os outros. Ela havia se afeiçoado muito a mim e estava muito perto de conseguir me dissuadir e de me convencer a ficar ali por mais tempo, até porque era ela quem me hospedava, oferecendo-me toda sorte de regalias, ao mesmo tempo em que não cessava de criar todo tipo de empecilhos que impedissem minha partida. Quando eu tentava desviar a conversa para falar de Lili, ela não se mostrava tão atenciosa e interessada como eu imaginara. Ao contrário, diante das circunstâncias em que havíamos nos enredado, elogiava nossa decisão mútua de separação e afirmava que era preciso entregar-se ao inevitável, tirar da cabeça o impossível e sair em busca de novos interesses na vida. Cheia de ideias como era, claro que ela não podia deixar que isso acontecesse por mera força do acaso e por certo já havia de ter esboçado um plano que garantisse meu futuro. Dei-me conta, então, de que seu último convite para visitá-la em Heidelberg não fora assim tão desinteressado como parecia.

O príncipe-eleitor Karl Theodor,[45] que tanto fizera pelas artes e pelas ciências, morava ainda em sua residência em Mannheim, e justamente por sua corte ser católica num estado protestante, o partido que representava esta última vertente fazia de tudo para se fortalecer por intermédio de homens promissores e cheios de energia. Segundo os planos de minha anfitriã, eu deveria, pois, seguir em minha viagem à Itália, entregando-me aos

---

45 Karl Philipp Theodor (1724-1799), príncipe-eleitor do Palatinado e, mais tarde, da Baviera.

cuidados de Deus, e lá desenvolver meus conhecimentos no campo das artes. Nesse meio-tempo, as pessoas se mobilizariam em meu favor e, por ocasião de meu retorno, veríamos, então, se a afeição que começara a brotar no coração da senhorita von Wrede haveria crescido ou minguado, e também se seria aconselhável, a partir da união com aquela família tão distinta, radicar-me ali e entregar minha sorte àquela nova pátria.

Eu não me opunha de fato a nenhuma daquelas ideias, mas meu espírito sem rumo não parecia falar a mesma língua daquela minha amiga tão cheia de planos. Segui aproveitando as benesses daquele momento, enquanto a imagem de Lili continuava a pairar diante de mim, estivesse eu sonhando ou acordado, fundindo-se a todo o resto que pudesse então me agradar ou distrair. Foi quando recobrei a seriedade de meu grande projeto de viagem e decidi, enfim, que me desvencilharia de maneira gentil e elegante daquele contexto e, dentro de alguns dias, seguiria meu caminho.

Naquela noite, demoiselle Delph ficou me explicando em detalhes os seus planos e tudo o que as pessoas pareciam dispostas a fazer por mim, diante do que não pude, senão, demonstrar minha imensa gratidão por todo aquele empenho. Todavia, tampouco pude deixar de notar as intenções de um certo grupo, que, com o favorecimento que minha pessoa poderia vir a lhes proporcionar, procurava apenas fortalecer sua posição na corte. Nossa conversa durou até quase uma hora da manhã. E eu não tinha dormido muito, embora profundamente, quando fui despertado pela corneta de um mensageiro que acabara de apear do cavalo em frente da casa. Logo em seguida, demoiselle Delph surgiu em meus aposentos, com um candeeiro na mão e uma carta:

— Aqui está! — disse ela. — Leia logo e me diga do que se trata. É certo que vem da parte de Weimar. Se for um convite, não o aceite! Lembre-se de tudo o que conversamos.

Pedi a ela que deixasse o candeeiro comigo e me concedesse quinze minutos em particular. Ela deixou o quarto contrariada. Sem abrir a carta, fiquei imaginando coisas por um momento. O estafeta vinha de Frankfurt, como eu logo reconheci pelo selo e pela caligrafia. O tal cavaleiro devia ter chegado finalmente a Frankfurt e me convidava a seguir com ele em viagem; mas a descrença e a insegurança me fizeram agir precipitadamente. Por que razão eu não havia ficado na tranquilidade daquela minha condição burguesa, esperando por aquele homem, cuja chegada havia sido anunciada com tanta certeza e cuja viagem poderia ter sido adiada por tantos imprevistos diferentes? Aquilo tudo saltava-me agora à vista, e toda a gentileza, a bondade e a confiança que me foram dedicadas voltavam a ganhar vida em mim; sentia-me quase envergonhado por aquele meu deslize. Enfim, abri a carta. De fato, tudo correra de maneira absolutamente natural. Meu acompanhante esperara dia após dia, hora após hora pela nova carruagem que deveria chegar de Estrasburgo, exatamente do mesmo modo como eu esperei incessantemente por ele. Depois disso, partiu para Mannheim, onde tinha negócios a resolver, e, em seguida, para Frankfurt, mas, para sua surpresa, não me encontrou por lá. Por meio do estafeta, despachou então aquela mensagem expressa, solicitando que, uma vez esclarecida a confusão, eu retornasse imediatamente, de modo a poupá-lo do embaraço de chegar a Weimar sem mim.

Por mais que minha razão e meus sentimentos tendessem a se inclinar de imediato para esse lado, a direção que eu tomara mais recentemente também não deixava de ter seu contrapeso nessa decisão. Meu pai havia planejado para mim uma bela viagem e munira-me de uma pequena biblioteca, com a qual eu poderia me preparar adequadamente, dispondo sempre de todas as informações de que eu precisasse. Até aquele momento, esse tinha sido meu maior passatempo nas horas de ócio e, mesmo ao longo daquela viagem mais recente, eu não pensara em outra coisa. Aqueles objetos magníficos, que eu conhecia desde a infância através de reproduções e das mais diversas narrativas, pareciam reunir-se todos diante da minha alma, e nada me parecia mais desejável, àquela altura, do que me aproximar deles – e, assim, afastar-me definitivamente de Lili.

Naquele meio-tempo eu já me havia vestido e andava de um lado para o outro em meu quarto, quando minha anfitriã, com ares de seriedade, veio ter comigo:

— O que eu devo esperar disso tudo? – perguntou-me.

— Minha cara – disse eu –, não tente me dissuadir, estou decidido a retornar. Pensei bem nos meus motivos, e não nos levaria a lugar algum repeti-los todos aqui. Ao final, sempre é preciso tomar uma decisão, e quem mais poderia fazê-lo senão aquele a quem a decisão concerne mais diretamente?

Fiquei compadecido; ela também. Teve lugar, então, uma cena comovente, a que eu só pude pôr fim ao ordenar meu empregado[46] que providenciasse nosso transporte. Em vão pedi a minha anfitriã que se acalmasse e que transformasse em uma despedida verdadeira o adeus jocoso que eu dera a todos na noite anterior. Pedi-lhe que considerasse aquela viagem apenas uma visita, uma estadia por um período curto de tempo na corte de Weimar, lembrando-lhe de que meus planos de viagem à Itália não estavam cancelados, tampouco se excluía do horizonte um retorno meu a Heidelberg. Ela não queria saber de nada e deixava ainda mais inquieto um rapaz que já se encontrava verdadeiramente comovido. A carruagem nos esperava diante da porta, carregada com minha bagagem. O mensageiro fez soar seu costumeiro sinal de impaciência, tentei me desvencilhar de minha amiga, mas ela não queria me deixar partir, desfiando com habilidade argumentos que falavam em favor da situação presente, até que, por fim, emocionado, extasiado, repeti as palavras de Egmont:

— "Criança, Criança! Chega disso! Como que chicoteados por espíritos invisíveis, os cavalos de sol do tempo sempre disparam à frente do carrocim ligeiro de nosso destino e, a nós, não nos resta mais do que, corajosamente, segurar com firmeza as rédeas, guiando as rodas ora à direita, ora à esquerda, desviando de uma pedra aqui, de um precipício acolá. Para onde vai, quem haverá de saber? Nem bem ele se lembra de onde veio."[47]

---

46 Goethe viajava na companhia de Philipp Seidel (1755-1820), seu secretário e, mais tarde, comissário de finanças em Weimar.

47 Citação extraída da segunda cena do segundo ato da tragédia *Egmont*, de Goethe. *Poesia e verdade* encerra-se com a figura simbólica do condutor de um carrocim puxado pelos cavalos de sol do tempo, do mesmo modo como iniciara com a conjunção dos astros no céu, descrevendo, assim, um grande arco entre a força do destino e os esforços pessoais de cada indivíduo.

SOBRE O LIVRO

Formato: 16 x 23 cm
Mancha: 27,8 x 48 paicas
Tipologia: Venetian 301 12,5/16
Papel: Off-white 80 g/m² (miolo)
Couché fosco encartonado 120 g/m² (capa)

1ª *edição Editora Unesp*: 2017

EQUIPE DE REALIZAÇÃO

Edição de texto
Bianca Tavolari (Copidesque)
Tomoe Moroizumi (Revisão)

Capa
Andrea Yanaguita

Editoração eletrônica
Sergio Gzeschnik

Assistência editorial
Alberto Bononi
Richard Sanches

Rua Xavier Curado, 388 • Ipiranga - SP • 04210 100
Tel.: (11) 2063 7000 • Fax: (11) 2061 8709
rettec@rettec.com.br • www.rettec.com.br